**UNSER ONLINE-BONUS**

Herzlichen Glückwunsch zum
Kauf dieses Buches. Auf der
unten genannten Website finden
Sie exklusive und kostenlose
Zusatzangebote. Klicken Sie rein –
es lohnt sich!

www.doko-buch.de

Doberenz, Gewinnus

# Visual C# 2010

Grundlagen und Profiwissen

Walter Doberenz/Thomas Gewinnus

# Visual C# 2010

## Grundlagen und Profiwissen

HANSER

Die Autoren:
Professor Dr.-Ing. habil. Walter Doberenz, Wintersdorf
Dipl.-Ing. Thomas Gewinnus, Frankfurt/Oder

Bibliografische Information Der Deutschen Nationalbibliothek
Die Deutsche Nationalbibliothek verzeichnet diese Publikation in der
Deutschen Nationalbibliografie; detaillierte bibliografische Daten sind im
Internet über http://dnb.d-nb.de abrufbar.

© 2010 Carl Hanser Verlag München
Gesamtlektorat: Fernando Schneider
Sprachlektorat: Ute Hoffmann, Leipzig
Herstellung: Stefanie König
Coverconcept: Marc Müller-Bremer, www.rebranding.de, München
Coverrealisierung: Stephan Rönigk
Datenbelichtung, Druck und Bindung: Kösel, Krugzell
Ausstattung patentrechtlich geschützt. Kösel FD 351, Patent-Nr. 0748702
Printed in Germany

ISBN 978-3-446-42118-9

www.hanser.de/computer

# Inhaltsverzeichnis

**HINWEIS:** Die Bonuskapitel 16, 17, 27 und 37-40 finden sich als PDF-Datei auf der beiliegenden CD. Im Inhaltsverzeichnis sind sie durch ein CD-Symbol gekennzeichnet.

# Teil II:  Technologien

# Teil III: Windows Forms

# Teil IV: WPF-Anwendungen

# Teil IV:  ASP.NET-Anwendungen

# Anhang

# Vorwort

C# ist eine noch junge Sprache, sie bietet Ihnen die Möglichkeiten und Flexibilität von C++ und erlaubt trotzdem eine schnelle und unkomplizierte Programmierpraxis wie Visual Basic. C# ist (fast) genauso mächtig wie C++, wurde aber komplett neu auf objektorientierter Basis geschrieben.

Damit ist C# das ideale Werkzeug zum Programmieren beliebiger Komponenten für das Microsoft .NET Framework, beginnend bei Windows Forms- über WPF-, ASP.NET- und Silverlight-Anwendungen bis hin zu systemnahen Applikationen.

Das vorliegende Buch ist ein faires Angebot für künftige wie auch für fortgeschrittene C#-Programmierer. Seine Philosophie knüpft an die vielen anderen Titel an, die wir in den vergangenen fünfzehn Jahren zu verschiedenen Programmiersprachen geschrieben haben:

- Programmieren lernt man nicht durch lineares Durcharbeiten eines Lehrbuchs, sondern nur durch unermüdliches Ausprobieren von Beispielen, verbunden mit ständigem Nachschlagen in der Referenz.

- Der Umfang einer modernen Sprache wie C# in Verbindung mit Visual Studio ist so gewaltig, dass ein seriöses Programmierbuch das Prinzip der Vollständigkeit aufgeben muss und nach dem Prinzip "so viel wie nötig" sich lediglich eine "Initialisierungsfunktion" auf die Fahnen schreiben kann.

Das ist auch der Grund, warum das vorliegende Buch keinen ausgesprochenen Lehrbuchcharakter trägt, sondern mehr ein mit sorgfältig ausgewählten Beispielen durchsetztes Nachschlagewerk der wichtigsten Elemente der .NET-Programmierung mit C# 2010 ist.

## Zum Buchinhalt

Wie Sie bereits dem Buchtitel entnehmen können, wagt das vorliegende Werk den Spagat zwischen einem Grundlagen- und einem Profibuch. Sinn eines solchen Buches kann es nicht sein, eine umfassende Schritt-für-Schritt-Einführung in Visual C# 2010 zu liefern oder all die Informationen noch einmal zur Verfügung zu stellen, die Sie in der Produktdokumentation (MSDN) ohnehin schon haben und von denen Sie in der Regel nur ein Mausklick oder die F1-Taste trennt.

- Für den *Einsteiger* wollen wir den einzig vernünftig gangbaren Weg beschreiten, nämlich nach dem Prinzip "so viel wie nötig" eine schmale Schneise durch den Urwald der .NET-Programmierung mit Visual C# 2010 schlagen, bis er eine Lichtung erreicht hat, die ihm erste Erfolgserlebnisse vermittelt.

- Für den *Profi* wollen wir in diesem Buch eine Vielzahl von Informationen bereitstellen, nach denen er bisher in den mitgelieferten Dokumentationen bzw. in den im Handel angebotenen gleichnamigen Titeln vergeblich gesucht hat.

Die 40 Kapitel des Buchs haben wir in vier Themenkomplexen gruppiert:

- Grundlagen der Programmierung mit Visual C# 2010

- Windows Forms-Anwendungen

- WPF-/Silverlight-Anwendungen

- ASP.NET-Anwendungen

Die Kapitel innerhalb eines Teils bilden einerseits eine logische Aufeinanderfolge, können andererseits aber auch quergelesen werden können. Im Praxisteil eines jeden Kapitels werden anhand realer Problemstellungen die behandelten Programmiertechniken im Zusammenhang demonstriert.

## Ein Wort zur Neuauflage für Visual Studio 2010

Das vorliegende Buch umfasst mit 1.440 Buchseiten den gleichen Umfang wie der Vorgängerband zu Visual C# 2008. Das ist kein Zufall, denn diese Seitenzahl ist die Grenze des drucktechnisch Machbaren. Da mit Visual C# 2010 zahlreiche neue Features hinzugekommen sind und wir auch viele Leserwünsche zusätzlich eingearbeitet haben, mussten einige Kapitel wesentlich erweitert bzw. neu hinzugefügt werden.

Ein Vergleich der Inhaltsverzeichnisse zeigt, dass aus den ursprünglich 24 Kapiteln nunmehr 40 Kapitel geworden sind, die inzwischen 1.800 Seiten umfassen.

Vom fertigen Manuskript mussten wir deshalb ca. 400 Seiten, auf die wir keinesfalls verzichten wollten, als "Bonuskapitel" im PDF-Format auf die Buch-CD brennen. Dies betrifft die Kapitel 16 (OOP-Spezial), 17 (Microsoft Event Pattern), 27 (Erweiterte Grafikausgabe) sowie 37 bis 40 (ASP.NET).

Wir, Verlag und Autoren, hoffen sehr, dass uns damit die "Quadratur des Kreises" gelungen ist und wir in Ihrem Sinne gehandelt haben, lieber Leser.

## Weitere Bücher von uns

Auf drei weitere von uns verfasste Buchtitel, die sich ebenfalls auf Visual Studio 2010 beziehen, wollen wir Sie hier noch hinweisen:

- Eine ideale Ergänzung zum vorliegenden Buch ist unser "Visual C# 2010 – Kochbuch". Mit mehr als 400 How-to-Problemlösungen zu allen hier behandelten Grundlagenthemen sind Sie bestens für die Anforderungen der Praxis gewappnet und können weitere Lücken schließen.

- Das Pendant zum vorliegenden Buch ist unser im gleichen Verlag erschienener Buchtitel "Visual Basic 2010 – Grundlagen und Profiwissen". Da es exakt das gleiche Inhaltsverzeichnis hat (inklusive Beispielcode), lassen sich ideale Vergleiche zwischen beiden Sprachen anstellen. Eine solche "Übersetzungshilfe" scheint besonders wichtig zu sein, weil einerseits viele altgediente Visual Basic-Programmierer zu C# wechseln werden und man andererseits in einem .NET-Entwicklerteam durchaus in mehreren .NET-Sprachen zusammenarbeitet.

- Der Datenbank- und Web-Programmierung widmet sich ausführlich unser bei Microsoft Press erschienener Spezialtitel "Datenbankprogrammierung mit Visual C# 2010".

## Zur Buch-CD

Die diesem Buch mitgegebene CD enthält alle wesentlichen Quelltexte bzw. Beispiele. Eine Express-Edition für Visual C# 2010 konnten wir diesmal leider nicht beifügen, da diese zum Zeitpunkt der Drucklegung des Buchs noch nicht verfügbar war. Sie können sie aber in der jeweils aktuellsten Version kostenlos von der Microsoft Homepage

**LINK:** `http://www.microsoft.com/express/`

herunterladen. Beim Nachvollziehen der Buchbeispiele beachten Sie bitte Folgendes:

- Kopieren Sie die Buchbeispiele auf die Festplatte. Wenn Sie auf die Projektmappendatei (*.sln) klicken, wird Visual Studio in der Regel automatisch geöffnet und das jeweilige Beispiel wird in die Entwicklungsumgebung geladen, wo Sie es z.B. mittels F5-Taste kompilieren und starten können.

- Einige wenige Datenbankprojekte verwenden absolute Pfadnamen, die Sie vor dem Kompilieren des Beispiels erst noch anpassen müssen.

- Für einige Beispiele sind ein installierter Microsoft SQL Server Express sowie der Microsoft Internet Information Server (ASP.NET) erforderlich.

- Beachten Sie die zu einigen Beispielen vorliegenden *Liesmich.txt*-Dateien, die Sie auf besondere Probleme hinweisen.

## Nobody is perfect

Sie werden – trotz der 1.800 Seiten – in diesem Buch nicht alles finden, was Visual C# 2010 bzw. das .NET Framework 4 zu bieten haben. Manches ist sicher in einem anderen Spezialtitel noch besser oder ausführlicher beschrieben. Aber Sie halten mit unserem Buch einen optimalen und überschaubaren Breitband-Mix in den Händen, der sowohl vertikal vom Einsteiger bis zum Profi als auch horizontal von den einfachen Sprachelementen bis hin zu komplexen Anwendungen jedem etwas bietet, ohne dabei den Blick auf das Wesentliche im .NET-Dschungel zu verlieren.

Wenn Sie Vorschläge oder Fragen zum Buch haben, können Sie uns selbstverständlich direkt kontaktieren:

**LINK:** `autoren@doko-buch.de`

Weitere FAQs, Bugfixes und ergänzende Downloads finden Sie unter

**LINK:**   `http://www.doko-buch.de`

Wir hoffen, dass wir Ihnen mit diesem Buch einen ebenso nützlichen wie langlebigen[1] Begleiter bei der .NET-Programmierung zur Seite gestellt haben, der es verdient, seinen Platz nicht im Regal, sondern griffbereit neben dem Computer einzunehmen.

*Walter Doberenz und Thomas Gewinnus*
*Wintersdorf und Frankfurt/O., im April 2010*

---

[1] Leider wissen auch Sie nur zu gut, wie sich das Prädikat "langlebig" heutzutage relativiert hat.

Teil **I**

# Teil I: Grundlagen

- Einstieg in Visual Studio 2010

- Grundlagen der Sprache C#

- Objektorientiertes Programmieren

- Arrays, Strings und Funktionen

- Weitere wichtige Sprachfeatures

- Einführung in LINQ

# Kapitel 1

# Einstieg in Visual Studio 2010

Dieses Kapitel bietet Ihnen einen effektiven Schnelleinstieg in die Arbeit mit Visual Studio 2010. Gleich nachdem Sie die Hürden der Installation gemeistert haben, erstellen Sie Ihre ersten .NET-Anwendungen, werden dabei en passant mit den grundlegenden Features der Entwicklungsumgebung vertraut gemacht und nach dem Prinzip "soviel wie nötig" in die .NET-Philosophie eingeweiht. Nach der Lektüre dieses Kapitels und dem Nachvollziehen der abschließenden Praxisbeispiele sollte der Einsteiger über eine brauchbare Ausgangsbasis verfügen, um den sich vor ihm gewaltig auftürmenden Berg von Spezialkapiteln in Angriff zu nehmen.

## 1.1 Die Installation von Visual Studio 2010

Ohne eine angemessen ausgestattete "Werkstatt" ist die Lektüre dieses Buchs nutzlos. Programmieren lernt man bekanntlich nur durch Beispiele, die man unmittelbar selbst am Rechner ausprobiert!

---

**HINWEIS:** Unerlässliche Voraussetzung für ein erfolgreiches Studium dieses Buchs ist das Vorhandensein eines Rechners mit einer lauffähigen Installation von Visual Studio 2010.

---

## 1.1.1 Überblick über die Produktpalette

Die im Handel angebotenen unterschiedlichen Visual-Studio-Pakete basieren auf dem .NET-Framework 4. Die Produktpalette umfasst Werkzeuge zum Erstellen von Windows- oder Web-basierten Anwendungen, ASP-NET-Anwendungen, XML-Webdiensten und bietet Tools sowohl für Einzelentwickler als auch für Entwickler-Teams, für Anfänger und Profis, vom Gelegenheitsprogrammierer bis hin zum Architekten von Software-Projekten für größere Firmen.

Für welches der im Folgenden aufgeführten Produkte man sich entscheidet, hängt von den eigenen Anforderungen und Wünschen ab und ist nicht zuletzt auch eine Frage des Geldbeutels.

## Visual Studio 2010 Express

Nach wie vor stehen die Express-Editions kostenlos für den öffentlichen Download zur Verfügung[1] (*http://www.microsoft.com/express/* ). Neben der

- *Visual C# 2010 Express Edition* werden noch eine

- *Visual Basic 2010 Express Edition*, eine

- *Visual C++ Express Edition* und eine

- *Visual Web Developer 2010 Express Edition* angeboten.

Alle vier Express-Editions sind übrigens auch gemeinsam auf einer *Visual Studio 2010 Express Edition All-in-One DVD* enthalten, die Sie als Image unter folgender Adresse herunterladen können:

**LINK:** `http://www.microsoft.com/express/`

Das Projektangebot beschränkt sich im Wesentlichen auf Konsolen- und Windows-Anwendungen sowie ASP.NET- und Webdienstanwendungen. Auf das Entwickeln von Setup-Projekten, von eigenen Steuerelementen und von Windows-Diensten müssen Sie allerdings verzichten.

## Visual Studio 2010 Professional

Wie es der Name bereits suggeriert, handelt es sich bei diesem Standard-Paket[2] bereits um ein professionelles Entwicklungswerkzeug, denn es beinhaltet alle nötigen Kernfunktionen für die Entwicklung von Anwendungen für Windows, das Web, Office, die Cloud, SharePoint, Silverlight und Multi-Core-Szenarien.

Sowohl ernstzunehmende Hobbyprogrammierer als auch professionelle Entwickler, die allein oder im kleinen Team an der Erstellung komplexer, mehrschichtiger Anwendungen arbeiten, sind mit dieser Edition gut beraten.

**HINWEIS:** Der Inhalt dieses Buches bezieht sich schwerpunktmäßig auf die Möglichkeiten der **Professional Edition**!

## Visual Studio 2010 Premium

Bei diesem Paket handelt es sich um eine Vollausstattung für Softwareentwickler und -tester, um Anwendungen auf Enterprise-Niveau zu entwickeln. Enthalten sind alle Funktionen der Professional-Version sowie weitere Funktionen, die komplexe Datenbankentwicklung und eine durchgängige Qualitätssicherung ermöglichen sollen.

[1] Gleiches gilt natürlich auch für das .NET Framework 4.

[2] Für Visual Studio 2010 gibt es keine Standard Edition mehr (wie unter den Vorgängerversionen).

### Visual Studio 2010 Ultimate

Dieses Maximalpaket ermöglicht eine effektive Teamarbeit mit leistungsstarken Tools, bestehend aus hoch integrierten und erweiterbaren Lifecycle-Werkzeugen. Enthalten ist der komplette Umfang der ehemaligen Team-Suite-Edition. Hinzu kommen neue Funktionen speziell für die Softwarearchitektur und Softwaremodellierung (u.a. mit UML-Diagrammen), sowie die Integration mit bekannten Tools wie MS Excel und MS Projekt. Weiterhin gibt es neue Funktionen, die die Zusammenarbeit von Testern und Entwicklern vereinfachen (Installation und Verwaltung virtueller Testumgebungen).

Durch eine 90-Tage-Testversion hat auch jeder, der kein MSDN-Abo hat, die Möglichkeit, kurzfristig in den Genuss dieser Edition zu kommen:

LINK:  `http://www.microsoft.com/visualstudio/en-us/default.mspx`

## 1.1.2  Anforderungen an Hard- und Software

Es dürfte niemanden verwundern, dass sich die Anforderungen gegenüber der Visual Studio-Vorgängerversion weiter nach oben geschraubt haben:

- Unterstützte Betriebssysteme:
  Windows 7; Windows Server 2008; Windows Server 2003; Windows Vista; Windows XP

- Unterstützte Architekturen: 32-Bit (x86) und 64-Bit (x64)

- Prozessor: 1,6-GHz-Pentium III+

- RAM: 1 GB verfügbarer physischer Arbeitsspeicher (x86) bzw. 2 GB (x64)

- Festplatte: 3 GB Speicherplatzbedarf

- Grafikkarte: DirectX 9-fähig mit 1024 x 768 oder höherer Auflösung

- DVD-ROM Laufwerk

Die Parameter von Prozessor und RAM sind als untere Grenzwerte zu verstehen, können aber für die Express-Editions sicherlich auch etwas unterschritten werden.

## 1.1.3  Installation der Express Edition

Die Installation verläuft in mehreren Schritten und ist in der Regel problemlos, sodass sich weitere Kommentare erübrigen dürften. Die Auswahl an zusätzlichen Produkten ist sehr beschränkt.

Da viele Beispiele in diesem Buch (insbesondere die zu den ADO.NET- und ASP.NET-Kapiteln) auf den Microsoft SQL Server zurückgreifen, sollten Sie auf diese Option keinesfalls verzichten.

Ob Sie hingegen die MSDN Express Library noch mit auf Ihre Festplatte nehmen, bleibt Ihnen überlassen, denn diese repräsentiert nur eine Untermenge der gesamten Produktdokumentation, auf welche Sie ohnehin Online-Zugriff haben.

## 1.1.4   Installation von Visual Studio 2010 Ultimate

Die Komplettinstallation von Visual Studio 2010 ist ein ziemlich aufwändiger Vorgang und inklusive MSDN unter ein bis zwei Stunden kaum zu schaffen, sodass Sie dafür durchaus einen ganzen Vormittag, inklusive genüsslicher Kaffeepausen, einplanen sollten.

Wählen Sie möglichst die vollständige Installation, auch bei einer benutzerdefinierten Installation sparen Sie kaum wesentlich an Zeit und Festplattenspeicher, haben dafür aber möglicherweise später das Problem, irgendein Feature nachinstallieren zu müssen:

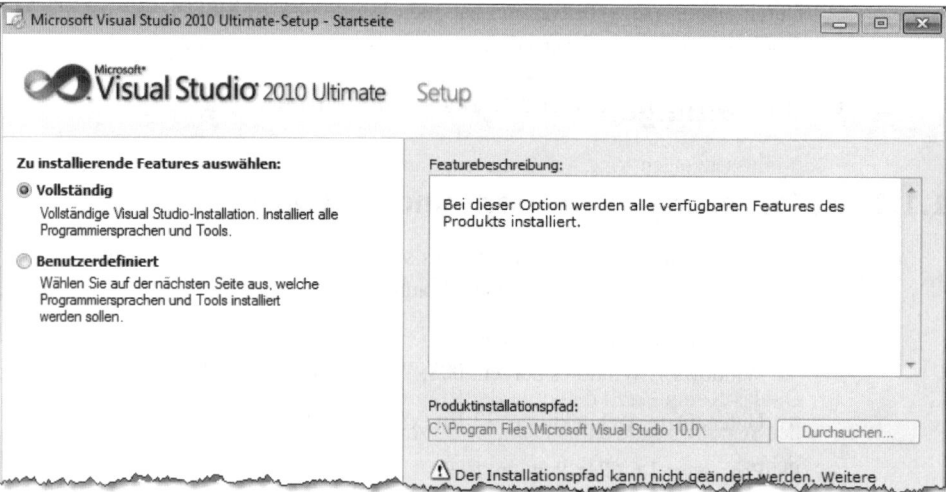

Beim ersten Start von Visual Studio 2010 müssen Sie noch die Standardeinstellungen für die Entwicklungsumgebung vornehmen:

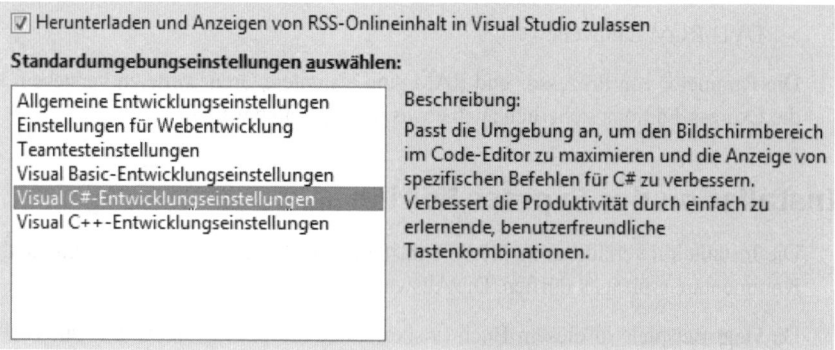

Jetzt haben Sie zwar Visual Studio 2010 auf Ihrem Rechner, sind aber immer noch nicht fertig, denn auf die Installation der MSDN sollte ein Entwickler keinesfalls verzichten, macht er sich doch dadurch von der Online-Hilfe unabhängig.

# 1.2 Unser allererstes C#-Programm

Jeder Weg, und ist er noch so weit, beginnt mit dem ersten Schritt! Nachdem die Mühen der Installation überstanden sind, wird es Zeit für ein allererstes C#-Programm. Wir verzichten allerdings auf das abgedroschene "Hello World" und wollen gleich mit etwas Nützlicherem beginnen, nämlich der Umrechnung von Euro in Dollar.

Auch allein mit dem .NET Framework SDK, also ohne das teure Visual Studio 2010, kann man vollwertige Programme entwickeln. Das wollen wir jetzt unter Beweis stellen, indem wir eine kleine Euro-Dollar-Applikation als so genannte *Konsolenanwendung* – dem einfachsten Anwendungstyp – schreiben.

## 1.2.1 Vorbereitungen

Voraussetzungen sind lediglich ein simpler Texteditor und der C#-Kommandozeilencompiler *csc.exe*.

### Compilerpfad eintragen

Der C#-Compiler *csc.exe* befindet sich, ziemlich versteckt, im Verzeichnis *...\Windows\Microsoft.-NET\Framework\v4.0...*

Da das Kompilieren direkt an der Kommandozeile ausgeführt werden soll, werden wir *csc.exe* in den Windows-Pfad aufnehmen, um so seinen Aufruf von jedem Ordner des Systems aus zu ermöglichen:

- Sie finden den Dialog zur Einstellung der *Path*-Umgebungsvariablen in der Windows-Systemsteuerung unter dem Eintrag *System* im Aufgabenbereich "Erweiterte Systemeinstellungen".

- Im Dialog "Systemeigenschaften" klicken Sie auf der Registerkarte "Erweitert" auf die Schaltfläche "Umgebungsvariablen...".

- Wählen Sie in der unteren Liste "Systemvariablen" den *Path*-Eintrag und klicken Sie auf die "Bearbeiten..."-Schaltfläche (siehe Abbildung).

- Hängen Sie den Namen des .NET Framework-Verzeichnisses, in welchem sich *csc.exe* befindet (*C:\Windows\Microsoft.NET\Framework\v4.0.21006*), durch ein Semikolon (;) getrennt hinten dran:

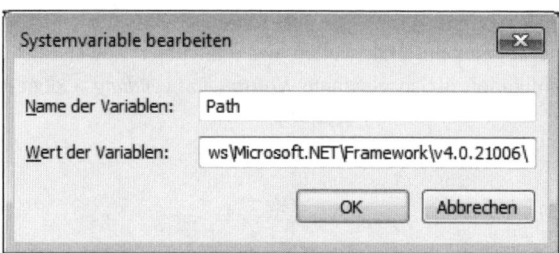

Die erfolgreiche Übernahme der Änderungen an den *Path*-Umgebungsvariablen können Sie in einem kleinen Test überprüfen, bei dem Sie sich als durchaus nützlichen Nebeneffekt gleich die vielfältigen Optionen des Compilers anzeigen lassen.

Wechseln Sie dazu über das Windows-Startmenü zur Eingabeaufforderung(*Start|Programme| Zubehör|Eingabeaufforderung*) und geben Sie (von einem beliebigen Verzeichnis aus) den folgenden Befehl ein, den Sie mit *Enter* abschließen:

```
csc /?
```

Aus der endlosen Parameterliste, die angezeigt wird, ist für uns die Option */target:exe* (abgekürzt */t:exe*) besonders interessant, da wir damit später unsere Konsolenanwendung kompilieren wollen (siehe Abbildung).

```
Eingabeaufforderung
Microsoft Windows [Version 6.1.7600]
Copyright (c) 2009 Microsoft Corporation. Alle Rechte vorbehalten.

C:\Users\Doberenz>csc /?
Microsoft (R) Visual C# 2010 Compiler Version 4.0.21006.1
Copyright (C) Microsoft Corporation. Alle Rechte vorbehalten.

                         Visual C# 2010 Compiler - Optionen

                           - AUSGABEDATEIEN -
/out:<Datei>                          Ausgabedateinamen angeben (Standard: Basisname
                                      der Datei mit der Hauptklasse oder erste Datei)
/target:exe                           Ausführbare Konsolendatei erstellen (Standard)
                                      (Kurzform: /t:exe)
/target:winexe                        Ausführbare Windows-Datei erstellen (Kurzform:
                                      /t:winexe)
/target:library                       Bibliothek erstellen (Kurzform: /t:library)
/target:module                        Modul erstellen, das einer anderen Assembly
                                      hinzugefügt werden kann (Kurzform: /t:module)
/delaysign[+|-]                       Assembly nur mit dem öffentlichen Teil des
                                      Schlüssels für einen starken Namen verzögert
                                      signieren
```

Vom Funktionieren des Compilers können Sie sich überzeugen, wenn Sie eine C#-Source-Datei erstellt haben (siehe folgender Abschnitt).

## 1.2.2  Programm schreiben

Öffnen Sie den im Windows-Zubehör enthaltenen Editor und tippen Sie, ohne lange darüber nach-
zudenken, einfach den folgenden Text ein:

```
using System;
class KonsolenDemo
{
  static void Main()
  {
    int i;
    Console.WriteLine("Umrechnung Euro in Dollar");
    do
    {
      float kurs, euro, dollar;
      Console.Write("Kurs 1 : ");
      kurs = Convert.ToSingle(Console.ReadLine());
      Console.Write("Euro: ");
      euro = Convert.ToSingle(Console.ReadLine());
      dollar = euro * kurs;
      Console.WriteLine("Sie erhalten " + dollar.ToString("0.00 $"));
      Console.Write("Programm beenden? (j/n)");
      string s = Console.ReadLine();
      i = string.Compare(s, "j");
    } while(i != 0);
  }
}
```

---

**HINWEIS:**  Achten Sie bitte auf die exakte Einhaltung der Groß-/Kleinschreibung!

---

Speichern Sie die Datei unter dem Namen *EuroDollar.cs* in ein extra dafür angelegtes Verzeichnis,
z.B. *\EuroDollarKonsole*, ab.

## 1.2.3  Programm kompilieren und testen

Um bequem an der Kommandozeile arbeiten zu können, kopieren Sie zunächst die Datei *cmd.exe*
(Eingabeaufforderung aus ...\*Windows\System32*) in dasselbe Verzeichnis, in welchem sich auch die
Datei *EuroDollar.cs* befindet.

Klicken Sie doppelt auf *cmd.exe* und rufen Sie dann den C#-Compiler wie folgt auf:

```
csc /t:exe EuroDollar.cs
```

Nach dem erfolgreichen Kompilieren wird sich eine neue Datei *EuroDollar.exe* im Anwendungsverzeichnis befinden, ansonsten wirft der Compiler eine Fehlermeldung aus.

Klicken Sie doppelt auf die Datei *EuroDollar.exe* und führen Sie Ihr erstes C#-Programm aus!

```
C:\Users\Doberenz\B U E C H E R\HANSER\CS 2010\CS 2010 GL\N E U\Code\Kapitel 1\EuroDollarKo...
Umrechnung Euro in Dollar
Kurs 1 : 1,3
Euro: 50
Sie erhalten 65,00 $
Programm beenden? (j/n)_
```

## 1.2.4   Einige Erläuterungen zum Quellcode

Da wir auf die Grundlagen der Sprache C# erst in den späteren Kapiteln ausführlich zu sprechen kommen, sollen einige Vorabinformationen zunächst den größten Wissenshunger stillen.

### Befehlszeilen und Gültigkeitsbereiche

Das Ende einer C#-Befehlszeile wird durch ein Semikolon (;) markiert. Der Zeilenumbruch spielt also keine Rolle! Gültigkeitsbereiche sind durch geschweifte Klammern { ... } eingegrenzt. In der Regel muss also die Anzahl der öffnenden Klammern gleich der Anzahl schließender Klammern sein.

### using-Anweisung

Mit der ersten Anweisung

```
using System;
```

binden Sie den *System*-Namensraum (*Namespace*) ein. Das hat den Vorteil, dass Sie statt

```
System.Console.WriteLine("Umrechnung Euro in Dollar");
```

nur noch

```
Console.WriteLine("Umrechnung Euro in Dollar");
```

schreiben müssen.

Noch kürzer wird es mit

```
using System.Console;
```

denn dann würde

```
WriteLine("Umrechnung Euro in Dollar");
```

genügen.

### class-Anweisung

Mit dieser Anweisung erzeugen Sie eine neue Klasse, in welcher in unserem Beispiel die *Main*-Prozedur deklariert wird. Diese definiert den Einsprungpunkt der Konsolenanwendung (also dort, wo das Programm startet).

---
**HINWEIS:** Ein C#-Programm besteht aus mindestens einer *\*.cs*-Textdatei mit einer Klasse.

---

### WriteLine- und ReadLine-Methoden

Diese Methoden der *Console*-Klasse erlauben die Aus- und Eingabe von Text.

Während *Write* nur den Text an der aktuellen Position ausgibt, erzeugt *WriteLn* zusätzlich einen Zeilenumbruch.

*ReadLine* erwartet die Betätigung der *Enter*-Taste und liefert die vorher eingegebenen Zeichen als Zeichenkette zurück.

### Assemblierung

Bei der vom C#-Compiler erzeugten Datei *EuroDollar.exe* handelt es sich **nicht** um eine herkömmliche Exe-Datei, sondern um eine so genannte *Assemblierung*, die erst in Zusammenarbeit mit der CLR (*Common Language Runtime*) des .NET-Frameworks in Maschinencode verwandelt wird (siehe Abschnitt 1.5.2).

## 1.2.5 Konsolenanwendungen sind langweilig

Zwar hat seit Visual C# 2005 die Klasse *System.Console* zahlreiche neue Mitglieder erhalten, mit denen auch verschiedenste farbliche Effekte möglich sind, trotzdem: Bei wem weckt das Outfit einer Konsolenanwendung – außer nostalgischen Erinnerungen an die DOS-Steinzeit – noch positive Emotionen?

Als einfaches Hilfsmittel zum Erlernen von C# und als Notnagel für all jene, die sich Visual Studio 2010 vorerst nicht leisten wollen oder können, hat dieser einfache Anwendungstyp durchaus noch seine Daseinsberechtigung.

Mit Visual Studio 2010 werden wir im Praxisteil dieses Kapitels (PB 1.7.2) das gleiche Problem nochmals lösen, dann allerdings mit einer attraktiven Windows-Oberfläche. Bevor es aber so richtig losgehen kann, sollten wir uns ein wenig mit der Windows-Philosophie anfreunden.

# 1.3 Die Windows-Philosophie

Eine moderne Programmiersprache wie C# gibt Ihnen die faszinierende Möglichkeit, eigene Windows-Programme mit relativ geringem Aufwand und nach nur kurzer Einarbeitungszeit selbst zu entwickeln. Allerdings fällt der Einstieg umso leichter, je schneller man sich Klarheit über die zunächst fremdartig anmutende, aber dann doch einfach und gleichzeitig genial erscheinende Windows-Philosophie verschafft.

## 1.3.1   Mensch-Rechner-Dialog

Die Art und Weise, **wie** die Kommunikation mit dem Benutzer (Mensch-Rechner-Dialog) abläuft, dürfte wohl der gravierendste Unterschied zwischen einer klassischen Konsolenanwendung und einer typischen Windows-Anwendung sein. Wie Sie es bereits im Einführungsbeispiel 1.2 kennen gelernt haben, "wartet" das Konsolenprogramm auf eine Eingabe, indem die Tastatur zyklisch abgefragt wird.

Unter Windows werden hingegen Ein- und Ausgaben in so genannte "Nachrichten" umgesetzt, die zum Programm geschickt und dort in einer Nachrichtenschleife kontinuierlich verarbeitet werden. Daraus ergibt sich ein grundsätzlich anderes Prinzip der Interaktion zwischen Mensch und Rechner:

- Während bei einer Konsolenanwendung alle Initiativen für die Benutzerkommunikation vom Programm ausgehen, hat in einer Windows-Anwendung der Bediener den Hut auf. Er bestimmt durch seine Eingaben den Ablauf der Rechnersitzung.

- Während eine Konsolenanwendung in der Regel in einem einzigen Fenster läuft, erfolgt die Ausgabe bei einer Windows-Anwendung meist in mehreren Fenstern.

## 1.3.2   Objekt- und ereignisorientierte Windows-Programmierung

Vergleicht man den Programmaufbau einer Konsolenanwendung, welche aus einer langen Liste von Anweisungen besteht, mit einer Windows-Anwendung, so stellt man folgende Hauptunterschiede fest:

- Im Konsolenprogramm werden die Befehle sequenziell abgearbeitet, d.h. Schritt für Schritt hintereinander. Den Gesamtablauf kontrolliert in der Regel ein Hauptprogramm.

- In einer Windows-Anwendung laufen alle Aktionen objekt- und ereignisorientiert ab, eine streng vorgeschriebene Reihenfolge für die Eingabe und Abarbeitung der Befehle gibt es nicht mehr. Für jede Aktivität des Anwenders ist ein Programmteil zuständig, der weitestgehend unabhängig von anderen Programmteilen agieren kann und muss. Daraus folgt auch das Fehlen eines Hauptprogramms im herkömmlichen Sinn!

Ein Windows-Programmierer hat sich vor allem mit den folgenden Begriffen auseinander zu setzen:

### Objekte (Objects)

Das sind zunächst die Elemente der Windows-Bedienoberfläche, denen wiederum Eigenschaften, Ereignisse und Methoden zugeordnet werden.

Beschränken wir uns der Einfachheit halber zunächst nur auf die visuelle Benutzerschnittstelle, so haben wir es in C# mit folgenden Objekten zu tun:

- **Formulare:**   Das sind die Fenster, in welchen eine C#-Anwendung ausgeführt wird. In einem Formular (*Form*) können weitere untergeordnete Formulare, Komponenten (siehe unten), Text oder Grafik enthalten sein.

■ **Steuerelemente:** Diese tauchen in vielfältiger Weise als Schaltflächen (*Button*), Textfelder (*TextBox)* etc. auf. Sie stellen die eigentliche Benutzerschnittstelle dar, über welche mittels Tastatur oder Maus Eingaben erfolgen oder die der Ausgabe von Informationen dienen.

Der Objektbegriff wird auch auf die nichtvisuellen Elemente (z.B *Timer, DataSet*...) ausgedehnt, und das geht schließlich so weit, dass innerhalb des .NET-Frameworks sogar alle Variablen als Objekte betrachtet werden. Natürlich dürfen auch Sie als Programmierer auch eigene Objekte/ Komponenten entwickeln und hinzufügen.

### Eigenschaften (Properties)

Unter diesem Begriff versteht man die Attribute von Objekten, wie z.B. die Höhe (*Height*) und die Breite (*Width*) oder die Hintergrundfarbe (*BackColor*) eines Formulars. Jedes Objekt verfügt über seinen eigenen Satz von Eigenschaften, die teilweise nur zur Entwurfs- oder nur zur Laufzeit veränderbar sind.

### Methoden (Methods)

Das sind die im Objekt definierten Funktionen und Prozeduren, die gewissermaßen das "Verhalten" beim Eintreffen einer Nachricht bestimmen. So säubert z.B. die *Clear*-Methode den Inhalt einer *ListBox*. Eine Methode kann z.B. auch das Verhalten des Objekts bei einem Mausklick, einer Tastatureingabe oder sonstigen Ereignissen (siehe unten) definieren. Im Unterschied zu den oben genannten Eigenschaften (Properties), die eine "statische" Beschreibung liefern, bestimmen Methoden die "dynamischen" Fähigkeiten des Objekts.

### Ereignisse (Events)

Dies sind Nachrichten, die vom Objekt empfangen werden. Sie stellen die eigentliche Windows-Schnittstelle dar. So ruft z.B. das Anklicken eines Steuerelements mit der Maus in Windows ein *Click*-Ereignis hervor. Aufgabe eines Windows-Programms ist es, auf alle Ereignisse gemäß dem Wunsch des Anwenders zu reagieren. Dies geschieht in so genannten *Ereignisbehandlungsroutinen* (Event-Handler).

Diese (zugegebenermaßen ziemlich oberflächlichen und unvollständigen) Erklärungen zur objektorientierten Programmierung sollen vorerst zum Einstieg genügen, theoretisch sauber wird die OOP erst im Kapitel 3 erläutert.

## 1.3.3 Windows-Programmierung unter Visual Studio 2010

Nicht nur Konsolenanwendungen, sondern auch Windows- und Web-Anwendungen lassen sich rein theoretisch mit den (kostenlos erhältlichen) Werkzeugen des *Microsoft .NET Framework SDK* erstellen. Allerdings ist dies extrem umständlich, da dazu zeitaufwändige Überlegungen zur Gestaltung der Benutzerschnittstelle[1] und ständiges Nachschlagen in der Dokumentation erforderlich wären. Die intuitive Entwicklungsumgebung Visual Studio 2010 befreit Sie von diesem, besonders bei größeren Projekten, sehr lästigen und nervtötenden Herumwursteln und erlaubt

---

[1] Das geht hin bis zum Abzählen von Pixeln!

(unabhängig von der verwendeten Programmiersprache) eine systematische Vorgehensweise in folgenden vier Etappen:

1. Visueller Entwurf der Bedienoberfläche

2. Zuweisen der Objekteigenschaften

3. Verknüpfen der Objekte mit Ereignissen

4. Kompilieren und Testen der Anwendung

Bereits die *erste Etappe* weist einen deutlichen Unterschied zur Konsolenprogrammiertechnik auf: Am Anfang steht der Oberflächenentwurf!

Ausgangsbasis ist das vom Editor bereitgestellte Startformular (*Form1*), welches mit diversen Steuerelementen, wie Schaltflächen (*Buttons*) oder Editierfenstern (*TextBox*en), ausgestattet wird. In der Toolbox (Werkzeugsammlung) finden Sie ein nahezu komplettes Angebot der Windows-typischen Steuerelementen. Diese werden, ähnlich wie in einem Zeichenprogramm, von der Toolbox ausgewählt, mittels Maus an ihre endgültige Position gezogen und (falls nötig) in ihrer Größe verändert.

Bereits während der ersten Etappe hat man, mehr oder weniger unbewusst, Eigenschaften, wie Position und Abmessungen von Formularen und Steuerelementen, verändert. In der *zweiten Etappe* braucht man sich eigentlich nur noch um die Eigenschaften zu kümmern, die von den Standardeinstellungen (Defaults) abweichen.

Die *dritte Etappe* haucht Leben in unsere bislang nur mit statischen Attributen ausgestatteten Objekte. Hier muss in so genannten *Ereignisbehandlungsroutinen* (Event-Handlern) festgelegt werden, **wie** das Formular oder das betreffende Steuerelement auf bestimmte Ereignisse zu reagieren hat. Visual Studio stellt auch hier "vorgefertigten" Rahmencode (erste und letzte Anweisung) für alle zum jeweiligen Objekt passenden Ereignisse zur Verfügung. Der Programmierer füllt diesen Rahmen mit C#-Quellcode aus. Hier können Methoden oder Prozeduren aufgerufen werden, aber auch Eigenschaften anderer Objekte lassen sich während der Laufzeit neu zuweisen.

In der *vierten Etappe* schlägt schließlich die Stunde der Wahrheit. Das von Ihnen geschriebene Programm wird vom C#-Compiler in einen Zwischencode übersetzt und läuft damit auf jedem Rechner, auf dem das .NET Framework installiert ist.

Allerdings ist die Arbeit des Programmierers nur in seltenen Fällen bereits nach einmaligem Durchlaufen aller vier Etappen getan. In der Regel müssen Fehler ausgemerzt und Ergänzungen vorgenommen werden, sodass sich der beschriebene Entwicklungszyklus auf ständig höherem Level so lange wiederholt, bis ein zufrieden stellendes Ergebnis erreicht ist.

Der in diesem Zyklus praktizierte visuelle Oberflächenentwurf, verbunden mit dem ereignisorientierten Entwurfskonzept, macht *Visual Studio 2010* zu einer hocheffektiven Entwicklungsumgebung für Windows- und Web-Anwendungen.

# 1.4  Die Entwicklungsumgebung von Visual Studio 2010

Visual Studio 2010 ist eine universelle Entwicklungsumgebung (IDE[1]) für Windows- und für Web-Anwendungen, die auf Microsofts .NET-Technologie basieren. Alle notwendigen Tools, wie z.B. für den visuellen Oberflächenentwurf, für die Codeprogrammierung und für die Fehlersuche, werden bereitgestellt.

C# ist nur eine der möglichen objektorientierten Sprachen, die Sie unter Visual Studio 2010 einsetzen können. So werden z.B. noch Visual Basic, Visual C++ und Visual F# unterstützt.

---

**HINWEIS:**  Der vorliegende Abschnitt soll lediglich einen allerersten Eindruck der IDE vermitteln, der sich erst durch die konkrete Arbeit mit den Praxisbeispielen am Ende dieses Kapitels verfestigen wird!

---

## 1.4.1  Der Startdialog

Wählen Sie auf der Startseite von Visual Studio 2010 den Menüpunkt *Neues Projekt...*, so öffnet sich der Startdialog "Neues Projekt" mit einem umfangreichen und zunächst verwirrenden Angebot an unterschiedlichen Vorlagen[2] für Visual C#-Projekttypen, wobei für den Einsteiger zunächst die klassische "Windows Forms-Anwendung" empfohlen wird.

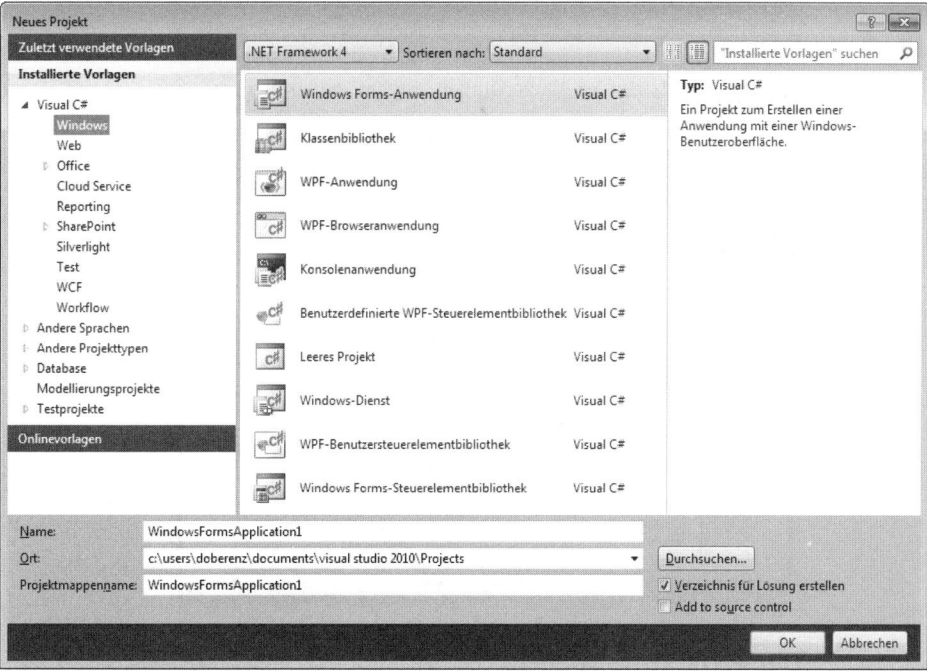

---

[1]  *Integrated Developers Environment*

[2]  Die Abbildung bezieht sich auf die Ultimate-Edition, bei den anderen Editionen von Visual Studio 2010 ist das Angebot an unterschiedlichen Projekttypen bzw. Vorlagen mehr oder weniger eingeschränkt.

Übrigens erlaubt es Visual Studio 2010, Programme für verschiedene .NET-Framework-Versionen zu entwickeln (Multi-Targeting, siehe obere ComboBox).

Haben Sie das Häkchen bei "Verzeichnis für Lösung erstellen" gesetzt, so erzeugt Visual Studio automatisch einen Unterordner mit dem Namen des Projekts in dem als Speicherort eingetragenen Hauptverzeichnis.

---

**HINWEIS:** Namen und Ort des Projekts sollten Sie unbedingt **vor** dem Klicken der *OK*-Schaltfläche eintragen, denn ein späteres Umbenennen ist ziemlich umständlich.

---

## 1.4.2 Die wichtigsten Fenster

Haben Sie als Projekttyp beispielsweise "Windows Forms-Anwendung" gewählt, könnte Ihnen Visual Studio 2010 etwa den folgenden Anblick bieten, wobei auf die für den Einsteiger zunächst wichtigsten Fenster besonders hingewiesen wird.

Falls sich eines der Fenster versteckt hat, können Sie es über das *Ansicht*-Menü herbeiholen.

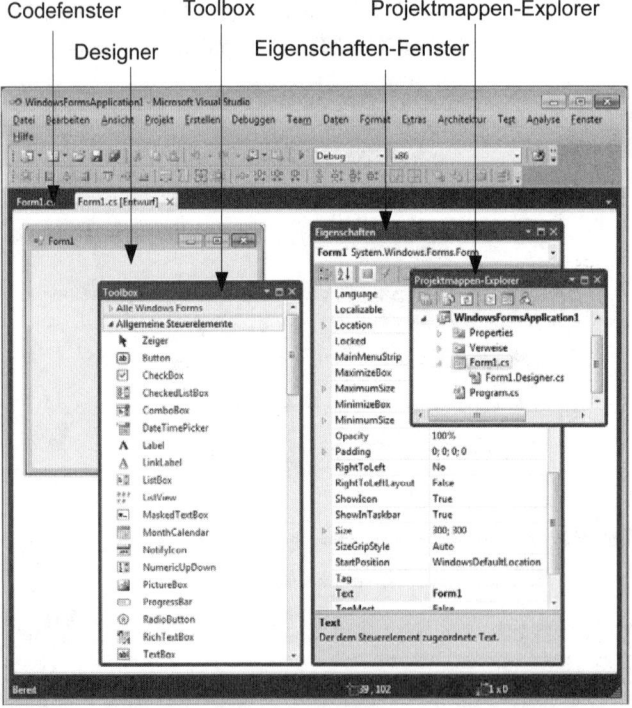

### Der Projektmappen-Explorer

Da es unter Visual Studio 2010 möglich ist, mehrere Projekte gleichzeitig zu bearbeiten, gibt es eine Projektmappendatei mit der Extension *.sln* (Solution), deren Inhalt im Projektmappen-Explorer (*STRG+R*) übersichtlich angezeigt wird. Sie können dieses Fenster deshalb ohne Übertreibung als "Schaltzentrale" Ihres Projekts betrachten.

Die zu jedem einzelnen C#-Projekt gehörigen Dateien und Einstellungen werden in einer XML-Datei mit der Extension *.csproj* (C#-Projekt) verwaltet.

---

**HINWEIS:** Öffnen Sie Ihre Projekte immer über die *.sln*-Projektmappendatei statt über die *.csproj*-Projektdatei, selbst wenn nur ein einziges Projekt enthalten ist!

---

Zur Bedeutung der einzelnen Einträge bzw. Dateien:

- *Properties*
  Hier sind verschiedene Dateien zusammengefasst, die die Projekteigenschaften bestimmen. *AssemblyInfo.cs* enthält z.B allgemeine Infos zur Assemblierung des Projekts, wie Titel, Beschreibung, Versionsnummer, Copyright. Weitere Dateien beziehen sich auf die Ressourcen und die Projekteinstellungen.

- *Verweise*
  Hier sind die aktuell für das Projekt gültigen Verweise auf Namensräume bzw. Assemblierungen enthalten. Standardmäßig hat Visual Studio bereits die wichtigsten Verweise eingestellt, weitere können Sie über das Kontextmenü der rechten Maustaste hinzufügen.

- *Form1.cs*
  Diese Datei enthält eine partielle Klasse[1], die den von Ihnen selbst hinzugefügten Code von *Form1* kapselt.

- *Form1.Designer.cs*
  Diese Datei enthält eine partielle Klasse, die den vom Windows Forms Designer automatisch generierten Code von *Form1* kapselt. Der gesamte Code von *Form1* ist also zwischen den partiellen Klassen in *Form1.cs* und *Form1.Designer.cs* aufgeteilt.

- *Program.cs*
  Eine statische Klasse, welche die *Main*-Methode (den Einspringpunkt der Anwendung) enthält. Innerhalb dieser Methode wird durch Aufruf von *Application.Run* eine Nachrichtenschleife gestartet, die ununterbrochen auf Ereignisse wartet, damit die Anwendung darauf reagieren kann.

Durch Doppelklick auf eine dieser Dateien können Sie diese im Designer bzw. im Codefenster zwecks Bearbeitung öffnen.

## Der Designer

Im Designer-Fenster entwerfen Sie die Programmoberfläche bzw. Benutzerschnittstelle. Ähnlich wie bei einem Zeichenprogramm entnehmen Sie der Toolbox Steuerelemente und ziehen diese per Drag & Drop auf ein Formular. Hier können Sie weitere Eigenschaften, wie z.B. Größe und Posi-

---

[1] Das Konzept partieller Klassen wird im OOP-Kapitel (Abschnitt 3.7.3) erläutert.

tion, direkt mit der Maus und andere, wie z.B. Farbe und Schriftart, über das Eigenschaften-Fenster ändern.

## Die Toolbox

Die Werkzeugsammlung (Toolbox) wird häufig benötigt (Menü *Ansicht/Toolbox* bzw. *STRG+W, X*). Auf verschiedenen Registerseiten, die später von Ihnen auch frei konfiguriert werden können (siehe Kapitel 23), finden Sie eine umfangreiche Palette verschiedenster Steuerelemente für Windows-Anwendungen.

## Das Eigenschaften-Fenster

Im Eigenschaften-Fenster (Menü *Ansicht/Eigenschaftenfenster* bzw. *F4*) werden die zur Entwurfszeit editierbaren Eigenschaften des gerade aktiven Steuerelements aufgelistet[1]. Normalerweise hat jede Eigenschaft bereits einen Standardwert, den Sie in vielen Fällen übernehmen können.

---

**HINWEIS:** Das Aktivieren eines bestimmten Steuerelements geschieht entweder durch Anklicken desselben auf dem Formular, oder durch dessen Auswahl in der Klappbox am oberen Rand des Eigenschaften-Fensters.

---

## Das Codefenster

Für die eigentliche Programmierung ist das Codefenster zuständig. Logischerweise wird dies damit auch zu Ihrem Hauptbetätigungsfeld als C#-Programmierer. Die folgende Abbildung zeigt das Codefenster für das Praxisbeispiel 1.7.2.

Der Code-Editor unterstützt Sie auf vielfältige Weise beim Schreiben von Quellcode, so markiert er Wörter farblich, unterbreitet Ihnen Vorschläge, weist Sie auf Fehler hin oder rückt den Text automatisch ein.

Bei allem Verständnis für Ihre Ungeduld: bevor Sie mit praktischen Beispielen beginnen, empfehlen wir Ihnen zunächst eine kleine Exkursion in die Untiefen von .NET.

---

[1] Lassen Sie sich nicht davon irritieren, dass das Eigenschaftenfenster auf einer extra Registerseite auch die zum Steuerelement gehörigen Ereignisse anbietet.

```
Form1.Designer.cs    Form1.cs*  ×   Form1.cs [Entwurf]*

WindowsFormsApplication1.Form1              textBox1_KeyUp(object sender, KeyEventArgs e)

namespace WindowsFormsApplication1
{
    public partial class Form1 : Form
    {
        public Form1()
        {
            InitializeComponent();
        }

        private float euro = 1, dollar = 1, kurs = 1;

        private void textBox1_KeyUp(object sender, KeyEventArgs e)
        {
            euro = Convert.ToSingle(textBox1.Text);
            dollar = euro * kurs;
            textBox2.Text = dollar.ToString("#,##0.00");
        }

100 %
```

# 1.5 Microsofts .NET-Technologie

Ganz ohne Theorie geht nichts! In diesem leider etwas "trockenen" Abschnitt sollen Sie sich mit der grundlegenden .NET-Philosophie und den damit verbundenen Konzepten, Begriffen und Features anfreunden. Dazu dürfen Sie Ihrem Rechner ruhig einmal eine Pause gönnen.

## 1.5.1 Zur Geschichte von .NET

Mehrere Jahre lang hatte Microsoft an .NET herumgewerkelt, bis es am 16. Januar 2002 endlich so weit war und das .NET-Framework und die Entwicklungsumgebung Visual Studio .NET der Entwicklergemeinde präsentiert werden konnten.

Das Kürzel .NET ist die Bezeichnung für eine gemeinsame Plattform für viele Programmiersprachen. Beim Kompilieren von .NET-Programmen wird der jeweilige Quelltext in MSIL (*Microsoft Intermediate Language*) übersetzt. Es gibt nur ein gemeinsames Laufzeitsystem für alle Sprachen, die so genannte CLR (*Common Language Runtime*), das die MSIL-Programme ausführt.

Die neue .NET-Technologie wurde deshalb notwendig, weil sich die Anforderungen an moderne Softwareentwicklung in den letzten Jahren dramatisch verändert haben, wobei das Internet mit seinen hohen Ansprüchen an die Skalierbarkeit einer Anwendung, die Verteilbarkeit auf mehrere Schichten und ausreichende Sicherheit der hauptsächliche Motor war, sich nach einer grundlegend neuen Sprachkonzeption umzuschauen.

Mit .NET fand ein radikaler Umbruch in der Geschichte der Softwareentwicklung statt. Nicht nur dass jetzt "echte" objektorientierte Programmierung zum obersten Dogma erhoben wird, nein, auch eine langjährig bewährte Sprache wie das alte Visual Basic wurde völlig umgekrempelt und die einst hoch gelobte COM-Technologie zum Auslaufmodell erklärt!

## Warum eine neue Programmiersprache?

C# wurde ausschließlich für das .NET-Framework konzipiert, wobei versucht wurde, das Beste aus den etablierten Programmiersprachen Java, JavaScript, Visual Basic und C++ zu kombinieren, ohne aber deren Nachteile zu übernehmen.

Da sich die etablierten Sprachen nicht ohne größere Kompromisse an das .NET-Framework anpassen ließen, haben die .NET-Entwickler die Gelegenheit beim Schopf gepackt und eine "maßgeschneiderte" .NET-Sprache entwickelt. C# setzt sauber auf dem .NET-Framework auf und kommt ohne "faule" Kompatibilitäts-Kompromisse aus, wie sie z.B. teilweise bei Visual Basic erforderlich waren.

Ein großer Teil der .NET-Klassenbibliotheken ist selbst in C# programmiert, C# ist somit die Systemsprache von .NET und spielt gewissermaßen die gleiche Rolle wie C++ für Windows.

Als konsequent objektorientierte Sprache erfüllt C# folgende Kriterien:

- **Abstraktion**
  Die Komplexität eines Geschäftsproblems ist beherrschbar, indem eine Menge von abstrakten Objekten identifiziert werden können, die mit dem Problem verknüpft sind.

- **Kapselung**
  Die interne Implementation einer solchen Abstraktion wird innerhalb des Objekts versteckt.

- **Polymorphie**
  Ein und dieselbe Methode kann auf mehrere Arten implementiert werden.

- **Vererbung**
  Es wird nicht nur die Schnittstelle, sondern auch der Code einer Klasse vererbt (Implementations-Vererbung statt der COM-basierten Schnittstellen-Vererbung).

Microsoft kann natürlich nicht über Nacht die COM-Technologie auf die Müllkippe entsorgen, denn zu viele Programmierer würden dadurch auf immer und ewig verprellt werden und sich frustriert einer stabileren Entwicklungsplattform zuwenden. Aus diesem Grund wird COM auch in .NET noch einige Zeit sein Gnadenbrot erhalten.

## Wie funktioniert eine .NET-Sprache?

Jeder in einer beliebigen .NET-Programmiersprache geschriebene Code wird beim Kompilieren in einen Zwischencode, den so genannten MSIL-Code (*Microsoft Intermediate Language Code*), übersetzt, der unabhängig von der Plattform bzw. der verwendeten Hardware ist und dem man es auch nicht mehr ansieht, in welcher Sprache seine Source geschrieben wurde.

---

**HINWEIS:** Das .NET-Konzept sieht fast wie ein Java-Plagiat aus, allerdings mit dem "feinen" Unterschied, dass es nicht an eine bestimmte Programmiersprache gebunden ist!

---

Erst wenn der MSIL-Code von einem Programm zur Ausführung genutzt werden soll, wird er vom *Just-in-Time(JIT)-Compiler* in Maschinencode übersetzt[1]. Ein .NET-Programm wird also vom Entwurf bis zu seiner Ausführung auf dem Zielrechner tatsächlich zweimal kompiliert (siehe folgende Abbildung).

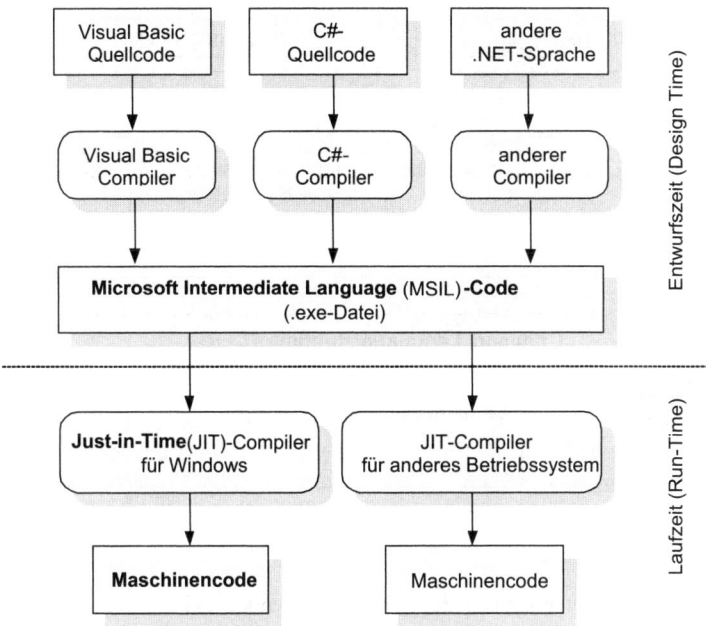

**HINWEIS:** Für die Installation eines Programms ist in der Regel lediglich die Weitergabe des MSIL-Codes erforderlich. Voraussetzung ist allerdings das Vorhandensein der .NET-Laufzeitumgebung (CLR), die Teil des .NET Frameworks ist, auf dem Zielrechner.

## 1.5.2  .NET-Features und Begriffe

Mit Einführung von Microsofts .NET-Technologie prasselte auch eine Vielzahl neuer Begriffe auf die Entwicklergemeinde ein. Wir wollen hier nur die wichtigsten erklären.

### .NET-Framework

.NET ist die Infrastruktur für die gesamte .NET-Plattform, es handelt sich hierbei gleichermaßen um eine Entwurfs- wie um eine Laufzeitumgebung, in welcher Windows- und Web-Anwendungen erstellt und verteilt werden können.

Die nachfolgende Abbildung versucht, einen groben Überblick über die Komponenten des .NET Frameworks zu geben.

---

[1] Der Begriff "jeder Code" schließt z.B. auch den Code der ASP.NET-Seiten ein.

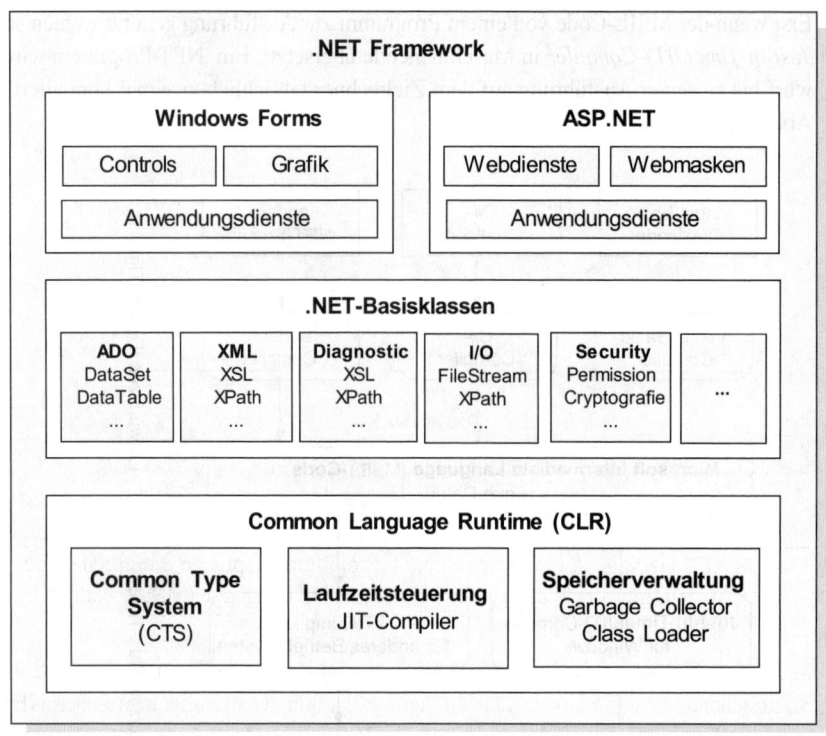

Zu den wichtigsten Komponenten des .NET-Frameworks und den damit zusammenhängenden Begriffen zählen:

- Common Language Specification (CLS)

- Common Type System (CTS)

- Common Language Runtime (CLR)

- .NET-Klassenbibliothek

- diverse Basisklassenbibliotheken wie ADO.NET und ASP.NET

- diverse Compiler z.B. für C#, VB.NET ...

Im Folgenden sollen die einzelnen .NET-Bestandteile einer näheren Betrachtung unterzogen werden.

## Die Common Language Specification (CLS)

Um den sprachunabhängigen MSIL-Zwischencode erzeugen zu können, müssen allgemein gültige Richtlinien und Standards für die .NET-Programmiersprachen existieren. Diese werden durch die *Common Language Specification* (CLS) definiert, die eine Reihe von Eigenschaften festlegt, die jede .NET-Programmiersprache erfüllen muss.

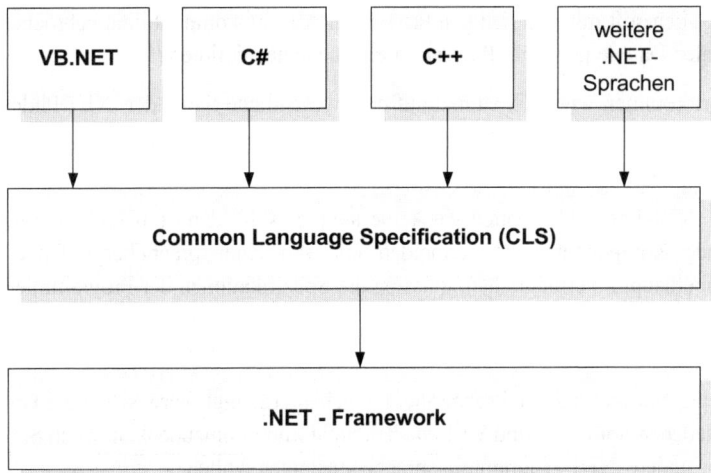

Ganz egal, mit welcher .NET-Programmiersprache Sie arbeiten, der Quellcode wird immer in ein und dieselbe Intermediate Language (MSIL) kompiliert.

Besonders für die Entwicklung von .NET-Anwendungen im Team haben die Standards der CLS weitreichende positive Konsequenzen, denn es ist nun zweitrangig, in welcher .NET-Programmiersprache Herr Müller die Komponente X und Herr Meier die Komponente Y schreibt. Alle Komponenten werden problemlos miteinander interagieren!

Auf einen wichtigen Bestandteil des CLS kommen wir im folgenden Abschnitt zu sprechen.

## Das Common Type System (CTS)

Ein Kernbestandteil der CLS ist das *Common Type System (CTS)*, es definiert alle Typen[1], die von der .NET-Laufzeitumgebung (CLR) unterstützt werden.

Alle diese Typen lassen sich in zwei Kategorien aufteilen:

- Wertetypen (werden auf dem Stack abgelegt)
- Referenztypen (werden auf dem Heap abgelegt)

Zu den Wertetypen gehören beispielsweise die ganzzahligen Datentypen und die Gleitkommazahlen, zu den Referenztypen zählen die Objekte, die aus Klassen instanziiert wurden.

HINWEIS: Dass unter .NET auch die Wertetypen letztendlich als Objekte betrachtet und behandelt werden, liegt an einem als *Boxing* bezeichneten Verfahren, das die Umwandlung eines Werte- in einen Referenztypen zur Laufzeit besorgt.

---

[1] Unter .NET spricht man allgemein von Typen und meint damit Klassen, Interfaces und Datentypen, die als Wert übergeben werden.

Warum hat Microsoft mit dem heiligen Prinzip der Abwärtskompatibilität gebrochen und selbst die fundamentalen Datentypen einer Programmiersprache neu definiert?

Als Antwort kommen wir noch einmal auf eine wesentliche Säule der .NET-Philosophie zu sprechen, auf die durch CLS/CTS manifestierte Sprachunabhängigkeit und auf die Konsequenzen, die dieses neue Paradigma nach sich zieht.

Microsofts .NET-Entwickler hatten gar keine andere Wahl, denn um Probleme beim Zugriff auf sprachfremde Komponenten zu vermeiden und um eine sprachübergreifende Programment-wicklung überhaupt zu ermöglichen, mussten die Spezifikationen der Programmiersprachen durch die CLS einander angepasst werden. Dazu müssen alle wesentlichen sprachbeschreibenden Elemente – wie vor allem die Datentypen – in allen .NET-Programmiersprachen gleich sein.

Da .NET eine Normierung der Programmiersprachen erzwingt, verwischen die Grenzen zwischen den verschiedenen Sprachen, und Sie brauchen nicht immer umzudenken, wenn Sie tatsächlich einmal auf eine andere .NET-Programmiersprache umsteigen wollen.

Als Lohn für die Mühen und den Mut, die eingefahrenen Gleise seiner altvertrauten Sprache zu verlassen, winken dem Entwickler wesentliche Vereinfachungen. So sind die Zeiten des alltäg-lichen Ärgers mit den Datentypen – wie z.B. bei der Übergabe eines Integers an eine C-DLL – end-gültig vorbei.

### Die Common Language Runtime (CLR)

Die Laufzeitumgebung bzw. *Common Language Runtime* (CLR) ist die Umgebung, in welcher .NET-Programme auf dem Zielrechner ausgeführt werden, sie muss auf einem Computer nur ein-mal installiert sein, und schon laufen sämtliche .NET-Anwendungen, egal ob sie in C#, VB.NET oder Delphi.NET programmiert wurden. Die CLR zeichnet für die Ausführung der Anwendungen verantwortlich und kooperiert auf Basis des CTS mit der MSIL.

Mit ihren Fähigkeiten bildet die *Common Language Runtime* (CLR) gewissermaßen den Kern von .NET. Den Code, der von der CLR ausgeführt wird, bezeichnet man auch als verwalteten bzw. *Managed Code*.

Die CLR ist innerhalb des .NET-Frameworks nicht nur für das Ausführen von verwaltetem Code zuständig, der Aufgabenbereich der CLR ist weitaus umfangreicher und umfasst zahlreiche Dienste, die als Bindeglied zwischen dem verwalteten MSIL-Code und dem Betriebssystem des Rechners die Anforderungen des .NET-Frameworks sicherstellen, wie z.B.

- ClassLoader

- Just-in-Time(JIT)-Compiler

- ExceptionManager

- Code Manager

- Security Engine

- Debug Machine

- Thread Service

- COM-Marshaller

Die Verwendung der sprachneutralen MSIL erlaubt die Nutzung des CTS und der Basisklassen für alle .NET-Sprachen gleichermaßen. Einziger hardwareabhängiger Bestandteil des .NET-Frameworks ist der Just-in-Time Compiler. Deshalb kann der MSIL-Code im Prinzip frei zwischen allen Plattformen bzw. Geräten, für die ein .NET Framework existiert, ausgetauscht werden.

### Namespaces ersetzen Registry

Alle Typen des .NET-Frameworks werden in so genannten Namensräumen (Namespaces) zusammengefasst. Unabhängig von irgendeiner Klassenhierarchie wird jede Klasse einem bestimmten Anwendungsgebiet zugeordnet.

Die folgende Tabelle zeigt beispielhaft einige wichtige Namespaces für die Basisklassen des .NET-Frameworks:

| Namespace | ... enthält Klassen für ... |
| --- | --- |
| *System.Windows.Forms* | ... Windows-basierte Anwendungen |
| *System.Collections* | ... Objekt-Arrays |
| *System.Drawing* | ... die Grafikprogrammierung |
| *System.Data* | ... den ADO-Datenbankzugriff |
| *System.Web* | ... die HTTP-Webprogrammierung |
| *System.IO* | ... Ein- und Ausgabeoperationen |

Mit den Namespaces hat auch der Ärger mit der Registrierung von (COM-)Komponenten bei Versionskonflikten sein Ende gefunden, denn eine unter .NET geschriebene Komponente wird von der .NET-Runtime nicht mehr über die ProgID der Klasse mit Hilfe der Registry lokalisiert, sondern über einen in der Runtime enthaltenen Mechanismus, welcher einen Namespace einer angeforderten Komponente sowie deren Version für das Heranziehen der "richtigen" Komponente verwendet.

### Assemblierungen

Unter einer Assemblierung (*Assembly*) versteht man eine Basiseinheit für die Verwaltung von Managed Code und für das Verteilen von Anwendungen, sie kann sowohl aus einer einzelnen als auch aus mehreren Dateien (Modulen) bestehen. Eine solche Datei (*.dll* oder *.exe*) enthält MSIL-Code (kompilierter Zwischencode).

Die Klassenverwaltung in Form von selbst beschreibenden Assemblies vermeidet Versionskonflikte von Komponenten und ermöglicht vor allem dynamische Programminstallationen aus dem Internet. Anstatt der bei einer klassischen Installation bisher erforderlichen Einträge in die Windows-Registry genügt nunmehr einfaches Kopieren der Anwendung.

Normalerweise müssen Sie die Assemblierungen referenzieren, in welchen die von Ihrem Programm verwendeten Typen bzw. Klassen enthalten sind. Eine Ausnahme ist die Assemblierung *mscorlib.dll*, welche die Basistypen des .NET Frameworks in verschiedenen Namensräumen umfasst (siehe obige Tabelle).

## Zugriff auf COM-Komponenten

Verweise auf COM-DLLs werden so eingebunden, dass sie zur Entwurfszeit quasi wie .NET-Komponenten behandelt werden können.

Über das Menü *Projekt|Verweis hinzufügen...* und Auswahl des "COM"-Registers erreichen Sie die Liste der verfügbaren COM-Bibliotheken. Nachdem Sie die gewünschte Bibliothek selektiert haben, können Sie die COM-Komponente wie gewohnt ansprechen.

---

**HINWEIS:** Wenn Sie COM-Objekte, wie z.B. alte ADO-Bibliotheken, in Ihre .NET-Projekte einbinden wollen, müssen Sie auf viele Vorteile von .NET verzichten. Durch den Einbau der zusätzlichen Interoperabilitätsschicht sinkt die Performance meist deutlich ab.

---

## Metadaten und Reflexion

Das .NET-Framework stellt im *System.Reflection*-Namespace einige Klassen bereit, die es erlauben, die Metadaten (Beschreibung bzw. Strukturinformationen) einer Assembly zur Laufzeit auszuwerten, womit z.B. eine Untersuchung aller dort enthaltenen Typen oder Methoden möglich ist.

Die Beschreibung durch die .NET-Metadaten ist allerdings wesentlich umfassender als es in den gewohnten COM-Typbibliotheken üblich war. Außerdem werden die Metadaten direkt in der Assembly untergebracht, die dadurch selbstbeschreibend wird und z.B. auf Registry-Einträge verzichten kann. Metadaten können daher nicht versehentlich verloren gehen oder mit einer falschen Dateiversion kombiniert werden.

---

**HINWEIS:** Es gibt unter .NET nur noch eine einzige Stelle, an der sowohl der Programmcode als auch seine Beschreibung gespeichert wird!

---

Metadaten ermöglichen es, zur Laufzeit festzustellen, welche Typen benutzt und welche Methoden aufgerufen werden. Daher kann .NET die Umgebung an die Anwendung anpassen, sodass diese effizienter arbeitet.

Der Mechanismus zur Abfrage der Metadaten wird Reflexion (*Reflection*) genannt. Das .NET-Framework bietet dazu eine ganze Reihe von Methoden an, mit denen jede Anwendung – nicht nur die CLR – die Metadaten von anderen Anwendungen abfragen kann.

Auch Entwicklungswerkzeuge wie Microsoft Visual Studio verwenden die Reflexion, um z.B. den Mechanismus der Intellisense zu implementieren. Sobald Sie einen Methodennamen eintippen, zeigt die Intellisense eine Liste mit den Parametern der Methode an oder auch eine Liste mit allen Elementen eines bestimmten Typs.

Weitere nützliche Werkzeuge, die auf der Basis von Reflexionsmethoden arbeiten, sind der IL-Disassembler (ILDASM) des .NET Frameworks oder der .NET-Reflector.

---

**HINWEIS:** Eine besondere Bedeutung hat Reflexion im Zusammenhang mit dem Auswerten von Attributen zur Laufzeit (siehe folgender Abschnitt).

---

## Attribute

Wer noch in älteren objektorientierten Sprachen (z.B. VB 6, Delphi 7) zu Hause ist, der kennt Attribute als Variablen, die zu einem Objekt gehören und damit seinen Zustand beschreiben.

Unter .NET haben Attribute eine grundsätzlich andere Bedeutung:

---

**HINWEIS:** .NET-Attribute stellen einen Mechanismus dar, mit welchem man Typen und Elemente einer Klasse schon beim Entwurf kommentieren und mit Informationen versorgen kann, die sich zur Laufzeit mittels Reflexion abfragen lassen.

---

Auf diese Weise können Sie eigenständige selbstbeschreibende Komponenten entwickeln, ohne die erforderlichen Infos separat in Ressourcendateien oder Konstanten unterbringen zu müssen. So erhalten Sie mobilere Komponenten mit besserer Wartbarkeit und Erweiterbarkeit.

Man kann Attribute auch mit "Anmerkungen" vergleichen, die man einzelnen Quellcode-Elementen, wie Klassen oder Methoden, "anheftet". Solche Attribute gibt es eigentlich in jeder Programmiersprache, sie regeln z.B. die Sichtbarkeit eines bestimmten Datentyps. Allerdings waren diese Fähigkeiten bislang fest in den Compiler integriert, während sie unter .NET nunmehr direkt im Quellcode zugänglich sind. Das heißt, dass .NET-Attribute typsichere, erweiterbare Metadaten sind, die zur Laufzeit von der CLR (oder von beliebigen .NET-Anwendungen) ausgewertet werden können.

Mit Attributen können Sie Design-Informationen definieren (z.B. zur Dokumentation), Laufzeit-Infos (z.B. Namen einer Datenbankspalte für ein Feld) oder sogar Verhaltensvorschriften für die Laufzeit (z.B. ob ein gegebenes Feld an einer Transaktion teilnehmen darf). Die Möglichkeiten sind quasi unbegrenzt.

Wenn Ihre Anwendung beispielsweise einen Teil der erforderlichen Informationen in der Registry abspeichert, muss bereits beim Entwurf festgelegt werden, wo die Registrierschlüssel abzulegen sind. Solche Informationen werden üblicherweise in Konstanten oder in einer Ressourcendatei untergebracht oder sogar fest in die Aufrufe der entsprechenden Registrierfunktionen eingebaut. Wesentliche Bestandteile der Klasse werden also von der übrigen Klassendefinition abgetrennt. Der Attribute-Mechanismus macht damit Schluss, denn er erlaubt es, derlei Informationen direkt an die Klassenelemente "anzuheften", so dass letztendlich eine sich vollständig selbst beschreibende Komponente vorliegt.

## Serialisierung

Fester Bestandteil des .NET-Frameworks ist auch ein Mechanismus zur Serialisierung von Objekten. Unter Serialisierung versteht man das Umwandeln einer Objektinstanz in sequenzielle Daten, d.h. in binäre oder XML-Daten oder in eine SOAP-Nachricht mit dem Ziel, die Objekte als Datei permanent zu speichern oder überNetzwerke zu verschicken.

Auf umgekehrtem Weg rekonstruiert die Deserialisierung aus den Daten wieder die ursprüngliche Objektinstanz.

Das .NET-Framework unterstützt zwei verschiedene Serialisierungsmechanismen:

■ Die *Shallow-Serialisierung* mit der Klasse *System.Xml.Serialization.XmlSerializer*.

■ Die *Deep-Serialisierung* mit den Klassen *BinaryFormatter* und *SoapFormatter* aus dem *System.Runtime.Serialization*-Namespace.

Aufgrund ihrer Einschränkungen (geschützte und private Objektfelder bleiben unberücksichtigt) ist die Shallow-Serialisierung für uns weniger interessant. Hingegen werden bei der Deep-Serialisierung alle Felder berücksichtigt, Bedingung ist lediglich die Kennzeichnung der Klasse mit dem Attribut *[Serializable]*.

Anwendungsgebiete der Serialisierung finden sich bei ASP.NET, ADO.NET, XML etc.

## Multithreading

Multithreading ermöglicht es einer Anwendung, ihre Aktivitäten so aufzuteilen, dass diese unabhängig voneinander ausgeführt werden können, bei gleichzeitig besserer Auslastung der Prozessorzeit. Allgemein sind Threads keine Besonderheit von .NET, sondern auch in anderen Programmierumgebungen durchaus üblich.

Unter .NET laufen Threads in einem Umfeld, das Anwendungsdomäne genannt wird, Erstellung und Einsatz erfolgen mit Hilfe der Klasse *System.Threading.Thread*.

Nicht in jedem Fall ist die Aufnahme zusätzlicher Threads die beste Lösung, da man sich dadurch auch zusätzliche Probleme einhandeln kann. So ist beim Umgang mit mehreren Threads die Threadsicherheit von größter Bedeutung, d.h., aus Sicht der Threads müssen die Objekte stets in einem gültigen Zustand vorliegen und das auch dann, wenn sie von mehreren Threads gleichzeitig benutzt werden.

## Objektorientierte Programmierung pur

Last but not least wollen wir am Ende unserer kleinen Rundreise durch die .NET-Higlights noch einmal auf das allem zugrunde liegende OOP-Konzept verweisen, denn .NET ist komplett objektorientiert aufgebaut – unabhängig von der verwendeten Sprache oder der Zielumgebung, für die programmiert wird (Windows- oder Web-Anwendung).

Jeder .NET-Code ist innerhalb einer Klasse verborgen, und sogar einfache Variablen sind zu Objekten mutiert, die Eigenschaften und Methoden bereitstellen. Es macht deshalb wenig Sinn, mit der Einführung in die Sprache C# fortzufahren ohne sich vorher mit dem Konzept der OOP vertraut gemacht zu haben (siehe Kapitel 3).

# 1.6  Wichtige Neuigkeiten in Visual Studio 2010

Den Lesern, die bereits mit der Vorgängerversion (Visual Studio 2008, C# 3.x) gearbeitet haben, soll ein kurzer Blick auf die wichtigsten Neuerungen der Version 2010 (bzw. C# 4.0) nicht vorenthalten werden.

Insgesamt bietet Visual Studio 2010 zahlreiche Verbesserungen und technische Highlights in fast allen Bereichen, von den Benutzeroberflächen über die Modellierung, den Datenbankzugriff bis hin zum Testen und Verteilen.

## 1.6.1  Die verschiedenen Pakete

Die bisherigen Editionen (Express, Standard, Professional, Team Suite) entfallen teilweise bzw. wurden umbenannt. So gibt es beispielsweise keine Standard Edition mehr.

*Visual Studio 2010 Ultimate* ersetzt das bisherige Spitzenprodukt Visual Studio Team Suite und enthält – wie zuvor Team Suite – alle rollenspezifischen Funktionen sowie alle exklusiven neuen Funktionen.

*Visual Studio 2010 Premium* entspricht in etwa dem kombinierten Leistungsumfang der bisherigen Team System Development Edition plus der Team System Database Edition plus neuen Funktionen aus Visual Studio 2010.

*Visual Studio 2010 Professional* ist etwa vergleichbar mit dem Leistungsumfang des gleichnamigen Vorgängerpakets plus den wichtigsten neuen Funktionen.

## 1.6.2  Die neue Visual C# Entwicklungsumgebung

Die IDE von Visual Studio 2010 offeriert weitaus mehr Neuigkeiten, als es beispielsweise die neue Startseite sowie die optimierte Anordnung von Menüs und Symbolleisten zunächst vermuten lassen.

---

**HINWEIS:** Leider sind einige der neuen IDE-Features, wie beispielsweise die erweiterten Debugging- oder UML-Tools, nur in den Premium- bzw. Ultimate-Paketen von Visual Studio 2010 verfügbar, sie werden deshalb in diesem Buch eher am Rande erwähnt.

---

### Call Hierarchy

Die Aufrufs-Hierarchie ermöglicht ein Navigieren durch den Code, wobei folgende Informationen angezeigt werden:

- Alle Aufrufe von und zu einer selektierten Eigenschaft oder Methode (bzw. Konstruktor).
- Alle Implementierungen eines Schnittstellen-Mitglieds.
- Alle Überschreibungen eines virtuellen abstrakten Mitglieds.

Dieses nützliche Feature erleichtern Ihnen das Nachvollziehen des Programmablaufs und das Verständnis der Auswirkungen von Codeänderungen.

## IntelliSense Suggestion Mode

Die IntelliSense besitzt nunmehr zwei Optionen zum automatischen Vervollständigen, den *Completion Mode* und den *Suggestion Mode*. Letzterer wird dann verwendet, wenn auf Klassen und deren Mitglieder bereits vor ihrer Definition zugegriffen werden soll.

## Navigate To

Diese Neuigkeit unterstützt Sie bei der Suche nach einem bestimmten Symbol bzw. einer Datei im Quellcode.

## Highlighting von Verweisen

Dieses Feature ermöglicht es Ihnen, durch Klick auf ein bestimmtes Symbol alle Verweise auf dieses Symbol optisch hervorzuheben. Zum Navigieren zwischen den Verweisen verwenden Sie CTRL+SHIFT+↓ oder CTRL+SHIFT+↑.

## Live Semantic Errors

Das Feature "Lebendige Semantikfehler" wurde weiter vervollständigt. Die durch das Unterstreichen mittels Wellenlinien hervorgehobenen Fehler und Warnungen beziehen sich jetzt auch auf Konstrukte außerhalb von Methodenkörpern, wie beispielsweise Rückgabe- und Parametertypen.

## Generate From Usage

Mit dem Feature "Bei Gebrauch erzeugen" ist es nun möglich, Klassen, Methoden, Eigenschaften und Felder automatisch erstellen zu lassen, während man bereits mit den nicht vorhandenen Referenzen arbeitet. Sie müssen dazu Ihre aktuelle Stelle im Code nicht verlassen, sondern können im Rumpf einer Klasse Methoden, Eigenschaften oder Enumerationen generieren lassen[1].

## Historical Debugging

Bislang war es nur möglich, sich beim Debuggen den aktuellen Wert von Variablen an der Stelle zu betrachten, an der der Fehler aufgetreten ist. Mit *Historical Debugging* ist es möglich, die Anwendung quasi "rückwärts" laufen zu lassen. Variablen bekommen so wieder den Wert, den sie vorher hatten.

## Integration von Silverlight

Silverlight 3.0 ist nun in Visual Studio integriert und muss nicht mehr nachträglich installiert werden. Es gibt einen grafischen WPF-Designer für die Oberfläche von Silverlight-Anwendungen.

---

[1] Durch dieses Feature wird beispielsweise auch die so genannte *Testgetriebene Entwicklung* (test-driven development) unterstützt.

## 1.6.3   Neuheiten im .NET Framework 4.0

Das .NET Framework 4 bringt eine gewaltige Flut von Neuerungen mit sich, zu deren wichtigsten wohl die **dynamische und die parallele Programmierung** zählen.

### Dynamic Language Runtime

Die DLR (*Dynamic Language Runtime*) gestattet es, ein bestehendes Objekt zur Laufzeit mit den gewünschten Eigenschaften auszurüsten. Es baut auf die CLR (*Common Langugae Runtime*) auf und ermöglicht auf diese Weise dynamische Sprachen wie Python oder Ruby. Die mit DLR realisierte .NET-Python-Variante ist IronPython.

### Numerische Typen

Auch einige neue numerische Typen sind in das .NET Framework 4.0 eingezogen:

- Für beliebig große ganzzahlige Werte steht *System.Numerics.BigInteger* zur Verfügung. Dieser Datentyp gestattet das Anlegen und Arbeiten mit einer (theoretisch) unendlich großen Ziffernfolge.

- Mit dem neuen Datentyp *System.Numeric.Complex* ist das .NET Framework nun auch in der Lage, auf direktem Weg mit komplexen Zahlen zu arbeiten.

### Generische Datenstrukturen

Neu sind beispielsweise die folgenden generischen Klassen:

- Die *System.Tuple<>*-Klasse erlaubt es, bis zu acht Elemente unterschiedlichen Typs zusammen in einem Tupel abzuspeichern.

- Mit der *System.Collections.Generic.SortedSet<>*-Klasse werden automatisch sortierte Menge realisiert.

### Garbage Collection

Die Garbage Collection wurde verbessert. Ein Thread führt bei Bedarf diese Aufgabe mit niedriger Priorität im Hintergrund durch.

### Lazy Initialization

Die verzögerte Initialisierung (Lazy Initialization) hat zur Folge, dass Objekte erst dann Speicherplatz belegen, wenn sie wirklich verwendet werden.

### Code Contracts

Es wurde die statische *System.Diagnostics.Contracts.Contract*-Klasse eingeführt. Damit können bei der Implementierung von Methoden Annahmen über Parameter- und Rückgabewerte festgelegt werden.

### Side-by-Side-Execution

Dieses Feature ermöglicht es, dass nun innerhalb eines Prozesses unterschiedliche .NET-Framework-Versionen (ab 2.0) Seite an Seite ausgeführt werden können.

## 1.6.4   C# 4.0 Sprache und Compiler

Für viele Jahre gab es wichtige Unterschiede zwischen den Sprachfeatures von C# und VB, wobei bekannterweise jede Sprache ihre eigenen Vorzüge hat. So ist zum Beispiel bei VB der Interop-Support von LINQ und COM exzellent. In C# hat man eine klarere Syntax, keinen Ärger mit der Zeilenfortsetzung und kann mehrzeilige Lambda-Ausdrücke schreiben. Diese Aufzählung könnte beliebig fortgeführt werden, wichtig aber ist jetzt folgende generelle Feststellung:

---

**HINWEIS:** Unter C# 4.0 beginnt die Liste der Unterschiede zu VB zu schrumpfen, denn bei der Entwicklung von .NET 4.0 hat Microsoft beide Teams endlich gemeinsam an einen Tisch gesetzt.

---

Für den C#-Programmierer ergibt sich eine ganze Reihe interessanter neuer Möglichkeiten:

### Dynamischer Support

Visual C# 2010 unterstützt spätes Binden (late binding) an dynamische Typen. Zu diesem Zweck wurde der Datentyp *dynamic* eingeführt. Mit dieser Erweiterung sind viele neue Szenarien möglich, z.B. der vereinfachte Zugriff auf COM APIs wie die Office Automation APIs oder auf das HTML Document Object Model (DOM).

### Kovarianz und Kontravarianz

Kovarianz ermöglicht Ihnen das Zuweisen eines tiefer abgeleiteten Typs als der, welcher durch den generischen Parameter spezifiziert wurde. Umgekehrt erlaubt Ihnen Kontravarianz das Zuweisen eines weniger tief abgeleiteten Typs. Damit können Sie Klassen implizit konvertieren, die verschiedene Interfaces implementieren und so mehr Flexibilität beim Abgleich der Methodensignaturen mit verschiedenen Delegaten-Typen erreichen. Variant-Interfaces und Delegates können unter Verwendung der Schlüsselwörter *in* und *out* erzeugt werden.

### Office Programmierung

Der Zugriff auf die Office Automation API wird nicht nur durch dynamische Typen, sondern auch durch optionale und benannte Argumenten, indizierte Eigenschaften und optionale *ref*-Modifizierer unterstützt.

### Parallele Programmierung/PLINQ

Als Reaktion auf die zunehmende Verfügbarkeit von Mehrprozessorplattformen wurde die Unterstützung für paralleles Programmieren erweitert (neue Runtime, neue Typen für die Klassenbibliothek, neue Diagnostic-Tools). Parallel Language Integrated Query (PLINQ) bietet eine einfache

Möglichkeit, die Vorteile paralleler Hardware einschließlich herkömmlicher Mehrprozessor-computer und der neueren Generation von Mehrkernprozessoren zu nutzen.

### Typäqivalenz-Support

Sie können nun Applikationen vertreiben, die über eingebettete Typinformationen verfügen, anstatt über Typinformationen, die von einer primären Interop Assembly (PIA) importiert wurden. Mit eingebetteten Typinformationen können Ihre Applikationen auf Typen zur Laufzeit zugreifen, ohne dass dazu eine Referenz auf eine Runtime Assembly erforderlich ist. Falls verschiedene Versionen der Laufzeit-Assembly veröffentlicht wurden, kann Ihre Applikation mittels eingebetteter Typinformationen mit diesen verschiedenen Versionen arbeiten, ohne dazu erneut kompiliert werden zu müssen.

### Verbesserungen bei der Dateiarbeit

Die Performance beim Zugriff auf umfangreiche Dateien wurde durch neue Methoden verbessert. Neue Klassen erleichtern die Programmierung von Memory Mapped Files.

### Neue Kommandozeilen-Optionen

Die */langversion* Compiler-Option veranlasst den Compiler, nur die für die spezifizierte C#-Version gültige Syntax zu akzeptieren.

Die */appconfig* Compiler-Option ermöglicht es einer C# Applikation, die Konfigurations-Datei einer Assembly für den Compiler zu lokalisieren.

# 1.7   Praxisbeispiele

Bereits im Abschnitt 1.3.3 hatten wir Ihnen die vier Etappen der Programmentwicklung in Visual Studio ganz allgemein erklärt. Jetzt wollen wir Nägel mit Köpfen machen und diese Schritte anhand von drei Beispielen (ein ganz einfaches und zwei etwas anspruchsvollere) praktisch nach-vollziehen.

Für diese kleinen Applikationen sind nicht die geringsten Programmierkenntnisse erforderlich, es geht vielmehr darum, ein erstes Gefühl für die Anwendungsentwicklung unter Visual Studio 2010 zu gewinnen.

## 1.7.1   Windows-Anwendung für Einsteiger

Die bescheidene Funktionalität beschränkt sich auf ein Fensterchen mit einer Schaltfläche, über welche per Mausklick die Beschriftung der Titelleiste in "Hallo C#-Freunde" geändert werden kann. Das Beispiel demonstriert, mit welch geringem Aufwand man in Visual Studio eigene Anwendungen erstellen kann. Der damit ausgelöste Aha-Effekt wird Sie sicher ausreichend moti-vieren, manche Durststrecken der nächsten Kapitel zu überstehen.

## 1. Etappe: Visueller Entwurf der Bedienoberfläche

Der Programmstart von *Microsoft Visual Studio 2010* erfolgt entweder über das Windows-Startmenü oder schneller über eine vorher eingerichtete Desktop- bzw. Taskleisten-Verknüpfung.

Auf der Startseite klicken Sie den Link *Neues Projekt*.... Im sich daraufhin öffnenden Dialogfenster "Neues Projekt" wählen Sie links in der Baumstruktur unter "Installierte Vorlagen" zunächst "Visual C#" und "Windows" aus. Im Mittelteil klicken Sie auf den Projekttyp "Windows Forms-Anwendung", welcher ganz oben in der Liste erscheint. Nehmen Sie im unteren Teil die folgenden Einträge vor bzw. belassen es bei den Standardvorgaben:

Name:                           *WindowsFormsApplication1*
Ort:                            z.B. : *C:\CS\Beispiele*

Projektmappenname:              *WindowsFormsApplication1*

---

**HINWEIS:** Im Dialogfenster rechts oben sehen Sie, dass Sie mit Visual Studio 2010 sowohl Projekte für das .NET Framework 4 als auch für die Vorgängerversionen 3.5, 3.0 und 2.0 entwickeln können. Entsprechend der eingestellten Version ändert sich auch das Vorlagen-Angebot.

---

Nach dem "OK" dauert es ein kleines Weilchen, bis die Entwicklungsumgebung mit dem Startformular *Form1* erscheint. Darauf platzieren Sie ein Steuerelement vom Typ *Button*. Die dazu notwendige Vorgehensweise unterscheidet sich kaum von der bei einem normalen Zeichenprogramm.

Klicken Sie im Menü *Ansicht* auf den Eintrag *Toolbox* und wählen Sie dann einfach die gewünschte Komponente in der Toolbox aus:

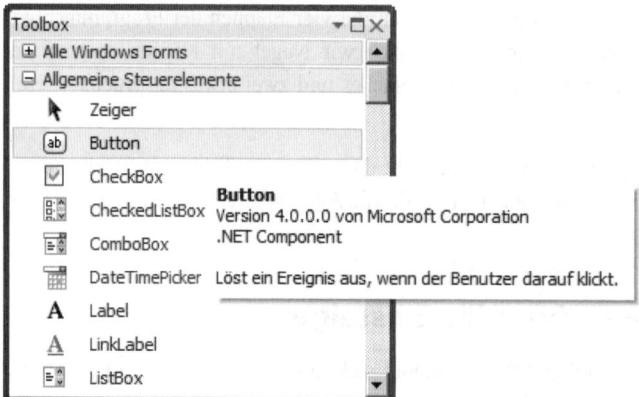

Ein schneller Doppelklick befördert das Steuerelement direkt auf das Formular. Sie können aber auch den gewünschten *Button* in gewohnter Windows-Manier auf das Formular ziehen, dort absetzen und auf die gewünschte Größe zu zoomen.

## 2. Etappe: Zuweisen der Objekteigenschaften

Der *Button* trägt noch seine standardmäßige Beschriftung *button1*. Um diese in "Start" zu ändern, muss die *Text*-Eigenschaft geändert werden. Markieren Sie dazu das Objekt mit der Maus und rufen Sie mit F4 (bzw. über das Menü *Ansicht*) das Eigenschaftenfenster auf. Ändern Sie im Eigenschaften-Fenster die *Text*-Eigenschaft von ihrem Standardwert "button1" in "Start".

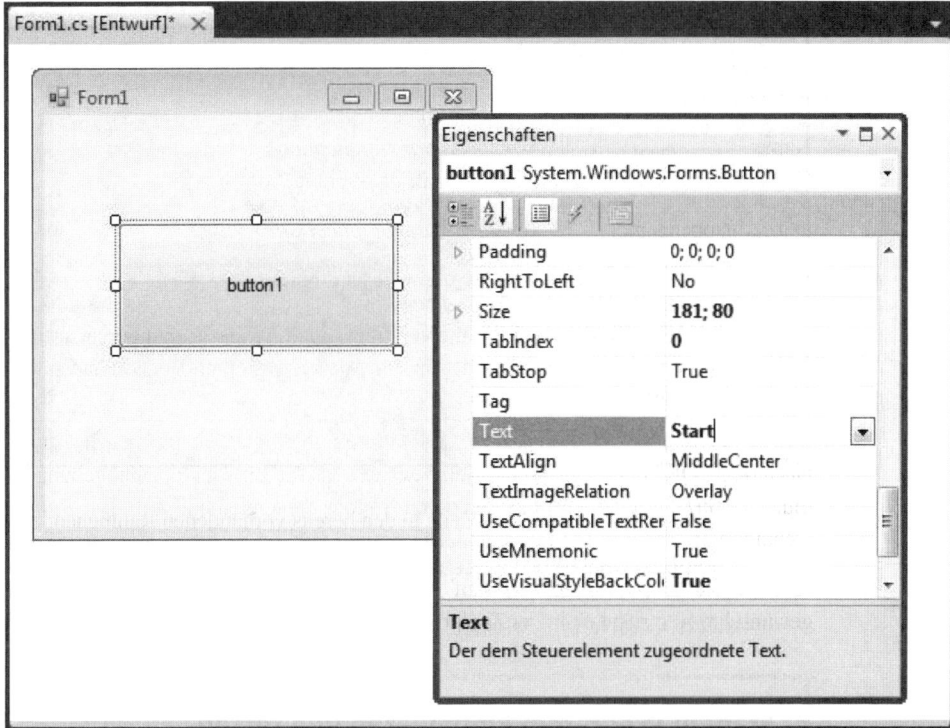

Verwechseln Sie die *Text*-Eigenschaft nicht mit der *Name*-Eigenschaft. Immer wenn Sie ein neues Steuerelement platzieren, setzt Visual Studio standardmäßig den Wert von *Text* zunächst auf den von *Name*.

Es dürfte Ihnen nun auch keine Schwierigkeiten bereiten, über die *Font*-Eigenschaft von *button1* auch noch die Schriftgröße etc. zu ändern.

## 3. Etappe: Verknüpfen der Objekte mit Ereignissen

Klicken Sie doppelt auf die Komponente *button1*, so öffnet sich das Code-Fenster. Richten Sie nun Ihr Augenmerk auf die Schreibmarke, welche im vorgefertigten Rahmencode innerhalb der *Click*-Ereignisbehandlungsroutine (Event-Handler) blinkt. Hier tragen Sie Ihren C#-Code ein, der festlegt, **was** passieren soll, wenn zur Programmlaufzeit (also nicht jetzt zur Entwurfszeit!) der Anwender auf diese Schaltfläche klickt.

In unserem Fall wollen wir erreichen, dass sich die Beschriftung der Titelleiste des Formulars ändert. Das bedeutet, dass wir die *Text*-Eigenschaft des Objekts *Form1*, dessen Standardwert bislang ebenfalls "Form1" lautete, neu zuweisen müssen. Diesmal aber tun wir das nicht im Eigenschaftenfenster, sondern per C#-Code.

```
namespace WindowsFormsApplication1
{
    public partial class Form1 : Form
    {
        public Form1()
        {
            InitializeComponent();
        }

        private void button1_Click(object sender, EventArgs e)
        {

        }
    }
}
```

Fügen Sie die fett hervorgehobene Zeile in den bereits vorhandenen Rahmencode ein:

```
private void button1_Click(object sender, EventArgs e)
{
    this.Text = "Hallo C# - Freunde!";
}
```

## 4. Etappe: Programm kompilieren und testen

Kompilieren Sie das Programm durch Klicken auf das kleine grüne Dreieck in der Symbolleiste (bzw. Menü *Debuggen|Debugging starten* oder *F5*). Sie befinden sich nun im Ausführungsmodus. Ihr Programm "lebt" jetzt, denn die Schaltfläche lässt sich klicken, und die Beschriftung der Titelleiste ändert sich tatsächlich.

Das Programm beenden Sie, indem Sie einfach auf das kleine blaue Quadrat in der Symbolleiste klicken (bzw. Menü *Debuggen/Debugging beenden* oder *Umschalt+F5*) oder das Formular einfach in altbekannter Windows-Manier schließen.

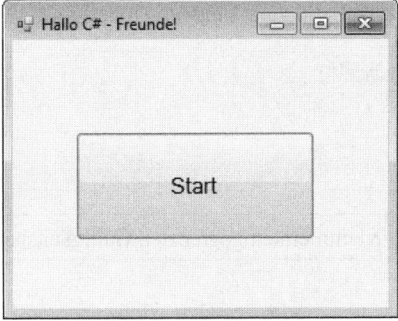

Gratulation – Sie haben soeben Ihre erste Windows Forms-Anwendung geschrieben!

## Bemerkungen

- In diesem Beispiel haben Sie ganz nebenbei auch gelernt, dass man Eigenschaften (Properties) nicht nur zur Entwurfszeit im Eigenschaften-Fenster zuweist, sondern dies auch zur Laufzeit per Code tun kann. Im letzteren Fall wird der Name der Property (*Text*) vom zugehörigen Objekt (*this*) durch einen Punkt getrennt.

- Die Properties, die Sie im Eigenschaften-Fenster zuweisen, bezeichnet man auch als *Starteigenschaften*. Zur Laufzeit können diese – wie im Beispiel für die *Text*-Eigenschaft des Formulars gezeigt – durchaus ihren Wert ändern.

- Das .NET-SDK empfiehlt, dass alle Klassen innerhalb eines Namensraums (*namespace*) definiert werden[1]. Visual Studio 2010 verwendet automatisch den Namen Ihres Projekts (wir haben das bei der Standardvorgabe *WindowsFormsApplication1* belassen) als oberste Ebene des Namensraums. Davor wurden über den *using*-Befehl automatisch weitere Namensräume standardmäßig eingebunden. Insgesamt hat also der Quellcode Ihrer ersten Windows-Anwendung folgendes Aussehen, wobei nur die fett hervorgehobene Zeile von Ihnen selbst getippt werden musste:

```
using System;
...
using System.Text;
using System.Windows.Forms;

namespace WindowsFormsApplication1
{
    public partial class Form1 : Form
    {
        public Form1()
        {
            InitializeComponent();
        }
```

---

[1] Mehr zum Konzept der Namensräume erfahren Sie im Kapitel 5.

```
        private void button1_Click(object sender, EventArgs e)
        {
            this.Text = "Hallo C# - Freunde!";
        }
    }
}
```

**HINWEIS:** Beachten Sie die durch die {}-Klammern eingegrenzten Gültigkeitsbereiche!

■ Die als Ergebnis des Kompilierprozesses generierte *.exe*-Datei finden Sie im Unterverzeichnis *...\WindowsFormsApplikation1\bin\Debug* des Projektordners. Es handelt sich hierbei allerdings **nicht** um eine klassische Exe-Datei, sondern um eine so genannte *Assemblierung* (siehe Abschnitt 1.5.2). Da die Exe im MSIL-Code vorliegt, ist sie nur in Zusammenarbeit mit dem .NET-Framework lauffähig. Haben Sie die Programmentwicklung abgeschlossen und Visual Studio beendet, so können Sie später jederzeit in dieses Verzeichnis wechseln, um durch Doppelklick auf die Datei *WindowsFormsApplication1.exe* das fertige Programm zur Ausführung zu bringen.

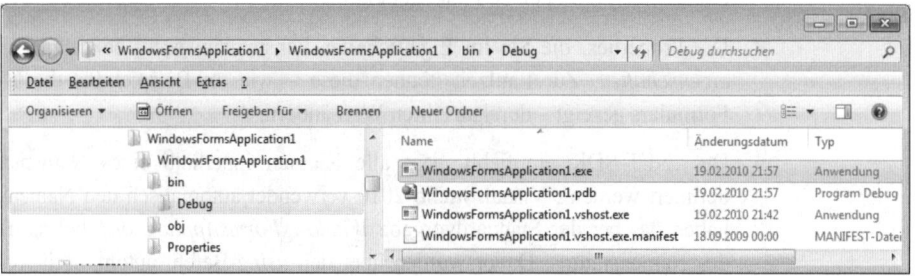

■ Direkt im Projektverzeichnis befindet sich die Projektmappendatei *WindowsFormsApplication1.sln*. Wenn Sie auf diese Datei klicken[1], so wird standardmäßig Visual Studio geöffnet und das komplette Programm in die Entwicklungsumgebung geladen.

## 1.7.2  Windows-Anwendung für fortgeschrittene Einsteiger

Diesmal soll es keine Spielerei, sondern ein durchaus nützliches Programmchen sein – die Umrechnung von Euro in Dollar, ein simpler Währungsrechner also. Durch Vergleichen mit der von uns bereits im Abschnitt 1.2 geschriebenen ersten C#-Anwendung dürften auch die Unterschiede der klassischen Konsolentechnik zur visualisierten, objekt- und ereignisorientierten Windows--Programmierung ganz deutlich zu Tage treten.

---

[1] Das werden Sie z.B. häufig beim Laden von Beispielprojekten tun.

### 1. Etappe: Visueller Entwurf der Bedienoberfläche

Öffnen Sie ein neues Visual C#-Projekt vom Typ "Windows Forms-Anwendung" und geben Sie ihm den Namen "EuroDollar".

Ziel ist die folgende Bedienoberfläche, die Sie jetzt mühelos im Designer-Fenster erstellen (siehe folgende Abbildung)[1].

Sie brauchen außer dem bereits vorhandenen Startformular *Form1* drei *Label* zur Beschriftung, drei *TextBox*en für die Eingabe und einen *Button* zum Beenden des Programms. Für die Namensgebung sorgt Visual Studio automatisch, es sei denn, Sie möchten den Objekten eigene Namen verleihen.

---

**HINWEIS:** Konzentrieren Sie sich in der ersten Etappe nur auf Lage und Abmessung der Komponenten, nicht auf deren Beschriftung, da Eigenschaften erst in der nächsten Etappe angepasst werden!

---

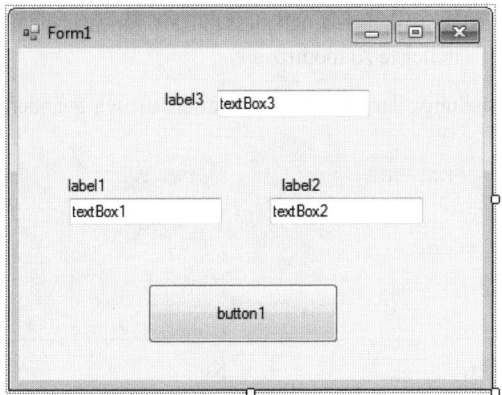

Beim Platzieren und bei der Größenanpassung der Komponenten gehen Sie ähnlich vor, wie Sie es bereits von vektororientierten Zeichenprogrammen (Visio, PowerPoint) gewöhnt sind:

- In der Toolbox klicken Sie auf das Symbol für die *TextBox*-Komponente. Der Mauszeiger wechselt sein Aussehen.

- Danach bewegen Sie den Mauszeiger zu der Stelle von *Form1*, an welcher sich die linke obere Ecke von *textBox1* befinden soll, drücken die Maustaste nieder und zoomen (bei gedrückt gehaltener Maustaste) die *TextBox* auf ihre endgültige Größe. Analog verfahren Sie mit *textBox2* und *textBox3*.

- Nun klicken Sie in der Toolbox auf das Symbol für die *label*-Komponente und erzeugen auf die gleiche Weise *label1*, *label2* und *label3*.

- Schließlich bleibt noch *button1*, den Sie am unteren Rand von *Form1* absetzen.

---

[1] Der Inhalt der drei Textboxen ist standardmäßig leer und wurde nur hier aus Übersichtlichkeitsgründen mit deren Namen beschriftet.

## 2. Etappe: Zuweisen der Objekteigenschaften

Unser Progrämmchen besteht nun aus insgesamt acht Komponenten: einem Formular und sieben Steuerelementen. Alle Eigenschaften haben bereits ihre Standardwerte. Einige davon müssen wir allerdings noch ändern. Dies geschieht mit Hilfe des Eigenschaften-Fensters. Wenn Sie mit der Maus auf eine Komponente klicken und danach die *F4*-Taste betätigen, erscheint das Eigenschaften-Fenster der Komponente mit der Liste aller zur Entwurfszeit verfügbaren Eigenschaften.

- Beginnen Sie mit *label1*, das die Beschriftung "Euro" tragen soll. Die Beschriftung kann mit der *Text*-Eigenschaft geändert werden. Standardmäßig entspricht diese der *Name*-Property, in unserem Fall also *"label1"*. Um das zu ändern, klicken Sie auf das *Label* und tragen anschließend in der Spalte rechts neben dem *Text*-Feld die neue Beschriftung ein (die alte ist vorher "wegzuradieren"). Analog verfahren Sie mit den beiden anderen *Label*s (Beschriftung "Dollar" und "Kurs 1 :").

- Auch *button1* muss natürlich seine neue *Text*-Eigenschaft ("Beenden") erhalten.

- Schließlich klicken Sie auf eine leere Fläche von *Form1*, um anschließend mit *F4* das Eigenschaften-Fenster für das Formular aufzurufen und dessen *Text*-Eigenschaft entsprechend der gewünschten Beschriftung der Titelleiste zu modifizieren.

Die Tabelle gibt eine Zusammenstellung aller Objekteigenschaften, die wir geändert haben:

| Name des Objekts | Eigenschaft | Neuer Wert |
|---|---|---|
| *Form1* | *Text* | Währungsrechner |
| | *Font.Size* | *10* |
| *label1* | *Text* | Euro |
| *label2* | *Text* | Dollar |
| *label3* | *Text* | Kurs 1 : |
| *textBox1* | *TextAlign* | *Right* |
| *textBox2* | *TextAlign* | *Right* |
| *textBox3* | *TextAlign* | *Center* |
| *button1* | *Text* | Beenden |

## 3. Etappe: Verknüpfen der Objekte mit Ereignissen

Während Sie die beiden Vorgängeretappen noch getrost Ihrer Sekretärin überlassen konnten, beginnt jetzt Ihre Hauptarbeit als C#-Programmierer. Wechseln Sie zum Code-Fenster *Form1.cs* (auch mit *F7*, *Ansicht|Code* oder dem Kontextmenü des Formulars möglich). Was Sie erwartet, ist die von Visual Studio vorbereitete Klassendeklaration von *Form1*. Wie Sie sehen, können Sie einzelne Bereiche (Regionen) durch das Plus- bzw. Minus-Symbol am linken Rand auf- bzw. zuklappen.

Zunächst fügen Sie eine Anweisung ein, um drei Variablen des *float*-Datentyps zu deklarieren. Gleichzeitig werden diese Variablen mit dem Wert 1 initialisiert:

```
private float euro=1, dollar=1, kurs=1;
```

```
namespace WindowsFormsApplication1
{
    public partial class Form1 : Form
    {
        public Form1()
        {
            InitializeComponent();
        }

        private float euro = 1, dollar = 1, kurs = 1;
    }
}
```

Im Unterschied zur einfachen Konsolenanwendung, bei welcher uns das Programm die Einhaltung einer bestimmten Eingabereihenfolge aufgezwungen hat, soll in unserer Windows-Anwendung die Berechnung immer dann neu gestartet werden, wenn wir bei der Eingabe in eine der drei Textboxen irgendeine Taste losgelassen haben. Wir müssen also für jede der Textboxen einen eigenen Event-Handler für das *KeyUp*-Ereignis schreiben!

Dabei ist eine fast schon rituelle Erstellungsreihenfolge zu beachten, die Sie mit fortschreitender Programmierpraxis sehr bald auch im Schlaf ausführen können:

- **Objekt auswählen**
  Zur Objektauswahl klicken Sie auf das Objekt im Designer-Fenster und öffnen mit *F4* das Eigenschaften-Fenster.
  Klicken Sie im Eigenschaften-Fenster oben auf das ⚡-Symbol, um die Ereignisliste zur Anzeige zu bringen.

- **Ereignis auswählen**
  Zur Ereignisauswahl doppelklicken Sie auf das gewünschte Ereignis. Als Resultat werden automatisch die erste und die letzte Zeile (Rahmencode) des Event-Handlers generiert und im Code-Fenster angezeigt.

- **Ereignisbehandlungen programmieren**
  Füllen Sie den Event-Handler mit den gewünschten C#-Anweisungen aus.

Wir beginnen in unserem Beispiel mit dem *KeyUp*-Event-Handler für *textBox1*, der immer dann ausgeführt wird, wenn der Benutzer den Euro-Betrag ändert:

Füllen Sie nun den Event-Handler wie folgt aus:

```
private void textBox1_KeyUp(object sender, KeyEventArgs e)
{
    euro = Convert.ToSingle(textBox1.Text);
    dollar = euro * kurs;
    textBox2.Text = dollar.ToString("#,##0.00");
}
```

**HINWEIS:** Sie müssen nur die Anweisungen innerhalb der geschweiften Klammern selbst einfügen, der übrige Rahmencode wird automatisch erzeugt, wenn Sie die oben erläuterte Erstellungsreihenfolge beachten!

Der Prozedurkopf des Event-Handlers verweist standardmäßig vor dem Unterstrich (_) auf den Namen des Objekts und danach auf das entsprechende Ereignis. Das vorangestellte *private* verdeutlicht, dass auf die Prozedur nur innerhalb des *Form1*-Klasse zugegriffen werden kann.

Auf analoge Weise erzeugen Sie die Event-Handler für die Steuerelemente *textBox2* und *textBox3*.

Ändern des Dollar-Betrags:

```
private void textBox2_KeyUp(object sender, KeyEventArgs e)
{
    dollar = Convert.ToSingle(textBox2.Text);
    euro = dollar / kurs;
    textBox1.Text = euro.ToString("#,##0.00");
}
```

Ändern des Umrechnungskurses:

```
private void textBox3_KeyUp(object sender, KeyEventArgs e)
{
    kurs = Convert.ToSingle(textBox3.Text);
    dollar = euro * kurs;
```

```
        textBox2.Text = dollar.ToString("#,##0.00");
}
```

> **HINWEIS:** Grübeln Sie jetzt noch nicht über den tieferen Sinn der einzelnen Anweisungen nach, denn dazu haben Sie in den späteren Kapiteln noch genug Zeit!

Damit Sie bereits unmittelbar nach dem Programmstart sinnvolle Werte in den drei Textboxen sehen, ist folgender Event-Handler für das *Load*-Ereignis des *Form1*-Objekts hinzuzufügen:

```
private void Form1_Load(object sender, EventArgs e)
{
    textBox1.Text = euro.ToString();
    textBox2.Text = dollar.ToString();
    textBox3.Text = kurs.ToString();
}
```

Beim Klick auf den "Beenden"-Button soll das Formular entladen werden. Wählen Sie in der Objektauswahlliste des Eigenschaften-Fensters den Eintrag *button1* und anschließend in der Ereignisauswahlliste das *Click*-Event:

```
private void button1_Click(object sender, EventArgs e)
{
    this.Close();
}
```

## 4. Etappe: Programm kompilieren und testen

Klicken Sie auf den ▶-Button in der Symbolleiste (oder *F5*-Taste), und im Handumdrehen ist Ihre C#-Windows-Anwendung kompiliert und ausgeführt!

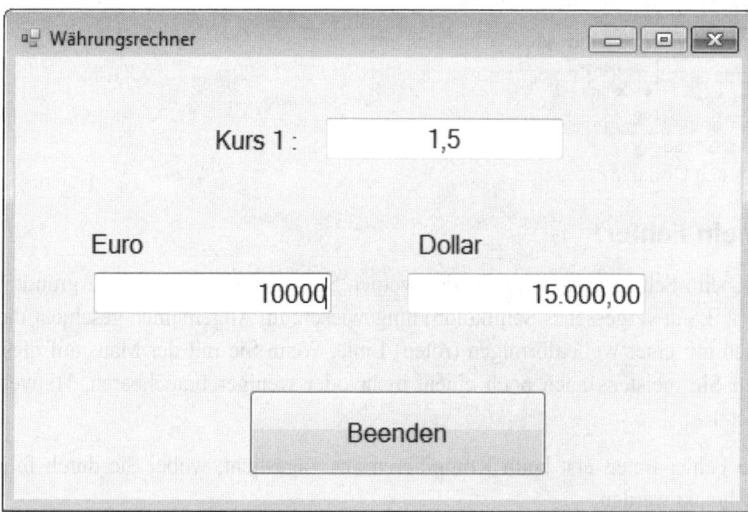

Spielen Sie ruhig ein wenig mit verschiedenen Werten herum, um sich den Unterschied zwischen Konsolen- und Windows-Programmen so richtig zu verinnerlichen. Da es keine vorgeschriebene Reihenfolge für die Benutzereingaben mehr gibt, werden die anderen Felder sofort aktualisiert. Eine spezielle "="-Schaltfläche (etwa wie bei einem Taschenrechner) ist deshalb überflüssig.

**HINWEIS:** Achten Sie darauf, dass Sie als Dezimaltrennzeichen das Komma und nicht den Punkt eingeben. Letzterer dient als Tausender-Separator.

## Intellisense – die hilfreiche Fee

Eines der bemerkenswertesten Features des Code-Editors ist die so genannte *Intellisense*, auf die Sie mit Sicherheit bereits beim Eintippen des Quellcodes aufmerksam geworden sind. Sobald Sie den Namen eines Objekts bzw. eines Steuerelements mit einem Punkt abschließen, erscheint wie von Geisterhand eine Liste mit allen Eigenschaften und Methoden des Objekts. Das befreit Sie von dem lästigen Nachschlagen in der Hilfe und bewahrt Sie vor Schreibfehlern.

**HINWEIS:** Wenn Sie das markierte Element übernehmen wollen, brauchen Sie den Namen nicht zu Ende zu schreiben, da die Intellisense den kompletten Text automatisch ergänzt.

```
private void textBox3_KeyUp(object sender, KeyEvent
{
    kurs = Convert.ToSingle(textBox3.Text);
    dollar = euro * kurs;
    textBox2.te|
}
          ⚡ TabIndexChanged                    ▲
          🔲 TabStop
private v  ⚡ TabStopChanged          ventArgs e
{         🔲 Tag
    textB  🔲 Text                    string TextBox.
    textB  🔲 TextAlign               [PLOC Test DE
    textB  ⚡ TextAlignChanged
}         ⚡ TextChanged
          🔲 TextLength
private v  🔲 Top                     , EventArgs
{                                     ▼
    this.Close();
}
```

## Hilfe ein Fehler!

Bereits beim Schreiben des Quellcodes werden Sie von Visual Studio auf grundsätzliche Syntax-fehler (z.B. ein vergessenes Semikolon) hingewiesen, im Allgemeinen geschieht dies durch Unter-streichen mit einer wellenförmigen (roten) Linie. Wenn Sie mit der Maus auf diese Linie zeigen, erhalten Sie meistens auch noch einen, mehr oder weniger brauchbaren, Hinweis (z.B. "; wird erwartet").

Andere Fehler treten erst beim Kompilieren ans Tageslicht, wobei Sie durch folgende Meldung aufgeschreckt werden:

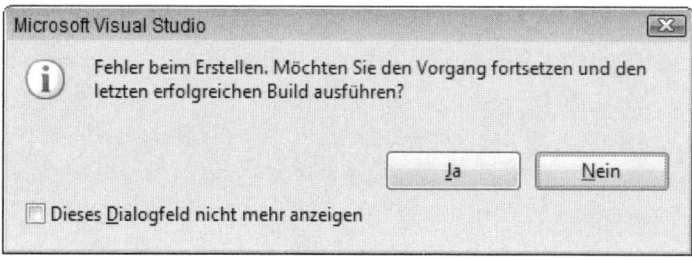

In der Regel sollten Sie "Nein" klicken, um unverzüglich den (oder die) Übeltäter im Quellcode zu suchen und dingfest zu machen. Das Lokalisieren ist meist sehr einfach, da die fehlerhaften Ausdrücke durch eine (blaue) Wellenlinie gekennzeichnet sind. Auch hier erhalten Sie Hinweise zur Fehlerursache, wenn Sie mit der Maus auf die betreffende Passage zeigen.

> **HINWEIS:** Wenn das Programm sich partout nicht kompilieren lassen will und weit und breit keine Wellenlinie bzw. ein anderer Hinweis auf den Übeltäter in Sicht ist, hilft meist ein Blick in die Fehlerliste (Menü *Ansicht|Fehlerliste*).

Auf einen typischen Anfängerfehler soll Sie das folgende Beispiel hinweisen.

Ihnen wurde durch einen versehentlichen Doppelklick auf *textBox3* ein nicht benötigter Eventhandler für das *TextChanged*-Ereignis (das ist das Standardereignis für dieses Steuerelement) untergejubelt. Sie haben das zwar bemerkt, aber leider nur den Rahmencode des Event-Handlers gelöscht, die Deklaration des Eventhandlers ist aber nach wie vor vorhanden, im Codefenster *Form1.cs* allerdings nicht zu sehen. Erst die Fehlerliste bringt Sie auf die richtige Fährte:

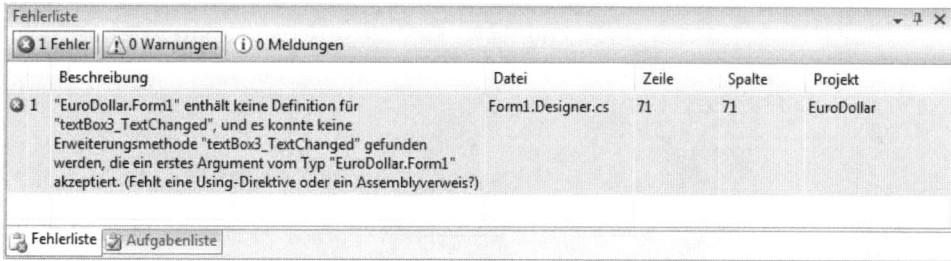

Um diesen für Anfänger schwer auffindbaren Fehler zu beseitigen, müssen Sie die Ereignisliste im Eigenschaftenfenster von *textBox3* öffnen und dort das unerwünschte *TextChanged*-Event wieder herausnehmen (Kontextmenü, "Zurücksetzen"). Wenn das nicht mehr geht, müssen Sie die Datei *Form1.Designer.cs* öffnen (über Projektmappen-Explorer). Klappen Sie dort die Region *Vom Windows Form-Designer generierter Code* auf und löschen Sie die folgende (im Codefenster durch eine blaue Wellenlinie markierte) Zeile:

```
this.textBox3.TextChanged += new System.EventHandler(this.textBox3_TextChanged);
```

> **HINWEIS:** Weitere hilfreiche Hinweise zum Debuggen finden Sie im Kapitel 14.

# Kapitel 2

# Grundlagen der Sprache C#

In diesem Kapitel wollen wir Ihnen den für den Einstieg wichtigen Sprachkern von C# erklären[1]. Wir zeigen Ihnen, wie Sie Anweisungen schreiben, mit Datentypen umgehen, Schleifen und Verzweigungen einsetzen, Arrays definieren und Funktionen bzw. Prozeduren aufrufen. Mit Rücksicht auf den Einsteiger und um die Übersichtlichkeit nicht zu gefährden, folgen die etwas anspruchsvolleren Bestandteile von C# erst in späteren Kapiteln (objektorientiertes Programmieren in Kapitel 3, fortgeschrittenere Sprachelemente in den Kapiteln 4 und 5).

---

**HINWEIS:** Testen Sie möglichst viele der kleinen Codeschnipsel des vorliegenden Kapitels am eigenen PC auf Herz und Nieren. Als Codegerüst kann entweder eine Konsolenanwendung (siehe Einführungskapitel 1.2.) oder aber eine Windows Forms-Anwendung (siehe 1.6.1/1.6.2) dienen.

---

## 2.1 Grundbegriffe

Zur Vorbereitung empfehlen wir ein Rückblättern zum Kapitel 1 (Einführungsbeispiel 1.2, Praxisbeispiele 1.6), wo solch grundlegende Begriffe wie Anweisungen, Klassen, Namensraum und Gültigkeitsbereiche bereits grob erklärt wurden.

### 2.1.1 Anweisungen

Wir verstehen unter einer Anweisung einen Befehl, der eine bestimmte Aktion ausführt. Wie in jeder anderen Programmiersprache müssen auch die C#-Anweisungen bestimmten Regeln entsprechen, die man in ihrer Gesamtheit als *Syntax*[2] bezeichnet.

Eine der wichtigsten Syntaxregeln kennen Sie bereits aus den Einführungsbeispielen, nämlich dass jede Anweisung mit einem Semikolon abzuschließen ist und dass der Zeilenumbruch dabei keinerlei Rolle spielt.

---

[1] Der Profi, der bereits mit Java, C oder C++ gearbeitet hat, wird dieses Kapitel natürlich mit Siebenmeilenstiefeln durcheilen.

[2] Im Unterschied zur *Syntax* versteht man unter der *Semantik* einer Sprache die Beschreibung dessen, *was* die einzelnen Anweisungen bewirken.

Da C# eine so genannte formatfreie Sprache ist, haben neben dem Zeilenumbruch auch Leerzeichen, Tabulatoren etc. keine Bedeutung, es sei denn, Sie verwenden sie bewusst, um die optische Lesbarkeit Ihres Codes zu verbessern.

Durch gute Strukturierung Ihres Quellcodes, wie z.B. blockweises Einrücken, machen Sie Ihre Programme übersichtlicher und verringern somit die Fehlerquote.

---

**HINWEIS:** Die Entwicklungsumgebung von Visual Studio erleichtert Ihnen das blockweise Einrücken unter anderem durch das Menü *Bearbeiten/Erweitert/Zieleneinzug vergrößern* bzw. *verkleinern* oder durch die entsprechenden Schaltflächen ( 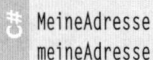 ) der Symbolleiste.

---

## 2.1.2 Bezeichner

Für die Namensgebung von Elementen Ihres Programms, wie Variablen, Methoden, Klassen, ... verwenden Sie Bezeichner. Bei der Namensgebung müssen Sie sich an folgende Regeln halten:

- Als Zeichen sind Groß- und Kleinbuchstaben, der Unterstrich "_" sowie die Ziffern 0...9 zulässig.

- Jeder Bezeichner muss mit einem Buchstaben (oder einem Unterstrich) beginnen.

- Als case-sensitive Sprache unterscheidet C# penibel zwischen Groß- und Kleinschreibung.

**Beispiel 2.1**

| Zulässige Bezeichner |
|---|

```
euro
_radius
zwerg7
```

**Beispiel 2.2**

| Unzulässige Bezeichner |
|---|

```
%Anteil
7Zwerge
Gehalt$
```

Bezüglich der Verwendung von Groß- und Kleinschreibung gibt es zwar keine Verbote, aber folgende Empfehlung:

---

**HINWEIS:** Verwenden Sie möglichst keine Bezeichner, die sich lediglich durch die Groß- und Kleinschreibung voneinander unterscheiden!

---

**Beispiel 2.3**

| Beide Bezeichner sollten Sie nicht nebeneinander verwenden: |
|---|

```
MeineAdresse
meineAdresse
```

## 2.1.3 Schlüsselwörter

Bei Schlüsselwörtern handelt es sich um vordefinierte reservierte Bezeichner, die den Kern der Sprache C# ausmachen und die im Code-Fenster von Visual Studio normalerweise blau eingefärbt werden. Die folgende (nicht ganz vollständige) Übersicht zeigt die Schlüsselwörter von C#.

| | | | | | |
|---|---|---|---|---|---|
| abstract | as | base | bool | break | byte |
| case | catch | char | checked | class | const |
| continue | decimal | default | delegate | do | double |
| else | enum | event | explicit | extern | false |
| finally | fixed | float | for | foreach | goto |
| if | implicit | in | int | interface | internal |
| is | lock | long | namespace | new | null |
| object | operator | out | override | params | private |
| protected | public | readonly | ref | return | sbyte |
| sealed | short | sizeof | stackalloc | static | string |
| struct | switch | this | throw | true | try |
| typeof | uint | ulong | unchecked | unsafe | ushort |
| using | var | virtual | void | volatile | while |

---

**HINWEIS:** Schlüsselwörter dürfen Sie **nicht** für selbst definierte Bezeichner verwenden!

---

Allerdings gibt es zu obigem Hinweis eine gewisse Ausnahme: Wenn Schlüsselwörter ein @ als Präfix enthalten, können sie als Bezeichner im Programm verwendet werden.

**Beispiel 2.4** **Schlüsselwörter mit Präfix**

C# *@if* stellt z.B. einen gültigen Bezeichner dar, *if* jedoch nicht, da es sich um ein Schlüsselwort handelt.

## 2.1.4 Kommentare

Kommentaranweisungen (im Editor standardmäßig grün eingefärbt) dienen als zusätzliche Erläuterungen für den Programmierer. Für das Kennzeichnen von Kommentaren können Sie zwei unterschiedliche Verfahren verwenden.

### Einzeilige Kommentare

Um eine Zeile (nicht Befehlszeile) als Kommentar zu markieren, leiten Sie diese mit einem doppelten Slash // ein.

**Beispiel 2.5** **Eine Anweisung mit Kommentar**

```
private float euro=1, dollar=1, kurs=1;    // Variablendeklaration
```

> **HINWEIS:** Geizen Sie in Ihren Quelltexten nicht mit Kommentaren, damit Sie (oder andere) auch später noch den von Ihnen geschriebenen Code verstehen können!

## Mehrzeilige Kommentare

Um einen mehrzeiligen Bereich als Kommentar zu kennzeichnen, wird dieser mit /* und */ eingegrenzt.

**Beispiel 2.6**

**Mehrzeiliger Kommentar**

```
/* Dieser Kommentar
besteht aus zwei Zeilen */
```

Mehrzeilige Kommentare können Sie auch vorteilhaft beim Testen von Code einsetzen, indem Sie (in der Regel nur vorübergehend) bestimmte Codeabschnitte außer Kraft setzen, d.h. "auskommentieren".

> **HINWEIS:** Die Visual Studio Entwicklungsumgebung erleichtert Ihnen das Auskommentieren von Codeabschnitten mit dem Menü *Bearbeiten/Erweitert/Auswahl kommentieren* (Strg+E, C) bzw. *Auskommentierung der Auswahl aufheben* (Strg+E, U) oder mit den entsprechenden Schaltflächen ⎘ ⎗ der Symbolleiste.

# 2.2  Datentypen, Variablen und Konstanten

Jedes Programm "lebt" in erster Linie von seinen Variablen und Konstanten, die bestimmten Datentypen entsprechen. Es ist daher logisch, dass wir dieses Thema an den Anfang unserer Betrachtungen zur Sprache C# stellen müssen.

## 2.2.1  Fundamentale Typen

Die folgende Tabelle gibt eine Übersicht der einfachen (fundamentalen) Datentypen, die C# zur Verfügung stellt[1].

Wie Sie der Tabelle entnehmen können, entsprechen alle C#-Datentypen einer Klassendefinition im .NET Framework. Die CLR[2]-Datentypen sind im *System*-Namensraum angeordnet. Bei der Deklaration (siehe unten) ist es egal, welchen der beiden möglichen Typbezeichner Sie angeben.

---

[1] Auf "anspruchsvollere" Datentypen wie *var* oder *dynamic*, gehen wir erst an späterer Stelle ein.

[2] Die .NET-Laufzeitumgebung (*Common Language Runtime*)

| C#-<br>Datentyp | .NET-<br>CLR-Typ | Erläuterung | Länge<br>[Byte][1] |
|---|---|---|---|
| byte | System.Byte | positive Ganzzahl zwischen 0 ... 255 | 1 |
| sbyte | System.SByte | vorzeichenbehaftete Ganzzahl zwischen -128 ... 127 | 1 |
| short | System.Int16 | kurze Ganzzahl zwischen $-2^{15}$ ... $2^{15}$-1 (-32.768 ... 32.767) | 2 |
| ushort | System.UInt16 | vorzeichenlose Ganzzahl zwischen 0 ... 65.535 | 2 |
| int | System.Int32 | Ganzzahl zwischen $-2^{31}$ ... $2^{31}$-1 (-2.147.483.648 ... 2.147.483.647) | 4 |
| uint | System.UInt32 | vorzeichenlose Ganzzahl zwischen 0 ... 4.294.967.295 | 4 |
| ulong | System.UInt64 | vorzeichenlose Ganzzahl zwischen 0 ... 18.446.744.073.709.551.615 | 8 |
| long | System.Int64 | lange Ganzzahl $-2^{63}$ ... $2^{63}$-1 (-9.223.372.036.854.775.808 ... 9.223.372.036.854.775.807) | 8 |
| float | System.Single | einfachgenaue Gleitkommazahl mit 7-stelliger Genauigkeit zwischen ca. +/- 3.4E-45 und +/-3.4E+38 | 4 |
| double | System.Double | doppeltgenaue Gleitkommazahl mit 16-stelliger Genauigkeit zwischen ca. +/- 4.9E-324 und +/- 1.8E+308 | 8 |
| decimal | System.Decimal | hochgenaue Gleitkommazahl zwischen 0 ... +/- 79E+27 (ohne Dezimalpunkt) und ca. +/-1.0E-29 ...7.9E+27 (mit Dezimalpunkt) | 16 |
| char | System.Char | ein beliebiges Unicode-Zeichen | 2 |
| bool | System.Boolean | Wahrheitswert (true, false) | 2 |
| string | System.String | beliebige Unicode-Zeichenfolge mit einer maximalen Länge von ca. 2.000.000.000 Zeichen | 2 pro Zeichen plus 10 |
| object | System.Object | universeller Datentyp | 4 |

**HINWEIS:** Mit Ausnahme des *string*- und des *object*-Datentyps, die *Verweistypen* sind und deren Inhalt deshalb auf dem Heap abgelegt ist, sind die übrigen Datentypen in obiger Tabelle *Wertetypen*, d.h., sie werden auf dem Stack gespeichert.

---

[1] Systemintern sind auch die ersten vier Typen 4-Byte lang.

## 2.2.2   Benennung von Variablen

Variablen sind benannte Speicherplatzstellen, der Variablenname dient dazu, die Speicheradresse im Programmcode quasi wie über einen Alias anzusprechen.

Zusätzlich zu den unter 2.1.2 aufgeführten Regeln für selbst definierte Bezeichner sollten Sie folgenden Empfehlungen gemäß *Common Language Specification* (CLS) folgen:

- Beginnen Sie den Namen einer Variablen mit einem Kleinbuchstaben.

- Vermeiden Sie Unterstriche (_).

- Falls Bezeichner aus mehreren Wörtern zusammengesetzt sind, so sollten ab dem zweiten Wort alle Wörter mit einem Großbuchstaben beginnen.

**Beispiel 2.7**   **Ein Variablenname, der sich aus mehreren Wörtern zusammensetzt.**

```
meinHaushaltskassenSaldo
```

## 2.2.3   Deklaration von Variablen

Variablen werden in C# wie folgt deklariert:

**SYNTAX:**   *Datentyp Variablenname;*

**Beispiel 2.8**   **Drei Variablen unterschiedlichen Datentyps werden deklariert.**

```
int Anzahl; double Breite;
string nachName;
```

Wollen Sie mehrere Variablen vom gleichen Datentyp deklarieren, so werden diese durch Kommata separiert.

**Beispiel 2.9**   **Drei int-Variablen werden deklariert.**

```
int i, j, k;
```

Als Datentyp kann man auch den CLR-Typ angeben (siehe obige Tabelle).

**Beispiel 2.10**   **Die folgenden drei Deklarationen sind gleichwertig.**

```
int i;
System.Int32 i;
Int32 i;
```

### Initialisierte Variablen

Zusammen mit der Deklaration können Sie den Variablen auch gleich Anfangswerte zuweisen (im Fachjargon heißt das "initialisieren").

**Beispiel 2.11** | **Initialisierte Variablen**

Anstatt

```
int anzahl;
anzahl = 99;
```

können Sie kürzer formulieren:

```
int anzahl = 99;
```

## Typinferenz

Dieses in Zusammenhang mit der LINQ-Technologie (siehe Kapitel 6 ab Seite 313) neu einge-führte Sprachmerkmal erlaubt es, dass der Datentyp von Variablen bei der Deklaration vom Compiler automatisch ermittelt wird, ohne dass Sie explizit den Typ angeben müssen. Als Ersatz für einen konkreten Typ wird das Schlüsselwort *var* verwendet.

**HINWEIS:** Damit der Compiler den Typ der Variablen feststellen kann, muss eine mit *var* deklarierte Variable unbedingt bei der Deklaration initialisiert werden.

**Beispiel 2.12** | **Typinferenz**

Die Initialisierung der Variablen *a* wird vom Compiler ausgewertet und der Typ aufgrund des Wertes 35 auf *Integer* festgelegt.

```
var a = 35;
```

Obige Zeile ist semantisch identisch mit folgendem Ausdruck:

```
int a = 35;
```

Der Datentyp wird einmalig bei der ersten Deklaration der Variablen vom Compiler festgelegt und kann danach nicht mehr verändert werden.

**Beispiel 2.13** | **Keine Datentypänderung möglich**

Da die Variable *b* vom Compiler als *Integer* festgelegt wurde, kann ihr später kein *Double*-Wert zugewiesen werden.

```
var b = 7;
b = 12.3;          // Fehler!
```

**HINWEIS:** Typinferenz funktioniert nur bei lokalen Variablen, also nicht auf globaler Ebene (siehe Abschnitt 2.2.9).

## 2.2.4 Typsuffixe

Wenn Sie Variablen im Quellcode direkte Zahlenwerte (Literale) zuweisen wollen, so werden diese vom Compiler standardmäßig als Datentyp *int* bzw. *double* interpretiert. Bei Datentypen wie *long*, *float* oder *decimal* müssen Sie ein so genanntes Typsuffix (*L, F, M*) anhängen, ansonsten werden die Literale wie *int* oder *double* behandelt, und es gibt einen Compilerfehler. Eine Übersicht enthält die folgende Tabelle.

| Typsuffix | Gleitkommatyp |
|-----------|---------------|
| *f* oder *F* | *float* |
| *d* oder *D* | *double* |
| *m* oder *M* | *decimal* |

**Beispiel 2.14** | **Richtige und falsche Literalzuweisungen.**

```csharp
float max = 99.99;        // Fehler!
float max = 99.99F;       // richtig
decimal geld = 300.50;    // Fehler!
decimal geld = 300.50M;   // richtig
```

## 2.2.5 Zeichen und Zeichenketten

Die Datentypen *char* und *string* basieren auf dem Unicode-Zeichensatz, der pro Zeichen 2 Byte beansprucht (im Unterschied zum klassischen ASCII- bzw. ANSI-Zeichensatz mit 1 Byte pro Zeichen). Mit dem Unicode können deshalb nicht mehr nur maximal 255, sondern bis zu 65535 (!) verschiedene Zeichen gespeichert werden.

### char

Variablen vom *char*-Datentyp können Sie Zeichenliterale, hexadezimale Escape-Sequenzen oder Unicode-Darstellungen zuweisen.

---

**HINWEIS:** *char*-Literale sind in Hochkommata (') einzufassen.

---

**Beispiel 2.15** | **char**

Drei gleichwertige Anweisungen deklarieren eine *char*-Variable und initialisieren diese mit dem Zeichen *A*:

```csharp
char c = 'A';        // Zeichenliteral
char c = '\x0041';   // hexadezimal
char c = '\u0041';   // Unicode
```

Als weitere Möglichkeit kommt eine explizite Typkonvertierung direkt aus dem (ganzzahligen) Zeichencode in Betracht.

**Beispiel 2.16** | **Eine weitere Ergänzung zum Vorgängerbeispiel**

```csharp
char c = (char) 65;     // Typcasting liefert 'A'
```

### string

HINWEIS: Stringliterale werden in doppelten Hochkommata ("Gänsefüßchen") eingefasst.

**Beispiel 2.17** | **Zuweisen einer Stringvariablen**

```csharp
string s = "Hallo";
```

Einen einzelnen *char* können Sie direkt aus einem *string* herauskopieren, indem Sie den Index in eckige Klammern schreiben. Dabei hat das erste Zeichen den Index 0.

**Beispiel 2.18** | **Das erste Zeichen eines Strings ermitteln**

```csharp
string s = "Hallo";
char c = s[0];          // liefert "H"
```

HINWEIS: Ausführliches zur Stringverarbeitung siehe Abschnitt 4.2 ab Seite 243.

## 2.2.6 object-Datentyp

Der *object*-Datentyp ist weitaus mehr, als es der Name vermuten lässt. Alle Klassen des .NET-Frameworks sind von *System.Object* abgeleitet, und *object* ist dafür lediglich ein Alias.

Eine *object*-Variable ist ein so genannter *Verweis- oder Referenztyp*, denn sie speichert nicht den tatsächlichen Wert, sondern lediglich einen 4 Byte großen Zeiger auf die Adresse der zugewiesenen Variablen.

Variablen des Typs *object* können Sie alles zuweisen.

**Beispiel 2.19** | **Einer Objektvariablen *o* wird eine *int*-Zahl zugewiesen.**

```csharp
int i = 5;
object o = i;
```

Etwas komplizierter ist der umgekehrte Weg, nämlich wenn Sie den Wert der Objektvariablen einer anderen Variablen zuweisen wollen. In diesem Fall ist man auf explizite Typumwandlung (Typecasting) angewiesen (siehe Abschnitt 2.4.1). Eine direkte Zuweisung (implizite Typkonvertierung) führt zu einem Compilerfehler.

**Beispiel 2.20** | **Die Fortsetzung des Vorgängerbeispiels**

```csharp
int j = o;          // Fehler!
int j = (int) o;    // mit Typecasting ok!
```

Wichtig in diesem Zusammenhang ist das Verständnis des Unterschieds zwischen Werte- und Referenztypen und dem Prinzip des Boxing/Unboxing (siehe 2.4.5).

## 2.2.7 Konstanten deklarieren

Im Unterschied zu Variablen bleibt der Wert einer Konstanten während der gesamten Laufzeit eines Programms unverändert. Sie legen ihn einmalig mit dem *const*-Schlüsselwort fest. Die Deklaration ist ähnlich wie bei initialisierten Variablen.

**SYNTAX:**  `const Datentyp Konstantenname = Wert;`

**Beispiel 2.21** | **Verschiedene Konstantendeklarationen**

```
const int c = 119;
const float PI  = 3.1415F;
const double X1  = 3 * 0.4, X2 = 5.3 + 0.68;
const string s = "Hallo";
```

Sammlungen von Konstanten werden üblicherweise in so genannten *Enumerationen* "zusammengehalten" (siehe Abschnitt 2.6.1).

## 2.2.8 Nullable Types

C# erfordert seit eh und je die explizite Initialisierung von Variablen.

**Beispiel 2.22** | **Falsche und richtige Verwendung von Variablen**

```
int z;
z++;              // falsch, weil z nicht initialisiert ist
...
int z = 0;
z++;              // richtig
```

### Initialisieren von Wertetypen mit null

Etwas komplizierter wird es aber, wenn man einen Wert mit "nichts" (*null*) initialisieren möchte.

**Beispiel 2.23** | **Das funktioniert nicht!**

```
int z = null;     // falsch
```

Durch ein der Typdeklaration nachgestelltes Fragezeichen (*?*) kann der Compiler jetzt einen Wertetyp in die generische *System.Nullable*-Struktur verpacken, wodurch es möglich wird, einer Variablen den Wert *null* zuzuweisen.

| Beispiel 2.24 | **Aber das funktioniert!** |

```
int? z = null;
z = 1;
```

Oder als explizite Deklaration:

```
System.Nullable<Int32> z = null;
z = 1;
```

### Zuweisungen mit dem ??-Operator

Um einen *Nullable Type* (werteloser Typ) einer anderen Variablen zuweisen zu können, muss vorher eine *null*-Abfrage erfolgen, wie sie mittels *HasValue*-Eigenschaft möglich ist.

| Beispiel 2.25 | **Die Variable *y* wird mit der Zahl 0 initialisiert, da *x* den Wert null hat.** |

```
int? x = null;
int y;
if (x.HasValue) y = (int) x;
else y = 0;
```

Deutlich eleganter und kürzer ist eine solche Zuweisung aber, wenn man dazu das doppelte Fragezeichen (*??*) verwendet, es liefert den Wert des vorangestellten Ausdrucks falls dieser nicht *null* ist, anderenfalls den Wert des nachfolgenden Ausdrucks.

| Beispiel 2.26 | **Das Vorgängerbeispiel wird einfacher realisiert.** |

```
int? x = null;
int y = x ?? 0;
```

| Beispiel 2.27 | **Im *Label* erscheint der Text "nichts zugewiesen".** |

```
string s = null;
label1.Text = s ?? "nichts zugewiesen!";
```

## 2.2.9 Typinferenz

Dieses in Zusammenhang mit der LINQ-Technologie (siehe Kapitel 6) eingeführte Sprachfeature erlaubt es, dass der Datentyp einer Variablen bei der Deklaration vom Compiler automatisch ermittelt wird, ohne dass Sie explizit den Typ angeben müssen. Als Ersatz für einen konkreten Typ wird das Schlüsselwort *var* verwendet.

---

**HINWEIS:** Damit der Compiler den Typ der Variablen feststellen kann, muss eine mit *var* deklarierte Variable unbedingt bei der Deklaration initialisiert werden.

---

**Beispiel 2.28** | **_var_-Deklaration**

> Die Initialisierung der Variablen _a_ wird vom Compiler ausgewertet und der Typ aufgrund des Wertes 35 auf _Integer_ festgelegt.
>
> ```
> var a = 35;
> ```
>
> Obige Zeile ist semantisch identisch mit folgendem Ausdruck:
>
> ```
> int a = 35;
> ```

Der Datentyp wird einmalig bei der ersten Deklaration der Variablen vom Compiler festgelegt und kann danach nicht mehr verändert werden.

**Beispiel 2.29** | **Keine Änderung möglich ...**

> Da die Variable _b_ vom Compiler als _Integer_ festgelegt wurde, kann ihr später kein _double_-Wert zugewiesen werden.
>
> ```
> var b = 7;
> b = 12.3;          // Fehler!
> ```

---

**HINWEIS:** Typinferenz funktioniert nur bei lokalen Variablen (siehe folgender Abschnitt)!

---

## 2.2.10 Gültigkeitsbereiche und Sichtbarkeit

Obwohl sich in C# alles innerhalb von Klassen abspielt, werden wir erst im OOP-Kapitel 3 ausführlicher auf diese Thematik zu sprechen kommen.

Trotzdem sollten Sie bereits jetzt Folgendes wissen:

- Lokale Variablen gelten standardmäßig nur innerhalb ihres – in geschweiften Klammern eingerahmten – Bereichs und der untergeordneten Bereiche. Ein Zugriff von außerhalb ist nicht möglich.

- Sie können die Schlüsselwörter _private_ und _public_ verwenden um festzulegen, ob auf die Variablen auch von außerhalb zugegriffen werden kann.

- _public_-Konstanten sind nicht empfehlenswert, weil das leicht zu Namenskonflikten führen kann. Wenn Sie auf Klassen- oder Namespace-Ebene mit (globalen) Konstanten arbeiten möchten, verwenden Sie am besten eine Enumeration (siehe Abschnitt 2.6.1).

- Wenn Sie eine Variable nicht als _public_ oder _private_ deklarieren, ist sie standardmäßig _private_.

Man bezeichnet die Schlüsselwörter _private_ und _public_ auch als _Zugriffsmodifizierer_, sie gelten nicht nur für Variablen, sondern auch für Klassen, Objekte, Eigenschaften und Methoden (siehe Kapitel 3, Abschnitt 3.1.3).

# 2.3 Operatoren

Operatoren verknüpfen Variablen bzw. Operanden miteinander und führen Berechnungen durch. Wir unterscheiden zwischen

- arithmetischen Operatoren,

- Zuweisungsoperatoren,

- logischen Operatoren und

- Vergleichsoperatoren.

Die meisten Operatoren in C# benötigen zwei Operanden.

**Beispiel 2.30** | **Operanden**

Im Ausdruck

```
i = 12;
```

ist der *Operator* das Gleichheitszeichen (=), die beiden *Operanden* sind die Variable *i* und die Literalkonstante *12*.

**HINWEIS:** C# erlaubt auch das Überladen von Operatoren, auf das wir aber erst an späterer Stelle eingehen wollen (siehe Kapitel 5).

## 2.3.1 Arithmetische Operatoren

### Standard-Operatoren

Es gibt zunächst die üblichen Operatoren für die Grundrechenarten:

| Operator | Beispielausdruck | Erklärung |
| --- | --- | --- |
| + | $x + y$ | Addition |
| - | $x - y$ | Subtraktion |
| * | $x * y$ | Multiplikation |
| / | $x / y$ | Division |
| % | $x \% y$ | Modulo-Division (liefert Restwert) |

**Beispiel 2.31** | **Standard-Operatoren**

```
int i, j = 6;
i = 3 *(4 + 5) * j;    // 162
i = 7 % 3;             // 1 (Rest!)
```

> **HINWEIS:** Achten Sie bei der Division von Literalen darauf, dass das Ergebnis abgerundet wird, wenn nicht mindestens einer der Operanden als Gleitkommatyp gekennzeichnet ist.

**Beispiel 2.32** | **Nur die beiden letzten Divisionen liefern das exakte Ergebnis.**

```
double d;
d = 7 / 3;          // 2   (Ergebnis wird abgerundet!)
d = 7D / 3;         // 2,3333333333333
d = 7.0 / 3;        //      dto.
```

## Inkrement- und Dekrement-Operatoren

Mit den Kurz-Operatoren ++ und -- lässt sich das schrittweise Erhöhen (Inkrementieren) bzw. Erniedrigen von Variablen (Dekrementieren) vereinfachen.

| Operator | Beispielausdruck | Erklärung |
|---|---|---|
| ++ | x++ | Postfix-Inkrement |
|    | ++x | Präfix-Inkrement |
| -- | x-- | Postfix-Dekrement |
|    | --x | Präfix-Dekrement |

Wie Sie den Beispielen in obiger Tabelle entnehmen, können Sie die Kurz-Operatoren ++ und -- nicht nur hinter den Namen der Variablen (Postfix), sondern auch davor (Präfix) schreiben.

**Beispiel 2.33** | **Postfix-Inkrement und Postfix-Dekrement**

```
int i = 10;
i++;                // i erhält den Wert 11
double d = 2.5;
d--;                // d erhält den Wert 1,5
```

**Beispiel 2.34** | **Äquivalente Version des Vorgängerbeispiels mit Präfixoperationen**

```
int i = 10;
++i;                // i erhält den Wert 11
double d = 2.5;
--d;                // d erhält den Wert 1,5
```

Wie Sie sehen, haben beide Schreibweisen keinerlei Einfluss auf den Wert der Variablen, diese wird in jedem Fall um 1 inkrementiert bzw. dekrementiert, wozu also sollen Postfix- und Präfix-Notationen dann gut sein?

Um den "feinen" Unterschied zu verstehen, muss man wissen, dass nicht nur die Variable (z.B. *i*) einem bestimmten Wert entspricht, sondern auch die mit dem Kurz-Operator verknüpfte Variable (z.B. *i++*). Letztere hat bei einer Postfix-Operation den Wert **vor** der Inkrementierung bzw. Dekrementierung, bei einer Präfix-Operation hingegen den Wert **nach** Inkrementierung bzw. Dekrementierung.

**Beispiel 2.35**  **Ergebnisse einer Postfix-Inkrementation werden im Meldungsfenster angezeigt.**

```csharp
int i = 10;
MessageBox.Show((i++).ToString());    // i++ hat den Wert 10
MessageBox.Show(i.ToString());        // i hat den Wert 11
```

**Beispiel 2.36**  **Dasselbe für eine Präfix-Inkrementation.**

```csharp
int i = 10;
MessageBox.Show((++i).ToString());    // ++i hat den Wert 11
MessageBox.Show(i.ToString());        // i hat den Wert 11
```

Eine besondere Rolle spielen Postfix- und Präfix-Schreibweise bei der Steuerung von *while*- und *do*-Schleifen (siehe Abschnitt 2.5.2).

## 2.3.2 Zuweisungsoperatoren

Die Tabelle zeigt, dass es neben dem simplen Zuweisungsoperator (=) noch fünf andere mit arithmetischen Operatoren verknüpfte Kurz-Operatoren gibt.

| Operator | Beispielausdruck | Erklärung |
|---|---|---|
| = | x = y | x wird der Wert von y zugewiesen |
| += | x += y | x ergibt sich zu x + y |
| -= | x -= y | x ergibt sich zu x - y |
| *= | x *= y | x ergibt sich zu x * y |
| /= | x /= y | x ergibt sich zu x / y |
| %= | x %= y | x ergibt sich als Restbetrag aus x/y |

Die Kurz-Operatoren bringen relativ bescheidene Verbesserungen, sie erleichtern das Schreiben von Quellcode und erhöhen die Übersichtlichkeit.

**Beispiel 2.37**  **Kurz-Operatoren**

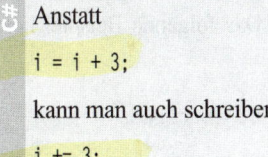

Anstatt

```csharp
i = i + 3;
```

kann man auch schreiben

```csharp
i += 3;
```

**Beispiel 2.38**  | **Kurz-Operatoren**

Für

```
string s = "Hallo";
```

gibt es diese

```
s = s + " .NET-Freunde!";
```

oder diese Möglichkeit zum Anhängen einer weiteren Zeichenkette:

```
string s = "Hallo";
s += " .NET - Freunde!";                    // "Hallo .NET - Freunde!"
```

## 2.3.3  Logische Operatoren

Logische Operatoren basieren auf Ja-/Nein- bzw. *true-/false*-Werten. In C# ist dazu ein reichhaltiges Angebot enthalten.

### Vergleichsoperatoren

Vergleichs- oder relationale Operatoren vergleichen zwei Ausdrücke miteinander und liefern als Ergebnis einen *true/false*-Wahrheitswert.

| Operator | Erklärung |
|----------|-----------|
| ==       | x gleich y? |
| !=       | x ungleich y? |
| <        | x kleiner y? |
| <=       | x kleiner oder gleich y? |
| >        | x größer y? |
| >=       | x größer oder gleich y? |

**Beispiel 2.39**  | **Vergleich von zwei Integer-Zahlen**

```
bool b = 10 < 5;                  // b ist false
```

Besondere Bedeutung haben Vergleichsoperatoren im Zusammenhang mit Verzweigungsbefehlen, wie wir sie in Abschnitt 2.5.1 kennen lernen werden. Das folgende Beispiel liefert einen Vorgeschmack.

**Beispiel 2.40**  | **Vergleichsoperatoren im Zusammenhang mit Verzweigungsbefehlen,**

Wenn der Wert der Variablen min gleich 59 ist, wird ihr Wert auf 0 gesetzt, ansonsten um 1 erhöht.

```
if (min == 59) min = 0; else min++;
```

Obwohl *string* ein Verweistyp ist, werden die Gleichheitsoperatoren (== und !=) so definiert, dass die Werte von *string*-Objekten und keine Verweise verglichen werden.

**Beispiel 2.41** | **Zwei Strings werden verglichen.**

```csharp
string a = "Hallo";
string b = "H";
b += "allo";                        // b wird zu "Hallo"
Console.WriteLine( a == b );        // liefert true, da die Werte gleich sind
Console.WriteLine( (object) a == b ); // liefert false, da es verschiedene Objekte sind
```

## Boolesche Operatoren

Diese Operatoren werden auf boolesche Variablen (*true/false*) angewendet:

| Operator | Erklärung |
|---|---|
| & | **Und:** liefert *true*, wenn beide Operanden *true* sind |
| \| | **Oder:** liefert *true*, wenn mindestens einer der Operanden *true* ist |
| ^ | **Exklusiv-Oder (XOR):** liefert *true*, wenn genau nur einer der beiden Operanden *true* ist |
| && | **intelligentes Und:** wie &-Operator, aber ist der erste Operand *false*, wird der zweite nicht ausgewertet |
| \|\| | **intelligentes Oder:** wie \|-Operator, aber ist der erste Operand *true*, wird der zweite nicht ausgewertet |
| ! | **Negation:** aus *true* wird *false* und aus *false* wird *true*. |

**Beispiel 2.42** | **Boolesche Operatoren**

```csharp
bool b = (true & true) | (false & true);   // b wird true
bool z = (10 < 5) ^ (11 > 11)              // z wird false
bool schalter = true;
schalter = !schalter;                      // schalter wird false
```

## Kurzschlussauswertung

Ist bei einer UND-Verknüpfung der linke Teil *false*, so kann auf die Auswertung des rechten Teils verzichtet werden, da das Ergebnis sowieso *false* ist. Ist bei einer ODER-Verknüpfung der linke Teil *true*, so steht ebenfalls das Ergebnis bereits fest (*true*).

Diese Gesetzmäßigkeit machen sich die "intelligenten" Verknüpfungsoperatoren && und \|\| zunutze, indem sie ein auch als *Kurzschlussauswertung* bekanntes Verfahren verwenden. Wenn der linke Teil bereits zu einem eindeutigen Ergebnis führt, wird der rechte Teil gar nicht erst ausgewertet.

**Beispiel 2.43** | **Kurzschlussauswertung**

> Es wird das gleiche Ergebnis wie im Vorgängerbeispiel erzielt, aber es wird weniger Rechenzeit benötigt, da der rechte Teil nicht ausgewertet wird (der linke Teil ist *true*).

```
bool b = (true && true) || (false && true);        // b wird true
```

---

**HINWEIS:** Verwenden Sie die Operatoren && und || anstatt & und |, da Sie dadurch Rechenzeit einsparen!

---

### Bitweise Operationen

Mit den folgenden Operatoren (von denen Ihnen die ersten drei bereits bekannt sind) lassen sich bitweise Verknüpfungen durchführen. Sie verknüpfen also nicht mehr die booleschen Variablen *true* und *false*, sondern die einzelnen Bits (0 bzw. 1) von zwei Zahlen.

| Operator | Erklärung |
|---|---|
| & | bitweise "UND"-Verknüpfung der beiden Operanden |
| \| | bitweise "ODER"-Verknüpfung der beiden Operanden |
| ^ | bitweise "XOR"-Verknüpfung der beiden Operanden |
| >> | Rechtsverschiebung aller Bits eines Operanden um eine bestimmte Anzahl |
| << | Linksverschiebung aller Bits eines Operanden um eine bestimmte Anzahl |

**Beispiel 2.44** | **Die XOR-Verknüpfung der Integer-Zahlen 1 und 7 ergibt 6.**

```
int a, b;
a = 1;           // Bitmuster = 001
b = 7;           // Bitmuster = 111
a = a ^ b;       // Bitmuster = 110  (a erhält den Wert 6)
```

**Beispiel 2.45** | **Die Bitfolge der Zahl 1 wird um zwei Stellen nach links "geshiftet" und ergibt 4.**

```
int a = 1;       // Bitmuster = 001
a = a << 2;      // Bitmuster = 100   (a erhält den Wert 4)
```

## 2.3.4   Rangfolge der Operatoren

Es ist klar, dass bei einem Zuweisungsoperator (=) immer erst die rechte Seite ausgerechnet und dann der linken Seite zugewiesen wird. Aber in welcher Reihenfolge werden die Operationen auf der rechten Seite ausgeführt? Antwort gibt die folgende Tabelle, welche die Operatoren in ihrer hierarchischen Rangfolge zeigt.

| Operator | Bedeutung |
|----------|-----------|
| ( ) | Klammern |
| ! | logisches NOT |
| * / % | Multiplikation, Division, Modulo |
| + - | Addition, Subtraktion |
| < <= > >= | kleiner als, kleiner gleich als, größer als, größer gleich als |
| == != | gleich, ungleich |

Die weiter oben in der Hierarchie stehenden Operationen werden immer **vor** den weiter unten stehenden ausgeführt.

---

**HINWEIS:** Durch Einschließen in runde Klammern ( ) kann die hierarchische Reihenfolge außer Kraft gesetzt werden[1].

---

**Beispiel 2.46** | **Arithmetische Operationen**

```
double x = 2.0;
double y  = x * x + 1 + x / 4;      // y = 5,5

aber

double y  = x * (x + 1 + x / 4);    // y = 7
```

**Beispiel 2.47** | **Boolesche Operationen**

```
bool b = !true && false || 5 > 6;   // b = false
int z = 50;
bool numeric = z > 47 && z < 58;    // numeric = true
```

# 2.4 Konvertieren von Datentypen

C# ist eine typsichere Sprache und nimmt es deshalb mit den Datentypen sehr genau. Schon bei den geringsten Nachlässigkeiten schlagen Ihnen IDE oder Compiler gnadenlos auf die Finger.

## 2.4.1 Implizite und explizite Konvertierung

Unabhängig vom tatsächlichen Wert, wie er in der Variablen gespeichert ist, lassen sich verschiedene Datentypen nur dann gegenseitig zuweisen, wenn der Wertebereich des rechten Datentyps in den linken "passt". In einem solchen Fall findet eine so genannte *implizite Konvertierung* statt, die der Compiler automatisch vornimmt.

---

[1] Da Sie aber in der Schule gut aufgepasst haben, werden wir auf weitere Beispiele verzichten.

| Beispiel 2.48 | **Die Zuweisung *Byte* zu *Integer* funktioniert problemlos.** |

```
byte b = 100;
int i = b;                    // implizite Typkonvertierung
```

Geradezu oberlehrerhaft verhält sich C# im umgekehrten Fall. Egal ob der Wert in den kleineren Datentyp passt oder nicht – es wird halt gemeckert.

| Beispiel 2.49 | **Das geht nicht** |

Obwohl der Wert 100 problemlos in eine *Byte*-Variable passt, erscheint die Fehlermeldung "Implizite Konvertierung des Typs 'int' zu 'byte' nicht möglich!"

```
int i = 100;
byte b = i;                   // Fehler!
```

Um den meckernden Compiler zu beschwichtigen, ist eine so genannte *explizite Typkonvertierung* (auch *Typecasting* genannt) erforderlich.

**SYNTAX:**   *neueVariable = (Neuer Datentyp) alteVariable;*

| Beispiel 2.50 | **Das Vorgängerbeispiel wird fehlerfrei ausgeführt** |

```
int i = 100;
byte b = (byte) i;           // explizite Typkonvertierung
```

*Implizite* Konvertierungen sind sicher, Datenverluste sind deshalb ausgeschlossen. Dabei kann stets nur der kleinere der beiden Datentypen direkt in einen größeren umgewandelt werden[1].

*Explizite* Typkonvertierungen sollten stets mit Vorsicht angewendet werden, wobei man sicher sein muss, dass die Wertebereiche zur Laufzeit nicht überschritten werden.

---

**HINWEIS:** Man muss sich immer bewusst sein, dass eine explizite Typkonvertierung dann zu Datenverlusten führen kann, wenn der Wertebereich durch die Konvertierung verkleinert wird.

---

| Beispiel 2.51 | **Da der *byte*-Datentyp nur den Bereich 0 ... 255 abdeckt, entsteht ein falsches Ergebnis** |

```
int i = 300;
byte b = (byte) i;           // liefert falsches Resultat (44)
```

| Beispiel 2.52 | **Implizite und explizite Typkonvertierung *float* in *int* gegenübergestellt** |

```
int i;
float f = 12.5F;
```

---

[1] Sie können sich das bildlich so vorstellen, dass jeder Datentyp einem Kochtopf mit unterschiedlichem Fassungsvermögen entspricht, und Sie dürfen immer nur etwas aus einem kleineren in einen größeren Topf füllen. Verboten wäre es beispielsweise, aus einem 1-Liter-Topf etwas in einen 0,5-Liter-Topf zu gießen, obwohl in dem 1-Liter-Topf nur 0,1 Liter drin sind!

**Beispiel 2.52** | **Implizite und explizite Typkonvertierung *float* in *int* gegenübergestellt**

```
i = f;            // implizite Konvertierung ergibt Fehler!
i = (int) f;      // explizite Konvertierung ergibt Datenverlust: i erhält den Wert 12
```

**Beispiel 2.53** | **Implizite Typkonvertierung *char* in *int***

```
char c = 'A';
int i = c;                   // i erhält den Wert 65  (Zeichencode von 'A')
```

## 2.4.2  Welcher Datentyp passt zu welchem?

Der folgenden Tabelle entnehmen Sie alle möglichen impliziten und expliziten Typkonvertierungen. Die impliziten Konvertierungen sind fett hervorgehoben.

| Quell-Datentyp | Zieldatentypen |
|---|---|
| bool | object |
| byte | ushort, short, uint, int, ulong, long, float, double, decimal, object, sbyte, char |
| sbyte | **short, int, long, float, double, decimal, object,** byte, ushort, uint, ulong, char |
| short | **int, long, float, double, decimal, object,** sbyte, byte, ushort, uint, ulong, char |
| ushort | **uint, int, ulong, long, float, double, decimal, object,** sbyte, byte, short, char |
| char | **ushort, uint, int, ulong, long, float, double, decimal, object,** sbyte, byte, short |
| int | **long, float, double, decimal, object,** sbyte, byte, short, ushort, uint, ulong, char |
| uint | **long, float, double, decimal, object,** sbyte, byte, short, ushort, int, char |
| long | **float, double, decimal, object,** sbyte, byte, short, ushort, int, uint, ulong, char |
| ulong | **float, double, decimal, object,** sbyte, byte, short, ushort, int, uint, long, char |
| float | **double, object,** sbyte, byte, short, ushort, int, uint, long, ulong, char, decimal |
| double | **object,** sbyte, byte, short, ushort, int, uint, long, ulong, char, float, decimal |
| decimal | **object,** sbyte, byte, short, ushort, int, uint, long, ulong, char, float, double |
| string | object |
| object | alle Datentypen (Unboxing, siehe Abschnitt 2.4.7) |

**HINWEIS:** Wenn Sie in obiger Tabelle feststellen, dass sich einige Datentypen partout nicht (also weder implizit noch explizit) in andere konvertieren lassen, so sollten Sie sich die folgenden Ausführungen näher anschauen.

## 2.4.3 Konvertieren von bool

In obiger Konvertierungstabelle fällt auf, dass der Datentyp *bool* ziemlich schlecht abschneidet. Außer in den universellen *object*-Datentyp lässt er sich in keinen anderen umwandeln.

Beispiel 2.54    **Das geht leider nicht.**

```
bool b = true;
int i = (bool) b;          // Fehler!
string s = (string) b;     // Fehler!
```

**HINWEIS:** Für *bool* ist scheinbar keine Typkonvertierung möglich[1].

Einen Ausweg bietet allerdings die *Convert*-Klasse mit ihren zahlreichen (statischen) Methoden (siehe Abschnit 2.4.5).

Beispiel 2.55    **Die Lösung des Vorgängerbeispiels**

```
bool b = true;
int i = Convert.ToInt32(b);      // i wird 1
string s = Convert.ToString(b);  // s wird "True"
```

## 2.4.4 Konvertieren von string

Beim *string*-Datentyp scheint es zunächst ähnlich trübe wie bei *bool* auszusehen. Doch die Entwarnung folgt zugleich.

### ToString-Methode

Der *object*-Datentyp – gewissermaßen die "Mutter aller Objekte" – vererbt an alle Nachkommen die *ToString*-Methode, auf welche Sie bereits hin und wieder in den bisherigen Beispielen gestoßen sind, nämlich dann, wenn es darum ging, Zahlenwerte zur Anzeige zu bringen.

**HINWEIS:** Jeder Datentyp kann mittels seiner *ToString*-Methode in den Datentyp *string* umgewandelt werden!

Und noch ein Hinweis, den sich besonders die von Visual Basic kommenden Umsteiger hinter die Ohren schreiben sollten:

**HINWEIS:** Vergessen Sie nicht die Klammern hinter *ToString()*!

---

[1] Das ist nur einer der wichtigen Unterschiede zur Programmiersprache C++.

**Beispiel 2.56**    **Anzeige einer Gleitkommazahl**

```
double d = 12.75;
MessageBox.Show(d.ToString);      // Fehler
MessageBox.Show(d.ToString());    // ok
```

## String in Zahl verwandeln

Zwar können wir mit der *ToString()*-Methode alle Datentypen in den *string*-Typ konvertieren, wie aber sieht es umgekehrt aus?

Für bestimmte andere Datentypen gibt es spezifische Lösungen, z.B. zum Umwandeln von *string* in *char*.

**Beispiel 2.57**    **Einem *char* wird das zweite Zeichen eines *string* zugewiesen.**

```
string name = "Max";
char c = name[1];
MessageBox.Show(c.ToString());      // zeigt "a"
```

Damit enden vorerst unsere Erfolgserlebnisse, denn das übliche Typecasting scheint bei den anderen Datentypen zu versagen.

**Beispiel 2.58**    **Das geht leider nicht.**

```
string s = "5";
int i = (int) s;            // Fehler!
```

Rettung naht auch hier in Gestalt der *Convert*-Klasse. Als Alternative zu den expliziten Typkonvertierungen bietet diese Klasse für jeden Datentyp eine spezielle (statische) Konvertierungsmethode, der man den zu konvertierenden Ausdruck als Argument übergibt.

**Beispiel 2.59**    **Das Vorgängerbeispiel kann wie folgt gelöst werden.**

```
string s = "5";
int i = Convert.ToInt32(s);
MessageBox.Show(i.ToString());      // zeigt "5"
```

**Beispiel 2.60**    **Ein *string* wird in eine *double*-Zahl konvertiert.**

```
string s = "23,50";
double d = Convert.ToDouble(s);     // d erhält den Wert 23,50
```

Alternativ kann auch die *Parse*-Methode eingesetzt werden.

**Beispiel 2.61**    **Konvertieren eines Stringliterals in eine Ganzzahl.**

```
int nr = Int32.Parse("12");
```

### EVA-Prinzip

Auch für (fast) jedes Programm gilt nach wie vor das uralte EVA-Prinzip (Eingabe, Verarbeitung, Ausgabe). In diesem Zusammenhang sei nochmals auf die besondere Bedeutung der Typkonvertierung von und in den *string*-Datentyp hingewiesen. Da unter Windows sehr häufig die Übergabewerte als Zeichenketten vorliegen (*Text*-Eigenschaft der Ein- und Ausgabefelder), müssen sie zunächst in Zahlentypen umgewandelt werden, um dann nach ihrer Verarbeitung wieder in Zeichenketten rückverwandelt und zur Anzeige gebracht zu werden.

**Beispiel 2.62**  |  **Ein Ausschnitt aus dem Einführungsbeispiel 1.6.2**

```csharp
euro = Convert.ToSingle(textBox1.Text);        // Eingabe: string => float
dollar = euro * kurs;                          // Verarbeitung
textBox2.Text = dollar.ToString("#,##0.00");   // Ausgabe: float => string
```

## 2.4.5   Die Convert-Klasse

Diese statische Klasse bietet für jeden einfachen Datentyp eine spezielle Konvertierungsmethode, der man den zu konvertierenden Ausdruck als Argument übergibt.

**SYNTAX:**     Convert.*typMethode*(object *expr*);

*typeMethode* = Konvertierungsmethode (*ToBoolean, ToByte, ToInt32, ToDouble* ...)

*expr* = zu konvertierender Ausdruck

**Beispiel 2.63**  |  **Ein *string* wird in eine *double*-Zahl konvertiert**

```csharp
string s = "55,7";
double d = Convert.ToDouble(s);
MessageBox.Show(d.ToString());
```

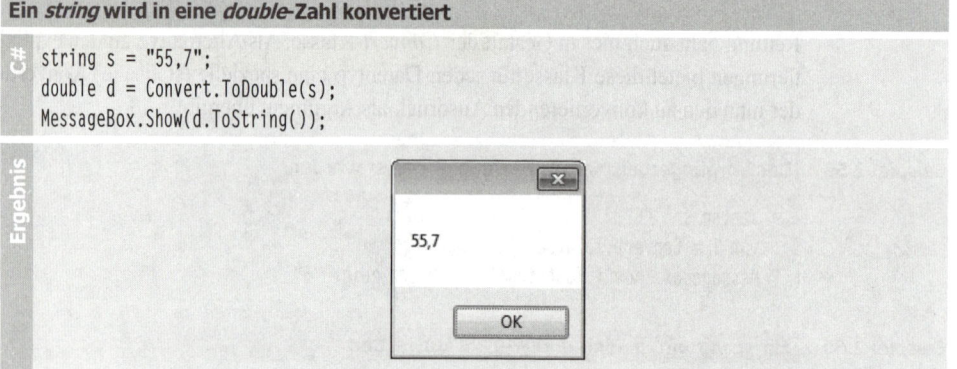

## 2.4.6   Die Parse-Methode

Die numerischen Typen *Byte(byte)*, *Int16(short)*, *Int32(int)*, *Int64(long)*, *Single(float)* und *Double(double)* verfügen u.a. über die (statische) *Parse*-Methode, welche die Stringdarstellung einer Zahl in den entsprechenden Typ konvertieren kann.

**Beispiel 2.64**  **Der Inhalt einer *TextBox* wird in eine Gleitkommazahl konvertiert.**

```
double z = Double.Parse(textBox1.Text);
```

**HINWEIS:** Die *Parse*-Methode hat den Vorteil, dass zusätzlich Kulturinformationen mit übergeben werden dürfen, welche die Besonderheiten eines bestimmten Landes berücksichtigen.

## 2.4.7  Boxing und Unboxing

Die Begriffe *Boxing/Unboxing* gehören zu den häufig strapazierten .NET-Schlagwörtern, die
manchem Einsteiger Ehrfurcht einflößen. Was verbirgt sich dahinter? Sie wissen bis jetzt, dass Sie
dem universellen *object*-Datentyp jeden Wert direkt zuweisen können, d.h. durch implizite Typkonvertierung. Umgekehrt kann, falls es der *object*-Inhalt erlaubt, jeder Datentyp durch explizite Typkonvertierung (Typecasting) aus *object* wieder "herausgezogen" werden. Das direkte Zuweisen
funktioniert in diesem Fall nicht.

**Beispiel 2.65**  **Boxing und Unboxing**

Eine *bool*-Variable wird in ein *object* "verpackt" (Boxing) und dieses anschließend einer
zweiten *bool*-Variablen zugewiesen (Unboxing).

```
bool b1 = true;
object o = b1;        // ok, implizite Konvertierung (Boxing)
bool b2 = o;          // Fehler, implizite Konvertierung
bool b2 = (bool) o;   // ok, explizite Konvertierung (Unboxing, b2 ist true)
```

Um den tieferen Sinn von Boxing/Unboxing zu verstehen, sollten wir nochmals auf den Unterschied zwischen den beiden fundamentalen Arten von Datentypen eingehen, mit denen wir es zu
tun haben:

- Wertetypen (werden im *Stack* des Rechners abgespeichert)
- Verweis- bzw. Referenztypen (werden im *Heap* des Rechners abgespeichert)

Stack und Heap sind bestimmte Bereiche im Arbeitsspeicher jedes Computers.

### Wertetypen

Dazu zählen all die einfachen Datentypen wie *byte*, *int*, *double* ..., hinzu kommen später noch
andere wie beispielsweise *struct* (siehe 2.6.2) und *DateTime* (siehe 4.4.2). Beim Abarbeiten des
Programms wird für die lokalen Variablen und die übergebenen Parameter Speicherplatz benötigt,
der immer dem Stack entnommen wird. Nach Beendigung einer Methode wird der Speicher automatisch an den Stack zurückgegeben.

## Verweistypen

Bislang kennen wir nur die Verweistypen *string* und *object*, im Kapitel 4 kommen später noch Datenfelder (Arrays) hinzu. Aber das ist nur die Spitze des Eisbergs, denn in der objektorientierten Programmierung, in welche wir ab Kapitel 3 tiefer einsteigen werden, sind alle Objekte Verweistypen. Das bedeutet, dass auf dem Stack nicht der Wert des Objekts abgespeichert wird, sondern lediglich ein Verweis (Referenz, Zeiger) auf eine Speicheradresse des Heap, wo das eigentliche Objekt gespeichert ist. Das Anlegen des Objekts auf dem Heap wird auch als Instanziierung bezeichnet, in der Regel muss dazu der *new*-Operator verwendet werden[1]. Das Entsorgen des Speichers übernimmt sporadisch der so genannte Garbage Collector. Doch zu all dem kommen wir erst im nachfolgenden OOP-Kapitel.

## as-Operator

Eine Alternative zur expliziten Typumwandlung mittels *()*-Konvertierungsoperator ist der *as*-Operator, der allerdings nur auf Verweis- und nicht auf Wertetypen anwendbar ist. Auch alle Steuerelemente gehören zu den Verweistypen.

**Beispiel 2.66**     **Konvertieren des *sender*-Parameters eines Eventhandlers (siehe Kapitel 21).**

```csharp
this.Text = (sender as TextBox).Text;
```

## Boxing

Es ist an der Zeit, die Beziehungen zwischen dem universellen Verweistyp *object* und den verschiedenen Wertetypen unter die Lupe zu nehmen. Es erhebt sich die Frage, was denn passiert, wenn man einer *object*-Variablen einen Wertetyp zuweist, der naturgemäß im Stack gespeichert ist.

**Beispiel 2.67**     **Ein Integer wird einem object-Datentyp zugewiesen.**

```csharp
int i = 25;
object o = i;
```

Die genaue Fragestellung ist, worauf zeigt die *object*-Variable o? Der Zeiger *o* darf doch keinesfalls auf den Stack verweisen (das würde die Stabilität des Programms massiv gefährden)!

Die Antwort: Es findet ein automatischer Kopiervorgang statt, d.h., eine Kopie der Variablen *i* wird auf dem Heap abgelegt, auf die dann die *object*-Variable *o* zeigt.

## Unboxing

Wie greift man nun aber wieder auf den in der *object*-Variablen "eingepackten" Wert zu? Eine einfache (implizite) Zuweisung funktioniert nicht. Richtig ist eine explizite Typkonvertierung (Typecasting).

---

[1] Der *string*-Datentyp bildet hier eine gewisse Ausnahme (siehe 4.2).

**Beispiel 2.68**  **Das Vorgängerbeispiel wird fortgesetzt.**

```
int j = o;              // Fehler!
int j = (int) o;        // ok
```

Allerdings funktioniert das Typecasting nur dann, wenn die Objektvariable tatsächlich auf den gewünschten Typ verweist, Trickserei – wie im folgenden Beispiel – nützt Ihnen also nichts.

**Beispiel 2.69**  **Das geht nicht!**

Die Hoffnung, bei der Umwandlung *string* nach *int* vielleicht ohne *Convert*-Klasse (siehe oben) auszukommen, geht leider nicht in Erfüllung.

```
string s = "5";
object o = s;
int i = (int) o;    // Fehler!
```

**HINWEIS:** Das Boxing ist mit ein wesentlicher Grund, warum in .NET "alles ein Objekt" ist, denn auch Wertetypen können damit quasi wie Objekte behandelt werden.

**Beispiel 2.70**  **Ja, auch das funktioniert!**

```
int i = new int();
i = 12;
```

# 2.5 Kontrollstrukturen

Verzweigungs- und Schleifenanweisungen unterbrechen den linearen Programmablauf und gehören zum Einmaleins des Programmierens.

## 2.5.1 Verzweigungsbefehle

"Programmweichen" werden durch Verzweigungsanweisungen bzw. -funktionen oder durch Sprungbefehle gestellt.

### Klassische Entscheidungsanweisungen

Die folgende Tabelle gibt einen Überblick:

| Verzweigungsanweisung | Erklärung |
|---|---|
| `if (Bedingung)`<br>    `Anweisung1;`<br>`else`<br>    `Anweisung2;` | **bedingte Verzweigung**<br><br>Wenn die *Bedingung* zutrifft, wird *Anweisung1* ausgeführt, ansonsten *Anweisung2*.<br>Der *else*-Zweig kann auch weggelassen werden. |

| Verzweigungsanweisung | Erklärung |
|---|---|
| ```if (Bedingung1)```<br>   ```Anweisung1;```<br>```else if (Bedingung2)```<br>   ```Anweisung2;```<br>```else if (Bedingung3)```<br>   ```Anweisungen ...;``` | **verschachtelte Verzweigung**<br><br>Zweige werden so lange ausgewertet, bis eine der Bedingungen *true* ergibt |
| ```switch (Ausdruck)```<br>```{```<br>  ```case Ausdruck1 :```<br>    ```Anweisungen;```<br>    ```break;```<br>  ```case Ausdruck2 :```<br>    ```Anweisungen;```<br>    ```break;```<br>  ```...```<br>  ```default :```<br>    ```Anweisungen;```<br>    ```break;```<br>```}``` | **Blockstruktur**<br><br>Der Ausdruck wird mit den hinter *case* angeführten Ausdrücken verglichen. Nach erstem Erfolg wird der Block verlassen, ansonsten werden die *default*-Anweisungen ausgeführt.<br><br>Der *default*-Zweig kann auch weggelassen werden, in diesem Fall erfolgt eine Fortsetzung nach Blockende.<br><br>Die *break*-Befehle verhindern das "Durchfallen". |

In vielen Fällen werden Sie zum Prüfen von Bedingungen die *if*-Anweisung verwenden.

**Beispiel 2.71**    **Im Label wird "Verbessern" angezeigt**

```csharp
byte zensur = 3;
if (zensur == 1)
    label1.Text = "Gratuliere!";
else
    label1.Text = "Verbessern!" ;          // zutreffende Bedingung
```

Optional können Sie innerhalb des *if*-Blocks noch *else*- oder *else if*-Zweige verwenden, wobei die *else if*-Bedingung nur dann geprüft wird, wenn keine der vorstehenden *if*-Bedingungen erfüllt war.

**Beispiel 2.72**    **Im Label wird "Befriedigend" angezeigt**

```csharp
byte zensur = 3;
if (zensur == 1)
    label1.Text = "Sehr gut!";
else if (zensur == 2)
    label1.Text = "Gut";
else if (zensur == 3)                       // zutreffende Bedingung
    label1.Text = "Befriedigend";
    //(usw.)
else
    label1.Text = "Nicht erlaubte Zensur!";
```

**Beispiel 2.73** | **Es geht auch komplizierter**

An den Verzeichnisnamen *myPath* wird ein Slash (/) angehängt, falls keiner vorhanden ist.

```csharp
if (!myPath.EndsWith("/")) myPath += "/";
```

Mit dem *switch*-Konstrukt wird ein Ausdruck auf mehrere mögliche Ergebnisse hin überprüft. Im Testausdruck kann ein beliebiger arithmetischer oder logischer Ausdruck stehen.

**Beispiel 2.74** | **Diese Kontrollstruktur leistet das Gleiche wie das Vorgängerbeispiel**

```csharp
byte zensur = 3;
switch (zensur) {
    case 1: label1.Text = "Sehr gut"; break;
    case 2: label1.Text =  "Gut"; break;
    case 3: label1.Text = "Befriedigend"; break;      // zutreffende Bedingung
    //(usw.)
    default : label1.Text = "Nicht erlaubte Zensur!"; break;
}
```

**HINWEIS:** Sie können *switch* nur bei einfachen Datentypen wie *byte* und *int* sowie *string* verwenden. In allen anderen Fällen müssen Sie *if*-Konstrukte verwenden.

Um eine identische Aktion bei mehreren möglichen Vergleichswerten auszuführen, schreiben Sie die einzelnen *case*-Zweige einfach hintereinander und lassen dabei das Schlüsselwort *break* weg.

**Beispiel 2.75** | **Das *Label* zeigt "Frühling" an**

```csharp
byte monat = 5;
switch (monat) {
    case 12 : case 1 :
    case 2 : label1.Text = "Winter"; break;
    case 3 : case 4 :
    case 5 : label1.Text = "Frühling"; break;          // zutreffende Bedingung
    case 6 : case 7 :
    case 8 : label1.Text = "Sommer"; break;
    case 9 : case 10 :
    case 11: label1.Text = "Herbst"; break;
    default :
    label1.Text =  "kein gültiger Monat!"; break;
}
```

**HINWEIS:** Sie sollten, wo immer es geht, anstelle einer *if*-Anweisung mit eingeschachtelten *else if*-Verzweigungen eine *switch*-Anweisung verwenden. Diese wird wesentlich schneller ausgeführt, da die Prüfbedingung nur einmal auszuwerten ist.

### Ergänzung

Ein weniger gebräuchlicher Verzweigungsbefehl basiert auf dem Fragezeichen (?) und durch Doppelpunkt (:) getrennten Zielanweisungen. Dadurch lässt sich eine kompaktere Schreibweise erzwingen.

**Beispiel 2.76**     **Der Verzweigungsbefehl**

```csharp
label1.Text = checkBox1.Checked ? "Ja"  : "Nein";

entspricht

if (checkBox1.Checked) label1.Text = "Ja";
else label1.Text = "Nein";
```

**Beispiel 2.77**     **In Abhängigkeit von einer booleschen Variablen erhält i den Wert 1 oder 2**

```csharp
int i = checkBox1.Checked ? 1 : 2;
```

### Sprungbefehle

Verzweigungen können auch mit Sprunganweisungen realisiert werden. Innerhalb von Sprunganweisungen werden die Schlüsselwörter *continue*, *default*, *goto* und *return* eingesetzt.

So sind innerhalb eines *switch*-Konstrukts auch absolute Sprünge mittels *goto* möglich. Die *case*- oder *default*-Anweisungen sind die Sprungziele.

**Beispiel 2.78**     **Eine Alternative zum Vorgängerbeispiel (auszugsweise)**

```csharp
switch (monat)
{
  case 12: goto case 2;
  case 1:  goto case 2;
  case 2 : label1.Text =  "Winter"; break;
  case 3 : goto case 5;
  case 4 : goto case 5;
  case 5 : label1.Text =  "Frühling"; break;
// usw.
}
```

## 2.5.2 Schleifenanweisungen

Die wichtigsten Grundtypen sind *for-*, *while-* und *do*-Schleifen (siehe Tabelle).

| Schleifenanweisung | Erklärung |
|---|---|
| `for (Zähler=Anfangswert; Abbruchbedingung; Zähler=neuerWert)` <br><br> `{` <br> `  Anweisungen;` <br> `}` | *for*-Zählschleife, <br><br> wird so lange durchlaufen, bis Abbruchbedingung *false* ist |

| Schleifenanweisung | Erklärung |
|---|---|
| ```while (Abbruchbedingung)``` <br> ``{`` <br> ``  Anweisungen;`` <br> ``}`` | *while*- Bedingungsschleife, <br><br> Abbruchbedingung am Schleifenanfang (kopfgesteuert) |
| ```do``` <br> ``{`` <br> ``  Anweisungen;`` <br> ``}`` <br> ```while (Abbruchbedingung)``` | *do*- Bedingungsschleife, <br><br> Abbruchbedingung am Schleifenende (fußgesteuert) |

**HINWEIS:** Ein weiterer Schleifentyp, die *foreach*-Schleife, spielt im Zusammenhang mit Arrays und Auflistungen eine wichtige Rolle (siehe 4.1.5).

## for-Schleifen

In diesem klassischen Schleifentyp wird die Zählervariable pro Durchlauf aktualisiert (meist inkrementiert bzw. dekrementiert), bis eine Abbruchbedingung erfüllt ist. Die Initialisierung, der boolesche Ausdruck und die Anweisung zur Aktualisierung der Zählvariablen müssen durch Semikolons voneinander getrennt sein.

**Beispiel 2.79** **Die Schleife gibt zehnmal untereinander den laufenden Index und einen Text in einer *ListBox* aus**

```csharp
for (int i = 1; i<=10; i++)
        listBox1.Items.Add(i.ToString() + " Viele Wege führen nach Rom!");
```

Sie können jedes der drei Elemente (Initialisierung, Abbruchbedingung, Aktualisierung) im Schleifenkopf auch weglassen, müssen sich aber dann anderweitig um Ersatz bemühen.

**Beispiel 2.80** **Eine äquivalente Version des Vorgängerbeispiels**

```csharp
int i = 1;                       // Ersatz für Initialisierung der Zählvariablen
for (; i<=10; )
{
    listBox1.Items.Add(i.ToString() + " Viele Wege führen nach Rom!");
    i++;                         // Ersatz für Aktualisierung der Zählvariablen
}
```

## while-Schleife

Bei diesem Schleifentyp steht die Organisation einer Zählervariablen nicht im Mittelpunkt, wodurch eine etwas flexiblere Programmierung möglich wird. In Abhängigkeit davon, ob die Abbruchbedingung am Schleifenanfang oder an deren Ende kontrolliert wird, spricht man auch von *kopfgesteuerten* bzw. *fußgesteuerten* Schleifen. Die *while*-Schleife ist – ebenso wie die *for*-Schleife – kopfgesteuert.

Beispiel 2.81 | **Ein völlig identisches Resultat wie obige for-Schleifen**

```csharp
int i = 1;
while (i <= 10)
{
    listBox1.Items.Add(i.ToString() + " Viele Wege führen nach Rom!");
    i++;
}
```

## do-Schleife

Dieser dritten Schleifentyp ähnelt der *while*-Schleife, allerdings wird die Abbruchbedingung erst am Ende getestet.

Beispiel 2.82 | **Eine weitere äquivalente Version der Vorgängerbeispiele**

```csharp
int i = 1;
do
{
    listBox1.Items.Add(i.ToString() + " Viele Wege führen nach Rom!");
    i ++;
}
while (i <= 10);
```

**HINWEIS:** Das komplette Programm finden Sie im Praxisbeispiel 2.8.3 "Schleifenanweisungen verstehen".

Wozu braucht man die *do*-Schleife überhaupt, wenn man doch mit der *while*-Schleife zum gleichen Ergebnis kommt?

Die Antwort: Manchmal brauchen Sie vielleicht eine Schleife, bei der die Anweisungen im Schleifenkörper mindestens einmal ausgeführt werden. In diesem Fall dürfte der Unterschied deutlich sein.

Beispiel 2.83 | **Ersetzen Sie die erste Anweisung in beiden Vorgängerbeispielen durch**

```csharp
int i = 11;
```

Während die *do*-Schleife eine einzige Zeile ausgibt, bleibt die *ListBox* bei der *while*-Schleife leer.

## Vorzeitiges Verlassen einer Schleife

Genauso wie Sie mit *break* eine Verzweigung verlassen können (siehe 2.5.1), ist damit auch ein vorzeitiger Abbruch einer Schleifenanweisung möglich.

**Beispiel 2.84** | **Vorzeitiges Verlassen einer Schleife**

Auch dieser Code gibt zehnmal untereinander einen Text in einer *ListBox* aus. Anstatt aber die Abbruchbedingung im Schleifenkopf festzulegen, wird sie in den Schleifenkörper verlagert.

```
for (int i = 1; ; i++)
{
    listBox1.Items.Add(i.ToString() + " Viele Wege führen nach Rom!");
    if (i == 10) break;              // Abbruchbedingung testen
}
```

Im Gegensatz zu *break* bewirkt *continue*, dass die Abbruchbedingung sofort (also nicht erst beim nächsten Schleifeneintritt) ausgewertet wird.

---

**HINWEIS:** Da die *continue*-Anweisung zu schwer auffindbaren Programmierfehlern führen kann, sollten Sie sie nur in Ausnahmefällen verwenden.

---

# 2.6 Benutzerdefinierte Datentypen

Sie sind als Programmierer nicht nur auf die einfachen Datentypen *int, float,* ... angewiesen, sondern können auch eigene Datentypen kreieren. Interessant sind vor allem

- Enumerationen und

- strukturierte Datentypen.

Beide bauen auf den einfachen Datentypen auf und sind – ebenfalls wie diese – so genannte *Wertetypen*, die im Stack des Computers gespeichert werden.

## 2.6.1 Enumerationen

Mit dem *enum*-Schlüsselwort erstellen Sie einen Enumtyp, dessen mögliche Werte auf eine bestimmte Menge symbolischer Namen beschränkt ist. Häufig werden Sammlungen von miteinander verwandten Konstanten in Enumerationen zusammengefasst.

### Deklaration

Der *enum*-Datentyp wird ähnlich wie ein strukturierter Datentyp deklariert.

**SYNTAX:**
```
enum Bezeichner : Datentyp
    {
      Feld1 = Wert1;
      Feld2 = Wert2;
      ...
    }
```

Alle in der Enumeration enthaltenen Konstanten müssen vom gleichen Datentyp sein, zulässig sind nur die acht Integer-Typen *byte, sbyte, short, ushort, int, uint, long* und *ulong*. Falls die Angabe des Datentyps weggelassen wird, handelt es sich automatisch um *int*-Konstanten.

**Beispiel 2.85**    **Eine Enumeration für die Monate eines Jahres**

```
enum Monate : byte
{Januar = 1, Februar, März, April, Mai, Juni,
 Juli, August, September, Oktober, November, Dezember}
```

Jedem Element der Enumeration ist ein bestimmter Zahlenwert zugeordnet, der standardmäßig mit 0 beginnt. Falls Sie das ändern wollen, so müssen Sie den Wert explizit zuordnen. Wenn Sie das nur für den ersten Wert tun, so erhalten die Nachfolger vom Compiler automatisch den nächst-höheren Wert (siehe obiges Beispiel).

## Zugriff

Wenn ein Enumtyp deklariert ist, können Sie ihn wie jeden anderen Datentyp verwenden. Das heißt, Sie deklarieren damit auf gewohnte Weise Variablen oder Konstanten, denen Sie dann Werte zuweisen.

**Beispiel 2.86**    **Deklarieren der Konstanten *ersterMonat* vom Enumtyp *Monate***

```
const Monate ersterMonat = Monate.Januar;
```

**Beispiel 2.87**    **Deklarieren von zwei Variablen des Enumtyps *Monate***

```
Monate monat1, monat2;
monat1 = Monate.Januar;
monat2 = monat1 + 1;
MessageBox.Show(monat2.ToString());    // zeigt Februar
```

Um nicht den Namen, sondern die Integer-Zahl des Elements zu ermitteln, müssen Sie eine Typ-konvertierung vornehmen.

**Beispiel 2.88**    **Der folgende Code wird an das Vorgängerbeispiel angehängt**

```
byte m = (byte) monat2;
MessageBox.Show(m.ToString());         // zeigt 2
```

## 2.6.2  Strukturen

Mit dem *struct*-Schlüsselwort definieren Sie komplexe Datentypen, die ein oder auch mehrere Element(e) enthalten dürfen. In diesem Abschnitt wollen wir aber Strukturen nicht tiefgründiger behandeln, sondern nur einen ersten Einblick gewähren.

## Deklaration

Vom Prinzip her entspricht die Definition einer *Struktur* der einer *Klasse*, die allerdings zu den so genannten *Verweis*- oder *Referenztypen* gehört (siehe Kapitel 3).

Eine einfache Struktur hat folgenden Aufbau:

**SYNTAX:**
```
struct Bezeichner
{
    Modifizierer Datentyp feld1;
    Modifizierer Datentyp feld2;
    ...
}
```

Beachten Sie:

- Die *struct*-Anweisung ist innerhalb von Methoden unzulässig und nur auf globaler Ebene anwendbar.

- Damit die Elemente einer Struktur von außerhalb sichtbar sind, muss der *public*-Modifizierer vorangestellt werden[1].

---

**Beispiel 2.89** | **Eine Struktur**

Um in einer Variablen zur Personenbeschreibung neben dem Namen auch noch das Alter zu erfassen, definieren Sie einen neuen Datentyp:

```
struct Person
{
    public string vorName, nachName;
    public byte alter;
}
```

---

**HINWEIS:** Denken Sie immer daran, dass allein mit der Definition eines Datentyps noch keine Variable dieses Typs existiert! Diese muss – wie jede andere Variable auch – erst noch deklariert werden.

---

**Beispiel 2.90** | **Sie erzeugen zwei Variablen des oben definierten Datentyps *Person***

```
Person person1, person2;
```

---

[1] Diese Darstellung ist etwas vereinfacht, die ausgereifte Programmierung verlangt auch hier, genauso wie bei Klassen, das Prinzip der Kapselung.

## Datenzugriff

Um auf den Wert einer Strukturvariablen zuzugreifen, müssen Name und Element durch einen Punkt (so genannter *Qualifizierer*) voneinander getrennt sein[1].

**Beispiel 2.91**

> **Fortsetzung des Vorgängerbeispiels**
>
> ```csharp
> int a; string name;
> person1.vorName = "Max";        // Initialisieren  (Schreibzugriff)
> person1.nachName = "Müller";    // dto.
> person1.alter = 50;             // dto.
> a = person1.alter;               // Lesezugriff
> name = person1.vorName + " " + person1.nachName;        // "Max Müller"
> ```

**HINWEIS:** Beim Lesezugriff auf nicht initialisierte Felder erhalten Sie einen Compilerfehler.

**Beispiel 2.92**

> **Das Feld *alter* von *person2* wurde nicht initialisiert (siehe Bemerkungen)**
>
> ```csharp
> a = person2.alter;   // Fehler!
> ```

Man kann natürlich nicht nur, wie eben beschrieben, auf die einzelnen Felder einer Strukturvariablen, sondern auch auf die Variable insgesamt zugreifen.

**Beispiel 2.93**

> **Die Variable *person1* wird "geklont"**
>
> ```csharp
> person2 = person1;
> ```

## Struktur versus Klasse

Wie bereits bekannt, haben Strukturen viele Ähnlichkeiten mit Klassen. Genauso wie diese können sie beispielsweise über einen oder mehrere (überladene) Konstruktoren verfügen, mit denen die Felder initialisiert werden können. Aber es gibt da mehrere wesentliche Unterschiede, unter anderem können Sie für eine Struktur selbst keinen Standard-Konstruktor (das ist einer ohne Parameter, d.h. mit leeren Klammern) erstellen, denn dies wird immer vom Compiler erledigt, der die Felder dann (je nach Datentyp) mit den Werten *0*, *null* oder *false* initialisiert.

**Beispiel 2.94**

> **Die Strukturvariable *person1* wird mit ihrem Standard-Konstruktor erzeugt und initialisiert**
>
> ```csharp
> Person person1 = new Person();
> int a = person1.alter;            // a erhält automatisch den Wert 0
> ```

Und noch ein wesentlicher Unterschied zu Klassen und anderen Verweistypen:

**HINWEIS:** Bei Strukturvariablen spielt sich nach wie vor alles auf dem Stack ab (auch das Instanziieren mit *new*), sie sind Wertetypen und für diese ist der Heap tabu!

---

[1] Dies entspricht der generellen Schreibweise beim Zugriff auf Objekteigenschaften.

# 2.7  Nutzerdefinierte Methoden

Methoden kapseln wiederverwendbaren Programmcode und erleichtern somit nicht nur die Arbeit des Programmierers, sondern tragen auch im erheblichen Maß zur Übersichtlichkeit des Programmcodes bei.

Jede Methode hat einen Namen und einen Körper. Letzterer enthält die beim Methodenaufruf auszuführenden Anweisungen.

Grundsätzlich unterscheiden wir zwischen

- Methoden **mit** Rückgabewert

- Methoden **ohne** Rückgabewert

Methoden **mit** Rückgabewert sind Ihnen sicherlich aus anderen Programmiersprachen[1] als *Funktionen* ein Begriff, während eine Methode **ohne** Rückgabewert als *Prozedur, Sub* oder einfach nur als *Unterprogramm* bezeichnet wird.

In diesem Abschnitt wollen wir Methoden noch nicht als öffentliche (*public*) Mitglieder einer Klasse verstehen, wie sie in der OOP das Verhalten von Objekten definieren, denn dazu kommen wir erst im Kapitel 3. Vorerst behandeln wir sie lediglich als private Klassenmitglieder.

---

**HINWEIS:** Für das Verständnis der Parameterübergabe an Methoden ist es wichtig, dass Sie den Unterschied zwischen Werte- und Referenztypen kennen (siehe 2.2.6 und 2.4.7).

---

## 2.7.1  Methoden mit Rückgabewert

### Deklaration

Die Deklaration ist ähnlich wie bei einer normalen Variablen, nur dass an den Namen der Methode in Klammern die Parameterliste angefügt wird (kann auch leer sein).

**SYNTAX:**
```
Datentyp Name (Parameterliste)
{
   // Code definieren
   // .....
   // ...
   return (Rückgabewert)
}
```

Die *Parameterliste* ist eine durch Kommata separierte Liste mit der Aufzählung der einzelnen Parameter:

**SYNTAX:**
```
([ref|out] Datentyp Parameter, [ref|out] Datentyp Parameter, ...)
```

---

[1] z.B. Visual Basic oder Delphi

HINWEIS:  Zur Bedeutung der optionalen Übergabe mit *ref* bzw. *out* siehe die Abschnitte 2.7.3
und 2.7.4.

Der Methodenkörper ist durch eine öffnende und eine schließende geschweifte Klammer eingegrenzt.

Als Rückgabewert kommt natürlich nur der im Methodenkopf deklarierte Datentyp in Frage. Den
Rückgabewert, der auch ein Ausdruck sein kann, schreiben Sie in Klammern hinter die *return*-
Anweisung.

Beispiel 2.95 | **Funktion zur Berechnung des Kugelgewichts.**

Übergabeparameter sind der Radius *ra* und das spezifische Gewicht *sg*.

```csharp
private double Kugel(double ra, double sg)
{
    double vol = 4 / 3F * Math.PI * Math.Pow(ra, 3);
    return(sg * vol);
}
```

HINWEIS:  Schreiben Sie die *return*-Anweisung immer an das Ende des Methodenkörpers, denn
alle dahinter stehenden Anweisungen werden nicht mehr ausgeführt.

### Aufruf

Beim Aufruf einer Methode muss die *Signatur* der Parameterliste sorgfältig beachtet werden, d.h.,
die Reihenfolge der Argumente und ihr Datentyp müssen zur deklarierten Parameterliste passen.
Im aufrufenden Code muss der Rückgabewert einer Variablen zugewiesen werden, die den
gleichen Datentyp wie die Methode hat.

Beispiel 2.96 | **Obige Funktion wird mit einer eisernen Kugel von 20 cm Durchmesser getestet.**

```csharp
double r = 10, s = 7.87;              // Radius ist 10cm, spez. Gewicht = 7,87 gr/cm3
double gew = Kugel(r, s);             // Aufruf
MessageBox.Show(gew.ToString("#,#0.000 Gramm"));    // Gewicht der Kugel ist 32.965,779 Gramm
```

HINWEIS:  Bei **jedem** Methodenaufruf müssen Sie die runden Klammern **()** angeben, auch wenn
die Methode keine Parameter besitzt!

## 2.7.2  Methoden ohne Rückgabewert

### Deklaration

Soll die Methode keinen Wert zurückgeben, so setzen Sie anstelle des Datentyps das *void*-Schlüs-
selwort ein.

SYNTAX:
```
void Name (Parameterliste)
{
    // Code definieren
    // .....
}
```

Eine *void*-Methode arbeitet oft mit *Feldern* zusammen. Unter Feldern verstehen wir in C# globale Variablen, die auf Klassenebene deklariert wurden (im Unterschied zu den lokalen Variablen im Methodenkörper).

**Beispiel 2.97**  **Anwenden einer *void*-Methode zum Berechnen des Kugelgewichts.**

Deklarationen auf Klassenebene:

```
private double gew;        // dieser globalen Variablen wird das Ergebnis zugewiesen

private void Kugel(double ra, double sg)
{
    double vol = 4 / 3F * Math.PI * Math.Pow(ra, 3);
    gew = sg * vol;        // Feld wird mit dem Ergebnis gefüttert
}
```

## Aufruf

Im Unterschied zum Aufruf einer Methode mit Rückgabewert handelt es sich diesmal um keine direkte Zuweisung des Rückgabewerts, da dieser der globalen Variablen *gew* entnommen wird.

**Beispiel 2.98**  **Unsere Methode wird nun ebenfalls mit der legendären Eisenkugel getestet.**

```
double r = 10, sg = 7.87;        // Radius ist 10cm, spez. Gewicht = 7,87 gr/cm3
Kugel(r, sg);                    // Aufruf
MessageBox.Show(gew.ToString("#,#0.000 Gramm"));   // zeigt "32.965,779 Gramm"
```

HINWEIS: Obwohl Sie in einer *void*-Methode die *return*-Anweisung nicht brauchen, können Sie diese trotzdem zum vorzeitigen Verlassen der Methode verwenden. Dazu schreiben Sie einfach *return* gefolgt von einem Semikolon.

## 2.7.3  Parameterübergabe mit ref

Bei jedem Methodenaufruf werden – je nach Länge der Parameterliste – kein, ein oder auch mehrere Argument(e) an die Parameter der Methode übergeben. Handelt es sich hierbei um einen Wertetyp, so wird der entsprechende Parameter automatisch zu einer Kopie des Arguments.

Wenn Sie aber bei der Methodendeklaration dem Parameter das Schlüsselwort *ref* voranstellen, so wird nicht eine Kopie, sondern der Zeiger auf die Speicherplatzadresse des Arguments übermittelt. Im Körper der aufgerufenen Methode wird es dadurch möglich, am Wert des Arguments "herumzu-doktern", denn sämtliche hier vorgenommenen Änderungen am Wert des Parameters wirken sich auf das Argument aus. Auf diese Weise können Methoden ihre Ergebnisse ohne Verwendung globaler Variablen direkt an die aufrufenden Argumente zurückliefern.

---

**HINWEIS:** Wenn Sie ein Argument an einen *ref*-Parameter übergeben, müssen Sie beim Aufruf ebenfalls das *ref*-Schlüsselwort voranstellen.

---

**Beispiel 2.99**  | **Parameterübergabe mit *ref***

**C#**

Bei dieser Methode zur Kugelgewichtsbestimmung wurde die Übergabeart des zweiten Parameters in *ref* geändert. Dadurch wird es möglich, über diesen Parameter auch das Berechnungsergebnis zu übertragen.

```
private void Kugel(double ra, ref double g)
{
  double vol = 4 / 3F * Math.PI * Math.Pow(ra, 3);
  g = g * vol;         // g zeigt auf das Ergebnis
}
```

Den Parameter *g* haben wir hier bewusst nicht mit *sg* (für spezifisches Gewicht) bezeichnet, weil er nach dem Aufruf der *Kugel*-Methode auf das Gewicht verweist, also dann z.B. *gew* heißen müsste.

**Test**

Testen der Methode:

```
double r = 10, g = 7.87;
Kugel(r, ref g);
MessageBox.Show(g.ToString("#,#0.000 Gramm"));      // zeigt "32.965,779 Gramm"
```

## Noch einmal – aber bitte langsam

Der *ref*-Parameter hat nur für Wertetypen (dazu gehören z.B. die einfachen Datentypen wie *int*, *double*) eine relevante Bedeutung. Mit der standardmäßigen Parameterübergabe (also ohne *ref*) wird der Wert des übergebenen Parameters in eine vom Compiler erzeugte lokale Variable des Methodenkörpers kopiert. Die aufrufende Variable (das Argument) und die lokale Variable im Inneren der Methode (der Parameter) haben danach nichts mehr miteinander zu tun, eine Veränderung des Wertes der lokalen Variablen bleibt ohne Rückwirkung auf das Argument, sodass ein "Zurückgeben" von Ergebnissen – wie im obigen Beispiel gezeigt – nicht möglich ist.

Wenn Sie das Argument (einen Wertetyp) hingegen mit *ref* übergeben, so verfügt die aufgerufene Methode nur scheinbar über eine eigene lokale Variable. In Wirklichkeit wird mit dem ursprünglichen Argument weitergearbeitet, eine "Entkopplung" hat also nicht stattgefunden.

---

**HINWEIS:** Im Interesse der Fehlersicherheit Ihrer Programme sollten Sie *ref*-Parameter möglichst sparsam einsetzen und ansonsten lieber mit Kopien arbeiten. *ref* sollten Sie nur dann verwenden, wenn Sie tatsächlich Werte von Wertetypen "nach außen hin" verändern wollen.

## 2.7.4 Parameterübergabe mit out

Das Schlüsselwort *out* hat eine sehr ähnliche Bedeutung wie *ref*. Also wird auch hier der Wert des Arguments nicht in den Parameter kopiert, sondern der Parameter wird lediglich zu einem Alias des Arguments.

Einziger Unterschied zwischen *ref* und *out* ist, dass eine Methode einem *ref*-Parameter einen Wert zuweisen **kann**, einem *out*-Parameter hingegen einen Wert zuweisen **muss**.

HINWEIS: Ein Argument, das an einen *ref*-Parameter übergeben wird, muss zuvor initialisiert werden. Dies ist beim *out*-Parameter nicht erforderlich.

**Beispiel 2.100** | **Parameterübergabe mit *out***

C# Dieses Beispiel würde mit *ref* nicht funktionieren, da der beim Aufruf übergebene Parameter *g* nicht initialisiert ist.

```
void Kugel(double ra, double sg, out double gew)
{
  double vol = 4 / 3F * Math.PI * Math.Pow(ra, 3);
  gew = sg * vol;        // gew zeigt auf das Ergebnis
}
```

Test Der Aufruf:

```
double r = 10, s = 7.87, g;        // g ist nicht initialisiert!
Kugel(r, s, out g);
MessageBox.Show(g.ToString("#,#0.000 Gramm"));    // zeigt "32.965,779 Gramm"
```

## 2.7.5 Methodenüberladung

Wenn mehrere gleichnamige Methoden im gleichen Gültigkeitsbereich ohne Namenskonflikt friedlich nebeneinander existieren, so spricht man von *überladenen* Methoden. Die Unterscheidung wird vom Compiler anhand der Signatur getroffen. Unter Signatur verstehen wir bekanntlich die Reihenfolge der übergebenen Parameter und deren Datentyp.

HINWEIS: Überladene Methoden müssen immer eine unterschiedliche Signatur haben!

**Beispiel 2.101** | **Methodenüberladung**

C# Die *Kugel*-Funktion steht in zwei überladenen Versionen zur Verfügung. Die erste Version verlangt als Parameter den Radius und das spezifische Gewicht.

```
double Kugel(double ra, double sg)
{
    double vol = 4 / 3.0 * Math.PI * Math.Pow(ra, 3);
```

Beispiel 2.101 | **Methodenüberladung**

```
    return(sg * vol);
}
```

Eine zweite Version soll nur das Volumen der Kugel berechnen.

```
double Kugel(double ra)
{
   double vol = 4 / 3.0 * Math.PI * Math.Pow(ra, 3);
   return(vol);
}
```

Wenn Sie jetzt die Methode verwenden wollen, werden Ihnen in der Visual Studio-Entwicklungsumgebung automatisch beide überladenen Versionen angeboten:

```
private void button1_Click(object sender, System.EventArgs e)
{
  double g = Kugel(
            ▲ 1 von 2 ▼  double Form1.Kugel (double ra, double sg)
}
```

Der Aufruf ist entweder so

```
double g = Kugel(10, 7.87);            // liefert  32.965,779
```

oder so möglich:

```
double v = Kugel(10);                  // liefert  4.188,790
```

### Bemerkungen

- Unterscheiden sich die Deklarationen zweier Methoden nur in der Verwendung von *ref* bzw. *out*, erfolgt ebenfalls eine Überladung.

- Das Überladen des Rückgabewerts einer Methode ist nicht erlaubt.

- Wie Sie bestimmt schon bei der Arbeit im Codefenster von Visual Studio bemerkt haben, werden für die meisten Methoden mehrere Überladungen angeboten. Ein typisches Beispiel hierfür ist die *Show*-Methode der *MessageBox* mit insgesamt 12 (!) Überladungen.

## 2.7.6  Optionale Parameter

Ein optionaler Parameter gestattet es Ihnen, einem Parameter einen Standardwert zuzuweisen. Beim Aufruf der Methode bleibt es Ihnen überlassen, für diesen Parameter ein Argument zu übergeben oder nicht.

Das folgende Beispiel zeigt, wie Sie in früheren C#-Versionen optionale Parameter mittels Methodenüberladungen simulieren konnten.

**Beispiel 2.102**   **Zwei Überladungen einer Methode**

```csharp
public static string Hallo()              // erste Überladung
{
    return "Hallo Du!";
}

public static string Hallo(string name)   // zweite Überladung
{
    return "Hallo " + name + "!";
}
```

Bei Verwendung dieses Codes erscheint der *name* Parameter wie ein optionaler Parameter, denn die folgenden beiden Aufrufe funktionieren:

```csharp
string grüssDich = Hallo();
```

```csharp
string grüssFernando = Hallo("Fernando");
```

Wenn Sie Methoden mit mehr Parametern hätten, müssten Sie noch mehr Überladungen bereitstellen. Vielen Entwicklern gefällt dies nicht, da dadurch der Code aufquillt wie Hefeteig.

Das folgende Beispiel zeigt einen optionalen Parameter, welcher die obigen zwei Überladungen ersetzt:

**Beispiel 2.103**   **Methode mit einem optionalen Parameter**

```csharp
public static string Hallo(string name = "Du")
{
    return "Hallo " + name + "!";
}
```

Wie zu sehen ist, erfordert die Aufrufsyntax für einen optionalen Parameter lediglich das Zuweisen eines Standardwerts (deault value). Falls beim Aufruf kein Wert übergeben wird, wird der Standardwert genommen.

Auch das folgende Beispiel aus der Office-Automation zeigt, wie man mittels optionaler Parameter den Code vereinfachen kann.

**Beispiel 2.104**   **Die *SaveAs*-Methode für ein Excel- Worksheet in klassischer Schreibweise:**

```csharp
wkBook.SaveAs("myfile.xls", Missing.Value, Missing.Value,
              Missing.Value, Missing.Value, Missing.Value,
              Excel.XlSaveAsAccessMode.xlShared,
              Missing.Value, Missing.Value,
              Missing.Value, Missing.Value, Missing.Value);
```

Nur zwei Argumente werden im obigen Beispiel bereitgestellt, die übrigen sind *Missing.-Value*.

**Beispiel 2.104**  **Die *SaveAs*-Methode für ein Excel- Worksheet in klassischer Schreibweise:**

Jetzt die vereinfachte Version mit optionalen Parametern:

```
wkBook.SaveAs("myfile.xls", Excel.XlSaveAsAccessMode.xlShared);
```

Wenn Sie bislang für Methoden wie *SaveAs* immer kostbare Zeit verschwenden mussten, um die exakte Position eines Parameters herauszufinden, werden Sie die Kürze obigen Codes zu schätzen wissen[1].

## 2.7.7 Benannte Parameter

Eng verwandt mit den optionalen Parametern sind die benannten Parameter. Einer ihrer Hauptvorzüge ist die Auflösung von Mehrdeutigkeiten. Benannte Parameter erkennt man nicht anhand der Methodendeklaration, sondern lediglich an der Syntax des Methodenaufrufs.

**HINWEIS:** Benannte Parameter tragen beim Aufruf denselben Namen wie die entsprechenden Parameter in der Methodendeklaration, wobei ein Doppelpunkt angehängt wird.

**Beispiel 2.105**  **Eine Methode mit mit drei Parametern**

```
public static void addBuch(string titel, string autor = "", DateTime? termin = null)
{
    // noch nicht implementiert
}
```

Der Parameter *titel* ist nicht optional, *autor* hingegen ist optional, beide sind vom Datentyp *string*. Der letzte Parameter zeigt, dass man als Standardwert einem Parameter auch *null* zuweisen kann.

Der Aufruf der Methode mit benannten Parametern:

```
addBuch(autor: "Doberenz und Gewinnus", termin: DateTime.Now, titel: "Hallo Fernando!");
```

Bewusst haben wir hier die Reihenfolge der übergebenen Parameter verändert, da diese bei benannten Parametern keine Rolle spielt.

**HINWEIS:** Benannte Parameter sind besonders dann nützlich, wenn Sie mehrere optionale Parameter gleichen zu übergebenden Typs haben.

---

[1] Im Fall des zweiten Arguments käme auch ein benannter Parameter (siehe folgender Abschnitt) infrage. Da aber die Parameterliste nur ein Argument enthält, ist eine Benennung nicht erforderlich.

# 2.8  Praxisbeispiele

## 2.8.1  Vom PAP zur Konsolenanwendung

Dieses ausgesprochene Einsteiger-Beispiel erläutert die Umsetzung eines Programmablaufplans (PAP) in eine klassische Konsolenanwendung. Es sind nacheinander drei positive ganze Zahlen einzugeben. Das Programm soll die größte der drei Zahlen ermitteln und das Ergebnis anzeigen!

### Programmablaufplan

Der nachfolgend abgebildete PAP zeigt die Berechnungsvorschrift (Algorithmus). Sie erkennen hier die typische EVA-Grundstruktur, bei der die Anweisungen in der Reihenfolge **E**ingabe, **V**erarbeitung, **A**usgabe ausgeführt werden.

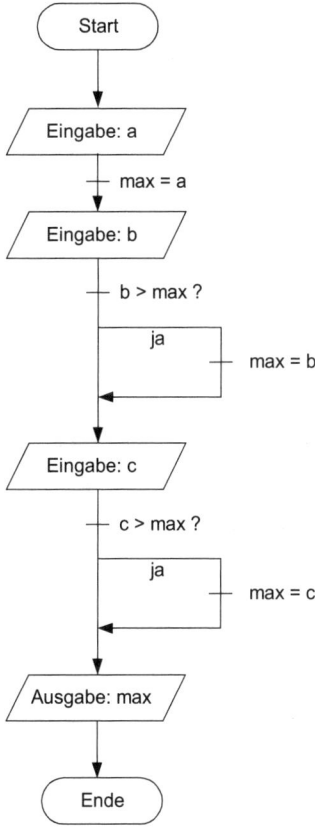

### Programmierung

Beim Schreiben der Befehle (z.B. mit dem Editor aus dem Windows-Zubehör) gibt obiger PAP eine nützliche Orientierung:

```
using System;
class Maximum3
{
   static void Main()
   {
      Console.WriteLine("Maximum von drei Zahlen");        // Überschrift
      Console.WriteLine();                                 // Leerzeile
      int a, b, c, max;                                    //  Variablendeklaration

      Console.WriteLine("Geben Sie die erste Zahl ein!");
      a = Convert.ToInt32(Console.ReadLine());             // Eingabe a
      max = a;                                             // Initialisieren von max
      Console.WriteLine("Geben Sie die zweite Zahl ein!");

      b = Convert.ToInt32(Console.ReadLine());             // Eingabe von b
      if (b > max) max = b;                                // Bedingung
      Console.WriteLine("Geben Sie die dritte Zahl ein!");

      c = Convert.ToInt32(Console.ReadLine());             // Eingabe c
      if (c > max) max = c;                                // Bedingung
      Console.WriteLine("Das Maximum ist " + max.ToString());     // Ergebnisausgabe
      Console.ReadLine();                      // Programm wartet auf <Enter>, um zu beenden
   }
}
```

Speichern Sie die Textdatei als *Maximum3.cs* ab.

## Kompilieren

Die Vorgehensweise entspricht exakt dem Abschnitt 1.2 im Einführungskapitel, Sie müssen also zunächst diverse Vorbereitungen treffen (Umgebungsvariable für den C#-Compiler hinzufügen, Datei *cmd.exe* in das Anwendungsverzeichnis kopieren), um bequem kompilieren zu können.

Geben Sie dann den folgenden Text an der Kommandozeile ein:

```
csc /t:exe Maximum3.cs
```

Haben Sie beim Eintippen des Quellcodes keine Fehler gemacht, so dürfte das Kompilieren anstandslos verlaufen.

Im Projektverzeichnis finden Sie nun die Datei *Maximum3.exe* vor.

## Test

Starten Sie *Maximum3.exe* durch Doppelklick!

```
C:\Users\Chef\V S 2 0 0 8\G L _ B U C H\B E I S P I E L E\Sprachgrundlagen\PRAXISBEISPIELE\01 PAP_K...  _ □ ×
Maximum von drei Zahlen

Geben Sie die erste Zahl ein!
5
Geben Sie die zweite Zahl ein!
-10
Geben Sie die dritte Zahl ein!
25
Das Maximum ist 25
```

**HINWEIS:** Durch Drücken der *Enter*-Taste beenden Sie die Anwendung.

## 2.8.2 Ein Konsolen- in ein Windows-Programm verwandeln

Eine Windows-Anwendung ist natürlich wesentlich attraktiver als eine Konsolen-Applikation und schließlich wollen Sie ja zukünftig mit dem Komfort von Visual Studio statt mit einem simplen Texteditor arbeiten!

Ziel dieses Beispiels soll es sein, das im Vorgängerbeispiel erstellte Konsolen-Programm in eine "richtige" Windows Forms-Applikation zu verwandeln.

### Oberfläche

Starten Sie Visual Studio 2010 und öffnen Sie ein neues Projekt (Projekttyp: "Visual C#", Vorlage: "Windows Forms-Anwendung"). Geben Sie als Namen z.B. "Maximum3" ein.

Mit *F4* holen Sie das Eigenschaftenfenster in den Vordergrund und stellen damit die *Text*-Eigenschaft (das ist die Beschriftung der Titelleiste) des Startformulars *Form1* neu ein: "Maximum von drei Zahlen".

Von der Toolbox (*Strg+Alt+X*) ziehen Sie die Steuerelemente (3 mal *TextBox*, 1 mal *Button*, 4 mal *Label*) gemäß folgender Abbildung auf *Form1* und stellen auch hier bestimmte *Text*-Eigenschaften neu ein:

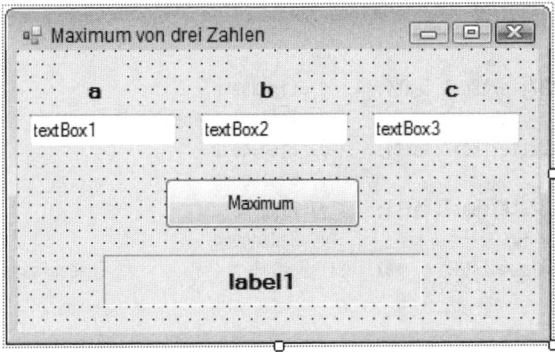

## Quelltext

Durch einen Doppelklick auf *button1* wird automatisch das Codefenster der (partiellen) Klasse *Form1* mit dem bereits vorbereiteten Rahmencode des *Click*-Eventhandlers geöffnet. In diesem Zusammenhang ein für den Einsteiger wichtiger Hinweis, der auch für die Zukunft gilt:

---

**HINWEIS:** Sie sollten den Rahmencode der Eventhandler nur in Ausnahmefällen selbst eintippen. Lassen Sie sich stattdessen den Rahmencode durch die Visual Studio-Entwicklungsumgebung generieren (falls es sich um das Standardereignis handelt durch Doppelklick auf das Steuerelement, ansonsten über die "Ereignisse"-Seite des Eigenschaftenfensters)!

---

```csharp
using System;
using System.Windows.Forms;
...

namespace Maximum3
{
    public partial class Form1 : Form
    {
        public Form1()
        {
            InitializeComponent();
        }

        private void button1_Click(object sender, EventArgs e)
        {
            // Hier müssen Ihre C#-Anweisungen eingefügt werden!
        }
    }
}
```

Füllen Sie den zunächst leeren Körper des Eventhandlers mit den erforderlichen Anweisungen aus, sodass der komplette Eventhandler schließlich folgendermaßen aussieht:

```csharp
private void button1_Click(object sender, EventArgs e)
{
    int a = Convert.ToInt32(textBox1.Text);      // Eingabe a
    int max = a;                                 // Initialisieren von max
    int b = Convert.ToInt32(textBox2.Text);      // Eingabe b
    if (b > max) max = b;                        // Bedingung
    int c = Convert.ToInt32(textBox3.Text);      // Eingabe c
    if (c > max) max = c;                        // Bedingung
    label1.Text = "Das Maximum ist " + max.ToString() + " !";    // Ergebnisausgabe
}
```

---

**HINWEIS:** Beim Vergleich mit der Konsolenanwendung erkennen Sie, dass Ein- und Ausgabe deutlich einfacher geworden sind!

---

### Test

Nachdem Sie das Projekt abgespeichert haben, kompilieren und starten Sie das Programm mit der *F5*-Taste (oder durch Klick auf die entsprechende kleine Schaltfläche mit dem grünen Dreieck in der Symbolleiste von Visual Studio):

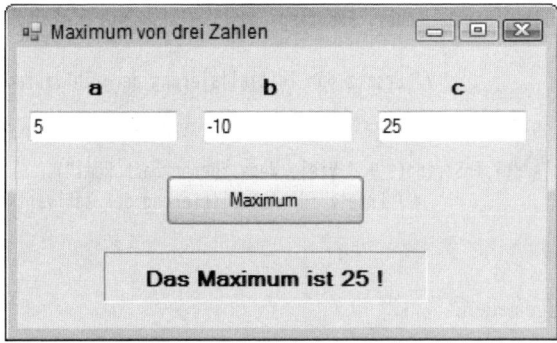

### Bemerkungen

Neben dem attraktiveren Outfit einer Windows-Anwendung schlagen auch noch weitere Vorteile gegenüber der tristen Konsolenanwendung deutlich zu Buche:

- So ist z.B. die Reihenfolge der Zahleneingaben ohne Bedeutung und
- Sie können bequem mittels *Tab*-Taste zwischen den Steuerelementen wechseln.

## 2.8.3 Schleifenanweisungen verstehen

C# offeriert Ihnen ein reichhaltiges Angebot an Schleifenanweisungen. Da der Umgang mit ihnen zum Einmaleins des Programmierens gehört, demonstriert Ihnen das vorliegende Beispiel die prinzipielle Anwendung der wichtigsten Schleifentypen (außer *foreach*-Schleife).

Ziel soll es sein, zehnmal untereinander einen Text in einer *ListBox* auszugeben, wobei fünf verschiedene Schleifenkonstruktionen gegenübergestellt werden.

### Oberfläche

Alles, was Sie zum Testen brauchen, ist das mit einer *ListBox* und einigen *Button*s bestückte Startformular *Form1* (siehe Laufzeitabbildung am Schluss).

### Quellcode

```
public partial class Form1 : Form
{   ...
```

Wir beginnen mit der altbekannten *for*-Schleife:

```
    private void button1_Click(object sender, EventArgs e)
    {
```

```
    for (int i = 1; i<=10; i++)
        listBox1.Items.Add(i.ToString() + " Viele Wege führen nach Rom!");
}
```

Eine der möglichen Modifikationen, wo Sie sich selbst um die Verwaltung der Zählvariablen kümmern müssen:

```
private void button2_Click(object sender, EventArgs e)
{
    int i = 1;                       // Ersatz für Initialisierung der Zählvariablen
    for (; i<=10; )
    {
        listBox1.Items.Add(i.ToString() + " Viele Wege führen nach Rom!");
        i++;                         // Ersatz für Aktualisierung der Zählvariablen
    }
}
```

Die *while*-Schleife ist kopfgesteuert:

```
private void button3_Click(object sender, EventArgs e)
{
    int i = 1;
    while (i <= 10)
    {
        listBox1.Items.Add(i.ToString() + " Viele Wege führen nach Rom!");
        i++;
    }
}
```

Fußgesteuert hingegen gibt sich die *do-while*-Schleife:

```
private void button4_Click(object sender, EventArgs e)
{
    int i = 1;
    do
    {
        listBox1.Items.Add(i.ToString() + " Viele Wege führen nach Rom!");
        i ++;
    }
    while (i <= 10);
}
```

Das vorzeitige Verlassen der Schleife mittels *break*:

```
private void button5_Click(object sender, EventArgs e)
{
    for (int i = 1; ; i++)
    {
        listBox1.Items.Add(i.ToString() + " Viele Wege führen nach Rom!");
        if (i == 10) break;                            // Abbruchbedingung
    }
}
```

Eher nebensächlich ist das Löschen der *ListBox*:

```
private void button6_Click(object sender, EventArgs e)
{
    listBox1.Items.Clear();
}
```

Das Beenden des Programms:

```
private void button7_Click(object sender, EventArgs e)
{
    this.Close();
}
}
```

## Test

Alle fünf Schleifenvarianten produzieren ein absolut identisches Ergebnis:

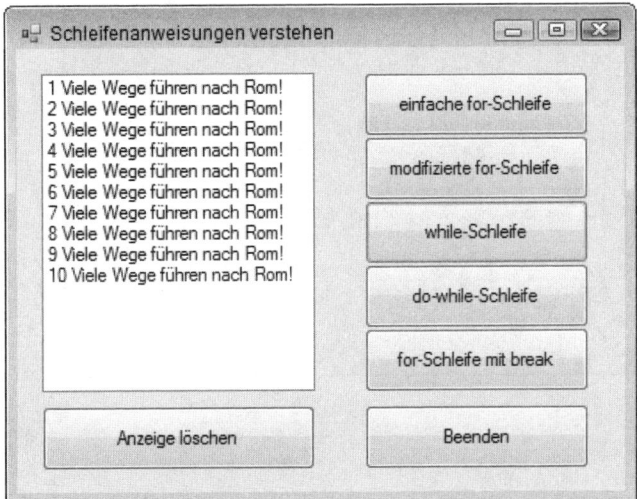

## 2.8.4   Benutzerdefinierte Methoden überladen

In C# spricht man nicht mehr im klassischen Sinn von Funktionen und Prozeduren, sondern nur noch von Methoden mit Rückgabewert und von Methoden ohne Rückgabewert (*void*). Beschränkt man sich auf private Methoden (Aufruf innerhalb einer Klasse), so spielen diese quasi die Rolle von "Unterprogrammen", sind also strenggenommen keine Methoden mehr im Sinne der OOP. Trotzdem können auch solche Methoden überladen werden, d.h., in mehreren gleichnamigen Versionen nebeneinander existieren, die sich nur durch ihre Signatur unterscheiden.

Das vorliegende, durchaus auch praxistaugliche, Programm demonstriert drei verschiedene Überladungen der bekannten Formel zur Berechnung des Gewichts einer Kugel:

$$G = \frac{4}{3} * \pi * r^3 * \gamma$$

G  = Gewicht (Gramm)
r   = Radius (Zentimeter)
π   = Pi = 3,14159...
γ   = spezifisches Gewicht (Gramm/Kubikzentimeter)

En passant wird weiteres Einsteigerwissen wie Strukturen (*struct*), *if*-Statements, *RadioButton*-Auswahl etc. vermittelt.

## Oberfläche

Auf das Startformular *Form1* setzen Sie eine *GroupBox*, die fünf verschiedene *RadioButton*s enthält, mit denen ein bestimmtes Material (Holz, Aluminium, Glas, Eisen, Blei) ausgewählt wird Weiterhin werden noch eine *TextBox*, drei *Button*s und verschiedene *Label*s benötigt (siehe Laufzeitabbildung).

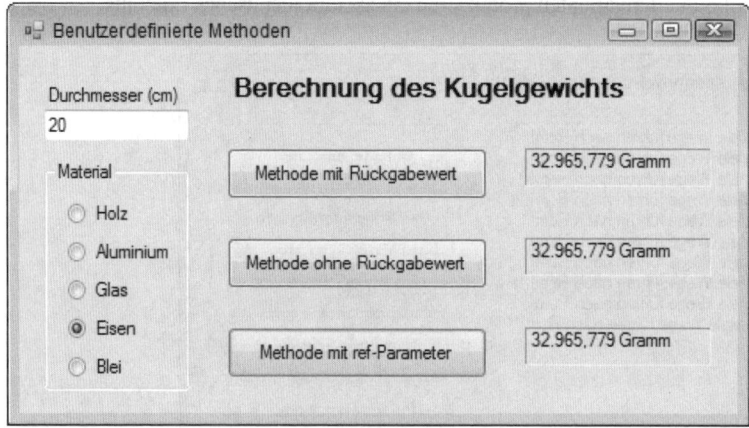

## Quellcode

```
public partial class Form1 : Form
{ ...
```

Globale Deklarationen:

```
    private struct Kugel         // kapselt Radius und spez. Gewicht einer Kugel
    {
        public double radius, sg;
    }

    private double gew;          // Rückgabewert für Variante 2

    private Kugel getKugel()     // Hilfsfunktion, liest Kugelwerte aus Eingabemaske
    {
        Kugel kug;
        kug.radius = Convert.ToDouble(textBox1.Text)/2;       // Kugelradius zuweisen
        // spezifisches Gewicht zuweisen:
```

```
        if (radioButton1.Checked) kug.sg = 1.4D;          // Holz
        else if (radioButton2.Checked) kug.sg = 2.7D;      // Alu
        else if (radioButton3.Checked) kug.sg = 3.0D;      // Glas
        else if (radioButton4.Checked) kug.sg = 7.87D;     // Eisen
        else kug.sg = 11.3D;                               // Blei
        return kug;
    }
```

Drei verschiedene Methodenüberladungen zur Berechnung des Kugelgewichts:

Variante 1:

```
    private double KugelGewicht(double ra, double sg)
    {
        double vol = 4 / 3D * Math.PI * Math.Pow(ra, 3);
        return (sg * vol);       // Rückgabe des Gewichts als Funktionswert
    }
```

Variante 2:

```
    private void KugelGewicht(Kugel kug)
    {
        double vol = 4 / 3D * Math.PI * Math.Pow(kug.radius, 3);
        gew = kug.sg * vol;      // das Gewicht wwird der globalen Variablen gew zugewiesen
    }
```

Variante 3:

```
    private void KugelGewicht(ref Kugel kug)
    {
        double vol = 4 / 3D * Math.PI * Math.Pow(kug.radius, 3);
        kug.sg = kug.sg * vol;   // der Übergabeparameter kug zeigt auf das Gewicht!
    }
```

Bei den folgenden Codierungen der Methode *Kugelgewicht* wird Ihnen die Intellisense von Visual Studio jeweils eine Auswahl zwischen den drei Überladungen anbieten:

Test Variante 1:

```
    private void button1_Click(object sender, EventArgs e)
    {
        Kugel kug = getKugel();
        double r = kug.radius, sg = kug.sg;              // Radius und spez. Gewicht
        double gew = KugelGewicht(r, sg);               // Aufruf
        label1.Text = gew.ToString("#,#0.000 Gramm");   // lokale Variable gew
    }
```

Test Variante 2:

```
    private void button2_Click(object sender, EventArgs e)
    {
        Kugel kug = getKugel();
        KugelGewicht(kug);                              // Aufruf
```

```
          label2.Text = gew.ToString("#,#0.000 Gramm");   // globale Variable gew
      }
```

Test Variante 3:

```
    private void button3_Click(object sender, EventArgs e)
    {
        Kugel kug = getKugel();
        KugelGewicht(ref kug);                          // Aufruf (kug trägt Ergebnis)
        label3.Text = kug.sg.ToString("#,#0.000 Gramm");
    }
}
```

## Test

Geben Sie das Material und den Durchmesser der Kugel ein und lassen Sie sich das Gewicht anzeigen. Alle drei Methodenüberladungen liefern identische Ergebnisse (siehe obige Abbildung).

# Kapitel 3

# Objektorientiertes Programmieren

C# erlaubt es Ihnen, bereits ohne fundierte OOP-Kenntnisse objektorientiert zu programmieren! Davon haben Sie bereits vor der Lektüre dieses Kapitels, mehr oder weniger unbewusst, Gebrauch gemacht: Sie haben Ereignisbehandlungsroutinen (Event-Handler) geschrieben und den Objekten der visuellen Benutzerschnittstelle (Form, Steuerelemente) Eigenschaften zugewiesen bzw. deren Methoden aufgerufen.

Die Entwicklungsumgebung von Visual Studio erlaubt objektorientiertes Programmieren bereits mit einem Minimum an Vorkenntnissen. Das vorliegende Kapitel will etwas tiefer in die OOP-Problematik eindringen und präsentiert Ihnen neben einigen grundlegenden Ausführungen die für den Einstieg wichtigsten objektspezifischen Features von C# im Überblick.

---

**HINWEIS:** In C# haben Sie grundsätzlich die Möglichkeit, zwischen Klassen (sind Verweistypen) und Strukturen (sind Wertetypen) zu wählen. Strukturen (*struct*) wurden bereits im Sprachkapitel (Abschnitt 2.6.2) einführend behandelt, bieten allerdings noch weitaus mehr Möglichkeiten, die fast an die von Klassen heranreichen. Wir aber wollen uns im vorliegenden Kapitel ausschließlich mit Klassen und Objekten, den Grundelementen der OOP, beschäftigen.

---

## 3.1  Kleine Einführung in die OOP

In .NET ist alles ein Objekt! Viele Entwickler – insbesondere wenn sie mit "altem" Code zu kämpfen haben – tun sich immer noch ziemlich schwer mit OOP, weil ihnen die Komplexität einer vollständigen Anwendung zu hoch erscheint.

### 3.1.1  Zur Entwicklung der objektorientierten Programmierung

Im Unterschied zur objektorientierten ist die klassische strukturierte Programmierung ziemlich sprachunabhängig und hatte Zeit genug, um auch in den letzten Winkel der Programmierwelt vorzudringen.

Demgegenüber stand es um die Akzeptanz der objektorientierten Programmierung bis Anbruch des .NET-Zeitalters zu Beginn dieses Jahrtausends noch nicht zum Besten, das aber hat sich seitdem dramatisch geändert.

## Strukturierte Programmierung

Gern bezeichnet man die strukturierte Programmierung auch als Vorläufer der objektorientierten Programmierung, obwohl dieser Vergleich hinkt. Richtig ist, dass sowohl strukturierte als auch objektorientierte Programmierung fundamentale Denkmuster[1] sind, die gleichberechtigt nebeneinander existieren.

Die Grundkonzepte der strukturierten Programmierung wurden beginnend mit dem Ende der Sechzigerjahre entwickelt und lassen sich mit folgenden Stichwörtern charakterisieren: hierarchische Programmorganisation, logische Programmeinheiten, zentrale Programmsteuerung, beschränkte Datenverfügbarkeit.

*Ziel der strukturierten Programmierung ist es, Algorithmen so darzustellen, dass ihr Ablauf einfach zu erfassen und zu verändern ist.*

Gegenstand der strukturierten Programmierung ist also die bestmögliche Anordnung von Code, um dessen Transparenz, Testbarkeit und Wiederverwendbarkeit zu maximieren[2].

Dass C# eine konsequent objektorientierte Sprache ist, bedeutet noch lange nicht, dass man damit nicht auch strukturiert programmieren könnte, im Gegenteil. Im Kapitel 2, wo sich alles um die grundlegenden sprachlichen Elemente von C# dreht, haben wir uns fast ausschließlich auf dem Boden der traditionellen strukturierten Programmierung bewegt und versucht, die OOP noch weitestgehend auszuklammern.

So haben wir es größtenteils ignoriert, dass selbst die einfachen Datentypen Objekte sind, und haben z.B. anstatt mit Methoden mit Funktionen und Prozeduren und anstatt mit Klassen mit strukturierten Datentypen (*struct*) gearbeitet. Tatsächlich können Sie aber mit OOP alles machen, was auch die strukturierte Programmierung erlaubt. Anstatt beispielsweise globale Variablen in einem Modul zu deklarieren, können Sie statische Klasseneigenschaften verwenden.

Um fit für die aktuellen Herausforderungen zu sein, sollten Sie deshalb – wo immer es vertretbar ist – nach objektorientierten Lösungen streben.

## Objektorientiertes Programmieren

Die objektorientierte Programmierung entfaltete auf breiter Basis erst seit Ende der 80er-Jahre mit dem Beginn des Windows-Zeitalters ihre Wirkung. Sehr bekannte Vertreter objektorientierter Sprachen sind C++, Java, Smalltalk und Borland Delphi – aber auch das alte Visual Basic war bereits in vielen wesentlichen Zügen objektorientiert aufgebaut[3].

---

[1] Im Fachjargon heißt das "Paradigma".

[2] Bahnbrechendes auf diesem Gebiet leistete Prof. Niklaus Wirth mit seinen Sprachen Pascal und Modula.

[3] Mit VB.NET wurde auch Visual Basic endlich vollwertiges Mitglied der OOP-Welt.

*Objektorientierte Programmierung ist ein Denkmuster, bei dem Programme als Menge von über Nachrichten kooperierenden Objekten organisiert werden und jedes Objekt Instanz einer Klasse ist.*

Im Unterschied zur strukturierten Programmierung bedeutet "objektorientiert" also, dass Daten und Algorithmen nicht mehr nebeneinander existieren, sondern in Objekten zusammengefasst sind.

Während Module in der strukturierten Programmierung zwar auch Daten und Code zusammenfassen, stellen Klassen jetzt Vorlagen dar, von denen immer neue Kopien (Instanzen) angefertigt werden können. Diese Instanzen, d.h. die Objekte, kapseln den Zugriff auf die enthaltenen Daten hinter Schnittstellen (Interfaces).

Der große Vorteil der OOP ist ihre Ähnlichkeit mit den menschlichen Denkstrukturen. Dadurch wird vor allem dem Einsteiger, der bisher über keine bzw. wenig Programmiererfahrung verfügt, das Verständnis der OOP erleichtert.

---

**HINWEIS:** Die OOP verlangt eine Anpassung des Software-Entwicklungsprozesses und der eingesetzten Methoden an den Denkstil des Programmierers – nicht umgekehrt!

---

Die OOP ist eine der wenigen Fälle, in denen der Einsteiger gegenüber dem Profi zumindest einen kleinen Vorteil besitzt: Er ist noch nicht in der Denkweise klassischer Programmiersprachen gefangen, die dazu erziehen, in Abläufen zu denken, bei denen die in der realen Welt zu beobachtenden Abläufe Schritt für Schritt in Algorithmen umgesetzt werden, etwa um betriebliche Prozesse per Programm zu automatisieren.

Die OOP entspricht hingegen der üblichen menschlichen Denkweise, indem sie z.B. reale Objekte aus der abzubildenden Umwelt identifiziert und in ihrer Art beschreibt.

## 3.1.2  Grundbegriffe der OOP

Bereits im Kapitel 1 (Abschnitt 1.3) hatten Sie gesehen, dass Objekte durch Eigenschaften, Methoden und Ereignisse beschrieben werden. Auf diese und andere Weise überwindet das Konzept der objektorientierten Programmierung (OOP) den prozeduralen Ansatz der klassischen strukturellen Programmierung zugunsten einer realitätsnahen Modellierung.

Bevor wir uns den Details zuwenden, sollen die wichtigsten Begriffe der objektorientierten Programmierung (OOP) zunächst allgemein, d.h. ohne Bezug auf eine konkrete Programmiersprache, erörtert werden.

### Objekt

Der Programmierer versteht unter einem *Objekt* die Zusammenfassung (Kapselung) von Daten und zugehörigen Funktionalitäten. Ein solches Softwareobjekt wird auch oft benutzt, um Dinge des täglichen Lebens für Zwecke der Datenverarbeitung abzubilden. Aber das ist nur ein Aspekt, denn Objekte sind ganz allgemein Dinge, die Sie in Ihrem Code beschreiben wollen, es sind Gruppen von Eigenschaften, Methoden und Ereignissen, die logisch zusammengehören. Als Programmierer arbeiten Sie mit einem Objekt, indem Sie dessen Eigenschaften und Methoden manipulieren und auf seine Ereignisse reagieren.

## Klasse

Eine *Klasse* ist nicht mehr und nicht weniger als ein "Bauplan", auf dessen Grundlage die entsprechenden Objekte zur Programmlaufzeit erzeugt werden. Gewissermaßen als Vorlage (Prägestempel) für das Objekt legt die Klasse fest, wie das Objekt auszusehen hat und wie es sich verhalten soll. Es handelt sich bei einer Klasse also um eine reine Softwarekonstruktion, die Eigenschaften, Methoden und Ereignisse eines Objekts definiert, ohne das Objekt zu erzeugen.

---

**HINWEIS:** Oft wird anstatt "Klasse" mit völlig gleichwertiger Bedeutung auch der Begriff "Objekttyp" verwendet.

---

## Instanz

Man erhält erst dann ein konkretes Objekt, wenn man eine *Instanz* einer Klasse bildet. Es lassen sich viele Objekte mit einer einzigen Klassendefinition erzeugen.

**Beispiel 3.1**    | **Instanz**

> Auf dem Montageband werden zahlreiche Auto-Objekte nach ein und denselben Konstruktionsvorschriften für die Klasse "Auto" gebaut. Diesen Vorgang könnte man auch als Bildung von Instanzen der Klasse "Auto" bezeichnen. Während die Klasse lediglich die Eigenschaft *Farbe* definiert, wird der konkrete Wert (rot, blau, grün ...) erst beim Erzeugen des Objekts (der Instanz) zugewiesen.

## Kapselung

Klassen realisieren das Prinzip der *Kapselung* von Objekten, das es ermöglicht, die Implementierung der Klasse (der Code im Inneren) von deren Schnittstelle bzw. Interface (die öffentlichen Eigenschaften, Methoden und Ereignisse) sauber zu trennen. Durch das Verbergen der inneren Struktur werden die internen Daten und einige verborgene Methoden geschützt, sind also von außen nicht zugänglich. Die Manipulation des Objekts kann lediglich über streng definierte, über die Schnittstelle zur Verfügung gestellte öffentliche Methoden erfolgen.

## Wiederverwendbarkeit

Klassen ermöglichen die *Wiederverwendbarkeit* von Code. Nachdem eine Klasse geschrieben wurde, können Sie diese an verschiedenen Stellen innerhalb einer Applikation verwenden. Klassen reduzieren somit den redundanten Code einer Anwendung, sie erleichtern außerdem die Wartung des Codes.

## Vererbung

Echte Vererbung (*Implementierungsvererbung*) ermöglicht es Klassen zu definieren, die von anderen Klassen abgeleitet werden, wobei nicht nur die Schnittstelle, sondern auch der dahinter liegende Code (die Implementierung) vom Nachkommen übernommen wird.

Da es nun möglich ist, die Implementierung einer Klasse für weitere Klassen als Grundlage zu verwenden, kann man Unterklassen bilden, die alle Eigenschaften und Methoden ihrer Oberklasse erben. Diese Unterklassen können zu den geerbten Eigenschaften neue hinzufügen oder Eigenschaften der Oberklasse verstecken, indem sie diese überschreiben.

Wird von einer solchen Unterklasse ein Objekt erzeugt (also eine Instanz der Unterklasse gebildet), dann dient für dieses Objekt sowohl die Ober- als auch die Unterklasse als "Bauplan".

C# unterstützt das Überschreiben (*Overriding*) von Methoden[1] der Oberklasse mit alternativen Methoden der Unterklasse (siehe Abschnitt 3.6.2).

### Polymorphie

OOP macht es möglich, ein und dieselbe Methode für ganz verschiedene Objekte zu verwenden, man nennt dies dann *Polymorphie* (Vielgestaltigkeit). Jedes dieser Objekte kann die Ausführung unterschiedlich realisieren. Für das aufrufende Objekt bleibt der Vorgang trotzdem derselbe.

**Beispiel 3.2**    **Polymorphie**

> Die Methode "Beschleunigen" ist in einer "Fahrzeug"-Klasse definiert, welche an die Unterklassen "Auto" und "Fahrrad" vererbt. Es ist klar, dass diese Methoden in beiden Unterklassen überschrieben, d.h. völlig unterschiedlich implementiert werden müssen.

Als Polymorphie, die aufs Engste mit der Vererbung verknüpft ist, kann man also die Fähigkeit von Unterklassen bezeichnen, Eigenschaften und Methoden mit dem gleichen Namen, aber mit unterschiedlichen Implementierungen aufzurufen (siehe Abschnitt 3.6.6).

## 3.1.3  Sichtbarkeit von Klassen und ihren Mitgliedern

Um die Klasse bzw. ihre Mitglieder (Member, Elemente) gezielt zu verbergen oder offen zu legen, sollten Sie von den Zugriffsmodifizierern Gebrauch machen, die den Gültigkeitsbereich (bzw. die *Sichtbarkeit*) einschränken.

### Klassen

Die folgende Tabelle zeigt die möglichen Einschränkungen bei der Sichtbarkeit von Klassen:

| Modifizierer | Sichtbarkeit |
| --- | --- |
| *public* | Unbeschränkt. Auch von anderen Assemblierungen aus können Objekte der Klasse erstellt werden. |
| *internal* | Nur innerhalb des aktuellen Projekts. Außerhalb des Projekts ist kein Objekt dieser Klasse erstellbar. Gilt als Standard, falls kein Modifizierer vorangestellt wird. |
| *private* | Nur innerhalb einer anderen Klasse. |

---

[1] Nicht zu verwechseln mit dem Überladen (Overloading) von Methoden (siehe 3.3.2).

## Klassenmitglieder

Die folgende Tabelle zeigt die Zugriffsmöglichkeiten auf die Klassenmitglieder (Member).

| Modifizierer | Sichtbarkeit |
|---|---|
| *public* | Unbeschränkt. |
| *protected* | Innerhalb der Klasse und der daraus abgeleiteten Klassen. |
| *internal* | Innerhalb des aktuellen Projekts. |
| *internal protected* | Innerhalb des aktuellen Projekts oder der abgeleiteten Klassen. |
| *private* | Nur innerhalb der Klasse. |

Die Schlüsselwörter *private* und *public* definieren immer die beiden Extreme des Zugriffs. Betrachtet man die jeweiligen Klassen als allein stehend, so reichen diese beiden Zugriffsarten völlig aus. Mit solchen, quasi isolierten, Klassen lassen sich allerdings keine komplexeren Probleme lösen.

Um einzelne Klassen miteinander zu verbinden, verwenden Sie den mächtigen Mechanismus der Vererbung. In diesem Zusammenhang gewinnt die *protected*-Deklaration wie folgt an Bedeutung:

- Da eine abgeleitete Klasse auf die *protected*-Member zugreifen kann, sind diese Member für die abgeleitete Klasse quasi *public*.

- Ist eine Klasse nicht von einer anderen abgeleitet, kann sie nicht auf deren *protected*-Member zugreifen, da diese dann quasi *private* sind.

Mehr zu diesem Thema finden Sie im Abschnitt 3.6 (Vererbung).

## 3.1.4 Allgemeiner Aufbau einer Klasse

Bevor der Einsteiger seine erste Klasse schreibt, sollte er sich zunächst im einführenden Sprachkapitel 2 mit den Strukturen (*struct*, siehe Abschnitt 2.6.2) anfreunden, die in Aufbau und Anwendung starke Ähnlichkeiten zu Klassen aufweisen[1]. Auch im Aufbau von Methoden sollte er sich auskennen (Abschnitt 2.7).

Im Unterschied zu einer Struktur (Schlüsselwort *struct*) wird eine Klasse mit dem Schlüsselwort *class* deklariert. Die (stark vereinfachte) Syntax:

SYNTAX:
```
Modifizierer class Bezeichner
    {
    // ... Felder
    // ... Konstruktoren
    // ... Eigenschaften
    // ... Methoden
    // ... Ereignisse
    }
```

[1] Der wesentliche Unterschied ist der, dass Strukturen Wertetypen, Klassen hingegen Referenztypen sind.

Zur Bedeutung der (Zugriffs-)*Modifizierer* wird auf obige Tabellen verwiesen.

Im Klassenkörper haben es wir es mit "Klassenmitgliedern" (Member) wie Feldern, Konstruktoren, Eigenschaften, Methoden und Ereignissen zu tun, auf die wir noch detailliert zu sprechen kommen werden.

Die Definition der Klassenmitglieder bezeichnet man auch als *Implementation* der Klasse.

**Beispiel 3.3** | **Eine einfache Klasse *CKunde* wird deklariert und implementiert.**

```csharp
public class CKunde
{
    private string _anrede;          //      Feld
    private string _name;            //      dto.

    public CKunde(string anr, string nam)      // Konstruktor
    {
      _anrede = anr;
      _name = nam;
    }

    public string name               // Eigenschaft
    {
        get {return(_name); }
        set {_name = value; }
    }

    public string adresse()               // Methode
    {
        string s = _anrede + " " + _name;
        return(s);
    }
}
```

Unsere Klasse verfügt damit über zwei Felder, eine Eigenschaft und eine Methode. Da die beiden Felder mit dem *private*-Modifizierer deklariert wurden, sind sie von außen nicht sichtbar.

## 3.1.5 Das Erzeugen eines Objekts

Existiert eine Klasse, so steht dem Erzeugen von Objektvariablen nichts mehr im Weg. Eine Objektvariable ist ein Verweistyp, sie enthält also nicht das Objekt selbst, sondern stellt lediglich einen Zeiger (Adresse) auf den Speicherbereich des Objekts bereit. Es können sich also durchaus mehrere Objektvariablen auf ein und dasselbe Objekt beziehen. Wenn eine Objektvariable den Wert *null* enthält, bedeutet das, dass sie momentan "ins Leere" zeigt, also kein Objekt referenziert.

Unter der Voraussetzung, dass eine gültige Klasse existiert, verläuft der Lebenszyklus eines Objekts in Ihrem Programm in folgenden Etappen:

- Referenzierung (eine Objektvariable wird deklariert, sie verweist momentan noch auf *null*)

- Instanziierung (die Objektvariable zeigt jetzt auf einen konkreten Speicherplatzbereich)

- Initialisierung (die Datenfelder der Objektvariablen werden mit Anfangswerten gefüllt)

- Arbeiten mit dem Objekt (es wird auf Eigenschaften und Methoden des Objekts zugegriffen, Ereignisse werden ausgelöst)

- Zerstören des Objekts (das Objekt wird dereferenziert, der belegte Speicherplatz wird wieder freigegeben)

Werfen wir nun einen genaueren Blick auf die einzelnen Etappen.

## Referenzieren und Instanziieren

Es stehen zwei Varianten zur Verfügung.

In *Variante 1* sind ausnahmsweise beide Schritte in einer Anweisung zusammengefasst:

**SYNTAX:**    `Modifizierer Klasse Object;`
               `Object = new Klasse(Parameter);`

**Beispiel 3.4**   | **Ein Objekt *kunde1* wird referenziert und erzeugt.** |

```
private CKunde kunde1;                    // Referenzieren
kunde1 = new CKunde1();                   // Erzeugen
```

In *Variante2*, der Kurzform, sind beide Schritte in einer Anweisung zusammengefasst, d.h., das Objekt wird zusammen mit seiner Deklaration erzeugt.

**SYNTAX:**    `Klasse Object = new Klasse();`

**Beispiel 3.5**   | **Das Äquivalent zum Vorgängerbeispiel.** |

```
private CKunde kunde1 = new CKunde();
```

Dem Klassenbezeichner (*Klasse*) müsste genauer genommen noch der Name der Klassenbibliothek (bzw. Name des Projekts) vorangestellt werden, doch dies wird unter Visual Studio nicht erforderlich sein, da der entsprechende Namensraum (*Namespace*) bereits automatisch eingebunden wurde (*using*-Anweisung).

Obwohl die Kurzform sehr eindrucksvoll ist, können Sie hier keine Fehlerbehandlung (*try...catch*-Block) durchführen. Diese Einschränkung macht diese Art von Deklaration weniger nützlich.

Empfehlenswert ist also fast immer das getrennte Deklarieren und Erzeugen[1].

---

[1] Aus Platzgründen halten sich die Autoren leider nicht immer an diese Empfehlung.

**Beispiel 3.6** **Eine mögliche Fehlerbehandlung**

```csharp
private CKunde kunde1;
try
{
    kunde1 = new CKunde();
}
catch(Exception ex)
{
 MessageBox.Show(ex.Message);
}
```

## Klassische Initialisierung

Anstatt die Anfangswerte einzeln zuzuweisen, können Sie diese zusammen mit einem Konstruktor übergeben.

**Beispiel 3.7** **Das Objekt *kunde1* wird erzeugt (Standardkonstruktor), zwei Eigenschaften werden einzeln zugewiesen.**

```csharp
CKunde kunde1 = new CKunde();
kunde1.anrede = "Frau"; kunde1.name = "Müller";
```

**Beispiel 3.8** **Das Objekt *kunde1* wird erzeugt und mit einem Konstruktor initialisiert.**

```csharp
CKunde kunde1 = new CKunde("Frau", "Müller");
```

Weitere Einzelheiten entnehmen Sie dem Abschnitt 3.5.1.

## Objekt-Initialisierer

Ab C# 3.0 wurden – vor allem in Hinblick auf die in der neuen LINQ-Technologie erforderlichen anonymen Typen (siehe Abschnitt 2.2) – so genannte *Objektinitialisierer* eingeführt. Damit können nun öffentliche Eigenschaften und Felder von Objekten ohne das explizite Vorhandensein des jeweiligen Konstruktors in beliebiger Reihenfolge initialisiert werden. Das Initialisieren geschieht über geschweifte Klammern, in denen die einzelnen Felder/Eigenschaften des Objekts mit Werten belegt werden.

**Beispiel 3.9** **Gegeben ist eine Klasse *CPerson*:**

```csharp
public class CPerson
{
    public string Name;
    public string Strasse;
    public int PLZ;
    public string Ort;
}
```

**Beispiel 3.9**   | **Gegeben ist eine Klasse *CPerson*:**

Das Erzeugen und Initialisieren einer Instanz von *CPerson* bedarf keines Konstruktors:

```
CPerson person1 = new CPerson { Name = "Müller", Strasse = "Am Waldesrand 7", PLZ = 12345,
                                Ort = "Musterhausen" };
```

## Arbeiten mit dem Objekt

Wie Sie bereits wissen, erfolgt der Zugriff auf Eigenschaften und Methoden eines Objekts, indem der Name des Objekts mit einem Punkt (.) vom Namen der Eigenschaft/Methode getrennt wird.

**SYNTAX:**   *Objekt.Eigenschaft|Methode()*

**Beispiel 3.10**   | **Die Eigenschaft *guthaben* des Objekts *kunde1* wird zugewiesen und die Methode *adresse* aufgerufen**

```
kunde1.guthaben = 10;
label1.Text = kunde1.adresse();
```

## Zerstören des Objekts

Wenn Sie das Objekt nicht mehr brauchen, können Sie die Objektvariable auf *null* setzen.

**Beispiel 3.11**   | **Der *kunde1* wird in die ewigen Jagdgründe befördert**

```
kunde1 = null;
```

Das Objekt wird allerdings erst dann zerstört, wenn der Garbage Collector festgestellt hat, dass es nicht länger benötigt wird (siehe Abschnitt 3.5.2).

# 3.1.6  Einführungsbeispiel

Raus aus dem muffigen Hörsaal, lasst uns endlich einmal selbst eine einfache Klasse erstellen und beschnuppern!

## Vorbereitungen

- Öffnen Sie ein neues Projekt (z.B. mit dem Namen "Kunden") als Windows Forms-Anwendung.
- Auf das Startformular (*Form1*) platzieren Sie zwei *Label*s und zwei *Button*s.

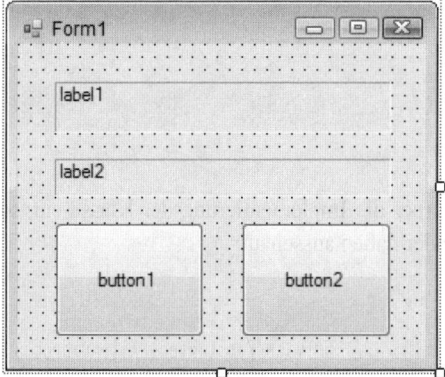

- Nachdem Sie den Menüpunkt *Projekt|Klasse hinzufügen…* gewählt haben, geben Sie im Dialogfenster den Namen *CKunde.cs* ein und klicken "Hinzufügen". Der Projektmappen-Explorer zeigt jetzt die neue Klasse:

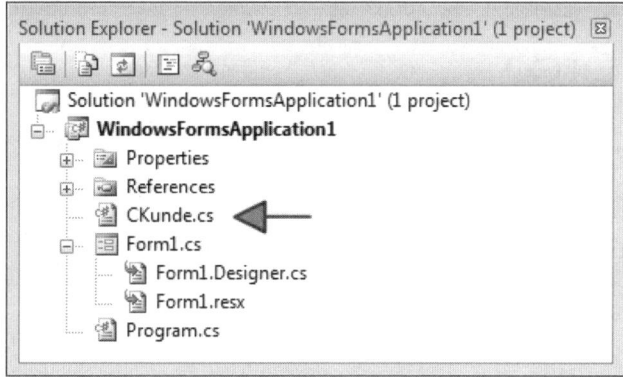

---

**HINWEIS:** Sie müssen eine Klasse nicht unbedingt in einem eigenen Klassenmodul definieren, Sie könnten die Klasse z.B. auch zum bereits vorhandenen Code des Formulars (*Form1.cs* ) hinzufügen. Das Verwenden eigener Klassenmodule (idealerweise eins pro Klasse) steigert aber die Übersichtlichkeit des Programmcodes und erleichtert dessen Wiederverwendbarkeit.

---

## Klasse definieren

Im Code-Fenster *CKunde.cs* ist bereits der Rahmencode für unsere Klasse vorbereitet:

```
using System;
using System.Collections.Generic;
using System.Linq;
using System.Text;
```

```
namespace WindowsFormsApplication1
{
    class CKunde
    {
    }
}
```

Tragen Sie dann in den Klassenkörper die Implementierung der Klasse ein, sodass der komplette Code der Klasse schließlich folgendermaßen ausschaut:

```
public class CKunde
{
    private const char LF = (char) 10;  // private Konstante (Zeilenumbruch)

    public string anrede;          //    öffentliches Feld
    public string name;            //    dto.
    public int plz;                //    dto.
    public string ort;             //    dto.
    public bool stammkunde;        //    dto.
    public decimal guthaben;       //    dto.

    public string adresse()                //    öffentliche Methode
    {
      string s = anrede + " " + name + LF + plz.ToString() + " " + ort;
      return(s);
    }

    public void addGuthaben(decimal betrag)    // öffentliche Methode
    {
        if (stammkunde) guthaben += betrag;
    }
}
```

## Bemerkungen

- Die Klasse verfügt über sechs "einfache" Eigenschaften, und zwar sind das alle als *public* deklarierten Variablen, die man auch als "öffentliche Felder" bezeichnet. Die Betonung liegt hier auf "einfach", da wir später noch lernen werden, wie man "richtige" Eigenschaften programmiert.

- Weiterhin verfügt die Klasse über zwei *Methoden*. Die *string*-Methode *adresse()* liefert einen Rückgabewert, nämlich die komplette Anschrift.

- Die *void*-Methode *addGuthaben* hingegen liefert keinen Wert zurück, sie erhöht den Wert des *guthaben*-Felds bei jedem Aufruf um 50 €.

- Die private Konstante *LF* wird von der Methode *adresse()* für das Einfügen des Zeilenumbruchs benötigt.

## Objekt erzeugen und initialisieren

Wechseln Sie nun in das Code-Fenster von *Form1*.

Auf Klassenebene deklarieren Sie eine Objektvariable *kunde1*:

```
private CKunde kunde1;                 // Objekt referenzieren
```

Dem linken Button geben Sie die Beschriftung "Objekt erzeugen und initialisieren" und belegen das *Click*-Ereignis wie folgt:

```
private void button1_Click(object sender, EventArgs e)
{
    kunde1 = new CKunde();         // Objekt erzeugen

    // Objektfelder initialisieren:
    kunde1.anrede = "Herr";
    kunde1.name = "Müller";
    kunde1.plz = 12345;
    kunde1.ort = "Berlin";
    kunde1.stammkunde = true;
}
```

## Objekt verwenden

Hinterlegen Sie nun den rechten Button mit der Beschriftung "Methoden und Eigenschaften verwenden" wie folgt:

```
private void button2_Click(object sender, System.EventArgs e)
{
    label1.Text = kunde1.adresse();  // erste Methode aufrufen
    kunde1.addGuthaben(50M);         // zweite Methode aufrufen
    label2.Text = "Guthaben ist " + kunde1.guthaben.ToString("C");     // Eigenschaft lesen
}
```

## Unterstützung durch die Intellisense

Sie haben beim Eintippen des Quelltextes (insbesondere im Code-Fenster von *Form1*) bereits gemerkt, dass Sie durch die Intellisense von Visual Studio 2010 eifrigst unterstützt werden.

Die Intellisense weist Sie z.B. auf die verfügbaren Klassenmitglieder (Eigenschaften und Methoden) hin und ergänzt den Quellcode automatisch, wenn Sie auf den gewünschten Eintrag doppelklicken.

```
// Objekt erzeugen und initialisieren:
private void button1_Click(object sender, System.EventArgs e)
{
    kunde1 = new CKunde();
    kunde1.|
    kund  ◆ addGuthaben       ▲  r";
    kund  ◆ Adresse
    kund  ◆ anrede               ";
    kund  ◆ Equals              true;
    }     ◆ GetHashCode
// Method ◆ GetType          aften benutzen:
    private ◆ guthaben          ick(object sender, System.EventArgs e)
    {       ◆ name
    labe    ◆ ort              .Adresse();    // erste Methode aufrufen
    kund    ◆ plz            ▼ 0M);           // zweite Methode aufrufen
```

Falls das gewünschte Klassenmitglied nicht erscheint, müssen Sie sofort stutzig werden und es keinesfalls mit dem gewaltsamen Eintippen des Namens versuchen, denn dann gibt es wahrscheinlich
einen Fehler beim Kompilieren. Überprüfen Sie stattdessen lieber nochmals die Klassendeklaration, z.B. ob vielleicht nicht doch der *public*-Modifizierer vergessen wurde.

## Objekt testen

Nun ist es endlich so weit, dass Sie Ihr erstes eigenes C#-Objekt vom Stapel lassen können. Unmittelbar nach Programmstart betätigen Sie den linken Button und danach den rechten. Durch mehr-
maliges Klicken auf den zweiten Button wird sich das Guthaben des Kunden Müller in 50-€-
Schritten erhöhen.

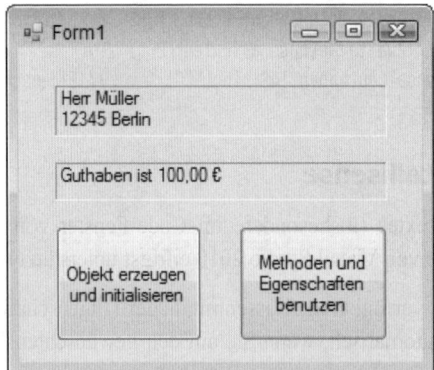

Falls Sie zu voreilig gewesen sind und unmittelbar nach Programmstart den zweiten statt den ersten
Button gedrückt haben, stürzt Ihnen das Programm mit der Laufzeit-Fehlermeldung "Der Objekt-
verweis wurde nicht auf eine Objektinstanz festgelegt." ab.

### Bemerkungen

Unsere Klasse funktioniert nach außen hin zwar ohne erkennbare Mängel, ist hinsichtlich ihrer inneren Konstruktion aber keinesfalls als optimal zu bezeichnen. Wir haben deshalb keinerlei Grund, uns zufrieden zurückzulehnen, denn das uns unter C# zur Verfügung stehende OOP-Instrumentarium wurde von uns bei weitem noch nicht ausgeschöpft.

- Beispielsweise haben wir nur "einfache" Eigenschaften, nämlich *public*-Felder verwendet, was eigentlich eine schwere Sünde in den Augen der OOP-Puristen ist (siehe Abschnitt 3.2.1).

- Weiterhin war das Initialisieren der Eigenschaften über mehrere Codezeilen ziemlich mühselig (von einem hilfreichen Konstruktor haben wir noch keinerlei Gebrauch gemacht, siehe Abschnitt 3.5.1).

- Außerdem wird eine Klasse erst dann so richtig effektiv, wenn wir davon nicht nur eine, sondern mehrere Instanzen (sprich Objekte) ableiten. Diese wiederum kann man ziemlich elegant in so genannten Auflistungen (Collections) verwalten (siehe Kapitel 5).

Doch zur Beseitigung dieser und anderer Unzulänglichkeiten kommen wir erst später. Ein weiteres Problem, was uns unter den Nägeln brennt, duldet keinen weiteren Aufschub und wir wollen es deshalb gleich im folgenden Abschnitt behandeln.

## 3.2 Eigenschaften

Eigenschaften bestimmen die statischen Attribute eines Objekts, sie leiten sich von dessen *Zustand* ab, wie er in den Zustandsvariablen (Objektfeldern) gespeichert ist. Im Unterschied zu den Methoden, die von allen Instanzen der Klasse gemeinsam genutzt werden, sind die den Eigenschaften zugewiesenen Werte für alle Objekte einer Klasse meist unterschiedlich.

### 3.2.1 Eigenschaften mit Zugriffsmethoden kapseln

Von den im Objekt enthaltenen Feldern sind die *public*-Felder als "einfache" Eigenschaften zu betrachten.

In unserem Beispiel hatten wir für die Klasse *CKunde* solche "einfachen" Eigenschaften als *public*-Variable deklariert. Das allerdings ist nicht die "feine Art" der objektorientierten Programmierung, denn das Veröffentlichen von Feldern widerspricht dem hochgelobten Prinzip der Kapselung und erlaubt keinerlei Zugriffskontrolle wie z.B. Wertebereichsüberprüfung oder die Vergabe von Lese- und Schreibrechten.

Idealerweise sind deshalb in einem Objekt nur private Felder enthalten, und der Zugriff auf diese wird durch Accessoren (Zugriffsmethoden) gesteuert.

In diesem Sinn ist eine *Eigenschaft* gewissermaßen ein Mittelding zwischen Feld und Methode. Sie verwenden die Eigenschaft wie ein öffentliches Feld. Vom Compiler aber wird der Feldzugriff in den Aufruf von Accessoren – das sind spezielle Zugriffsmethoden auf private Felder – übersetzt. Doch schauen wir uns das Ganze lieber in der Praxis an.

## Deklarieren von Eigenschaften

Eigenschaften werden ähnlich wie öffentliche Methoden deklariert. Innerhalb der Deklaration implementieren Sie für den Lesezugriff eine *set*- und für den Schreibzugriff eine *get*-Zugriffsmethode. Während die *get*-Methode ihren Rückgabewert über *return* liefert, erhält die *set*-Methode den zu schreibenden Wert über *value*.

**SYNTAX:**
```
Modifizierer Datentyp Eigenschaftsname
{
        get
        {
            // hier Lesezugriff auf priv. Felder implementieren
            return(privatesFeld);
        }
        set
        {
            // hier Schreibzugriff auf priv. Felder implementieren
            privatesFeld = value;
        }
}
```

Wir wollen nun unser Beispiel mit "echten" Eigenschaften ausstatten. Dazu werden zunächst die public-Felder in *private* verwandelt und durch Voranstellen von "_" umbenannt, um Namenskonflikte mit den gleichnamigen Eigenschafts-Deklarationen zu vermeiden.

Der Schreibzugriff auf die Eigenschaft *anrede* wird so kontrolliert, dass nur die Werte "Herr" oder "Frau" zulässig sind.

```
public class CKunde
{
    private string _anrede;        //    privates Feld
    private string _name;          //        dto.
    ...

    public string anrede
    {
        get {return(_anrede); }
        set
        {
            if (value == "Herr" || value == "Frau") _anrede = value;
            else MessageBox.Show("Die Anrede '" + value + "' ist nicht zulässig!");
        }
    }

    public string name
    {
        get {return(_name); }
        set {_name = value; }
    }
```

```
    ...
  }
}
```

## Zugriff

Wenn Sie ein Objekt verwenden, merken Sie auf Anhieb natürlich nicht, ob es noch über "einfache" oder schon über "richtige" Eigenschaften verfügt, es sei denn, die in die *get*- bzw. *set*-Methoden eingebauten Zugriffsbeschränkungen werden verletzt und Sie erhalten entsprechende Fehlermeldungen.

**Beispiel 3.12**

**Sie wollen die Anrede "Mister" zuweisen, was zu einem Laufzeitfehler führt.**

```csharp
kunde1 = new CKunde();
kunde1.anrede = "Mister";        // Fehler!
```

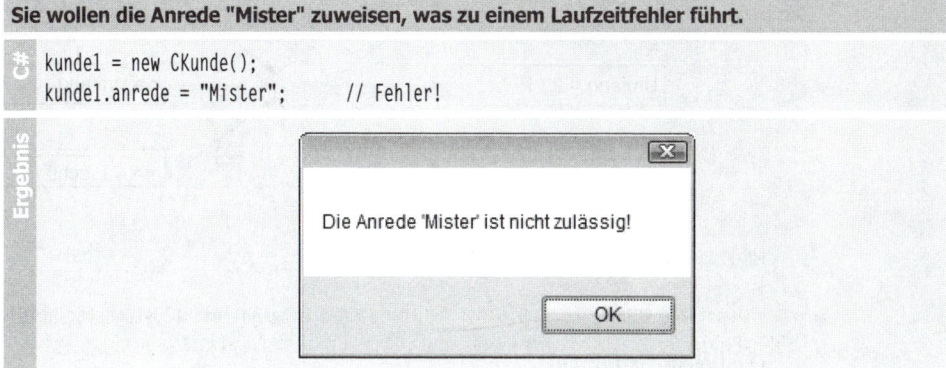

Die Anrede 'Mister' ist nicht zulässig!

OK

## Bemerkung

- Beim Schreiben des Quellcodes in der Entwicklungsumgebung Visual Studio merken Sie den "feinen" Unterschied zwischen "einfachen" und "richtigen" Eigenschaften, denn die Intellisense zeigt dafür unterschiedliche Symbole[1].

- In unserem Beispiel verhält sich nur die Eigenschaft *anrede* "intelligent", d.h., sie unterliegt einer Zugriffskontrolle. Bei den übrigen Eigenschaften erfolgt lediglich eine 1:1-Zuordnung zu den privaten Feldern. Hier sollte man nicht "päpstlicher als der Papst" sein und es bei den ursprünglichen *public*-Feldern belassen. Wir aber haben diesen (eigentlich sinnlosen) Aufwand nur wegen des Lerneffekts betrieben.

## 3.2.2 Berechnete Eigenschaften

Mit Zugriffsmethoden lässt sich weit mehr anstellen, als nur den Zugriff auf private Felder der Klasse zu kontrollieren. So können z.B. innerhalb der Methode komplexe Berechnungen mit den Feldern (die man auch *Zustandsvariablen* nennt) und den übergebenen Parametern ausgeführt werden.

---

[1] Probieren Sie das bitte selbst aus!

Beispiel 3.13    **Berechnete Eigenschaften**

Eine Klasse *CKreis* hat die Eigenschaften *radius*, *umfang* und *fläche*. In der einzigen Zustandsvariablen *r* braucht aber nur der Radius abgespeichert zu werden, da sich die übrigen Eigenschaften aus *r* berechnen lassen (*get* = Lesezugriff) bzw. umgekehrt (*set* = Schreibzugriff).

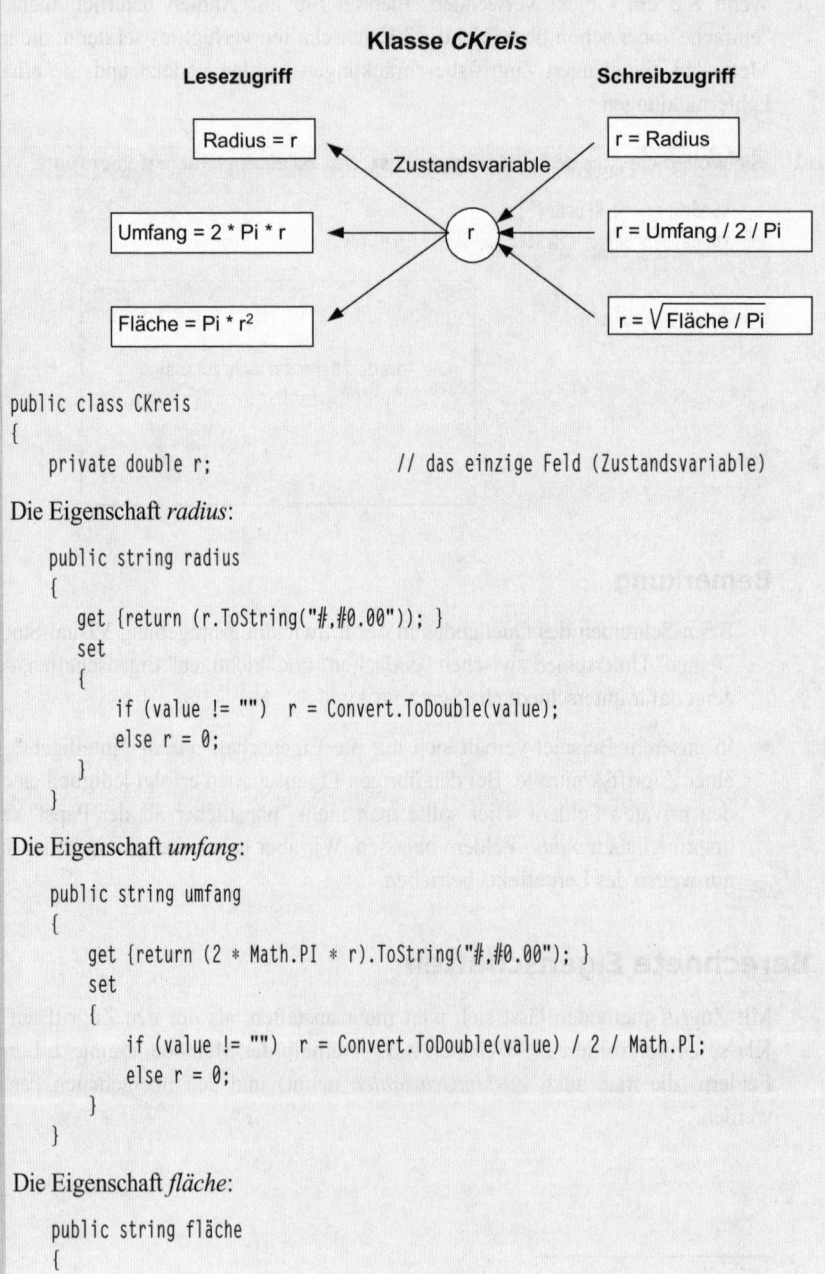

```
public class CKreis
{
    private double r;                  // das einzige Feld (Zustandsvariable)
```

Die Eigenschaft *radius*:

```
    public string radius
    {
        get {return (r.ToString("#,#0.00")); }
        set
        {
            if (value != "")  r = Convert.ToDouble(value);
            else r = 0;
        }
    }
}
```

Die Eigenschaft *umfang*:

```
    public string umfang
    {
        get {return (2 * Math.PI * r).ToString("#,#0.00"); }
        set
        {
            if (value != "")  r = Convert.ToDouble(value) / 2 / Math.PI;
            else r = 0;
        }
    }
```

Die Eigenschaft *fläche*:

```
    public string fläche
    {
```

Beispiel 3.13 | **Berechnete Eigenschaften**

```
        get {return (Math.PI * Math.Pow(r, 2)).ToString("#,#0.00");}
        set
        {
            if (value != "") r = Math.Sqrt(Convert.ToDouble(value) / Math.PI);
            else r = 0;
        }
    }
}
```

**HINWEIS:** Das komplette Programm finden Sie im PB 3.8.1!

## 3.2.3 Lese-/Schreibschutz

Es kommt häufig vor, dass bestimmte Felder bzw. Eigenschaften nur gelesen oder nur geschrieben werden dürfen.

Für Felder kann man einen Schreibschutz einfach durch Voranstellen des *readonly*-Modifizierers realisieren.

Beispiel 3.14 | **Ein schreibgeschütztes öffentliches Feld wird deklariert und initialisiert.**

```
public readonly double mwst = 0.19;
```

**HINWEIS:** Außer beim Deklarieren kann man ein ReadOnly-Feld auch in einem Konstruktor initialisieren! Genau dadurch unterscheidet sich das *readonly*- vom *const*-Schlüsselwort, denn *readonly*-Felder können – abhängig vom verwendeten Konstruktor – über unterschiedliche Werte verfügen.

Verwendet man anstatt öffentlicher Felder "richtige" Eigenschaften, so ist für eine Zugriffsbeschränkung keinerlei zusätzlicher Aufwand erforderlich – im Gegenteil:

**HINWEIS:** Um eine Eigenschaft allein für den Lese- bzw. Schreibzugriff zu deklarieren, lässt man einfach die *get*- bzw. die *set*-Zugriffsmethode weg.

Beispiel 3.15 | **In unserer *CKunde*-Klasse soll das Guthaben für den direkten Schreibzugriff gesperrt werden**

Das klingt sicher logisch, da zur Erhöhung des Guthabens bereits die Methode *addGuthaben* existiert.

```
public decimal guthaben
{
    get {return(_guthaben); }
}
```

**Beispiel 3.15**  | **In unserer *CKunde*-Klasse soll das Guthaben für den direkten Schreibzugriff gesperrt werden**

In der Entwicklungsumgebung von Visual Studio wird nun der Versuch abgewiesen, dieser Eigenschaft einen Wert zuzuweisen:

```
kunde1.stammkunde = true;
kunde1.guthaben = 10M;
```
Einer Eigenschaft oder einem Indexer 'Kunden.CKunde.guthaben' kann nicht zugewiesen werden -- sie sind schreibgeschützt

## 3.2.4 Property-Accessoren

Es möglich, den Zugriff auf *get*- oder *set*- Accessoren von Eigenschaften zu beschränken. Meist ist dies nur für den *set*-Accessor sinnvoll, während der *get*-Accessor in der Regel öffentlich bleibt.

**Beispiel 3.16**  | **Property-Accessoren**

Eine Eigenschaft mit *get*- und *set*-Accessoren. Der *get*-Accessor besitzt die gleiche Sichtbarkeit wie die *KontoNummer*-Eigenschaft, während der *set*-Accessor nur einen *protected* Zugriff erlaubt.

```
public string KontoNummer
{
    get
    {
        return _knr;
    }
    protected set
    {
        _knr = value;
    }
}
```

## 3.2.5 Statische Felder/Eigenschaften

Mitunter gibt es Felder bzw. Eigenschaften, deren Werte für alle aus der Klasse instanziierten Objekte identisch sind und die deshalb nur einmal in der Klasse gespeichert zu werden brauchen.

**HINWEIS:** Statische Felder/Eigenschaften (*Klasseneigenschaften*) werden mit dem Schlüsselwort *static* deklariert.

Statische Eigenschaften bzw. öffentliche Felder können benutzt werden, ohne dass dazu eine Objektvariable deklariert und ein Objekt instanziiert werden müsste! Es genügt das Voranstellen des Klassenbezeichners.

**Beispiel 3.17** | Die Klasse *CKunde* soll zusätzlich ein öffentliches Feld (bzw. eine "einfache" Eigenschaft) *rabatt* bekommen, die für jedes Kundenobjekt immer den gleichen Wert hat.

```csharp
public class CKunde
{
    ...
    public static double rabatt;
    ...
}
```

Der Zugriff ist sofort über den Klassenbezeichner möglich, ohne dass dazu eine Objektvariable erzeugt werden müsste.

**Beispiel 3.18** | Allen Kunden wird ein Rabatt von 15% zugewiesen.

```csharp
CKunde.rabatt = 0.15;
```

---

**HINWEIS:** Vielen Umsteigern, die aus der strukturierten Programmierung kommen, bereitet es Schwierigkeiten, auf ihre geliebten globalen Variablen zu verzichten, mit denen sie bequem Werte zwischen verschiedenen Programmmodulen austauschen konnten. Genau hier bieten sich statische Eigenschaften bzw. öffentliche statische Felder an, die z.B. in einer extra für derlei Zwecke angelegten Klasse *CAllerlei* abgelegt werden könnten.

---

**Beispiel 3.19** | Die Klassen *Form1* und *Form2* greifen für allgemeine Berechnungen auf eine statische Eigenschaft *MWSt* der Klasse *CAllerlei* zu.

```csharp
public class CAllerlei
{
    private static double _mwst;

    public static double MWSt
    {
        get { return (_mwst);}
        set { _mwst = value; }
    }
    ...
```

Hier könnten z.B. auch nichtstatische Klassenmitglieder eingefügt werden, die natürlich auch auf das statische Feld *_mwst* zugreifen dürfen.

```csharp
}
```

Sowohl von *Form1* als auch von *Form2* aus kann direkt auf die statische Eigenschaft *MWst* zugegriffen werden, eine Instanz von *CAllerlei* braucht dazu nicht erzeugt zu werden:

Zuweisen der Mehrwertsteuer in *Form1*:

```csharp
public partial class Form1 : Form
{
```

**Beispiel 3.19**    **Die Klassen *Form1* und *Form2* greifen für allgemeine Berechnungen auf eine statische Eigenschaft *MWSt* der Klasse *CAllerlei* zu.**

```
    ...
        CAllerlei.MWSt = 0.19;
    ...
}
```

Anzeige der Mehrwertsteuer in *Form2*:

```
public partial class Form2 : Form
{
    ...
    private void button1_Click(object sender, EventArgs e)
    {
        textBox1.Text = CAllerlei.MWSt.ToString();
    }
}
```

Es versteht sich, dass innerhalb der *get*- bzw. *set*-Accessoren statischer Eigenschaften nur auf statische Klassenmitglieder (Felder) zugegriffen werden kann. Gleiches gilt übrigens auch für statische Methoden (siehe 3.3.3).

## Konstante Felder

Obwohl ein Feld nicht als *static const* deklariert werden kann, verhält sich ein *const*-Feld im Wesentlichen statisch. Deshalb kann auf *const*-Felder mit der gleichen Notation wie bei *static*-Feldern zugegriffen werden (eine mit *new* erzeugte Objektinstanz ist nicht erforderlich).

**Beispiel 3.20**    **Deklaration einer öffentlichen Konstanten und Zugriff**

```
public class CAllerlei
{
    public const int anzahl = 50;
    ...
}
```

Der Zugriff ist direkt möglich:

```
public partial class Form1 : Form
{
    ...
    n = CAllerlei.anzahl;
    ...
}
```

Worin unterscheiden sich denn dann statische und konstante Felder? Der wesentliche Unterschied ist der, dass man den Wert statischer Felder beim Erzeugen eines Objekts (durch Aufruf unterschiedlicher Konstruktoren) oder zur Laufzeit (durch Methodenaufrufe) ändern kann, bei konstanten Feldern geht das natürlich nicht.

## 3.2.6 Einfache Eigenschaften automatisch implementieren

Wie bereits im Abschnitt 3.2.1 erwähnt, gehört es zum schlechten Programmierstil, wenn *public*-Variablen quasi die Rolle von einfachen Eigenschaften übernehmen. Getreu der Devise "Hauptsache es funktioniert" ist es aber für den schreibfaulen Programmierer oft der bequemere Weg, erspart er sich damit doch viele Zeilen stupiden Codes. Automatisch implementierte Eigenschaften befreien den Programmierer aus diesem Zwiespalt, sie benötigen in der Regel auch nur eine einzige Codezeile, trotzdem erfolgt im Hintergrund eine exakte Implementierung mit *get*- und *set*-Zugriffsmethoden.

**Beispiel 3.21**    **Drei Varianten für eine einfache Eigenschaft *Nachname*.**

1. Der kurze, aber schlechte Programmierstil:

```csharp
public class CKunde
{
    public string Nachname;
    ...
}
```

2. Die exakte, aber umständliche Schreibweise:

```csharp
public class CKunde
{
    private string _nachname;
    public string Nachname
    {
        get {return (_nachname);}
        set {_nachname = value;}
    }
    ...
}
```

3. Die Eigenschaft wird automatisch und sauber implementiert:

```csharp
public class CKunde
{
    public string Nachname { get; set; }
    ...
}
```

Wie Sie sehen, ist nur eine einzige Codezeile erforderlich: Der Compiler erstellt hier ein privates, anonymes dahinter liegendes Feld (analog zu *_nachname* bei der ersten Variante), das nur durch die *get*- und *set*-Accessoren aufgerufen werden kann.

**HINWEIS:** Soll die Eigenschaft schreibgeschützt sein, so legen Sie einfach einen privaten *set*-Accessor fest.

**Beispiel 3.22**   **Die automatisch implementierte Eigenschaft *Nachname* ist schreibgeschützt.**

```
public string Nachname { get; private set; }
```

HINWEIS:  Es sei hier nochmals betont, dass sich nur einfache Eigenschaften automatisch implementieren lassen, keine berechneten Eigenschaften!

# 3.3   Methoden

Methoden bestimmen die dynamischen Attribute eines Objekts, also sein Verhalten. Eine Methode
ist eine Funktion, die im Körper der Klasse implementiert ist.

## 3.3.1   Öffentliche und private Methoden

Bereits im Kapitel 2 haben wir gelernt, wie man Methoden programmiert. Jetzt wollen wir noch
etwas nachhaken und den Fokus auf die Methoden richten, die in unseren selbst programmierten
Klassen zum Einsatz kommen.

Genau wie das bei "richtigen" Eigenschaften der Fall ist, arbeiten in einer sauber programmierten
Klasse alle Methoden ausschließlich mit privaten Feldern (Zustandsvariablen) zusammen.

HINWEIS:  Wenn Sie eine Methode als *private* deklarieren, ist sie nur innerhalb der Klasse sichtbar, und es handelt sich um keine Methode im eigentlichen Sinn der OOP, sondern
eher um eine Funktion/Prozedur im herkömmlichen Sinn.

**Beispiel 3.23**   **Die Methoden *adresse* und *addGuthaben* arbeiten mit sechs privaten Feldern zusammen**

```
public class CKunde
{
    private string _anrede;        //     privates Feld
    private string _name;          //     dto.
    private int _plz;              //     dto.
    private string _ort;           //     dto.
    private bool _stammkunde;      //     dto.
    private decimal _guthaben;     //     dto.

    public string adresse()        //     öffentliche Methode
    {
        string s = _anrede + " " + _name  + _plz.ToString() + " " + _ort;
        return(s);
    }

    public void addGuthaben(decimal betrag)   // öffentliche Methode
    {
```

**Beispiel 3.23** | **Die Methoden *adresse* und *addGuthaben* arbeiten mit sechs privaten Feldern zusammen**

```
        if (stammkunde) _guthaben += betrag;
    }
}

Deklaration und Aufruf:

CKunde kunde1 = new CKunde();
...
label1.Text = kunde1.adresse();   // erste Methode aufrufen
kunde1.addGuthaben(50M);          // zweite Methode aufrufen
```

## 3.3.2 Überladene Methoden

Obwohl wir bereits in Abschnitt 2.7.5 ganz allgemein auf dieses Thema eingegangen sind, soll es hier nochmals im OOP-Kontext diskutiert werden.

Innerhalb des Klassenkörpers dürfen zwei und mehr gleichnamige Methoden konfliktfrei nebeneinander existieren, wenn sie eine unterschiedliche Signatur (Reihenfolge und Datentyp der Übergabeparameter) besitzen.

**Beispiel 3.24** | **Überladene Methoden**

Zwei überladene Versionen einer Methode in der Klasse *CKunde*, die erste hat nur den Nettobetrag als Parameter die zweite den Bruttobetrag und die Mehrwertsteuer.

```
public void addGuthaben(decimal betrag)              // erste Überladung
{
    if (stammkunde) _guthaben += betrag;
}

public void addGuthaben(decimal brutto, decimal mwst)  // zweite Überladung
{
    _guthaben += Convert.ToDecimal(brutto/(1 + mwst));
}
```

Wenn Sie diese Methoden verwenden wollen, so fällt die Auswahl im Code-Fenster leicht:

```
kunde1.addGuthaben(
▲ 1 von 2 ▼   void CKunde.addGuthaben (decimal betrag)
```

## 3.3.3 Statische Methoden

Genauso wie die unter 3.2.5 erläuterten *statischen Eigenschaften* können *statische Methoden* (auch als *Klassenmethoden* bezeichnet) ohne Verwendung eines Objekts aufgerufen werden. Statische Methoden eignen sich z.B. gut für diverse Formelsammlungen (ähnlich *Math*-Klassenbibliothek). Auch können Sie damit auf private statische Klassenmitglieder zugreifen.

---

**HINWEIS:** Der Einsatz statischer Methoden für relativ einfache Aufgaben ist bequemer und ressourcenschonender als das Arbeiten mit Objekten, die Sie jedes Mal extra instanziieren müssten.

---

**Beispiel 3.25**  **Wir bauen eine Klasse, in der wir wahllos einige von uns häufig benötigte Berechnungsformeln verpacken.**

```csharp
public class CMeineFormeln
{
    public static double kreisUmfang(double radius)
    {
        return (2 * Math.PI * radius);
    }

    public static double kugelVolumen(double radius)
    {
        return ( 4 / 3.0 * Math.PI * Math.Pow(radius, 3));
    }

    public static decimal netto(decimal brutto, double mwst)
    {
        return(brutto/ Convert.ToDecimal(1 + mwst));
    }

    // .... weitere Methoden
}
```

Der Zugriff von außerhalb ist absolut problemlos, weil man sich nicht mehr um das lästige Instanziieren einer Objektvariablen kümmern muss.

**Beispiel 3.26**  **Die statischen Methoden der Klasse *meineFormeln* werden in einer Eingabemaske aufgerufen.**

```csharp
private void button1_Click(object sender, EventArgs e)
{
    double r = Convert.ToDouble(textBox1.Text);               // Kreisradius konvertieren

    label1.Text = CMeineFormeln.kreisUmfang(r).ToString("0.000");
    label2.Text = CMeineFormeln.kugelVolumen(r).ToString("0.000");

    decimal b = Convert.ToDecimal(textBox2.Text);             // Brutto konvertieren
    label3.Text = CMeineFormeln.netto(b, 0.19).ToString("C");
}
```

**Beispiel 3.26** **Die statischen Methoden der Klasse *meineFormeln* werden in einer Eingabemaske aufgerufen.**

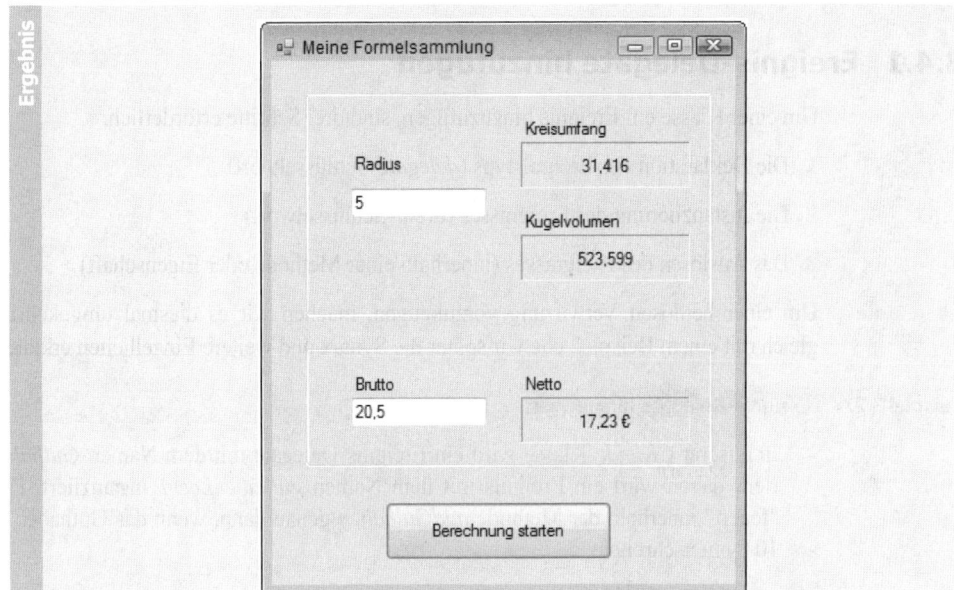

## Bemerkungen

- Sie können mit *static* auch ein Feld deklarieren, das von allen Instanzen der Klasse gemeinsam genutzt werden kann und nicht für jedes Objekt extra zugewiesen werden muss. Zum Initialisieren kann ein so genannter *statischer Konstruktor* Verwendung finden (siehe 3.5.1).

- Eine Klasse mit ausschließlich statischen Mitgliedern kann mit dem Schlüsselwort *static* deklariert werden, siehe 3.7.4 oder Praxisbeispiel 3.8.2.

# 3.4 Ereignisse

Nachdem wir uns den Eigenschaften und Methoden von Objekten ausführlich gewidmet haben, wollen wir die Dritten im Bunde, die Ereignisse, nicht vergessen. Wie Sie bereits wissen, werden Ereignisse unter bestimmten Bedingungen vom Objekt ausgelöst und können dann in einer Ereignisbehandlungsroutine abgefangen und ausgewertet werden.

Allerdings bieten bei weitem nicht alle Klassen Ereignisse an, denn diese werden nur benötigt, wenn auf bestimmte Änderungen eines Objekts reagiert werden soll.

Nachdem wir mit dem Deklarieren von Eigenschaften und Methoden überhaupt keine Probleme hatten, hört aber bei Ereignissen der Spaß auf.

---

**HINWEIS:** Eine ausführliche Einführung in das Ereignismodell erhalten Sie im Kapitel 17 (Microsoft Event Pattern).

---

Im Folgenden werden deshalb nur die wichtigsten Grundlagen der Ereignismodellierung erläutert.

## 3.4.1   Ereignis-Delegate hinzufügen

Um einer Klasse ein Ereignis hinzuzufügen, sind drei Schritte erforderlich:

1. Die Deklaration des Ereignistyps (*delegate*-Schlüsselwort)

2. Die Instanziierung des Ereignisses (*event*-Schlüsselwort)

3. Das Auslösen des Ereignisses (innerhalb einer Methode oder Eigenschaft)

Um einer heillosen Verwirrung vorzubeugen, machen wir es diesmal umgekehrt und beginnen gleich mit einem Beispiel, ehe wir später die Syntax und weitere Einzelheiten erklären.

**Beispiel 3.27**   **Ereignis-Delegate hinzufügen**

In unserer *CKunde*-Klasse wird ein Ereignis-Delegate mit dem Namen *GuthabenLeer* deklariert, davon wird ein Ereignis mit dem Namen *guthabenLeer1* instanziiert. Dieses Ereignis "feuert" innerhalb der Methode *addGuthaben* genau dann, wenn das Guthaben den Wert von 10 € unterschreitet.

```
public class CKunde
{
```

Um den Code für den Benutzer der Klasse etwas zu vereinfachen, werden den privaten Feldern Standardwerte zugewiesen[1]:

```
private bool _stammkunde = true;      //     initialisiertes Feld
private decimal _guthaben = 100M;     //     dto.
```

1.Schritt: den Ereignistyp definieren:

```
public delegate void GuthabenLeer(object sender, string e);
```

2. Schritt: eine Ereignisinstanz *guthabenLeer1* deklarieren:

```
public event GuthabenLeer guthabenLeer1;
```

Die Methode, in welcher das Ereignis ausgelöst wird:

```
public void addGuthaben(decimal betrag)
{
    if (stammkunde) _guthaben += betrag;
```

3. Schritt: Ereignis auslösen:

```
    if (_guthaben <= 10)
    {
        // das Ereignis feuert nur, wenn ...
        if (guthabenLeer1 != null) // ... mindestens ein Event-Handler angemeldet ist
        {
```

---

[1] Später werden wir diese Aufgabe dem Konstruktor übertragen.

**Beispiel 3.27**  **Ereignis-Delegate hinzufügen**

```
                string msg = "Das Guthaben beträgt nur noch " +
                        _guthaben.ToString("C") + "!";
            guthabenLeer1(this, msg);
        }
    }
}
// ... weitere Implementierungen
}
```

Nun kommen wir zu den sicherlich dringend notwendigen Erklärungen:

## Ereignis deklarieren

Wie bereits kurz erwähnt, werden Ereignisse von so genannten Delegaten abgeleitet. Ein Delegate ist ein Ereignistyp, er sieht – bis auf das *delegate*-Schlüsselwort – wie eine Methode aus und verhält sich auch ähnlich.

---

**HINWEIS:** Delegaten ermöglichen es, ein Framework von Rückruf- und Benachrichtigungsmethoden für miteinander kooperierende Klassen zu implementieren.

---

**SYNTAX:**  *Modifizierer* **delegate** *Datentyp delegateName (Datentyp Parameter);*

Falls der Delegate keinen Rückgabewert liefert, wird dieser – wie bei einer Methode – als *void* angegeben.

**Beispiel 3.28**  **Die Deklaration des Delegaten aus dem Vorgängerbeispiel**

 `public` **delegate** `void GuthabenLeer(object sender, string e);`

## Ereignis instanziieren

Nachdem Sie mittels Delegaten den Ereignistyp deklariert haben, steht dem Erzeugen einer Delegatinstanz, also eines spezifischen Ereignisses, nichts mehr im Wege. Sie verwenden dazu das *event*-Schlüsselwort.

**SYNTAX:**  *Modifizierer* **event** *delegateName ereignisName;*

Ähnlich wie bei Objekten (diese sind bekanntlich Instanzen einer Klasse) handelt es sich bei einem Ereignis um eine Instanz des Delegaten. Da der Aufbau bereits feststeht, genügen die Angabe des Namens der Ereignisdeklaration (*delegateName*) und der spezielle Name des Ereignisses (*ereignisName*).

Beispiel 3.29 | **Von im Vorgängerbeispiel deklarierten Delegaten wird ein Ereignis mit dem Namen** ***guthabenLeer1*** **instanziiert.**

```csharp
public event GuthabenLeer guthabenLeer1;
```

Es ist durchaus möglich und üblich, auch mehrere Ereignisse vom gleichen Delegaten abzuleiten.

## Ereignis auslösen

Ein Ereignis wird immer innerhalb der Klasse ausgelöst, in der es deklariert und erzeugt wurde. Das kann an verschiedenen Stellen innerhalb von Methoden oder Eigenschaften geschehen.

Das Auslösen erfolgt wie ein normaler Methodenaufruf:

**SYNTAX:**   `ereignisName(Parameter);`

Die Signatur der Parameter (Reihenfolge und Datentyp) muss der im entsprechenden Delegate festgelegten Parameterliste entsprechen.

---

**HINWEIS:** Ereignisse sind Verweistypen und können demzufolge auch auf *null* abgefragt werden.

---

Beispiel 3.30 | **Ereignis auslösen**

Das im Vorgängerbeispiel deklarierte Ereignis wird innerhalb der Methode *addGuthaben* ausgelöst[1]. Vor dem Aufruf wird getestet, ob zumindest ein Event-Handler für dieses Ereignis angemeldet ist (was genau unter "Anmelden" zu verstehen ist, erfahren Sie im nächsten Abschnitt).

```csharp
public void addGuthaben(decimal betrag)
{
    if (stammkunde) _guthaben += betrag;
    if (_guthaben <= 10)
    {
        if (guthabenLeer1 != null)    // mindestens ein Event-Handler angemeldet?
        {
            string msg = "Das Guthaben beträgt nur noch " +
                            _guthaben.ToString("C") + "!";
            guthabenLeer1(this, msg);
        }
    }
}
```

---

[1] Im Programmiererjargon sagt man auch "Das Ereignis feuert"!

## 3.4.2 Ereignisse verwenden

In der Klasse, in welcher wir mit dem Ereignis arbeiten wollen, sind – zusätzlich zur Erzeugung der Objektvariablen – zwei Schritte durchzuführen:

1. Ereignisbehandlung (Event-Handler) schreiben

2. Event-Handler anmelden

Lassen Sie uns auch hier mit einem Beispiel beginnen.

**Beispiel 3.31** | **Ereignisse verwenden**

Wir nutzen die im Vorgängerabschnitt definierte Klasse *CKunde*, welche von uns gerade mit dem Ereignis *guthabenLeer1* nachgerüstet wurde.

Auf Klassenebene referenzieren wir zunächst die übliche Objektvariable:

```
private CKunde kunde1;              // Objekt referenzieren
```

1. Schritt: Wir schreiben nun eine Ereignisbehandlung (Event-Handler) für das Ereignis:

```
private void guthabenKontrolle(object o, string s)
{
    CKunde k = (CKunde)o;
    label2.Text = k.nachName + ": " + s;      // Ausgabe einer Warnung
}
```

2. Schritt: Um das Ereignis mit dem Event-Handler zu verbinden, ist eine Anmeldung erforderlich, die wir in den Konstruktorcode von *Form1* einfügen können:

```
public Form1()
{
    InitializeComponent();
    kunde1 = new CKunde();         // Objekt instanziieren

    // Event-Handler anmelden:
    kunde1.guthabenLeer1 += new CKunde.GuthabenLeer(guthabenKontrolle);
}
```

Das Ereignis ist jetzt eingebunden, und einem Funktionstest steht nichts mehr im Weg. Dazu rufen wir wiederholt die Methode *addGuthaben* auf, die das Guthaben jedes Mal um 10 € verringert:

```
private void button1_Click(object sender, EventArgs e)
{
    label1.Text = kunde1.adresse();
    kunde1.addGuthaben(-10M);            // Guthaben verringern
    label2.Text = "Guthaben ist " + kunde1.guthaben.ToString("C");
}
```

Beispiel 3.31    **Ereignisse verwenden**

Nachdem Sie den *Button* neunmal geklickt haben, feuert das Ereignis:

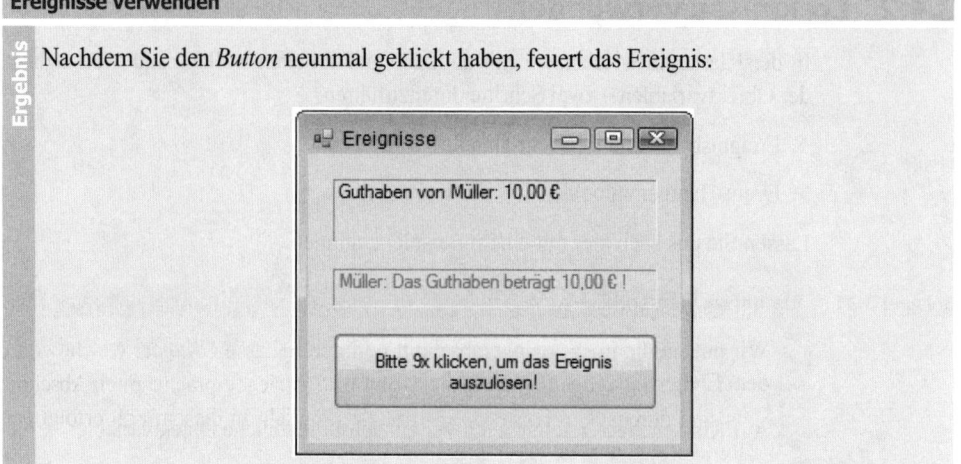

Den kompletten Quellcode entnehmen Sie bitte der Buch-CD.

Nun zu den Details.

## Ereignisbehandlung schreiben

Die Frage "Was soll passieren, wenn das Ereignis ausgelöst wurde?" wird in einer Ereignis-behandlungsmethode (Event-Handler) beantwortet.

**SYNTAX:**    *Modifizierer Datentyp methodenName (Datentyp Parameter)*

Den Namen der Methode können Sie frei wählen. Den konkreten Namen des Ereignisses finden Sie hier nicht, d.h., eine Ereignisbehandlung lässt sich auch von mehreren Ereignissen gemeinsam verwenden. Lediglich die Methodensignatur (*Datentyp Parameter*) muss der des Delegates entsprechen, nach dessen Muster das Ereignis erzeugt wurde.

Beispiel 3.32    **Ereignisbehandlung schreiben**

Beim Auftreten des Ereignisses wird nicht nur der Parameter *s* angezeigt, in der Titelleiste erscheint zusätzlich noch der Name des Kunden, den wir durch explizite Typkonvertierung aus dem ebenfalls übergebenen *object*-Parameter "herausziehen".

```
private void guthabenKontrolle(object o, string s)
{
    CKunde k = (CKunde) o;              // Typecasting
    label2.Text = k.nachName + ": " + s;  // Warnung ausgeben
}
```

## Ereignisbehandlung anmelden

Um dem Compiler mitzuteilen, welcher Event-Handler bei Auftreten des Ereignisses denn nun aufzurufen ist, müssen Sie die gewünschte Ereignisbehandlung beim Objekt (der Klasseninstanz) anmelden.

**SYNTAX:** *Objekt.ereignisName += new delegateName(eventHandlerName);*

**Beispiel 3.33** | **Dem Objekt *kunde1* wird mitgeteilt, dass bei Auftreten des Ereignisses *guthabenLeer1* der Event-Handler *guthabenKontrolle* aufzurufen ist**

```
kunde1.guthabenLeer1 += new CKunde.GuthabenLeer(guthabenKontrolle);
```

Wichtig ist dabei die Verwendung des Operators += (siehe Sprachkapitel, Abschnitt 2.3), denn pro Ereignis sind durchaus mehrere Event-Handler möglich. In diesem Fall erfolgt deren Abarbeitung in der Reihenfolge der Anmeldung.

**Beispiel 3.34** | **Zum Ereignis *guthabenLeer1* wird ein zweiter Event-Handler hinzugefügt**

Beim Eintreten des Ereignisses erscheint zunächst das vom ersten Eventhandler produzierte Meldungsfenster (siehe oben) und anschließend der Name des Kunden in einem Label.

```
// zweiten Event-Handler implementieren
private void kundenAnschrift(object o, string s)
{
    CKunde k = (CKunde) o;
    label3.Text = k.name;
}
....
// zweiten Event-Handler hinzufügen:
kunde1.guthabenLeer1 += new CKunde.GuthabenLeer(kundenAnschrift);
```

Falls ein Event-Handler nicht mehr benötigt wird, sollten Sie ihn wieder abmelden.

**Beispiel 3.35** | **Abmelden eines Event-Handlers kundenAnschrift**

```
kunde1.guthabenLeer1 -= new CKunde.GuthabenLeer(kundenAnschrift);
```

## Bemerkungen

Wenn Sie im Eigenschaften-Fenster der Visual Studio-Entwicklungsumgebung auf bekannte Weise Event-Handler für die Objekte der Bedienoberfläche erzeugen, so hat die IDE nicht nur den Rahmencode des Event-Handlers für Sie generiert, sondern – quasi im Verborgenen – auch die benutzten Ereignisse angemeldet. Üblicherweise übergeben diese Ereignisse zwei Parameter an die aufrufende Instanz: eine Referenz auf das Objekt, welches das Ereignis ausgelöst hat, und ein Objekt der *EvenArgs*- oder einer davon abgeleiteten Klasse.

**Beispiel 3.36**   | **Rahmencode des automatisch generierten Event-Handlers für das *Click*-Ereignis eines *Button***

```csharp
private void button1_Click(object sender, EventArgs e)
{

}
```

Klappen Sie die Region *Vom Windows Form-Designer generierter Code* auf, so finden Sie die entsprechende Befehlszeile für die Anmeldung des Event-Handlers:

```csharp
this.button1.Click += new EventHandler(this.button1_Click);
```

Die folgende Abbildung veranschaulicht nochmals die Syntax dieser Zeile.

```
this.button1.Click += new System.EventHandler(this.button1_Click);
```

      Objekt     Ereignis         Delegat         Event-Handler

Und zum Schluss noch ein Hinweis auf einen ziemlich häufigen Unterlassungsfehler:

**HINWEIS:**  Wenn Sie die Codezeilen eines Event-Handlers komplett per Hand löschen (man sollte das eigentlich nicht tun), so müssen Sie auch die entsprechende Anmeldungszeile (siehe oben) löschen, ansonsten gibt es einen Compilerfehler!

# 3.5   Arbeiten mit Konstruktor und Destruktor

Eine "richtige" objektorientierte Sprache wie C# realisiert das Erzeugen und Entfernen von Objekten mit Hilfe von Konstruktoren und Destruktoren.

"Bis jetzt sind wir doch glänzend ohne Konstruktor ausgekommen!", werden Sie jetzt vielleicht einwenden. Ganz stimmt das nicht, denn wenn Sie sich um keinen eigenen Konstruktor kümmern, wird der von *System.Object* geerbte parameterlose *new*-Standardkonstruktor verwendet.

## 3.5.1   Konstruktor und Objektinitialisierer

Der Konstruktor ist gewissermaßen die Standardmethode der Klasse und kann in mehreren Überladungen vorhanden sein.

**HINWEIS:**  Der Name des Konstruktors ist immer identisch mit dem Namen der Klasse.

Der Konstruktor wird automatisch bei der Instanziierung eines Objekts (*new*) aufgerufen und dient vor allem dazu, den Feldern des neu erzeugten Objekts Anfangswerte zuzuweisen.

## Deklaration

Einen Konstruktor fügen Sie dem Klassenkörper ähnlich wie eine *public void*-Methode hinzu, nur dass Sie der Methode den Namen der Klasse geben und auf das *void*-Schlüsselwort verzichten (ein Konstruktor hat keinen Rückgabewert). Als Parameter übergeben Sie die Werte für die Felder, die initialisiert werden sollen.

**SYNTAX:**
```
public KlassenName(Datentyp Parameter)
{
    // Initialisierung der Klasse
}
```

Wie bei jeder anderen Methode können Sie auch hier mehrere überladene Konstruktoren implementieren.

**Beispiel 3.37**   **Unserer Klasse *CKunde* werden zwei überladene Konstruktoren hinzugefügt**

```
public class CKunde
{
```

Die Felder:

```
    private string _anrede;
    private string _name;
    private int _plz;
    private string _ort;
    private bool _stammKunde;
    private decimal _guthaben;
```

Der erste Konstruktor initialisiert nur zwei Felder:

```
    public CKunde(string anr, string nam)
    {
        _anrede = anr; _name = nam;
    }
```

Der zweite Konstruktor initialisiert **alle** Felder der Klasse:

```
    public CKunde(string a, string n, int p, string o, bool s, decimal g)
    {
        _anrede = a;   _name = n;     _plz = p;
        _ort = o;  _stammKunde = s;   _guthaben = g;
    }
    ...
}
```

## Aufruf

Nachdem Sie einer Klasse einen oder mehrere Konstruktoren hinzugefügt haben, sind Sie auch zur Verwendung von mindestens einem davon verpflichtet. Die bisher gewohnte einfache Instanziierung von Objekten ist nicht mehr möglich!

**Beispiel 3.38**   **Zwei Objekte der Klasse *CKunde* werden erzeugt und mit Anfangswerten initialisiert.**

Objekte referenzieren:

```
CKunde kunde1, kunde2, kunde3;
```

Sicherheitshalber bauen wir das Erzeugen der Objekte in einen Exception-Handler ein:

```
try
{
```

Für jedes Objekt wird ein anderer überladener Konstruktor verwendet:

```
    kunde1 = new CKunde("Herr", "Müller");
    kunde2 = new CKunde("Frau", "Hummel", 12345, "Berlin", true, 100);
    // kunde3 = new CKunde();                      // erzeugt Compilerfehler!!!
    MessageBox.Show("Objekte erfolgreich erzeugt!");
}
catch(Exception ex)
{
    MessageBox.Show(ex.Message + " Sch... Konstruktor!");
}
```

Wenn Sie den Code mit dem Anfangsbeispiel im Abschnitt 3.1.6 vergleichen, so sehen Sie, dass das Initialisieren der Objekte viel übersichtlicher geworden ist. Anstatt umständlich eine Eigenschaft nach der anderen zuzuweisen, geht das jetzt in einer einzigen Befehlszeile.

## Objektinitialisierer

Objektinitialisierer erlauben das Erzeugen und Initialisieren von Instanzen auf Basis von (öffentlichen) Objekteigenschaften auch ohne das explizite Vorhandensein eines Konstruktors[1].

**Beispiel 3.39**   **Erzeugen eines Objekts mittels Objektinitialisierer (das ist kein Konstruktoraufruf!)**

```
kunde1 = new CKunde {Anrede = "Herr", Name = "Müller"};
```

## Statischer Konstruktor

Neben einem oder mehreren "normalen" Konstruktoren kann eine Klasse auch über einen *statischen* Konstruktor verfügen. Ein solcher Konstruktor wird verwendet, um *static*-Felder (siehe 3.2.5) zu initialisieren oder um einmaligen Initialisierungscode auszuführen. Der Aufruf erfolgt automatisch, bevor die erste Instanz erstellt oder auf statische Klassenmitglieder verwiesen wird.

**Beispiel 3.40**   **Eine Klasse besitzt die statische Eigenschaft *MWSt*, welche zu Beginn mit dem Wert 0,19 initialisiert werden soll.**

```
public class CAllerlei
{
```

---

[1] Notwendig wurde diese Spracherweiterung vor allem wegen der neu eingeführten LINQ-Technologie, deren anonyme Typen beispielsweise nach einem solchen Feature verlangen (siehe Kapitel 6).

**Beispiel 3.40**  **Eine Klasse besitzt die statische Eigenschaft *MWSt*, welche zu Beginn mit dem Wert 0,19 initialisiert werden soll.**

```
private static double _mwst;

public static double MWSt
{
    get { return (_mwst); }
    set { _mwst = value; }
}

static CAllerlei()                              // statischer Konstruktor
{
    _mwst = 0.19;
}
...
}
```

Der Zugriff von einem Formular *Form1* aus:

```
public partial class Form1 : Form
{
    ...
    textBox1.Text = CAllerlei.MWSt.ToString();      // zeigt 0,19
    ...
}
```

---

**HINWEIS:** Ein statischer Konstruktor akzeptiert weder Zugriffsmodifizierer, noch besitzt er Parameter, er kann auch nicht direkt aufgerufen werden.

---

## 3.5.2  Destruktor und Garbage Collector

Das Pendant zum Konstruktor ist aus objektorientierter Sicht der Destruktor. Da der Lebenszyklus eines Objektes bekanntlich mit dessen Zerstörung und der Freigabe der belegten Speicherplatzressourcen endet, ist der Destruktor für das Erledigen von "Aufräumarbeiten" zuständig, kurz bevor das Objekt sein Leben aushaucht.

In .NET haben wir allerdings keine echten Destruktoren, da hier die endgültige Zerstörung eines Objekts nicht per Code, sondern automatisch vom Garbage Collector vorgenommen wird. Dieser durchstöbert willkürlich und in unregelmäßigen Zeitabständen den Heap nach Objekten, um diejenigen zu suchen, die nicht mehr referenziert werden.

An die Stelle eines echten Destruktors tritt ein Quasi-Destruktor. Das ist eine Finalisierungsmethode, die zu einem unbestimmbaren Zeitpunkt vom Garbage Collector aufgerufen wird, kurz bevor dieser das Objekt vernichtet.

Ähnlich wie beim Konstruktor wird auch hier der Name der Klasse als Methodenbezeichner verwendet, allerdings mit einer Tilde (~) als Präfix. Der *public*-Zugriffsmodifizierer entfällt, da Sie selbst den Destruktor nicht aufrufen dürfen, auch Parameter dürfen nicht übergeben werden.

**SYNTAX:**   *~KlassenName()*
```
{
    // hier Code für Aufräumarbeiten implementieren
}
```

**Beispiel 3.41** | **Destruktor und Garbage Collector**

Unsere Klasse *CKunde* erhält ein öffentliches statisches Feld, welches durch den Konstruktor inkrementiert und durch den Quasi-Destruktor dekrementiert werden soll. Wir beabsichtigen damit, die Anzahl der momentan instanziierten Klassen (sprich Anzahl der Kunden) abzufragen.

Der auf das Wesentliche reduzierte Code von *CKunde*:

```
public class CKunde
{
    public static int anzahl = 0;

    // Konstruktor:
    public CKunde()
    {
        anzahl++;
    }

    // Destruktor:
    ~CKunde()
    {
        anzahl--;
    }
}
```

Wir verwenden zum Testen der Klasse ein Windows-Formular mit zwei *Buttons*, einer *Timer-*Komponente (*Interval* = 1000, *Enabled* = *True*) und einem *Label*.

Zum Code der Klasse *Form1* fügen Sie hinzu:

```
CKunde kunde1;  // Objekt referenzieren

// Objekt hinzufügen:
private void button1_Click(object sender, EventArgs e)
{
    kunde1 = new CKunde();
}

// Objekt entfernen:
private void button2_Click(object sender, EventArgs e)
{
    kunde1 = null;    // dereferenzieren
}
```

**Beispiel 3.41**   **Destruktor und Garbage Collector**

```
// Anzeige der im Speicher befindlichen Instanzen im Sekundentakt:
private void timer1_Tick(object sender, EventArgs e)
{
    label1.Text = CKunde.anzahl.ToString();
}
```

**Ergebnis**

Beim Programmtest müssen Sie etwas Geduld aufbringen.

Nach dem Programmstart fügen Sie durch Klicken auf den linken Button ein Objekt *kunde1* hinzu, wonach sich die Anzeige von 0 auf 1 ändert. Anschließend klicken Sie auf den rechten Button, um das Objekt wieder zu entfernen.

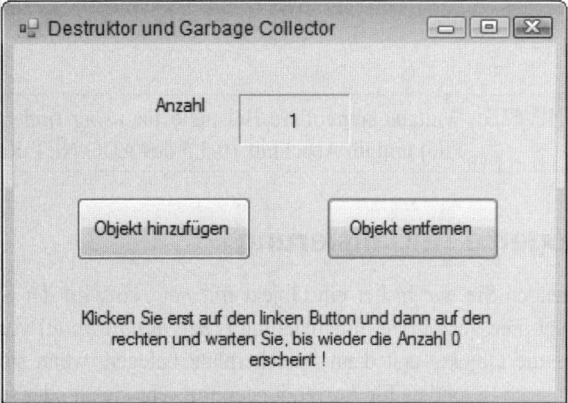

Es kann einige Zeit dauern, bis die Anzeige wieder auf 0 zurück geht, nämlich dann, wenn dem Garbage Collector gerade einmal wieder die Lust zum Aufräumen überkommt und er den Quasi-Destruktor aufruft[1].

Übrigens können Sie auch den linken Button mehrmals hintereinander klicken. Die Anzeige zählt zwar hoch, das aber täuscht, denn es bleibt bei nur einer Objektvariablen (*kunde1*). Allerdings wird Ressourcenverschwendung betrieben, denn dem Objekt wird immer wieder ein neuer Speicherbereich zugewiesen. Der vorher belegte Speicher liegt brach und wartet auf die Freigabe durch den Garbage Collector.

---

**HINWEIS:** Obiges Beispiel sollten Sie aufgrund seiner Unberechenbarkeit keinesfalls als Vorbild für ähnliche Zählaufgaben verwenden!

---

Da wegen der Unberechenbarkeit der Objektvernichtung der Umgang mit dem Quasi-Destruktor ziemlich problematisch ist, sollten Sie für das definierte Freigeben von Objekten besser eine separate Methode ( *Close-* bzw. *Dispose*) oder *using* verwenden (siehe folgender Abschnitt).

---

[1] Der Garbage Collector läuft in einem eigenen Thread, er wird nur dann aufgerufen, wenn sich die anderen Threads in einem sicheren Zustand befinden.

## 3.5.3  Mit using den Lebenszyklus des Objekts kapseln

Mit dem Schlüsselwort *using* kann man nicht nur Namespaces einbinden (siehe Kapitel 5), sondern in völlig anderer Bedeutung auch für das sichere Erzeugen und Vernichten von Objekten sorgen. Hinter den Kulissen wird ein *try-finally*-Block um das entsprechende Objekt generiert und beim Beenden für das Objekt *Dispose()* aufgerufen. Das folgende (eigentlich lächerliche) Beispiel soll lediglich das Prinzip verdeutlichen.

**Beispiel 3.42**  **Zum Prinzip von *using***

```
using (CKunde kunde1 = new CKunde("Herr", "Müller"))       // Erzeugen des Objekts
{
    kunde1.Wohnort = "Berlin";                             // Arbeiten mit dem Objekt
    ...
}                                                          // Freigabe des Objekts
```

**HINWEIS:** Weitaus sinnvollere Beispiele für *using* finden Sie im PB 8.8.3 (Memory Mapped File) und im Abschnitt 10.3.5 des ADO.NET-Kapitels (Datenbankzugriff).

## 3.5.4  Verzögerte Initialisierung

Erzeugen Sie wie bisher ein Objekt mit *new*, so wird der Speicher gleich bei der Initialisierung belegt. Die verzögerte Initialisierung (*Lazy Initialization*) von Objekten hat hingegen den Vorteil, dass die Objekte erst dann Speicherplatz belegen, wenn sie tatsächlich verwendet werden. Das lohnt sich besonders für Anwendungen mit sehr vielen oder sehr umfangreichen Klasseninstanzen.

Realisiert wird die verzögerte Initialisierung mit der ab .NET 4.0 eingeführten generischen Klasse *System.Lazy<>*, welche die tatsächliche Klasse kapselt.

Um das Prinzip zu verdeutlichen, gehen wir von einer allgemeinen Klasse aus:

```
public class Klasse1
{
    public Klasse1()
    {
        // Konstruktor
    }

    public string Eigenschaft1
    { get; set; }

    public void Methode1()
    {
        // ...
    }
}
```

Die verzögerte Initialisierung wird vorbereitet:

```
Lazy<Klasse1> objInit;
objInit = new Lazy<Klasse1>();
```

Bis jetzt wurde das Objekt noch nicht erstellt (der Wert der *objInit.IsValueCreated*-Eigenschaft ist *false*).

Erst beim Zugriff auf eines seiner Mitglieder wird das Objekt erzeugt:

```
objInit.Value.Eigenschaft1 = "Das ist der erste Wert!";
```

Damit ist das Objekt initialisiert (die *objInit.IsValueCreated*-Eigenschaft ist *true*).

---

**HINWEIS:** Standardwerte von Feldern werden erst bei der erstmaligen Verwendung zugewiesen, dasselbe gilt für die Ausführung eines evtl. vorhandenen Konstruktors.

---

# 3.6 Vererbung und Polymorphie

Ein zentrales OOP-Thema ist die *Vererbung*, die es ermöglicht, Klassen zu definieren, die von anderen Klassen abhängen. Eng mit der Vererbung verknüpft ist die *Polymorphie* (Vielgestaltigkeit). Man versteht darunter die Fähigkeit von Subklassen, die Methoden der Basisklasse mit unterschiedlichen Implementierungen zu verwenden. C# unterstützt sowohl Vererbung als auch polymorphes Verhalten, da das Überschreiben (*Overriding*) der Basisklassenmethoden mit alternativen Implementierungen erlaubt ist.

Durch Vererbung können Sie sich die Programmierarbeit wesentlich erleichtern, indem Sie spezialisierte Subklassen verwenden, die den Code zum großen Teil von einer allgemeinen Basisklasse erben. Die Subklassen heißen auch *abgeleitete Klassen, Kind-* oder *Unterklassen*, die Basisklasse wird auch als *Super-* oder *Elternklasse* bezeichnet. In den Subklassen können Sie bestimmte Funktionalitäten überschreiben, um spezielle Prozesse auszuführen.

Lassen Sie uns anhand eines kurzen und dennoch ausführlichen Beispiels die wichtigsten Vererbungstechniken demonstrieren! Wir beginnen mit dem Klassendiagramm.

## 3.6.1 Klassendiagramm

Mittels *Unified Modeling Language* (UML) lassen sich Vererbungsbeziehungen zwischen verschiedenen Klassen grafisch darstellen.

Das folgende, mit Visual Studio 2010 erzeugte, Klassendiagramm[1] zeigt eine Basisklasse *CKunde*, von der die Klassen *CPrivatKunde* und *CFirmenKunde* "erben". Die Basisklasse hat die Eigenschaften *Anrede*, *Nachname*, *StammKunde* (ja/nein) und *Guthaben* und die Methoden *getAdresse()* und *addGuthaben()* (das Guthaben ist hier als Bonus zu verstehen, der den Kunden in prozentualer Abhängigkeit von den getätigten Einkäufen gewährt wird). Die Methode *CKunde* ist nichts weiter als der Konstruktor.

---

[1] Der Umgang mit dem Klassendesigner wird ausführlich im Kapitel 16 beschrieben.

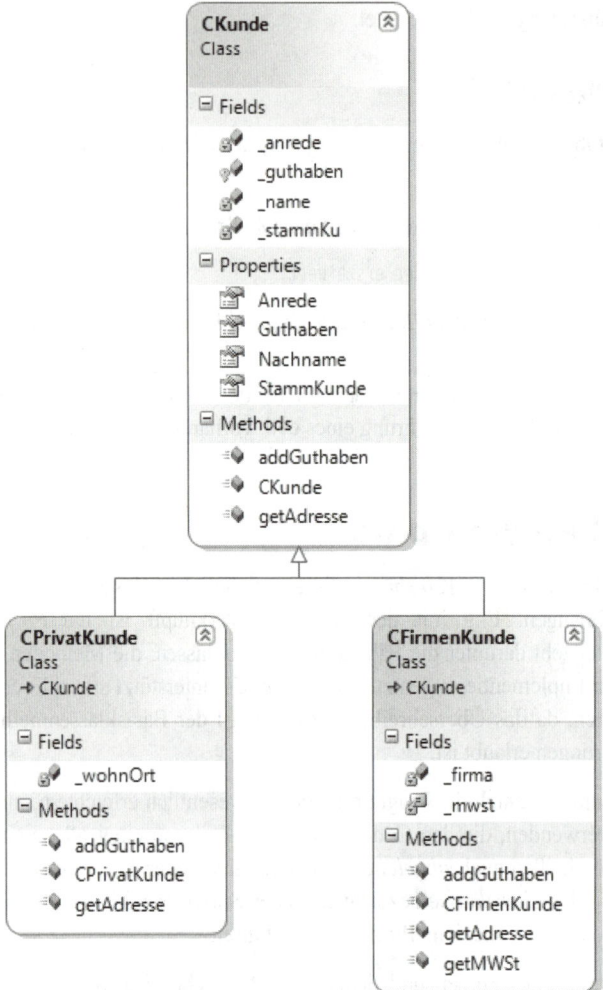

## 3.6.2  Method-Overriding

Die Subklassen *CPrivatKunde* und *CFirmenKunde* können auf sämtliche Eigenschaften und Methoden der Basisklasse zugreifen und fügen selbst eigene Methoden (auch Eigenschaften wären natürlich möglich) hinzu.

Die "geerbten" Methoden *getAdresse* und *addGuthaben* sind in unserem Beispiel allerdings so genannte *überschriebene Methoden* (*Method-Overriding*), d.h., Adresse und Guthaben sollen für Privatkunden auf andere Weise als für Firmenkunden ermittelt werden. Genaueres dazu erfahren Sie im nächsten Abschnitt.

## 3.6.3 Klassen implementieren

Vorbild für die drei zu implementierenden Klassen ist obiges Klassendiagramm.

### Basisklasse CKunde

Die Deklaration entspricht (fast) der einer normalen Klasse. Dass es sich um eine Basisklasse handelt, erkennt man in unserem konkreten Fall eigentlich nur an dem *protected*-Feld und an den *virtual*-Methodendeklarationen[1].

```
public class CKunde                 // Basisklasse
{
```

Die privaten Felder:

```
    private string _anrede;
    private string _name;
    private bool _stammKu;
```

Durch den *protected*-Modifizierer für das *guthaben*-Feld wird es möglich, dass auch die beiden Subklassen auf dieses Feld zugreifen können:

```
    protected decimal _guthaben = 0;       // Feld ist in Subklassen sichtbar!
```

Ein eigener Konstruktor ersetzt den Standardkonstruktor:

```
    public CKunde(string anr, string nName)    // Konstruktor
    {
        _anrede = anrede; _name = nName;
    }
```

Die Eigenschaften:

```
    public string Anrede
    {
        get { return (_anrede); }
        set { _anrede = value; }
    }

    public string Nachname
    {
        get { return (_name); }
        set { _name = value; }
    }
    public bool StammKunde
    {
        get {return(_stammKu); }
        set {_stammKu = value; }
    }
```

---

[1] Eigentlich hätten wir die Klasse auch noch als *abstract* deklarieren müssen (siehe dazu Abschnitt 3.7.1).

```
        public decimal Guthaben              // ReadOnly
        {
            get {return(_guthaben); }
        }
```

Nun zu den beiden Methoden, die durch die Subklassen überschrieben werden können.

Der Rückgabewert der virtuellen Methode *getAdresse()* setzt sich aus Anrede und Namen des Kunden zusammen:

```
        public virtual string getAdresse()                       // virtuelle Methode
        {
            string s = _anrede + " " + _name;
            return(s);
        }
```

Die virtuelle Methode *addGuthaben()* erhöht das Guthaben des Kunden um den im Argument übergebenen Bonusbetrag. Allerdings kommen nur Stammkunden in diesen Genuss:

```
        public virtual void addGuthaben(decimal betrag)          // virtuelle Methode
        {
            if (_stammKu) _guthaben += betrag;
        }
}
```

## Subklasse CPrivatKunde

Diese Klasse erbt alle Eigenschaften und Methoden der Basisklasse, wird also sozusagen um deren Code "erweitert". Das *override*-Schlüsselwort der beiden Methoden bedeutet, dass hier die in der Basisklasse als *virtual* definierten Funktionen überschrieben werden. Das erlaubt der Subklasse, eine eigene Implementierung der Funktionen zu realisieren.

```
public class CPrivatKunde : CKunde             // erbt von der Basisklasse CKunde!
{
   private string _wohnOrt;
```

Der Konstruktor ist unbedingt notwendig, weil auch die Basisklasse einen eigenen Konstruktor verwendet. Es wird das *base*-Schlüsselwort benutzt, um den Konstruktor der Basisklasse aufzurufen.

```
        public CPrivatKunde(string anrede, string name, string ort): base(anrede, name)
        {
            _wohnOrt = ort;                 // klassenspezifische Ergänzung
        }
```

Die Methode *getAdresse()* wird so überschrieben, dass zusätzlich zu Anrede und Name (von der Basisklasse geerbt) noch der Wohnort des Privatkunden angezeigt wird.

```
        public override string getAdresse()
        {
            const char LF = (char) 10;      // Zeilenvorschub
            return(base.adresse() + LF + _wohnOrt);
        }
```

Die Methode *addGuthaben()* wird komplett neu überschrieben. Ohne Rücksicht auf die Zugehörigkeit zur Stammkundschaft werden jedem Privatkunden 5% vom Rechnungsbetrag als Bonusguthaben angerechnet:

```
public override void addGuthaben(decimal geld)
{
    // Zugriff auf protected-Variable in Basisklasse:
    _guthaben += 0.05M * geld;
}
}
```

### Subklasse CFirmenKunde

Der Code für die Subklasse *CFirmenKunde* unterscheidet sich in folgenden Details von der Klasse *CPrivatKunde*:

- Die Methode *getAdresse()* liefert statt des Wohnorts den Namen der Firma des Kunden.

- Die *addGuthaben()*-Methode berechnet zunächst den Nettobetrag und addiert davon 1% zum Bonusguthaben. Damit nur Stammkunden in den Genuss dieser Vergünstigung kommen, wird dazu die gleichnamige Methode der Basisklasse aufgerufen.

- Die neu hinzugekommene "stinknormale" Methode *getMWSt()* erlaubt einen Lesezugriff auf die Mehrwertsteuer-Konstante.

```
public class CFirmenKunde : CKunde
{
    private string _firma;
    private  const float _mwst = 0.19F;      // Mehrwertsteuer

    public CFirmenKunde(string anrede, string name, string frm): base(anrede, name)
    {
        _firma = frm;
    }

    public override string adresse()
    {
        const char LF = (char) 10;       // Zeilenvorschub
        return(base.adresse() + LF + _firma);
    }

    public override void addGuthaben(decimal brutto)
    {
        decimal netto = brutto / Convert.ToDecimal(1 + _mwst);
        base.addGuthaben(netto * 0.01M);   // Aufruf der Methode der Basisklasse
    }

    public double getMWSt()     // eine ganz normale Methode
    {
```

```
        return(_mwst);
    }
}
```

Die Implementierung unserer drei Klassen ist geschafft!

### Testoberfläche

Um die Funktionsfähigkeit der drei Klassen zu testen, gestalten Sie die folgende Benutzerschnittstelle:

## 3.6.4  Implementieren der Objekte

Für einen kleinen Test genügt es, wenn wir mit nur zwei Objekten (ein Privat- und ein Firmenkunde) arbeiten.

```
CPrivatKunde kunde1;
CFirmenKunde kunde2;
```

Im Konstruktor des Formulars werden die beiden Objekte erzeugt. Die Ja-/Nein-Eigenschaft *StammKunde* muss allerdings extra zugewiesen werden, da es dazu keinen passenden Konstruktor gibt.

```
public partial class Form1 : Form
{ ...

    public Form1()
    {
        InitializeComponent();

        kunde1 = new CPrivatKunde("Herr", "Krause", "Leipzig");
        kunde1.StammKunde = false;
```

```
        kunde2 = new CFirmenKunde("Frau", "Müller", "Master Soft GmbH");
        kunde2.StammKunde = true;
        textBox1.Text = "100";
    }
```

Bei Klick auf den "Einkaufen"-Button werden für jedes Objekt diverse Eigenschaften abgefragt und Methoden aufgerufen:

```
    private void button1_Click(object sender, EventArgs e)
    {
        decimal brutto = Convert.ToDecimal(textBox1.Text);
        label1.Text = kunde1.getAdresse();
        kunde1.addGuthaben(brutto);
        label2.Text = "Bonusguthaben ist " + kunde1.Guthaben.ToString("C");

        label3.Text = kunde2.getAdresse();
        kunde2.addGuthaben(brutto);
        label4.Text = "Bonusguthaben ist " + kunde2.guthaben.ToString("C");
    }
}
```

## Praxistest

Überzeugen Sie sich nun davon, dass die drei Klassen wie gewünscht zusammenarbeiten und dass Vererbung tatsächlich funktioniert.

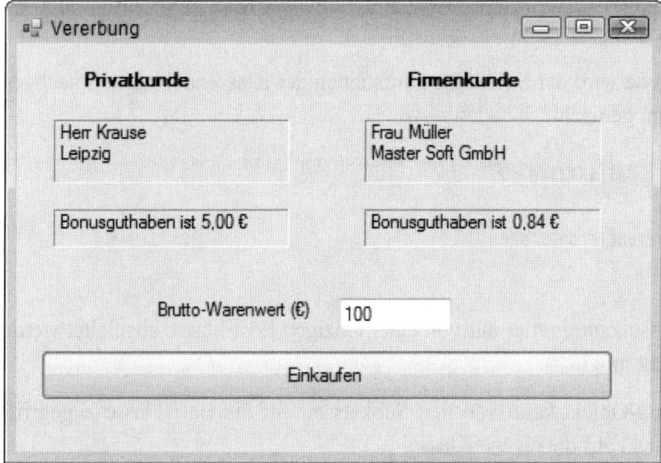

Die Werte in der Laufzeitabbildung sind wie folgt zu interpretieren:

- Dem Privatkunden Krause wurde ein Guthaben von 5 € (5% aus 100 €) zugebilligt (Stammkundschaft spielt bei Privatkunden keine Rolle, da die Methode *addGuthaben()* komplett überschrieben ist).

- Frau Müller ist eine Firmenkundin und erhält – nur weil sie Stammkundin ist – ein mickriges Guthaben von 0,84 € (1% auf den Nettowert).

- Durch wiederholtes Klicken auf "Einkaufen" kumulieren die Bonusguthaben.

## 3.6.5  Allgemeine Hinweise und Regeln zur Vererbung

Nachdem wir nun am praktischen Beispiel die Programmierung von Vererbungsbeziehungen kennengelernt haben, werden wir auch die folgenden Regeln und Hinweise verstehen:

- Alle öffentlichen Eigenschaften und Methoden der Basisklasse sind auch über die abgeleiteten Subklassen verfügbar.

- Methoden der Basisklasse, die von den abgeleiteten Subklassen überschrieben werden dürfen (so genannte *virtuelle Methoden*), müssen mit dem Schlüsselwort *virtual* deklariert werden.

- Fehlt das Schlüsselwort *virtual* bei der Methodendeklaration, so bedeutet das, dass dies die einzige Implementierung der Methode ist.

- Methoden der Subklassen, welche die gleichnamige Methode der Basisklasse überschreiben, müssen mit dem Schlüsselwort *override* deklariert werden.

- Wenn Sie das *override*-Schlüsselwort in der Subklasse vergessen, wird angenommen, dass es sich um eine "Schattenfunktion" der originalen Funktion handelt. Eine solche Funktion hat denselben Namen wie das Original, überschreibt dieses aber nicht.

- Private Felder der Basisklasse, auf die die Subklassen zugreifen dürfen, müssen mit *protected* deklariert werden.

- Die Basisklasse wird der Subklasse durch einen der Klassendeklaration nachgestellten Doppelpunkt bekannt gemacht:

**SYNTAX:**
```
class SubKlasse : BasisKlasse
{
    // ... Implementierungscode
}
```

- Eine Subklasse kann immer nur von einer einzigen Basisklasse abgeleitet werden (keine multiple Vererbung möglich).

- Mit dem *base*-Objekt kann von den Subklassen auf die Basisklasse zugegriffen werden, mit dem *this*-Objekt auf die eigene Klasse.

- Wenn die Basisklasse einen eigenen Konstruktor verwendet, so müssen in den Subklassen ebenfalls eigene Konstruktoren definiert werden (Konstruktoren können nicht vererbt werden!).

- Der Konstruktor einer Subklasse muss den Konstruktor seiner Basisklasse aufrufen (*base*-Schlüsselwort).

- Falls aber die Basisklasse über keinen eigenen Konstruktor verfügt, wird der Standardkonstruktor automatisch aufgerufen, wenn ein Objekt aus einer Subklasse erzeugt wird.

Wenn Sie mit Vererbung arbeiten, sollten Sie Folgendes beachten:

- Es gibt keinerlei Beschränkung bezüglich der Stufenanzahl der Vererbungshierarchie. Sie können die Hierarchie so tief wie nötig staffeln, die Eigenschaften/Methoden werden trotzdem durch alle Vererbungsstufen hindurchgereicht. Allgemein gilt, je weiter unten sich eine Klasse in der Hierarchie befindet, umso spezialisierter ist ihr Verhalten. Zum Beispiel eine *CHochschulKunden*-Klasse, die von einer *CSchulKunden* erbt und diese wiederum von der *CKunden*-Klasse.

- Um die Komplexität zu minimieren und die Wartbarkeit des Codes zu vereinfachen, sollten Sie die Vererbungshierarchie nicht tiefer als ca. vier Stufen staffeln.

- Jede Subklasse kann nur von einer Basisklasse erben! So kann z.B. eine *CHochSchul-Kunden*-Klasse nicht sowohl von der *CKunden*-Klasse und einer *CSchulKunden*-Klasse erben. Das ist in Ordnung so, denn eine solche multiple Vererbung könnte sehr schnell zu einem komplexen, unübersichtlichen und nicht mehr beherrschbaren Ungetüm entarten.

Es gibt zwei primäre Anwendungsfälle für Vererbung in Anwendungen:

- Sie verwenden Objekte unterschiedlichen Typs mit ähnlicher Funktionalität. So erben z.B. *CSchulKunden*-Klasse und *CStaatsKunden*-Klasse von der *CKunden*-Klasse.

- Sie haben gleiche Prozesse mit einer Menge von Objekten auszuführen. So erbt z.B. jeder Typ eines Geschäftsobjekts von einer Business Object(BO)-Klasse.

Sie sollten in folgenden Fällen auf Vererbung verzichten:

- Sie brauchen nur eine einzige Funktion von der Basisklasse. In diesem Fall sollten Sie die Funktion in die eigene Klasse delegieren, anstatt von einer anderen zu erben.

- Sie möchten alle Funktionen überschreiben. In einem solchen Fall sollten Sie eine Schnittstelle (*Interface*, siehe Abschnitt) anstatt Vererbung verwenden.

## 3.6.6 Polymorphes Verhalten

Untrennbar mit der Vererbung verbunden ist die so genannte Polymorphie (Vielgestaltigkeit). Polymorphes Verhalten bedeutet, dass erst zur Laufzeit einer Anwendung entschieden wird, welche der möglichen Methodenimplementierungen aufgerufen wird, da dies zum Zeitpunkt des Compilierens noch unbekannt ist.

Im obigen Beispiel hatten wir von den Vorzügen der Polymorphie allerdings noch keinen Gebrauch gemacht, denn Privat- und Firmenkunde wurden in einzelnen Objektvariablen gespeichert und bereits per Programmcode fest mit ihren Methoden *getAdresse()* und *addGuthaben()* verbunden.

Um Polymorphie sichtbar zu machen, müssen wir das bei der Implementierung der Objekte zielgerichtet ausnutzen. Wie wir gleich sehen werden, treten die Vorzüge von Polymorphie besonders augenscheinlich zutage, wenn Objekte unterschiedlicher Klassenzugehörigkeit nacheinander in Arrays oder Auflistungen abgespeichert werden.

**Beispiel 3.43**     **Polymorphes Verhalten**

Wir nehmen die drei Klassen des Vorgängerbeispiels (*CKunde*, *CPrivatKunde*, *CFirmen-Kunde*) als Grundlage. An deren Implementierungen brauchen wir keinerlei Veränderungen vorzunehmen, denn polymorphes Verhalten ergibt sich als logische Konsequenz aus der Vererbung von Klassen. Änderungen müssen wir lediglich beim Abspeichern der Objektvariablen vornehmen.

Aus den Subklassen *CPrivatKunde* und *CFirmenKunde* wollen wir insgesamt drei Objekte (*kunde1*, *kunde2*, *kunde3*) instanziieren (ein Privatkunde, zwei Firmenkunden).

Innerhalb des Klassencodes von *Form1* deklarieren Sie:

```
private CPrivatKunde kunde1;
private CFirmenKunde kunde2, kunde3;

private CKunde[] kunden = new CKunde[3];        // Array für 3 Objekte!

private const char LF = (char) 10;             // für Zeilenvorschub
```

Im Konstruktor von *Form1* werden die notwendigen Initialisierungen vorgenommen:

```
public Form1()
{
    kunde1 = new CPrivatKunde("Herr", "Krause", "Leipzig");
    kunde1.StammKunde = false;
    kunde2 = new CFirmenKunde("Frau", "Müller", "Master Soft GmbH");
    kunde2.StammKunde = true;
    kunde3 = new CFirmenKunde("Herr", "Maus", "Manfreds Internet AG");
    kunde3.StammKunde = false;
```

Da das Array vom Typ der Basisklasse ist, kann es auch Objekte der Subklassen (Privat- und Firmenkunden) in wahlloser Reihenfolge aufnehmen:

```
    kunden[0] = kunde1;
    kunden[1] = kunde2;
    kunden[2] = kunde3;
    textBox1.Text = "100";
}
```

Das Array wird in einer *for*-Schleife durchlaufen und ausgelesen. Dabei werden die polymorphen Methoden (das sind die mit *virtual* bzw. *override* deklarierten) für alle Objekte aufgerufen:

```
private void button1_Click(object sender, EventArgs e)
{
    decimal brutto = Convert.ToDecimal(textBox1.Text);
    label1.Text = String.Empty;
    for (int i = 0; i < kunden.Length; i++)
    {
        kunden[i].addGuthaben(brutto);
        label1.Text = label1.Text + LF + kunden[i].getAdresse() + LF
```

**Beispiel 3.43** | **Polymorphes Verhalten**

```
                    + kunden[i].Guthaben.ToString("C");
        }
    }
```

Obwohl im Array die Objekte bunt durcheinander gewürfelt sein können, "weiß" das Programm zur Laufzeit genau, welche Implementierung der polymorphen Methoden *getAdresse()* und *addGuthaben()* jeweils für Privat- und für Firmenkunden die richtige ist.

---

**HINWEIS:** Genau hier liegt der springende Punkt zum Verständnis der Polymorphie!

---

**Beispiel 3.44** | **Polymorphes Verhalten Variante 2**

Eine alternative Implementierung mittels *foreach*-Schleife bringt die Polymorphie noch deutlicher ans Tageslicht, da die Methodenaufrufe nicht mit Objekten der Subklassen *CPrivatKunde/CFirmenkunde*, sondern mit Objekten der Basisklasse *CKunde* verknüpft sind:

```csharp
private void button2_Click(object sender, EventArgs e)
{
    decimal brutto = Convert.ToDecimal(textBox1.Text);
    label1.Text = String.Empty;
    foreach (CKunde ku in kunden)
    {
        ku.addGuthaben(brutto);
        label1.Text = label1.Text + LF + ku.getAdresse() + LF +
                                    ku.Guthaben.ToString("C");
    }
}
```

## Praxistest

Das Ergebnis anhand der abgebildeten Testoberfläche beweist, dass Vererbung und Polymorphie tatsächlich untrennbar miteinander verbunden sind. Egal ob Privat- oder Firmenkunde – es werden immer die passenden Methodenimplementierungen aufgerufen[1].

---

**HINWEIS:** Das tiefere Verständnis der Polymorphie ist mit Sicherheit der schwierigste Part der OOP, deshalb wurde unser Beispiel bewusst einfach gehalten, damit Sie zunächst zu einem Grundverständnis gelangen, welches Sie später weiter ausbauen können.

---

[1] Tja, der arme Herr Maus. Weil er kein Stammkunde ist, bekommt er auch kein Bonusguthaben.

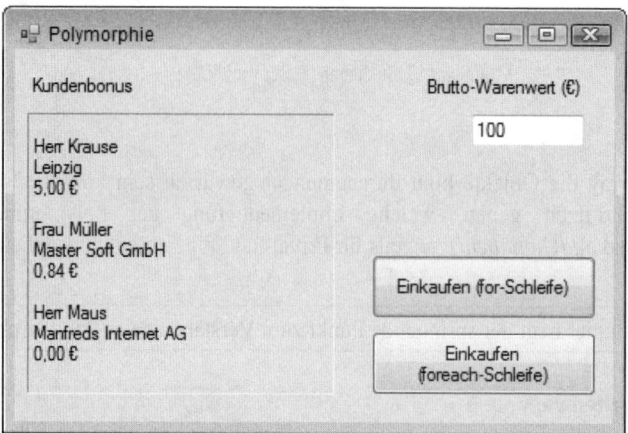

## 3.6.7 Die Rolle von System.Object

Jedes Objekt in .NET erbt von der Basisklasse *System.Object*. Diese Klasse ist Teil des Microsoft .NET Frameworks und beinhaltet die Basiseigenschaften und -methoden, wie sie für ein .NET-Objekt erforderlich sind.

Alle öffentlichen Eigenschaften und Methoden von *System.Object* stehen automatisch auch in jedem Objekt zur Verfügung, welches Sie erzeugt haben. Beispielsweise ist in *System.Object* bereits ein Standardkonstruktor enthalten. Wenn Sie in Ihrem Objekt keinen eigenen Konstruktor definiert haben, wird es mit diesem Konstruktor erzeugt.

Viele der öffentlichen Eigenschaften und Methoden von *System.Object* haben eine Standardimplementation. Das heißt, Sie brauchen selbst keinerlei Code zu schreiben, um sie zu verwenden.

**Beispiel 3.45**

**Die *ToString*-Methode liefert den Namen der Anwendungskomponente (die Windows-Anwendung heißt hier *Vererbung1*) und die Klassenzugehörigkeit von *kunde1*.**

```csharp
MessageBox.Show(kunde1.ToString());
```

WindowsFormsApplication1.CPrivatKunde

OK

Sie können das standardmäßige Verhalten von *ToString()* mittels *override*-Schlüsselwort verändern. Dies erlaubt Ihnen eine individuelle Implementierung einiger Eigenschaften bzw. Methoden von *System.Object*.

**Beispiel 3.46**   **Die gleiche *ToString()*-Methode des Vorgängerbeispiels liefert nun den Namen des Kunden, wenn Sie die folgende Methode zum Klassenkörper von *CKunde* hinzufügen.**

```csharp
public override string ToString()
{
    return (_name);
}
```

Ergebnis

Krause

OK

# 3.7 Spezielle Klassen

Es gibt einige Klassen, die spezielle Features aufweisen, bzw. nur für einen beschränkten Einsatzbereich infrage kommen. Gekennzeichnet werden diese Klassen in der Regel durch einen vorangestellten Modifizierer (*abstract*, *sealed*, *partial*, *static*).

## 3.7.1 Abstrakte Klassen

Klassen, die lediglich ihr "Erbmaterial" an andere Klassen weitergeben und von denen selbst keine Instanzen gebildet werden, bezeichnet man als *abstrakt*. Typische Beispiele für abstrakte Klassen wären *Fahrzeug*, *Tier* oder *Nahrung*[1].

Um zu verhindern, dass von abstrakten Klassen Instanzen gebildet werden, müssen diese mit dem Modifikator *abstract* gekennzeichnet werden.

**Beispiel 3.47**   **In unserem Vorgängerbeispiel werden von der Klasse *CKunde* keine Instanzen gebildet, sie kann deshalb als abstrakt deklariert werden.**

```csharp
public abstract class CKunde
{
    ...
}
```

Während die Referenzierung nach wie vor möglich ist

CKunde kunde;

schlägt der Versuch einer Instanziierung fehl:

kunde = new CKunde("Herr", "Krause");                // Fehler

---

[1] Können vielleicht Sie sich vorstellen, wie eine Instanz von *Nahrung* aussehen soll?

> **HINWEIS:** Abstrakte Klassen ähneln einem weiteren wichtigen Softwarekonstrukt der OOP, der Schnittstelle (Interface). Eine Schnittstelle müssen Sie sich wie eine abstrakte Klasse vorstellen, in welcher nur öffentliche Methoden definiert, aber nicht implementiert werden (die Methodenrümpfe bleiben leer). Die Deklaration einer Schnittstelle ähnelt der einer Klasse, nur dass das Schlüsselwort *class* gegen das Schlüsselwort *interface* ausgetauscht wird (siehe Abschnitt 3.8).

### Abstrakte Methoden

In Verbindung mit polymorphem Verhalten finden sich innerhalb abstrakter Klassen oft auch *abstrakte Methoden*, diese enthalten grundsätzlich keinen Code, da sie in den abgeleiteten Klassen komplett mit *override* überschrieben werden. Zur Kennzeichnung abstrakter Methoden verwenden Sie das Schlüsselwort *abstract*. Die Deklaration erfolgt in einer Zeile, also ohne Rumpf.

**Beispiel 3.48**

> **Die Funktion *adresse()* der abstrakten *CKunde*-Klasse wird in der Subklasse *CPrivatKunde* komplett implementiert.**

```
public abstract class CKunde
{
    ...
    public abstract string adresse();           // abstrakte Methode
    ...
}
```

Da eine abstrakte Methode implizit eine virtuelle Methode darstellt, muss sie in der Subklasse mit *override* deklariert werden.

```
public class CPrivatKunde : CKunde;
{
    ...
    public override string adresse()            // überschreibt abstrakte Methode
    {
        return(_anrede + "  " + _name + "  " & _wohnort)
    }
    ...
}
```

## 3.7.2 Versiegelte Klassen

Wenn Sie unbedingt verhindern möchten, dass andere Programmierer von einer von Ihnen entwickelten Komponente weitere Subklassen ableiten, so müssen Sie Ihre Klasse mit Hilfe des Modifikators *sealed* schützen.

**Beispiel 3.49**

> **Die Klasse *CPrivatKunde* wird versiegelt und darf deshalb keine Nachkommen haben.**

```
public sealed class CPrivatKunde : CKunde
{
    ...
}
```

**Beispiel 3.49** | **Die Klasse *CPrivatKunde* wird versiegelt und darf deshalb keine Nachkommen haben.**

Beim Versuch, davon eine Subklasse abzuleiten, schlägt Ihnen der Compiler erbarmungslos auf die Pfoten:

```
public class CStudent : CPrivatKunde        // Fehler!!!
{
...
}
```

**HINWEIS:** Vererbungsmodifikatoren wie *abstract* und *virtual* führen in einer versiegelten Klasse zum Compilerfehler, da sie keinen Sinn ergeben!

Übrigens: Ein bekanntes Beispiel für eine versiegelte Klasse ist der *string*-Datentyp, was jedweden Begehrlichkeiten einen Riegel vorschiebt.

## 3.7.3 Partielle Klassen

Das Konzept partieller Klassen ermöglicht es, den Quellcode einer Klasse auf mehrere einzelne Dateien aufzusplitten. In Visual Studio wird zum Beispiel auf diese Weise der vom Designer automatisch erzeugte Layout-Code vom Code des Entwicklers getrennt, was zu einer gesteigerten Übersichtlichkeit beiträgt, wovon man sich nach Öffnen eines neuen Windows Forms Projekts selbst überzeugen kann (siehe auch neues Code-Beside-Modell von ASP.NET).

Die Programmierung ist denkbar einfach, denn alle Teile der Klasse sind lediglich mit dem Modifizierer *partial* zu kennzeichnen, dieser muss hinter dem Sichtbarkeitsmodifizierer (*private, public, protected,* ...) stehen.

**Beispiel 3.50** | **Eine einfache Klasse *CKunde***

```csharp
public class CKunde
{
        private string _name;
        protected decimal _guthaben = 0;

        public CKunde(string nachName)
        { _name = nachName; }

        public string Name
        { get { return (_name); } }

        public decimal Guthaben
        { get { return (_guthaben); } }

        public void addGuthaben(decimal betrag)
        { _guthaben += betrag; }
}
```

**Beispiel 3.50**   **Eine einfache Klasse *CKunde***

```
...

Die Klasse CKunde könnte (als eine von vielen Möglichkeiten) wie folgt in drei partielle
Klassen aufgesplittet werden:

public partial class CKunde
{
        private string _name;
        protected decimal _guthaben = 0;

        public CKunde(string nachName)
        { _name = nachName; }
}

public partial class CKunde
{
        public string Name
        { get { return (_name); } }

        public decimal Guthaben
        { get { return (_guthaben); } }
}

public partial class CKunde
{
        public void addGuthaben(decimal betrag)
        { _guthaben += betrag; }
}
```

## 3.7.4  Statische Klassen

Mit dem *static*-Modifizierer kann man nicht nur statische Klassenmitglieder (Eigenschaften,
Methoden, siehe 3.2.5 und 3.3.3), sondern auch komplette *statische* Klassen deklarieren. Eine
solche Klasse muss nicht instanziiert werden und hat nur statische Mitglieder. Praktische Anwendungen ergeben sich z.B. für Formelsammlungen.

**Beispiel 3.51**   **Eine statische Klasse zur Berechnung des Kugelvolumens bei gegebenem Durchmesser (und umgekehrt)**

```
public static class CKugel
{
    private static double Pi = Math.PI;

    public static double Durchmesser_Volumen(double durchmesser)
    {
        double vol = Math.Pow(durchmesser, 3) * Pi/6.0;
```

**Beispiel 3.51** **Eine statische Klasse zur Berechnung des Kugelvolumens bei gegebenem Durchmesser (und umgekehrt)**

```
        return vol;
    }

    public static double Volumen_Durchmesser(double volumen)
    {
        double dur = Math.Pow(6/Pi * volumen, 1/3.0);
        return dur;
    }
}
```

Beispielhafte Anwendung der statischen Klasse zur Berechnung des Durchmessers einer Kugel mit 1 Kubikmeter Rauminhalt:

```
double v = 1.0d;
double d = CKugel.Volumen_Durchmesser(v);          // liefert 1,24...
```

**HINWEIS:** Die Verwendung einer ähnlichen Klasse wird im Praxisbeispiel 3.9.2 demonstriert!

# 3.8 Schnittstellen (Interfaces)

Das .NET-Framework (die CLR) unterstützt keine Mehrfachvererbung, d.h., eine Unterklasse kann immer nur von einer einzigen Oberklasse erben. Dies ist wohl mehr ein Segen als ein Fluch, denn allzu leicht würde sonst der Programmierer im Gestrüpp mehrfacher Vererbungsbeziehungen über mehrere Hierarchie-Ebenen hinweg die Übersicht verlieren, instabiler Code und Chaos wären die Folge.

Einen Ausweg bietet die Verwendung von Schnittstellen, diese bieten fast alle Möglichkeiten der Mehrfachvererbung, vermeiden aber deren Nachteile. Schnittstellen dienen dazu, um gemeinsame Merkmale ansonsten unabhängiger Klassen beschreiben zu können.

Eine Schnittstelle können Sie sich zunächst wie eine abstrakte Klasse (siehe 3.7.1) vorstellen, in welcher nur abstrakte Methoden definiert werden[1].

## 3.8.1 Definition einer Schnittstelle

Eine Schnittstelle können Sie zu Ihrem Projekt genauso hinzufügen wie eine neue Klasse. Anstatt des Schlüsselworts *class* verwenden Sie aber *interface*.

**HINWEIS:** Laut Konvention sollte der Namen einer Schnittstelle immer mit "I" beginnen.

---

[1] Dieser Vergleich hinkt natürlich wegen der auch bei abstrakten Klassen nicht möglichen Mehrfachvererbung.

**Beispiel 3.52**   **Eine Schnittstelle *IPerson*, die zwei Eigenschaften und eine Methode definiert**

```
public interface IPerson
{
    string Nachname
    { get; set; }

    string Vorname
    { get; set; }

    string getName();
}
```

Vielleicht vermissen Sie im obigen Beispiel die Zugriffsmodifizierer (*public string Nachname ...*), diese haben aber in einer Schnittstellendefinition generell nichts zu suchen.

**HINWEIS:** Die Festlegung der Zugriffsmodifizierer für die Mitglieder der Schnittstelle ist allein Angelegenheit der Klasse, die die Schnittstelle implementiert!

## 3.8.2   Implementieren einer Schnittstelle

Die Syntax entspricht der bei der normalen Implementierungsvererbung[1], d.h., an die Deklaration der erbenden Klasse wird ein Doppelpunkt angefügt, dem der Namen der Schnittstelle folgt.

**HINWEIS:** Die implementierende Klasse geht die Verpflichtung ein, ausnahmslos **alle** Mitglieder der Schnittstelle zu implementieren!

**Beispiel 3.53**   **Die Klasse *CKunde* implementiert die Schnittstelle *IPerson***

```
class CKunde : IPerson
{
        private string _nachname;
        private string _vorname;
        ...
```

Alle von *IPerson* geerbten abstrakten Klassenmitglieder müssen implementiert werden:

```
        public string Nachname
        {
            get { return _nachname; }
            set {_nachname = value; }
        }

        public override string Vorname
        {
            get { return _vorname; }
```

---

[1] Der Vergleich trifft zumindest dann zu, wenn nur eine einzige Schnittstelle implementiert wird.

**Beispiel 3.53**  **Die Klasse** *CKunde* **implementiert die Schnittstelle** *IPerson*

```
        set { _vorname = value; }
    }

    public override string  getName()
    {
        return _vorname + " " +_nachname ;
    }
```

Es folgen die normalen Klassenmitglieder:

```
    ...
}
```

**HINWEIS:** Den kompletten Code finden Sie Im Praxisbeispiel 3.9.4. Dort wird auch gezeigt, wie man eine mit abstrakten Methoden ausgestattete abstrakte Klasse ganz leicht in eine Schnittstelle überführen kann.

### 3.8.3  Abfragen, ob Schnittstelle vorhanden ist

Manchmal möchte man vor der eigentlichen Arbeit mit einem Objekt wissen, ob dieses eine bestimmte Schnittstelle implementiert hat. Eine Lösung bietet eine Abfrage mit dem *is*-Operator.

**Beispiel 3.54**  **Abfragen, ob das Objekt** *kunde1* **die Schnittstelle** *IPerson* **implementiert hat**

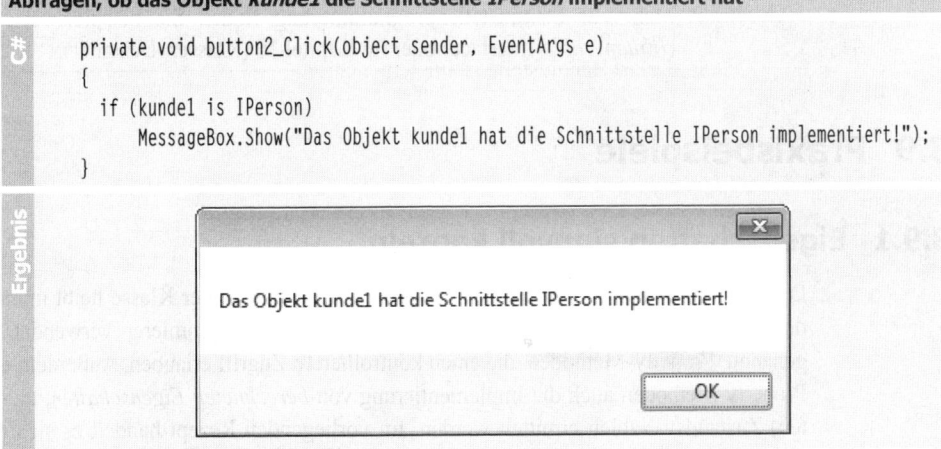

```
private void button2_Click(object sender, EventArgs e)
{
    if (kunde1 is IPerson)
        MessageBox.Show("Das Objekt kunde1 hat die Schnittstelle IPerson implementiert!");
}
```

Das Objekt kunde1 hat die Schnittstelle IPerson implementiert!

OK

### 3.8.4  Mehrere Schnittstellen implementieren

Eine Klasse kann nicht nur eine, sondern auch mehrere Schnittstellen gleichzeitig implementieren, was quasi Mehrfachvererbung bedeutet, wie sie mit der klassischen Implementierungsvererbung unmöglich ist.

**Beispiel 3.55**    **Eine Klasse implementiert zwei Schnittstellen**

```
public class CPrivatkunde : IPerson, IKunde
{
    ...
}
```

## 3.8.5  Schnittstellenprogrammierung ist ein weites Feld

... und bis jetzt haben wir nur an der Oberfläche gekratzt. Wichtige Prinzipien hier nochmals in Kürze:

- Anstatt von einer abstrakten Klasse zu erben, werden die abstrakten Methoden über eine Schnittstelle veröffentlicht. Damit erlangt man gewissermaßen die Funktionalität der Mehrfachvererbung und umgeht deren Nachteile.

- Eine Schnittstelle ist wie ein Vertrag: Sobald eine Klasse eine Schnittstelle implementiert, muss sie auch ausnahmslos alle (!) Mitglieder der Schnittstelle implementieren und veröffentlichen.

- Der Name der implementierten Methode sowie deren Signatur muss mit deren Definition in der Schnittstelle exakt übereinstimmen.

- Mehrere Schnittstellen können zu einer neuen Schnittstelle zusammengefasst werden und selbst wieder Schnittstellen implementieren.

**HINWEIS:** Mehr zur Schnittstellenprogrammierung finden Sie beispielsweise im Kapitel 5 (*IEnumerable*-Interface) oder im Kapitel 16 (Klassen-Designer).

# 3.9  Praxisbeispiele

## 3.9.1  Eigenschaften sinnvoll kapseln

Das Deklarieren von Eigenschaften als öffentliche Variablen der Klasse heißt immer, das Brett an der dünnsten Stelle zu bohren. Der fortgeschrittene Programmierer verwendet stattdessen sogenannte Property-Methoden, die einen kontrollierten Zugriff erlauben. Außerdem ermöglichen die Property-Methoden auch die Implementierung von *berechneten Eigenschaften*, die aus den (privaten) Zustandsvariablen ermittelt werden. Im vorliegenden Rezept handelt es sich um eine Klasse *CKreis* mit den Eigenschaften *radius*, *umfang* und *fläche*. Diese Klasse speichert intern eine einzige Zustandsvariable *r*, aus welcher direkt beim Zugriff alle Eigenschaften berechnet werden.

### Oberfläche

Um einen weiteren Vorteil der OOP zu demonstrieren, d.h. ohne viel Mehraufwand beliebig viele Instanzen aus einer Klasse bilden, wollen wir mit zwei Objekten (*kreis1* und *kreis2*) arbeiten.

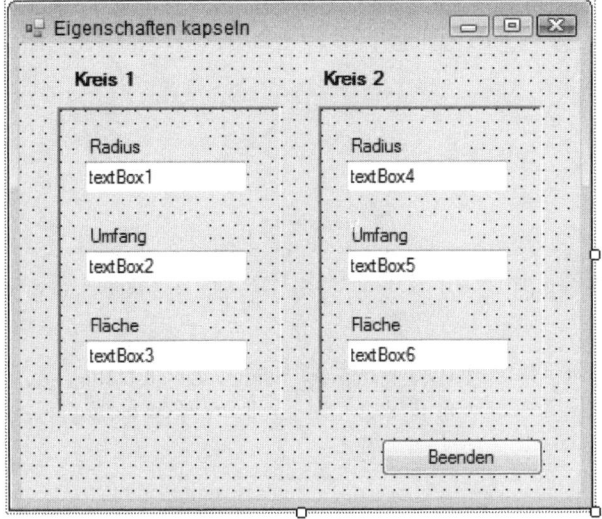

## Quellcode (CKreis)

Unsere Klasse wird außerhalb von *Form1* definiert, wir werden sie sogar in ein separates Klassenmodul auslagern. Wählen Sie das Menü *Projekt|Klasse hinzufügen...* und geben Sie dem Klassenmodul den Namen *CKreis.cs*.

Deklarieren und implementieren Sie nun die Klasse wie folgt:

```
public class CKreis
{
  private double r;                 // das einzige Feld (Zustandsvariable)
```

Die Rückgabewerte der Eigenschaften sind hier vom *string*-Datentyp, um die Bedienoberfläche von den lästigen Konvertierungen *string* in *double* und umgekehrt zu entlasten.

Die Eigenschaft *radius*:

```
public string radius
{
   get {return (r.ToString("#,#0.00")); }
   set
   {
     if (value != "")  r = Convert.ToDouble(value);
     else r = 0;
   }
}
```

Die Eigenschaft *umfang*:

```
public string umfang
{
   get {return (2 * Math.PI * r).ToString("#,#0.00"); }
   set
```

```
   {
      if (value != "")  r = Convert.ToDouble(value) / 2 / Math.PI;
      else r = 0;
   }
}
```

Die Eigenschaft *fläche*:

```
public string fläche
{
   get {return (Math.PI * Math.Pow(r, 2)).ToString("#,#0.00");}
   set
   {
      if (value != "") r = Math.Sqrt(Convert.ToDouble(value) / Math.PI);
      else r = 0;
   }
}
```

Der eigene Konstruktor:

```
public CKreis(double rad)
  { r = rad;  }
}
```

## Quellcode (Form1)

Wechseln Sie in den Klassencode von *Form1*.

```
public partial class Form1 : Form
{ ...
```

Ein Objekt *kreis1* wird erzeugt und kann (ein Dankeschön an den Konstruktor) gleich mit dem Radius 1.0 (Maßeinheit soll hier keine Rolle spielen) initialisiert werden:

```
CKreis kreis1 = new CKreis(1.0);
```

Die folgenden Event-Handler sind einfach und übersichtlich, da die Objekte ihre inneren Funktionalitäten wegkapseln:

```
    private void textBox1_KeyUp(object sender, KeyEventArgs e)
    {
        kreis1.radius = textBox1.Text;
        textBox2.Text = kreis1.umfang;
        textBox3.Text = kreis1.fläche;
    }

    private void textBox2_KeyUp(object sender, KeyEventArgs e)
    {
        kreis1.umfang = textBox2.Text;
        textBox1.Text = kreis1.radius;
        textBox3.Text = kreis1.fläche;
    }
```

```
    private void textBox3_KeyUp(object sender, KeyEventArgs e)
    {
        kreis1.fläche = textBox3.Text;
        textBox1.Text = kreis1.radius;
        textBox2.Text = kreis1.umfang;
    }
    ...
}
```

Der Code für das zweite Objekt (*kreis2*) ist völlig analog zu *kreis1*, so dass hier auf die Wiedergabe des Quellcodes verzichtet werden kann (siehe Buch-CD).

## Test

Sobald Sie eine beliebige Eigenschaft ändern, werden die anderen zwei sofort aktualisiert! Wegen der in der Klasse eingebauten Eingabeprüfung verursacht ein leerer Eingabewert keinen Fehler.

---

**HINWEIS:** Geben Sie als Dezimaltrennzeichen immer das Komma (,) ein, als Tausender-Separator dürfen Sie den Punkt (.) verwenden.

---

## Bemerkungen

- Aus Gründen der Übersichtlichkeit wurde aber auf das Abfangen weiterer Eingaben, die sich nicht in einen numerischen Wert konvertieren lassen, verzichtet.

- Ab C# 3.0 kann man ein Objekt auch dann erzeugen und initialisieren, wenn es dazu keinen passenden Konstruktor gibt. Sie könnten also auf den Konstruktor im Code von *CKreis* verzichten und stattdessen im Code von *Form1* die Instanziierung der Klasse durch direktes Zuweisen ihrer Eigenschaften (nicht private Zustandsvariablen!) mittels eines Objektinitialisierers wie folgt vornehmen:

```
CKreis kreis1 = new CKreis { radius = "1.0" };
```

## 3.9.2   Eine statische Klasse anwenden

Statische Klassen eignen sich ideal für Formelsammlungen (siehe z.B. *Math*-Klasse), da keine Objekte erzeugt werden müssen, denn es kann gleich "losgerechnet" werden. Das vorliegende Rezept demonstriert dies anhand einer statischen Klasse *CKugel* zur Berechnung des Kugelvolumens bei gegebenem Durchmesser (und umgekehrt)[1].

$V = 4/3 * Pi * r^3$

Nimmt man anstatt des Radius den Durchmesser *d* der Kugel, so ergibt sich daraus nach einigen Umstellungen die folgende Berechnungsformel für das Volumen *V*:

$V = d^3 * Pi/6$

---

[1] Merkspruch zum Kugelvolumen: "Bedächtig kommt einher geschritten – vier Drittel Pi mal R zur Dritten!"

## Oberfläche

Lediglich ein Formular mit zwei Textfeldern zur Eingabe von Kugeldurchmesser und Kugelvolumen ist erforderlich (siehe Laufzeitansicht).

## Quellcode

```
public static class CKugel
// public class CKugel          // das würde auch gehen!
{
        public static double Durchmesser_Volumen(string durchmesser)
        {
            double dur = System.Double.Parse(durchmesser);
            double vol = Math.Pow(dur, 3) * Math.PI/6.0;
            return vol;
        }

        public static double Volumen_Durchmesser(string volumen)
        {
            double vol = System.Double.Parse(volumen);
            double dur = Math.Pow(6/Math.PI * vol, 1/3.0);
            return dur;
        }
}
```

Die Verwendung der Klasse im Formularcode:

```
public partial class Form1 : Form
{ ...
```

Die Berechnung startet nach Betätigen der Enter-Taste:

```
        private void textBox1_KeyUp(object sender, KeyEventArgs e)
        {
            if ((e.KeyCode == Keys.Enter) && (textBox1.Text != ""))
            {
                textBox2.Text = CKugel.Durchmesser_Volumen(textBox1.Text).ToString("#,##0.000");
            }
        }

        private void textBox2_KeyUp(object sender, KeyEventArgs e)
        {
            if ((e.KeyCode == Keys.Enter) && (textBox2.Text != ""))
            {
                textBox1.Text = CKugel.Volumen_Durchmesser(textBox2.Text).ToString("#,##0.000");
            }
        }
}
```

### Test

Es ist egal, ob Sie den Radius oder das Volumen eingeben. Nach Betätigen der *Enter*-Taste wird der Inhalt des jeweils anderen Textfelds sofort aktualisiert.

Die Maßeinheit spielt bei der Programmierung keine Rolle, da sie für beide Eingabefelder identisch ist. Um beispielsweise einen Wasserbehälter mit 1 Kubikzentimeter Inhalt zu realisieren, ist eine Kugel mit dem Durchmesser von 1,241 Zentimetern erforderlich, für 1 Kubikmeter (1000 Liter) wären es 1,241 Meter:

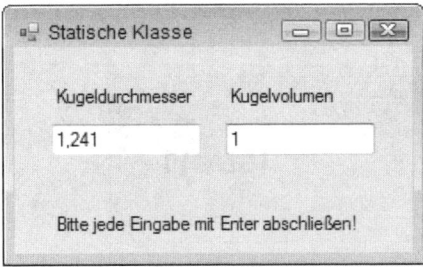

## 3.9.3 Vom fetten zum dünnen Client

Lassen Sie sich durch den martialischen Titel nicht irritieren, wir wollen damit lediglich Ihr Interesse für eine Methodik wecken, die Ihnen hilft, den Horizont herkömmlicher Programmiertechniken zu überschreiten und damit einen leichteren Zugang zur OOP ermöglicht. Dabei gehen wir von folgender Erfahrung aus:

Typisch für den OOP-Ignoranten ist, dass er getreu der Devise "Hauptsache es funktioniert" mit Ausdauer und Beharrlichkeit immer wieder so genannte "fette" Clients (Fat Clients) programmiert. In einem solchen *Fat Client* ist in der Regel die gesamte Intelligenz (Geschäfts- bzw. Serverlogik) der Anwendung konzentriert, d.h., eine Aufteilung in Klassen bzw. Schichten hat nie stattgefunden.

Ein qualifizierter objektorientierter Entwurf zeichnet sich aber dadurch aus, dass der Client möglichst "dumm" bzw. "dünn" ist. Ein *Thin Client* verwaltet ausschließlich das User-Interface, die Aufgaben beschränken sich auf die Entgegennahme der Benutzereingaben und deren Weiterleitung an die Geschäftslogik bzw. umgekehrt auf die Ausgabe und Anzeige der von der Geschäftslogik ermittelten Ergebnisse.

Der Server hingegen umfasst die Geschäftslogik und kapselt damit die gesamte Intelligenz der Anwendung.

Die Vorteile einer solchen mehrschichtigen "Thin Client"-Strategie sind:

- gesteigerte Übersichtlichkeit und leichte Wiederverwendbarkeit der Software,

- Realisierung als verteilte Anwendung im Netzwerk ist möglich,

- Wartbarkeit und Erweiterbarkeit der Geschäftslogik sind möglich, ohne dass die Clients geändert werden müssten.

In unserem zweiteiligen Beispiel geht es um einen einfachen "Taschenrechner", den wir in zwei Versionen realisieren wollen.

In unserer ersten Windows Forms-Anwendung haben wir es mit einem Musterbeispiel für einen "fetten" Client zu tun. Im zweiten Teil verwandeln wir das Programm in eine mehrschichtige Anwendung mit einem "dünnen" Client. Neugierig geworden?

## Oberfläche

So oder ähnlich sollte unser "Rechenkünstler" (egal ob dick oder dünn) in der Entwurfsansicht aussehen:

## Quellcode (Fat Client)

```
public partial class Form1 : Form
{ ...
```

Über die Bedeutung der folgenden drei globalen Zustandsvariablen brauchen wir wohl keine weiteren Worte zu verlieren:

```
private string op;                    // aktueller Operator (+, - , *, /)
private string reg1 = String.Empty;   // erstes Register   (Operand)
private string reg2 = String.Empty;   // zweites Register  (Operand)
```

Wir wollen zur Steuerung des Programmablaufs eine spezielle Variable *state* verwenden, die den aktuellen Zustand speichert:

```
private byte state = 1;          // aktuelles Register (1 oder 2)
```

Die nun folgenden Ereignisbehandlungen für die Schaltflächen des Zifferblocks und die vier Rechenoperationen lassen wir diesmal nicht, wie ansonsten üblich, automatisch von der Entwicklungsumgebung generieren, sondern programmieren sie "per Hand". Grund dafür ist der geringere Schreibaufwand, da gemeinsame Eventhandler benutzt werden. Wir ergänzen also den Konstruktorcode mit dem Anmelden der entsprechenden Eventhandler (würden Sie das Anmelden wie üblich der IDE überlassen, so fänden Sie den automatisch generierten Code in der partiellen Klasse *Form1.Designer.cs*).

```
public Form1()
{
    InitializeComponent();
```

Die erste Gruppe bezieht sich auf den Ziffernblock und verweist auf die gemeinsam genutzte Methode *buttonZ_Click*:

```
this.button1.Click += new EventHandler(this.buttonZ_Click);      // 1
this.button2.Click += new EventHandler(this.buttonZ_Click);      // 2
this.button3.Click += new EventHandler(this.buttonZ_Click);      // 3
this.button4.Click += new EventHandler(this.buttonZ_Click);      // 4
this.button5.Click += new EventHandler(this.buttonZ_Click);      // 5
this.button6.Click += new EventHandler(this.buttonZ_Click);      // 6
this.button7.Click += new EventHandler(this.buttonZ_Click);      // 7
this.button8.Click += new EventHandler(this.buttonZ_Click);      // 8
this.button9.Click += new EventHandler(this.buttonZ_Click);      // 9
this.button10.Click += new EventHandler(this.buttonZ_Click);     // 0
this.button11.Click += new EventHandler(this.buttonZ_Click);     // ,
```

Die zweite Gruppe bezieht sich auf die vier Operationstasten, welche auf die gemeinsame Methode *buttonOp_Click* verweisen:

```
this.button12.Click += new EventHandler(this.buttonOp_Click);  // +
this.button13.Click += new EventHandler(this.buttonOp_Click);  // -
this.button14.Click += new EventHandler(this.buttonOp_Click);  // *
this.button15.Click += new EventHandler(this.buttonOp_Click);  // :
}
```

Typisch für die nun folgenden Implementierungen der Ereignisbehandlungen *buttonZ_Click* und *buttonOp_Click* ist, dass die durchgeführten Aktionen vom Wert der Zustandsvariablen *state* abhängig sind, die somit die Rolle einer "Programmweiche" übernimmt.

Zunächst die Zifferneingabe:

```
private void buttonZ_Click(object sender, EventArgs e)
{
    Button cmd = (Button)sender;
```

In Abhängigkeit von *state* wird die Eingabe zum ersten oder zum zweiten Register hinzugefügt. Der Wert der einzugebenden Ziffer wird dabei der *Text*-Eigenschaft des Buttons entnommen:

```
switch (state)
{
    case 1:                   // zum ersten Operanden hinzufügen
        reg1 += cmd.Text[0];
        label1.Text = reg1; break;
    case 2:                   // zum zweiten Operanden hinzufügen
```

```
                 reg2 += cmd.Text[0];
                 label1.Text = reg1 + " " + op + " " + reg2; break;
        }
    }
```

Bei der Eingabe des Operators (+, -, *, /) wird ähnlich verfahren:

```
private void buttonOp_Click(object sender, EventArgs e)
{
    Button cmd = (Button) sender;
    switch (state)
    {
        case 1:                        // neuer Operand
            op = cmd.Text;
            state = 2; break;
        case 2:
            ergebnis();                // Zwischenergebnis mit altem Operand ermitteln
            op = cmd.Text; break;      // ... dann neuer Operand
    }
    label1.Text = reg1.ToString() + " " + op;
    reg2 = String.Empty;               // Register2 löschen
}
```

Die folgende Hilfsprozedur führt die Rechenoperation aus und speichert deren Ergebnis im Register1:

```
private void ergebnis()
{
    double r1 = Convert.ToDouble(reg1);
    double r2 = Convert.ToDouble(reg2);
    switch (op)
    {
        case "+":
            reg1 = (r1 + r2).ToString(); break;
        case "-":
            reg1 = (r1 - r2).ToString(); break;
        case "*":
            reg1 = (r1 * r2).ToString(); break;
        case "/":
            reg1 = (r1 / r2).ToString(); break;
    }
    reg2 = String.Empty;               // löscht Register2
}
```

Die Ergebnistaste (=):

```
private void buttonResult_Click(object sender, EventArgs e)
{
    if (state == 2)
    {
        ergebnis();
```

```
                        label1.Text += " = " + reg1;
                        state = 1;
                    }
                else
                    {
                        label1.Text = reg1;
                        reg2 = "";              // löscht Register2
                    }
                }
```

Letztes eingegebenes Zeichen löschen (CE):

```
private void button17_Click(object sender, EventArgs e)
{
    switch (state)
    {
        case 1:
            if (!(reg1 == ""))
            {
                reg1 = reg1.Remove(reg1.Length - 1, 1);
                label1.Text = reg1;
            }; break;
        case 2:
            if (!(reg2 == ""))
            {
                reg2 = reg2.Remove(reg2.Length - 1, 1);
                label1.Text = reg2;
            }; break;
    }
}
```

Alle Register sowie Anzeige löschen und Anfangszustand herstellen (CLR):

```
private void buttonCLR_Click(object sender, EventArgs e)
{
    reg1 = String.Empty;
    reg2 = String.Empty;
    label1.Text = String.Empty;
    state = 1;
}
```

Schließlich noch der Vorzeichenwechsel (+/-):

```
private void buttonVZ_Click(object sender, EventArgs e)
{
    double r;
    switch (state)
    {
        case 1:
            r = -Convert.ToDouble(reg1);
            reg1 = r.ToString();
```

```
            label1.Text = reg1; break;
        case 2:
            r = -Convert.ToDouble(reg2);
            reg2 = r.ToString();
            label1.Text = reg1 + " " + op + " " + reg2; break;
        }
    }
}
```

### Test

Der Vorzug gegenüber üblichen Rechnern sticht sofort ins Auge: Man kann den Rechenvorgang mitverfolgen, weil der komplette Ausdruck angezeigt wird.

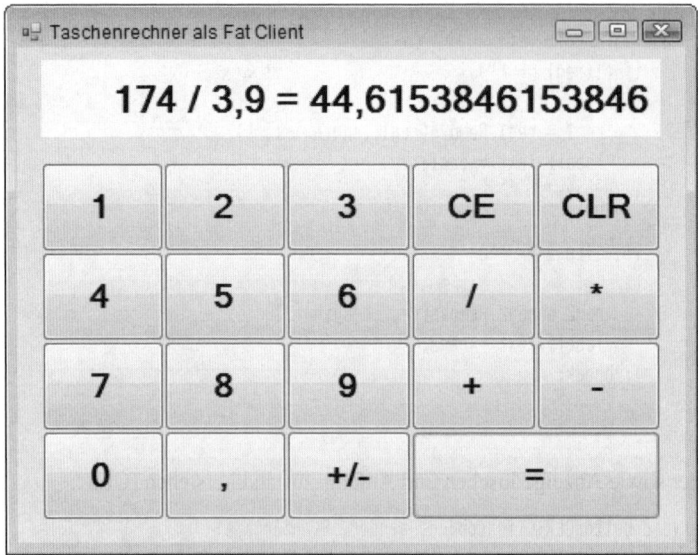

**HINWEIS:** Wie bei jedem anderen einfachen Taschenrechner auch, bleibt hier leider die Rangfolge der Operatoren (Punktrechnung geht vor Strichrechnung) unberücksichtigt. Bei der Eingabe von mehreren Operationen hintereinander, z.B. 3 + 4 * 12, ist deshalb zu beachten, dass erst die höherwertige Operation auszuführen ist (4 * 12).

### Bemerkungen

- Den Programmablauf könnte man in Gestalt eines Zustandsüberführungsdiagramms (*State Chart*) noch anschaulicher darstellen, mehr dazu offenbart Kapitel 16 (UML).

- Leider ist die gesamte Intelligenz der Anwendung in der Benutzerschnittstelle *Form1* enthalten, also ein typischer "fetter" Client. Transparenz, Wiederverwendbarkeit und Wartbarkeit des Codes sind demzufolge katastrophal! Wie man das Programm auf ein höheres objektorientiertes Niveau heben kann, soll das folgende Beispiel zeigen.

### Abmagerungskur für den fetten Client

Dass es sich bei unserem Programm tatsächlich um einen Fat Client handelt, zeigt das zugehörige Klassendiagramm. Klicken Sie dazu im Projektmappen-Explorer mit der rechten Maustaste auf *Form1.cs* und wählen Sie im Kontextmenü *Klassendiagramm anzeigen*. Es vergeht eine kleine Weile und dann bietet sich Ihnen der in der Abbildung nur auszugsweise gezeigt Anblick mit einer schier endlosen Auflistung der in der Klasse implementierten Felder und Methoden.

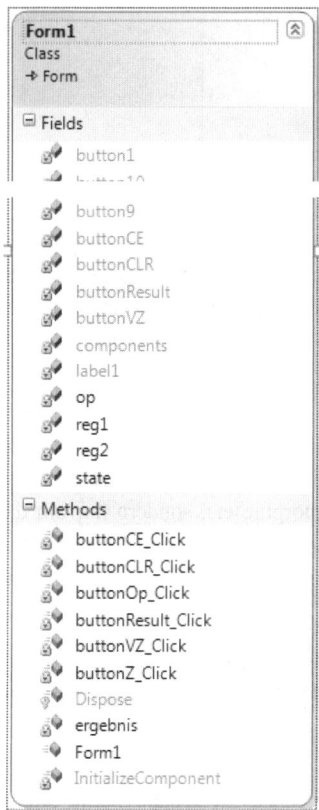

Schluss mit diesem Chaos! Durch Auslagern der Intelligenz in die Klassen *CRechenmodul* und *CRegister* erhalten wir nach einigem Hin und Her als Ergebnis der "Abmagerungskur" schließlich das abgebildete neue Klassendiagramm (siehe folgende Abbildung).

Die Klasse *Form1* (Thin Client) ist gegenüber dem Vorgänger deutlich abgemagert und beschränkt sich nur noch auf ihre eigentliche Aufgabe, die Verwaltung der Benutzerschnittstelle. Die Klassen *CRechenmodul* und *CRegister* stellen hingegen die zweischichtige Geschäftslogik (Server) der Anwendung dar, kapseln also die Intelligenz.

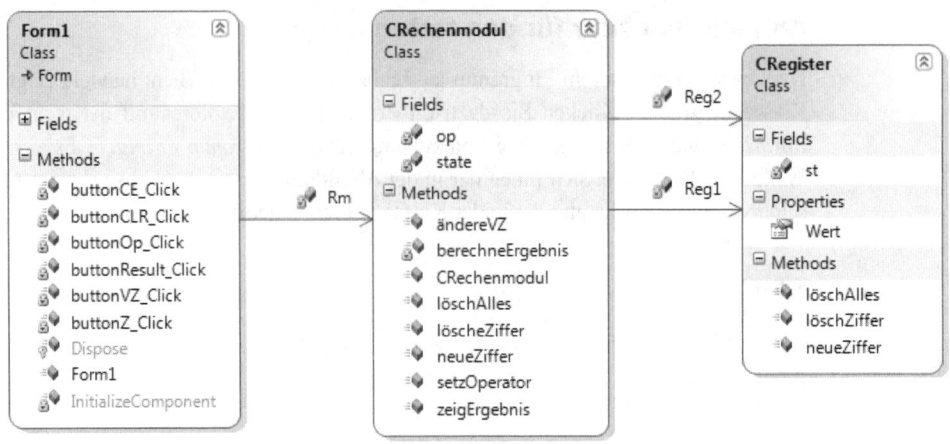

**HINWEIS:** Damit Sie im Klassendiagramm die durch Pfeilverbindungen gekennzeichneten Zuordnungen (Assoziationen) zwischen den Klassen sehen, müssen Sie mit der rechten Maustaste auf das Feld *Rm* in der Klasse *Form1* klicken und im Kontextmenü den Eintrag *Als Zuordnung anzeigen* wählen. Analog verfahren Sie mit den Feldern *Reg1* und *Reg2* in *CRechenmodul*.

Eine Erklärung des Klassendiagramms mit anderen Worten: Unser Thin Client benutzt eine Instanz der Klasse *CRechenmodul*. In dieser wiederum sind zwei Instanzen der Klasse *CRegister* enthalten. Hier geht es also noch nicht um Vererbung, Polymorphie etc, sondern nur um das zweckmäßige "Wegkapseln" von Funktionalität, wie das in unserem Fall etwa auch der physikalischen Realität entspricht, denn auch ein "richtiger" Taschenrechner enthält ein Rechenmodul, in diesem wiederum sind ein oder mehrere Register enthalten.

Allerdings stellt diese Thin Client-Lösung nur eine von mehreren Möglichkeiten dar und ist das Ergebnis einer Analyse des Ausgangscodes nach den Kriterien der Wiederverwendbarkeit ("Code Reuse").

**HINWEIS:** Mehr zu den erstaunlichen Fähigkeiten des in Visual Studio integrierten Klassendesigners erfahren Sie im Kapitel 16.

### Quellcode für CRegister

```
public class CRegister
{
```

Die globale Variable *st* speichert den Registerinhalt als Zeichenkette:

```
    private string st = String.Empty;
```

Zugriff auf den numerischen Wert von *st:*

```
    public double Wert
    {
```

```
            get
            {
                try
                    {return Convert.ToDouble(st);}
                catch
                {return 0;}
            }
            set
            {
                st = value.ToString();
            }
        }
```

Hinzufügen einer einzelnen Ziffer und Rückgabe des Anzeigestrings:

```
    public string neueZiffer(char z)
    {
        if ((Char.IsDigit(z)) || (z.ToString() == ","))
        {
            st += z;
            return (st);
        }
        else
            return "";
    }
```

Letzte Ziffer löschen und Anzeigestring zurückgeben:

```
    public string löschZiffer()
    {
        if (st.Length > 0) st = st.Remove(st.Length - 1, 1);
        return (st);
    }
```

Gesamtes Register löschen:

```
    public void löschAlles()
    {
        st = "";
    }
}
```

## Quellcode für CRechenmodul

```
public class CRechenmodul
{
    private byte state = 1;            // Startmodus (Zustandsvariable)
    private char op;                   // aktueller Operator
    private CRegister reg1, reg2;      // zwei Rechenregister
```

Im Konstruktor werden zwei Register-Objekte erzeugt:

```
public CRechenmodul()
{
    Reg1 = new CRegister();
    Reg2 = new CRegister();
}
```

Zifferneingabe in aktuelles Register:

```
public string neueZiffer(string ziff)
{
    char z = ziff[0];
    if (state == 1)                 // zum ersten Register hinzufügen
        return (Reg1.neueZiffer(z));
    else                            // zum zweiten Register hinzufügen
        return (Reg1.Wert.ToString() + " " + op + " " + Reg2.neueZiffer(z));
}
```

Letzte Ziffer des aktuellen Registers löschen und resultierenden Registerinhalt zurückgeben:

```
public string löscheZiffer()
{
    if (state == 1)
    return (Reg1.löschZiffer());
    else
        return (Reg2.löschZiffer());
}
```

Vorzeichen des aktuellen Registers umkehren:

```
public string ändereVZ()
{
    if (state == 1)
    {
        Reg1.Wert = -Reg1.Wert;
        return (Reg1.Wert.ToString());
    }
    else
    {
        Reg2.Wert = -Reg2.Wert;
        return (Reg1.Wert.ToString() + " " + op + " " + Reg2.Wert.ToString());
    }
}
```

Der Operator wird übernommen. Rückgabewert ist der String des ersten Operanden mit abschließendem Operatorenzeichen:

```
public string setzOperator(string o)
{
    if (state == 1)
        state = 2;
    else
```

```
            berechneErgebnis();           // Zwischenergebnis (mit altem Operator) ermitteln
        op = o[0];                        // neuen Operator übernehmen
        Reg2.löschAlles();                // zweites Register löschen
        return (Reg1.Wert.ToString() + " " + op);
    }
```

Die abschließende Rechenoperation ausführen und das Ergebnis liefern:

```
    public string zeigErgebnis()
    {
        string s = "";
        if (state == 1)                   // im Startmodus wird noch nichts berechnet, ...
            Reg2.löschAlles();            // ... lediglich zweites Register wird gelöscht
        else
        {
            s = " = " + berechneErgebnis();
            state = 1;
        }
        return (s);
    }
```

Eine Hilfsmethode zum Ausführen der Rechenoperation nebst Abspeichern des Ergebnisses im ersten Register (überschreibt erstes Register mit Ergebnis der Operation):

```
    private string berechneErgebnis()
    {
        switch (op.ToString())
        {
            case "+":
                Reg1.Wert = Reg1.Wert + Reg2.Wert; break;
            case "-":
                Reg1.Wert = Reg1.Wert - Reg2.Wert; break;
            case "*":
                Reg1.Wert = Reg1.Wert * Reg2.Wert; break;
            case "/":
                Reg1.Wert = Reg1.Wert / Reg2.Wert; break;
        }
        Reg2.löschAlles();                // zweites Register löschen
        return (Reg1.Wert.ToString());
    }
```

Alle Register löschen und Startzustand wiederherstellen:

```
    public void löschAlles()
    {
        Reg1.löschAlles();
        Reg2.löschAlles();
        state = 1;
    }
}
```

## Quellcode für Form1

Die Oberfläche unseres Thin Client entspricht 100%ig dem "fetten" Vorgänger. Die Programmierung ist allerdings – dank des *CRechenmodul*-Objekts – deutlich einfacher und transparenter
geworden:

```
public partial class Form1 : Form
{
```

Einzige globale Variable[1] ist der Verweis auf die Klasse *CRechenmodul*:

```
    private CRechenmodul Rm;
```

Im Konstruktorcode müssen, wie im Vorgängerbeispiel, zunächst die Eventhandler für Ziffernblock und Operationstasten angemeldet werden:

```
    public Form1()
    {
        InitializeComponent();

        // Ziffernblock:
        this.button1.Click += new EventHandler(this.buttonZ_Click);  // 1
        ...
```

Neu ist das Instanziieren der Geschäftslogik (bzw. des Servers):

```
        Rm = new CRechenmodul();
    }
```

Eine Ziffer eingeben (0..9,):

```
    private void buttonZ_Click(object sender, EventArgs e)
    {
        Button cmd = (Button) sender;
        label1.Text = Rm.neueZiffer(cmd.Text);
```

Die Operation eingeben (+, -, *, /):

```
    private void buttonOp_Click(object sender, EventArgs e)
    {
        Button cmd = (Button) sender;
        label1.Text = Rm.setzOperator(cmd.Text);
    }
```

Ergebnis anzeigen (=):

```
    private void buttonResult_Click(object sender, EventArgs e)
    {
        label1.Text += Rm.zeigErgebnis();
    }
```

---

[1] Ok, der OOP-Purist wird hier ein wenig die Nase rümpfen, denn ein ideales UI ist zustandslos (siehe Kapitel 17, Observer
Pattern).

Letztes eingegebenes Zeichen löschen (CE):

```csharp
private void buttonCE_Click(object sender, EventArgs e)
{
    label1.Text = Rm.löscheZiffer();
}
```

Alle Register sowie Anzeige löschen und Anfangszustand wieder herstellen:

```csharp
private void buttonCLR_Click(object sender, EventArgs e)
{
    Rm.löschAlles();
    label1.Text = "";
}
```

Vorzeichenwechsel (+/-):

```csharp
    private void buttonVZ_Click(object sender, EventArgs e)
    {
        label1.Text = Rm.ändereVZ();
    }
}
```

### Test

Sie werden keinerlei Unterschied in Aussehen und Verhalten unseres "dünnen"- Taschenrechners zu seinem "fetten" Vorgänger feststellen, was uns in der Auffassung bestätigt, dass den Hauptnutzen aus der OOP nicht der Anwender, sondern der Programmierer hat!

### Bemerkungen

- Unter Einsatz einer Formelparser-Klasse wären auch Klammerrechnungen möglich, das dürfte weniger aufwändig sein als das Hinzufügen weiterer Register.

- Einen wesentlich leistungsfähigeren wissenschaftlichen Taschenrechner, der allerdings nach einem völlig anderen Prinzip funktioniert (Code DOM), finden Sie in unserem [Visual C# 2010 Kochbuch].

## 3.9.4 Schnittstellenvererbung verstehen

Ein mächtiges Feature der OOP ist das Konzept der Schnittstellenvererbung (siehe Abschnitt 3.8). Die Schnittstellenvererbung erschließt sich dem Einsteiger am leichtesten, wenn er sich vorher das Konzept abstrakter Klassen und Methoden (siehe Abschnitt 3.7.1) verinnerlicht hat.

In unserem kleinen Demobeispiel wollen wir Geldbeträge auf das Konto eines Kunden einzahlen bzw. von dort abheben. Die erste Lösung soll mittels einer abstrakten Klasse, die nur über abstrakte Methoden verfügt, erfolgen[1]. Die zweite Lösung benutzt eine Schnittstelle (Interface).

---

[1] Dies ist allerdings die extremste Form der Implementierungsvererbung, denn es wird de facto keinerlei Code vererbt.

## Klassendiagramme

Die erste Variante zeigt das links abgebildete Klassendiagramm. Hier erbt die Klasse *CKunde* von der abstrakten Klasse *CPerson*. Letztere verfügt ausschließlich über abstrakte Klassenmitglieder. Diese enthalten nur die Eigenschafts- bzw. Methodendeklaration, also keinerlei Code. Die Implementierung muss komplett in der erbenden Klasse *CKunde* erfolgen.

Das rechte Klassendiagramm zeigt die zweite Lösung, bei welcher die abstrakte Klasse *CPerson* von der Schnittstelle *IPerson* ersetzt wird. Weitere Unterschiede sind auf den ersten Blick nicht zu erkennen, dazu müssen wir uns den Quellcode näher anschauen.

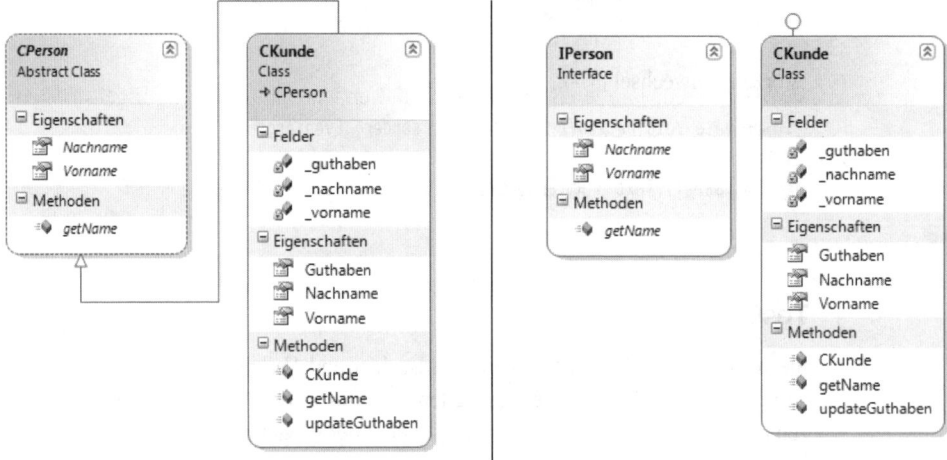

## Oberfläche Form1

Öffnen Sie eine neue Windows Forms-Anwendung und gestalten Sie das Startformular wie gezeigt.

Beginnen wir mit der ersten Variante!

## Quellcode CPerson

Fügen Sie dem Projekt eine neue Klasse *CPerson* zu:

```
public abstract class CPerson
{
    public abstract string Nachname
    { get; set; }

    public abstract string Vorname
    { get; set; }

    public abstract string getName();
}
```

Wie Sie sehen, ist die Klasse abstrakt und enthält die abstrakten Eigenschaften *Nachname* und *Vorname*) sowie die abstrakte Methode *getName*.

## Quellcode CKunde

Fügen Sie dem Projekt eine Klasse *CKunde* hinzu:

```
class CKunde : CPerson
{
        private string _nachname;
        private string _vorname;
        private decimal _guthaben;
```

Die von *CPerson* geerbten abstrakten Klassenmitglieder müssen überschrieben werden:

```
        public override string Nachname
        {
            get { return _nachname; }
            set {_nachname = value; }
        }

        public override string Vorname
        {
            get { return _vorname; }
            set { _vorname = value; }
        }

        public override string  getName()
        {
         return _vorname + " " +_nachname ;
        }
```

Es folgen die normalen Klassenmitglieder:

```
        public CKunde(string vor, string nach)      // ein Konstruktor
        {
```

```
            _vorname = vor; _nachname = nach;
        }

    public decimal Guthaben
    {
        get { return _guthaben; }
    }

    public decimal updateGuthaben(decimal betrag)
    {
        return _guthaben += betrag;
    }
  }
}
```

---

**HINWEIS:** Es müssen **alle** geerbten abstrakten Klassenmitglieder überschrieben werden, ansonsten erfolgt eine Fehlermeldung des Compilers (siehe Abbildung).

---

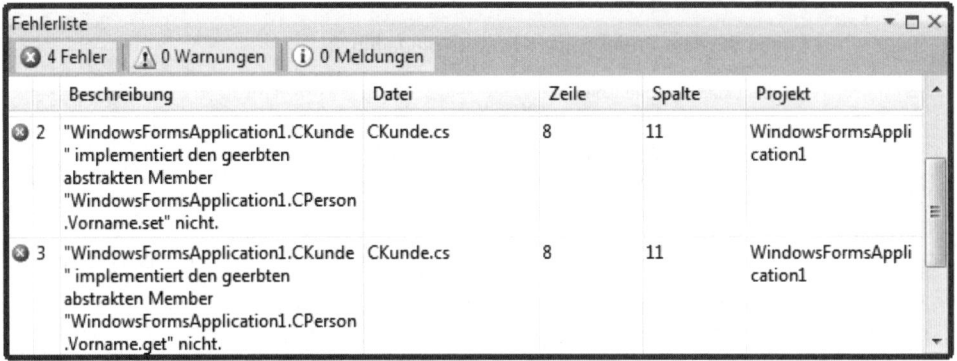

## Quellcode Form1

```
...
public partial class Form1 : Form
{
```

Zu Beginn wird ein Kunde erzeugt, initialisiert und angezeigt:

```
    CKunde kunde1 = new CKunde("Max", "Müller");

    private void Form1_Load(object sender, EventArgs e)
    {
        textBox1.Text = kunde1.Vorname;
        textBox2.Text = kunde1.Nachname;
        textBox3.Text = "0";
    }
```

Bei jedem Klick auf die Schaltfläche werden Vor- und Nachname des Kunden neu zugewiesen.
Der eingegebene Betrag wird dem Guthaben hinzugefügt bzw. (bei negativem VZ) abgezogen:

```
private void button1_Click(object sender, EventArgs e)
{
    kunde1.Vorname = textBox1.Text;
    kunde1.Nachname = textBox2.Text;
    decimal betrag = Convert.ToDecimal(textBox3.Text);
    kunde1.updateGuthaben(betrag);
```

Die abgeschlossene Buchung wird mit einem Meldungstext quittiert:

```
    label1.Text = kunde1.getName() + " hat ein Guthaben von " +
                                    kunde1.Guthaben.ToString("C") + " !";
    }
}
```

## Test

Nehmen Sie einige Ein- oder Auszahlungen vor.

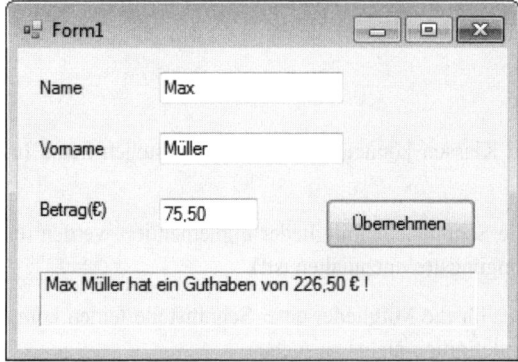

Nach erfolgreichem Test dieser ersten Variante wollen wir die zweite Variante in Angriff nehmen und die Klasse *CPerson* durch ein Interface *IPerson* ersetzen.

## Quellcode IPerson

Benennen Sie einfach im Projektmappenexplorer die Klasse *CPerson* in *IPerson* um (die Abfrage, ob auch alle Verweise geändert werden sollen, beantworten Sie positiv):

```
public interface IPerson
{
    string Nachname
    { get; set; }

    string Vorname
    { get; set; }

    string getName();
}
```

## Quellcode CKunde

Auch hier sind nur minimale Änderungen erforderlich: Bei den von *IPerson* geerbten Schnittstellenmitgliedern fehlen lediglich die *override*-Modifizierer.

```
class CKunde : IPerson
{
    ...
    public string Nachname              // ohne override !
    {
        get { return _nachname; }
        set {_nachname = value; }
    }
    usw. ...
}
```

Das war es auch schon, denn der Quellcode von *Form1* kann unverändert bleiben!

Beim Testen des Codes werden Sie keinerlei Veränderungen zum Vorgängerprojekt feststellen, allerdings dürfte der gesamte Code etwas übersichtlicher geworden sein.

## Bemerkungen

- Ebenso wie von abstrakten Klassen können auch von Schnittstellen keine Instanzen erzeugt werden.

- Es müssen ausnahmslos **alle** Schnittstellenmitglieder implementiert werden (eine Schnittstelle ist wie ein Vertrag, der bedingungslos einzuhalten ist!).

- Zugriffsmodifizierer (*public*) für die Mitglieder einer Schnittstelle fehlen komplett, denn diese haben in einer Schnittstellendefinition nichts zu suchen.

- Eine Klasse kann von mehreren Schnittstellen erben, jedoch nur von einer einzigen Klasse. Das ist der Hauptunterschied (oder auch Hauptvorteil!) der Schnittstellenvererbung gegenüber der Implementierungsvererbung.

# Kapitel 4

# Arrays, Strings und Funktionen

Ausgerüstet mit den in Kapitel 3 vermittelten OOP-Grundkenntnissen können wir nun die sprachlichen Grundlagen von C# weiter ausbauen.

Wir wollen Ihnen im vorliegenden Kapitel weiteres Handwerkszeug, wie den objektorientierten Umgang mit Arrays und Zeichenketten, Zahlenformatierungen, mathematischen und Datumsfunktionen und anderen Features (Operatorenüberladung, Namensräume), vermitteln.

## 4.1 Datenfelder (Arrays)

Arrays eignen sich zum Speichern mehrerer Variablen eines bestimmten Datentyps. Gegenüber der Verwendung vieler einzelner "normaler" Variablen ergibt sich der Vorteil, dass nur ein einziger Variablenname benötigt wird, die Unterscheidung erfolgt über einen Index.

---

**HINWEIS:** Der untere Index eines Arrays ist standardmäßig null. Der höchste Index ist deshalb immer um Eins niedriger als die Länge des Arrays.

---

Da auch Arrays zu den Referenz- bzw. Verweistypen zählen, geht es im Unterschied zu den Wertetypen nicht mehr ohne ein Minimum an objektorientiertem Vokabular. Wie jedes andere Objekt wird auch eine Array-Variable in drei Etappen zum Leben erweckt:

- Deklarieren
- Erzeugen
- Initialisieren

Im vorliegenden Abschnitt wollen uns zunächst nur auf die für den Einstieg wichtigsten Grundlagen beschränken.

### 4.1.1 Array deklarieren

Sie deklarieren ein Array wie eine normale Variable, lediglich nach dem Datentypbezeichner folgt ein eckiges Klammerpärchen [].

**SYNTAX:**   `Datentyp[] arrVariable;`

Der Datentyp des Arrays kann beliebig sein.

**Beispiel 4.1**   **Eine *int*-Variable *a* wird deklariert**

```
int[] a;
```

Die Größe des Arrays wird bei der Deklaration nicht angegeben, denn es existiert noch keine Instanz dieses Objekts, lediglich ein Verweis (Referenz) ins Leere (*null*) wird auf dem Stack angelegt.

## 4.1.2   Array instanziieren

Um eine Array-Instanz zu erzeugen, müssen Sie das Schlüsselwort *new* verwenden.

**SYNTAX:**   `arrVariable = new Datentyp[Dimension];`

**Beispiel 4.2**   **Die im Vorgängerbeispiel deklarierte *Array*-Variable wird mit vier Elementen erzeugt**

```
a = new int[4];
```

Die Array-Variable *a* zeigt nun nicht mehr ins Leere, sondern auf einen konkreten Speicherbereich im Heap, der vier Integer aufnehmen kann.

Sie können auch das Deklarieren und Instanziieren innerhalb einer einzigen Anweisung erledigen.

**SYNTAX:**   `Datentyp[] arrVariable = new Datentyp[Dimension];`

**Beispiel 4.3**   **Eine Zusammenfassung der beiden Vorgängerbeispiele**

```
int[] a = new int[4];
```

## 4.1.3   Array initialisieren

Arrays werden beim Erzeugen mit Standardwerten initialisiert (einfache Datentypen mit *0*, boolesche Elemente mit *false*, Verweistypen mit *null*). Um andere Werte zuzuweisen, müssen Sie diese in geschweiften Klammern { }, getrennt durch Kommata, auflisten und an die *new*-Anweisung anhängen.

**SYNTAX:**   `arrVariable = new Datentyp[Dimension] {wert1, wert2, ... };`

**Beispiel 4.4**   **Die *int*-Array-Variable *a* wird deklariert und mit Werten gefüllt.**

```
int[] a;                            // Deklarieren
a = new int[4] {10, 9, 8, 7};       // Erzeugen und Initialisieren
```

Wem das zu umständlich ist, der kann auch von einer Kurzform Gebrauch machen, die ohne den *new*-Operator auskommt und bei der die drei Schritte Deklarieren, Erzeugen und Initialisieren in einer einzigen Anweisung zusammengefasst sind. Die Angabe der Indexgrenze entfällt, denn diese ergibt sich ja automatisch aus der Anzahl der übergebenen Werte.

**SYNTAX:**   *Datentyp[] arrVariable = {wert1, wert2, ... };*

**Beispiel 4.5**   | **Die Kurzform des Vorgängerbeispiels**

```
int[] a = {10, 9, 8, 7};            // Deklarieren, Erzeugen und Initialisieren
```

**Beispiel 4.6**   | **Ein *string*-Array mit fünf initialisierten Feldern**

```
string[] arbeitsTage = {"Montag", "Dienstag", "Mittwoch", "Donnerstag", "Freitag"};
```

Die Werte, mit denen das Array initialisiert wird, müssen nicht immer Konstanten bzw. Literale sein, sondern können natürlich auch erst zur Laufzeit berechnet werden, wie das folgende etwas anspruchsvollere Beispiel beweist.

**Beispiel 4.7**   | **Das *int*-Array *a* wird mit vier Zufallszahlen initialisiert.**

```
Random z = new Random();            // Objektvariable der Random-Klasse erzeugen
int[] a = new int[4] {z.Next(1,7), z.Next(1,7), z.Next(1,7), z.Next(1,7)};
```

Die *Random*-Klasse stellt einen Generator für Pseudozufallszahlen dar. Die *Next*-Methode liefert hier Zufallszahlen, die zwischen 1 und 6 liegen (Würfelprinzip).

## 4.1.4  Zugriff auf Array-Elemente

Der Lese-/Schreibzugriff auf einzelne Elemente des Arrays erfolgt wie bei normalen Variablen, nur dass dem Namen der Array-Variablen der in (eckigen) Klammern stehende Index folgt.

**HINWEIS:** Da die Indizierung eines Arrays immer bei 0 beginnt, hat das erste Element den Index 0 und nicht den Index 1. Mit dem Index 1 greifen Sie auf das zweite Element zu.

**Beispiel 4.8**   | **Das *int*-Array *a* wird mit neuen Werten gefüllt**

```
int[] a = new int[4];
a[0] = 100; a[1] = 33; a[2] = 80; a[3] = 75;
```

### Indexüberprüfung

Beim Zugriff auf die Array-Elemente (also erst zur Laufzeit) wird geprüft, ob der Index im erlaubten Bereich liegt.

| Beispiel 4.9 | *(Fortsetzung)* Obiges Array hat vier Elemente, die mit 0, 1, 2, 3 indiziert sind, der Zugriff auf den Index 4 erzeugt einen Laufzeitfehler |
|---|---|

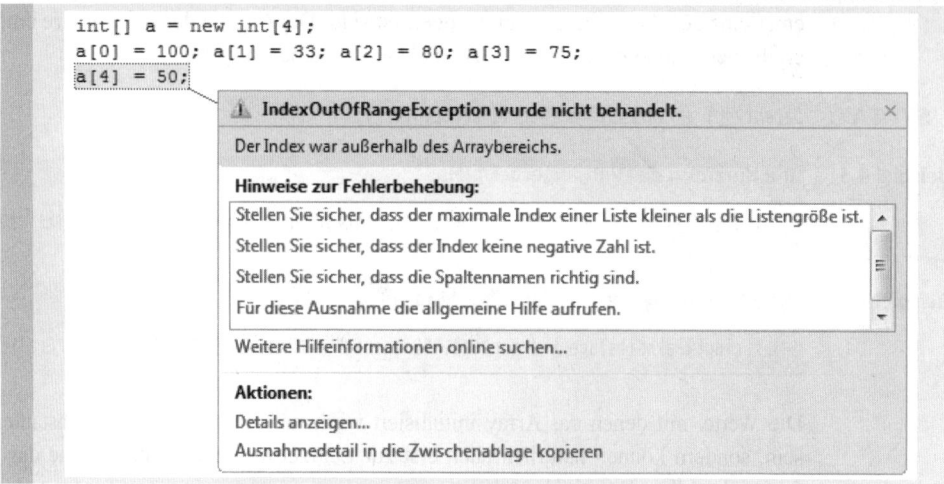

```
int[] a = new int[4];
a[0] = 100; a[1] = 33; a[2] = 80; a[3] = 75;
a[4] = 50;
```

IndexOutOfRangeException wurde nicht behandelt.

Der Index war außerhalb des Arraybereichs.

**Hinweise zur Fehlerbehebung:**

Stellen Sie sicher, dass der maximale Index einer Liste kleiner als die Listengröße ist.

Stellen Sie sicher, dass der Index keine negative Zahl ist.

Stellen Sie sicher, dass die Spaltennamen richtig sind.

Für diese Ausnahme die allgemeine Hilfe aufrufen.

Weitere Hilfeinformationen online suchen...

**Aktionen:**

Details anzeigen...

Ausnahmedetail in die Zwischenablage kopieren

### Oberen Array-Index ermitteln

Sie wissen mittlerweile, dass der untere Index eines Arrays immer 0 ist. Was aber, wenn der obere Index unbekannt ist? In diesem Fall fragen Sie einfach die *Length*-Eigenschaft des Arrays ab, welche die Anzahl der Feldelemente zurückgibt. Verringern Sie diese um eins und Sie haben den oberen Feldindex.

| Beispiel 4.10 | In das letzte Element des Arrays *a* wird ein neuer Wert geschrieben |
|---|---|

```csharp
int max = a.Length - 1;
a[max] = 100;
```

## 4.1.5 Zugriff mittels Schleife

Für den sequenziellen Zugriff auf alle Array-Elemente eignen sich prinzipiell alle unter 2.5.2 angegebenen Schleifenanweisungen.

### for-Schleife

| Beispiel 4.11 | Ein *int*-Array wird mit den Zahlen 0 … 99 gefüllt |
|---|---|

```csharp
int[] a = new int[100];
for (int i = 0; i != a.Length; i++)
  a[i] = i;
```

### foreach-Schleife

Eine weitere wichtige Zugriffsart ist die uns bislang unbekannte *foreach*-Schleife, mit welcher alle Elemente des Arrays durchlaufen werden können, ohne dass deren Anzahl bekannt sein muss.

SYNTAX:
```
foreach (element in array)
{
  Anweisungen;
  [break];
};
```

Wie jede andere Schleife kann auch die *foreach*-Schleife mit dem optionalen *break* vorzeitig verlassen werden.

**Beispiel 4.12**　　**Das im Vorgängerbeispiel gefüllte Array wird ausgelesen**

```csharp
foreach (int feld in a)
{
    MessageBox.Show(feld.ToString());      // zeigt nacheinander 0, 1, 2 ... 10
    if (feld == 10) break;
}
```

Leider ist mit einer *foreach*-Schleife nur der Lesezugriff auf die Feldelemente möglich.

**Beispiel 4.13**　　**Das Füllen eines Arrays misslingt**

```csharp
int[] a = new int[100];
int i = 0;
foreach (int feld in a)
  feld = i++;                    // Fehler, weil feld schreibgeschützt ist
```

**HINWEIS:** In der Regel ist das Durchlaufen eines Arrays mit *for*-Schleife schneller als mit *foreach*-Schleife.

Eine besonders wichtige Rolle spielt die *foreach*-Schleife im Zusammenhang mit dem Durchlaufen von Objektauflistungen (siehe Kapitel 5, *IEnumerable*-Interface).

## 4.1.6 Mehrdimensionale Arrays

Ein Array darf auch mehr als nur eine einzige Dimension haben. Die einzelnen Dimensionen werden bei Deklaration bzw. Zugriff durch Komma voneinander getrennt.

SYNTAX:　*Datentyp[, , ] arrVariable =* **new** *Datentyp[Dimension1, Dimension2, Dimension3];*

Sie können sich beispielsweise ein zweidimensionales Array als "Regal" vorstellen, welches nach seiner Definition zunächst aus "leeren" Fächern besteht, die in mehreren Reihen übereinander angeordnet sind und die jeweils eine Variable des deklarierten Datentyps aufnehmen können[1].

---

[1] Ein bekanntes Einsatzgebiet für mehrdimensionale Arrays ist z.B. die Matrizenrechnung in der Mathematik.

| Beispiel 4.14 | **Ein (zweidimensionales) Gleitkomma-Array mit 10 Zeilen und 20 Spalten wird deklariert.** |

```
float[, ] c = new float[10, 20];    //  c(0,0) ... c(9, 19)
```

Mit den folgenden Anweisungen speichern Sie in jedem Feld den Wert *5.5*:

```
for (int i = 0; i != 10; i++)           // für alle Zeilen
{
  for (int j = 0; j != 20; j++)            // für alle Spalten
  {
    c[i,j] = 5.5F;
  }
}
```

---

**HINWEIS:** Für den reinen Lesezugriff ist auch die Verwendung einer *foreach*-Schleife möglich. In diesem Fall benötigt man – wie bei eindimensionalen Arrays – nur eine Schleife, die dann von links oben nach rechts unten durchlaufen wird.

---

| Beispiel 4.15 | **Der Inhalt des im Vorgängerbeispiel erzeugten Arrays wird in einer *ListBox* angezeigt.** |

```
...
foreach (float f in c)
{
    listBox1.Items.Add(f.ToString());
}
```

## Dimensionsgrenzen ermitteln

Zur Bestimmung der Länge der einzelnen Dimensionen eines mehrdimensionalen Arrays ist die *Length*-Eigenschaft ungeeignet. Verwenden Sie stattdessen die *GetLength-* oder *GetUpperBound-* Methode der *Array*-Klasse (siehe Abschnitt 4.1.10).

| Beispiel 4.16 | **Das Vorgängerbeispiel kann auch eleganter programmiert werden.** |

```
float[, ] c = new float[10, 20];
for (int i = 0; i < c.GetLength(0); i++)           // für erste Dimension
{
  for (int j = 0; j < c.GetLength(1); j++)           // für zweite Dimension
  {
    c[i,j] = 5.5F;
  } }
```

## Mehrdimensional initialisieren

Auch mehrdimensionale Arrays lassen sich mit Anfangswerten initialisieren, die Werte der einzelnen Dimensionen werden in geschweiften Klammerpaaren hintereinander aufgeführt.

**Beispiel 4.17** **Ein zweidimensionales *String*-Array wird erzeugt und mit Namen und Wohnort von drei Personen initialisiert.**

```csharp
string[,] personen = {{"Meier", "Berlin"}, {"Schultze", "Leipzig"}, {"Krause", "Bonn"}};
string s = personen[2,1];
MessageBox.Show(s);          // zeigt "Bonn"
```

Ergebnis

| | 0 | 1 | 2 |
|---|---|---|---|
| **0** | Meier | Schultze | Krause |
| **1** | Berlin | Leipzig | Bonn |

## 4.1.7 Zuweisen von Arrays

Ebenso wie Sie den Inhalt einer Variablen einer anderen Variablen zuweisen können, z.B. a = b, können Sie auch einem Array ein anderes Array zuweisen. Da aber Arrays in allen .NET-Programmiersprachen *Referenztypen* sind, speichern Array-Variablen also direkt keine Werte, sondern nur Referenzen (Zeiger) auf einen bestimmten Speicherbereich. Normale Datentypen hingegen zählen bekanntlich zu den *Wertetypen*.

Das gegenseitige Zuweisen von Array-Variablen führt also nicht zu einem Kopieren der Werte, sondern lediglich zum "Verbiegen" eines Zeigers, d.h. zum Zuweisen einer neuen Speicheradresse.

**Beispiel 4.18** **Ein mit den Werten 1, 2 und 3 initialisiertes Array *a* wird einem Array *b* zugewiesen, anschließend wird im *b*-Array ein Feld geändert.**

```csharp
int[] a = {1, 2, 3};
int[] b = new int[a.Length];
b = a;                                  // kein Kopieren, sondern nur Referenzieren!
b[0] = 5;
MessageBox.Show(b[0].ToString());       // zeigt erwartungsgemäß "5" an
MessageBox.Show(a[0].ToString());       // zeigt nicht "1", sondern ebenfalls "5" an!
```

Im Beispiel wurde der Zeiger, der vorher das Array *b* referenzierte, "verbogen" und zeigt nun ebenfalls auf *a*. Was aber passiert mit dem Speicherbereich des "in der Luft hängenden" *b*-Arrays? Er steht nicht mehr zur Verfügung und wird bei nächster Gelegenheit vom Garbage Collector entsorgt (Abbildung).

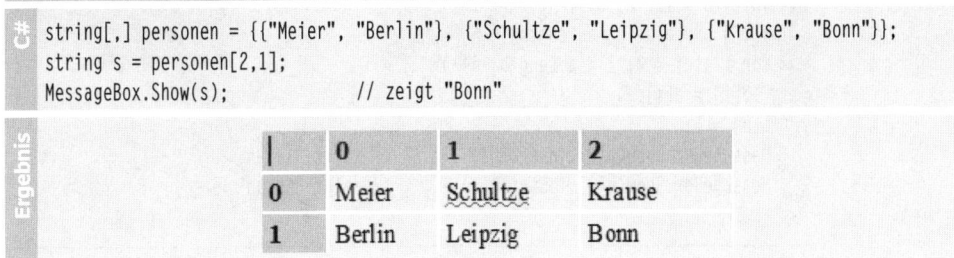

Um ein Array wirklich in ein anderes zu kopieren, können Sie zunächst einen umständlichen Weg beschreiten und die Werte einzeln zuweisen.

**Beispiel 4.19** | **Das Vorgängerbeispiel wird so geändert, dass ein echtes Kopieren stattfindet.**

```csharp
int[] a = {1, 2, 3};
int[] b = new int[a.Length];
for (int i = 0; i < a.Length; i++)
  b[i] = a[i];
b[0] = 5;
MessageBox.Show(a[0].ToString());      // zeigt "1" an
MessageBox.Show(b[0].ToString());      // zeigt "5" an
```

**HINWEIS:**  Eine elegantere Lösung mittels *Clone*-Methode finden Sie im Abschnitt 4.1.10.

## 4.1.8   Arrays aus Strukturvariablen

Ist für den Einsteiger der Umgang mit Strukturvariablen schon gewöhnungsbedürftig, so ist deren Einbau in Arrays für manchen eine schier unüberwindliche Barriere. Dabei ist das gar nicht so sehr schwierig zu verstehen, wenn man ein plausibles Beispiel parat hat.

**Beispiel 4.20** | **Spieler einer Fußballmannschaft**

```csharp
struct Spieler
{
  public string name;
  public int tore;
  public decimal gehalt;
  public bool auswahlSpieler;
}
```

Deklaration und Zugriff:

```csharp
Spieler[] alleSpieler = new Spieler[10];     // eine Mannschaft = 11 Spieler
alleSpieler[0].name = "Kahn";
alleSpieler[3].name = "Klose";
```

**Beispiel 4.21** | **Eine komplette Fußballmannschaft**

```csharp
struct Mannschaft
{
  public string verein;
  public Spieler[] alleSpieler;            // Verweis auf Substruktur!
  public string trainer;
}
```

Deklaration und Zugriff:

```csharp
Mannschaft mannschaft1;                   // Mannschafts-Variable
mannschaft1.alleSpieler = new Spieler[10];
mannschaft1.verein = "Bayern München";
mannschaft1.alleSpieler[0].name = "Kahn";
```

| Beispiel 4.21 | **Eine komplette Fußballmannschaft** |
|---|---|

```
mannschaft1.alleSpieler[3].tore = 12;
mannschaft1.trainer.name = "Hitzfeld";
```

| Beispiel 4.22 | **Alle Spieler mit mehr als zehn Toren werden zu Auswahlspielern.** |
|---|---|

```C#
for (int i = 0; i < mannschaft1.alleSpieler.Length; i++)
  if (mannschaft1.alleSpieler[i].tore > 10)
    mannschaft1.alleSpieler[i].auswahlSpieler = true;
```

Arrays aus Strukturvariablen sind die universellere Alternative zu *verzweigten Arrays*, bei denen die Array-Elemente selbst wieder Arrays sind und auf die wir hier aus Platzgründen nicht näher eingehen wollen.

## 4.1.9 Löschen und Umdimensionieren von Arrays

### Felder löschen

Um die Felder eines Arrays zu löschen (sie werden nicht entfernt!), verwenden Sie die *Clear*-Methode der *Array*-Klasse. Es handelt sich hierbei um eine statische Methode der *Array*-Klasse (siehe Abschnitt 4.1.10).

**SYNTAX:**   `Array.Clear(arr, index, anz);`

*arr* = die Array-Variable; *index* = Startindex; *anz* = Anzahl der zu löschenden Felder

Die Felder werden auf ihre Standardwerte zurückgesetzt (*0* bei Wertetypen, *null* bei Verweistypen, *false* bei booleschen Werten).

| Beispiel 4.23 | **Das vierte Element eines Arrays (Index = 3) wird gelöscht.** |
|---|---|

```C#
int[] a = {5, 6, 7, 8, 9};      // Kurzform zum Erzeugen und Initialisieren eines Arrays
MessageBox.Show(a[3].ToString());      // viertes Element hat Wert 8
Array.Clear(a,3,1);                    // viertes Element wird gelöscht
MessageBox.Show(a[3].ToString());      // viertes Element hat Wert 0
```

### Array löschen

Wollen Sie das komplette Array entfernen, müssen Sie der Array-Variablen den Wer *null* zuweisen (dereferenzieren). Diese zeigt dann gewissermaßen ins Leere und nicht mehr auf den entsprechenden Heap-Speicherbereich, in welchem das Array abgelegt ist. Das herrenlose Array wird allerdings nicht sofort, sondern erst bei nächstbester Gelegenheit vom .NET-Garbage Collector entsorgt.

| Beispiel 4.24 | **Array löschen** |
|---|---|

Eine Array-Variable wird deklariert, initialisiert und anschließend dereferenziert. Der folgende Zugriff auf ein beliebiges Element führt danach zu einem Fehler.

Beispiel 4.24 | **Array löschen**

```
int[] a = new int[4] {5, 6, 7, 8};   // Deklarieren und Initialisieren
a = null;                // Dereferenzieren
a[0]= 2;                 // Fehler
```

Anstatt die Array-Variable *null* zu setzen, kann sie auch mit einem neuen Array quasi "überschrieben" werden.

Beispiel 4.25 | **Die Array-Variable *a* zeigt zunächst auf ein Array mit vier und danach auf ein neues Array mit zwei Feldern.**

```
int[] a= new int[4] {5, 6, 7, 8};        // initialisiertes Array mit vier Feldern
a = new int[2] {13, 14};                 // neues initialisiertes Array mit zwei Feldern
```

### Array-Dimensionen ändern

Im Vorgängerbeispiel haben Sie bereits eine Möglichkeit kennen gelernt, um die Abmessungen eines Arrays zur Laufzeit zu ändern. Allerdings geht dabei der alte Array-Inhalt verloren.

Wenn die Größe des Arrays nicht konstant bleibt, sondern sich während der Laufzeit ändert, oder wenn Sie Array-Elemente hinzufügen oder löschen wollen, kommen Sie nicht um einigen Programmieraufwand herum[1], wobei Sie meistens zwischen einem Quell- und einem Ziel-Array hin- und herkopieren müssen.

Allerdings ist dieser Aufwand nur für die von uns bislang betrachteten Arrays der *System.Array*-Klasse erforderlich. Wesentlich komfortablere Möglichkeiten zum Hinzufügen und Löschen bietet die Klasse *ArrayList* oder die generische *List* (siehe Kapitel 5).

## 4.1.10   Eigenschaften und Methoden von Arrays

Bereits mitten drin im OOP-Geschehen kommen Sie jetzt nicht umhin, sich auch mit den *Eigenschaften* und *Methoden* von Arrays anzufreunden. Lassen Sie sich nicht verwirren, wenn im Folgenden von zwei verschiedenen Arten von Eigenschaften/Methoden die Rede ist:

■ *Instanzeigenschaften und -methoden*
   Diese wenden Sie auf eine Array-**Instanz**, also auf eine Array-Variable an.

■ *Klasseneigenschaften und -methoden* (auch als *statische* Eigenschaften/Methoden bekannt)
   Diese wenden Sie direkt auf die ***Array*-Klasse** an.

Wenn Sie sich die Beispiele dieses Abschnitts näher anschauen, dürfte Ihnen der Unterschied bald klar werden. Die folgenden Tabellen sollen lediglich einen Überblick vermitteln[2].

---

[1] In Visual Basic gibt es dafür die *ReDim*-Anweisung für die so genannten *dynamischen* Arrays.

[2] Die exakte Syntax entnehmen Sie bitte der Dokumentation.

### Wichtige Instanzeneigenschaften und -methoden

| Member | Beschreibung |
|---|---|
| Length | ... liefert Gesamtanzahl der Array-Elemente |
| Rank | ... liefert die Anzahl der Array-Dimensionen |
| Clone(...) | ... kopiert alle Elemente aus Quell- in Ziel-Array |
| CopyTo(...) | ... kopiert Elemente ab *Index* von Quell- in Ziel-Array |
| GetLength | ... liefert die Anzahl Elemente einer bestimmten Dimension |
| Initialize(...) | ... initialisiert alle Array-Elemente auf Standardwerte |

### Wichtige Klassenmethoden

| Methode | Beschreibung |
|---|---|
| BinarySearch(...) | ... dient zur (schnellen) binären Suche in einem sortierten (!) Array |
| Clear(...) | ... löscht die Werte der Elemente ab *index* für *length*-Elemente (die Elemente bleiben erhalten!) |

| Methode | Beschreibung |
|---|---|
| IndexOf(...) | ... dient zur (langsamen) sequenziellen Suche in einem Array |
| Sort(...) | ... dient zur vollständigen bzw. teilweisen Sortierung eines Arrays |

### Beispiel für Instanzenmethode: Kopieren von Arrays

Ein Möglichkeit zum 1:1-Kopieren von Arrays bietet die *Clone*-Methode. Die Abmessungen des Ziel-Arrays müssen dabei **nicht** unbedingt mit denen des Quell-Arrays übereinstimmen.

**Beispiel 4.26**

**Der Inhalt des Arrays *a* wird in das Array *b* kopiert.**

```
int[] a = {1, 2, 3};        // Quell-Array
int[] b;                    // Ziel-Array
b = (int[]) a.Clone();      // Typecasting erforderlich!
b[0] = 5;
MessageBox.Show(a[0].ToString());      // zeigt "1" an
MessageBox.Show(b[0].ToString());      // zeigt "5" an
```

Da die *Clone*-Methode einen Wert vom *object*-Datentyp zurückgibt, musste eine explizite Typumwandlung in ein *int[]*-Array vorgenommen werden.

### Beispiel für Klassenmethode: Suchen in Arrays

**Beispiel 4.27** | **Ein eindimensionales *int*-Array mit zehn Elementen wird nach der Zahl 11 durchsucht. Vorher muss es sortiert werden, um *BinarySearch* anwenden zu können.**

```
int[] a = {13, 11, 5, 3, 12, 1, 3, 6, 4, 2};
Array.Sort(a);                      // neue Reihenfolge {1, 2, 3, 3, 4, 5, 6, 11, 12, 13}
int i;
for (i = 0; i < a.Length; i++)
    MessageBox.Show(a[i].ToString());    // zeigt sortierte Reihenfolge an
i = Array.BinarySearch(a, 11);       // Suche nach der Zahl 11
if (i > 0)
    MessageBox.Show("11 an Position " + i.ToString() + " gefunden!");
else
    MessageBox.Show("Nichts gefunden!");
```

## 4.1.11  Übergabe von Arrays

Von den vielen Möglichkeiten zur Parameter- und Ergebnisübergabe, die es neben den einfachen Datentypen gibt (eigentlich können Sie beliebige Objekte, wie z.B. auch *Collections,* übergeben), wollen wir uns den Umgang mit Arrays näher anschauen.

### Arrays als Parameter

An Methoden können auch Arrays übergeben werden. Dazu deklarieren Sie diese mit leeren Klammern.

**Beispiel 4.28** | **Eine Methode berechnet den Mittelwert eines übergebenen *double*-Arrays.**

```
double Mittelwert(double[] zahlen)
{
    double sum = 0;
    int z = zahlen.Length;
    for (int i = 0; i < z; i++)
            sum += zahlen[i];
    return(sum / z);
}
```

Die Verwendung:

```
double[] zahlen = {1.5, 2, 3.8, 0.7};    // Array mit vier Werten
double mw = Mittelwert(zahlen);          // Aufruf der Methode
MessageBox.Show(mw.ToString());          // zeigt den Durchschnitt "2"
```

### Rückgabe von Arrays

Methoden sind natürlich auch zur Rückgabe von Arrays in der Lage.

**Beispiel 4.29**  **Die Methode liefert ein zweidimensionales *string*-Array.**

```csharp
string[,] Kundenliste()
{
    string[,] Kunden = {{"Meier", "Berlin"}, {"Schultze", "Leipzig"},
                {"Krause", "Bonn"}, {"Schneider", "München"}};
    return(Kunden);
}
```

Bei der Verwendung der Methode achten Sie darauf, dass der untere Feldindex immer mit 0 beginnt:

```csharp
string[,] liste = Kundenliste();
MessageBox.Show("Name: " + liste[2, 0] + ", Wohnort: " + liste[2, 1]);
```

**Ergebnis**

> Name: Krause, Wohnort: Bonn
>
> OK

---

**HINWEIS:** Ein weiteres Beispiel zur Array-Übergabe finden Sie im PB 4.5.2.

---

# 4.2  Verarbeiten von Zeichenketten

Die Arbeit mit Zeichenketten (Strings) ist ein wesentlicher Bestandteil der .NET-Programmierung. Bereits im Kapitel 2 hatten Sie Möglichkeiten kennen gelernt, mit denen Konvertierungen von und in den *string*-Datentyp vorgenommen werden können. Es ist jetzt an der Zeit, dass Sie sich mit weiteren wichtigen Verfahren zur Manipulation von Zeichenketten vertraut machen.

## 4.2.1  Zuweisen von Strings

Ebenso wie Arrays sind auch Strings *Referenztypen*, d.h., eine String-Variable speichert nicht den Wert, sondern nur einen Verweis (Referenz, Adresse) auf die Speicherstelle. Allerdings gilt es, einen wesentlichen Unterschied festzuhalten:

---

**HINWEIS:** Mit jeder Änderung an einer *String*-Variablen wird ein neuer String erzeugt!

---

Durch diese Besonderheit wird ein Verhalten wie bei Wertetypen erreicht, obwohl es sich um Referenztypen handelt. Wer es nicht glaubt, möge bitte folgendes Beispiel ausprobieren:

**Beispiel 4.30**  **Ein String *s2* erhält einen Verweis auf einen String *s1*. Anschließend wird *s1* geändert.**

```csharp
string s1 = "Berlin";
string s2 = s1;            // s2 referenziert s1
```

**Beispiel 4.30**  **Ein String *s2* erhält einen Verweis auf einen String *s1*. Anschließend wird *s1* geändert.**

```
s1 = "München";         // legt neues String-Objekt an (ohne Auswirkung auf s2)!
MessageBox.Show(s1);    // zeigt "München"
MessageBox.Show(s2);    // zeigt "Berlin"
```

Die folgende Abbildung soll Ihnen das Beispiel noch einmal grafisch verdeutlichen.

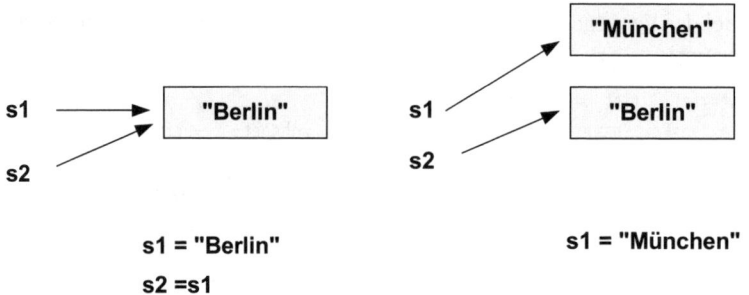

## 4.2.2   Instanzeneigenschaften und -methoden eines Strings

Unter .NET ist "alles ein Objekt", und so ist auch jede Zeichenkettenvariable nicht nur schlechthin vom *string*-Datentyp, sondern genauergenommen eine Instanz (ein Objekt) der Klasse *string*. Die folgende Tabelle soll einen groben Überblick über die Eigenschaften und Methoden dieser Objekte vermitteln.

| Eigenschaft/Methode | Typ | Beschreibung |
|---|---|---|
| Length | *int* | ... liefert die Anzahl der Zeichen |
| EndsWith(string *val* ) | *bool* | ... testet, ob String mit einem bestimmten String endet |
| IndexOf(string\|char *val* [,int *startIndex*[, int *count*]) | *int* | ... sucht Position eines übergebenen Zeichens/Strings, liefert -1 wenn erfolglos |
| Insert(int *startIndex*, string *val*) | *string* | ... fügt String ab *startIndex* ein |
| PadLeft(int *totalWidth* [,char *paddingChar*) | *string* | ... füllt String links mit Zeichen auf, bis Gesamtbreite *totalWidth* erreicht ist |
| PadRight(int *totalWidth* [,char *paddingChar*]) | *string* | ... wie *PadLeft*, nur rechts |
| Remove(int *start*, int *count*) | *string* | ... löscht eine Anzahl von Zeichen ab einer bestimmten Position |
| Replace(char\|string *old*, char\|string) | *string* | ... ersetzt alle Zeichen bzw. Teilstrings |
| Split(char *separator*, int *count*) | *string[]* | ... zerlegt String in Teilstrings auf Basis eines Trennzeichens in ein String-Array |
| StartsWidth(string *val*) | *bool* | ... testet, ob String mit einem bestimmten String beginnt |

| Eigenschaft/Methode | Typ | Beschreibung |
|---|---|---|
| SubString(int *start*, [int *len*]) | *string* | ... liefert einen Teilstring ab einer bestimmten Position (in einer bestimmten Länge) |
| ToCharArray([int *start*,] int *len*]) | *char[]* | ... liefert String (oder Teilstring) als Char-Array |
| ToLower([CultureInfo *cult*]) | *string* | ... konvertiert alle Zeichen in Kleinbuchstaben |
| ToUpper([CultureInfo *cult*]) | *string* | ... konvertiert alle Zeichen in Großbuchstaben |
| Trim([char[] *trimChars*) | *string* | ... löscht alle vor- oder nachlaufenden Leerzeichen (oder andere) |

**Beispiel 4.31** **Die Anzahl Zeichen einer *TextBox* wird in einem Meldungsfenster angezeigt.**

```csharp
MessageBox.Show(textBox1.Text.Length.ToString(), "Stringlänge");
```

**Beispiel 4.32** **Die Länge eines Strings wird in einem *Label* angezeigt.**

```csharp
string s = "Wie lang ist dieser Text?";
int len = s.Length;
label1.Text = len.ToString();               // 25
```

**Beispiel 4.33** **Alles herauskopieren ab Position 10 (das erste Zeichen hat die Position 0!)**

```csharp
string s = "Macht C# wirklich Spaß?";
label1.Text = s.Substring(10);              // "irklich Spaß?"
```

**Beispiel 4.34** **Sechs Zeichen ab Position 10 herauskopieren**

```csharp
string s = "Macht C# wirklich Spaß?";
label1.Text = s.Substring(10, 6);           // "irklic"
```

**Beispiel 4.35** **Suchen nach einer bestimmten Zeichenfolge**

```csharp
string s = "Das Wetter ist heute warm und sonnig!";
label1.Text = s.IndexOf("warm").ToString(); // 21
```

**Beispiel 4.36** **Ersetzen einer bestimmten Zeichenfolge**

```csharp
string s = "Ist .NET nicht eine Herausforderung?";
label1.Text = s.Replace("Herausforderung", "Zumutung");  // "Ist .NET nicht eine Zumutung?"
```

**Beispiel 4.37** **Mehrfaches Ersetzen**

```csharp
string s = "Ist .NET nicht eine Herausforderung?";
label1.Text = s.Replace("e", "E");                     // "Ist .NET nicht EinE
HErausfordErung?"
```

**Beispiel 4.38**    | **In Großbuchstaben verwandeln**

```
string s = "Ist .NET nicht umwerfend schön?";
label1.Text = s.ToUpper();          // "IST .NET NICHT UMWERFEND SCHÖN?"
```

## Strings in Char-Arrays verwandeln

**Beispiel 4.39**    | **Kopieren eines Strings in ein *Char*-Array**

```
string s = "Hallo";
char[] c = s.ToCharArray();
for (int i = 0; i <= c.GetUpperBound(0); i++)
    MessageBox.Show(c[i].ToString());          // zeigt nacheinander "H", "a", "l", "l", "o"
```

**Beispiel 4.40**    | **Die Umkehrung des Vorgängerbeispiels, das Rückverwandeln eines *Char*-Arrays in einen *String***

```
char[] c = {'H', 'a', 'l', 'l', 'o'};
string s = "";
for (int i=0; i < c.Length; i++)
    s = s + c[i];
MessageBox.Show(s);                  // zeigt "Hallo"
```

## 4.2.3  Wichtige Methoden der String-Klasse

Die Klasse *String* verfügt über einige statische Methoden zur Bearbeitung von Zeichenketten, diese können also ohne vorhandene Instanz eines Datentyps aufgerufen werden. Einen kleinen Überblick vermittelt die folgende Tabelle.

| Methode | Typ | Beschreibung |
|---|---|---|
| Clone() | *object* | ... liefert Verweis auf Instanz |
| Compare(string *str1*, string *str2* [,bool *ignoreCase*]) | *int* | ... vergleicht zwei Strings mit (oder ohne) Berücksichtigung der Groß-/Kleinschreibung |
| Copy(string *str*) | *string* | ... erzeugt neue String-Instanz |
| Empty() | *string* | ... liefert einen Leerstring ("") |
| Format(string *format*, object *arg0* [,object *arg1*] [,object *arg2*]) | *string* | ... formatiert einen String aufgrund von Formatierungsargumenten |
| Join(string *separator*, string[] *val* [, int *start* ,int *count*]) | *string* | ... erzeugt aus String-Array einen einzelnen String, wobei die Teile durch Separator getrennt werden |

**Beispiel 4.41**    | **Vergleich des Inhalts zweier TextBoxen unter Berücksichtigung der Groß-/Kleinschreibung**

```
int i = String.Compare(textBox1.Text, textBox2.Text, false);
switch (i)
{
    case -1: label1.Text = "String 1 ist kleiner als String 2 !"; break;
```

**Beispiel 4.41**   **Vergleich des Inhalts zweier TextBoxen unter Berücksichtigung der Groß-/Kleinschreibung**

```
        case 0 : label1.Text = "String 1 ist gleich String 2 !"; break;
        case 1 : label1.Text = "String 1 ist größer als String 2 !"; break;
}
```

## Strings zerlegen und wieder zusammenstückeln

Ein gutes Beispiel für das Zusammenwirken von Instanzen- und Klassenmethoden ist das Zerlegen und Zusammenfügen von Zeichenketten. Zum Einsatz kommen die *Split*-Methode (eine Instanzenmethode) und die *Join*-Methode (eine statische Methode der *String*-Klasse).

**Beispiel 4.42**   **Ein *String* wird in Teilstrings zerlegt**

```csharp
string[] a;
string s = "Heute ist ein wunderschöner Tag!";
a = s.Split(' ');                // Trennzeichen ist das Leerzeichen!
for (int i = 0; i <= a.GetUpperBound(0); i++)
  MessageBox.Show(a[i]);         // zeigt Array-Elemente nacheinander an
```

*Ergebnis*

Heute | ist | ein | wunderschöner | Tag!

**Beispiel 4.43**   **Der *String* wird wieder zusammengefügt, neues Trennzeichen ist "-"**

```csharp
s = String.Join("-", a);
MessageBox.Show(s);
```

*Ergebnis*

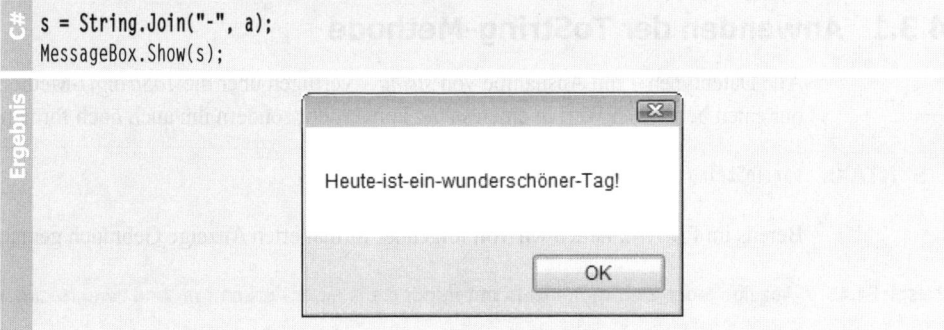

Heute-ist-ein-wunderschöner-Tag!

OK

> **HINWEIS:** Beachten Sie, dass das Trennzeichen der *Split*-Methode vom *char*-Datentyp und das der *Join*-Methode vom *string*-Datentyp ist.

**Beispiel 4.44**

> **Der Inhalt einer mehrzeiligen *TextBox* (*MultiLine*-Eigenschaft ist *true*) wird zeilenweise in einem Array abgelegt und anschließend wieder zurück in die *TextBox* kopiert**

```csharp
string[] a;
char c = (char) 13;                       // Trennzeichen hat Zeichencode 13 (CR)
a = textBox1.Text.Split(c);               // zeilenweise ab ins Array!
// ......
string s = c.ToString();                  // Trennzeichen in string-Datentyp konvertieren
textBox2.Text = String.Join(s,a);         // rein in die zweite Textbox!
```

> **HINWEIS:** Was es mit der *Format*-Methode auf sich hat, erfahren Sie im Abschnitt 4.3.2.

# 4.3 Formatieren von Zahlen

Um Daten in Ihrem Programm anzuzeigen, müssen diese meist vorher in den *string*-Datentyp verwandelt werden. In den meisten Fällen brauchen Sie für die Datenanzeige die hohe Genauigkeit nicht, mit denen C# die Zahlenwerte berechnet hat, oder aber Sie wünschen einfach einige "kosmetische" Korrekturen. Die beiden wichtigsten Möglichkeiten, um sich diese Wünsche zu erfüllen, sind:

■ Anwenden der *ToString*-Methode der Variablen,

■ Anwenden der *Format*-Methode der *String*-Klasse.

Beide Verfahren lassen sich nicht nur zum Formatieren von Zahlen, sondern auch für Datums-/ Zeitangaben verwenden.

> **HINWEIS:** Bei Formatierungen werden die Originalwerte grundsätzlich nicht beeinflusst!

## 4.3.1 Anwenden der ToString-Methode

Alle Datentypen – mit Ausnahme von *string* – verfügen über die *ToString()*-Methode, welche nicht nur einen beliebigen Wert in einen *string* konvertiert, sondern ihn auch noch formatieren kann.

**SYNTAX:**    *var*.ToString(*formatString*)

Bereits im PB 1.7.2 hatten wir von folgender formatierten Anzeige Gebrauch gemacht:

**Beispiel 4.45**     **Anzeige einer Gleitkommazahl mit mindestens einer Vorkomma- und zwei Nachkommastellen**

```csharp
private float euro;
//...
textBox1.Text = euro.ToString("#,##0.00");
```

Für viele übliche Formatierungen können Sie aber auch die bereits vorhandenen standardisierten Formatstrings einsetzen.

**Beispiel 4.46** | **Den Formatierungsstring des Vorgängerbeispiels ersetzen wir durch die Standardformatierung "C", die sich auf das in der Systemsteuerung eingestellte Währungsformat bezieht**

```csharp
textBox1.Text = euro.ToString("C");
```

## Zahlenformatierungen

Die folgende Tabelle zeigt wichtige Zahlenformatierungen:

| Formatstring | Beschreibung | Beispielwert | Ergebnis |
|---|---|---|---|
| C | Währung mit Standard-Dezimalstellen | 12345.67 | 12.345,67 € |
| E | Wissenschaftliches Format | 12345.67 | 1,234567E+004 |
| F2 | Zahl mit zwei festen Dezimalstellen | 12345.67 | 12345,67 |
| F4 | Zahl mit vier festen Dezimalstellen | 12345.67 | 12345,6700 |
| G | Allgemeines Format | 12345.6789 | 12345,6789 |
| X | Hexadezimales Format | 255 | FF |
| 0.00 | Nutzerdefiniertes Format | 12345.6789 | 12345,68 |
| #,#0.00 | dto. | 0.6789 | 0,68 |
| #,#.00 | dto. | 0.6789 | ,68 |

## Datumsformatierungen

Zur Formatierung von Datum und Zeit stehen mit der *ToString*-Methode vielfältige Möglichkeiten zur Verfügung. Auch hier haben Sie die Auswahl zwischen verschiedenen Standardformaten oder benutzerdefinierten Formatierungen.

**Beispiel 4.47** | **Das aktuelle Datum wird in einem Meldungsfenster angezeigt.**

```csharp
DateTime d = DateTime.Now.Date;
MessageBox.Show(d.Date.ToString("D"));
```

Die folgende Tabelle gibt eine Übersicht über die wichtigsten Formatierungen.

| Formatstring | Beschreibung | Beispiel |
|---|---|---|
| d | kurzes Datumsformat | 18.06.2010 |
| D | langes Datumsformat | Dienstag, 18.Juni 2010 |
| f | langes Datum mit kurzer Zeit | Dienstag, 18.Juni 2010 08:39 |
| F | langes Datum mit langer Zeit | Dienstag, 18.Juni 2010 08:39:05 |
| g | kurzes Datum mit kurzer Zeit | 18.06.2010 08:39 |

| Formatstring | Beschreibung | Beispiel |
|---|---|---|
| G | kurzes Datum mit langer Zeit | 18.06.2010 08:39:05 |
| m oder M | Monat-/Tag-Format | 18 Juni |
| t | kurzes Zeitformat | 08:39 |
| T | langes Zeitformat | 08:39:05 |
| u | Universelles (ISO-)Format | 2010-06-18 08:39:05Z |
| y oder Y | Jahr Monat | Juni 2010 |
| dd.MM.yy | nutzerdefiniert | 18.06.10 |
| dddd,dd.MMMM yyyy | dto. | Dienstag, 18.Juni 2010 |
| yyyy-MM-dd | dto. | 2010-06-18 |
| MM\dd\yy | dto. | 06/18/10 |
| hh:mm:ss | dto. | 08:39:05 |
| h:mm | dto. | 8:39 |

**HINWEIS:** Informationen zu Datums-/Zeitfunktionen finden Sie unter 4.4.2.

## 4.3.2   Anwenden der Format-Methode

Hier handelt es sich um eine statische Methode der *String*-Klasse (siehe 4.2.3), mit welcher man ziemlich komplexe Formatierungen erzielen kann.

**Beispiel 4.48**      **Zwei Datumsformatierungen sind in einem Text eingeschlossen.**

```csharp
DateTime d = DateTime.Now.Date;
string s = "Wir treffen uns heute am {0:d} etwa gegen {1:h:mm}!";
MessageBox.Show(String.Format(s, d, "10:45"));
```

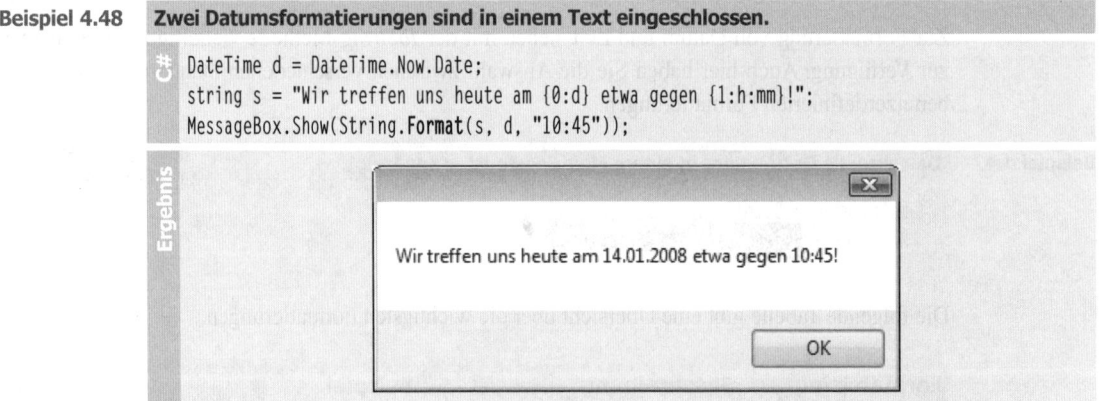

Wir treffen uns heute am 14.01.2008 etwa gegen 10:45!

OK

Zu obigem Beispiel gibt es sicherlich allerhand Klärungsbedarf:

Der String *s* enthält in den geschweiften Klammern zwei Formatspezifikationen, deren allgemeine Syntax wie folgt ist:

**SYNTAX:**    {Index[, Minimalbreite][:Formatstring]}

- Der **Index** bestimmt das zu formatierende Argument. In unserem Beispiel gibt es zwei Argumente, nämlich d und #10:45 AM#, das erste hat (wie immer) den Index 0, das zweite den Index 1.

- Mit **Minimalbreite** können Sie optional angeben, wie breit der formatierte Teilstring mindestens sein soll. Für positive Werte wird der String nach links, für negative Werte nach rechts mit Leerzeichen aufgefüllt.

- Der optionale **Formatstring** wird nach denselben Regeln erstellt, wie wir sie bereits im vorhergehenden Abschnitt 4.3.1 kennen gelernt haben.

Es folgt ein weiteres Beispiel aus dem mathematischen Bereich, bei welchem drei Argumente berechnet und formatiert werden.

**Beispiel 4.49**   **Die Kenngrößen eines Kreises werden ermittelt.**

```csharp
int r = 10;
const double Pi = Math.PI;          // statische Eigenschaft der Math-Klasse
const char CR = (char) 13;          // Zeichen für Zeilenumbruch
string s = "Ein Kreis hat einen Radius von {0} m." + CR
         + "Der Umfang beträgt {1:0.00} m." + CR
         + "Die Fläche ist {2:0.00} m2.";
MessageBox.Show(String.Format(s, r, 2 * Pi * r, Pi * r * r));
```

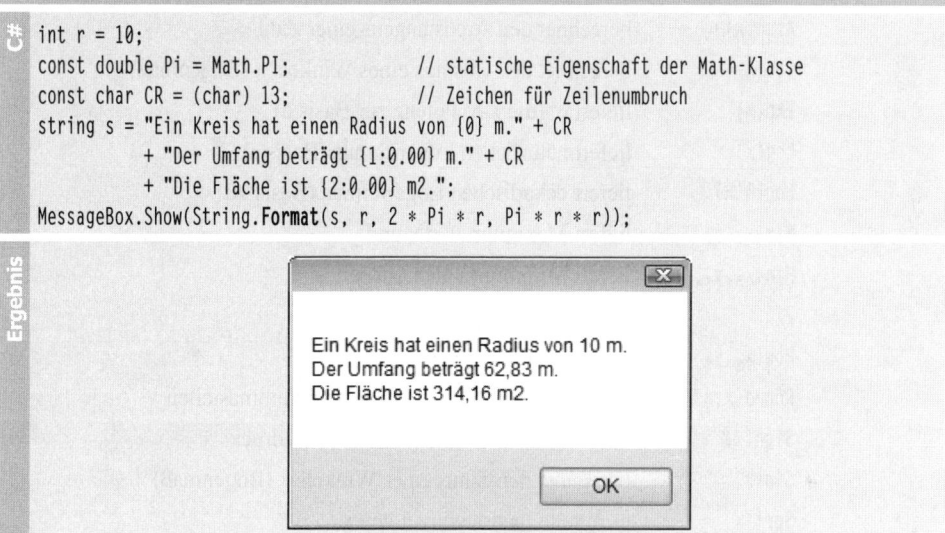

```
Ein Kreis hat einen Radius von 10 m.
Der Umfang beträgt 62,83 m.
Die Fläche ist 314,16 m2.

                        OK
```

Zum Schluss noch ein ganz einfaches Beispiel, welches auch die letzten Unklarheiten beseitigen dürfte.

**Beispiel 4.50**   **Der Wochentag des aktuellen Datums wird angezeigt**

```csharp
label1.Text = String.Format("{0:dddd}", DateTime.Now);     // liefert z.B. "Dienstag"
```

Wer meint, dass obiges Beispiel mit der *DayOfWeek*-Methode doch viel einfacher zu lösen wäre (siehe Abschnitt 4.4.2), der vergisst, dass diese Methode nur den englischen Bezeichner liefert.

**Beispiel 4.51**   **Der englische Wochentag des aktuellen Datums wird angezeigt**

```csharp
DateTime dat = DateTime.Now;
label1.Text = dat.DayOfWeek.ToString();     // liefert z.B. "Tuesday"
```

# 4.4  Berechnungen mit vordefinierten Funktionen

Es folgt ein kurzer Überblick über die in der *Math-* und der *DateTime*-Klasse bereitgestellten Eigenschaften und Methoden zur Ausführung von in der Praxis häufig vorkommenden Berechnungen.

## 4.4.1  Mathematik

Die *Math*-Klasse stellt eine Vielzahl von (statischen) Methoden zur Verfügung, mit denen Sie die üblichen mathematischen Funktionen aufrufen können:

| Methode | Erläuterung |
|---------|-------------|
| Abs(x) | liefert den Absolutwert einer Zahl x (Wert ohne Vorzeichen) |
| Atan(x) | berechnet den Arcustangens einer Zahl x |
| Cos(x) | berechnet den Cosinus eines Winkels x (Bogenmaß) |
| Exp(x) | liefert $e^x$ (die x-te Potenz zur Basis e) |
| Log(x) | liefert natürlichen Logarithmus (Basis e) |
| Log10(x) | liefert dekadischen Logarithmus (Basis 10) |
| Max(x, y) | liefert Maximum von x und y |
| Min(x, y) | liefert Minimum von x und y |
| Pi | die Zahl Pi = 3,1415.... |
| Pow(x, y) | berechnet die Potenz $x^y$ |
| Round(x,n) | rundet den Ausdruck x auf n Nachkommastellen |
| Sign(x) | berechnet das Vorzeichen eines Ausdrucks x |
| Sin(x) | berechnet den Sinus eines Winkels x (Bogenmaß) |
| Sqrt(x) | ermittelt Quadratwurzel von x |
| Tan(x) | berechnet Tangens eines Winkels x (Bogenmaß) |

**HINWEIS:** Die zu übergebenden Argumente und der Rückgabewert der Methoden der *Math*-Klasse haben im Allgemeinen den *double*-Datentyp. Es sind deshalb die entsprechenden Typkonvertierungen zu bemühen (siehe Abschnitt 2.4).

### Zahlen runden

Beispiel 4.52  **Rundung einer *float*-Zahl auf zwei Nachkommastellen.**

```
float f = (float) (Math.Round(12.477, 2));
MessageBox.Show(f.ToString());              // zeigt "12,48"
```

### Winkel umrechnen

Der Winkel wird grundsätzlich im Bogenmaß (*Radian*) angegeben. Die Umrechnungsformel lautet:

Rad = Grad * Pi /180

**Beispiel 4.53**  | **Der Sinus von 30 Grad**

```csharp
double d = Math.Sin(30 * Math.PI / 180);    // liefert 0,5
```

### Potenz- und Wurzeloperationen

Für diese Operationen steht die *Pow*-Methode der *Math*-Klasse zu Diensten.

**Beispiel 4.54**  | **Die dritte Wurzel aus 10**

```csharp
double d = 10;
d = Math.Pow(10, 1 / 3.0);
MessageBox.Show(d.ToString("0.0000"));    // zeigt 2,1544
```

### Logarithmus und Exponentialfunktionen

*Log(x)* und *Exp(x)* sind zueinander Umkehrfunktionen. Sie beziehen ihre Basis auf die Zahl *e* (2,718282...). Es gilt daher der Zusammenhang:

Exp(Log(x)) = Log(Exp(x)) = x

**Beispiel 4.55**  | **Der "Beweis" für obige Formel[1]**

```csharp
const double x = 25;
double y;
y = Math.Exp(Math.Log(x));
MessageBox.Show(y.ToString());    // zeigt "25"
y = Math.Log(Math.Exp(x));
MessageBox.Show(y.ToString());    // zeigt ebenfalls "25"
```

**Beispiel 4.56**  | **Nachbildung des dekadischen Logarithmus (zur Basis 10) durch eine selbst definierte Methode**

```csharp
private double Log10(double x)            // Methodendeklaration
{
    return(Math.Log(x) / Math.Log(10));
}
double d = Log10(100);        // Aufruf der Methode
MessageBox.Show(d.ToString());    // zeigt "2"
```

Da nicht nur der natürliche, sondern auch der dekadische Logarithmus von der *Math*-Klasse zur Verfügung gestellt wird, ist man auf den "Eigenbau" der *Log10*-Funktion nicht mehr angewiesen.

---

[1] Den Mathematikpuristen unter den Lesern werden hier möglicherweise die Haare zu Berge stehen, aber hier geht es nur um Programmierpraxis.

| | |
|---|---|
| **Beispiel 4.57** | **Das Vorgängerbeispiel wird vereinfacht.** |

```csharp
double d = Math.Log10(100);
MessageBox.Show(d.ToString());      // zeigt "2"
```

## Zufallszahlen

Zum Erzeugen von Pseudozufallszahlen verwenden Sie die *Random*-Klasse. Im Konstruktor können Sie einen Startwert übergeben, der für jeweils unterschiedliche Folgen sorgt. Der *Next*-Methode übergeben Sie als Argumente den unteren und oberen Grenzwert, dabei gilt:

*untere Grenze <= Zufallszahl < obere Grenze*

| | |
|---|---|
| **Beispiel 4.58** | **Es werden ganze Zufallszahlen zwischen 0 und 9 erzeugt.** |

```csharp
Random rdm = new Random((int) DateTime.Now.Ticks);     // Initialisieren mit Systemzeit
int z = rdm.Next(0, 10);
MessageBox.Show(z.ToString());        // zeigt Zufallszahl aus 0,1,2 ... 9
```

**HINWEIS:** Die Methode *NextDouble* liefert eine Zufallszahl zwischen 0,0 und 1,0.

## 4.4.2 Datums- und Zeitfunktionen

Haben wir uns im Abschnitt 4.3 bereits mit den Möglichkeiten der Formatierung von *DateTime*-Variablen beschäftigt, so wollen wir uns nun den zahlreichen Eigenschaften und Methoden der *DateTime*-Struktur zuwenden, auf deren Grundlage Datums-/Zeitberechnungen möglich sind.

Wie bereits bei der *Array*- und der *String*-Klasse gezeigt, müssen wir auch hier unterscheiden, ob die Eigenschaften/Methoden auf eine *DateTime*-Variable oder direkt auf die *DateTime*-Struktur angewendet werden.

### Wichtige Instanzeneigenschaften und -methoden von DataTime

Die folgende Tabelle zeigt einen Einblick in das reichhaltige Sortiment[1]:

| Eigenschaft/Methode | Beschreibung |
|---|---|
| Second, Minute, Hour, Day, Month, Year | ... liefern die Bestandteile eines Datums als *Integer*-Zahl. |
| DayOfWeek | ... liefert den Wochentag als Teil der *DayOfWeek*-Enumeration (*Monday, Tuesday, Wednesday, Thursday, Friday, Saturday, Sunday*). |
| DayOfYear | ... liefert die auf das Jahr bezogene Nummer des Tages als *Integer*-Zahl. |

---

[1] Die exakte Syntax entnehmen Sie bitte der Dokumentation.

| Eigenschaft/Methode | Beschreibung |
|---|---|
| AddDays(double *val*) | ... liefert ein neues Datum zurück, welches sich aus der Addition des übergebenen Wertes zum Datum berechnet. |
| AddHours(double *val*) | |
| AddMinutes(double *val*) | *val* ist eine Zahl, die aus ganzen Tagen und den Bruchteilen eines Tages besteht, sie kann auch negativ sein! |
| AddMonths(double *val*) | |
| AddYears(doble *val*) | |
| ToLongDateString() | ... liefern das Datum als kurzen oder langen Datums-/Zeitstring und können als Alternative zur *ToString*-Methode eingesetzt werden. |
| ToLongTimeString() | |
| ToShortDateString() | |
| ToShortTimeString() | |

**Beispiel 4.59**  **Die Eigenschaften eines Datums, welches in eine *TextBox* eingegeben wurde**

```
21.8.2010 13:10
```

```csharp
DateTime dat = Convert.ToDateTime(textBox1.Text);
int h = dat.Hour;                // h erhält den Wert 13
int m = dat.Minute;              // m erhält den Wert 10
int y = dat.Year;                // y erhält den Wert 2010
```

**Beispiel 4.60**  **Der Wochentag für das Datum 18.6.2010 wird ermittelt**

```csharp
DateTime dat = Convert.ToDateTime("18.6.2010");
DayOfWeek day = dat.DayOfWeek;
MessageBox.Show(day.ToString());        // zeigt "Friday"
```

Leider wird in obigem Beispiel nur der englische Wochentag angezeigt. Um den deutschen Bezeichner zu erhalten, können Sie die (statische) *Format*-Methode der *String*-Klasse verwenden (siehe Abschnitt 4.3.2).

**Beispiel 4.61**  **Der wievielte Tag im Jahr ist der 18.6.2010?**

```csharp
DateTime dat = Convert.ToDateTime("18.6.2010");
int i = dat.DayOfYear;                  // i erhält den Wert 169
```

**Beispiel 4.62**  **Das Datum, was genau 2,5 Tage vor dem 18.6.2010, 18:30, liegt**

```csharp
DateTime dat = Convert.ToDateTime("18.6.2010 18:30");
dat = dat.AddDays(-2.5);
MessageBox.Show(dat.ToString());        // zeigt "16.06.2010 06:30:00"
```

**Beispiel 4.63**  **Formatierte Ausgabe der Zeit**

```csharp
DateTime dat = Convert.ToDateTime("18.6.2010 18:30");
MessageBox.Show(dat.ToShortTimeString());     // zeigt "18:30"
```

## Wichtige Klasseneigenschaften und -methoden

Die Tabelle zeigt nur die wichtigsten.

| Eigenschaft/Methode | Erläuterung |
|---|---|
| Now | ... liefert das aktuelle Datum mit Zeit |
| Today | ... liefert aktuelles Datum ohne Zeit |
| DaysInMonth(int *year*, int *month*) | ... liefert die Anzahl von Tagen eines Monats |
| IsLeapYear(int *year*) | ... stellt fest, ob das Jahr ein Schaltjahr ist |
| Parse(string *s*) | ... dient zum Umwandeln eines Strings in einen *DateTime*-Wert mit optionalen Kulturinformationen |

**Beispiel 4.64**    **Die Tage des Monats Februar 2010**

```
int i = DateTime.DaysInMonth(2010, 2);          // i erhält den Wert 28
```

**Beispiel 4.65**    **Ist das Jahr 2010 ein Schaltjahr?**

```
int year = 2010;
if (DateTime.IsLeapYear(year))
   MessageBox.Show("Das Jahr " + year.ToString() + " ist ein Schaltjahr!");
else
   MessageBox.Show("Das Jahr " + year.ToString() + " ist kein Schaltjahr!");
```

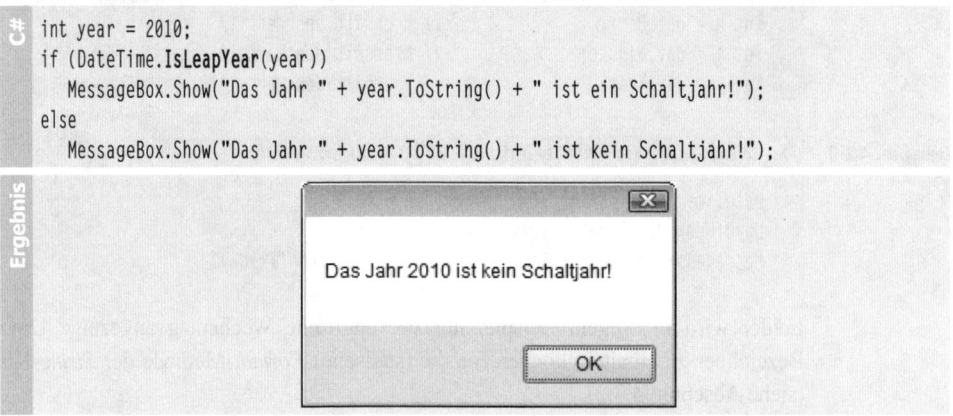

**HINWEIS:** Als Alternative zur *Convert*-Klasse lässt sich auch mit der (statischen) *Parse*-Methode ein *string* in einen *DateTime*-Wert umwandeln (siehe 2.4.6). Dies hat den Vorteil, dass zusätzlich Kulturinformationen mit übergeben werden dürfen, welche die Besonderheiten des Kalenders eines bestimmten Landes berücksichtigen (Beispiele siehe Hilfe-Dokumentation).

# 4.5  Praxisbeispiele

## 4.5.1  Zeichenketten verarbeiten

Die zahlreichen Eigenschaften und Methoden von Stringvariablen sollen an folgendem, nicht ganz ernst zu nehmenden, Beispiel demonstriert werden:

Vielleicht haben Sie sich in Ihrer Schulzeit schon mal gegenseitig "hochgeheime" Nachrichten nach folgendem Prinzip zugeschickt: Jeder Buchstabe des Originals wird um eine bestimmte Anzahl Stellen innerhalb der alphabetischen Reihenfolge verschoben. Dem Empfänger teilt man vorher den "Geheimschlüssel" mit, d.h. die Anzahl der Buchstabenverschiebungen nach rechts bzw. links. Beispielsweise wird der Text "hallo" mit einer Verschiebung von drei Stellen als "kdoor" verschlüsselt. Ausgerüstet mit einer Schablone kann man auf diese Weise relativ schnell kleinere Texte chiffrieren und dechiffrieren.

### Oberfläche

Die folgende Laufzeitansicht zeigt die benötigten Steuerelemente (von oben nach unten: *textBox1, numericUpDown1, button1, textBox2, button2, textBox3, button3*):

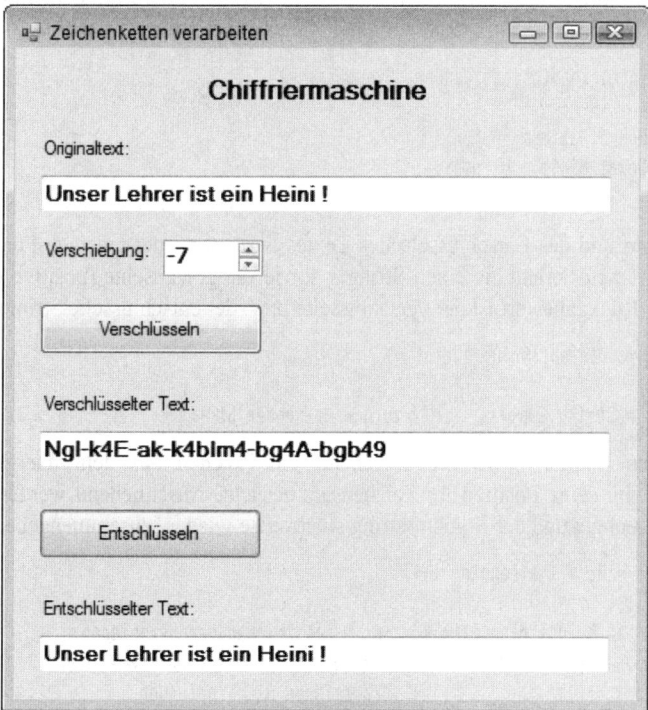

Die Anpassung der *Font*-Eigenschaft der drei *TextBox*en ist empfehlenswert (*Font.Bold = True*). Die Eigenschaften *Value* und *Increment* der *NumericUpDown*-Komponente belassen wir auf ihren Standardwerten (*0* bzw. *1*).

## Quellcode

Die fett gedruckten Elemente im Code weisen auf Eigenschaften bzw. Methoden der *String*-Klasse hin, wie wir sie beispielsweise zum Herauskopieren (*Substring*) bzw. Suchen (*IndexOf*) eines bestimmten Zeichens benötigen.

```
public partial class Form1 : Form
{ ...
```

Zu Beginn deklarieren wir den Zeichensatz als Stringkonstante, in welcher alle erlaubten Buchstaben, Zahlen, Leerzeichen etc. enthalten sein müssen. Die Reihenfolge ist von untergeordneter Bedeutung (siehe Bemerkung am Schluss). Außerdem deklarieren wir eine Variable, welche die Länge des Zeichensatzes ermittelt:

```
private const string s0 = "abcdefghijklmnopqrstuvwxyz" +
                    "äöüABCDEFGHIJKLMNOPQRSTUVWXYZÄÖÜ1234567890 .,-?!";
private int nmax = s0.Length;          // Anzahl der Zeichen
```

Beim Laden des Formulars werden der obere und untere Grenzwert der *NumericUpDown*-Komponente auf die positive bzw. negative Länge des Zeichensatzes gesetzt:

```
private void Form1_Load(object sender, EventArgs e)
{
    numericUpDown1.Maximum = nmax;
    numericUpDown1.Minimum = -nmax;
}
```

Das Verschlüsseln und das Entschlüsseln des Textes wird von einer einzigen Funktion erledigt. Als Übergabeparameter erhält sie einen String *s* sowie die gewünschte (positive oder negative) Verschiebung *n*. Rückgabewert ist der verschlüsselte bzw. der entschlüsselte String:

```
private string codieren(string s, int n)
{
    string s1 = String.Empty;     // zurückzugebender String
```

In der folgenden Schleife wird pro Durchlauf ein Zeichen aus dem übergebenen String "herauskopiert" und seine Position im Zeichensatz gesucht. Anschließend werden das verschobene Zeichen berechnet und der Ergebnisstring stückweise wieder "zusammengebaut":

```
for (int i = 0; i < s.Length; i++)
{
    char z = s.Substring(i)[0];     // i-tes Zeichen herauskopieren
    int pos = s0.IndexOf(z);        // Position im Zeichensatz suchen
    if (pos ==-1)                   // Zeichen nicht gefunden
    {
        MessageBox.Show(z + " ist ein unzulässiges Zeichen!", "Warnung");
        break;
    }
}
```

```
            int posN = pos + n;          // auf neue Position verschieben
            if (posN >= nmax) posN = posN - nmax;  // bei Überlauf wieder von vorn beginnen
            if (posN < 0) posN = posN + nmax;      // ... bzw. hinten weitermachen
            z = s0.Substring(posN)[0];    // korrespondierendes Zeichen ermitteln
            s1 = s1 + z;                  // Rückgabestring zusammensetzen
        }
        return(s1);
    }
```

Der Funktionsaufruf beim Verschlüsseln:

```
    private void button1_Click(object sender, EventArgs e)
    {
        textBox2.Text = codieren(textBox1.Text, (int) numericUpDown1.Value);
    }
```

Der Aufruf beim Entschlüsseln:

```
    private void button2_Click(object sender, EventArgs e)
    {
        textBox3.Text = codieren(textBox2.Text, (int) -numericUpDown1.Value);
    }
}
```

## Test

Nach dem Programmstart haben Sie die Möglichkeit zu umfassenden Experimenten. Falls Sie ein nicht erlaubtes Zeichen eingeben, erfolgt ein Hinweis:

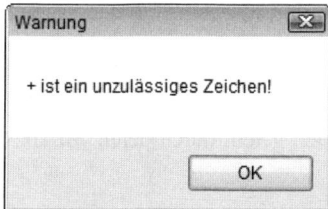

## Bemerkungen

- Es liegt an Ihnen, den erlaubten Zeichenvorrat zu vergrößern bzw. einzuschränken. Dazu brauchen Sie lediglich die Stringkonstante *s0* zu ändern.

- Die "Knackfestigkeit" des Verfahrens lässt sich deutlich steigern, wenn Sie die Zeichen innerhalb s0 nicht in alphabetischer Reihenfolge, sondern zufällig anordnen.

- Die Achillesferse unserer "Chiffriermaschine" soll nicht verschwiegen werden: Der Hacker sucht im Text zunächst nach dem am häufigsten vorkommenden Zeichen, und das ist mit hoher Wahrscheinlichkeit das verschlüsselte "e". In obiger Laufzeitabbildung kommt deshalb das "-" am häufigsten vor. Fast ist der Code geknackt! Allerdings werden die Tüftler unter Ihnen bald einen Weg finden, wie sich auch dieser Angriffspunkt entschärfen lässt.

## 4.5.2  Methodenaufrufe mit Array-Parametern

Für eine Liste von Zahlen wollen wir *arithmetischen Mittelwert*, *geometrischen Mittelwert* und *Wert in der Mitte* berechnen. Auch in diesem Beispiel geht es weniger um Mathematik als um das Festigen grundlegender Sprachkonzepte.

### Oberfläche

Für das Startformular *Form1* benötigen wir an Steuerelementen eine *ListBox*, eine *TextBox*, zwei *Button*s und mehrere *Label*s (siehe Laufzeitansicht am Schluss des Beispiels).

### Quellcode

Eine von uns später noch zu definierende Hauptmethode *Average* verwendet drei spezialisierte Methoden: *MeanArithmetic* (für den arithmetischen Mittelwert), *MeanGeometric* (für den geo-metrischen Mittelwert) und *MeanMedian* (für den Wert in der Mitte der sortierten Folge).

```
public partial class Form1 : Form
{   ...
```

Welche der drei oben genannten Methoden jeweils gemeint ist, wird durch Übergabe einer von drei Konstanten gesteuert, die in einer Enumeration gekapselt sind.

```
public enum averageType: byte
{
    MeanA = 0,        // arithmetisches Mittel
    MeanG,            // geometrisches Mittel
    Median            // Wert in der Mitte
}
```

Es folgen die Implementierungen der drei Methoden. Allen ist gemeinsam, dass ihnen als Para-meter das mit den auszuwertenden Zahlen gefüllte *decimal*-Array übergeben wird.

*MeanArithmetic*-Funktion: Die Summe aller Zahlen geteilt durch deren Anzahl (arithmetischer Mittelwert).

```
private decimal MeanArithmetic(decimal[] arr)
{
    decimal total = 0;
    decimal teiler = arr.GetLength(0);
    if (teiler == 0) return(0);
    int i = 0;
    while (i <= arr.GetUpperBound(0))
    {
        total += arr[i];
        i++;
    }
    return(total / teiler);
}
```

*MeanGeometric*-Funktion: Die n-te Wurzel aus dem Produkt aller Zahlen (geometrischer Mittelwert).

```
private decimal MeanGeometric(decimal[] arr)
{
    double total=1;
    int i = 0;
    double n = (double) arr.GetLength(0);
    while (i < n)
    {
        total *= (double) arr[i];
        i++;
    }
    return (decimal) Math.Pow(total, 1 / n );    // n-te Wurzel aus total
}
```

*MeanMedian*-Funktion: Wenn die Liste eine ungerade Anzahl von Einträgen hat, so ist es der in der Mitte der sortierten(!) Zahlenfolge stehende Wert. Bei einer geraden Anzahl von Einträgen ist es die Summe der beiden mittleren Werte geteilt durch zwei.

```
private decimal MeanMedian(decimal[] arr)
{
    int count = arr.GetLength(0);
    if (count == 0) return(0);
    Array.Sort(arr);                 // Zahlen sortieren
    if ((count % 2) == 0)    // für geradzahlige Liste
        return((arr[(int) (count/2.0) - 1] + arr[(int) (count/2.0)])/2);
    else                     // für ungeradzahlige Liste
        return(arr[count / 2]);      // ganzzahlige Division!
}
```

Die Hauptmethode *Average* entscheidet auf Grundlage der übergebenen Enumerationskonstanten, zu welcher der drei speziellen Funktionen verzweigt werden soll:

```
public decimal Average(decimal[] arr, averageType avType)
{
    switch(avType)
    {
        case averageType.MeanA: return (MeanArithmetic(arr));
        case averageType.MeanG: return (MeanGeometric(arr));
        case averageType.Median: return (MeanMedian(arr));
        default: throw new Exception("Ungültiger Mittelwert-Typ (" + avType.ToString());
    }
}
```

Nun endlich kommen wir zur Anwendung (Klick auf die "Start"-Schaltfläche):

```
private void button2_Click(object sender, EventArgs e)
{
    int n = listBox1.Items.Count;
    decimal[] arr = new decimal[n];    // Array passender Größe deklarieren
```

```
    for (int i = 0; i < n; i++)
        arr[i] = Convert.ToDecimal(listBox1.Items[i]);        // Array aus ListBox füllen
```

Dreimaliger Aufruf der *Average*-Funktion mit unterschiedlichen Konstanten:

```
    label1.Text = Average(arr, averageType.MeanA).ToString("#,##0.###");   // MeanArithmetic
    label2.Text = Average(arr, averageType.MeanG).ToString("#,##0.###");   // MeanGeometric
    label3.Text = Average(arr, averageType.Median).ToString();            // Median:
}
```

Um eine Zahl zur *ListBox* hinzuzufügen, geben Sie diese in die *TextBox* ein und schließen mit der *Enter*-Taste ab:

```
    private void textBox1_KeyUp(object sender, KeyEventArgs e)
    {
        if (e.KeyCode == Keys.Enter)
        {
            listBox1.Items.Add(textBox1.Text); textBox1.Clear();
        }
    }
```

Die *ListBox* löschen:

```
    private void button1_Click(object sender, System.EventArgs e)
    { listBox1.Items.Clear();  }
}
```

## Test

Nach dem Programmstart übertragen Sie zunächst in beliebiger Reihenfolge einige Zahlenwerte aus der *TextBox* in die *ListBox*, um anschließend die Auswertung vornehmen zu können:

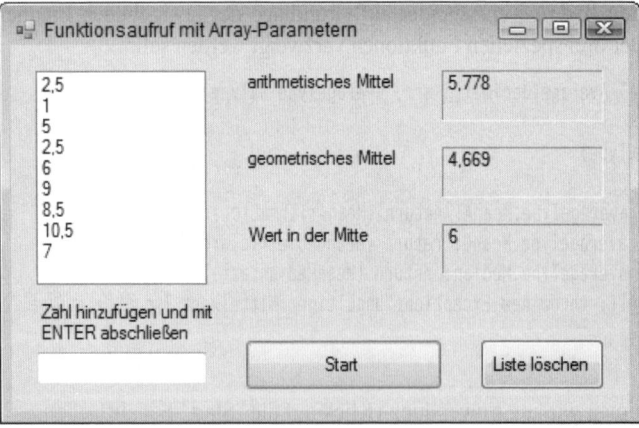

## Bemerkungen

- Verwenden Sie zur Zahleneingabe das Dezimalkomma und nicht den Dezimalpunkt.

- Jede Eingabe ist mit *Enter* abzuschließen.

# Kapitel 5

# Weitere wichtige Sprachfeatures

Da Sie nun mit den wichtigsten Sprachelementen und OOP-Konzepten vertraut sind, können wir jetzt die sprachlichen Grundlagen von C# weiter ausbauen und Ihnen weiteres Rüstzeug, wie den Umgang mit Namespaces, Operatorenüberladung, Generics, Collections, Delegates ... mit auf den Weg geben. Auch die dynamische Programmierung, ein Highlight von C# 4.0, soll nicht zu kurz kommen.

## 5.1 Namespaces (Namensräume)

Namensräume bilden eine hierarchisch organisierte Verwaltungsstruktur für die inzwischen fast astronomisch große Anzahl von Klassen des .NET Frameworks. Andererseits wäre das Chaos vorprogrammiert, denn die Übersicht ginge verloren und Namenskonflikte ließen sich nicht vermeiden.

### 5.1.1 Ein kleiner Überblick

Namensräume sind die Kategorien für die Klassendefinitionen, man kann sie näherungsweise mit der Ordnerstruktur eines Dateisystems vergleichen. Demzufolge wird auch jeder Programmcode in Namespaces verwaltet. Eröffnen Sie ein neues Projekt, so wird diesem automatisch von der IDE ein neuer Namensraum zugeordnet (entspricht standardmäßig dem Namen der Projektdatei bzw. Assemblierung). Damit zu Beginn bereits eine gewisse Grundfunktionalität vorhanden ist, werden standardmäßig bereits die wichtigsten Klassen über ihre Namespaces eingebunden. Die entsprechende Liste findet sich im Projektmappen-Explorer, nachdem Sie den Knoten *Verweise* aufgeklappt haben:

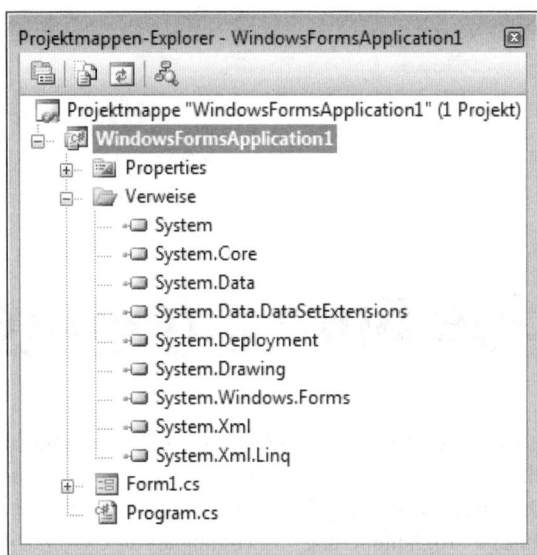

Wenn Sie für Ihre Programmentwicklung noch weitere Klassen benötigen, so öffnen Sie das Kontextmenü *Verweise* im Projektmappen-Explorer und wählen Sie *Verweis hinzufügen...*

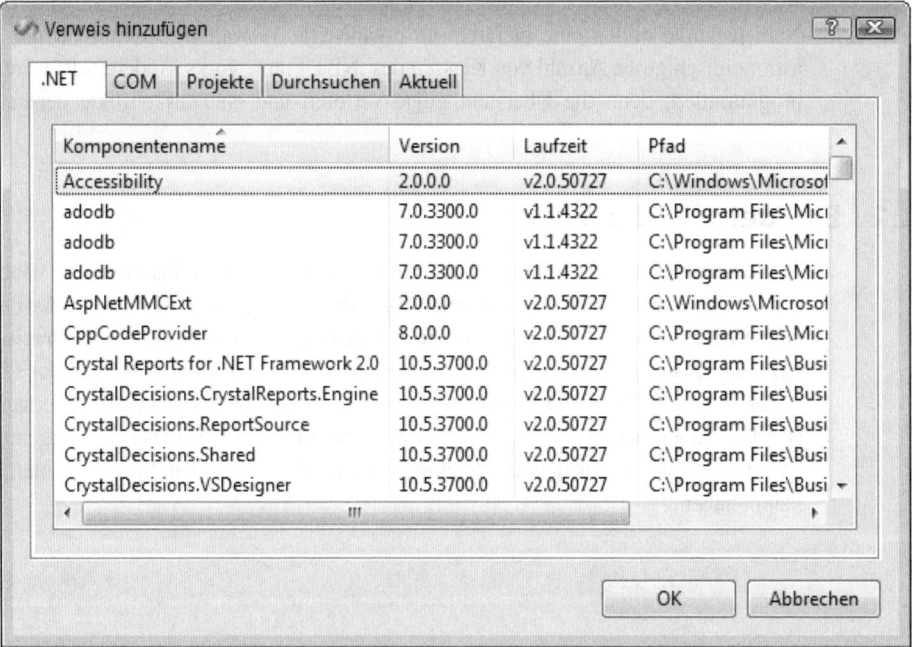

## 5.1.2 Einen eigenen Namespace einrichten

Sie können durchaus den von der Entwicklungsumgebung für Ihr neues Projekt automatisch vergebenen Namespace ändern, allerdings dürfen Sie dies nicht nur an einer Stelle tun, sondern müssen die Namensräume aller zum Projekt gehörenden Dateien bzw. Klassen entsprechend anpassen.

**Beispiel 5.1** **Namespace**

Ein neues WindowsForms-Projekt erhält standardmäßig von der IDE den Namen *WindowsFormsApplication1*. Folglich wird es automatisch in den Namespace *WindowsForms-Application1* eingebunden. Um diesen Namespace in *MyApplication1* zu ändern, müssen Sie die Namespace-Bezeichner in den Quellcode-Dateien *Form1.cs*, *Form1.Designer.cs* und *Program.cs* anpassen.

**HINWEIS:** Sie können aber auch neue eigene Namespaces eröffnen, das natürlich nicht innerhalb, sondern nur außerhalb von Klassendeklarationen. Das Einbetten in einen anderen Namespace ist hingegen möglich.

**Beispiel 5.2** **Ein eigener Namespace *myNamespace* wird innerhalb des standardmäßig vergebenen Namespace *WindowsFormsApplication1* eingerichtet.**

```
namespace WindowsFormsApplication1
{
    public partial class Form1 : Form
    {
        public Form1()
        {
            InitializeComponent();
        }
    }
    namespace myNamespace
    {
        public class myClass
        { ... }
    }
}
```

**HINWEIS:** Ein Typ in einem übergeordneten Namespace hat nicht automatisch Zugriff auf einen Typ im untergeordneten Namespace!

**Beispiel 5.3** **Ein Typ im Namespace**

```
System.Collections
```

hat keinen Zugriff auf einen Typ im Namespace

```
System.Collections.Generic
```

## 5.1.3  Die using-Anweisung

Klassen, die sich im gleichen Namespace befinden, "kennen" sich gegenseitig und benötigen deshalb keine voll qualifizierte Namensangabe. Im anderen Fall müssen dem Namen einer Klasse die Namespaces vorangestellt werden, was oft zu langen und unübersichtlichen Ausdrücken führt. Um derartige "Bandwürmer" zu vermeiden, steht am Anfang eines Projekts (außerhalb der Klassendefinitionen) in der Regel eine mehr oder weniger lange Liste von *using*-Anweisungen:

**Beispiel 5.4**   **Die *using*-Anweisungen zu Beginn einer neuen Windows Forms-Anwendung**

```
using System;
using System.Collections.Generic;
using System.ComponentModel;
using System.Data;
using System.Drawing;
using System.Linq;
using System.Text;
using System.Windows.Forms;
```

Dieser einmalige Aufwand führt im nachfolgenden Code zu einer verkürzten und übersichtlichen Typnotation, welche meist nur noch den Typbezeichner erforderlich macht.

**Beispiel 5.5**   **Die voll qualifizierte Typdeklaration einer generischen Liste**

```
System.Collections.Generic.List<string> myList;
```

... kann wie folgt verkürzt werden:

```
List<string> myList;
```

Das Haar in der Suppe: Wenn in verschiedenen Namensräumen Klassen mit gleichen Typbezeichnern existieren, so führt die Verwendung von *using* zu Mehrdeutigkeiten, denn der Compiler "weiß" nicht, welcher Typ denn nun gemeint ist. In einem solchen Falle sollten Sie die voll qualifizierten Typbezeichner beibehalten. Eine elegantere Möglichkeit bietet aber das Verwenden eines Alias.

## 5.1.4  Namespace Alias

Ausgangspunkt ist die vollständige Syntax der *using*-Anweisung:

**SYNTAX:**   `using [Alias =] Namespace;`

**Beispiel 5.6**   **Ein Alias für den Namespace *System.Collections.Generic* vereinfacht die Deklaration einer generischen Auflistung**

```
using GColl = System.Collections.Generic;
...
GColl.List<string> myList;
```

Man kann das sogar noch weiter treiben und selbst komplette Klassenbezeichner durch einen Alias ersetzen.

**Beispiel 5.7**   **Eine Modifikation des Vorgängerbeispiels**

```C#
using GCollStrList = System.Collections.Generic.List<string>;
...
GCollStrList myList;
```

## 5.1.5   Namespace Alias Qualifizierer

Seit C# 2005 gibt es einen neuen Operator, bestehend aus zwei Doppelpunkten (::), die zwischen einem Namespace Alias und seiner Zuordnung stehen. Der Alias des Namespace kann *global* lauten. Das führt dazu, dass zunächst im globalen Namespace "nachgeschaut" wird, anstatt im direkt zugeordneten Namespace.

Die Fähigkeit des Zugriffs auf ein Mitglied im globalen Namespace ist nützlich, wenn ein Mitglied möglicherweise von einem anderen mit gleichem Namen verdeckt wird.

**Beispiel 5.8**   **Namespace Alias Qualifizierer in einer Konsolenanwendung**

```C#
using AliasColl = System.Collections;
namespace System
{
    class CTest
    {
        static void Main()
        {
            AliasColl::ArrayList arrList = new AliasColl::ArrayList();     // Alias auflösen
            arrList.Add("Müller");  arrList.Add("Meier");  arrList.Add("Schultze");
            foreach (string name in arrList)
                global::System.Console.WriteLine(name);                    // Alias auflösen
        }
    }
}
```

Natürlich wäre es ziemlich unsinnig, wenn nicht gar lächerlich, wenn Sie – wie im obigen Beispiel – einen eigenen Namespace mit *System* benennen würden. Trotzdem ist es in größeren Projekten durchaus möglich, dass die Namen von Namespaces doppelt auftreten. In solchen Situationen ist ein globaler Namespace Qualifizierer durchaus hilfreich, da er den direkten Zugriff auf den Root-Namespace ermöglicht.

# 5.2   Operatorenüberladung

Das Überladen von Operatoren ermöglicht es, dass den bereits in C# vorhandenen Standardoperatoren (siehe Abschnitt 2.3) eine beliebige andere Bedeutung zugewiesen wird.

## 5.2.1  Syntaxregeln

Die Syntax basiert auf dem Schlüsselwort *operator*.

**SYNTAX:**   `public static` *Ergebnistyp* `operator` *Operator* `(`*Operand1, Operand2*`)`

Obige Syntax gilt für binäre Operatoren (+,-, *, /, ...), die zwei Operanden für die Ausführung der Operation brauchen.

Für unäre Operatoren (++, --, ...) gilt:

**SYNTAX:**   `public static` *Ergebnistyp* `operator` *Operator* `(`*Operand*`)`

---

**HINWEIS:**  Das Schlüsselwort *operator* kann nur zusammen mit dem Modifizierer *public static* verwendet werden!

---

## 5.2.2  Praktische Anwendung

Wie bereits erwähnt, können nur die in C# bereits vorhandenen Standard-Operatoren überladen werden. Im folgenden Beispiel erhält der "+"-Operator eine neue Bedeutung.

**Beispiel 5.9**     **Zwei gleichgroße eindimensionale *Double*-Arrays sollen mittels "+"-Operator addiert werden.**

Die Klasse *CArray* kapselt den Zugriff auf ein internes eindimensionales Array:

```
public class CArray
{
    public static int N;        // Anzahl der Elemente
    private double[] arr;       // 1-dim. Array
```

Der Konstruktor erzeugt das Array in entsprechender Größe:

```
    public CArray(int n)        // Konstruktor
    {
        N = n;
        arr = new double[n];
    }
```

Ein Indexer ermöglicht den bequemen indizierten Zugriff auf die Elemente der Instanzen der Klasse *CArray*:

```
    public double this[int i]
    {
        get { return arr[i]; }
        set { arr[i] = value; }
    }
```

Eine Überladung des "+"-Operators wird definiert. Rückgabewert ist eine neue Instanz von *CArray*:

```
    public static CArray operator + (CArray a1, CArray a2)
```

**Beispiel 5.9**     **Zwei gleichgroße eindimensionale *Double*-Arrays sollen mittels "+"-Operator addiert werden.**

```
    {
        CArray a = new CArray(N);
        for (int i =0; i < N; i++)
                a = a1[i] + a2[i];
        return a;
    }
}
```

Anwendung der Operatorenüberladung bei der Addition von zwei Instanzen von *CArray*:

```
private void button1_Click(object sender, EventArgs e)
{
    CArray A1 = new CArray(3);
    A1[0] = 1.5d; A1[1] = 5; A1[2] = -1;
    CArray A2 = new CArray(3);
    A2[0] = 0; A2[1] = -2; A2[2] = 7;
    CArray A3 = A1 + A2;                     // Anwendung des überladenen + Operators
    for (int i =0; i < CArray.N; i++)
            MessageBox.Show(A3[i].ToString());      // "1", "3", "6"
}
```

# 5.3  Collections (Auflistungen)

Wenn Sie mehrere Objekte speichern wollen, so ist es häufig günstiger, dies anstatt in einem Array (siehe Kapitel 4) in einer Auflistung (Collection) zu tun. Eine Collection verhält sich "intelligenter" als ein Array, es gibt. z.B. keine unbelegten Speicherstellen, wie sie bei einem Array nach dem Löschen eines Eintrags entstehen. Die Größe einer Collection passt sich dynamisch den jeweiligen Erfordernissen an, das Hinzufügen und Löschen von Einträgen wird über spezielle Eigenschaften und Methoden gesteuert. In der Regel ist auch die Performance besser.

Das .NET-Framework stellt zu diesem Zweck über den Namensraum *System.Collections* zahlreiche Auflistungsklassen zur Verfügung, von denen wir hier nur auf zwei wichtige Typen, *ArrayList* und *Hashtable*, näher eingehen wollen.

## 5.3.1  Die Schnittstelle IEnumerable

Alle Auflistungsklassen verfügen über gemeinsame Methoden, die durch Schnittstellen beschrieben werden, welche von der Schnittstelle *IEnumerable* abgeleitet sind. Die folgende Abbildung zeigt die Beziehungen zwischen diesen Schnittstellen.

Wie Sie erkennen, wird *ICollection* direkt aus *IEnumerable* abgeleitet, wobei beide Schnittstellen die Grundfunktionalität für jede Art von Auflistungsklassen bereitstellen. Nachfolgend zerteilen sich die Schnittstellen in die Typen *IList* (für Auflistungsklassen auf die per Index zugegriffen wird) und *IDictionary* (für Auflistungen, auf die über eine Schlüssel-Wert-Kombination zugegriffen wird).

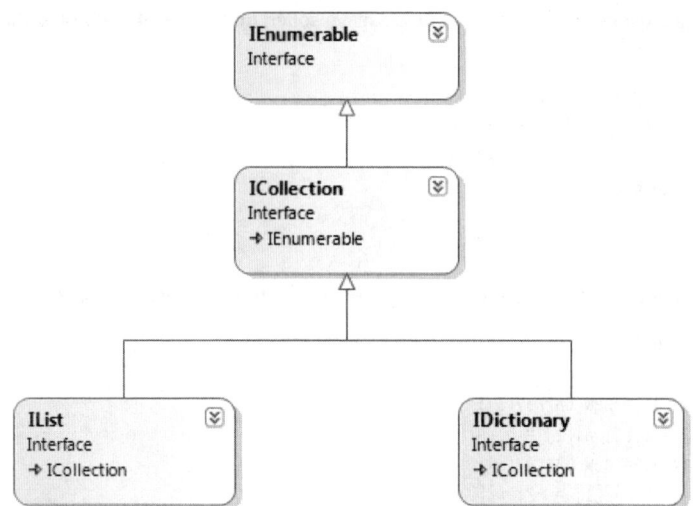

## IEnumerable

Diese Schnittstelle stellt die Kernfunktionalität einer Collection bereit und macht einen Enumerator verfügbar, der eine einfache Iteration durch eine Auflistung unterstützt.

Die einzige Methode *GetEnumerator* liefert einen Enumerator-Objekt zurück, welches die Methoden *Current*, *MoveNext* und *Reset* hat.

Nach dem Erstellen eines Enumerators oder nach dem Aufrufen der *Reset*-Methode wird ein Enumerator zunächst vor dem ersten Element der Auflistung positioniert. Der erste Aufruf der *MoveNext*-Methode legt den Enumerator auf das erste Element der Auflistung fest.

Wenn *MoveNext* das Ende der Auflistung erreicht, wird der Enumerator hinter dem letzten Element in der Auflistung positioniert, und *MoveNext* gibt *false* zurück. Wenn sich der Enumerator an dieser Position befindet, liefern nachfolgende Aufrufe von *MoveNext* ebenfalls *false*, bis *Reset* aufgerufen wird.

**Beispiel 5.10**  **Der Inhalt einer mit String-Objekten gefüllten Auflistung *coll* wird in einer *ListBox* angezeigt**

```csharp
IEnumerator en = coll.GetEnumerator();          // Enumerator-Objekt erstellen
while(en.MoveNext())
        listBox1.Items.Add(en.Current);
```

Wie wichtig der im Hintergrund agierende Enumerator ist, wird am Beispiel der *foreach*-Schleife deutlich, mit welcher eine beliebige Auflistung komplett durchlaufen werden kann.

**Beispiel 5.11**  **Das Vorgängerbeispiel wird mittels *foreach*-Schleife gelöst**

```csharp
foreach (string str in Coll)
            listBox1.Items.Add(str);
```

> **HINWEIS:** Verwechseln Sie bitte nicht *IEnumerable* mit *IEnumerator*. *IEnumerable* ist die Schnittstelle, die von der Auflistungsklasse implementiert wird. *IEnumerator* hingegen ist die Schnittstelle eines Enumerators, wie er von der *GetEnumerator*-Methode der Auflistungsklasse geliefert wird.

## ICollection

Diese Schnittstelle erweitert *IEnumerable* um weitere Funktionalität. Hier die wichtigsten Eigenschaften bzw. Methoden:

| Member | Beschreibung |
|---|---|
| *Count* | ... liefert die Anzahl der Elemente in der Auflistung |
| *IsSynchronized* | ... liefert *true*, wenn Auflistungsobjekt synchronisiert (threadsicher) ist |
| *SyncRoot* | ... liefert Objektreferenz, die den Objektzugriff synchronisiert |
| *CopyTo()* | ... kopiert die Elemente der Auflistung in ein Array |

## IList

Diese Schnittstelle wird von besonders vielen Klassen des .NET Frameworks implementiert. Hier ihre wichtigsten Mitglieder:

| Member | Beschreibung |
|---|---|
| *Item* | ... ermöglicht den Zugriff auf ein Element der Liste (ist Indexer für *IList*) |
| *Add* | ... fügt ein Element am Ende der Auflistung hinzu |
| *Clear* | ... löscht alle Elemente der Auflistung |
| *Contains* | ... stellt fest, ob ein bestimmtes Element zur Auflistung gehört |
| *IndexOf* | ... liefert den Index eines bestimmten Objekts |
| *Insert* | ... fügt ein Objekt an eine bestimmte Position in die Auflistung ein |
| *IsFixedSize* | ... stellt fest, ob die Kapazität der Auflistung vergrößert werden kann |
| *IsReadOnly* | ... stellt fest, ob die Auflistung schreibgeschützt ist |
| *Remove* | ... entfernt ein Element aus der Auflistung unter Angabe der Referenz |
| *RemoveAt* | ... entfernt ein Element aus der Auflistung unter Angabe des Index |

Die *Add*-Methode hat keinerlei Einfluss auf die Positionierung des Elements innerhalb der Liste, denn ein neu hinzugefügtes Element wird immer an das Listenende gesetzt. Der Rückgabewert der *Add*-Methode liefert den Index, den das Element erhalten hat.

> **HINWEIS:** Ein mittels *Remove* oder *RemoveAt* freigegebener Index bleibt nicht unbelegt, sondern bewirkt eine Indexverschiebung aller nachfolgenden Elemente.

## 5.3.2 ArrayList

Die *ArrayList* ist eine nullbasierte Collection, der mittels *Add*-Methode beliebige Elemente hinzugefügt werden können. Obwohl eigentlich veraltet (nicht generisch, keine *IEnumerable*-Schnittstelle und deshalb kaum für LINQ geeignet), wird die *ArrayList* trotzdem noch häufig eingesetzt.

Beim Erzeugen einer *ArrayList* können Sie eine Startkapazität angeben. Überschreitet die Anzahl der Elemente die Startkapazität, so wird die *ArrayList* automatisch vergrößert. Erzeugen Sie eine *ArrayList* ohne Startkapazität, so wird automatisch der Wert 16 eingestellt.

**Beispiel 5.12** | **Drei Nachkommen unterschiedlichen Typs der Klasse CKunde werden in einer ArrayList (Startkapazität = 3) gespeichert**

```csharp
CPrivatKunde kunde1 = new CPrivatKunde("Herr", "Krause", "Leipzig");
CFirmenKunde kunde2 = new CFirmenKunde("Frau", "Müller", "Master Soft GmbH");
CFirmenKunde kunde3 = new CFirmenKunde("Herr", "Maus", "Manfreds Internet AG");

ArrayList kunden = new ArrayList(3);        // Startkapazität 3
kunden.Add(kunde1);
kunden.Add(kunde2);
kunden.Add(kunde3);
```

Für alle Kunden-Objekte wird die (polymorphe) *addGuthaben*-Methode aufgerufen:

```csharp
foreach (CKunde ku in kundenA)
{
    ku.addGuthaben(brutto);
}
```

**HINWEIS:** Im Vergleich mit einem normalen Array, das Sie nur ziemlich umständlich dynamisch vergrößern können, schneidet eine *ArrayList* deutlich schneller ab (zum Teil mehr als Faktor 100!).

### Weitere Eigenschaften und Methoden

Ein Direktzugriff auf die einzelnen Elemente entspricht dem bei einem normalen Array, allerdings ist dazu explizite Typkonvertierung erforderlich.

**Beispiel 5.13** | **Das Guthaben des ersten Kunden wird angezeigt.**

```csharp
CKunde kd = (CKunde) kunden[0];             // Typecasting
label1.Text = kd.guthaben.ToString("C");
```

Mit *AddRange* fügen Sie Elemente aus einer anderen Auflistung hinzu.

**Beispiel 5.14** | **Zwei Personen werden der Kundenliste hinzugefügt.**

```csharp
ArrayList personen = new ArrayList[2];
kunden.AddRange(personen);
```

Interessant dürften weiterhin die Methoden *Clear* (entfernt alle Elemente), *RemoveAt* (entfernt Element am angegebenen Index), *Sort* (Sortieren) und *BinarySearch* (Suchen in sortierter Auflistung) sein, die so wie bei einem normalen Array funktionieren.

> **HINWEIS:** Eine zusammenhängende Anwendung finden Sie im PB 5.9.1 "ArrayList versus generische List".

## 5.3.3  Hashtable

Die *Hashtable* ist eine Auflistung, die das schnelle Auffinden von Objekten erlaubt. Beim Hinzufügen von Elementen muss allerdings von Ihnen ein eindeutiger (also nicht mehrfach vorkommender) Schlüsselwert angegeben werden. Für den Schlüssel sind beliebige Datentypen möglich, meistens nimmt man dafür *int*- oder *string*-Werte. Allerdings wird in der *Hashtable* nicht der Schlüssel gespeichert, sondern dessen so genannter *Hashcode* (eine automatisch ermittelte Integer-Zahl zur eindeutigen Identifizierung des Schlüsselwerts).

**Beispiel 5.15**  **Die drei im Vorgängerbeispiel erzeugten Instanzen der Klassen *CPrivatKunde* bzw. *CFirmenKunde* werden mit den Integer-Schlüsseln 101, 102, 103 in einem *Hashtable*-Objekt gespeichert**

```csharp
Hashtable kunden = new Hashtable();

kunden.Add(101, kunde1);
kunden.Add(102, kunde2);
kunden.Add(103, kunde3);
```

Für alle Kunden-Objekte wird die *addGuthaben*-Methode aufgerufen:

```csharp
foreach (CKunde ku in kunden.Values)
{
    ku.addGuthaben(brutto);
}
```

Der direkte Zugriff auf das Element mit dem Schlüssel 102:

```csharp
CKunde kd = (CKunde) kunden[102];
label1.Text = kd.guthaben.ToString("C");
```

> **HINWEIS:** Weil Sie die Felder einer *Hashtable* nicht normal indizieren können, ist das Durchlaufen mittels *for*-Schleife nicht möglich, Sie müssen also immer die *foreach*-Schleife verwenden.

## 5.3.4  Indexer

Sie wissen bereits aus Kapitel 4 wie ein Array deklariert wird und wie man auf die einzelnen Elemente zugreift, indem man deren Index in eckige Klammern einschließt. Die Elemente eines Arrays können beliebige Objekte sein.

**Beispiel 5.16** | **Erzeugen eins Arrays _Personen_ mit zwei Objekten der Klasse _CKunde_**

```
class CPerson
{
    public string Vorname, Nachname;
}
```

Ein Array für zwei Objekte vom Typ _CPerson_ wird erzeugt:

```
CPerson[] Personen = new CPerson[2];
Personen[0] = new CPerson { Vorname = "Max", Nachname = "Müller" };
Personen[1] = new CPerson { Vorname = "Kurt", Nachname = "Krause" };
```

Der indizierte Zugriff:

```
MessageBox.Show(Personen[0].Nachname);    // zeigt "Müller"
```

C# bietet Ihnen nun die Möglichkeit, eigene Auflistungsklassen so zu definieren, dass deren Objekte quasi wie ein Array indiziert werden können. Dazu ist ein so genannter Indexer erforderlich, dessen Syntax starke Ähnlichkeit zur Implementierung einer Eigenschaft mittels _get_- und _set_-Accessoren aufweist, wobei der Name dem der Klasse entspricht (_this_).

**SYNTAX:** _Modifikatoren Datentyp_ **this**_[Parameterliste]_

**Beispiel 5.17** | **Auflistungsklasse**

Das Vorgängerbeispiel wird wiederholt, allerdings kommt diesmal anstatt des Arrays eine selbstdefinierte Auflistungsklasse _CPersonen_ zum Einsatz, die mit einem Indexer ausgestattet ist und eine _Hashtable_ kapselt, in der die einzelnen _CPerson_-Objekte abgelegt werden. Die Klasse _CKunde_ ist natürlich ebenfalls erforderlich (siehe Vorgängerbeispiel).

```
...
public class CPersonen
{
    Hashtable ht = new Hashtable();
```

Jetzt wird der Indexer definiert:

```
    public CPerson this[int i]           // Indexer liefert Objekt vom Typ CPerson
    {
        get
        {
            if (ht.Contains(i)) return ((CPerson)ht[i]);
            else return null;
        }
        set
        {
            if (ht.Contains(i)) ht[i] = value;   // überschreiben, falls Schlüssel existiert
            else ht.Add(i, value);               // sonst hinzufügen
        }
    }
}
```

**Beispiel 5.17** | **Auflistungsklasse**

> Der Zugriff auf die Auflistung unterscheidet sich nicht von der Array-Variante, allerdings braucht die Größe der Auflistung vorher nicht bekannt zu sein, und es können beliebige weitere Objekte hinzugefügt werden:
>
> ```
> CPersonen Personen = new CPersonen();
> Personen[0] = new CPerson {Vorname = "Max", Nachname = "Müller" };
> Personen[1] = new CPerson{Vorname = "Kurt", Nachname = "Krause"};
> ...
> MessageBox.Show(Personen[0].Nachname);        // zeigt "Müller"
> ```

Es steht Ihnen frei, die Klasse *CPersonen* durch weitere Eigenschaften (*Count*, ...) oder Methoden (*Remove*, ...) zu erweitern, die auf die Fähigkeiten der *Hashtable* zurückgreifen.

---

**HINWEIS:** Wegen des Indexers darf die Klasse *CPersonen* keine *Item*-Methode haben!

---

Es ist auch möglich, den Zugriff auf einen der Accessoren zu beschränken.

**Beispiel 5.18** | **Zugriff auf einzelne Zelle eines Arrays mittels Indexer.**

```
public double this [int row, int col]
{
    get {return _array[row, col];}
    private set {_array[row, col] = value;}      // Schreibzugriff beschränkt
}
```

---

**HINWEIS:** Indexer können niemals *static* deklariert werden, weil sich *this* immer auf ein konkretes Objekt bezieht.

---

# 5.4 Generics

Generics muten zunächst wie ein Paradoxon an, erlauben sie doch dem Programmierer die typsichere Verwendung von Klassen, die nicht an einen bestimmten Typ gebunden sind. Die Anwendung ist nicht nur auf Klassen beschränkt, sondern auch auf andere .NET-Typen wie Strukturen, Schnittstellen, Delegaten und Methoden übertragbar.

Gemeinsames Merkmal aller Generics ist die Übergabe von variablen Datentypen (Parametrisierung von Klassen- oder Methodendefinitionen). Der Nutzer einer Klasse gibt also die Datentypen vor, die die Klasse intern verarbeiten soll.

---

**HINWEIS:** Die variablen Datentypen werden in spitzen Klammern (*<Datentyp,...>*) unmittelbar nach dem Klassen- bzw. Methodenbezeichner angegeben.

---

**Beispiel 5.19**    **Erzeugen einer generischen Liste zum Speichern von Integerzahlen**

```csharp
System.Collections.Generic.List<int> gl = new System.Collections.Generic.List<int>();
```

Um die Vorzüge der neuen Generics richtig würdigen zu können, wollen wir uns zunächst noch einmal das Arbeiten mit den "alten" Generics unter .NET 1.x vor Augen halten.

## 5.4.1   Klassische Vorgehensweise

Vor Einführung der Generics mussten wir unsere Typen immer in bzw. aus ein(em) *System.Object* casten und verloren so alle Vorzüge einer typorientierten Entwicklungsstrategie. So verlangt auch die bekannte *System.Collection.ArrayList* -Klasse in .NET 1.x, dass die Elemente der *ArrayList* als *System.Object* gespeichert werden.

**Beispiel 5.20**    **Objekte einer Klasse *CKunde* werden in einer *ArrayList* gespeichert und wieder ausgelesen.**

```csharp
public class CKunde
{
        private string _nachName;

        public CKunde(string nachName)
        { this._nachName = nachName;}
        public string NachName
        { get { return this._nachName; } }
}
```

*ArrayList* erzeugen und Objekte hinzufügen:

```csharp
System.Collections.ArrayList aList = new System.Collections.ArrayList();
aList.Add(new CKunde("Müller"));
aList.Add(new CKunde("Meier"));
```

Beim Zugriff auf den Inhalt der *ArrayList* ist explizites Typecasting erforderlich:

```csharp
for (int i = 0; i < aList.Count; i++)
{    CKunde kd = (CKunde)aList[i];
     listBox1.Items.Add(kd.NachName);
}
```

### Miserable Typsicherheit bei den alten Collections

Die "alten" Collections garantieren keinerlei Typsicherheit. So können Sie zu einer Liste beliebige Objekte unterschiedlichen Typs hinzufügen, ohne dass Ihnen dabei der Compiler auf die Finger haut.

**Beispiel 5.21**    **Zu unserer obigen Kundenliste lassen sich problemlos auch Zahlen hinzufügen.**

```csharp
System.Collections.ArrayList aList = new System.Collections.ArrayList();
aList.Add(new CKunde("Müller"));
aList.Add(44);       // kein Fehler!
```

**Beispiel 5.21** | **Zu unserer obigen Kundenliste lassen sich problemlos auch Zahlen hinzufügen.**

Das böse Erwachen kommt erst beim Zugriff:

```
foreach(CKunde kd in aList) listBox1.Items.Add(kd.NachName);      // Fehler!
```

### Eigene generische Collection-Klassen würden viel Arbeit kosten

Natürlich kann der Profi *IEnumerable* und *IEnumerator* auch selbst implementieren, um eine eigene typsichere Collection für einen gegebenen Typ, z.B. *CKunde*, zu erzeugen. Das kostet allerdings einiges an Arbeit, und Sie fangen damit immer wieder von vorn an, wenn Sie eine weitere typsichere Auflistung benötigen.

### Warum uns auch ein Array nicht weiterhilft

Der scheinbar einfachste Weg zu einer typsicheren Collection ist das Erzeugen eines Arrays des gewünschten Typs.

**Beispiel 5.22** | **Ein *Kunden*-Array wird erzeugt und mit zwei Elementen initialisiert.**

```
CKunde[] kunden = new CKunde[] {new CKunde("Müller"), new CKunde("Meier")};
foreach (CKunde kd in kunden) listBox1.Items.Add(kd.NachName);
```

Das garantiert zwar Typsicherheit, die Wiederverwendbarkeit des Codes ist aber miserabel und auch das Arbeiten mit einem solchen Array ist umständlich und ziemlich fehleranfällig. Wenn Sie z.B. einen neuen Kunden hinzufügen wollen, müssen Sie zunächst ein temporäres Array erzeugen und alle Kunden dort hineinkopieren, anschließend das alte Array vergrößern, die Kunden dorthin zurück kopieren und dann den neuen Kunden am Ende des Arrays einfügen.

## 5.4.2 Generics bieten Typsicherheit

Seit Einführung der Generics steht endlich eine Vorlage zum Erzeugen typsicherer Collections für Elemente beliebigen Typs zur Verfügung. Eine solche generische Klasse ist in der Lage, alle wesentlichen Aufgaben zu erfüllen, die wir für unsere Auflistungen brauchen: Hinzufügen, Löschen, Einfügen, etc. Auch andere Collection-Typen, mit denen wir es allgemein zu tun haben, werden berücksichtigt, so wie z.B. *Stack* (First in, Last out) oder eine *Queue* (First in, First out), etc. Im Folgenden soll das Prinzip der Generics erklärt werden.

### Einen einfachen generischen Typ deklarieren

Anhand einer sehr einfachen generischen Klasse wollen wir demonstrieren, wie diese als Container für eine Vielzahl anderer Typen verwendet werden kann.

**Beispiel 5.23** | **Aufgabe der Klasse *CStore<T>* ist es, den Wert eines beliebigen Typs zu speichern.**

```
public class CStore<T>
{
  T t;
```

**Beispiel 5.23**    **Aufgabe der Klasse *CStore&lt;T&gt;* ist es, den Wert eines beliebigen Typs zu speichern.**

```
public T Val
{
    get{return t;}
    set{t = value;}
}
}
```

Der Klassennamen *CStore&lt;T&gt;* ist der erste Hinweis, dass es sich um einen generischen Typ handelt, die spitzen Klammern umschließen den Typen-Platzhalter *T*. Die Variablendeklaration (*T t;*) erzeugt eine Mitgliedsvariable mit dem Typ *T*, bzw. dem generischen Typ, der erst später mit der Konstruktion der Klasse spezifiziert wird.

Einziges öffentliches Klassenmitglied ist die Eigenschaft *Val*, wobei *T* auch hier den generischen Typ der Eigenschaft repräsentiert.

### Generischen Typ verwenden

Um eine generische Klasse für einen beliebigen Typen zu verwenden, brauchen Sie nur eine neue Instanz zu erzeugen, wobei Sie den Namen des gewünschten Typs in den Klammern "&lt;&gt;" übergeben.

**Beispiel 5.24**    **Anwendung der Klasse *CStore* (oben) mit Anzeige in einer *ListBox***

Für den Datentyp *System.String*:

```
CStore<string> aString = new CStore<string>();
aString.Val = "Hallo";                          // Hallo
listBox1.Items.Add(aString.Val);
```

Für den Datentyp *CKunde*:

```
CStore<CKunde> kunde = new CStore<CKunde>();
kunde.Val = new CKunde("Müller");
listBox1.Items.Add(kunde.Val.NachName);         // Müller
```

Obwohl wir in diesem Beispiel ein und dieselbe Klasse verwendet haben um einen String oder einen Kunden zu speichern, bleibt ihr ursprünglicher Typ unverändert. Und das alles hat funktioniert, ohne dass wir *System.Object* verwenden mussten!

## 5.4.3 Generische Methoden

Eine Methode mit Typ-Parameter ist generisch. Ähnlich wie bei der Klasse wird der Typ in spitzen Klammern angegeben.

**Beispiel 5.25**    **Mit dem folgenden Aufruf wird eine Instanz eines *String*-Arrays mit einer Anfangsgröße von 5 erzeugt:**

```
string[] arrStr = CreateArray<string>(5);
```

**Beispiel 5.26** | **Diese statische Methode erzeugt ein Array des gegebenen Typs *T* mit der gewünschten Größe *size* und liefert es dem Aufrufer zurück.**

```
public static T[] CreateArray<T>(int size)
{
    return new T[size];
}
```

**Beispiel 5.27** | **Vertauschen von zwei Objekten**

```
private void genSwap<T>(ref T a, ref T b)
{
    T tmp = a;
    a = b;
    b = tmp;
}
```

Anwendung:

```
int i1 = 2;
int i2 = 7;
genSwap(ref i1, ref i2);
```

## 5.4.4 Iteratoren

Es gibt eine typisierte Methode mit dem Namen *GetEnumerator*. Für die Rückgabe der einzelnen Werte wird das Schlüsselwort *yield* in Verbindung mit *return* benutzt.

**Beispiel 5.28** | **Eine Klasse *CMonate* implementiert *GetEnumerator***

```
private class CMonate
{
    public IEnumerator<string> GetEnumerator()
    {
        yield return "Januar";
        yield return "Februar";
        yield return "März";
        ...
        yield return "Dezember";
    }
}
```

Bezüglich der Anwendung der Klasse gibt es keinen Unterschied zur bisher üblichen Vorgehensweise mittels *foreach*-Schleife:

```
CMonate monate = new CMonate();
foreach(string s in monate)
    listBox1.Items.Add(s);
```

Wie nicht anders zu erwarten, erscheinen in der *ListBox* untereinander die zwölf Monate.

---

**HINWEIS:** Mehr zum Einsatz von *yield* finden Sie im Abschnitt 5.7.2 und im PB 5.9.2!

---

# 5.5　Generische Collections

Das wohl wichtigste Einsatzgebiet für Generics sind Collections jeglicher Art.

## 5.5.1　List-Collection statt ArrayList

Als Alternative zur *ArrayList* bietet sich die generische *List* Klasse an. Aus Gründen der Abwärtskompatibilität zu .NET 1.1 musste allerdings auf eine Änderung/Erweiterung der im Namespace *System.Collections* bereits vorhandenen Klassen verzichtet werden.

| | |
|---|---|
| Beispiel 5.29 | **Erzeugung einer generischen *List* für den benutzerdefinierten Typ *CKunde* (Deklaration der Klasse *CKunde* siehe oben)** |

```
System.Collections.Generic.List<CKunde> kunden = new
    System.Collections.Generic.List<CKunde>();
```

Beachten Sie den *Generic*-Namespace innerhalb des *System.Collections* Namespace. Dort werden Sie weitere generische Klassen wie *SortedList,* Dictionary, *Queue, Stack*, ...finden. Die *List*-Klasse in diesem Namespace ähnelt der *System.Collections.ArrayList* Klasse, allerdings gibt es einige wichtige Unterschiede.

| | |
|---|---|
| Beispiel 5.29 | **(Fortsetzung)** |

Um die Verwendung der *kunden*-Auflistung zu zeigen, wollen wir dreimal eine Schleife durchlaufen, in welcher wir einen neuen Kunden (*Müller1*, *Müller2*, *Müller3*) erzeugen und diesen zu *kunden* hinzufügen:

```
for(int i = 0; i < 3; i++)
{
    CKunde kunde = new CKunde("Müller" + (i+1).ToString());
    kunden.Add(kunde);
}
```

Durch die Collection iterieren und jedes Element in einer *ListBox* ausgeben:

```
foreach(CKunde kd in kunden)
    listBox1.Items.Add(kd.NachName);
```

Eine andere Möglichkeit zur Ausgabe der Liste wäre eine einfache *for* -Schleife.

| | |
|---|---|
| Beispiel 5.30 | **Die Nachnamen aller Kunden in einer *ListBox* anzeigen** |

```
for (int i = 0; i < kunden.Count; i++)
    listBox1.Items.Add(kunden[i].NachName);
```

### 5.5.2 Vorteile generischer Collections

Die Arbeit mit einer generischen *List* unterscheidet sich deutlich von unseren durch die *ArrayList* (siehe obiges Eingangsbeispiel) geprägten Gewohnheiten. Wir brauchen uns keinerlei Gedanken mehr über den Typ von *CKunde* zu machen, weil unsere generische Collection typsicher arbeitet.

Stellvertretend für die anderen generischen Collections sollen die Vorteile der generischen *List*-Klasse hier noch einmal zusammengefasst werden:

- Das Boxing von Wertetypen ist nicht mehr erforderlich, weil *List<int>* im obigen Beispiel jetzt "weiß", welcher Datentyp zu speichern und wie viel Speicher dafür zu reservieren ist.

- Anstatt eines Laufzeitfehlers erhalten Sie bereits einen Compiler-Fehler, falls Sie einen falschen Datentyp in der *List* speichern wollen.

- Ein Typecasting entfällt, wenn Sie auf die Werte der generischen *List* zugreifen wollen.

### 5.5.3 Constraints

Ein Constraint wird benutzt, um die vom Generic akzeptierten Typen zu beschränken. Ähnlich der SQL-Syntax wird dazu das der Klassendefinition nachgestellte *where*-Schlüsselwort benutzt.

**Beispiel 5.31** | **Der generischen Typ *Dictionary* mit einem *Constraint***

```csharp
public class Dictionary<K, V> where K : IComparable {}
```

Die *where*-Klausel beschränkt den *K*-Typ auf den Typ *IComparable*. Falls *K* das *IComparable*-Interface nicht implementiert, gibt es einen Compiler-Fehler.

Ein anderer Typ eines Constraints ist der Konstruktor-Constraint.

**Beispiel 5.32** | **Um keinen Compilerfehler auszulösen, muss *K* zumindest einen Standardkonstruktor haben.**

```csharp
public class CTest<K> where K: new() {}
```

Die prinzipielle Funktion dieser generischen Schnittstellen entspricht ihren nicht-generischen Pendants. Wie man die grundlegende generische Schnittstelle für Collections, *IEnumerable<T>*, in eigenen Auflistungsklassen implementiert, wollen wir im folgenden Abschnitt zeigen.

## 5.6 Das Prinzip der Delegates

Die Delegat-Technologie gehört zweifelsfrei zu den tragenden Säulen von .NET. Jeder, der tiefer in .NET eindringen will, muss sich mit dieser Technik anfreunden, bildet sie doch die Basis für andere wichtige .NET-Features, wie zum Beispiel das Ereignismodell, Callbacks oder die Lambda Expressions bis hin zu LINQ.

## 5.6.1  Delegates sind Methodenzeiger

Der Begriff "Delegate" bedeutet "delegieren" bzw. "weiterleiten". Damit ist bereits das Wesentliche gesagt, denn ein Delegate macht nichts anderes, als einen Methodenaufruf an eine konkrete Methode weiterzuleiten. Man kann also einen Delegate durchaus auch als typisierten Funktionszeiger (Pointer) bezeichnen. Pointer, wie man sie beispielsweise auch von der Sprache C her kennt, sind ein leistungsfähiges Werkzeug, um Algorithmen flexibel zu gestalten.

Pointer und .NET – das müsste Sie eigentlich stutzig machen, denn das passt nicht so recht zusammen. Die althergebrachte Zeigertechnik ist ziemlich unübersichtlich, nicht selten kommt es zu Speicherzuigriffsfehlern und damit zu bösen Programmabstürzen. Aus diesem Grund haben die .NET-Entwickler die klassische Pointertechnologie kategorisch ausgeschlossen. Stattdessen wurden – in konsequenter Weiterführung des objektorientierten Paradigmas des .NET-Frameworks -Methodenzeiger in Objekten gekapselt.

---

**HINWEIS:** Ein Delegate ist ein Objekt, das den Zeiger auf die Methode eines anderen Objekts enthält.

---

Damit wird, wie bei jedem anderen Objekt auch, ein Delegate gewissermaßen als Instanz einer Klasse, d.h. eines Objekttyps, erzeugt.

Um von vornherein begriffliche Klarheit zu schaffen, wollen wir gleich von Beginn an die Bezeichnungen "Delegate-Typ" und "Delegate-Objekt" sauber voneinander trennen. Ersterer ist vergleichbar mit dem Begriff der Klasse und der zweite mit dem des Objekts (also der Instanz, die auf eine konkrete Methode zeigt).

## 5.6.2  Einen Delegate-Typ deklarieren

Ein Delegate-Typ beschreibt die Signatur der Methode, auf welche der daraus instanziierte Delegate zeigen soll. Die Deklaration eines Delegate-Typs hat folgendes Format:

**SYNTAX:**  `<Sichtbarkeit> delegate <Rückgabetyp><Name>([<Parameterliste>])`

Beispiel 5.33   **Ein Delegate-Typ mit dem Namen *OpDlg* für Rechenoperationen mit zwei Integer-Zahlen**

```
public delegate long OpDlg(int x, int y);
```

## 5.6.3  Ein Delegate-Objekt erzeugen

Ein Delegate kann entweder mit einer benannten oder einer anonymen Methode, oder aber auch mit einem Lambda Expression instanziiert werden. Das Verständnis erschließt sich am leichtesten, wenn wir zunächst von der uns bekannten klassischen Technik zum Aufruf von Methoden ausgehen.

**Beispiel 5.34**   **Zwei sehr einfachen Methoden, die zur Addition bzw. Multiplikation von Integer-Zahlen dienen:**

```csharp
private long add(int x, int y)
{
    return x + y;
}

private long mult(int x, int y)
{
    return x * y;
}
```

Der herkömmliche Aufruf beider Methoden könnte so aussehen:

```csharp
int a = 7;
int b = 3;
long res1 = add(a, b);          // liefert 10
long res2 = mult(a,b);          // liefert 21
```

Die Methoden *add* und *mult* im obigen Beispiel haben die gleiche Signatur, d.h., Anzahl und Typ der übergebenen Parameter sowie der Typ des Rückgabewerts sind identisch. Beide Methoden entsprechen deshalb dem gleichen Delegatentyp.

Um für beide Methodenaufrufe Delegatobjekte zu erzeugen, sind folgende Schritte erforderlich:

1. Definition des Delegattypen mittels *delegate*-Schlüsselwort:

```csharp
delegate long opDlg(int x, int y);
```

2. Deklaration von zwei Variablen vom Typ des Delegaten.

```csharp
opDlg addDlg, multDlg;
```

3. Instanziieren der Delegaten mittels *new* (erst hier werden Delegate-Objekte erzeugt, welche auf die Methoden *add()* und *mult()* zeigen). Als Argument wird der Namen der Methode übergeben, die vom jeweiligen Delegaten aufgerufen werden soll:

```csharp
addDlg = new opDlg(add);
multDlg = new opDlg(mult);
```

4. Der Aufruf der im obigen Beispiel implementierten Methoden *add()* und *mult()* mit den Delegatobjekten *addDlg* bzw. *multDlg* sieht jetzt folgendermaßen aus:

```csharp
int a = 7;
int b = 3;
long res1 = addDlg(a, b);          // liefert 10
long res2 = multDlg(a,b);          // liefert 21
```

Das ist ja ziemlich viel Aufwand, werden Sie jetzt denken, und der Vorteil von Delegaten gegenüber dem direkten Methodenaufruf ist nicht so recht ersichtlich. Für dieses einfache Beispiel mögen Sie vielleicht recht haben, aber im weiteren Verlauf werden Sie feststellen, dass sich mit Delegaten wesentlich mehr anstellen lässt.

**Beispiel 5.35** | **Verwendung eines Delegate für eine Methode, die zwei Zahlen vergleicht:**

```csharp
private bool compA(int x, int y)                    // eine Methode ...
{ if (y < x) return(true); else return(false); }
...
private delegate bool CompDlg(int x, int y);        // ... dafür Delegatentyp deklarieren
...
CompDlg compMethod = new CompDlg(compA);            // ... und Delegaten instanziieren
...
if (compMethod(i, j)) {…}                            // Methodenaufruf
```

Die Instanziierung kann verkürzt werden, indem die Methode dem Delegaten direkt zugewiesen wird. Die fett gedruckte Zeile darf deshalb wie folgt ersetzt werden:

```csharp
CompDlg compMethod = compA;
```

**Beispiel 5.36** | **Obiges Beispiel mit einem generischen Delegaten.**

```csharp
private bool compA(int x, int y)
{ if (y < x) return(true); else return(false); }
...
private delegate bool CompDlg<T>(T x, T y);
...
CompDlg<int> compMethod = compA;
...
if (compMethod(i, j)) {...}
```

## 5.6.4   Delegates vereinfacht instanziieren

Wie auch bei normalen Objekten üblich, können das Erzeugen von Objektvariablen und das Instanziieren in einer einzigen Anweisung realisiert werden.

**Beispiel 5.37** | **Das Einführungsbeispiel in einer vereinfachten Variante:**

```csharp
delegate long opDlg(int x, int y);
```

Die Schritte 2 und 3 können zusammengefasst werden:

```csharp
opDlg addDlg = new opDlg(add);
opDlg multDlg = new opDlg(mult);
```

Sogar auf den *new*-Operator kann verzichtet werden, sodass sich die letzten beiden Anweisungen weiter vereinfachen:

```csharp
opDlg addDlg = add;
opDlg multDlg = mult;
```

## 5.6.5 Anonyme Methoden

Bei komplexeren Programmen kann der Aufruf benannter Methoden (in unserem obigen Einführungsbeispiel sind das *add()* und *mult()*) durch einen Delegaten schnell zu unübersichtlichem Code führen. Anonyme Methoden schaffen hier Abhilfe, indem der Methodenkörper direkt an die Instanziierung des Delegate-Objekts angefügt wird. Der Code ist nun nicht mehr namentlich mit einem Methodenbezeichner verbunden und wird deshalb als "anonyme" Methode bezeichnet.

**Beispiel 5.38** | **Realisierung des Einführungsbeispiels mit anonymen Methoden. Dazu werden die Schritte 2 und 3 zusammengefasst und auf die benannten Methoden *add()* und *mult()* wird verzichtet.**

```csharp
opDlg addDlg = delegate(int x, int y)
{
    return x + y;
};

opDlg multDlg = delegate(int x, int y)
{
    return x * y;
};
```

**HINWEIS:** Bei einer anonymen Methode handelt es sich nicht mehr um eine eigenständige Methode! Vielmehr geht es hier nur um eine vereinfachte Instanziierung eines Delegate-Objekts!

Anonyme Methoden erlauben es, auf das explizite Deklarieren der Methode zu verzichten und stattdessen den Programmcode in Verbindung mit einem passenden Delegaten direkt zuzuweisen. Einsatzmöglichkeiten ergeben sich in erster Linie bei Ereignisbehandlungsroutinen (Eventhandler).

**Beispiel 5.39** | **Auswerten des *Click*-Ereignisses eines *Button*s auf herkömmliche Weise**

```csharp
this.button1.Click += new EventHandler(this.button1_Click);      // Eventhandler anmelden
...
```

Eventhandler implementieren:

```csharp
private void button1_Click(object sender, EventArgs e)
{
    this.Close();
}
```

**Beispiel 5.40** | **Obiges Beispiel mittels einer anonymen Methode**

```csharp
this.button1.Click += delegate(object sender, EventArgs e)
{
    this.Close();
};
```

> **HINWEIS:** Sollen jedoch mehrere Ereignisse den gleichen Code ausführen, so muss an Stelle der Implementierung der Aufruf einer Methode stehen.

## 5.6.6  Lambda-Ausdrücke

Bei den Lambda-Ausdrücken handelt es sich eigentlich um nichts weiter als um funktional erweiterte anonyme Methoden. Der offensichtlichste Unterschied zu anonymen Methoden zeigt sich in der Syntax: auf die Parameterliste folgt ein Pfeil (=>), gefolgt von einer einzelnen Anweisung oder einem Anweisungsblock:

**SYNTAX:**    (Inputparameter) => {Expressions/Statements}

**Beispiel 5.41**    **Eine Methode zur Multiplikation von zwei Gleitkommazahlen, die mittels Lambda-Ausdruck definiert wird.**

```csharp
public delegate double opDeleg(double x, double y);   // Delegate-Typ

opDeleg multDlg = (double x, double y) => x * y;   // Methode als Lambda-Ausdruck zuweisen
...
textBox1.Text = multDlg(5.5, 4.3).ToString();   // Methodenaufruf: 23.65
```

> **HINWEIS:** Lambda-Ausdrücke stellen lediglich eine leistungsfähigere Syntax dar, mit der sich anonyme Methoden schreiben lassen.

**Beispiel 5.42**    **Obiges Beispiel auf traditionelle Weise mittels einer anonymen Methode realisiert.**

```csharp
public delegate double opDeleg(double x, double y);   // Delegate-Typ

opDeleg multDlg1 = delegate(double x, double y)   // anonyme Methode zuweisen
{
    return x * y;
};
...
textBox1.Text = multDlg(5.5, 4.3).ToString();   // Methodenaufruf: 23.65
```

Die Syntax von Lambda-Ausdrücken ist gewöhnungsbedürftig. Falls der Code rechts neben dem Pfeil aus mehreren Anweisungen besteht, sind diese in geschweifte Klammern einzuschließen.

**Beispiel 5.43**    **Lambda-Ausdruck mit Anweisungsblock**

```csharp
(int x) =>
{
    if( x < 0) x = -1 * x;
    return x;
}
```

Der Rückgabetyp eines Lambda-Ausdrucks wird durch den Typ des Ausdruckes hinter dem Pfeil (=>) bestimmt. Folglich hat ein Lambda-Ausdruck mit nur einem Methodenaufruf nach dem Pfeil den gleichen Rückgabetyp wie diese Methode. Falls dem Pfeil ein Anweisungsblock folgt, wird der Rückgabetyp durch den Ausdruck nach *return* festgelegt. Fehlt *return* im Anweisungsblock, dann ist der Rückgabetyp des Lambda-Ausdrucks *void*.

**Beispiel 5.44** | **Einige Lambda-Ausdrücke, die die Zuordnung des Rückgabetyps veranschaulichen sollen.**

Rückgabetyp *void*, da *Console.WriteLine()* *void* liefert:

```
(int j) => Console.WriteLine(j.ToString());
```

Rückgabetyp *int*, da *j* und *k* vom Typ *int* sind:

```
(int j, int k) => j * k;
```

Rückgabetyp *void*, da *return* Schlüsselwort im Anweisungsblock fehlt:

```
(double x) =>
{
    x = 3.14;
    MessageBox.Show(x.ToString());
}
```

Rückgabetyp *double*, da ein *double* (0.7) zu einem *int* addiert wird und das Ergebnis *double* ist:

```
(int i) => i + 0.7;
```

Rückgabetyp *string*, da nach dem Pfeil ein *string* addiert wird:

```
(int geb) => "Alles Gute zum " + geb + ". !"
```

Genau wie bei anonymen Methoden auch, muss natürlich die Anzahl der Parameter und deren jeweiliger Datentyp mit denen des Delegate, für den der Lambda-Ausdruck angegeben wird, übereinstimmen. Allerdings kann bei Lambda-Ausdrücken auf die Angabe des Typs für die Parameter verzichtet werden, da diese auch vom Kontext her ableitbar sind. Dem jeweiligen Parameter des Lambda-Ausdrucks wird also automatisch der Typ des entsprechenden Parameters des Delegate, für den der Lambda-Ausdruck angegeben wird, zugewiesen. Im folgenden Beispiel kann man dieses Konzept erkennen.

**Beispiel 5.45** | **Parametertyperkennung in einem Lambda-Ausdruck**

```
public class CPerson
{
 public string Name = "";
 public int Alter = 0;
}

public delegate void PDelegate(CPerson person);
```

**Beispiel 5.45**  **Parametertyperkennung in einem Lambda-Ausdruck**

Wegen *PDelegate* ist der Parameter *p* vom Typ *CPerson*, Rückgabetyp muss *void* sein:

```
PDelegate dlg1 = ( p ) => Console.WriteLine(p.Name);
```

Bei nur einem Parameter darf man die Klammern bei *(p)* weglassen:

```
PDelegate dlg2 = p => Console.WriteLine(p.Name);
```

Wie bei den Parametern muss natürlich auch der Rückgabetyp des Lambda Ausdrucks mit dem Rückgabetypen des Delegate übereinstimmen (bzw. eine implizite Konvertierung existiert). Demzufolge liefert der Lambda-Ausdruck im obigen Beispiel keinen Rückgabewert, da *void* vom Delegate *PDelegate* entsprechend als "Rückgabewert" vorgegeben ist.

## 5.6.7  Lambda-Ausdrücke in der Task Parallel Library

Auch beim Schreiben von Code für die neue Task Parallel Library (TPL) bzw. für Parallel LINQ (PLINQ) werden Sie häufig Lambda-Ausdrücke verwenden.Wenn beispielsweise eine Methode wie *Parallel.For* einen *Func* oder *Action* Delegate als Inputparameter entgegennimmt, so können Sie diesen Parameter als Lambda-Ausdruck bereitstellen. Der Compiler erkennt die Variablentypen innerhalb des Lambda Ausdrucks und konvertiert den Lambda Expression in eine Instanz des Delegaten.

**HINWEIS:** Ausführlich gehen wir auf die *Task Parallel Library* und die parallele Programmierung erst im Kapitel 13 ein.

Um Ihnen dennoch einen ersten Eindruck zu vermitteln, sollen zwei Beispiele gegenübergestellt werden.

**Beispiel 5.46**  **Eine einfache *for*-Schleife in klassischer Programmiertechnik**

```
int N = 100;
for (int i = 1; i < N; i++)
    {
        System.Diagnostics.Debug.Write(i.ToString() + " ");
        if (i > 30) break;
    }
```

Die Ausgabe (Menü *Ansicht|Ausgabe*):

Das analoge Problem soll nun mittels Parallelprogrammierung gelöst werden.

**Beispiel 5.47**

**Anwendung eines Lambda-Ausdrucks in der *Parallel.For()* Methode**

```csharp
using System.Threading.Tasks;
...
int N = 100;
Parallel.For(0, N, (i, lState) =>
{
    System.Diagnostic.Debug.WriteLine(i.ToString());
    if (i > 50)
        lState.Break();
}
        );
...
```

Das Ausgabefenster:

```
Ausgabe                                                                    ▼ ⅉ ✕
Ausgabe anzeigen von:  Debuggen                                  ▾   ⅉ  ⅉ ⅉ  ⅉ  ↵
"WindowsFormsApplication1.vshost.exe" (Verwaltet (v4.0.21006)): "C:\Windows\Microsoft.Net\assem ▲
66 33 99 0 1 3 2 4 5 9 6 10 7 11 8 12 13 21 22 14 23 15 24 16 25 17 26 18 27 19 28 20 29 30 31
Der Thread '<Kein Name>' (0x1614) hat mit Code 0 (0x0) geendet.
Der Thread '<Kein Name>' (0x994) hat mit Code 0 (0x0) geendet.
Der Thread '<Kein Name>' (0xeac) hat mit Code 0 (0x0) geendet.
                                                                            ▼
◄ ▌         III                                                          ►
```

Wie Sie dem Ergebnis entnehmen, läuft die Schleife in mehreren Threads, die Reihenfolge der Zahlen scheint allerdings chaotisch zu sein (siehe Bemerkungen).

## Bemerkungen

- Der Aufruf von *ParallelLoopState.Break()* informiert die *For*-Operation dass nach der aktuellen Iteration keine weitere mehr ausgeführt werden soll. Jedoch sind alle Iterationen vor der aktuellen noch auszuführen, falls dies noch nicht geschehen ist. Deshalb ist der Aufruf von *Break* vergleichbar mit der Verwendung von *break* innerhalb einer konventionellen *for*-Schleife, aber es ist kein perfekter Ersatz: es gibt beispielsweise keine Garantie dafür, dass nach der aktuellen Iteration keine weitere mehr ausgeführt wird.

- Falls die Ausführung aller Iterationen vor der aktuellen nicht erforderlich ist, sollte *ParallelLoopState.Stop()* den Vorzug vor *Break* erhalten. Wie bei *Break* gibt es aber auch bei *Stop* keine Garantie, ob zukünftige Iterationen ausgeführt werden oder nicht. Wurde eine Schleife vorzeitig beendet, enthält der Rückgabewert von *ParallelLoopstate* relevante Informationen über den Schleifenabschluss.

# 5.7  Dynamische Programmierung

Sie gehört zweifelsfrei mit zu den Highlights von C# 4.0 – die so genannte *dynamische* Programmierung. Zu ihren wichtigsten Vorteilen zählen die gravierenden Vereinfachungen bei Verwendung des Reflection-Mechanismus, bei COM-Interop und beim Zugriff auf das HTML DOM. Zur Kompilierzeit erlaubt Ihnen C# jetzt die Ausführung beliebiger Operationen mit Variablen eines dynamischen Typs. Doch ehe wir ins Detail gehen, sollen zunächst einige allgemeine Dinge geklärt werden.

## 5.7.1  Wozu dynamische Programmierung?

Die meisten C# Entwickler verwenden mehrere Werkzeuge in einer einzigen Applikation, um komplexe Aufgaben zu programmieren. Für WPF Desktop-Anwendungen braucht man beispielsweise C# und XAML. Häufig findet sich Open-Source-Code zum Lösen eines Problems, allerdings kann dieser in einer anderen Sprache vorliegen, z.B. in VB oder F#. Einer der Vorteile von .NET ist die Fähigkeit zur Cross-Language-Interoperabilität, nicht zu Unrecht bezeichnet man ja die Laufzeitumgebung als "Common Language" Runtime (CLR). Microsoft hat zwar dynamische Sprachen wie IronRuby und IronPython entwickelt, für die Entwickler gab es bislang aber keinen einfachen Weg um die Interoperabilität mit dynamischen Sprachen zu gewährleisten. Überzeugen Sie sich nun in diesem Abschnitt davon, wie leicht man jetzt mittels dynamischer Programmierung mit C# 4.0 dieses Ziel erreichen kann.

- Wenn Sie mit Hilfe des Reflection-Mechanismus eine Methode auf einem Objekt aufrufen wollen, dann müssen Sie dazu eine Objektreferenz gewinnen, den Typ der verwendeten Bindung ermitteln und dann das Objekt aufrufen. All diese Schritte können mittels dynamischer Methoden vereinfacht werden.

- Bei Silverlight-Anwendungen müssen Sie früher oder später auf das HTML-DOM zugreifen, welches Ihr Silverlight-Control enthält. Auch diese Aufgabe kann die dynamische C#-Programmierung erleichtern.

- Die Realisierung von COM-Interop mittels C# war bislang ziemlich umständlich, besonders weil Sie die exakte Syntax bei Konvertierungen, optionalen Parametern usw. zu beachten hatten[1]. Ein wichtiger Vorteil der dynamischen Programmierung in C# ist die sauberere Syntax in derartigen Szenarien.

## 5.7.2  Das Prinzip der dynamischen Programmierung

... lässt sich am besten anhand eines konkreten Beispiels erklären.

Das folgende Beispiel soll das Erzeugen eines Objekts demonstrieren. Drei lose nebeneinander stehende Hilfsklassen dienen als Grundlage.

---

[1] Einige C#-Entwickler hatten hier neidisch in Richtung VB geschielt, welches bislang eine bessere Unterstützung für COM-Interop bot.

**Beispiel 5.48** | **Prinzip der dynamischen Programmierung**

Die drei Klassen *CFlugzeug*, *CVogel* und *CStudent* stehen untereinander in keinerlei Beziehung (Vererbung etc.). *CFlugzeug* und *CVogel* verfügen über eine *Fliegen*-Methode, *CStudent* aber nicht.

```
class CFlugzeug
{
    public void Fliegen()
    {
        MessageBox.Show("Das Flugzeug fliegt!");
    }
}

class CVogel
{
    public void Fliegen()
    {
        MessageBox.Show("Der Vogel fliegt!");
    }
}

class CStudent
{
    public void Lernen()
    {
        MessageBox.Show("Der Student lernt!");
    }
}
```

Eine Hilfsmethode, die eine Instanz von *CFlugzeug* liefert:

```
public object getFliegendesObjekt()
{
    return new CFlugzeug();
}
```

Keine der drei Klassen implementiert ein Interface oder eine allgemeine Basisklasse, d.h., es existiert keinerlei Code der eine streng typisierte Beziehung zwischen diesen Klassen erzeugt. Später werden Sie sehen, wie man mittels dynamischer Typen trotzdem auf all diese Klassen zugreifen kann.

Ganz bewusst haben wir hier als Rückgabetyp der Methode *getFliegendesObjekt* den Typ *object* gewählt. Wir wollen damit die Bedingungen simulieren die auftreten, wenn man die Referenz auf ein Objekt unbekannten Typs erhält. Das passiert beispielsweise wenn dieses Objekt von der Bibliothek eines Drittanbieters kommt oder von einer Bibliothek stammt, die in einer dynamischen Sprache (wie *IronRuby* oder *IronPython*) geschrieben wurde.

Sie als Programmierer haben die Dokumentation von *getFliegendesObjekt* gelesen und wissen deshalb, dass das Rückgabeobjekt eine *Fliegen*-Methode besitzt, der C#-Compiler aber kann das wegen der *object*-Referenz nicht herausfinden. Unter dem alten C# mussten Sie deshalb ziemlich umständlich mittels Reflection-Mechanismus die *Fliegen*-Methode auf dem Objekt aufrufen, in C# 4.0 geht das dank dynamischer Variablen verblüffend einfach.

**Beispiel 5.48**   | **(Fortsetzung)**

Die von *getFlyingObject* gelieferte *object*-Referenz wird der dynamischen Variablen *fliegendesObjekt* zugewiesen.

```
dynamic fliegendesObjekt = getFlliegendesObjekt();
fliegendesObjekt.Fliegen();
```

Der *dynamic* Typ entspricht nur auf den ersten Blick dem *object*-Typ, denn Sie können mit einem *dynamic*-Typ Dinge tun (Methoden aufrufen).

**HINWEIS:**  Beim Kompilieren erlaubt C# Ihnen die Ausführung beliebiger Operationen auf einer dynamischen Variablen.

Das Binden eines dynamischen Typs erfolgt erst zur Laufzeit. Obiges Beispiel ruft *Fliegen* auf der Variablen *fliegendesObjekt* auf. Diese dynamische Variable führt die *Fliegen*-Methode von *CFlugzeug* zur Laufzeit aus.

Falls die Methode, die Sie auf einem dynamischen Objekt aufrufen, nicht existiert, erhalten Sie keine Fehlermeldung des Compilers, sondern einen Laufzeitfehler.

**Beispiel 5.49**   | **Die Iterator-Methode liefert je eine Instanz von *CFlugzeug*, *CVogel* und *CStudent*.**

```
public IEnumerable<object> getFliegendeObjekte()
{
    yield return new CFlugzeug();
    yield return new CVogel();
    yield return new CStudent();
}
```

Da *CStudent* keine *Fliegen*-Methode besitzt, generiert der folgende Code einen Laufzeitfehler:

```
foreach (dynamic fO in getFliegendeObjekte())
{
    fOb.Fliegen();
}
```

Der Code iteriert solange anstandslos über *getFliegendeObjekte*, bis eine Instanz geliefert wird (hier die von *CStudent*), die keine *Fliegen*-Methode besitzt. In diesem Fall wird eine Laufzeit-Exception ausgelöst[1].

---

[1] In diesem Fall ist die Fehlermeldung exakt die gleiche wie Sie sie zur Kompilierzeit sehen würden, wenn die Variable *fliegendesObjekt* nicht dynamisch wäre!

```
foreach (dynamic fObject in getFliegendeObjekte())
{
    fObject.Fliegen();
}
```

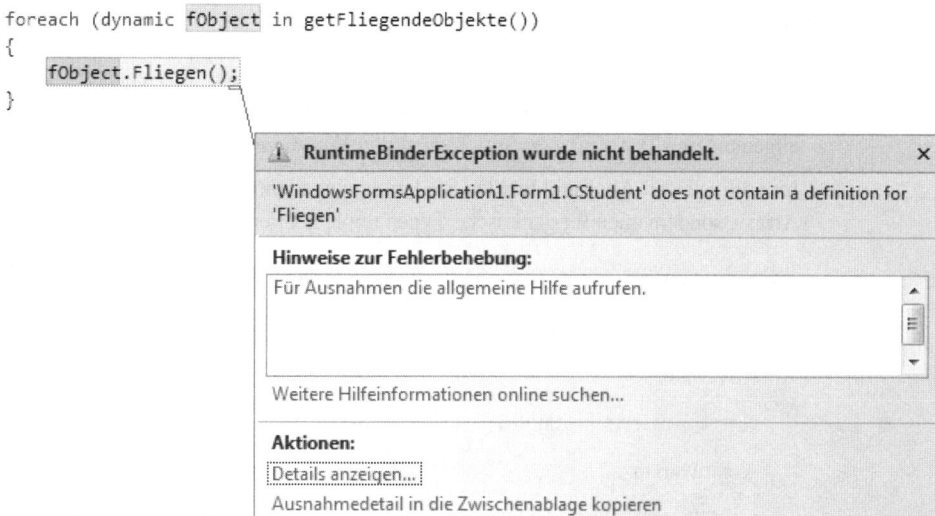

### 5.7.3 Optionale Parameter sind hilfreich

Die ebenfalls unter C# 4.0 neu eingeführten optionalen Parameter (siehe 2.7.6) leisten auch bei der dynamischen Programmierung gute Dienste. Dies kann am besten anhand von *Missing.Value* verdeutlicht werden:

Die alten C#-Versionen verlangen die Verwendung von *Missing.Value*, ein statisches Readonly-Feld im *System.Reflection Namespace*, welches als Platzhalter für optionale Werte dient. Da die Rückgabewerte in COM-Interop vom Type *object* sind, mussten Sie bislang eine explizite Konvertierung beim Zuweisen von *ActiveSheet* durchführen.

**Beispiel 5.50** | **Ein typischer Excel-Aufruf zum Hinzufügen eines neuen Worksheet**

```csharp
var wkBook = excelApp.Workbooks.Add(Missing.Value);
var wkSheetData = (Excel.Worksheet)wkBook.ActiveSheet;
```

Dank dynamischer Programmierung und optionaler Parameter vereinfacht sich obiger Code:

```csharp
dynamic wkBook = excelApp.Workbooks.Add();
Excel.Worksheet wkSheetData = wkBook.ActiveSheet;
```

Wie Sie sehen können Sie, wenn Sie den Typ von *wkBook* explizit auf *dynamic* setzen, die Eigenschaft *ActiveSheet* direkt herauslesen und das Ergebnis dem *Excel.Worksheet* Typ zuweisen.

---

**HINWEIS:** PB 5.9.4 demonstriert den dynamischen COM Interop-Zugriff auf Microsoft Excel!

### 5.7.4  Kovarianz und Kontravarianz

Das Füllen eines allgemeineren Typs mit den Werten eines speziellen (tiefer abgeleiteten) Typs bezeichnet man als *Kovarianz*. Im umgekehrten Fall, also wenn Sie einem spezielleren Typ einen allgemeineren Typ zuweisen, spricht man von *Kontravarianz*.

Im vorliegenden Abschnitt werden Sie lernen, wie man Kovarianz und Kontravarianz nicht nur für Arrays, sondern auch für generische Typen implementieren kann.

**Beispiel 5.51**      **Einem Objektarray wird ein Stringarray zugewiesen und umgekehrt.**

```csharp
string[] strings1 = new string[] { "Günther", "Erhard", "Michael" };
```

Kovarianz:

```csharp
object[] objects = strings1;
```

Kontravarianz:

```csharp
string[] strings2 = (string[])objects;
```

Wenn man Kovarianz und Kontravarianz in Arrays realisieren kann, so möchte man das verständlicherweise mit der gleichen Semantik auch mit Collections tun. Das aber war in C# 3.0 noch Wunschdenken. Das folgende Beispiel benutzt die Schnittstelle *IEnumerable* anstatt eines Arrays, um so Kovarianz und Kontravarianz unter C# 4.0 zu demonstrieren.

**Beispiel 5.52**      **Kovarianz und Kontravarianz mit Collections**

```csharp
IEnumerable<string> strings3 = strings1;
IEnumerable<object> objects3 = strings3;
IEnumerable<string> strings4 = (IEnumerable<string>)objects3;
```

**HINWEIS:** In .NET 4.0 unterstützen alle Collection-Typen Kovarianz und Kontravarianz.

## 5.8  Weitere Datentypen

Mit der Version 4.0 des .NET-Frameworks haben auch einige neue Datentypen bzw. -strukturen ihren Einzug gehalten.

### 5.8.1  BigInteger

Der Typ *System.Numerics.BigInteger* steht für beliebig große ganzzahlige Werte und gestattet das Arbeiten mit einer rein theoretisch unendlich großen Ziffernfolge.

**HINWEIS:** Fügen Sie, falls noch nicht vorhanden, einen Verweis auf die *System.Numerics.dll* hinzu (Kontextmenü *Verweis hinzufügen...* im Projektexplorer).

Eine neue *BigInteger*-Instanz kann

- mit dem *new*-Schlüsselwort oder

- mit der statischen *Parse()*-Methode erzeugt werden.

**Beispiel 5.53**    **Erzeugen eines *BigInteger* aus einem *long*-Wert**

```csharp
using System.Numerics;
...
BigInteger bi1 = new BigInteger(1234566m);
```

**Beispiel 5.54**    **(Fortsetzung) Erzeugen eines *BigInteger* aus einer Zeichenkette**

```csharp
BigInteger bi2 = BigInteger.Parse("12345678901234567890123456789012345678901123456780");
```

Auch die mathematischen Operatoren für Addition, Multiplikation, Subtraktion und Division wurden für diese Klasse überladen.

**Beispiel 5.55**    **(Fortsetzung) Multiplikation zweier *BigInteger***

```csharp
BigInteger bi3 = bi2 * bi1;
```

Die folgende Tabelle zeigt die wichtigsten Eigenschaften einer *BigInteger*-Zahl.

| Eigenschaft | Beschreibung |
|---|---|
| *Sign* | ... liefert Vorzeichen des Wertes (-1, 0, 1) |
| *IsEven* | ... prüft, ob der Wert gerade ist |
| *IsOne* | ... prüft, ob der Wert Eins ist |
| *IsZero* | ... prüft, ob der Wert gleich 0 ist |
| *IsPowerOfTwo* | ... prüft, ob der Wert eine Zweierpotenz ist |

**Beispiel 5.56**    **Es wird bewiesen, dass die Zahl 2097152 eine Potenz von 2 ist**

```csharp
BigInteger bi4 = new BigInteger(2097152);
if (bi4.IsPowerOfTwo)                    // liefert true
    MessageBox.Show(bi4.ToString() + " ist eine Potenz von 2 !");
```

Die folgende Tabelle zeigt einige wichtige statische Methoden der *BigInteger*-Klasse

| Methode | Beschreibung |
|---|---|
| *Add, Subtract, Multiply, Divide* | ... liefern das Ergebnis der vier Grundrechenarten. |
| *Abs* | ... ermittelt den Absolutwert einer *BigInteger*-Zahl. |

| Methode | Beschreibung |
|---|---|
| *DivRem* | ... dividiert einen *BigInteger*-Wert durch einen anderen und liefert in einem Output-Parameter das Ergebnis und den Rest. |
| *GreatestCommonDivisor* | ... liefert den größten gemeinsamen Teiler zweier *BigInteger*-Zahlen. |
| *Log, Log10* | ... ermittelt den natürlichen bzw. dekadischen Logarithmus. |
| *Min, Max* | ... bestimmt Maximum bzw. Minimum zweier *BigInteger*-Zahlen. |
| *Parse* | ... konvertiert die Stringdarstellung einer Zahl in ihr *BigInteger*-Äquivalent. |
| *TryParse* | ... versucht, die Stringdarstellung einer Zahl in ihr *BigInteger*-Äquivalent zu konvertieren. Der Rückgabewert zeigt an, ob die Konvertierung erfolgreich war. |
| *Pow* | ... berechnet eine bestimmte Potenz für einen BigInteger Wert. |
| *Reminder* | ... realisiert die Integer-Division von zwei *BigInteger*-Werten und gibt den Rest zurück. |

Wie man sieht, können die mathematischen Grundoperationen auch mit entsprechenden Methoden-aufrufen realisiert werden.

**Beispiel 5.57** | **Alternative Durchführung des Vorgängerbeispiels (Multiplikation zweier *BigInteger*-Zahlen)**

```csharp
BigInteger bi3 = BigInteger.Multiply(bi1, bi2);
```

**Beispiel 5.58** | **Die ganzzahlige Division *1000000/300000* mit zusätzlicher Ermittlung des Rests**

```csharp
BigInteger bi1 = new BigInteger(1000000);
BigInteger bi2 = new BigInteger(300000);
BigInteger bi3 = new BigInteger();

BigInteger bi4 = new BigInteger.DivRem(bi1, bi2, out bi3);
```

*bi3* hat jetzt den Wert *100000* und *bi4* den Wert *3*

**Beispiel 5.59** | **Die 20.-te Potenz von 10 wird berechnet**

```csharp
BigInteger bi1 = new BigInteger(10);
BigInteger bi2 = BigInteger.Pow(bi1, 20);
```

*bi2* hat jetzt den Wert von 100000000000000000000

## 5.8.2 Complex

Der Datentyp *System.Numeric.Complex* repräsentiert eine komplexe Zahl[1]. Auch für diesen Datentyp stehen, wie im folgenden ganz einfachen Beispiel zu sehen ist, die gewöhnlichen mathematischen Operatoren zur Verfügung.

**Beispiel 5.60** | **Addition von zwei komplexen Zahlen**

Zwei Instanzen von *complex* erzeugen:

```
Complex c1 = new Complex(1.5, -0.3);
Complex c2 = new Complex(-5, 2.1);
```

Operation durchführen:

```
Complex c3 = c1 + c2;
```

Ergebnis auswerten:

- kartesische Koordinaten:

```
double re = c3.Real;       // -3,5
double im = c3.Imaginary;  // 1,8
```

- Polarkoordinaten:

```
double m = c3.Magnitude;   // 3,9357 ...
double p = c3.Phase;       // -0,475 ...
```

Die mathematisch interessierten Leser wird es freuen, dass auch zahlreiche statische Methoden (*Cos, Cosh, Exp ...*) bereitgestellt werden, mit denen eine Vielzahl weiterer Berechnungen durchführbar ist.

## 5.8.3 Tuple<>

Die generische *System.Tuple<>*-Klasse ermöglicht es, bis zu acht Elemente unterschiedlichen Typs gemeinsam in einem Tupel typsicher abzuspeichern. Mittels der Eigenschaften *Item1 ... Item8* kann auf die einzelnen Elemente zugegriffen werden.

**Beispiel 5.61** | **Anwendung der *Tuple*-Klasse**

Zwei einfache Klassen definieren:

```
public class CLektor
{
    public string Name { get; set; }
}

public class CAutor
{
```

---

[1] Eine komplexe Zahl liegt in der Form $a + bj$ vor, dabei ist $a$ der Real- und $b$ der Imaginärteil.

**Beispiel 5.61**    **Anwendung der *Tuple*-Klasse**

```
    public string Name { get; set; }
}
```

Alle Objekte erzeugen:

```
CLektor le1 = new CLektor {Name = "Fernando"};
CAutor au1 = new CAutor {Name = "Walter"};
CAutor au2 = new CAutor {Name = "Thomas"};
```

Jetzt wird ein *Tuple*-Objekt erzeugt:

```
Tuple< CLektor, CAutor, CAutor > tuple1 = new Tuple< CLektor,
                                  CAutor, CAutor > (le1, au1, au2);
```

Der Zugriff erfolgt über die entsprechenden *Item*-Eigenschaften:

```
CLektor le = tuple1.Item1;
MessageBox.Show(le.Name);              // zeigt "Fernando"
```

oder

```
CAutor au = tuple1.Item3;
MessageBox.Show(au.Name);              // zeigt "Thomas"
```

**HINWEIS:** Die Elemente eines Tupels sind schreibgeschützt, können also zur Laufzeit nicht verändert werden.

## 5.8.4 SortedSet<>

Mit der generischen *System.Collections.Generic.SortedSet<>*-Klasse lassen sich Mengen sortieren. Das Hinzufügen und Einsortieren geschieht mittels *Add()*-Methode.

**Beispiel 5.62**    **Erstellen einer Namensliste und Ausgabe in einer *ListBox***

Eine Instanz erzeugen:

```
SortedSet<string> Namen = new SortedSet<string>();
```

Elemente hinzufügen:

```
Namen.Add("Fernando");
Namen.Add("Thomas");
Namen.Add("Max Walter");
```

Ausgabe:

```
foreach (string s in Namen)
    listBox1.Items.Add(s);
```

**Beispiel 5.62** | **Erstellen einer Namensliste und Ausgabe in einer *ListBox***

> **Ergebnis**
>
> Die alphabetisch geordnete Ausgabe entspricht dem Standard für Zeichenketten:
>
> ```
> Fernando
> Max Walter
> Thomas
> ```

Dem Konstruktor kann auch ein benutzerdefiniertes Objekt vom generischen Typ *System.Collections.Generic.IComparer<T>* übergeben werden, mit welchem Sie selbst die Sortierfolge bestimmen können.

**Beispiel 5.63** | **Die Sortierung soll so erfolgen, dass kurze Zeichenketten vor langen eingefügt werden**

> **C#**
>
> Diese Klasse definiert die neue Sortierung:
>
> ```csharp
> public class CSortierfolge : IComparer<string>
> {
>     public int Compare(string a, string b)
>     {
>         return a.Length - b.Length;
>     }
> }
> ```
>
> Die Instanz der sortieren Menge wird nun so erstellt:
>
> ```csharp
> SortedSet<string> Namen = new SortedSet<string>(new CSortierfolge());
> ...
> ```

> **Ergebnis**
>
> Im Vergleich zum Vorgängerbeispiel sieht die Ausgabe jetzt so aus:
>
> ```
> Thomas
> Fernando
> Max Walter
> ```

# 5.9 Praxisbeispiele

## 5.9.1 ArrayList versus generische List

Bei einer *ArrayList* handelt es sich um eine universell einsetzbare (nicht generische) Sammlung (Collection) von Objekten, die vom standardmäßig eingebundenen Namensraum *System.Collections* bereitgestellt wird (siehe Abschnitt 5.3.2).

Generics hingegen sind Klassen bzw. Methoden, denen die Typinformationen erst zur Laufzeit zugewiesen werden. Die variablen Datentypen werden in spitzen Klammern unmittelbar nach dem Klassen- bzw. Methodenbezeichner angegeben. Im Namespace *System.Collections.Generic* finden sich zahlreiche generische Klassen, wie z.B. die *List*, welche als Alternative zur altbekannten *ArrayList* infrage kommt (siehe Abschnitt 5.5.1).

Das vorliegende Beispiel besteht aus zwei getrennten Windows Forms-Anwendungen. In der ersten zeigen wir, wie man in der *ArrayList* sortiert und sucht und wie man deren Inhalt ausliest und in einer *ListBox* zur Anzeige bringt. Die zweite Anwendung löst das gleiche Problem mittels einer generischen *List*.

## Oberfläche

Die Oberflächen für beide Anwendungen sind identisch. Auf dem Startformular *Form1* platzieren Sie eine *ListBox*, eine *TextBox* und drei *Button*s (siehe Laufzeitabbildung am Schluss).

```
...
using System.Collections;

public partial class Form1 : Form
{
    ...
    private ArrayList  al = null;
```

Nach Programmstart wird die *ArrayList* erzeugt, mit Werten gefüllt und angezeigt:

```
private void Form1_Load(object sender, EventArgs e)
{
    al = new ArrayList(); al.Add("Das"); al.Add("ist"); al.Add("ein"); al.Add("Test");
    al.Add("mit"); al.Add("der"); al.Add("ArrayList"); al.Add("Das"); al.Add("ist");
    al.Add("ok.");
    listeAnzeigen(al);
}
```

Die Routine zur Anzeige des Inhalts in der *ListBox*:

```
private void listeAnzeigen(ArrayList al)
{
    listBox1.Items.Clear();
    for (int i = 0; i < al.Count; i++)
    {
        listBox1.Items.Add(al[i]);
    }
}
```

Aufsteigend sortieren:

```
private void button1_Click(object sender, System.EventArgs e)
{
    al.Sort();
    listeAnzeigen(al);
}
```

Absteigend sortieren:

```
private void button2_Click(object sender, System.EventArgs e)
{
    al.Reverse();
```

```
            listeAnzeigen(al);
    }
```

Suchen:

```
    private int ix = -1;            // Index des letztmaligen Vorkommens

    private void button3_Click(object sender, System.EventArgs e)
    {
        char lf = (char) 10;        // für Zeilenvorschub
        int i = al.IndexOf(textBox1.Text, ix+1);      // Suche wird ab ix fortgesetzt
        if (i < 0)
        {
            MessageBox.Show("Das Element wurde nicht gefunden!" + lf +
                                            " Suche beginnt wieder von vorn!");

            ix = -1;
            listBox1.SelectedIndex = -1;        // Zeilenmarkierung entfernen
        }
        else
        {
            listBox1.SelectedIndex = i;         // gefundenes Wort markieren
            ix = i;
        }
    }
}
```

## Quellcode (mit generischer List)

Alle Änderungen gegenüber dem *ArrayList*-Beispiel sind fett hervorgehoben. Wie Sie sehen, können *ArrayList* und *List* direkt ausgetauscht werden, da sie über dieselben Methoden (*Add*, *Sort*, *Reverse*, *IndexOf*) verfügen.

```
using System.Collections.Generic;

public partial class Form1 : Form
{
    private List<string> gl = null;
    ...
    private void Form1_Load(object sender, EventArgs e)
    {
        gl = new List<string>();
        gl.Add("Das");
        gl.Add("ist");
        ...
        listeAnzeigen(al);
    }

    private void listeAnzeigen(List<string> gl)
    {
        listBox1.Items.Clear();
```

```
        for (int i = 0; i < gl.Count; i++)
        {
            listBox1.Items.Add(gl[i]);
        }
    }
    ...
    // restlicher Code siehe ArrayList-Version
}
```

## Test

Beide Programme zeigen dasselbe Verhalten. Die Abbildung zeigt eine erfolgreiche Suche ohne
vorherige Sortierung:

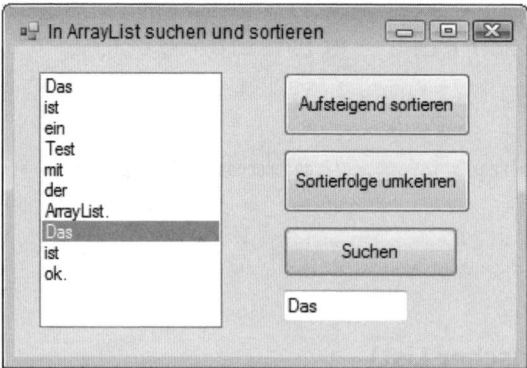

Ansichten der sortierten Listen:

## Bemerkungen

Gegenüber der *ArrayList* bietet die generische *List* alle Vorzüge einer typsicheren Programmierung:

■   Das Boxing von Wertetypen ist nicht mehr erforderlich, weil *List<string>* in unserem Beispiel
    jetzt "weiß", welcher Datentyp zu speichern ist und wie viel Speicher man dafür reservieren
    muss.

- Statt eines Laufzeitfehlers erhalten Sie bereits einen Compiler-Fehler, falls Sie einen falschen Datentyp in der List speichern wollen.

- Eine Typumwandlung (Typecasting) entfällt, wenn Sie auf die Werte der generischen List zugreifen wollen.

## 5.9.2 Ein generisches IEnumerable-Interface implementieren

Das .NET Framework stellt zwei Arten von Standardschnittstellen für die Enumeration und den Vergleich von Collections zur Verfügung:

- Interfaces für die traditionellen, nicht typsicheren Collections (siehe Abschnitt 5.3) und

- Interfaces für die neueren generischen Collections (siehe Abschnitt 5.5).

In unserem Beispiel speichert eine Klasse *CTestListe* ein String-Array und implementiert dazu die generische Schnittstelle *IEnumerable<string>*. Dies ist erforderlich, um beispielsweise mittels *foreach*-Anweisung über diese selbst definierte Collection iterieren zu können.

Doch halt, schießen wir mit einer extra Klasse *CTestListe* nicht mit Kanonen auf Spatzen?

Wenn es lediglich darum geht, mit *foreach* über die Stringliste zu iterieren, so genügen wenige Codezeilen.

**Beispiel 5.64** | **Auslesen einer Stringliste und Anzeige in einer *ListBox***

```csharp
IEnumerable<string> liste = new string[] { "Günter","Erhard", "Michael"};

foreach (string s in liste)
{
    listBox1.Items.Add(s);
}
```

Wir aber wollen noch etwas mehr, als es obiger Code zeigt. Für mehr Komfort, wie das Hinzufügen von Einträgen, indizierter Zugriff etc., lohnt sich durchaus das Anlegen einer eigenen Klasse.

### Oberfläche

Platzieren Sie auf dem Startformular einer neuen Windows Forms-Anwendung eine *ListBox* und einen *Button*.

### Quellcode CTestListe

Fügen Sie zum Projekt eine Klasse *CTestListe* hinzu:

```csharp
using System;
using System.Collections.Generic;
using System.Text;

class CTestListe : IEnumerable<string>     // generische Schnittstelle implementieren
{
```

```
private string[] strings;       // Stringarray speichert den Inhalt der Testliste
private int pos = 0;            // Positionszähler
```

Im Konstruktor wird die Liste mit den übergebenen Strings initialisiert:

```
public CTestListe(params string[] initStrings )
{
    strings = new String[6];            // genügend Platz für die Strings reservieren
    foreach ( string s in initStrings ) // die übergebene Stringliste wird eingelesen:
        strings[pos++] = s;
}
```

Die Implementierung des Enumerators ist Pflicht:

```
IEnumerator<string> IEnumerable<string>.GetEnumerator()
{
    foreach ( string s in strings )     // Listeninhalt wird durchlaufen
        yield return s;                 // Enumerator wird geliefert
}
```

Eine Methode, die einen String an das Ende der Liste anhängt:

```
public void Add( string s )
{
    strings[pos] = s;
    pos++;
}
```

Schließlich gönnen wir uns noch einen **Indexer**, der einen indizierten Zugriff auf die Liste wie bei einem Array erlaubt:

```
public string this[int ix]
{
    get
    {
        if ( ix < 0 || ix >= strings.Length )
        {
            // Fehlerbehandlung bei ungültigem Index
        }
        return strings[ix];
    }
    set
    {
        strings[ix] = value;
    }
}
```

---

**HINWEIS:** Leider würde obiger Code einen Compilerfehler verursachen, da die gleichnamige (nichtgenerische!) *GetEnumerator()*-Methode nicht implementiert wurde. Weil deren Signatur identisch ist, muss sie explizit implementiert werden.

Für den folgenden kleinen Workaround ist der Namespace *System.Collections* zusätzlich einzubinden:

```
    IEnumerator IEnumerable.GetEnumerator()
    {
        throw new NotImplementedException();
    }
  }
}
```

## Quellcode Form1

```
...
public partial class Form1 : Form
{
    private void button1_Click(object sender, EventArgs e)
    {
```

Eine neue Testliste erzeugen und mit drei Einträgen initialisieren:

```
        CTestListe liste = new CTestListe( "Günter", "Erhard", "Michael" );
```

Weitere Einträge hinzufügen:

```
        liste.Add( "Thomas" );
        liste.Add( "Walter" );
```

Indizierten Zugriff testen:

```
        liste[5] = "Harald";
```

Alle Einträge lesen:

```
        foreach ( string s in liste )
            listBox1.Items.Add(s);
    }
}
```

## Test

Das Programm zeigt die erwarteten Ergebnisse.

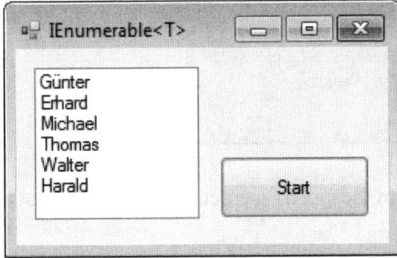

### Bemerkungen

- Klassen, die die *IEnumerable*-Schnittstelle implementieren, können einen Enumerator zurückgeben.

- *IEnumerable<T>* hat nur eine einzige Methode, *GetEnumerator( )*, deren Aufgabe es ist, eine Implementatierung von *IEnumerator<T>* zu liefern.

- Die *foreach*-Schleife benutzt automatisch das *IEnumerable<T>* Interface, wobei *GetEnumerator( )* aufgerufen wird.

- C# unterstützt mit dem Schlüsselwort *yield* das Erzeugen eines Enumerators.

## 5.9.3  Delegates, anonyme Methoden und Lambda Expressions

Dieses Beispiel will dem Einsteiger den Weg zu den etwas schwierigeren Sprachelementen von C# ebnen, an denen aber kein Weg vorbei führt, will man sich in die höheren Regionen der Programmentwicklung begeben. Grundlage bildet die Addition und Multiplikation von Fließkommazahlen. Dieses Problem wird auf fünf verschiedene und voneinander unabhängige Arten realisiert, wodurch sich gute Vergleichsmöglichkeiten ergeben, um das Wesen von Delegaten (Methodenzeiger), anonymen Methoden und Lambda Expressions zu erfassen.

### Oberfläche

Ein Formular mit sechs *Button*s, zwei in einer *GroupBox* befindlichen *RadioButton*s und drei *TextBox*en bildet unsere Testoberfläche (siehe folgende Laufzeitabbildung).

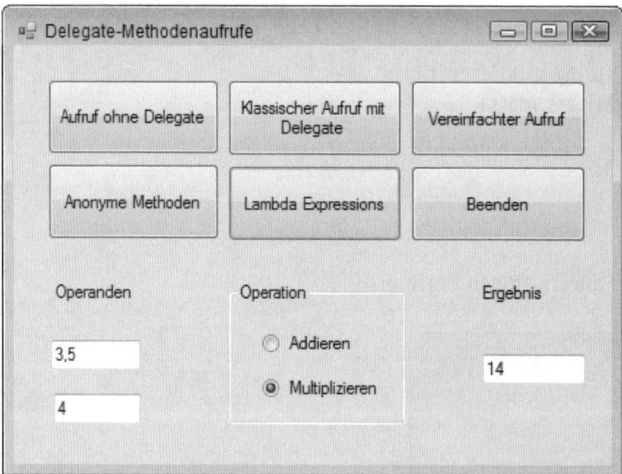

Über jede der Schaltflächen (außer der zum Beenden) werden die Rechenoperationen auf unterschiedliche Weise ausgeführt.

## Quellcode

Zunächst deklarieren wir den Delegate-Typ *opDeleg*, welcher der Signatur der beiden Methoden *add()* und *mult()* entspricht, die wir danach deklarieren:

```
public delegate double opDeleg(float x, float y);

public partial class Form1 : Form
{
    ...

    private double add(float x, float y)
    {
        return x + y;
    }

    private double mult(float x, float y)
    {
        return x * y;
    }
```

---

**HINWEIS:** Obige zwei Methoden werden nur für die ersten drei Varianten benötigt.

---

Gewissermaßen als "Aufwärmübung" werden über den Button "Aufruf ohne Delegate" die Rechenoperationen zunächst auf herkömmliche Weise (also ohne Verwendung von Delegates) ausgeführt.

```
private void button1_Click(object sender, EventArgs e)
{
    float a = Convert.ToSingle(textBox1.Text);
    float b = Convert.ToSingle(textBox2.Text);
    double res = 0;
    if (radioButton1.Checked) res = add(a, b);
    else res = mult(a, b);
    textBox3.Text = res.ToString();
}
```

Nun wollen wir zeigen, wie dieselben Operationen unter Verwendung von Delegate-Objekten realisiert werden können:

```
private void button2_Click(object sender, EventArgs e)
{
```

Der erste Schritt ist das Deklarieren einer Variablen vom Typ des Delegaten (das Prinzip entspricht dem Deklarieren einer Objektvariablen für eine Klasse):

```
opDeleg myDlg;
```

In Abhängigkeit von der eingestellten Rechenoperation wird das Delegate-Objekt entweder mit der *add()*- oder mit der *mult()*-Methode erzeugt (entspricht dem Instanziieren einer Klasse):

```
if (radioButton1.Checked) myDlg = new opDeleg(add);
else myDlg = new opDeleg(mult);
float a = Convert.ToSingle(textBox1.Text);
float b = Convert.ToSingle(textBox2.Text);
```

Aufruf des Delegate-Objekts und Ergebnisanzeige:

```
double res = myDlg(a,b);
textBox3.Text = res.ToString();
}
```

Der Schreibaufwand für den Code ist keinesfalls geringer als bei der ersten Variante. Eine gewisse Vereinfachung, die allerdings erst auf den zweiten Blick ersichtlich ist, bringt die dritte Variante, sie verwendet eine vereinfachte Instanziierung des Delegaten (ohne *new*):

```
private void button3_Click(object sender, EventArgs e)
{
    opDeleg myDlg;
    if (radioButton1.Checked) myDlg = add;
    else myDlg = mult;
    float a = Convert.ToSingle(textBox1.Text);
    float b = Convert.ToSingle(textBox2.Text);
    double res = myDlg(a, b);
    textBox3.Text = res.ToString();
}
```

Alle bisherigen Varianten erfordern den Aufruf der (benannten) Methoden *add()* und *mult()*, wie sie zu Beginn implementiert wurden. Ganz ohne diese Methoden kommt die folgende Variante aus, die so genannte *anonyme Methoden* verwendet:

```
private void button4_Click(object sender, EventArgs e)
{
```

Die folgende Instanziierung der Delegate-Objekte *addDlg* und *multDlg* erfolgt mittels der in den geschweiften Klammern implementierten anonymen (namenlosen) Methoden:

```
opDeleg addDlg = delegate(float x, float y)
{
    return x + y;
};

opDeleg multDlg = delegate(float x, float y)
{
    return x * y;
};
```

Wie man sieht, handelt es sich bei anonymen Methoden um keine Methoden im herkömmlichen Sinn, sondern nur um das "Anhängen" von Implementierungscode, was eine kompaktere und übersichtlichere Programmierung ermöglicht.

Die Anwendung beider Delegate-Objekte zeigt keine Besonderheiten:

```
float a = Convert.ToSingle(textBox1.Text);
float b = Convert.ToSingle(textBox2.Text);
double res = 0;

if (radioButton1.Checked) res = addDlg(a, b);
else res = multDlg(a,b);
textBox3.Text = res.ToString();
}
```

Hat man das Prinzip der anonymen Methoden verstanden, so ist es nur noch ein kleiner Schritt bis hin zu den ab .NET 3.0 neu eingeführten so genannten *Lambda Expression*s, wie der folgende Code für die fünfte und letzte Variante zeigt:

```
private void button5_Click(object sender, EventArgs e)
{
```

Die folgenden beiden Codezeilen instanziieren die Delegaten *addDlg* und *multDlg*, den Platz der anonymen Methoden in der Vorgängervariante nehmen diesmal aber die Lambda Expressions ein. Letztere sind durch einen Doppelpfeil gekennzeichnet, auf dessen linker Seite in Klammern die an die Methode zu übergebenden Argumente stehen, auf der rechten Seite findet sich die Implementierung der Methode (ist bei mehreren Anweisungen in geschweifte Klammern einzuschließen):

```
opDeleg addDlg = (float x, float y) => x + y;
opDeleg multDlg = (float x, float y) => x * y;
```

Der restliche Code entspricht der Vorgängervariante:

```
float a = Convert.ToSingle(textBox1.Text);
float b = Convert.ToSingle(textBox2.Text);
double res = 0;

if (radioButton1.Checked) res = addDlg(a, b);
else res = multDlg(a, b);
textBox3.Text = res.ToString();
}
...
}
```

## Test

Geben Sie in die beiden linken Textfelder irgendwelche Zahlen ein (bei der standardmäßigen deutschen Kultureinstellung ist das Dezimaltrennzeichen das Komma und das Tausender-Trennzeichen der Punkt). Wählen Sie anschließend die auszuführende Operation (Addition/Multiplikation) und starten Sie die Ausführung über eine beliebige Schaltfläche.

Jede der fünf Varianten muss zum exakt gleichen Ergebnis führen!

## 5.9.4   Dynamischer Zugriff auf COM Interop

COM Interop ist ein Platz, wo sich viele der neuen C#-Features tummeln. Die Office-Programmierung ist ein Hauptanwendungsgebiet für dynamische Variablen, wie sie seit C# 4.0 möglich sind. In diesem Beispiel soll die Excel-Automation ohne und mit dynamischer Programmierung gegenübergestellt werden.

### Oberfläche

Ein Formular *Form1* und zwei *Buttons* genügen.

### Quellcode (klassische Programmierung)

Der Aufruf von *Microsoft Excel* ohne dynamische Programmierung.

```
using System.Reflection;
using Excel = Microsoft.Office.Interop.Excel;

private static void executeOldInterOp()
{
        var eApp = new Excel.Application();

        eApp.Visible = true;

        var wkBook = eApp.Workbooks.Add(Missing.Value);
        var wsData = (Excel.Worksheet)wkBook.ActiveSheet;

        wsData.Cells[1, 1] = "Name";
        wsData.Cells[1, 2] = "Email";

        var data = new string[,]
        {
            {"Walter Doberenz", "doberenz@doko-buch.de"},
            {"Thomas Gewinnus", "thomas@gewinnus.de"}
        };

        var dRange = wsData.get_Range("A2", "B3");
        dRange.Value2 = data;

        var wkSheetEnd =(Excel.Worksheet)wkBook.Worksheets.Add(
                    Missing.Value, wsData, Missing.Value, Missing.Value);

        wkSheetEnd.Cells[2, 2] = "Testeintrag";
        wkBook.SaveAs( "test.xls", Missing.Value, Missing.Value,
                    Missing.Value, Missing.Value, Missing.Value,
                    Excel.XlSaveAsAccessMode.xlShared,
                    Missing.Value, Missing.Value,
                    Missing.Value, Missing.Value, Missing.Value);
}
```

Der Aufruf:

```
private void button1_Click(object sender, EventArgs e)
{
    executeOldInterOp();
}
```

## Quellcode (dynamische Programmierung)

Der Aufruf von *Microsoft Excel* mit dynamischer Programmierung.

```
private static void executeNewInterOp()
{
    var eApp = new Excel.Application();
    eApp.Visible = true;

    dynamic wkBook = eApp.Workbooks.Add();
    Excel.Worksheet wsData = wkBook.ActiveSheet;

    wsData.Cells[1, 1] = "Name";
    wsData.Cells[1, 2] = "Email";
    var data = new string[,]
    {
            {"Walter Doberenz", "doberenz@doko-buch.de"},
            {"Thomas Gewinnus", "thomas@gewinnus.de"}
    };
    var dRange = wsData.get_Range("A2", "B3");
    dRange.Value2 = data;
    Excel.Worksheet wsEnd = wkBook.Worksheets.Add(After: wsData);

    wsEnd.Cells[2, 2] = "Testeintrag";
    wkBook.SaveAs("test.xls", Excel.XlSaveAsAccessMode.xlShared);
}
```

Der Aufruf:

```
private void button2_Click(object sender, EventArgs e)
{
    executeNewInterOp();
}
```

## Test

Nach dem Start können Sie die beiden Varianten ausprobieren:

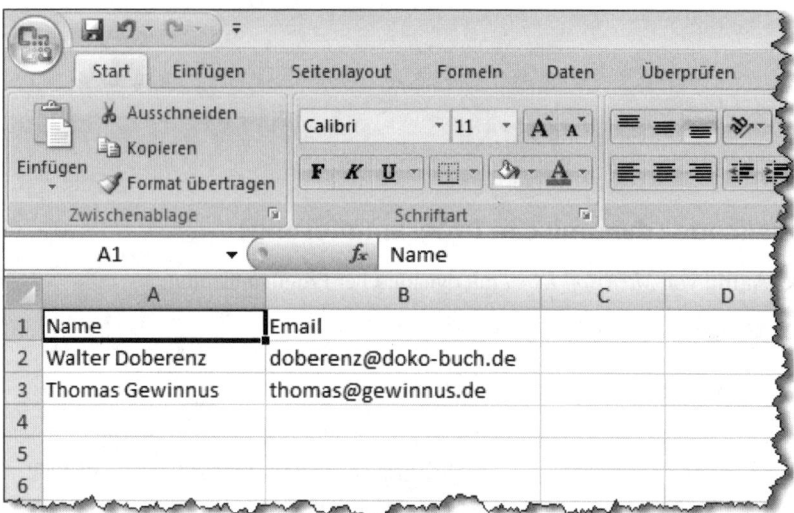

## Bemerkungen

■ Vergleichen Sie beide Beispiele um sich davon zu überzeugen, dass der dynamische Code einfacher und transparenter ist.

■ Beim Entwickeln von Anwendungen die auf COM-Interop zugreifen, braucht man sich keine Sorgen um das Verteilen der Interop-Assembly mehr zu machen. Ein neues Feature in Visual Studio 2010 erlaubt es Ihnen, die Typen aus der Interop-Assembly direkt in Ihre Projekt-Assembly einzubetten. Öffnen Sie dazu den Knoten *Verweise* im Projektmappen-Explorer, klicken Sie mit der rechten Maustaste auf die Interop-Assembly und ändern Sie die Eigenschaft *Interop-Typen einbetten* in *True*.

# Kapitel 6

# Einführung in LINQ

LINQ (Language Integrated Query) ist ein relativ neues C#-Sprachfeature. Bei *LINQ to Objects* handelt es sich um die allgemeinste und grundlegendste LINQ-Implementierung, welche auch die wichtigsten Bausteine für die übrigen LINQ-Implementierungen liefert. In einer SQL-ähnlichen Syntax können miteinander verknüpfte Collections/ Auflistungen abgefragt werden, die die *IEnumerable*-Schnittstelle implementieren.

## 6.1 LINQ-Grundlagen

Der wichtigste Vorteil von LINQ ist die standardisierte Möglichkeit, nicht nur Tabellen in einer relationalen Datenbank abzufragen, sondern auch Textdateien, XML-Dateien und andere Datenquellen, die eine identische Syntax verwenden. Ein zweiter Vorteil ist die Fähigkeit, diese standardisierten Methoden von jeder .NET-konformen Sprache (wie zum Beispiel C# oder VB) aus aufrufen zu können.

### 6.1.1 Die LINQ-Architektur

Die folgende Abbildung soll die grundsätzliche Architektur von LINQ verdeutlichen.

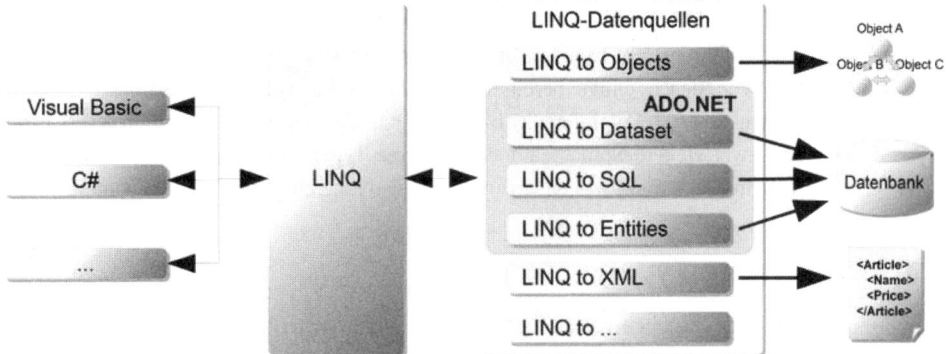

Je nach Standort des Betrachters besteht LINQ einerseits aus einer Menge von Werkzeugen zur Arbeit mit Daten, was in den verschiedenen LINQ-Implementationen (LINQ to Objects, LINQ to DataSets, LINQ to SQL, LINQ to Entities und LINQ to XML) zum Ausdruck kommt. Andererseits besteht LINQ aus einer Menge von Spracherweiterungen.

### LINQ-Implementierungen

LINQ eröffnet zahlreiche Varianten für den Zugriff auf verschiedenste Arten von Daten. Diese sind in den verschiedenen LINQ-Implementationen (auch als "LINQ Flavors" d.h. "Geschmacksrichtungen" bezeichnet) enthalten. Folgende LINQ-Provider wurden bereits als Bestandteile des .NET-Frameworks bereitgestellt (siehe obige Abbildung):

- LINQ to Objects (arbeitet mit Collections die *IEnumerable* implementieren),

- LINQ to XML (Zugriff auf XML Strukturen),

- LINQ to SQL (Zugriff auf SQL Datenbanken),

- LINQ to DataSet (arbeitet auf Basis von DataSets) und

- LINQ to Entities (verwendet das ADO.NET Entity Framework als ORM).

Diese LINQ-Provider/Implementationen bilden eine Familie von Tools, die einzeln für bestimmte Aufgaben eingesetzt oder aber auch für leistungsfähige Lösungen mit einem Mix aus Objekten, XML und relationalen Daten kombiniert werden können.

---

**HINWEIS:**  Wir werden uns in diesem Kapitel hauptsächlich auf **LINQ to Objects** beschränken, da dieserProvider die grundlegende Technologie bereitstellt und die übrigen Flavours mehr eine Angelegenheit der Datenbankliteratur sind (siehe unser Buch [Datenbankprogrammierung mit Visual C# 2010]).

---

Nochmals sei hier betont, dass LINQ eine offene Technologie ist, der jederzeit neue Provider hinzugefügt werden können. Die im .NET Framework enthaltenen Implementationen bilden lediglich eine Basis, die eine Menge von Grundbausteinen (Abfrage-Operatoren, Abfrageausdrücke, Abfragebäume) bereitstellt.

Die Einführung von LINQ machte mehrere Ergänzungen der .NET-Programmiersprachen erforderlich, von denen einige bereits in diesem Kapitel (Lambda-Ausdrücke) bzw. im einführenden Sprachkapitel 2 (Typinferenz) bzw. im OOP-Kapitel 3 (Objektinitialisierer) besprochen wurden. Auf zwei weitere Sprachfeatures (anonyme Typen und Erweiterungsmethoden), ohne die LINQ nicht möglich wäre, wollen wir im Folgenden kurz eingehen.

## 6.1.2  Anonyme Typen

Darunter verstehen wir einfache namenlose Klassen, die vom Compiler automatisch erzeugt werden und die nur über Eigenschaften und dazugehörige private Felder verfügen. "Namenlos" bedeutet, dass uns der Name der Klasse nicht bekannt ist und man deshalb keinen direkten Zugriff auf die Klasse hat. Lediglich eine Instanz steht zur Verfügung, die man ausschließlich lokal, d.h. im Bereich der Deklaration, verwenden kann.

Die Deklaration anonymer Typen erfolgt mittels *Typinferenz* (Schlüsselwort *var*, siehe 2.2.9) und eines anonymen Objektinitialisierers, d.h., man lässt beim Initialisieren einfach den Klassennamen weg. Der Compiler erzeugt die anonyme Klasse anhand der Eigenschaften im Objekt-Initialisierer und anhand des jeweiligen Typs der zugewiesenen Werte.

**Beispiel 6.1**       **Eine Objektvariable *person* wird aus einer anonymen Klasse instanziiert.**

```csharp
var person = new { Vorname = "Maxhelm", Nachname = "Müller", Alter = 53};
```

Der Compiler generiert hierfür intern (in MSIL-Code) die folgende Klasse:

```
internal class ??????
{
    private string _vorname;
    private string _nachname;
    private int _alter;

    public string Vorname
    {
        get { return _vorname; }
        set { _vorname = value; }
    }

    public string Nachname
    {
        get { return _nachname; }
        set { _nachname = value; }
    }

    public int Alter
    {
        get { return _alter; }
        set { _alter = value; }
    }
}
```

**HINWEIS:** Da der Typ der Eigenschaften aus der jeweiligen Klasse bzw. Struktur des im Objekt-Initialisierer zugewiesenen Wertes abgeleitet wird, darf man hier nicht *null* zuweisen, denn der Compiler kann in diesem Fall den Datentyp der Eigenschaft nicht bestimmen.

**Beispiel 6.2**       **Fehlerhafter Code, der Compiler kann den Typ der Eigenschaft *Alter* nicht ableiten.**

```csharp
var person = new { Voname = "Maxhelm" , Nachname = "Müller", Alter = null};   // Fehler!!!
```

Sobald eine weitere anonyme Klasse deklariert wird, bei der im Objektinitialisierer Eigenschaften mit gleichem Namen, Typ und in der gleichen Reihenfolge wie bei einer anderen bereits vorhandenen anonymen Klassen angegeben sind, verwendet der Compiler die gleiche anonyme Klasse und es sind untereinander Zuweisungen möglich.

**Beispiel 6.3**     **Da Name, Typ und Reihenfolge der Eigenschaften im Objektinitialisierer bei *person* (siehe oben) und *kunde* identisch sind, ist eine direkte Zuweisung möglich.**

```csharp
var kunde = new { Vorname = "Siegbast", Nachname = "Krause", Alter = 29};
person = kunde;
```

## 6.1.3   Erweiterungsmethoden

Normalerweise erlaubt eine objektorientierte Programmiersprache das Erweitern von Klassen durch Vererbung. Bereits C# 3.0 führte eine neue Syntax ein, die das direkte Hinzufügen neuer Methoden zu einer vorhandenen Klasse erlaubte. Diese so genannten *Erweiterungsmethoden* werden als statische Methoden in einer neuen statischen Klasse implementiert und können dann wie eine normale Methode (d.h. Instanzenmethode) des erweiterten Datentyps aufgerufen werden. Um eine Methode als Erweiterungsmethode zu deklarieren, wird vor dem ersten Parameter das Schlüsselwort *this* angegeben. Der Argumenttyp des ersten Parameters bezieht sich auf die zu erweiternde Klasse bzw. Struktur. Wird die Erweiterungsmethode dann aufgerufen, übergibt der Compiler die Instanz des erweiterten Typs als erstes Argument an die Methode.

**Beispiel 6.4**     **Zwei Erweiterungsmethoden (*mult* und *abs*) für die Basisklasse *System.Int32***

```csharp
public static class IntExtension
{
    public static int mult(this int instanz, int faktor)        // 1. Erweiterungsmethode
    {
        return instanz * faktor;
    }

    public static int abs(this int instanz)                     // 2. Erweiterungsmethode
    {
        if (instanz < 0)
            return -1 * instanz;
        return instanz;
    }
}
```

Der Test:

```csharp
int zahl = -95;
textBox1.Text = zahl.mult(7).ToString();        //  -665
textBox2.Text = zahl.abs().ToString();          //    95
```

In diesem Beispiel kann man nun die Erweiterungsmethoden *mult* und *abs* für jede Integer Variable so nutzen, als wären diese Methoden direkt in der Basisklasse *System.Int32* als Instanzenmethoden implementiert.

---

**HINWEIS:** Falls in *System.Int32* bereits eine *abs*-Methode mit der gleichen Signatur wie die gleichnamige Erweiterungsmethode existieren würde, so hätte die in *System.Int32* bereits vorhandene Methode Vorrang vor der Erweiterungsmethode.

---

# 6.2 Abfragen mit LINQ to Objects

LINQ stellt bekanntlich grundlegende Abfragefunktionen in einer SQL-ähnlichen Syntax bereit. Dazu gehören zunächst als wichtigster Standard das Angeben einer Quelle (*from*), das Festlegen der zurückzugebenden Daten (*select),* das Filtern (*where*) und das Sortieren (*orderby*). Hinzu kommt eine Fülle weiterer Operatoren, wie z.B. für das Gruppieren, Verknüpfen und Sammeln von Datensätzen, auf welche wir aber erst später eingehen wollen.

## 6.2.1 Grundlegendes zur LINQ-Syntax

Die LINQ-Abfrageoperatoren sind als Erweiterungsmethoden (siehe Abschnitt 6.1.3) definiert und in der Regel auf beliebige Objekte, die *IEnumerable<T>* implementieren, anwendbar.

**Beispiel 6.5**

**Gegeben sei die Auflistung**

```C#
string[] monate = { "Januar", "Februar", "März", "April", "Mai", "Juni",
                    "Juli", "August", "September", "Oktober", "November", "Dezember" };
```

Die folgende LINQ-Abfrage selektiert die Monatsnamen mit einer Länge von 6 Buchstaben, wandelt sie in Großbuchstaben um und ordnet sie alphabetisch.

```
var expr = from s in monate
               where s.Length == 6
               orderby s
               select s.ToUpper();
```

Die Ergebnisanzeige:

```
foreach (string item in expr) listBox1.Items.Add(item);
```

Das Resultat in einem Listenfeld:

```
AUGUST
JANUAR
```

Obiges Beispiel demonstriert das allgemeine Format einer LINQ-Abfrage:

**SYNTAX:** `from ... < where ... orderby ... > select ...`

Eine LINQ-Abfrage muss immer mit *from* beginnen. Im Wesentlichen durchläuft *from* eine Liste von Daten. Dazu wird eine Variable benötigt, die jedem einzelnen Datenelement in der Quelle entspricht.

---

**HINWEIS:** Wer die Sprache SQL kennt, der wird zunächst darüber irritiert sein, warum eine LINQ-Abfrage mit *from* und nicht mit *select* beginnt. Der Grund hierfür ist der, dass nur so ein effektives Arbeiten mit der IntelliSense von Visual Studio möglich ist. Da zuerst die Datenquelle ausgewählt wird, kann die IntelliSense geeignete Typmitglieder für die Objekte der Auflistung anbieten.

---

Weiterhin erkennen Sie, wie vom neuen Sprachfeature der lokalen Typinferenz (implizite Variablendeklaration) Gebrauch gemacht wird, denn die Anweisung

```
var expr = from s in monate ...
```

ist für den Compiler identisch mit

```
IEnumerable<string> expr = from s in monate ...
```

## 6.2.2   Zwei alternative Schreibweisen von LINQ Abfragen

Grundsätzlich sind für LINQ Abfragen zwei gleichberechtigte Schreibweisen möglich:

- Query Expression-Syntax[1] (Abfrage-Syntax)
- Extension Method-Syntax (Erweiterungsmethoden-Syntax)

Bis jetzt haben wir aber nur die Query Expression-Syntax verwendet. Um die volle Leistungsfähigkeit von LINQ auszuschöpfen, sollten Sie aber beide Syntaxformen verstehen.

**Beispiel 6.6**   **Die LINQ-Abfrage des obigen Beispiels in Extension Method-Syntax.**

```csharp
var expr = monate
            .Where(s => s.Length == 6)
            .OrderBy(s => s)
            .Select(s => s.ToUpper());
```

Oder kompakt in einer Zeile:

```csharp
var expr = monate.Where(s => s.Length == 6).OrderBy(s => s).Select(s => s.ToUpper());
```

Wie Sie sehen, verwenden wir bei dieser Notation Erweiterungsmethoden und Lambda-Ausdrücke. Aber auch eine Kombination von *Query Expression-Syntax* mit *Extension Method-Syntax* ist möglich.

**Beispiel 6.7**   **Obiges Beispiel in gemischter Syntax**

```csharp
var expr = (from s in monate where s.Length == 6  select s.ToUpper()).OrderBy(s => s);
```

---

[1] Die *Extension Method -Syntax* wird auch als *Dot Notation-Syntax* bezeichnet.

Hier wurde ein Abfrageausdruck in runde Klammern eingeschlossen, gefolgt von der Erweiterungsmethode *OrderBy*. Solange wie der Abfrageausdruck ein *IEnumerable* zurückgibt, kann darauf eine ganze Kette von Erweiterungsmethoden folgen.

Die Query Expression-Syntax (Abfragesyntax) ermöglicht das Schreiben von Abfragen in einer SQL-ähnlichen Weise. Wo immer es möglich ist, empfehlen wir, vor allem der besseren Lesbarkeit wegen, die Verwendung dieser Syntax. Letztendlich konvertiert jedoch der Compiler alle Queries in die andere, auf Erweiterungsmethoden basierende, Syntaxform. Dabei wird z.B. die Filterbedingung *where* einfach in den Aufruf einer Erweiterungsmethode namens *Where* der *Enumerable*-Klasse übersetzt, die im Namespace *System.Linq* definiert ist.

Allerdings unterstützt die Query Expression-Syntax nicht jeden standardmäßigen Abfrage-Operator bzw. kann nicht jeden unterstützen den Sie selbst hinzufügen. In einem solchen Fall sollten Sie direkt die Extension Method-Syntax verwenden.

Abfrageausdrücke unterstützen eine Anzahl verschiedener "Klauseln", z. B. *where*, *select*, *orderby*, *groupby* und *join*. Wie bereits erwähnt, lassen sich diese Klauseln in die gleichwertigen Operator-Aufrufe übersetzen, die wiederum über Erweiterungsmethoden implementiert werden. Die enge Beziehung zwischen den Abfrageklauseln und den Erweiterungsmethoden, welche die Operatoren implementieren, erleichtert ihre Kombination, falls die Abfragesyntax keine direkte Klausel für einen erforderlichen Operator unterstützt.

## 6.2.3 Übersicht der wichtigsten Abfrage-Operatoren

Die Klasse *Enumerable* im Namespace *System.Linq* stellt zahlreiche Abfrageoperatoren für LINQ to Objects bereit und definiert diese als Erweiterungsmethoden für Typen die *IEnumerable<T>* implementieren.

---

**HINWEIS:** Kommen bei der Extension Method-Syntax (Erweiterungsmethoden-Syntax) Abfrage-Operatoren bzw. -Methoden zur Anwendung, so sollten wir bei der Query Expression-Syntax (Abfrage-Syntax) präziser von Abfrage-Klauseln bzw. -Statements sprechen.

---

Die folgende Tabelle zeigt die wichtigsten standardmäßigen Abfrage-Operatoren von LINQ.

| Bezeichnung der Gruppe | Operator |
|---|---|
| Beschränkungsoperatoren (Restriction) | *Where* |
| Projektionsoperatoren (Projection) | *Select, SelectMany* |
| Sortieroperatoren (Ordering) | *OrderBy, ThenBy* |
| Gruppierungsoperatoren (Grouping) | *GroupBy* |
| Quantifizierungsoperatoren (Quantifiers) | *Any, All, Contains* |
| Aufteilungsoperatoren (Partitioning) | *Take, Skip, TakeWhile, SkipWhile* |
| Mengenoperatoren (Sets) | *Distinct, Union, Intersect, Except* |

| Bezeichnung der Gruppe | Operator |
|---|---|
| Elementoperatoren (Elements) | *First, FirstOrDefault, ElementAt* |
| Aggregatoperatoren (Aggregation) | *Count, Sum, Min, Max, Average* |
| Konvertierungsoperatoren (Conversion) | *ToArray, ToList, ToDictionary* |
| Typumwandlungsoperatoren (Casting) | *OfType<T>* |

Die folgende Abbildung illustriert an einem Beispiel, wie einige der bereits im Vorgängerabschnitt diskutierten neuen Sprach-Features in LINQ-Konstrukten zur Anwendung kommen und wie die Abfrage-Syntax vom Compiler in die äquivalente Erweiterungsmethoden-Syntax umgesetzt wird.

Vergleich zwischen Abfrage-Syntax (oben) und Erweiterungsmethoden-Syntax (unten):

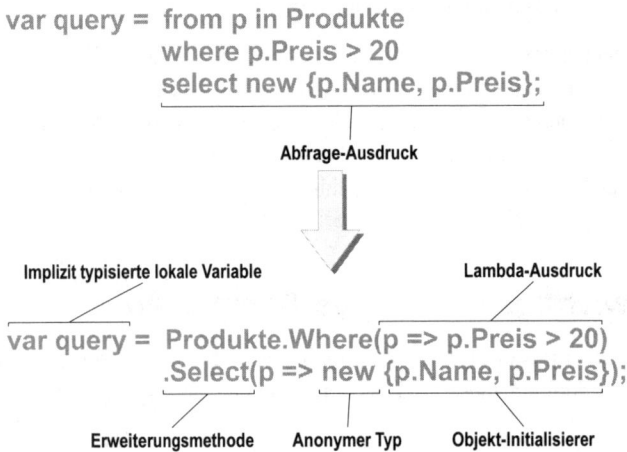

## 6.3  LINQ-Abfragen im Detail

Das Ziel der folgenden Beispiele ist nicht die vollständige Erläuterung aller in obiger Tabelle aufgeführten Operatoren und deren Überladungen, sondern vielmehr eine Demonstration des prinzipiellen Aufbaus von Anweisungen zur Abfrage von Objektauflistungen.

In der Regel werden beide Syntaxformen (Query Expression-Syntax und Extension Method-Syntax) gegenübergestellt, denn nur so erschließt sich am ehesten das allgemeine Verständnis für die auch für den SQL-Kundigen nicht immer leicht durchschaubare Logik der LINQ-Operatoren bzw. -Abfragen.

Für die Beispiele zu LINQ to Objects wird überwiegend auf eine Datenmenge zugegriffen, deren Struktur das folgende, mit dem Klassendesigner von Visual Studio entwickelte, Diagramm zeigt.

**HINWEIS:** Die verwendeten Daten haben ihren Ursprung nicht in einer Datenbank, sondern werden per Code erzeugt (Listing siehe Beispieldaten zum Buch).

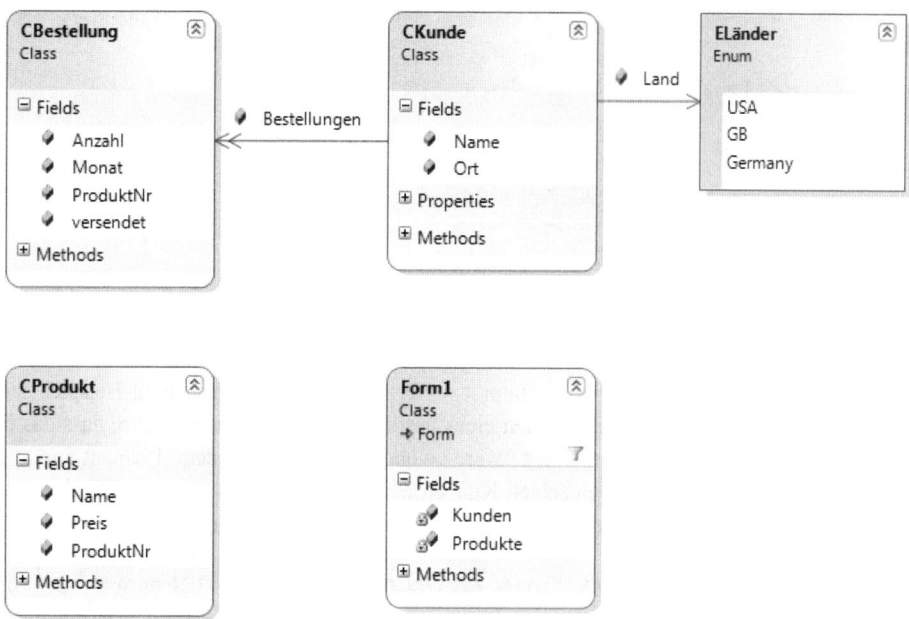

## 6.3.1 Die Projektionsoperatoren Select und SelectMany

Diese Operatoren "projizieren" die Inhalte einer Quell-Auflistung in eine Ziel-Auflistung, die das Abfrageergebnis repräsentiert.

### Select

Der Operator macht die Abfrageergebnisse über ein Objekt verfügbar, welches *IEnumerable<T>* implementiert.

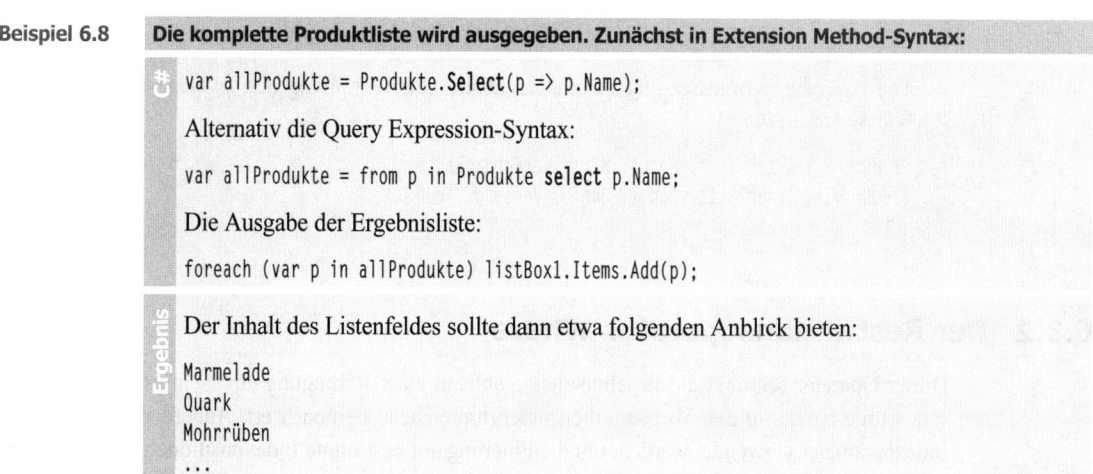

**Beispiel 6.8**

**Die komplette Produktliste wird ausgegeben. Zunächst in Extension Method-Syntax:**

```csharp
var allProdukte = Produkte.Select(p => p.Name);
```

Alternativ die Query Expression-Syntax:

```csharp
var allProdukte = from p in Produkte select p.Name;
```

Die Ausgabe der Ergebnisliste:

```csharp
foreach (var p in allProdukte) listBox1.Items.Add(p);
```

Der Inhalt des Listenfeldes sollte dann etwa folgenden Anblick bieten:

```
Marmelade
Quark
Mohrrüben
...
```

**Beispiel 6.9**  **Das Abfrageergebnis wird auf einen anonymen Typ projiziert, der als Tupel definiert ist.**

```csharp
var expr = Kunden.Select(k => new {k.Name, k.Ort});
foreach (var k in expr) listBox1.Items.Add(k);
```

Das Ergebnis:

```
{Name = Walter, Ort = Altenburg}
{Name = Thomas, Ort = Berlin}
...
```

### SelectMany

Stände nur der *Select*-Operator zur Verfügung, so hätte man zum Beispiel bei der Abfrage der Bestellungen für alle Kunden eines bestimmten Landes das Problem, dass das Ergebnis vom Typ *IEnumerable<CBestellung>* wäre, wobei es sich bei jedem Element um ein Array mit den Bestellungen eines einzelnen Kunden handeln würde. Um einen praktikableren, d.h. weniger tief geschachtelten, Ergebnistyp zu erhalten, wurde der Operator *SelectMany* eingeführt.

**Beispiel 6.10**  **Die Bestellungen aller Kunden aus Deutschland sollen ermittelt werden.**

```csharp
var bestellungen = Kunden
        .Where(k => k.Land == ELänder.Germany)
        .SelectMany(k => k.Bestellungen);
```

Alternativ der Abfrageausdruck in Query Expression Syntax:

```csharp
var bestellungen =
            from k in Kunden
            where k.Land == ELänder.Germany
            from b in k.Bestellungen
            select b;
```

Das Auslesen des Ergebnisses der Abfrage:

```csharp
        foreach (var b in bestellungen) listBox1.Items.Add(b);
```

Die Ausgabe (Voraussetzung ist entsprechende Überschreibung der *ToString()*-Methode der Klasse *CBestellung*):

```
ProdNr: 2 , Anzahl: 4 , Monat: März, Versand: False
ProdNr: 1 , Anzahl: 11, Monat: Juni , Versand: True
...
```

## 6.3.2  Der Restriktionsoperator Where

Dieser Operator schränkt die Ergebnismenge anhand einer Bedingung ein. Sein prinzipieller Einsatz wurde bereits in den Vorgängerbeispielen hinreichend demonstriert. Außerdem können auch Indexparameter verwendet werden, um die Filterung auf bestimmte Indexpositionen zu begrenzen.

| Beispiel 6.11 | **Die Kunden an den Positionen 2 und 3 der Kundenliste sollen angezeigt werden.** |

```
var expr = Kunden
           .Where((k, index) => ((index >= 2) && (index < 4)))
           .Select(k => k.Name);

           foreach (var kd in expr) listBox1.Items.Add(kd);
```

Die Ausgabe:
```
Holger
Fernando
```

## 6.3.3 Die Sortierungsoperatoren OrderBy und ThenBy

Diese Operatoren bewirken ein Sortieren der Elemente innerhalb der Ergebnismenge.

### OrderBy/OrderByDescending

Das Pärchen ermöglicht Sortieren in auf- bzw. absteigender Reihenfolge.

| Beispiel 6.12 | **Alle Produkte mit einem Preis kleiner gleich 20 sollen ermittelt und nach dem Preis sortiert ausgegeben werden (der teuerste zuerst).** |

```
var prod = Produkte
           .Where(p => p.Preis <= 20)
           .OrderByDescending(p => p.Preis)
           .Select(p => new { p.Name, p.Preis });
```

Oder alternativ als Abfrageausdruck:

```
var prod = from p in Produkte
           where p.Preis <= 20
           orderby p.Preis descending
           select new { p.Name, p.Preis };
```

Die Ausgabeschleife:

```
foreach (var p in prod) listBox1.Items.Add(p);
```

```
{Name = Käse, Preis = 20}
{Name = Mohrrüben, Preis = 15}
...
```

### ThenBy/ThenByDescending

Diese Operatoren verwendet man, wenn nacheinander nach mehreren Schlüsseln sortiert werden soll. Da *ThenBy* und *ThenByDescending* nicht auf den Typ *IEnumerable<T>*, sondern nur auf den Typ *IOrderedSequence<T>* anwendbar sind, können diese Operatoren nur im Anschluss an *OrderBy/OrderByDescending* eingesetzt werden.

| Beispiel 6.13 | **Alle Kunden sollen zunächst nach ihrem Land und dann nach ihren Namen sortiert werden.** |

```csharp
var knd = Kunden
            .OrderBy(k => k.Land)
            .ThenBy(k => k.Name)
            .Select(k => new { k.Land, k.Name});
```

Der alternative Abfrageausdruck:

```csharp
var knd = from k in Kunden
            orderby k.Land, k.Name
            select new { k.Land, k.Name };
```

Die Ausgabe ...

```csharp
foreach (var ku in knd) listBox1.Items.Add(ku);
```

... führt in beiden Fällen zu einem Ergebnis wie diesem:

```
{Land = USA, Name = Fernando}
{Land = USA, Name = Holger}
{Land = GB, Name = Alice}
{Land = Germany, Name = Thomas}
{Land = Germany, Name = Walter}
```

## Reverse

Dieser Operator bietet eine einfache Möglichkeit, um die Aufeinanderfolge der Elemente im Abfrageergebnis umzukehren.

| Beispiel 6.14 | **Das Vorgängerbeispiel mit umgekehrter Reihenfolge der Ergebniselemente** |

```csharp
var knd = Kunden.OrderBy(k => k.Land).ThenBy(k => k.Name).Select(k => new { k.Land, k.Name })
            .Reverse();
```

```
{Land = Germany, Name = Walter}
{Land = Germany, Name = Thomas}
...
```

## 6.3.4   Der Gruppierungsoperator GroupBy

Dieser Operator kommt dann zum Einsatz, wenn das Abfrageergebnis in gruppierter Form zur Verfügung stehen soll. *GroupBy* wählt die gewünschten Schlüssel-Elemente-Zuordnungen aus der abzufragenden Auflistung aus.

| Beispiel 6.15 | **Alle Kunden nach Ländern gruppieren** |

```csharp
var knd = Kunden
            .GroupBy(k => k.Land);
```

**Beispiel 6.15** | **Alle Kunden nach Ländern gruppieren**

Der alternative Abfrageausdruck:

```
var knd = from k in Kunden
          group k by k.Land;
```

Durchlaufen der Ergebnismenge:

```
foreach (IGrouping<ELänder, CKunde> kdGroup in knd)
{
    listBox1.Items.Add(kdGroup.Key);
    foreach (var kd in kdGroup)
        listBox1.Items.Add("  " + kd);
}
```

Der Gruppenschlüssel (*kdGroup.Key*) ist hier das Land. Die Standardausgabe der Gruppenelemente erfolgt entsprechend der überschriebenen *ToString()*-Methode der Klasse *CKunden* (siehe Beispieldaten zum Buch):

```
Germany
    Walter - Altenburg - Germany
    Thomas - Berlin - Germany
USA
    Holger - Washington - USA
    Fernando - New York - USA
GB
    Alice - London - GB
```

Der *GroupBy*-Operator existiert in mehreren Überladungen, die alle den Typ *IEnumerable<IGrouping<K, T>* liefern. Die generische Schnittstelle *IGrouping<K, T>* definiert einen spezifischen Schlüssel vom Typ *K* für die Gruppenelemente (Typ *T*) .

Der Typ der äußeren Schleifenvariablen *IGrouping<ELänder, CKunde>* kann auch implizit deklariert werden, sodass sich der Schleifenkopf im obigen Beispiel wie folgt vereinfachen lässt:

```
foreach(var kdGroup in knd)
```

Wenn nicht der standardmäßige, sondern ein benutzerdefinierter Elemente-Selektor zum Einsatz kommen soll, muss eine weitere Überladung von *GroupBy* verwendet werden (siehe folgendes Beispiel).

**Beispiel 6.16** | **Das gleiche Problem wie im Vorgängerbeispiel wird gelöst, als Gruppenelemente werden allerdings nur die Namen der Kunden ausgegeben.**

```
var knd = Kunden
          .GroupBy(k => k.Land, k => k.Name);
    foreach (var kdGroup in knd)
    {
        listBox1.Items.Add(kdGroup.Key);
        foreach (var kd in kdGroup)
```

**Beispiel 6.16** | **Das gleiche Problem wie im Vorgängerbeispiel wird gelöst, als Gruppenelemente werden allerdings nur die Namen der Kunden ausgegeben.**

```
                                listBox1.Items.Add("  " + kd);
                }
```

**Ergebnis**
```
Germany
    Walter
    Thomas
USA
    Holger
    Fernando
GB
    Alice
```

**Beispiel 6.17** | **Alle Produkte werden nach ihren Anfangsbuchstaben gruppiert.**

```
var prodGroups = Produkte
                 .GroupBy(p => p.Name[0], p => p.Name);
foreach (var pGroup in prodGroups)   // var ersetzt IGrouping<char, string>
{
    listBox1.Items.Add(pGroup.Key);
    foreach (var p in pGroup)
        listBox1.Items.Add("  " + p);
}
```

**Ergebnis**
```
M
    Marmelade
    Mohrrüben
    Mehl
Q
    Quark
K
    Käse
H
    Honig
```

Zum gleichen Ergebnis führt der folgende Code unter Verwendung eines Abfrageausdrucks:

```
var prodGroups = from p in Produkte
                 group p by p.Name[0] into g
                 select new { firstLetter = g.Key, prods = g };
foreach (var g in prodGroups)
{
    listBox1.Items.Add(g.firstLetter);
    foreach (var p in g.prods)
        listBox1.Items.Add(p.Name);
}
```

## 6.3.5 Verknüpfen mit Join

Mit diesem Operator definieren Sie Beziehungen zwischen verschiedenen Auflistungen. Im folgenden Beispiel werden Bestelldaten auf Produkte projiziert.

**Beispiel 6.18**

> **Die Bestellungen aller Kunden werden aufgelistet.**
>
> ```csharp
> var bestprod = Kunden.SelectMany(k => k.Bestellungen)
>                  .Join(Produkte, b => b.ProduktNr, p => p.ProduktNr,
>                  (b, p) => new { b.Monat, p.ProduktNr, p.Name, p.Preis, b.versendet });
> ```
>
> Alternativ die Notation in Abfragesyntax:
>
> ```csharp
> var bestprod = from k in Kunden
>                         from b in k.Bestellungen
>                         join p in Produkte on b.ProduktNr equals p.ProduktNr
>                         select new { b.Monat, p.ProduktNr, p.Name, p.Preis, b.versendet };
> ```
>
> Beim Vergleich (*equals*) ist zu beachten, dass zuerst der Schlüssel der äußeren Auflistung (*b.ProduktNr*) und dann der der inneren Auflistung (*p.ProduktNr*) angegeben werden muss.
>
> Die Anzeigeroutine:
>
> ```csharp
> foreach (var bp in bestprod)
> {
>     listBox1.Items.Add(bp);
> }
> ```
>
> Das Ergebnis liefert die Übersicht über alle Bestellungen:
>
> ```
> {Monat = März, ProduktNr = 2, Name = Quark, Preis = 10, versendet = False}
> {Monat = Juni, ProduktNr = 1, Name = Marmelade, Preis = 5, versendet = False}
> {Monat = November, ProduktNr = 3, Name = Mohrrüben, Preis = 15, versendet = True}
> {Monat = November, ProduktNr = 5, Name = Honig, Preis = 25, versendet = True}
> {Monat = Juni, ProduktNr = 6, Name = Mehl, Preis = 30, versendet = False}
> {Monat = Februar, ProduktNr = 4, Name = Käse, Preis = 20, versendet = True}
> ...
> ```

## 6.3.6 Aggregat-Operatoren

Zum Abschluss unserer Stippvisite bei den LINQ-Operatoren wollen wir noch einen kurzen Blick auf eine weitere wichtige Familie werfen. Diese Operatoren, zu denen *Count*, *Sum*, *Max*, *Min*, *Average* etc. gehören, setzen Sie ein, wenn Sie verschiedenste Berechnungen mit den Elementen der Datenquelle durchführen wollen.

### Count

Die von diesem Operator durchzuführende Aufgabe ist sehr einfach, es wird die Anzahl der Elemente in der abzufragenden Auflistung ermittelt.

**Beispiel 6.19** **Alle Kunden sollen, zusammen mit der Anzahl der von ihnen aufgegebenen Bestellungen, angezeigt werden.**

```csharp
var kdn = Kunden.Select(k => new { k.Name, k.Ort, AnzahlBest = k.Bestellungen.Count() });
```

Oder das Gleiche in Abfrage-Syntax:

```csharp
var kdn = from k in Kunden
          select new { k.Name, k.Ort, AnzahlBest = k.Bestellungen.Count() };
```

Wir iterieren durch die Ergebnismenge:

```csharp
foreach (var ku in kdn)
    listBox1.Items.Add(ku);
```

```
{Name = Walter, Ort = Altenburg, AnzahlBest = 1}
{Name = Thomas, Ort = Berlin, AnzahlBest = 2}
...
```

Wie Sie sehen, scheint die Anwendung dieser Operatoren einfach und leicht verständlich zu sein.

## Sum

Wie es der Name schon vermuten lässt, können mit diesem Operator verschiedenste Summen aus den Elementen der Quell-Auflistung gebildet werden. Zunächst ein einfaches Beispiel.

**Beispiel 6.20** **Die Summe aller Preise der Produktliste**

```csharp
var total = Produkte.Sum(p => p.Preis);
```

Die alternative Abfrage-Syntax (eigentlich gemischte Syntax):

```csharp
var total = (from p in Produkte select p.Preis).Sum();
```

Die Ausgabe

```csharp
listBox1.Items.Add(total);
```

... liefert mit den ursprünglichen Beispieldaten den Wert *105*.

Das folgende Beispiel ist nicht mehr ganz so trivial, da sich hier der *Sum*-Operator innerhalb einer verschachtelten Abfrage versteckt.

**Beispiel 6.21** **Die Gesamtsumme der von allen Kunden aufgegebenen Bestellungen wird ermittelt.**

```csharp
var expr = from k in Kunden
           join b in ( from k in Kunden from b in k.Bestellungen join p in Produkte
               on b.ProduktNr equals p.ProduktNr
               select new { k.Name, BestellBetrag = b.Anzahl * p.Preis }
           ) on k.Name equals b.Name into KundenMitBest
           select new { k.Name, TotalBetrag = KundenMitBest.Sum(b => b.BestellBetrag)};
    foreach (var k in expr)
        listBox1.Items.Add(k);
```

**Beispiel 6.21** **Die Gesamtsumme der von allen Kunden aufgegebenen Bestellungen wird ermittelt.**

```
{Name = Walter, TotalBetrag = 40}
{Name = Thomas, TotalBetrag = 340}
...
```

## 6.3.7 Verzögertes Ausführen von LINQ-Abfragen

Normalerweise werden LINQ-Ausdrücke nicht bereits bei ihrer Definition, sondern erst bei Verwendung der Ergebnismenge ausgeführt. Damit hat man die Möglichkeit, nachträglich Elemente zu der abzufragenden Auflistung hinzuzufügen bzw. zu ändern, ohne dazu die Abfrage nochmals neu erstellen zu müssen.

**Beispiel 6.22** **Alle Produkte, die mit dem Buchstaben "M" beginnen, sollen ermittelt werden.**

```csharp
var MProds = Produkte.Where(p => p.Name[0] == 'M').Select(p => p.Name);
```

Oder alternativ in Abfragesyntax:

```csharp
var MProds = from p in Produkte where p.Name[0] =='M' select p.Name;
```

Die Ergebnismenge wird das erste Mal durchlaufen und angezeigt:

```csharp
foreach (var prod in MProds)
    listBox1.Items.Add(prod);
listBox1.Items.Add("----------");
```

Anschließend ändern wir ein Element in der der Abfrage zugrundeliegenden Quelle

```csharp
Produkte[0].Name = "Milch";
```

... und durchlaufen die Ergebnismenge ein zweites Mal:

```csharp
foreach (var prod in MProds)
    listBox1.Items.Add(prod);
```

Die Ausgabe im Listenfeld zeigt, dass in der zweiten Ergebnismenge das geänderte Element erscheint:

```
Marmelade
Mohrrüben
Mehl
----------
Milch
Mohrrüben
Mehl
```

Wir sehen, dass die definierte Abfrage immer dann ausgeführt wird, wenn wir (wie hier in der *foreach*-Schleife) auf das Abfrageergebnis (*MProds*) zugreifen.

Abfragen dieser Art bezeichnet man deshalb auch als "verzögerte Abfragen". Mitunter aber ist dieses Verhalten nicht erwünscht, d.h., man möchte das Abfrageergebnis nicht verzögert, sondern sofort nach Definition der Abfrage zur Verfügung haben. Das hätte auch den Vorteil, dass sich die Performance verbessert, weil die Abfrage nicht (wie im Beispiel innerhalb der *foreach*-Schleife) immer wieder zur Ausführung kommt. Abhilfe schafft hier die im nächsten Abschnitt beschriebene Anwendung von Konvertierungsmethoden.

## 6.3.8  Konvertierungsmethoden

Zu dieser Gruppe gehören *ToArray*, *ToList*, *ToDictionary*, *AsEnumerable*, *Cast* und *ToLookup*. Sowohl die Methoden *ToArray* als auch *ToList* forcieren ein sofortiges Durchführen der Abfrage.

**Beispiel 6.23**

| **Das Vorgängerbeispiel wird wiederholt, diesmal aber wird das Abfrageergebnis in einem Array zwischengespeichert.** |
| --- |

```
var MProds = (Produkte.Where(p => p.Name[0] == 'M').Select(p => p.Name)).ToArray();

bzw.:

var MProds = (from p in Produkte where p.Name[0] == 'M' select p.Name).ToArray();
...
```

Die Änderung der Quellfolge bleibt ohne Konsequenz für das Abfrageergebnis:

```
Produkte[0].Name = "Milch";
...
```

Ausgabe:

```
Marmelade
Mohrrüben
Mehl
-----------
Marmelade
Mohrrüben
Mehl
```

## 6.3.9  Abfragen mit PLINQ

PLINQ ist eine parallele Implementierung von LINQ to Objects und kombiniert die Einfachheit und Lesbarkeit der LINQ Syntax mit der Leistungsfähigkeit der parallelen Programmierung. PLINQ besitzt das komplette Angebot an Standard-Abfrageoperatoren und hat zusätzliche Operatoren für parallele Operationen.

Als Reaktion auf die zunehmende Verfügbarkeit von Mehrprozessorplattformen bietet PLINQ eine einfache Möglichkeit, die Vorteile paralleler Hardware einschließlich herkömmlicher Mehrprozessorcomputer und der neueren Generation von Mehrkernprozessoren zu nutzen.

> **HINWEIS:** In vielen Szenarien kann PLINQ signifikant die Geschwindigkeit von LINQ to Objects-Abfragen steigern, da es alle verfügbaren Prozessoren des Computers effizient nutzt.

Wer bereits mit LINQ vertraut ist, dem wird der Umstieg auf PLINQ kaum Sorgen bereiten. Die Verwendung von PLINQ entspricht meistens exakt der von LINQ-to-Objects und LINQ-to-XML. Sie können beliebige der bereits bekannten Operatoren nutzen, wie zum Beispiel *Join*, *Select*, *Where* usw.

Damit können Sie auch unter PLINQ Ihre bereits vorhandenen LINQ-Abfragen auf gewohnte Weise weiter verwenden, wenn Sie dabei einen wesentlichen Unterschied beachten:

> **HINWEIS:** Parallelisieren Sie die Abfrage durch Aufruf der Erweiterungsmethode *AsParallel*!

Die Erweiterungsmethode *AsParallel* gehört zur *System.Linq.ParallelQuery*-Klasse, diese ist in der *System.Core.dll* enthalten und repräsentiert eine parallele Sequenz. *AsParallel* kann auf jeder Datenmenge ausgeführt werden, die *IEnumerable<T>* implementiert.

Der Aufruf von *AsParallel* veranlasst den C#-Compiler, die parallele Version der Standard-Abfrageoperatoren zu binden. Damit übernimmt PLINQ die weitere Verarbeitung der Abfrage.

**Beispiel 6.24** | **Eine einfache LINQ-Abfrage über eine Liste von Integer-Zahlen**

```csharp
int[] zahlen = new int[] { 0, 1, 2, 3, 4, 5, 6, 7, 8, 9 };
```

Oder auch:

```csharp
IEnumerable<int> zahlen = new int[] { 0, 1, 2, 3, 4, 5, 6, 7, 8, 9 };
var q = from x in zahlen
        where x > 3
        orderby x descending
        select x;
```

Erst beim Iterieren über die Liste wird die Abfrage ausgeführt:

```csharp
foreach (var z in q) listBox1.Items.Add(z.ToString());    // 9, 8, 7, 6, 5, 4
```

Um dieselbe Abfrage mittels PLINQ auszuführen, ist lediglich *AsParallel* auf den Daten aufzurufen:

**Beispiel 6.25** | **Die Abfrage im obigen Beispiel mit PLINQ**

```csharp
...
var q = from x in zahlen.AsParallel()
        where x > 3
        orderby x descending
        select x;
...
```

Die Abfragen in obigen Beispielen wurden in Query Expression-Syntax geschrieben. Alternativ kann man natürlich auch die Extension Method-Syntax[1] verwenden.

**Beispiel 6.26**  | **Beide obigen Abfragen in Erweiterungsmethoden-Syntax**

Einfache LINQ-Version:

```
...
var q = zahlen
       .Where(x => x > 3)
       .OrderByDescending(x => x)
       .Select(x => x);
...
```

PLINQ-Version:

```
...
var q = zahlen.AsParallel()
       .Where(x => x > 3)
       .OrderByDescending(x => x)
       .Select(x => x);
...
```

Nach dem Aufruf der *AsParallel*-Methode führt PLINQ transparent die Erweiterungsmethoden (*Where*, *OrderBy*, *Select*,...) auf allem verfügbaren Prozessoren aus. Genauso wie LINQ realisiert auch PLINQ eine verzögerte Ausführung von Abfragen, d.h., erst beim Durchlaufen der *for-each*-Schleife, beim Direktaufruf von *GetEnumerator*, oder beim Eintragen der Ergebnisse in eine Liste (*ToList*, *ToDictionary*,...) wird die Datenmenge abgefragt. Dann kümmert sich PLINQ darum, dass bestimmte Teile der Abfrage auf verschiedenen Prozessoren laufen, was mit versteckten multiplen Threads umgesetzt wird. Sie als Programmierer brauchen das nicht zu verstehen, Sie merken lediglich an der höheren Performance, dass die Prozessoren besser ausgelastet werden.

## Probleme mit der Sortierfolge

Wie sollte es anders sein, bei genauerem Hinsehen werden Sie feststellen, dass es doch nicht ganz so unkompliziert ist, LINQ-Abfragen zu parallelisieren. Ganz abgesehen davon, dass die Parallelisierung nicht immer den erhofften Geschwindigkeitszuwachs bringt, habe wir es noch mit einem schwierigen und vor allem nicht gleich erkennbaren Problem zu tun: der Sortierfolge. Diese bereitet im Zusammenhang mit der parallelen Verarbeitung teilweise recht große Probleme, da auch bei einer geordneten Ausgangsmenge nicht eindeutig ist, in welcher Reihenfolge die Elemente durch PLINQ verarbeitet werden. Je nach LINQ-Operator kann es zu recht merkwürdigen Ergebnissen kommen[2].

---

[1] Der Compiler konvertiert die Query Expression-Syntax in die Extension Method-Syntax, sodass letztendlich bei beiden Syntaxformen Erweiterungsmethoden aufgerufen werden.

[2] Dies ist auch von der Anzahl der Prozessoren und der Größe der Datenmenge abhängig.

Aus diesem Grund wurde die Erweiterungsmethode *AsOrdered* eingeführt. Verwenden Sie diese im Zusammenhang mit *AsParallel,* wird die Sortierfolge der Ausgangsmenge in jedem Fall beibehalten.

**Beispiel 6.27**

**Verwendung von *AsOrdered***

```csharp
int[] zahlen = new int[] { 7, 4, 2, 3, 1, 6, 11, 5, 10, 8, 9, 13, 12 };
var q = (from x in zahlen.AsParallel().AsOrdered()
where x > 3
select x).Take(5);
```

Das Ergebnis wird in jedem Fall

7, 4, 6, 11, 5

sein. Lassen Sie *AsOrdered* weg, sind weder die obige Reihenfolge noch die Zahlen eindeutig bestimmbar. Unter Umständen kann auch

13, 7, 11, 6, 5

ausgegeben werden.

Wie sich Sortierfolgen auf bestimmte Operatoren auswirken, beschreibt im Detail die folgende Webseite:

**LINK:**   http://msdn.microsoft.com/de-de/library/dd460677%28VS.100%29.aspx

**HINWEIS:** Grundsätzlich jedoch gilt: Vermeiden Sie im Zusammenhang mit PLINQ die Anwendung von Sortieroperationen, diese machen die Vorteile von PLINQ durch erhöhten Verwaltungsaufwand meist wieder zunichte.

# 6.4  Praxisbeispiele

## 6.4.1  Die Syntax von LINQ-Abfragen verstehen

In diesem Praxisbeispiel lernen Sie den prinzipiellen Aufbau von LINQ-Abfragen kennen. Im Zusammenhang damit kommen die ab .NET 3.0 eingeführten Sprachfeatures wie Typinferenz, Lambda-Ausdrücke und Erweiterungsmethoden zum Einsatz.

Prinzipiell gibt es zwei verschiedene Syntaxformen für LINQ-Abfragen

- *Query Expression Syntax*
  Hier werden Standard-Query-Operatoren verwendet.

- *Extension Method Syntax*
  Hier kommen Erweiterungsmethoden zum Einsatz.

Im Folgenden werden beide Syntaxformen demonstriert, um den Inhalt eines Integer-Arrays zu verarbeiten. Außerdem wird eine Mischform vorgeführt.

## Oberfläche

Auf dem Startformular *Form1* finden eine *ListBox* und vier *Button*s ihren Platz (siehe Laufzeitansicht).

## Quellcode

```
...
using System.Linq;
...
public partial class Form1 : Form
{
```

Das abzufragende Integer-Array enthält irgendwelche ganzzahligen Werte:

```
    private int[] zahlen = {5, -4, 18, 26, 0, 19, 16, 2, -1, 0, 9, -5, 8, 15, 19 };
```

Die Abfrage in Query Expression Syntax:

```
    private void button1_Click(object sender, EventArgs e)
    {
```

Im Abfrageergebnis sollen alle Zahlen, die größer als 10 sind, enthalten sein und nach ihrer Größe sortiert werden. Im Abfrageausdruck kommen die SQL-ähnlichen Standard-Abfrageoperatoren (*from*, *where*, *orderby*, *select*) zum Einsatz:

```
        var expr = from z in zahlen
                      where z > 10
                      orderby z
                      select z;
```

Die Anzeige:

```
        foreach (int z in expr)  listBox1.Items.Add(z.ToString());
    }
```

Dieselbe Abfrage in Extension Method Syntax:

```
    private void button2_Click(object sender, EventArgs e)
    {
```

Hier werden im Abfrageausdruck so genannte Erweiterungsmethoden (*Where*, *OrderBy*, *Select*) zusammen mit Lambda-Ausdrücken (... => ...) benutzt:

```
        var expr = zahlen
                      .Where(z => z > 10)
                      .OrderBy(z => z)
                      .Select(z => z);
```

Die Anzeige:

```
        foreach (int z in expr)  listBox1.Items.Add(z.ToString());
    }
```

Die gleiche Abfrage in gemischter Syntax:

```
private void button3_Click(object sender, EventArgs e)
{
```

Hier wird der erste (geklammerte) Teil des Abfrageausdrucks in Query Expression Syntax, und der zweite (mit einem Punkt eingeleitete) Teil in Extension Method Syntax geschrieben:

```
var expr = (from z in zahlen
                      where z > 10
                      select z).
                      OrderBy(z => z);
```

Die Anzeige:

```
foreach (int z in expr)  listBox1.Items.Add(z.ToString());
}
```

*ListBox*-Inhalt löschen:

```
private void button4_Click(object sender, EventArgs e)
{
    listBox1.Items.Clear();
}
}
```

## Test

Egal, welche der drei Schaltflächen Sie klicken, das Ergebnis wird stets dasselbe sein:

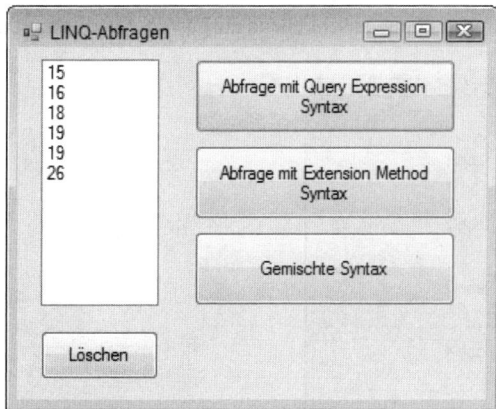

## Bemerkungen

- Unter *Typinferenz* versteht man ein Sprachmerkmal welches es erlaubt, dass der Datentyp **lokaler** Variablen bei der Deklaration vom Compiler automatisch ermittelt wird, ohne dass explizit der Typ angegeben werden muss (stattdessen wird das Schlüsselwort *var* vorangestellt). Wie wir gesehen haben, erweist sich dieses Feature vor allem für *anonyme Typen* als praktisch bzw. notwendig.

- Bei den *Lambda-Ausdrücke*n handelt es sich vom Prinzip her um nichts weiter als um funktional erweiterte *anonyme Methoden*, wie es sie bereits seit C# 2.0 gibt. Der offensichtlichste Unterschied zeigt sich in der Syntax: auf die Parameterliste folgt ein Pfeil (=>), gefolgt von einer einzelnen Anweisung oder einem Anweisungsblock.

- Normalerweise erlaubt eine objektorientierte Programmiersprache das Erweitern von Klassen durch Vererbung. Bereits C# 3.0 führte eine neue Syntax ein, die das direkte Hinzufügen neuer Methoden zu einer vorhandenen Klasse erlaubt. Diese so genannten *Erweiterungsmethoden* werden als statische Methoden in einer neuen statische Klasse implementiert und können dann wie eine normale Methode (d.h. Instanzmethode) des erweiterten Datentyps aufgerufen werden.

- Nicht nur Zahlen-Auflistungen wie im vorliegenden Rezept, sondern jede Collection, die das *System.Collections.Generic.IEnumerable* Interface (oder das generische *IEnumerable<T>*-Interface) unterstützt, kann mit LINQ verarbeitet werden.

## 6.4.2  Aggregat-Abfragen mit LINQ

Im vorliegenden Praxisbeispiel demonstrieren wir, wie anhand von Aggregat-Abfragen eine Auflistung von Gleitkommazahlen (z.B. eine Messwertliste) nach verschiedenen Kriterien ausgewertet werden kann. Gewissermaßen als "Nebeneffekt" wird die Liste auch noch sortiert.

### Oberfläche

Diesmal wollen wir das Array nicht fest kodieren, sondern dem Benutzer die Möglichkeit überlassen, eine beliebige Menge von Gleitkommazahlen über eine *TextBox* einzugeben. Die Zahlenkolonne wird in einer *ListBox* dargestellt und anschließend ausgewertet und sortiert angezeigt.

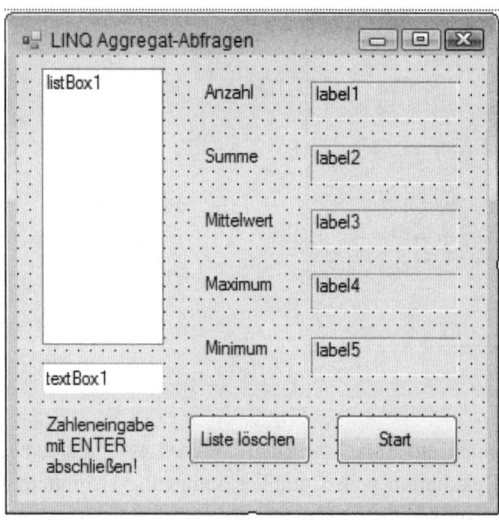

## Quellcode

```
using System.Linq;
...
public partial class Form1 : Form
{
    ...
    private void button1_Click(object sender, EventArgs e)
    {
```

Die Länge der Zahlenliste wird bestimmt:

```
        int n = listBox1.Items.Count;
```

Die Zahlen werden aus der *ListBox* in ein *float*-Array übergeben:

```
        float[] zahlen = new float[n];
        for (int i = 0; i < zahlen.Length; i++)
            zahlen[i] = Convert.ToSingle(listBox1.Items[i]);
```

Die Abfrage wird definiert:

```
        var expr =
            from z in zahlen
            orderby z                              // sortiert in aufsteigender Reihenfolge
            select z;
```

Nacheinander wird der Abfrage-Ausdruck für verschiedene Aggregat-Methoden ausgewertet:

```
        int count = expr.Count();                  // Anzahl
        label1.Text = count.ToString();

        float sum = expr.Sum();                    // Summe
        label2.Text = sum.ToString();

        float avg = expr.Average();                // Durchschnitt
        label3.Text = avg.ToString();

        float max = expr.Max();                    // Maximum
        label4.Text = max.ToString();

        float min = expr.Min();                    // Minimum
        label5.Text = min.ToString();
```

Sortierte Anzeige in *ListBox*:

```
        listBox1.Items.Clear();
        foreach (float z in expr) listBox1.Items.Add(z.ToString());
    }
```

*ListBox*-Inhalt löschen:

```
    private void button4_Click(object sender, EventArgs e)
    {
```

```
        listBox1.Items.Clear();
    }
```

Eine in die *TextBox* eingegebene Zahl wird mittels Enter-Taste in die *ListBox* übernommen:

```
private void textBox1_KeyUp(object sender, KeyEventArgs e)
{
    if (e.KeyCode == Keys.Enter)
    {
        listBox1.Items.Add(textBox1.Text);
        textBox1.Clear();
    }
}
}
```

## Test

Nach Eingabe einer Zahlenkolonne (Dezimaltrennzeichen ist natürlich das Komma!) können Sie Auswertung und Sortierung starten:

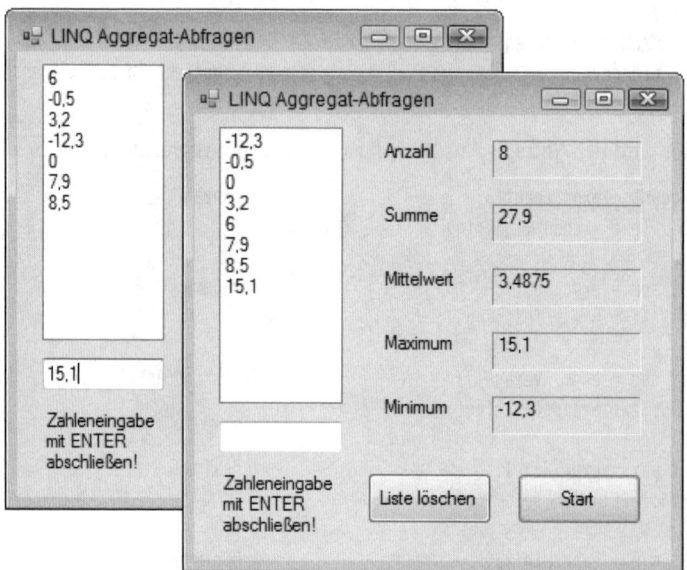

## Bemerkungen

- Um die Zahlenreihe anstatt in aufsteigender, in absteigender Reihenfolge zu sortieren, ist im Abfrageausdruck die Klausel **orderby z** zu ersetzen durch **orderby z descending**.

- Die Wirkung der Aggregatmethoden (*Count, Sum, Average, Min, Max*) ist völlig unabhängig davon, ob die Zahlenmenge sortiert ist oder nicht.

Teil

# Teil II: Technologien

- **Zugriff auf das Dateisystem**

- **Dateien lesen und schreiben**

- **XML in Therorie und Praxis**

- **Einführung in ADO.NET**

- **Das DataSet**

- **Asynchrone Programmierung**

- **Die Task Parallel Library**

- **Fehlersuche und Behandlung**

- **Unit-Tests**

- **OOP-Spezial**

- **Das Microsoft Event Pattern**

- **Weitere Programmiertechniken**

- **Konsolenanwendungen**

- **Verteilen von Anwendungen**

# Kapitel 7

# Zugriff auf das Dateisystem

Gewissermaßen als "Vorläufer" der Datenbanken dienen Dateien dazu, Daten auf Festplatte (oder anderen Speichermedien) dauerhaft zu sichern bzw. Daten zwischen einer Quelle und einem Ziel zu transportieren.

Inhalt des vorliegenden Kapitels ist aber zunächst nur die Arbeit auf Verzeichnisebene, womit das Erstellen, Löschen, Kopieren, Verschieben, Umbenennen, Durchsuchen und Überwachen von Verzeichnissen und Dateien gemeint ist.

---

**HINWEIS:** Zum Lesen und Abspeichern von Datei-Inhalten sowie zum Arbeiten mit Streams kommen wir erst im nachfolgenden Kapitel!

---

## 7.1 Grundlagen

Wenn Sie an Dateien denken, so fallen Ihnen dazu meist Begriffe wie Dateinamen, Dateigröße, Dateiattribute und Dateiverzeichnis ein. Als Programmierer sollten Sie aber auch den tieferen Sinn des Datei-Systems von Windows verstanden haben:

- Eine **Datei** unter Windows ist eine geordnete und benannte Sammlung von Byte-Folgen, die persistent (meist auf Festplatte) abgespeichert sind.

- Ein **Verzeichnis** (bzw. Ordner) in Windows ist einfach ein anderer Dateityp, der wiederum andere Dateien und Unterverzeichnisse enthalten kann.

In früheren Programmiersprachen waren Sie meist auf das *FileSystemObject* oder den Direktzugriff auf die Win32 API angewiesen, um Ihre Datei-Operationen zu implementieren.

---

**HINWEIS:** Das .NET-Framework stellt im Namespace *System.IO* eine Anzahl leistungsfähiger Klassen zur Verfügung, die den Zugriff auf das Windows-Dateisystem vereinfachen.

---

## 7.1.1 Klassen für Verzeichnis- und Dateioperationen

Die wichtigsten Klassen für Manipulationen mit Verzeichnissen und Dateien sind die Pärchen *Directory/ DirectoryInfo* und *File/FileInfo*, die sich vor allem hinsichtlich ihrer Instanziierbarkeit unterscheiden. Weitere interessante Klassen des *System.IO*-Namespace entnehmen Sie der folgenden Tabelle.

### Übersicht

| Klasse | Beschreibung |
|--------|--------------|
| *Directory* | Die statischen Methoden erlauben das Erstellen, Verschieben und Benennen von Verzeichnissen und Unterverzeichnissen. |
| *DirectoryInfo* | Ähnelt der *Directory*-Klasse, enthält aber nur Instanz-Methoden. |
| *Path* | Die statischen Methoden erlauben die plattformübergreifende Arbeit mit Verzeichnissen. |
| *File* | Die statischen Methoden erlauben das Erzeugen, Kopieren, Löschen, Verschieben und Öffnen von Dateien. |
| *FileInfo* | Ähnelt der *File*-Klasse, enthält aber nur Instanz-Methoden. |
| *FileSystemWatcher* | Löst Ereignisse zum Überwachen des Dateisystems aus. |
| *DriveInfo* | Liefert Laufwerksinformationen |

Die Methoden der Klassen *File* und *FileInfo* liefern auch die Voraussetzungen für den Schreib- und Lesezugriff auf Dateien.

---

**HINWEIS:** Beachten Sie auch die Unter-Namensräume wie *System.IO.Compression* (Komprimieren von Daten) und *System.IO.Ports* (Zugriff auf die serielle Schnittstelle des PC).

---

## 7.1.2 Statische versus Instanzen-Klasse

Bei **statischen Klassen** müssen Sie jeder Methode den Dateinamen oder den Verzeichnispfad übergeben. Das kann dann ziemlich lästig werden, wenn Sie diese Methoden öfters hintereinander aufrufen müssen. Die entsprechenden Eigenschaften der **Instanzen-Klassen** *FileInfo* und *DirectoryInfo* hingegen erlauben es Ihnen, den Datei- oder Verzeichnisnamen bereits im Konstruktor einmalig zu spezifizieren.

**Beispiel 7.1**   **Zwei alternative Möglichkeiten zum Anzeigen von Erstellungsdatum und Zeitpunkt des letzten Zugriffs auf die Datei *c:\test\info.txt***

```
using System.IO;
```
Mit statischer Klasse:
```
label1.Text = File.GetCreationTime("c:\\test\\info.txt").ToString();
label2.Text = File.GetLastAccessTime("c:\\test\\info.txt").ToString();
```

**Beispiel 7.1**  **Zwei alternative Möglichkeiten zum Anzeigen von Erstellungsdatum und Zeitpunkt des letzten Zugriffs auf die Datei** *c:\test\info.txt*

> oder mit Instanzen-Klasse:
>
> ```
> FileInfo myFile = new FileInfo("c:\\test\\info.txt");
> label1.Text = myFile.CreationTime.ToString();
> label2.Text = myFile.LastAccessTime.ToString();
> ```

Ein weiterer wichtiger Unterschied zwischen beiden Klassen soll keinesfalls verschwiegen werden:

**HINWEIS:** Wenn Sie mit den Methoden der statischen Klassen *File*, *Directory* und *Path* arbeiten, werden Sicherheitsüberprüfungen bei **jedem** Methodenaufruf vorgenommen, bei den Instanzen-Methoden der Klassen *FileInfo* und *DirectoryInfo* geschieht dies nur ein einziges Mal.

# 7.2 Operationen auf Verzeichnisebene

Wir behandeln hier das Erstellen, Löschen, Kopieren, Verschieben, Umbenennen, Durchsuchen und Überwachen von Dateien und Verzeichnissen.

## 7.2.1 Verzeichnisse erzeugen und löschen

Wie es für viele Dateioperationen typisch ist, haben Sie auch hier die Qual der Wahl zwischen zwei Klassen.

### Mit Directory-Klasse

Die einfachsten Möglichkeiten zum Erzeugen und Löschen von Verzeichnissen bieten die statischen Methoden *CreateDirectory* und *Delete* der *Directory*-Klasse.

**Beispiel 7.2**  **Ein Verzeichnis erzeugen und anschließend wieder löschen**

```
using System.IO;
...
string pfad = "c:\\temp";
Directory.CreateDirectory(pfad);    // falls Verzeichnis bereits vorhanden, passiert nichts!
Directory.Delete(pfad, true);       // löscht auch vorhandene Unterverzeichnisse und Dateien
```

### Mit DirectoryInfo-Klasse

Das gleiche Ziel, allerdings etwas umständlicher, erreicht man mit der *Create*-Methode der instanziierbaren *DirectoryInfo*-Klasse, wobei mittels *CreateSubdirectory* auch das Hinzufügen von Unterverzeichnissen möglich ist.

**Beispiel 7.3**    **Ein Verzeichnis und ein Unterverzeichnis anlegen und wieder löschen**

```csharp
using System.IO;
...
DirectoryInfo di = new DirectoryInfo("c:\\temp");
di.Create();
di.CreateSubdirectory("temp1") ;
di.Delete(true);                 // löscht inklusive vorhandener Unterverzeichnisse und
Dateien
```

**HINWEIS:** Der Aufruf von *Delete* ohne Parameterangabe funktioniert nur, wenn das Verzeichnis leer ist!

## 7.2.2   Verzeichnisse verschieben und umbenennen

Für diese Aufgaben verwenden Sie am besten die *Move*-Methode der statischen *Directory*-Klasse.

**Beispiel 7.4**    **Verzeichnis *c:\tempX* wird nach *c:\beispiele* verschoben und umbenannt in *tempY***

```csharp
using System.IO;
...
Directory.Move("c:\\tempX", "c:\\beispiele\\tempY");
```

**HINWEIS:** Leider gibt sowohl in der *Directory*- als auch in der *DirectoryInfo*-Klasse noch keine Methode, die das Kopieren eines kompletten Verzeichnisses ermöglicht.

## 7.2.3   Aktuelles Verzeichnis bestimmen

Verwenden Sie dazu die *GetCurrentDirectory*- bzw. *SetCurrentDirectory*-Methode der (statischen) *Directory*-Klasse.

**Beispiel 7.5**    **Festlegen und Anzeigen des aktuellen Arbeitsverzeichnisses**

```csharp
using System.IO;
...
Directory.SetCurrentDirectory("c:\\test");
label1.Text = Directory.GetCurrentDirectory();    // zeigt "c:\test"
```

**HINWEIS:** Wenn der Dateiname **ohne** Pfad angegeben wird, bezieht sich die Datei automatisch auf das Projekt- bzw. Arbeitsverzeichnis.

**Beispiel 7.6**    **Im Projektverzeichnis wird ein Verzeichnis *\temp* angelegt**

```csharp
using System.IO;
...
Directory.CreateDirectory("temp");
```

## 7.2.4 Unterverzeichnisse ermitteln

Um **alle** Unterverzeichnisse zu ermitteln, verwenden Sie die *GetDirectories*-Methode der *DirectoryInfo*-Klasse.

**Beispiel 7.7** | Es werden alle Unterverzeichnisse von *c:\* in einer *ListBox* angezeigt

```csharp
using System.IO;
...
DirectoryInfo myDir = new DirectoryInfo("c:\\");          // neues DirectoryInfo-Objekt
DirectoryInfo[] myDirs = myDir.GetDirectories();          // Unterverzeichnisse ermitteln
                                                          // und im Array ablegen
for (int i = 0; i < myDirs.Length; i++)   // alle Unterverzeichnisse durchlaufen ...
    listBox1.Items.Add(myDirs[i].Name);   // ... und Verzeichnisnamen zur ListBox hinzufügen
```

Eine alternative Lösung bietet sich mit der gleichnamigen Methode der (statischen) *Directory*-Klasse:

**Beispiel 7.8** | Lösung des gleichen Problems wie im Vorgängerbeispiel

```csharp
using System.IO;
...
string[] myDirs = Directory.GetDirectories("c:\\");
for (int i = 0; i < myDirs.Length; i++)
        listBox1.Items.Add(myDirs[i]);
```

## 7.2.5 Alle Laufwerke ermitteln

Die Klasse *DriveInfo* ermöglicht den Zugriff auf diverse Laufwerksinformationen. Alles Weitere soll direkt am Beispiel erklärt werden.

**Beispiel 7.9** | Auflisten aller Laufwerke des Systems inklusive dazugehöriger Informationen

```csharp
using System.IO;

foreach (DriveInfo di in DriveInfo.GetDrives())
{
    listBox1.Items.Add("Laufwerk: " + di.Name);
    if (di.IsReady)
    {
        listBox1.Items.Add("Bezeichnung: " + di.VolumeLabel);
        listBox1.Items.Add("Typ: " + di.DriveType);
        listBox1.Items.Add("Bezeichnung: " + di.DriveFormat);
        listBox1.Items.Add("Größe: " + di.TotalSize);
        listBox1.Items.Add("Freier Platz: " + di.TotalFreeSpace);
        listBox1.Items.Add("--------------------------------");
    }
    else
```

**Beispiel 7.9** | **Auflisten aller Laufwerke des Systems inklusive dazugehöriger Informationen**

```
    {
        listBox1.Items.Add("Laufwerk ist nicht bereit!");
        listBox1.Items.Add("--------------------------------");
    }
}
```

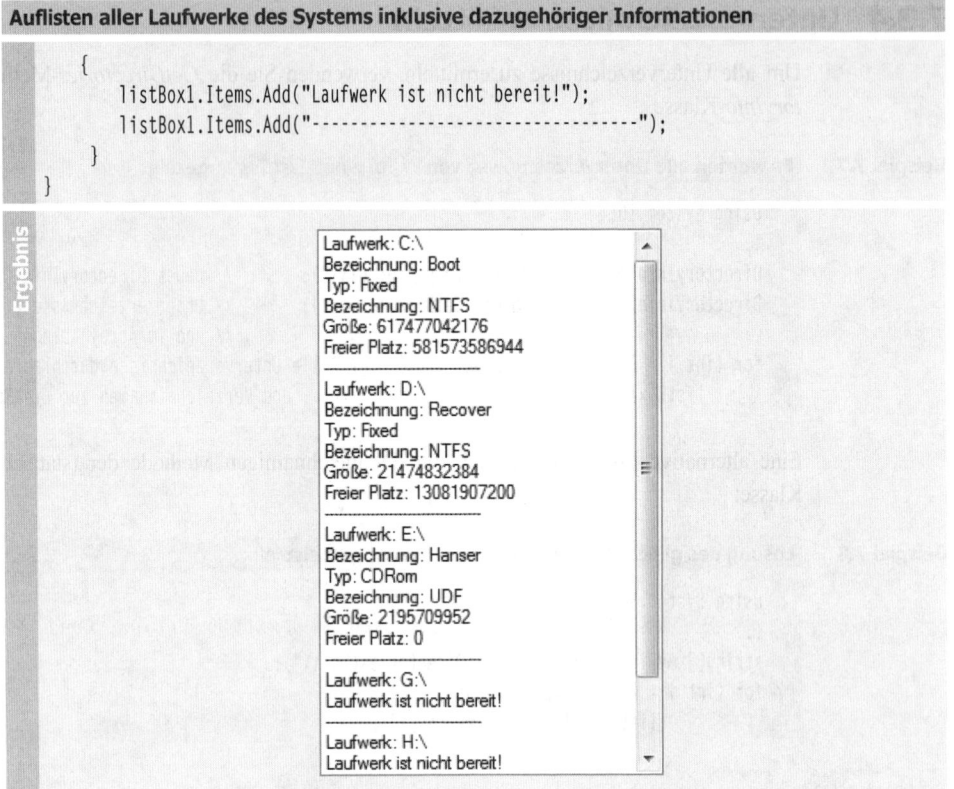

## 7.2.6  Alle im Verzeichnis enthaltene Dateien ermitteln

Gewissermaßen als Ergänzung zu *GetDirectories* können Sie mit der *GetFiles*-Methode der Klasse *DirectoryInfo* alle in einem Verzeichnis enthaltenen Dateien ermitteln.

**Beispiel 7.10** | **Alle im Rootverzeichnis *c:\* abgelegten Dateien werden in einer *ListBox* angezeigt**

```csharp
using System.IO;
...
DirectoryInfo myDir = new DirectoryInfo("c:\\");        // neues DirectoryInfo-Objekt
FileInfo[] myFiles = myDir.GetFiles();                  // Dateien ermitteln und im Array ablegen
for (int i = 0; i < myFiles.Length; i++)                // alle Dateien durchlaufen ...
    listBox1.Items.Add(myFiles[i].Name);                // ... und Dateinamen zur ListBox hinzufügen
```

Noch kürzer ist der Code bei Verwendung der (statischen) *Directory*-Klasse.

**Beispiel 7.11** | **Das gleiche Problem wie im Vorgängerbeispiel wird gelöst**

```csharp
using System.IO;
...
string[] myFiles = Directory.GetFiles("c:\\");    // String-Array füllen ...
```

**Beispiel 7.11** | **Das gleiche Problem wie im Vorgängerbeispiel wird gelöst**

```
for (int i = 0; i < myFiles.Length; i++)       // alle Einträge durchlaufen
    listBox1.Items.Add(myFiles[i]);            // ... und anzeigen
```

## 7.2.7 Dateien kopieren und verschieben

Am einfachsten realisieren Sie diese Aufgabe mit den statischen *Copy-* bzw. *Move*-Methoden der *File*-Klasse.

**Beispiel 7.12** | **Datei kopieren und anschließend verschieben**

```
using System.IO;
...
string sourcePath = "c:\\sample.txt" ;
string destPath = "c:\\sample1.txt";
string movePath = "c:\\temp\\sample1.txt";
File.Copy(sourcePath, destPath);          // kopieren
File.Move(sourcePath, movePath);          // verschieben
```

Falls Sie lieber mit Instanzen arbeiten, können Sie die Methoden *CopyTo* und *MoveTo* der Klasse *FileInfo* verwenden.

**Beispiel 7.13** | **Obiges Beispiel wird mit Methoden der *FileInfo*-Klasse realisiert**

```
using System.IO;
...
string sourcePath = "c:\\sample.txt" ;
string destPath = "c:\\sample1.txt";
string movePath = "c:\\temp\\sample1.txt";

FileInfo myFile = new FileInfo(sourcePath);
myFile.CopyTo(destPath);             // kopieren
myFile.MoveTo(movePath);             // verschieben
```

## 7.2.8 Dateien umbenennen

Leider bietet das .NET-Framework keinerlei Möglichkeit zum direkten Umbenennen einer Datei, da die *Name*-Eigenschaft der *FileInfo*-Klasse schreibgeschützt ist und eine *Rename*-Methode fehlt. Verwenden Sie zum Umbenennen also die Methoden *Move* der Klasse *File* bzw. *MoveTo* der Klasse *FileInfo*.

**Beispiel 7.14** | **Umbenennen der Datei *info.txt* in *info_1.txt***

```
using System.IO;
...
FileInfo myFile = new FileInfo("c:\\test\\info.txt");
myFile.MoveTo("c:\\test\\info_1.txt");
```

## 7.2.9   Dateiattribute feststellen

Um die Dateiattribute zu ermitteln, kann man entweder auf die Eigenschaften der *FileInfo*-Klasse oder aber auch auf die entsprechenden (statischen) Methoden der *File*-Klasse zugreifen:

| Eigenschaft *FileInfo*-Klasse | Methode *File*-Klasse | Beschreibung |
|---|---|---|
| *Attributes* | *GetAttributes()* *SetAttributes()* | Wert basiert auf Dateiattribute-Flags (*Archive, Compressed, Directory, Hidden* ...) |
| *CreationTime* | *GetCreationTime()* *SetCreationTime()* | Datum/Uhrzeit der Erstellung |
| *LastAccessTime* | *GetLastAccessTime()* *SetLastAccessTime()* | Datum/Uhrzeit des letzten Zugriffs |
| *LastWriteTime* | *GetLastWriteTime()* *SetLastWriteTime()* | Datum/Uhrzeit des letzten Schreibzugriffs |
| *Exists* | *Exists()* | Liefert *true*, falls Datei physikalisch existiert |

**Beispiel 7.15**   **Anzeige des Erstellungsdatums einer Datei**

```csharp
using System.IO;
...
label1.Text = File.GetCreationTime("Liesmich.txt").ToString();
```

**Beispiel 7.16**   **Feststellen, ob Datei im Arbeitsverzeichnis existiert**

```csharp
using System.IO;
...
if (File.Exists("Liesmich.txt")) MessageBox.Show("Datei ist vorhanden!");

oder

FileInfo myFile = new FileInfo("Liesmich.txt");
if (myFile.Exists) MessageBox.Show("Datei ist vorhanden!");
```

## 7.2.10   Die FileAttribute-Enumeration

Die verschiedenen Attribute für Dateien und Verzeichnisse sind in der *FileAttribute*-Enumeration anzutreffen. Die folgende Tabelle zeigt die wichtigsten:

| Mitglied | Beschreibung |
|---|---|
| *Archive* | Entspricht dem Archiv-Status der Datei, wie er häufig zum Markieren einer zu löschenden oder einer Backup-Datei verwendet wird |
| *Compressed* | Entspricht einer gepackten Datei |
| *Directory* | Zeigt an, dass die Datei in Wirklichkeit ein Verzeichnis ist |
| *Encrypted* | Die Datei ist verschlüsselt |

| Mitglied | Beschreibung |
|----------|-------------|
| *Hidden* | Die Datei ist versteckt und demzufolge in einem gewöhnlichen Verzeichnis unsichtbar |
| *Normal* | Es wurden keine Datei-Attribute gesetzt |
| *ReadOnly* | Die Datei kann nicht verändert, sondern nur gelesen werden |
| *System* | Die Datei gehört zum Betriebssystem oder wird exklusiv von diesem benutzt |
| *Temporary* | Die Datei ist temporär, sie wird vom Programm angelegt und wieder gelöscht |

Um das Vorhandensein eines bestimmten Datei-Attributes festzustellen, muss eine bitweise ODER-Verknüpfung durchgeführt werden.

**Beispiel 7.17**    **In einer *CheckBox* wird angezeigt, ob es sich um eine Archiv-Datei handelt**

```csharp
FileAttributes attbs = File.GetAttributes("c:\\beispiele\\test.dat");
if(attbs==(attbs|FileAttributes.Archive))
    checkBox2.Checked = true;
else
    checkBox2.Checked = false;
```

# 7.3 Mehr zur FileInfo-Klasse

Werfen wir noch einen kurzen Blick auf weitere wichtige Member der *FileInfo*-Klasse.

## 7.3.1 Weitere wichtige Eigenschaften

| Eigenschaft | Beschreibung |
|-------------|-------------|
| *Directory* | Liefert Instanz des übergeordneten Verzeichnisses |
| *DirectoryName* | Liefert den vollständigen Dateipfad |
| *Extension* | Liefert Dateiextension (z.B. *txt* für Textdateien) |
| *FullName* | Liefert den vollständigen Dateipfad plus Dateinamen |
| *Length* | Liefert die Dateigröße in Bytes |
| *Name* | Liefert den Dateinamen |

**Beispiel 7.18**    **Der Pfad der Datei *liesmich.txt* wird in einem Label angezeigt**

```csharp
using System.IO;
...
FileInfo myFile = new FileInfo("Liesmich.txt");
label1.Text = myFile.DirectoryName;
```

## 7.3.2　GetFileSystemInfos-Methode

Im Zusammenhang mit der *Directory*-Eigenschaft der *FileInfo*-Klasse verdient die *GetFileSystem-Infos*-Methode der *DirectoryInfo*-Klasse besondere Aufmerksamkeit.

**Beispiel 7.19**　　**In einer *TextBox* (*MultiLine = true*) werden neben dem Verzeichnis einer Datei alle weiteren sich im gleichen Verzeichnis befindlichen Dateien und Unterverzeichnisse angezeigt.**

```csharp
using System.IO;
...
// öffnet Datei im Anwendungsverzeichnis oder erzeugt neue
FileInfo myFile = new FileInfo("Test.txt");
DirectoryInfo myDir = myFile.Directory;          // Verweis auf Verzeichnis erzeugen
FileSystemInfo[] fsi = myDir.GetFileSystemInfos();  // alle Einträge ermitteln
textBox1.Text = myDir.FullName + Environment.NewLine;  // vollständigen Pfad anzeigen
// ... und alle weiteren Unterverzeichnisse und Dateien
foreach (FileSystemInfo info in fsi)
        textBox1.Text += info.Name + Environment.NewLine;
```

**HINWEIS:** Wer seine Erkundungen zu Datei- und Verzeichnisoperationen mit einem komplexeren Beispiel beenden möchte, dem sei das PB 7.7.1 "Infos über Verzeichnisse und Dateien gewinnen" nahe gelegt, an welchem er viele der in diesem Abschnitt besprochenen Features der *FileInfo*-Klasse noch einmal in ihrem Zusammenspiel erleben kann.

# 7.4　Zugriffsberechtigungen

Die Klassenpärchen *Directory-/DirectoryInfo-* und *File-/FileInfo* verfügen über die *GetAccessControl*-Methode. Diese liefert ein *DirectorySecurity-* bzw. *FileSecurity*-Objekt, welches die *Access Control List* (ACL) der Datei bzw. des Verzeichnisses kapselt (Namespace *System.Security.AccessControl*).

## 7.4.1　ACL und ACE

Eine ACL enthält *Access Control Entries* (ACE), welche die Zugriffsregeln von Benutzern oder Benutzergruppen zur Ausführung spezieller Aktionen für eine gegebene Datei oder ein Verzeichnis beschreiben.

Die *AddAccessRule*-Method des *DirectorySecurity-* bzw. *FileSecurity*-Objekts fügt eine neue ACE zur vorhandenen ACL hinzu. Analog dazu entfernt die *RemoveAccessRule*-Methode diese Zugriffsregel wieder.

Eine Zugriffsregel wird in einer Instanz der *FileSystemAccessRule*-Klasse gekapselt, sie spezifiziert den User Account, den Zugriffstyp (read, write usw.) und ob dieses Recht gewährt oder abgelehnt wird.

> **HINWEIS:** Im Namespace *System.Security.AccessControl* finden sich zahlreiche weitere Klassen
> zum Verwalten von Zugriffsberechtigungen (ACLs).

## 7.4.2 SetAccessControl-Methode

Um eine neue oder geänderte ACL-Information dauerhaft für ein Verzeichnis oder eine Datei zu
speichern verwenden Sie die *SetAccessControl*-Methode.

**Beispiel 7.20** | *SetAccessControl*-Methode

Ein neues Verzeichnis wird angelegt. Jedem Benutzer werden die uneingeschränkten
Zugriffsrechte auf dieses Verzeichnisses verwehrt. Es wird also nicht gelingen, das angelegte
Verzeichnis zu löschen.

```csharp
using System.IO;
using System.Security.AccessControl;
...
private string dir = "Testverzeichnis";

Directory.CreateDirectory(dir);
string account = "Jeder";
DirectorySecurity dsc = Directory.GetAccessControl(dir);
FileSystemRights rights = FileSystemRights.FullControl;
AccessControlType controlType = AccessControlType.Deny;
FileSystemAccessRule fsar = new FileSystemAccessRule(account, rights, controlType);

dsc.AddAccessRule(fsar);                         // Zugriffsrechte hinzufügen
Directory.SetAccessControl(dir, dsc);            // ... und speichern
```

## 7.4.3 Zugriffsrechte anzeigen

Die einzelnen Zugriffsrechte (ACEs) sind in der *AuthorizationRuleCollection* des *Directory-Security-* bzw. *FileSecurity*-Objekts enthalten.

**Beispiel 7.21** | Die ACL des im Vorgängerbeispiel erzeugten Verzeichnisses wird ausgelesen, die einzelnen ACEs werden in einer ListBox angezeigt.

```csharp
using System.IO;
using System.Security.AccessControl;
...
private string dir = "Testverzeichnis";
DirectorySecurity fsc = Directory.GetAccessControl(dir);

AuthorizationRuleCollection arcoll = fsc.GetAccessRules(true, true,
                              typeof(System.Security.Principal.NTAccount));
foreach (FileSystemAccessRule fsar in arcoll)
{
    listBox1.Items.Add(fsar.IdentityReference.ToString());
```

**Beispiel 7.21** | **Die ACL des im Vorgängerbeispiel erzeugten Verzeichnisses wird ausgelesen, die einzelnen ACEs werden in einer ListBox angezeigt.**

```
        listBox1.Items.Add(fsar.FileSystemRights.ToString());
        listBox1.Items.Add(fsar.AccessControlType.ToString());
        listBox1.Items.Add("--------------------------");
}
```

*Ergebnis*

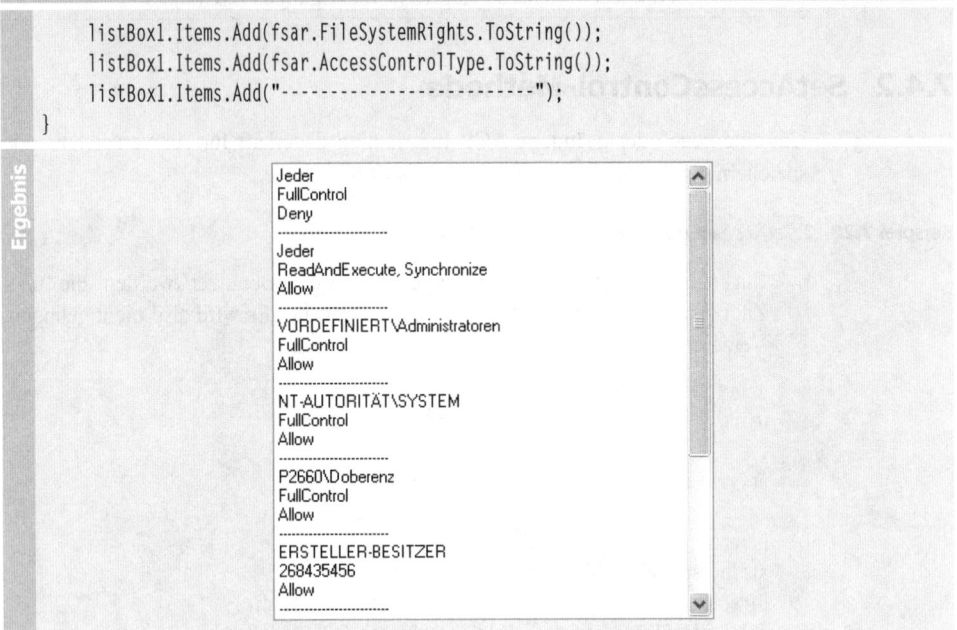

## 7.5  Weitere wichtige Klassen

Die Ausführungen dieses Kapitels sollen mit zwei weiteren interessanten Klassen abgerundet werden: Als Alternative zur *Directory*-Klasse kommt auch die *Path*-Klasse infrage und Änderungen im Dateisystem lassen sich mittels der Klasse *FileSystemWatcher* überwachen.

### 7.5.1  Die Path-Klasse

Als Alternative zur *Directory*-Klasse kommt auch die *Path*-Klasse in Frage. Allerdings ist hier Vorsicht geboten, denn die meisten Member der *Path*-Klasse wirken nicht mit dem Dateisystem zusammen und überprüfen deshalb nicht, ob die durch eine Pfadzeichenfolge angegebene Datei auch tatsächlich vorhanden ist.

Die zahlreichen (statischen) Methoden sollen hier lediglich anhand eines Beispiels demonstriert werden.

**Beispiel 7.22** | **Ausgabe von Dateiinfos in einer *ListBox***

```
using System.IO;
...
string verz = "c:\\test\\info.txt";
listBox1.Items .Add("Verzeichnis : " + System.IO.Path.GetDirectoryName(verz));
listBox1.Items.Add("Dateiname : " + System.IO.Path.GetFileName(verz));
```

**Beispiel 7.22** | **Ausgabe von Dateiinfos in einer *ListBox***

```
listBox1.Items.Add("Dateiname ohne Extension : " +
                   System.IO.Path.GetFileNameWithoutExtension(verz));
listBox1.Items.Add("Dateiextension : " + System.IO.Path.GetExtension(verz));
listBox1.Items.Add("Rootverzeichnis : " + System.IO.Path.GetPathRoot(verz));
listBox1.Items.Add("Temporäres Verzeichnis : " + System.IO.Path.GetTempPath());
listBox1.Items.Add("Neues Tempfile : " + System.IO.Path.GetTempFileName());
```

# 7.5.2  Die Klasse FileSystemWatcher

Die Klasse *FileSystemWatcher* dient dem einfachen Beobachten des Dateisystems. So löst sie beispielsweise Ereignisse aus, wenn Dateien oder Verzeichnisse geändert werden.

Die folgende Tabelle zeigt einige wichtige Eigenschaften:

| Eigenschaft | Beschreibung |
| --- | --- |
| *NotifyFilter* | Typ der zu überwachenden Änderung |
| *Filter* | Filterzeichenfolge für die zu überwachenden Dateien |
| *EnableRaisingEvents* | Aktivieren der Komponente (*true*/*false*) |

Die verschiedenen Werte der *NotifyFilter*-Eigenschaft sind in der *NotifyFilters*-Enumeration enthalten:

| Mitglied | Typ der zu überwachenden Änderung |
| --- | --- |
| *Attributes* | Attribute der Datei oder des Verzeichnisses |
| *CreationTime* | Zeitpunkt der Erstellung der Datei oder des Verzeichnisses |
| *DirectoryName* | Name des Verzeichnisses |
| *FileName* | Name der Datei |
| *LastAccess* | Datum des letzten Öffnens der Datei oder des Verzeichnisses |
| *LastWrite* | Datum des letzten Schreibzugriffs auf die Datei oder das Verzeichnis |
| *Security* | Sicherheitseinstellungen der Datei oder des Verzeichnisses |
| *Size* | Größe der Datei oder des Verzeichnisses |

Die folgende Tabelle zeigt wichtige Ereignisse:

| Ereignis | … tritt ein wenn im übergebenen Pfad … |
| --- | --- |
| *Changed* | … eine Datei oder ein Verzeichnis geändert wird |
| *Created* | … eine Datei oder ein Verzeichnis erzeugt wird |
| *Deleted* | … eine Datei oder ein Verzeichnis gelöscht wird |
| *Renamed* | … eine Datei oder ein Verzeichnis umbenannt wird |

**Beispiel 7.23**   **Überwachen von vier Ereignissen von *.txt*-Dateien im Verzeichnis *c:\Beispiele***

```
using System.IO;
...
FileSystemWatcher watcher = new FileSystemWatcher("C:\\Beispiele");
watcher.NotifyFilter = (NotifyFilters.LastAccess | NotifyFilters.FileName);
watcher.Filter = "*.txt";
watcher.Changed += new  FileSystemEventHandler(OnChanged);    // Datei wurde geändert
watcher.Created += new  FileSystemEventHandler(OnChanged);    //       ... neu hinzugefügt
watcher.Deleted += new FileSystemEventHandler(OnChanged);    //       ... gelöscht
watcher.Renamed += new RenamedEventHandler(OnRenamed);    //     ... umbenannt
watcher.SynchronizingObject = this;
watcher.EnableRaisingEvents = true;                          // Start der Überwachung
```

Die beiden folgenden Event-Handler spezifizieren die Reaktion auf die vier Ereignisse, die Anzeige erfolgt in einer *ListBox*:

```
private void OnChanged(object Source, FileSystemEventArgs e)
{
    listBox1.Items.Add("Datei: " + e.FullPath + " " + e.ChangeType.ToString());
}

private void OnRenamed(object Source, RenamedEventArgs e)
{
    listBox1.Items.Add("Datei: " + e.OldFullPath + " umbenannt in " + e.FullPath);
}
```

# 7.6   Dateidialoge

Fast jedes Windows-Programm hat eine Menüoption zum Laden (Öffnen) bzw. Sichern (Speichern) von Dateien. Sollten Sie einen solchen Dateidialog schon einmal "zu Fuß" programmiert haben, so wissen Sie, welcher Aufwand dafür nötig ist. .NET bietet Ihnen dafür die Controls *Open-FileDialog* und *SaveFileDialog*, welche direkt die Windows-Ressourcen "anzapfen". Ihre eigenen Programmschöpfungen erhalten damit die gleichen Dateidialoge wie auch andere "professionelle" Windows-Applikationen.

## 7.6.1   Anzeige und Auswertung

Durch Aufruf der Methode *ShowDialog* wird die entsprechende Dialogbox angezeigt. Über den Rückgabewert können Sie auswerten, welche Taste (OK/Abbruch) der Nutzer gedrückt hat, die Eigenschaft *FileName* enthält den Namen und den kompletten Pfad der ausgewählten Datei.

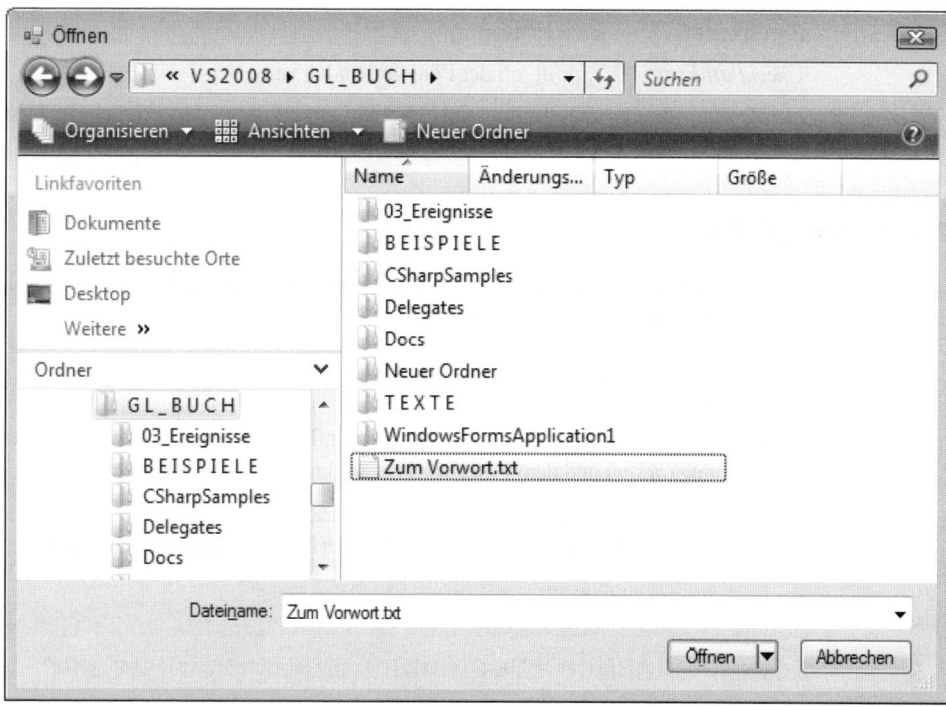

**Beispiel 7.24** | **Auswahl einer einzelnen Datei**

```csharp
string dateiname = String.Empty;
if (openFileDialog1.ShowDialog() ==  DialogResult.OK)
        dateiname = openFileDialog1.FileName;
```

**Beispiel 7.25** | **Auswahl von mehreren Dateien (*MultiSelect=True*)**

```csharp
if (openFileDialog1.ShowDialog() == DialogResult.OK)
    for (int i = 0; i <= openFileDialog1.FileNames.GetUpperBound(0); i++)
            MessageBox.Show(openFileDialog1.FileNames[i]);
```

## 7.6.2  Wichtige Eigenschaften

| Eigenschaft | Beschreibung |
|---|---|
| *Title* | Die Beschriftung des Dialogfeldes. |
| *FileName* | Das Ausgangsverzeichnis bzw. ein bereits vorgegebener Dateiname. |
| *Filters* | Über diese Eigenschaft werden alle Dateifilter für das Dialogfeld bestimmt. |
| *FilterIndex* | ... legt den Standardfilter beim Öffnen des Dialogs fest. |
| *MultiSelect* | Mit *True* legen Sie fest, dass mehr als eine Datei markiert werden kann. |
| *CheckFileExists* | ... prüft, ob die Datei auch physikalisch vorhanden ist. |

| Eigenschaft | Beschreibung |
|---|---|
| *CheckPathExits* | ... prüft, ob der Pfad vorhanden ist. |
| *DereferenceLinks* | ... bestimmt, ob Hyperlinks aufgelöst werden, d.h., ob der Ursprungs-dateiname zurückgegeben wird. |

### 7.6.3 Dateifilter

Die *Filter*-Eigenschaft legt die Dateitypen fest, die im Feld "Dateityp" zur Auswahl stehen. Die Syntax bietet einige Besonderheiten:

**SYNTAX:** `Dialog.Filter[ = descr1 |filter1 |descr2 |filter2 ...]`

Wählen Sie z.B. den Filter *\*.TXT*, so werden nur Textfiles angezeigt. Als Separator zwischen der Beschreibung (*descr*) und dem Filter wird der senkrechte Strich verwendet.

**HINWEIS:** Vor und nach diesem Trennstrich dürfen keine Leerzeichen stehen!

**Beispiel 7.26**    **Mehrfachauswahl**

```
openFileDialog1.Filter = "Text (*.txt)|*.txt|Bild(*.bmp;*.ico)|*.bmp;*.ico";
```

Dieser Filter erlaubt es, sowohl Textdateien als auch Grafiken (Bitmaps und Icons) zur Anzeige auszuwählen. Die *FilterIndex*-Eigenschaft legt fest, welcher Filter der aktuelle ist.

## 7.7  Praxisbeispiele

### 7.7.1  Infos über Verzeichnisse und Dateien gewinnen

Dieses Beispiel zeigt Ihnen nicht nur den Einsatz der *DirectoryInfo*- und *FileInfo*-Klasse, sondern auch weiteres nützliches Handwerkszeug wie z.B. die sinnvolle Verknüpfung zweier *ListBox*-Komponenten oder das Auswerten der Eingabetaste bei einer *TextBox*.

#### Oberfläche

Auf *Form1* platzieren Sie eine *TextBox*-, zwei *ListBox*- und zwei große *Label*-Komponenten im 3D-Outfit (siehe Laufzeitabbildung am Schluss).

#### Quelltext

```
using System.IO;

public partial class Form1 : Form
{
...
```

Globale Deklarationen auf Form-Ebene:

```
private string myRoot = @"C:\";                     // übergeordnetes Verzeichnis
private string myDirName, myFileName;

private const char CrLf = (char) 10;        // für Zeilenumbruch in den Labels erforderlich
...
```

Die Startaktivitäten können in der überschriebenen *OnLoad*-Methode erledigt werden:

```
protected override void OnLoad(System.EventArgs e)
{
    textBox1.Text = myRoot;
    showDirectories();
}
```

Die folgende Methode zeigt alle zu *myRoot* untergeordneten Verzeichnisse in *listBox1* an:

```
private void showDirectories()
{
    DirectoryInfo[] myDirectories;        // Array zum Speichern der Unterverzeichnisse
```

Erzeugen eines neuen *DirectoryInfo*-Objekts, welches auf das Rootverzeichnis zeigt:

```
    DirectoryInfo myDirectory = new DirectoryInfo(myRoot);
```

Alle Unterverzeichnisse ermitteln und abspeichern (vorher Anzeige löschen):

```
    listBox1.Items.Clear();
    myDirectories = myDirectory.GetDirectories();
```

Alle Verzeichnisse durchlaufen ...

```
    for (int i = 0; i < myDirectories.Length; i++)
```

... und Verzeichnisnamen zur *ListBox* hinzufügen:

```
        listBox1.Items.Add(myDirectories[i].Name);
```

Der erste Eintrag in der Verzeichnis-*ListBox* wird selektiert, dadurch wird das *SelectedIndex-Changed*-Event ausgelöst:

```
    listBox1.SelectedIndex = 0;
}
```

Synchronisieren aller Files in der Datei-*ListBox* mit dem selektierten Verzeichnis und Anzeige der Verzeichnis-Informationen:

```
private void listBox1_SelectedIndexChanged(object sender, System.EventArgs e)
{
    DirectoryInfo myDirectory;            // aktuelles Verzeichnis
    string dirInfo = "";
    FileInfo[] myFiles;                   // Array für alle Dateiinformationen
    listBox2.Items.Clear();              // aktuellen Inhalt löschen
```

*DirectoryInfo*-Objekt aufgrund des selektierten *ListBox*-Eintrags erzeugen:

```
myDirName = listBox1.SelectedItem.ToString() + @"\";
myDirectory = new DirectoryInfo(myRoot + myDirName);
```

Verzeichnis-Infos zusammensetzen:

```
dirInfo += "Pfad: " + myDirectory.FullName + CrLf;
dirInfo += "Erstellungsdatum: " + myDirectory.CreationTime + CrLf;
dirInfo += "Attribute: " + myDirectory.Attributes.ToString() + CrLf;
label1.Text = dirInfo;
```

Alle im Verzeichnis enthaltenen Dateien dem *FileInfo*-Array zuweisen:

```
myFiles = myDirectory.GetFiles();
```

File-Array durchlaufen und die Dateien zur *ListBox* hinzufügen:

```
if (myFiles.Length > 0)
{
    for (int i = 0; i < myFiles.Length; i++)
        listBox2.Items.Add(myFiles[i].Name);
```

Der erste Eintrag in der Datei-ListBox wird selektiert, dadurch wird deren *SelectedIndex-Changed*-Event ausgelöst:

```
        listBox2.SelectedIndex = 0;
    }
}
```

Zweck des folgenden Event-Handlers ist es, den Inhalt des Labels *Dateieigenschaften* zu aktualisieren:

```
private void listBox2_SelectedIndexChanged(object sender, System.EventArgs e)
{
    FileInfo myFile; string fileInf = "";
```

Die Dateinamen zuweisen:

```
yFileName = listBox2.SelectedItem.ToString();
```

Neues *File*-Objekt erzeugen:

```
myFile = new FileInfo(myRoot + myDirName + myFileName);
```

Datei-Infos zusammensetzen und anzeigen:

```
fileInf += "Verzeichnis: " + myFile.DirectoryName + CrLf;
fileInf += "Erstellungsdatum: " + myFile.CreationTime + CrLf;
fileInf += "Größe: " + myFile.Length + " Byte" + CrLf;
fileInf += "Letzter Zugriff: " + myFile.LastAccessTime + CrLf;
fileInf += "Attribute: " + myFile.Attributes.ToString() + CrLf;
label2.Text = fileInf;
}
```

Nachdem Sie das übergeordnete Verzeichnis editiert haben, kann die Eingabetaste ausgewertet werden, um die Eingabe abzuschließen:

```csharp
private void textBox1_KeyUp(object sender, System.Windows.Forms.KeyEventArgs e)
{
    if (e.KeyCode == Keys.Enter)
    {
        myRoot=textBox1.Text;
        if (!myRoot.EndsWith("/")) myRoot += "/";
        showDirectories();
    }
    ...
}
```

## Test

Bei Programmstart erscheinen zunächst in der linken *ListBox* alle Unterverzeichnisse zur Root *C:\*. Klicken Sie nun auf ein Unterverzeichnis, um sich in der rechten *ListBox* die darin enthaltenen Dateien anzeigen zu lassen.

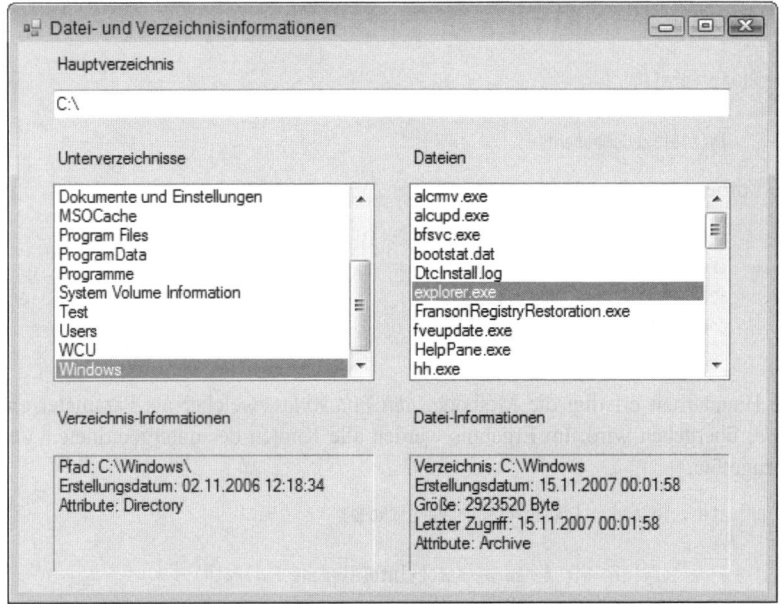

Wenn Sie sich in der Verzeichnishierarchie von oben nach unten weiterbewegen wollen, müssen Sie das Hauptverzeichnis in der *TextBox* per Hand ergänzen und die Eingabe mittels Entertaste abschließen.

**HINWEIS:** Um den Code überschaubar zu halten, wurde auf eine Fehlerbehandlung (z.B. bei Eingabe ungültiger Verzeichnisse) verzichtet (siehe Kapitel 14).

## 7.7.2   Die Verzeichnisstruktur in eine TreeView einlesen

Sie möchten eine ähnliche Funktionalität wie im Windows-Explorer bereitstellen? Nichts ist dazu besser geeignet als das *TreeView*-Control! Das rekursive Durchsuchen des Dateisystems ist allerdings ziemlich zeitaufwändig, sodass es recht lange dauern kann, bis der Verzeichnisbaum vollständig ist.

Das vorliegende Beispiel nutzt das Ereignis *BeforeExpand* der *ListView*, um die benötigten Verzeichnisinformationen zur Laufzeit erst dann zu ermitteln, wenn sie tatsächlich benötigt werden, was allerhand Zeit sparen kann.

### Oberfläche

Auf dem Startformular *Form1* platzieren Sie links eine *TreeView* und rechts eine *ListBox* – das genügt!

### Quellcode

```
using System.IO;

public partial class Form1 : Form
{
    public Form1()
    {
        InitializeComponent();
```

Die Vorbereitungen:

```
        TreeNode rootNode = new TreeNode("C:\\");   // Wurzelknoten erzeugen
        treeView1.Nodes.Add(rootNode);
        addChildNodes(rootNode);                    // untergeordnete Ebene füllen und
        treeView1.Nodes[0].Expand();                // ... expandieren
    }
```

Die Hauptarbeit erledigt die Methode *addChildNodes*, welcher als Parameter ein Knoten (*dirNode*) übergeben wird. Im Ergebnis werden alle Knoten der untergeordneten Verzeichnisebene hinzugefügt:

```
    private void addChildNodes(TreeNode dirNode)
    {
        DirectoryInfo dir = new DirectoryInfo(dirNode.FullPath);
        try
        {
```

Alle Unterverzeichnisse durchlaufen:

```
            foreach (DirectoryInfo dirItem in dir.GetDirectories())
            {
```

Einen Child-Knoten für jedes Unterverzeichnis hinzufügen:

```
                TreeNode newNode = new TreeNode(dirItem.Name);
```

```
                    dirNode.Nodes.Add(newNode);
```

Jeder Child-Knoten erhält selbst wiederum einen einzelnen Child-Knoten, der mit einem Platzhalterzeichen (*) gekennzeichnet ist:

```
            newNode.Nodes.Add("*");
        }
    }
    catch (UnauthorizedAccessException err)
    {
        MessageBox.Show(err.ToString());
    }
}
```

Ein Knoten wurde expandiert (aber die untergeordnete Ebene noch nicht gezeichnet):

```
private void treeView1_BeforeExpand(object sender, TreeViewCancelEventArgs e)
{
```

Falls es sich beim ersten Child-Knoten um einen Platzhalterknoten handelt, wird dieser gelöscht und die Verzeichnisebene neu erstellt:

```
    if (e.Node.Nodes[0].Text == "*")
    {
        treeView1.BeginUpdate();     // erneutes Zeichnen deaktivieren
        e.Node.Nodes.Clear();        // Platzhalterknoten löschen
        addChildNodes(e.Node);       // alle untergeordneten Knoten hinzufügen
        treeView1.EndUpdate();       // erneutes Zeichnen aktivieren
    }
}
```

Die Knoten-Auswahl wurde durch den Anwender geändert:

```
private void treeView1_AfterSelect(object sender, TreeViewEventArgs e)
{
```

Alle im entsprechenden Verzeichnis enthaltene Dateien werden in der *ListBox* angezeigt:

```
    DirectoryInfo dir = new DirectoryInfo(e.Node.FullPath);
    listBox1.Items.Clear();
    listBox1.Items.AddRange(dir.GetFiles());
}
}
```

## Test

Bewegen Sie sich durch die *TreeView*! Klicken Sie links auf ein bestimmtes Verzeichnis, werden rechts die darin enthaltenen Dateien angezeigt.

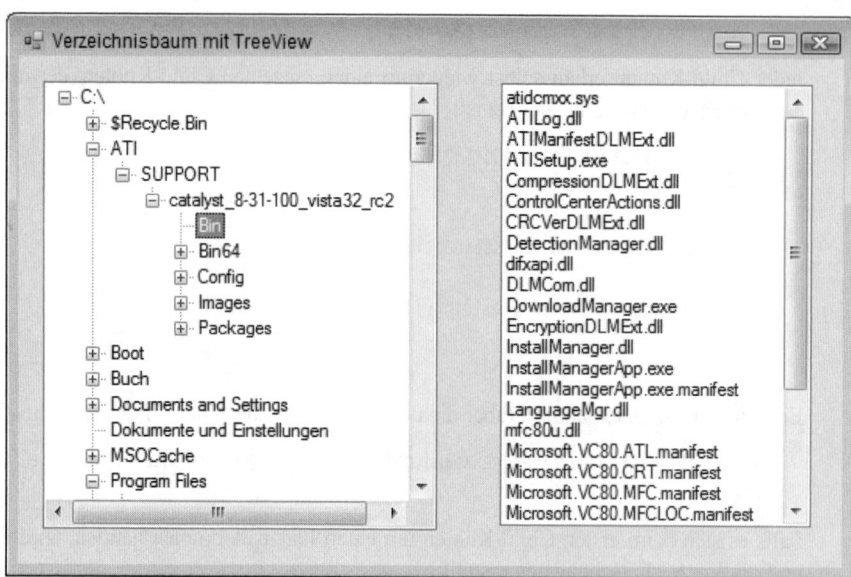

# Kapitel 8

# Dateien lesen und schreiben

Haben wir uns bislang nur mit Operationen auf Verzeichnisebene beschäftigt, so kommen wir jetzt endlich zur eigentlichen Dateiarbeit.

Zu den wichtigsten Dateitypen gehören:

- Textdateien,
- Binärdatei (Bilddateien etc.),
- sequenzielle Dateien und
- Dateien mit wahlfreiem Zugriff (Random-Access).

---

**HINWEIS:** Da .NET keine typisierten bzw. strukturierten Dateien unterstützt, müssen sequenzielle und Random-Access-Dateien durch geeignete Programmiermaßnahmen auf Binärdateien zurückgeführt werden.

---

## 8.1 Grundprinzip der Datenpersistenz

Während ein Programm mit *temporären* bzw. *transienten* Daten arbeitet, die im Arbeitsspeicher abgelegt sind, bezeichnet man die in einer Datei auf Festplatte, CDROM, Stick etc. dauerhaft gespeicherten Informationen als *persistente* Daten.

### 8.1.1 Dateien und Streams

Wie Sie der folgenden Abbildung entnehmen können, gewährleisten Streams quasi als "Verbindungskanäle" die Kommunikation zwischen Datei und Programm.

Ganz allgemein ist ein Stream eine Aufeinanderfolge von Bytes. Gemeinsame Basisklasse für alle Stream-Klassen ist *System.IO.Stream*. Die wichtigsten der davon abgeleiteten Klassen sind *System.IO.FileStream* (Inhalt einer Text- oder Binärdatei), *System.IO.MemoryStream* (Bytefolge im Hauptspeicher), *System.Security.Cryptography.CryptoStream* (verschlüsselte Bytefolge), *System.-IO.Compression.GZipStream* (komprimierte Bytefolge) oder *System.Net.Sockets.NetworkStream* (Bytefolge, die über ein Netzwerk gesendet wird).

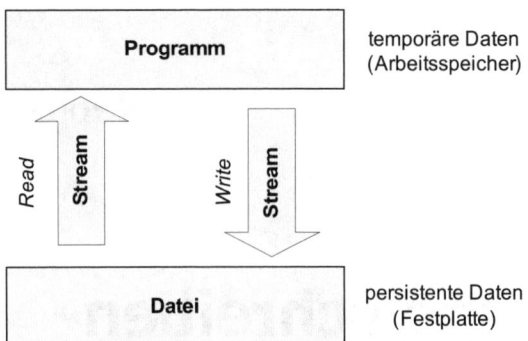

Die Basisklasse *System.IO.Stream* stellt einfache Operationen wie *Read*, *Write* und *Close* sowie Eigenschaften wie *CanRead* und *CanWrite* zur Verfügung. Für komplexere Operationen wie *Read-Line*, *WriteLine*, *Peek* gibt es spezielle Reader-/Writer-Klassenpärchen, z.B. *StreamReader/StreamWriter* für ASCII-Streams oder *BinaryReader/BinaryWriter* für beliebige Bytefolgen.

## 8.1.2 Die wichtigsten Klassen

Nicht nur zum Kopieren, Löschen und Verschieben von Dateien, sondern auch für das Erzeugen von Stream-Objekten werden in der Regel die Klassen *File* bzw. *FileInfo* benötigt. Die folgende Tabelle zeigt weitere wichtige Klassen für Stream-Operationen.

| Klasse | Beschreibung |
|---|---|
| *File* | Unterstützt das Erstellen von *FileStream*-Objekten (statisch) |
| *FileInfo* | Unterstützt das Erstellen von *FileStream*-Objekten (instanziierbar) |
| *FileStream* | Erlaubt, basierend auf einer Datei, das Erstellen einer *Stream*-Instanz |
| *StreamReader* | Implementiert ein *TextReader*-Objekt, welches Zeichen von einem Byte-Stream in einer bestimmten Kodierung liest |
| *StreamWriter* | Implementiert ein *TextWriter*-Objekt, welches Zeichen in einen Stream in einer speziellen Kodierung liest |
| *StringReader* | Implementiert ein *TextReader*-Objekt, das Daten von einem String liest |
| *StringWriter* | Implementiert ein *TextWriter*-Objekt, das Daten in einen String schreibt, die Daten werden in einer darunter liegenden *StringBuilder*-Klasse gespeichert |
| *BinaryReader* | Erlaubt das binäre Lesen von Dateien |
| *BinaryWriter* | Erlaubt das binäre Schreiben in Dateien |
| *BinaryFormatter* | Kann Objekte in einen Stream serialisieren bzw. von dort deserialisieren |

### 8.1.3 Erzeugen eines Streams

Voraussetzung für jeglichen Dateizugriff ist das Vorhandensein eines *Stream*-Objekts. Letzteres kann entweder über die *Open*-Methode eines *FileInfo*-Objekts oder der (statischen) *File*-Klasse erzeugt werden.

**Beispiel 8.1**

> **Die (im Arbeitsverzeichnis befindliche) Datei *temp.txt* soll für den exklusiven Schreib-/ Lese-zugriff geöffnet werden. Falls nicht vorhanden, wird sie neu erzeugt.**

```csharp
using System.IO;
...
FileInfo myFile = new FileInfo("temp.txt");
FileStream myStream = myFile.Open(FileMode.OpenOrCreate, FileAccess.ReadWrite,
                                                              FileShare.None);
```

oder

```csharp
FileStream myStream = File.Open("temp.txt", FileMode.OpenOrCreate, FileAccess.ReadWrite,
                                                              FileShare.None);
```

Zur Bedeutung der einzelnen Parameter kommen wir im folgenden Abschnitt.

## 8.2 Dateiparameter

In den Methoden bzw. Konstruktoren der Klassen *File, FileInfo* und *FileStream* werden bestimmte Dateiparameter übergeben, die in Aufzählungstypen (Enumerationen) gekapselt sind.

### 8.2.1 FileAccess

Diese Enumeration bezeichnet den Zugriffslevel auf eine Datei.

| Mitglied | Beschreibung |
|---|---|
| *Read* | Erlaubt Lesezugriff |
| *ReadWrite* | Erlaubt Lese- und Schreibzugriff |
| *Write* | Erlaubt Schreibzugriff |

### 8.2.2 FileMode

Diese Enumeration bestimmt den Öffnungsmodus einer Datei.

| Mitglied | Beschreibung |
|---|---|
| *Append* | Eine existierende Datei wird geöffnet und der Dateizeiger an das Ende bewegt, oder eine neue Datei wird erstellt (*FileAccess.Write* ist erforderlich, Leseversuche schlagen fehl) |

| Mitglied | Beschreibung |
|---|---|
| *Create* | Eine neue Datei wird erzeugt. Falls die Datei bereits existiert, wird sie überschrieben |
| *Open* | Eine existierende Datei wird geöffnet |
| *OpenOrCreate* | Falls die Datei existiert, wird sie geöffnet, andernfalls wird sie neu erzeugt |
| *Truncate* | Eine existierende Datei wird geöffnet und die Dateigröße auf null Bytes beschnitten |

## 8.2.3  FileShare

Diese Enumeration verwenden Sie, um festzulegen, ob auf eine Datei gleichzeitig von mehreren Prozessen aus zugegriffen werden kann.

| Mitglied | Beschreibung |
|---|---|
| *None* | Die Datei ist für den gleichzeitigen Zugriff gesperrt. Alle weiteren Anforderungen zum Öffnen werden abgelehnt, es sei denn, die Datei ist geschlossen |
| *Read* | Auch andere Benutzer bzw. Prozesse dürfen die Datei lesen. Versuche zum Schreiben bzw. Abspeichern schlagen fehl |
| *ReadWrite* | Die Datei kann von mehreren Benutzern bzw. Prozessen sowohl zum Lesen als auch zum Schreiben geöffnet werden (problematisch, da der letzte Benutzer auch die Änderungen anderer Benutzer abspeichert) |
| *Write* | Die Datei ist für den gleichzeitigen Schreibzugriff geöffnet. In Kombination mit Read kann das den *ReadWrite*-Parameter ersetzen |

**Beispiel 8.2**   **Mittels *FileStream*-Konstruktor wird eine vorhandene Datei geöffnet und weiteren Benutzern der schreibgeschützte Zugriff gewährt (*FileShare.Read*).**

```
using System.IO;
...
FileStream myStream = new FileStream("c:\\test.txt", FileMode.Open,
                                          FileAccess.Read,FileShare.Read);
```

# 8.3  Textdateien

Das Lesen und Schreiben von Textdateien gestaltet sich im .NET-Framework mit den Klassen *StreamReader* und *StreamWriter* (beide von *TextReader*/*TextWriter* abgeleitet) ziemlich einfach.

## 8.3.1  Eine Textdatei beschreiben bzw. neu anlegen

Um eine neue Textdatei anzulegen, verwenden Sie die Methode *CreateText* der *File*- bzw. *FileInfo*-Klasse.

**Beispiel 8.3** | **Eine Textdatei im Arbeitsverzeichnis erzeugen und mit dem Inhalt einer *TextBox* füllen.**

```csharp
using System.IO;
...
StreamWriter writer = File.CreateText("Liesmich.txt");
foreach (string s in textBox1.Lines)  writer.WriteLine(s);
writer.Close();
```

Die *AppendText*-Methode erstellt einen *StreamWriter* zum Hinzufügen von Text zu einer Textdatei. Falls die Datei nicht vorhanden ist, wird sie neu erzeugt.

**Beispiel 8.4** | **Zehnmal "Hallo" an das Ende einer vorhandenen Textdatei schreiben.**

```csharp
using System.IO;
...
string pfad = "Liesmich.txt";
FileInfo file = new FileInfo(pfad);
StreamWriter writer = file.AppendText();
for (int i = 0; i < 10; i++)
{
    writer.Write("Hallo");
    writer.Write(Environment.NewLine);
}
writer.Close();
```

## WriteAllLines/AppendAllText

Die *WriteAllLines*-Methode erstellt eine neue Datei (ist die Zieldatei bereits vorhanden, wird sie überschrieben). Die in einem Array übergebene Zeichenfolge wird in die Datei geschrieben, danach wird die Datei geschlossen.

Ähnlich verhält sich die *AppendAllText*-Methode, sie öffnet eine Datei, um eine übergebene Zeichenfolge an deren Ende hinzuzufügen und schließt die Datei wieder.

**Beispiel 8.5** | ***WriteAllLines/AppendAllText***

Wenn die Datei nicht vorhanden ist, wird sie angelegt, mit drei Textzeilen gefüllt und wieder geschlossen. Anschließend wird sie nochmals geöffnet, um eine weitere Zeile anzufügen.

```csharp
string pfad = "Liesmich.txt";
if (!File.Exists(pfad))
{
    string[] text = { "Liebe C#-Freunde", "dies hier ist eine Textdatei", "zum Testen " };
    File.WriteAllLines(pfad, text);
}
```

Datei nochmals öffnen, um eine weitere Textzeile hinzuzufügen:

```csharp
string text2 = "... und hier wird noch etwas" + Environment.NewLine +
                                "an das Ende der Datei angehängt!";
File.AppendAllText(pfad, text2);
```

## 8.3.2 Eine Textdatei lesen

Sowohl die *File*- als auch die *FileInfo*-Klasse bieten eine Methode *OpenText*, die das Öffnen einer Textdatei und das Auslesen mit Hilfe der zurückgegebenen *StreamReader*-Instanz ermöglicht.

**Beispiel 8.6**   **Der Inhalt einer Textdatei wird in einer *TextBox* angezeigt.**

```
using System.IO;
...
string output = "";
StreamReader reader = File.OpenText("Liesmich.txt");
while((output = reader.ReadLine()) != null) textBox1.Text += output + Environment.NewLine;
reader.Close();
```

Die *ReadToEnd*-Methode vereinfacht den Leseprozess.

**Beispiel 8.7**   **Eine alternative Variante des Vorgängerbeispiels**

```
...
StreamReader reader = new StreamReader("Liesmich.txt");
textBox1.Text += reader.ReadToEnd();
reader.Close();
```

Noch einfacher geht es allerdings mit der *ReadAllText*-Methode der *File*-Klasse, die den *StreamReader* überflüssig macht:

**Beispiel 8.8**   **Die kürzeste Variante des Vorgängerbeispiels**

```
...
textBox1.Text = File.ReadAllText("Liesmich.txt");
```

### ReadAllLines/ReadLines

*ReadAllLines* liest **alle** Zeilen der Testdatei in ein String-Array ein und schließt dann die Datei.

**Beispiel 8.9**   **Auslesen einer Textdatei und Anzeige des Inhalts in einer *ListBox***

```
string[] lines = File.ReadAllLines("Liesmich.txt");
foreach (var line in lines)
    listBox1.Items.Add(line);
```

Doch die Sache hat einen Haken: Bevor die Methode *ReadAllLines* ihren Rückgabewert abliefern kann, muss sie **alle** Zeilen gelesen und ein Array für alle Werte reserviert und gefüllt haben. Das kann bei großen Textdateien zu Zeit- und Speicherplatzproblemen führen[1].

Eine Lösung wäre der Einsatz eines *TextReader* um die Datei zu öffnen und diese zeilenweise in den Speicher einzulesen.

---
[1] Denken Sie beispielsweise an ein Telefonbuch mit Millionen von Einträgen!

**Beispiel 8.10** | **Alternative Lösung des Vorgängerbeispiels, die für größere Textdateien geeigneter ist**

```csharp
using (TextReader reader = new StreamReader("Liesmich.txt"))
{
    string line;
    while ((line = reader.ReadLine()) != null)
        listBox1.Items.Add(line);
}
```

> **HINWEIS:** Da obiger Code etwas umständlich ist, wurde ab .NET 4.0 die Methode *ReadLines* eingeführt, die das Gleiche leistet, aber übersichtlicher zu programmieren ist.

*ReadLines* liefert einen *IEnumerable<T>* anstatt eines Arrays und man muss nicht mehr warten bis alle Zeilen in den Speicher gelesen wurden, bevor man über die Zeilen iterieren kann. Der Aufruf von *ReadLines* kommt sofort zurück!

**Beispiel 8.11** | **Eine einfachere Lösung des Vorgängerbeispiels**

```csharp
IEnumerable<string> lines = File.ReadLines(pfad);
foreach (var line in lines)
    listBox1.Items.Add(line);
```

Die Methode *File.ReadLines* hat noch einen weiteren Vorteil: man kann die Schleife zu einem beliebigen Zeitpunkt wieder verlassen, ohne wertvolle Zeit durch das Einlesen zusätzlicher Zeilen zu verlieren.

**Beispiel 8.12** | **Abbruch des Lesevorgangs wenn die Zeile mehr als 30 Zeichen hat**

```csharp
IEnumerable<string> lines = File.ReadLines(pfad);
foreach (var line in lines)
{
    listBox1.Items.Add(line);
    if (line.Length > 30) break;
}
```

# 8.4 Binärdateien

Der Zugriff auf binäre Daten ist dem auf die zuvor beschriebenen Textdateien sehr ähnlich.

## 8.4.1 Lese-/Schreibzugriff

Auf Basis einer Instanz der *FileStream*-Klasse können die Klassen *BinaryReader* und *Binary-Writer* zum Lese-/Schreibzugriff instanziiert werden.

Zum Auslesen des jeweils nächsten Zeichens stellt Ihnen *BinaryReader* vielfältige Methoden zur Verfügung (*ReadBoolean*, *ReadByte*, *ReadInt32*, *ReadDouble*, *ReadChar*, *ReadString* ...).

> **HINWEIS:** Über die Methode *PeekChar* kann das Dateiende abgeprüft werden (liefert dann –1).

Der Schreibzugriff ist über eine der zahlreichen Überladungen der *Write*-Methode des *Binary-Writer* möglich.

**Beispiel 8.13**  | **Byteweises Auslesen eines Bildes und Kopieren in ein anderes[1].**

```csharp
FileStream file_A = new FileStream("c:\Bild_A.bmp", FileMode.Open);
BinaryReader reader = new BinaryReader(file_A);
FileStream file_B = new FileStream("c:\Bild_B.bmp", FileMode.OpenOrCreate);
BinaryWriter writer = new BinaryWriter(file_B);
while (reader.PeekChar() > -1)
        writer.Write(reader.ReadByte());    // liest und schreibt ein Byte
writer.Close();
reader.Close();
```

## 8.4.2  Die Methoden ReadAllBytes und WriteAllBytes

Mit Einführung der *ReadAllBytes/WriteAllBytes*-Methodenpärchens wurde seit .NET 2.0 auch hier den Zugriff vereinfacht:

**Beispiel 8.14**  | **Alternative Realisierung des Vorgängerbeispiels (der Dateiinhalt wird in einem *Byte*-Array zwischengespeichert).**

```csharp
byte[] bytes = File.ReadAllBytes("c:\Bild_A.bmp");
File.WriteAllBytes("c:\Bild_B.bmp", bytes);
```

## 8.4.3  Varianten zum Erzeugen von BinaryReader/BinaryWriter

Der Konstruktor von *BinaryReader/BinaryWriter* erwartet als Argument ein *FileStream*-Objekt. Es bleibt Ihnen überlassen, ob Sie dieses direkt erzeugen oder aber indirekt über die *OpenRead/Open-Write*-Methode eines *FileInfo*-Objekts.

**Beispiel 8.15**  | **Zwei Varianten zum Erzeugen eines *BinaryReader*-Objekts**

Variante 1:

```csharp
FileStream readStream = new FileStream(pfad, FileMode.OpenOrCreate, FileAccess.Read);
BinaryReader reader = new BinaryReader(readStream);
```

Variante 2:

```csharp
FileInfo file As New FileInfo(pfad);
BinaryReader reader = new BinaryReader(file.OpenRead());
```

---

[1] Eine komplette Datei lässt sich natürlich auch durch Anwenden der (statischen) *Copy*-Methode der *File*-Klasse kopieren.

# 8.5 Sequenzielle Dateien

Sequenzielle Dateien sind gewöhnlich auch typisiert, d.h., sie enthalten gleichartig aufgebaute Datensätze. Ein wahlfreier Zugriff (Random Access) ist in der Regel nicht möglich, um z.B. einen bestimmten Datensatz zu erreichen, müssen zunächst die davor stehenden Datensätze hintereinander ausgelesen werden.

## 8.5.1 Lesen und schreiben von strukturierten Daten

Da .NET typisierte Dateien nicht direkt unterstützt, müssen Sie sich selbst um deren Strukturierung kümmern, Sie müssen also typisierte Dateien quasi wie Binärdateien behandeln.

**Beispiel 8.16** — **Lesen und schreiben von strukturierten Daten**

Ein Array *pListe*, welches die Daten eines *struct*-Datentyps (*Nachname*, *Geburtsdatum*, *Student (Ja/Nein)*) speichert, wird in einer sequenziellen Datei zwischengespeichert. Diese Methode schreibt den Arrayinhalt in die Datei:

```
private void writeFile(string pfad)
{
    FileStream wStream = new FileStream(pfad, FileMode.OpenOrCreate, FileAccess.Write);
    BinaryWriter binWriter = new BinaryWriter(wStream);
    for (int i=0; i< pmax; i++)
    {
```

Die *Write*-Methode des *BinaryWriter* verfügt über eine Überladung für fast jeden Datentyp:

```
        binWriter.Write(pListe[i].vorName);
        binWriter.Write(pListe[i].nachName);
        binWriter.Write(pListe[i].geburt.ToShortDateString());
        binWriter.Write(pListe[i].student);
    }
    binWriter.Flush();                       // Puffer => Disk
    binWriter.Close();
    wStream.Close();
}
```

Die folgende Methode macht es umgekehrt, sie füllt ein Array mit dem Dateinhalt:

```
private void readFile(string pfad)
{
    FileStream rStream = new FileStream(pfad, FileMode.OpenOrCreate, FileAccess.Read);
    BinaryReader binReader = new BinaryReader(rStream);
    if (rStream.Length > 0)                  // nicht bei neu erzeugter Datei!
    {
        for (int i=0; i< pmax; i++)
        {
```

Der *BinaryReader* verfügt für fast jeden Datentyp über eine spezielle Lesemethode:

```
            pListe[i].vorName = binReader.ReadString();
```

Beispiel 8.16     **Lesen und schreiben von strukturierten Daten**

```
            pListe[i].nachName = binReader.ReadString();
            pListe[i].geburt = Convert.ToDateTime(binReader.ReadString());
            pListe[i].student = binReader.ReadBoolean();
        }
    }
    binReader.Close();
    rStream.Close();
}
```

## 8.5.2   Serialisieren von Objekten

Nicht nur einfache und strukturierte Datentypen, auch komplette Objekte können in eine Datei geschrieben bzw. von dort gelesen werden. Voraussetzung ist eine Serialisierung, wie sie durch Voranstellen des *Serializable*-Attributs vor die Klassendeklaration vorbereitet wird. Eine zentrale Rolle spielt dabei das *BinaryFormatter*-Objekt, welches hier quasi *BinaryReader* und *BinaryWriter* ersetzt.

Beispiel 8.17     **Ein *CKunde*-Objekt in eine sequenzielle Datei schreiben und anschließend wieder lesen.**

```
using System.IO;
using System.Runtime.Serialization.Formatters.Binary;

...

[Serializable]    // Wichtig!
public class CKunde
    ...              // irgendeine Klassenimplementierung
```

Objekt serialisieren und in Datei schreiben:

```
CKunde kunde = new CKunde(10, Max, Müller, 100.65);   // initialisiertes Record-Objekt
erzeugen
FileStream fileOutput = new FileStream("c:\\Kunden.dat", FileMode.OpenOrCreate,
FileAccess.Write);
BinaryFormatter binFttr = new BinaryFormatter();
binFttr.Serialize(fileOutput, kunde);
```

Objekt aus Datei zurück lesen und wieder "zusammenbauen" (deserialisieren):

```
CKunde kunde = new CKunde();                          // leeres Record-Objekt erzeugen
FileStream fileInput = new FileStream("c:\\Kunden.dat", FileMode.Open, FileAccess.Read);
kunde = (CKunde) binFttr.Deserialize(fileInput));     // explizite Typumwandlung
erforderlich!
```

Das Serialisieren/Deserialisieren von Daten auch als Marshalling/Unmarshalling bekannt – ermöglicht die Datenübertragung über Prozessgrenzen hinweg.

Die drei .NET-Serialisierer (Binär, SOAP, XML) unterstützen nicht nur die Serialisierung einzelner Objekte, sondern auch die kompletter Objektbäume (siehe PB 8.8.2).

# 8.6 Dateien verschlüsseln und komprimieren

Das einfache Verschlüsseln von Dateien wird z.B. den Windows-Nutzern bekannt sein. Der Benutzer, der die Datei verschlüsselt hat, merkt davon allerdings nichts und muss kein Kennwort eingeben um den Inhalt zu sehen. Will aber ein anderer Benutzer die Datei lesen, kommt eine Fehlermeldung, und der Zugriff auf die Datei wird verweigert.

**HINWEIS:** Wenn man die Dateiverschlüsselung nutzt, sollte man auf jeden Fall das so genannte "Zertifikat zur Datenverschlüsselung" sichern, da es ohne dieses nicht möglich ist nach einem Systemcrash mit folgender Neuinstallation an die verschlüsselten Daten heranzukommen.

## 8.6.1 Das Methodenpärchen Encrypt-/Decrypt

Die *File*-Klasse verfügt über die Methoden *Encrypt* und *Decrypt*, mit denen eine Datei auf einfache Weise verschlüsselt und entschlüsselt werden kann.

**Beispiel 8.18**   **Die Datei *Beispiel.txt* wird ver- und entschlüsselt**

```
using System.IO;
...
File.Encrypt("Beispiel.txt");
File.Decrypt("Beispiel.txt");
```

**HINWEIS:** Erkennen kann man die Verschlüsselung durch die grüne Farbe des Dateinamens und – wenn die Dateiattribute angezeigt werden – durch das E-Attribut (für *Encrypted*).

## 8.6.2 Verschlüsseln unter Windows XP/Vista/Windows 7

Um eine Datei oder einen Ordner zu verschlüsseln wählen Sie im Kontextmenü den Eintrag *Eigenschaften* und klicken im Eigenschaftenfenster auf die Schaltfläche "Erweitert...". Es öffnet sich das Dialogfenster "Erweiterte Attribute", in welchem Sie das Häkchen bei "Inhalt verschlüsseln, um Daten zu schützen" setzen (siehe folgende Abbildung). Um die Verschlüsselung wieder aufzuheben, gehen Sie den umgekehrten Weg.

Wie aber können Sie Ihre verschlüsselten Dateien anderen Anwendern zugänglich machen?

Klicken Sie dazu auf die Schaltfläche "Details" im Fenster "Erweiterte Attribute". Im Fenster "Verschlüsselungsdetails" können Sie sich über die "Hinzufügen"-Schaltfläche die Benutzer anzeigen lassen, für die auf dem Rechner ein Benutzerkonto angelegt ist und die schon mindestens eine Datei verschlüsselt haben. Selektieren Sie den gewünschten User mit der Maus und klicken Sie die "OK"-Schaltfläche.

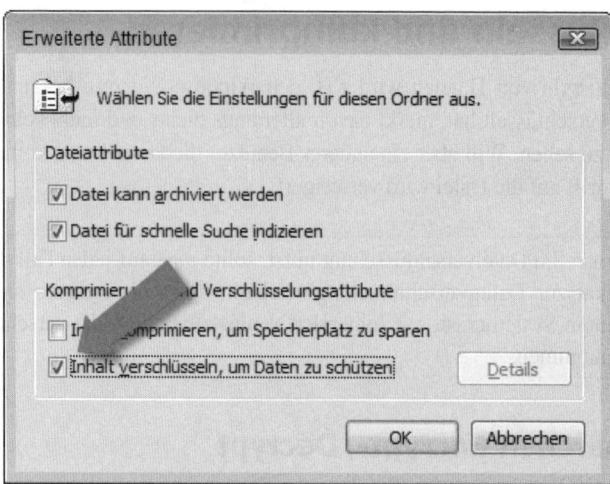

**HINWEIS:** Kopiert man eine verschlüsselte Datei auf ein anderes Laufwerk, bleibt die Verschlüsselung nur erhalten, wenn auch dieses mit NTFS formatiert ist, andernfalls entschlüsselt Windows die Datei.

Auf eine andere Art von Verschlüsselung kommen wir im folgenden Abschnitt zu sprechen.

## 8.6.3  Verschlüsseln mit der CryptoStream-Klasse

Die *CryptoStream*-Klasse im *System.Security.Cryptograph*y-Namespace ermöglicht das Verschlüsseln und Entschlüsseln des Inhalts eines beliebigen Datenstreams.

Der Konstruktor ist wie folgt definiert:

**SYNTAX:** `CryptoStream (Stream `*`argument`*`, ICryptoTransform `*`transform`*`, CryptoStreamMode `*`mode`*`)`

Zu den einzelnen Parametern:

- *argument*
  ... definiert den Stream, auf welchem die kryptografische Transformation ausgeführt wird, das
  kann ein beliebiger von *System.IO.Stream* abgeleiteter Stream sein, beispielsweise eine Instanz
  von *System.IO.-FileStream,* um eine Datei zu verschlüsseln.

- *transform*
  ... definiert die kryptografische Transformation, die auf dem Stream ausgeführt wird. Alle sym-
  metrischen Encryption-/Decryption-Algorithmen, die von der *SymmetricAlgorithm*-Klasse
  abgeleitet sind, besitzen *CreateEncryptor*- und *CreateDecryptor*-Methoden, die eine Instanz
  einer *ICryptoTransform*-Implementierung zurückgeben.

- *mode*
  ... definiert, ob Sie auf dem Stream lesend oder schreibend zugreifen wollen, übergeben Sie
  also entweder die Konstante *CryptoStreamMode.Write* oder *CryptoStreamMode.Read.*

Die *CryptoStream*-Klasse implementiert die standardmäßigen Methoden, um ein Byte-Array vom Stream zu lesen oder ein Byte-Array in den Stream zu schreiben. Der Anwendungscode muss lediglich den Byte-Puffer bereitstellen und die entsprechende Read- oder Write-Methode auf dem Stream aufrufen.

**Beispiel 8.19**  **Der Inhalt eines Byte-Arrays wird nach dem Data Encryption Standard (DES) verschlüsselt und in der Datei *EncryptedFile.txt* abgelegt.**

```csharp
using System.IO;
using System.Security.Cryptography;
...
private DESCryptoServiceProvider des = new DESCryptoServiceProvider();
ICryptoTransform desEncrypt = des.CreateEncryptor();
FileStream fs = new FileStream("EncryptedFile.txt", FileMode.Create, FileAccess.Write);
CryptoStream cryptoStrm = new CryptoStream(fs, desEncrypt, CryptoStreamMode.Write);
cryptoStrm.Write(byteArr, 0, byteArr.Length);
cryptoStrm.Close();
```

## 8.6.4  Dateien komprimieren

Mit den Klassen des *System.IO.Compression*-Namespace ist es möglich, Daten zu komprimieren und zu dekomprimieren.

**Beispiel 8.20**  **Unter Verwendung der *GZipStream*-Klasse wird der Inhalt einer Datei gepackt und entpackt[1].**

```csharp
...
using System.IO;
using System.IO.Compression;

public partial class Form1 : Form
{ ...
    private string QuellDatei = "Test1.txt";
    private string KompDatei = "Test.zip";
    private string ZielDatei = "Test2.txt";

    private byte[] fileBytes = null;    // Puffer
```

Quelldatei lesen:

```csharp
    private void button1_Click(object sender, EventArgs e)
    {
        FileStream strm1 = new FileStream(QuellDatei, FileMode.Open);
        fileBytes = new byte[strm1.Length];
        strm1.Read(fileBytes, 0, fileBytes.Length);
        strm1.Close();
    }
```

---

[1] Seit .NET 4.0 eignet sich die *GZipStream* Klasse auch zum Komprimieren von Dateien größer 4 GB!

**Beispiel 8.20** | **Unter Verwendung der *GZipStream*-Klasse wird der Inhalt einer Datei gepackt und entpackt.**

Komprimierte Datei erstellen:

```
private void button2_Click(object sender, EventArgs e)
{
    FileStream strm2 = new FileStream(KompDatei, FileMode.Create);
    GZipStream compStrm = new GZipStream(strm2, CompressionMode.Compress);
    compStrm.Write(fileBytes, 0, fileBytes.Length);
    compStrm.Flush();    // internen Puffer leeren
    compStrm.Close();
    strm2.Close();
}
```

Datei dekomprimieren:

```
private void button3_Click(object sender, EventArgs e)
{
    FileStream strm3 = new FileStream(KompDatei, FileMode.Open);
    GZipStream decompStrm = new GZipStream(strm3, CompressionMode.Decompress);
    StreamReader reader = new StreamReader((Stream)decompStrm);
    File.WriteAllText(ZielDatei, reader.ReadToEnd());
    reader.Close();
    strm3.Close();
}
}
```

# 8.7　Memory Mapped Files

Was früher nur mit umständlichen API-Aufrufen möglich war, ist seit .NET 4 auch direkt per managed Code möglich, dazu bietet der Namespace *System.IO.MemoryMappedFiles* einige spezielle Klassen, welche die Arbeit mit Memory Mapped Files vereinfachen.

Doch was ist eigentlich ein Memory Mapped File (MMF) und wofür können Sie dieses verwenden?

## 8.7.1　Grundprinzip

Memory Mapped Files (kurz MMF) stellen eine Möglichkeit dar, physische Dateien in den Adressraum einer oder auch mehrerer Anwendungen einzublenden.

Wozu das Ganze? Die Antwort findet sich im Zugriffsprinzip auf derartige "Dateien". Sie verwenden statt umständlicher *Read-* und *Write-*Anweisungen einfach ganz normale Speicheroperationen.

**HINWEIS:** Obwohl Sie bei MMFs in einem "Speicherbereich" arbeiten, befindet sich die Datei prinzipiell auf der Festplatte, nur der aktuell bearbeitete Abschnitt liegt im Speicher.

Ein weiterer Pluspunkt für die Verwendung von MMFs resultiert aus der strikten Trennung der Anwendungsadressräume. MMFs stellen eine der wenigen Möglichkeiten dar, auf große Datenmengen gleichzeitig von unterschiedlichen Anwendungen aus zuzugreifen, d.h., das MMF wird auch für die Kommunikation zwischen verschiedenen Prozessen (IPC)[1] genutzt.

Ein MMF erlaubt es Ihnen, einen Adressenbereich zu reservieren und physikalischen Speicher zur Verfügung zu stellen. Das hat zumindest zwei Vorteile:

■  Es ist günstig, auf Dateien zuzugreifen, die sich auf der Disk befinden, ohne dazu I/O-Operationen durchführen und den Dateiinhalt puffern zu müssen. Das ist besonders bei sehr großen Dateien vorteilhaft.

■  Sie können MMFs verwenden um es multiplen Prozessen zu ermöglichen, auf der gleichen Maschine zu laufen und gemeinsam auf dieselben Daten zuzugreifen.

---

**HINWEIS:** Ein MMF ist der effektivste Weg für multiple Prozesse, um auf einer einzigen Maschine miteinander zu kommunizieren!

---

## 8.7.2  Erzeugen eines MMF

Dazu verwenden Sie verschiedene Methoden der statischen *MemoryMappedFile*-Klasse. Ein MMF wird immer mit einem Namen assoziiert.

### CreateFromFile-Methode

Die verschiedenen Überladungen der *CreateFromFile* Methode erzeugen ein MMF von einem spezifischen Pfad oder Filestream einer existierenden Datei auf der Disk. Die Änderungen werden automatisch auf die Disk übertragen, wenn das Mapping aufgehoben wird.

**Beispiel 8.21**   **Ein MMF von der Datei *Bild1.bmp* generieren**

```csharp
using System.IO.MemoryMappedFiles;     // neu ab .NET 4.0
using System.IO;
...
MemoryMappedFile mmf = MemoryMappedFile.CreateFromFile("Bild1.bmp", FileMode.Open, "MMF1");
```

Wir haben einen der einfachsten Konstruktoren benutzt, um die MMF-Datei *MMF1* zu erzeugen.

Doch das Beste an den MMFs aber ist ihre eingebaute Datenpersistenz:

---

**HINWEIS:** Sobald das MMF geschlossen wird, wird der Inhalt auf der Disk gesichert. Das ist ideal, wenn verschiedene Anwendungen auf Informationen zugreifen wollen.

---

### CreateNew-Methode

Mit *CreateNew* erzeugen Sie ein MMF das nicht auf eine existierende Datei gemappt ist.

---

[1]  IPC = Interprocess Communication

Beispiel 8.22 **Erzeugen eines MMF mit der maximalen Kapazität von 10000 Bytes**

```csharp
long cap = 10000;
MemoryMappedFile mmf = MemoryMappedFile.CreateNew("MMF2", cap));
```

## 8.7.3    Erstellen eines Map View

Für den Zugriff auf das MMF brauchen Sie einen so genannten Map View (statische Klasse *MemoryMappedViewAccessor*), den Sie mit Hilfe der Methode *CreateViewAccessor* erzeugen. Sie können mehrere Views für ein MMF erstellen oder auch Views auf Teilbereiche der Datei.

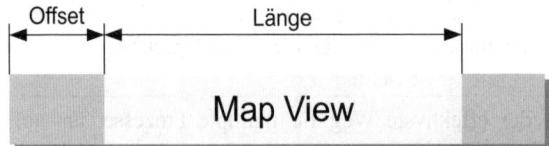

Beispiel 8.23 **Ein Map View für ein MMF (siehe obiges Beispiel) soll den Speicherbereich zwischen den Adressen 1 MByte und 11 MByte (Offset plus Länge) abdecken.**

```csharp
long offset = 0x100000;    // 1 MB
long länge = 0xA00000;     // 10 MB
MemoryMappedViewAccessor vacc = mmf.CreateViewAccessor(offset, länge);
```

Wollen Sie Informationen lesen oder schreiben, dann rufen Sie einfach die Map View-Methoden mit dem korrekten Offset auf:

Beispiel 8.24 **Schreiben einer Zahl in das erste Byte**

```csharp
int nr = 12345;
vacc.Write(0, nr);
```

Beispiel 8.25 **Schreiben eines benutzerdefinierten Typs (generischen Version)**

```csharp
vacc.Write<Container>(4, ref MyContainer);
```

Beispiel 8.26 **Lesezugriff auf das i-te *Byte***

```csharp
vacc.Read(i, out color);
```

Es ist möglich, den gleichen Teil einer Datei an mehrere Adressbereiche zu mappen (konkurrierender Speicher). Damit zwei Views konkurrierend sind, müssen sie vom selben MMF erzeugt werden. Hingegen fügt das Erzeugen von zwei MMFs von derselben Datei zu keiner Konkurrenz.

---

**HINWEIS:** Im Praxisbeispiel 8.8.3 wird eine Bilddatei mit Hilfe eines MMF manipuliert.

---

# 8.8 Praxisbeispiele

## 8.8.1 Auf eine Textdatei zugreifen

Das vorliegende Beispiel demonstriert das Öffnen und Speichern einer einfachen Textdatei in Zusammenarbeit mit einer Menükomponente und den Dateidialogen (siehe 7.6).

### Oberfläche

Ziehen Sie von der Toolbox eine *TextBox* (*MultiLine=True*), eine *MenuStrip-*, eine *OpenFile-Dialog-* und eine *SaveFileDialog*-Komponente auf das Startformular *Form1*.

Das Erstellen des Hauptmenüs ist nach Doppelklick auf die Menükomponente sehr intuitiv und braucht deshalb hier nicht extra erklärt zu werden:

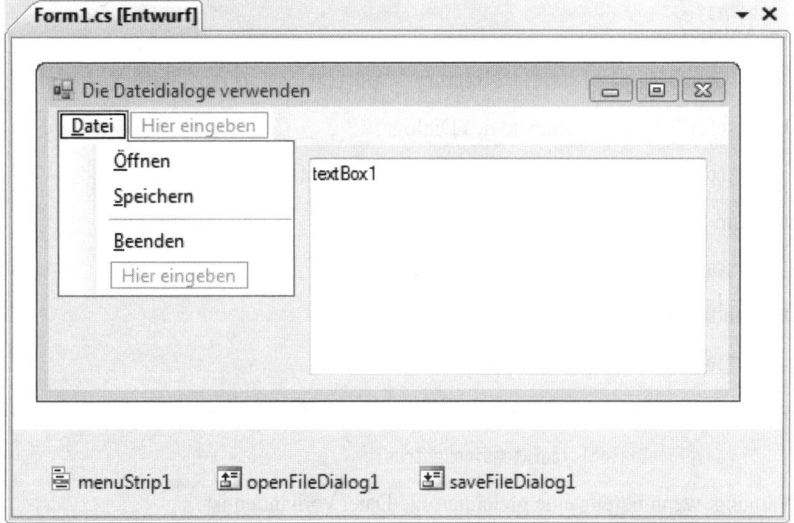

### Quellcode

```
...
using System.IO;

public partial class Form1 : Form
{
    ...
```

Der Dateipfad, um den sich letztendlich alles dreht, wird zweckmäßig auf Klassenebene deklariert:

```
    private string pfad;
```

Die zahlreichen Anfangseigenschaften der beiden Dateidialoge legen wir beim Laden von *Form1* fest. Die meisten Eigenschaften gelten sowohl für *OpenFileDialog* als auch für *Save-FileDialog*, weshalb wir sie nur einmal zu erklären brauchen:

```
private void Form1_Load(object sender, EventArgs e)
{
```

Zunächst der Öffnen-Dialog, wir beginnen mit dem Festlegen der Standard-Dateinamens-erweiterung:

```
openFileDialog1.DefaultExt = "txt";
```

Die Filterzeichenfolge:

```
openFileDialog1.Filter = "Textdateien (*.txt)|*.txt|Alle Dateien (*.*)|*.*";
```

Warnung, wenn der Namen einer nicht vorhandenen Datei eingegeben wird:

```
openFileDialog1.CheckFileExists = true;
```

Das Anfangsverzeichnis:

```
openFileDialog1.InitialDirectory = Application.ExecutablePath;
```

Die Beschriftung der Titelleiste des Dialogs:

```
openFileDialog1.Title = "Bitte öffnen Sie eine Textdatei!";
```

Nun zum Speichern-Dialog:

```
saveFileDialog1.DefaultExt = "txt";
```

Der standardmäßig eingetragene Dateiname:

```
saveFileDialog1.FileName = "Beispiel.txt";
```

Automatisches Anhängen der *DefaultExt*, falls diese weggelassen wird:

```
saveFileDialog1.AddExtension = true;
```

Warnung, wenn bereits eine gleichnamige Datei vorhanden ist:

```
saveFileDialog1.OverwritePrompt = true;
```

Überprüfen, ob Dateiname erlaubte Zeichen enthält:

```
saveFileDialog1.ValidateNames = true;
```

Weitere Einstellungen:

```
saveFileDialog1.Filter = "Textdateien (*.txt)|*.txt|Alle Dateien (*.*)|*.*";
saveFileDialog1.InitialDirectory = Application.ExecutablePath;
saveFileDialog1.Title = "Bitte speichern Sie die Textdatei!";
}
```

Den Rahmencode für die *Click*-Eventhandler der einzelnen Menüeinträge erzeugen wir am ein-fachsten durch Doppelklick auf den entsprechenden Eintrag:

Der Menüpunkt *Datei|Öffnen*:

```csharp
private void öffnenToolStripMenuItem_Click(object sender, EventArgs e)
{
    if (openFileDialog1.ShowDialog() == DialogResult.OK)
    {
        pfad = openFileDialog1.FileName;
        textBox1.Text = String.Empty;
        try
        {
            textBox1.Text = File.ReadAllText(pfad);
        }
        catch
        { }
```

Dateipfad in der Titelleiste des Formulars anzeigen:

```csharp
        this.Text = pfad;
    }
}
```

Der Menüpunkt *Datei|Speichern*:

```csharp
private void speichernToolStripMenuItem_Click(object sender, EventArgs e)
{
    if (saveFileDialog1.ShowDialog() == DialogResult.OK)
    {
        pfad = saveFileDialog1.FileName;
        File.WriteAllText(pfad, textBox1.Text);
        this.Text = pfad;
    }
}
```

Der Menüpunkt *Datei|Beenden*:

```csharp
private void beendenToolStripMenuItem_Click(object sender, EventArgs e)
{
    this.Close();
}
}
```

## Test

Durch eigene Experimente lässt sich am besten die Wirksamkeit der zahlreichen Eigenschaften der Dateidialoge erkunden:

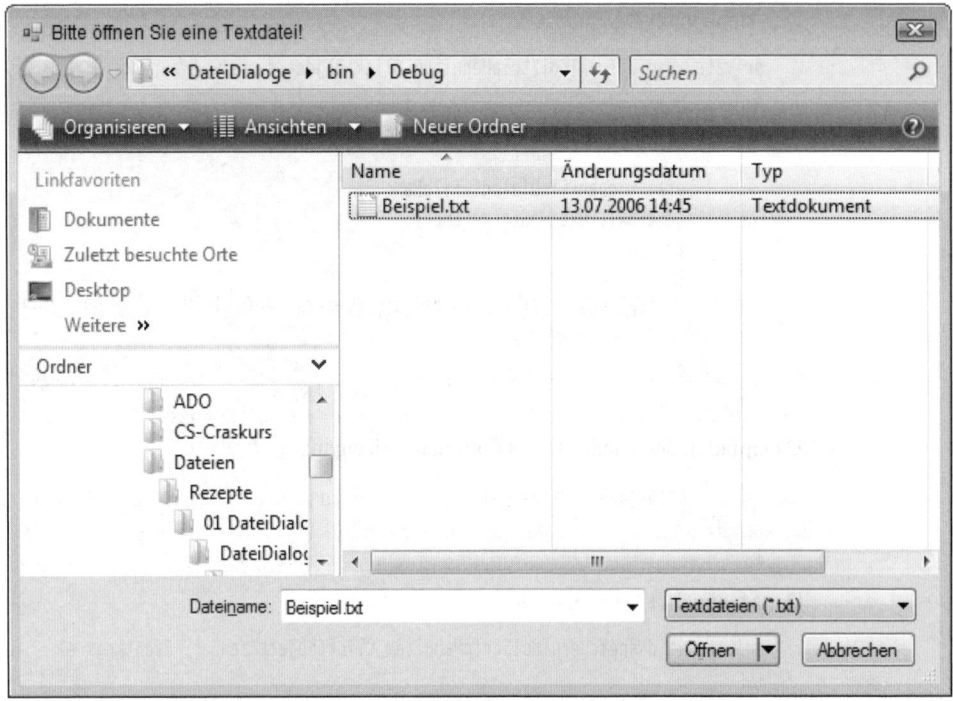

Beim Öffnen und Speichern wird der Dateipfad in der Titelleiste des Formulars angezeigt:

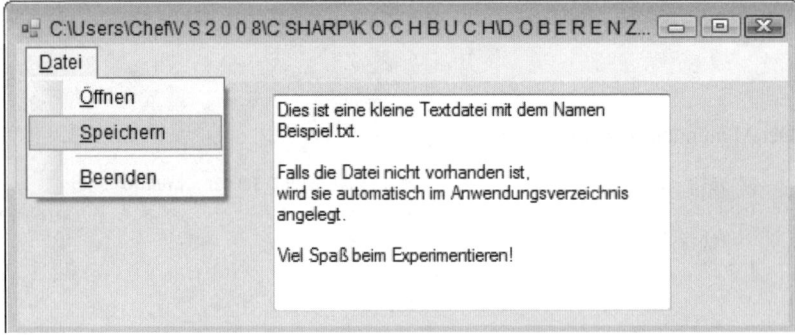

Warnung bei Eingabe eines nicht vorhandenen Dateinamens im Öffnungsdialog:

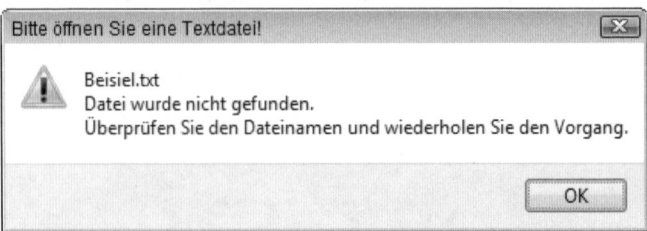

## 8.8.2  Persistente Daten im Objektbaum speichern

In diesem Beispiel soll gezeigt werden, wie man auch ohne Datenbank und ADO.NET komplexere Datenstrukturen auf der Festplatte speichern kann und wie einfach die Benutzerschnittstelle die Datenbindung mittels *BindingSource-* und *BindingNavigator*-Komponenten realisiert.

### Klassendiagramm

Ausgangspunkt ist das mit dem Klassendesigner von Visual Studio 2010 erstellte Klassen-diagramm (siehe Kapitel 16), welches neben dem Startformular *Form1* die Klassen *CFirma*, *CKunde*, *CPerson*, *CBestellung* und *CPersistent* enthält.

Wie Sie sehen, verwaltet die Benutzerschnittstelle *Form1* eine Instanz der Klasse *CFirma*, die über eine multiple Assoziation (Auflistungszuordnung[1]) mit der Klasse *CKunde* verbunden ist (eine Firma kann keinen, einen oder mehrere Kunden haben).

Eine gleichartige Beziehung besteht auch zwischen den Klassen *CKunde* und *CBestellung* (ein Kunde kann keine, eine oder mehrere Bestellungen haben). Man erkennt aus diesen Zusammen-hängen, dass sich – ausgehend von einer Instanz von *CFirma* – die Objekte über Auflistungen von *CKunde* zu *CBestellung* baumartig verzweigen.

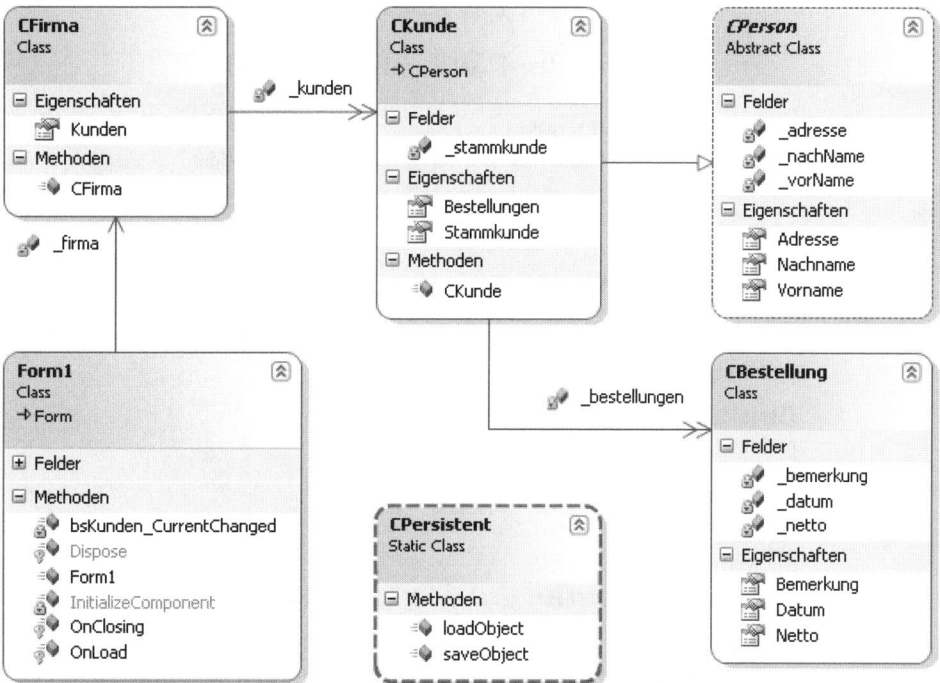

---

[1] Eine Auflistungszuordnung ist – im Unterschied zur einfachen Zuordnung – im Klassen-Designer an den doppelten Pfeilspitzen erkennbar.

Die Klasse *CKunde* erbt von der abstrakten Klasse *CPerson*. Weiterhin gibt es eine statische Klasse *CPersistent*, welche Methoden zum Speichern und Laden des Objektbaums – dieser wird von der in *Form1* erzeugten Instanzenvariablen *firma* gekapselt – bereitstellt.

Wer bereits über Erfahrungen mit dem in Visual Studio 2010 integrierten Klassen Designer verfügt (er ist kinderleicht zu bedienen!) kann ihn schon zu Beginn in die Codeentwicklung einbinden und sich dadurch mancherlei Arbeit ersparen, denn der Designer generiert z.B. den Rahmencode für Klassen und Methoden und kapselt Felder zu Eigenschaften. Der Quellcode wird automatisch mit dem Klassendiagramm synchronisiert.

## Klasse CBestellung

Jede am Objektbaum beteiligte Klasse muss mit dem *[Serializable]*-Attribut markiert sein.

```
[Serializable]
public class CBestellung
{
    private DateTime _datum;
    private decimal _netto;
    private string _bemerkung;
    public DateTime Datum
    { get { return _datum; } set { _datum = value; }  }
    public decimal Netto
    { get { return _netto; }  set { _netto = value; }  }

    public string Bemerkung
    { get { return _bemerkung; }  set { _bemerkung = value; }  }
    }
}
```

## Klasse CPerson

Diese abstrakte Klasse stellt ihren Nachkommen vier allgemeine Eigenschaften als "Erbmaterial" zur Verfügung:

```
[Serializable]
public abstract class CPerson
{
    private string _vorName, _nachName, _adresse;

    public string Vorname
    { get { return _vorName; } set { _vorName = value; } }

    public string Nachname
    { get { return _nachName; } set { _nachName = value; } }

    public string Adresse
    { get { return _adresse; } set { _adresse = value; } }
}
```

### Klasse CKunde

Die Klasse *CKunde* erbt von *CPerson*. Die Bestellungen des Kunden werden in einer generischen Liste vom Typ *CBestellung* gekapselt.

```
[Serializable]
public class CKunde : CPerson
{
    private bool _stammkunde;
    private IList<CBestellung> _bestellungen;              // generische Liste
    public CKunde()
    {
        _bestellungen = new List<CBestellung>();
    }

    public bool Stammkunde
    {  get { return _stammkunde; }
       set { _stammkunde = value; }  }

    public IList<CBestellung> Bestellungen
    {   get { return _bestellungen; }
        set { _bestellungen = value; } }
}
```

### Klasse CFirma

Diese Klasse ist die Wurzelklasse des Objektbaums und kapselt lediglich die Kundenliste (generische Liste vom Typ *CKunde*).

```
[Serializable]
public class CFirma
{
    private IList<CKunde> _kunden;                // generische Liste

    public CFirma()
    {
        _kunden = new List<CKunde>();
    }

    public IList<CKunde> Kunden
    {
        get { return _kunden; }
        set { _kunden = value; }
    }
}
```

### Klasse CPersistent

Diese statische Klasse exportiert die Methoden *saveObject* und *loadObject*, mit denen die Serialisierung/-Deserialisierung beliebiger Objekte möglich ist.

Die Methode *saveObject* übernimmt als Parameter das Objekt und den Dateipfad, serialisiert das Objekt und speichert es auf der Festplatte ab.

Die Methode *loadObject* erwartet als Parameter den Dateipfad, holt sich das Objekt von der Festplatte und liefert es deserialisiert zurück.

```
using System.IO;
using System.Runtime.Serialization.Formatters.Binary;

public static class CPersistent
{
    public static void saveObject(Object o, string pfad)
    {
        FileStream fs = new FileStream(pfad, FileMode.Create, FileAccess.Write, FileShare.None);
        BinaryFormatter bf = new BinaryFormatter();
        bf.Serialize(fs, o);
        fs.Close();
    }

    public static Object loadObject(string pfad)
    {
        FileStream fs = new FileStream(pfad, FileMode.Open, FileAccess.Read, FileShare.Read);
        BinaryFormatter bf = new BinaryFormatter();
        Object o = bf.Deserialize(fs);
        fs.Close();
        return o;
    }
}
```

### Form1

Die Bedienelemente zu Kunden und Bestellungen sind in jeweils einer *GroupBox* angeordnet, an deren Fuß eine *BindingNavigator*-Komponente angedockt hat. Weiterhin werden zwei *BindingSource*-Komponenten benötigt.

Verknüpfen Sie im Eigenschaftenfenster die *BindingSource*-Property von *bnKunden* mit *bsKunden* und von *bnBestellungen* mit *bsBestellungen*.

```
public partial class Form1 : Form
{
    ...
```

Man sieht es dieser Variablen nicht an, dass sie den kompletten Objektbaum kapselt:

```
private CFirma _firma = new CFirma();
```

Der Dateipfad verweist in unserem Fall auf das Ausgabeverzeichnis des Projekts:

```
private const string PFAD = "Bestellungen.dat";
```

Beim Laden des Formulars wird versucht, die Datei zu laden (falls die Datei nicht vorhanden ist, wird eine neue leere Datei angelegt):

```
protected override void OnLoad(EventArgs e)
{
    try
    {
        _firma = (CFirma) CPersistent.loadObject(PFAD);
    }
    catch (Exception ex)
    {
        MessageBox.Show(ex.Message);
    }
    bsKunden.DataSource = _firma.Kunden;

    textBox1.DataBindings.Add(new Binding("Text", bsKunden, "Vorname", true));
    textBox2.DataBindings.Add(new Binding("Text", bsKunden, "Nachname", true));
    textBox3.DataBindings.Add(new Binding("Text", bsKunden, "Adresse", true));
    checkBox1.DataBindings.Add(new Binding("Checked", bsKunden, "Stammkunde", true));
    base.OnLoad(e);
}
```

Wenn zu einem anderen Kunden gewechselt wird, müssen auch die zu diesem Kunden gehörenden Bestellungen ermittelt und der *BindingSource* zugewiesen werden. Anschließend werden die *TextBox*en erneut angebunden:

```
private void bsKunden_CurrentChanged(object sender, EventArgs e)
{
    CKunde kunde = (CKunde) bsKunden.Current;
    bsBestellungen.DataSource = kunde.Bestellungen;
    textBox4.DataBindings.Clear();
    textBox4.DataBindings.Add("Text", bsBestellungen, "Datum", true);
    textBox5.DataBindings.Clear();
    textBox5.DataBindings.Add("Text", bsBestellungen, "Netto", true);
    textBox6.DataBindings.Clear();
    textBox6.DataBindings.Add("Text", bsBestellungen, "Bemerkung", true);
}
```

Beim Schließen des Formulars wird der komplette Objektbaum abgespeichert:

```
protected override void OnClosing(CancelEventArgs e)
{
    try
    {
        CPersistent.saveObject(_firma, PFAD);
    }
    catch (Exception ex)
    {
        MessageBox.Show(ex.Message);
    }
    base.OnClosing(e);
}
```

## Test

Um einen Kunden hinzuzufügen, muss zunächst die "+"-Schaltfläche des *BindingNavigator*s geklickt werden. Analog ist beim Hinzufügen einer Bestellung zu verfahren.

Wundern Sie sich nicht, dass in der folgenden Laufzeitabbildung auch eine *DataGridView*-Komponente enthalten ist (siehe Bemerkung am Schluss).

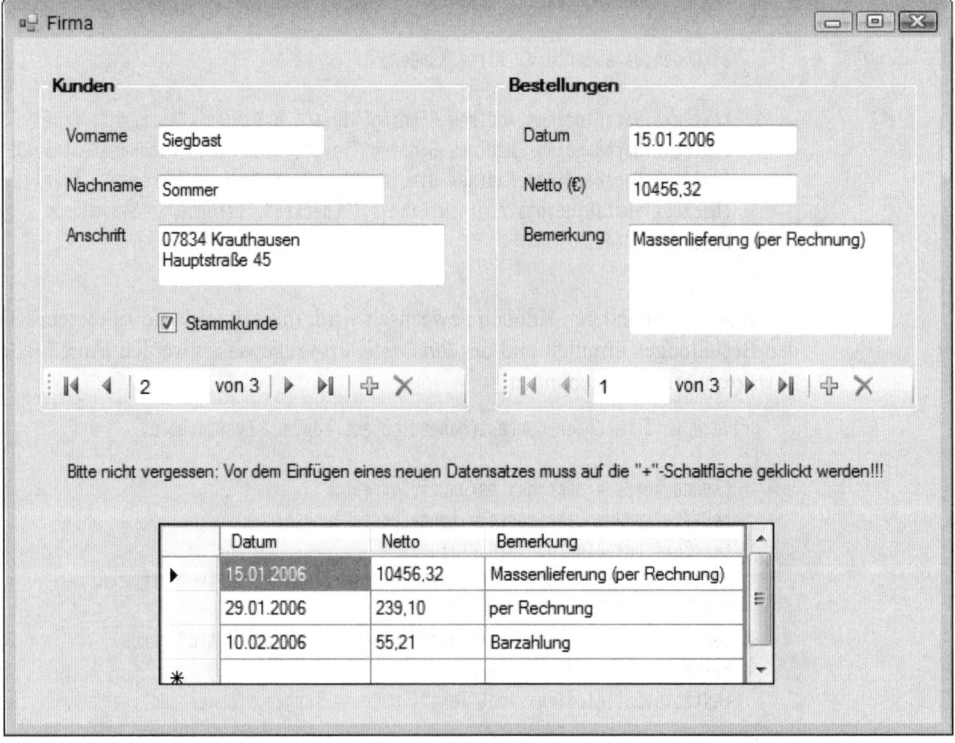

Die eingegebenen Datensätze gehen nicht verloren, da sie beim Schließen des Formulars automatisch gespeichert werden, um nach einem erneuten Programmstart wieder zur Verfügung zu stehen.

### Anzeige mit DataGridView

■ Eine einzige Codezeile genügt, um alle Bestellungen eines Kunden in einer zusätzlich hinzugefügten *DataGridView*-Komponente anzuzeigen:

```
dataGridView1.DataSource = bsBestellungen;
```

■ Da das *DataGridView* auch editierbar ist, könnte auf die Detailanzeige in den *TextBox*en und auf den zweiten *BindingNavigator* auch verzichtet werden. Gleiches gilt natürlich auch für die Anzeige der Kundenliste.

## 8.8.3 Ein Memory Mapped File (MMF) verwenden

Ein MMF (siehe Abschnitt 8.7) mappt den Inhalt einer Datei an den logischen Adressraum einer Anwendung und versetzt den Programmierer in die Lage, mit sehr großen Dateien zu arbeiten, weil der Speicher konkurrierend verwaltet werden kann. Außerdem ist ein wahlfreier Zugriff (Random Access) ohne langwierige Suchoperationen möglich.

Das vorliegende Beispiel demonstriert den Einsatz eines MMF beim Manipulieren einer Bilddatei. Ganz nebenbei lernt mancher auch eine völlig andere Bedeutung der *using*-Klausel näher kennen.

### Oberfläche

Auf das Startformular einer Windows Forms-Anwendung setzen Sie einen *Button* und eine *PictureBox*.

### Quellcode

```
using System.IO;
using System.IO.MemoryMappedFiles;
using System.Runtime.InteropServices;

public partial class Form1 : Form
{
    ...
```

Eine RGB-Farbstruktur definieren (inkl. einer Methode):

```
    public struct MyRGB
    {
        public short Red;
        public short Green;
        public short Blue;
        public short Alpha;
```

Farbanteile verfälschen (der Einsatz der mathematischen *Min*-Funktion verhindert hier eine Bereichsüberschreitung):

```
public void changeRGB(short value)
{
    Red = (short) Math.Min(short.MaxValue, (int) Red + value);
    Green = (short) Math.Min(short.MaxValue, (int) Green + value);
    Blue = (short) Math.Min(short.MaxValue, (int) Blue + value);
    Alpha = (short) Math.Min(short.MaxValue, (int) Alpha + value);
}
}
```

Die Start-Schaltfläche:

```
private void button1_Click(object sender, EventArgs e)
{
```

Die MMF-Datei für die sich im Anwendungspfad befindliche Datei *Bild1.bmp* wird nun erzeugt. Übergeben werden auch der Zugriffsmodus und der Namen des MMF (im weiteren Verlauf bedeutungslos). Die *using*-Klausel definiert hier einen Bereich, an dessen Ende ein Objekt sofort wieder freigegeben wird.

```
using (var mmf = MemoryMappedFile.CreateFromFile("Bild1.bmp", FileMode.Open, "MMF1"))
{
```

Für den Zugriff auf die MMF müssen wir einen Map View definieren, dieser soll den Speicherbereich zwischen den Adressen 1MByte und 11MByte (Offset plus Länge) abdecken.

Die Hex-Adressen werden durch den Präfix *0x* gekennzeichnet:

```
long offset = 0x100000;    // 1 MB
long länge = 0xA00000;     // 10 MB

using (var vacc = mmf.CreateViewAccessor(offset, länge))
{
```

Anzahl der Bytes pro Farbwert ermitteln:

```
int colorSize = Marshal.SizeOf(typeof(MyRGB));
```

Eine Puffervariable für den einzulesenden Farbwert:

```
MyRGB color;
```

Den Map View manipulieren:

```
for (long i = 0; i < länge; i += colorSize)   //
{
```

Vom MMF in *color*-Variable einlesen

```
vacc.Read(i, out color);
```

Die *color*-Variable manipulieren:

```
color.changeRGB(20);
```

Die *color*-Variable zurück in's MMF schreiben:

```
                    vacc.Write(i, ref color);
                }
            }
        }
```

Bild anzeigen:

```
        pictureBox1.Load("Bild1.bmp");
    }
}
```

## Test

Starten Sie das Programm und klicken Sie dann mehrfach hintereinander auf die Schaltfläche. Beobachten Sie, wie sich die Farbwerte des Bildes verändern.

## Bemerkungen

■ Für ein MMF können auch mehrere Map Views definiert werden, womit ein einfacher Datenaustausch zwischen verschiedenen Prozessen möglich wird.

■ Die *using*-Anweisung ist besonders dann zweckmäßig, wenn es um das sofortige Freigeben von Objekten geht, die viel Speicherplatz belegen (ansonsten erledigt das irgendwann der Garbage Collector).

■ Einen praktischen Rechner zur Dezimal-Hexadezimal-MByte-Konvertierung finden Sie in unserem [Visual C# 2010-Kochbuch].

# Kapitel 9

# XML in Theorie und Praxis

Mit XML (*eXtensible Markup Language*) hat sich eine mächtige Metasprache für das Speichern und Austauschen von Daten, insbesondere im Internet, etabliert. Es gibt inzwischen kaum noch eine Anwendung, die nicht mit XML-Unterstützung beworben wird.

Das vorliegende Kapitel kann keinen Anspruch auf Vollständigkeit erheben, sondern nur einen ersten Einblick vermitteln. Weitere Informationen zum Thema finden Sie in den Praxisbeispielen am Ende des vorliegenden Kapitels.

## 9.1 XML – etwas Theorie

XML ist vor allem auch unter .NET allgegenwärtig, vieles bleibt dabei aber für den Programmierer unsichtbar, da es in Objekten gekapselt ist bzw. von den Tools der Entwicklungsumgebung Visual Studio für Sie automatisch im Hintergrund erledigt wird. Diese Aussage trifft natürlich auch auf die bereits mit Visual Studio 2008 eingeführte Spracherweiterung *LINQ to SQL* zu, die endlich die Lücke zwischen XML-Daten und Programmiersprache schloss.

### 9.1.1 Übersicht

Eine der wesentlichsten Ideen, die hinter dem Konzept von XML stehen, ist der Ansatz, Informationen nicht nur darzustellen (wie zum Beispiel in HTML mit seiner festgelegten Syntax), sondern auch deren Inhalt bzw. deren Struktur zu beschreiben. Gleichzeitig soll ein möglichst flexibler und einfacher Datenaustausch zwischen verschiedenen Anwendungen und System-Plattformen möglich sein.

Wie auch bei HTML werden in XML Informationen im Textformat gespeichert. Die einzelnen Elemente des Dokumentes werden durch so genannte Tags gekennzeichnet, diese können ineinander verschachtelt sein.

Im Unterschied zu HTML handelt es sich bei XML jedoch um eine Metasprache, mit deren Hilfe sich neue Sprachen zum Beschreiben von Dokumenten definieren lassen. Die Metasprache XML liefert quasi die grammatikalischen Regeln für den Aufbau von Dokumenten.

HTML, eine klassische Beschreibungssprache, umfasst im Gegensatz dazu lediglich einen festen Satz von vordefinierten Befehlen, der nicht einfach erweiterbar ist. HTML dient im Wesentlichen nur der Darstellung von Informationen.

Das einfache Beispiel einer Adressliste soll den Unterschied verdeutlichen. In einer HTML-Datei würden auch Sie die Informationen sicherlich in Form einer Tabelle darstellen.

**Beispiel 9.1**     **Adressliste als HTML-Datei**

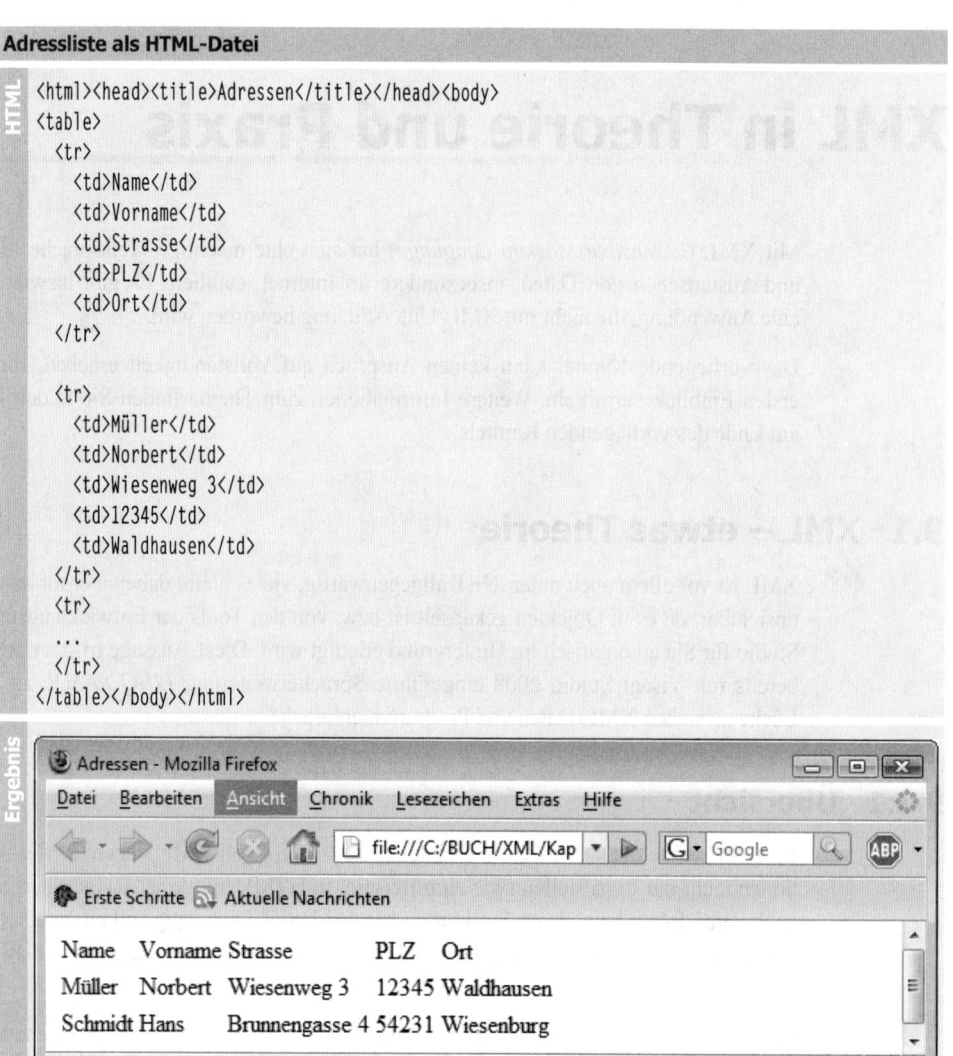

Die obigen Anweisungen sagen lediglich etwas über die Gestaltung der HTML-Seite aus. Einen Zusammenhang zwischen der Tabellenzelle "Name" und dem Inhalt "Müller" kann ein Programm nur schwer herstellen. Eine automatisierte Analyse und Weiterverarbeitung der Datei wird damit fast unmöglich.

**Beispiel 9.2** **Ein einfaches XML-Dokument (Adressverwaltung).**

```xml
<Adressen>
    <Adresse>
        <Name>Müller</Name>
        <Vorname>Norbert</Vorname>
        <Strasse>Wiesenweg 3</Strasse>
        <PLZ>12345</PLZ>
        <Ort>Waldhausen</Ort>
    </Adresse>
    <Adresse>
        <Name>Schmidt</Name>
        <Vorname>Hans</Vorname>
        <Strasse>Brunnengasse 27</Strasse>
        <PLZ>23451</PLZ>
        <Ort>Wiesenburg</Ort>
    </Adresse>
</Adressen>
```

Ergebnis

```
Mozilla Firefox
Datei   Bearbeiten   Ansicht   Chronik   Lesezeichen   Extras   Hilfe

file:///C:/BUCH/XML/Kapitel/Adr        G  Google

Erste Schritte   Aktuelle Nachrichten   file:///C:/BUCH/XML/...

- <Adressen>
  - <Adresse>
      <Name>Müller</Name>
      <Vorname>Norbert</Vorname>
      <Strasse>Wiesenweg 3</Strasse>
      <PLZ>12345</PLZ>
      <Ort>Waldhausen</Ort>
    </Adresse>
  - <Adresse>
      <Name>Schmidt</Name>
      <Vorname>Hans</Vorname>
      <Strasse>Brunnengasse 27</Strasse>
      <PLZ>23451</PLZ>
      <Ort>Wiesenburg</Ort>
    </Adresse>
  </Adressen>

Fertig
```

Wie Sie sehen, steht bei XML die Datenstruktur im Vordergrund. Eine Datenbank-Anwendung, wie zum Beispiel Access, kann relativ leicht feststellen, welche Elemente sich als relationale Tabelle(n) abbilden und importieren lassen.

Im Unterschied zu einer relationalen Datenbank stellt es für ein XML-Dokument kein Problem dar, zum Beispiel einen zweiten Vornamen oder eine zweite Wohnadresse zu speichern.

**Beispiel 9.3**

**Ein zusätzlicher Vorname in den Adressdaten**

```
<Adressen>
   <Adresse>
      <Name>Müller</Name>
      <Vorname>Norbert</Vorname>
      <Vorname>Paul</Vorname>
      <Strasse>Wiesenweg 3</Strasse>
      <PLZ>12345</PLZ>
      <Ort>Waldhausen</Ort>
   </Adresse>
...
   </Adresse>
```

Wie in den obigen Beispielen erkennbar ist, besteht zunächst keine Einschränkung in Bezug auf Anzahl, Länge und Datentyp einzelner Parameter. Es handelt sich lediglich um Textdaten, die von den Tags begrenzt und damit gekennzeichnet werden.

## 9.1.2 Der XML-Grundaufbau

Wie schon erwähnt, handelt es sich bei XML-Dokumenten um reine Textdateien, die durch Tags strukturiert werden. Innerhalb der XML-Daten lassen sich drei Abschnitte unterscheiden, von denen die beiden ersten optional sind:

- der Prolog mit Steueranweisungen (*Processing Instructions*),

- die DTD (*Document Type Definition*),

- der eigentliche Datenteil.

**Beispiel 9.4**

**Prolog**

```
<?xml version="1.0" standalone="yes" ?>
```

**Beispiel 9.5**

**DTD (Definieren von Datentypen)**

```
<!DOCTYPE DATEN [
<!ELEMENT NAME    (#PCDATA)>
<!ELEMENT VORNAME (#PCDATA)>
<!ELEMENT ORT     (NAME)>
<!ELEMENT PERSON  (NAME, VORNAME)>
<!ATTLIST ORT marke ID #REQUIRED>
<!ATTLIST PERSON ort IDREF #REQUIRED> ]>
```

| Beispiel 9.6 | **Strukturierter Datenteil** |
| --- | --- |

```
<Adressen>
    <Adresse>
        <Name>Müller</Name>
        <Vorname>Norbert</Vorname>
        <Strasse>Wiesenweg 3</Strasse>
        <PLZ>12345</PLZ>
        <Ort>Waldhausen</Ort>
    </Adresse>
</Adressen>
```

Innerhalb der drei Abschnitte werden

- Elemente,

- Attribute,

- Kommentare

unterschieden.

| Beispiel 9.7 | **Ein Element (Vorname ist der Elementname, Norbert ist der Elementinhalt)** |
| --- | --- |

```
<Vorname>Norbert</Vorname>
```

| Beispiel 9.8 | **Ein Attribut (fett hervorgehoben, Hauptwohnsitz ist der Attributname, danach folgt der Wert in Anführungszeichen)** |
| --- | --- |

```
<Adresse Hauptwohnsitz="JA">
    <Name>Müller</Name>
    <Vorname>Norbert</Vorname>
</Adresse>
```

| Beispiel 9.9 | **Ein Kommentar (fett hervorgehoben)** |
| --- | --- |

```
<Adressen>
<!-- ab hier folgen die eigentlichen Daten -->
    <Adresse>
        <Name>Müller</Name>
...
```

Im Folgenden wird im Detail auf die einzelnen Abschnitte bzw. Elemente eingegangen. Doch bevor es so weit ist, wollen wir uns mit den Grundregeln der Sprache XML auseinander setzen.

## 9.1.3 Wohlgeformte Dokumente

Gerade bei einer so flexiblen Sprache wie XML kommt es darauf an, dass zumindest einige Grundregeln von allen Anwendern eingehalten werden. Nur so ist ein effizientes und schnelles Analysieren der Dokumente möglich. Hält ein Dokument all diese Regeln ein, wird es als *wohlgeformtes*

Dokument bezeichnet. Prüft ein XML-Parser zusätzlich die DTD-Beschreibung oder das XSD-Schema, um die Korrektheit des XML-Dokumentes zu testen, und ist diese Prüfung erfolgreich, bezeichnet man das Dokument als *gültig*. Eine Gültigkeitsprüfung ist jedoch nicht zwingend vorgeschrieben.

Doch zurück zu den Grundregeln für ein wohlgeformtes XML-Dokument. Folgende Regeln müssen Sie in jedem Fall einhalten:

- Jedes Dokument verfügt nur über **ein** Stammelement.

- Start- und Ende-Tags passen zusammen (Groß-/Kleinschreibung beachten!), d.h., für jeden Start-Tag ist ein entsprechender Ende-Tag vorhanden. Leere Elemente können mit einem einzelnen Tag dargestellt werden, das mit einem Schrägstrich "/" endet.

- Elemente müssen korrekt geschachtelt sein und dürfen sich nicht überschneiden.

- Die Sonderzeichen <, >, &, ", und ' müssen im Datenteil eines Elements durch *&lt, &gt, &amp, &quot, &apos* ersetzt werden.

- Jedes Attribut darf nur einen Wert haben.

- Attributwerte müssen in doppelte oder einfache Anführungszeichen gesetzt werden.

- Die Zeichenfolgen <[[ und ]]> sind nicht zulässig.

| Beispiel 9.10 | **Ein wohlgeformtes XML-Dokument** |
|---|---|

```xml
<DATEN>
   <ERDE>
      <KONTINENT>
         <NAME>Europa</NAME>
         <FLÄCHE>10500000</FLÄCHE>
         <EINWOHNER>718500000</EINWOHNER>
         <LAND>
            <NAME>Frankreich</NAME>
            <FLÄCHE>543965</FLÄCHE>
            <EINWOHNER>57800000</EINWOHNER>
         </LAND>

         <LAND>
            <NAME>Deutschland</NAME>
            <FLÄCHE>356854</FLÄCHE>
            <EINWOHNER>80767600</EINWOHNER>
            <ORT marke="01">
               <NAME>Altenburg</NAME>
            </ORT>
            <ORT marke="02" >
               <NAME>Frankfurt Oder</NAME>
            </ORT>
         </LAND>
      </KONTINENT>
```

**Beispiel 9.10** **Ein wohlgeformtes XML-Dokument**

```
    </ERDE>
</DATEN>
```

**Beispiel 9.11** **Ein nicht wohlgeformtes Dokument**

```xml
<DATEN>
    <ERDE>
        <KONTINENT>
            <NAME>Europa</NAME>
            <FLÄCHE>10500000</FLÄCHE>
            <EINWOHNER>718500000</EINWOHNER>
            <LAND>
                <NAME>Frankreich</NAME>
                <FLÄCHE>543965</FLÄCHE>
                <EINWOHNER>57800000</EINWOHNER>
            </LAND>
            <LAND>
                <NAME>Deutschland</LAND></NAME>
                <FLÄCHE>356854</FLÄCHE>
                <EINWOHNER>80767600</EINWOHNER>
                <ORT marke=01>
                    <NAME>Altenburg</NAME>
                </ORT>
                <ORT marke=02>
                    <NAME>Frankfurt Oder</NAME>
                </ORT>
            </KONTINENT>
        </ERDE>
</daten>
<Personen>
    <PERSON>
        <NAME>Müller</NAME>
    </PERSON>
    <PERSON>
        <NAME>Lehmann</NAME>
        <VORNAME>Heinz</VORNAME>
    </PERSON>
</Personen>
```

Die Fehler:

- Start- und Ende-Tag von <DATEN> stimmen nicht überein,

- es sind zwei Stammelemente (*DATEN, Personen*) vorhanden,

- die Attribute (*marke*) sind nicht in Anführungszeichen gesetzt,

- die Tags <LAND> und <NAME> bei Deutschland überschneiden sich.

## 9.1.4  Processing Instructions (PI)

Für das Verarbeiten von XML-Dokumenten sind so genannte *Processing Instructions* (kurz PI) vorgesehen. PIs werden mit einem Fragezeichen eingeleitet und geschlossen ("<? ... ?>").

Beginnt die PI mit dem Schlüsselwort XML, handelt es sich um eine reservierte XML-Standarddefinition, die dem verarbeitenden Programm (Parser) Informationen über zusätzliche Steuerdateien (DTD), den Zeichensatz und Versionsinformationen liefert.

**Beispiel 9.12**  | **Einfache Angabe der Versionsnummer**

```
<?xml version="1.0"?>
```

**Beispiel 9.13**  | **Definition eines spezifischen Zeichensatzes über das Schlüsselwort encoding**

```
<?xml version="1.0" encoding="UTF-16"?>
```

Jeder XML-Parser muss zumindest die Formate *UTF-8* und *UTF-16* (internationaler Zeichensatz) verarbeiten können.

Möchten Sie dem Parser mitteilen, dass eine externe DTD vorhanden ist, können Sie dies mit der Option *standalone* realisieren. Gültige Werte sind

- *yes* (keine externe DTD vorhanden) und

- *no* (eine externe DTD ist vorhanden, der Dateiname steht in der *DOCTYPE*-Definition).

**Beispiel 9.14**  | **Keine externe DTD vorhanden**

```
<?xml version="1.0" standalone="yes" ?>
```

**Beispiel 9.15**  | **Eine externe DTD (welt.dtd) ist vorhanden**

```
<?xml version="1.0" standalone="no" ?>
<!DOCTYPE WELT SYSTEM "welt.dtd">
```

**HINWEIS:** Mittlerweile haben sich die XSD-Schemas gegenüber der DTD weitgehend durchgesetzt, wir gehen deshalb im Rahmen dieses Kapitels nicht weiter auf die DTD ein.

## 9.1.5  Elemente und Attribute

Wie schon erwähnt, bestehen Elemente aus einem Start- und einem Ende-Tag. Beide Tags schließen den Inhalt (dies kann Text sein, aber auch ein bzw. mehrere Elemente) ein. Die folgende Abbildung zeigt den Elementeaufbau:

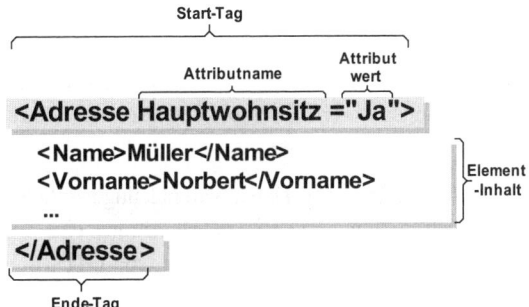

Jedes Element muss den folgenden Regeln genügen:

- Der Elementname beginnt mit einem Buchstaben oder einem Unterstrich.

- Nach dem ersten Zeichen können beliebige Zeichen folgen.

- Elementnamen berücksichtigen die Groß-/Kleinschreibung.

- Elementnamen dürfen keine Leerzeichen enthalten.

- Start- und Ende-Tag müssen in der Schreibweise übereinstimmen.

- Leere Elemente, auch als "Singleton" bezeichnet, können mit einem Tag (z.B. <Adresse/> statt <Adresse></Adresse>) gekennzeichnet werden.

Attribute sind zusätzliche Eigenschaften, die dem Start-Tag hinzugefügt werden können, um den Inhalt näher zu spezifizieren. Wie auch bei den Elementnamen wird zwischen Groß-/Kleinschreibung unterschieden, Attributwerte müssen in doppelten Anführungszeichen eingeschlossen werden. Ein Attribut darf nur einen Wert haben.

**Beispiel 9.16** | **Falsche Deklaration**

```
<Anschrift Name="Müller" Vorname="Norbert" Vorname="Hans">
```

In diesem und in den meisten anderen Fällen ist es günstiger, Attribute als untergeordnete Elemente darzustellen.

**Beispiel 9.17** | **Richtige Deklaration**

```
<Anschrift>
  <Name>Müller</Name>
  <Vorname>Norbert</Vorname>
  <Vorname>Hans</Vorname>
  <Vorname>Werner</Vorname>
</Anschrift>
```

**HINWEIS:** Beachten Sie die Vorschrift, dass jedes XML-Dokument über genau ein Wurzel-Element (Root) verfügen muss.

## 9.1.6 Verwendbare Zeichensätze

In den vorhergehenden Abschnitten war ja bereits kurz die Rede von Zeichensätzen und in diesem Zusammenhang fiel auch die Bezeichnung "UTF". Hierbei handelt es sich um die Abkürzung für *Unicode Transformation Format*.

Diese Formate bilden die Zeichenfolgen der XML-Daten als eindeutige Byte-Sequenzen ab. Zur eindeutigen Identifikation wird an den Beginn der Datei/des Datenstroms eine spezielle Identifikationsmarke, die *BOM (Byte Oder Mark)* eingefügt. Ein Blick in eine UTF-16-XML-Datei zeigt, was gemeint ist:

Eine UTF-16-Datei im Hex-Editor:

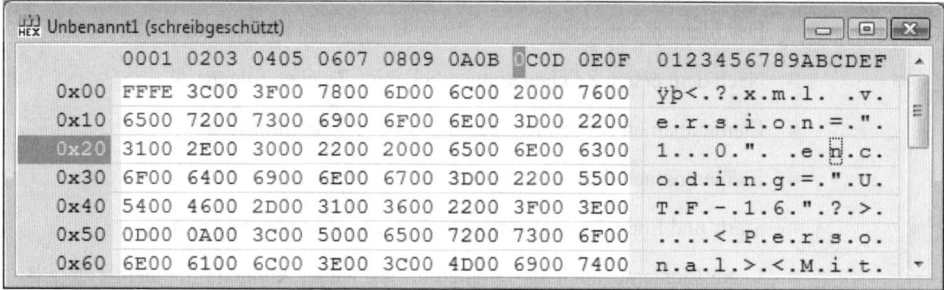

Während Sie zum Beispiel in Notepad oder im Internet Explorer nur die gewohnten Processing Instructions am Beginn des Dokuments vorfinden, zeigt der Hex-Editor zwei zusätzliche Bytes am Dateianfang "FFFE". Dabei handelt es sich um die BOM für eine UTF-16-Kodierung im LE-Format[1] (*Little-Endian*).

---

**HINWEIS:** Alternativ könnte hier auch "FEFF" stehen, was auf eine UTF-16-Kodierung im BE-Format (*Big-Endian*) hinweist.

---

Sehen Sie sich dagegen z.B. eine mit den ADO (*Recordset.Save*) erzeugte XML-Datei an, werden Sie keine BOM vorfinden:

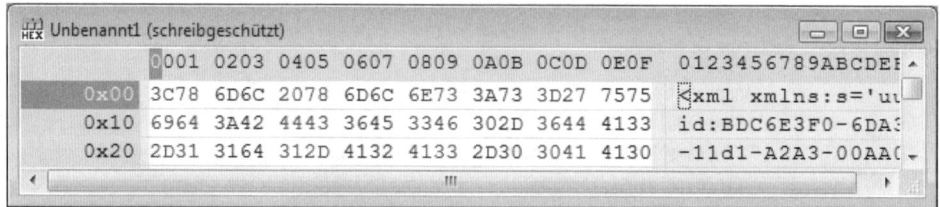

Diese im UTF-8-Format gespeicherte Datei kann auf BOM und explizite Formatangaben in den Processing Instructions verzichten, da es sich automatisch um das Standard-XML-Format UTF-8

---

[1] Bei Unicode-Zeichen kann das höherwerte Byte das erste Byte (Little-Endian) oder das zweite Byte (Big-Endian) sein.

handelt. Gleiches trifft auf eine im ASCII-Format gespeicherte XML-Datei zu (die Zeichen bis 127 sind in ASCII und UTF-8 identisch).

---

**HINWEIS:** Im Gegensatz zu UTF-8 besitzt eine UTF-16 kodierte Datei immer einen BOM!

---

Doch was ist, wenn eine reine ASCII-XML-Datei beispielsweise einen Umlaut enthält? Spätestens hier zeigt Ihnen der Internet Explorer beim Laden die "Rote Karte":

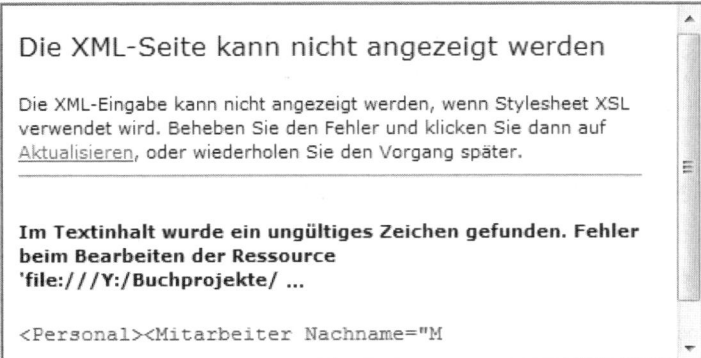

Der Umlaut (in diesem Fall "ü") wird mit "FC" kodiert, dies entspricht jedoch keinem zulässigen UTF-8-Code. UTF-8 verwendet in diesem Fall zwei Bytes zur Kodierung des betreffenden Zeichens (C3BC). Beachten Sie dies, wenn Sie eine XML-Datei z.B. per Notepad erzeugen. Hier müssen Sie im Speichern-Dialog die richtige Kodierung auswählen:

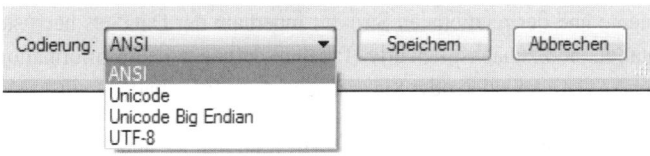

Auch beim Programmieren mit DOM oder ADO.NET können Sie schnell über die Fallstricke der Kodierung stolpern, wenn Sie zum Beispiel mit Streams arbeiten und zusätzlich direkten Einfluss auf die Processing Instructions nehmen. Tritt hier eine Diskrepanz zwischen der in den Processing Instructions genannten Kodierung und der tatsächlich verwendeten Kodierung (bzw. der BOM) auf, ist die Datei später nicht mehr lesbar.

Doch wann sollte welches Format verwendet werden?

Eine allgemein gültige Antwort kann auf die Schnelle nicht gegeben werden, da sich aus der Verwendung der verschiedenen Kodierungen auch Vor- bzw. Nachteile ergeben:

Nutzen Sie die UTF-8-Kodierung, wenn es sich um normale Tabellendaten handelt. Da hier im Normalfall nur ein Zeichen (bzw. zwei bei Umlauten) verwendet werden, sparen Sie gegenüber einer UTF-16-Kodierung die Hälfte an Speicherplatz ein. Doch Vorsicht: Enthält eine UTF-8-Datei viele Zeichen mit einem Code über einem Byte, wird die Datei schnell drei mal so groß (zum Beispiel bei asiatischen Zeichen). Hier ist UTF-16 die bessere Wahl.

## 9.2 XSD-Schemas

Bei der Arbeit mit .NET ist Ihnen sicher schon mehrfach der Begriff *XSD-Schemas* untergekommen. Worum handelt es sich eigentlich? Zunächst einmal wird mit XSD die *XML Schema Definition Language* bezeichnet.

Ein XSD-Schema ist ein eigenständiges Dokument (oder auch ein zusätzlicher Teil des XML-Dokuments), das die Struktur der XML-Daten beschreibt. Grundsätzlich können Sie also ein XSD-Schema mit den Strukturinformationen z.B. einer Access- oder SQL-Server-Datenbank vergleichen.

Ein Schema kann folgende Informationen und Vorgaben enthalten:

- Die Definition der einzelnen Datentypen für die XML-Elemente und -Attribute

- Diverse Einschränkungen (z.B. Eindeutigkeit (Unique) von Werten)

- Zusammenhänge zwischen einzelnen XML-Elementen (Relationen)

Nur beim Vorliegen von XML-Daten **und** Schema-Informationen können also logische Zusammenhänge hergestellt werden, ohne die ein sinnvolles Auslesen der XML-Daten nicht möglich ist.

### 9.2.1 XSD-Schemas und ADO.NET

ADO.NET nutzt die Schemas, um einen Zusammenhang zwischen der rein hierarchischen Struktur der XML-Dokumente und der relationalen Struktur innerhalb der DataSets herzustellen. Erzeugen Sie ein neues DataSet, sind zunächst keinerlei Tabellen definiert. Diese Informationen können Sie entweder aus einer XSD-Datei laden oder Sie erzeugen diese Informationen über Methodenaufrufe.

**Beispiel 9.18** **Ein einfaches Schema für zwei Tabellen, in denen Telefondaten für Mitarbeiter gespeichert werden können**

```xml
<?xml version="1.0" standalone="yes" ?>
<xs:schema id="Telefon" targetNamespace="http://www.tempuri.org/Telefon.xsd"
xmlns:mstns="http://www.tempuri.org/Telefon.xsd" xmlns="http://www.tempuri.org/Telefon.xsd"
xmlns:xs="http://www.w3.org/2001/XMLSchema" xmlns:msdata="urn:schemas-microsoft-com:xml-
msdata" attributeFormDefault="qualified" elementFormDefault="qualified">
  <xs:element name="Telefon" msdata:IsDataSet="true" msdata:Locale="de-DE">
    <xs:complexType>
      <xs:choice maxOccurs="unbounded">
```

Hier wird die erste Tabelle definiert:

```xml
        <xs:element name="Mitarbeiter">
          <xs:complexType>
```

**Beispiel 9.18**  **Ein einfaches Schema für zwei Tabellen, in denen Telefondaten für Mitarbeiter gespeichert werden können**

Die Definition der Tabellenspalten (Attribute):

```
      <xs:attribute name="ID" form="unqualified" msdata:AutoIncrement="true"
      type="xs:int" />
        <xs:attribute name="Vorname" form="unqualified" type="xs:string" />
        <xs:attribute name="Nachname" form="unqualified" type="xs:string" />
      </xs:complexType>
    </xs:element>
```

Die zweite Tabelle:

```
      <xs:element name="Telefone">
        <xs:complexType>
          <xs:attribute name="MitarbeiterId" form="unqualified" type="xs:int" />
          <xs:attribute name="Nummer" form="unqualified" type="xs:string" />
        </xs:complexType>
      </xs:element>
    </xs:choice>
  </xs:complexType>
```

Definition eines Primärschlüssels:

```
  <xs:key name="TelefonKey1" msdata:PrimaryKey="true">
    <xs:selector xpath=".//mstns:Mitarbeiter" />
    <xs:field xpath="@ID" />
  </xs:key>
```

Festlegen des Zusammenhangs zwischen beiden Tabellen (Relation):

```
  <xs:keyref name="MitarbeiterTelefone" refer="mstns:TelefonKey1">
    <xs:selector xpath=".//mstns:Telefone" />
    <xs:field xpath="@MitarbeiterId" />
  </xs:keyref>
  </xs:element>
</xs:schema>
```

Die folgende Abbildung zeigt das relationale Abbild des obigen Schemas:

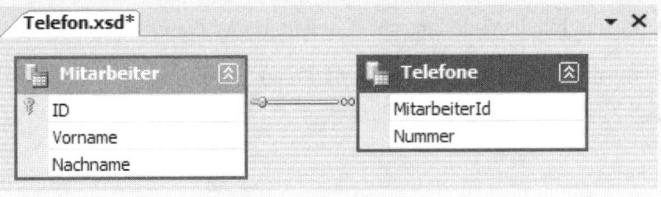

Beispiel 9.19 | **Ein auf dem vorhergehenden Schema aufbauendes XML-Dokument**

```xml
<?xml version="1.0" encoding="utf-8" ?>
<Telefon xmlns="http://www.tempuri.org/Telefon.xsd">
  <Mitarbeiter ID="0" Vorname="Thomas" Nachname="Gewinnus"></Mitarbeiter>
  <Mitarbeiter ID="1" Vorname="Walter" Nachname="Doberenz"></Mitarbeiter>
  <Telefone MitarbeiterId="0" Nummer="0335-1234567"></Telefone>
  <Telefone MitarbeiterId="0" Nummer="0172-888777666"></Telefone>
  <Telefone MitarbeiterId="1" Nummer="0345-12345678"></Telefone>
  <Telefone MitarbeiterId="1" Nummer="0171-111222333"></Telefone>
</Telefon>
```

Wie Sie sehen, werden zum Speichern der Informationen (*Nachname*, *Vorname*) Attribute statt Elemente verwendet. Auf diese Weise ist das Dokument etwas kompakter.

Den Elementen *Mitarbeiter* sind je zwei (beliebig viele) Elemente *Telefone* zugeordnet, die klassische 1:n-Beziehung aus der relationalen Welt.

## 9.2.2   XML-Schemas in Visual Studio analysieren

Vielleicht kann sich der eine oder andere noch daran erinnern, dass es in Visual Studio 2005 mal einen XSD-Designer gegeben hat, mit dem man auf recht einfache Weise ein XSD-Schema erstellen konnte. Bevor Sie sich jetzt in der Visual Studio-IDE auf die Suche machen, gleich ein wichtiger Hinweis vorweg[1]:

---

**HINWEIS:**  Visual Studio 2010 verfügt, wie auch die Vorgängerversion 2008, über **keinen** grafischen Editor für XSD-Schemas, auch wenn die Bezeichnung einiger Menüpunkte mit "XML-Schema-Designer" etwas anderes suggeriert!

---

Doch was bietet Visual Studio 2010 dem Entwickler in Bezug auf XML-Schemas? Im Wesentlichen handelt es sich um verschiedene Varianten von Betrachtern, mit denen Sie vorhandene Schemadefinitionen grafisch ansprechend darstellen können:

- einen XML-Schema-Explorer

- den XML-Schema-Designer (der keiner ist)

- die Inhaltsmodellansicht (*Content Model View*)

- die Diagrammansicht (*Graph View*)

---

[1]  Da wir uns in der Vorgängerversion auf eine Aussage von Microsoft verlassen hatten ("der Schema Designer wird nachgereicht ...") möchten wir an dieser Stelle gleich für Klarheit sorgen.

## Der XML-Schema-Explorer

Öffnen Sie eine XML-Schemadatei im XML-Editor oder im XML-Schema-Designer, so wird der XML-Schema-Explorer geöffnet.

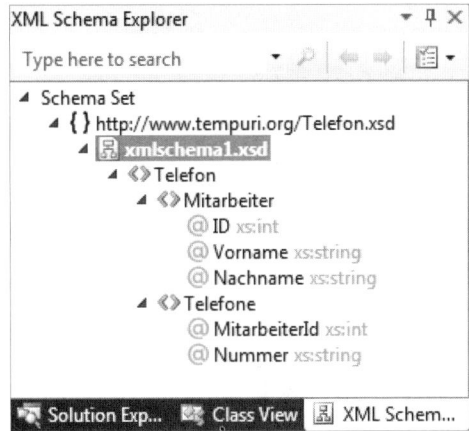

---

**HINWEIS:** Ist der Schema Explorer nicht zu sehen, können Sie ihn über den Menüpunkt *Ansicht|XML Schema Explorer* einblenden.

---

In einer hierarchischen Strukturansicht werden neben dem aktuellen Schema auch alle zugehörigen XSD-Dateien, d.h. eingeschlossene oder importierte Schemas, angezeigt. Zu besserer Übersicht lassen sich Details ein-/ausblenden, Sortierfolgen ändern oder direkt Einträge suchen.

---

**HINWEIS:** Klicken Sie doppelt auf einen der Einträge im XML-Schema-Explorer, so wird bei geöffnetem XML-Editor der entsprechende Eintrag markiert. Möchten Sie aus dem XML-Editor heraus einen Eintrag im XML-Schema-Explorer anzeigen, verwenden Sie dazu den entsprechenden Kontextmenüeintrag des Editors

---

## Ausgangsansicht des XML-Schema-Designers

Öffnen Sie eine XML-Schema-Datei, so öffnet sich standardmäßig die Ausgangsansicht des XML-Schema-Designers, in der Sie zunächst die anzuzeigenden Details auswählen müssen, bevor Sie sich an den grafischen Darstellungen erfreuen können.

Die Auswahl der Elemente/Attribute etc. erfolgt über die Hyperlinks am unteren Ende der Seite, oder Sie verwenden den XML-Schema-Explorer, um die gewünschten Details per Drag & Drop in den Designer einzufügen.

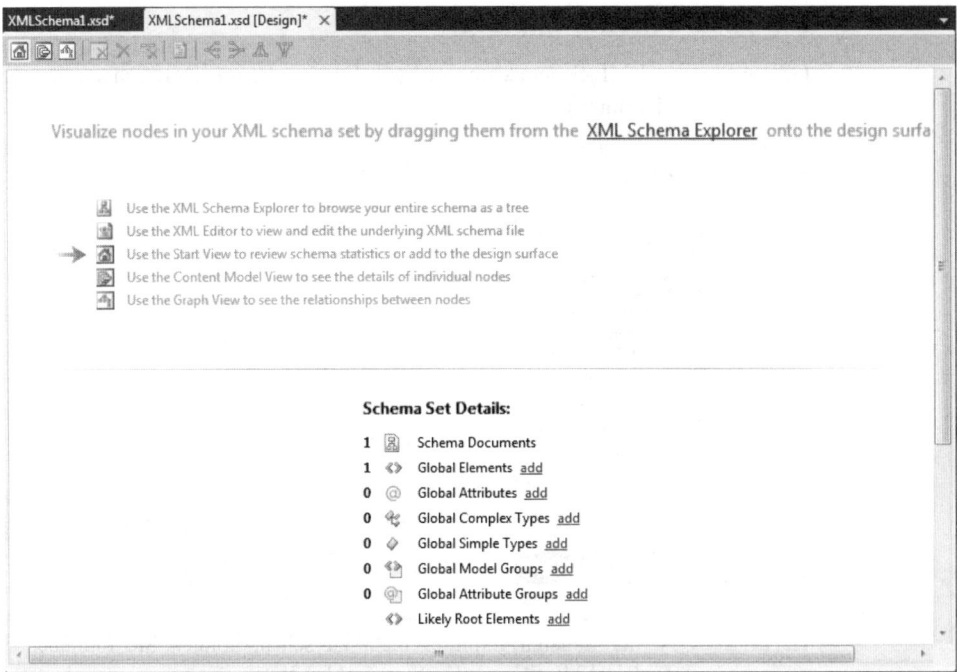

Nachfolgend können Sie in die Inhaltsmodellansicht oder in die Diagrammansicht wechseln.

## Inhaltsmodellansicht

In dieser Ansicht können Sie die in Ihrem Schema enthaltenen Informationen in übersichtlicher Form darstellen und Detaildaten ein-/ausblenden:

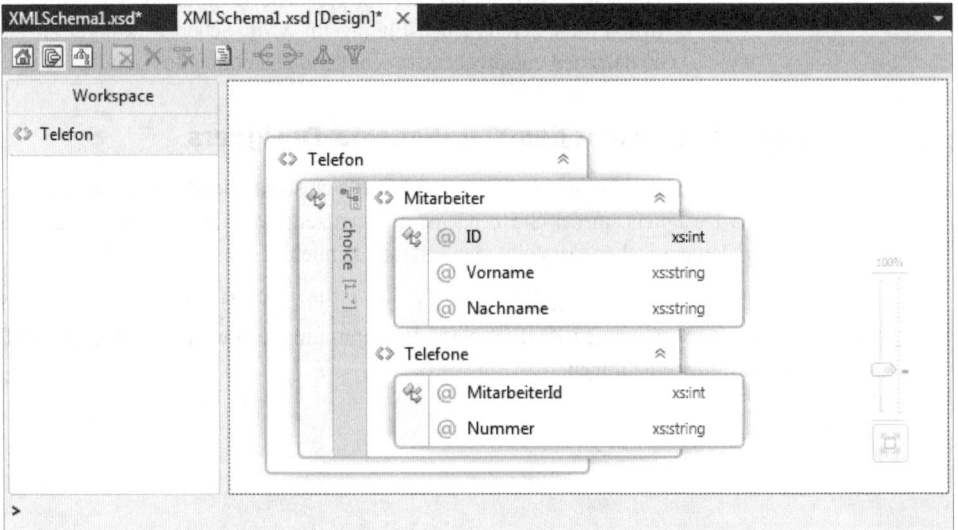

---

**HINWEIS:** Weitere Detaildaten, wie zum Beispiel Min/Max-Werte oder Default-Werte können Sie im Eigenschaftenfenster einsehen.

---

Die erzeugten Ansichten lassen sich als Bild exportieren, weiterhin lassen sich über das Kontext-Menü auch Beispiel-XML-Daten wie diese generieren:

```xml
<?xml version="1.0" encoding="utf-8"?>
<Telefon xmlns="http://www.tempuri.org/Telefon.xsd">
  <Mitarbeiter ID="1" Vorname="Vorname1" Nachname="Nachname1" />
  <Telefone MitarbeiterId="1" Nummer="Nummer1" />
  <Mitarbeiter ID="-2147483647" Vorname="Vorname2" Nachname="Nachname2" />
</Telefon>
```

### XML-Editor

Last but not least, gibt es natürlich auch eine Möglichkeit, Schema-Dateien zu editieren, doch hier haben wir es mit einem recht einfachen XML-Texteditor zu tun, umfangreiche Schemadefinitionen werden Sie mit diesem Editor wohl kaum erstellen wollen, die Übersicht leidet sicher schon nach wenigen Zeilen, und der XML-Schema-Explorer gibt auch keine große Hilfestellung, ganz zu schweigen davon, dass Sie auch detaillierte XSD-Kenntnisse benötigen.

## 9.2.3 XML-Datei mit XSD-Schema erzeugen

Erstellen Sie eine neue XML-Datei (Menüpunkt *Projekt/Neues Element hinzufügen...*). Nach dem Öffnen dieser Datei können Sie die Eigenschaften des Dokuments bearbeiten. Für uns ist die Eigenschaft *Schemata* interessant. Weisen Sie hier das bereits erstellte XSD-Schema zu[1]:

---

[1] Dazu müssen Sie beim gewünschten Schema in der ersten Spalte der Liste ein Häkchen setzen.

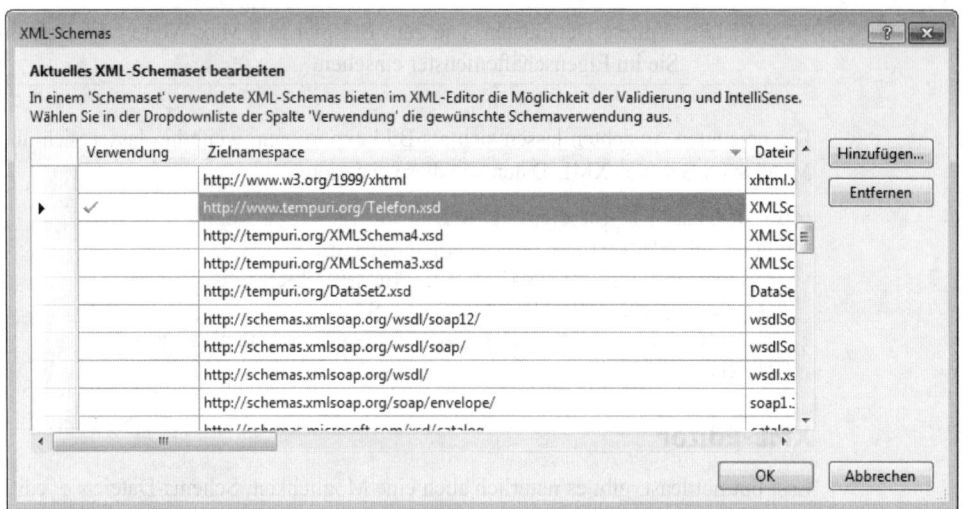

---

**HINWEIS:** Alternativ können Sie auch eines des vordefinierten Schemata im eingeblendeten Assistenten auswählen.

---

Im Anschluss können Sie das Dokument im Editor bearbeiten:

```
<?xml version="1.0" encoding="utf-8"?>
<Telefon xmlns="http://tempuri.org/Telefon.xsd">
  <Mitarbeiter xmlns="http://tempuri.org/Telefon.xsd">
    <Id>0</Id>
    <Vorname>Thomas</Vorname>
    <Nachname>Gewinnus</Nachname>
  </Mitarbeiter>
  <Mitarbeiter>
    <Id>1</Id>
    <Vorname>Walter</Vorname>
    <Nachname>Doberenz</Nachname>
  </Mitarbeiter>
  <Telefone>
  </Telefone>
</Telefon>
```

## 9.2.4  XSD-Schema aus einer XML-Datei erzeugen

Nicht in jedem Fall liegt einer XML-Datei auch gleich ein entsprechende Schema bei, doch in vielen Anwendungsfällen wird dieses benötigt. Bevor Sie jetzt anfangen, mühsam die Struktur der XML-Daten zu entziffern, werfen Sie ruhig einmal einen Blick auf den Menüpunkt *XML*[1], der eine entsprechende Funktionalität bereitstellt. Alternativ können Sie auch das Tool *xsd.exe* aus dem .NET-SDK verwenden oder Sie nutzen die Möglichkeit, das Schema zur Laufzeit mittels Methodenaufrufen zu generieren. Wir kommen im weiteren Verlauf des Kapitels darauf zurück.

---

[1] Dieser erscheint, wenn Sie eine XML-Datei öffnen.

# 9.3   Verwendung des DOM unter .NET

Obwohl es unter .NET auch einfachere Wege zum Erzeugen/Verarbeiten von XML-Dateien gibt, wollen wir Sie zunächst mit der "Low-Level"-Programmierung vertraut machen. Zum einen bietet sich hier die Möglichkeit, das in den vorhergehenden Abschnitten Gelernte "hautnah" nachzuvollziehen, zum anderen bekommen Sie so ein besseres Verständnis für die diversen Optionen bei der XML-Ausgabe.

## 9.3.1   Übersicht

DOM steht für *Document Object Model* und definiert ein Objektmodell, mit dem sich XML-Dokumente plattformübergreifend bearbeiten lassen. Plattformübergreifend können Sie in diesem Fall auch wirklich gelten lassen, denn DOM ist ein allgemein gültiger Standard des W3C-Konsortiums und keine Exklusiv-Erfindung von Microsoft.

DOM erspart Ihnen den steinigen Weg, eine XML-Datei als Textdatei zu verarbeiten, d.h. mühsam zu parsen und zu filtern. Alle XML-Elemente werden durch das DOM als Eigenschaften bzw. Collections von Objekten abgebildet. Elemente lassen sich über Methoden erzeugen, modifizieren und löschen. Die XML-Daten werden als Baum mit einzelnen Zweigen dargestellt. Weiterhin können Sie über das DOM auch allgemeine Informationen über das Dokument abfragen.

Die wichtigsten Knotentypen, die mit dem DOM angesprochen werden können:

- *Document Type*
- *Processing Instruction*
- *Element*
- *Attribute*
- *Text*

Die folgende Tabelle gibt Ihnen eine kurze Übersicht über die wichtigsten Objekte:

| Objekt | Beschreibung |
|---|---|
| *XMLDocument* | Dieses Objekt repräsentiert das gesamte XML-Dokument bzw. dessen Hauptknoten |
| *XMLNode* | Dieses Objekt repräsentiert einen einzelnen Knoten innerhalb des XML-Baums |
| *XMLNodeList* | Collection von *XMLNode*-Objekten |
| *XMLNamedNodeMap* | Ebenfalls eine Collection von *XMLNode*-Objekten, mit denen der Zugriff auf die Attribute möglich ist |
| *XMLParseError* | Objekt zur gezielten Fehleranalyse, das neben der Fehlerbeschreibung auch die Position und die Fehlernummer bereitstellt |
| *XMLAttribute* | Objekt zum Zugriff auf Element-Attribute |

| Objekt | Beschreibung |
|---|---|
| *XMLCDATASection* | Objekt für den Zugriff auf CDATA-Abschnitte (diese werden nicht vom Parser verarbeitet) |
| *XMLCharacterData* | Objekt für Textmanipulationen |
| *XMLComment* | Objekt für Zugriff auf Kommentare |
| *XMLDocumentType* | Objekt für den Zugriff auf DTD |
| *XMLElement* | Dieses Objekt repräsentiert ein Element |
| *XMLEntity* | Dieses Objekt repräsentiert eine Entität |
| *XMLImplementation* | Über die Methode *HasFeature* können Informationen über die DOM-Implementation angefragt werden |
| *XMLProcessingInstruction* | Dieses Objekt repräsentiert eine Processing Instruction (PI) |
| *XMLText* | Der textuelle Inhalt eines Elements oder eines Attributes |

## 9.3.2  DOM-Integration in C#

Selbstverständlich ist auch in C# eine Zugriffsmöglichkeit auf das DOM integriert. Über den Namespace *System.XML* importieren Sie alle relevanten Objekte und Klassen für die Arbeit mit XML-Dateien.

Ausgangspunkt aller weiteren Experimente ist das *XMLDocument*-Objekt, mit dem Sie den Zugriff auf ein XML-Dokument realisieren können. Eine Instanz bilden Sie einfach durch einen parameterlosen Konstruktor.

---

**HINWEIS:** An dieser Stelle möchten wir lediglich mit einigen Beispielen die Verwendung der DOM-Objekte demonstrieren, für eine vollständige Auflistung aller Eigenschaften und Methoden fehlt einerseits der Platz, andererseits sollte dies besser einem Buch über XML vorbehalten bleiben.

---

## 9.3.3  Laden von Dokumenten

Haben Sie erfolgreich eine Instanz erzeugt, können Sie auch schon ein neues XML-Dokument generieren oder eine vorhandene Datei von der Festplatte oder aus dem Internet laden. Die *LoadXml*-Methode unterstützt sowohl "normale" Pfadangaben (*\\server\e\files\test.xml* bzw. *c:\test.xml*) als auch URL-Angaben mit Webadressen (*http://www.xyz-abc.com/test.xml*).

**Beispiel 9.20**   **Laden aus einer Datei**

```csharp
XmlDocument xmldoc = new XmlDocument();
try
{
  xmldoc.LoadXml("C:\test.xml");
  MessageBox.Show("OK");
}
```

Beispiel 9.20 **Laden aus einer Datei**

```
catch
{
  MessageBox.Show("Fehler");
}
```

Alternativ können Sie die Dokumente auch aus einer *String*-Variablen laden. Verwenden Sie dazu die *LoadXML*-Methode.

Beispiel 9.21 **Laden von XML-Daten aus einem String**

```
XmlDocument xmldoc = new XmlDocument();
String mystr;

mystr = "<WELT>";
mystr = mystr + " <KONTINENTE>";
mystr = mystr + " </KONTINENTE>";
mystr = mystr + "</WELT>";
try
{
  xmldoc.LoadXml(mystr);
  MessageBox.Show("OK");
}
catch
{
  MessageBox.Show("Fehler");
}
```

HINWEIS: Im Gegensatz zum DOM-Zugriff über COM-Objekte werden durch die Methoden keine *true/false*-Werte zurückgegeben. Sie müssen also mit *try catch* arbeiten. Das *ParseError*-Objekt ist in diesem Zusammenhang auch "entsorgt" worden.

## 9.3.4 Erzeugen von XML-Dokumenten

Bevor wir uns mit der Verarbeitung vorhandener XML-Dokumente beschäftigen, wollen wir zunächst selbst "Hand anlegen" und neue XML-Dokumente erzeugen.

Beispiel 9.22 **Ein erstes XML-Dokument (Versuch 1)**

```
XmlDocument xmldoc = new XmlDocument();
XmlNode root;
```

Wir erzeugen ein Wurzel-Element ...

```
root = xmldoc.CreateElement("WELT");
```

**Beispiel 9.22**    **Ein erstes XML-Dokument (Versuch 1)**

... und fügen dieses dem DOM-Dokument hinzu:

```
xmldoc.AppendChild(root);
MessageBox.Show(xmldoc.InnerXml);
```

Klein, aber fein präsentiert sich unser erstes XML-Dokument in der Messagebox:

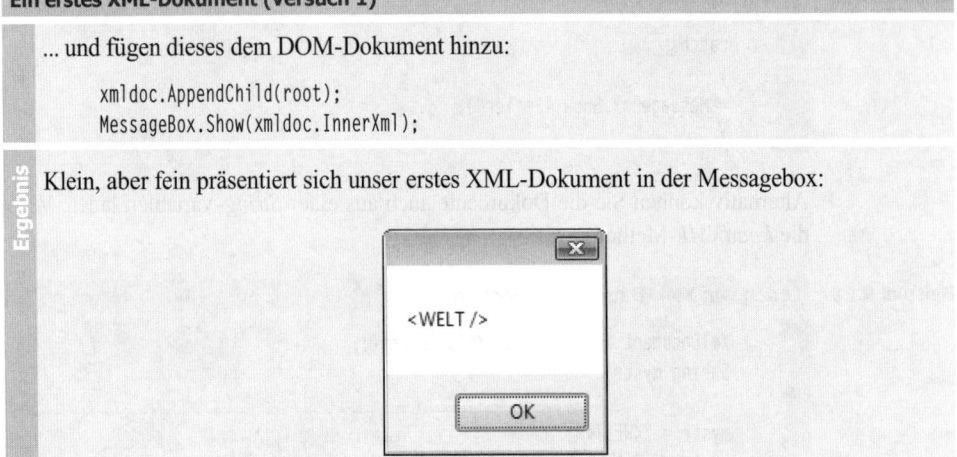

Basierend auf den Erkenntnissen des vorhergehenden Beispiels erweitern wir das Programm so, dass das Element *WELT* weitere untergeordnete Elemente erhält. Das erzeugte XML-Dokument soll in diesem Fall als Datei gesichert werden.

**Beispiel 9.23**    **Unser zweiter Versuch (Sichern in Datei)**

```
XmlDocument xmldoc = new XmlDocument();
XmlNode root, node;
```

Wir erzeugen ein Wurzel-Element ...

```
root = xmldoc.CreateElement("WELT");
```

... und fügen dieses dem DOM-Dokument hinzu:

```
xmldoc.AppendChild(root);
```

Ähnlich wie bei einem *TreeView*-Control werden nun dem bereits erzeugten Root-Knoten weitere Untereinträge hinzugefügt:

```
node = xmldoc.CreateElement("AFRIKA");
root.AppendChild(node);
node = xmldoc.CreateElement("ANTARKTIS");
root.AppendChild(node);
node = xmldoc.CreateElement("ASIEN");
root.AppendChild(node);
node = xmldoc.CreateElement("AUSTRALIEN");
root.AppendChild(node);
node = xmldoc.CreateElement("EUROPA");
root.AppendChild(node);
node = xmldoc.CreateElement("NORDAMERIKA");
root.AppendChild(node);
node = xmldoc.CreateElement("SÜDAMERIKA");
root.AppendChild(node);
```

**Beispiel 9.23** | **Unser zweiter Versuch (Sichern in Datei)**

Wir sichern die XML-Daten in einer Datei:

```
xmldoc.Save(@"c:\Test2.xml");
MessageBox.Show(xmldoc.InnerXml);
```

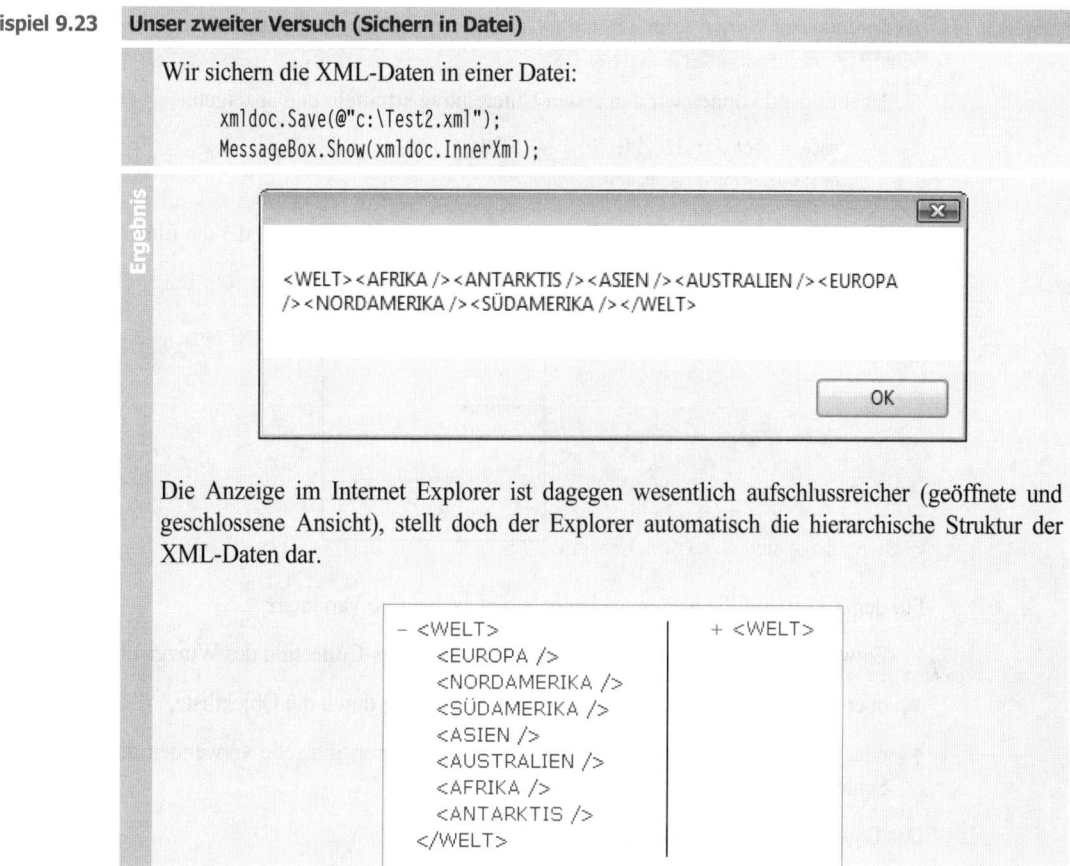

```
<WELT><AFRIKA /><ANTARKTIS /><ASIEN /><AUSTRALIEN /><EUROPA
/><NORDAMERIKA /><SÜDAMERIKA /></WELT>
```

Die Anzeige im Internet Explorer ist dagegen wesentlich aufschlussreicher (geöffnete und geschlossene Ansicht), stellt doch der Explorer automatisch die hierarchische Struktur der XML-Daten dar.

```
- <WELT>                          + <WELT>
    <EUROPA />
    <NORDAMERIKA />
    <SÜDAMERIKA />
    <ASIEN />
    <AUSTRALIEN />
    <AFRIKA />
    <ANTARKTIS />
  </WELT>
```

## 9.3.5 Auslesen von XML-Dateien

Nachdem wir bereits eine erste einfache XML-Datei erzeugt haben, können wir diese auch laden und anzeigen lassen. Dazu benötigen wir in jedem Fall neben dem bekannten *XMLDocument*-Objekt auch ein *XMLNode*-Objekt, um zumindest auf das Wurzel-Element der XML-Daten zugreifen zu können.

**Beispiel 9.24** | **Bestimmen des Wurzel(Root)-Elements, Einlesen der eben erzeugten Datei und Anzeige des ersten Elements.**

```
XmlDocument xmldoc = new XmlDocument();
XmlNode root, node;

    xmldoc.Load(@"c:\test2.xml");
```

Einen "Zeiger" auf das Wurzelelement ("WELT") bestimmen:

```
root = xmldoc.DocumentElement;
```

**Beispiel 9.24**    **Bestimmen des Wurzel(Root)-Elements, Einlesen der eben erzeugten Datei und Anzeige des ersten Elements.**

Nachfolgend können wir den ersten Untereintrag ermitteln und anzeigen:

```
node = root.FirstChild;
MessageBox.Show(node.Name);
```

**Ergebnis**    Die Ausgabe lautet "AFRIKA", entsprechend der Reihenfolge, in der die Elemente im vorhergehenden Beispiel gesichert wurden:

Für den Zugriff auf die weiteren Elemente gibt es mehrere Varianten:

- Entweder Sie lesen die Elemente über die *ChildNodes*-Collection des Wurzel-Elementes aus,

- oder Sie "hangeln" sich mit der Methode *NextSibling* durch die Objektliste,

- oder Sie sind ein ganz konventioneller Programmierer, d.h., Sie verwenden die gute alte *for*-Schleife.

Das Ergebnis ist in allen Fällen dasselbe.

**Beispiel 9.25**    **Anzeige der einzelnen Elemente mit Hilfe der DOM-Eigenschaften und Methoden in einer ListBox.**

```
XmlDocument xmldoc = new XmlDocument();
XmlNode root;
    xmldoc.Load(@"c:\test2.xml");
    listBox1.Items.Clear();
    root = xmldoc.DocumentElement;
```

Auslesen mit Hilfe der Collection *ChildNodes*:

```
foreach (XmlNode node in root.ChildNodes)
    listBox1.Items.Add(node.Name);
```

**Ergebnis**    Die Ausgabe in der *ListBox:*

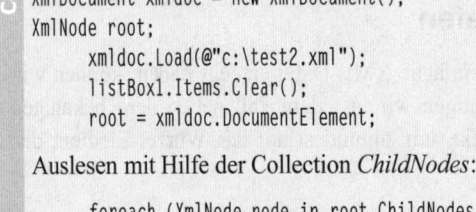

## 9.3.6  Direktzugriff auf einzelne Elemente

Sicher dürfte es recht mühsam sein, bei der Suche nach einem bestimmten Baumelement immer gleich die ganze Liste zu durchforsten, um zum Beispiel das Element *EUROPA* zu finden. In diesem Fall hilft Ihnen die *SelectSingleNode*-Methode weiter.

**Beispiel 9.26**    **Verwendung von *SelectSingleNode***

```
XmlDocument xmldoc = new XmlDocument();
XmlNode root, node;

xmldoc.Load(@"c:\test2.xml");
root = xmldoc.DocumentElement;
node = root.SelectSingleNode("EUROPA");
MessageBox.Show(node.Name);
```

Erwartungsgemäß wird Ihnen der zugehörige Knotenname angezeigt:

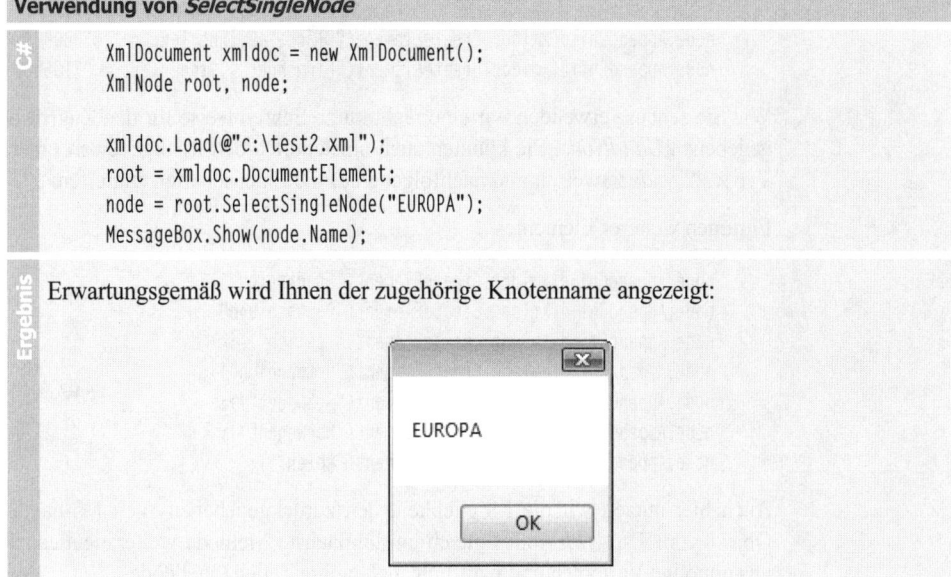

Über das zurückgegebene Objekt vom Typ *XMLNode* können Sie wiederum auf die jeweiligen Untereinträge des Knotens zugreifen usw. Doch bevor wir dies demonstrieren, möchten wir unsere Datenbasis etwas vergrößern und zusätzliche Informationen im XML-Baum abspeichern.

## 9.3.7  Einfügen von Informationen

Nachdem Sie die XML-Daten geladen und einen bestimmten Knoten ausgewählt haben, können Sie diesem zusätzliche Informationen in Form von Attributen oder Elementen hinzufügen.

**Beispiel 9.27**    **Attribute und Elemente verwenden**

Den einzelnen Kontinenten, die bereits in der Datei enthalten sind, ordnen wir noch die Fläche, die Anzahl der Einwohner und einige Länder zu. Dabei werden wir uns jedoch auf einige Auszüge beschränken, für eine komplette Auflistung dürfte an dieser Stelle weder der Platz noch der Bedarf vorhanden sein.

```
XmlDocument xmldoc = new XmlDocument();
XmlNode root, node;
xmldoc.Load(@"c:\test2.xml");
```

**Beispiel 9.27**   **Attribute und Elemente verwenden**

Auswahl eines bestimmten Knotens:

```
root = xmldoc.DocumentElement;
node = root.SelectSingleNode("EUROPA");
```

Einfügen von Zusatzinformationen:

```
node.AppendChild(xmldoc.CreateElement("Fläche")).InnerText = "10500000";
node.AppendChild(xmldoc.CreateElement("Einwohner")).InnerText = "718500000";
```

Wie Sie sehen, verwenden wir eine recht kurze Schreibweise für den Zugriff auf den zurück-gegebenen *ChildNode*. Sie könnten auch umständlich den Rückgabewert einer Variablen von Typ *XMLNode* zuweisen und nachfolgend auf die Eigenschaften zugreifen.

Einfügen weiterer Elemente:

```
node.AppendChild(xmldoc.CreateElement("Frankreich"));
node.AppendChild(xmldoc.CreateElement("Deutschland"));
node.AppendChild(xmldoc.CreateElement("Italien"));
node.AppendChild(xmldoc.CreateElement("Österreich"));
node.AppendChild(xmldoc.CreateElement("Schweden"));
node.AppendChild(xmldoc.CreateElement("Norwegen"));
node.AppendChild(xmldoc.CreateElement("Polen"));
```

Auch hier nutzen wir die Möglichkeit, den zurückgegebenen Wert (es handelt sich um ein Objekt vom Typ *XMLNode*) gleich an die nächste Methode weiterzugeben. So ersparen wir uns unnötige Variablen und natürlich auch einige Zeilen Quellcode.

```
xmldoc.Save(@"c:\Test6.xml");
```
...

**Ergebnis**

Das Aussehen der Datei nach diesen Erweiterungen zeigt die folgende Abbildung:

```
- <WELT>
    <AFRIKA />
    <ANTARKTIS />
    <ASIEN />
    <AUSTRALIEN />
  - <EUROPA>
      <Fläche>10500000</Fläche>
      <Einwohner>718500000</Einwohner>
      <Frankreich />
      <Deutschland />
      <Italien />
      <Österreich />
      <Schweden />
      <Norwegen />
      <Polen />
    </EUROPA>
    <NORDAMERIKA />
    <SÜDAMERIKA />
  </WELT>
```

Möchten Sie sich nicht umständlich durch die Objektstruktur hangeln, können Sie auch direkt den Pfad zum gesuchten Element angeben.

**Beispiel 9.28**    **Erweitern der Einträge von Deutschland und Frankreich um die Einträge *Fläche* und *Einwohner***

```csharp
XmlDocument xmldoc = new XmlDocument();
XmlNode root, node;

xmldoc.Load(@"c:\test6.xml");
root = xmldoc.DocumentElement;
```

Wir bestimmen direkt aus der Root heraus den gesuchten Knoten ...

```csharp
node = root.SelectSingleNode("EUROPA/Deutschland");
```

... und fügen auf bewährte Weise zwei neue Einträge hinzu:

```csharp
node.AppendChild(xmldoc.CreateElement("Fläche")).InnerText = "356854";
node.AppendChild(xmldoc.CreateElement("Einwohner")).InnerText = "80767600";
```

Das Gleiche für Frankreich:

```csharp
node = root.SelectSingleNode("EUROPA/Frankreich");
node.AppendChild(xmldoc.CreateElement("Fläche")).InnerText = "343965";
node.AppendChild(xmldoc.CreateElement("Einwohner")).InnerText = "57800000";
...
xmldoc.Save(@"c:\Test7.xml");
```

Das resultierende Dokument können Sie sich im Internet Explorer ansehen:

```xml
- <WELT>
    <AFRIKA />
    <ANTARKTIS />
    <ASIEN />
    <AUSTRALIEN />
  - <EUROPA>
      <Fläche>10500000</Fläche>
      <Einwohner>718500000</Einwohner>
    - <Frankreich>
        <Fläche>343965</Fläche>
        <Einwohner>57800000</Einwohner>
      </Frankreich>
    - <Deutschland>
        <Fläche>356854</Fläche>
        <Einwohner>80767600</Einwohner>
      </Deutschland>
      <Italien />
      <Österreich />
      <Schweden />
      <Norwegen />
```

## 9.3.8   Suchen in den Baumzweigen

Die hierarchischen Baumstrukturen sind zwar optisch recht anschaulich, aber programmiertechnisch ziemlich unübersichtlich. Die wohl trivialste, aber auch umständlichste Variante zum Suchen hatten wir Ihnen bereits vorgestellt. Sie können sich, wie bereits demonstriert, einfach durch die Liste der Knoten "hangeln", was jedoch sehr zeitaufwändig und wenig effizient ist. Wesentlich schneller und komfortabler geht es mit den folgenden Methoden:

| Methode | Beschreibung |
|---------|--------------|
| *GetElementsByTagName*(Suchstring) | Liefert eine Collection von *XMLNode*-Objekten, basierend auf dem übergebenen Suchstring bzw. Tag-Namen. Mit "*" können Sie alle Elemente abrufen. Geben Sie lediglich einen Tag-Namen an, werden Ihnen alle Vorkommen dieses Tags aufgelistet, unabhängig von der gerade aktiven Baumebene. |
| *SelectNodes*(Suchstring) | Liefert eine Liste von *XMLNode*-Objekten, die dem übergebenen Suchstring entsprechen. Der Suchstring bezieht sich im Normalfall auf die gerade aktive Baumebene. |
| *SelectSingleNode*(Suchstring) | Verhält sich wie *SelectNodes*, mit dem Unterschied, dass lediglich das erste gefundene Element zurückgegeben wird. |

**Beispiel 9.29** | Verwendung *GetElementsByTagName*

Aus der Datei *test7.xml* sollen alle Elemente, unabhängig von ihrer Baumebene, ermittelt werden, die den Namen *Fläche* tragen. Die Element-Namen, der jeweilige Parent sowie der Inhalt der *Text*-Eigenschaft sollen in einer *ListBox* angezeigt werden.

```
XmlDocument xmldoc = new XmlDocument();
XmlNode root;
XmlNodeList list;

xmldoc.Load(@"c:\test7.xml");
root = xmldoc.DocumentElement;
listBox1.Items.Clear();
list = xmldoc.GetElementsByTagName("Fläche");
for (int i = 0; i < list.Count; i++)
   listBox1.Items.Add(list[i].ParentNode.Name + "   Fläche: " + list[i].InnerText);
```

Ausgabe in der *ListBox:*

```
EUROPA  Fläche: 10500000
Frankreich  Fläche: 343965
Deutschland  Fläche: 356854
```

Statt Sie auf den folgenden Seiten mit endlosen undurchsichtigen Auflistungen von Optionen und Parametern zu quälen, haben wir uns entschieden, Ihnen anhand einiger aussagekräftiger Beispiele die Möglichkeiten der drei genannten Methoden zu demonstrieren.

**Beispiel 9.30**   **Verwenden von *SelectNodes***

```csharp
XmlDocument xmldoc = new XmlDocument();
XmlNode root;
XmlNodeList list;
xmldoc.Load(@"c:\test7.xml");
root = xmldoc.DocumentElement;

listBox1.Items.Clear();
```

Eingabe des gewünschten Suchstrings und Auswahl:

```csharp
list = xmldoc.SelectNodes(textBox1.Text);
```

Anzeige der Daten im Listenfeld:

```csharp
for (int i = 0; i < list.Count; i++)
{
  if (list[i].InnerText.Trim() != "")
    listBox1.Items.Add(list[i].Name + "  (Text: " + list[i].InnerText + ")");
  else
    listBox1.Items.Add(list[i].Name);
}
```

Die verschiedenen Suchstrings und das zugehörige Ergebnis:

| Suchstring | Beschreibung/Ausgabe |
|---|---|
| /* | Rückgabewert ist das Root-Element:<br><br>`WELT      (Text: 10500000718500000543965578000003568548076760O)` |
| /WELT | Auswahl des Root-Elements über den Namen:<br><br>`WELT      (Text: 10500000718500000543965578000003568548076760O)` |
| /WELT/* | Anzeige aller Untereinträge von "WELT":<br><br>`AFRIKA`<br>`ANTARKTIS`<br>`ASIEN`<br>`AUSTRALIEN`<br>`EUROPA      (Text: 10500000718500000543965578000003568548076760O)`<br>`NORDAMERIKA`<br>`SÜDAMERIKA` |

| Suchstring | Beschreibung/Ausgabe |
|---|---|
| //* | Rückgabewert ist eine Collection aller Knoten:<br><br>```<br>WELT         (Text: 1050000071850000005439655780000035685480767600)<br>AFRIKA<br>ANTARKTIS<br>ASIEN<br>AUSTRALIEN<br>EUROPA       (Text: 1050000071850000005439655780000035685480767600)<br>Fläche       (Text: 10500000)<br>Einwohner        (Text: 718500000)<br>Frankreich       (Text: 54396557800000)<br>Fläche       (Text: 543965)<br>Einwohner        (Text: 57800000)<br>Deutschland      (Text: 35685480767600)<br>Fläche       (Text: 356854)<br>Einwohner        (Text: 80767600)<br>Italien<br>Österreich<br>Norwegen<br>Polen<br>NORDAMERIKA<br>SÜDAMERIKA<br>``` |
| /WELT/*[not(Frank-reich)] | Sucht alle Knoten unterhalb von "WELT", die keinen Unterknoten mit dem Namen "Frankreich" haben:<br><br>```<br>AFRIKA<br>ANTARKTIS<br>ASIEN<br>AUSTRALIEN<br>NORDAMERIKA<br>SÜDAMERIKA<br>``` |
| /WELT/*[Frankreich] | Sucht alle Knoten unterhalb von "WELT", die einen Unterknoten mit dem Namen "Frankreich" haben:<br><br>```<br>EUROPA       (Text: 1050000071850000005439655780000035685480767600)<br>``` |
| WELT/EUROPA/*<br>[Fläche or Einwohner] | Sucht alle Knoten unterhalb von "WELT/EUROPA", die entweder einen Unterknoten mit dem Namen "Fläche" oder "Einwohner" haben:<br><br>```<br>Frankreich       (Text: 54396557800000)<br>Deutschland      (Text: 35685480767600)<br>``` |
| WELT/EUROPA/*<br>[Fläche > 400000] | Sucht alle Knoten unterhalb von "WELT/EUROPA", die eine Fläche > 400000 haben:<br><br>```<br>Frankreich       (Text: 54396557800000)<br>```<br><br>Sie können und sollten den Eintrag "Fläche" vor der Vergleichsoperation mit der Funktion *number* in einen numerischen Wert umwandeln.<br><br>```<br>WELT/EUROPA/*[number(Fläche) > 400000]<br>``` |
| /WELT/*[last()] | Sucht den letzten Knoten unterhalb von "WELT":<br><br>```<br>SÜDAMERIKA<br>``` |

| Suchstring | Beschreibung/Ausgabe |
|---|---|
| WELT/*[3] | Der vierte Untereintrag unter "WELT": |
| | ASIEN |

Diese Übersicht dürfte Ihnen einen ersten Einblick in die Möglichkeiten der Suche gewährt haben.

# 9.4 XML-Verarbeitung mit LINQ to XML

Mit LINQ to XML ist eine komfortable Unterstützung für die Verarbeitung von XML-Dokumenten direkt in die jeweiligen .NET-Programmiersprachen integriert.

XML-Dokumente sind damit keine "Fremdkörper", auf die mit extra APIs und externen Objektmodellen zugegriffen werden muss, sondern der C#-Programmierer kann mit seinen gewohnten Werkzeugen direkt XML-Strukturen verarbeiten, ohne sich mit zusätzlichen Abfragesprachen (XSLT) beschäftigen zu müssen.

Die Auswertung der XML-Dokumente entspricht von der Syntax in weiten Bereichen der LINQ to Object-Syntax, Sie können also auf diese Grundlagen aufbauen, wenn Sie Daten filtern, sortieren oder transformieren wollen. Dazu benötigen Sie weder Kenntnisse von XPath, XQuery oder DOM[1]. Sie werden sehen, dass Sie in fast allen Fällen mit deutlich weniger und besser verständlichem Quellcode zum Ziel kommen.

Für alle XML DOM-Entwickler (Namespace *System.Xml*), besteht kein Grund zur Sorge: Ihr bisheriger Quellcode funktioniert nach wie vor, Sie können sukzessive den Quellcode migrieren oder mit beiden Technologien arbeiten. Doch jetzt zu den Details.

## 9.4.1 Die LINQ to XML-API

Mit Visual Studio 2008 wurde eine neue API für den Zugriff auf XML-Dokumente eingeführt, die unter anderem auch für die Arbeit mit LINQ to XML von Bedeutung ist. Die relevanten Klassen finden Sie im Namespace *System.Xml.Linq*, die folgende Abbildung zeigt eine Übersicht, mit den entsprechenden Abhängigkeiten.

---

**HINWEIS:** Bei den Klassen *XNode*, *XContainer* und *XObject* handelt es sich um abstrakte Klassen, Sie können diese also nicht direkt verwenden.

---

[1] Wobei derartige Kenntnisse niemandem geschadet haben.

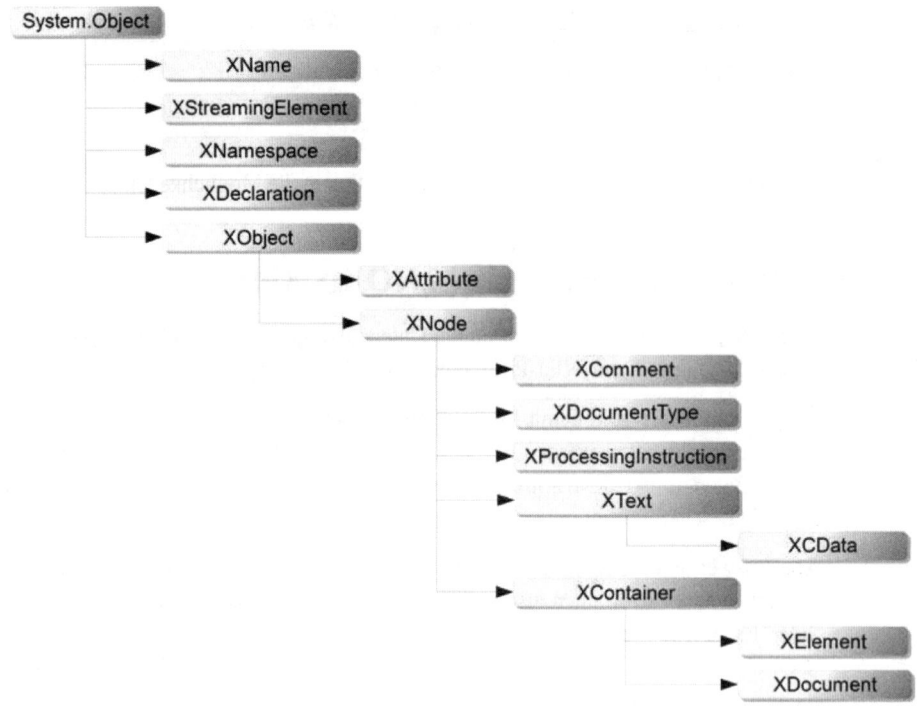

In der folgenden Tabelle finden Sie eine kurze Beschreibung zu den wichtigsten Klassen der XML-API:

| Klasse | Beschreibung |
| --- | --- |
| *XDocument* | Diese Klasse repräsentiert ein komplettes XML Infoset Dokument, in dem wiederum Processing Instructions (PI), XML Document Type Definitions (DTD), Kommentare und natürlich die eigentlichen Elemente mit Attributen enthalten sind. |
| | Die Klasse stellt für das Laden und Sichern statische Methoden zur Verfügung, über den Konstruktor können Sie nur neue Dokumente erzeugen bzw. ein anderes *XDocument* klonen. |
| | Da in der neuen XML-API nicht mehr unbedingt mit kompletten XML-Dokumenten gearbeitet werden muss, sollten Sie dieses Objekt nur nutzen, wenn Sie Dokumente erzeugen wollen, die über Processing Instructions und XML Document Type Definitions verfügen sollen. Andernfalls ist *XElement* die bessere Wahl. |
| *XElement* | Eine der wichtigsten neuen Klassen. *XElement* entspricht einem Element, dieses kann wiederum weitere Elemente enthalten (ein XML-Fragment). |
| | Die Klasse bietet neben Methoden zum Laden und Sichern der enthaltenen XML-Fragmente alle Möglichkeiten, Elemente/Attribute hinzuzufügen, zu |

| Klasse | Beschreibung |
|---|---|
| | manipulieren oder zu entfernen. Über den Konstruktor können Sie komplette XML-Baumstrukturen erzeugen, ohne auch nur eine Methode aufzurufen oder explizit neue Objekte zu erzeugen. |
| | *XElement* dürfte in fast allen Fällen der Ausgangspunkt für die Arbeit mit LINQ to XML-Abfragen sein (*from*-Klausel). |
| *XAttribute* | Verwenden Sie diese Klasse zum Erzeugen/Verwalten von Attributen. |
| *XComment* | Diese Klasse repräsentiert einen XML-Kommentar. |
| *XNode* | Diese abstrakte Klasse implementiert bereits die wichtigsten Methoden zum Hinzufügen, Löschen, Ersetzen oder Verschieben von Knoten innerhalb des XML-Dokuments. |
| *XDocumentType* | Erzeugen bzw. verwalten Sie mit dieser Klasse eine DTD (*Document Type Definition*). |
| *XProcessing-Instruction* | Repräsentiert die Processing Instructions (PIs) eines XML Dokuments. |
| *XDeclaration* | Die XML-Deklaration, diese wird für die Angabe der XML-Version sowie der Kodierung (Zeichensatz, z.B. UTF-8/UTF-16) genutzt. |

Nach dieser Kurzübersicht wollen wir Ihnen anhand einiger Szenarien die Verwendung der obigen Objekte demonstrieren und Sie mit den Möglichkeiten von LINQ to XML vertraut machen.

## 9.4.2 Neue XML-Dokumente erzeugen

LINQ to XML bietet Ihnen einen recht einfachen Weg, um selbst komplexeste XML-Dokumente zu erstellen. Im Gegensatz zum DOM müssen Sie nicht erst Instanzen für einzelne XML-Elemente erzeugen, sondern können gleich die Konstruktoren der einzelnen Elemente (*XElement*, *XAttribute* etc.) ineinander verschachteln. Möglich wird dies durch recht flexible Parameter für die jeweiligen Konstruktoren, die neben dem allgemeinen *Object*-Datentyp auch optionale Parameterlisten entgegennehmen können.

**Beispiel 9.31** | **Neues Dokument erzeugen**

Sie möchten folgendes XML-Dokument erzeugen:

```
<Artikelliste>
 <Artikel artid="1">
  <ArtikelNr>1</ArtikelNr>
  <Artikelname>Chai</Artikelname>
  <Einzelpreis>18</Einzelpreis>
  <Lagerbestand>18</Lagerbestand>
 </Artikel>
 <Artikel artid="2">
  <ArtikelNr>2</ArtikelNr>
  <Artikelname>Chang</Artikelname>
```

**Neues Dokument erzeugen**

```
   <Einzelpreis>19</Einzelpreis>
   <Lagerbestand>17</Lagerbestand>
 </Artikel>
</Artikelliste>
```

Die Umsetzung mit Hilfe geschachtelter Konstruktoren (funktionale Konstruktion):

```
...
 private XElement ArtikelListe;
...
        ArtikelListe = new XElement("Artikelliste",
                          new XElement("Artikel", new XAttribute("artid",1),
                              new XElement("ArtikelNr", 1),
                              new XElement("Artikelname", "Chai"),
                              new XElement("Einzelpreis", 18),
                              new XElement("Lagerbestand", 18)
                          ),
                          new XElement("Artikel", new XAttribute("artid",2),
                              new XElement("ArtikelNr", 2),
                              new XElement("Artikelname", "Chang"),
                              new XElement("Einzelpreis", 19),
                              new XElement("Lagerbestand", 17)
                          )
                      );
...
```

Die Schachtelung der einzelnen Objekt-Konstruktoren orientiert sich hier an der Schachtelung der XML-Tags (inklusive der Definition von Attributen). Im Gegensatz zu einem *XmlWriter*, mit dem eine ähnliche kurze Schreibweise möglich ist, brauchen Sie sich in diesem Fall nicht um das Schließen der jeweiligen Tags zu kümmern, dies resultiert bereits aus obiger Klammersetzung. Fehlerhafte End-Tags gehören damit der Vergangenheit an, die richtige Klammersetzung wird bereits zur Entwurfszeit kontrolliert. Zusätzlich werden auch die Namen der Knoten geprüft (XML-Namensregeln), sowie die Inhalte gegebenenfalls kodiert (Sonderzeichen Escaping).

Wie schon einleitend erwähnt, können Sie über ein *XDocument*-Objekt auch Kommentare, Processing Instructions und Deklarationen erstellen, um ein komplettes XML-Dokument zu erzeugen.

**Deklaration und Kommentar in ein *XDocument*-Objekt einfügen**

```
XDocument mydoc = new XDocument(
                    new XDeclaration("1.0", "utf-8", "yes"),
                    new XComment("Artikeldatenbank"),
                    new XElement("Artikelliste",
                        ...
```

### 9.4.3 Laden und Sichern von XML-Dokumenten

Handelt es sich um vorhandene XML-Daten, müssen diese zunächst in ein *XDocument*- oder *XElement*-Objekt geladen werden, bevor eine Verarbeitung möglich ist. Dazu bietet sich die nahe-liegende statische Methode *Load* an, die sich erfreulicherweise auch recht "kontaktfreudig" gibt. So können Sie die Daten entweder aus einer Datei (auch URL), einem *XmlReader* oder einem *TextReader* einlesen:

```
public static XElement Load(string uri);
public static XElement Load(string uri, LoadOptions options);
public static XElement Load(TextReader textReader);
public static XElement Load(TextReader textReader, LoadOptions options);
public static XElement Load(XmlReader reader);
public static XElement Load(XmlReader reader, LoadOptions options)
public static XElement Parse(string text);
public static XElement Parse(string text, LoadOptions options);
```

Alternativ bietet sich die *Parse*-Methode an, um die Daten aus einer Zeichenkette einzulesen.

**Beispiel 9.33** | **XML-Inhalte aus einer Datei laden**

```csharp
XElement ArtikelListe = XElement.Load("Artikel.xml");
```

**Beispiel 9.34** | **Laden aus einer Zeichenkette**

```csharp
XElement ArtikelListe = XElement.Parse("<Artikelliste><Artikel><Name>Junger Hund</Name>
                                       <Preis>120.17</Preis></Artikel></Artikelliste>");
MessageBox.Show(ArtikelListe.ToString(), "Artikelliste");
```

Die angezeigten Daten:

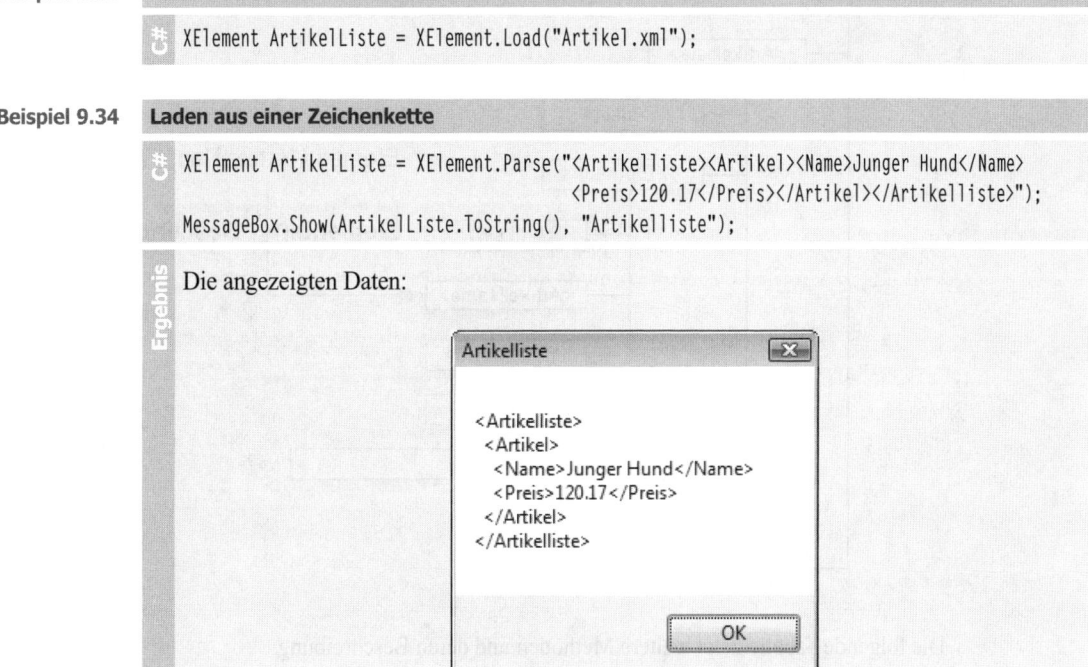

Nach dem Einlesen der XML-Daten können Sie diese filtern, löschen, sortieren, konvertieren oder editieren, um sie abschließend wieder in eine persistente Form zu bringen. Hier bieten sich die ver-schiedenen Überladungen der *Save*-Methode zur Ausgabe in eine Datei, einen *TextWriter* oder einen *XmlWriter* an:

```
public void Save(string fileName);
public void Save(TextWriter textWriter);
public void Save(XmlWriter writer);
public void Save(string fileName, SaveOptions options);
public void Save(TextWriter textWriter, SaveOptions options);
```

**Beispiel 9.35**  |  **Sichern in einer XML-Datei**

```
ArtikelListe.Save("ArtikelNeu.xml");
```

## 9.4.4  Navigieren in XML-Daten

Wie schon erwähnt, sind *XElement* oder *XDocument* die geeigneten Klassen für die Arbeit mit den darin abgebildeten XML-Daten. Beide Klassen bieten eine Reihe von Methoden (geerbt von *XContainer*/*XNode*), mit denen Sie auf die enthaltenen XML-Knoten zugreifen bzw. zwischen diesen navigieren können (siehe folgende Abbildung).

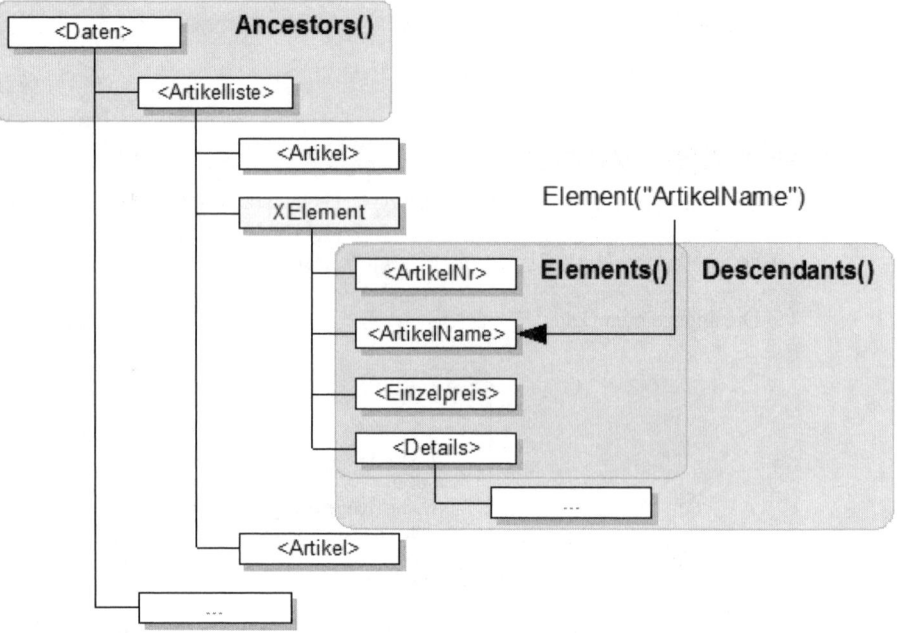

Die folgende Tabelle zeigt weitere Methoden und deren Beschreibung:

| Methode | Beschreibung |
| --- | --- |
| *Ancestors* | Rekursive *XElement*-Liste aller übergeordneten Elemente des aktuellen Knotens. |
| *CompareDocument-Order* | Der relative Abstand zweier Knoten (*XNode*). |

| Methode | Beschreibung |
|---------|--------------|
| *Descendants* | Rekursive *XElement*-Liste aller untergeordneten Elemente des aktuellen Knotens. |
| *Element* | Auswahl eines untergeordneten Elements über dessen Namen. |
| *Elements* | Auswahl der untergeordneten Elemente (alternativ mit Angabe des Namens). Zurückgegeben wird eine *IEnumerable* Liste. |
| *IsAfter* | Liefert *True*, wenn sich der aktuelle Knoten hinter dem Vergleichsknoten befindet. |
| *IsBefore* | Liefert *True*, wenn der aktuelle Knoten sich vor dem Vergleichsknoten befindet. |
| *Nodes* | Liefert eine Liste der untergeordneten Knoten. |

**Beispiel 9.36**   **Anzeige aller Artikelnamen in einem Listenfeld**

```csharp
XElement ArtikelListe = XElement.Load("Artikel.xml");
foreach(XElement Artikel in ArtikelListe.Elements())
    ListBox1.Items.Add(Artikel.Element("Artikelname").Value);
```

Nach dem Laden des Dokuments ist der aktuelle Knoten "Artikelliste". Mit *Elements* rufen wir alle "Artikel"-Knoten ab, über das spezifische Unterelement "Artikelname" kommen wir schließlich an den gewünschten Wert.

Neben den oben genannten Methoden stehen auch einige Eigenschaften für die Navigation zwischen den Baumknoten zur Verfügung.

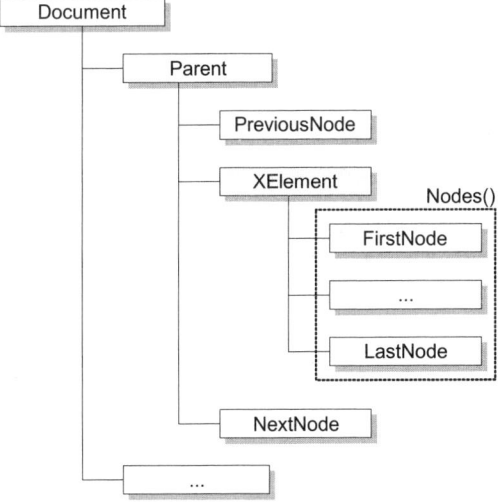

So bieten *FirstNode*, *NextNode*, *LastNode*, *PreviousNode* und *Parent* jeweils Referenzen auf die umliegenden Knoten/Elemente. Wir gehen an dieser Stelle nicht weiter auf diese Eigenschaften ein, da Sie Ihnen sicher bereits von XML DOM-Anwendungen her bekannt sind.

Wesentlich interessanter ist noch ein Blick auf die Möglichkeiten, die sich mit den Erweiterungsmethoden bieten. Da viele der obigen Methoden Listen zurückgeben, können wir auch die dazu
passenden Methoden (z.B. *First*, *Last*, *Skip*, *Take* ...) verwenden.

**Beispiel 9.37**    **Neue Liste mit 20 Artikeln bilden, ohne die ersten 5 Einträge**

```csharp
var Artikelliste2 = ArtikelListe.Elements().Skip(5).Take(20);
```

## 9.4.5  Auswählen und Filtern

Einige einfache Varianten zum Filtern der XML-Daten haben Sie bereits im vorhergehenden
Abschnitt kennen gelernt. So können Sie mit *Take* eine vorgegebene Anzahl von Datensätzen abrufen bzw. mit *Skip* eine bestimmte Anzahl von Elementen überspringen. Beide Varianten gibt es
auch mit einer Bedingung (*SkipWhile*, *TakeWhile*).

Dem SQL-Programmierer dürfte beim Blick in die Liste der möglichen Methoden die *Where*-
Methode sicher nicht entgangen sein. Hier haben wir es mit einer echten Filterbedingung zu tun,
die auf das Element bzw. die enthaltenen Elemente und Attribute zurückgreifen kann.

**Beispiel 9.38**    **Filtern der Artikelliste (Einzelpreis < 20)**

```csharp
XElement ArtikelListe
ArtikelListe = XElement.Load("Artikel.xml");
var Artikelliste2 = ArtikelListe.Elements().Where(a => (float)a.Element("Einzelpreis") < 20);
```

Mit einem einfachen Lambda-Ausdruck ist die gewünschte Aufgabenstellung problemlos realisierbar. Wer es gern etwas übersichtlicher hätte, kann auch die folgende Schreibweise verwenden:

**Beispiel 9.39**    **Filtern der Artikelliste (Einzelpreis < 20)**

```csharp
var Artikelliste3 = from a in ArtikelListe.Elements()
                    where (float)a.Element("Einzelpreis") < 20
                    select a;
```

Auf die umfangreichen Möglichkeiten, Filterbedingungen zusammenzustellen, wollen wir an dieser Stelle nicht weiter eingehen, dazu wurden bereits im LINQ-Kapitel (Abschnitt 6.3) die Grundlagen gelegt.

## 9.4.6  Manipulieren der XML-Daten

Nachdem die XML-Daten geladen und gefiltert sind, wird sicher bald der Wunsch aufkommen,
diese Daten auch zu bearbeiten. Dazu zählen wir das Editieren, Löschen und Hinzufügen neuer
Inhalte.

### Editieren der Daten

Das Editieren von Elementen oder Attributen stellt sich als relativ simpler Vorgang dar. Sie navigieren mit Hilfe der *XElement*-Methoden zum gewünschten Knoten und können hier mit den Methoden *SetElementValue* bzw. *SetAttributeValue* die gewünschten Änderungen vornehmen.

**Beispiel 9.40**   **Editieren eines Elements**

```csharp
var Artikel = ArtikelListe.Elements().Skip(1).First();
MessageBox.Show(Artikel.ToString(), "XML");
Artikel.SetElementValue("Einzelpreis", 200);
MessageBox.Show(Artikel.ToString(), "XML");
```

### Hinzufügen von Daten

Mit den Methoden *Add*, *AddFirst*, *AddBeforeSelf*, *AddAfterSelf* können Sie neue Elemente hinzufügen.

**Beispiel 9.41**   **Hinzufügen eines untergeordneten Elements**

```csharp
var Artikel = ArtikelListe.Elements().Skip(1).First();
Artikel.Add(new XElement("Sonderpreis", "100"));
```

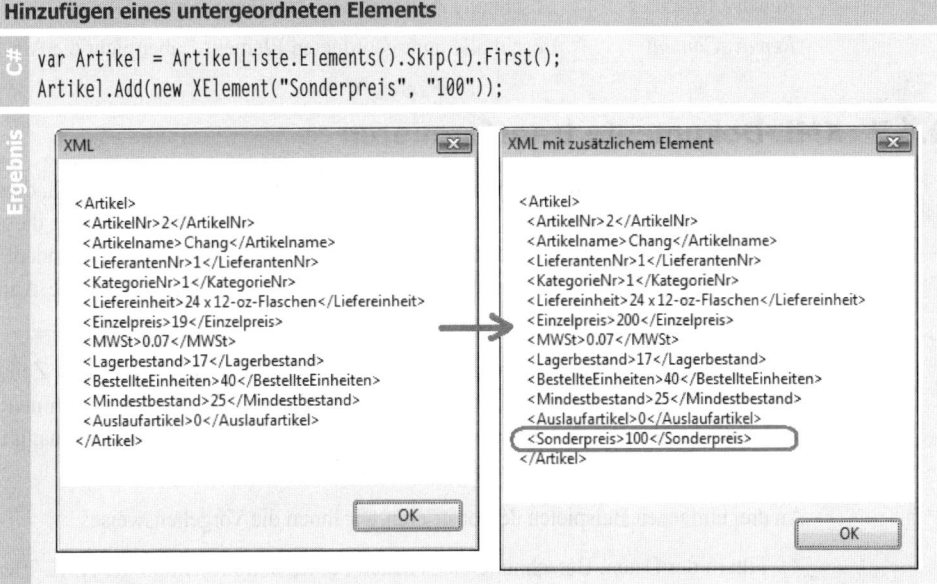

**Beispiel 9.42**   **Hinzufügen eines kompletten XML-Fragments (Artikel) in die Artikelliste**

```csharp
ArtikelListe.Add(new XElement("Artikel",
                 new XElement("ArtikelNr", 2317),
                 new XElement("Artikelname", "Junger Hund"),
                 new XElement("LieferantenNr", 1),
                 new XElement("KategorieNr", 1),
                 new XElement("Liefereinheit", "10 Kartons x 20 Dosen"),
                 new XElement("Einzelpreis", 18),
                 new XElement("MWSt", 0.07),
```

**Beispiel 9.42** | **Hinzufügen eines kompletten XML-Fragments (Artikel) in die Artikelliste**

```
                    new XElement("Lagerbestand", 18),
                    new XElement("BestellteEinheiten", 0),
                    new XElement("Mindestbestand", 10),
                    new XElement("Auslaufartikel", 0)));
```

### Löschen

Auch das Löschen von Inhalten stellt keine große Hürde dar. Die *XElement*-Klasse bietet dazu eine Reihe geeigneter Methoden:

| Methode | Beschreibung |
|---|---|
| *Remove* | Löscht den aktuellen Knoten. |
| *RemoveAll* | Löscht alle untergeordneten Elemente und Attribute. |
| *RemoveAnnotations* | Löscht Anmerkung des spezifizierten Typs. |
| *RemoveAttributes* | Löscht alle Attribute des aktuellen Knotens. |
| *RemoveContent* | Löscht alle untergeordneten Elemente, aber nicht die Attribute. |

## 9.4.7 XML-Dokumente transformieren

Neben der reinen Verarbeitung von XML-Daten ist es häufig auch erforderlich, diese Daten in eine andere Form zu bringen. Dem professionellen XML-Programmierer fällt in diesem Zusammenhang sicher gleich XSLT ein, doch nicht jeder möchte sich gleich in eine andere und dazu noch recht komplexe Sprache einarbeiten. Viel schöner wäre es, wenn Sie diese Aufgabe gleich im Quelltext Ihres C#-Programms realisieren könnten.

LINQ to XML ist genau die richtige Lösung für dieses Szenario. Mit wenigen Zeilen Code können Sie XML-Daten aus beliebigen Quellen laden, bearbeiten und nachfolgend in neuer Form sichern bzw. zurückgeben. Der interessanteste Ansatzpunkt ist in diesem Zusammenhang die *select*-Klausel, mit der Sie die Daten in eine neue Form projizieren können.

An drei einfachen Beispielen demonstrieren wir Ihnen die Vorgehensweise:

- Filtern der Daten, Berechnung eines neuen Feldes und Projektion der XML-Elemente in XML-Attribute,

- Konvertieren in ein HTML-Dokument mit Tabellen-Layout,

- Konvertieren in eine Objektliste, die Sie in einem *DataGridView* anzeigen können.

Sie werden sehen, dass der grundlegende Ansatz in allen drei Beispielen gleich ist:

- Zunächst wird ein bereits gefülltes *XElement* abgefragt (*from*),

- nachfolgend werden die Filterbedingungen definiert (*where*),

- abschließend werden die Daten in die gewünschte Form gebracht (*select*).

**Beispiel 9.43** Eine gefüllte XML-Artikelliste soll gefiltert und der Wert (Anzahl * Einzelpreis) der einzelnen Waren berechnet werden. Abschließend werden diese Daten in einer kompakten Form (Attribute statt Elemente) als XML-Datei ausgegeben.

```csharp
XElement ArtikelListe;
ArtikelListe = XElement.Load("Artikel.xml");
XElement Abfrage = new XElement("Artikel",
                    from artikel in ArtikelListe.Elements()
                    where (int)artikel.Element("ArtikelNr") > 5
                    where (int)artikel.Element("ArtikelNr") < 20
                    select new XElement("Art",
                        new XAttribute("Nr", artikel.Element("ArtikelNr").Value),
                        new XAttribute("Name", artikel.Element("Artikelname").Value),
                        new XAttribute("Wert", (float)artikel.Element("Lagerbestand") *
                                    (float)artikel.Element("Einzelpreis"))
                    )
                );
Abfrage.Save("gefiltert.xml");
```

```xml
<?xml version="1.0" encoding="utf-8" ?>
- <Artikel>
    <Art Nr="6" Name="Grandma's Boysenberry Spread" Wert="3000" />
    <Art Nr="7" Name="Uncle Bob's Organic Dried Pears" Wert="450" />
    <Art Nr="8" Name="Northwoods Cranberry Sauce" Wert="240" />
    <Art Nr="9" Name="Mishi Kobe Niku" Wert="2813" />
    <Art Nr="10" Name="Ikura" Wert="961" />
    <Art Nr="11" Name="Queso Cabrales" Wert="462" />
    <Art Nr="12" Name="Queso Manchego La Pastora" Wert="3268" />
    <Art Nr="13" Name="Konbu" Wert="144" />
    <Art Nr="14" Name="Tofu" Wert="813.75" />
    <Art Nr="15" Name="Genen Shouyu" Wert="604.5" />
    <Art Nr="16" Name="Pavlova" Wert="506.050018" />
    <Art Nr="17" Name="Alice Mutton" Wert="0" />
    <Art Nr="18" Name="Carnarvon Tigers" Wert="2625" />
    <Art Nr="19" Name="Teatime Chocolate Biscuits" Wert="230" />
  </Artikel>
```

**Beispiel 9.44** Wie im obigen Beispiel sollen die Daten abgefragt, jetzt jedoch im HTML-Format gesichert werden.

```csharp
...
XElement html = new XElement("html", new XElement("body", new XElement("table",
                    from artikel in ArtikelListe.Elements()
                    where (int)artikel.Element("ArtikelNr") > 5
                    where (int)artikel.Element("ArtikelNr") < 20
                    select new XElement("tr",
                        new XElement("td", artikel.Element("ArtikelNr").Value),
                        new XElement("td", artikel.Element("Artikelname").Value),
                        new XElement("td", (float)artikel.Element("Lagerbestand") *
                                    (float)artikel.Element("Einzelpreis"))
                    )
```

**Beispiel 9.44**   **Wie im obigen Beispiel sollen die Daten abgefragt, jetzt jedoch im HTML-Format gesichert werden.**

```
                       )));
html.Save("artikel.html");
```

Die ausgegebene Datei:

```
    6   Grandma's Boysenberry Spread   3000
    7   Uncle Bob's Organic Dried Pears 450
    8   Northwoods Cranberry Sauce      240
    9   Mishi Kobe Niku                 2813
   10   Ikura                           961
   11   Queso Cabrales                  462
```

**Beispiel 9.45**   **Konvertieren in eine typisierte Objektliste zwecks Anzeige in einer *DataGridView***

```csharp
...
var Abfrage = from artikel in ArtikelListe.Elements()
            where (int)artikel.Element("ArtikelNr") > 5
            where (int)artikel.Element("ArtikelNr") < 20
            select new { Nr = (int)artikel.Element("ArtikelNr"),
                    Name = (string)artikel.Element("Artikelname"),
                    Wert = ((float)artikel.Element("Lagerbestand") *
                        (float)artikel.Element("Einzelpreis"))};
dataGridView1.DataSource = Abfrage.ToList();
```

In diesem Fall wird mittels *select* ein neues Objekt (anonymer Typ) erzeugt, das über die drei Eigenschaften *Nr*, *Name* und *Wert* verfügt.

Die Daten im *DataGridView*:

| Nr | Name | Wert |
|----|------|------|
| 6 | Grandma's Boysenberry Spread | 3000 |
| 7 | Uncle Bob's Organic Dried Pears | 450 |
| 8 | Northwoods Cranberry Sauce | 240 |
| 9 | Mishi Kobe Niku | 2813 |
| 10 | Ikura | 961 |

**HINWEIS:** Vergessen Sie nicht die Umwandlung in eine *List*, andernfalls bleibt das *DataGrid-View* leer.

Damit dürfte die Leistungsfähigkeit von LINQ to XML erkennbar geworden sein und dem Datenaustausch mit anderen bekannten Datenkonstrukten (DataSet, Array etc.) nichts mehr im Wege stehen.

# 9.5  Weitere Möglichkeiten der XML-Verarbeitung

XML ist unter .NET allgegenwärtig. Wir geben hier lediglich eine kleine Auswahl der Einsatzmöglichkeiten.

## 9.5.1  Die relationale Sicht auf XML-Daten mit XmlDataDocument

Ausgehend von den Ausführungen des Abschnitts 9.3 wird man feststellen, dass sich mit dem DOM zwar hierarchische XML-Dateien gut verarbeiten lassen, der Zusammenhang zur relationalen Welt der Datenbanken fehlt jedoch. Gerade das .NET Framework bzw. das enthaltene ADO.-NET machen von XML reichlich Gebrauch. Was liegt also näher, als beide Welten miteinander zu verschmelzen?

Die Rede ist vom *XmlDataDocument*-Objekt, das sowohl relationale als auch XML-Daten laden, verarbeiten und speichern kann. *XmlDataDocument* ist von der Klasse *XmlDocument* abgeleitet, verfügt also über alle erforderlichen Eigenschaften um mit dem DOM zu arbeiten. Gleichzeitig findet sich jedoch auch eine neue Eigenschaft *DataSet*. Genau diese stellt für uns die Verbindung zu den relationalen Daten her.

### Laden von XML-Daten

Laden können Sie reine XML-Daten entweder über das *DataSet* oder auch über das *XMLDataDocument*-Objekt.

**Beispiel 9.46**  **Laden der Daten über das DataSet**

```C#
DataSet ds = new DataSet();
ds.ReadXml(@"c:\test7.xml");
```

Hier wird das *XMLDataDocument* mit dem *DataSet* synchronisiert:

```C#
XmlDataDocument xmlddoc = new XmlDataDocument(ds);
```

Alternativ können Sie jedoch auch erstmal ein XSD-Schema erzeugen:

```C#
DataSet ds = new DataSet();

ds.ReadXml(@"c:\test7.xml");
ds.WriteXmlSchema(@"c:\test7.xsd");
```

Warum dieser zusätzliche Aufwand? Die Antwort ist schnell gegeben wenn Sie versuchen, über das *XMLDataDocument*-Objekt eine XML-Datei zu laden, ohne entsprechende Schema-Informationen bereitzustellen. Der Versuch wird zwar erfolgreich sein, im *DataSet* werden Sie jedoch keine Tabelle vorfinden.

Beispiel 9.46    | **Laden der Daten über das DataSet**

Das erzeugte Schema für unsere XML-Datei:

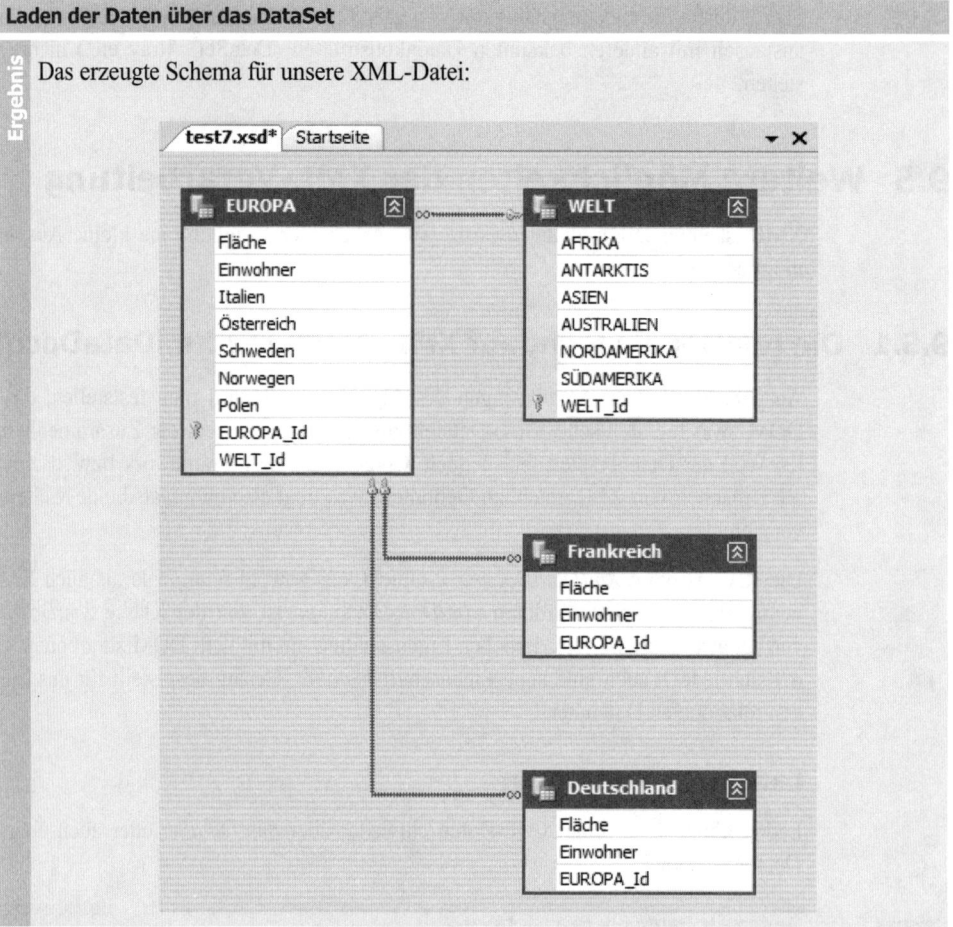

Beispiel 9.47    | **Laden des Schemas und nachfolgendes Laden der XML-Daten**

```
XmlDataDocument xmlddoc = new XmlDataDocument();
xmlddoc.DataSet.ReadXmlSchema(@"c:\test7.xsd");
xmlddoc.Load(@"c:\test7.xml");
```

## Verwendung des DataSets

Einer Anzeige, zum Beispiel in einem *DataGrid*, steht jetzt nichts mehr im Wege:

```
XmlDataDocument xmlddoc = new XmlDataDocument();
xmlddoc.DataSet.ReadXmlSchema(@"c:\test7.xsd");
xmlddoc.Load(@"c:\test7.xml");
dataGrid1.DataSource = xmlddoc.DataSet;
```

**HINWEIS:** Wir verwenden in diesem Fall kein *DataGridView*, sondern das "gute alte" *Data-Grid*, da dieses zur Laufzeit eine Auswahl der enthaltenen *DataTable*s anbietet.

Ansicht des *DataSet*s im *DataGrid:*

Detailansicht (Frankreich) im *DataGrid:*

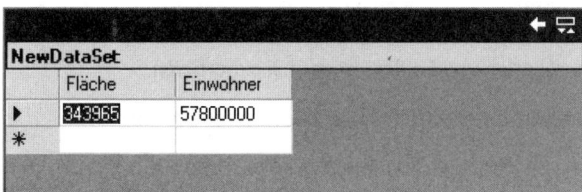

Importieren Sie die Schema-Datei in Ihr Visual Studio-Projekt, so wird automatisch eine entsprechende Designer-Datei erzeugt, die das zugehörige *DataSet* als Klassendefinition beschreibt.

**Beispiel 9.48**  **Ausschnitt aus *Test7.Designer.cs***

```csharp
//------------------------------------------------------------------------------
// <auto-generated>
//     Dieser Code wurde von einem Tool generiert.
//     Laufzeitversion:2.0.50727.42
//     Änderungen an dieser Datei können falsches Verhalten verursachen und gehen verloren,
//     wenn der Code erneut generiert wird.
// </auto-generated>
//------------------------------------------------------------------------------

#pragma warning disable 1591
namespace DOM_Beispiel {
    using System;
...
    public partial class NewDataSet : System.Data.DataSet {
        private WELTDataTable tableWELT;
        private EUROPADataTable tableEUROPA;
        private FrankreichDataTable tableFrankreich;
        private DeutschlandDataTable tableDeutschland;
        private System.Data.DataRelation relationWELT_EUROPA;
        private System.Data.DataRelation relationEUROPA_Frankreich;
        private System.Data.DataRelation relationEUROPA_Deutschland;
...
    }
}
```

## 9.5.2  XML-Daten aus Objektstrukturen erzeugen

Nicht in jedem Fall befinden sich Ihre Ausgangsdaten für einen XML-Export schon in einem
geeigneten Format (*DataTable* etc.). Doch ganz so weit brauchen Sie eigentlich gar nicht zu gehen.
Wer den Pfad der reinen objektorientierten Programmierung nicht allzu weit verlassen hat, der
kommt auf ganz unspektakuläre Weise zu seinen XML-Daten. Das Stichwort lautet in diesem Fall
"Serialisierung" bzw. "Serialisierung im XML-Format". C# unterstützt Sie bei dieser Aufgabe mit
dem *XmlSerializer.*

Einige Einschränkungen sind allerdings zu beachten:

- Die Objekte (bzw. die zugrunde liegende Klasse) muss einen Standard-Konstruktor aufweisen
  (ohne Parameter).

- Nur öffentliche Eigenschaften und Felder lassen sich exportieren.

- Die Eigenschaften müssen einen Schreib-/Lesezugriff ermöglichen.

- Soll eine Collection von Objekten exportiert werden, muss die Klasse von *System.Collec-
  tions.*CollectionBase abgeleitet werden. Alternativ können Sie auch ein streng typisiertes Array
  verwenden.

**Beispiel 9.49**  |  **Exportieren eines einfachen Objektarrays im XML-Format**

Definieren des Objekts (Eigenschaften *Bezeichnung*, *Anzahl*, *Preis*):

```csharp
using System;
namespace WindowsApplication1
{
    public class Artikel
    {
        private string _Bezeichnung;

        public string Bezeichnung
        {
            get { return _Bezeichnung; }
            set { _Bezeichnung = value; }
        }

        private int _Anzahl;

        public int Anzahl
        {
            get { return _Anzahl; }
            set { _Anzahl = value; }
        }

        public Single Preis;
    }
}
```

**Beispiel 9.49**     **Exportieren eines einfachen Objektarrays im XML-Format**

Erzeugen eines Objektarrays:

```
using System.IO;
using System.Xml;
using System.Xml.Serialization;

        Artikel[] Artikelliste = new Artikel[4];
...
            for (int i = 0; i < 4; i++) Artikelliste[i] = new Artikel();
            Artikelliste[0].Anzahl = 10;
            Artikelliste[0].Bezeichnung = "Mülleimer";
            Artikelliste[0].Preis = 123.45f;
            Artikelliste[1].Anzahl = 245;
            Artikelliste[1].Bezeichnung = "Osterhasen";
            Artikelliste[1].Preis = 0.99f;
            Artikelliste[2].Anzahl = 44;
            Artikelliste[2].Bezeichnung = "Schuhe";
            Artikelliste[2].Preis = 68.33f;
            Artikelliste[3].Anzahl = 2;
            Artikelliste[3].Bezeichnung = "Hosen";
            Artikelliste[3].Preis = 13.45f;
```

Speichern im XML-Format:

```
            XmlSerializer seria = new XmlSerializer(typeof(Artikel[]));
            FileStream fs = new FileStream(@"c:\MeineArtikel.xml", FileMode.Create);
            seria.Serialize(fs, Artikelliste);
            fs.Close();
```

**Ergebnis**  Die erzeugte Datei *MeineArtikel.xml* können Sie sich im Internet Explorer ansehen:

```
<?xml version="1.0" ?>
- <ArrayOfArtikel xmlns:xsi="http://www.w3.org/2001/XMLSchema-
    instance" xmlns:xsd="http://www.w3.org/2001/XMLSchema">
  - <Artikel>
      <Preis>123.45</Preis>
      <Bezeichnung>Mülleimer</Bezeichnung>
      <Anzahl>10</Anzahl>
    </Artikel>
  - <Artikel>
      <Preis>0.99</Preis>
      <Bezeichnung>Osterhasen</Bezeichnung>
      <Anzahl>245</Anzahl>
    </Artikel>
  - <Artikel>
      <Preis>68.33</Preis>
      <Bezeichnung>Schuhe</Bezeichnung>
      <Anzahl>44</Anzahl>
    </Artikel>
  - <Artikel>
      <Preis>13.45</Preis>
      <Bezeichnung>Hosen</Bezeichnung>
      <Anzahl>2</Anzahl>
    </Artikel>
</ArrayOfArtikel>
```

Das sieht doch schon ganz gut aus, allerdings haben wir bisher noch keinen Einfluss auf die Gestaltung der XML-Daten genommen. So werden die Eigenschaften pauschal als Elemente gespeichert, die Root wird automatisch benannt und auch die Elementnamen entsprechen zunächst den jeweiligen Eigenschaftsnamen.

Wem die obige Ausgabe nicht genügt, dem bietet sich die Möglichkeit, mit Hilfe von Attributen in der Objektdefinition das spätere XML-Format zu beeinflussen.

Attribute für die XML-Serialisierung:

| Attribut | Beschreibung |
| --- | --- |
| *XmlRoot* | ... wird der Klasse zugeordnet, es bestimmt den Namen des Root-Elements. |
| *XmlElement* | ... weist der Eigenschaft/dem Member einen alternativen Elementnamen zu. |
| *XmlAttribute* | ... bestimmt, das Eigenschaften als XML-Attribute statt als Elemente gespeichert werden. |
| *XmlEnum* | ... bestimmt einen alternativen Bezeichner für Aufzählungen. |
| *XmlIgnore* | ... die markierte Eigenschaft wird nicht in die XML-Daten aufgenommen. |

**HINWEIS:** Die Attribute werden vom Namenspace *System.Xml.Serialization* bereitgestellt, Sie müssen diesen also auch bei der Klassendefinition einbinden.

**Beispiel 9.50**    **Eine paar Änderungen an unserer Klassendefinition zeigen die Auswirkung obiger Attribute**

```csharp
using System;
using System.Xml.Serialization;

namespace WindowsApplication1
{

    public class Artikel
    {
        private string _Bezeichnung;
```

Eine neue Bezeichnung festlegen und als Attribut speichern:

```csharp
        [XmlAttribute("Name")]
        public string Bezeichnung
        {
            get { return _Bezeichnung; }
            set { _Bezeichnung = value; }
        }

        private int _Anzahl;
```

Eine neue Bezeichnung festlegen und als Attribut speichern:

```csharp
        [XmlAttribute("Menge")]
        public int Anzahl
```

**Beispiel 9.50** | **Eine paar Änderungen an unserer Klassendefinition zeigen die Auswirkung obiger Attribute**

```
        {
            get { return _Anzahl; }
            set { _Anzahl = value; }
        }
```

Nicht in die XML-Daten mit aufnehmen:

```
        [XmlIgnore]
        public Single Preis;
    }
```

Eine übergeordnete Klasse definieren, so haben wir auch Einfluss auf den Namen der Root:

```
    [XmlRoot("Warenbestand")]
    public class ArtikelListe
    {
        [XmlElement("Artikel")]
        public Artikel[] art;
    }
}
```

**Ergebnis**

Speichern Sie ein Objekt vom Typ *ArtikelListe* ab, so erhalten Sie die folgende XML-Ausgabe:

```
<?xml version="1.0" ?>
- <Warenbestand xmlns:xsi="http://www.w3.org/2001/XMLSchema-
   instance" xmlns:xsd="http://www.w3.org/2001/XMLSchema">
   <Artikel Name="Mülleimer" Menge="10" />
   <Artikel Name="Osterhasen" Menge="245" />
   <Artikel Name="Schuhe" Menge="44" />
   <Artikel Name="Hosen" Menge="2" />
  </Warenbestand>
```

## 9.5.3  Schnelles Suchen in XML-Daten mit XPathNavigator

Auch wenn wir im Abschnitt über das DOM bereits mit der Suche beschäftigt waren, wollen wir noch einmal auf dieses Thema eingehen. Der Grund dafür ist leicht gefunden wenn Sie versuchen, mit Hilfe des XML-DOM größere Datenmengen zu verarbeiten.

Als schnelle Alternative bietet sich der *XPathNavigator* an, den Sie mit der Methode *CreateNavigator* entweder aus einem *XPathDocument* oder einem *XmlDocument*-Objekt erzeugen können.

---

**HINWEIS:** Verwenden Sie ein *XPathDocument* zum Erzeugen, dann ist die Datenbasis schreibgeschützt.

---

Neben den bereits bekannten Navigationsmethoden (*MoveToNext, MoveToPrevious, MoveTo-Parent* ...) dürfte vor allem die *Select*-Methode von Interesse sein. Dieser übergeben Sie einen XPath-Ausdruck, der Rückgabewert ist ein *XPathNodeIterator*, mit dem Sie die ausgewählten Knoten durchlaufen können.

Ein Beispiel dürfte für mehr Klarheit sorgen:

**Beispiel 9.51**     **Auswahl aller Orte in einer XML-Datei und Ausgabe in einer *ListBox***

```
using System;
using System.Collections.Generic;
using System.ComponentModel;
using System.Data;
using System.Drawing;
using System.Windows.Forms;
```

Die erforderlichen Namespaces einbinden:

```
using System.Xml;
using System.Xml.XPath;
...
    public partial class Form1 : Form
    {
```

Dokument laden:

```
        private XPathDocument xdoc = new XPathDocument("telefon.xml");
        private XPathNavigator xnav;

        private void Form1_Load(object sender, EventArgs e)
        {
```

Der *XPathNavigator* wird über ein *XPathDocument* erzeugt:

```
            xnav = xdoc.CreateNavigator();
            listBox1.Items.Clear();
            try
            {
```

Daten selektieren:

```
                XPathNodeIterator xit = xnav.Select(textBox1.Text);
                label1.Text = "Fundstellen: " + xit.Count.ToString();
```

Auslesen der einzelnen Elemente und Anzeige in der *ListBox*:

```
                while (xit.MoveNext())
                {
                    listBox1.Items.Add(xit.Current.Value.ToString());
                }
            }
```

**Beispiel 9.51** | **Auswahl aller Orte in einer XML-Datei und Ausgabe in einer *ListBox***

Falls ein fehlerhafter XPath-Ausdruck eingegeben wurde:

```
catch (Exception ex)
{
    MessageBox.Show(ex.Message);
}
```

Die Struktur der zu ladenden XML-Datei (*Telefon.xml*):

```
<?xml version="1.0" encoding="UTF-8" ?>
- <dataroot xmlns:od="urn:schemas-microsoft-com:officedata"
    generated="2006-03-08T10:59:06">
  - <Telefon>
      <Ort>Aarbergen</Ort>
      <Vorwahl>06120</Vorwahl>
    </Telefon>
  - <Telefon>
      <Ort>Aasbüttel</Ort>
      <Vorwahl>04892</Vorwahl>
    </Telefon>
  - <Telefon>
      <Ort>Abenberg (Mittelfr)</Ort>
      <Vorwahl>09178</Vorwahl>
    </Telefon>
  - <Telefon>
      <Ort>Abenberg-Wassermungenau</Ort>
```

Das Beispielprogramm in Aktion:

> **HINWEIS:** Möchten Sie die Telefonnummern auslesen, können Sie den XPath-Ausdruck "*//Vorwahl" verwenden.

## 9.5.4   Schnelles Auslesen von XML-Daten mit XmlReader

Für den schnellen Lesezugriff auf XML-Dokumente bietet sich die Verwendung eines *XmlReader*s an. Dieser unterliegt jedoch gewissen Einschränkungen, die es zu beachten gilt, bevor man sich für die Verwendung entscheidet:

- nur Lesezugriff,

- nur Vorwärtsbewegung möglich,

- kein Caching.

Wer damit leben kann, der wird mit einer schnellen und speicherschonenden Alternative belohnt.

**Beispiel 9.52**   **Einlesen einer XML-Datei mit Telefondaten (Struktur siehe Abbildung) in eine *ListBox*. Es sollen nur die Elemente der dritten Ebene (der Name des Ortes und die Vorwahl) angezeigt werden.**

```csharp
using System.Xml;
using System.Xml.XPath;
...
    public partial class Form1 : Form
    {
        private void button1_Click(object sender, EventArgs e)
        {
            listBox1.Items.Clear();
```

Einstellungen für den *XmlReader* definieren:

```csharp
            XmlReaderSettings myset = new XmlReaderSettings();
```

Leerzeichen ignorieren (fast immer angebracht):

```csharp
            myset.IgnoreWhitespace = true;
```

*XmlReader* erzeugen (die Daten werden **nicht** in den Speicher geladen):

```csharp
            XmlReader xr = XmlReader.Create("Telefon.xml",myset);
```

Daten durchlaufen (nur Ebene 3 anzeigen):

```csharp
            while (xr.Read())
                if (xr.Depth == 3) listBox1.Items.Add(xr.Value);
        }
    }
}
```

**Beispiel 9.52**  **Einlesen einer XML-Datei mit Telefondaten (Struktur siehe Abbildung) in eine *ListBox*. Es sollen nur die Elemente der dritten Ebene (der Name des Ortes und die Vorwahl) angezeigt werden.**

Das Endergebnis zeigt die folgende Abbildung:

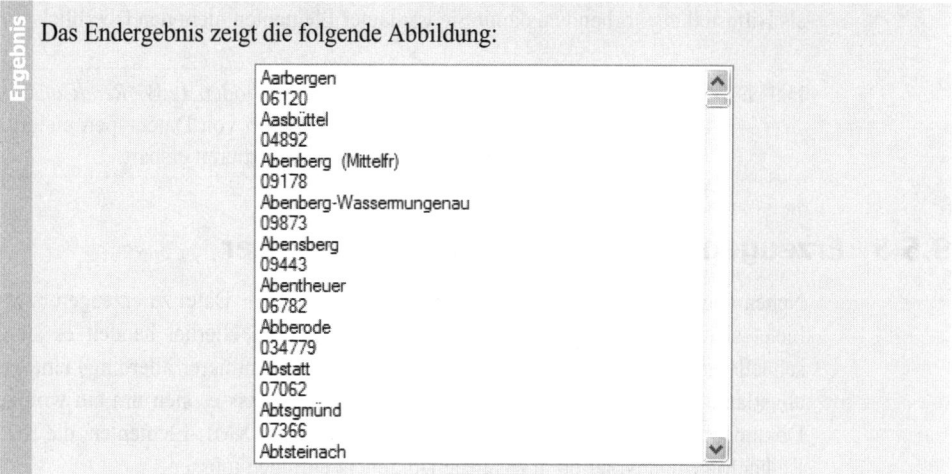

Was und wie wird eigentlich beim *Read* gelesen? Die Antwort ist schnell gefunden, wenn Sie das obige Beispiel etwas abändern:

```
while (xr.Read())
{
    Debug.Print(xr.NodeType + " " + xr.Name + " " + xr.Value);
}
```

Verzichten Sie auf das Filtern und lassen Sie sich zusätzlich *NodeType* und *Name* anzeigen, so erhalten Sie folgende Ausgaben (zur besseren Übersicht haben wir diese etwas eingerückt):

```
XmlDeclaration xml version="1.0" encoding="UTF-8"
Element dataroot
    Element Telefon
        Element Ort
            Text  Aarbergen
        EndElement Ort
        Element Vorwahl
            Text  06120
        EndElement Vorwahl
    EndElement Telefon
    Element Telefon
        Element Ort
            Text  Aasbüttel
        EndElement Ort
        Element Vorwahl
            Text  04892
        EndElement Vorwahl
    EndElement Telefon
...
```

Mit dem Grundwissen aus dem ersten Abschnitt dürften Sie schnell erkennen, dass hier die XML-Struktur auf recht einfache und übersichtliche Weise abgebildet wird. Die Eigenschaft *Depth* ist nur als Hilfestellung vorhanden, damit Sie vor lauter Elementen nicht den Überblick verlieren.

---

**HINWEIS:** Seit .NET 2.0 wurden auch diverse Methoden (z.B. *ReadContentAsFloat, Read-ContentAsDataTime*) zum direkten Einlesen von Datentypen integriert. Damit bleibt Ihnen das nervtötende nachträgliche Konvertieren erspart.

---

## 9.5.5  Erzeugen von XML-Daten mit XmlWriter

Neben den bereits vorgestellten Möglichkeiten, eine XML-Datei zu erzeugen bzw. zu exportieren, bietet sich auch die Verwendung eines *XmlWriters* an. Hierbei handelt es sich um eine recht schnelle und übersichtliche Alternative, die dem Programmierer allerdings eine gewisse Disziplin abverlangt, sind Sie doch selbst dafür verantwortlich, dass es sich um ein wohlgeformtes XML-Dokument handelt. D.h., Sie arbeiten auf der Ebene von XML-Elementen, die Sie in der richtigen Reihenfolge und Notation in das neue Dokument einfügen müssen.

**Beispiel 9.53**

**Die im vorhergehenden Beispiel in die *ListBox* eingelesenen Werte sollen wieder im XML-Format exportiert werden. Statt Elementen verwenden wir jetzt jedoch Attribute, um eine kompaktere XML-Datei zu erhalten.**

```csharp
using System.Xml;
using System.Xml.XPath;
...
```

Objekt erzeugen:

```csharp
XmlWriter xw = XmlWriter.Create("Export.xml");
```

Prolog erzeugen:

```csharp
xw.WriteStartDocument();
```

Root-Element schreiben:

```csharp
xw.WriteStartElement("Telefonnummern");
```

Einzel-Elemente auflisten:

```csharp
for (int i = 0; i < listBox1.Items.Count; i+=2)
{
    xw.WriteStartElement("Ort");
```

Werte als Attribute speichern:

```csharp
    xw.WriteAttributeString("Name", listBox1.Items[i].ToString());
    xw.WriteAttributeString("Nummer", listBox1.Items[i+1].ToString());
```

... und nie die schließenden Elemente vergessen!

```csharp
    xw.WriteEndElement();      // für Ort
}
```

**Beispiel 9.53** **Die im vorhergehenden Beispiel in die *ListBox* eingelesenen Werte sollen wieder im XML-Format exportiert werden. Statt Elementen verwenden wir jetzt jedoch Attribute, um eine kompaktere XML-Datei zu erhalten.**

```
xw.WriteEndElement();       // für Telefonnummern
xw.WriteEndDocument();
xw.Close();
```

Vergessen Sie nicht die *Close*-Methode, andernfalls kann es zu Problemen mit der exportierten Datei kommen (Lesefehler).

Die neue Datei mit geänderter Struktur (*Export.xml*):

```
<?xml version="1.0" encoding="utf-8" ?>
- <Telefonnummern>
    <Ort Name="Aarbergen" Nummer="06120" />
    <Ort Name="Aasbüttel" Nummer="04892" />
    <Ort Name="Abenberg (Mittelfr)" Nummer="09178" />
    <Ort Name="Abenberg-Wassermungenau" Nummer="09873" />
    <Ort Name="Abensberg" Nummer="09443" />
    <Ort Name="Abentheuer" Nummer="06782" />
    <Ort Name="Abberode" Nummer="034779" />
    <Ort Name="Abstatt" Nummer="07062" />
    <Ort Name="Abtsgmünd" Nummer="07366" />
    <Ort Name="Abtsteinach" Nummer="06207" />
    <Ort Name="Abtswind" Nummer="09383" />
    <Ort Name="Abtweiler" Nummer="06753" />
    <Ort Name="Achberg" Nummer="08380" />
```

Wer einen Blick mit *Notepad* in die XML-Datei wagt, wird über das scheinbare Chaos entsetzt sein. Keine Zeilenumbrüche, keine Einrückungen etc. Das alles ist in einer XML-Datei auch nicht unbedingt erforderlich, für eine bessere Lesbarkeit bietet es sich in einigen Fällen dennoch an.

Einfluss auf das Exportformat haben Sie mit Hilfe eines *XmlWriterSettings*-Objekts, das Sie der *Create*-Methode übergeben können.

```
...
        XmlWriterSettings xws = new XmlWriterSettings();
        xws.Indent = true;                 // Einrücken
        xws.IndentChars = "  ";            // zwei Leerzeichen
        XmlWriter xw = XmlWriter.Create("Export.xml", xws);
        xw.WriteStartDocument();
...
```

XML-Ausgabe ohne *XmlWriterSettings*:

```
<?xml version="1.0" encoding="utf-8"?><Telefonnummern><Ort Name="Aarbergen" Nummer="06120" /><Ort
Name="Aasbüttel" Nummer="04892" /><Ort Name="Abenberg (Mittelfr)" Nummer="09178" /><Ort
Name="Abenberg-Wassermungenau" Nummer="09873" /><Ort Name="Abensberg" Nummer="09443" /><Ort
Name="Abentheuer" Nummer="06782" /><Ort Name="Abberode" Nummer="034779" /><Ort Name="Abstatt"
Nummer="07062" /><Ort Name="Abtsgmünd" Nummer="07366" /><Ort Name="Abtsteinach" Nummer="06207"
/><Ort Name="Abtswind" Nummer="09383" /><Ort Name="Abtweiler" Nummer="06753" /><Ort
Name="Achberg" Nummer="08380" /><Ort Name="Achern" Nummer="07841" /><Ort Name="Achim"
Nummer="04202" /><Ort Name="Achslach" Nummer="09929" /><Ort Name="Acht" Nummer="02656" /><Ort
```

XML-Ausgabe mit *XmlWriterSettings*:

```
<?xml version="1.0" encoding="utf-8"?>
<Telefonnummern>
    <Ort Name="Aarbergen" Nummer="06120" />
    <Ort Name="Aasbüttel" Nummer="04892" />
    <Ort Name="Abenberg (Mittelfr)" Nummer="09178" />
    <Ort Name="Abenberg-Wassermungenau" Nummer="09873" />
    <Ort Name="Abensberg" Nummer="09443" />
    <Ort Name="Abentheuer" Nummer="06782" />
```

## 9.5.6 XML transformieren mit XSLT

Nachdem wir Sie mit diversen Möglichkeiten des Schreibens und Lesens von XML-Dokumenten traktiert haben, wollen wir noch kurz auf ein recht interessantes Thema eingehen. Mit Hilfe eines XSLT-Prozessors (*Extensible Style Language Transformation*) und eines entsprechenden XSL-Dokuments können Sie ein XML-Dokument in ein anderes Format transformieren. Dies kann neben einer gefilterten/geänderten XML-Datei auch eine HTML- oder PDF-Datei sein.

**Beispiel 9.54** | **Auslesen der Datei *Telefon.xml* und konvertieren in das XML-Format**

```csharp
...
using System.Xml;
using System.Xml.Xsl;

namespace WindowsApplication1
{
...
        private void button1_Click(object sender, EventArgs e)
        {
            XslCompiledTransform xslt = new XslCompiledTransform();
            xslt.Load("Telefon.xsl");
            xslt.Transform("Telefon.xml", "Telefon.html");
        }
    }
```

Wer dachte, jetzt jede Menge Code zu produzieren, ist sicher enttäuscht worden. Die Hauptarbeit übernimmt die Transformationsdatei, die alle erforderlichen Steueranweisungen etc. enthält.

**Beispiel 9.55** | **Die Transformationsdatei *Telefon.xsl*:**

```xml
<?xml version="1.0"?>
<xsl:stylesheet version="1.0"
    xmlns:xsl="http://www.w3.org/1999/XSL/Transform">
    <xsl:template match="/">
```

Die wichtigsten HTML-Tags erzeugen:

```
<HTML>
    <TITLE>Telefonvorwahlen</TITLE>
```

**Beispiel 9.55** | **Die Transformationsdatei *Telefon.xsl*:**

Tabellenkopf erzeugen:

```
<Table border="1" padding="0" cellspacing="1">
<THEAD>
  <TH>Ort</TH>
  <TH>Vorwahl</TH>
</THEAD>
```

Daten selektieren und in einer Schleife ausgeben:

```
<xsl:for-each select="dataroot/Telefon">
  <tr>
    <td><xsl:value-of select="Ort"/> </td>
    <td><xsl:value-of select="Vorwahl"/></td>
  </tr>
</xsl:for-each>
```

Notwendige HTML-Tags schreiben:

```
    </Table>
    </HTML>
  </xsl:template>
</xsl:stylesheet>
```

Die erzeugte HTML-Datei im Internet Explorer:

| Ort | Vorwahl |
|---|---|
| Aarbergen | 06120 |
| Aasbüttel | 04892 |
| Abenberg (Mittelfr) | 09178 |
| Abenberg-Wassermungenau | 09873 |
| Abensberg | 09443 |
| Abentheuer | 06782 |
| Abberode | 034779 |
| Abstatt | 07062 |
| Abtsgmünd | 07366 |
| Abtsteinach | 06207 |
| Abtswind | 09383 |

# 9.6 Praxisbeispiele

## 9.6.1 Mit dem DOM in XML-Dokumenten navigieren

Welche Möglichkeiten, d.h. Methoden bzw. Eigenschaften, zur Navigation zwischen den einzelnen Knoten sich bei Verwendung des *XmlDocuments*-Objekts anbieten, zeigt die Skizze auf der folgenden Seite (Ausgangspunkt ist der hervorgehobene Knoten).

Wie Sie sehen, können Sie von jedem beliebigen Knoten aus auf den gesamten Baum zugreifen. Entweder Sie bewegen sich mit *PreviousSibling* bzw. *NextSibling* innerhalb einer Ebene, oder Sie wechseln mit *ParentNode* in die übergeordnete Ebene, um dort ebenfalls mit *PreviousSibling* bzw. *NextSibling* auf die einzelnen Knoten zuzugreifen. Möchten Sie die untergeordneten Elemente eines Knotens verarbeiten, können Sie zunächst mit *FirstChild* auf das erste untergeordnete Element zugreifen, um dann wiederum mit *PreviousSibling* bzw. *NextSibling* mit den weiteren Elementen der dann aktiven Ebene fortzufahren.

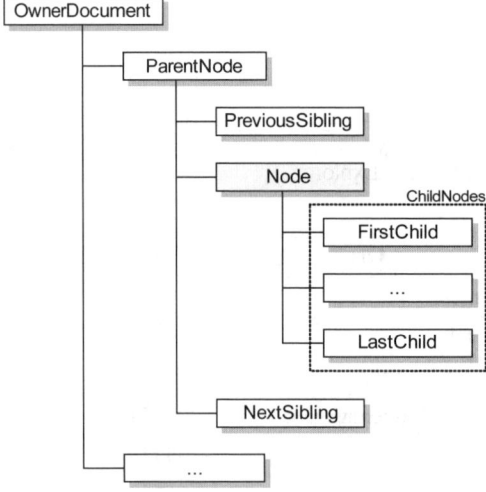

Unser kleines Test- und Probierprogramm hat die recht einfache Aufgabe, die Datei *Test7.xml* von der Festplatte zu laden. Nachfolgend soll, ausgehend vom Root-Element, die Navigation zwischen den einzelnen Baumknoten demonstriert werden. Dazu stellen entsprechende Schaltflächen die jeweiligen Methoden zur Verfügung. Ist der Knoten gewechselt, wird die Bezeichnung angezeigt.

### Oberfläche

Entwerfen Sie eine einfache Oberfläche nach folgendem Vorbild (Laufzeitansicht):

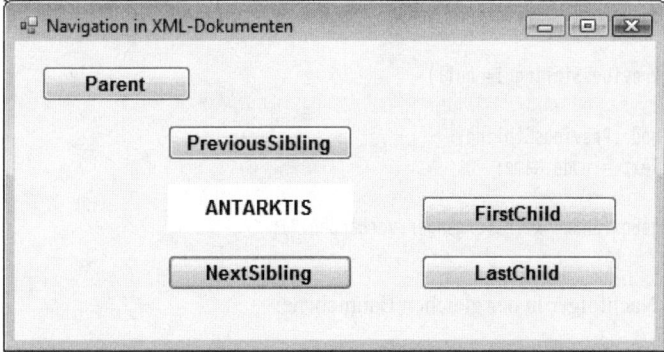

## Quelltext

Zunächst binden Sie den folgenden Namespace ein und definieren einige globale Variablen:

```
using System.Xml;
...
    private XmlDocument xmlDoc = new XmlDocument();
    private XmlElement root;
    private XmlNode node;
```

Mit dem Öffnen des Fensters öffnen Sie auch die Datei und weisen der Variablen *Node* den Root-Knoten zu:

```
private void Form1_Load(object sender, System.EventArgs e)
{
  try
  {
    xmlDoc.Load(@"test7.xml");
    root = xmlDoc.DocumentElement;
    node = root;
    label1.Text = node.Name;
  }
  catch
  { MessageBox.Show("Datei nicht gefunden!"); }
}
```

Wechseln zum Parent:

```
private void Button1_Click(object sender, System.EventArgs e)
{
  if (node.ParentNode != null)
  {
    node = node.ParentNode;
    label1.Text = node.Name;
  }
  else MessageBox.Show("Kein Parent vorhanden!");
}
```

Wechseln zum Vorgänger in der gleichen Baumebene:

```
private void Button2_Click(object sender, System.EventArgs e)
{
  if (node.PreviousSibling != null)
  {
    node = node.PreviousSibling;
    label1.Text = node.Name;
  }
  else  MessageBox.Show("Kein Vorgänger vorhanden!");
}
```

Wechseln zum Nachfolger in der gleichen Baumebene:

```
private void Button3_Click(object sender, System.EventArgs e)
{
  if (node.NextSibling != null)
  {
    node = node.NextSibling;
    label1.Text = node.Name;
  }
  else MessageBox.Show("Kein Nachfolger vorhanden!");
}
```

Wechseln zum ersten Child-Knoten:

```
private void Button4_Click(object sender, System.EventArgs e)
{
  if (node.ChildNodes.Count > 0)
  {
    node = node.FirstChild; label1.Text = node.Name;
  }
  else MessageBox.Show("Keine Untereinträge vorhanden!");
}
```

Wechseln zum letzten Child-Knoten:

```
private void Button5_Click(object sender, System.EventArgs e)
{
  if (node.ChildNodes.Count > 0)
  {
    node = node.LastChild; label1.Text = node.Name;
  }
  else MessageBox.Show("Keine Untereinträge vorhanden!");
}
```

## Test

Starten Sie das Programm und versuchen Sie, durch den XML-Baum zu navigieren. Die folgende Abbildung soll Ihnen dabei als Hilfestellung dienen:

```
 - <WELT>
    <AFRIKA />
    <ANTARKTIS />
    <ASIEN />
    <AUSTRALIEN />
  - <EUROPA>
       <Fläche>10500000</Fläche>
       <Einwohner>718500000</Einwohner>
     - <Frankreich>
          <Fläche>343965</Fläche>
          <Einwohner>57800000</Einwohner>
       </Frankreich>
     - <Deutschland>
          <Fläche>356854</Fläche>
          <Einwohner>80767600</Einwohner>
       </Deutschland>
       <Italien />
       <Österreich />
       <Schweden />
       <Norwegen />
       <Polen />
    </EUROPA>
    <NORDAMERIKA />
    <SÜDAMERIKA />
 </WELT>
```

---

**HINWEIS:** Beachten Sie, dass sich auch über "WELT" noch ein Objekt befindet!

### Bemerkungen

▪ Sicher werden Ihre Versuche mit dem Programm durch reichlich Fehlermeldungen unterbrochen, wenn kein aktives Element bzw. kein gültiges Objekt mehr vorhanden ist. Wir haben absichtlich darauf verzichtet alle eventuellen Fehlerfälle abzufangen, da Sie auf diese Weise viel schneller ein Gefühl für das Navigieren innerhalb des XML-Baums bekommen.

▪ Mit *!=null* oder mit *try-catch* können Sie zusätzliche Fehlerprüfungen einführen.

## 9.6.2 XML-Daten in eine TreeView einlesen

Mit einem kleinen Beispielprogramm möchten wir Ihnen zeigen, wie Sie XML-Daten strukturiert in einer *TreeView*-Komponente anzeigen können. Das Programm lässt sich schnell und einfach an Ihre eigenen Erfordernisse anpassen, beispielsweise um den Unterschied zwischen den einzelnen Knotentypen darzustellen.

### Oberfläche

Fügen Sie in ein Formular einen *Button* sowie eine *TreeView*-Komponente ein.

### Quelltext

Binden Sie zunächst den Namespace *System.Xml* ein.

Mit dem Klick auf die Schaltfläche wird eine Instanz des *XMLDocument*-Objektes erzeugt und die Datei *daten.xml* geladen:

```
private void button1_Click(object sender, System.EventArgs e)
{
    XmlDocument xmlDoc = new XmlDocument();
    try
    {
        xmlDoc.Load("daten.xml");
    }
    catch
    {
        MessageBox.Show("Datei nicht gefunden!");
        return;
    }
```

Gleichzeitig löschen wir die bisherigen Inhalte der *TreeView*-Komponente:

```
treeView1.Nodes.Clear();
```

Die Prozedur *ShowNode* rufen wir mit folgenden Argumenten auf:

■   Vorgängerknoten im Baum (*null*, d.h. keiner) und

■   Wurzelknoten der XML-Daten (*xmlDOC*):

```
ShowNode(null, xmlDoc);
treeView1.Nodes[0].ExpandAll();
}
```

---

**HINWEIS:**   Übergeben Sie statt *xmlDOC* das Objekt *xmlDOC.DocumentElement,* so beginnt die
Baumansicht direkt mit dem ersten Knoten der XML-Daten, d.h. "WELT", andernfalls mit der Datei selbst.

---

Die Prozedur zur Anzeige in der *TreeView*:

```
private void ShowNode(TreeNode parent, XmlNode node)
{
    string Caption = "";
    TreeNode tn;
```

Wird kein gültiges DOM-Objekt übergeben, wird die Routine beendet:

```
    if (node == null) return;
```

Die Beschriftung des Baumknotens festlegen:

```
    if (node.NodeType == XmlNodeType.Document)
        Caption = "XML-Datei";
    if (node.NodeType == XmlNodeType.Element)
        Caption = node.Name;
    if ((node.NodeType == XmlNodeType.CDATA)||(node.NodeType == XmlNodeType.Text))
        Caption = node.Value;
    if (Caption == "")
        return;
```

Je nach Knotentyp müssen wir andere Eigenschaften zur Bestimmung der Beschriftung auslesen.

Erzeugen eines neuen Baumknotens mit der gewählten Beschriftung:

```
if (parent == null)
    tn = treeView1.Nodes.Add(Caption);
else
    tn = parent.Nodes.Add(Caption);
```

Sollten Unterelemente vorhanden sein, rufen wir für jedes dieser Elemente die aktuelle Prozedur rekursiv auf:

```
if (node.ChildNodes != null)
    for (int i = 0; i < node.ChildNodes.Count; i++)
        ShowNode(tn, node.ChildNodes.Item(i));
}
```

### Test

Starten Sie das Programm und klicken Sie auf die Schaltfläche, um die Daten aus der Datei zu lesen.

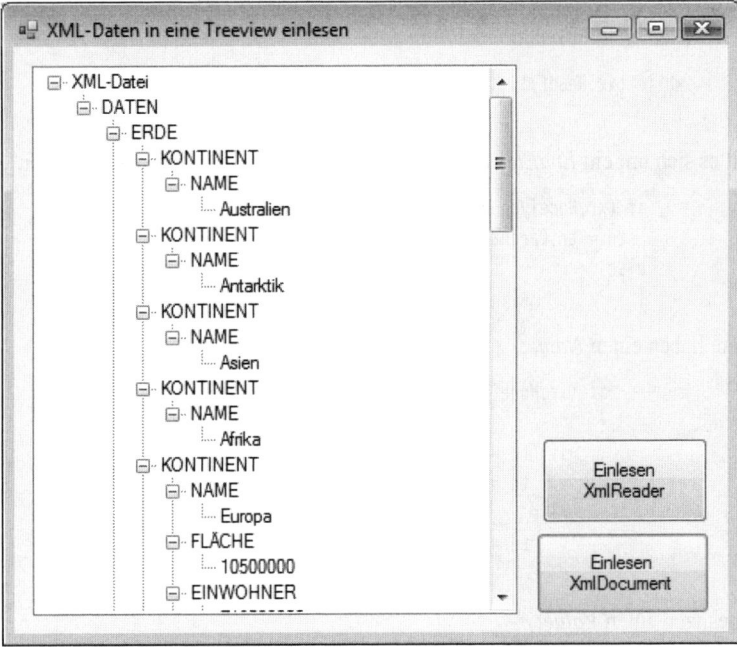

### Ergänzung

Wer lieber mit dem *XmlReader* arbeiten möchte, der muss sich zwar von der rekursiven Programmierung verabschieden, der grundsätzliche Ablauf beim Füllen der *TreeView* bleibt jedoch gleich:

Starten der Routine:

```
private void button2_Click(object sender, EventArgs e)
{
    treeView1.Nodes.Clear();
    ShowNode2(null);
    treeView1.Nodes[0].ExpandAll();
}
```

Die eigentliche Routine zum Einlesen:

```
private void ShowNode2(TreeNode parent)
{
    TreeNode tn = parent;
    XmlReaderSettings myset = new XmlReaderSettings();
    myset.IgnoreWhitespace = true;
```

Da unsere XML-Datei eine DTD besitzt, müssen wir deren Verarbeitung vorher zustimmen:

```
    myset.ProhibitDtd = false;
```

Den *XmlReader* initialisieren:

```
    XmlReader xr = XmlReader.Create("daten.xml", myset);
```

Alle XML-Elemente durchlaufen:

```
    while (xr.Read())
    {
```

Handelt es sich um ein *EndElement*, müssen wir im Baum eine Ebene nach "oben" wechseln:

```
        if (xr.NodeType == XmlNodeType.EndElement)
          tn = tn.Parent;
        else
        {
```

Elemente haben einen *Name*:

```
            if (xr.NodeType == XmlNodeType.Element)
            {
                if (tn == null)
                    tn = treeView1.Nodes.Add(xr.Name);
                else
                    tn = tn.Nodes.Add(xr.Name);
            }
```

Texte besitzen einen *Value*:

```
            if (xr.NodeType == XmlNodeType.Text)
                tn.Text = tn.Text + ": " + xr.Value;
        }
    }
}
```

# Kapitel 10

# Einführung in ADO.NET

Nach wie vor ist ADO.NET die Basis-Datenzugriffstechnologie des .NET-Frameworks. Der Inhalt des vorliegenden Kapitels beschränkt sich auf eine knappe Einführung in die ADO.NET- Technologie, wobei der Schwerpunkt auf dem ersten Teil des Objektmodells, den Datenprovidern, liegt.

Erst das nachfolgende Kapitel 11 widmet sich ausführlich einem der Kernobjekte von ADO.NET, dem *DataSet*. Auf die speziellen Probleme der Datenbindung, d.h., auf die Interaktion der Benutzerschnittstelle mit den ADO.NET-Objekten, gehen wir in den speziellen Kapiteln 26, 33 und 39 in Bezug auf den jeweiligen Anwendungstyp näher ein.

---

**HINWEIS:** Ausgeklammert werden mussten in diesem Buch die weiterführenden Technologien LINQ to SQL und LINQ to Entities[1], einen kleinen Vorgeschmack bieten das Praxisbeispiel 11.6.5 sowie die Abschnitte 39.7 und 39.8 (*LinqDataSource, EntityDataSource*).

---

## 10.1 Eine kleine Übersicht

Die umfangreichen Klassenbibliotheken von ADO.NET verlangen vom Einsteiger eine ziemlich steile "Lernkurve".Er tut gut daran, sich zunächst einen Gesamtüberblick zu verschaffen.

### 10.1.1 Die ADO.NET-Klassenhierarchie

ADO.NET setzt sich aus einer ziemlich komplexen Hierarchie vieler Klassen zusammen. Die daraus erzeugten Objekte lassen sich zunächst in zwei Gruppen aufteilen:

- Datenprovider
- Datenkonsument

Während der *Datenprovider* die Daten zur Verfügung stellt, ist der *Datenkonsument* der Teil der Applikation, welche die Dienste eines Datenproviders nutzt, um auf beliebige Daten zuzugreifen, sie zu lesen, zu speichern und zu ändern.

---

[1] Wir verweisen hier auf unser Buch [Datenbankprogrammierung mit Visual C# 2010].

Die Objekte *Connection*, *Command*, *DataReader* und *DataAdapter* sind die Hauptelemente des .NET-Datenprovider-Modells.

Man bezeichnet die Datenprovider auch als *Verbundene Objekte*, da sie immer in Beziehung zu einer bestimmten Datenquelle stehen. Die Datenkonsumenten hingegen sind *Unverbundene Objekte*, weil sie – ganz im Sinne der ADO.NET-Philosophie – unabhängig von einer Datenquelle ihr völlig autarkes Dasein führen.

Der allen übergeordnete Datenkonsument ist das *DataSet*, es ist gewissermaßen das Kernobjekt von ADO.NET und vergleichbar mit den vom alten ADO her bekannten *Recordset*-Objekten, allerdings ist es weitaus komplexer, da es z.B. mehrere *DataTable*-Objekte und die Beziehungen (Relationen) zwischen ihnen kapseln kann. Ein *DataSet* kann (unter Verwendung eines *DataAdapters*) direkt von der Datenquelle geladen werden, es kann aber auch – ähnlich einem Array – völlig unabhängig von einer Datenbank mit Werten gefüllt werden. Der *DataAdapter* ist quasi das Verbindungsglied zwischen Datenprovider (Datenbank) und Datenkonsument (unverbundene Objekte).

---

**HINWEIS:** Um ein erstes praktisches Feeling für die ADO.Net-Klassen zu entwickeln, sollte der Einsteiger bereits jetzt ein einfaches Beispiel ausprobieren, z.B. das PB 10.8.1 "Wichtige ADO.NET-Objekte im Einsatz".

---

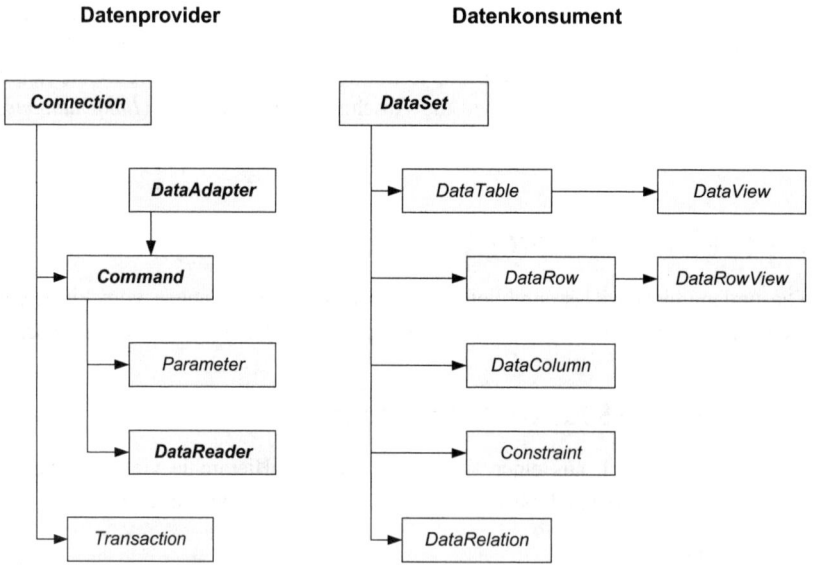

## 10.1.2  Die Klassen der Datenprovider

Im Einklang mit dem ADO.NET-Objektmodell sind Datenprovider stets in mehrfacher Ausfertigung vorhanden. Die Präfixe charakterisieren die Zugehörigkeit zu einem bestimmten *.NET-Datenprovider,* z.B.:

- *OleDb...*

  Diese Klassen (z.B. *OleDbConnection)* dienen dem OLE Db-Zugriff auf unterschiedlichste Datenbanktypen, für die ein Treiber installiert ist.

- *Sql...*

  Diese Klassen (z.B. *SqlConnection*) dienen dem schnelleren Direktzugriff auf den "hauseigenen" Microsoft SQL Server.

Der *Datenprovider* im .NET Framework kapselt die Datenbank und ermöglicht den Zugriff über eine einheitliche Schnittstelle, er fungiert quasi als Brücke zwischen einer Anwendung und einer Datenbank und wird zum Abrufen von Daten aus einer Datenbank und zum Abgleichen von Änderungen an diesen Daten mit der Datenbank verwendet.

Die Datenquelle selbst kann eine beliebige Struktur haben und sich an einem beliebigen Ort befinden, z.B. eine lokale Access-Datenbank, ein SQL Server oder aber auch verschiedene Adressen des Internets, auf die über Webdienste zugegriffen wird.

## .NET-Datenprovider

In der folgenden Tabelle sind wichtige Klassen der *OleDb-* und *SqlServer*-Provider paarweise aufgelistet:

| System.Data.OleDb | System.Data.SqlClient | Bedeutung |
|---|---|---|
| *OleDbConnection* | *SqlConnection* | Stellt die Verbindung zur Datenquelle her |
| *OleDbCommand* | *SqlCommand* | Führt eine SQL-Abfrage aus |
| *OleDbDataReader* | *SqlDataReader* | Ermöglicht einen sequenziellen Nur-Lese-Zugriff auf die Datenquelle |
| *OleDbDataAdapter* | *SqlDataAdapter* | Ermöglicht das Füllen eines *DataSet*s mit den Ergebnissen einer SQL-Abfrage |
| *OleDbCommand-Builder* | *SqlCommandBuilder* | Erstellt automatisch *Command*-Objekte für die Übernahme der in einem *DataSet* vorgenommenen Änderungen in die Datenbank |
| *OleDbTransaction* | *SqlTransaction* | Organisiert die Anwendung von Transaktionen |

## Weitere Datenprovider

Die Liste der .NET-Datenprovider ist keinesfalls nur auf die nach einer Standardinstallation vorhandenen Provider beschränkt. Neben *OleDb* und *SqlClient* sind in ADO.NET u.a. auch die folgenden Provider enthalten:

- *System.Data.Odbc*

- *System.Data.SqlServerCe*

- *System.Data.OracleClient*

Nach einer Standardinstallation von Visual Studio 2010 werden Sie jedoch noch keine der Daten-provider-Komponenten in der Toolbox vorfinden, was bei der Vielfalt auch nicht sinnvoll wäre. Falls Sie die Komponenten nicht – wie bei den meisten unserer Beispiele – per Code (*new*-Operator), sondern durch Abziehen von der Toolbox erzeugen wollen, wählen Sie das Toolbox-Kontextmenü *Elemente auswählen...* (oder direkt das Menü *Extras/Toolboxelemente auswählen...*) und fügen Sie die gewünschten Komponenten hinzu:

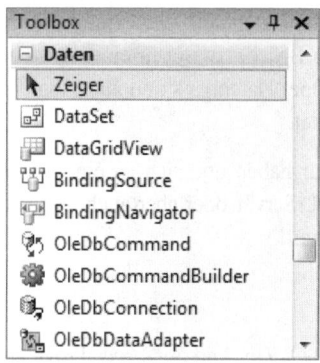

## Anzeige der installierten Datenprovider

Einen Überblick über alle auf Ihrem System installierten ADO.NET-Datenprovider können Sie mit der Methode *GetFactoryClasses* der *DbProviderFactories*-Auflistung aus dem *System.Data.-Common*-Namespace gewinnen.

**Beispiel 10.1**    **Alle verfügbaren Datenprovider in einer *ListBox* anzeigen.**

```csharp
DataTable providers = System.Data.Common.DbProviderFactories.GetFactoryClasses();
foreach (DataRow provider in providers.Rows)
{
    foreach (DataColumn col in providers.Columns)
        listBox1.Items.Add(col.ColumnName + " : " + provider[col]);
    listBox1.Items.Add("------------------------------------------");
}
```

```
Name : Odbc Data Provider
Description : .Net Framework Data Provider for Odbc
InvariantName : System.Data.Odbc
AssemblyQualifiedName : System.Data.Odbc.OdbcFactory, System.Data, Version=4.0.0.0, (
-------------------------------------
Name : OleDb Data Provider
Description : .Net Framework Data Provider for OleDb
InvariantName : System.Data.OleDb
AssemblyQualifiedName : System.Data.OleDb.OleDbFactory, System.Data, Version=4.0.0.0
-------------------------------------
Name : OracleClient Data Provider
Description : .Net Framework Data Provider for Oracle
InvariantName : System.Data.OracleClient
AssemblyQualifiedName : System.Data.OracleClient.OracleClientFactory, System.Data.Oracl
-------------------------------------
Name : SqlClient Data Provider
```

### 10.1.3 Das Zusammenspiel der ADO.NET-Klassen

In der Abbildung wird versucht, den grundlegenden Zusammenhang zwischen den ADO.NET-Klassen in vereinfachter Form zu verdeutlichen:

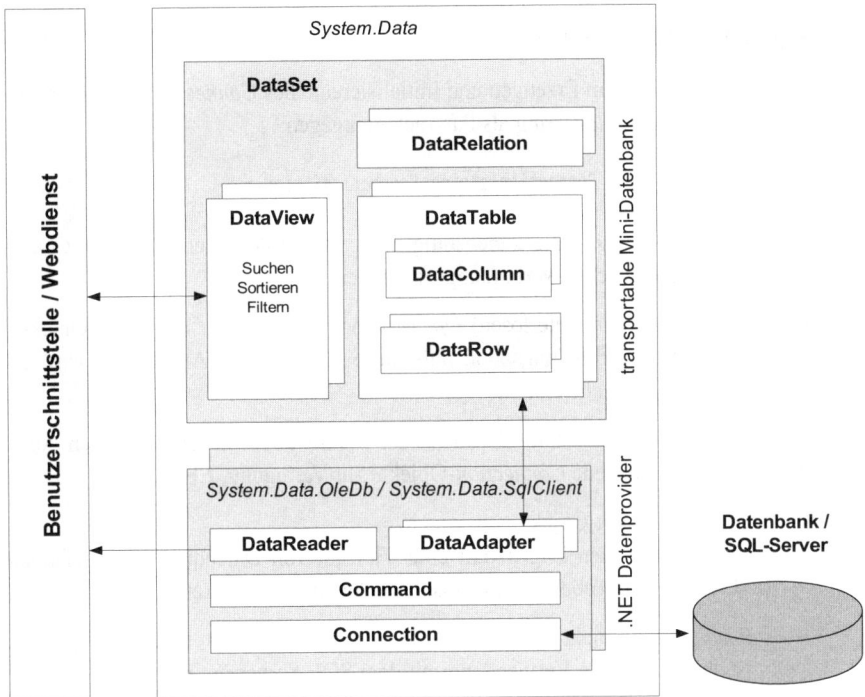

Die in obiger Abbildung angegebenen Namespaces (Namensräume) für die ADO.NET- Klassen sind:

- *System.Data*
- *System.Data.OleDb*
- *System.Data.SQLClient*

Das *DataSet* ist vollständig von der Datenbank entkoppelt, denn dazwischen hat sich ein *.NET-Datenprovider* geschoben, der im Bedarfsfall den Datentransport (über die OLE DB- bzw. die direkte SQL Server-Schnittstelle) übernimmt.

---

**HINWEIS:** Eine einfache und schnellere Möglichkeit für den Zugriff auf die Datenquelle ist der *DataReader*, da mit ihm auf direktem Wege – also ohne *DataAdapter* und *DataSet* – Daten in die Benutzeroberfläche eingelesen werden können.

---

# 10.2  Das Connection-Objekt

Um überhaupt auf eine Datenbank zugreifen zu können, muss als Erstes eine Verbindung zu ihr hergestellt werden. Dazu führt in der Regel kein Weg am *Connection*-Objekt vorbei.

## 10.2.1  Allgemeiner Aufbau

Der am häufigsten zum Erzeugen und Initialisieren eines *Connection*-Objekts benutzte Konstruktor nimmt einen *ConnectionString* als Parameter entgegen:

**SYNTAX:**  `Connection conn = new Connection(string ConnectionString);`

Der *ConnectionString* – die gleichzeitig auch wichtigste Eigenschaft des *Connection*-Objekts – kapselt alle erforderlichen Verbindungsparameter.

Durch Aufruf der (parameterlosen) *Open*-Methode erhält das *Connection*-Objekt eine offene Verbindung aus dem Verbindungspool, falls diese verfügbar ist. Andernfalls wird eine neue Verbindung mit der Datenquelle erstellt.

Nach einer Standardinstallation von Visual Studio 2010 stehen – je nach Auswahl des .NET-Providers – verschiedene *Connection*-Objekte zur Verfügung, z.B.:

- *OleDbConnection*-Objekt
  ... gewährleistet den Zugriff auf eine Vielzahl von Datenquellen, angefangen von einfachen Textdateien über Tabellen bis hin zu kompletten Datenbanken.

- *SqlConnection*-Objekt
  ... ist speziell für die Verwendung mit dem SQL Server optimiert, indem die OLE DB-Schicht umgangen wird.

## 10.2.2  OleDbConnection

### Parameter für OleDb-Zugriff

Die Parameter des *ConnectionString* (bzw. Eigenschaften des *Connection*-Objekts) hängen vom gewählten Datenprovider ab. Die Tabelle zeigt die wichtigsten Angaben für den OLE DB-Zugriff:

| Parameter | Bedeutung |
|---|---|
| *Provider* | Name des OLE DB-Providers, so wie in Registry abgelegt (z.B. Microsoft.Jet.-OLEDB.4.0 für Microsoft Access) |
| *Data Source* | Name der Datenquelle (bei Access-Datenbanken ein Dateiname, z.B. *Nordwind.mdb*) |
| *DSN* | Falls auf dem lokalen PC eine Benutzer- oder System-DSN (*Data Source Name*) vorhanden ist, kann auch über diesen Alias auf die Datenbank zugegriffen werden (Angabe von *Data Source* in diesem Fall nicht notwendig) |

| Parameter | Bedeutung |
|---|---|
| *User* | Wenn der Zugriff auf die Datenbank geschützt ist, kann hier der Benutzername angegeben werden |
| *Password* | Falls ein User notiert wurde, kann hier das zugehörige Passwort übergeben werden |

## OleDb-Provider für Access Datenbank

**Beispiel 10.2** **Öffnen einer OLE DB-Verbindung zur Access-Datenbank *Nordwind.mdb*, die sich im aktuellen Anwendungsverzeichnis befindet.**

```
using System.Data.OleDb;
...
OleDbConnection conn = new OleDbConnection(
                "Provider=Microsoft.Jet.OLEDB.4.0; Data Source=Nordwind.mdb;");
conn.Open();
```

Im obigen Beispiel wurde der *ConnectionString* dem *new*-Konstruktor übergeben. Man kann ihn aber auch separat zuweisen, wie das folgende Beispiel zeigt.

**Beispiel 10.3** **Eine zum Vorgängerbeispiel äquivalente Variante**

```
using System.Data.OleDb;
...
OleDbConnection conn = new OleDbConnection();
conn.ConnectionString = "Provider=Microsoft.Jet.OLEDB.4.0; Data Source=Nordwind.mdb;";
conn.Open();
```

Wie Sie erkennen, besteht ein *ConnectionString* aus einer Zeichenfolge mit Attribut/Wert-Paaren für Informationen, die zum Anmelden an eine Datenbank und Zeigen auf eine bestimmte Datenbank erforderlich sind.

**HINWEIS:** Die Reihenfolge der Parameter im *ConnectionString* ist ohne Bedeutung!

Im obigen Beispiel sind als Minimum nur der (OleDb-)*Provider* und die *DataSource* (Datenquelle) angegeben. Beide Parameter sind wiederum Eigenschaften des *Connection*-Objekts, die man allerdings nur lesen kann (*ReadOnly*).

**HINWEIS:** Ein *ConnectionString* ist eine Art "Behälter" für die zahlreichen Eigenschaften eines *Connection*-Objekts.

## 10.2.3 Schließen einer Verbindung

Nachdem die Daten übertragen worden sind, sollte die Verbindung mit Hilfe der *Close*-Methode wieder geschlossen werden. Ansonsten bleibt die Connection weiter geöffnet, auch nachdem die Connection-Instanz selbst terminiert wurde!

Um die Netzbelastung gering zu halten, sollte man – ganz im Sinne der ADO.NET-Philosophie – das Öffnen und Schließen einer Verbindung möglichst innerhalb einer einzigen Befehlskette durchführen.

**Beispiel 10.4**    **Es wird kurzzeitig eine Verbindung zur Access-Datenbank *Firma.mdb* geöffnet, um die Kundentabelle in ein DataSet zu übertragen. Danach wird die Verbindung sofort wieder geschlossen.**

```
using System.Data.OleDb;

...

OleDbConnection conn = new OleDbConnection(
                    "Provider=Microsoft.Jet.OLEDB.4.0; Data Source=Firma.mdb;");
```

Verbindung öffnen:

```
        conn.Open();
```

Daten übertragen:

```
        DataSet ds = new DataSet();
        OleDbDataAdapter da = new OleDbDataAdapter("SELECT * FROM Kunden", conn);
        da.Fill(ds, "Kunden");
```

Verbindung schließen:

```
        conn.Close();
```

**HINWEIS:** Obiger Code ist in vielen Fällen nicht ganz unproblematisch, z.B. wenn die Datenbank nicht vorhanden ist. Die saubere Lösung wird im Abschnitt 10.3.5 diskutiert.

## 10.2.4 Eigenschaften des Connection-Objekts

Da wir im Verlauf dieses Abschnittes bereits viele Eigenschaften des *Connection*-Objekts en passant besprochen haben, soll diese knappe Zusammenfassung den Überblick erleichtern und gleichzeitig einige zusätzliche Informationen liefern.

### ConnectionString-Eigenschaft

Diese zweifelsohne wichtigste Eigenschaft des *Connection*-Objekts kapselt sämtliche Verbindungsinformationen zur Datenbank. Außerdem ist es die einzige Eigenschaft, die nicht schreibgeschützt ist (wenn keine Verbindung zur Datenquelle besteht).

### Database- und DataSource-Eigenschaft

Was ist der Unterschied zwischen beiden Eigenschaften? Die *DataSource*-Eigenschaft des *Connection*-Objekts entspricht dem *Data Source*-Attribut innerhalb des *ConnectionStrings* und enthält den Speicherort der Datenquelle.

Für eine serverbasierte Datenquelle (Microsoft SQL Server, Oracle) bedeutet der Speicherort den Namen des Computers, auf dem der Server installiert ist. Bei dateibasierten Datenbanken, wie z.B. Access, verweist diese Eigenschaft auf den Datenbankpfad (z.B. *c:\Beispiele\Nordwind.mdb*).

Die *Database*-Eigenschaft ist hingegen für Datenquellen, wie z.B. den SQL Server, gedacht, die mehrere Datenbanken unterstützen und entspricht dem Attribut *Initial Catalog* im *Connection-String*. Beim *SQL Server OleDb-Provider* können wir aber alternativ beide Attributbezeichner verwenden.

**Beispiel 10.5**   **Zwei gleichwertige Möglichkeiten.**

```
conn.ConnectionString = "Provider=SQLOLEDB.1; Data Source=.\\SQLEXPRESS; " +
                        "Initial Catalog=Northwind;Integrated Security=SSPI";
```

oder

```
conn.ConnectionString = "Provider=SQLOLEDB.1; Data Source=.\\SQLEXPRESS; " +
                        "Database=Northwind;Integrated Security=SSPI";

label1.Text = conn.DataSource;            // liefert ".\SQLEXPRESS"
label2.Text = conn.Database;              // liefert "Northwind"
```

### Provider-Eigenschaft

Es klingt möglicherweise etwas verwirrend: Während wir unter dem Begriff *.NET-Datenprovider* eine Klassenbibliothek für den Datenzugriff verstehen, ist *Provider* auch eine Eigenschaft des *OleDbConnection*-Objekts.

Die *Provider*-Eigenschaft bezeichnet hier die OLE DB-Schnittstelle, welche die Datenquelle des jeweiligen Herstellers kapselt. Die Tabelle erklärt einige häufig benutzte OLE DB-Schnittstellen:

| Datenquelle | Provider-Eigenschaft |
|---|---|
| Microsoft Access | Microsoft.Jet.OLEDB.4.0 |
| Microsoft SQL Server | SQLOLEDB.1 |
| Microsoft Indexing Service | MSIDXS.1 |
| Oracle | MSDAORA.1 |

### ServerVersion-Eigenschaft

Diese Eigenschaft liefert eine Zeichenfolge zurück, die die Version der Datenbank enthält. Durch Abprüfen von *ServerVersion* können Sie z.B. gewährleisten, dass keine Abfragen an den Server geschickt werden, die von diesem nicht unterstützt werden (z.B. Abfrageergebnisse als XML liefern, was bereits ab SQL Server 2000 möglich ist).

## ConnectionTimeout-Eigenschaft

Obwohl diese Eigenschaft schreibgeschützt ist, haben Sie trotzdem die Möglichkeit, innerhalb des *ConnectionString* anzugeben, wie viel Sekunden der OleDb-Provider versuchen soll, die Verbindung zur Datenbank herzustellen.

**Beispiel 10.6**

| Die Zeit bis zum Timeout der Verbindungsaufnahme wird auf 10 Sekunden festgelegt. |
|---|

```csharp
conn.ConnectionString = "Provider=SQLOLEDB.1; Data Source=.\\SQLEXPRESS;...;
                                                    Connect Timeout=10; ... " ;
```

## State-Eigenschaft

Diese Eigenschaft liefert den aktuellen Verbindungsstatus. Die möglichen Werte sind Mitglieder der *ConnectionState*-Enumeration.

| Konstante | Verbindungszustand |
|---|---|
| *Open* | Geöffnet |
| *Closed* | Geschlossen |
| *Connecting* | Verbindung wird aufgebaut |
| *Executing* | Eine Abfrage wird ausgeführt |
| *Fetching* | Daten werden abgerufen |
| *Broken* | Unterbrochen |

# 10.2.5   Methoden des Connection-Objekts

## Open- und Close-Methode

Wenn Sie die *Open*-Methode auf einem bereits geöffneten *Connection*-Objekt ausführen, wird ein Fehler ausgelöst. Hingegen verursacht der Aufruf von *Close* über einer bereits geschlossenen Verbindung keinen Fehler.

---

**HINWEIS:** Da Sie standardmäßig mit Verbindungspooling arbeiten, wird die Verbindung nicht wirklich geschlossen, sondern nur zurück an den Pool gesendet.

---

Es ist keine Vergesslichkeit der Autoren, wenn in manchen Beispielen das *Connection*-Objekt weder mit *Open* geöffnet noch mit *Close* geschlossen wird. Gewissermaßen im Hintergrund können *Fill-* und *Update*-Methode eines *DataAdapter*-Objekts automatisch die Verbindung öffnen (wenn sie nicht schon geöffnet ist) und sie auch wieder schließen, wenn die Operation beendet ist.

### ChangeDatabase-Methode

Viele Server, wie z.B. auch der SQL Server, unterstützen mehrere Datenbanken. Mit der *Change-Database*-Methode können Sie die Datenbank zur Laufzeit wechseln, ohne den USE-Befehl verwenden zu müssen.

**Beispiel 10.7**   **Zwei äquivalente Varianten zum Wechseln der Datenbank.**

```csharp
conn.ChangeDatabase("Northwind");
```

oder

```csharp
OleDbCommand cmd = conn.CreateCommand();
cmd.CommandText = "USE Northwind";
cmd.ExecuteNonQuery();
```

### CreateCommand-Methode

Mit dieser Methode können Sie ein neues *Command*-Objekt erzeugen und damit etwas Schreibarbeit einsparen (siehe obiges Beispiel).

## 10.2.6   Der ConnectionStringBuilder

Um das Zusammenbauen eines *ConnectionString*s etwas übersichtlicher zu gestalten, gibt es die providerspezifische *ConnectionStringBuilder*-Klasse.

**Beispiel 10.8**   **Vergleich von zwei Möglichkeiten für das Erstellen einer Verbindungszeichenfolge zur *North-wind*-Datenbank des SQL Servers**

```csharp
using System.Data.SqlClient;
```

Ohne *ConnectionStringBuilder*:

```csharp
string connStr = "Data Source = .\\SQLEXPRESS; Initial Catalog=Northwind; Integrated
Security=true";
conn = new SqlConnection(connStr);
```

Mit *ConnectionStringBuilder*:

```csharp
SqlConnectionStringBuilder csb = new SqlConnectionStringBuilder();
csb.DataSource = ".\\SQLEXPRESS";
csb.IntegratedSecurity = true;
csb.InitialCatalog = "Northwind";
```

# 10.3   Das Command-Objekt

An Abfragen aller Art (SQL-Queries, Stored Procedures) führt beim Programmieren von Datenbankanwendungen kein Weg vorbei. Unter ADO.NET werden für alle Datenbankabfragen *Command*-Objekte benutzt, die zentraler Bestandteil der jeweiligen .NET-Datenprovider sind.

## 10.3.1   Erzeugen und Anwenden eines Command-Objekts

Wie bei fast allen anderen ADO.NET-Objekten, bieten sich auch zum Erzeugen eines *Command-*Objekts verschiedene Konstruktoren an. Eine übliche Vorgehensweise ist es, die gewünschte Abfrage neben dem zuvor angelegten *Connection*-Objekt an den Konstruktor der Klasse zu übergeben:

**SYNTAX:**   `Command cmd = new Command(string sqlCommand, Connection conn);`

Das so erzeugte und initialisierte *Command*-Objekt kann dann z.B. an den Konstruktor der *Data-Adapter*-Klasse weitergereicht werden, um letztendlich ein *DataSet* zu füllen.

Aber es geht auch ohne *DataAdapter* und *DataSet*, denn um SQL-Anweisungen direkt gegen die Datenquelle zu fahren, kann eine der *Execute*-Methoden (*ExecuteNonQuery, ExecuteReader, ExecuteScalar*) aufgerufen werden.

**Beispiel 10.9**   **Erzeugen und Anwenden eines *Command*-Objekts**

Es werden zwei *OleDbCommand*-Objekte erstellt. Mit dem ersten werden die Namen der Firmen aller Pariser Kunden aus *Nordwind.mdb* geändert, mit dem zweiten wird ein *DataAdapter* erstellt, der zum Befüllen eines *DataSet*-Objekts mit den Kunden-Datensätzen dient.

```
OleDbConnection conn =
    new OleDbConnection("Provider=Microsoft.Jet.OLEDB.4.0; Data Source=Nordwind.mdb;");
OleDbCommand updCmd =
    new OleDbCommand("UPDATE Kunden SET Firma = 'Pariser Kunde' WHERE Ort = 'Paris'", conn);
OleDbCommand selCmd =
    new OleDbCommand("SELECT Firma, Kontaktperson, Ort FROM Kunden WHERE Ort = 'Paris'",
                                                                                   conn);

OleDbDataAdapter da = new OleDbDataAdapter(selCmd);
DataSet ds = new DataSet();
conn.Open();
```

UPDATE-Befehl wird gegen die Datenbank gefahren:

```
updCmd.ExecuteNonQuery();
```

*DataSet* erhält neue Tabelle ("PariserKunden") mit Datensätzen gemäß SELECT-Befehl:

```
da.Fill(ds, "PariserKunden");
conn.Close();
```

**HINWEIS:** Den vollständigen Code finden Sie im PB 10.8.2 "Eine Aktionsabfrage ausführen".

## 10.3.2   Erzeugen mittels CreateCommand-Methode

Auch mit Hilfe der *CreateCommand*-Methode eines *Connection*-Objekts können Sie ein *Command*-Objekt erzeugen. Damit ersparen Sie sich etwas Schreibarbeit.

**Beispiel 10.10**  **Zwei äquivalente Varianten, wenn ein gültiges *Connection*-Objekt *conn* vorliegt.**

**Variante A:**

```
OleDbCommand cmd = new OleDbCommand();
cmd.Connection = conn;
```

**Variante B:**

```
OleDbCommand cmd = conn.CreateCommand();
```

## 10.3.3  Eigenschaften des Command-Objekts

Wir werden uns auch hier auf eine knappe Darstellung der wichtigsten Eigenschaften beschränken.

### Connection- und CommandText-Eigenschaft

Beide Eigenschaften werden üblicherweise bereits im Konstruktor übergeben (siehe oben), man kann sie aber auch separat zuweisen.

**Beispiel 10.11**  **Zwei Varianten zum Erzeugen und Initialisieren eines *OleDbCommand*-Objekts**

```
OleDbCommand cmd = new OleDbCommand(
                   "UPDATE Kunden SET Firma = 'Pariser Firma' WHERE Ort = 'Paris'",
           conn);
```

... ist äquivalent zu:

```
OleDbCommand cmd = new OleDbCommand();
cmd.Connection = conn;
cmd.CommandText = "UPDATE Kunden SET Firma = 'Pariser Firma' WHERE Ort = 'Paris'";
```

### CommandTimeout-Eigenschaft

Um festzulegen, wie lange die Ausführung einer Abfrage maximal dauern darf, können Sie der *CommandTimeout*-Eigenschaft einen Wert in Sekunden zuweisen (Standardwert = 30 Sekunden).

**Beispiel 10.12**  **Ein *DataSet* wird mit der Kundenliste der SQL-Datenbank *Northwind* gefüllt, wofür maximal 10 Sekunden zur Verfügung stehen.**

```
SqlConnection conn = new SqlConnection(
                   "Data Source=(local);Integrated Security=sspi;Initial Catalog=Northwind");
SqlCommand cmd = new SqlCommand("SELECT CustomerID, CompanyName FROM Customers", conn);Die
Ausführung der Abfrage darf maximal 30 sek dauern:
cmd.CommandTimeout = 30;
SqlDataAdapter da = new SqlDataAdapter();
da.SelectCommand = cmd;
DataSet ds = new DataSet();
conn.Open();
da.Fill(ds, "Kunden");
conn.Close();
```

> **HINWEIS:** Sollte eine Abfrage dennoch zu lange dauern, so können Sie diese innerhalb einer asynchronen Umgebung mit Hilfe der *Cancel*-Methode abbrechen.

Zum Ausführen einfacher Datenbankabfragen (wie im obigen Beispiel), können Sie auf das explizite Erzeugen eines *Command*-Objekts verzichten, denn man kann den SQL-String auch direkt dem *DataAdapter* als Parameter übergeben.

**Beispiel 10.13** | **Eine gleichwertige Realisierung des Vorgängerbeispiels**

```csharp
SqlDataAdapter da = new SqlDataAdapter("SELECT CustomerID, CompanyName FROM Customers",
                                                                                    conn);
da.SelectCommand.CommandTimeout = 30;
```

## CommandType-Eigenschaft

Mit der *CommandType*-Eigenschaft definieren Sie die auszuführende Operation. Mittels der gleichnamigen Enumeration stehen drei Möglichkeiten zur Verfügung:

- *Text* (Standardwert)
  Hier können Sie eine frei definierbare SQL-Abfrage übergeben.

- *StoredProcedure*
  Hier soll eine in der Datenbank gespeicherte Prozedur bzw. Auswahlabfrage aufgerufen werden.

- *TableDirect*
  Hier wird direkt der Name einer Tabelle angegeben (entspricht *SELECT * FROM <Tabellenname>* ).

**Beispiel 10.14** | **Aufruf der Stored Procedure "Sales by Years" in der Datenbank *Northwind***

```csharp
SqlCommand cmd = new SqlCommand("Sales by Year", conn);
cmd.CommandType = CommandType.StoredProcedure;
SqlParameter parm1 = new SqlParameter("@Beginning_Date", SqlDbType.DateTime);
```

Definition als Input-Parameter:

```csharp
parm1.Direction = ParameterDirection.Input;
```

Das *Beginn*-Datum wird der ersten *TextBox* entnommen:

```csharp
parm1.Value = Convert.ToDateTime(textBox1.Text);
```

Parameter hinzufügen:

```csharp
cmd.Parameters.Add(parm1);
```

---

> **HINWEIS:** Der nach dem gleichen Prinzip funktionierende Aufruf einer in der Datenbank *Nord-wind.mdb* gespeicherten Auswahlabfrage ist im PB 10.8.3 "Eine Auswahlabfrage aufrufen" erklärt.

---

# 10.3.4  Methoden des Command-Objekts

### ExecuteNonQuery-Methode

Diese Methode setzen Sie vor allem ein, um Aktionsbefehle auf Basis von UPDATE, INSERT oder DELETE direkt gegen die Datenbank auszuführen (also ohne Verwendung von *DataAdapter* und *DataSet*). Rückgabewert ist hier die Anzahl der betroffenen Datensätze (sonst –1).

**Beispiel 10.15**  *ExecuteNonQuery*-Methode

> Ein *OleDbCommand*-Objekt wird erzeugt und eine UPDATE-Anweisung gegen die Daten-bank gefahren. Die Anzahl betroffener Datensätze wird angezeigt (ein gültiges *OleDb-Connection*-Objekt *conn* wird vorausgesetzt).
>
> ```
> string updStr = "UPDATE Kunden SET Firma = 'Pariser Firma' WHERE Ort = 'Paris'";
> OleDbCommand updCmd = new OleDbCommand(updStr, conn);
> conn.Open();
> ```
>
> SQL-Anweisung ausführen und Anzahl betroffener Datensätze anzeigen:
>
> ```
> label1.Text = cmd.ExecuteNonQuery.ToString();
> ```

---

> **HINWEIS:** Das ausführliche Beispiel findet sich im PB 10.8.3 "Eine Aktionsabfrage ausführen".

---

Weitere Möglichkeiten für Aktionsbefehle sind die Abfrage der Struktur einer Datenbank oder das Erstellen von Datenbankobjekten, wie z.B. Tabellen.

### ExecuteReader-Methode

Auf Basis eines SELECT-Befehls erzeugt diese Methode ein *DataReader*-Objekt. Ein Instanziieren des *DataReaders* mittels *new*-Konstruktor entfällt deshalb.

**Beispiel 10.16**  Auf Basis eines gültigen *OleDbConnection*-Objekts und eines SELECT-Befehls wird ein *OleDbCommand*-Objekt erstellt und zum Erzeugen eines *DataReader*-Objekts verwendet.

```
string selStr = "SELECT Firma, Kontaktperson, Ort FROM Kunden WHERE Ort = 'Paris'";
OleDbCommand selCmd = new OleDbCommand(selStr, conn);
OleDbDataReader dr;
conn.Open();
dr = selCmd.ExecuteReader(CommandBehavior.CloseConnection);
```

### ExecuteScalar-Methode

Rückgabewert dieser Methode ist das Objekt der ersten Spalte der ersten Zeile aus der Menge der zurückgegebenen Datensätze. Generell eignet sich die *ExecuteScalar*-Methode des *Command*-Objekts für alle Abfragen, bei denen man nur an der Rückgabe eines einzigen Wertes interessiert ist.

**Beispiel 10.17**  **Abfrage des Namens der Firma eines bestimmten Kunden.**

```
SqlCommand cmd = new SqlCommand("SELECT Firma FROM Kunden WHERE KundenCode = 'ALFKI'", conn);
conn.Open();
label1.Text = Convert.ToString(cmd.ExecuteScalar);
```

Besonders vorteilhaft kann man *ExecuteScalar* zur Ausführung von Aggregatfunktionen verwenden, was weniger Aufwand erfordert als die Anwendung der *ExecuteReader*-Methode.

**Beispiel 10.18**  **Aus der Datenbank *Northwind* wird die Anzahl der in Paris wohnhaften Kunden abgefragt und angezeigt.**

```
SqlCommand cmd = new SqlCommand();
cmd.Connection = conn;
cmd.CommandText = "SELECT COUNT(*) AS Anzahl FROM Customers WHERE City = 'Paris'";
cmd.Connection.Open();                    // oder auch: conn.Open();
label1.Text = cmd.ExecuteScalar().ToString();
cmd.Connection.Close()
```

## 10.3.5  Freigabe von Connection- und Command-Objekten

In einfachen Codebeispielen stellt man häufig fest, dass der Aufruf von *Dispose()* auf *SqlConnection*- und *SqlCommand*-Objekten fehlt[1]. Auch wurde der Datenzugriffscode nicht in *try-finally*-Blöcke eingerahmt.

**Beispiel 10.19**  **Die (leider nicht ganz saubere) Programmierung einer Datenbankverbindung**

```
SqlConnection conn = new SqlConnection(connString);
SqlCommand cmd = new SqlCommand(cmdString, conn);
conn.Open();
cmd.ExecuteNonQuery();
conn.Close();
```

Das Problem ist, dass *SqlConnection* und *SqlCommand* die Schnittstelle *IDisposable* implementieren, d.h., es können auch Ressourcen aus nicht verwaltetem (unmanaged) Code zu bereinigen sein. Als Programmierer müssen Sie dann unter allen Umständen absichern, dass *Dispose()* auf diesen Objekten aufgerufen wird, nachdem die Arbeit mit ihnen beendet ist. Weil bei Nichtverfügbarkeit der Datenbank immer ein Fehler auftreten kann, sollten Sie den Aufruf von *Dispose()* auch für diesen Fall gewährleisten.

---

[1] Auch die Codebeispiele dieses Buchs bilden da (aus Platzgründen!) keine Ausnahme.

Das Problem lässt sich elegant mittels *using*-Schlüsselwort lösen, welches Ihnen lästige Schreibarbeiten abnimmt, denn intern wird automatisch ein *try-finally*-Block um das entsprechende Objekt generiert und beim Beenden wird für das Objekt *Dispose()* aufgerufen.

**Beispiel 10.20** | **Saubere Programmierung des Vorgängerbeispiels**

```csharp
using (SqlConnection conn = new SqlConnection(connString))
{
    using (SqlCommand cmd = new SqlCommand(cmdString, conn))
    {
        conn.Open();
        cmd.ExecuteNonQuery();
    }
}
```

Der intern generierte Code für obige Zeilen dürfte etwa folgendermaßen aussehen:

```csharp
SqlConnection conn = null;
SqlCommand cmd = null;
try
{
    conn = new SqlConnection(connString);
    cmd = new SqlCommand(cmdString, conn);
    conn.Open();
    cmd.ExecuteNonQuery();
}
finally
{
    if (null != cmd) cmd.Dispose();
    if (null != conn) conn.Dispose();
}
```

**HINWEIS:** Falls Sie, wie im obigen Beispiel, den Aufruf von *Close()* für die *SqlConnection* vermissen, seien Sie trotzdem unbesorgt: Intern überprüft *Dispose()* den Status der Verbindung und schließt diese für Sie.

# 10.4 Parameter-Objekte

In vielen Fällen enthält ein *Command*-Objekt Parameter bzw. Parameter-Auflistungen, mit denen parametrisierte Abfragen durchführbar sind.

## 10.4.1 Erzeugen und Anwenden eines Parameter-Objekts

Einer der möglichen Konstruktoren:

**SYNTAX:** Parameter *prm* = new **Parameter**(string *pName*, DbType *pType*);

Nach dem Zuweisen weiterer Eigenschaften erfolgt das Hinzufügen zur *Parameters*-Auflistung des *Command*-Objekts:

```
cmd.Parameters.Add(Parameter prm );
```

**Beispiel 10.21**   **Ein *SqlParameter*-Objekt *p1* wird zur *Parameters*-Collection eines vorhandenen *SqlCommand*-Objekts hinzugefügt.**

> Im Konstruktor Namen und Datentyp übergeben:
>
> ```
> SqlParameter p1 = new SqlParameter("@Geburtstag", SqlDbType.DateTime);
> ```
>
> Datumswert aus einer *TextBox* zuweisen ...
>
> ```
> p1.Value = Convert.ToDateTime(textBox1.Text);
> ```
>
> ... und zum *SqlCommand*-Objekt hinzufügen:
>
> ```
> cmd.Parameters.Add(p1);
> ```

Die so erzeugten Parameter werden zur Laufzeit in die *CommandText*-Eigenschaft des *Command*-Objekts "eingebaut".

**Beispiel 10.22**   **Der im Vorgängerbeispiel definierte Parameter *@Geburtstag* wird in eine SQL-Abfrage eingefügt.**

> ```
> cmd.CommandText = "SELECT * FROM Employees WHERE (BirthDate > @Geburtstag)";
> ```

## 10.4.2  Eigenschaften des Parameter-Objekts

### ParameterName- und Value-Eigenschaft

Beide Eigenschaften dürften selbsterklärend sein.

**Beispiel 10.23**   **Eine alternative Zuweisung für das obige erste Beispiel wäre:**

> ```
> p1.ParameterName = "@Geburtstag";
> p1.Value = Convert.ToDateTime(textBox1.Text);
> ```

### DbType, OleDbType und SqlDbType-Eigenschaft

Durch das Spezifizieren des Datentyps wird der Wert des Parameters dem Datentyp des .NET-Datenproviders angepasst, bevor er an die Datenquelle weitergereicht wird. Fehlt die Typangabe, so leitet ihn ADO.NET von der *Value*-Eigenschaft des *Parameter*-Objekts ab.

Alternativ zu *OleDbType*- bzw. *SqlDbType*-Eigenschaft kann der Datentyp eines Parameters auch allgemein (generisch) aus *System.Data.DbType* abgeleitet werden.

**Beispiel 10.24**   **Ein *Byte*-Parameter wird erzeugt, initialisiert und zur *Parameters*-Collection eines *SqlCommand*-Objekts hinzugefügt.**

> ```
> SqlParameter prm = cmd.Parameters.Add("@p2", SqlDbType.TinyInt);
> ```

### Direction-Eigenschaft

Die Eigenschaft bestimmt die Richtung des Parameters relativ zum *DataSet*. Die *Parameter-Direction*-Enumeration enthält die in der Tabelle aufgeführten Werte:

| ParameterDirection | Beschreibung |
|---|---|
| *Input* | Es handelt sich um einen Eingabeparameter (Standard) |
| *InputOutput* | Der Parameter unterstützt sowohl Ein- als auch Ausgabe |
| *Output* | Es handelt sich um einen Ausgabeparameter |
| *ReturnValue* | Der Parameter ist ein Rückgabewert aus einer Operation |

**Beispiel 10.25**  **Ein *OleDbParameter* wird erstellt und seine *Direction*-Eigenschaft festgelegt.**

```csharp
public void CreateOleDbParameter()
{
    OleDbParameter p1 = new OleDbParameter("Description", OleDbType.VarChar, 50);
    p1.IsNullable = true;
    p1.Direction = ParameterDirection.Output;
}
```

# 10.5 Das CommandBuilder-Objekt

Das manuelle Zuweisen der *Insert-, Update- und DeleteCommand*-Eigenschaften des *DataAdapter*s ist mitunter eine ziemlich aufwändige Angelegenheit. Falls Ihr *DataAdapter* nur auf einer einzigen Datenbanktabelle aufsetzt, können Sie vorteilhaft den *CommandBuilder* zum automatischen Generieren der *Command*-Objekte verwenden.

## 10.5.1 Erzeugen

Voraussetzung für den Einsatz eines *CommandBuilder*-Objekts ist, dass dem *DataAdapter* vorher die *SelectCommand*-Eigenschaft zugewiesen wurde. Eine einzige Anweisung reicht dann aus, um einen *CommandBuilder* mit einem *DataAdapter* zu verkoppeln:

**SYNTAX:**  `CommandBuilder cmdBuilder = new CommandBuilder(DataAdapter da);`

Der *CommandBuilder* verfolgt nun argwöhnisch alle am *DataSet* vorgenommenen Änderungen und generiert die erforderlichen Queries bzw. *Command*-Objekte selbstständig im Hintergrund.

## 10.5.2 Anwenden

Die *Update*-Methode des *DataAdapter*s würde im folgenden Beispiel ohne *OleDbCommandBuilder* fehlschlagen.

**Beispiel 10.26** | **Aktualisieren der Kunden-Tabelle aus *Nordwind.mdb*.**

Beim Instanziieren erhält der *DataAdapter* automatisch auch seine *SelectCommand*-Eigenschaft, sodass diese nicht explizit zugewiesen werden muss:

```
OleDbDataAdapter da = new OleDbDataAdapter("SELECT * FROM Kunden", conn);
```

Ein *OleDbCommandBuilder* wird mit dem *OleDbDataAdapter* verbunden:

```
OleDbCommandBuilder cmdB = new OleDbCommandBuilder(da);
```

Ein *DataSet* wird mit den Daten gefüllt:

```
DataSet ds = new DataSet();
conn.Open();
da.Fill(ds, "Kunden");
...
```

Nachdem die Daten geändert wurden, werden die Änderungen in die Datenbank zurückgeschrieben:

```
da.Update(ds, "Kunden");
```

Beim Aufruf von *Dispose* wird die Zuordnung von *CommandBuilder* zu *DataAdapter* aufgehoben, und die generierten Befehle werden nicht mehr verwendet.

---

**HINWEIS:** Ein Beispiel für den Einsatz des *CommandBuilder*s finden Sie im PB 10.8.4 "Die Datenbank aktualisieren".

---

# 10.6   Das DataReader-Objekt

Häufig genügt ein Lesezugriff auf die Datensätze. Dabei müssen im Frontend meist nur einige für die Listendarstellung benötigte Komponenten gefüllt bzw. aktualisiert werden (*ListBox*, *Combo-Box*, *ListView*, *TreeView*, *DataGridView* usw.).

Im .NET-Framework gibt es für diesen Zweck den *DataReader*. Diese Klasse ist für einen einmaligen ReadOnly-Hochgeschwindigkeitszugriff auf eine Datensatzgruppe optimiert und ähnelt anderen *Reader*-Objekten wie *TextReader*, *StreamReader* und *XmlReader*. In Abhängigkeit vom verwendeten .NET-Datenprovider gibt es auch hier unterschiedliche Typen (*SqlDataReader*, *OleDbDataReader*).

## 10.6.1   DataReader erzeugen

Einen *DataReader* erzeugt man in der Regel nicht mit dem *new*-Konstruktor, sondern mit der *ExecuteReader*-Methode des zugrunde liegenden *Command*-Objekts:

**SYNTAX:**   DataReader *dr* = *cmd*.ExecuteReader();

Mitunter wird auch dem *Execute*-Konstruktor als Argument der Wert *CloseConnection* (aus der *CommandBehavior*-Enumeration) übergeben. Damit ist gewährleistet, dass die Verbindung automatisch nach dem Durchlauf des *DataReader*s geschlossen wird.

**Beispiel 10.27**   **Ein *DataReader*, der auch das Schließen des *Connection*-Objekts erledigt, wird instanziiert.**

```csharp
DataReader dr = cmd.ExecuteReader(CommandBehavior.CloseConnection);
```

## 10.6.2  Daten lesen

Das Auslesen der Informationen innerhalb einer Schleife ist typisch für die Arbeit mit dem *Data-Reader*.

**Beispiel 10.28**   **Die Kundentabelle aus *Nordwind.mdb* wird zeilenweise in eine *ListBox* ausgelesen.**

```csharp
const string SQL = "SELECT * FROM Kunden ORDER BY KundenCode";
OleDbConnection conn = new OleDbConnection("Provider=Microsoft.Jet.OLEDB.4.0;
                                           Data Source=Nordwind.mdb;");
OleDbCommand cmd = new OleDbCommand(SQL, conn);
OleDbDataReader dr;
conn.Open();
dr = cmd.ExecuteReader();
string str;
string tab = "   ";
while (dr.Read())
{
  str = dr["KundenCode"] + tab;
  str += dr["Firma"] + tab;
  str += dr["Kontaktperson"] + tab;
  str += dr["Strasse"] + tab;
  str += dr["PLZ"] + tab;
  str += dr["Ort"];
  listBox1.Items.Add(str);
}
dr.Close();
conn.Close();
```

**Ergebnis**

```
ALFKI  Alfreds Futterkiste  Maria Anders  Obere Str. 57  12209  Berlin
ANATR  Ana Trujillo Emparedados y helados  Ana Trujillo  Avda. de la Constitución 2222  05021
ANTON  Antonio Moreno Taquería  Antonio Moreno  Mataderos 2312  05023  México D.F.
AROUT  Around the Horn  Thomas Hardy  120 Hanover Sq.  WA1 1DP  London
BERGS  Berglunds snabbköp  Christina Berglund  Berguvsvägen 8  S-958 22  Luleå
BLAUS  Blauer See Delikatessen  Hanna Moos  Forsterstr. 57  68306  Mannheim
BLONP  Blondel père et fils  Frédérique Citeaux  24, place Kléber  67000  Strasbourg
BOLID  Bólido Comidas preparadas  Martín Sommer  C/ Araquil, 67  28023  Madrid
BONAP  Bon app'  Laurence Lebihan  12, rue des Bouchers  13008  Marseille
BOTTM  Bottom-Dollar Markets  Elizabeth Lincoln  23 Tsawassen Blvd.  T2F 8M4  Tsawassen
BSBEV  B's Beverages  Victoria Ashworth  Fauntleroy Circus  EC2 5NT  London
CACTU  Cactus Comidas para llevar  Patricio Simpson  Cerrito 333  1010  Buenos Aires
CENTC  Centro comercial Moctezuma  Francisco Chang  Sierras de Granada 9993  05022  Méx
CHOPS  Chop-suey Chinese  Yang Wang  Hauptstr. 29  3012  Bem
COMMI  Comércio Mineiro  Pedro Afonso  Av. dos Lusíadas, 23  05432-043  São Paulo
CONSH  Consolidated Holdings  Elizabeth Brown  Berkeley Gardens 12  Brewery  WX1 6LT  Lo
```

---

> **HINWEIS:** Es ist wichtig, dass Sie den *DataReader* so schnell wie möglich nach dem Auslesen
> der Daten wieder schließen, da sonst das *Connection*-Objekt blockiert ist!

---

## 10.6.3 Eigenschaften des DataReaders

### Item-Eigenschaft

Diese Eigenschaft ermöglicht den Zugriff auf die aktuelle Spalte, der Rückgabewert ist vom
*Object*-Datentyp (ähnlich der *Item*-Eigenschaft des *DataRow*-Objekts). Falls der Datentyp vorher
bekannt ist, sollte man eine der *Get*-Methoden (siehe unten) für den Zugriff verwenden.

### FieldCount-Eigenschaft

Diese Eigenschaft liefert die Gesamtanzahl der Datensätze.

### IsClosed-Eigenschaft

Der Wert ist *true*, falls der *DataReader* geschlossen ist.

## 10.6.4 Methoden des DataReaders

### Read-Methode

Damit wird das automatische Weiterbewegen zum nächsten Datensatz innerhalb der *while*-Schleife
ermöglicht (Rückgabewert *true/false*).

### GetValue- und GetValues-Methode

Während *GetValue* – ähnlich der *Item*-Eigenschaft – den Wert einer Spalte (basierend auf dem
Spaltenindex) zurückgibt, nimmt *GetValues* ein Array entgegen, in welchem der *DataReader* den
Inhalt der aktuellen Zeile ablegt. Mit *GetValues* wird beste Performance erreicht.

### GetOrdinal- und ähnliche Methoden

Eine Vielzahl von *Get*...-Methoden ermöglichen ein Konvertieren der gelesenen Werte in fast jeden
Datentyp.

**Beispiel 10.29**   **Ein Datumswert aus der *Employee*-Tabelle der *Northwind*-Datenbank wird ausgelesen.**

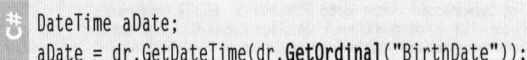

```csharp
DateTime aDate;
aDate = dr.GetDateTime(dr.GetOrdinal("BirthDate"));
```

### Bemerkungen

Nach dem Laden der Daten mit dem *DataReader* kopiert man in der Regel die Datensätze zeilenweise in Objekte um.

**Beispiel 10.30** | **Einlesen von Kundendaten**

```csharp
CKunde kd = new CKunde();
kd.ID = Convert.ToInt64(DataReader["id"]);
k.Ort = Convert.ToString(Ort["id"]);
```

Das ist insbesondere bei vielen Tabellenspalten sehr arbeitsaufwändig. Außerdem liegt die meiste Arbeit noch vor Ihnen, denn in der Regel wollen Sie die Daten nicht nur lesen, sondern Sie wollen auch Änderungen speichern.

# 10.7  Das DataAdapter-Objekt

Datenadapter werden in einer Art "Brückenfunktion" dazu genutzt, Daten mittels SQL-Anweisungen aus Datenquellen in *DataSet*s zu transportieren bzw. um Datenquellen mit den geänderten Inhalten von *DataSet*s zu aktualisieren. Das *DataAdapter*-Objekt verwendet das *Connection*-Objekt des jeweiligen .NET-Datenproviders, um eine Verbindung zu einer Datenquelle herzustellen, und ist außerdem auf verschiedene *Command*-Objekte angewiesen.

Hin- und Rücktransport der Daten zwischen Datenquelle und *DataSet* werden mit der *Fill*- und *Update*-Methode des *DataAdapter*s realisiert. Beide lösen die entsprechenden SQL-Anweisungen aufgrund der dem *DataAdapter* übergebenen *Command*-Objekte aus.

## 10.7.1  DataAdapter erzeugen

Mehrere überladene Konstruktoren stellen den Newcomer vor die Qual der Wahl.

### Konstruktor mit SELECT-String und Connection-Objekt

Im einfachsten Fall kommt man sogar ohne *Command*-Objekt aus, es genügt, dem Konstruktor des *DataAdapter*-Objekts eine SELECT-Anweisung und das *Connection*-Objekt als Parameter zu übergeben:

**SYNTAX:**  DataAdapter *da* = new **DataAdapter**(string *selectStr*, Connection *conn*);

**Beispiel 10.31** | **Ein *DataAdapter* füllt ein *DataSet* mit Datensätzen aus *Nordwind.mdb*.**

```csharp
using System.Data.OleDb;
...
OleDbConnection conn = new OleDbConnection(
                     "Provider=Microsoft.Jet.OLEDB.4.0; Data Source=Nordwind.mdb;");
OleDbDataAdapter da = new OleDbDataAdapter("SELECT * FROM Kunden WHERE Ort = 'Paris'", conn);
DataSet ds = new DataSet();
conn.Open();
da.Fill(ds, "PariserKunden");
conn.Close();
```

### Konstruktor mit SelectCommand-Objekt

Eine weitere Möglichkeit ist die Verwendung eines Konstruktors, dem ein *Command*-Objekt
(SELECT-Befehl) zu übergeben ist:

**SYNTAX:**    `DataAdapter da = new DataAdapter(Command selectCommand);`

**Beispiel 10.32** | **Das Vorgängerbeispiel wird mit einem *Command*-Objekt realisiert.**

```csharp
using System.Data.OleDb;
...
OleDbConnection conn = new OleDbConnection("Provider=Microsoft.Jet.OLEDB.4.0; Data
Source=Nordwind.mdb;");
OleDbCommand cmd = new OleDbCommand("SELECT Firma FROM Kunden WHERE Ort = 'Paris'");
cmd.Connection = conn;
OleDbDataAdapter da = new OleDbDataAdapter(cmd);
DataSet ds = new DataSet();
conn.Open();
da.Fill(ds, "PariserKunden");
conn.Close();
```

## 10.7.2  Command-Eigenschaften

Ein *DataAdapter* benötigt für die komplette Zusammenarbeit mit der Datenquelle vier verschiedene *Command*-Objekte, die als Eigenschaften zugewiesen werden:

- *SelectCommand* zur Abfrage

- *UpdateCommand* zur Aktualisierung

- *InsertCommand* zum Einfügen

- *DeleteCommand* zum Löschen

**Beispiel 10.33** | **Realisierung der Vorgängerbeispiele mittels *SelectCommand*-Eigenschaft**

```csharp
using System.Data.OleDb;
...
OleDbConnection conn = new OleDbConnection( "Provider=Microsoft.Jet.OLEDB.4.0;Data
Source=Nordwind.mdb;")
OleDbCommand cmd = new OleDbCommand("SELECT Firma FROM Kunden WHERE Ort = 'Paris'");
cmd.Connection = conn;
OleDbDataAdapter da = new OleDbDataAdapter();
da.SelectCommand = cmd;
DataSet ds = new DataSet();
conn.Open();
da.Fill(ds, "PariserKunden");
conn.Close();
```

Die *SelectCommand*-Eigenschaft muss gesetzt werden, **bevor** die *Fill*-Methode des *DataAdapter*s aufgerufen wird.

## 10.7.3  Fill-Methode

Die relativ unkomplizierte *Fill*-Methode des *DataAdapter* hatten Sie bereits in zahlreichen Beispielen kennen gelernt. Hier noch einmal die am häufigsten benutzte Aufrufvariante:

**SYNTAX:**  `DataAdapter da.Fill(DataSet ds, string tblName)`

**Beispiel 10.34**  **Ein *DataSet* wird mit der Kundentabelle aus *Nordwind.mdb* gefüllt. Im *DataSet* sollen die Namen aller Firmen aus Paris geändert werden in "Pariser Firma".**

```
OleDbConnection conn = new OleDbConnection(
                        "Provider=Microsoft.Jet.OLEDB.4.0; Data Source=Nordwind.mdb;");
OleDbDataAdapter da = new OleDbDataAdapter("SELECT * FROM Kunden", conn);
DataSet ds = new DataSet();
da.Fill(ds, "Kunden");
```

Das Arbeiten mit den Daten im *DataSet*:

```
DataTable dt = ds.Tables["Kunden"];
foreach (DataRow cRow in dt.Rows)                  // alle Zeilen der DataTable durchlaufen
    if (cRow["Ort"].ToString() == "Paris")
        cRow["Firma"] = "Pariser Firma";
...
```

Das Beispiel wird im folgenden Abschnitt fortgesetzt!

### Begrenzen der Datenmenge

Geht es nur um die Übertragung kleinerer Datenmengen, so ist die bislang praktizierte Vorgehensweise problemlos, nicht aber wenn es sich um Hunderte von Datensätzen handelt.

Abhilfe schafft eine (überladene) Version der *Fill*-Methode, die die Anzahl der zu transportierenden Datensätze begrenzt:

**SYNTAX:**  `int z = DataAdapter da.Fill(DataSet ds, int start, int anzahl, string tblName);`

*start*  = Nummer der Startzeile
*anzahl*  = Anzahl der abzurufenden Datensätze
*z*  = Anzahl der tatsächlich zurückgegebenen Datensätze

**Beispiel 10.35**  **Ab Zeile 100 werden 50 Zeilen aus der Datenbank abgerufen und in die "Kunden"-Tabelle gefüllt.**

```
int z = da.Fill(ds, 100, 50, "Kunden");
```

## 10.7.4  Update-Methode

Irgendwann einmal müssen die im *DataSet* vorgenommenen Änderungen in die Datenquelle zurückgeschrieben werden. Zu diesem Zweck wird (kurzzeitig) eine Verbindung zur Datenbank aufgebaut. Genauso wie beim Füllen spielt auch hier ein *DataAdapter*-Objekt die Vermittlerrolle, wobei dessen *Update*-Methode gewissermaßen das Pendant zur *Fill*-Methode ist und zum Zurückschreiben der im *DataSet* vorgenommenen Änderungen in die Datenquelle dient.

Genauso wie die *Fill*-Methode benötigt die *Update*-Methode als Parameter die Instanz eines *DataSet*s und (optional) den Namen der *DataTable*.

**SYNTAX:**    DataAdapter *da*.`Update`( DataSet *ds*, string *tblName*);

Bei der *Update*-Methode läuft es nicht ganz so einfach ab wie bei der *Fill*-Methode, da ein *DataSet* völlig autark existiert und nur gelegentlich mit der Datenbank verbunden wird.

**Beispiel 10.35**  (*Fortsetzung*)

Ziel ist das Zurückschreiben der in der Spalte "Firma" (und nur dort!) vorgenommenen Änderungen in die Datenquelle. Grundlage ist eine UPDATE-Anweisung mit zwei Parametern (die? sind die Platzhalter):

```
...
OleDbCommand cmd = new OleDbCommand("UPDATE Kunden SET Firma = ? WHERE KundenCode = ?",
conn);
```

Der *Add*-Methode werden Parametername, Datentyp, Spaltenbreite und Spaltenname übergeben:

```
cmd.Parameters.Add("@p1", OleDbType.VarChar, 30, "Firma");
```

Für die Schlüsselspalte eine Extrawurst:

```
OleDbParameter prm = cmd.Parameters.Add("@p2", OleDbType.VarChar);
prm.SourceColumn = "KundenCode";
```

Der ursprüngliche Wert (beim Füllen des *DataSet*s) ist maßgebend:

```
prm.SourceVersion = DataRowVersion.Original;

da.UpdateCommand = cmd;
da.Update(ds, "Kunden");
```

---

**HINWEIS:** Der Kern der Aktualisierungslogik liegt in der WHERE-Bedingung der UPDATE-Anweisung. Der Datensatz wird nur dann aktualisiert, wenn der Wert der Schlüsselspalte, mit dem er geladen wurde, noch vorhanden ist.

---

■  Durch Einsatz eines *CommandBuilder*-Objekts kann das manuelle Erstellen der *Update-Command-*, *InsertCommand-* und *DeleteCommand*-Eigenschaften automatisiert werden.

■  Ein komplettes Beispiel finden Sie im PB 10.8.4 "Die Datenbank aktualisieren"

# 10.8 Praxisbeispiele

## 10.8.1 Wichtige ADO.NET-Objekte im Einsatz

Wer sich nicht nur blind auf die Hilfe von Assistenten verlassen möchte, sollte sich in der ADO.-NET-Objekthierarchie ein wenig auskennen, damit er die Objekte bei Bedarf selbst per Code programmieren kann.

Die *Columns*- und *Rows*-Auflistungen zählen zu den wichtigsten Eigenschaften der *DataTable*-Klasse, weil sie den Zugriff auf sämtliche Spalten und Zeilen der Tabelle ermöglichen. Das vorliegende Beispiel soll das Zugriffsprinzip verdeutlichen, indem es uns den Inhalt der *Artikel*-Tabelle der *Nordwind*-Datenbank anzeigt.

### Oberfläche

Sie brauchen lediglich eine *ListBox* und einen *Button* zum Beenden (siehe Laufzeitansicht).

### Quellcode

```
using System.Data.OleDb;
...
```

Alles beginnt mit der Festlegung der Verbindungszeichenfolge (*ConnectionString*) zur Access-Datenbank, die wir aus Bequemlichkeitsgründen gleich mit in das Anwendungsverzeichnis kopiert haben, um nicht den kompletten Datenbankpfad eintragen zu müssen:

```
private void Form1_Load(object sender, System.EventArgs e)
{
    OleDbConnection conn =
        new OleDbConnection("Provider=Microsoft.Jet.OLEDB.4.0; Data Source=Nordwind.mdb");
    string cmdStr =
        "SELECT ArtikelNr,Artikelname,Liefereinheit,Einzelpreis,Mindestbestand FROM Artikel";
    OleDbCommand cmd = new OleDbCommand(cmdStr, conn);
```

Nun geht es um das Füllen des *DataSets* mit Hilfe des *DataAdapter*:

```
    OleDbDataAdapter da = new OleDbDataAdapter(cmd);
    DataSet ds = new DataSet();
    conn.Open();
    da.Fill(ds, "ArtikelListe");
    conn.Close();
```

Die Datenbankverbindung ist ab jetzt wieder getrennt und der Benutzer arbeitet mit dem abgekoppelten *DataSet* quasi wie mit einer Minidatenbank:

```
    DataTable dt = ds.Tables["ArtikelListe"];
```

Nachdem je eine Zeilen- und Spaltenvariable definiert sind, sorgen zwei ineinander verschachtelte *foreach*-Schleifen für den Durchlauf der Auflistungen:

```
    foreach (DataRow cRow in dt.Rows)
```

```
    {
        foreach (DataColumn cCol in dt.Columns)
            listBox1.Items.Add(cCol.ColumnName + " = " + cRow[cCol.Ordinal].ToString());
        listBox1.Items.Add("----------------------------------------------------");
    }
}
```

### Test

Sofort nach Programmstart erscheint der Inhalt der *Artikel*-Tabelle in der *ListBox*.

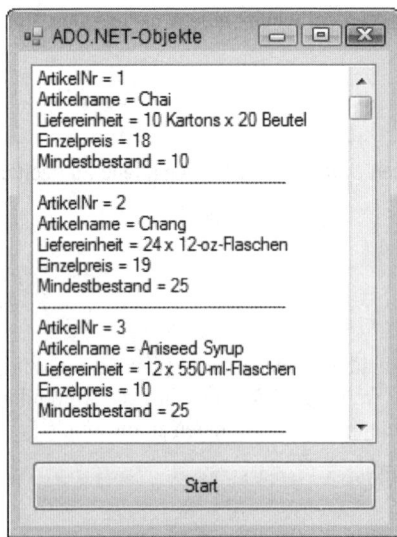

### Bemerkungen

■  Am Quellcode können Sie den typischen Ablauf eines Datenbankzugriffs studieren: Verbindung öffnen, Daten übertragen, Verbindung schließen.

■  Beim Durchlaufen der Datensätze werden Sie die vom altvertrauten ADO-*Recordset*-Objekt her bekannten Methoden wie *MoveFirst*, *MoveNext* etc. vergeblich suchen. Dafür besteht unter ADO.NET keinerlei Notwendigkeit mehr, da alle Datensätze im *DataSet* quasi wie in einem Array gespeichert sind und ein sofortiger (indizierter) Zugriff möglich ist, ohne dass man sich erst mühsam "hinbewegen" muss.

## 10.8.2   Eine Aktionsabfrage ausführen

Wir wollen an die *Nordwind.mdb*-Beispieldatenbank folgendes SQL-Statement absetzen:

```
UPDATE Kunden SET Firma = 'Londoner Firma' WHERE Ort = 'London'
```

Das vorliegende Beispiel zeigt, wie Sie dazu die *ExecuteNonQuery*-Methode des *Command*-Objekts verwenden können.

## Oberfläche

Sie brauchen ein *DataGridView*, zwei *TextBox*en, zwei *Buttons* und einige *Labels* (siehe Laufzeit-ansicht). Beide *TextBox*en sollen dazu dienen, dass Sie die Einträge für den Firmennamen und den Ort zur Laufzeit verändern können.

## Quellcode

Für das Ausführen des Beispiels wären eigentlich ein *Connection*- und ein *Command*-Objekt völlig ausreichend. Da wir uns aber auch von der Wirkung des UPDATE-Befehls überzeugen wollen, müssen wir einigen zusätzlichen Aufwand für die Anzeige betreiben: Das *DataGridView* benötigt ein *DataSet* als Datenquelle, welches wiederum von einem *DataAdapter* gefüllt wird.

```
using System.Data.OleDb;
public partial class Form1 : Form
{
    OleDbConnection conn =
            new OleDbConnection("Provider=Microsoft.Jet.OLEDB.4.0;
                                            Data Source=Nordwind.mdb;");
    DataSet ds = new DataSet();
    OleDbCommand cmd = new OleDbCommand();
```

Aktionsabfrage starten:

```
    private void button1_Click(object sender, System.EventArgs e)
    {
        OleDbDataAdapter da =
          new OleDbDataAdapter("SELECT Firma, Kontaktperson, Ort FROM Kunden ORDER BY Firma",
                            conn);
        ds.Clear();
        cmd.Connection = conn;
```

Das Zusammenbasteln des UPDATE-Strings verlangt etwas Fingerspitzengefühl, darf man doch auch die Apostrophe ('), die die Feldbezeichner einschließen, nicht vergessen:

```
        cmd.CommandText = "UPDATE Kunden SET Firma = '" + textBox1.Text + "' WHERE Ort = '" +
                        textBox2.Text + "'";
```

Sicherheitshalber haben wir diesmal den kritischen Programmteil in eine Fehlerbehandlungs-routine eingebaut:

```
        try
        {
            conn.Open();
```

Die folgende Anweisung führt den UPDATE-Befehl aus und zeigt gleichzeitig die Anzahl der in der Datenbank geänderten Datensätze an:

```
            label1.Text = cmd.ExecuteNonQuery().ToString();
        }
        catch (Exception ex)
        {
```

```
            MessageBox.Show(ex.Message);
        }
    da.Fill(ds, "Kunden");
    conn.Close();
```

Das *DataGridView* an das *DataSet* anklemmen:

```
    dataGridView1.DataSource = ds;
    dataGridView1.DataMember = "Kunden";
    }
}
```

## Test

Stimmt die Verbindungszeichenfolge des *Connection*-Objekts, dürfte es keine Probleme beim Ausprobieren unterschiedlicher Updates geben.

## Bemerkungen

- Bei SQL-Aktionsabfragen werden keine Datensätze gelesen bzw. zurückgeliefert, sondern es
  geht lediglich um direkte Änderungen in der Datenquelle per SQL-Befehl (UPDATE,
  INSERT, DELETE). Ein *DataSet* ist dabei nicht beteiligt!

- Wie Sie die Änderungen zuerst in einer *DataTable* vornehmen und erst danach in die Datenbank zurückschreiben, erfahren Sie im PB 10.8.4 "Die Datenbank aktualisieren".

### 10.8.3 Eine Auswahlabfrage aufrufen

Die unter Microsoft Access gespeicherten Auswahlabfragen kann man quasi als Pendant zu den Stored Procedures des Microsoft SQL Servers betrachten. Öffnen Sie das Datenbankfenster von *Nordwind.mdb* und Sie sehen das zahlreiche Angebot an vorbereiteten Abfragen, die Sie natürlich auch selbst um weitere ergänzen können:

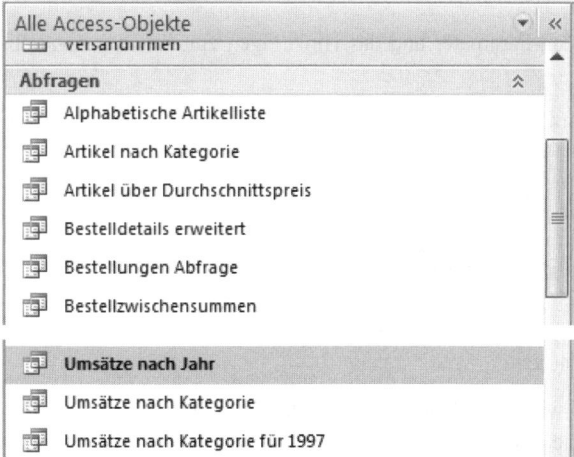

Hinter jeder Auswahlabfrage verbirgt sich in der Regel eine parametrisierte SQL-SELECT-Anweisung, die Sie sich im Access-Datenbankprogramm durch Öffnen der Entwurfsansicht über den Kontextmenübefehl *SQL-Ansicht* anschauen können. Dabei finden Sie auch die zu übergebenden Parameter und deren Datentypen leicht heraus:

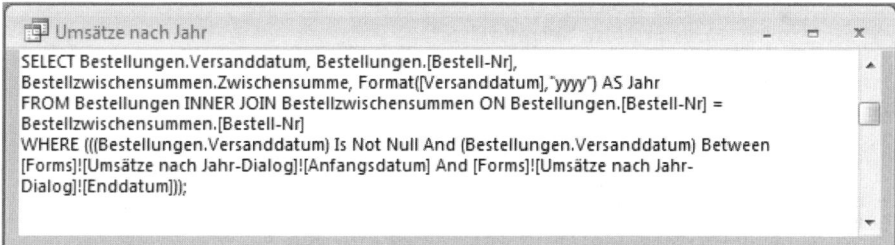

#### Oberfläche

Ein *DataGridView*, zwei *TextBox*en und ein *Button* sollen für unseren Test genügen (siehe Laufzeitansicht am Schluss).

#### Quellcode

```
using System.Data.OleDb;
public partial class Form1 : Form
{
```

```
...
  private void button1_Click(object sender, System.EventArgs e)
  {
      string connStr = "Provider=Microsoft.Jet.OLEDB.4.0; Data Source=Nordwind.mdb;";
      OleDbConnection conn = new OleDbConnection(connStr);

      OleDbCommand cmd = new OleDbCommand("[Umsätze nach Jahr]", conn);
      cmd.CommandType = CommandType.StoredProcedure;
```

Die Definition der beiden Parameter und das Hinzufügen zur *Parameters*-Auflistung des *Command*-Objekts:

```
      OleDbParameter parm1 = new OleDbParameter("@Anfangsdatum", OleDbType.DBDate);
      parm1.Direction = ParameterDirection.Input;
      parm1.Value = Convert.ToDateTime(textBox1.Text);
      cmd.Parameters.Add(parm1);

      OleDbParameter parm2 = new OleDbParameter("@EndDatum", OleDbType.DBDate);
      parm2.Direction = ParameterDirection.Input;
      parm2.Value = Convert.ToDateTime(textBox2.Text);
      cmd.Parameters.Add(parm2);
```

Das *Command*-Objekt wird dem Konstruktor des *DataAdapter*s übergeben. Nach dem Öffnen der *Connection* wird die Abfrage ausgeführt. Die zurückgegebenen Datensätze werden in einer im *DataSet* neu angelegten Tabelle mit einem von uns frei bestimmten Namen *Jahresumsätze* gespeichert:

```
      OleDbDataAdapter da = new OleDbDataAdapter(cmd);
      DataSet ds = new DataSet();
      try
      {
          conn.Open();
          da.Fill(ds, "Jahresumsätze");
          conn.Close();
      }
      catch(Exception ex)
      {
          MessageBox.Show(ex.ToString());
      }
```

Die Anzeige:

```
      dataGridView1.DataSource = ds;
      dataGridView1.DataMember = "Jahresumsätze";
```

Wenigstens die Währungsspalte sollte eine ordentliche Formatierung erhalten (bei den übrigen Spalten belassen wir es bei den Standardeinstellungen):

```
      dataGridView1.Columns.Remove("Zwischensumme");
      DataGridViewTextBoxColumn tbc = new DataGridViewTextBoxColumn();
      tbc.DataPropertyName = "Zwischensumme";
      tbc.HeaderText = "Zwischensumme";
```

```
        tbc.Width = 80;
        tbc.DefaultCellStyle.Format = "c";
        tbc.DefaultCellStyle.Alignment = DataGridViewContentAlignment.MiddleRight;
        tbc.DefaultCellStyle.Font = new Font(dataGridView1.Font, FontStyle.Bold);
        tbc.DisplayIndex = 2;
        dataGridView1.Columns.Add(tbc);
    }
}
```

### Test

Nach Eingabe sinnvoller Datumswerte dürfte sich Ihnen der folgende Anblick bieten:

## 10.8.4  Die Datenbank aktualisieren

Aktualisieren (UPDATE), Hinzufügen (INSERT) und Löschen (DELETE) von Datensätzen zählen zu den kritischen Datenbankoperationen, die auch unter ADO.NET weitaus mehr Aufmerksamkeit erfordern, als eine einfache SELECT-Abfrage.

Ganz im Einklang mit der ADO.NET-Philosophie müssen wir dabei in drei Etappen vorgehen:

- Das *DataSet* mit der Datenbank verbinden, um bestimmte Datensätze von dort abzuholen (hierzu wird das *SelectCommand*-Objekt des *DataAdapter*s eingesetzt).

- Bei abgekoppelter Datenbank die Änderungen direkt im *DataSet* vornehmen (hierzu ist eine SQL-Anweisung leider untauglich, da das *DataSet* kein SQL kennt).

- Das *DataSet* irgendwann mal wieder mit der Datenbank verbinden, um die Inhalte zu aktualisieren (hierzu werden *UpdateCommand*-, *InsertCommand*- und *DeleteCommand*-Objekt des *DataAdapter*s gebraucht).

Wir wollen das am Beispiel der *Artikel*-Tabelle aus der Datenbank *Nordwind.mdb* demonstrieren.

## Oberfläche

Neben zwei *Button*s zum Anzeigen und Aktualisieren brauchen wir noch eine *DataGridView*-Komponente (siehe Laufzeitabbildung).

## Quellcode (Command-Objekte selbst programmiert)

```
using System.Data.OleDb;

public partial class Form1 : Form
{
```

Die wichtigsten Objekte sollten global verfügbar sein:

```
private OleDbConnection conn = new OleDbConnection(
                    "Provider=Microsoft.Jet.OLEDB.4.0;Data Source=Nordwind.mdb;");
private OleDbDataAdapter da = null;
private DataSet ds = null;
...
```

Die folgende Methode *getArtikel* liefert ein gefülltes *DataSet* zurück:

```
public DataSet getArtikel()
{
```

*SelectCommand*-Objekt für *DataAdapter* erstellen (geschieht automatisch beim Instanziieren):

```
string selStr =
"SELECT ArtikelNr, Artikelname, Einzelpreis, Mindestbestand FROM Artikel ORDER BY
                                                         Artikelname";
da = new OleDbDataAdapter(selStr, conn);
```

Die folgende Anweisung sorgt dafür, dass neu hinzugefügte Datensätze sofort einen Primärschlüssel erhalten.

```
da.MissingSchemaAction = MissingSchemaAction.AddWithKey;
conn.Open();
DataSet ds = new DataSet();
da.Fill(ds, "Artikel");
conn.Close();
return ds;
}
```

Der Methode *setArtikel* wird ein gefülltes *DataSet* per Referenz übergeben. Mit Hilfe eines *CommandBuilder*s werden im Hintergrund für den *DataAdapter* die *UpdateCommand*, *InsertCommand*- und *DeleteCommand*-Objekte erstellt, die für das Zurückschreiben der im *DataSet* vorgenommenen Änderungen in die Datenbank verantwortlich zeichnen.

```
public void setArtikel(ref DataSet ds)
{
    OleDbCommandBuilder cb = new OleDbCommandBuilder(da);

    conn.Open();
```

```
            da.Update(ds, "Artikel");
            conn.Close();
        }
```

Anzeigen:

```
    private void button1_Click(object sender, EventArgs e)
    {
        dataGridView1.DataSource = null;
        ds = getArtikel();
        dataGridView1.DataSource = ds;              // DataGridView mit DataSet verbinden
        dataGridView1.DataMember = "Artikel";
        formatDataGridView(dataGridView1);
    }
```

Aktualisieren:

```
    private void button2_Click(object sender, EventArgs e)
    {
```

Nur die Änderungen zurück in die Datenbank schreiben:

```
        DataSet ds1 = ds.GetChanges();
        if (ds1 != null)
        {
            try
            {
                setArtikel(ref ds1);
```

Die per Referenz zurückgegebenen Datensätze werden mit dem Original-*DataSet* zusammengeführt:

```
                ds.Merge(ds1);
                ds.AcceptChanges();
                MessageBox.Show("Datenbank wurde aktualisiert!", "Erfolg");
            }
            catch (Exception ex)
            {
                ds.RejectChanges();
                MessageBox.Show(ex.Message, "Fehler");
            }
        }
    }
}
```

## Test

Klicken Sie auf die "Artikel anzeigen"-Schaltfläche, um das *DataSet* anzuzeigen. Nehmen Sie dann einige Änderungen direkt im *DataGridView* vor, fügen Sie Datensätze hinzu (dazu an das Ende des *DataGridView* scrollen) oder löschen Sie Datensätze (mit *Entf*-Taste, vorher komplette Zeile markieren). Klicken Sie auf "Artikel aktualisieren" um die Änderungen in die Datenbank zu übertragen. Lassen Sie sich dann erneut die Artikel anzeigen um sich davon zu überzeugen, dass alle Änderungen tatsächlich in der Datenbank angekommen sind.

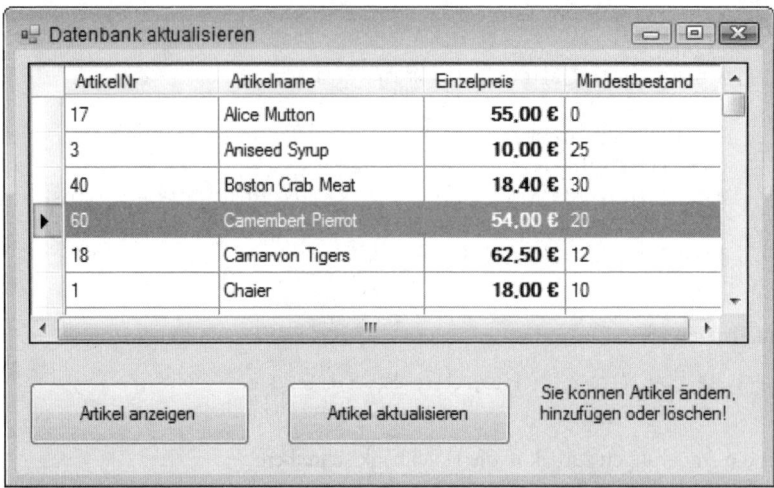

## Bemerkungen

- Der Code zur Formatierung der *Einzelpreis*-Spalte des *DataGridView* wurde hier nicht mit abgedruckt (siehe Beispieldaten).

- Es ist auch möglich, mehrere Datensätze hintereinander zu ändern, hinzuzufügen bzw. zu löschen bevor der Abgleich mit der Datenbank erfolgt.

- In der Regel werden Sie nur die von Ihnen selbst hinzugefügten Datensätze löschen können, da die originalen Datensätze in Relationen zu anderen Tabellen eingebunden sind.

**Kapitel 11**

# Das DataSet

Das *DataSet* ist das Kernobjekt von ADO.NET. Da wir im Vorgängerkapitel im Zusammenhang mit der *Fill*- und der *Update*-Methode des *DataAdapter*-Objekts bereits ausführlich auf den Datentransport zwischen Datenquelle und *DataSet* eingegangen sind, können wir uns im vorliegenden Kapitel ganz auf den Aufbau und die spezifischen Funktionalitäten des *DataSet*s konzentrieren.

---

**HINWEIS:** Das Problem der Datenbindung an die Benutzerschnittstelle wird hier weitestgehend ausgeklammert und stattdessen in die entsprechenden Spezialkapitel 26 (Windows Forms), 33 (WPF/Silverlight) und 39 (ASP.NET) ausgelagert.

---

## 11.1  Grundlegende Features des DataSets

Beim *DataSet* handelt sich um eine ziemlich komplexe "Minidatenbank", die komplett im Arbeitsspeicher gehalten wird und deren Interaktion mit vorhandenen Datenbanken in der Regel vom *DataAdapter*-Objekt gesteuert wird. Allerdings hinkt der Vergleich mit einer Minidatenbank etwas, denn das *DataSet* kennt keinerlei Datenbankmanager (wie z.B. die Jet-Engine bei Access), es kennt keinen aktuellen Datensatz, keinen Cursor und kein SQL. Genau genommen ist das *DataSet* ein clientseitiger Datencache (Pufferspeicher), der die Änderungen mitprotokolliert.

Es spielt auch keine Rolle, von welchem der .NET-Datenprovider das *DataSet* mit Daten gefüllt wurde oder ob es seine Daten auf andere Weise (z.B. aus einer XML-Datei oder direkt aus dem Programm) erhalten hat. Sie werden beim *DataSet*-Objekt auch keine Eigenschaften oder Methoden finden, die Aufschluss über die Datenherkunft geben.

---

**HINWEIS:** Dem *DataSet* ist es völlig egal, woher die Daten kommen!

---

Im Gegensatz zum klassischen Recordset ist das ADO.NET-*DataSet* konsequent objektorientiert aufgebaut.

## 11.1.1   Die Objekthierarchie

Eine detaillierte Darstellung der Objekthierarchie zeigt die nachfolgende Abbildung.

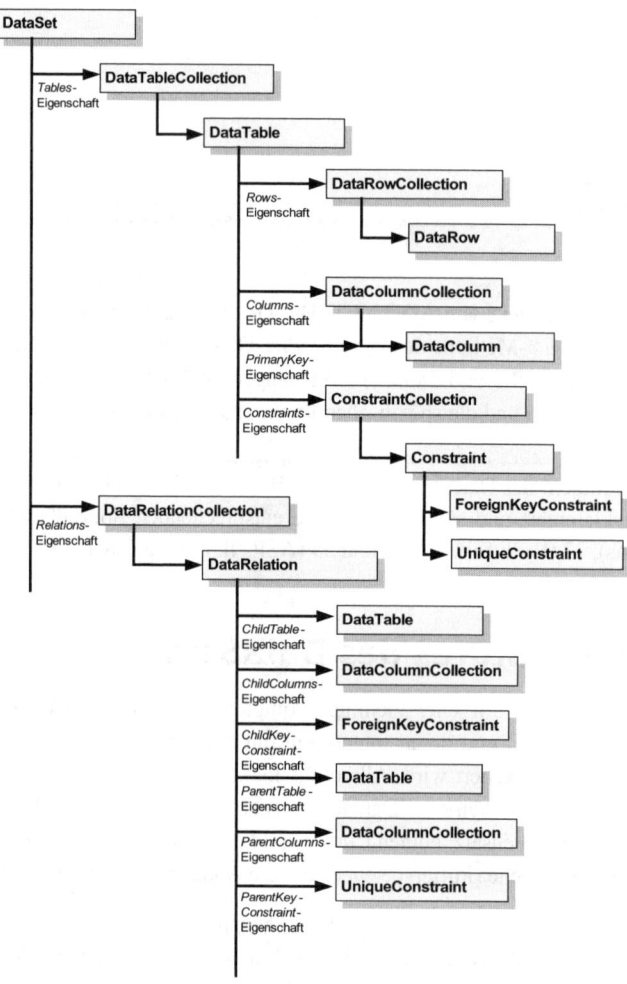

## 11.1.2   Die wichtigsten Klassen

Die folgende Tabelle verhilft Ihnen zunächst zu einem groben Überblick über die wichtigsten Klassen aus *System.Data*.

| Klasse | Bedeutung |
|--------|-----------|
| *DataSet* | Repräsentiert eine "Mini-Datenbank", die (ohne Verbindung zur Datenquelle) autark im Arbeitsspeicher existiert und sowohl Daten (das können mehrere Tabellen sein) als auch Strukturinformationen (Metadaten) und Beziehungen (Relationen) zwischen den Tabellen enthält |

| Klasse | Bedeutung |
|---|---|
| *DataTable* | Entspricht einer einzelnen Tabelle im *DataSet*-Objekt |
| *DataView* | Visualisiert eine *DataTable* bzw. einen Ausschnitt davon und erlaubt den Zugriff auf einzelne Zeilen und Spalten |
| *DataRow* | Entspricht einer einzelnen Zeile innerhalb eines *DataTable*-Objekts |
| *DataColumn* | Entspricht einer einzelnen Spalte (quasi Felddefinition) innerhalb eines *DataTable*-Objekts |
| *DataRelation* | Stellt die Verknüpfung zwischen einzelnen Tabellen im *DataSet* her und überwacht die referenzielle Integrität |

## 11.1.3 Erzeugen eines DataSets

In den bisherigen Beispielen des Kapitels haben wir die *DataSet*-Instanzen meist durch Aufrufen eines argumentfreien *DataSet*-Konstruktors erstellt. Dabei wurde die *Name*-Eigenschaft des *Data-Set*s automatisch auf *NewDataSet* festgelegt.

Mit einem anderen Konstruktor lässt sich auch ein Namensargument übergeben:

**SYNTAX:**
```
DataSet ds = new DataSet(string Name);
```

**Beispiel 11.1**  **Das Erstellen einer *DataSet*-Instanz.**

```
DataSet kuDS = new DataSet("KundenListe");
```

Sie können ein neues *DataSet* aber auch auf Basis eines bereits vorhandenen *DataSet*s erstellen. Beim Kopieren stehen Ihnen folgende Möglichkeiten zur Verfügung:

- Eine exakte Kopie, einschließlich Schema, Daten, Informationen zum Zeilenstatus und Zeilenversionen (siehe *Copy*-Methode).

- Eine Teilmenge des *DataSet*s, die nur die geänderten Zeilen enthält (siehe *GetChanges*-Methode).

- Ein leeres *DataSet*, welches nur das Schema und die relationale Struktur enthält (siehe *Clone*-Methode).

**HINWEIS:** Diese Möglichkeiten gelten auch für *DataTable*-Objekte!

### Copy-Methode

Diese Methode verwenden Sie zum Erstellen einer exakten Kopie des *DataSet*s, die sowohl das Schema (Struktur) als auch die Daten enthält.

**Beispiel 11.2**  **Erstellen einer exakten Kopie von *kuDS*.**

```
DataSet copyDS = kuDS.Copy();
```

### Clone-Methode

Die mit der *Clone*-Methode erzeugte Kopie eines *DataSet*s enthält hingegen nur die Struktur- bzw. Schemainformationen.

**Beispiel 11.3**  | **Ein Klon eines *DataSet*s wird erstellt.**

```csharp
DataSet klonDS = DS.Clone();
```

### GetChanges-/HasChanges-Methode

Mit der *GetChanges*-Methode erstellen Sie eine Kopie, die das Schema und nur die Daten enthält, die

- *Added*-Zeilen,

- *Modified*-Zeilen oder

- *Deleted*-Zeilen

darstellen.

Mit *GetChanges* können außerdem nur Zeilen mit einem bestimmten Zeilenstatus geliefert werden, indem beim Aufruf ein *DataRowState*-Wert übergeben wird.

**Beispiel 11.4**  | **Übergabe eines *DataRowState* beim Aufrufen von *GetChanges*.**

```csharp
DataSet changeDS = custDS.GetChanges();                  // alle Änderungen kopieren
DataSet addedDS = custDS.GetChanges(DataRowState.Added);  // nur neue Zeilen kopieren
```

> **HINWEIS:** Durch den Einsatz von *GetChanges* können Sie den Datenverkehr zwischen Geschäftslogik und Datenbank optimieren, weil nicht das gesamte *DataSet* übergeben werden muss, um Änderungen abzugleichen.

Die *HasChanges*-Methode hat eine ähnliche Syntax wie *GetChanges*, nur dass der Rückgabewert *true/false* ist, je nachdem ob Zeilen im *DataSet* geändert wurden oder nicht.

**Beispiel 11.5**  | **Die folgende Bedingung ist dann erfüllt, wenn zum DataSet *ds* neue Zeilen hinzugefügt wurden. Die neu hinzugefügten Zeilen werden dann in ein weiteres DataSet *ds1* kopiert.**

```csharp
if (ds.HasChanges(DataRowState.Added))
    DataSet ds1 = ds.GetChanges(DataRowState.Added);
```

## 11.2   Das DataTable-Objekt

Die eigentliche Datenspeicherung erfolgt in den *DataTable*-Objekten des *DataSet*s. Es ist deshalb logisch, dass die *DataTable* als wichtigstes und komplexestes Mitglied der *DataSet*-Hierarchie unsere besondere Aufmerksamkeit verdient.

## 11.2.1  DataTable erzeugen

Bereits im Vorgängerkapitel hatten wir im Zusammenhang mit der *Fill*-Methode des *DataAdapter*s häufig *DataTable*-Objekte erzeugt.

**Beispiel 11.6**  In ein vorhandenes *DataSet* wird mittels eines *DataAdapter*-Objekts *da* ein neues *DataTable*-Objekt *dt* mit der *TableName*-Eigenschaft "Artikel_Liste" eingefügt.

```
da.Fill(ds, "Artikel_Liste");
```

Sie können eine neue *DataTable* auch direkt an die *Tables*-Collection des *DataSet*s anfügen.

**Beispiel 11.7**  Eine *DataTable* wird erzeugt.

```
DataTable dt = ds.Tables.Add("Ku_Liste");
```

## 11.2.2  Spalten hinzufügen

Das Schema bzw. die Struktur der *DataTable* wird – zusammen mit etwaigen Einschränkungen (Constraints) – durch eine Auflistung von *DataColumn*-Objekten bestimmt (*Columns*-Eigenschaft).

Zum Erstellen von *DataColumn*-Objekten gibt es die beiden .NET-typischen Möglichkeiten

- *DataColumn*-Konstruktor verwenden oder

- *Add*-Methode der *Columns*-Eigenschaft der *DataTable* aufrufen.

Die *Add*-Methode akzeptiert optionale *ColumnName*-, *DataType*- und *Expression*-Argumente oder auch ein vorhandenes *DataColumn*-Objekt. Weil *DataTable*-Objekte nicht spezifisch für einen bestimmten .NET-Datenprovider ausgelegt sind, werden für den Datentyp die .NET Framework-Typen verwendet.

**Beispiel 11.8**  Eine *DataTable* wird erzeugt und vier Spalten werden hinzugefügt. Die Eigenschaften für die *KundenCode*-Spalte verbieten *DBNull*-Werte und verlangen, dass die Werte eindeutig sein müssen.

```
DataTable dt = new DataTable("Kunden");
DataColumn col = dt.Columns.Add("KundenCode", typeof(System.Int32));
col.AllowDBNull = false;
col.Unique = true;
dt.Columns.Add("Firma", typeof(System.String));
dt.Columns.Add("Kontaktperson", typeof(System.String));
dt.Columns.Add("Gehalt", typeof(System.Double));
```

HINWEIS: Geben Sie für eine Spalte keinen Namen an, so erhält sie den inkrementellen Standardnamen "ColumnN...", beginnend mit "Column1", wenn sie zur *DataColumnCollection* hinzugefügt wird.

## 11.2.3   Zeilen zur DataTable hinzufügen

Haben Sie ein oder mehrere *DataTable*-Objekte erstellt und deren Struktur mit Hilfe von *Data-Column*-, *Constraint*- und *DataRelation*-Objekten definiert, können Sie den Tabellen beliebig viele neue Datenzeilen hinzufügen.

### NewRow-Methode

Verwenden Sie die *NewRow*-Methode der *DataTable*, so hat die erzeugte Zeile sofort die zur Tabelle passende Struktur.

**SYNTAX:** `DataRow myRow = myTable.NewRow();`

Anschließend lässt sich die neu hinzugefügte Zeile mit Hilfe von Spaltennamen oder Index bearbeiten.

**Beispiel 11.9** | **Eine neue Zeile wird erzeugt, mit Werten gefüllt und zur *DataTable* hinzugefügt.**

```
DataTable dt = ds.Tables["KundenListe"];
DataRow rw = dt.NewRow();
rw["Firma"] = "Catering Service";         // Zugriff über Spaltennamen
rw[2] = "Willy Schneider";                //  ... über Index
dt.Rows.Add(rw);                          // Hinzufügen zur DataTable
```

**Beispiel 11.10** | **Sieht trickreich aus, aber es funktioniert**

Eine neue leere Zeile wird zu einer *DataTable* hinzugefügt.

```
dt.Rows.Add(dt.NewRow());
```

### ImportRow-Methode

Um vorhandene Zeilen zu einem *DataTable*-Objekt hinzuzufügen, können Sie die *ImportRow*-Methode der *DataTable* verwenden. Diese übergibt die Daten, den Zeilenstatus sowie Versionsinformationen.

**HINWEIS:** Spaltenwerte werden nur berücksichtigt, wenn der Spaltenname übereinstimmt und wenn der Datentyp kompatibel ist!

**Beispiel 11.11** | ***ImportRow*-Methode**

Nachdem ein Klon des *DataSet*s erstellt ist, werden all die Zeilen aus dem ursprünglichen *DataSet* zur *Kunden*-Tabelle im *DataSet*-Klon für Kunden hinzugefügt, deren *Land*-Spalte den Wert "Österreich" hat.

```
DataSet kuGermDS = kuDS.Clone();
DataRow[] cRows = kuDS.Tables["Kunden"].Select("Land = 'Österreich'");
DataTable kuTable = kuGermDS.Tables["Kunden"];
```

**Beispiel 11.11** *ImportRow*-**Methode**

```
foreach (DataRow cRow in cRows)
    kuTable.ImportRow(cRow);
```

# 11.2.4 Auf den Inhalt einer DataTable zugreifen

Eine *DataTable* ist (stark vereinfacht) durchaus mit einem zweidimensionalen Array vergleichbar, wie es die meisten Programmiersprachen kennen. Trotzdem gestaltet sich der Zugriff auf die Array-Elemente etwas komplizierter, denn die gnadenlose Objektorientierung von .NET verlangt, dass anstatt der einfachen Übergabe von Zeilen- und Spaltenindex komplette Objekte (*DataRow*, *DataColumn*) zu überreichen sind.

## Columns- und Rows-Eigenschaften

Die beiden wichtigsten Eigenschaften der *DataTable*-Klasse sind die *Columns*- und *Rows*-Auflistungen, weil sie den Zugriff auf Zeilen und Spalten der *DataTable* ermöglichen.

**Beispiel 11.12** **Alle Zeilen und Spalten einer *DataTable* werden innerhalb von zwei geschachtelten *foreach*-Schleifen in eine *ListBox* ausgegeben.**

```csharp
DataTable dt = ds.Tables["ArtikelListe"];
foreach (DataRow cRow in dt.Rows)
{
    foreach (DataColumn cCol in dt.Columns)
        listBox1.Items.Add(cCol.ColumnName + " = " + cRow[cCol.Ordinal]);
    listBox1.Items.Add("-------------------------------------------------------");
}
```

**HINWEIS:** Den vollständigen Quellcode finden Sie im PB 10.8.1 "Wichtige ADO.NET-Objekte im Einsatz".

## TableName- und ColumnName-Eigenschaften

Der Name einer Tabelle bzw. Spalte ist über die Eigenschaften *TableName* bzw. *ColumnName* erreichbar. Der Zugriff auf die einzelnen Daten erfolgt über den Indexer, dem entweder der Namen der Spalte, deren fortlaufende Ordinalnummer (beginnend mit 0) oder aber auch eine Instanz der zugehörigen *DataColumn* übergeben werden können.

Normalerweise sind also zwei Schritte auszuführen:

- Das entsprechende *DataRow*-Objekt auswählen und
- über dessen Indexer auf die gewünschte Spalte zugreifen.

**Beispiel 11.13** | **Die *Firma* des dritten Kunden eines *DataSets* soll in einer *TextBox* ausgegeben werden.**

```
DataTable dt = ds.Tables["Kunden"];
DataRow rw = dt.Rows[2];                      // Auswahl der Zeile
textBox1.Text = rw[1].ToString();            // Zugriff auf Firma über Index

oder

textBox1.Text = rw["Firma"].ToString();      // Zugriff über Spaltennamen
```

Man kann auf eine einzelne Zelle aber auch mit einer einzigen Anweisung zugreifen.

**Beispiel 11.14** | **Der äquivalente Code zum Vorgängerbeispiel**

```
textBox1.Text = ds.Tables["Kunden"].Rows[2]["Firma"].ToString();
```

## Find-Methode

Für das Auffinden einer bestimmten Zeile kann man auch die *Find*-Methode der *Rows*-Auflistung der *DataTable* verwenden. Der Zugriff funktioniert allerdings nur dann, wenn der *DataTable* vorher eine *PrimaryKey*-Eigenschaft zugewiesen wurde.

**Beispiel 11.15** | **Der alternative Code zu den Vorgängerbeispielen, wobei aber die Zeilenauswahl über den Primärschlüssel erfolgt (die dritte Zeile hat den *KundenCode* ANTON).**

```
DataTable dt = ds.Tables["Kunden"];

DataColumn[] colArr = new DataColumn[1];     // Array mit einem Feld deklarieren
colArr[0] = dt.Columns["KundenCode"];        // Array füllen mit Primärschlüsselspalte
dt.PrimaryKey = colArr;                       // Primärschlüssel zuweisen
DataRow rw = dt.Rows.Find("ANTON");          // Zeilenauswahl über Primärschlüssel
textBox1.Text = rw["Firma"].ToString();      // Spaltenauswahl und Zugriff
```

## Zeilen löschen

Es gibt zwei grundsätzlich verschiedene Methoden, um ein *DataRow*-Objekt aus seinem *DataTable*-Objekt zu entfernen:

- Die *Remove*-Methode des *Rows*-Collection-Objekts und

- die *Delete*-Methode des *DataRow*-Objekts.

*Remove* löscht eine *DataRow* aus der *Rows*-Collection, während *Delete* die Zeile nur zum Löschen markiert.

**Beispiel 11.16** | **Die *Remove*-Methode der *Rows*-Collection erhält eine *DataRow* als Argument und entfernt diese aus der Auflistung.**

```
dt.Rows.Remove(rw);
```

**Beispiel 11.17**  Die *Delete*-Methode einer *DataRow* wird aufgerufen, um deren *RowState* in *Deleted* zu ändern.

```
rw.Delete;
```

# 11.3  Die DataView

Das Trennen der Daten von ihrer Darstellung macht es möglich, von einer *DataTable* ganz verschiedene Ansichten zu erstellen, ohne dass die Daten im Speicher dupliziert werden müssen. Die *DataView*-Klasse liefert die Ansicht einer *DataTable* nicht nur zwecks Datenanzeige, sondern erlaubt auch das Filtern, Sortieren und Suchen von Datensätzen.

## 11.3.1  Erzeugen eines DataView

Dem üblichen Konstruktor wird das zugrunde liegende *DataTable*-Objekt übergeben:

**SYNTAX:**  DataView *dv* = new **DataView**(DataTable *dt* );

**Beispiel 11.18**  Zwei verschiedene Sichten der *Artikel*-Tabelle von *Nordwind.mdb* werden erzeugt.

```
OleDbConnection conn = new OleDbConnection(
                        "Provider=Microsoft.Jet.OLEDB.4.0; Data Source=Nordwind.mdb;");
OleDbCommand cmd = new OleDbCommand("SELECT * FROM Artikel", conn);
OleDbDataAdapter da = new OleDbDataAdapter(cmd);
DataSet ds = new DataSet();
conn.Open();
da.Fill(ds, "Artikel_Liste");
conn.Close();
DataTable dt = ds.Tables[0];
DataView dv1 = new DataView(dt);
...
DataView dv2 = new DataView(dt);
...
```

## 11.3.2  Sortieren und Filtern von Datensätzen

Zum Sortieren übergeben Sie der *Sort*-Eigenschaft einfach die kommaseparierten Spalten, nach denen sortiert werden soll. Anschließend steht "ASC" für eine aufsteigende und "DESC" für eine absteigende Sortierfolge.

Das Filtern von Datensätzen ähnelt der WHERE-Klausel in einer SQL-Abfrage. Die gewünschte Filterbedingung wird der *RowFilter*-Eigenschaft zugewiesen. Die anschließende Sicht auf die *DataTable* enthält nur noch die Datensätze, auf welche die Bedingung zutrifft.

Beispiel 11.19 **Aus der Tabelle *Artikel* werden alle Artikel mit einem Preis unter 20 Euro herausgefiltert und nach dem Artikelnamen (mit "Z" beginnend) umsortiert.**

```csharp
DataTable dt = ds.Tables["Artikel"];
DataView dv = new DataView(dt);
dv.RowFilter = "Artikelname LIKE 'A%' AND Einzelpreis < 20";
dv.Sort = "Artikelname DESC";
```

**HINWEIS:** Den kompletten Code enthält das PB 11.6.1 "Im DataView sortieren und filtern".

### 11.3.3  Suchen von Datensätzen

Die beiden Methoden *Find* und *FindRows* erlauben (in Kombination mit einer vorgegebenen Sortierung) das Auffinden von Zeilen, bei denen die Sortierspalten mit den angegebenen Werten übereinstimmen.

Die *Find*-Methode liefert nur den Index der ersten Fundstelle bzw. –1, wenn kein Datensatz gefunden wurde. Hingegen überbringt die *FindRows*-Methode ein *DataRowView*-Array mit allen passenden Zeilen.

Beispiel 11.20 **In der *Kunden*-Tabelle der *Nordwind*-Datenbank wird der erste Kunde mit der *Kontaktperson* "Hanna Moos" gesucht und in einem *DataGridView* markiert.**

```csharp
DataView dv =  ds.DefaultViewManager.CreateDataView(dt);
dv.Sort = "Kontaktperson";              // in dieser Tabellenspalte wird gesucht
int i = dv.Find("Hanna Moos") ;         // Zeile wird gesucht
dataGridView1.CurrentCell = dataGridView1.Rows[i].Cells[0];   // Zeile wird vorn markiert
if (i == -1)
    MessageBox.Show("Keinen Datensatz gefunden!") ;
```

**HINWEIS:** Ein entsprechendes Beispiel finden Sie unter PB 11.6.2 "Suche nach Datensätzen".

## 11.4  Typisierte DataSets

Visual Studio verfügt über Assistenten bzw. Designer, mit deren Hilfe man so genannte "Typisierte DataSets" (*Typed DataSets*) erstellen kann. Auf den Einsteiger mögen diese Konstrukte durchaus verwirrend wirken, hat er doch mit den "normalen" *DataSets* bereits genug zu kämpfen.

Ein "typisiertes DataSet" ist eine von der Klasse *DataSet* abgeleitete Klasse mit Eigenschaften und Methoden, die einen wesentlich bequemeren, weil streng objektorientierten, Zugriff auf den Inhalt ermöglichen, als dies beim konventionellen DataSet der Fall ist.

Zu einem typisierten DataSet gehören auch eine XML-Schema-Beschreibung (*.xsd*-Datei) sowie die Beschreibung der Anordnung der Daten in der grafischen Ansicht (*.xss*- und *.xcs*-Dateien).

## 11.4.1  Ein typisiertes DataSet erzeugen

Dank Assistenten-Unterstützung ist diese Arbeit in wenigen Schritten erledigt, die wir hier nur stichpunktartig aufzählen wollen.

Wählen Sie das Menü *Projekt/Neues Element hinzufügen...* und die Vorlage "DataSet". Es wird eine *.xsd*-Datei (*DataSet1.xsd*) für ein typisiertes DataSet erzeugt.

Anschließend öffnet sich der DataSet-Designer, der z.B. per Drag & Drop aus dem Server-Explorer gefüllt werden kann. Sie können aber auch, wie in der folgenden Abbildung gezeigt, einen *Table-Adapter* hinzufügen, um direkt auf eine bestimmte Datenbank zuzugreifen.

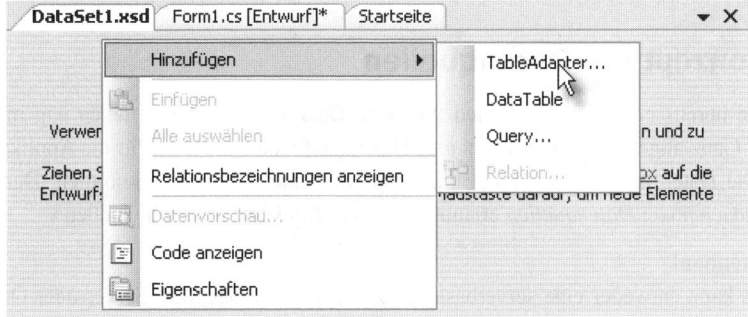

Mit dem *TableAdapter-Konfigurations-Assistenten* wählen Sie Ihre Datenverbindung aus und geben im nachfolgenden SQL-Dialog z.B. die Anweisung "SELECT * FROM Kunden" ein.

Wenn der Assistent fertig ist, bieten Ihnen das Datenquellen-Fenster (Menü *Daten/Datenquellen anzeigen*) und der DataSet-Designer den in der folgenden Abbildung gezeigten Anblick.

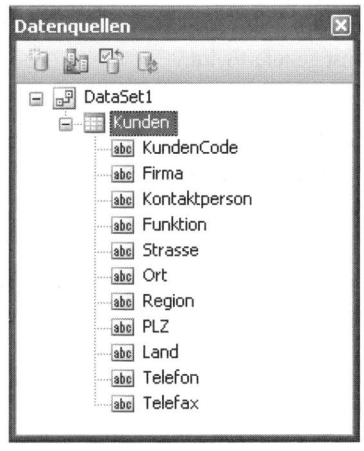

Das typisierte DataSet kann zur Drag & Drop-Datenbindung in Windows Forms-Fenstern oder per Programmcode verwendet werden.

> **HINWEIS:** Beachten Sie, dass es sich beim typisierten DataSet um eine Klasse handelt, die vor
> ihrer Verwendung erst noch zu instanziieren ist!

**Beispiel 11.21**   **Das typisierte DataSet *DataSet1* (siehe obige Abbildung) wird instanziiert, mit Daten gefüllt und angezeigt.**

```csharp
using DataSet1TableAdapters;                            // Namespace für TableAdapter
KundenTableAdapter kta = new KundenTableAdapter();      // TableAdapter instanziieren
DataSet1 ds1 = new DataSet1();                          // typ. DataSet instanziieren
kta.Fill(ds1.Kunden);                                   // typ. DataSet füllen
dataGridView1.DataSource = ds1.Kunden;                  // ... und anzeigen
```

## 11.4.2   Das Konzept der Datenquellen

Wie Sie bereits erfahren haben, sind typisierte DataSets und Datenquellen eng miteinander verknüpft. Ganz allgemein repräsentiert eine Datenquelle die Daten, die für die Applikation verfügbar
sind. Die Daten müssen aber nicht unbedingt von einer Datenbank kommen. Der *Assistent zum
Konfigurieren von Datenquellen* erlaubt Daten aus drei verschiedenen Quellen:

- **Datenbank**
  Das kann entweder eine serverbasierte Datenbank wie der SQL Server oder Oracle sein, oder
  eine filebasierte Datenbank wie Access. Visual Studio generiert automatisch typisierte Data-
  Sets und andere Klassen und fügt diese zu Ihrem Projekt hinzu.

- **Objekt**
  Irgendein Objekt mit öffentlichen Eigenschaften kann ebenfalls als Datenquelle dienen. Es ist
  nicht notwendig, dafür ein spezielles Interface zu implementieren.

- **Webservice**
  Beim Erzeugen einer Datenquelle von einem Webdienst werden Objekte erstellt, die mit dem
  Datentyp korrespondieren, der vom Webdienst geliefert wird.

Eine Datenquelle dient einem doppelten Zweck: Zum Ersten ist es ein Weg um das Erstellen streng
typisierter Klassen zu spezifizieren, welche die Anwendungsdaten repräsentieren, zum Zweiten
stellt die Datenquelle einen flexiblen Mechanismus zur schnellen Entwicklung attraktiver und
funktioneller WinForms und WebForms Benutzerschnittstellen bereit.

> **HINWEIS:** Eine schrittweise Anleitung zum Einrichten einer Datenquelle unter Windows Forms
> bietet Ihnen das PB 26.8.1 "Einrichten und verwenden einer Datenquelle".

## 11.4.3   Typisierte DataSets und TableAdapter

Eine Datenbank-Datenquelle ist die Kombination eines streng typisierten *DataSets* mit einem oder
mehreren Pärchen von streng typisierten *DataTable*s und *TableAdapter*s.

Zusätzlich werden für jede *DataTable* des *DataSet*s drei abgeleitete Klassen generiert: eine typisierte *DataTable*, eine typisierte *DataRow* und eine typisierte *DataRowChangeEvent* Klasse.

**Beispiel 11.22** | **Eine Datenquelle, basierend auf der *Customers* Tabelle der *Northwind*-Datenbank, führt zum Generieren folgender typisierter Klassen:**

```
NorthwindDataSet
CustomersDataTable
CustomersDataRow
CustomersRowChangeEvent
CustomersTableAdapter
```

Bereits die ersten vier Klassen des Beispiels charakterisieren ein typisiertes *DataSet*. In Visual Studio wird aber noch eine fünfte Klasse generiert, ein typisierter *TableAdapter* mit dem Namen *CustomersTableAdapter*, auf den wir noch ausführlicher zu sprechen kommen werden.

## Warum sollte man ein typisiertes DataSet einsetzen?

Hier die wichtigsten Vorzüge im Detail:

- *DataSet*s, *DataTable*s, *DataRow*s und *RowChangeEvent* sind vom Datenschema abhängig.

- *Tables*, *Columns* und *Relations* stehen als benannte Eigenschaften zur Verfügung und nicht mehr als allgemeine Mitglieder einer Auflistung.

- Der Programmierer hat unter Visual Studio 2010 die volle Unterstützung der IntelliSense (automatische Codevervollständigung), was die Entwicklung des Codes beschleunigt und die Wahrscheinlichkeit von Tippfehlern verringert.

- Fehlerprüfungen erfolgen bereits beim Kompilieren (z.B. führt ein falscher Feldname bereits zu einem Kompilier- und nicht erst zu einem Laufzeitfehler).

- Der Code ist konsistenter und lesbarer (siehe folgendes Beispiel).

**Beispiel 11.23** | **Vergleich der Schreibweisen beim Zugriff auf die *ContactName*-Spalte in der vierten Zeile der *Customers*-Tabelle der *Northwind*-Datenbank.**

Normales DataSet:

```
country = ds.Tables["Customers"].Rows[3]["ContactName"];
```

Typisiertes DataSet:

```
country = northwindDataSet.Customers[3].ContactName;
```

Die zweite Variante ist doch viel transparenter – oder? Die von seinem untypisierten Vorfahren geerbte Funktionalität bleibt natürlich erhalten, Sie können deshalb ein typisiertes DataSet optional auch mit der gleichen Syntax wie ein normales DataSet abfragen.

## Der TableAdapter

Ein *TableAdapter* ist das streng typisierte Äquivalent zum normalen *DataAdapter*. Sie verwenden den *TableAdapter* zunächst genauso wie den *DataAdapter*, d.h. zur Verbindungsaufnahme mit einer

Datenbank, zum Ausführen von Abfragen (oder gespeicherten Prozeduren) und zum Befüllen einer *DataTable* mit Daten.

**Beispiel 11.24**   **Die (typisierte) Tabelle *northwindDataSet.Customers* wird mit Daten gefüllt.**

```csharp
this.customersTableAdapter.Fill(this.northwindDataSet.Customers);
```

Mit dem *TableAdapter* von Visual Studio muss man nach Definition einer *Fill*...-Abfragemethode lediglich eine einzige Zeile Code schreiben um einen (oder auch mehrere) Parameterwerte zu übergeben:

**Beispiel 11.25**   **Der Abfragemethode *FillByCity* wird als Parameter der Name einer Stadt aus einer *TextBox* übergeben.**

```csharp
this.customersTableAdapter.FillByCity (this.northwindDataSet.Customers, this.textBox1.Text);
```

Da die Abfragemethoden streng typisiert sind, erhalten Sie beim Schreiben von Code die volle Unterstützung der Intellisense von Visual Studio.

**HINWEIS:**  Eine Anleitung, wie Sie zu einem *TableAdapter* Abfragemethoden hinzufügen, erhalten Sie im PB 26.8.1 "Einrichten und verwenden einer Datenquelle".

# 11.5   Die Qual der Wahl

DataSet, DataReader oder LINQ? Die Frage, für welche Datenzugriffstechnologie er sich denn nun entscheiden, soll, bereitet angesichts der Fülle von Objekten manchem .NET-Entwickler schlaflose Nächte.

In diesem zusammenfassenden Abschnitt wollen wir das Thema ADO.NET abrunden und das Für und Wider von DataSet und *DataReader*, sowie die Rolle der neueren ORM[1]-Tools (LINQ to SQL, LINQ to Entities) diskutieren.

## 11.5.1   DataReader – der schnelle Lesezugriff

Am schnellsten geht das Lesen von Daten mit dem *DataReader* (siehe Kapitel 10), dieser ist in der .NET-Klassenbibliothek das grundlegende Instrument für den Zugriff auf Datenbanken. Alle anderen Datenzugriffstechnologien greifen hinter den Kulissen auf den *DataReader* zu.

Allerdings kann der *DataReader* die Daten nur lesen und die Ergebnismenge sequenziell von vorn nach hinten durchlaufen. Während seiner Arbeit braucht der *DataReader* eine kontinuierliche Verbindung zur Datenbank, deshalb lässt er sich nicht serialisieren und in einem verteilten System nutzen.

---

[1] Objektrelationale Mapper

Wie schnell der *DataReader* ist, hängt vom Datenbanktreiber, der Datenquelle und der Netzwerkverbindung ab. Von Hause aus sind im .NET-Framework nur ADO.NET-Treiber für den SQL Server und für Oracle enthalten. Weitere Datenbanktreiber werden direkt von den Herstellern oder von Drittanbietern geliefert[1].

Der DataReader ist zwar schnell, kann aber leider nur lesen. Will man Daten speichern, so braucht der *DataReader* einen "schreibfähigen" Partner. In der Regel wird man hierfür *Command*-Objekte einsetzen, mit denen die entsprechenden SQL-Befehle abgesetzt oder gespeicherten Prozeduren aufgerufen werden (siehe Abschnitt 10.3.1 oder PB 10.8.2 "Eine Aktionsabfrage ausführen"). Für den Programmierer bleibt also viel mühselige Kleinarbeit übrig. Dafür wird er mit der besten Performance und dem geringsten Ressourcen-Verbrauch belohnt.

## 11.5.2  DataSet – die Datenbank im Hauptspeicher

Gegenüber dem *DataReader* ist das *DataSet* ein Alleskönner. Es ist ein im Hauptspeicher gehaltener Datencontainer, der mehrere Ergebnismengen gleichzeitig aufnehmen und miteinander verknüpfen kann. Wie bei einer "richtigen" Datenbank kann man zwischen Datensätzen navigieren und Filter- und Suchoperationen durchführen. Vor allem aber ist der Entwickler in der Lage, Daten im *DataSet* zu ändern. Das *DataSet* unterstützt den Programmierer beim Zurückschreiben der Änderungen in die Datenbank. Ein *DataSet* kann im XML- oder im Binärformat serialisiert und über das Netz verschickt werden.

Bei so viel Licht gibt es natürlich auch Schatten: Im Unterschied zum *DataReader* verschlingt das *DataSet* Unmengen an Speicherplatz und benötigt eine deutlich höhere Rechnerleistung.

### Typisiertes versus untypisiertes DataSet

In das normale *DataSet* können Sie beliebige Tabellenschemen einlesen, es ist also untypisiert (so wie auch der *DataReader*). Diese Flexibilität hat den Nachteil, dass man im Programmcode die Spalten nur als Zeichenketten benennen kann, die vom Compiler nicht überprüfbar sind.

Ein typisiertes DataSet hingegen ist eine automatisch generierte Wrapper-Klasse, welche die *DataSet*-Klasse "umhüllt" und ein definiertes Schema zusammen mit Eigenschaften und Methoden besitzt (siehe Abschnitt 11.4).

Neben dem sauberen objektorientierten Code und der Intellisense-Unterstützung bieten typisierte DataSets auch Vorteile bei der Datenbindung, denn hier erleichtern Assistenten und Auswahlfelder in Visual Studio die Arbeit des Entwicklers deutlich.

Doch dieser Komfort hat seinen Preis: Beim Erzeugen typisierter DataSets ist man in der Regel auf die Unterstützung eines Assistenten angewiesen, dieser produziert im Hintergrund Unmengen von Code. Auch die Performance ist deutlich schlechter als beim einfachen, untypisierten DataSet.

Ein DataSet (egal ob normal oder typisiert) hat eigentlich nur in klassischen Desktop-Anwendungen seinen angestammten Platz. Hier überwiegen die Vorteile und die schlechte Performance fällt kaum ins Gewicht. Anders sieht dies bei Webanwendungen und in verteilten Systemen aus, insbe-

---

[1]  Wer noch mit Microsoft Access arbeitet, ist nach wie vor auf die relativ langsamen OLEDB-Treiber angewiesen.

sondere bei größeren Datenmengen und Benutzerzahlen. Hier stößt das DataSet bezüglich Leistung und Skalierbarkeit an seine Grenzen.

> **HINWEIS:** Dies ist sicher auch ein Grund, dass für Silverlight-Anwendungen keine *DataSet*-Unterstützung vorhanden und auch nicht geplant ist.

## 11.5.3 Objektrelationales Mapping – die Zukunft?

Wer bisher nur mit *DataSet* und *DataReader* gearbeitet hat weiß um die Komplexität einer ausgewachsenen Datenbankanwendung. In der Regel sind nicht nur einfache CRUD[1]-Operationen zu programmieren, sondern auch das Problem der Änderungsverfolgung ist zu lösen. Weitere Hürden lauern, wenn es um Primär- und Fremdschlüssel, Autowertspalten, Relationen und Transaktionen geht.

Ideal wäre ein typisierter Datenzugriff unter Vermeidung der Nachteile des DataSets. Dabei besteht das grundsätzliche Problem im Wesensunterschied zwischen dem relationalen Modell und dem Objektmodell. Relationale Datenbanken werden in Tabellen und Beziehungen normalisiert, während Objekte die Konzepte der Vererbung und Komposition sowie komplexe Referenzhierarchien verwenden. Das verhindert ein direktes Mapping der Tabellen und Records an äquivalente Objekte und Auflistungen.

Die Lösung dieses Konflikts soll das objektrelationale Mapping (ORM) bringen. Die Grundidee besteht in der Definition von .NET-Klassen, deren Aufbau dem Tabellenschema einer Datenbank entspricht.

### LINQ to SQL/LINQ to Entities

Nachdem Microsoft recht lange das ORM-Feld Drittanbietern überlassen hat[2], gibt es seit .NET 3.5 *LINQ to SQL* und *LINQ to Entities* bzw. das ADO.NET Entity Framework[3].

> **HINWEIS:** Einen allerersten Eindruck von LINQ to SQL kann Ihnen das Praxisbeispiel 11.6.5 vermitteln.

Die modernen ORM-Technologien lohnen sich für den Datenbankprogrammierer vor allem dann, wenn er ein völlig neues Projekt realisieren möchte, eine Datenbank also noch nicht vorhanden ist. In diesem Fall kann er mit dem Entwurf des Objektmodells beginnen und die Datenbank auf dieser Grundlage erzeugen.

Auch wenn Sie Wert auf sauberen objektorientierten Code, Vererbungsunterstützung, auf Datenbankunabhängigkeit und auf die Kommunikation mit anderen Plattformen legen, sollten Sie LINQ to SQL oder das leistungsfähigere LINQ to Entities ins Auge fassen.

---

[1] Create, Retrieve, Update, Delete

[2] z.B. *Hibernate bzw. NHibernate*

[3] Leider konnten wir aus Umfangsgründen in diesem Buch nur auf die die allgemeinen Grundlagen von LINQ (siehe Kapitel 6) eingehen.

Andererseits kann es für den geplagten Datenbankprogrammierer auch ein fataler Irrtum sein, in den ORM-Tools eine Allzweck-Wunderwaffe zu sehen. Für Massendatenänderungen sind ORMs kaum geeignet, denn es hat keinen Sinn, tausende Objekte erst in den Speicher zu laden, dort zu ändern und anschließend in die Datenbank zurückzubefördern. Hier sollten Sie gezielt mit gekapselten *Command*-Anweisungen SQL-Befehle direkt an die Datenbank schicken.

Ein weiterer Schwachpunkt ist die Geschwindigkeit. Erwartungsgemäß sind ORMs keinesfalls schneller als typisierte *DataSets* oder gar *DataReader*. Damit fällt objektrelationales Mapping für zeitkritische Lese- und Schreiboperationen unter den Tisch. Nach wie vor sind hier der *DataReader* und das direkte SQL mit *Command*-Objekten zu empfehlen.

# 11.6 Praxisbeispiele

## 11.6.1 Im DataView sortieren und filtern

Ein *DataView*-Objekt visualisiert die Daten eines *DataTable*-Objekts und ermöglicht gleichzeitig ein bequemes Suchen und Filtern. Das vorliegende Beispiel zeigt eine einfache Anwendung zum Sortieren und Filtern auf Basis der *Artikel*-Tabelle aus *Nordwind.mdb*.

### Oberfläche

Wir brauchen ein *DataGridView*, einen *Button* und zwei *TextBox*en. Letztere dienen der Eingabe der *Sort*- und der *RowFilter*-Eigenschaft des *DataView*-Objekts. Die Syntax dieser Eigenschaften ist SQL-orientiert. Um beim Experimentieren nicht jedes Mal komplett die *Sort*- und *RowFilter*-Eigenschaften neu eintippen zu müssen, sollten Sie gleich zur Entwurfszeit beiden *TextBox*en gültige Anfangswerte zuweisen, z.B.

- *Sort*:          *Artikelname DESC*
- *RowFilter*:     *Artikelname LIKE 'F%' AND Einzelpreis < 60*

### Quellcode

```
using System.Data.OleDb;

public partial class Form1 : Form
{
    ...
```

Alle benötigten Objekte werden global referenziert:

```
    private OleDbConnection conn = null;
    private OleDbCommand cmd = null;
    private OleDbDataAdapter da = null;
    private DataTable dt = null;

    private DataView dv = null;
```

Beim Laden der Anwendung erfolgt das Instanziieren und Initialisieren der Objekte:

```csharp
private void Form1_Load(object sender, System.EventArgs e)
{
    conn = new OleDbConnection("Provider=Microsoft.Jet.OLEDB.4.0;
            Data Source=Nordwind.mdb;");
    cmd = new OleDbCommand(
            "SELECT ArtikelNr, Artikelname,Liefereinheit,Einzelpreis FROM Artikel", conn);
    da = new OleDbDataAdapter(cmd);
    dt = new DataTable();
    da.Fill(dt);                        // DataTable füllen
    dv = dt.DefaultView;                // Erzeugen des DataView in Standardansicht
    dataGridView1.DataSource = dv       // Datengitter an DataView anbinden
}
```

Zum Filtern und Sortieren werden die Inhalte aus den Textboxen zugewiesen:

```csharp
private void button1_Click(object sender, System.EventArgs e)     // Start
{
    dv.Sort = textBox1.Text;
    dv.RowFilter = textBox2.Text;
}
}
```

### Test

Nach Programmstart zeigt die *DataView* zunächst alle Artikel in Standardansicht an. Nach dem Anklicken der "Start"-Schaltfläche werden z.B. nur noch alle mit "F" beginnenden Artikel mit einem Einzelpreis von z.B. unterhalb *60 Euro* in umgekehrter alphabetischer Reihenfolge angezeigt.

Weiteren Experimenten steht nun nichts mehr im Wege (bescheidene SQL-Kenntnisse vorausgesetzt).

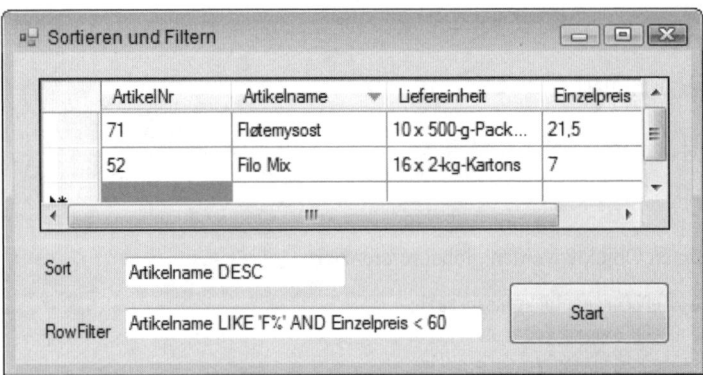

### Bemerkungen

■ Die SQL-Syntax der *RowFilter*-Eigenschaft ist dieselbe wie die der *Expression*-Eigenschaft des *DataColumn*-Objekts.

■ Neben dem "%"-Platzhalterzeichen können Sie auch das Zeichen "*" verwenden.

## 11.6.2  Suche nach Datensätzen

Die im PB 11.6.1 "Im DataView sortieren und filtern" vorgestellte *RowFilter*-Eigenschaft ermöglicht unter Verwendung der SQL-Syntax (LIKE) und des Platzhalterzeichens "%" auch eine komfortable Suche. Dabei muss nicht der komplette Suchbegriff eingegeben werden, sondern die ersten Buchstaben reichen aus, um ähnliche Datensätze herauszufiltern.

### Oberfläche

Für das Startformular benötigen Sie lediglich ein *DataGridView*, eine *ComboBox* und eine *TextBox* (siehe Laufzeitansicht am Schluss).

### Quellcode

```
using System.Data.OleDb;

    public partial class Form1 : Form
    {
        private DataView dv = null;

        private void Form1_Load(object sender, EventArgs e)
        {
            OleDbConnection conn = new OleDbConnection(
                        "Provider=Microsoft.Jet.OLEDB.4.0; Data Source=Nordwind.mdb;");
            OleDbCommand cmd = new OleDbCommand("SELECT * FROM Kunden", conn);
            OleDbDataAdapter da = new OleDbDataAdapter(cmd);
            DataTable dt = new DataTable("Kundenliste");
            conn.Open();
            da.Fill(dt);
            conn.Close();
            dv = new DataView(dt);                // oder dv = dt.DefaultView;
```

Die Übertragung der Spaltenbezeichner in die *ComboBox*:

```
            foreach (DataColumn c in dt.Columns)
                        comboBox1.Items.Add(c.ColumnName);
```

Standardanzeige einstellen:

```
            comboBox1.SelectedIndex = 1;           // Spalte "Firma"
            textBox1.Text = "L";                   // Default-Suchbegriff
            dataGridView1.DataSource = dv;
        }
```

Die Suche startet nach Betätigen der *Enter*-Taste:

```
private void textBox1_KeyUp(object sender, KeyEventArgs e)
{
    if (e.KeyCode == Keys.Enter)
    {
        dv.Sort = comboBox1.Text;
        dv.RowFilter = dv.Sort + " LIKE '" + textBox1.Text + "%'";
    }
}
```

### Test

Stellen Sie in der *ComboBox* zuerst die Spalte ein, die Sie durchsuchen möchten. Geben Sie dann in die *TextBox* ein oder mehrere Zeichen für die Anfangsbuchstaben des zu suchenden Begriffs ein und beenden Sie die Eingabe mit der *Enter*-Taste.

Geben Sie einen leeren Suchbegriff ein, wird wieder die komplette Tabelle angezeigt.

## 11.6.3   Ein DataSet in einen XML-String serialisieren

Dieses Beispiel zeigt Ihnen nicht nur, wie Sie ein beliebiges *DataSet*-Objekt in einen XML-String verwandeln, sondern erklärt auch den umgekehrten Weg, nämlich die Rücktransformation eines XML-Strings in ein *DataSet*.

Ganz nebenbei wird auch noch demonstriert, wie man ein *DataSet* (inklusive Relationen zwischen den Tabellen) in "Handarbeit" – also ganz ohne Datenbank – erstellen und füllen kann.

### Konvertierungsmethoden

Grundlage beider Konvertierungen sind Überladungen der *WriteXml*- bzw. *ReadXml*-Methode des *DataSet*s, welche diesmal nicht auf die Festplatte, sondern direkt auf den Arbeitsspeicher zugreifen.

```
using System.Xml;
using System.IO;
```

Die folgende Methode konvertiert das übergebene *DataSet* in einen XML-String, wobei der Weg über einen *MemoryStream* und ein *Byte*-Array geht:

```
public string ConvertDataSetToXML(DataSet ds)
{
    MemoryStream stream = null;
    XmlTextWriter writer = null;
    try
    {
        stream = new MemoryStream();
```

*XmlTextWriter* mit dem *MemoryStream* initialisieren:

```
        writer = new  XmlTextWriter(stream, Encoding.Unicode);
```

*DataSet* in den *MemoryStream* schreiben und dabei auch die Strukturinformationen mit übergeben:

```
        ds.WriteXml(writer, XmlWriteMode.WriteSchema);
```

Byte-Array als Puffer erstellen (*MemoryStream* kann grundsätzlich nur in ein Byte-Array einlesen):

```
        byte[] arr = stream.ToArray();
```

XML-String aus Byte-Array gewinnen und zurückgeben:

```
        UnicodeEncoding utf = new UnicodeEncoding();
        return utf.GetString(arr).Trim();
    }
    catch
    {
        return String.Empty;
    }
    finally
    {
        if (writer != null) writer.Close();
    }
}
```

Die zweite Methode arbeitet in umgekehrter Richtung, sie konvertiert einen übergebenen XML-String in ein *DataSet*, was dank *StringReader*-Objekt auf direktem Weg geht:

```
public DataSet ConvertXMLToDataSet(string xml)
{
    StringReader reader = null;
    try
    {
        DataSet ds = new DataSet();
        reader = new StringReader(xml);
```

XML-String in *DataSet* einlesen:

```
            ds.ReadXml(reader);
            return ds;
        }
        catch
        {
            return null;
        }
        finally
        {
            if (reader != null) reader.Close();
        }
    }
```

## Testoberfläche Form1

Eine *TextBox* (*MultiLine* = *True*), zwei *Button*s und das "gute alte" *DataGrid* bilden die Testoberfläche. Da man im Unterschied zum modernen *DataGridView* im *DataGrid* auch mehrere Tabellen
und ihre Beziehungen gleichzeitig darstellen kann, wurde letzteres extra zu diesem Zweck aus
seiner Schmollecke zurückgeholt (Hinzufügen zur Toolbox über Kontextmenü *Elemente auswählen ...*).

## Quellcode Form1

```
using System.Xml;
using System.IO;

public partial class Form1 : Form
{

    ...
```

DataSet => XML-String:

```
    private void button1_Click(object sender, EventArgs e)
    {
        DataSet ds = getTestDS();
        textBox1.Text = ConvertDataSetToXML(ds);
        button2.Enabled = true;
    }
```

XML-String => DataSet:

```
    private void button2_Click(object sender, EventArgs e)
    {
        DataSet ds = ConvertXMLToDataSet(textBox1.Text);
        dataGrid1.DataSource = null;
        dataGrid1.DataSource = ds;
    }
}
```

## Erzeugen eines untypisierten DataSets als Testobjekt

Ein *DataSet* zum Experimentieren hätten wir uns viel einfacher aus einer beliebigen Datenbank-tabelle holen können (z.B. mittels *Fill*-Methode des *DataAdapter*s). Da es hier aber um grundsätzliche Untersuchungen geht, wollen wir diesmal unser *DataSet* lieber eigenhändig per Code erstellen.

Vorbild ist die abgebildete Struktur, in welcher die Tabellen *Kunden* und *Bestellungen* über eine 1:n-Relation miteinander verbunden sind:

| Kunden | |
|---|---|
| Nr | *Int32* |
| Vorname | *String* |
| Nachname | *String* |
| Geburtstag | *DateTime* |

| Bestellungen | |
|---|---|
| N | *Int32* |
| Datum | *DateTime* |
| Betrag | *Decimal* |
| KuNr | *Int32* |
| Bemerkung | *String* |

Die Methode *getTestDS* erzeugt ein untypisiertes *DataSet* mit zwei *DataTable*s und einer *Data-Relation* entsprechend obiger Abbildung und fügt jeder Tabelle zwei Datensätze hinzu:

```
private static DataSet getTestDS()
{
```

Tabelle "Kunden":

```
DataTable dt1 = new DataTable("Kunden");
```

Primärschlüssel:

```
DataColumn col1 = dt1.Columns.Add("Nr", typeof(System.Int32));
col1.AllowDBNull = false;
col1.Unique = true;
col1.AutoIncrement = true;
col1.AutoIncrementStep = 1;
```

Die restlichen Spalten hinzufügen:

```
dt1.Columns.Add("Vorname", typeof(System.String));
dt1.Columns.Add("Nachname", typeof(System.String));
dt1.Columns.Add("Geburtstag", typeof(System.DateTime));
```

Zwei Datensätze hinzufügen:

```
DataRow rw11 = dt1.NewRow();
rw11["Vorname"] = "Klaus";
rw11["Nachname"] = "Müller";
rw11["Geburtstag"] = Convert.ToDateTime("3.4.1975");

DataRow rw12 = dt1.NewRow();
rw12["Vorname"] = "Tobalt";
rw12["Nachname"] = "Tonne";
rw12["Geburtstag"] = Convert.ToDateTime("5.8.1984");
```

```
        dt1.Rows.Add(rw11);
        dt1.Rows.Add(rw12);
```

Tabelle "Bestellungen":

```
        DataTable dt2 = new DataTable("Bestellungen");
        DataColumn col2 = dt2.Columns.Add("Nr", typeof(System.Int32));
        col2.AllowDBNull = false;
        col2.Unique = true;
        col2.AutoIncrement = true;
        col2.AutoIncrementStep = 1;
        dt2.Columns.Add("Datum", typeof(System.DateTime));
        dt2.Columns.Add("Betrag", typeof(System.Decimal));
        dt2.Columns.Add("KuNr", typeof(System.Int32));          // Fremdschlüssel
        dt2.Columns.Add("Bemerkung", typeof(System.String));
```

Zwei Datensätze hinzufügen:

```
        DataRow rw21 = dt2.NewRow();
        rw21["Datum"] = Convert.ToDateTime("20.2.2010");
        rw21["Betrag"] = Convert.ToDecimal("256,50");
        rw21["KuNr"] = 0;
        rw21["Bemerkung"] = "per Nachname";
        dt2.Rows.Add(rw21);

        DataRow rw22 = dt2.NewRow();
        rw22["Datum"] = Convert.ToDateTime("8.3.2010");
        rw22["Betrag"] = Convert.ToDecimal("12,95");
        rw22["KuNr"] = 0;
        rw22["Bemerkung"] = "per Scheck";
        dt2.Rows.Add(rw22);
```

*DataSet* zusammenbauen (mit 1 : n Relation zwischen *Kunden* und *Bestellungen*):

```
        DataSet ds = new DataSet();
        ds.Tables.Add(dt1);
        ds.Tables.Add(dt2);
        ds.Relations.Add("Kunde_Bestellungen", ds.Tables["Kunden"].Columns["Nr"],
                                ds.Tables["Bestellungen"].Columns["KuNr"]);
        return ds;
    }
```

## Test

Zunächst lassen wir uns die XML-Darstellung des *DataSet*s in der *TextBox* anzeigen. Anschließend betätigen wir zwecks Rückkonvertierung die untere Schaltfläche:

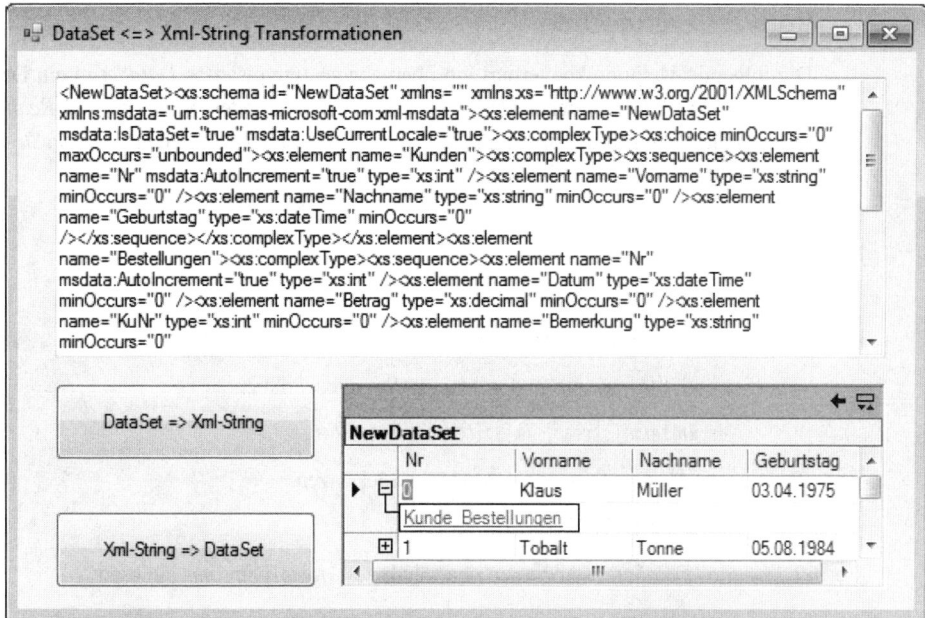

## 11.6.4 Ein untypisiertes in ein typisiertes DataSet konvertieren

Als Ergebnis einer Datenbankabfrage oder eines Webmethodenaufrufs liegt häufig ein "normales" *DataSet* vor, für die weitere Informationsverarbeitung möchte man aber gern ein *typisiertes DataSet* nehmen, welches z.B. als Datenquelle für ein Windows- oder WPF-Frontend agieren soll.

Während der umgekehrte Weg (typisiert => untypisiert) ziemlich einfach ist:

```
DataSet ds = (DataSet) ds1;
```

... funktioniert der folgende Code leider nicht:

```
DataSet1 ds1 = (DataSet1) ds;
```

Der notorische "Dünnbrettbohrer" könnte allerdings mit folgendem Code sein Ziel erreichen:

```
ds.WriteXml("Temp.dat", XmlWriteMode.WriteSchema);
DataSet1 ds1 = new DataSet1();
ds1.ReadXml("Temp.dat");
```

Neben der relativen Langsamkeit hat dieses Verfahren den gravierenden Nachteil, dass als Zwischenspeicher eine temporäre Datei auf der Festplatte herhalten muss. Dies kann z.B. beim Ausführen des Codes auf einem Internetserver mangels Schreibrechten zur Funktionsunfähigkeit führen.

Das vorliegende Beispiel zeigt eine Lösung, wie man die Informationen aus dem gefüllten untypisierten *DataSet*-Objekt *ds* in das leere typisierte *DataSet1*-Objekt *ds1* schaffen kann, ohne dabei mühselig durch alle Zeilen und Spalten der *DataTable*s iterieren zu müssen.

### Konvertierungscode

Die folgende Methode konvertiert ein übergebenes untypisiertes *DataSet* in ein DataSet vom Typ *DataSet1*. Im Zentrum stehen dabei die bekannten Methoden *WriteXml* und *ReadXml*, allerdings arbeiten die Methoden diesmal nicht mit einer Datei sondern mit einem *MemoryStream*.

```
public DataSet1 ConvertUntypedToTypedDS(DataSet ds)
{
    MemoryStream stream = null;
    try
    {
        stream = new MemoryStream();
```

DataSet inkl. Strukturinfo in den *MemoryStream* schreiben:

```
        ds.WriteXml(stream, XmlWriteMode.WriteSchema);
```

Position im *MemoryStream* auf Anfang zurücksetzen:

```
        stream.Seek(0, SeekOrigin.Begin);
```

Typisiertes *DataSet* instanziieren und Inhalt des *MemoryStreams* einlesen:

```
        DataSet1 ds1 = new DataSet1();
        ds1.ReadXml(stream, XmlReadMode.InferSchema);
        return ds1;
    }
    catch
    {
        return null;
    }
    finally
    {
        if (stream != null) stream.Close();
    }
}
```

Um die Methode zu testen, brauchen wir sowohl ein gefülltes untypisiertes als auch ein leeres typisiertes DataSet mit identischen Strukturen. Unser Beispiel soll aber nicht nur den Trivialfall einer einzigen Tabelle abdecken, sondern zumindest aus zwei über eine Relation verknüpften Tabellen bestehen.

### Normales DataSet erzeugen

Die beiden *DataTable*-Objekte *Kunden* und *Bestellungen* sind über eine 1:n-Relation miteinander verknüpft (ein Kunde hat keine, eine oder mehrere Bestellungen). Der Fremdschlüssel *KuNr* aus der Tabelle *Bestellungen* zeigt auf den Primärschlüssel *Nr* der Tabelle *Kunden*.

Um dieses *DataSet* per Code zu erzeugen, verwenden wir die Methode *getTestDS* aus dem Praxisbeispiel 11.6.3 "Ein DataSet in einen XML-String serialisieren".

## Typisiertes DataSet erzeugen

Ziel ist der Entwurf eines typisierten DataSets gleicher Struktur wie das untypisierte DataSet.

Über das Menü *Projekt/Neues Element hinzufügen...* fügen Sie ein (typisiertes) DataSet hinzu.

---

**HINWEIS:** Ein über das Projektmenü hinzugefügtes DataSet ist immer typisiert und automatisch eine Datenquelle!

---

Mit Hilfe des Menüs *Daten/Datenquellen anzeigen* bringen Sie das "Datenquellen"-Fenster zur Ansicht und entdecken das neu erzeugte typisierte *DataSet1*. Wählen Sie das Kontextmenü *Data-Set mit Designer bearbeiten*. Klicken Sie mit der rechten Maustaste auf die leere Oberfläche des Designers und erzeugen Sie über das Kontextmenü *Hinzufügen/DataTable* die Tabellen *Kunden* und *Bestellungen* mit den entsprechenden Spalten. Über das Kontextmenü *Eigenschaften* weisen Sie jeder Spalte den Datentyp zu (vorher die volle Spalte markieren!).

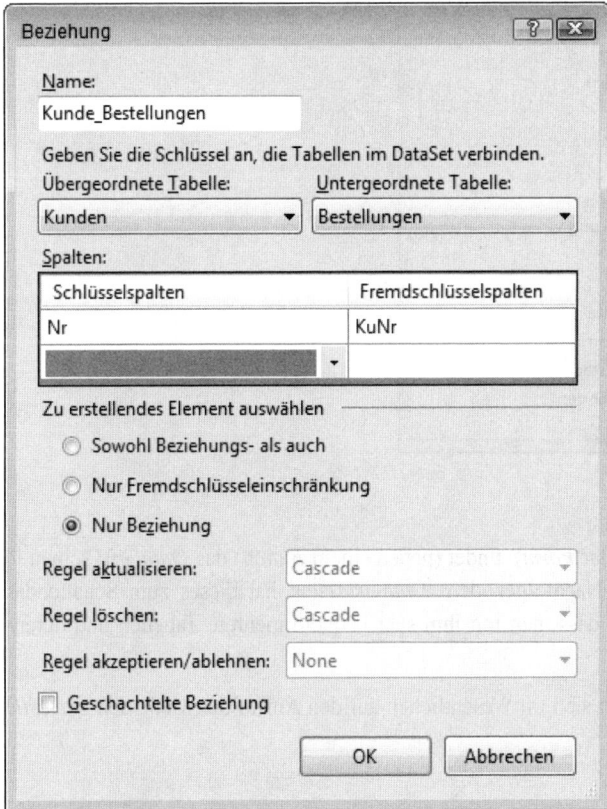

Nachdem auch die Tabelle *Bestellungen* fertig ist, wählen Sie im Kontextmenü *Hinzufügen/Relation...* und verbinden im Dialogfenster "Beziehung" beide Tabellen entsprechend der Abbildung.

Das Ergebnis im DataSet-Designer:

Das Datenquellen-Fenster sollte nun folgenden Anblick bieten:

## Oberfläche

Auf dem Startformular *Form1* findet (neben einem *Button*) das *DataGrid* seinen Platz. Gegenüber seinem strahlenden Nachfolger, dem *DataGridView*, hat dieses zum Schattendasein verdammte Control den Vorteil, dass man mit ihm sehr bequem mehrere Tabellen und deren Verknüpfungen betrachten kann.

Der Code beschränkt sich im Wesentlichen auf den Aufruf der Methoden *getTestDS* und *Convert-UntypedToTypedDS*:

```
using System.IO;
public partial class Form1 : Form
{
...
        private void button1_Click(object sender, EventArgs e)
        {
```

Das gefülltes untypisierte DataSet abholen:

```
DataSet ds = getTestDS();
```

Kontrollanzeige (umständlich weil nicht typisiert):

```
MessageBox.Show(ds.Tables["Kunden"].Rows[0]["Vorname"].ToString());
```

Typisiertes DataSet füllen:

```
DataSet1 ds1 = ConvertUntypedToTypedDS(ds);
```

Datengitter mit dem typisierten DataSet verbinden:

```
dataGrid1.DataSource = ds1;
```

Kontrollanzeige (transparent weil typisiert):

```
MessageBox.Show(ds1.Kunden[0].Vorname);
    }
```

Beide Meldungsfenster zeigen das gleiche Ergebnis ("Klaus") und dienen lediglich dem Zweck, die unterschiedliche Syntax beim Zugriff auf untypisiertes und typisiertes DataSet gegenüberzustellen.

## Test

Der Programmtest beweist, dass die Methode *ConvertUntypedToTypedDS* unsere Erwartungen voll erfüllt. Die zu einem Kunden gehörigen Bestellungen können über das "+"-Symbol und den Link *Kunde_Bestellungen* aufgeklappt werden.

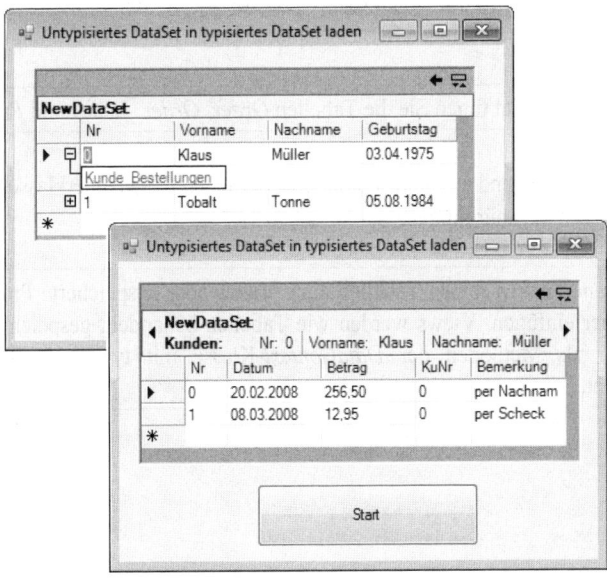

**HINWEIS:** Der Wechsel zur jeweils anderen Ansicht ist durch Klick auf den kleinen schwarzen Pfeil rechts oben in der Titelleiste des *DataGrid*s möglich.

## Bemerkungen

- Während der untypisierte Zugriff doch ziemlich umständlich ist, bietet der typisierte Zugriff zur Entwurfszeit bessere Transparenz und bequeme Intellisense-Unterstützung.

- Da das klassische *DataGrid*-Control standardmäßig nicht in der Toolbox angezeigt wird, müssen Sie es über das Toolbox-Kontextmenü *Elemente auswählen ...* und die Registerseite *.NET Framework-Komponenten* herbeiholen[1].

# 11.6.5   Eine LINQ to SQL-Abfrage ausführen

Mit LINQ to SQL steht Ihnen eine neue Technologie für den schnellen und einfachen Zugriff auf die Daten des Microsoft SQL Servers zur Verfügung.

Wir wollen das Prinzip von LINQ to SQL anhand folgender Aufgabenstellung erläutern:

Basierend auf den 1:n-Beziehungen zwischen den Tabellen *Order, Order_Detail* und *Product* in der *Northwind*-Datenbank sind für eine Bestellung die zugehörigen Artikel anzuzeigen.

## Datenmodell per LINQ to SQL-Designer erzeugen

Fügen Sie Ihrem Projekt eine neue "LINQ to SQL Klasse" hinzu, um den LINQ to SQL-Designer zu öffnen (*Projekt|Neues Element hinzufügen*). Damit haben Sie bereits die zentrale *DataContext*-Klasse erstellt. Den Namen dieser Klasse können Sie jetzt gegebenenfalls über das Eigenschaftenfenster anpassen (wir wählen *NWDataContext*).

In die noch leere Arbeitsfläche (diese ähnelt dem Klassendesigner) fügen Sie die benötigten SQL-Server-Tabellen ein. Nutzen Sie dazu den Server-Explorer (siehe folgende Abbildung linke Seite).

---

**HINWEIS:** Für unser Beispiel fügen Sie die Tabellen *Order, Order_Detail* und *Product* ein.

---

Der Designer erstellt nachfolgend automatisch die erforderlichen C#-Mapperklassen für die einzelnen Tabellen sowie deren Verknüpfungen.

---

**HINWEIS:** Sie können neben reinen Tabellen auch Views oder gespeicherte Prozeduren in den Designer einfügen. Views werden wie Tabellen behandelt, gespeicherte Prozeduren werden als Methoden der *DataContext*-Klasse mit typisierten Rückgabewerten gemappt.

---

[1] Es kann einige Zeit dauern, bis der Dialog *Toolboxelemente auswählen* erscheint.

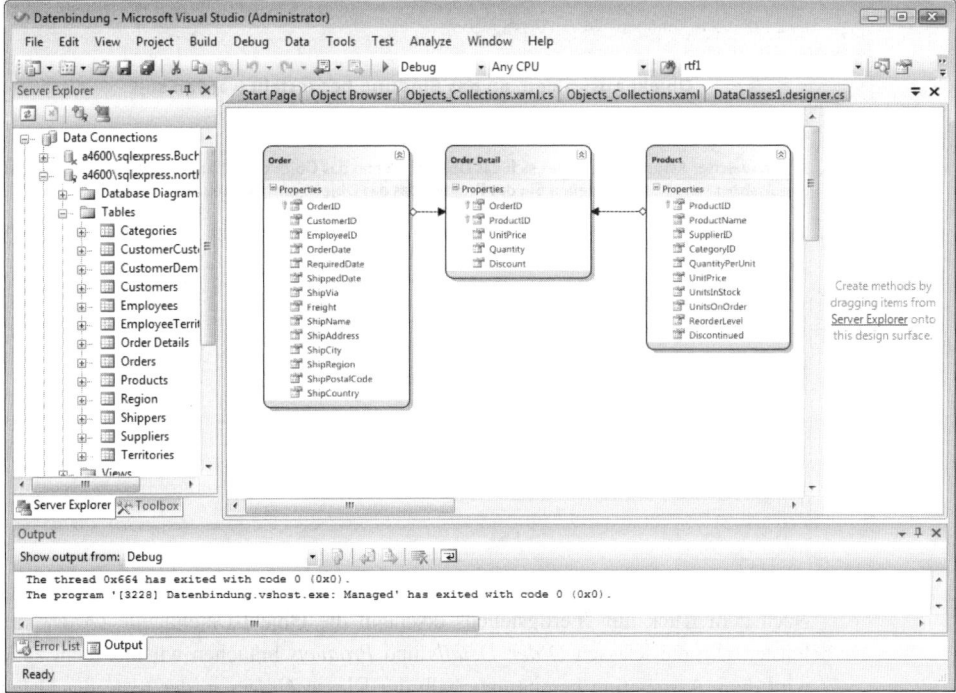

## Datenquelle hinzufügen

Möchten Sie Ihre Formulare mit Datenbindung ausstatten, von den Vorteilen eines Datenbanknavigators profitieren und schon zur Entwurfszeit die Darstellung von Tabellen etc. anpassen, kommen Sie nicht um die Definition einer Datenquelle herum[1].

Öffnen Sie das Fenster "Datenquellen" (Menü *Daten/Datenquellen anzeigen*) und klicken Sie den Link *Neue Datenquelle hinzufügen...*.

Im "Assistent zum Konfigurieren von Datenquellen" wählen Sie zunächst den Datenquellentyp *Objekt* aus, nachfolgend spezifizieren Sie die Klasse *Orders*.

---

[1] Es sei denn, Sie wollen Unmengen von Quellcode schreiben.

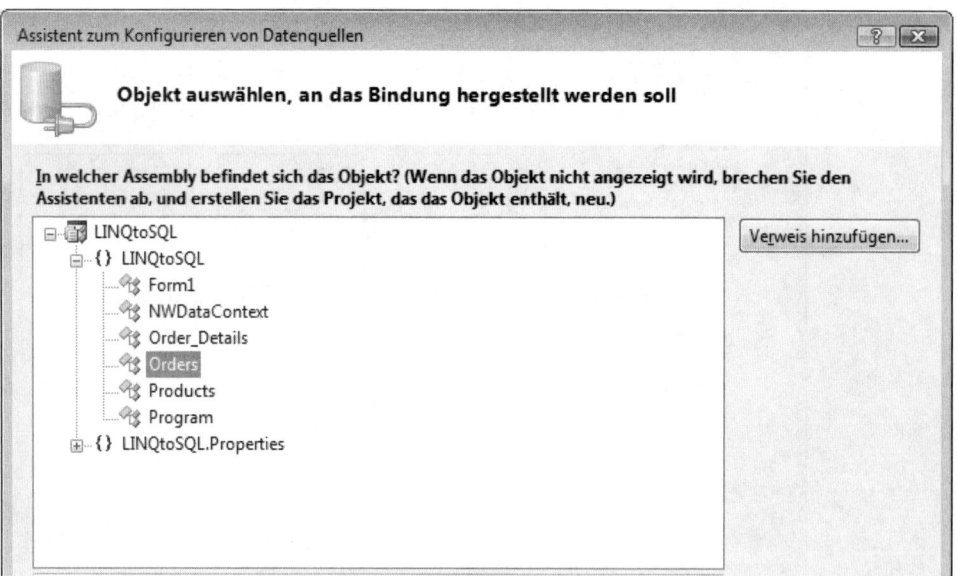

Nach dem Klick auf "Fertigstellen" erscheint die Objekt-Datenquelle *Orders* im Datenquellen-fenster. Um die Klassen *Order_Details* und *Products* brauchen wir uns nicht zu kümmern, diese wird dank Assoziation bereits unterhalb der Klasse *Orders* in der Liste der Datenquellen aufge-führt:

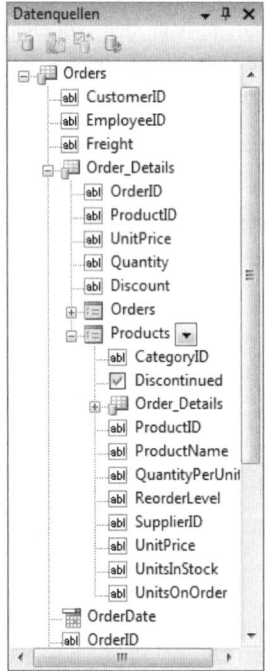

## Oberfläche

Ziehen Sie die Datenquelle *Orders* per Drag & Drop auf das Startformular *Form1*, so wird von einem im Hintergrund agierenden Assistenten automatisch eine Benutzerschnittstelle generiert, die standardmäßig aus *DataGridView*, *BindingSource* und *BindingNavigator* besteht.

Zu diesem Zeitpunkt werden bereits alle Spalten im *DataGridView* angezeigt, Sie können bei Bedarf diese an Ihre Vorgaben anpassen (Kontextmenü *Spalten bearbeiten*).

---

**HINWEIS:** Wenn Sie das Programm jetzt starten, bleibt das Datengitter leer, da der *Binding-Source* noch keine **Instanz** der *Orders*-Liste zugewiesen wurde.

---

Ergänzen Sie also den Formularcode wie folgt:

```
public partial class Form1 : Form
{
```

Instanz des *DataContext* erzeugen:

```
    NWDataContext dbnw = new NWDataContext();


    private void Form1_Load(object sender, EventArgs e)
    {
        ordersBindingSource.DataSource = dbnw.Orders;
```

Alternativ können Sie auch mit LINQ to SQL erst die Daten filtern/sortieren etc.:

```
        // var orders = from o in dbnw.Orders
        //                  ...
        //              select o;
        // ordersBindingSource.DataSource = orders;
    }
```

Auch die Anzeige von Detaildaten, in unserem Fall die den Bestellungen zugeordneten Details, stellt uns vor keine allzu große Hürde. Ziehen Sie einfach aus dem Datenquellenfenster die Klasse *Order_Details* in das Formular, um eine entsprechende *DataGridView* inklusive *BindingSource* zu erzeugen.

Und welchen Code müssen wir schreiben? Keinen, da durch die Assoziation zwischen beiden Klassen bereits alle Informationen vorliegen, um die erforderlichen Daten per SQL abzurufen.

## Test

Starten Sie die Anwendung und wechseln Sie im linken *DataGridView* zwischen den einzelnen Bestellungen, um die zugehörigen Details anzuzeigen.

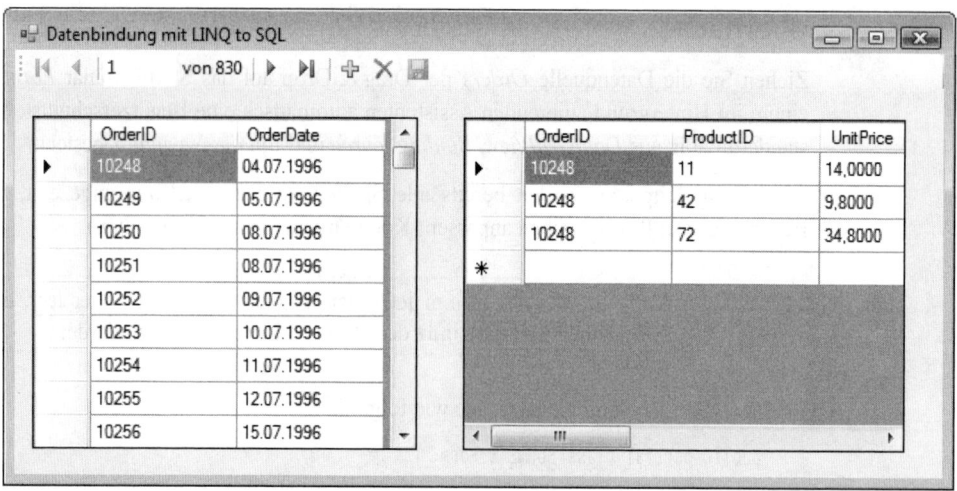

## Bemerkung

Ach ja, wie kommen eigentlich neue Datensätze in die Tabellen? Hier genügt es, wenn Sie z.B. ein neues *Order*-Objekt erstellen und es an die *Orders*-Collection anhängen. Mit einem *Submit-Changes* des *DataContext*-Objekts ist die Änderung dann auch schon im Server gelandet.

# Kapitel 12

# Asynchrone Programmierung

In diesem und dem folgenden Kapitel werden wir uns den (positiven und negativen) Aspekten der asynchronen Programmierung mit dem .NET-Framework zuwenden. Wir wollen uns mit

- der Verwendung von Threads,

- den Möglichkeiten von Sperren (*lock, Monitor, Mutex*),

- der *BackgroundWorker*-Komponente,

- dem asynchronen Programmierentwurfsmuster (*Asynchronous Programming Model Design Pattern*),

- dem asynchronen Aufruf mittels Delegate und, last but not least,

- dem Einsatz der *Task Parallel Library* (siehe Kapitel 13)

beschäftigen. Ein komplexes Anwendungsbeispiel rundet das Kapitel ab.

---

**HINWEIS:** Auch wenn mit der *Task Parallel Library* viele Aufgaben mit weniger Aufwand gelöst werden können, wollen wir uns zunächst mit den klassischen Varianten der asynchronen Programmierung auseinandersetzen, da die o.g. Library final und komplett erst ab Visual Studio 2010, bzw. dem .NET-Framework 4, verfügbar ist. Viele bereits bekannte Konzepte, wie z.B. der Zugriff auf den Vordergrund-Thread (Oberfläche), haben sich auch bei Verwendung der *Task Parallel Library* nicht geändert, ein Blick auf diese Details schadet deshalb nicht, sondern verhilft zum dringend erforderlichen Grundverständnis der neueren Technologien[1].

---

## 12.1  Übersicht

Threads stehen im Mittelpunkt der so genannten "asynchronen Programmierung". Darunter wollen wir all jene Technologien verstehen, die es einer Anwendung ermöglichen, Code auszuführen ohne das aktuelle Programm, d.h. meist den Vordergrundthread mit der Oberfläche, an dieser Stelle

---

[1] Ein gutes Beispiel dafür ist der asynchrone Datenzugriff in Silverlight-Anwendungen.

anzuhalten. In der Regel ist dies im Zusammenhang mit dem Warten auf relativ unbestimmte Ereignisse oder lang andauernde Vorgänge/Berechnungen von Belang. Die Anwendung soll weiter durch den Nutzer bedienbar bleiben, gleichzeitig wird im Hintergrund zum Beispiel eine Grafik konvertiert oder eine Dateioperation abgeschlossen.

Im Zusammenhang mit dem gerade beschriebenen, quasi parallelen, Abarbeiten von Aufgaben durch den Computer tauchen immer wieder einige Begriffe auf, die Sie unbedingt unterscheiden und kennen sollten:

- *Multitasking*

- *Multithreading*

- *Parallel-Programmierung*

- *Deadlocks*

- *Racing*

Im Folgenden wollen wir diese Begriffe im Zusammenhang erklären.

## 12.1.1  Multitasking versus Multithreading

Während beim Multitasking jedem Prozess (eigener Speicherbereich, eigener Heap, eigene Variablen) durch das System eine bestimmte Prozessorzeit zugeteilt wird[1], werden beim Multithreading einzelne Ablaufstränge (Fäden → Threads) **innerhalb** des Prozesses gesteuert.

---

**HINWEIS:** Leider taucht im Zusammenhang mit der neuen *Task Parallel Library* auch eine andere Bedeutung des Begriffs "Task" auf. Hier ist die einzelne **Aufgabe** innerhalb eines Programms (Prozesses) gemeint, derartige *Task*-Objekte sind eigentlich Threads, die um ein paar Verwaltungsfunktionen (Scheduler) bereichert wurden. Es handelt sich definitiv nicht um die vom System-"Taskmanager" verwalteten Prozesse. Wir gehen auf diese Thematik allerdings erst im Kapitel 13 ein.

---

Die folgende Abbildung zeigt die grundsätzliche Aufteilung (unterschiedlich viele Threads können zu unterschiedlichen Zeiten innerhalb der Prozesse ausgeführt werden).

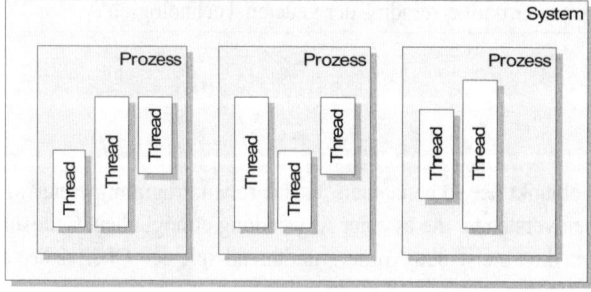

---

[1] Echte parallele Ausführung ist nur auf Mehrprozessorsystemen möglich.

## 12.1.2 Deadlocks

Mit diesem Begriff wird ein Szenario bezeichnet, in welchem mindestens zwei Threads gegenseitig aufeinander oder auf die Freigabe eines Objekts warten, ohne je zu einem Ende zu kommen.

**Beispiel 12.1**  **Deadlock**

> *Thread1* möchte die Objekte *A* und *B* bearbeiten und zu diesem Zweck sperren. *Thread2* hat die gleiche Aufgabe, sperrt jedoch erst Objekt *B* und dann Objekt *A*. Kommt es durch die Verteilung der Prozessorzeit dazu, dass *Thread1* Objekt *A* gesperrt hat und nachfolgend *Thread2* Objekt *B* sperrt, wartet *Thread1* bis in alle Ewigkeit auf die Freigabe von Objekt *B* und *Thread2* wartet ebenfalls auf die Freigabe von Objekt *A*.

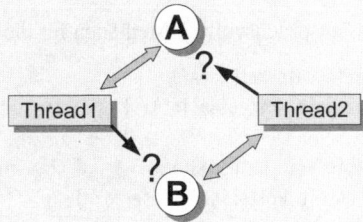

> Lösen lässt sich dieses Problem zum Beispiel durch eine konsequente Festlegung der Reihenfolge für die einzelnen Sperren oder eine maximale Wartezeit für das Sperren von Objekten.

## 12.1.3 Racing

Racing bezeichnet den Vorgang, wenn zwei Threads auf die gleiche Ressource (z.B. Datei, Ausgabegerät, Variable etc.) zugreifen wollen. Durch unterschiedlich schnelle Verarbeitung der Threads kommt es zu undefinierten Zuständen, d.h. es ist nicht vorhersehbar, welcher Thread das "Rennen" gewinnt.

Derartige Probleme können lange unentdeckt bleiben, bis zum Beispiel die Anwendung auf ein Mehrprozessorsystem verlagert wird oder das System sehr stark ausgelastet ist, was zu einer verlangsamten Abarbeitung einzelner Threads führt. Erst unter diesen Umständen wird aus dem bisherigen korrekten Verhalten, ein Fehler, der schwer zu reproduzieren ist.

**Beispiel 12.2**  **Racing**

Ein kleines Testprogramm (mit der neuen *Task Parallel Library*, siehe ab Seite 589) zeigt die Problematik eines "Wettrennens" am Beispiel der Ausgabekonsole.

```
using System.Threading;
using System.Threading.Tasks;
...
    class Program
    {
        static void Main(string[] args)
        {
```

**Beispiel 12.2** | **Racing**

```
                    Console.WriteLine("Start");
```

Zwei Tasks (Threads) erzeugen und starten:

```
        var thread1 = Task.Factory.StartNew(MethodeA);
        var thread2 = Task.Factory.StartNew(MethodeB);
```

Hier synchronisieren wir und warten bis **beide** Threads beendet sind:

```
        Task.WaitAll(thread1, thread2);
        Console.WriteLine("Ende");
        Console.Read();
    }
```

Die beiden "anspruchsvollen" Methoden für die jeweiligen Threads:

```
    static void MethodeA()
    { Console.Write("Hallo"); }

    static void MethodeB()
    { Console.WriteLine(" Leser"); }
    }
}
```

Der Normalfall zeigt folgende Ausgabe:

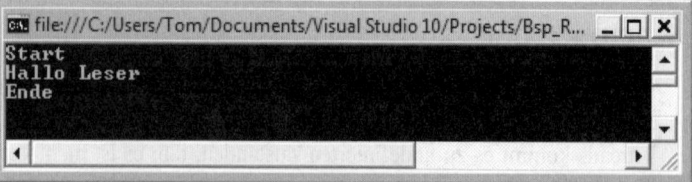

Aber nach x Programmstarts finden Sie statt obigem Ergebnis die folgende Ausgabe vor:

In diesem Fall war *Thread2*, also *MethodeB*, etwas schneller, obwohl *Thread1* vorher erzeugt und gestartet wurde. Beachten Sie jedoch, dass Ihr Programm nicht unabhängig vom restlichen System agiert, auch andere Prozesse haben Einfluss auf die Verteilung der Prozessorzeit und so kann es sein, dass *Thread1* erst einmal in eine kleine Warteschleife geschickt wurde und *Thread2* so günstig erzeugt wurde, dass er sofort ausgeführt werden konnte.

In obigem Beispiel handelt es sich lediglich um ein triviales Problem, bei Datenbankabfragen bzw. Einfüge-Operationen kann ein Racing schnell zum Showstopper werden und Ihre Geduld bei der Fehlersuche auf eine harte Probe stellen.

---

**HINWEIS:** Die Lösung im obigen Fall wäre eine Synchronisierung von *Thread2* auf *Thread1*, allerdings ist dann das Beispiel sinnfrei, da wir *MethodeB* auch gleich in *MethodeA* integrieren könnten.

---

# 12.2 Programmieren mit Threads

Die Multithreading-Funktionalität, d.h. die dafür notwendigen Klassen, werden vom Namespace *System.Threading* bereitgestellt. Im Mittelpunkt steht die Klasse *Thread*, mit der Sie Threads erzeugen und steuern können.

## 12.2.1 Einführungsbeispiel

Bevor wir Sie mit trockenen Ausführungen langweilen, zunächst ein kleines Beispiel der Thread-Programmierung.

**Beispiel 12.3** **Verwendung der *Thread*-Klasse um eine Methode Berechne als eigenständigen Thread auszuführen. Zusätzlich übergeben wir noch einen Parameter (*anzahl*) an die Methode.**

```C#
...
using System.Threading;
using System.Diagnostics;
using System.Media;

namespace Thread1
{
    public partial class Form1 : Form
    {
        private void button1_Click(object sender, EventArgs e)
        {
```

Einen neuen Thread erzeugen (wir übergeben einen Delegate, d.h. die Methode, die als eigener Thread ausgeführt werden soll):

```C#
            Thread myThread = new Thread(Berechne);
            Debug.Print("Thread Gestartet");
```

Wir starten den Thread und übergeben bei dieser Gelegenheit gleich noch einen Parameter:

```C#
            myThread.Start(15);
            Debug.Print("Nach Thread.Start");
        }
    ...
```

**Beispiel 12.3** | **Verwendung der *Thread*-Klasse um eine Methode Berechne als eigenständigen Thread auszuführen. Zusätzlich übergeben wir noch einen Parameter (*anzahl*) an die Methode.**

Nach dem Aufruf der Methode *Start* wird die Programmausführung asynchron fortgesetzt, d.h., noch vor dem Ende des Threads wird die nachfolgende Anweisung ausgeführt.

Die eigentliche Arbeit verrichtet die folgenden Methode:

```
private void Berechne(object anzahl)
{
```

Eine Schleife, um den Thread etwas warten zu lassen:

```
for (int i = 0; i < (int) anzahl; i++)
{
    Thread.Sleep(1000);
    Debug.Print("Thread arbeitet ({0})", i);
    SystemSounds.Beep.Play();
}
Debug.Print("Thread ist am Ende");
}
```

Nach dem Start wird im Ausgabefenster der Text "Thread Gestartet" erscheinen, sofort darauf "Nach Thread.Start" (es ist nun mal eine asynchrone Ausführung) und danach die Meldungen aus dem eigentlichen Thread:

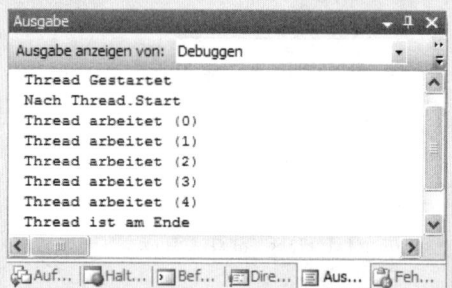

Ganz nebenbei werden Sie aus dem Lautsprecher mit Tönen gefoltert, aber so schlafen Sie beim Ausprobieren dieses Trivialbeispiels wenigstens nicht ein.

## 12.2.2  Wichtige Thread-Methoden

Mit einigen Methoden der *Thread*-Klasse hatten wir es im vorhergehenden Beispiel bereits zu tun, nun zu den Einzelheiten:

| Methode | Beschreibung |
|---------|--------------|
| *Thread* | Der Konstruktor erwartet einen Delegate, der auf die auszuführende Methode verweist. Dieser Delegate kann parameterlos sein oder die Übergabe eines *Object*-Typs ermöglichen. |

| Methode | Beschreibung |
|---------|--------------|
| *Start* | Die Ausführung des Threads beginnt. Vorher haben Sie noch die Möglichkeit, zum Beispiel den Namen oder die Priorität des Threads festzulegen. |
| *Suspend* | Hält den Thread an. Der Thread verbraucht keine Prozessorzeit mehr. Achtung: Diese Methode ist veraltet! |
| *Resume* | Setzt die Ausführung des Threads fort, egal wie oft vorher *Suspend* aufgerufen wurde. Achtung: Diese Methode ist veraltet! |
| *Interrupt* | Unterbricht einen Thread, der sich im Wait-, Sleep- oder Join-Zustand befindet. Hierdurch wird eine *ThreadInterruptedException* ausgelöst, die Sie abfangen sollten. |
| *Join* | Blockiert die Ausführung des aktuellen Threads, bis der angegebene Thread beendet ist. |

| | |
|---|---|
| *Sleep* | Hält die Ausführung des Threads für eine vorgegebene Anzahl von Millisekunden oder eine Zeitspanne (*TimeSpan*) an, bevor die Ausführung automatisch fortgesetzt wird. Der Thread verbraucht währenddessen keine Prozessorzeit. Achtung: Sie können nur *Thread.Sleep* aufrufen. Dies bezieht sich immer auf den aktuellen Thread. |
| *Abort* | Beginnt den Abbruch des Threads. Ein erneuter Start ist nicht mehr möglich. |

**HINWEIS:** Generell kann ein Thread nach seiner Abarbeitung nicht wieder gestartet werden. Sie müssen eine neue Instanz erzeugen und diese starten.

**HINWEIS:** Wenn Sie auf Codebeispiele treffen, bei denen im Konstruktoraufruf noch ein *ThreadStart-* oder *ParameterizedThreadStart*-Delegate erzeugt wird, vergessen Sie diese einfach, denn das übernimmt der C#-Compiler für Sie.

```
private void button1_Click(object sender, EventArgs e)
{
    this.myThread = new Thread(new ParameterizedThreadStart(this, (IntPtr) this.Berechne));
    this.myThread.Name = "Test-Thread";
    this.myThread.IsBackground = true;
    this.myThread.Start(15);
}
```

Eine Übersicht, wie Sie die Methoden einsetzen um zwischen den einzelnen Zuständen des Threads zu wechseln, zeigt die folgende Abbildung:

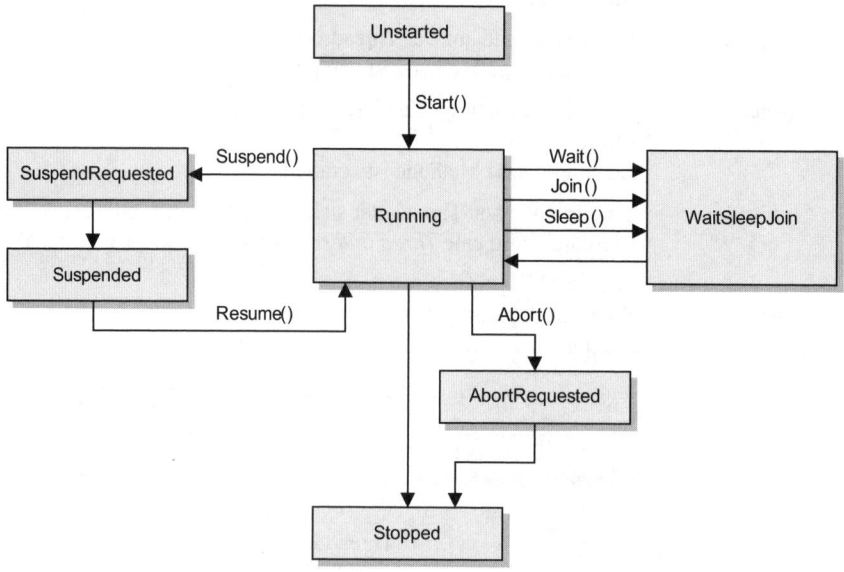

---

**HINWEIS:** Mehrere Zustände können gleichzeitig aktiv sein (z.B. *WaitSleepJoin* und *Abort-Requested*).

---

## 12.2.3  Wichtige Thread-Eigenschaften

Folgende Eigenschaften sind von Interesse:

| Eigenschaft | Beschreibung |
|---|---|
| *IsAlive* | *true*: Der Thread ist gestartet und noch nicht beendet. Dieser Wert ist auch *true*, wenn sich der Thread im Sleep-Zustand befindet. |
| *Name* | Ein Name für den Thread, diesen können Sie aus dem Thread heraus mit *Thread.CurrentThread.Name* auslesen. Diese Eigenschaft ist beim Debuggen ganz nützlich, um die einzelnen Threads voneinander zu unterscheiden. |
| *Priority* | Die Ausführungspriorität des Threads: *Highest, AboveNormal, Normal, BelowNormal, Lowest.* |
| *ThreadState* | Der aktuelle Status des Threads: *Aborted, AbortRequested, Background, Running, Stopped, StopRequested, Suspended, SuspendRequested, Unstarted, WaitSleepJoin.* |

| Eigenschaft | Beschreibung |
|---|---|
| *IsBackGround* | Es handelt sich um einen Hintergrund-Thread, d.h., der Thread wird beim Beenden der Anwendung (Vordergrund-Thread) automatisch von der CLR beendet. Sie können diese Eigenschaft für Ihre Threads selbst festlegen.<br><br>Ist die Eigenschaft auf *false* gesetzt, wird die Anwendung erst nach dem Ende des Threads beendet. Dies kann zu unerwünschten Nebeneffekten führen, wenn Sie zu diesem Zeitpunkt noch auf den Vordergrund-Thread zugreifen wollen. |

**HINWEIS:** Eine umfangreiche Anwendung, in welcher Sie den Einsatz der *Thread*-Klasse "spielend" lernen, finden Sie im PB 12.9.1!

Stehen Sie vor der Aufgabe, viele Anforderungen gleichzeitig zu bearbeiten und nehmen diese nicht allzu viel Zeit in Anspruch, können Sie entweder selbst eine Collection von Threads erstellen, oder Sie nutzen gleich die Vorteile eines vorhandenen Threadpools.

Bleibt es dem Anwender oder der Applikation überlassen, wie viele Threads angefordert werden können, kann es schnell zu einem Performance-Einbruch kommen, denn die meiste Prozessorzeit wird für die Verwaltung der Threads verbraucht und nicht für deren Bearbeitung. Anders beim Threadpool, hier ist die Anzahl der Threads begrenzt, neue Threads werden erst erstellt, wenn ein Thread wieder frei ist.

**HINWEIS:** Auf das explizite Erzeugen und Parametrieren der Threads müssen Sie hier zugunsten ihrer einfacheren Verwendung allerdings verzichten.

## 12.2.4  Einsatz der ThreadPool-Klasse

**Beispiel 12.4** | **Anwendung eines ThreadPools**

Die eigentliche *Thread*-Methode:

```
public void Berechne(object obj)
{
    int n1, n2, n3;
    Debug.Print("-> Thread {0} gestartet", (int) obj);
    for (int i = 0; i < 10; i++)
    {   Thread.Sleep(100); }
```

Abrufen der maximalen Anzahl von Threads:

```
    ThreadPool.GetMaxThreads(out n3, out n2);
```

Abrufen der noch verfügbaren Threads:

```
    ThreadPool.GetAvailableThreads(out n1, out n2);
    Debug.Print("  <- Thread {0} beendet! (frei {1} von {2})", (int) obj, n1 + 1, n3);
}
```

**Beispiel 12.4**   **Anwendung eines ThreadPools**

Wir addieren 1, da der aktuelle Thread ja auch gleich beendet wird.

Das eigentliche Verwenden des Threadpools:

```
private void button1_Click(object sender, EventArgs e)
{
    int n2, n3;
```

Maximale Anzahl von Threads bestimmen:

```
    ThreadPool.GetMaxThreads(out n3, out n2);
```

Wir erzeugen ein paar mehr Threads als in den Threadpool passen:

```
    for (int i = 0; i < (n3+10); i++)
    {
        ThreadPool.QueueUserWorkItem(Berechne,i);
        Debug.Print("Thread_{0} in Warteschlange aufgenommen",i);
    }
}
```

Die Ausführung beginnt mit dem Aufruf der Methode *QueueUserWorkItem*. Rufen Sie die Methode wie oben auf, werden lediglich die Threads aus dem Pool verwendet. Die restlichen Anforderungen werden erst dann bearbeitet, wenn wieder ein Thread aus dem Threadpool verfügbar ist.

Starten Sie das Programm (siehe Beispieldaten), werden zunächst alle Anforderungen in die Warteschlange gestellt, die ersten Threads werden bearbeitet.

Auszug aus dem Protokoll des Ausgabefensters:

```
Thread 0 in Warteschlange aufgenommen
Thread 1 in Warteschlange aufgenommen
Thread 2 in Warteschlange aufgenommen
Thread 3 in Warteschlange aufgenommen
-> Thread 0 gestartet
Thread 4 in Warteschlange aufgenommen
...
Thread 59 in Warteschlange aufgenommen
-> Thread 2 gestartet
 <- Thread 0 beendet! (frei 48 von 50)
-> Thread 3 gestartet
 <- Thread 1 beendet! (frei 48 von 50)
-> Thread 4 gestartet
-> Thread 5 gestartet
-> Thread 6 gestartet
 <- Thread 2 beendet! (frei 46 von 50)
-> Thread 7 gestartet
...
 <- Thread 55 beendet! (frei 46 von 50)
```

**Beispiel 12.4**     **Anwendung eines ThreadPools**

```
<- Thread 56 beendet! (frei 47 von 50)
<- Thread 57 beendet! (frei 48 von 50)
<- Thread 58 beendet! (frei 49 von 50)
<- Thread 59 beendet! (frei 50 von 50)
```

Nachdem wieder Threads frei sind, werden die restlichen Anforderungen bearbeitet.

# 12.3  Sperrmechanismen

Nicht in jedem Fall sind Threads ein Segen für den Programmierer. Da einzelne Methodenaufrufe oder Operationen wiederum auf unzähligen Maschinenanweisungen basieren können und die Threadumschaltung zu unvorhergesehenen Zeitpunkten erfolgen kann, sind unter gewissen Umständen undefinierte Zustände möglich und das Programm verhält sich nicht wie gewünscht. Meist ist dieses Verhalten nicht reproduzierbar, da weitere Prozesse und Systemeinstellungen Einfluss auf die Rechenzeitverteilung haben.

In diesem Fall ist es sinnvoll, die Threadumschaltung so lange zu unterbrechen, bis die kritischen Operationen ausgeführt wurden. Das .NET-Framework stellt dafür verschiedene Mechanismen bereit.

## 12.3.1  Threading ohne lock

**Beispiel 12.5**    **Wir erzeugen zwei Threads, die auf die gleiche Variable *summe* zugreifen. Ein Thread versucht zu inkrementieren, der andere zu dekrementieren.**

```csharp
using System.Threading;
using System.Diagnostics;

namespace ThreadLocking
{
    public partial class Form1 : Form
    {
        public int summe = 0;
```

Die Thread-Methode:

```csharp
        public void Berechne(object anzahl)
        {
            for (int i = 0; i < 5; i++)
            {
                Thread.Sleep(100);
```

Auch wenn die folgende Anweisung im C#-Code trivial aussieht, auf Maschinenebene wird diese Anweisung in mehreren Schritten ausgeführt (Register laden, Verarbeitung, Register auslesen), was dazu führt, dass diese Anweisung, bedingt durch das Multithreading, auch

| Beispiel 12.5 | **Wir erzeugen zwei Threads, die auf die gleiche Variable *summe* zugreifen. Ein Thread versucht zu inkrementieren, der andere zu dekrementieren.** |

mitten in der Operation unterbrochen werden kann (man spricht von einer **nicht** atomaren Operation). In diesem Fall sind Rechenfehler bei konkurrierendem Zugriff auf dieselbe Variable *(summe)* vorprogrammiert.

```
summe += (int) anzahl;
Debug.Print("Thread {0}: Summe = {1}", Thread.CurrentThread.Name, summe);
}
}
```

Erzeugen zweier Threads:

```
private void button1_Click(object sender, EventArgs e)
{
    Thread t1 = new Thread(Berechne);
    t1.Name = "T1";
    Thread t2 = new Thread(Berechne);
    t2.Name = "T2";
    t1.Start(1);
    t2.Start(-1);
}
...
```

**Ergebnis**

Das Ergebnis im Ausgabefenster:

```
Thread T2: Summe = 1
Thread T1: Summe = 1
Thread T2: Summe = 0
Thread T1: Summe = 1
Thread T2: Summe = 0
Thread T1: Summe = 1
Thread T2: Summe = 0
Thread T1: Summe = 1
Thread T2: Summe = 0
Der Thread 0x5a4 hat mit Code 0 (0x0) geendet.
Thread T1: Summe = 1
Der Thread 0xec8 hat mit Code 0 (0x0) geendet.
```

Beim erneuten Aufruf ist der Wert von *summe* plötzlich *0*, was eigentlich auch korrekt ist (das klassische Problem, wenn zwei das Gleiche machen wollen). Die Ursache ist, wie schon beschrieben, dass die Threadumschaltung zu so ungünstigen Zeitpunkten erfolgen kann, dass zwar die Prozessorregister mit dem Variableninhalt geladen wurden, aber noch nicht das Inkrementieren oder Dekrementieren erfolgt ist.

---

**HINWEIS:** Sollten Sie dieses Problem auch bei mehrfachem Start nicht reproduzieren können, erhöhen Sie einfach mal die Prozessorlast, indem Sie zum Beispiel ein oder zwei HD-Videos im Hintergrund laufen oder rendern lassen.

---

## 12.3.2  Threading mit lock

Unter C# bietet sich als einfachste Möglichkeit das *lock*-Schlüsselwort an, das den folgenden Anweisungsblock als kritischen Abschnitt markiert. Das Ergebnis dieser Bemühungen: nur ein Thread kann gleichzeitig auf diesen Abschnitt zugreifen, alle anderen müssen warten, bis das Objekt (dieses geben Sie im *lock*-Statement an) freigegeben wird.

**Beispiel 12.6**

**Threading mit *lock***

```csharp
public void BerechneSicher(object anzahl)
{
    lock (this)
    {
        for (int i = 0; i < 5; i++)
        {
            Thread.Sleep(100);
            summe += (int)anzahl;
            Debug.Print("Thread {0}: Summe = {1}", Thread.CurrentThread.Name, summe);
        }
    }
}
```

Das Ergebnis im Ausgabefenster:

```
Thread T2: Summe = -1
Thread T2: Summe = -2
Thread T2: Summe = -3
Thread T2: Summe = -4
Thread T2: Summe = -5
Der Thread 0x86c hat mit Code 0 (0x0) geendet.
Thread T1: Summe = -4
Thread T1: Summe = -3
Thread T1: Summe = -2
Thread T1: Summe = -1
Thread T1: Summe = 0
Der Thread 0x414 hat mit Code 0 (0x0) geendet.
```

Zunächst kommt der erste Thread *T2* zum Zug, dann *T1*, aber nicht beide durcheinander und schon garnicht gleichzeitig.

---

**HINWEIS:** Ob erst *T1* und dann *T2* ausgeführt wird, oder umgekehrt, ist nicht vorhersagbar, beim erneuten Aufruf kann es schon wieder umgekehrt sein!

---

Allerdings ist obige Lösung aus zeitlicher Sicht nicht optimal, da zunächst fünf mal *T1* und nachfolgend fünf mal *T2* abgearbeitet wird. Die Pausen (*Thread.Sleep*) summieren sich, was wohl kaum im Sinne des Erfinders ist. Besser ist deshalb folgende Lösung, bei der lediglich das Summieren und die Ausgabe in das *lock*-Statement eingeschlossen werden.

**Beispiel 12.7**    **Bessere Lösung**

```csharp
...
    for (int i = 0; i < 5; i++)
    {
        Thread.Sleep(100);
        lock (this)
        {
            summe += (int)anzahl;
            Debug.Print("Thread {0}: Summe = {1}", Thread.CurrentThread.Name, summe);
        }
    }
```

In diesem Fall können beide Threads fast parallel ausgeführt werden, während der Pause des einen kann der andere arbeiten. Die Ausgabe im Debug-Fenster:

```
Thread T1: Summe = 1
Thread T2: Summe = 0
Thread T1: Summe = 1
Thread T2: Summe = 0
Thread T1: Summe = 1
Thread T2: Summe = 0
Thread T1: Summe = 1
Thread T2: Summe = 0
Thread T1: Summe = 1
The thread 'T1' (0x126c) has exited with code 0 (0x0).
Thread T2: Summe = 0
The thread 'T2' (0x17d0) has exited with code 0 (0x0).
```

Beim Test werden Sie durch die quasi parallele Abarbeitung eine Beschleunigung der Ausgabegeschwindigkeit bemerken.

---

**HINWEIS:** Wie Sie sehen, ist es mit der schnellen Verwendung von gesperrten Abschnitten nicht getan, schnell machen Sie die Vorzüge von Threads wieder zunichte. Beschränken Sie diese Sperren auf die unbedingt notwendige Anzahl und nehmen Sie gegebenenfalls Zeitmessungen vor.

---

In obigem Beispiel könnten Sie auch die Anzeige aus dem *lock*-Statement herausnehmen, die Berechnung würde in diesem Fall zwar korrekt ablaufen, die Ausgabe auf dem Bildschirm wäre jedoch fehlerhaft.

## Ein anschauliches Beispiel

Bereits an dieser Stelle wollen wir Sie an ein Alltagsbeispiel heranführen, das wir in den weiteren Abschnitten noch ausbauen wollen, um auf anschauliche Weise die Funktionsweise der verschiedenen Sperrmechanismen zu verdeutlichen:

**Vergleichsbeispiel**

Stellen Sie sich zwei oder mehrere Gäste einer Bar als Threads vor, die sich am Tresen einen Drink holen und diesen natürlich auch austrinken wollen. Sie können natürlich alle gleichzeitig auf den Barkeeper (Prozessor) einstürmen, die Folge wird sein, dass kaum einer den gewünschten Drink erhält und die Ausgabe auch recht lange dauern kann (kein Sperrmechanismus).

Alternativ könnten Sie auch dem Barkeeper zurufen, dass Sie einen Drink wünschen. In dieser Zeit ist der Barkeeper für andere Wünsche nicht erreichbar. Allerdings ist es wenig sinnvoll sich so lange mit dem Barkeeper zu unterhalten, bis Sie das nächste Glas bestellen wollen. Besser ist es, wenn Sie auch die anderen Gäste zum Zuge kommen lassen (möglichst kurze Sperre).

## 12.3.3 Die Monitor-Klasse

Gehen Ihnen die Möglichkeiten des *lock*-Statements nicht weit genug, verwenden Sie doch einen *Monitor*. Auch diese Klasse findet sich im Namespace *System.Threading*. Auf das Instanziieren können Sie verzichten, da alle Methoden statisch deklariert sind:

- *Enter*

- *TryEnter*

- *Exit*

- *Pulse*

- *PulseAll*

- *Wait*

Die Verwendung scheint zunächst relativ einfach: Mit *Monitor.Enter* markieren Sie den Beginn eines kritischen Abschnitts, d.h., Sie sperren diesen Abschnitt für alle anderen Threads. Mit *Monitor.Exit* wird das Ende dieses Abschnitts gekennzeichnet.

---

**HINWEIS:** Reduzieren Sie die Länge des Abschnitts auf das unbedingt Notwendige, anderenfalls ist es besser, die Threads mit *Join* zu synchronisieren.

---

**Beispiel 12.8** | **Ausschnitt aus dem Praxisbeispiel 12.9.1 (Spieltrieb & Multithreading erleben)**

```csharp
public void Beladen()
{
    Monitor.Enter(this);
    Wartezeit = 0;
    Ladung++;
    myForm.FormRefresh("Schiff: Beladen (" + Ladung.ToString() + ")");
    if (Ladung == 5) Transport();
    Monitor.Exit(this);
}
```

**Beispiel 12.8** | **Ausschnitt aus dem Praxisbeispiel 12.9.1 (Spieltrieb & Multithreading erleben)**

> Tritt innerhalb des markierten Abschnitts ein Laufzeitfehler auf und wird dieser nicht abgefangen, wird auch *Monitor.Exit* nie aufgerufen, und die anderen Threads bekommen keine Möglichkeit, auf den Abschnitt zuzugreifen.
>
> Deshalb besser so:
>
> ```
> ...
>     Monitor.Enter(this);
>     try
>     ...
>     finally
>       { Monitor.Exit(this); }
> ...
> ```

---

**HINWEIS:** Auch wenn Sie ein *lock*-Statement verwenden: Intern erzeugt der Compiler Code, der mittels *Monitor*-Klasse und zusätzlicher Fehlerbehandlung diesen Abschnitt absichert. Allerdings können Sie in diesem Fall nicht von den zusätzlichen Möglichkeiten der *Monitor*-Klasse Gebrauch machen.

---

## Wait und Pulse/PulseAll

Neben der direkten Umsetzung des *lock*-Statements über die Methoden *Enter* und *Exit* der *Monitor*-Klasse sind auch die Methoden *Wait* und *Pulse* für den einen oder anderen Spezialfall interessant. Auch hier soll eine "Bar"-Analogie die Funktionsweise verdeutlichen:

**Vergleichsbeispiel**

Stellen Sie sich vor, Sie sind am Tresen, haben den Drink bestellt und wollen kurzfristig tanzen gehen. In diesem Fall können Sie dem Barkeeper sagen, dass er etwas warten soll (Methode *Wait*). Der Barkeeper kann jetzt die Wünsche anderer Gäste erfüllen. Doch wie kommen Sie an Ihren bereits bestellten Drink? Drei Möglichkeiten bestehen: Sie warten darauf, dass der Gast, der gerade am Tresen steht (und quasi den Monitor besitzt), Sie persönlich darauf hinweist, dass Ihr Drink da ist (Methode *Pulse*). Alternativ kann dieser Gast auch in den Raum rufen, dass noch Gläser abgeholt werden müssen (Methode *PulseAll*). Die dritte Variante: Sie sagen dem Barkeeper vorher Bescheid, dass Sie in einer bestimmten Zeit wieder da sein werden um den Drink abzuholen (Übergabe eines Zeitwertes an die *Wait*-Methode).

Nun aber weg vom Alkohol und hin zur Praxis ...

**Beispiel 12.9** | **Verwendung *Wait* und *Pulse***

> Zwei Methoden *BerechneSicherMonitorA* und *BerechneSicherMonitorB* sollen konkurrierend ausgeführt werden. Beide greifen auf die Variable *Summe* zu. Zu diesem Zweck wird eine entsprechende Monitor-Sperre verwendet. So weit so bekannt. Doch nach dem fünften Schleifendurchlauf in *BerechneSicherMonitorA* soll diese Methode angehalten werden (Methode *Wait*), um zunächst der Methode *BerechneSicherMonitorB* die Vorfahrt zu lassen.

**Beispiel 12.9** **Verwendung *Wait* und *Pulse***

Hat diese 50 Schleifendurchläufe absolviert, heben wir die Sperre für die Methode *Berechne-SicherMonitorA* mit *Pulse* wieder auf. Jetzt laufen beide Methoden im Wechsel ab.

Methode *BerechneSicherMonitorA*:

```
public void BerechneSicherMonitorA(object anzahl)
{
    for (int i = 0; i < 10; i++)
    {
        Thread.Sleep(100);
        Monitor.Enter(this);
        summe += (int)anzahl;
```

Nach fünf Durchläufen warten wir zunächst (hier könnten Sie auch einen Zeitwert übergeben):

```
        if (i == 5) Monitor.Wait(this);
        Debug.Print("Thread {0}: i = {1}  Summe = {2}", Thread.CurrentThread.Name,
                    i, summe);
        Monitor.Exit(this);
    }
}
```

Methode *BerechneSicherMonitorB*:

```
public void BerechneSicherMonitorB(object anzahl)
{
    for (int i = 0; i < 100; i++)
    {
        Thread.Sleep(100);
        Monitor.Enter(this);
        summe += (int)anzahl;
```

Nach 50 Durchläufen wird die Sperre in *BerechneSicherMonitorA* wieder aufgehoben:

```
        if (i == 50) Monitor.Pulse(this);
        Debug.Print("Thread {0}: i = {1}  Summe = {2}", Thread.CurrentThread.Name,
                    i, summe);
        Monitor.Exit(this);
    }
}
```

**Ergebnis**

Die Ausgabe (in Auszügen):

```
Thread T2: i = 0  Summe = -1
Thread T1: i = 0  Summe = 0
Thread T2: i = 1  Summe = -1
Thread T1: i = 1  Summe = 0
Thread T1: i = 2  Summe = 1
Thread T2: i = 2  Summe = 0
```

**Beispiel 12.9**   **Verwendung *Wait* und *Pulse***

```
Thread T1: i = 3  Summe = 1
Thread T2: i = 3  Summe = 0
Thread T1: i = 4  Summe = 1
```

Ab hier ist T1 angehalten, nur noch T2 arbeitet *(Wait)*.

```
Thread T2: i = 4  Summe = 0
Thread T2: i = 5  Summe = 0
Thread T2: i = 6  Summe = -1
...
Thread T2: i = 50  Summe = -45
```

Und hier läuft T1 wieder los *(Pulse)*:

```
Thread T1: i = 5  Summe = -45
Thread T2: i = 51  Summe = -46
Thread T1: i = 6  Summe = -45
Thread T2: i = 52  Summe = -46
...
Thread T2: i = 98  Summe = -89
Thread T2: i = 99  Summe = -90
The thread 'T2' (0x11c0) has exited with code 0 (0x0).
```

Das korrekte Endergebnis ist -90 (10 Schleifendurchläufe mit Addition und 100 Schleifen-durchläufe mit Subtraktion). Über *Wait* und *Pulse* haben wir lediglich die Rechenzeit zwischen den Threads anders aufgeteilt.

## TryEnter

Sicher ist Ihnen auch schon aufgefallen, dass je nach Anwendungsfall ein *Monitor.Enter* eine recht lange Wartezeit nach sich ziehen kann. Auch hier wollen wir wieder auf unsere "Bar"-Analogie zurückkommen:

**Vergleichsbeispiel**

*TryEnter* können Sie mit einem Blick zum Tresen der Bar vergleichen. Ist der Barkeeper nicht beschäftigt, können Sie Ihre Wünsche sofort loswerden. Alternativ bietet *TryEnter* auch die Möglichkeit, einige Zeit zu warten, d.h., Sie setzen sich an den Tresen und warten x Minuten, ob Sie bedient werden. Ist dies nicht der Fall, gehen Sie einfach wieder weg.

## 12.3.4  Mutex

Neben dem *Monitor*-Objekt bietet sich auch ein *Mutex* (*mutually exclusive*) für das Locking von Codeabschnitten an. Win32-Programmierern wird dieser Begriff sicher bekannt vorkommen, denn ein analoger Mechanismus war auch dort vorhanden.

> **HINWEIS:** Im Unterschied zum *Monitor* kann ein *Mutex* auch prozessübergreifend verwendet werden.

Im Unterschied zum *Monitor*-Objekt müssen Sie hier jedoch zunächst eine Instanz erzeugen. Dazu stehen Ihnen fünf überladene Konstruktoren zur Verfügung:

```
Mutex ()
Mutex (Boolean)
Mutex (Boolean, String)
Mutex (Boolean, String, Boolean)
Mutex (Boolean, String, Boolean, MutexSecurity)
```

Hier können Sie bereits bestimmen, ob der aktuelle Thread gleich zum Besitzer des Mutex wird und welcher Name verwendet wird.

Leiten Sie den entsprechenden Abschnitt mit der *WaitOne*-Methode ein, um den Mutex zu erhalten. Freigeben können Sie den Mutex mit der *ReleaseMutex*-Methode.

**Beispiel 12.10** **Anwendung eines Mutex**

Mutex deklarieren:

```csharp
public partial class Form1 : Form
{
    public Mutex myMutex = new Mutex();
...
```

Mutex verwenden:

```csharp
public void BerechneMutex(object anzahl)
{
    myMutex.WaitOne();
    for (int i = 0; i < 10; i++)
    {
        Thread.Sleep(200);
        Debug.Print("Thread {0}: Summe = {1}", Thread.CurrentThread.Name, summe);
    }
    myMutex.ReleaseMutex();
}
```

Aufruf der Threads (es kann mehrfach auf den Button geklickt werden):

```csharp
private void button4_Click(object sender, EventArgs e)
{
    Thread t1 = new Thread(BerechneMutex);
    t1.Name = "T" + Id.ToString();
    Id++;
    t1.Start();
}
```

## 12.3.5   Methoden für die parallele Ausführung sperren

Neben obigen Sperr-Varianten können Sie auch gleich die ganz große Keule herausholen. Die Rede ist vom Attribut *MethodImpl*, das Sie auf einzelne Methoden anwenden können. In diesem Fall ist die **gesamte Methode** für den Aufruf eines weiteren Threads gesperrt. Sinnvollerweise sollten Sie in dieser Methode nicht allzuviel Code unterbringen, sondern nur die wirklich relevanten Routinen, sonst wird aus Ihrem asynchronen Programm schnell eine ganz normale synchrone Anwendung.

**Beispiel 12.11**  | **Verwendung des Attributs**

```
...
using System.Runtime.CompilerServices;
...

    [MethodImpl(MethodImplOptions.Synchronized)]
    public void Berechne(object anzahl)
    {
        for (int i = 0; i < 5; i++)
        {
            Thread.Sleep(100);
            summe += (int) anzahl;
            Debug.Print("Thread {0}: Summe = {1}", Thread.CurrentThread.Name, summe);
        }
    }
```

Obige Methode wird in keinem Fall durch andere Threadaufrufe unterbrochen, sondern immer komplett abgearbeitet.

**Vergleichsbeispiel**

Übertragen auf unsere "Bar"-Analogie können Sie sich obiges Beispiel auch als alleiniger Gast in der Bar vorstellen. Es kann immer nur einer eintreten und sich betrinken. Alle anderen warten am Eingang (vor der Methode).

## 12.3.6   Semaphore

Da wir gerade bei Analogien sind, auch hierzu gleich eine passende:

**Vergleichsbeispiel**

Vergleichen Sie eine Semaphore mit den Sitzplätzen an der Bar. Sie legen beim Erzeugen einer Semaphore fest, wie viele Sitzplätze es gibt und wie viele davon frei sind. Mit *WaitOne* können Sie prüfen ob ein Platz frei ist und wenn ja, diesen auch gleich belegen. Dieser wird erst beim Verlassen (*Release*) wieder freigegeben. Ist kein Platz frei, blockiert *WaitOne* bis ein Platz frei ist. Alternativ können Sie auch maximale Wartezeiten als Zeitwert übergeben.

Der Nutzen dieses Objekts wird bei begrenzten Ressourcen und einer hohen Anforderungszahl durch verschiedene Threads deutlich.

**Beispiel 12.12**  **Die Routine *BerechneMitSemaphore* soll von maximal drei Threads gleichzeitig genutzt werden.**

Die Semaphore erzeugen und initialisieren:

```
private Semaphore sem = new Semaphore(3, 3);  // 3 frei, 3 insgesamt verfügbar
```
...

Wir starten 10 Threads, von denen aber maximal 3 gleichzeitig zum Zuge kommen:

```
private void button8_Click(object sender, EventArgs e)
{
    for (int i = 0; i < 10; i++)
    {
        Thread t = new Thread(BerechneMitSemaphore);
        t.Name = "Thread" + i.ToString();
        t.Start();
    }
}
```

Die eigentliche Routine:

```
public void BerechneMitSemaphore(object anzahl)
{
```

Nur wenn noch nicht 3 angemeldete Threads vorliegen, kommen wir hier weiter:

```
sem.WaitOne();
for (int i = 0; i < 5; i++)
{
    Thread.Sleep(100);
    Debug.Print("Thread {0}: ", Thread.CurrentThread.Name);
}
```

Wir geben die Semaphore (bzw. einen Platz) wieder frei:

```
sem.Release();
}
```

**Ergebnis** Die Ausgabe: Bei einem Blick ins Ausgabefenster werden Sie feststellen, dass sich maximal 3 Threads gleichzeitig abmühen.

---

**HINWEIS:** Natürlich gibt es noch weitere Sperr- und Synchronisationsmechanismen (Reader-WriterLock, Wait-Handles ...) und mehr Methoden als die oben aufgeführten, doch wir wollten hier lediglich einen ersten Einstieg vermitteln. Beachten Sie, dass Sie von den o.g. Sperrmechanismen auch bei der neuen *Task Parallel Library* Gebrauch machen müssen, wenn dies für den Programmablauf erforderlich ist.

---

Wichtiger ist ein weiteres Problem, mit dem sich der Thread-Programmierer herumschlagen muss: die Interaktion mit dem Vordergrund-Thread, d.h., mit unserer Programmoberfläche.

# 12.4   Interaktion mit der Programmoberfläche

Wie bereits für einige Beispiele angemerkt, sind diese teilweise nicht threadsicher programmiert. Das Problem: Die Steuerelemente eines Windows Forms- bzw. WPF-Programms, d.h. deren Eigenschaften und Methoden, sind nicht threadsicher. Wenn wir aus einem anderen Thread als dem erstellenden (Anwendungs-Thread) auf die Komponenten zugreifen (z.B. Aktualisieren einer *ListBox*), kommt es bereits beim ersten Test in Visual Studio zu folgendem unerfreulichen Dialog:

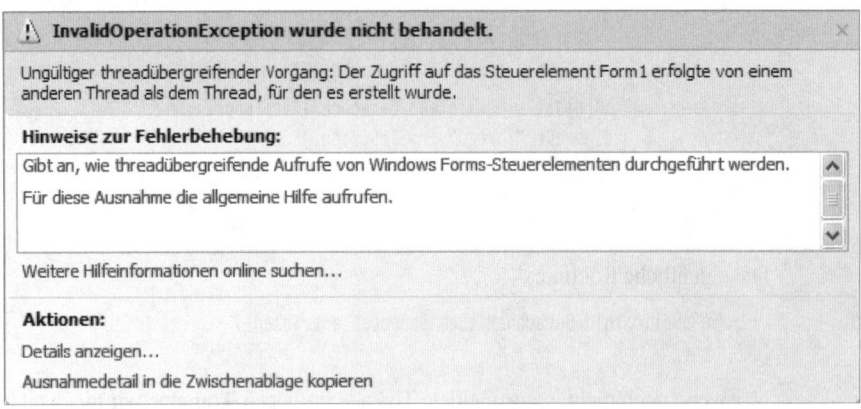

> **HINWEIS:** Starten Sie allerdings das Programm direkt aus dem Explorer heraus, wird die Anwendung mehr oder weniger korrekt ausgeführt, ohne dass eine Fehlermeldung auftritt. Dabei kann es zu unerwünschten Effekten kommen, da die Windows Forms bzw. auch WPF-Controls nicht threadsicher sind.

## 12.4.1   Die Werkzeuge

Dass der direkte Weg aus einem Thread zum User-Interface versperrt ist, bedeutet noch lange nicht, dass es keine Möglichkeit für eine Interaktion gäbe. Die Lösung heißt in diesem Fall *Invoke* oder *BeginInvoke*. Beide Methoden gestatten es, eine Methode im Kontext des aufrufenden Controls (das kann auch ein Fenster sein) auszuführen. Während *Invoke* synchron ausgeführt wird, d.h. auf die Beendigung der aufgerufenen Methode wartet, stellt *BeginInvoke* nur eine neue Anforderung in die Message-Queue des Anwendungs-Threads und unterbricht die Ausführung des aufrufenden Threads nicht.

## 12.4.2   Einzelne Steuerelemente mit Invoke aktualisieren

Geht es darum, auf die Eigenschaften eines einzelnen Controls zuzugreifen, übergeben Sie einen Delegaten an die *Invoke*-Methode des gewünschten Controls. Diese Methode wird synchron abgearbeitet, d.h., die Programmausführung des aktuellen Threads wird hier zunächst gestoppt.

> **HINWEIS:** Da die Anzeige in den Steuerelementen ja kaum Selbstzweck ist, müssen in der Regel auch Daten übermittelt werden. Dazu bietet sich die zweite Überladung der *Invoke*-Methode an, der Sie neben dem Delegaten auch ein Objekt übergeben können. Dieses steht dann in der Callback-Methode zur Verfügung und muss nur noch entsprechend typisiert werden.

**Beispiel 12.13** **In einer *ListBox* sollen Ergebnisse aus verschiedenen Threads angezeigt werden.**

Definition des Delegaten:

```csharp
public delegate void MyAnzeigeDelegate(string msg);
```

Hier wird der Wert in die *ListBox* eingetragen, dank aufrufender *Invoke*-Methode im Kontext des Vordergrund-Threads:

```csharp
public void myAnzeige(string msg)
{
    listBox1.Items.Add(msg);
}
```

Unsere Callback-Funktion:

```csharp
public void BerechneMitAnzeige(object anzahl)
{
    lock (this)
    {
        for (int i = 0; i < 5; i++)
        {
            Thread.Sleep(200);
            summe++;
            string s = "Thread " + Thread.CurrentThread.Name + ": Summe = " +
            summe.ToString();
```

Zuweisen des Delegaten für die *Invoke*-Methode:

```csharp
            listBox1.Invoke(new MyAnzeigeDelegate(myAnzeige), new object[] { s });
        }
    }
}
```

Der Threadaufruf bzw. -start:

```csharp
private void button5_Click(object sender, EventArgs e)
{
    Thread t1 = new Thread(BerechneMitAnzeige);
    t1.Name = "T" + Id.ToString();
    Id++;
    t1.Start();
}
```

> **HINWEIS:** Alternativ können Sie die Methode auch asynchron mit *BeginInvoke* aufrufen. Warten auf die Abarbeitung können Sie mit *EndInvoke*.

## 12.4.3   Mehrere Steuerelemente aktualisieren

Wer mehr als ein Control aktualisieren will und die aufwändige Schreiberei mit *Invoke* nicht jedesmal neu erfinden möchte, der kann auch eine zentrale Anzeige-Routine im Kontext des Formulars erstellen. Da die Steuerelemente im gleichen Kontext laufen, können Sie hier schalten und walten wie Sie es für notwendig halten.

**Beispiel 12.14** | **Aktualisieren mehrerer Steuerelemente**

```csharp
public delegate void MyAnzeigeDelegate(string msg);

public void myAnzeige(string msg)
{
    listBox1.Items.Add(msg);
    label1.Text = "Bla Bla";
    progressBar1.Value++;
    if (progressBar1.Value == progressBar1.Maximum) progressBar1.Value = 0;

}

public void Anzeige(string msg)
{
    this.Invoke(new MyAnzeigeDelegate(myAnzeige), new object[] { msg });
}
```

Der spätere Aufruf beschränkt sich auf:

```csharp
Form1.Anzeige("Hallo");
```

## 12.4.4   Ist ein Invoke-Aufruf nötig?

Wer eine universelle Methode schreiben will, die sowohl aus dem Hintergrundthread als auch aus dem Vordergrundthread aufgerufen werden kann, sollte sich die Eigenschaft *InvokeRequired* näher ansehen. Da jedes Control über diese Eigenschaft verfügt, können Sie schnell ermitteln, ob ein *Invoke-Aufruf* erforderlich ist oder nicht.

**Beispiel 12.15** | **Verwendung von *InvokeRequired***

```csharp
void MeineAnzeige()
{
    if (listBox1.InvokeRequired)
```

Falls nötig, rufen wir die Methode im Kontext des Controls erneut auf:

```csharp
        listBox1.Invoke(new MethodInvoker(MeineAnzeige));
    else
```

```
                        listBox1.Items.Add("Hello World!");
            }
```

## 12.4.5    Und was ist mit WPF?

In den bisherigen Ausführungen war immer von den Windows Forms die Rede. Wie bereits erwähnt, sind jedoch auch die WPF-Controls nicht threadsicher, was die Frage aufwirft, wie wir in diesem Fall den Zugriff auf die Oberfläche realisieren.

Die grundsätzliche Vorgehensweise unterscheidet sich nur geringfügig von der Windows Forms-Lösung, statt der Methode *Control.Invoke* verwenden Sie in diesem Fall *Control.**Dispatcher**.Invoke*. Die *InvokeRequired*-Eigenschaft der Windows Forms-Controls wird durch die *CheckAccess*-Methode ersetzt.

---

**HINWEIS:** Beachten Sie, dass die *CheckAccess*-Methode *true* zurückliefert, wenn der Aufruf im Vordergrund-Thread erfolgt (die Logik negiert gegenüber *InvokeRequired*).

---

Beispiel 12.16    **Verwendung von *Dispatcher.Invoke* in einer WPF-Anwendung**

```
...
using System.Threading;
using System.Threading.Tasks;
...
    public partial class MainWindow : Window
    {
        private int id;
```

Definition des Delegaten:

```
        public delegate void MyAnzeigeDelegate(string msg);
```

Hier wird der Wert in die *ListBox* eingetragen, dank aufrufender *Invoke*-Methode im Kontext des Vordergrund-Threads:

```
        public void myAnzeige(string msg)
        {
            listBox1.Items.Add(msg);
        }
```

Unsere Thread-Methode:

```
        public void BerechneMitAnzeige(object anzahl)
        {
            lock (this)
            {
                for (int i = 0; i < 5; i++)
                {
                    Thread.Sleep(200);
```

```
                         string s = "Thread " + Thread.CurrentThread.Name + ": Durchlauf = " +
                                    i.ToString();
```

Wird die Methode aus dem Vordergrund-Thread aufgerufen, greifen wir direkt auf die *List-Box* zu, andernfalls per *Invoke*:

```
                    if (listBox1.Dispatcher.CheckAccess())
                        listBox1.Items.Add(s);
                    else
                        listBox1.Dispatcher.Invoke(new MyAnzeigeDelegate(myAnzeige),
                                                   new object[] { s });
                }
            }
        }
    ...
```

Thread erzeugen und starten:

```
        private void button1_Click(object sender, RoutedEventArgs e)
        {
            Thread t1 = new Thread(BerechneMitAnzeige);
            t1.Name = "T" + id.ToString();
            id++;
            t1.Start();
        }
```

Der XAML-Code für die "Oberfläche" (ein *Button* und eine *ListBox*):

```
<Window x:Class="WPF_UI.MainWindow"
        xmlns="http://schemas.microsoft.com/winfx/2006/xaml/presentation"
        xmlns:x="http://schemas.microsoft.com/winfx/2006/xaml"
        Title="MainWindow" Height="350" Width="525">


    <DockPanel  Name="dockPanel1" >
        <Button DockPanel.Dock="Bottom" Content="Button" Height="23" Name="button1"
            Click="button1_Click" />
        <ListBox Name="listBox1" />
    </DockPanel>
</Window>
```

## 12.5  Timer-Threads

Einen Nachteil hatten die bisherigen Thread-Varianten: Die Methode wird lediglich einmal abgearbeitet, nachfolgend ist der Thread im *Stopped*-Zustand und damit nicht wieder nutzbar. Einige der gezeigten Beispiele versuchten mit Schleifen und der *Sleep*-Anweisung so etwas wie ein zyklisches Verhalten nachzuahmen, dies führt jedoch nur teilweise zum Erfolg und ist auch nicht besonders genau.

Abhilfe verspricht die Klasse *Timer*, die Sie ebenfalls im Namespace *System.Threading* vorfinden. Die übergebene Methode wird in einem Thread aus dem Threadpool ausgeführt.

**Beispiel 12.17** | **Verwendung eines Timer-Threads**

```
...
using System.Threading;
namespace ThreadLocking
{
    public partial class Form1 : Form
    {
        private System.Threading.Timer myTimer;
```

Beim Instanziieren der *Timer*-Klasse übergeben Sie folgende Parameter: den Delegaten, eventuell ein Objekt, das als Parameter für die Timer-Callback-Methode verwendet werden kann (sonst *null*), die Wartezeit bis zum Start des Timers (*Timeout.Infinite* um den sofortigen Start zu verhindern) sowie das Zeitintervall in Millisekunden (oder als *TimeSpan*).

```
private void button6_Click(object sender, EventArgs e)
{
    myTimer = new System.Threading.Timer(MeinTimer, "Timer" , 1000, 500);
}
```

Die Callback-Routine (mit dem Parameter-Objekt):

```
public void MeinTimer(object obj)
{
    string s = (string)obj;
    listBox1.Invoke(new MyAnzeigeDelegate(myAnzeige), new object[] { s });
}
```

Anzeige in der *ListBox*:

```
public delegate void MyAnzeigeDelegate(string msg);

public void myAnzeige(string msg)
{
    listBox1.Items.Add(msg);
}
```

---

**HINWEIS:** Mit der *Change*-Methode können Sie Startzeit und Intervall nachträglich ändern!

---

# 12.6 Verwendung der BackgroundWorker-Komponente

Fast hätten wir es vergessen, in der Toolbox findet sich auch noch etwas, was im Zusammenhang mit der asynchronen Programmausführung von Interesse sein könnte. Die Rede ist vom *BackgroundWorker*-Steuerelement:

 backgroundWorker1

Dieses Control ermöglicht es Ihnen, die Routineaufgaben, die im Zusammenhang mit einem Hintergrund-Thread anfallen, in einem vorgegebenen Grundgerüst zu programmieren:

- Bereitstellen eines Threads

- Übergabe und Rückgabe von Objekten

- Fortschrittsmeldung im Vordergrund-Thread

- Abbruchmöglichkeit

- Fehlerabfrage

Dass bei dieser Vielfalt die Programmierung nicht mit zwei Zeilen abgetan ist, ahnen Sie bereits. Ein Beispiel zeigt die Verwendung.

**Beispiel 12.18** | **Hintergrundberechnung mit Hilfe eines *BackgroundWorker*-Steuerelements**

```csharp
using System;
using System.Collections.Generic;
using System.ComponentModel;
using System.Data;
using System.Drawing;
using System.Windows.Forms;
using System.Threading;
using System.Diagnostics;

namespace BackgroundWorkerTest
{
    public partial class Form1 : Form
    {
```

Die Hintergrund-Routine:

```csharp
        private void backgroundWorker1_DoWork(object sender, DoWorkEventArgs e)
        {
            Int32 res = 0;
```

Über *e.Argument* können Sie den Startparameter abfragen. Sie können beliebige Objekte verwenden, müssen diese jedoch typisieren:

```csharp
            for (int i = 0; i < (int)e.Argument; i++)
            {
```

Hat der Nutzer einen Abbruch angefordert (*CancelAsync*-Methode), können Sie dies über *CancellationPending* auswerten:

```csharp
                if ((sender as BackgroundWorker).CancellationPending)
                {
                    e.Cancel = true;
                    break;
                }
                res += i;
```

**Beispiel 12.18**   **Hintergrundberechnung mit Hilfe eines *BackgroundWorker*-Steuerelements**

Hier produzieren wir etwas Luft:

```
Thread.Sleep(100);
Debug.Print("BackgroundWorker: " + res.ToString());
```

Soll ein Fortschritt angezeigt werden (*WorkerReportsProgress=true*), können Sie hier den Wert übergeben:

```
(sender as BackgroundWorker).ReportProgress((int)((float)i /
                                (float)(int)e.Argument * 100));
}
```

Das Ergebnis lässt sich per *e.Result* zurückgeben, auch hier sind beliebige Objekte möglich:

```
e.Result = res;
}
```

In obiger Ereignisprozedur ist kein Zugriff auf die Oberfläche zulässig, verwenden Sie dafür das *ProgressChanged*-Ereignis!

Den Fortschritt Ihrer Bemühungen können Sie im folgenden Ereignis auswerten und anzeigen lassen:

```
private void backgroundWorker1_ProgressChanged(object sender,
                                    ProgressChangedEventArgs e)
{
    progressBar1.Value = e.ProgressPercentage;
}
```

Wurde der Thread abgearbeitet oder findet ein Nutzerabbruch statt, wird das folgende Ereignis ausgeführt:

```
private void backgroundWorker1_RunWorkerCompleted(object sender,
                                    RunWorkerCompletedEventArgs e)
{
```

Falls ein Fehler aufgetreten ist:

```
if (e.Error != null)
    MessageBox.Show(e.Error.Message);
```

Oder es handelt sich um einen Nutzerabbruch:

```
else if (e.Cancelled)
    listBox1.Items.Add("Nutzerabbruch");
```

Oder es ist alles in Ordnung und wir können das Ergebnis auswerten:

```
else
    listBox1.Items.Add("ERGEBNIS:" + e.Result.ToString());
button1.Enabled = true;
button2.Enabled = false;
progressBar1.Value = 0;
}
```

**Hintergrundberechnung mit Hilfe eines *BackgroundWorker*-Steuerelements**

Last but not least, müssen wir den Thread auch noch starten:

```csharp
private void button1_Click(object sender, EventArgs e)
{
    button1.Enabled = false;
    button2.Enabled = true;
    backgroundWorker1.RunWorkerAsync(100);
}
```

Wichtig: Hier können Sie ein Objekt als Parameter an den Thread übergeben.

Ist Ihnen nach Abbruch zumute, hilft die Methode *CancelAsync*:

```csharp
private void button2_Click(object sender, EventArgs e)
{
    backgroundWorker1.CancelAsync();
    button2.Enabled = false;
}
    }
}
```

Wie Sie sehen, ganz trivial ist die Verwendung der Komponente nicht, dafür erhalten Sie aber gleich einen recht umfangreichen Rahmen, der fast alle Eventualitäten abdeckt.

# 12.7  Asynchrone Programmier-Entwurfsmuster

Nachdem wir uns mit den Grundlagen der Thread-Programmierung vertraut gemacht haben, wollen wir einen Blick auf weitere Möglichkeiten asynchroner Programmierung mittels Delegates werfen. Einerseits bietet das .NET-Framework bereits einige Klassen mit integriertem Multithreading, andererseits können Sie auch selbst beliebige Methoden per Delegate asynchron aufrufen (mehr dazu im Abschnitt 12.8).

## 12.7.1  Kurzübersicht

Mit dem asynchronen Programmierentwurfsmuster (*Asynchronous Design Pattern*) bietet sich dem Nutzer diverser .NET-Klassen die Entscheidungsmöglichkeit, ob eine Methode synchron oder asynchron aufgerufen werden soll.

Dazu werden neben der synchronen Methode (z.B. *Read*) noch zwei zusätzliche Methoden mit der Bezeichnung **Begin**<*MethodenName*> und **End**<*Methodenname*> eingeführt.

### Begin...-Methode

Die **Begin**<*MethodenName*>-Methode gibt dem Aufrufer ein Objekt vom Typ *IAsyncResult* zurück, über das der Status der jetzt im Hintergrund laufenden Operation ausgewertet werden kann (zum Beispiel durch Polling).

An die Methode übergeben Sie zunächst ebenfalls die gleichen Parameter wie für das synchrone Pendant, zusätzlich werden noch ein Rückrufdelegate vom Typ *AsyncCallback* und ein beliebiges Objekt für die Datenübergabe an den Thread übergeben.

**Beispiel 12.19** *BeginRead*-**Methode**

```
IAsyncResult res = stateobj.fs.BeginRead(stateobj.Bytes, 0,(int) stateobj.fs.Length,
                                         Fertig, stateobj);
```

*Fertig* ist der Rückrufdelegate, *stateobj* ist ein nutzerdefiniertes Objekt.

## End...-Methode

Diese können Sie in der Rückruf-Methode aufrufen, um das Endergebnis des asynchronen Methodenaufrufs zu ermitteln.

Alternativ kann die Methode auch nach dem Eintreten der Bedingung *IsCompleted* aufgerufen werden.

**Beispiel 12.20** *EndRead*-**Methode**

```
IAsyncResult res = fs.BeginRead(Bytes, 0, (int)fs.Length, null, null);
while (!res.IsCompleted)
    int BytesGelesen = fs.EndRead(res);
```

## Die Rückrufmethode

Die Rückrufmethode wird nach dem Ende der asynchronen Methode aufgerufen. Sie muss folgendem Muster entsprechen:

```
public void <Methodenname>(IAsyncResult asyncResult)
{
```

Über *asyncResult.AsyncState* können Sie auf das eventuell übergebene Nutzer-Objekt zugreifen:

```
myState state = (myState)asyncResult.AsyncState;
```

In dieser Methode rufen Sie im Allgemeinen das Funktionsergebnis per *End<Methodenname>* ab. Dafür benötigen Sie den Paremeter *asyncResult*:

```
state.BytesGelesen = state.fs.EndRead(asyncResult);
```

Wie Sie das Entwurfsmuster konkret einsetzen, sollen Ihnen die folgenden Beispiele demonstrieren.

## 12.7.2 Polling

Es wurde bereits erwähnt, dass eine der Möglichkeiten, auf das Endergebnis der asynchronen Operation zu warten, die Statusabfrage der Operation per Polling ist. Dazu wird der Rückgabewert (Typ *IAsyncResult*) der jeweiligen *Begin...*-Methode ausgewertet, dessen Eigenschaft *IsCompleted* gibt über den aktuellen Zustand der asynchronen Operation Auskunft. Die Abfrage kann per

Schleife oder auch zu festgelegten Zeitpunkten mit einem *Timer* erfolgen. Ein kleines Beispiel zeigt die Vorgehensweise.

**Beispiel 12.21** | **Polling**

Eine große Datei soll asynchron in ein Byte-Array geladen werden. Abschließend ist die Anzahl der gelesenen Bytes zu bestimmen[1].

Den erforderlichen Namespace einbinden:

```
...
using System.IO;

namespace ASync1
{
    public partial class Form1 : Form
    {
...
        private void button1_Click(object sender, EventArgs e)
        {
            listBox1.Items.Add("Starte Lese-Vorgang ...");
```

Einen *FileStream* erzeugen:

```
            FileStream fs = new FileStream("01.jpg", FileMode.Open, FileAccess.Read,
                                           FileShare.Read, 1000, true);
```

Das Byte-Array anlegen:

```
            byte[] Bytes = new byte[fs.Length];
```

Den asynchronen Aufruf starten:

```
            IAsyncResult res = fs.BeginRead(Bytes, 0, (int)fs.Length, null, null);
```

Der Rückgabewert ist vom Typ *IAsyncResult*. Mit einer Schleife fragen wir den Status solange ab, bis die Operation abgeschlossen ist[2]:

```
            while (!res.IsCompleted)
                listBox1.Items.Add("IsCompleted = " + res.IsCompleted.ToString());
            listBox1.Items.Add("IsCompleted = " + res.IsCompleted.ToString());
```

Bestimmen der Anzahl gelesener Bytes:

```
            int BytesGelesen = fs.EndRead(res);
            listBox1.Items.Add("Gelesen: " + BytesGelesen.ToString() + " Bytes");
        }
    }
}
```

---

[1] Das Beispiel scheint zu diesem Zeitpunkt noch recht sinnlos zu sein, wird aber als Vorlage für die folgenden Beispiele gebraucht.

[2] Mit einem synchronen Dateizugriff hätten wir mit weniger Aufwand dasselbe erreicht, aber es geht hier ja um asynchrone Aufrufe und die Abfrage könnte ja auch per Timer etc. erfolgen.

Ein Start des Programms zeigt, was passiert:

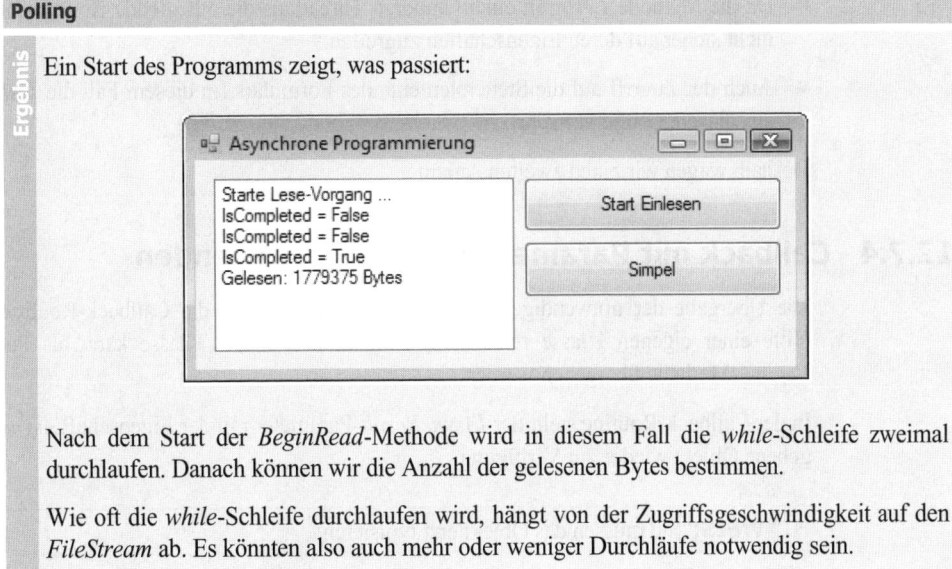

Nach dem Start der *BeginRead*-Methode wird in diesem Fall die *while*-Schleife zweimal durchlaufen. Danach können wir die Anzahl der gelesenen Bytes bestimmen.

Wie oft die *while*-Schleife durchlaufen wird, hängt von der Zugriffsgeschwindigkeit auf den *FileStream* ab. Es könnten also auch mehr oder weniger Durchläufe notwendig sein.

Wie es besser (und sinnvoller) geht, zeigt der nächste Abschnitt.

## 12.7.3  Callback verwenden

Mit einer Callback-Methode kann die asynchrone Operation ohne Unterbrechung durch den aufrufenden Thread (Polling) durchgeführt werden. Ist die Operation zu Ende, ruft sie die Callback-Methode auf.

**HINWEIS:** Die Callback-Methode muss einem bestimmten Muster entsprechen, als Parameter wird ein *IAsyncResult*-Objekt erwartet.

Wir schreiben das Beispiel aus dem vorhergehenden Abschnitt so um, dass wir per Callback auf das Ende reagieren können.

```
public void Fertig(IAsyncResult asyncResult)
{
    // hier ist die Operation zu Ende
}

...
    fs.BeginRead(Bytes, 0, (int)fs.Length, Fertig, null);
...
```

Folgende Einschränkungen sind allerdings zu beachten:

- Da die Methode *Fertig* in einem anderen Thread als die aufrufende Routine läuft, können wir nicht sicher auf deren Eigenschaften zugreifen.

- Auch der Zugriff auf die Steuerelemente des Formulars (in diesem Fall die *ListBox*) bleibt uns aus diesem Grund verwehrt.

Deshalb wagen wir einen zweiten Anlauf.

## 12.7.4  Callback mit Parameterübergabe verwenden

Die Übergabe der notwendigen Variablen/Eigenschaften an die Callback-Routine lässt sich mit Hilfe einer eigenen Klasse realisieren. Eine Instanz dieser Klasse kann als Parameter an die *Begin...*-Methode übergeben werden.

In der Callback-Routine stellt der *IAsyncResult*-Parameter mit der Eigenschaft *AsyncState* das übergebene Objekt wieder zur Verfügung.

---

**HINWEIS:** Sie müssen das Objekt erst typisieren!

---

**Beispiel 12.23** | **Callback mit Parameterübergabe**

```
C#  ...
    public partial class Form1 : Form
    {
```

Die Hilfsklasse:

```
        public class myState
        {
            public byte[] Bytes;
            public FileStream fs;
            public int BytesGelesen;
        }
```

Die neue Callback-Routine:

```
        public void Fertig(IAsyncResult asyncResult)
        {
```

Hilfsobjekt typisieren und verwenden:

```
            myState state = (myState)asyncResult.AsyncState;
            state.BytesGelesen = state.fs.EndRead(asyncResult);
            state.fs.Close();
        }
```

Das Starten des asynchronen Dateizugriffs:

```
        private void button1_Click(object sender, EventArgs e)
        {
            listBox1.Items.Add("Starte Lese-Vorgang ...");
```

**Beispiel 12.23** **Callback mit Parameterübergabe**

Hier erzeugen wir unser Hilfsobjekt:

```
myState stateobj = new myState();
```

Die erforderlichen Daten speichern:

```
stateobj.fs = new FileStream("01.jpg", FileMode.Open, FileAccess.Read,
                             FileShare.Read, 1000, true);
stateobj.Bytes = new byte[stateobj.fs.Length];
```

Asynchronen Aufruf mit Hilfsobjekt als Parameter starten:

```
IAsyncResult res = stateobj.fs.BeginRead(stateobj.Bytes, 0,(int)
                        stateobj.fs.Length, Fertig, stateobj);
        }
    }
}
```

Das sieht doch schon wesentlich besser aus als im letzten Beispiel! In der Callback-Methode können die geschriebenen Bytes bestimmt und der *FileStream* geschlossen werden.

Doch etwas fehlt noch: die Interaktion mit der Programmoberfläche!

## 12.7.5 Callback mit Zugriff auf die Programm-Oberfläche

Um aus dem Callback-Thread auf die Programmoberfläche (Main-Thread) zugreifen zu können, müssen wir per *Invoke* oder *BeginInvoke* mittels Delegate die gewünschte Methode des Formulars aufrufen.

**Beispiel 12.24** **Zugriff auf die Programmoberfläche**

```
...
    public partial class Form1 : Form
    {
```

Unsere Routine, die auf die Steuerelemente zugreifen kann:

```
public void FormRefresh(myState obj)
{
    listBox1.Items.Add("CallBack: --- Fertig ---");
    listBox1.Items.Add("CallBack: Gelesen: " + obj.BytesGelesen.ToString() +
                        "Bytes");
}
```

Wie Sie sehen, übergeben wir auch unser Hilfsobjekt gleich noch als Parameter, so können wir bequem mit dessen Informationen arbeiten.

Wir deklarieren einen Delegate für den Aufruf der *Invoke*-Methode:

```
private delegate void FormRefreshDelegate(myState obj);
```

**Beispiel 12.24** | **Zugriff auf die Programmoberfläche**

Und zum Schluss ändern wir noch die Callback-Routine:

```
public void Fertig(IAsyncResult asyncResult)
{
    myState state = (myState)asyncResult.AsyncState;
    state.BytesGelesen = state.fs.EndRead(asyncResult);
```

Übergabe von Delegate und Hilfsobjekt:

```
    this.Invoke(new FormRefreshDelegate(FormRefresh), state);
    state.fs.Close();
}
```

Jetzt funktioniert auch unser Programm mittels Callback-Routine:

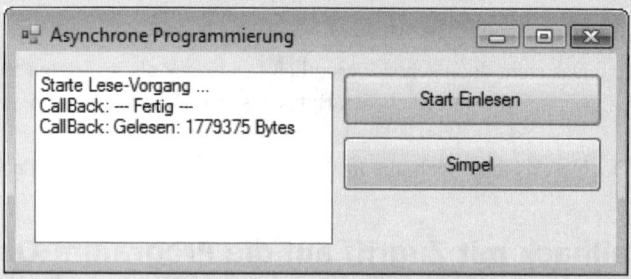

Egal wie lange der Einlesevorgang für die Datei ist, die Oberfläche bleibt bedienbar. Ist die Operation abgeschlossen, sorgt die Callback-Routine für die Anzeige der Werte.

---

**HINWEIS:** Die *Invoke*-Methode wird synchron aufgerufen, d.h., erst wenn der Thread des Fensters abgearbeitet ist, wird die Programmausführung fortgesetzt.

---

# 12.8 Asynchroner Aufruf beliebiger Methoden

Möchten Sie nicht nur die vom .NET-Framework bereitgestellten asynchronen Methoden aufrufen, sondern auch beliebige Methoden eigener Klassen parallel verarbeiten? Wenn ja, dann sind Sie hier richtig.

## 12.8.1 Die Beispielklasse

Um Sie nicht mit trockener Theorie zu langweilen, fangen wir lieber gleich mit einer übersichtlichen Beispielklasse an, die zunächst eine synchrone Methode *Berechne* zur Verfügung stellen soll:

**Beispiel 12.25** | **Beispielklasse definieren**

```csharp
using System;
using System.Collections.Generic;
using System.Text;
using System.Threading;
using System.Media;

namespace Async2
{
```

Die Klassendefinition:

```csharp
class LangeBerechnung
{
```

Eine Eigenschaft für das Endergebnis der "Berechnung":

```csharp
public int Ergebnis;
```

Die eigentliche Funktion[1]:

```csharp
public int Berechne(int anzahl)        {
    Ergebnis = 0;
    for (int i = 0; i < anzahl; i++)
    {
```

Wir produzieren etwas Laufzeit und eine akustische Rückmeldung:

```csharp
        Thread.Sleep(1000);
        SystemSounds.Beep.Play();
        Ergebnis += i;
    }
    return Ergebnis;
}
}
```

Grundlage für den asynchronen Aufruf einer Methode ist die Definition und Instanziierung eines entsprechenden Delegaten! Deshalb an dieser Stelle:

```csharp
public delegate int BerechneDelegate(int anzahl);
}
```

Der Delegate muss mit der Definition der aufzurufenden Methode übereinstimmen. Der Compiler erzeugt uns für diesen Delegate automatisch die drei Methoden *BeginInvoke*, *Invoke* und *EndInvoke*, wie ein Blick in die spätere Assembly zeigt:

---

[1] Die Berechnungsfunktion soll hier nicht im Mittelpunkt stehen ...

Beispiel 12.25 **Beispielklasse definieren**

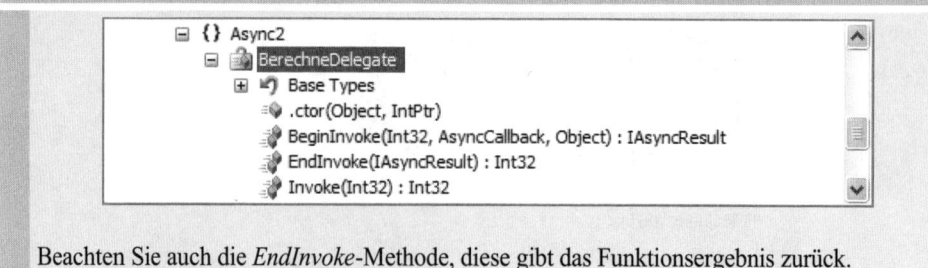

Beachten Sie auch die *EndInvoke*-Methode, diese gibt das Funktionsergebnis zurück.

**HINWEIS:** Wie Sie obige Methode synchron aufrufen, brauchen wir Ihnen sicher nicht zu demonstrieren.

## 12.8.2   Asynchroner Aufruf ohne Callback

Im ersten Schritt wollen wir uns zunächst von der asynchronen Funktionsweise überzeugen, bevor wir mit Callbacks und Userinterface arbeiten.

Beispiel 12.26 **Fortsetzung des Vorgängerbeispiels**

Mit dem Button-Klick wird folgender Code abgearbeitet

```
listBox1.Items.Clear();
listBox1.Items.Add("Start");
```

Instanz bilden:

```
LangeBerechnung lb = new LangeBerechnung();
```

Delegate instanziieren und Methode zuweisen:

```
BerechneDelegate dg = new BerechneDelegate(lb.Berechne);
listBox1.Items.Add("Vor Invoke");
```

Hier erfolgt der asynchrone Aufruf, die *BeginInvoke*-Methode hat der Compiler für uns erzeugt:

```
dg.BeginInvoke(5, null, null);
listBox1.Items.Add("Nach Invoke");
```

Ein Test lässt uns lediglich anhand der *ListBox*-Einträge (diese werden ohne Unterbrechung sofort ausgegeben) ...

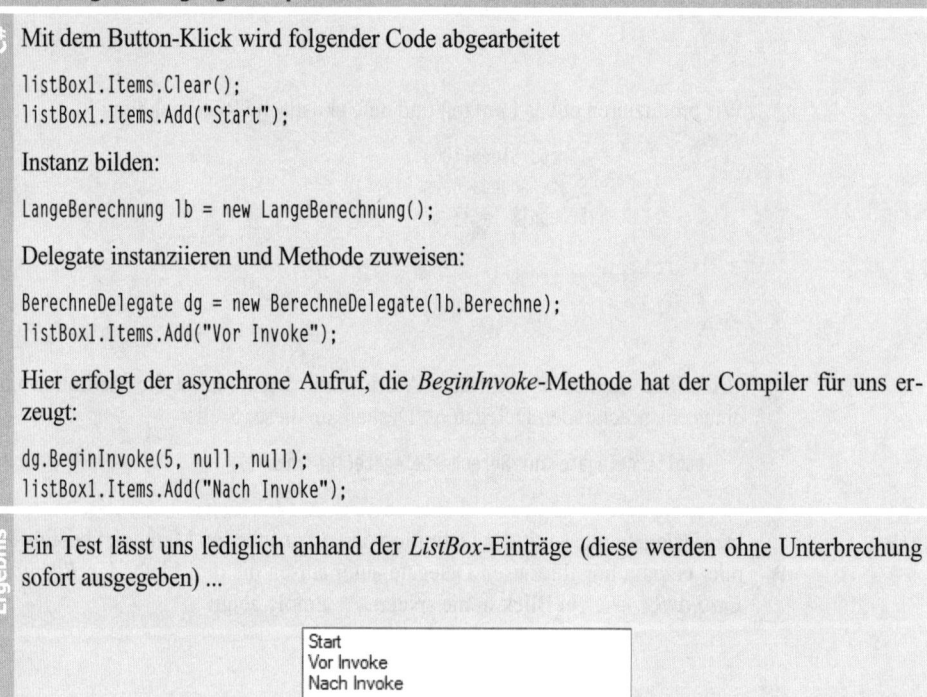

**Fortsetzung des Vorgängerbeispiels**

... und den Tönen aus dem "Untergrund" ahnen, dass die gewünschte Funktionalität (der Vordergrund-Thread läuft ungestört weiter) realisiert worden ist.

# 12.8.3  Asynchroner Aufruf mit Callback und Anzeigefunktion

**Modifizieren des Vorgängerbeispiels durch Einfügen von Callback- und Anzeige-Funktion**

Wir deklarieren zunächst eine Callback-Funktion (Parameter nicht vergessen):

```
private void MyCallback(IAsyncResult res)
{
    this.Invoke(new anzeigedelegate(anzeige), new object[] { "Callback: Fertig" });
}
```

Wie Sie sehen, müssen wir wieder etwas Aufwand treiben, um Bildschirmausgaben zu produzieren (per *Invoke* wechseln wir in den Vordergrundthread):

```
public delegate void anzeigedelegate(string msg);

public void anzeige(string msg)
{
    listBox1.Items.Add(msg);
}
```

Unsere Vorbereitungen für den Aufruf der *BeginInvoke*-Methode sind fast gleich geblieben:

```
...
    LangeBerechnung lb = new LangeBerechnung();
    BerechneDelegate dg = new BerechneDelegate(lb.Berechne);
    listBox1.Items.Add("Vor Invoke");
    dg.BeginInvoke(5, MyCallback, null);
...
```

Ein Test bringt jetzt endlich auch etwas auf den Bildschirm:

```
Start
Vor Invoke
Nach Invoke
Callback: Fertig
```

Die fünf Töne, die ausgegeben werden, sollten Sie von der Funktionsfähigkeit überzeugen.

## 12.8.4   Aufruf mit Rückgabewerten (per Eigenschaft)

Doch etwas fehlt noch: Die Funktion hat ja keinen Selbstzweck sondern soll auch ein Berechnungsergebnis zurückgeben. Zwei Varianten bieten sich an:

- Entweder Sie verwenden Eigenschaften der Berechnungsklasse (wie in unserem Beispiel (*Ergebnis*) bzw. durch Definition einer kapselnden Hilfsklasse).

- Oder Sie nutzen die Möglichkeit per *EndInvoke* den Rückgabewert zu ermitteln.

Wir stellen Ihnen zunächst die erste Variante am Beispiel vor.

**Beispiel 12.28**   **Rückgabewert per Eigenschaft**

Anpassen der Callback-Routine:

```
private void MyCallback(IAsyncResult res)
{
    if (res.AsyncState != null)
    {
        this.Invoke(new anzeigedelegate(anzeige), new object[] { "Callback: Fertig" });
```

Rückgabewert per Eigenschaft:

```
        this.Invoke(new anzeigedelegate(anzeige), new object[] { "Ergebnis" +
                    (res.AsyncState as LangeBerechnung).Ergebnis.ToString() });
    } else
        this.Invoke(new anzeigedelegate(anzeige), new object[] { "Callback: Fertig" });
}
```

Im Beispiel wird *res.AsyncState* als Objekt vom Typ *LangeBerechnung* typisiert und abgefragt. Natürlich müssen wir jetzt auch das erforderliche Objekt beim *BeginInvoke*-Aufruf mit übergeben:

```
LangeBerechnung lb = new LangeBerechnung();
BerechneDelegate dg = new BerechneDelegate(lb.Berechne);
listBox1.Items.Add("Vor Invoke");
dg.BeginInvoke(5, MyCallback, lb);
```

Unser Objekt *lb* wird am Ende des Methodenaufrufs an die Callback-Routine im Parameter *res* durchgereicht und kann nach der Typisierung entsprechend ausgewertet werden.

## 12.8.5   Aufruf mit Rückgabewerten (per EndInvoke)

Wie schon erwähnt, stellt das Framework mit der *EndInvoke*-Methode einen Weg zur Verfügung, direkt an das Funktionsergebnis des asynchronen Methodenaufrufs zu gelangen.

Allerdings müssen Sie in diesem Fall den Delegaten an die *BeginInvoke*-Methode übergeben und auch die Callback-Routine entsprechend anpassen.

**Beispiel 12.29** **Rückgabewert per *EndInvoke***

```
LangeBerechnung lb = new LangeBerechnung();
BerechneDelegate dg = new BerechneDelegate(lb.Berechne);
listBox1.Items.Add("Vor Invoke");
dg.BeginInvoke(5, MyCallback2, dg);
```

Die Callback-Methode:

```
private void MyCallback2(IAsyncResult res)
{
    if (res.AsyncState != null)
    {
        this.Invoke(new anzeigedelegate(anzeige), new object[] { "Callback: Fertig" });
        int Result = ((BerechneDelegate)res.AsyncState).EndInvoke(res);
        this.Invoke(new anzeigedelegate(anzeige), new object[] {"Ergebnis" +
            Result.ToString()});
    }
}
```

---

**HINWEIS:** Welche der beiden Varianten zur Auswertung des Funktionsergebnisses Sie bevorzugen bleibt Ihnen überlassen, das Ergebnis ist dasselbe!

---

# 12.9 Praxisbeispiele

## 12.9.1 Spieltrieb & Multithreading erleben

Ein neugieriger Blick auf das Endergebnis dieses Beispiels wird in Ihnen die Vermutung nähren, dass diesmal die Autoren ihrem geradezu lächerlichen Spieltrieb hoffnungslos erlegen sind. Doch wir wollen Ihnen eigentlich nur vermitteln wie Sie

- Objekte mit Threads verbinden,

- Threads initialisieren und parametrieren,

- Threads synchronisieren,

- Thread-Zustände auswerten,

- kritische Abschnitte sichern,

- Callback-Timer ververwenden,

- die Anwendung threadsicher programmieren.

Alles staubtrockene Themen, aber ein bisschen Spaß hilft auch in solch einem Fall die Langeweile zu vertreiben!

> **HINWEIS:** Für den notorischen Besserwisser: Überblättern Sie ganz schnell das "Beispiel", denn Sie haben dafür ganz sicher eine wesentlich effektivere Lösung parat und haben auch bereits erkannt, dass Threads **nicht** die allerbeste Lösung für dieses Problem sind. Uns geht es hier jedoch nur um die Demonstration des Multithreading und nicht um eine superoptimale Realisierung.

## Aufgabenstellung

Ausgehend von der Benutzereingabe sollen in einem Lager Kisten hinzugefügt werden. Diese werden von drei LKWs zu einem Schiff transportiert. Ist das Schiff mit fünf Kisten beladen, transportiert es diese weiter, löscht die Ladung und kehrt zurück, um erneut Kisten zu laden usw. Einzige Ausnahme: Ist mindestens eine Kiste an Bord und nach 10 Sekunden keine neue Ladung zu erwarten, legt das Schiff trotzdem ab. Ist das Schiff nicht da, müssen die LKWs natürlich am Hafen warten.

Ganz grob können wir das "Problem" zunächst auf drei Klassen aufteilen:

- LKW
- Schiff
- *Controller* (Lager-Controller)

Jede Klasse verfügt über einen fest zugeordneten Thread, auf den wir auch von außen (*public*) zugreifen können.

> **HINWEIS:** Wir werden darauf verzichten, Eigenschaften und enthaltene Objekte zu kapseln, so bleibt der Blick frei für das Wesentliche. Eine threadsichere Programmierung haben wir zwar weitgehend angestrebt, können aber keine Gewähr für die volle Funktionstüchtigkeit unter allen Umständen geben.

## Oberfläche

Auf das Startformular *Form1* einer Windows-Anwendung setzen Sie zwei *Panels*, einige *PictureBox*en sowie diverse *Labels* und *Buttons* entsprechend folgender Abbildung.

> **HINWEIS:** Achten Sie darauf, dass die "LKWs" und das "Schiff" direkt in die Panels eingefügt werden (Clientbereich) und nicht darüber liegen.

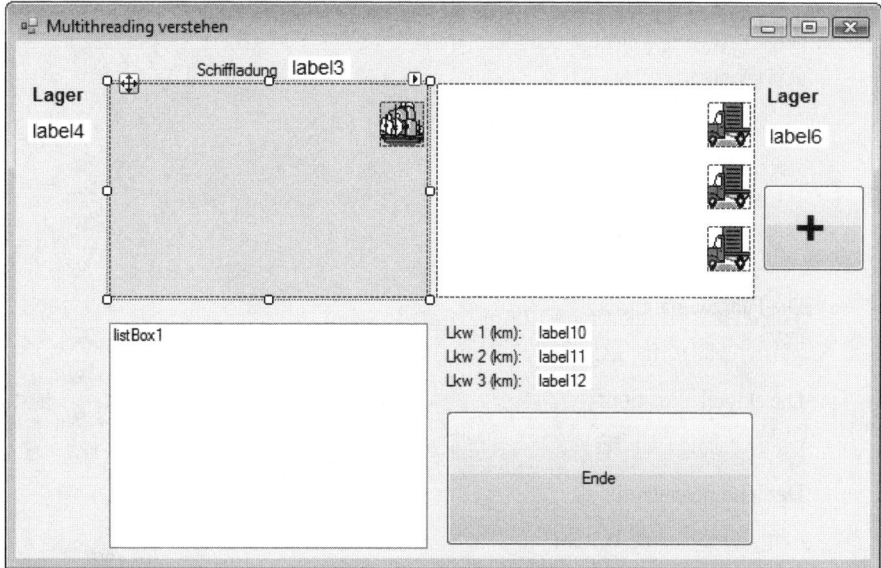

Die Bilder selbst fügen Sie als Ressourcen in das Projekt ein:

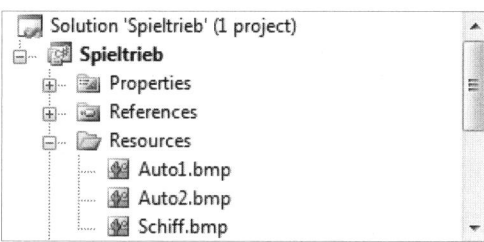

---

**HINWEIS:** Um threadsicher arbeiten zu können, müssen die Ressourcen vor Programmstart in die einzelnen Objekte geladen werden, wir kommen später darauf zurück.

---

In den *Label*s wird der jeweilige Füllstand bzw. der Kilometerstand angezeigt, die *ListBox* meldet Ihnen wichtige Ereignisse, so behalten Sie immer die Übersicht.

### Quelltext LKW

Beginnen wir mit der Klasse *LKW*. Neben seinem *Thread*-Objekt speichert die Klasse noch die zugeordnete Images, d.h. die Bildchen für Hin- und Rückfahrt. Die Zuordnung des Bildes aus den Anwendungsressourcen erfolgt bereits mit dem Aufruf des Konstruktors.

Die öffentliche Methode *Abtransport* wird später vom Controller-Objekt ausgelöst, diese startet wiederum den Thread mit der Methode *Fahrt()*.

```
using System;
using System.Collections.Generic;
```

```
using System.Text;
using System.Threading;
using System.Drawing;
using System.Drawing.Imaging;

namespace WindowsApplication1
{
    class cLKW
    {
```

Die Fahrzeugnummer:

```
        public int Nr;
```

Die aktuelle Position:

```
        public int Pos;
```

Der Kilometerstand:

```
        public int kmStand;
```

Der Thread:

```
        public Thread myThread;
```

Die Bilder:

```
        private Image Img1;
        private Image Img2;
```

Das aktuelle Bild:

```
        public Image Image;
```

Ein Verweis auf das aufrufende Formular:

```
        private Form1 myForm;
```

Grundzustand initialisieren und *Thread*-Objekt erzeugen:

```
        public cLKW(int nr, Form1 myf)
        {
            Nr = nr;
            kmStand = 0;
            Pos = 280;
            myForm = myf;
            myThread = new Thread(Fahren);
            Img1 = WindowsApplication1.Properties.Resources.Auto1;
            Img2 = WindowsApplication1.Properties.Resources.Auto2;
            Image = Img1;
        }
```

Die spätere Thread-Methode:

```
        public void Fahren()
        {
```

Bild und Position zuweisen:

```
Image = Img1;
Pos   = 280;
```

Die Fahrt beginnt:

```
for (int posi = 280; posi > 0; posi -= 2)
{
```

Damit es nicht ganz so schnell geht, werden ein paar Pausen eingelegt:

```
Thread.Sleep(30);
Pos = posi;
kmStand++;
```

Hier rufen wir die zentrale Anzeigeroutine in *Form1* auf:

```
myForm.FormRefresh("");
}
```

---

**HINWEIS:** Obige Methode greift nicht direkt auf die Steuerelemente auf *Form1* zu, was auch nicht zu empfehlen ist, da der Aufruf aus einem Hintergrund-Thread erfolgen wird. Per *Invoke* erfolgt das Weiterreichen des Aufruf an den Vordergrund-Thread.

---

Ankunft im Hafen und Warten auf das Schiff:

```
if (Global.Schiff.myThread.IsAlive) Global.Schiff.myThread.Join();
```

Ist der Thread des Schiffs aktiv[1], können wir davon ausgehen, dass das Schiff unterwegs ist, anderenfalls liegt es im Hafen, und wir können es beladen:

```
Global.Schiff.Beladen();
```

Rückfahrt (Bildwechsel und langsam nach rechts verschieben):

```
Image = Img2;
for (int posi = 0; posi < 280; posi += 2)
{
    Thread.Sleep(20);
    Pos = posi;
    kmStand++;
    myForm.FormRefresh("");
}
```

Letzte Statusmeldung für den LKW ausgeben, dann ist der Thread am Ende:

```
myForm.FormRefresh("Lkw_" + Nr.ToString() + ": Fahrtende");
}
```

---

[1] Um den Thread abfragen zu können, muss das Objekt auch vorhanden sein. Deshalb werden die Threads bereits in den Konstruktoren der Objekte erzeugt.

Ruft der Controller die Methode *Abtransport* auf, wird eine Kiste umgeladen (Lagerbestand verringert sich), die Änderung wird angezeigt und der Thread gestartet:

```
public void Abtransport()
{
    Global.Controller.Lagerbestand--;
    myForm.FormRefresh("Lkw_" + Nr.ToString() + ": Fahrtbeginn");
    myThread = new Thread(Fahren);
    myThread.Start();
    }
}
}
```

## Quelltext Schiff

Das Schiff muss neben der reinen Fahrt (wie beim LKW) noch eine Zusatzaufgabe erfüllen. Gemeint ist die Abfahrt bei mindestens einer Kiste und 10 Sekunden Inaktivität. Hier bietet sich ein *CallbackTimer* an.

```
using System;
using System.Collections.Generic;
using System.Text;
using System.Threading;

namespace WindowsApplication1
{
    class Schiff
    {
```

Die Eigenschaften:

```
        public int Ladung;
        public int Transportiert;
        public Form1 myForm;
        public int pos;
```

*Timer* und *Thread*:

```
        public Timer tim;
        public Thread myThread;
        private int Wartezeit;
```

Der Konstruktor:

```
        public Schiff(Form1 mf)
        {
```

Position festlegen, *Thread* und *Timer* erzeugen:

```
            pos = 200;
            this.myThread = new Thread(this.Main);
            this.tim = new Timer(OnTimer, null, 0, 3000);
            Wartezeit = 0;
```

Verweis auf *Form1* abspeichern (für die Anzeige der Daten):

```
    myForm = mf;
    Transportiert = 0;
}
```

Die Hauptroutine (Thread-Methode):

```
private void Main()
{
```

Benutzerschnittstelle aktualisieren:

```
    myForm.FormRefresh("Schiff: Abfahrt");
```

Nach links fahren:

```
    for (int posi = 200; posi > 0; posi -=2)
    {
        Thread.Sleep(100);
        pos = posi;
        myForm.FormRefresh("");
    }
```

Im Hafen die Ladung löschen:

```
    myForm.FormRefresh("Schiff: Ladung löschen");
    while (Ladung > 0)
    {
        Thread.Sleep(400);
```

Absichern:

```
        Monitor.Enter(this);
        Ladung--;
        Transportiert++;
        myForm.FormRefresh("");
        Monitor.Exit(this);
    }
```

Rückfahrt:

```
    for (int posi = 0; posi < 200; posi +=2)
    {
        Thread.Sleep(60);
        pos = posi;
        myForm.FormRefresh("");
    }
    Wartezeit = 0;
    myForm.FormRefresh("Schiff: Warten ...");
}
```

Starten des Threads:

```
public void Transport()
{
    myThread = new Thread(Main);
    myThread.Start();
}
```

Das Schiff wird durch die LKWs "beladen":

```
public void Beladen()
{
    Monitor.Enter(this);
    Wartezeit = 0;
    Ladung++;
    myForm.FormRefresh("Schiff: Beladen (" + Ladung.ToString() + ")");
```

Fünf Kisten an Bord, dann Abtransport:

```
    if (Ladung == 5) Transport();
    Monitor.Exit(this);
}
```

**HINWEIS:** Verzichten Sie auf das Sichern des Abschnitts, werden Sie später den visuellen Schwund von Kisten bemerken. Dies ist der Fall, wenn bereits LKWs am Hafen warten (*Join*). Alle LKW-Threads werden gleichzeitig freigegeben und es kommt zu Überschneidungen beim Aufruf der *Beladen*-Methode!

Der *Timer* ist mal wieder abgelaufen:

```
private void OnTimer(object state)
{
```

Absichern des Abschnitts, sonst kommen uns noch andere Threads in die Quere:

```
    Monitor.Enter(this);
```

Ist der eigene Thread inaktiv (Hafen!) verlängert sich die Wartezeit:

```
    if (!this.myThread.IsAlive) Wartezeit++;
```

Ist die Wartezeit abgelaufen und mehr als eine Kiste vorhanden:

```
    if ((Wartezeit > 9) & (Ladung > 0))
```

Abfahrt:

```
    {
        myForm.FormRefresh("Schiff: Zeit abgelaufen");
        Wartezeit = 0;
        Transport();
    }
```

Der sichere Abschnitt wird verlassen:

```
            Monitor.Exit(this);
        }
    }
}
```

## Quelltext Controller

Hier haben wir es mit "Big Brother" zu tun. Unermüdlich, d.h. in einer Endlosschleife, wird der Lagerbestand überprüft und, wenn möglich, auf die LKWs verladen.

```
using System;
using System.Collections.Generic;
using System.Text;
using System.Threading;

namespace WindowsApplication1
{
    class cController
    {
        public int Lagerbestand;
        public Thread myThread;
```

Wir sind am Leben:

```
        public bool IsAlive;
        private Form1 myForm;
```

Das Objekt startet bereits im Konstruktor seinen Endlos-Thread:

```
        public cController(Form1 mf)
        {
            myForm = mf;
            myThread = new Thread(Main);
```

Wir sind nicht ganz so wichtig, deshalb etwas weniger Rechenzeit:

```
            myThread.Priority = ThreadPriority.BelowNormal;
            myThread.Start();
            IsAlive = true;
        }
```

Unser "Hauptprogramm":

```
        private void Main()
        {
```

Ein paar Aktualisierungen des Formulars:

```
            myForm.FormRefresh("");
            myForm.FormRefresh("Controller: Gestartet");
            int i = 0;
```

Die Endlosschleife:

```
while (true&IsAlive)  // Bis in alle Ewigkeit
{
```

Es ist was im Lager:

```
while (Lagerbestand > 0)
{
```

Einen der drei LKWs aussuchen[1]:

```
if (i > 2) i = 0;
```

Ist der LKW nicht unterwegs (kein laufender Thread), dann beladen:

```
if (!Global.LKWs[i].myThread.IsAlive)
{
    myForm.FormRefresh("Controller: Lkw beladen");
    Thread.Sleep(200);  // Ladezeit
    Global.LKWs[i].Abtransport();
}
else
```

Sonst warten wir etwas (0,5 Sekunden) auf diesen LKW:

```
{
    Global.LKWs[i].myThread.Join(500);
```

Ist er jetzt da, dann beladen:

```
if (!Global.LKWs[i].myThread.IsAlive)
{
    myForm.FormRefresh("Controller: Lkw beladen");
    Thread.Sleep(200);  // Ladezeit
    Global.LKWs[i].Abtransport();
}
}
i++;
}
```

Hier "ruht" sich der Controller etwas aus (Mittagsschlaf):

```
Thread.Sleep(100);
}
myForm.FormRefresh("Controller: Gestoppt");
}
}
}
```

Wer aufmerksam war hat sicher erkannt, dass wir es – abgesehen von der Oberfläche – bei obiger Routine mit dem Hauptprogramm zu tun haben. Der Controller wartet auf LKWs und belädt diese.

---

[1] Bei den späteren Tests werden Sie feststellen, dass die LKWs durch diese Auswahl recht gleichmäßig belastet werden, kein LKW ist im Dauereinsatz.

Damit wird der gesamte Kreislauf immer wieder angestoßen sobald Kisten vorhanden sind. Die Oberfläche unserer Anwendung agiert völlig unabhängig von diesen Hintergrundereignissen!

## Quelltext Global

Wie Sie sicher bemerkt haben, rufen die Objekte/Klassen untereinander Methoden auf und greifen auf zentrale Objekte zu. Dies lässt sich am einfachsten mit einer statischen Klasse realisieren:

```
using System;
using System.Collections.Generic;
using System.Text;
using System.Windows.Forms;

namespace WindowsApplication1
{
    static class Global
    {
        public static cController Controller;
        public static Schiff Schiff;
        public static cLKW[] LKWs = new cLKW[3];
    }
}
```

## Quelltext Form1

Wer hier noch viel Quellcode erwartet, den müssen wir leider enttäuschen. Außer dem Initialisieren der Objekte, dem Erhöhen des Lagerbestands und der Anzeige bleiben keine Aufgaben übrig. Um alles andere kümmern sich die Objekte selbst.

```
namespace WindowsApplication1
{
    public partial class Form1 : Form
    {
```

Für den *Invoke*-Aufruf von *MyRefresh* (auf die Steuerelemente können wir nur aus dem Vordergrund-Thread zugreifen) brauchen wir einen Delegate:

```
        private delegate void MyRefreshDelegate(string msg);
        private MyRefreshDelegate dg;
```

Die "sichere" Methode für die Anzeige:

```
        private void MyRefresh(string msg)
        {
```

Nochmal absichern:

```
            lock(this)
            {
```

Handelt es sich um eine Textmeldung, dann nur die *ListBox* aktualisieren:

```
                if (msg != "")
```

```
            {
                listBox1.Items.Add(msg);
            }
        else
```

Sonst die allgemeinen Daten abfragen und setzen:

```
            {
                label3.Text = Global.Schiff.Ladung.ToString();
                label4.Text = Global.Schiff.Transportiert.ToString();
                label6.Text = Global.Controller.Lagerbestand.ToString();
                label10.Text = Global.LKWs[0].kmStand.ToString();
                label11.Text = Global.LKWs[1].kmStand.ToString();
                label12.Text = Global.LKWs[2].kmStand.ToString();
                pictureBox2.Image = Global.LKWs[0].Image;
                pictureBox3.Image = Global.LKWs[1].Image;
                pictureBox4.Image = Global.LKWs[2].Image;
                pictureBox1.Left = Global.Schiff.pos;
                pictureBox2.Left = Global.LKWs[0].Pos;
                pictureBox3.Left = Global.LKWs[1].Pos;
                pictureBox4.Left = Global.LKWs[2].Pos;
            }
        }
    }
```

Für den Aufruf aus den Threads:

```
        public void FormRefresh(string msg)
        {
```

Fehlerbehandlung ist wichtig, da teilweise noch Meldungen kommen, wenn das Formular schon abgebaut wird (*Close*):

```
            try
            {
```

Und ab mit dem Aufruf in den Vordergrund-Thread:

```
                this.Invoke(dg, new object[] { msg });
            }
            catch
            {
            }
        }
```

Formular und Delegate initialisieren:

```
        public Form1()
        {
            InitializeComponent();
            dg = new MyRefreshDelegate(MyRefresh);
        }
```

Und hier erzeugen wir die Objekte (nicht im Konstruktor, sonst fehlt für den Controller das Fensterhandle):

```
private void Form1_Load(object sender, EventArgs e)
{
    Global.LKWs[0] = new cLKW(0, this);
    Global.LKWs[1] = new cLKW(1, this);
    Global.LKWs[2] = new cLKW(2, this);
    Global.Schiff = new Schiff(this);
    Global.Controller = new cController(this);
}
```

Das ist unser ganzer Eingriff in das System, wir füllen das Lager mit Kisten:

```
private void button1_Click(object sender, EventArgs e)
{
    Global.Controller.Lagerbestand++;
}
```

Und hier kommt unser Sorgenkind. Dass wir exzessiv von Threads Gebrauch machen, rächt sich an dieser Stelle. Der Nutzer drückt irgendwann auf die "Ende"-Schaltfläche. Doch was machen wir mit unseren ganzen "herumlaufenden" Threads?

Ein paar Lösungsansätze zeigt die folgende Routine:

```
private void button2_Click(object sender, EventArgs e)
{
```

Die LKW-Threads werden "brutal" zerstört:

```
    if (Global.LKWs[0].myThread != null) Global.LKWs[0].myThread.Abort();
    if (Global.LKWs[1].myThread != null) Global.LKWs[1].myThread.Abort();
    if (Global.LKWs[2].myThread != null) Global.LKWs[2].myThread.Abort();
```

Beim Schiff bevorzugen wir die sanfte Variante:

```
    Global.Schiff.tim.Dispose();
    if (Global.Schiff.Ladung > 0)
    {
        Global.Schiff.Transport();
        MessageBox.Show("Bitte erneut versuchen, Schiff muss noch arbeiten ...");
        return;
    }
    if (Global.Schiff.myThread != null) Global.Schiff.myThread.Abort();
```

Unseren Controller beenden wir ganz sauber:

```
    Global.Controller.IsAlive = false;
    while (Global.Controller.IsAlive)
        Thread.Sleep(200);
    Close();
    }
}
```

---

**HINWEIS:** Es gibt noch eine weitere Methode um die noch existenten Threads auf schnelle Art und Weise loszuwerden. Dazu genügt es, wenn Sie beim Erzeugen des Threads dessen *IsBackground*-Eigenschaft auf *True* setzen. Wird der Vordergrund-Thread (Fenster etc.) beendet, werden automatisch auch alle Hintergrundthreads beendet.

---

## Test

Und jetzt geht es los. Starten Sie das Programm und fügen Sie reichlich Kisten hinzu.

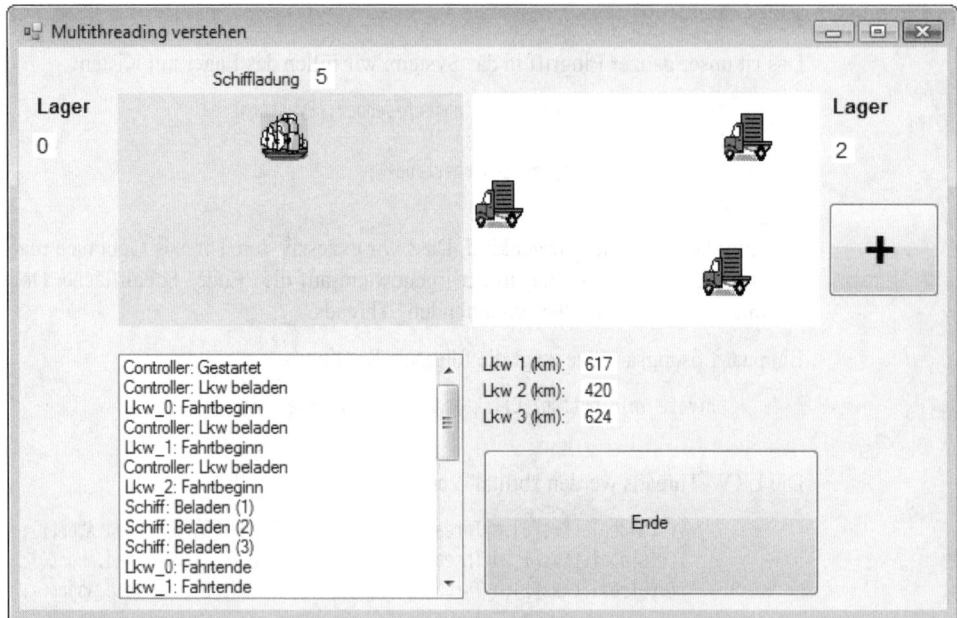

Prüfen Sie, ob auch der Timer funktioniert (nur eine Kiste versenden). Entfernen Sie ruhig einmal die *Monitor*-Objekte und lassen Sie mehrere LKWs am Hafen warten. Sehen Sie sich dabei die "Schiffsladung" an.

## Bemerkungen

- Wie bereits eingangs erwähnt: Threads sind **nicht** die ideale Lösung für obiges Problem, da zum einen das Programm schnell an Übersichtlichkeit verliert und zum anderen reichlich Rechenzeit verschwendet wird.

- "Verbesserungen" und Erweiterungen sind natürlich immer möglich. Insbesondere der direkte Zugriff auf die jeweiligen Threads ist nicht empfehlenswert. Auch die Verwendung eines Thread-Pools (z.B. für die LKWs) wäre denkbar.

- Einen wesentlich "moderneren" Lösungsansatz mit den neuen Sprachkonstrukten von .NET 4.0 bietet das Beispiel 13.10 am Ende des nachfolgenden Kapitels.

## 12.9.2 Prozess- und Thread-Informationen gewinnen

Dieses Universalbeispiel demonstriert Ihnen nicht nur die Verwendung der *Process-* und *Process-Thread*-Objekte in C#, sondern ist auch für den täglichen Gebrauch des Entwicklers durchaus von Nutzen.

### Oberfläche

Wir brauchen zwei *ListView*-Komponenten (*View = Details*), zwei *Label*s und einen *Button*.

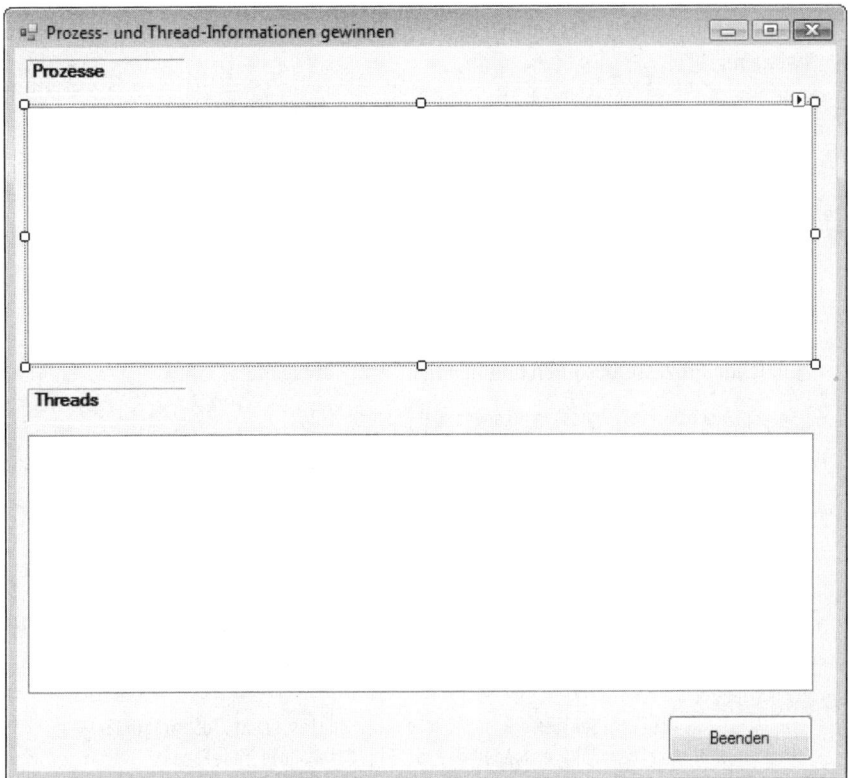

### Quellcode

```
using System.Diagnostics;
    ...
```

Unsere Haupt-Referenz auf die *Process*-Klasse (*System.Diagnostics*-Namespace):

```
private Process ProcObj = new Process();
```

Einige Ergänzungen im Konstruktor-Code:

```
public Form1()
{
    ...
```

```
listView1.Columns.Add("Base Name", 110, HorizontalAlignment.Left);
listView1.Columns.Add("Modules", 70, HorizontalAlignment.Right);
listView1.Columns.Add("Full Path", 150, HorizontalAlignment.Left);
listView1.Columns.Add("PID", 40, HorizontalAlignment.Right);
listView1.Columns.Add("CPU Time", 70, HorizontalAlignment.Right);
listView1.Columns.Add("Mem Usage", 80, HorizontalAlignment.Right);
listView2.Columns.Add("Thread ID", 85, HorizontalAlignment.Right);
listView2.Columns.Add("State", 100, HorizontalAlignment.Right);
listView2.Columns.Add("WaitReason", 258, HorizontalAlignment.Left);
listView2.Columns.Add("CPU Time", 70, HorizontalAlignment.Right);
```

Der Aufruf unserer "Haupt-Methode" *enumProcs()*, die wir im Anschluss implementieren werden:

```
    this.enumProcs();   // nutzerdefinierte Methode
}
```

Die *enumProc()*-Methode ermittelt alle laufenden Prozesse:

```
public void enumProcs()
{
  ListViewItem lvItem;
  System.TimeSpan ts;
```

Laufende Prozesse besorgen und in einem Array ablegen:

```
    Process[] allProcs = Process.GetProcesses();
```

Alle Prozesse und ihre Beschreibung in *listView1* ausgeben:

```
    for (int i = 0; i < allProcs.Length; i++)
    {
        lvItem = this.listView1.Items.Add(allProcs[i].ProcessName);
```

Alle Prozesse, in denen mindestens ein Modul läuft von den Idle-Prozessen trennen:

```
        try
        {
            lvItem.SubItems.Add(allProcs[i].Modules.Count.ToString());
            lvItem.SubItems.Add(allProcs[i].MainModule.FileName);
        }
        catch
        {
            lvItem.SubItems.Add("0");
            lvItem.SubItems.Add("0");
        }
        finally
        {
            lvItem.SubItems.Add(allProcs[i].Id.ToString());
```

Ein *TimeSpan*-Objekt besorgen:

```
        ts = allProcs[i].TotalProcessorTime;
```

Die Zeit formatieren:

```
        lvItem.SubItems.Add(String.Format("{0:00}", ts.TotalHours) + ":" +
                String.Format("{0:00}", ts.Minutes) + ":" +
        String.Format("{0:00}", ts.Seconds));
        lvItem.SubItems.Add((allProcs[i].WorkingSet/1000).ToString() + "K");
        label1.Text = "Prozesse: " + allProcs.Length.ToString();
      }
    }
  }
```

Diese Methode ermittelt alle Threads zu einem laufenden Prozess:

```
public void EnumThreads(int ProcID)
{
  System.TimeSpan ts;
  ListViewItem lvItem;
```

Den *ListView*-Inhalt löschen:

```
  listView2.Items.Clear();
```

Den Prozess referenzieren (mittels seiner ID):

```
  Process aProc = Process.GetProcessById(ProcID);
  try
  {
```

Anzeige der Anzahl von Threads:

```
    label2.Text = "Threads: " + aProc.Threads.Count.ToString();
  }
  catch (Exception ex)
  { MessageBox.Show(ex.Message); }
```

Alle Threads des Prozesses durchlaufen:

```
  foreach (ProcessThread aThread in aProc.Threads)
  {
    lvItem = listView2.Items.Add(aThread.Id.ToString());
    switch (aThread.ThreadState)
    {
      case ThreadState.Initialized:
        lvItem.SubItems.Add("Initialized"); break;
      case ThreadState.Ready:
        lvItem.SubItems.Add("Ready"); break;
      case ThreadState.Running:
        lvItem.SubItems.Add("Running"); break;
      case ThreadState.Standby:
        lvItem.SubItems.Add("Standby"); break;
      case ThreadState.Terminated:
        lvItem.SubItems.Add("Terminated"); break;
      case ThreadState.Transition:
        lvItem.SubItems.Add("In Transition"); break;
```

```
        case ThreadState.Unknown:
           lvItem.SubItems.Add("Unkwown"); break;
        case ThreadState.Wait:
           lvItem.SubItems.Add("Waiting"); break;
     }
```

Falls der Thread im Wartezustand ist, soll eine Info ausgegeben werden:

```
     if (aThread.ThreadState == ThreadState.Wait)
       lvItem.SubItems.Add(ListReason(aThread.WaitReason));
     else
       lvItem.SubItems.Add("N/A");
```

Ein *TimeSpan*-Objekt abholen und die Zeit formatieren:

```
     ts = aThread.TotalProcessorTime;
     lvItem.SubItems.Add(String.Format("{0:00}", ts.TotalHours) + ":" +
        String.Format("{0:00}", ts.Minutes) + ":" + String.Format("{0:00}", ts.Seconds));
     }
  }
```

Die folgende Methode dechiffriert lediglich die *ThreadWaitReason*-Enumeration:

```
  private string ListReason(System.Diagnostics.ThreadWaitReason waitingReason)
  {
    string s = "";
    switch (waitingReason)
    {
    case ThreadWaitReason.EventPairHigh:
      s = "Waiting For Event Pair High"; break;
    case ThreadWaitReason.EventPairLow:
      s = "Waiting For Event Pair Low"; break;
    case ThreadWaitReason.ExecutionDelay:
      s = "Execution Delay"; break;
    case ThreadWaitReason.Executive:
      s = "Waiting for Scheduler"; break;
    case ThreadWaitReason.FreePage:
      s = "Waiting For Free Virtual Mem. Page"; break;
    case ThreadWaitReason.LpcReceive:
      s = "Waiting For A Local Proc. Call To Arrive"; break;
    case ThreadWaitReason.LpcReply:
      s = "Waiting For A Reply To A Local Proc. Call"; break;
    case ThreadWaitReason.PageIn:
      s = "Waiting For Virtual Mem. Page To Arrive In Memory"; break;
    case ThreadWaitReason.PageOut:
      s = "Waiting For Virtual Mem. Page To Write To Disk"; break;
    case ThreadWaitReason.Suspended:
      s = "Execution Suspended"; break;
    case ThreadWaitReason.SystemAllocation:
      s = "Waiting For A System Allocation"; break;
...
```

```
        default: break;
    }
    return s;
}
```

Ein neuer Prozess wird angeklickt:

```
private void listView1_SelectedIndexChanged(object sender, System.EventArgs e)
{
    try
    { EnumThreads(Convert.ToInt32(listView1.SelectedItems[0].SubItems[3].Text)); }
    catch
    {}
}
...
}
```

## Test

Nach Programmstart werden alle laufenden Prozesse oben aufgelistet. Klicken Sie auf einen Prozess, so werden die zugehörigen Threads angezeigt.

In der Abbildung erkennen Sie, dass momentan 50 Prozesse auf dem PC laufen und das Programm Word (mit dem der Autor gerade **nicht** arbeitet) hier 50 Module beansprucht und in 4 verschiedenen Threads läuft.

## 12.9.3 Ein externes Programm starten

Möchten Sie aus Ihrer .NET-Anwendung heraus andere Prozesse[1], d.h. Programme, starten, bieten sich Ihnen unter C# zahlreiche Möglichkeiten und Optionen an. Das vorliegende Beispiel soll Ihnen einen schnellen Einstieg vermitteln.

### Oberfläche

Erstellen Sie eine Oberfläche entsprechend folgender Abbildung:

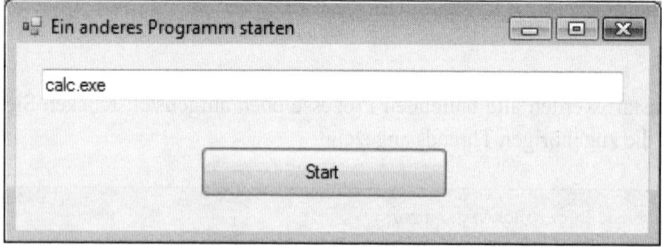

Über die *TextBox* kann zur Laufzeit Name und Pfad für eine Anwendung eingegeben werden.

### Quelltext

Mit Klick auf den *Button* soll folgender Code ausgeführt werden:

```
public class Form1 : System.Windows.Forms.Form
{
    ...
    private void Button1_Click(object sender, System.EventArgs e)
    {
```

Erzeugen eines *Process*-Objekts:

```
        Process proc = new Process();
```

Parametrieren (welche Anwendung soll gestartet werden) und Aufruf:

```
        proc.StartInfo.FileName = textBox1.Text;
        proc.Start();
```

**HINWEIS:** Diese Methode wartet nicht auf das Prozess-Ende, die Programmausführung wird direkt fortgesetzt.

---

[1] Hier ist wirklich von Prozessen und nicht Threads die Rede.

Mit der folgenden Methode erreichen wir, dass die Anwendung solange wartet, bis der Prozess beendet ist:

```
        proc.WaitForExit();
        MessageBox.Show("Fertig");
    }
}
```

---

**HINWEIS:** Möchten Sie die Anwendung bzw. den Prozess asynchron starten, lassen Sie einfach die Methode *WaitForExit* weg.

---

### Test

Geben Sie in die *TextBox* einen Anwendungsnamen (z.B. *Calc.exe*, *MSPaint.exe*, ...) ein und klicken Sie auf die "Start"-Schaltfläche (siehe folgende Abbildung).

---

**HINWEIS:** Die Messagebox mit der Meldung "Fertig" sollte erst angezeigt werden, wenn die aufgerufene Anwendung beendet ist.

---

### Ergänzungen

Eine besonders einfache Variante bietet sich mit dem direkten Aufruf der Methode *Start* an:

```
System.Diagnostics.Process.Start("calc.exe");
```

Beachten Sie jedoch, dass Sie in diesem Fall nicht mit *WaitForExit* auf das Programmende warten können, für viele Anwendungszwecke reicht diese Verfahrensweise jedoch aus

Über die *StartInfo*-Eigenschaft können Sie unter anderem folgende Optionen für den zu startenden Prozess vorgeben:

| Eigenschaft | Beschreibung |
|---|---|
| *Arguments* | ... die Kommandozeilenparameter für den neuen Prozess (beispielsweise eine zu öffnende Datei) |
| *CreateNoWindow* | ... Start in einem neuen Fenster (*true/false*) |
| *FileName* | ... die eigentliche Anwendung |
| *WindowStyle* | ... der Startmodus für das Anwendungsfenster (maximiert, minimiert, versteckt etc.) |
| *WorkingDirectory* | ... das Arbeitsverzeichnis der Anwendung |

**Beispiel 12.30**  **Verwendung von Argumenten beim Aufruf der *Start*-Methode**

```csharp
System.Diagnostics.Process.Start("notepad.exe","c:\test.txt");
```

**Beispiel 12.31**  **Eine Webseite im Explorer öffnen**

```csharp
System.Diagnostics.Process.Start("http://www.microsoft.com");
```

**Beispiel 12.32**  **Eine E-Mail erzeugen**

```csharp
System.Diagnostics.Process.Start("mailto:max_musterman@nirgendwo.de");
```

## Bemerkung

In diesem Beispiel haben wir Ihnen die grundsätzliche Methodik zum Starten von externen Anwendungen vorgestellt, C# bietet jedoch auch die Möglichkeit, das Ende des Prozesses mit einem Ereignis zu überwachen. Der Vorteil: Sie können mit Ihrer Anwendung normal weiterarbeiten (beim synchronen Ausführen wird nicht einmal das Fenster aktualisiert) und dennoch auf das Prozess-Ende reagieren (weitergehende Informationen finden Sie in unserem [Visual C# 2010 Kochbuch]).

# Kapitel 13

# Die Task Parallel Library

Nachdem wir Sie im vorhergehenden Kapitel 12 bereits intensiv mit den Möglichkeiten der asynchronen Programmierung und deren Grundlagen vertraut gemacht haben, wollen wir uns nun ausgiebig mit den praktischen Möglichkeiten der neuen **Task Parallel Library** beschäftigen.

## 13.1 Überblick

Sicher stellt sich Ihnen jetzt die Frage, warum Sie sich überhaupt mit den neuen Multithreading-Sprachkonstrukten herumplagen sollen, wenn es davon doch bereits ein reichliches Angebot gibt.

Der Vorteil den Ihnen die *Task Parallel Library* liefert: Sie müssen sich als Programmierer keinen Kopf über die spätere Anzahl von Prozessoren machen, die Library passt die Anzahl der erzeugten Threads automatisch an die Anzahl der verfügbaren Prozessorkerne an. Ihre Anwendung ist also z.B. nicht explizit für ein 4-Kern-System kompiliert, sondern funktioniert auch problemlos auf einem Einkern-Prozessor (wenn auch langsamer). Sinnloser Verwaltungsoverhead durch zu viele Threads fällt in diesem Fall jedoch nicht an. Würden Sie die gleiche Aufgabenstellung mit den Mitteln von .NET 2.x bzw. 3.x realisieren, müssten Sie sich selbst darum kümmern, die Threadanzahl an die Anzahl der verfügbaren Prozessorkerne anzupassen und die Prioritäten der einzelnen Threads zu bestimmen. All diese Aufgaben werden intern über den CLR-Threadpool abgewickelt, wir kommen auf dieses Thema später noch einmal zurück.

### 13.1.1 Parallel-Programmierung

Sicher ist Ihnen beim Blick in diverse Computer-Prospekte bereits aufgefallen, dass sich in den neueren Systemen mittlerweile meist mehr als ein Prozessor bzw. Prozessorkern befindet. Systeme mit zwei oder vier Kernen (teilweise zusätzlich mit Hyperthreading) sind keine Exoten mehr, was die Frage aufwirft, wie Ihre Programme von diesem Mehr an Prozessorleistung profitieren können.

Ganz allgemein kann hier auf das bereits angesprochene Multithreading verwiesen werden, mehrere Threads in Ihrem Programm werden im Zweifel auch auf mehrere Prozessorkerne verteilt. Allerdings hat die explizite Verwendung von Threads auch Nachteile. So müssen Sie zum Beispiel wissen, wie viele Prozessorkerne vorhanden sind, um Ihr Programm optimal an diese Anzahl anzupassen. Der Aufwand, eine komplexe Aufgabe in mehrere Threads zu zerlegen, kann schnell ausufern und das erzeugte Programm ist meist nur noch für den Profi durchschaubar.

An dieser Stelle kommt das Konzept der "Parallel-Programmierung" ins Spiel: Ohne dass Sie sich um das Erstellen und Verwalten der Threads kümmern müssten, lassen sich wiederkehrende und voneinander unabhängige Aufgaben parallel abarbeiten und damit wesentlich beschleunigen. Als Beispiel sei an dieser Stelle die Verarbeitung von Arrays und Collections genannt, die entsprechenden neuen Sprachkonstrukte *Parallel.For* und *Parallel.ForEach* besprechen wir ab Seite 595 im Detail.

| Beispiel 13.1 | **Unterschiede bei der Verarbeitung einer Schleife** |
|---|---|

Die konventionelle Version mit einer ganz normalen *for*-Schleife:

```
double res = 0;
 for (int i = 0; i < 4000000; i++)
    res += (Math.Sin(new Random().NextDouble()) * Math.Acos(new Random().NextDouble()));
```

Die Laufzeit beträgt 23.292 ms bei ca. 54% Prozessorlast, der zweite Kern des Prozessors wird nur unzureichend genutzt, lediglich die Taktfrequenz bestimmt die Laufzeit:

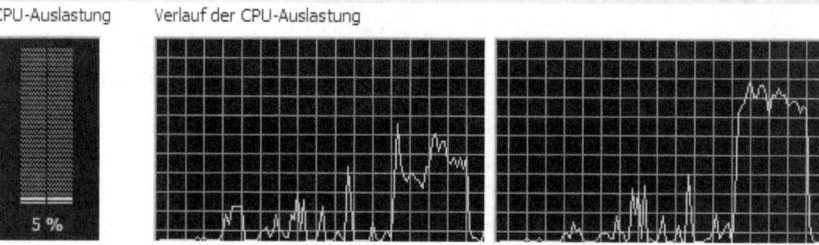

Die parallelisierte Version (zu den Details später mehr):

```
double res = 0;
Parallel.For(0, 4000000, i =>
   {
     res += (Math.Sin(new Random().NextDouble()) * Math.Acos(new Random().NextDouble()));
   });
```

Die Laufzeit beträgt nur noch 12.039 ms (etwas mehr als die Hälfte) bei nahezu 100% Prozessorlast und gleichmäßiger Verteilung auf beide Kerne:

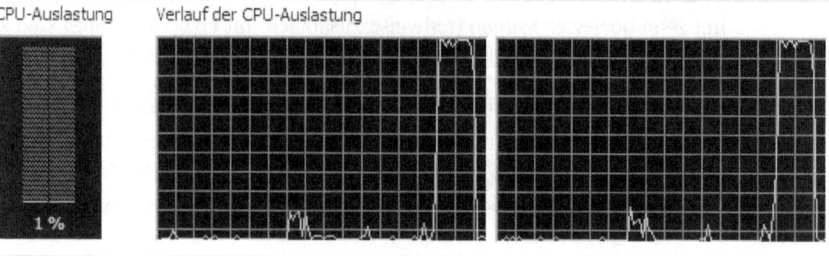

Ein Quadcore-Prozessor dürfte die obige Aufgabenstellung noch etwas mehr beschleunigen, können in diesem Fall doch die Threads auf 4 Kerne verteilt werden.

---

**HINWEIS:** Um Missverständnissen gleich vorzubeugen: Eine Anwendung wird durch die Verwendung der doppelten Anzahl von Prozessoren nicht automatisch doppelt so schnell. Zum einen profitiert Ihre Anwendung nur im parallelisierten Abschnitt davon, zum anderen ist das im Hintergrund erforderliche Erzeugen und Verwalten von Threads auch mit zeitlichem Aufwand verbunden[1]. Ganz nebenbei muss die Anwendung in den meisten Fällen auch mit dem Nutzer kommunizieren.

---

Leider wird die auf den ersten Blick einfache Verwendung der neuen Sprachkonstrukte auch zu einem "Parallelisierungswahn" führen, bei dem viele Entwickler vergessen, dass bei der parallelen Verarbeitung von Aufgaben auch gewissen Spielregeln eingehalten werden müssen. So kann das Parallelisieren von Zugriffen auf mehrere Webserver bei entsprechenden Antwortzeiten recht sinnvoll sein, der parallele Zugriff auf die Festplatte des System jedoch zu unnötigem "Festplattenrasseln" (Positionierungen des Schreib-Lesekopfes) führen, im Extremfall wird Ihre Anwendung dadurch nicht schneller sondern eher langsamer.

Ganz anders kann dies jedoch beim Parallelisieren einer komplexen Berechnung aussehen. Sollen beispielsweise die Koordinaten eines 3D-Modells neu berechnet werden, bietet sich diese Aufgabe fast schon automatisch für eine Parallelisierung an: Jede Koordinate kann unabhängig von den anderen neu berechnet werden. Hier führt schon der Ersatz des bisherigen *For* durch ein *Parallel.-For* zu einer wesentlichen Beschleunigung der **Berechnung**. Beachten Sie jedoch auch in diesem Fall, dass meist auch noch eine Anzeige erforderlich ist, und da verliert sich der Zeitvorteil teilweise wieder.

Auf den Punkt "unabhängige Aufgaben" sollten wir auch noch kurz eingehen. Lässt sich eine Aufgabe nicht in voneinander unabhängige Aufgaben zerlegen (siehe obiges Beispiel), vergessen Sie die Parallelisierung ganz schnell wieder. Das in diesem Fall nötige Sperren von Objekten und deren Freigabe kann ganz schnell im Chaos (Deadlocks, Racing) enden, von längeren Laufzeiten ganz zu schweigen.

## 13.1.2 Möglichkeiten der TPL

Ausgehend von den beiden Namenspaces

- *System.Threading* und

- *System.Threading.Tasks*

bietet Ihnen die TPL[2] folgende neue bzw. erweiterte Möglichkeiten:

- Parallele Verarbeitung von Methoden und deren Synchronisation mit *Parallel.Invoke*,

- Parallele Verarbeitung von Arrays und Collections mit *Parallel.For* und *Parallel.ForEach*.

---

[1] Mehr dazu unter *http://de.wikipedia.org/wiki/Amdahlsches_Gesetz*

[2] Sie ahnen es sicher, es handelt sich um die *Task Parallel Library*.

- Einführung der *Task*-Klasse als Ersatz für *Thread* bei automatischer Verwendung des Thread-pools.

- Die neuen Klassen *Barrier, CountdownEvent, ManualResetEventSlim, SemaphoreSlim, Spin-Lock* und *SpinWait* für die Synchronisation von Threads.

- Parallel-LINQ als parallel verarbeitendes Pendant zu LINQ to Objects.

In den folgenden Abschnitten wollen wir uns mit den Details und der Verwendung der TPL beschäftigen, doch bevor es soweit ist, werfen wir noch schnell einen Blick auf den CLR[1]-Thread-pool.

### 13.1.3  Der CLR-Threadpool

Die grundsätzliche Aufgabe des internen CLR-Threadpools ist die möglichst effiziente Verteilung der angeforderten Aufgaben (Tasks/Threads) auf die vorhandene Hardware, d.h. auf die verfügbaren Prozessoren bzw. Cores. Im Vordergrund steht die Vermeidung von unnötigem Overhead beim Erzeugen bzw. Zerstören der Threads. Beide Aufgaben erfordern im Normalfall einen relativ hohen Verwaltungsaufwand und entsprechende Prozessorzeit.

Ganz nebenbei sorgt der CLR-Threadpool auch dafür, dass mit einem recht effizienten Algorithmus anstehende Aufgaben so verteilt werden, dass kein Prozessor bzw. Kern im "Leerlauf" ist, d.h., sind die für einen Kern anstehenden Aufgaben abgearbeitet und hat ein anderer Kern noch ausstehende Aufgaben, werden diese an den freien Kern übergeben. In der einschlägigen Literatur finden Sie dafür den Begriff "work stealing".

Anders als beim bisherigen Einsatz des Threadpools wird bei Verwendung der TPL ein zusätzlicher lokaler Thread-Pool erzeugt, dessen anstehende Aufgaben in LIFO-Art (letzte Aufgaben zuerst) abgearbeitet werden. Der Hintergrund für dieses Verhalten ist eine optimalere Verwendung der bereits im Cache befindlichen Daten.

**HINWEIS:** Diese Verfahrensweise können Sie über das *PreferFairness*-Flag des übergeordneten Tasks beeinflussen.

Auf weitere interne Details des Threadpools wollen wir nicht weiter eingehen, ist es doch die Aufgabe der TPL, den Programmierer möglichst nicht mit derartigen Feinheiten zu belästigen.

## 13.2  Parallele Verarbeitung mit Parallel.Invoke

Wer sich durch das vorherige Kapitel gearbeitet hat, ist bereits mit vielen Varianten vertraut, wie eine oder mehrere Methoden in einem extra Thread ausgeführt werden können. Die vorliegende TPL-Lösung dürfte auf Grund ihrer einfachen Verwendbarkeit aber alle anderen Alternativen in den Schatten stellen. Doch gleich ein wichtiger Hinweis vorweg:

---

[1] Common Language Runtime = .NET-Laufzeitumgebung

> **HINWEIS:** *Parallel.Invoke* kann nicht dazu verwendet werden, einen zum Hauptthread parallelen Thread zu erzeugen. *Parallel.Invoke* blockiert den Ablauf solange, bis **alle** übergebenen Methoden abgearbeitet sind (synchonisiert) und setzt erst dann den Programmablauf fort.

Damit dürfte sich auch gleich das klassische Szenario für die Verwendung der Methode ableiten: Sie haben eine Reihe von Aufgaben, die teilweise zeitintensiv sind und die sich jedoch nicht gegenseitig beeinflussen. Erst wenn alle Aufgaben abgearbeitet sind, wird die Programmausführung fortgesetzt (Datenbankinitialisierung, Abfrage von Webdiensten, Laden von Grafiken, Durchsuchen des Dateisystems etc.).

Die Syntax:

**SYNTAX:** `Parallel.Invoke(array<Action>[])`

Übergeben Sie einfach eine Reihe von Methodennamen bzw. nutzen Sie die Möglichkeit, gleich Lambda-Ausdrücke aufzurufen. Doch jetzt zur praktischen Verwendung.

## 13.2.1 Aufrufvarianten

**Beispiel 13.2** | **Parallele Verarbeitung von drei Methoden**

Namespace einbinden:

```csharp
using System.Threading;
using System.Threading.Tasks;
...
```

Die drei Methoden definieren (ohne sinnvolle Aufgabe):

```csharp
private void AufgabeA()
{ Thread.Sleep(5000); }

private void AufgabeB()
{ Thread.Sleep(5000); }

private void AufgabeC()
{ Thread.Sleep(5000); }
```

Der eigentliche Aufruf:

```csharp
private void Form1_Load(object sender, EventArgs e)
{
    MessageBox.Show("Methoden parallel aufrufen ...");
    Parallel.Invoke(AufgabeA, AufgabeB, AufgabeC);
    MessageBox.Show("Alle Methoden abgearbeitet!");
}
```

Sie werden feststellen, dass die Verarbeitungsdauer ungefähr fünf Sekunden beträgt, bei sequenzieller Abarbeitung sind es erwartungsgemäß 15 Sekunden.

Die oben gezeigte Lösung kann problemlos auch 5 oder 10 Methoden aufrufen, alternativ lassen sich die zu verarbeitenden Methoden auch per Array übergeben, so haben Sie beispielsweise zur Laufzeit die Möglichkeit, die gewünschten Methoden festzulegen.

**Beispiel 13.3**   | **Alternative zum vorhergehenden Beispiel, jedoch Übergabe per *System.Action*-Array**

```csharp
...
    System.Action[] aufgaben = new System.Action[] { AufgabeA, AufgabeB, AufgabeC };
    Parallel.Invoke(aufgaben);
...
```

Selbstverständlich können Sie auch direkt Lambda-Ausdrücke an die *Parallel.Invoke*-Methode übergeben, wie es das folgende Beispiel zeigt:

**Beispiel 13.4**   | **Parallele Verarbeitung dreier Lambda-Ausdrücke**

```csharp
...
        Parallel.Invoke(() => { Thread.Sleep(3000); },
                        () => { Thread.Sleep(5000); },
                        () => { Thread.Sleep(2000); });
...
```

Dass aus den Lambda-Ausdrücken heraus auch wieder Methoden aufgerufen werden können, dürfte sicher bekannt sein.

## 13.2.2  Einschränkungen

Folgende Einschränkungen sollten Sie bei Verwendung von *Parallel.Invoke* beachten:

- Es muss sich um parameterlose Methoden/Delegates handeln, die keinen Rückgabewert haben.

- Die Methoden dürfen nicht gleichzeitig auf die gleichen Variablen zugreifen.

- Beim Zugriff auf gemeinsame Ressourcen müssen Sie Deadlocks vermeiden.

- Aus den aufgerufenen Methoden dürfen Sie nicht direkt auf das User-Interface zugreifen (dieses läuft in einem anderen Thread).

---

**HINWEIS:** Wie Sie sehen, handelt es sich wieder um die gleichen allgemeinen Belehrungen, wie sie auch schon im vorhergehenden Kapitel eine Rolle gespielt haben.

---

Damit sind wir bereits beim nächsten neuen Sprachkonstrukt angelangt.

# 13.3 Verwendung von Parallel.For

Und hier haben wir es auch schon mit einer der interessantesten Neuerungen in .NET-Framework zu tun. Das *Parallel.For*-Konstrukt bietet neben *Parallel.ForEach* eine konkurrenzlos einfache Möglichkeit, aufwändige Berechnungen zu parallelisieren und damit auf geeigneten Systemen teilweise dramatisch zu beschleunigen, ohne sich große Gedanken um Multithreading etc. machen zu müssen.

Der grundsätzliche Aufruf entspricht in etwa einer *for*-Anweisung (Ähnlichkeiten sind nicht zufällig, sondern beabsichtigt):

**SYNTAX:** `Parallel.For(`*startIndex*`, `*endIndex*`, (`*currentIndex*`) => { ... Body ... });`

Ein kleines Beispiel soll Ihnen das Grundprinzip demonstrieren.

**Beispiel 13.5** | **Parallele Verarbeitung eines Arrays**

```csharp
...
using System.Threading;
using System.Threading.Tasks;
...
        static void Main(string[] args)
        {
            string[] Vornamen = { "anton", "berta", "cäsar", "dora", "emil", "friedrich" };
            Parallel.For(0, 5, (i) =>
                {
                    Console.WriteLine(Vornamen[i].ToUpper());
                });
            Console.ReadKey();
        }
```

Wie Sie sehen, steht dem Lambda-Ausdruck ein Parameter *i* zur Verfügung, über den der betreffende Index identifiziert werden kann.

Der Code des obigen Lambda-Abschnitts wird gleichmäßig auf alle Kerne aufgeteilt, je mehr es davon gibt, umso besser.

Im Folgenden sehen Sie das Ergebnis des ersten Programmaufrufs:

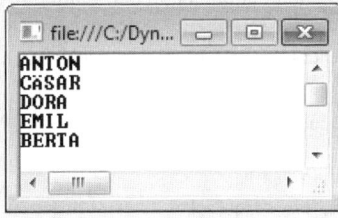

**Beispiel 13.5**     **Parallele Verarbeitung eines Arrays**

Ein weiterer Aufruf zeigt jedoch folgendes Ergebnis:

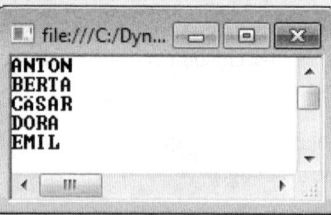

Bei genauem Vergleich werden Sie feststellen, dass die Reihenfolge der Ausgabe nicht mit der Reihenfolge im Array übereinstimmt. Die Ausgabe ist vielmehr rein zufällig, da die einzelnen Aufgaben vom internen Threadpool frei an die verfügbaren Prozessorkerne verteilt werden.

**Beispiel 13.6**     **Nur zum Vergleich die konventionelle Lösung per for-Schleife:**

```csharp
...
        for (int i = 0; i < 6; i++)
        {
            Console.WriteLine(Vornamen[i].ToUpper());
        }
...
```

In diesem Fall wird lediglich ein Prozessor-Kern ausgelastet, die restlichen Kerne stehen für die obige Aufgabe nicht zur Verfügung, was im Zweifel zu einer deutlich längeren Laufzeit führt[1].

## 13.3.1 Abbrechen der Verarbeitung

Wie bei jeder *for*-Schleife besteht in einigen Situationen manchmal der Wunsch nach einem vorzeitigen Abbruch der Schleife. Mit einer solchen haben wir es in diesem Fall aber gar nicht zu tun, sondern vielmehr mit einer internen Liste von Threads, die durch den internen Threadpool abgearbeitet werden.

Um Einfluss auf die Verarbeitung nehmen zu können, bietet *Parallel.For* eine weitere Überladung, die einen zusätzlichen Parameter an den Lambda-Ausdruck übergibt:

**SYNTAX:**    `Parallel.For(startIndex, endIndex, (currentIndex, loopState) => { ... Body ... });`

**Beispiel 13.7**     **"Schleifenabbruch" realisieren**

```csharp
using System.Threading;
using System.Threading.Tasks;
```

---

[1] Das muss nicht unbedingt auf unser "anspruchsvolles" Beispiel zutreffen, etwas mehr Logik sollte schon in den betreffenden Abschnitten parallelisiert werden.

**Beispiel 13.7**  **"Schleifenabbruch" realisieren**

```
...
        static void Main(string[] args)
        {
            string[] Vornamen = { "anton", "berta", "cäsar", "dora", "emil", "friedrich" };
            Parallel.For(0, 5, (i, loopstate) =>
            {
```

Vorzeitiges Ende, wenn in einer Zelle der Name "dora" gefunden wird:

```
                if (Vornamen[i] == "dora") loopstate.Stop();
                if (loopstate.IsStopped) Console.Write("STOP ");
                Console.WriteLine(Vornamen[i].ToUpper());
            });
...
```

Es ist nicht sicher, dass nach der Verarbeitung des aktuellen Threads nicht doch noch ein anderer Thread ausgeführt wird, wie es auch die folgenden Abbildungen zeigen.

Die optimale Version:

Ein Problemfall:

**HINWEIS:** Über den *ParallelLoopState*-Parameter können Sie auch Informationen über Fehler in den parallelen Threads abrufen. Verwenden Sie dazu die Eigenschaft *ParallelLoopState.IsExceptional*.

## 13.3.2  Auswerten des Verarbeitungsstatus

Sicher ist es für den Programmierer in einigen Fällen interessant, den Verarbeitungsstatus nach dem Durchlaufen der "Schleife" zu bestimmen. Hier hilft Ihnen die *ParallelLoopResult*-Struktur weiter, die von *Parallel.For* zurückgegeben wird.

**Beispiel 13.8**  **Verwendung von *ParallelLoopResult***

```
        var res = Parallel.For(0, 5, (i, loopstate) =>
        {
            if (Vornamen[i] == "dora") loopstate.Break();
            if (loopstate.IsStopped) Console.Write("BREAK ");
            Console.WriteLine(Vornamen[i].ToUpper());
        });
```

**Beispiel 13.8**   **Verwendung von *ParallelLoopResult***

Wurden alle Durchläufe erfolgreich abgeschlossen, können Sie dies mit der Eigenschaft *IsCompleted* bestimmen:

```
if (res.IsCompleted)
    Console.WriteLine("Kein Abbruch");
else
```

Falls nicht, können Sie auswerten wann der Abbruch erfolgte:

```
    Console.WriteLine("Abbruch bei " + res.LowestBreakIteration.Value.ToString());
Console.ReadKey();
```

**HINWEIS:** Wird über *IsCompleted false* zurückgegeben und gibt *LowestBreakIteration null* zurück, wurde die *Stop*-Methode aufgerufen. Bei einem Aufruf von *Break* können Sie über *LowestBreakIteration* den betreffenden Indexwert auslesen.

**HINWEIS:** Es gibt noch weitere Überladungen der *Parallel.For*-Methode, auf die wir im Rahmen dieses Buchs jedoch nicht eingehen können.

## 13.3.3   Und was ist mit anderen Schrittweiten für den Iterator?

Sicher wird der eine oder andere beim Konvertieren seines bisherigen Schleifencodes auch über den Fakt stolpern, dass bei *Parallel.For* nur Long/Integer-Werte für den Iterator zulässig sind. Mit einer kleinen zusätzlichen Berechnung können Sie sich aber schnell weiterhelfen[1]:

**Beispiel 13.9**   **Iteration mit einer Schrittweite von 0,001 zwischen 0 und 1 realisieren**

```
Parallel.For(0, 1000, i =>
    {
        double d = i / 1000.0;
        MeineMethode(d);
    });
```

**HINWEIS:** Ganz nebenbei sei auch erwähnt, dass Sie nur positive Iterationen realisieren können, d.h., der Startindex muss kleiner als der Endindex sein.

---

[1] Beachten Sie jedoch, dass in unserem Fall etwas Prozessorzeit für die Division "verschwendet" wird, dies aber sollte den Vorteil der parallelen Verarbeitung nicht aufheben.

# 13.4 Verarbeiten von Collections mit Parallel.ForEach

Neben der indexbasierten Verarbeitung mit *Parallel.For* bietet sich mit *Parallel.ForNext* der Pendant für den parallelen Zugriff auf Collections an.

**SYNTAX:**
```
Parallel.ForEach<(Of <(TSource)>)>)(IEnumerable<(Of <(TSource)>)>,
                        (Element) => { ... Body ... }))
```

Übergabewerte sind in diesem Fall eine Collection vom Typ *IEnumerable* sowie ein Lambda-Ausdruck mit dem einzelnen Element als Parameter.

**Beispiel 13.10**    **Unser Trivialbeispiel aus dem vorhergehenden Kapitel mittels *Parallel.ForEach* realisiert**

```csharp
using System.Threading;
using System.Threading.Tasks;
...
        static void Main(string[] args)
        {
            string[] Vornamen = { "anton", "berta", "cäsar", "dora", "emil", "friedrich" };
```

Der Aufruf gestaltet sich einfacher als bei der *Parallel.For*-Lösung:

```csharp
            Parallel.ForEach(Vornamen, vn => {
                Console.WriteLine(vn.ToUpper());
            });
            Console.ReadKey();
...
```

**HINWEIS:** Weitere Ausführungen zu *Parallel.ForEach* sparen wir uns, da wir an dieser Stelle auf den Abschnitt 13.3 verweisen können. Die Möglichkeiten zum Abbruch und zur Auswertung entsprechen den dort vorgestellten Lösungen.

# 13.5 Die neue Task-Klasse

Haben Sie das vorhergehenden Kapitel eingehend studiert, dürfte Ihnen die Verwendung bzw. das Konzept der neuen *Task*-Klasse[1] nicht unbekannt vorkommen. Diese bietet in etwa die gleichen Möglichkeiten wie die schon bekannte *Thread*-Klasse, das allerdings auf einem höheren Abstraktionsniveau und, im Gegensatz zum Thread, unter Verwendung des CLR-Threadpools. Neben dem einfacheren Handling ermöglicht diese Klasse auch eine bessere Fehlerbehandlung.

## 13.5.1 Einen Task erzeugen

Eine Instanz der *Task*-Klasse können Sie entweder über den gewohnten Weg mittels *new* oder über die statische *Task.Factory.StartNew*-Methode erzeugen. Während Sie bei *new* den Task explizit starten müssen/können, wird in letzterem Fall der Task bereits automatisch gestartet.

---

[1] Hier ist mit "Task" die Aufgabe und nicht der Task aus dem Task-Manager gemeint.

Für die Parametrierung bzw. die Zuweisung des Codes per Delegate bieten sich drei Varianten an:

■ Zuweisen eines benannten Delegates,

■ Übergabe einer anonymen Methode,

■ Verwendung eines Lambda-Ausdrucks, dieser kann wiederum benannte Methoden aufrufen.

**Beispiel 13.11** | **Die drei Möglichkeiten für die Zuweisung des Task-Codes**

```csharp
using System.Threading;
using System.Threading.Tasks;
...
```

Direkter Methodenaufruf:

```csharp
        static void test()
        {
            Console.WriteLine("Methodenaufruf !");
        }
...
        var mytask = new Task(test);
        mytask.Start();
...
```

Anonyme Methode:

```csharp
        var mytask = new Task(delegate() { Console.WriteLine("Anonyme Methode !"); });
        mytask.Start();
```

Verwendung eines Lambda-Ausdrucks:

```csharp
        var mytask = new Task(() => {Console.WriteLine("Lambda-Ausdruck!");});
        mytask.Start();
```

Für welche der drei Varianten Sie sich entscheiden, hängt neben den eigenen Vorlieben sicher auch vom Umfang der Aufgabe ab.

## 13.5.2  Task starten

Wie schon erwähnt, wird bei Verwendung der Methode *Task.Factory.StartNew* der Task automatisch gestartet, weitere Anweisungen sind also nicht erforderlich.

**Beispiel 13.12** | **Automatischer Start mit Task.Factory.StartNew**

```csharp
...
using System.Threading.Tasks;
...
        static void Main(string[] args)
        {
            Console.WriteLine("Start");
```

**Beispiel 13.12**  **Automatischer Start mit Task.Factory.StartNew**

Ab hier läuft bereits der Task, den Rückgabewert der Methode *StartNew* können Sie zum Steuern und Abfragen des Task verwenden:

```
var t = Task.Factory.StartNew(() =>
{
    Thread.Sleep(1000);
    Console.WriteLine("Stop Task");
});
Console.WriteLine("Stop");
Console.Read();
}
...
```

Das erwartete Ergebnis:

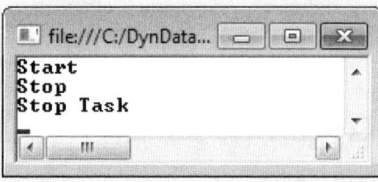

Möchten Sie beim Erzeugen die Art der Task-Verwaltung beeinflussen, können Sie zusätzliche Optionen übergeben.

**Beispiel 13.13**  **Verwendung von *TaskCreationOptions.LongRunning***

```
var mytask = Task.Factory.StartNew(MeineMethode,TaskCreationOptions.LongRunning );
```

**Beispiel 13.14**  **Variante 2 explizites Starten**

```
...
using System.Threading.Tasks;
...
    static void Main(string[] args)
    {
        Console.WriteLine("Start");
        var t = new Task(() => {
            Thread.Sleep(1000);
            Console.WriteLine("Stop Task");
        });
        Console.WriteLine("Start Task");
        t.Start();
        Console.WriteLine("Stop");
        Console.Read();
    }
...
```

**Beispiel 13.14** | **Variante 2 explizites Starten**

*Ergebnis*

Die Ausgabe:

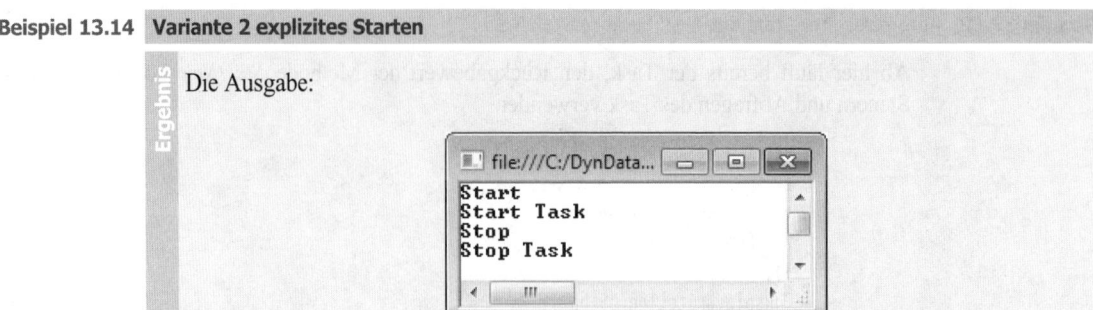

### 13.5.3   Datenübergabe an den Task

Starten Sie einen extra Task ist es vielfach wünschenswert, Daten an diesen zu übergeben. Nichts leichter als dies, definieren Sie einfach einen Parameter (*Object*) für den Lambda-Ausdruck und übergeben Sie die Daten als weiteren Parameter an die *StartNew*-Methode bzw. den Task-Konstruktor.

**Beispiel 13.15** | **Übergabe eines Objekts vom Typ *CKontakte***

```csharp
using System.Threading;
using System.Threading.Tasks;
...
        static void Main(string[] args)
        {
```

Instanz der Klasse definieren (Klassendefinition siehe am Ende des Listings):

```csharp
            CKontakte kontakt = new CKontakte {Nachname = "Müller",
                            Vorname = "Heinz", Telefon = "01901234567" };
            Console.WriteLine("Start");
```

Hier definieren wir einen Eingabeparameter für die Lambda-Funktion:

```csharp
            var t = new Task((myData) =>
            {
```

Wir müssen den Übergabewert typisieren:

```csharp
                CKontakte myLocalObject = (CKontakte) myData;
                Thread.Sleep(1000);
```

Verwenden der Daten:

```csharp
                Console.WriteLine(myLocalObject.Nachname);
                Console.WriteLine(myLocalObject.Vorname);
                Console.WriteLine(myLocalObject.Telefon);
                Console.WriteLine("Stop Task");
```

**Beispiel 13.15**  **Übergabe eines Objekts vom Typ *CKontakte***

Hier findet die Übergabe der Daten an den Task statt:

```
    }, kontakt);
    Console.WriteLine("Start Task");
    t.Start();
    Console.WriteLine("Stop");
    Console.Read();
}
}
```

Die Klassendefinition:

```
public class CKontakte
{
    public String Nachname;
    public String Vorname;
    public String Telefon;
}
```

**Ergebnis**

```
file:///C:/DynData/B...
Start
Start Task
Stop
Müller
Heinz
01901234567
Stop Task
```

---

**HINWEIS:** Möchten Sie Daten aus dem Task zurückgeben, sollten Sie sich noch etwas gedulden, ab Seite 605 finden Sie die Lösung.

---

## 13.5.4  Wie warte ich auf das Taskende?

Alles hat ein Ende und, wie die Wurst, kann auch der Task mit zwei "Enden" aufwarten:

- das reguläre Ende nach der kompletten Abarbeitung der Routine
- das weniger schöne Ende durch eine auftretende Exception

In diesem Abschnitt wollen wir uns mit der normalen Abarbeitung des Task beschäftigen, Gründe für das Warten bieten sich einige an, so das Synchronisieren mit anderen Tasks oder die Auswertung von Berechnungs- oder Abfrageergebnissen aus dem Task.

Die naheliegendste Lösung bietet die *Wait*-Methode, die Sie über die aktuelle *Task*-Instanz aufrufen können.

Beispiel 13.16 | **Warten auf das Task-Ende**

```csharp
using System.Threading;
using System.Threading.Tasks;
...
        static void Main(string[] args)
        {
            Console.WriteLine("Start");
            var t = new Task(() =>
            {
                Thread.Sleep(5000);
                Console.WriteLine("Stop Task");
            });
            Console.WriteLine("Start Task");
            t.Start();
```

Hier warten wir 2 Sekunden auf das Taskende (die Zeit wird nicht reichen, da wir den Task 5 Sekunden lang am Leben lassen) und werten das Ergebnis der Warterei aus:

```csharp
            if (t.Wait(2000))
                Console.WriteLine("Warten erfolgreich");
            else
                Console.WriteLine("Warten abgebrochen");
            Console.WriteLine("Stop");
            Console.ReadKey();
...
```

**Ergebnis**

```
file:///C:/DynD...
Start
Start Task
Warten abgebrochen
Stop
Stop Task
```

Wer das vorhergehende Kapitel aufmerksam gelesen hat, wird sich sicher an entsprechende Konstrukte bei den Threads erinnern.

---

**HINWEIS:** Werden aus einem Task heraus weitere Tasks gestartet, wartet die *Wait*-Methode auch auf das Ende dieser Child-Tasks.

---

Alternativ kann es auch vorkommen, dass Sie nicht nur auf einen, sondern auf mehrere Tasks warten müssen, z.B. um diese miteinander zu synchronisieren. In diesem Fall nutzen Sie bitte die Methode *WaitAll.*

---

**HINWEIS:** Soll nur auf einen Task aus einer Liste von Tasks gewartet werden, nutzen Sie die *WaitAny*-Methode.

---

**Beispiel 13.17** | **Verwendung von *WaitAll***

```
...
        var t1 = Task.Factory.StartNew(() => {Thread.Sleep(3000);});
        var t2 = Task.Factory.StartNew(() => {Thread.Sleep(5000);});
        var t3 = Task.Factory.StartNew(() => {Thread.Sleep(2000);});
        Task.WaitAll(t1, t2, t3);
...
```

## 13.5.5  Tasks mit Rückgabewerten

Was liegt näher, als einen Task für umfangreiche Berechnungen oder Auswertungen zu verwenden? Doch damit tritt auch die Frage in den Vordergrund, wie ich die ermittelten Werte an das aufrufende Programm zurückgeben kann. Für diese Aufgabenstellung bietet sich die *Task<>*-Klasse an. Diese bietet über die *Result*-Eigenschaft einen typisierten Zugriff auf den Rückgabewert des Tasks.

**HINWEIS:** Wer sich zwischenzeitlich mit den diversen Beta-Versionen der aktuellen TPL beschäftigt hat, wird sicher auch über den Begriff *Future* gestolpert sein. Dieser wurde bereits mit der Beta 2 abgeschafft, es handelt sich jetzt "nur noch" um Tasks mit Rückgabewerten.

Statt vieler Worte zunächst ein einfaches Beispiel.

**Beispiel 13.18** | **Rückgabe eines Integerwertes**

```
using System.Threading;
using System.Threading.Tasks;
...
        static void Main(string[] args)
        {
```

Datentyp für die Rückgabe definieren:

```
            Task<int> t = new Task<int>(() => {
                    Thread.Sleep(5000);
```

Hier erfolgt das Zuweisen des Rückgabewertes:

```
                    return 27;
            });
            Console.WriteLine("Start Task");
```

Task starten:

```
            t.Start();
```

Ergebnis auswerten:

```
            Console.WriteLine("Rückgabewert = " + t.Result.ToString());
        }
...
```

> **HINWEIS:** Der eine oder andere wird sich jetzt vielleicht fragen, warum wir direkt nach dem Start bereits auf das Ergebnis zugreifen können. Die Antwort ist recht einfach: Jeder Zugriff auf *Result* synchronisiert die Ausführung des Task, d.h. es wird gewartet, bis der Task beendet ist.

Alternativ können Sie beispielsweise auch mit der *IsCompleted*-Eigenschaft abfragen, ob das Ergebnis schon vorliegt und dann entsprechend auf den Ergebniswert zugreifen (quasi Polling).

> **HINWEIS:** Wie es auch besser geht, zeigt der Abschnitt 13.6, wo Sie mit der Erweiterungsmethode *ContinueWith* auf das Ende des Tasks reagieren können.

Dass sich die Rückgabewerte nicht auf einfache Datentypen beschränken, soll das folgende Beispiel zeigen, bei dem eine Collection von *Files*-Objekten im Task abgerufen und später aufgelistet wird.

**Beispiel 13.19** | **Task mit Rückgabewert (Collection)**

```csharp
...
using System.IO;
using System.Threading;
using System.Threading.Tasks;
...
        static void Main(string[] args)
        {
```

Hier wir der Task definiert:

```csharp
            Task<FileInfo[]> t1 = new Task<FileInfo[]>(() => {
                DirectoryInfo di = new DirectoryInfo("c:\\");
                return di.GetFiles();
            });
```

Optional könnten Sie auch rekursiv durch die Verzeichnisse iterieren, dies dauert je nach Plattenfüllstand entsprechend lange und dürfte einen Hintergrundtask in jedem Fall rechtfertigen.

```csharp
            Console.WriteLine("Start Task");
```

Task starten:

```csharp
            t1.Start();
```

Rückgabewerte abrufen (hier verläuft die Verarbeitung synchron):

```csharp
            Console.WriteLine("Rückgabewerte");
            foreach (FileInfo f in t1.Result)
            {
                Console.WriteLine(f.FullName);
            }
            Console.ReadKey();
...
```

> **HINWEIS:** Natürlich können Sie auch mit den Funktionsergebnissen aus mehreren Tasks Berechnungen realisieren, in diesen Fällen wird so lange gewartet, bis alle erforderlichen Funktionsergebnisse vorliegen.

**Beispiel 13.20**  **Wer es etwas einfacher mag, kann auch die folgende Lösung mit der *Task.Factory.StartNew*-Methode wählen.**

```csharp
...
        var t1 = Task.Factory.StartNew(() =>
        {
            DirectoryInfo di = new DirectoryInfo("c:\\");
            return di.GetFiles();
        });
        Console.WriteLine("Rückgabewerte");
        foreach (FileInfo f in t1.Result)
            Console.WriteLine(f.FullName);
...
```

> **HINWEIS:** In diesem Fall kann die Typangabe weggelassen werden.

Doch was ist, wenn Sie mehr als einen Rückgabewert haben? Auch hier hilft Ihnen die obige Lösung weiter, erzeugen Sie einfach ein neues Objekt mit den Rückgabewerten als Eigenschaften.

**Beispiel 13.21**  **Mehrere (drei) Rückgabewerte definieren**

Indem Sie neue Objekte erzeugen, ist es problemlos möglich, jede Art von Informationen aus den Tasks zurückzugeben:

```csharp
        var t1 = Task.Factory.StartNew(() =>
        {
            return new { Zeit = System.DateTime.Now,
                        Wert = 4711, Zeichenkette = "abcdefg" };
        });
```

Sie sollten sich auch die Zeit nehmen, Bezeichner für die einzelnen Eigenschaften zu vergeben, die spätere Lesbarkeit beim Zugriff auf die Rückgabewerte entschädigt Sie für den Mehraufwand.

```csharp
        Console.WriteLine("Rückgabewerte");
```

Rückgabewerte anzeigen:

```csharp
        Console.WriteLine(t1.Result.Wert);
        Console.WriteLine(t1.Result.Zeichenkette);
        Console.WriteLine(t1.Result.Zeit);
        Console.ReadKey();
```

**Beispiel 13.21**  **Mehrere (drei) Rückgabewerte definieren**

Wer jetzt glaubt, auf Intellisense und Typprüfung beim späteren Zugriff auf die Ergebnisse verzichten zu müssen, wird schnell eines besseren belehrt:

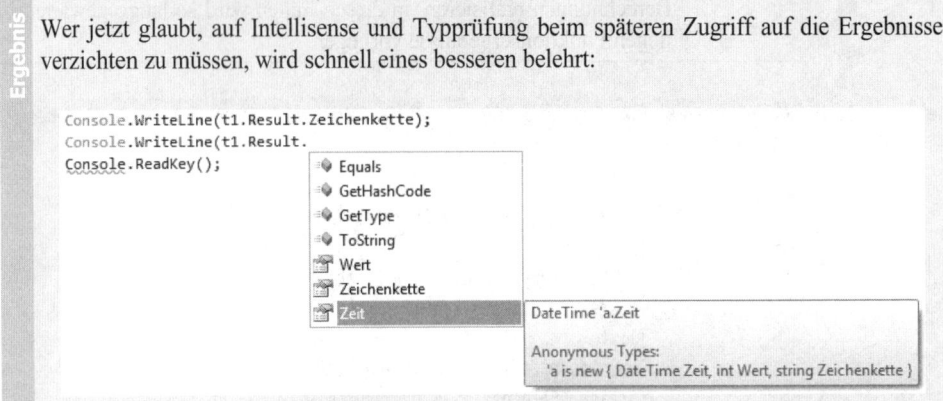

Damit dürfte auch die Rückgabe umfangreicher (Datenbank-)Informationen kein Problem darstellen. Womit wir bereits bei zwei recht diffizilen Themen angekommen sind: Dem Abbrechen der Taskverarbeitung und einer entsprechenden Fehlerbehandlung.

## 13.5.6  Die Verarbeitung abbrechen

Auch wenn es sich nicht um den Regelfall handelt, zählt doch der Abbruch eines Task zu den gelegentlich anfallenden Aufgaben des Programmierers. Grundsätzlich bestehen die folgenden Möglichkeiten zum Task-Abbruch:

- Sie beenden den Task, indem Sie aus der Task-Logik heraus die *return*-Anweisung aufrufen.

- Sie verwenden einen von der *CancellationTokenSource*-Klasse bereitgestellten *Cancellation-Token*, um eine Exception auszulösen, die Sie natürlich im weiteren Verlauf abfangen müssen[1].

---

**HINWEIS:** Die zweite Variante ist auch für den Abbruch von *Parallel.For* bzw. *Parallel.For-Each*-Statements anwendbar.

---

### Abbruch per return

Diese Variante dürfte Sie nicht vor große Herausforderungen stellen, es genügt, wenn Sie innerhalb der Task-Logik die *return*-Anweisung aufrufen. Beachten Sie allerdings, dass der Rückgabestatus des Tasks (*IsCompleted*-Eigenschaft) in diesem Fall ein reguläres *true* liefert.

**Beispiel 13.22**  **Reguläres Abbrechen eines Tasks (nach 10 Schleifendurchläufen)**

```
using System.Diagnostics;
using System.Threading;
using System.Threading.Tasks;
...
```

---

[1] Das Auslösen einer Exception soll bereits andeuten, dass es sich eben nicht um den regulären Abbruch des Tasks handelt.

**Beispiel 13.22**  **Reguläres Abbrechen eines Tasks (nach 10 Schleifendurchläufen)**

```
private void button3_Click(object sender, EventArgs e)
{
    listBox1.Items.Insert(0, "Task starten ...");
```

Task definieren und starten:

```
    myTask = Task.Factory.StartNew(() =>
    {
        int i = 0;
        while (true)
        {
```

Hier steigen wir später aus:

```
            if (i == 10) return;
```

Ein paar Lebenszeichen an das Consolenfenster senden:

```
            Debug.WriteLine("Wert von i = " + i.ToString()); // Test only
            Thread.Sleep(500);                   // etwas Aktivität simulieren
            i++;
        }
    });
```

Hier warten wir auf den Task[1], um später den Status auszulesen:

```
    myTask.Wait();
    listBox1.Items.Add("Status: " + myTask.Status.ToString());
    listBox1.Items.Add("IsCanceled: " + myTask.IsCanceled);
    listBox1.Items.Add("IsCompleted: " + myTask.IsCompleted);
}
```

**Ergebnis**

```
Task starten ...
Status: RanToCompletion
IsCanceled: False
IsCompleted: True
```

Wie zu erwarten, lässt sich über den Task-Status nicht der Grund für die Beendigung in Erfahrung bringen. Eventuell könnten Sie eine eigene Statusvariable für diesen Fall über *return* zurückgeben.

## Abbruch per CancellationToken

Damit sind wir auch schon bei der neuen Standard-Lösung für das Abbrechen von Tasks (und parallelen Threads) angelangt. Wie das folgende Beispiel zeigt, handelt es sich nicht um eine Lösung, die Sie mit zwei Codezeilen realisieren können, dafür bietet diese Variante jedoch auch Ihre Vorteile.

---

[1] Eigentlich recht sinnlos, da dadurch die Oberfläche blockiert wird.

Das Grundprinzip basiert auf der Verwendung eines *CancellationTokenSource*-Objekts. Dieses stellt einen *CancellationToken* bereit, den Sie in einem oder auch in mehreren Tasks verwenden können. Der Token selbst bietet zum einen die Eigenschaft *IsCancellationRequested*, die Auskunft darüber gibt, ob das besitzende *CancellationTokenSource*-Objekt einen Abbruch per *Cancel*-Methode eingeleitet hat. "Eingeleitet" bedeutet nichts mehr und nichts weniger als die Aufforderung zum Abbruch, ob Sie diesen im Task wirklich einleiten ist Ihre Entscheidung.

Ist die Eigenschaft *IsCancellationRequested* auf *true* gesetzt, können Sie noch Code zum "Aufräumen" realisieren, bevor Sie final einen Exception auslösen, indem Sie die Token-Methode *ThrowIfCancellationRequested* aufrufen.

Nachfolgend sind Sie dafür verantwortlich, diesen Fehler abzufangen. Dies kann zum einen im Rahmen eines *Wait*-Statements oder bei der Auswertung eines Task-Rückgabewertes erfolgen (siehe folgendes Beispiel).

**Beispiel 13.23**   **Task per Exception abbrechen**

```csharp
...
using System.Diagnostics;
using System.Threading;
using System.Threading.Tasks;
...
    public partial class Form1 : Form
    {
```

Zunächst brauchen wir eine zentrale *CancellationTokenSource* und einen *CancellationToken*:

```csharp
        CancellationTokenSource cts;
        CancellationToken token;
        Task myTask;

        public Form1()
        {
            InitializeComponent();
```

*CancellationTokenSource* und *CancellationToken* initialisieren:

```csharp
            cts = new CancellationTokenSource();
            token = cts.Token;
        }
```

Hier kommen wir zum Starten des eigentlichen Tasks:

```csharp
        private void button1_Click(object sender, EventArgs e)
        {
            listBox1.Items.Insert(0, "Task starten ...");
            myTask = Task.Factory.StartNew(() =>
            {
                int i = 0;
                while (true)
                {
```

**Beispiel 13.23** **Task per Exception abbrechen**

Etwas Aktivität im Ausgabefenster realisieren:

```
Debug.WriteLine("Wert von i = " + i.ToString()); // Test only
```

Hier reagieren wir auf eine Abbruchanforderung:

```
if (token.IsCancellationRequested)
{
    // Hier noch sinnvolles Beenden möglich
```

Hier wir eine Exception ausgelöst, der Task endet damit:

```
    token.ThrowIfCancellationRequested();
}
Thread.Sleep(500);                    // etwas Aktivität simulieren
i++;
}
```

Wichtig: Der Token muss an den Task beim Erstellen übergeben werden:

```
}, token);
}
```

Die Routine zum Abbruch des Task:

```
private void button2_Click(object sender, EventArgs e)
{
    listBox1.Items.Insert(0, "Abbruch anfordern ...");
```

Hier wird die Aufforderung ausgelöst:

```
cts.Cancel();
```

Im Rahmen eines *Wait*-Statements fangen wir den Fehler auf und zeigen die Fehlermeldung
an:

```
try
{
    myTask.Wait();
}
catch (AggregateException ex)
{
    foreach (var v in ex.InnerExceptions)
        listBox1.Items.Insert(0, "Meldung: " + v.Message);
}
listBox1.Items.Add("Status: " + myTask.Status.ToString());
listBox1.Items.Add("IsCanceled: " + myTask.IsCanceled);
listBox1.Items.Add("IsCompleted: " + myTask.IsCompleted);
}
```

Beispiel 13.23 | **Task per Exception abbrechen**

Das Ergebnis in der Anzeige:

```
Meldung: A task was canceled.
Abbruch anfordem ...
Task starten ...
Status: Canceled
IsCanceled: True
IsCompleted: True
```

Wie Sie sehen, meldet zwar *IsCompleted* einen erfolgreichen Abschluss des Tasks, aber sowohl *Status* als auch *IsCanceled* zeigen den Abbruch des Tasks an.

## 13.5.7   Fehlerbehandlung

Wie Sie nach Lektüre des vorhergehenden Abschnitts vielleicht schon erkannt haben, wurde in diesem Zusammenhang auch gleich en passant die Fehlerbehandlung bei Task-Exceptions aufgezeigt.

Da Tasks auch verschachtelt realisiert werden können[1], werden ausgelöste Exceptions in einem *AggregateException* "verpackt". Die Ausführung wird an den aufrufenden Thread zurückgegeben und dieser hat die Aufgabe, den Fehler entsprechend zu behandeln. Allerdings stellt sich hier die Frage, zu welchem Zeitpunkt dies geschehen soll, läuft doch der Task in der Regel asynchron, sodass Sie kein *try-catch*-Statement sinnvoll aufbauen können.

Der Grundansatz ist deshalb die Fragestellung, zu welchem Zeitpunkt eine Fehlerbehandlung überhaupt einen Sinn macht. Allgemein wird dies immer dann der Fall sein, wenn auf den Task bzw. dessen Ergebnisse gewartet wird. Hier sollten Sie sich die Methoden *Wait*, *WaitAll* und *WaitAny* sowie die Abfrage der *Result*-Eigenschaft vormerken. Diese Anweisungen kapseln Sie in einen *try-catch*-Block und lesen mit einer *foreach*-Schleife die *InnerExceptions* aus.

Beispiel 13.24 | **(Auszug aus dem vorhergehenden Beispiel)**

```csharp
        try
        {
            myTask.Wait();
        }
        catch (AggregateException ex)
        {
            foreach (var v in ex.InnerExceptions)
                listBox1.Items.Insert(0, "Meldung: " + v.Message);
        }
```

---

[1] Ein Umstand, der sicher viele gute, aber leider auch unlesbare Programme hervorbringen wird ...

---

**HINWEIS:** Beachten Sie, dass Sie die Fehlermeldungen in der Visual Studio-IDE in diesem Fall ausschalten müssen, andernfalls unterbricht der Debugger bereits in der Task-Routine und zeigt die auftretende Exception an.

---

## 13.5.8  Weitere Eigenschaften

Bevor wir zu weiteren wichtigen Themen übergehen, wollen wir noch einen Blick auf einige weitere Eigenschaften und Optionen von Tasks werfen.

### Task-Id

Da findet sich zum einen die *Id*, die eine eindeutige Identifikation jedes Tasks (zum Beispiel im Debugger) ermöglicht.

---

**HINWEIS:** Die Zuweisung des Wertes erfolgt bei der ersten Verwendung der Eigenschaft, spätere Programmaufrufe können also andere Werte zurückgeben.

---

Mehr zu diese Thematik finden Sie im Abschnitt 13.9, wo wir uns speziell dem Debugging widmen wollen.

### Status

Diese Eigenschaft bietet detaillierte Informationen über den aktuellen Status des Tasks:

| Wert | Beschreibung |
|---|---|
| *Created*<br>*WaitingForActivation*<br>*WaitingToRun* | Task wurde erzeugt, wird jedoch noch nicht ausgeführt (verschiedene Zwischenzustände werden unterschieden). |
| *Running* | Der Task läuft gerade. |
| *WaitingForChildrenToComplete* | Der Task selbst ist mit der Verarbeitung fertig, es wird noch auf Child-Tasks gewartet. |
| *RanToCompletion* | Der Task wurde regulär beendet. |
| *Canceled* | Der Task wurde per Token abgebrochen. |
| *Faulted* | Im Task ist eine Exception aufgetreten, die Verarbeitung wurde abgebrochen. |

### IsCanceled, IsCompleted, IsFaulted

Über diese Eigenschaften können Sie sich ebenfalls ein Bild vom aktuellen Status des Task machen. Wie schon erwähnt, ist *IsCompleted* auch dann *true*, wenn der Task abgebrochen wurde. *IsCanceled* wird auf *true* gesetzt wenn der Task per Token abgebrochen wird, *IsFaulted* ist bei jedem anderen auftretendem Fehler *true*.

### TaskCreationOptions

Mit den *TaskCreationOptions* können Sie beim Erstellen des Tasks dessen Verhalten bzw. die Steuerung durch den Task-Scheduler beeinflussen.

| Wert | Beschreibung |
|------|--------------|
| *None* | Keine weitere Spezifikation. |
| *PreferFairness* | Beeinflusst den Scheduler: Eher erstellte Aufgaben werden auch eher verarbeitet, gleiches gilt im Umkehrschluss für später erstellte Aufgaben. |
| *LongRunning* | Spezifiziert einen Task als lang laufende Aufgabe. |
| *AttachedToParent* | Der spezifizierte Task wird als Child dem aktuellen Task zugeordnet. |

# 13.6  Zugriff auf das Userinterface

Auch bei Verwendung der TPL stehen Sie vor dem Problem, dass ein direkter Zugriff aus dem jeweiligen Thread/Task auf Elemente der Programmoberfläche (Controls) ausgeschlossen ist.

Zunächst können wir Sie guten Gewissens auf den Abschnitt 12.4 verweisen, wo sowohl auf die Problematik selbst als auch auf die Lösung mittels *Invoke/BeginInvoke* eingegangen wird. Die dort vorgestellte Lösung sollten Sie immer dann verwenden, wenn es sich um Aktualisierungen der Oberfläche während der Laufzeit des Threads bzw. Tasks handelt.

Im Folgenden stellen wir Ihnen ergänzend zwei Lösungen vor, mit denen Sie

1. auf das Ende des Tasks reagieren können,

2. aus dem Task heraus auf die Oberfläche zugreifen können.

## 13.6.1  Reaktion auf das Task-Ende und Zugriff auf die Oberfläche

Eine wohl häufig auftretende Aufgabe ist die Reaktion auf das Task-Ende. Meist geht es darum, Ergebnisse auf den Bildschirm zu bringen oder die Ergebnisse des Tasks anderweitig zu verarbeiten.

In diesem Fall bietet sich für den Task die Erweiterungsmethode *ContinueWith* an, der Sie neben einem Delegate/Lambda-Ausdruck auch ein *TaskScheduler*-Objekt übergeben können. Der Clou daran: Sie können das *TaskScheduler*-Objekt des aktuellen UI-Threads über die Methode *FromCurrentSynchronizationContext* abrufen und verwenden. Damit finden alle Ausgaben aus *ContinueWith* heraus im Context des Userinterface statt, umständliche *Invoke*-Aufrufe entfallen gänzlich.

**Beispiel 13.25** | **Warten auf Task-Ende**

Abrufen aller Dateien aus dem Verzeichnis[1] "C:\Windows\System32" in einem Hintergrund-Task und Anzeige in einer *ListBox*, wenn alle Dateien abgerufen wurden.

```
...
using System.IO;
using System.Threading;
using System.Threading.Tasks;
...
        private void button1_Click(object sender, EventArgs e)
        {
```

Wir ermitteln den Task-Scheduler des UI-Threads:

```
        var uiSched = TaskScheduler.FromCurrentSynchronizationContext();
```

Neuen Task definieren und starten:

```
        Task.Factory.StartNew(() =>
            {
                DirectoryInfo di = new DirectoryInfo(@"c:\windows\system32");
                Thread.Sleep(3000);                    // etwas Aktivität simulieren
```

Rückgabewert ist die Liste der Dateinamen:

```
                return di.GetFiles() ;
```

Die folgende Aktion wird ausgeführt, wenn der Task beendet ist (der Parameter entspricht dem Rückgabewert des Tasks):

```
        }).ContinueWith(t =>
        {
                listBox1.Items.Clear();
```

Task-Rückgabewert auswerten:

```
                foreach (FileInfo f in t.Result)
                {
                    listBox1.Items.Add(f.FullName);
                }
```

Achtung: Wir müssen noch den passenden Task-Scheduler angeben:

```
        }, uiSched);
    }
```

---

**HINWEIS:** Die Programmausführung wird zunächst unabhängig vom Task-Ende weitergeführt, die Aktion in *ContinueWith* wird später asynchron aufgerufen.

---

[1] Eventuell anpassen ...

Wer diese Version mit den *Invoke*-Orgien bei den Threads vergleicht, dürfte sich schnell mit dieser Lösung anfreunden können. Doch ein Wunsch bleibt vermutlich immer noch offen: Zugriff auf das Userinterface aus dem Task heraus.

## 13.6.2   Zugriff auf das UI aus dem Task heraus

Neben der oben genannten Lösung können Sie auch einen neuen Task erstellen, der im Context eines anderen Threads (und hier denken wir natürlich gleich an die Oberfläche) läuft. Genau diese Möglichkeit bietet sich auch für das Aktualisieren der Oberfläche aus dem Task heraus an.

**Beispiel 13.26** | **Aktualisieren einer *ListBox* aus einem laufenden Task heraus.**

```csharp
using System.Threading;
using System.Threading.Tasks;
...
        private void button2_Click(object sender, EventArgs e)
        {
```

Zunächst ermitteln wir wieder das *TaskScheduler*-Objekt für die Oberfläche:

```csharp
            var uiSched = TaskScheduler.FromCurrentSynchronizationContext();
```

Ganz nebenbei benötigen wir noch einen *CancellationToken* (eigentlich benötigen wir diesen nicht, die Parameterliste für das Erzeugen eines Task mit vorgegebenem TaskScheduler erfordert jedoch diese Angabe):

```csharp
            var token = Task.Factory.CancellationToken;
```

Hier starten wir unseren Arbeits-Task:

```csharp
            Task.Factory.StartNew(() =>
            {
                for (int i = 0; i <10; i++)
                {
```

Wir wollen die Oberfläche bei jedem Schleifendurchlauf aktualisieren und erzeugen dazu einen neuen Anzeige-Task, der im Context der Oberfläche läuft:

```csharp
                    Task.Factory.StartNew(() =>
                    {
                        listBox1.Items.Insert(0, "Wert von i = " + i.ToString());
                    }, token, TaskCreationOptions.None, uiSched);
```

Hier legen wir eine Verschnaufpause im Arbeits-Task ein:

```csharp
                    Thread.Sleep(1000);                     // etwas Aktivität simulieren
                }
```

Ist der Arbeits-Task beendet, zeigen wir noch eine Abschlussmeldung an:

```csharp
            }).ContinueWith(t =>
            {
                listBox1.Items.Insert(0,"Fertig");
```

**Beispiel 13.26**   **Aktualisieren einer *ListBox* aus einem laufenden Task heraus.**

```
        }, uiSched);
    }
...
```

Ein Start des Programms wird Ihnen zyklisch die Zwischenergebnisse in der *ListBox* anzeigen, die Oberfläche ist in dieser Zeit nicht blockiert:

```
Fertig
Wert von i = 9
Wert von i = 8
Wert von i = 7
Wert von i = 6
Wert von i = 5
Wert von i = 4
Wert von i = 3
Wert von i = 2
Wert von i = 1
Wert von i = 0
```

Verschieben Sie ruhig einmal die *Thread.Sleep*-Anweisung vor das Erzeugen des Anzeige-Task. Sie dürften wahrscheinlich ebenfalls ein ähnliches Ergebnis in der *ListBox* erhalten:

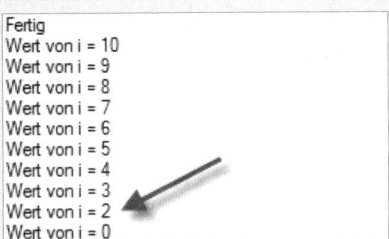

```
Fertig
Wert von i = 10
Wert von i = 9
Wert von i = 8
Wert von i = 7
Wert von i = 6
Wert von i = 5
Wert von i = 4
Wert von i = 3
Wert von i = 2
Wert von i = 0
```

Nanu, da stimmt doch etwas nicht! Die Lösung für dieses "Durcheinander": Da der Anzeige-Task nicht synchron mit dem Arbeits-Task läuft, ist auch der Zugriff auf die Schleifenvariable i nicht "threadsicher", die Anzeige erfolgt mal mit dem alten und mal mit dem neuen Schleifenwert, je nach Laufzeitdauer des Anzeige-Threads. Beachten Sie dieses bei Verwendung der o.g. Lösung in Ihren Programmen. Eventuell müssen Sie sogar ihren Anzeige-Task mit *Wait* entsprechend synchronisieren:

```
Task.Factory.StartNew(() =>
{
    for (int i = 0; i <10; i++)
    {
        Thread.Sleep(1000);                     // etwas Aktivität simulieren
        var t = Task.Factory.StartNew(() =>
        {
            listBox1.Items.Insert(0, "Wert von i = " + i.ToString());
        }, token, TaskCreationOptions.None, uiSched);
        t.Wait();
```

Jetzt wartet der Arbeits-Thread auf den Anzeige-Thread!

Beispiel 13.26 **Aktualisieren einer *ListBox* aus einem laufenden Task heraus.**

```
            }
        }).ContinueWith(t =>
...
```

Mit den Lösungen aus den beiden vorhergehenden Abschnitten dürften zwei Herzenswünsche des Task-Programmierers in Erfüllung gehen, vermutlich werden diese Lösungen aber auch dazu beitragen, dass einige Entwickler wieder etwas entnervt auf den Bildschirm starren und Ihre eigenen Programme nicht mehr verstehen.

# 13.7 Weitere Datenstrukturen im Überblick

Nachdem wir uns durch den Hauptteil der neuen TPL gewühlt haben, wollen wir abschließend noch einen kurzen Blick auf die neuen Datenstrukturen werfen, die entweder die Arbeit des Programmieres erleichtern sollen oder einfach nur Nachfolger für bereits bekannte Strukturen aus der Thread-Programmierung sind.

> **HINWEIS:** Leider ist es uns aus Umfangsgründen nicht möglich, dieses Thema in aller Ausführlichkeit zu behandeln, wir verweisen Sie stattdessen auf die entsprechende Online-Hilfe.

## 13.7.1 Threadsichere Collections

Sicher ist Ihnen nach Lektüre der letzten beiden Kapitel der teilweise recht hohe Aufwand beim threadübergreifenden Zugriff auf Variablen und Collections aufgefallen. Ist ein Schreibzugriff nötig, müssen die entsprechenden Anweisungen akribisch gesichert und damit threadsicher gemacht werden (z.B. mit *lock*). Um dem Programmierer dieses Arbeit abzunehmen und gleichzeitig ein zeitoptimales Ergebnis zu erzielen, bietet die TPL einige threadsichere Collections für Standardaufgaben an (Namespace *System.Collections.Concurrent*):

- *BlockingCollection*

- *ConcurrentBag*

- *ConcurrentDictionary*

- *ConcurrentQueue*

- *ConcurrentStack*

Die Verwendung dürfte sich weitgehend aus den Bezeichnern ergeben, weitere Informationen finden Sie im Kapitel 5.

### 13.7.2 Primitive für die Threadsynchronisation

Wie schon im Abschnitt 12.3 ab Seite 537 beschrieben, werden für die Steuerung von Threads/ Tasks diverse Möglichkeiten bereitgehalten, um zum Beispiel Threads miteinander zu synchronisieren oder Ressourcen gemeinsam zu nutzen. Auch hier bietet die TPL einige Neuerungen, die wir lediglich aufzählen wollen:

- *Barrier,*
- *CountdownEvent,*
- *ManualResetEventSlim,*
- *SemaphoreSlim,*
- *SpinLock* und *SpinWait.*

## 13.8 Parallel LINQ (PLINQ)

Nachdem Sie mittlerweile vermutlich alles parallelisiert haben, was sich nur ansatzweise dafür anbietet, fällt Ihr Blick sicher früher oder später auch auf Collections und damit auf die sich in diesem Zusammenhang anbietenden LINQ-Anweisungen. Bevor Sie jetzt anfangen, hier mühsam etwas zu parallelisieren, sollten Sie sich mit dem bereist verfügbaren Werkzeugen besser vertraut machen und einen Blick auf PLINQ bzw. Parallel-LINQ werfen.

> **HINWEIS:** Bevor wir uns an dieser Stelle wiederholen, möchten wir Sie zurück ins Kapitel 6 (Abschnitt 6.3.9) schicken, wo wir uns der Thematik "PLINQ" bereits angenommen haben.

## 13.9 Die Parallel Diagnostic Tools

Sicher ist Ihnen bei einigen Beispielen der letzten beiden Kapitel schon der Gedanke gekommen, dass Ihre Programme im Chaos versinken und Sie den Überblick restlos verlieren könnten. Doch keine Angst, nicht nur die Sprachen bzw. das Framework haben sich weiterentwickelt, sondern auch die Visual Studio IDE und dort speziell die Tools zu Überwachung paralleler Abläufe.

Zwei gänzlich neue Fenster finden sich unter dem Menüpunkt *Debuggen|Fenster*:

- Parallele Aufgaben
- Parallele Stapel

Beide sollen Sie bei der Analyse von Tasks unterstützen. Ein weiteres, bei der Analyse von asynchronen Programmen recht interessantes Feature ist die IntelliTrace-Funktion, die es Ihnen ermöglicht, Informationen über zurückliegende Ereignisse/Ausnahmen etc. zu sammeln und zu einem späteren Zeitpunkt auszuwerten.

## 13.9.1 Fenster für parallele Aufgaben

Wie bereits erwähnt, erreichen Sie dieses Fenster über den Menüpunkt *Debuggen|Fenster*. Haben Sie die Programmausführung über einen Breakpoint oder zum Beispiel durch eine auftretende Exception unterbrochen, können Sie sich in diesem Fenster über die aktuell laufenden (oder auch pausierenden) Tasks informieren:

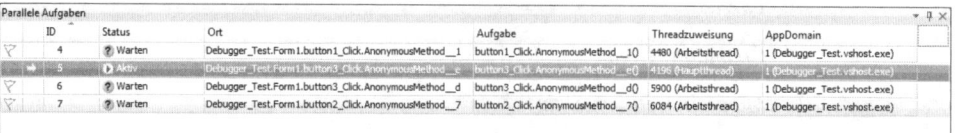

Angezeigt werden neben der Task-Id der aktuelle Status, der Ort sowie die ausgeführte Aufgabe (Lambda-Ausdrücke werden zu anonymen Methoden). Für die bessere Analyse bietet dieses Fenster die Möglichkeit, den aktuellen Task oder alle weiteren angezeigten Task "einzufrieren".

Interessant sind die Statusinformationen, bei denen folgende Zustände unterschieden werden:

- **Scheduled**
  Der Task wurde lediglich erstellt aber noch nicht ausgeführt. Er verfügt über keinen Call Stack, zugeordnete Threads oder sonstige Informationen.

- **Running**
  Dieser Task wurde vor der Unterbrechung durch den Debugger ausgeführt.

- **Waiting**
  Der betreffende Task ist blockiert, da er auf einen anderen Task, das Aufheben einer Sperre oder auf ein Signal wartet.

- **Deadlocked**
  Der Thread dieses Tasks befindet sich in einem Deadlock mit einem anderen Thread.

Bei den beiden letzten Zuständen werden Zusatzinformationen angezeigt, wenn Sie die Maus in die Statuszelle bewegen.

---

**HINWEIS:** Sie können zusätzlich auch die Spalte *Parent* einblenden, hier können Sie Informationen über die Hierarchie voneinander abhängiger Tasks erhalten.

---

## 13.9.2 Fenster für parallele Stacks

Das Fenster für parallele Stacks zeigt Ihnen Call Stack-Informationen für alle Threads der aktuellen Anwendung, dazu gehören auch die standardmäßig für die Anwendung laufenden Threads, die unabhängig von den User-Threads erzeugt werden:

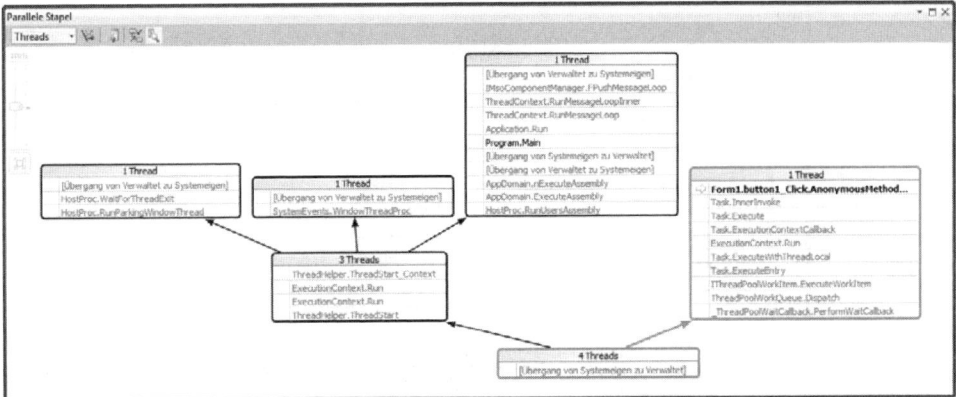

In obiger Abbildung finden Sie lediglich einen selbst definierten Thread (in diesem Fall handelt es sich um einen Task basierend auf einem Lambda-Ausdruck) auf der rechten Seite. Aus den fetten (blauen) Linien können Sie den Aufruf-Pfad des aktuellen Threads erkennen. Der gelbe Pfeil zeigt den gerade aktive Stack Frame, Sie können diesen wechseln, indem Sie auf eine andere Methode klicken. Dabei ist es egal, ob es sich um den aktuellen oder um einen anderen Thread handelt.

Alternativ können Sie über die *ComboBox* am linken oberen Rand auch in die Task-Ansicht wechseln, hier finden sich dann lediglich die von Ihnen definierten und gestarteten Tasks mit den jeweiligen Statusinformationen wieder.

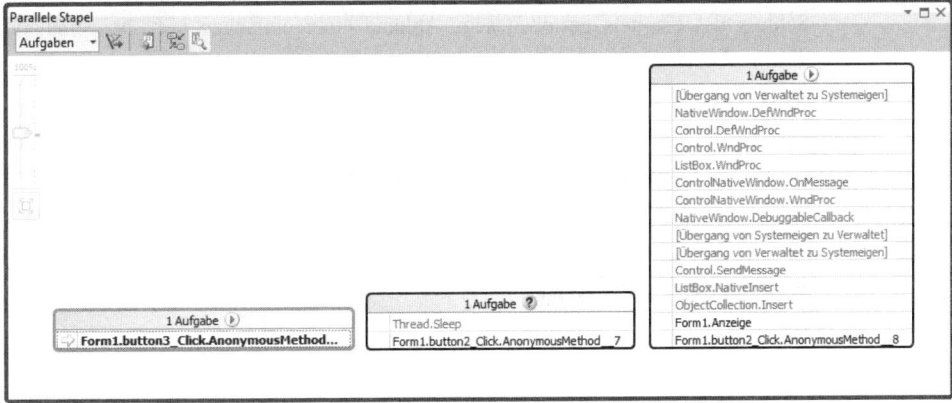

## 13.9.3  IntelliTrace

Eine ebenfalls mit Visual Studio 2010 eingeführte Funktion ist das sogenannte IntelliTrace, eine Möglichkeit, nach der Ausführung des Programms Ausnahmen und deren Kontext näher zu untersuchen (siehe folgende Abbildung).

Klicken Sie auf einen der angezeigten Einträge, wird Ihnen die entsprechende Codezeile Ihrer Anwendung angezeigt.

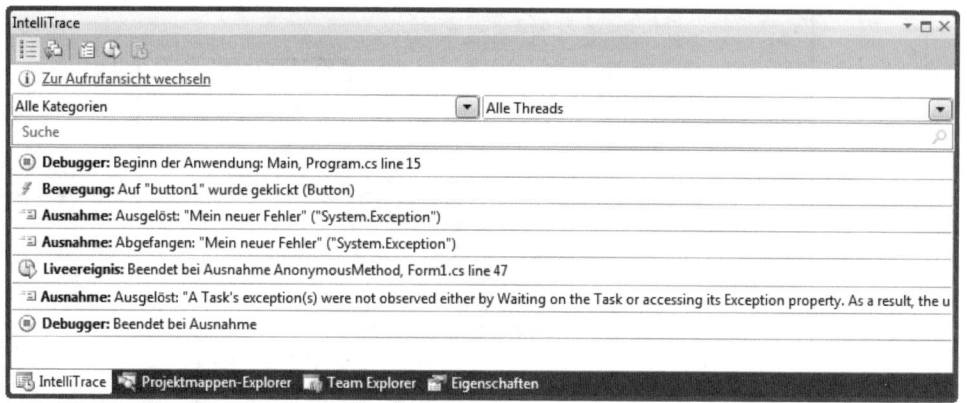

# 13.10  Praxisbeispiel: Spieltrieb – die zweite Version

Auch am Ende dieses Kapitels wollen wir es nicht versäumen, die besprochenen Sprachkonstrukte mehr oder weniger vollständig an einem etwas komplexeren Beispiel vorzuführen. Wer bereits das vorherige Kapitel 12 durchgearbeitet hat, wird sicher auch auf das Multi-Threading-Beispiel am Schluss des Kapitels gestoßen sein. Anhand einer einfachen Verkehrs-Simulation wurden dort diverse thread-spezifische Funktionen erörtert.

An dieser Stelle wollen wir uns dieses Beispiel noch einmal vorknöpfen und mit Hilfe der neuen Task-spezifischen Sprachelemente neu programmieren. Auf entsprechende Abbildungen und Erklärungen zur Oberfläche wollen wir an dieser Stelle verzichten, dies wurde alles beibehalten, lediglich die Logik hinter den Kulissen musste teilweise komplett umgebaut werden.

## 13.10.1  Aufgabenstellung

Zur Erinnerung noch einmal die Kurzbeschreibung: Ausgehend von der Benutzereingabe sollen in einem Lager Kisten hinzugefügt werden. Diese werden von drei LKWs zu einem Schiff transportiert. Ist das Schiff mit fünf Kisten beladen, transportiert es diese weiter, löscht die Ladung und kehrt zurück, um erneut Kisten zu laden usw. Einzige Ausnahme: Ist mindestens eine Kiste an Bord und nach 15 Sekunden keine neue Ladung zu erwarten, legt das Schiff trotzdem ab. Ist das Schiff nicht da, müssen die LKWs natürlich am Hafen warten.

Auch diesmal werden wir das "Problem" auf drei Klassen aufteilen:

- *LKW*
- *Schiff*
- *Controller* (Lager-Controller)

Innerhalb der Klassen werden wir ausgiebig von den neuen Tasks Gebrauch machen, doch im Unterschied zur vorhergehenden Version sind diese Tasks komplett innerhalb der Klassen gekapselt, ein Zugriff von außen ist weder möglich noch nötig.

## 13.10.2 Global-Klasse

Auch in diesem Fall können/wollen wir nicht auf eine globale statische Klasse verzichten, die uns eine übergreifende Kommunikation zwischen den einzelnen o.g. Klassen ermöglicht.

```
using System.Threading;
using System.Threading.Tasks;  // Neu ab .NET 4.0
...
    static class Global
    {
```

Die Instanzen unserer obigen Klassen:

```
        public static cController Controller;
        public static Schiff Schiff;
        public static cLKW[] LKWs = new cLKW[3];
```

Den Zugriff auf die Oberfläche ermöglicht uns die folgende Variable, in der wir die Instanz von *Form1* speichern werden:

```
        public static Form1 myForm;
```

Den *TaskScheduler* des UI speichern wir ebenfalls, so können wir aus den Tasks heraus auf die Oberfläche zugreifen, ohne explizit *Invoke* zu verwenden:

```
        public static TaskScheduler uiSched;
```

Für die Vollständigkeit aller Parameter beim Erstellen einiger Tasks benötigen wir noch einen *CancellationToken*:

```
        private static CancellationToken token = Task.Factory.CancellationToken;
```

Für die threadsichere Anzeige der Statusmeldungen bzw. zum Aktualisieren der Oberfläche nutzen wir einen extra Task, der mit dem *TaskScheduler* des UI gestartet wird:

```
        public static void Anzeige(string msg)
        {
```

Task erzeugen und starten:

```
            Task.Factory.StartNew(() =>
            {
                if (msg != "")
                    myForm.listBox1.Items.Insert(0, System.DateTime.Now + " : " + msg);
                else
                {
                    myForm.label3.Text = Global.Schiff.Ladung.ToString();
                    myForm.label4.Text = Global.Schiff.Transportiert.ToString();
                    myForm.label6.Text = Global.Controller.Lagerbestand.ToString();
```

```
                            myForm.label10.Text = Global.LKWs[0].kmStand.ToString();
                            myForm.label11.Text = Global.LKWs[1].kmStand.ToString();
                            myForm.label12.Text = Global.LKWs[2].kmStand.ToString();
                            myForm.pictureBox2.Image = Global.LKWs[0].Image;
                            myForm.pictureBox3.Image = Global.LKWs[1].Image;
                            myForm.pictureBox4.Image = Global.LKWs[2].Image;
                            myForm.pictureBox1.Left = Global.Schiff.pos;
                            myForm.pictureBox2.Left = Global.LKWs[0].Pos;
                            myForm.pictureBox3.Left = Global.LKWs[1].Pos;
                            myForm.pictureBox4.Left = Global.LKWs[2].Pos;
                        }
                }, token, TaskCreationOptions.None, uiSched);
            }
        }
}
```

> **HINWEIS:** Mehr zu dieser Technik siehe Abschnitt 13.6, ab Seite 614.

## 13.10.3  Controller-Klasse

Für die übergreifende Steuerung sorgt unser Controller, den wir ebenfalls "runderneuert" haben:

```
using System.Threading;
using System.Threading.Tasks;              // neu ab .NET 4.0
...
    class cController
    {
```

Der interne Lagerbestand, bevor die Ware von den LKWs abgeholt wird:

```
        public int Lagerbestand;
```

Um keine CPU-Zeit zu verschwenden, warten wir mit einem *AutoResetEvent* bis neue Ware ins Lager gestellt wird:

```
        private AutoResetEvent NeueWareDa = new AutoResetEvent(false);
```

Im Grunde handelt es sich um so etwas wie ein Flag, auf das mit *Wait* gewartet werden kann. Jeder Aufruf von *Set* setzt das Flag erneut, nach einem *Wait*-Duchlauf wird das Flag automatisch zurückgesetzt.

Die vom UI aufzurufenden Methode, wenn neue Ware ins Lager gestellt wird:

```
        public void NeueWare()
        {
            Lagerbestand++;
```

Hier geben wir die Sperre frei, der Controller kann wieder arbeiten:

```
            NeueWareDa.Set();
        }
```

Unser "Hauptprogramm":

```
public cController()
{
```

Task mit Endlosschleife erzeugen:

```
Task.Factory.StartNew(() =>
{
    Global.Anzeige("");
    Global.Anzeige("Controller: Gestartet");
    int i = 0;
    while (true)
    {
```

Ist der Lagerbestand größer null, wird versucht, die LKWs zu beladen:

```
while (Lagerbestand > 0)
{
    // Ist der LKW nicht unterwegs, dann beladen
    if (Global.LKWs[i].ImLager)
    {
        Global.Anzeige("Controller: Lkw beladen");
        Global.LKWs[i].Abtransport();
    }
}
```

Falls der gewünschte LKW nicht vorhanden ist, versuchen wir es mit dem nächsten, etwas Pause zwischendurch verhindert unsinnige CPU-Belastung[1]:

```
i++;
if (i > 2) i = 0;
Thread.Sleep(100);
}
```

Falls keine Ware da ist gehen wir hier in den Dämmerschlaf über, erst wenn neue Ware hereinkommt, wird diese Sperre wieder freigegeben:

```
NeueWareDa.WaitOne();
}
});
}
}
}
```

## 13.10.4  LKW-Klasse

```
using System.Threading.Tasks;  // neu ab .Net 4.0
...
    class cLKW
    {
```

---

[1] Wie im echten Leben ...

```
    public int Nr;
    public int Pos;
    public int kmStand;
    public bool ImLager;
    private Image Img1;
    private Image Img2;
    public Image Image;
```

LKW initialisieren:

```
    public cLKW(int nr)
    {
        Nr = nr;
        kmStand = 0;
        Pos = 280;
        ImLager = true;
        Img1 = Properties.Resources.Auto1;
        Img2 = Properties.Resources.Auto2;
        Image = Img1;
    }
```

Diese Methode wird durch den Controller aufgerufen und gewährleistet sowohl Hinfahrt/Rück-fahrt, als auch die reibungslose Übergabe der Ware an das Schiff:

```
    public void Abtransport()
    {
        ImLager = false;
```

Den Lagerbestand verringern:

```
        Global.Controller.Lagerbestand--;
```

Neuer Task:

```
        Task.Factory.StartNew(() =>
        {
            Thread.Sleep(200); // Ladezeit
            Global.Anzeige("Lkw_" + Nr.ToString() + ": Fahrtbeginn");
            Image = Img1;
```

Hinfahrt:

```
            for (Pos = 280; Pos > 0; Pos -= 2)
            {
                Thread.Sleep(30);
                kmStand++;
                Global.Anzeige("");
            }
```

Ankunft im Hafen, auf Schiff warten:

```
            Global.Schiff.Beladen();
```

Im Gegensatz zur vorhergehenden Variante ist die obige Methode blockierend, wenn kein Schiff vorhanden ist. Ein Zugriff auf den Status des Schiffs (interner Task) ist deshalb nicht mehr nötig, wir können uns auf das Wesentliche beschränken.

Rückfahrt:

```
        Image = Img2;
        for (Pos = 0; Pos < 280; Pos += 2)
        {
            Thread.Sleep(20);
            kmStand++;
            Global.Anzeige("");
        }
        ImLager = true;
        Global.Anzeige("Lkw_" + Nr.ToString() + ": Fahrtende");
    });
    }


    }
}
```

## 13.10.5  Schiff-Klasse

"Ein Schiff wird kommen ...", was im Schlager einfach so dahingesagt/gesungen wird, erfordert dann doch etwas mehr Aufwand, wie das folgende Listing zeigt:

```
using System.Threading;
using System.Threading.Tasks;
...
    class Schiff
    {
        public int Ladung = 0;
        public int Transportiert = 0;
        public int pos = 200;
```

In dieser Klasse benötigen wir zwei Sperren, *ImHafen* wird manuell gesteuert (Abfahrt und Ankunft des Schiffs, *NeueWareDa* löst den Beladevorgang aus, wenn ein LKW angekommen ist):

```
        public ManualResetEvent ImHafen = new ManualResetEvent(true);
        private AutoResetEvent NeueWareDa = new AutoResetEvent(false);
```

Die zentrale Transport-Routine:

```
        public void Transport()
        {
```

Die Sperre manuell setzen:

```
            ImHafen.Reset();
```

Abfahrt:

```
        Global.Anzeige("Schiff: Abfahrt");
        for (pos = 200; pos > 0; pos -= 2)
        {
            Thread.Sleep(100);
            Global.Anzeige("");
        }
```

Im *Hafen2* die Ladung löschen:

```
        Global.Anzeige("Schiff: Ladung löschen");
        while (Ladung > 0)
        {
            Thread.Sleep(400);
```

Da nur noch ein *Task* auf *Ladung* bzw. *Transportiert* zugreifen kann, können wir jetzt auf einen *Monitor/lock*-Abschnitt verzichten:

```
            Ladung--;
            Transportiert++;
            Global.Anzeige("");
        }
```

Die Rückfahrt:

```
        for (pos = 0; pos < 200; pos += 2)
        {
            Thread.Sleep(60);
            Global.Anzeige("");
        }
        Global.Anzeige("Schiff: Warten ...");
```

Sperre manuell zurücksetzen:

```
        ImHafen.Set();
    }
```

Die blockierende Methode *Beladen:*

```
    public void Beladen()
    {
```

Hier warten wir auf das Schiff:

```
        ImHafen.WaitOne();
        Ladung++;
        Global.Anzeige("Schiff: Beladen (" + Ladung.ToString() + ")");
```

Sperre für den Haupt-Task freigeben:

```
        NeueWareDa.Set();
    }
```

Der Konstruktor:

```
public Schiff()
{
```

Neuen Task erstellen:

```
Task.Factory.StartNew(() =>
{
```

Eine Endlosschleife:

```
while (true)
{
```

Wenn keine Ware geladen ist warten wir, bis neue Ladung per LKW heran transportiert wird (unbegrenzt):

```
if (Ladung == 0)
    NeueWareDa.WaitOne();
```

Wenn bereits Ware geladen ist, warten wir auf Ladung, jedoch maximal 15 Sekunden:

```
else
{
```

Wurde neue Ware angeliefert, Transport wenn fünf Stück geladen sind:

```
if (NeueWareDa.WaitOne(15000))   // Neuer Artikel
    if (Ladung == 5) Transport();
```

Andernfalls ist nur ein Timeout aufgetreten, wir fahren im Zweifel auch mit einem Stück weg:

```
else
{
    Global.Anzeige("Schiff: Zeit abgelaufen");
    Transport();
}
            }
        }
    });
    }
  }
}
```

## 13.10.6  Oberfläche

Schon beim Vorgängerbeispiel war hier wenig Code erforderlich, jetzt aber ist es noch weniger, was der Funktionalität sicherlich keinen Abbruch tut und für noch mehr Übersicht sorgen dürfte:

```
using System.Threading;
using System.Threading.Tasks;
...
    public partial class Form1 : Form
```

```
{
    public Form1()
    {
        InitializeComponent();
```

Unsere Objekte initialisieren:

```
        Global.uiSched = TaskScheduler.FromCurrentSynchronizationContext();
        Global.LKWs[0] = new cLKW(0);
        Global.LKWs[1] = new cLKW(1);
        Global.LKWs[2] = new cLKW(2);
        Global.Schiff = new Schiff();
        Global.Controller = new cController();
```

Achtung: Die Referenz für das Formular speichern:

```
        Global.myForm = this;
    }
```

---

**HINWEIS:** Vergessen Sie in diesem Zusammenhang bitte nicht, dass die Oberflächen-Steuerelemente, die von der Klasse *Global* angesprochen werden, auch als *public* markiert sein müssen, andernfalls haben Sie von dort keinen Zugriff!

---

Mit einem Klick auf die "+"-Schaltfläche fügen Sie neue Waren zum Lager hinzu. Dies sollte für hektische Betriebsamkeit beim Controller sorgen, nachfolgend bekommen die LKWs etwas zu tun und, last but not least, auch das Schiff.

```
        private void button1_Click(object sender, EventArgs e)
        {
            Global.Controller.NeueWare();
        }
```

Das Schließen des Formulars gestaltet sich recht unkompliziert, das Beenden der Task wollen wir ohne extra Aufwand bewerkstelligen:

```
        private void button2_Click(object sender, EventArgs e)
        {
            Close();
        }
    }
```

---

**HINWEIS:** Wer die Task "sauber" beenden will, sollte sich mit dem Abschnitt 13.5.6 vertraut machen.

---

Damit sind wir auch schon am Ende unseres Beispiels und auch des Kapitels angelangt. Wer die beiden Beispiele miteinander vergleicht wird feststellen, dass die neue Version wesentlich weniger Ressourcen verbraucht und auch eleganter programmiert ist. Allerdings ist die Grafikausgabe jetzt etwas ruckeliger geworden, da wir auf die Rechenzeitverteilung per Task-Scheduler keinen direkten Einfluss haben, aber dies war ja auch nicht Gegenstand unserer Betrachtungen.

# Kapitel 14

# Fehlersuche und Behandlung

Ein Programm, das auf Anhieb 100%-ig funktioniert, gibt es so gut wie nicht. Besonders tückisch sind die logischen Fehler, die weder zur Entwurfs- noch zur Laufzeit auftreten und die sich lediglich in einer fehlerhaften Funktion des Programms (z.B. falsche Rechenergebnisse, mysteriöse Abstürze) äußern. Für uns Grund genug, im ersten Teil dieses Kapitels den in Visual Studio integrierten Debugger genauer unter die Lupe zu nehmen.

Während das Debugging nur im Stadium der Programmentwicklung von Interesse ist, sollte eine "wasserdichte" Fehlerbehandlung allen zur Laufzeit nur denkbaren Missgeschicken mit geeigneten Mitteln begegnen. Dieser Problematik widmet sich der zweite Teil des Kapitels.

## 14.1 Der Debugger

Der Debugger ist ein ziemlich komplexes Werkzeug. Den Umgang mit ihm sollte der Programmierer im Schlaf beherrschen, spart er sich dadurch viel Zeit und Nerven.

---

**HINWEIS:** Leider sind die mit Visual Studio 2010 eingeführten neuen Debugging-Features (Historical Debugging) nur in den Premium- bzw. Ultimate-Paketen enthalten und können deshalb hier nicht berücksichtigt werden.

---

## 14.1.1 Allgemeine Beschreibung

Beim Debugging spielt der aktuelle Modus des Programms (Entwurfsmodus, Ausführungsmodus oder Unterbrechungs- bzw. Debuggingmodus) eine entscheidende Rolle. Die Beschriftung der Visual Studio-Titelleiste informiert Sie, in welchem der drei Modi sich das Programm gegenwärtig befindet. Gleichzeitig zeigt Ihnen der Zustand der Schaltflächen *Starten*, *Unterbrechen* und *Beenden* die möglichen Alternativen zum Wechseln des aktuellen Modus.

Entwurfsmodus:

Ausführungsmodus:

Unterbrechungs-/Debuggingmodus:

Das eigentliche Debugging wird in der Regel im Unterbrechungsmodus vollzogen. Die Zeile, an welcher die Programmausführung unterbrochen ist, erscheint dabei gelb hinterlegt:

---

**HINWEIS:** Sie können auch im Debugging-Modus Ihren Code editieren und danach das Programm fortsetzen. Allerdings kann nicht alles Mögliche editiert werden, so können Sie zum Beispiel private Felder oder Methoden hinzufügen, entfernen dürfen Sie aber keine.

---

Über das Menü *Ansicht|Weitere Fenster* bzw. *Debuggen|Fenster* lassen sich nachfolgende Debugging-Fenster aufrufen:

- Befehlsfenster

- Ausgabefenster

- Direktfenster

- Lokalfenster

- Überwachungsfenster

## Befehlsfenster

Unabhängig vom aktuellen Programm können Sie in diesem Fenster nach Belieben mit C#-Anweisungen experimentieren.

**Beispiel 14.1** | **Ausführen einer Rechenaufgabe (10+20*3,45=79,0) im unmittelbaren Modus**

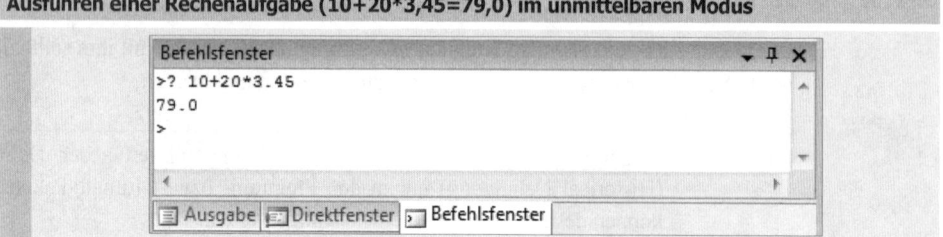

Sie können sich Variablenwerte ausgeben lassen (? <variablenname>), Variablenwerte ändern oder komplexe Ausdrücke verarbeiten. Dabei müssen Sie zwischen

- dem unmittelbaren Modus (am Zeilenanfang steht ein Größerzeichen ">") und

- dem Befehlsmodus

unterscheiden. Wechseln können Sie mit der einzugebenden Anweisung "> cmd" für den Befehlsmodus bzw. "*immed*" für unmittelbaren Modus.

---

**HINWEIS:** Nützlich ist das Befehlsfenster unter anderem auch für das schnelle Ausprobieren diverser Optionen, zum Beispiel *Format*-Anweisungen o.ä.

---

**Beispiel 14.2**  **Setzen eines Variablenwertes (a=100) im unmittelbaren Modus**

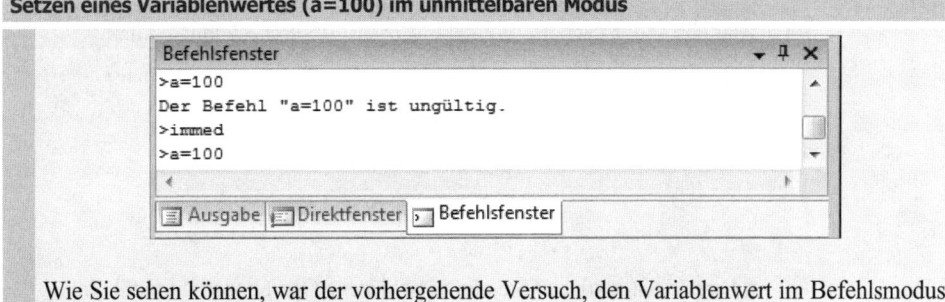

Wie Sie sehen können, war der vorhergehende Versuch, den Variablenwert im Befehlsmodus zu ändern, nicht vom Erfolg gekrönt.

## Ausgabefenster

In diesem Fenster werden Ihnen neben diversen Statusmeldungen von Visual Studio auch die Ausgaben des *Debug*- bzw. *Trace*-Objekts angezeigt.

**Beispiel 14.3**  **Anzeige von Werten im Ausgabefenster**

```csharp
using System.Diagnostics;
...
    int a,b,c;
    a = 20;
    Debug.WriteLine("Wert von a:" + a);
```

Das dazugehörige Ausgabefenster:

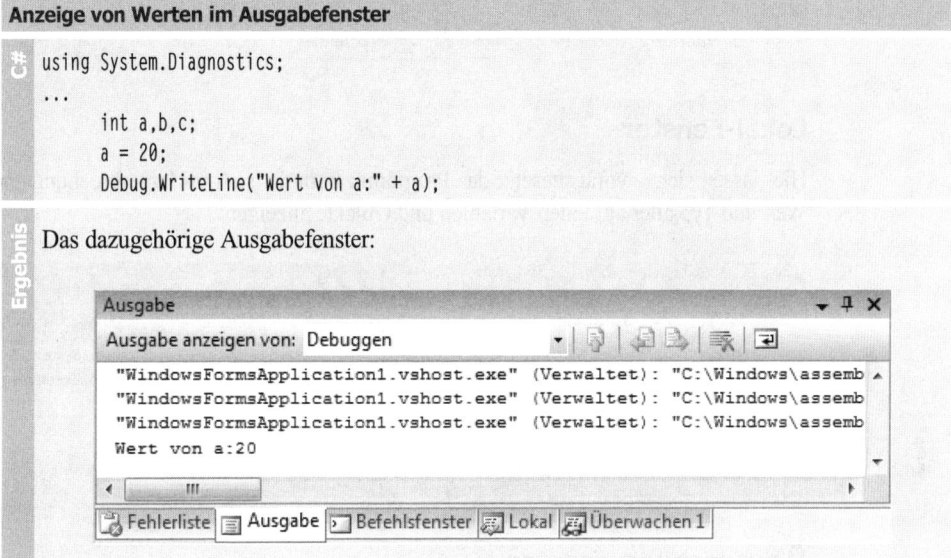

## Direktfenster

Das Direktfenster erlaubt es Ihnen, sich während des Debugging-Prozesses Werte von Variablen oder Ausdrücken ausgeben zu lassen, oder sogar diese Werte zu ändern. Das Programm muss sich dazu im Unterbrechungsmodus befinden, den Sie z.B. durch Setzen eines Haltepunktes erzwingen können.

**Beispiel 14.4** | **Sie erzeugen im Entwurfsmodus einen Haltepunkt (einfach durch Klick auf die linke Randleiste) und gelangen somit nach Programmstart in den Unterbrechungsmodus:**

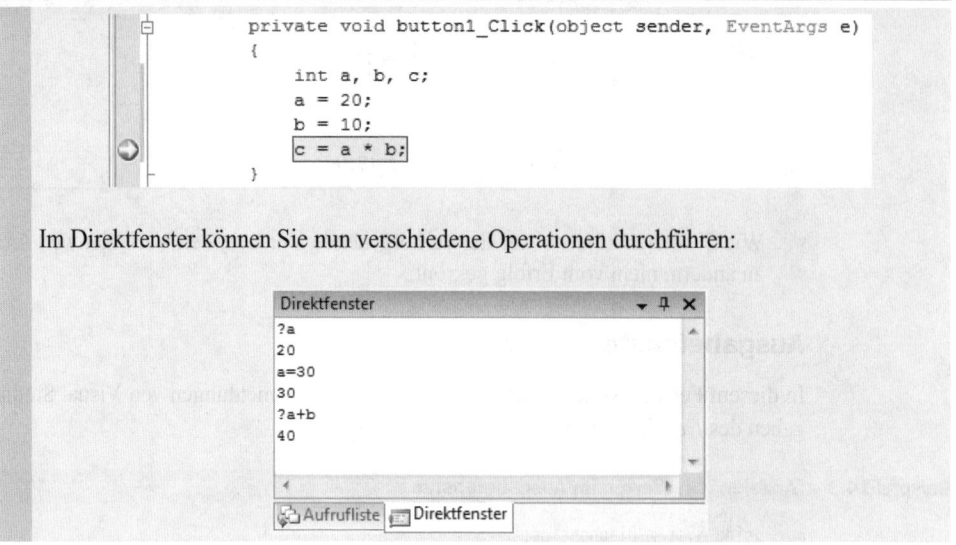

```
private void button1_Click(object sender, EventArgs e)
{
    int a, b, c;
    a = 20;
    b = 10;
    c = a * b;
}
```

Im Direktfenster können Sie nun verschiedene Operationen durchführen:

```
Direktfenster                                    ▾ ⊥ ✕
?a
20
a=30
30
?a+b
40

◀
🔲 Aufrufliste  ⊞ Direktfenster
```

## Lokal-Fenster

Hier lassen sich – vorausgesetzt das Programm befindet sich im Unterbrechungsmodus – Namen, Wert und Typ aller aktuellen Variablen und Objekte anzeigen:

| Lokal | | ▾ ⊥ ✕ |
|---|---|---|
| Name | Wert | Typ |
| ⊞ ⦿ this | {WindowsFormsApplication1.Form1, Text: Form1} | WindowsFormsApplication1.Form1 |
| ⊞ ⦿ sender | {Text = "button1"} | object {System.Windows.Forms.Butto |
| ⊞ ⦿ e | {X = 66 Y = 23 Button = Left} | System.EventArgs {System.Windows |
| ⦿ a | 30 | int |
| ⦿ b | 10 | int |
| ⦿ c | 0 | int |

🔲 Fehlerliste  🔲 Ausgabe  ▸ Befehlsfenster  🔲 Lokal  🔲 Überwachen 1

## Überwachungsfenster

Der Wert bestimmter Variablen bzw. Ausdrücke (Watch-Expressions) kann hier während der Laufzeit überwacht werden. Welche Variablen oder Ausdrücke Sie überwachen wollen, bestimmen Sie durch die Eingabe in die Spalte *Name*:

| Überwachen 1 | | ▾ ⊥ ✕ |
|---|---|---|
| Name | Wert | Typ |
| ⦿ a | 30 | int |
| ⦿ a*b | 300 | int |
| | | |

🔲 Fehlerliste  🔲 Ausgabe  ▸ Befehlsfenster  🔲 Lokal  🔲 Überwachen 1

Aus der Anzahl der Einträge im Menü *Debuggen* (bzw. in der Symbolleiste *Debuggen*, die Sie über das Menü *Ansicht/Symbolleisten öffnen*) erkennen Sie die Vielfalt der Debugging-Werkzeuge:

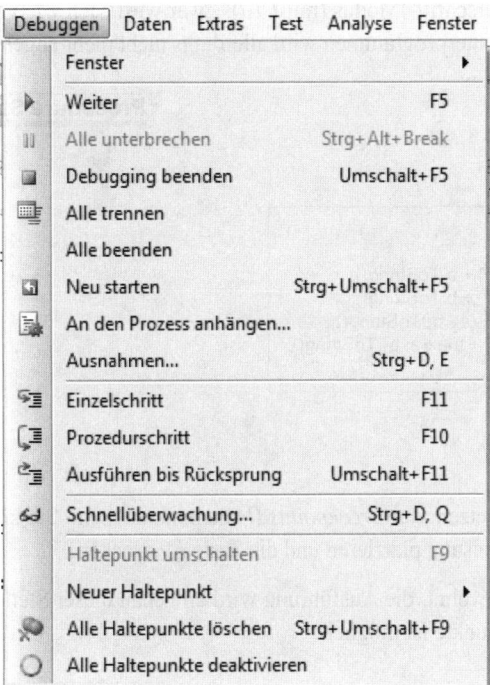

Viele Fehler lassen sich nur durch schrittweises Abarbeiten des Quelltextes entdecken, Sie können dabei zwischen mehreren Varianten wählen:

## 14.1.2  Einzelschritt-Modus

Im *Single-Step*-(Einzelschritt-)Modus durchlaufen Sie das Programm (mit *F11*) zeilenweise. Nach der Ausführung einer Anweisung liegt der Unterbrechungsmodus vor.

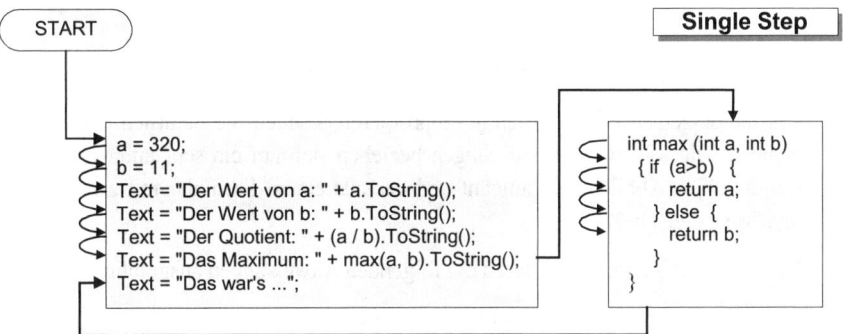

### 14.1.3   Prozedurschritt-Modus

Bei umfangreicheren Programmen ist das zeilenweise Abarbeiten recht mühsam. Abhilfe schafft hier der *Procedure-Step*-(Prozedurschritt-)Modus (mit *F10*). Zwar wird nach wie vor jede einzelne Zeile verarbeitet, innerhalb von Unterprogrammen wird allerdings nicht mehr angehalten.

```
START                                          Procedure Step

       a = 320;
       b = 11;
       Text = "Der Wert von a: " + a.ToString();
       Text = "Der Wert von b: " + b.ToString();
       Text = "Der Quotient: " + (a / b).ToString();
       Text = "Das Maximum: " + max(a, b).ToString();
       Text = "Das war's ...";
```

### 14.1.4   Breakpoints

Am komfortabelsten dürfte das Setzen von *Breakpoints* (Haltepunkten) sein. Sie können dazu den Kursor in die entsprechende Anweisung platzieren und die Taste *F9* drücken.

Starten Sie das Programm wie gewohnt, die Ausführung wird an genau dieser Stelle unterbrochen. Auch das Setzen mehrerer Haltepunkte ist möglich.

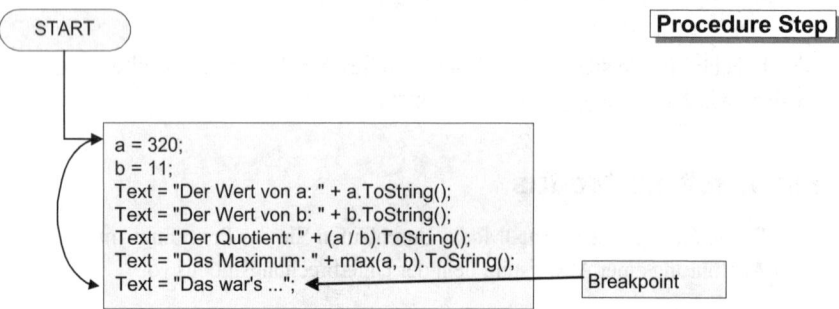

### 14.1.5   Debugging am konkreten Beispiel

Um die einzelnen Betriebsarten auszuprobieren, können Sie natürlich eine beliebige Anwendung nehmen. Die folgenden Ausführungen beziehen sich auf ein sehr einfaches Demoprogramm, das sich an obige Abbildungen anlehnt und das aus einem Formular mit zwei Buttons ("Ausführen" und "Beenden") besteht.

Nach dem Programmstart werden die folgenden Anweisungen ausgeführt:

```
private void Form1_Load(object sender, System.EventArgs e)     {
    int a,b,c;
    a = 320;
```

```
    b = 11;
    for (c = 0; c < 15; c++)
    { b = b + a + 10;
      b = b - 12 * a; }
    Text = "Der Wert von a: " + a.ToString();
    Text = "Der Wert von b: " + b.ToString();
    Text = "Der Quotient: " + (a/b).ToString();
    Text = "Das Maximum: " + max(a,b).ToString();
    Text = "Das war's ...";
}
```

Die dazu erforderliche Funktion *Max*:

```
private int max(int a, int b) {
   if (b > a ) {
       return b;
   } else {
       return a;
   }}
```

---

**HINWEIS:** Das Programm hat, wie Sie sehen, keinerlei sinnvolle Funktion – hier geht es lediglich um die Erläuterung des Grundprinzips.

---

## Haltepunkte setzen

Einen Breakpoint setzen Sie entweder über das Menü *Debuggen|Neuer Haltepunkt* oder Sie klicken einfach mit der Maus auf den linken grauen Rand des Codefensters, und es erscheint ein fetter dunkelroter Punkt, auch die gesamte Zeile wird markiert[1]. Genauso einfach lassen sich die Haltepunkte wieder entfernen – Sie brauchen nur darauf zu klicken.

```
    a = 320;
    b = 11;
    for (c = 0; c < 15; c++)
    {
      b = b + a + 10;
      b = b - 12 * a;
    }
```

Nach dem Programmstart (*F5*) werden alle Anweisungen bis **vor** die Breakpoint-Zeile ausgeführt. Anschließend können Sie schrittweise mit *F11* (Einzelschritt) bzw. *F10* (Prozedurschritt) fortfahren. Natürlich lassen sich auch mehrere Breakpoints setzen.

Eine sehr praktikable Möglichkeit ist das Setzen von Haltepunkten nicht zur Entwurfs-, sondern erst zur Laufzeit. Sie starten dazu Ihr Programm ganz normal mit *F5*. Nachdem z.B. das Eröffnungsformular erschienen ist, holen Sie das entsprechende Codefenster nach vorne und setzen den oder die Haltepunkt(e). Nun klicken Sie z.B. auf einen Button, und das Programm setzt die Ausführung bis zum Haltepunkt fort.

---

[1] Sie können den Breakpoint auch mit *F9* setzen.

Besonders dann, wenn Sie mehrere Breakpoints gesetzt haben, sind Sie für eine Übersicht dankbar. Wählen Sie dazu das Menü *Debuggen|Fenster|Haltepunkte*. Es erscheint die Liste aller Haltepunkte. Wie Sie der folgenden Abbildung entnehmen, werden die Haltepunkte anhand ihrer Zeilennummer und des Moduls unterschieden.

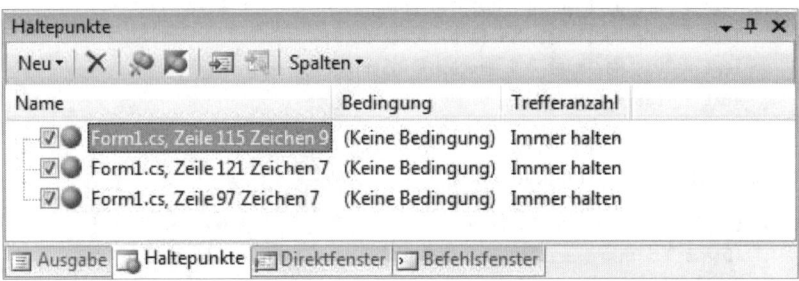

---

**HINWEIS:** Um zu einem bestimmten Breakpoint zu springen, klicken Sie einfach doppelt auf den Eintrag, der Kursor springt automatisch zur gewünschten Stelle.

---

## Abbruchbedingung setzen

Jeder Haltepunkt kann mit einer Abbruchbedingung verknüpft werden. Öffnen Sie zunächst die Liste der Haltepunkte und klicken Sie dann mit der rechten Maustaste auf den Breakpoint, dem Sie eine Bedingung zuordnen möchten. Im PopUp-Menü wählen Sie "Eigenschaften". In das sich öffnende Dialogfenster wird von Ihnen z.B. die Bedingung *b > 850* eingetragen und mit "OK" bestätigt:

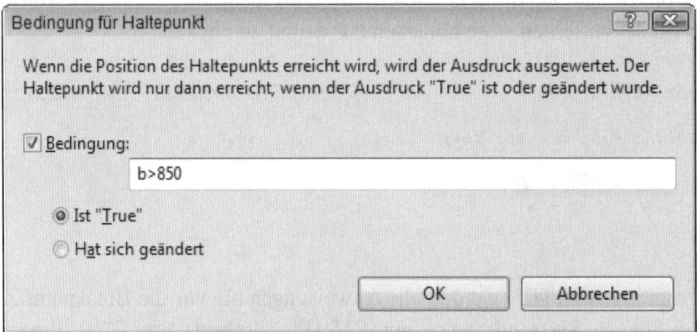

Wenn Sie jetzt unser Demoprogramm normal starten (*F5*), dürfte der Debugger erst dann die Programmausführung anhalten, wenn *c* einen Wert größer zwei hat (*b* ist zu diesem Zeitpunkt größer als *850*).

---

**HINWEIS:** Alternativ können Sie den Breakpoint auch setzen wenn sich eine Bedingung ändert.

## Trefferanzahl verwenden

Reichen Ihnen die bisherigen Bedingungen nicht aus, können Sie zusätzlich auch eine Trefferzahl als Stopp-Bedingung festlegen. Unabhängig davon, ob Sie bereits eine Abbruchbedingung gesetzt haben, kann hier das Erreichen des Breakpoints bei der Programmausführung berücksichtigt werden. Welche Bedingungen zulässig sind, zeigt die folgende Abbildung:

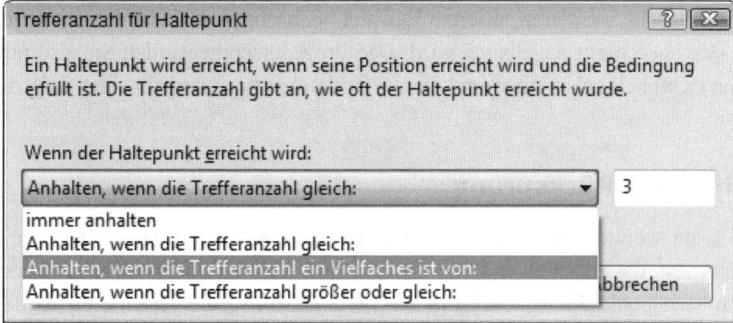

Nach obiger Einstellung und bei Beibehaltung unserer Abbruchbedingung stoppt der Debugger, wenn die Variable *c* den Wert fünf hat (zwei Durchläufe für die Abbruchbedingung und drei für die Trefferanzahl).

## Einzelschritt-Modus

In C# macht der Einzelschrittmodus nur dann einen Sinn, wenn Sie vorher einen Breakpoint gesetzt haben. Das schrittweise Abarbeiten ab der ersten Zeile ist nicht möglich, nach dem Durchlauf der *Main*-Methode geht das Programm in die gewohnte Eingabe-Warteschleife.

Haben Sie einen Breakpoint zum Beispiel in der ersten Zeile des *Form_Load*-Ereignisses gesetzt, können Sie ab hier mit F10 zeilenweise den Programmfortschritt beobachten (gelber Pfeil und gelbe Zeilenmarkierung).

```
        int a,b,c;

        a = 320;
        b = 11;
        for (c = 0; c < 15; c++)
```

Die Werte einzelner Variablen in der Ausführungsposition können Sie nun per gelber QuickInfo kontrollieren, indem Sie den Mauskursor darauf setzen und einen Moment verweilen:

```
        for (c = 0; c < 15; c++)
        {
          b = b + a + 10;
          b = b - 12(lokale Variable) int a = 320;
        }
```

Für diese wie für alle anderen Betriebsarten des Debuggers gilt, dass Sie über *Shift+F5* (bzw. das Menü *Debuggen|Debuggen beenden*) den Debug-Modus verlassen können, um in den normalen Entwurfsmodus zurückzukehren.

### Prozedurschritt

Bei dieser Variante verfahren Sie völlig analog zum Einzelschritt, nur dass Sie diesmal die *F10*-Taste benutzen. Sie werden in unserem Beispiel beobachten, dass bei den Anweisungen innerhalb der *Max*-Methode **nicht** angehalten wird. Den Prozedurschritt werden Sie also nur dann verwenden, wenn es schnell gehen muss und Sie die Fehlerursache außerhalb einer aufgerufenen Methode vermuten.

### Ausführen bis Rücksprung

Haben Sie die Möglichkeit des Einzelschritts genutzt und sind Sie in der Methode *Max* angelangt, stellen aber fest, dass der Fehler hier ganz bestimmt nicht zu finden ist, können Sie mit *Shift+F11* bzw. dem Menüpunkt *Debuggen|Ausführen bis Rücksprung* die gesamte Prozedur übergehen und direkt zum eigentlichen Methodenaufruf zurückspringen.

### Auswerten von Ausdrücken

Im Einzelschrittmodus arbeiten Sie sich bis zu einer bestimmten Quelltextzeile vor, anschließend markieren Sie den gewünschten Ausdruck und warten auf die Quick-Info:

```
        for (c = 0; c < 15; c++)
        {
          b = b + a + 10;
          b = b - 12 * a;
                        b - 12 * a = -10519
        }
```

Insbesondere für mehrfach verschachtelte Funktionsaufrufe und umfangreichere Berechnungen ist dies das Mittel der Wahl, um dem Fehler auf die Schliche zu kommen.

**HINWEIS:** Ist der Ausdruck zu umfangreich oder möchten Sie die Funktion direkt editieren, können Sie das Befehlsfenster aufrufen, um den Ausdruck auszuwerten. Dabei können Sie auf alle aktiven Variablen zugreifen und diese gegebenenfalls auch ändern.

## 14.1.6  Das Debug-Objekt

Für den Profi bietet sich mit der *Debug.WriteLine*-Anweisung eine weitere recht praktische Möglichkeit des Debuggings, die an fast jeder gewünschten Stelle des Programms untergebracht werden kann.

**HINWEIS:** Bevor Sie mit dem *Debug*-Objekt arbeiten können, müssen Sie den Namespace *System.Diagnostics* einbinden.

```
using System.Diagnostics;
...
      Debug.WriteLine("Der Wert von a: " + a.ToString());
      Debug.WriteLine("Der Wert von b: " + b.ToString());
      Debug.WriteLine("Der Quotient: " + (a/b).ToString());
      Debug.WriteLine("Das Maximum: " + max(a,b).ToString());
```

Nach der Ausführung obiger Anweisungen finden sich im Ausgabefenster die folgenden Zeilen:

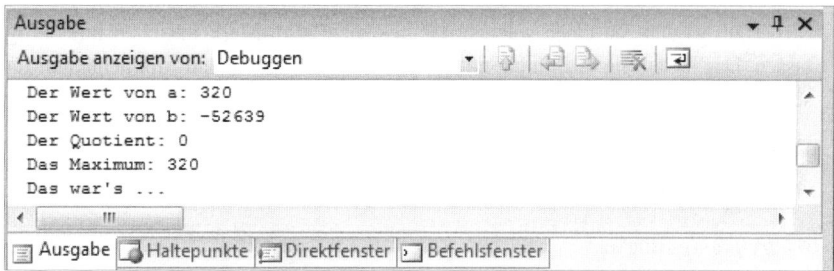

Damit dürfte sich die Funktion für das asynchrone Debuggen von Programmen oder Hintergrund-Threads hervorragend eignen.

Alternativ können Sie auch die *Write*-Methode (kein Zeilenumbruch) oder *WriteIf*- bzw. *Write-LineIf*- (Ausgabe, wenn eine anzugebende Bedingung *True* ist) nutzen.

## 14.2 Fehlerbehandlung

Neben den logischen Fehlern, die Sie mit dem Debugger aufspüren können, enthält jeder Code auch eine ganze Reihe weiterer potenzieller Fehlermöglichkeiten, auf die Sie als Programmierer gefasst sein müssen. Beispiele für solche Fehler gibt es viele:

- falsche bzw. unerwartete Anwendereingaben in einem Formular

- eine fehlerhafte Anmeldung am SQL Server

- gesperrte Dateien, fehlende Disketten etc.

- zu wenig Speicher

- die gefürchtete Division durch null und andere mathematische Unwägbarkeiten

### 14.2.1 Anweisungen zur Fehlerbehandlung

Ist Ihr Programm auf einen Fehler nicht vorbereitet, wird der bedauernswerte Anwender zum Beispiel mit folgender Meldung konfrontiert:

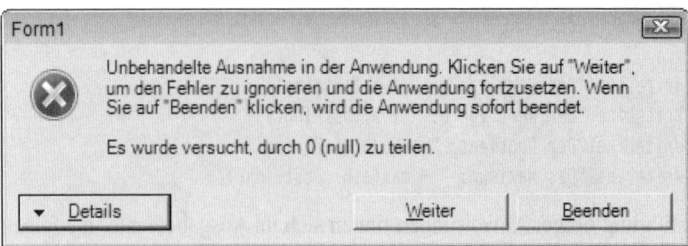

Sicherlich wollen Sie einen solchen Anblick nicht zum Markenzeichen Ihrer Programme werden lassen. Das haben Sie auch nicht nötig, denn C# bietet genügend Möglichkeiten für eine angemessene Fehlerbehandlung.

Drei Konstrukte zur Fehlerbehandlung werden unterstützt:

- *try-catch*-Blöcke

- *try-finally*-Blöcke

- das *Application.OnThreadException*-Ereignis

## 14.2.2  try-catch

Programmblöcke, die einen Fehler auslösen können, werden in so genannten *try-catch*-Blöcken "gekapselt":

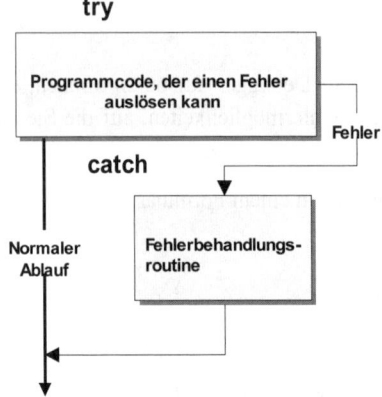

Tritt innerhalb des geschützten Blocks (d.h. zwischen *try* und *catch*) ein Fehler auf, wird die Programmausführung in diesem Block unterbrochen und hinter *catch* fortgesetzt. Sollte wider Erwarten doch kein Fehler auftreten, wird der *catch*-Block **nie** durchlaufen.

**Beispiel 14.5**   *try-catch*

```csharp
private void button1_Click(object sender, EventArgs e)
    {
        int a,b,c;
```

**Beispiel 14.5** *try-catch*

```
      a = 10;
      b = 0;
      try
      {
        c = a / b;
        this.Text = c.ToString();
      }
      catch
      {
        this.Text = "Fehler";
      }
    }
```

Tritt im *try*-*catch*-Block ein Fehler auf, werden alle Anweisungen im *catch*-Block ausgeführt, d.h., es wird hier statt des Ergebnisses der String "Fehler" in der Titelleiste des Formulars angezeigt.

## Ausnahmen über Fehlerklassen auswerten

Neben der pauschalen Anzeige einer Dialogbox können Sie auch gezielt einzelne Fehlerklassen behandeln. Verwenden Sie dazu das folgende Konstrukt.

**Beispiel 14.6** "Gezielte" Fehlerbehandlung

```
      int a,b,c;
      a = 10;
      b = 0;
      try
      {
        c = a / b;
        this.Text = c.ToString();
      }
      catch(Exception mye)
      {
        MessageBox.Show(mye.Message);
        this.Text = "Fehler";
      }
```

In diesem Fall wird der Fehler über ein *Exception*-Objekt ausgewertet, Sie können sich die systeminterne Fehlermeldung anzeigen lassen:

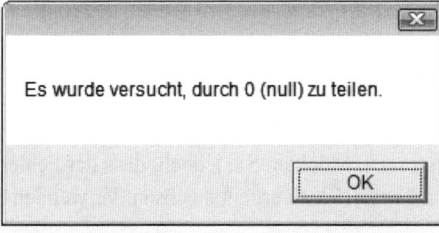

## Spezifische Fehlerklassen auswerten

Tritt ein Fehler in einem größeren Codeblock auf, ist es sicher interessant festzustellen, um welche Art von Fehler es sich handelt. Bei den bisher vorgestellten Varianten wurde Ihnen zwar der Fehlertext übergeben, dessen Auswertung dürfte jedoch viel zu aufwändig sein. Besser ist die Verwendung von spezifischen Fehlerklassen, mit denen Sie Fehler in bestimmte Kategorien einordnen und getrennt behandeln können.

**Beispiel 14.7** | **Spezifische Fehlerklasse verwenden**

```csharp
int a,b,c;
a = 10;
b = 0;
try
{
  c = a / b;
  this.Text = c.ToString();
}
```

Spezielle Fehlerklasse:

```csharp
catch(DivideByZeroException mye)
{
   MessageBox.Show("Mal wieder eine Division durch null!");
}
```

Zur Sicherheit auch noch eine allgemeine Fehlerbehandlung:

```csharp
catch(Exception mye)
{
   MessageBox.Show(mye.Message);
   this.Text = "Fehler";
}
```

Ein paar Probleme dieser Art von Fehlerbehandlung werden Sie sicher auch schon erkannt haben:

- Woher soll man die verschiedenen Fehlerklassen kennen?
- Welche Fehlerklasse tritt bei welcher Ausnahme auf?

Für die erste Frage dürfte es zumindest eine Antwort geben, wenn Sie unter dem Menüpunkt *Debuggen|Ausnahmen* nachsehen.

Ein weiterer Aspekt ist der doch recht hohe Code-Aufwand, wenn mehrere Fehlerarten ausgewertet werden sollen.

## Fehler erneut auslösen

Bei den beiden oben genannten Varianten der Fehlerbehandlung wird die Programmausführung normal fortgesetzt. Möchten Sie jedoch, dass der Fehler zu einem Programmabbruch führt, können Sie diesen im *catch*-Block erneut auslösen. Verwenden Sie dazu die *throw*-Anweisung.

**Beispiel 14.8**   **Fehler erneut auslösen**

```csharp
int a,b,c;
a = 10;
b = 0;

try
{
  c = a / b;
  this.Text = c.ToString();
}
catch(DivideByZeroException mye)
{
  MessageBox.Show("Mal wieder eine Division durch null!");
  throw mye;
}
```

Mal wieder eine Division durch null!

OK

Ihre eigene Fehlermeldung wird nun zwar angezeigt, nach dem Aufruf von *throw* verhält sich das Programm jedoch so, als ob keinerlei Fehlerbehandlung vorhanden ist, es sei denn, Sie haben eine übergeordnete Fehlerbehandlung realisiert.

**Beispiel 14.9**   **Weiterreichen eines Fehlers an eine übergeordnete Fehlerbehandlung**

```csharp
private void Test()
{
  int a,b,c;
  a = 10;
  b = 0;
  try {
    c = a / b;
    this.Text = c.ToString();
  }
  catch(DivideByZeroException mye)
  {
    MessageBox.Show("Mal wieder eine Division durch null!");
    throw mye;
  }
  MessageBox.Show("Alles OK in Test!");
}
```

**Beispiel 14.9**    **Weiterreichen eines Fehlers an eine übergeordnete Fehlerbehandlung**

```
private void button5_Click(object sender, EventArgs e)
{
  try
  {
    Test();
  }
  catch
  {
    MessageBox.Show("Fehler in Test!");
  }
  MessageBox.Show("Alle Ok im Hauptprogramm!");
}
```

Was läuft hier ab? Zunächst wird durch den Button-Klick die Prozedur Test in einem *try-catch*-Block gestartet. In der Prozedur Test tritt beim Ausführen der Division ein Overflow auf, der zwar kurzzeitig abgefangen wird, aber durch die *throw*-Anweisung erneut ausgelöst wird.

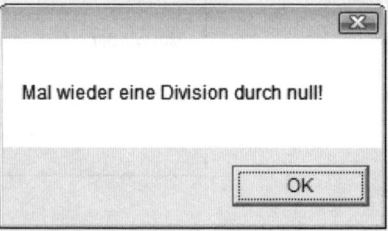

Die Anweisung *MessageBox.Show("Alles OK in Test!")* wird nie ausgeführt, da der erneut auftretende Fehler direkt in die übergeordnete Fehlerbehandlung, d.h. bei *Button_Click*, verzweigt. Hier wird der Fehler endgültig abgearbeitet:

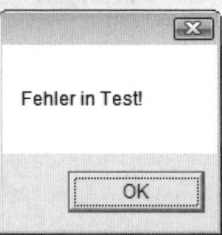

Die Programmausführung wird anschließend normal fortgesetzt:

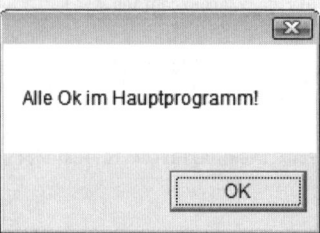

### 14.2.3 try-finally

Ein weiteres Konstrukt zur Fehlerbehandlung ist dann von Interesse, wenn das "Kind schon in den Brunnen gefallen ist". Nach dem Motto "Retten, was zu retten ist" geht es darum, Systemressourcen etc. auch im Fehlerfall sicher wieder freizugeben. Die Rede ist von den *try-finally-*Blöcken.

Sollte ein Fehler den gewohnten Ablauf stören, wird die Programmausführung im geschützten Block unterbrochen und **nach** *finally* in jedem Fall fortgesetzt.

---

**HINWEIS:** Dieser Teil wird auch beim "normalen" Programmablauf ausgeführt.

---

Diese Art der Fehlerbehandlung sollten Sie für das Reservieren/Freigeben von Ressourcen verwenden (Speicher, Objekte und dergleichen).

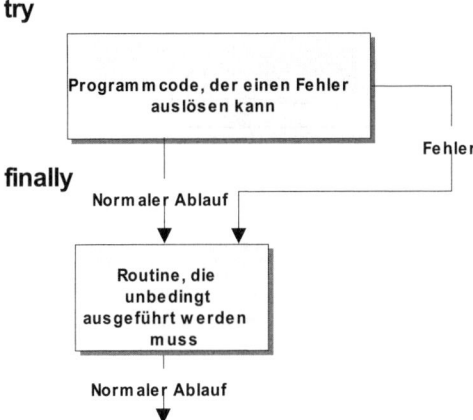

**Beispiel 14.10** **try-finally beim Versuch, zwei Access-Datenbanken zu öffnen**

```csharp
using System.Data.OleDb;
...
private void button6_Click(object sender, EventArgs e)
{
  OleDbConnection conn1 = new
    OleDbConnection("Provider=Microsoft.Jet.OLEDB.4.0; Data Source=1.mdb;");
  OleDbConnection conn2 = new
    OleDbConnection("Provider=Microsoft.Jet.OLEDB.4.0; Data Source=2.mdb;");
  try
  {
    conn1.Open();
    conn2.Open();
  }
  finally
  {
```

**Beispiel 14.10**   **try-finally beim Versuch, zwei Access-Datenbanken zu öffnen**

```
    MessageBox.Show("Dateien schließen!");
    conn1.Close();
    conn2.Close();
  }
  MessageBox.Show("Alle Ok!");
}
```

Der Versuch, eine der beiden Connections zu öffnen, wird fehlschlagen, da die Datei nicht vorhanden ist.

Nachfolgend werden folgende Dialogboxen angezeigt[1]:

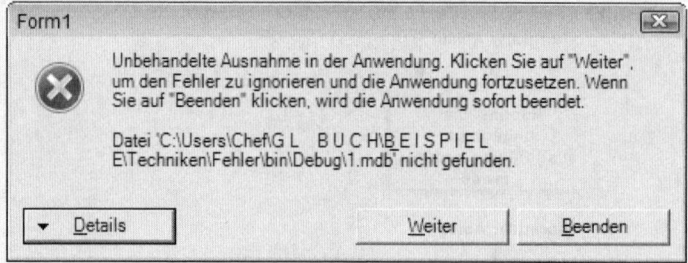

Ob es zu einem Programmabbruch kommt, hängt von der Reaktion des Nutzers in der zweiten Dialogbox ab.

---

**HINWEIS:**  Sie können diese Art von Fehlerbehandlung auch mit der *try-catch*-Fehlerbehandlung verbinden, um die Fehlerdialogbox zu vermeiden.

---

[1] In der Visual Studio-IDE erscheinen die Dialoge in einer anderen Reihenfolge, für uns ist jedoch das reine Laufzeit-verhalten von Interesse.

Beispiel 14.11  *try-catch-finally* (siehe Vorgängerbeispiel)

```
OleDbConnection conn1 = new
    OleDbConnection("Provider=Microsoft.Jet.OLEDB.4.0; Data Source=1.mdb;");
OleDbConnection conn2 = new
    OleDbConnection("Provider=Microsoft.Jet.OLEDB.4.0; Data Source=2.mdb;");
try
  {
    conn1.Open();
    conn2.Open();
  }
catch
  {
    MessageBox.Show("Leider konnten die Dateien nicht gefunden werden!");
  }
finally
  {
    MessageBox.Show("Dateien schließen!");
    conn1.Close();
    conn2.Close();
  }
MessageBox.Show("Alle Ok!");
```

Die Reihenfolge der Dialogboxen:

Leider konnten die Dateien nicht gefunden werden!

Dateien schließen!

Alle Ok!

Wie Sie sehen, wird die Programmausführung anschließend normal fortgesetzt.

## 14.2.4  Das Standardverhalten bei Ausnahmen festlegen

Ganz kurz hatten wir ihn schon angesprochen, den Menüpunkt *Debuggen|Ausnahmen ...*, hinter dem sich u.a. folgende Dialogbox versteckt:

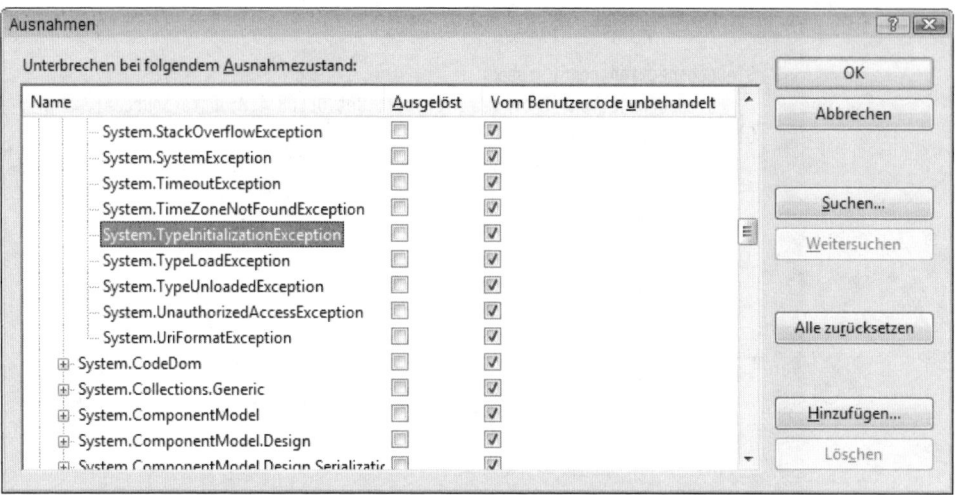

Neben der reinen Darstellung einer hierarchisch gegliederten Liste der möglichen Ausnahmen bietet die Dialogbox auch die Möglichkeit, das Verhalten des Debuggers bei Ausnahmen anzupassen. Zwei Optionen sind zu unterscheiden:

- das Verhalten, wenn eine Ausnahme ausgelöst wird (also noch vor der eigentlichen Fehlerbehandlung)

- das Verhalten, wenn eine Ausnahme nicht durch das Programm behandelt wird (z.B. *try-catch*)

---

**HINWEIS:** Alle hier vorgenommenen Einstellungen gelten nur für den Entwurf. Die Release-Version wird davon nicht beeinflusst.

---

## 14.2.5 Die Exception-Klasse

Was genau ist eigentlich eine Exception? In .NET ist die Antwort schnell gefunden, wie immer handelt es sich um eine Klasse bzw. ein Objekt, das über seine Eigenschaften Informationen zur gerade aufgetretenen Ausnahme bzw. zum Fehler zur Verfügung stellt:

| Eigenschaft | Beschreibung |
|---|---|
| *HelpLink* | … Verweis (z.B. URL, Link) auf eine ausführliche Beschreibung des Fehlers (z.B. Hilfedatei) |
| *HResult* | … eine eindeutige Fehlernummer |
| *InnerException* | … ein Verweis auf die ursprüngliche Exception |
| *Message* | … ein beschreibender Text |
| *Source* | … Anwendung bzw. Objekt, in dem der Fehler aufgetreten ist |
| *StackTrace* | … liefert Informationen vom Aufruf-Stack |
| *TargetSite* | … ein Verweis auf die Methode, die die Ausnahme verursacht hat |

Wie Sie eine Ausnahme auslösen bzw. wie Sie neue Ausnahmen erzeugen, zeigen Ihnen die folgenden Abschnitte. Ausgangspunkt für eigene *Exceptions* ist in jedem Fall die *Exception*-Klasse mit den o.g. Eigenschaften.

## 14.2.6 Fehler/Ausnahmen auslösen

Neben den vom System bzw. vom Framework ausgelösten *Exceptions* können Sie auch selbst Ausnahmen auslösen. Die dafür notwendige Anweisung *throw* hatten Sie bereits in einem der vorhergehenden Abschnitte kennen gelernt. Ziel in den vorhergehenden Abschnitten war das erneute Auslösen einer *Exception*, nachdem eine Fehlerbehandlung eingesetzt hatte. Der Fehler führte in diesem Fall entweder zur erneuten Fehlerbehandlung in einem übergeordneten *try-catch*-Konstrukt oder zu den schon bekannten Fehlerdialogboxen.

Der Anweisung selbst wird als Parameter ein initialisiertes *Exception*-Objekt übergeben. Den Typ bestimmen Sie anhand der Ausnahme.

**Beispiel 14.12** **Eine Prozedur *Test* erwartet zwei Argumente *a* und *b*, die einen festgelegten Wertebereich haben. Wird dieser überschritten, löst die Prozedur eine Exception aus.**

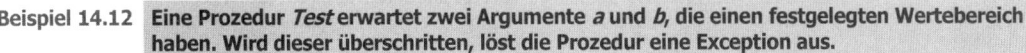

```csharp
private void test(int a, int b)
{
  if ((a>80000)|(b>100000))
      throw new System.Exception("Wertebereich nicht eingehalten");
}
```

Wird die Prozedur mit ungültigen Parametern gestartet, erhalten Sie folgende Meldung:

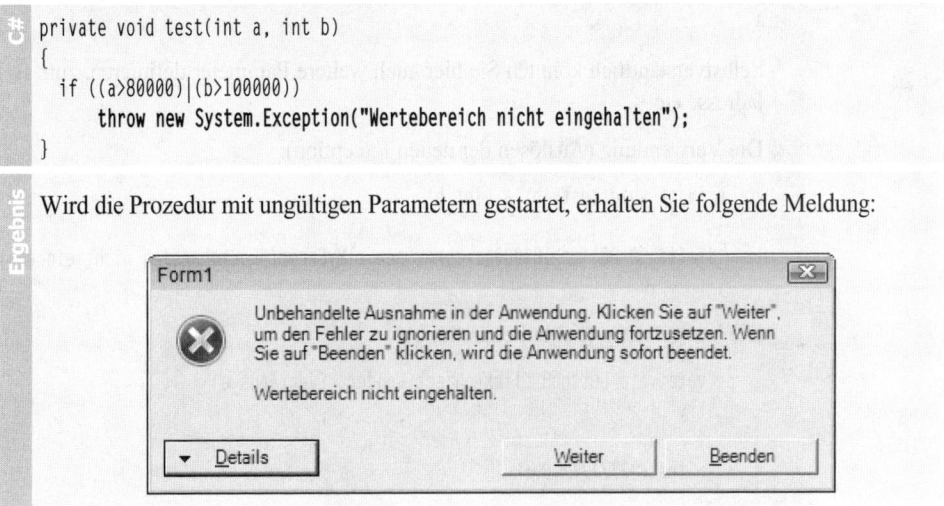

## 14.2.7 Eigene Fehlerklassen

So schön auch die bisherigen Varianten sind, in einigen Fällen möchte man doch eigene Fehlerklassen erzeugen, sei es, dass spezielle Parameter übergeben werden oder das Verhalten geändert werden soll. Auch die Auswertung der Fehler kann wesentlich differenzierter erfolgen. Last, but not least sind eigene Fehlerklassen im Zusammenhang mit der Komponentenentwicklung interessant.

Ein vielleicht etwas abweges, dafür aber leicht verständliches Beispiel soll Ihnen die Vorgehensweise vermitteln.

**Beispiel 14.13** **Es soll eine neue Fehlerklasse entwickelt werden, die in der Lage ist, eine E-Mail über den aktu-ellen E-Mail-Client zu versenden bzw. dort zunächst anzuzeigen.**

Die Klasse (wir leiten von der *Exception*-Klasse ab):

```csharp
public class clMyError : Exception
 {
```

Der Konstruktor :

```csharp
    public clMyError(string message) : base(message)
    {
      // Konstruktor unter Angabe einer Nachricht
    }
```

Eine zusätzliche Methode zum Versenden der E-Mail:

```csharp
    public void SendMailMessage()
    {
      System.Diagnostics.Process.Start("mailto:support@nirgendwo.de?subject" +
                                       "=Fehler&Body=" + this.Message);
    }
}
```

Selbstverständlich könnten Sie hier auch weitere Parameter definieren, zum Beispiel eine Zie-ladresse etc.

Die Verwendung (Auslösen der neuen Exception):

```csharp
    private void test(int a, int b)
    {
     if ((a>80000)|(b>100000)) throw new clMyError("Wertebereich nicht eingehalten");
    }
```

Die Verwendung (Fehlerbehandlung):

```csharp
    private void button8_Click(object sender, EventArgs e)     {
      try
      {
        test(77777777,8);
      }
      catch  (clMyError mye)
      {
        mye.SendMailMessage();
      }
    }
```

Nach dem Aufruf der Methode *SendMailMessage* öffnet sich der aktuelle E-Mail-Client, die Meldungstexte und die Adresse sind bereits eingetragen.

**Beispiel 14.13** **Es soll eine neue Fehlerklasse entwickelt werden, die in der Lage ist, eine E-Mail über den aktuellen E-Mail-Client zu versenden bzw. dort zunächst anzuzeigen.**

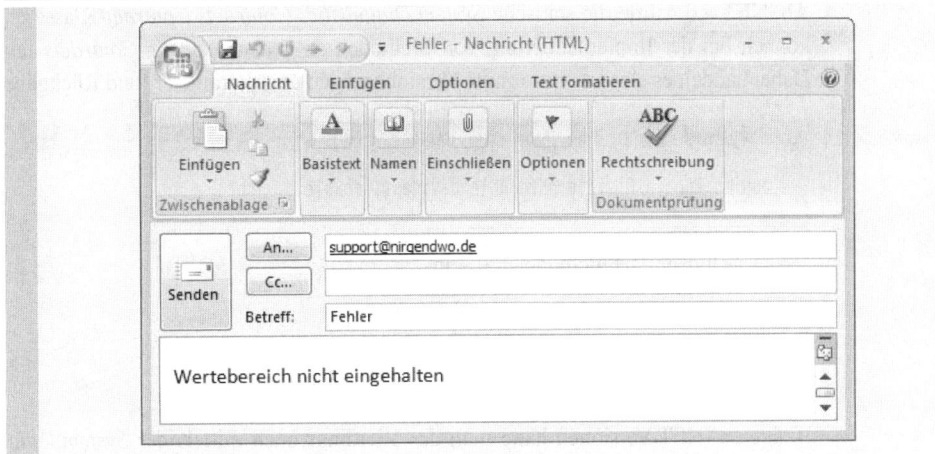

## 14.2.8   Exceptionhandling zur Entwurfszeit

Auch während der Programmentwicklung erhalten Sie durch Visual Studio eine komfortable Unterstützung bei der Fehlersuche. Der Exception-Dialog ist nicht modal, d.h., Sie können mit Ihrer Arbeit am Quellcode fortfahren, ohne den Dialog vorher schließen zu müssen. Falls der Dialog stört, verschieben Sie ihn einfach in eine beliebige Ecke des Codefensters (während des Verschiebens erscheint der Dialog transparent).

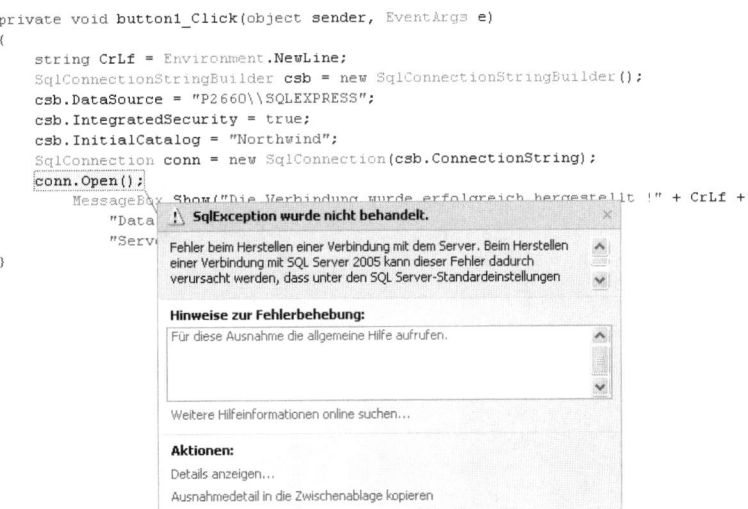

```
private void button1_Click(object sender, EventArgs e)
{
    string CrLf = Environment.NewLine;
    SqlConnectionStringBuilder csb = new SqlConnectionStringBuilder();
    csb.DataSource = "P2660\\SQLEXPRESS";
    csb.IntegratedSecurity = true;
    csb.InitialCatalog = "Northwind";
    SqlConnection conn = new SqlConnection(csb.ConnectionString);
    conn.Open();
}
```

Klicken Sie auf "Details anzeigen ...", um weitere Informationen zu erhalten. Außer einer Fehlerbeschreibung gibt Ihnen die Dialogbox auch Hinweise zur Fehlerbehebung mit diversen Links.

## 14.2.9   Code Contracts

Ab .NET 4.0 wurde die statische *System.Diagnostics.Contracts.Contract*-Klasse eingeführt. Damit können bei der Implementierung von Methoden so genannte *Code Contracts* festgelegt werden. Dabei handelt es sich um bestimmte Vereinbarungen über Parameter- und Rückgabewerte.

**Beispiel 14.14**   **Eine Methode zur Division von zwei Gleitkommazahlen**

```csharp
public double Dividieren(double divident, double divisor)
{
```

Der Divisor darf nicht gleich 0 sein:

```csharp
    Contract.Assume(divisor != 0);
    return divident / divisor;
}
```

In älteren .NET-Versionen hätte man das allerdings auch mittels der *System.Diagnostics.Debug.- Assert()*-Methode realisieren können. Neu ist, dass man das jetzt auch schon beim Kompilieren erkennen kann.

---

**HINWEIS:**  Durch den Einsatz von Code Contracts kann man die Programmqualität spürbar verbessern, da einige Fehler nicht erst beim Testen auffallen.

---

# Kapitel 15

# Unit-Tests

Tests spielten bei der Anwendungsentwicklung schon immer eine große Rolle, sie sichern nicht nur die generelle Funktionsfähigkeit ab, sondern sie steigern auch die Qualität und die Zuverlässigkeit eines Softwareprodukts in erheblichem Maße. In größeren Projekten verschlingt das Testen mittlerweile fast die Hälfte der Kosten des kompletten Softwareentwicklungsprozesses!

---

**HINWEIS:** Die Praxis hat gezeigt, dass so genannte Unit Tests das beste Kosten-Nutzen-Verhältnis im Vergleich zu anderen Testmethoden aufweisen. Der höhere anfängliche Aufwand für das Erstellen der Tests wird durch geringere Folgekosten bei der späteren Fehlersuche und Fehlerbeseitigung wett gemacht.

---

In Visual Studio ist deshalb eine Testumgebung für Unit-Testing integriert. Die darin enthaltenen Werkzeuge ermöglichen es Ihnen, Ihre Anwendungen nach den Prinzipien der *Testgetriebenen Entwicklung* schrittweise und systematisch zusammenzubauen und zu testen. Das vorliegende Kapitel soll Ihnen dazu eine kurze, praxisorientierte Einführung geben.

Sie werden überrascht sein, wie einfach das Arbeiten mit Unit-Test ist. Haben Sie das Prinzip erst einmal verstanden, werden Sie nicht mehr auf dieses Werkzeug verzichten wollen.

## 15.1  Testgetriebene Entwicklung (TDD)

Um die Philosophie des Test Driven Development (TDD) zu verstehen, wollen wir zunächst einen Blick auf die klassische Vorgehensweise werfen, wie sie jeder von uns, mehr oder weniger unbewusst, aus eigenem Erleben kennt.

### 15.1.1  Konventionelle Vorgehensweise

Konventionelle Entwicklertests sind vor allem durch folgende Merkmale gekennzeichnet:

- Handeingaben in die Benutzerschnittstelle (GUI)
- Schrittweise Programmabarbeitung (Debuggen)
- Überall im Programm ist Testcode verstreut

Debugging und Standardausgaben führen gerade bei komplexeren Konstrukten wie zum Beispiel bei Schleifen häufig zu unübersichtlichem Code. Hat eine Schleife viele Durchläufe, so sind die Ausgaben kaum noch überschaubar.

Außerdem haben vielleicht auch Sie schon die folgende negative Erfahrung gemacht:

**HINWEIS:** Insbesondere bei Programmen mit mehreren Threads ist Debugging sehr umständlich und fehleranfällig.

## 15.1.2   Testgetriebene Entwicklung mit Unit-Tests

Die Philosophie des Test Driven Development (TDD) versucht, den Nachteilen der konventionellen Tests entgegenzuwirken. Dabei ist zu unterscheiden zwischen dem TDD im Kleinen (Unit-Tests) und TDD im Großen (Systemtests).

Unit-Tests sind der effektivste Weg um möglichst viele Fehler im Code aufzudecken. Sie bieten eine Alternative gegenüber Debugging und Standardausgaben,

Unit-Tests und die mit ihnen getesteten kleinen Code-Einheiten (Units) werden in der Regel parallel entwickelt. Die eigentliche Programmierung erfolgt in kleinen Schritten, die aus den folgenden drei Aktivitäten bestehen, die wir hier nur grob skizzieren wollen:

- Es sind Tests für das erwünschte fehlerfreie Verhalten Ihres Programms zu schreiben. Ihr Programmcode wird diese Tests erst einmal nicht erfüllen oder der Code ist überhaupt noch nicht vorhanden.

- Sie ergänzen bzw. ändern den Programmcode solange, bis alle Tests bestanden werden.

- Sie räumen Ihren Code auf (Refactoring), d.h., Sie entfernen Wiederholungen, optimieren die Datentypen, benennen die Bezeichner entsprechend der verbindlichen Codekonventionen usw. Abschließend wird natürlich wieder getestet. Ziel des Refactoring ist es, den Code transparent und leicht erweiterbar und wartbar zu machen.

Dieser Zyklus wird so lange wiederholt, bis alle Tests bestanden werden und Ihnen keine sinnvollen neuen Tests mehr einfallen.

Eine konsequente Einhaltung dieser Teststrategie entspricht einem evolutionären Entwurf, bei welchem die Weiterentwicklung eines Systems durch ständige Änderungen erreicht wird.

## 15.1.3   Unit-Tests unter Visual Studio

Unit-Tests können Sie in jedes Projekt integrieren. Um die Anwendungen, die Sie an Ihre Kunden ausliefern, nicht mit Testcode zu überfrachten, werden Unit-Tests grundsätzlich in einem separaten Testprojekt implementiert, welches in die Projektmappe integriert wird.

Die IDE macht es Ihnen einfach, einen Testrahmen für ein Projekt anzulegen. Per Klick mit der rechten Maustaste in das Codefenster wählen Sie den Befehl zum Anlegen eines Komponententests aus. Visual Studio fügt daraufhin automatisch ein neues Testprojekt hinzu, in welchem Sie für jede der zuvor in einem Dialogfeld ausgewählten Methoden entsprechende Testmethoden vorfinden. Sind alle Tests vorbereitet, starten Sie das Testprojekt und lassen sich die Testergebnisse in einem eigenen Fenster anzeigen.

# 15.2 Einfache Tests

Vorerst genug der Theorie! Anstatt weiterer allgemeiner Ausführungen wollen wir die Anwendung von Unit-Tests zunächst anhand eines konkreten Beispiels demonstrieren.

## 15.2.1 Test einer Klasse am Beispiel

Lasst uns eine zur Berechnung des Kugelvolumens entwickelte Klasse *CKugel* auf Herz und Nieren testen.

### Die zu testende Klasse CKugel

Unsere Klasse *CKugel* exportiert die Methoden *Durchmesser_Volumen* und *Volumen_Durchmesser*:

```
public static class CKugel
    {
        private static double Pi = Math.PI;
```

Die Methode *Durchmesser_Volumen* liefert das Volumen einer Kugel (als *Double*-Zahl) und nimmt den Durchmesser (ebenfalls als *Double*-Zahl) als Parameter entgegen:

```
public static double Durchmesser_Volumen(double dur)
        {
            double vol = Math.Pow(dur, 3) * Pi / 6.0;
            return vol;
        }
```

Die Methode *Volumen_Durchmesser* macht es genau umgekehrt, sie berechnet den Kugeldurchmesser bei gegebenem Volumen:

```
public static double Volumen_Durchmesser(double vol)
        {
            double dur = Math.Pow(6 / Pi * vol, 1 / 3.0);
            return dur;
        }
    }
```

Die Klasse *CKugel* ist Teil eines Projekts, welches noch um ein Eingabeformular ergänzt wird (vollständiger Code siehe Beispieldaten):

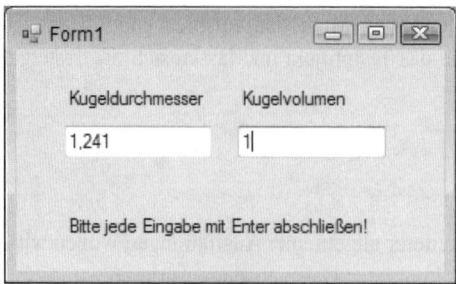

## Testprojekt erstellen

Ein *Testprojekt* ist ein Container für einen oder mehrere Tests.

Klicken Sie mit der rechten Maustaste auf den Code der zu testenden Klasse (im obigen Beispiel *CKugel*) und wählen Sie im Kontextmenü die Option *Komponententests erstellen...*[1]:

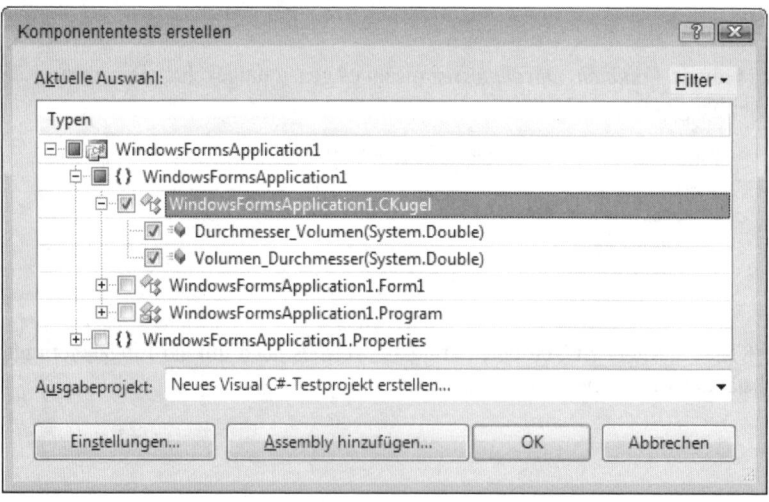

Im Dialogfenster *Komponententests erstellen* werden alle Methoden der Klasse aufgelistet. Markieren Sie hier die Methoden *Durchmesser_Volumen* und *Volumen_Durchmesser* und kicken Sie auf "OK".

![Dialogfenster Komponententests erstellen]

---

[1] Unter Visual Studio bezeichnet man einen Unit-Test auch als Komponententest.

Falls vorher noch kein Testprojekt angelegt wurde, erscheint ein Dialogfenster, in welches Sie den Namen des neuen Testprojekts eingeben sollen. In unserem Beispiel belassen wir es bei dem standardmäßig vorgegebenen Namen *TestProject1*.

Nach Klick auf die Schaltfläche "Erstellen" erscheint kurzzeitig ein Meldungsfenster, welches Sie per Fortschrittsanzeige darauf hinweist, dass ein neues Testprojekt angelegt wird und dass die erforderlichen Testmethoden generiert werden. Unser automatisch generiertes Testprojekt ist jetzt ebenfalls im Projektmappen-Explorer zu sehen.

Wie Sie erkennen, benötigt unser Testprojekt einen Verweis auf das zu testende Projekt (*WindowsFormsApplication1*), ansonsten könnte es ja nicht auf die Kasse *CKugel* zugreifen.

Anschließend finden wir uns im Quellcode der automatisch generierten Klasse *CKugelTest* wieder.

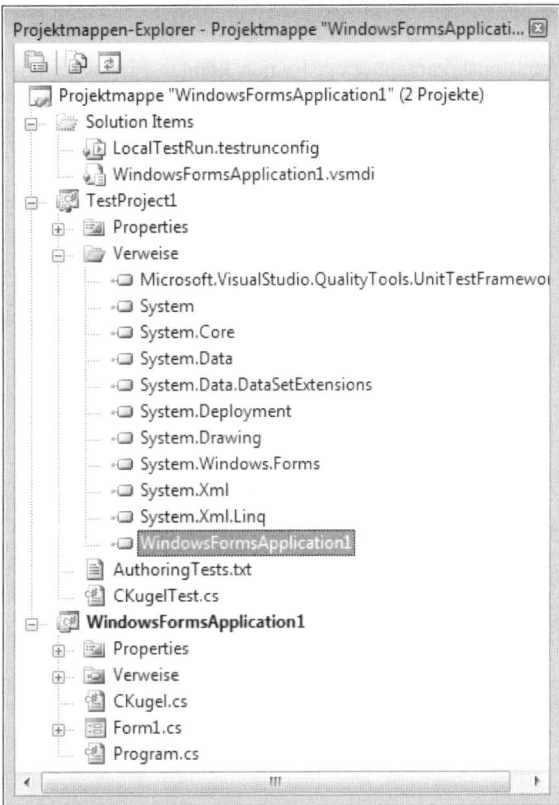

## Die Testklasse CKugelTest

Die Testklasse *CKugelTest* enthält vorbereiteten Code für den Test der Klasse *CKugel*.

```
using WindowsFormsApplication1;
using Microsoft.VisualStudio.TestTools.UnitTesting;
namespace TestProject1
{
```

Eine Testklasse wird mit dem Attribut *[TestClass()]* markiert.

```
[TestClass()]
public class CKugelTest
{

    private TestContext testContextInstance;
```

Die folgende Eigenschaft *TestContext* liest oder schreibt den Testkontext, der Informationen über die Funktionalität für den aktuellen Testlauf liefert:

```
public TestContext TestContext
{

    get
    { return testContextInstance; }
    set {testContextInstance = value;}
}
```

In der nun folgenden, vorerst auskommentierten, Region können Sie später unter Verwendung zusätzlicher Attribute spezielle Testaufgaben implementieren:

```
#region Zusätzliche Testattribute
  ...
```

Mehr zu den zusätzlichen Testattributen in einem späteren Abschnitt.

```
#endregion
```

Der nun folgende Code verdient unsere besondere Aufmerksamkeit, denn er enthält die von Visual Studio automatisch generierten Testmethoden.

Der Test für die Methode *Durchmesser_Volumen*:

```
[TestMethod()]
public void Durchmesser_VolumenTest()
{
    double dur = 0F;          // TODO: Passenden Wert initialisieren
    double expected = 0F;     // TODO: Passenden Wert initialisieren
    double actual;
    actual = CKugel.Durchmesser_Volumen(dur);
    Assert.AreEqual(expected, actual);
    Assert.Inconclusive("Überprüfen Sie die Richtigkeit dieser Testmethode.");
}
```

Der Test für die Methode *Volumen_Durchmesser*:

```
[TestMethod()]
public void Volumen_DurchmesserTest()
{
    double vol = 0F;          // TODO: Passenden Wert initialisieren
    double expected = 0F;     // TODO: Passenden Wert initialisieren
    double actual;
    actual = CKugel.Volumen_Durchmesser(vol);
    Assert.AreEqual(expected, actual);
    Assert.Inconclusive("Überprüfen Sie die Richtigkeit dieser Testmethode.");
```

```
        }
    }
}
```

---

**HINWEIS:** Beide obigen Testmethoden sind für die Durchführung von sinnvollen Tests noch
nicht bereit, worauf auch die TODO-Kommentare hinweisen.

---

## Testwerte initialisieren

In den Unit-Tests geht es vor allem darum, Behauptungen (Asserts) auf ihre Richtigkeit zu überprüfen. Die im obigen Code mit TODO-Kommentaren markierten Zuweisungen für die Variablen
*vol* und *expected* sind deshalb von Ihnen so zu initialisieren, dass daraus eine sinnvoll überprüfbare
Behauptung entsteht.

So behaupten wir beispielsweise, dass eine Kugel mit dem Durchmesser von einem Meter ein
Volumen von 0,524 Kubikmetern haben muss und nehmen die im Folgenden fett markierten Änderungen im Code vor:

```
[TestMethod()]
public void Durchmesser_VolumenTest()
{
    double dur = 1;         // TODO: Passenden Wert initialisieren
    double expected = 0.524; // TODO: Passenden Wert initialisieren

    ...
}


[TestMethod()]
public void Volumen_DurchmesserTest()
{
    double vol = 0.524; // TODO: Passenden Wert initialisieren
    double expected = 1; // TODO: Passenden Wert initialisieren

    ...
}
```

## Tests ausführen

Klappen Sie das Menü *Test* auf. Wie Sie sehen, bietet es eine ganze Menge Optionen, die sich zum
großen Teil selbst erklären bzw. in der Textdatei *AuthoringTests.txt* beschrieben werden. Klicken
Sie auf *Ausführen|Alle Tests in der Projektmappe*.

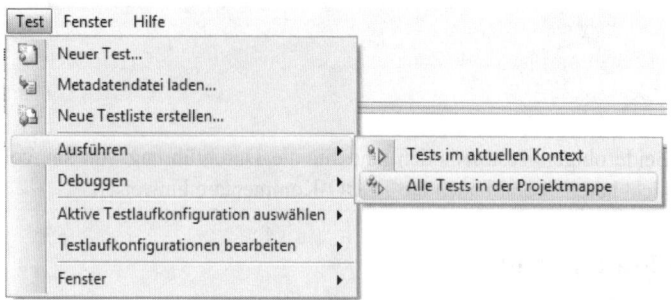

Nach kurzer Wartezeit erscheint das Fenster Testergebnisse (falls nicht, holen Sie es über das Menü *Test/Fenster/Testergebnisse* herbei).

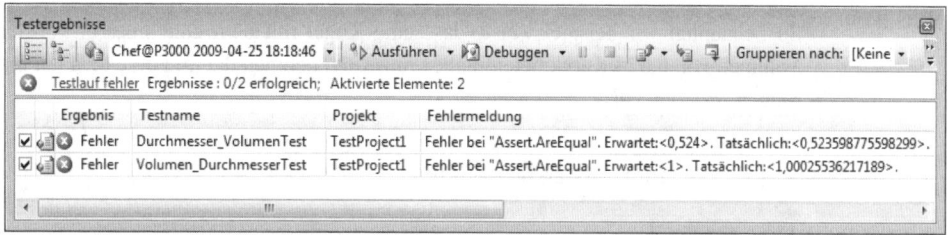

Nanu, wieso sind beide Tests fehlgeschlagen? Wir haben die Testwerte doch vorher mit dem Taschenrechner berechnet!

## Tests auswerten

Die Fehlermeldungen im Fenster "Testergebnisse" weisen uns auf die Ursachen fehlgeschlagener Tests hin: Wir haben als erwartetes Ergebnis der Variablen *expected* gerundete Werte zugewiesen. Da beide zu testende Methoden aber doppeltgenaue Werte liefern, ergibt der Aufruf von *Assert.-AreEqual* keine exakte Übereinstimmung der erwarteten (*expected*) mit den tatsächlichen (*actual*) Werten.

Zum Glück gibt es eine Überladung der *AreEqual*-Methode, die die zusätzliche Übergabe einer zulässigen Abweichung ermöglicht. Korrigieren Sie deshalb beide Methodenaufrufe wie folgt:

```
Assert.AreEqual(expected, actual, 0.001);
```

Ein wiederholter Testlauf zeigt diesmal zwar keine Fehler, weist aber als Ergebnis "Nicht eindeutig" aus.

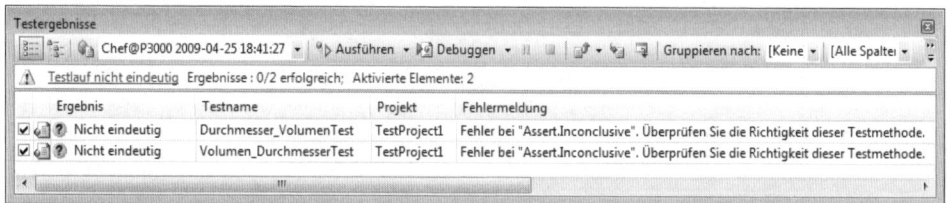

Erst nachdem wir in beiden Testmethoden den hier überflüssigen Aufruf von *Assert.Inconclusive* auskommentiert haben, werden beide Funktionen mit dem Prädikat "Erfolgreich" getestet.

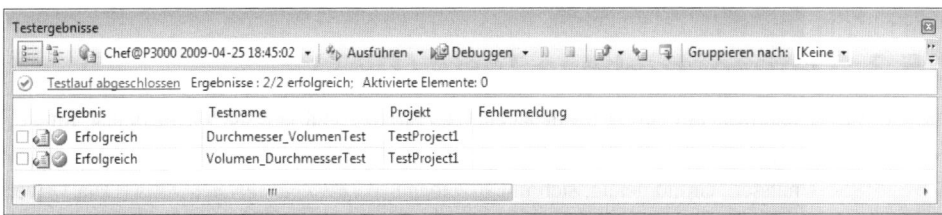

## 15.2.2 Eigene Testmethoden hinzufügen

Das Unit-Testing ist nicht nur auf Einzeltests der Methoden des zu testenden Projekts beschränkt, wie sie in der vom Assistenten standardmäßig erzeugten Testklasse automatisch vorbereitet werden. Innerhalb der Testklasse können Sie per Hand beliebige eigene Testmethoden hinzufügen und frei programmieren.

**Beispiel 15.1**

**Wir ergänzen unsere Testklasse *CKugelTest* um eine weitere Testmethode *spezialTest1*:**

```
[TestMethod()]
public void spezialTest1()
{
    double dur1 = 1.0;
    double vol = CKugel.Durchmesser_Volumen(dur1);
    double dur2 = CKugel.Volumen_Durchmesser(vol);
    Assert.AreEqual(dur1,dur2);
}
```

Hier werden beide Methoden der Klasse *CKugel* im Zusammenspiel getestet. Wir geben lediglich einen Wert für den Kugeldurchmesser vor (1.0). Zuerst wird mit der Methode *Durchmesser_Volumen* das Volumen berechnet. Das Ergebnis dient dazu, um anschließend mit der Methode *Volumen_Durchmesser* den Durchmesser zu berechnen. Logischerweise muss das Ergebnis wieder exakt 1.0 sein. Auf die Angabe eines Rundungsparameters für die *AreEqual*-Methode können wir deshalb verzichten.

Für unser Beispiel dürfte dieser Test erfolgreich verlaufen:

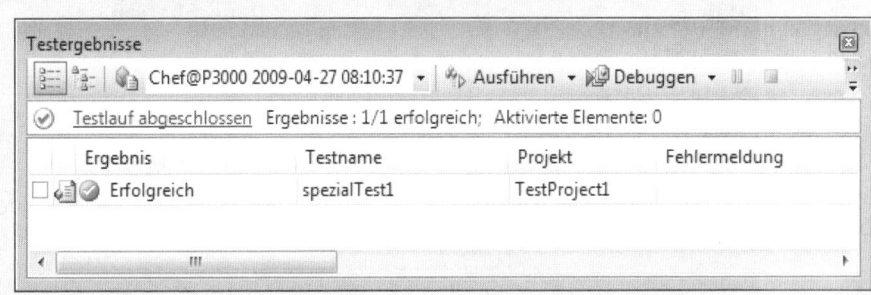

> **HINWEIS:** Es sei darauf verwiesen, dass der Test *spezialTest1* allein nicht ausreicht, um die Richtigkeit der Methoden der Klasse *CKugel* zu beweisen.

# 15.3   Datengetriebene Tests (DDT)

Für Tests mit vielen Testdaten sind die bisher beschriebenen Testmethoden offensichtlich ungeeignet, denn wir wollen ja nicht für jede einzelne Behauptung (Assert) eine neue Testmethode anlegen müssen. Grund genug, sich mit so genannten *Datengetriebenen Tests* (Data Driven Testing, DDT) auseinanderzusetzen, wie sie von Unit-Tests in Visual Studio ebenfalls hervorragend unterstützt werden.

## 15.3.1   Das DDT-Prinzip

Das Prinzip datengetriebener Tests besteht kurz gesagt darin, einen Testfall mehrfach mit dem selben Ablauf, aber unterschiedlichen Eingabe- und Vergleichswerten durchzuführen.

Unter Visual Studio werden die Testdaten (Übergabeargumente an die zu testenden Methoden und die erwarteten Ergebnisse) entweder in einer Datenbank (Zugriff über ADO.NET) oder in einer XML-Datei gespeichert.

Die Verbindung zur Datenquelle wird über Attribute gesteuert, das geht auch per Hand, bequemer ist allerdings der Einsatz des Assistenten.

Das folgende Beispiel demonstriert einen typischen Einsatzfall für datengetriebene Tests.

## 15.3.2   DDT am Beispiel

Es soll eine Berechnungsmethode für Reisespesen überprüft werden. Die verschiedenen Testdaten (Beginn- und Endedatum der Reise, Höhe der Spesen) werden vorher in einer XML-Datei abgelegt.

### Spesentabelle

Grundlage sei folgende Tabelle zur Berechnung der Verpflegungspauschale[1]:

| Dauer | Pauschbetrag |
|---|---|
| >= 24 Std. | 24 € |
| >= 14 ... <24 Std. | 12 € |
| >= 8 ... <14 | 6 € |

Für jeden einzelnen Tag wird der Pauschbetrag gemäß obiger Tabelle ermittelt und zur Gesamtsumme addiert.

---

[1] Die Tabelle erhebt keinerlei Anspruch auf Übereinstimmung mit der aktuellen Steuergesetzgebung : -)

**Beispiel 15.2**  **Eine Inlandsdienstreise beginnt am 10.10.2010 um 17 Uhr und endet am 13.10.2010 um 16 Uhr.**

Der Verpflegungsmehraufwand ergibt sich zu **60 Euro**, die sich wie folgt zusammensetzen:

- 0 Euro für den ersten Tag, da weniger als 8 Stunden unterwegs;

- 48 Euro zusammen für den zweiten und dritten Tag, da jeden Tag 24 Stunden unterwegs;

- 12 Euro für den Abreisetag, da mehr als 14 Stunden unterwegs.

## Quellcode

Obige Spesentabelle wird in einer relativ aufwändigen Funktion *getExpenses* umgesetzt, deren Implementierung hier keine Rolle spielt (siehe Beispieldaten zum Buch), denn wir wollen sie ja "nur" testen.

Die Funktion ist einfachheitshalber direkt im Code von *Form1* untergebracht und empfängt den Beginn und das Ende der Reise als *DateTime*-Parameter und liefert den Spesenbetrag als *decimal*-Zahl zurück.

```
public partial class Form1 : Form
{   ...
    public decimal getExpenses(DateTime beginn, DateTime ende)
    {
        ...
    }
}
```

## Testgerüst generieren

Zunächst gehen Sie so vor, wie bei den bisherigen einfachen Tests:

Nachdem Sie das Projekt geladen haben, klicken Sie mit der rechten Maustaste auf den Code von *Form1.cs* und wählen im Kontextmenü den Eintrag *Komponententests erstellen...,* im sich anschließend öffnenden Dialogfenster markieren Sie die Methode *getExpenses* und fahren fort, bis der Assistent den Rahmencode für Ihr neues Testprojekt *TestProject1* (ggf. ändern Sie den Namen) erzeugt hat.

## XML-Datei erstellen

Klicken Sie im Projektmappen-Explorer mit de rechten Maustaste auf *TestProject1* und wählen Sie *Hinzufügen|Neues Element...*

Im sich öffnenden Dialog wählen Sie "XML-Datei" und speichern die leere Datei unter dem Namen *TestDaten1.xml* ab.

Ergänzen Sie die XML-Datei mit beliebig vielen Datensätzen, in denen Sie Behauptungen (Asserts) aufstellen, z.B.:

```
<?xml version="1.0" encoding="utf-8" ?>
<getSpesenTestData>
```

```
    <data beginDate="10.10.2010 17:00" endDate="13.10.2010 16:00" spesen="60"/>
    <data beginDate="10.10.2010 16:05" endDate="11.10.2010 7:55" spesen="0"/>
    <data beginDate="10.10.2010 16:05" endDate="11.10.2010 8:00" spesen="12"/>
</getSpesenTestData>
```

## Datenbindung herstellen

Der Test muss jetzt noch mit der XML-Datei verbunden werden. Wählen Sie das Menü *Test|Fenster|Testansicht* und öffnen Sie das Fenster *Testansicht*:

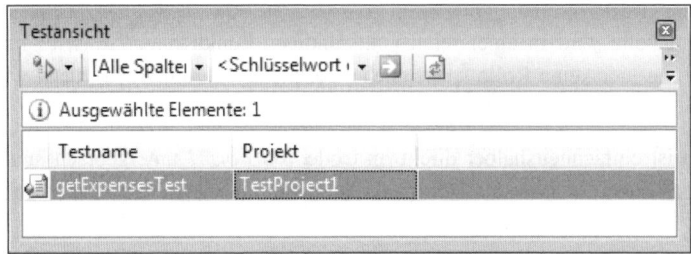

Öffnen Sie das Eigenschaftenfenster der Methode *getExpensesTest* (F4 oder Kontextmenü):

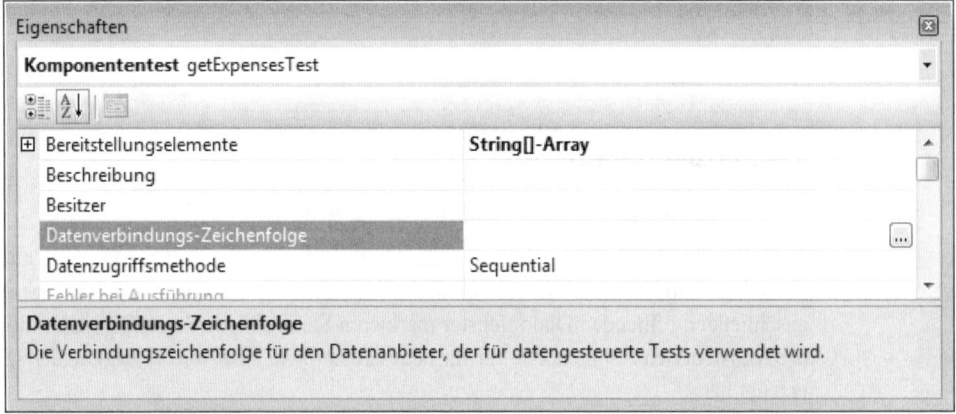

Markieren Sie den Eintrag Datenverbindungs-Zeichenfolge und klicken Sie auf die kleine Schaltfläche rechts. Es erscheint der "Assistent für neue Datenquellen", wählen Sie "XML File", "Weiter" und "XML-Datei auswählen".

Im Dateidialog wählen Sie *TestDaten1.xml* aus und stellen ggf. noch den standardmäßig vergebenen Tabellennamen "Data" ein. In der Datenvorschau (folgende Abbildung) müssten Sie nun den Inhalt der XML-Datei sehen. Klicken Sie auf "Weiter" und dann auf "Fertig stellen".

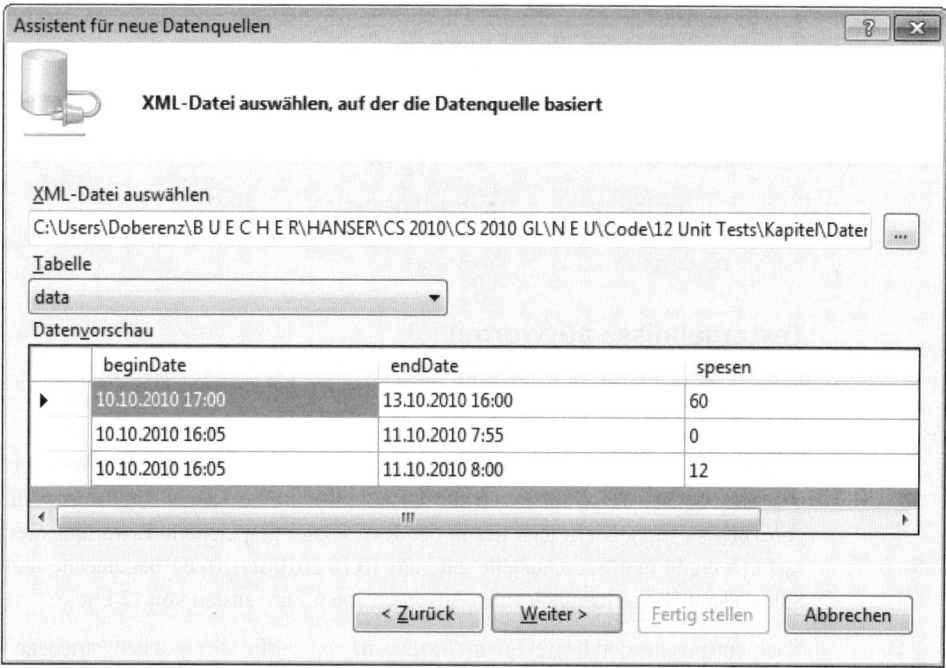

## Test programmieren

Zurück im Codefenster *Form1Test.cs* des Testprojekts sehen Sie, dass die Verbindung zur Datenquelle über zusätzliche Attribute gesteuert wird, die der Assistent für Sie generiert hat:

```
[DataSource("Microsoft.VisualStudio.TestTools.DataSource.XML",
    "|DataDirectory|\\TestDaten1.xml", "data",
    DataAccessMethod.Sequential),
    DeploymentItem("TestProject1\\TestDaten1.xml"),
    TestMethod()]
```

Die Bedeutung der einzelnen Attribute für die Spezifikation der Datenquelle dürfte weitestgehend
selbst erklärend sein. Wichtig: *DataAccessMethod.Sequential* heißt, dass die Methode *getExpensesTest* nacheinander für jeden vorhandenen Testdatensatz ausgeführt werden soll.

Die bereits vorhandene, automatisch erzeugte Implementierung der Testmethode *getExpenses-
Test* können Sie komplett löschen und wie folgt ersetzen:

```
public void getExpensesTest()
{
```

Beim Einlesen der Testdaten wird die *DataRow*-Eigenschaft des *TestContext* verwendet:

```
DateTime bDate = Convert.ToDateTime(this.TestContext.DataRow["beginDate"]);
DateTime eDate = Convert.ToDateTime(this.TestContext.DataRow["endDate"]);
decimal expectedSpesen = Convert.ToDecimal(this.TestContext.DataRow["spesen"]);
```

Der folgende Code unterscheidet sich vom Prinzip her nicht von einfachen Tests.

Testobjekt referenzieren:

```
Form1 target = new Form1();
```

Test durchführen:

```
Decimal actual = target.getExpenses(bDate, eDate);
Assert.AreEqual(expectedSpesen, actual);
}
```

### Testergebnisse auswerten

In unserem Fall wird im Fenster Testergebnisse ein Fehler angezeigt, für den wir uns (nach Doppelklick) die Details ausgeben lassen (siehe Abbildung).

Ursache des Übels ist der dritte Testdatensatz, denn er liefert ein fehlerhaftes Ergebnis. Nochmaliges Nachrechnen zeigt aber, dass die Ursache nicht eine falsche Implementierung der Methode *getExpenses* ist, sondern dass der in der XML-Datei gespeicherte Erwartungswert falsch ist. Tatsächlich ergibt laut Spesentabelle eine am 10.10.2010 um 16:05 beginnende und am 11.10.2010 8:00 endende Reise lediglich einen Anspruch von 6 Euro anstatt von 12 Euro.

Nach entsprechender Korrektur in *TestDaten1.xml* dürfte dieser datengetriebene Test erfolgreich abgeschlossen werden.

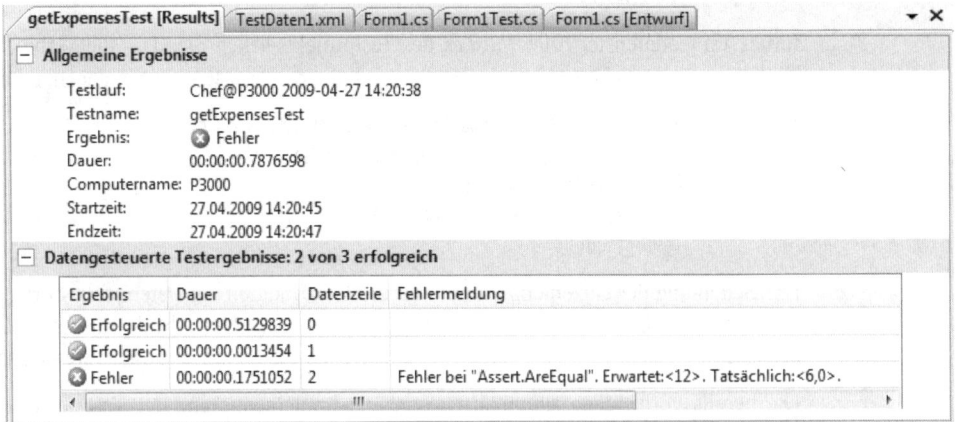

## 15.4  Begriffe und Ergänzungen

Nachdem Sie nun eine praktische Vorstellung vom Wesen und von den Möglichkeiten der Unit-Tests haben, dürfte es Ihnen leichter fallen, auch die folgenden Begriffe und Ergänzungen zum Thema zu verstehen.

## 15.4.1   Behauptungen (Asserts)

Mit Hilfe von Behauptungen kann der Entwickler überprüfen, ob ein Programm oder Programmab-
schnitt die vorgegebenen Spezifikationen erfüllt. Der Entwickler kann Asserts in die Testobjekte
einbauen. Treffen diese Behauptungen nicht zu, schlägt der Test fehl.

Zum eigentlichen Testen verwenden Sie einige spezielle (überladene) Methoden der statischen
Klasse *Assert*. Diese Klasse enthält mehrere statische Methoden für die Auswertung einer booleschen Bedingung. Ist diese Bedingung *true,* so war die Assertion erfolgreich (siehe Tabelle).

| Methode | Beschreibung |
|---|---|
| *AreEqual* *AreNotEqual* | ... testet, ob die übergebenen Werte gleich/ungleich sind. |
| *AreSame* *AreNotSame* | ... testet, ob die angegebenen Objektvariablen auf gleiche/unterschiedliche Objekte verweisen. |
| *Fail* | ... lässt eine Assertion fehlschlagen, ohne Bedingungen zu überprüfen. |
| *Inconclusive* | ... zeigt an, dass eine Assertion noch nicht implementiert wurde, oder dass nicht festgestellt werden kann, ob eine Assertion den Wert *true* oder *false* liefert. |
| *IsTrue, IsFalse* | ... testet, ob die angegebene Bedingung den Wert *true/false* hat. |
| *IsNull, IsNotNull* | ... testet, ob ein angegebenes Objekt den Wert *null* hat oder nicht. |
| *IsInstanceOfType* *IsNotInstanceOfTy-* *pe* | ... testet, ob ein angegebenes Objekt eine/keine Instanz des angegebenen Typs ist. |
| *ReplaceNullChars* | ... ersetzt NULL-Zeichen ('\0') in einer Zeichenfolge durch "\\0". |

## 15.4.2   Der Testkontext

Innerhalb der Testklasse erhalten Sie über die *TestContext*-Eigenschaft Zugriff auf den Kontext des
Tests. Der Test-Kontext liefert Infos über den aktuellen Test, gibt bei datengetriebenen Tests
Zugriff auf die Daten und stellt einige hilfreiche Eigenschaften und Methoden bereit (siehe nach-
folgende Tabellen).

| Eigenschaft | Beschreibung |
|---|---|
| *CurentTestOutcome* | ... können Sie in einer *TestCleanup*-Methode verwenden, um das Ergebnis eines ausgeführten Tests zu ermitteln. |
| *DataConnection* | ... ruft bei datengetriebenen Tests die aktuelle Datenverbindung ab. |
| *DataRow* | ... ruft bei datengetriebenen Tests die aktuelle Datenzeile ab. |
| *TestDir* | ... liefert den Pfad zum Testverzeichnis. |
| *TestlogsDir* | ... liefert den Pfad zum Verzeichnis des Testprotokolls. |
| *TestName* | ... liefert den Namen des Tests. |

Beispiel 15.3 — **Abrufen eines Eintrags aus einer XML-Datei bei einem datengetriebenen Test**

```csharp
DateTime bDate = Convert.ToDateTime(this.TestContext.DataRow["beginDate"]);
```

| Methode | Beschreibung |
| --- | --- |
| *AddResultFile* | In einer abgeleiteten Klasse wird ein Dateinamen zur Liste in *Test-Result.ResultFileNames* hinzugefügt. |
| *BeginTimer* *EndTimer* | In einer abgeleiteten Klasse wird ein Zeitgeber mit dem angegebenen Namen gestartet/beendet. |
| *WriteLine* | Damit können Sie Infos schreiben, die im Testprotokoll unter "Zusätzliche Informationen" erscheinen. |

Beispiel 15.4 — **Die in 15.2.2 von uns entwickelte eigene Testmethode *spezialTest1* soll als zusätzliche Information noch Durchmesser und Volumen der Kugel ausgeben.**

```csharp
[TestMethod()]
public void spezialTest1()
{
    double dur1 = 1.0;
    double vol = CKugel.Durchmesser_Volumen(dur1);
    double dur2 = CKugel.Volumen_Durchmesser(vol);
    Assert.AreEqual(dur1,dur2);
    TestContext.WriteLine(
        "Durchmesser: " + dur2.ToString() + " ; " + "Volumen: " + vol.ToString());
}
```

**Ergebnis**

spezialTest1 [Results]  CKugelTest.cs                                    ▾ ✕

**Allgemeine Ergebnisse**

Testlauf:        Chef@P3000 2009-04-27 18:00:24
Testname:        spezialTest1
Ergebnis:        Erfolgreich
Dauer:           00:00:00.0078976
Computername: P3000
Startzeit:       27.04.2009 18:00:25
Endzeit:         27.04.2009 18:00:25

**Zusätzliche Informationen**                                          Kopieren
Durchmesser: 1 ; Volumen: 0,523598775598299

## 15.4.3 Zusätzliche Testattribute

In der Region *Zusätzliche Testattribute* treffen Sie auf einige vorbereitete Methodenrümpfe, mit denen Sie Ihre Tests verfeinern können.

Mit *ClassInitialize* führen Sie Code aus, **bevor** Sie den ersten Test in der Klasse ausführen:

```csharp
[ClassInitialize()]
```

```
            public static void MyClassInitialize(TestContext testContext) {      }
```

Mit *ClassCleanup* führen Sie Code aus, **nachdem** alle Tests in einer Klasse ausgeführt wurden.

```
    [ClassCleanup()]
    public static void MyClassCleanup()   {      }
```

Mit *TestInitialize* können Sie **vor** jedem einzelnen Test Code ausführen.

```
    [TestInitialize()]
    public void MyTestInitialize()        {      }
```

Mit *TestCleanup* können Sie **nach** jedem einzelnen Test Code ausführen.

```
    [TestCleanup()]
    public void MyTestCleanup()           {      }
```

# 15.5 Einsatzkriterien von Unit Tests

Die Beispiele dieses Kapitels dürften Sie davon überzeugt haben, wie einfach Unit-Tests unter Visual Studio zu erstellen sind. Trotzdem lohnt sich ihr Einsatz nicht in jedem Fall und Sie wollen ja auch nicht "mit Kanonen auf Spatzen schießen". Eine abschließende Wertung scheint deshalb angebracht.

## 15.5.1 Nutzen

Da Tests noch vor der eigentlichen Funktionalität implementiert werden, zwingen sie den Entwickler, sich zum frühestmöglichen Zeitpunkt intensiv mit seinem Code zu beschäftigen.

---

**HINWEIS:** Das unter Visual Studio 2010 neu eingeführte Feature "Bei Gebrauch erzeugen" (Generate From Usage) begünstigt die testgetriebene Entwicklung, da es nun möglich ist, Klassen, Methoden, Eigenschaften und Felder automatisch generieren zu lassen, während man bereits mit den noch nicht vorhandenen Referenzen arbeitet.

---

Entwickeln Sie also passende Unit-Tests bereits vor dem Implementieren der eigentlichen Klasse oder Methode und später dann parallel zum Programmfortschritt. Das bietet Ihnen die Möglichkeit, Ihren Code umgehend zu prüfen und gegebenenfalls zu ändern. Visual Studio bietet Ihnen ein Framework für die Testerstellung sowie für das Zusammenfassen und Ausführen verschiedener Tests. Die Tests berühren den eigentlichen Programmcode nicht, da sie in eine eigene Testklasse ausgelagert werden. Die Testergebnisse werden in übersichtlicher Form angezeigt.

Von einer stetigen Wiederholung aller Tests (Regressionstests) ist eine erhebliche Qualitätssteigerung Ihres Programms zu erwarten. Bedenken Sie aber stets:

---

**HINWEIS:** Vernünftige Unit-Tests zu entwickeln ist besonders in komplexen Programmen keine einfache Aufgabe!

---

## 15.5.2 Beschränkungen

Ein Unit-Test findet nicht jeden Fehler, auch Performance-Engpässe lassen sich damit schlecht ermitteln und nicht jeder denkbare Input kann geprüft werden. Auch direkte Benutzereingaben werden unter Visual Studio noch nicht unterstützt.

Insbesondere Fehler, die programmextern entstehen, wie Timingfehler, Thread-Deadlocks und Fehler bei der RS232-Kommunikation, können mit Unit-Tests kaum entdeckt werden.

Ebenfalls kann es an der nötigen Testabdeckung mangeln, wenn nicht alle potenziellen Eingaben einer Funktion getestet werden können. Dies ist etwa der Fall, wenn die Eingabe aus sehr vielen Einzeldaten besteht, dann kann aus Aufwandsgründen nicht mehr jede mögliche Kombination von Eingabedaten getestet werden.

An der testgetriebenen Entwicklung (TDD) scheitern vor allem Programmierer, die auf diesem Gebiet noch keinerlei Erfahrung besitzen. Sie begreifen nicht, wie man denn etwas testen soll, das doch noch gar nicht vorhanden ist. Das kann dazu führen, dass sie die Prinzipien von TDD vernachlässigen, was den Zusammenbruch des Entwicklungsprozesses zur Folge haben kann. Ohne ausreichende Unit-Tests wird keine ausreichende Testabdeckung für das Refactoring und die gewünschte Qualität erreicht.

# OOP-Spezial

**HINWEIS:** Dieses Bonus-Kapitel finden Sie im PDF-Format auf der Buch-CD.

In diesem Kapitel finden Sie folgende Inhalte:

- Eine kleine Einführung in die UML und deren Umsetzung
- Informationen zur Arbeit mit dem Klassen-Designer
- Praxisbeispiele

# Das Microsoft Event Pattern

**HINWEIS:** Dieses Bonus-Kapitel finden Sie im PDF-Format auf der Buch-CD.

In diesem Kapitel finden Sie folgende Inhalte:

- Einführung in Design Pattern
- Aufbau und Bedeutung des Observer Pattern
- Implementierung mit Interfaces und Callbacks
- Implementierung mit Delegates und Events
- Implementierung des Microsoft Event Pattern
- Schritte zur Implementierung eines Event Pattern
- Ein umfassendes Praxisbeispiel

# Kapitel 18

# Weitere Programmiertechniken

In diesem Kapitel stellen wir Ihnen in loser Folge einige interessante Themen vor, die sich nicht ohne weiteres in andere Kapitel einordnen ließen:

■ Arbeit mit der Zwischenablage,

■ Verwendung der Registrierdatenbank,

■ Prinzip des .NET-Reflection-Mechanismus,

■ Serielle Schnittstelle (RS232) .

## 18.1 Zugriff auf die Zwischenablage

Die Zwischenablage dient der Übertragung von Datenobjekten zwischen verschiedenen Anwendungen, entweder auf Grund von Befehlseingaben des Benutzers (*Einfügen*, *Kopieren*) oder programmgesteuert. Für diesen Zweck werden globale Speicherblöcke verwendet, auf die jede angemeldete Applikation zugreifen kann.

### 18.1.1 Das Clipboard-Objekt

Die Verbindung zur Windows-Zwischenablage hält unter .NET das *Clipboard*-Objekt. Neben den universellen Methoden

■ *SetDataObject* und

■ *GetDataObject*

bieten sich jede Menge typspezifischer Methoden an. Zu jedem der Datentypen *Data*, *Text*, *Audio*, *Image*, *FileDropList* gibt es eine *Contains*-, eine *Get*- und eine *Set*-Methode, z.B. *ContainsText()*, *GetText()* und *SetText()*.

Eine *Contains*- Methode (*true/false*) überprüft, ob in der Zwischenablage eine Information im gewünschten Format vorliegt. Die *Get*- und *Set*-Methoden übernehmen das Kopieren bzw. Einfügen.

## Kopieren

Möchten Sie einen Text oder den Inhalt eines Textfeldes in die Zwischenablage kopieren, genügt der Aufruf von *SetText*, wie es das folgende Beispiel zeigt.

**Beispiel 18.1** | **Kopieren von Text**

```csharp
private void button1_Click(object sender, EventArgs e)
{
    if (textBox1.SelectedText != String.Empty)
        Clipboard.SetText(textBox1.SelectedText);
    else
        MessageBox.Show("Kein Text selektiert!");
}
```

**HINWEIS:** Es muss ein Objekt (Text, Grafik etc.) vorhanden sein, wenn Sie versuchen, die Daten zu kopieren. Andernfalls werden Sie mit einem Laufzeitfehler beglückt.

## Einfügen

Das Einfügen von Daten aus der Zwischenablage gestaltet sich naturgemäß etwas schwieriger, da man nicht unbedingt weiß, was in der Zwischenablage enthalten ist.

Prüfen Sie zunächst, ob der gewünschte Datentyp vorhanden ist. Dazu müssen Sie

- die Methode *GetDataObject* aufrufen, diese gibt wiederum ein *IDataObjekt* zurück, das über seine Methode *GetDataPresent* auf ein bestimmtes Datenformat prüft,

- oder Sie verwenden eine der *Contains...*-Methoden, um gleich auf einen speziellen Datentyp (Text, Grafik) zu prüfen.

Der eigentlich Abruf der Daten kann dann mit den jeweiligen *Get...*-Methoden erfolgen.

**Beispiel 18.2** | **Einfügen von Text**

```csharp
private void button2_Click(object sender, EventArgs e)
{
        if (Clipboard.ContainsText())
            textBox2.Text = Clipboard.GetText();
        else
            MessageBox.Show("Keine geeigneten Daten im Clipboard!");
}
```

**Beispiel 18.3** | **Eine Bitmap, von irgendwoher (z.B. aus einem Word-Dokument) in die Zwischenablage kopiert, wird in einer *PictureBox* angezeigt.**

```csharp
if (Clipboard.ContainsImage())
{
    System.Drawing.Image pic = Clipboard.GetImage();
    pictureBox1.Image = pic;
}
```

**Beispiel 18.3** **Eine Bitmap, von irgendwoher (z.B. aus einem Word-Dokument) in die Zwischenablage kopiert, wird in einer *PictureBox* angezeigt.**

```
    }
    else
        MessageBox.Show("Keine Bitmap im Clipboard!");
```

## 18.1.2 Zwischenablage-Funktionen für Textboxen

Im Zusammenhang mit der Zwischenablage finden sich unter dem Menüpunkt *Bearbeiten* fast immer die folgenden Befehle:

- Kopieren (*Strg+C*)

- Ausschneiden (*Strg+X*)

- Einfügen (*Strg+V*)

Wie trivial diese umzusetzen sind, entnehmen Sie den folgenden Beispielen:

**Beispiel 18.4** **Kopieren**

```
        private void button1_Click(object sender, EventArgs e)
        {
            textBox1.Copy();
        }
```

**Beispiel 18.5** **Ausschneiden**

```
        private void button1_Click(object sender, EventArgs e)
        {
            textBox1.Cut();
        }
```

**Beispiel 18.6** **Einfügen**

```
        private void button1_Click(object sender, EventArgs e)
        {
            textBox1.Paste();
        }
```

# 18.2 Arbeiten mit der Registry

Auch wenn .NET mittlerweile andere Alternativen zur Registrierdatenbank zu bieten hat, dürfte diese noch lange im Gebrauch bleiben. Sei es, dass Sie bestehende Einträge auslesen müssen oder dass Sie einfach beim Umstellen vorhandener Programme nicht alles Know-how über Bord werfen wollen.

.NET bietet Ihnen mit den Klassen *Registry* und *RegistryKey* eine objektorientierte Schnittstelle, sodass Sie auf die Verwendung von API-Funktionen verzichten können.

| | |
|---|---|
| **HINWEIS:** | Vergessen Sie nicht, den Namespace *Microsoft.Win32* in Ihr Programm aufzunehmen, wenn Sie die beiden Klassen nutzen wollen. |

## 18.2.1 Allgemeines

Windows speichert alle Informationen über Hard- und Software in einer Datenbank mit Baumstruktur. Damit sollte endlich Ordnung in das INI-Datei-Chaos gebracht werden. Im Unterschied zu den INI-Dateien ist zum Einsehen der Datenbank ein Texteditor allerdings nicht geeignet, Sie müssen den Registrierungseditor verwenden, den Sie im Systemverzeichnis finden.

| | |
|---|---|
| **HINWEIS:** | Um den Windows-Registrierungseditor auszuführen, starten Sie das Programm *regedit.exe*! |

Die Informationen sind in einer Baumstruktur gespeichert. Die einzelnen Einträge auf der linken Seite werden als "Schlüssel" bezeichnet, auf der rechten Seite werden gegebenenfalls die zugeordneten Werte angezeigt:

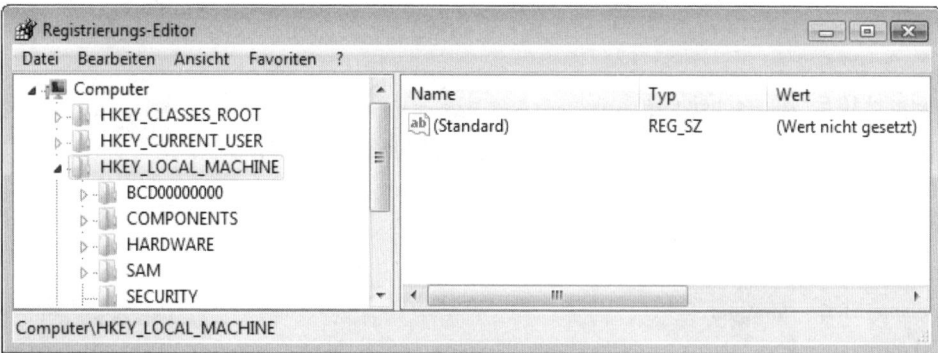

| | |
|---|---|
| **HINWEIS:** | Änderungen in der Registry sollten Sie nur vornehmen, wenn Sie sich über die Konsequenzen absolut im Klaren sind. Normalerweise werden die Einträge von den Programmen selbst verwaltet, Änderungen durch den Anwender sind nicht die Regel. |

Die Registrierungsdatenbank gliedert sich in folgende vier wesentliche Teile:

| Element | Beschreibung |
|---|---|
| HKEY_LOCAL_MACHINE | ... enthält die Konfigurationsinformationen für den Computer (alle User). |
| HKEY_USERS | ... die Root für alle Benutzerprofile. |

| Element | Beschreibung |
|---|---|
| HKEY_CURRENT_USER | ... ist die Root der Konfigurationsinformationen für den momentan angemeldeten Benutzer (z.B. Programmgruppen, Bildschirmfarben ...). |
| | HKEY_CURRENT_USER ist ein Teilschlüssel von HKEY_USERS. |
| HKEY_CLASSES_ROOT | ... ist ein Teilschlüssel von HKEY_LOCAL_MACHINE\ SOFTWARE. Hier sind die Dateiverknüpfungen und OLE-Objekte gespeichert. |

Bevor Sie einfach drauflos speichern, sollten Sie sich darüber im Klaren sein, **wo was** gespeichert wird. Grundsätzlich sollten Sie nur Informationen speichern, die auch in eine Registrierdatei gehören, umfangreiche Daten sollten auch weiterhin in einer eigenen Datei untergebracht sein.

Registrierungsdaten unterteilen Sie zweckmäßigerweise in

- User-spezifische Daten und

- Computer-spezifische Daten.

Computerdaten (z.B. Hardware-Infos) speichern Sie unter KEY_LOCAL_MACHINE nach folgendem Muster:

```
HKEY_LOCAL_MACHINE\SOFTWARE\Firmenname\Produkt\Version\...
```

Daten, die den einzelnen User betreffen (z.B. Farbeinstellungen, Fenstergrößen etc.), speichern Sie unter HKEY_CURRENT_USER wie folgt:

```
HKEY_CURRENT_USER\SOFTWARE\Firmenname\Produkt\Version\...
```

Der Schlüssel SOFTWARE existiert bereits, *Firmenname* stellt eine eindeutige Firmenbezeichnung dar (z.B. *Microsoft*). Danach folgt die Produktbezeichnung (z.B. *Access*) und die Versionsnummer (z.B. *1.23*).

Auf diese Weise lassen sich alle Produkte einer Firma sinnvoll zusammenfassen.

**Beispiel 18.7** | **Die nachfolgende Zeile steht für einen korrekten Eintrag.**

```
HKEY_LOCAL_MACHINE\SOFTWARE\Microsoft\Jet\4.0
```

Wichtig ist, dass in einer Baumebene alle Schlüssel eindeutig sein müssen, in einem Verzeichnis können Sie ja auch nicht zwei gleichnamige Dateien speichern.

Der Untereintrag eines Schlüssels kann hingegen den gleichen Namen wie der übergeordnete Schlüssel haben.

## 18.2.2   Registry-Unterstützung in .NET

Für alle Hauptzweige des Registry-Baums bietet die *Registry*-Klasse eigene Eigenschaften, die ein *RegistryKey*-Objekt zurückgeben:

| Eigenschaft | Für den Zugriff auf ... |
|---|---|
| *ClassesRoot* | HKEY_CLASSES_ROOT |
| *CurrentConfig* | HKEY_CURRENT_CONFIG |
| *CurrentUser* | HKEY_CURRENT_USER |
| *DynData* | HKEY_DYN_DATA |
| *LocalMachine* | HKEY_LOCAL_MACHINE |
| *PerformanceData* | HKEY_PERFORMANCE_DATA |
| *Users* | HKEY_USERS |

**Beispiel 18.8**    **Zugriff auf den Baumzweig HKEY_CURRENT_USER**

```
using Microsoft.Win32;
...
    RegistryKey reg;
    reg = Registry.CurrentUser;
...
```

Mit diesem Objekt können Sie dann schon etwas mehr anfangen, wie die folgenden Tabellen zeigen:

| Eigenschaft | Beschreibung |
|---|---|
| *Name* | ... der Name des jeweiligen Schlüssels. |
| *SubKeyCount* | ... die Anzahl der direkt untergeordneten Schlüssel. |
| *ValueCount* | ... die Anzahl der Werte in diesem Schlüssel. |

| Methode | Beschreibung |
|---|---|
| *Close* | ... Schließen des Keys. |
| *CreateSubKey* | ... erzeugt einen neuen untergeordneten Schlüssel falls nötig, andernfalls wird der Schlüssel geöffnet. |
| *DeleteSubKey* | ... löscht einen untergeordneten Schlüssel. |
| *DeleteSubKeyTree* | ... löscht einen untergeordneten Schlüssel mit allen weiteren Schlüsseln (Vorsicht!). |
| *DeleteValue* | ... löscht einen Wert. |
| *GetSubKeyNames* | ... eine Stringliste aller Untereinträge (Schlüssel). |
| *GetValue* | ... gibt einen Wert zurück. |
| *GetValueNames* | ... eine Stringliste aller enthaltenen Werte. |

| Methode | Beschreibung |
|---------|-------------|
| *OpenSubKey* | ... öffnet einen Untereintrag. |
| *SetValue* | ... setzt einen Wert. |

**HINWEIS:** Ein Praxisbeispiel zur Registry finden Sie unter 18.5.1.

# 18.3 .NET-Reflection

Bei manch hyperaktivem Datenschützer schrillen jetzt wahrscheinlich die Alarmglocken, denn in .NET ist ein perfides "Spitzelsystem" integriert, das die Möglichkeit bietet, jederzeit Informationen zu allen Metadaten einer Anwendung/Assembly zu gewinnen. Man nennt diesen Vorgang auch Reflexion. Die dazu erforderlichen Klassen finden Sie im *System.Reflection*-Namensraum.

**HINWEIS:** Reflection funktioniert selbst dann, wenn die Typen in externen Assemblierungen gespeichert sind und Sie den zugrunde liegenden Quellcode nicht kennen.

## 18.3.1 Übersicht

.NET-Reflections ermöglichen neben dem Abrufen von Typ-Informationen zur Laufzeit auch den Aufruf von Methoden per *Invoke*. Damit haben Sie alle Werkzeuge zur Hand, um zum Beispiel AddIns oder spezielle Filter zu programmieren, die jederzeit austauschbar sind (siehe Abschnitt 18.3.4, Dynamisches Laden von Assemblies).

Die wichtigsten Klassen auf einen Blick:

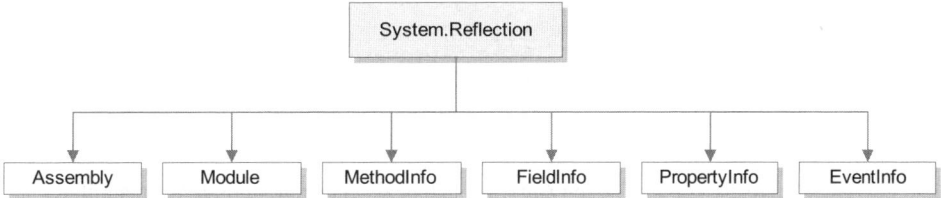

## 18.3.2 Assembly laden

Bevor Sie sich in die Untiefen der *Reflection*-Klassen stürzen, müssen Sie entscheiden, ob es sich um die aktuell geladene Assembly oder eine externe ungeladene Assembly handelt. Im letzteren Fall müssen Sie zunächst die gewünschte Assembly mit dem Methodenaufruf *Assembly.LoadFrom* laden. Der Rückgabewert ist eine Instanz der *Assembly*-Klasse.

**Beispiel 18.9** **Laden einer Assembly**

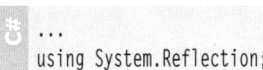

```csharp
...
using System.Reflection;
```

Beispiel 18.9     **Laden einer Assembly**

```
...
private Assembly myass;
...
myass = Assembly.LoadFrom("xxxxx");
...
```

Geht es um die aktuell ausgeführte Assembly, können Sie mit *GetExecutingAssembly* die Instanz abrufen:

```
myass = Assembly.GetExecutingAssembly();
```

# 18.3.3   Mittels GetType und Type Informationen sammeln

Nachdem wir eine Instanz der *Assembly*-Klasse gebildet haben, können wir uns den "inneren" Werten zuwenden. Erster Anlaufpunkt ist die Methode *GetTypes*, die ein Array aller enthaltenen Klassen zurück gibt.

Beispiel 18.10   **Auflisten aller Typen der aktuellen Assembly**

```
private void button1_Click(object sender, EventArgs e)
{
    Assembly myass = Assembly.GetExecutingAssembly();
    Type[] mytyp = myass.GetTypes();
    foreach (Type t in mytyp)
        listBox1.Items.Add(t.FullName);
}
```

Die Ausgabe:

```
WindowsFormsApplication5.Properties.Settings
WindowsFormsApplication5.Form1
WindowsFormsApplication5.Properties.Resources
WindowsFormsApplication5.Program
```

Alternativ können Sie mit *GetType* auch gezielt einen bestimmten Typ abrufen.

Beispiel 18.11   **Abrufen der Klasse *Form1* aus der aktuellen Assembly**

```
myass = Assembly.GetExecutingAssembly();
Type tp = myass.GetType("ReflectionBsp.Form1");
```

Die *Type*-Klasse hilft Ihnen mit den folgenden, selbsterklärenden Eigenschaften weiter:

- *Name, FullName*
- *Namespace*
- *IsClass*

- *IsInterface*
- *IsAbstract*
- *IsCOMObject*
- *IsEnum*
- *IsSealed*
- *IsPublic*

Einige wichtige Methoden:

- *GetMembers*
- *GetFields*
- *GetProperties*
- *GetMethods*

Alle Methoden liefern ein Array des jeweils abgerufenen Typs zurück.

**Beispiel 18.12** | **Das aktuelle Formular soll näher untersucht werden.**

```C#
            myass = Assembly.GetExecutingAssembly();
            Type tp = myass.GetType("ReflectionBsp.Form1");  // oder tp = this.GetType();
            listBox1.Items.Clear();
```

Name in die *ListBox* eintragen:

```C#
            listBox1.Items.Add("      Typ = " + tp.Name.ToString());
```

Falls es sich um eine Klasse handelt:

```C#
            if (tp.IsClass)
            {
```

Alle Eigenschaften:

```C#
                listBox1.Items.Add("------- Eigenschaften ------");
                foreach (PropertyInfo p in tp.GetProperties())
                    listBox1.Items.Add(" - " + p.Name.ToString());
```

Alle Methoden:

```C#
                listBox1.Items.Add("-------- Methoden --------");
                foreach (MethodInfo m in tp.GetMethods())
                {
                    if (m.IsPublic & !m.IsSpecialName)
                        listBox1.Items.Add(" - " + m.Name.ToString());
                    else
                        listBox1.Items.Add(" - " + m.Name.ToString() +
                            "   (not Public or SpecialName)");
                }
```

**Beispiel 18.12** | **Das aktuelle Formular soll näher untersucht werden.**

Alle Felder:

```
            listBox1.Items.Add("-------- Felder --------");
            foreach (FieldInfo f in tp.GetFields())
                listBox1.Items.Add("  - " + f.Name.ToString());
        }
```

Die Ausgabe (Ausschnitt):

```
-------- Methoden --------
- ToString
- ValidateChildren
- ValidateChildren
- RemoveOwnedForm
- add_ResizeBegin     (not Public or SpecialN:
- remove_ResizeBegin  (not Public or Speci
```

## 18.3.4  Dynamisches Laden von Assemblies

Nicht immer steht schon zur Entwurfszeit fest, welche Klasse/Funktion für eine bestimmte Aufgabe eingesetzt werden soll. Aus der guten alten Win32-Welt kennen Sie bestimmt noch das dynamische Laden von DLLs mittels *LoadLibrary*. Mit der Funktion *GetProcAddress* konnten Sie den Zeiger auf eine enthaltene Funktion ermitteln und dann diese Funktion dynamisch aufrufen.

Das .NET-Framework stellt Ihnen die gleiche, jedoch dank Reflection wesentlich leistungsfähigere Funktionalität zur Verfügung. Von Interesse sind in diesem Zusammenhang

- die *Assembly*-Klasse (zum Laden der gewünschten Assembly),

- die *Activator*-Klasse (zum Erzeugen der eigentlichen Instanz) und last but not least

- die *Invoke*-Methode (zum Aufrufen der gewünschten Methode).

Ein kleines Beispielprogramm zeigt die Vorgehensweise.

### Beispiel

Eine Windows Forms-Anwendung soll zwecks Ermittlung der Summe bzw. der Differenz eine von zwei Assemblies (*Addieren.dll*, *Subtrahieren.dll*) dynamisch laden, eine Instanz der jeweils enthaltenen Klasse erzeugen und das Ergebnis mittels Methodenaufruf berechnen.

Zunächst erstellen wir die beiden o.g. Assemblies (wählen Sie den Projekttyp *Klassenbibliothek*). Fügen Sie jeweils eine Klasse hinzu:

```
using System;
using System.Collections.Generic;
using System.Text;

namespace Addieren
{
```

```
    public class Compute
    {
        public int Calc(int a, int b)
        { return a + b;  }
    }
}
```

Das Ergebnis im .NET-Reflector:

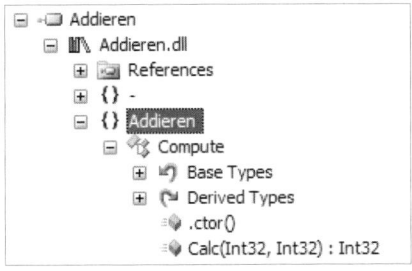

---

**HINWEIS:** Die Klasse *Subtrahieren* ist ähnlich einfach aufgebaut, Sie finden die Daten in den Buchbeispielen.

---

Kompilieren Sie die beiden Assemblies, und kopieren Sie später die DLLs in das Projektverzeichnis der eigentlichen Anwendung.

Für unser aufrufendes Windows Forms-Programm entwerfen Sie bitte die folgende einfache Oberfläche (Abbildung). Mit der *ComboBox* wählen wir zur Laufzeit die Assembly aus, mit dem *Button* starten wir die Berechnung.

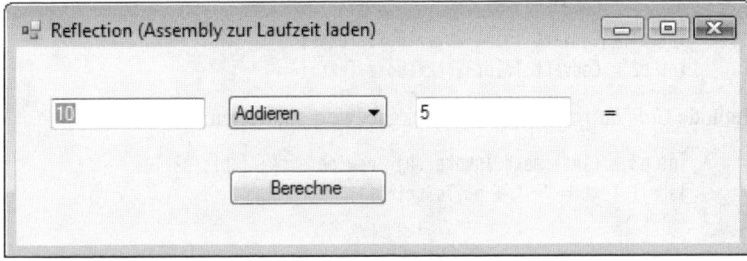

Der Code:

```
...
using System.Windows.Forms;
using System.Reflection;
using System.IO;


namespace ReflectionRechner
{
    public partial class Form1 : Form
```

Mit dem Laden des Formulars informieren wir uns zunächst, welche Assemblies zur Verfügung stehen und tragen deren Namen in die *ComboBox* ein. So können später jederzeit weitere Bibliotheken hinzugefügt werden.

```
private void Form1_Load(object sender, EventArgs e)
{
    DirectoryInfo myDir;
    FileInfo[] myFiles;
    myDir = new DirectoryInfo(Application.StartupPath);
    myFiles = myDir.GetFiles("*.dll");
    foreach (FileInfo f in myFiles)
        comboBox1.Items.Add(f.Name.Substring(0, f.Name.Length - 4));
    comboBox1.SelectedIndex = 0;
}
```

Mit dem Klick auf den *Button* wird es ernst:

```
private void button1_Click(object sender, EventArgs e)
{
```

Laden des Typs aus der gewünschten Assembly:

```
Type typ = Assembly.LoadFrom(comboBox1.Text + ".dll").GetType(comboBox1.Text +
                             ".Compute");
```

Instanz erstellen:

```
object obj = Activator.CreateInstance(typ);
```

Methode abrufen (hier sehen Sie die Vorteile von Reflection):

```
MethodInfo meth = typ.GetMethod("Calc");
```

Die Eingabewerte in *Integer*-Werte umwandeln:

```
int p1 = Convert.ToInt32(textBox1.Text);
int p2 = Convert.ToInt32(textBox2.Text);
```

Die Methode *Calc* aufrufen und den Rückgabewert auswerten:

```
int p3 = (int) meth.Invoke(obj, new object[] { p1, p2 });
label1.Text = "= " + p3.ToString();
}
```

Übergabewerte beim Methodenaufruf sind das betreffende Objekt und (in einem Objektarray) die Parameter/Übergabewerte.

---

**HINWEIS:** Anzahl, Anordnung und Datentyp im Objektarray müssen mit Anzahl, Anordnung und Typ der Parameter der aufzurufenden Methode übereinstimmen!

---

Jetzt endlich kann getestet werden: Starten Sie das Programm und klicken Sie auf die beiden *Button*s. Im *label1* sollte jetzt das richtige Ergebnis erscheinen.

Wie Sie sehen, ist es (fast) problemlos möglich, zur Laufzeit Objekte aus externen Assemblies zu erzeugen und deren Methoden auszuführen. Obiger Quellcode könnte zum Beispiel dahingehend geändert werden, dass auch die enthaltenen Namespaces identische Namen bekommen. In diesem Fall genügt schon die Änderung des Assembly-Namens beim Laden, um eine gänzlich andere Funktionalität bereitzustellen. So könnten Sie spezielle Im-/Exportfilter, Add-Ins etc. programmieren.

# 18.4  Das SerialPort-Control

Die aus dem Jahre 1962 stammende RS232-Schnittstelle ist zwar mittlerweile ein Veteran unter den seriellen Schnittstellen, aber aufgrund ihrer geringen Ansprüche an Hard- und Software nicht nur unter Bastlern sehr beliebt, sondern auch im Laboralltag technischer Lehreinrichtungen und bei industriellen Anwendern. Trotz USB verwenden deshalb viele moderne Geräte und Programme zum Messen, Steuern und Regeln auch heute noch diese Schnittstelle.

Die *SerialPort*-Klasse aus dem Namespace *System.IO.Ports* hat folgende Vorzüge:

■ das umständliche Einbinden des "alten" *MSComm.ocx*-Controls entfällt,

■ das *SerialPort*-Control ist ein "natives" .NET-Control,

■ enthält neue ereignisgesteuerte Funktionalität und

■ wird in der MSDN Library ausreichend dokumentiert.

## 18.4.1  Übersicht

Die folgenden Tabellen listen die wichtigsten Mitglieder dieser Klasse auf.

### Wichtige Eigenschaften

Die Klasse *SerialPort* erlaubt den Direktzugriff auf die Eigenschaften des Treibers der seriellen Schnittstelle. Die folgende Tabelle zeigt die wichtigsten Properties.

| Eigenschaft | Bedeutung (Standardwert in Klammern) |
|---|---|
| *PortName* | ... ist der Name des seriellen Ports (Standardwert = "COM1") |
| *BaudRate* | ... liest oder schreibt die serielle Baudrate (Bit pro Sekunde). Übliche Werte sind: 300, 1200, 2400, 4800, 9600, 19200, 38400, 57600, 115200 (Standardwert = 9600) |
| *DataBits* | Anzahl der Datenbits pro Byte (Standardwert = 8) |
| *StopBits* | ... liest oder schreibt die Anzahl von Stoppbits pro Byte (Standardwert = *One*) |
| *ReadTimeout* | ... liest oder schreibt die Anzahl von Millisekunden bis zu einem Timeout, wenn eine Leseoperation nicht abgeschlossen wird. |
| *Parity* | Paritätsprüfung (Standardwert = *None*) |
| *DtrEnable* | Data Terminal Ready -Signal (Standardwert = *False*) |

---

**HINWEIS:** Mit wenigen Ausnahmen (*ReadTimeout*) haben alle öffentlichen Eigenschaften Standardwerte. Viele Geräte/Modems lassen sich z.B. mit 8N1 (8 Bits, keine Parity, 1 Stopbit) ansprechen.

---

### Wichtige Methoden

Die folgende Tabelle zeigt nur einige wichtige Methoden (zahlreiche weitere Methoden der *Serial-Port*-Klasse entnehmen Sie der Dokumentation):

| Methode | Bedeutung |
|---------|-----------|
| *GetPortNames()* | ... liefert die Namen der im aktuellen System vorhandenen COM-Ports |
| *ReadLine()* | ... liest Zeichen bis zu einem *NewLine*-Wert in den Input-Puffer. Falls bis zum Timeout kein *NewLine*-Wert gefunden wird, liefert die Methode *Null*. |
| *WriteLine(string)* | ... schreibt einen String und einen *NewLine*-Wert in den Output-Puffer. |
| *Read(byte[], start, anzahl)* | ... liest eine *anzahl* Bytes ab *start* in ein Byte-Array |
| *Open()* | ... öffnet eine neue serielle Port-Verbindung |
| *Close()* | ... schließt die Port-Verbindung |

### Wichtige Ereignisse

Im Zentrum der Programmierung steht das *DataReceived*-Ereignis (siehe folgende Tabelle):

| Ereignis | Bedeutung |
|----------|-----------|
| *DataReceived* | ... wird ausgelöst, wenn im Empfangspuffer Daten vorhanden sind |
| *ErrorReceived* | ... wird ausgelöst, wenn beim Datenempfang ein Fehler auftritt |

## 18.4.2   Einführungsbeispiele

Wir wollen zunächst an einem simplen Beispiel zeigen, wie unkompliziert der Datenaustausch zwischen zwei seriellen Schnittstellen unter Verwendung der *SerialPort*-Klasse realisiert werden kann. Dazu schreiben wir zwei einfache Konsolenanwendungen: *SerialPortTalker* und *SerialPort-Listener*.

### SerialPortTalker

Öffnen Sie eine neue Konsolenanwendung und tragen Sie folgenden Code ein.

```
using System.IO.Ports;

namespace SerialPortTalker

    class Program
    {
```

```
            static void Main(string[] args)
            {
```

Einer der insgesamt sieben überladenen Konstruktoren ermöglicht es, das *SerialPort*-Control mit den wichtigsten Standardeigenschaften zu instanziieren:

```
        SerialPort port = new SerialPort("COM1", 9600, Parity.None, 8, StopBits.One);
```

Port öffnen:

```
        port.Open();
```

Einen String senden:

```
        port.WriteLine("Hallo Serielle Schnittstelle! Wie geht es Dir?");
```

Port schließen:

```
        port.Close();
            }
        }
    }
```

Wie Sie sehen, umfasst die Schreib-Kommunikation mit dem Port lediglich den aufeinanderfolgenden Aufruf der Methoden *Open*, *WriteLine* (mit Übergabe der zu übermittelnden Zeichenkette) und *Close*.

Kompilieren Sie das Programm (*F5*). Bevor aber ein sinnvoller Programmtest möglich ist, muss erst noch die zweite Konsolenanwendung, der *SerialPortListener*, fertig gestellt werden.

## SerialPortListener

Tragen Sie in eine neue Konsolenanwendung den folgenden Code ein. Wie Sie sehen, erfolgt das Lesen bzw. der Empfang von asynchronen Daten, die über den seriellen Port hereinkommen, ereignisgesteuert.

```
using System;
using System.Windows.Forms;
using System.IO.Ports;

namespace SerialPortListener
{
    class Program
    {
```

*SerialPort*-Objekt mit Standardwerten erzeugen:

```
        private SerialPort port = new SerialPort("COM1", 9600, Parity.None, 8, StopBits.One);

        static void Main(string[] args)
        {
```

Das *Program* instanziieren (dabei wird der Konstruktor ausgeführt):

```
            new Program();
```

```
    }
```

Der Konstruktor:

```
    private Program()
    {
        Console.WriteLine("Empfangene Daten:");
```

Einen Eventhandler für das *DataReceived*-Ereignis anmelden:

```
        port.DataReceived += new SerialDataReceivedEventHandler(port_DataReceived);
```

Die Kommunikation kann beginnen:

```
        port.Open();
```

Eine Anwendungsschleife aufrufen, die das Beenden des Programms verhindert:

```
        System.Windows.Forms.Application.Run();
    }
```

Der Eventhandler für das *DataReceived*-Ereignis:

```
    private void port_DataReceived(object sender, SerialDataReceivedEventArgs e)
    {
```

Alle empfangenen Daten aus dem Empfangspuffer des Ports anzeigen:

```
        Console.Write(port.ReadExisting());
    }
  }
}
```

## Test

Wollen Sie den Datenaustausch zwischen zwei realen PCs demonstrieren, so installieren Sie auf dem einen PC eine Programminstanz von *SerialPortTalker* und auf dem anderen eine Programminstanz von *SerialPortListener*.

Natürlich brauchen Sie auch ein Nullmodem-Kabel (hier sind beide Anschlüsse weiblich!), um die seriellen COM1-Ports beider PCs miteinander zu verbinden.

---

**HINWEIS:**  Wer nicht über zwei PCs verfügt, verbindet einfach COM1 und COM2 seines Computers mit dem Nullmodem-Kabel und ändert im Programm *SerialPortListener* die *PortName*-Eigenschaft in "COM2".

---

Starten Sie zunächst das Programm *SerialPortListener*, es öffnet sich das Konsolenfenster in Erwartung hereinkommender Daten. Anschließend starten Sie das Programm *SerialPortTalker*, nach einem kurzen Aufblitzen der Konsole hat es auch schon seine Mission erfüllt und ist beendet. Das Ergebnis sollte im *SerialPortListener* sichtbar sein.

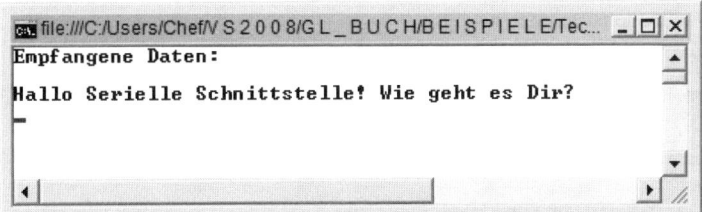

### 18.4.3 Thread-Probleme bei Windows Forms Anwendungen

Konsolenanwendungen sind seit langem nicht mehr zeitgemäß. Wir wollen deshalb zunächst den *SerialPortListener* durch eine Windows Applikation ersetzen.

Nichts ist einfacher als das, werden Sie denken und haben schnell auf das Startformular *Form1* ein *Label* für die Anzeige der Daten gesetzt, eine *SerialPort*-Komponente von der Toolbox abgezogen und deren Eigenschaften zugewiesen.

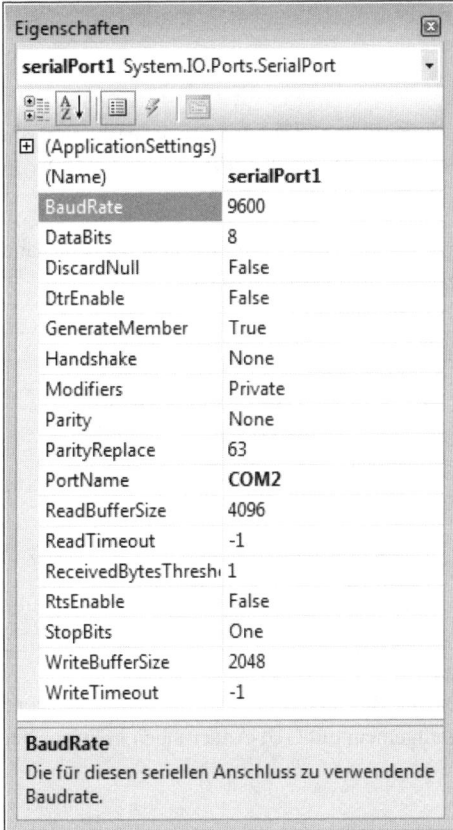

Auch der Quellcode ist schnell erstellt:

```
using System.Windows.Forms;
using System.IO.Ports;


namespace SerialPortRead_Win1
{
    public partial class Form1 : Form
    {
        public Form1()
        {
            InitializeComponent();
            serialPort1.Open();
        }

        private void serialPort1_DataReceived(object sender, SerialDataReceivedEventArgs e)
        {
            // Alle empfangen Daten aus dem Puffer des Ports anzeigen:
            label1.Text = serialPort1.ReadExisting();                // Thread-Fehler!!!
        }
    }
}
```

Zwar lässt sich der Code anstandslos kompilieren, das böse Erwachen kommt aber zur Laufzeit, wenn Daten hereinkommen (Sie starten dazu z.B. den *SerialPortTalker*) und der Inhalt des Labels gesetzt werden soll. Dabei wird folgende Exception geworfen:

*Ungültiger threadübergreifender Vorgang: Der Zugriff auf das Steuerelement* label1 *erfolgte von einem anderen Thread als dem Thread, für den es erstellt wurde.*

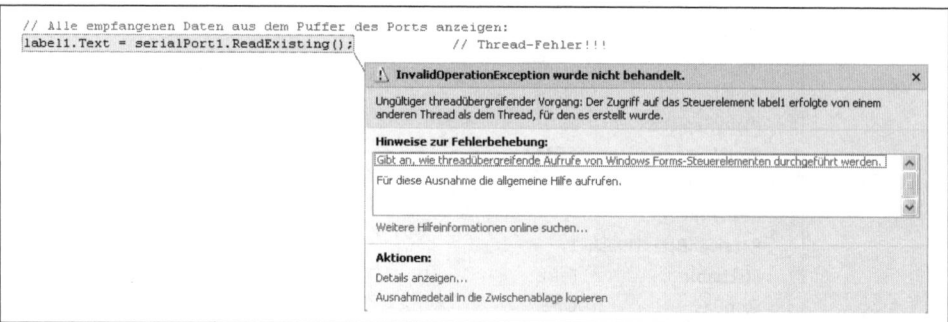

Wir haben es hier nicht etwa mit einem Bug der *SerialPort*-Komponente, sondern mit einem typischen Fehler zu tun, welcher ganz allgemein mit GUI-Änderungen in Forms bei multi-threaded Anwendungen zusammenhängt:

---

**HINWEIS:** GUI-Komponenten dürfen nur von dem Thread verändert werden, von dem sie erzeugt wurden!

---

Das Empfangen der seriellen Daten läuft aber in einem anderen Thread ab. Als Lösung des Problems bietet sich ein Methodenzeiger (Delegate) an, der über die *Invoke*-Methode der entsprechenden GUI-Komponente (hier *label1*) aufgerufen wird (siehe folgendes Listing):

```
using System.IO.Ports;
...
    public partial class Form1 : Form
    {
```

Delegate-Typ deklarieren:

```
        private delegate void showTxtDlg(string txt);
```

Delegate-Objekt/Methodenzeiger deklarieren:

```
        private showTxtDlg showTxtPtr;

        public Form1()
        {
            InitializeComponent();
```

Delegate-Objekt instanziieren:

```
            showTxtPtr = new showTxtDlg(showText);    // oder verkürzt: showTxtZ = showText;
            serialPort1.Open();
        }

        private void serialPort1_DataReceived(object sender, SerialDataReceivedEventArgs e)
        {
```

Der *Invoke*-Methode werden das Delegate-Objekt und die Anzeigedaten übergeben:

```
            label1.Invoke(showTxtPtr, serialPort1.ReadExisting());
        }
```

Die Anzeigeroutine, auf welche das Delegate-Objekt *showTxtPtr* verweist:

```
        private void showText(string txt)
        {
            label1.Text += txt;
        }
    }
}
```

Nun sollte auch das Abhören des Ports mittels Windows-Oberfläche funktionieren:

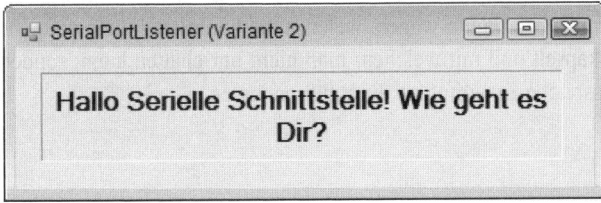

Reichlich umständlich, nicht wahr? Neben den drei erforderlichen Schritten (Delegate-Typ definieren; Delegate-Objekt deklarieren; Delegate-Objekt erzeugen), die zum gewünschten Methodenzeiger *showTxtPtr* führen, muss auch noch eine extra Anzeigeroutine *showText* geschrieben werden.

Der folgende Code zeigt eine deutlich einfachere und übersichtlichere Lösung für eine Thread-Umschaltung in verkürzter Notation, die sich u.a. auch *anonymer Methoden* bedient:

```
...
using System.IO.Ports;
...
    public partial class Form1 : Form
    {
        public Form1()
        {
            InitializeComponent();
            serialPort1.Open();
        }

        private void serialPort1_DataReceived(object sender, SerialDataReceivedEventArgs e)
        {
```

UI-Thread per *Invoke* aufrufen und Delegate übergeben:

```
            label1.Invoke(new EventHandler(delegate
            {
                label1.Text += serialPort1.ReadExisting();       // anonyme Methode!
            }
            ));
        }
    }
}
```

Dieser Code liefert das gleiche Ergebnis wie sein Vorgänger, allerdings hält sich der Schreibaufwand in Grenzen und ist kaum größer als bei der vergleichbaren Konsolenanwendung. Der Delegate verweist jetzt direkt auf die in { }-Klammern angehängte anonyme (d.h. namenlose) Anzeigemethode.

## 18.4.4  Ein einfaches Terminalprogramm

Nachdem wir nun die Threading-Klippen glücklich umschifft haben und die Anwendung der *SerialPort*-Klasse in Windows-Anwendungen vom Prinzip her einigermaßen klar ist, sollten wir uns an ein kleines Terminalprogramm wagen, welches die Funktionalitäten von *SerialPortListener* und *SerialPortTalker* kapselt und mit welchem man nicht nur chatten kann, sondern mit dem sich auch weitere aufschlussreiche Experimente durchführen lassen.

## Bedienoberfläche

Eine *RichTextBox* (oben) und eine *TextBox*(unten) dienen zur Anzeige bzw. zur Eingabe der Daten. Außerdem wird eine *SerialPort*-Komponente benötigt, deren Eigenschaften mit fünf *ComboBox*en und einer *CheckBox* eingestellt werden, die in einer *GroupBox* angeordnet sind. Zwei *Buttons* dienen zum Öffnen und Schließen der seriellen Schnittstelle. Die *Enabled*-Eigenschaft von *button2* setzen wir auf *False*.

Im Eigenschaftenfenster weisen wir der *Items*-Auflistung der *ComboBox*en die in der Tabelle gezeigten Werte zu:

| Name | Beschriftung | Items-Auflistung |
|------|--------------|------------------|
| *comboBox1* | COM Port | siehe Quellcode! |
| *comboBox2* | Baud Rate | 300, 2400, 9600, 19200, 38400, 57600, 115200 |
| *comboBox3* | DataBits | 7, 8, 9 |
| *comboBox4* | Paritäts Bit | None, Even, Odd |
| *comboBox5* | Stop Bit | 1, 2, 3 |

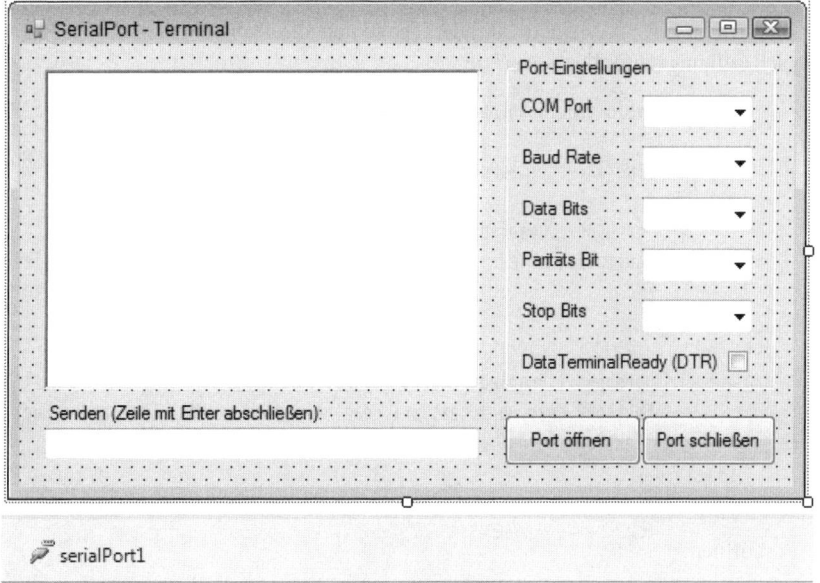

## Quellcode

```
using System;
using System.Drawing;
using System.Windows.Forms;
using System.IO.Ports;
...
```

```
public partial class Form1 : Form
{
    public Form1()
    {
        InitializeComponent();
```

Dank *GetPortNames*-Methode ist es kein Problem, die vorhandenen Ports festzustellen und in *comboBox1* zur Auswahl anzubieten:

```
foreach (string s in SerialPort.GetPortNames()) comboBox1.Items.Add(s);
```

Die Anfangswerte der *ComboBox*en einstellen:

```
comboBox2.SelectedIndex = 1;   // 2400
comboBox1.SelectedIndex = 0;   // COM1
comboBox3.SelectedIndex = 1;   // 8 Datenbits
comboBox4.SelectedIndex = 0;   // keine Parität
comboBox5.SelectedIndex = 0;   // 1 Stopp-Bit
```

Benutzerschnittstelle anpassen:

```
        enableControls();
    }
```

Die *enableControls*-Methode aktiviert/deaktiviert die Komponenten der Benutzerschnittstelle je nach Öffnungsstatus des *SerialPort*:

```
private void enableControls()
{
    if (!serialPort1.IsOpen)            // Port ist geschlossen
    {
        groupBox1.Enabled = button1.Enabled = true;
        button2.Enabled = textBox1.Enabled = richTextBox1.Enabled = false;
    }
    else                                // Port ist geöffnet
    {
        groupBox1.Enabled = button1.Enabled = false;
        button2.Enabled = textBox1.Enabled = richTextBox1.Enabled = true;
        textBox1.Focus();
    }
}
```

Port öffnen:

```
private void button1_Click(object sender, EventArgs e)
{
```

Einstellungen übernehmen:

```
serialPort1.PortName = comboBox1.Text;
serialPort1.BaudRate = int.Parse(comboBox2.Text);
serialPort1.DataBits = int.Parse(comboBox3.Text);
serialPort1.Parity = (Parity)Enum.Parse(typeof(Parity), comboBox4.Text);
serialPort1.StopBits = (StopBits)Enum.Parse(typeof(StopBits), comboBox5.Text);
```

```
                    serialPort1.DtrEnable = checkBox1.Checked;        // Data Terminal Ready - Signal
                    serialPort1.Encoding = System.Text.Encoding.UTF8;    // Kodierung einstellen
                    serialPort1.Open();
```

Eingabemaske anpassen:

```
                    enableControls();
            }
```

Port schließen:

```
        private void button2_Click(object sender, EventArgs e)
        {
            if (serialPort1.IsOpen) serialPort1.Close();
            enableControls();
        }
```

Senden des Inhalts von *textBox1* nach Drücken der Enter-Taste:

```
        private void textBox1_KeyUp(object sender, KeyEventArgs e)
        {
            if ((e.KeyCode == Keys.Enter) && (textBox1.Text != String.Empty))
            {
                string data = textBox1.Text;
                serialPort1.WriteLine(data);
                richTextBox1.SelectionColor = Color.Green;
                richTextBox1.AppendText(data + Environment.NewLine);   // Anzeige
                richTextBox1.ScrollToCaret();              // Bildlauf
                textBox1.SelectAll();
            }
        }
```

Ein Datenpaket (8 Zeichen) wurde empfangen:

```
        private void serialPort1_DataReceived(object sender, SerialDataReceivedEventArgs e)
        {
```

Inhalt des Empfangspuffers wird ausgelesen:

```
            string data = serialPort1.ReadExisting();
```

Umschalten auf den UI-Thread:

```
            richTextBox1.Invoke(new EventHandler(delegate
            {
                richTextBox1.SelectedText = string.Empty;
                richTextBox1.SelectionColor = Color.Blue;
                richTextBox1.AppendText(data);              // Anzeige
                richTextBox1.ScrollToCaret();              // Bildlauf
            }
            ));
        }
    }
}
```

## Test

Verbinden Sie COM1 und COM2 Ihres Computers mittels Nullmodem-Kabel und starten Sie zwei Instanzen des Programms. Stellen Sie bei der einen Instanz den Port COM1 und bei der anderen Instanz den Port COM2 ein. Die übrigen Einstellungen sollten identisch sein (z.B. Baudrate 9600, 8 Datenbits, kein Paritätsbit, ein Stopp-Bit).

Nach Klick auf den Button "Port öffnen" können beide Terminals jetzt miteinander kommunizieren, wobei hier gesendeter Text in grüner und empfangener Text in blauer Farbe in der *RichText-Box* protokolliert werden (leider sind die farblichen Unterschiede in der Abbildung hier im Buch nicht zu erkennen):

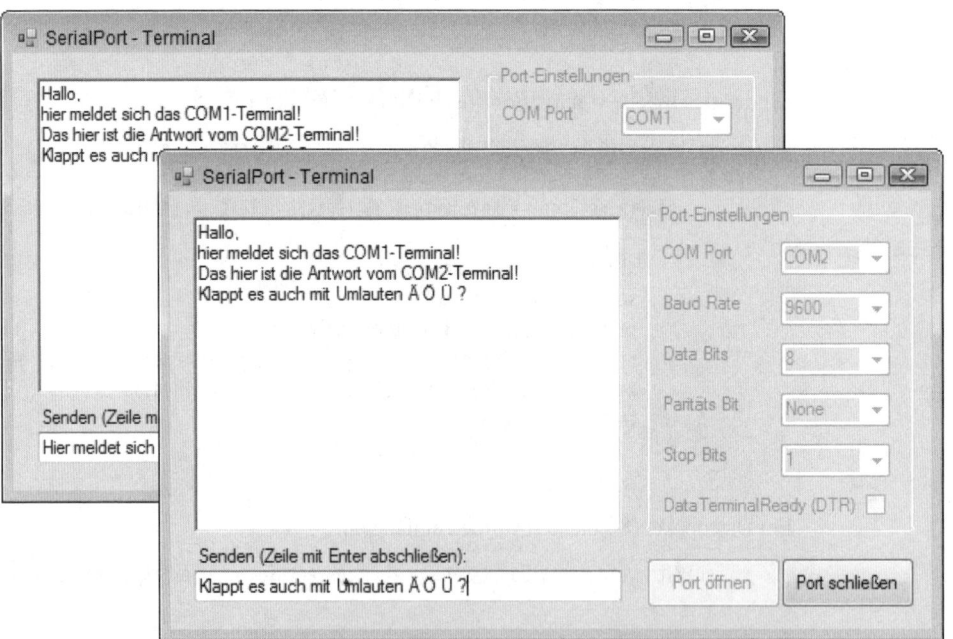

## Bemerkungen zur Verarbeitung von Messdaten

In unserem Terminalprogramm hatten wir die *ReadExisting*-Methode verwendet, um den Inhalt des Empfangspuffers komplett als Zeichenkette auszulesen. Für die Übertragung von Zahlenwerten (Messdaten etc.) scheint es aber zweckdienlicher, wenn wir von der Text- auf die Byte-Ebene hinabsteigen.

---

**HINWEIS:** In unserem [Visual C# 2010 Kochbuch] wird am Beispiel der seriellen Schnittstelle und eines Digitalvoltmeters demonstriert, wie Messdaten eingelesen und verarbeitet werden können.

---

# 18.5  Praxisbeispiele

## 18.5.1  Zugriff auf die Registry

Nach all dem theoretischen Geplänkel im Abschnitt 18.2 möchten Sie auch Taten sehen, wenden wir uns also einem kleinen Beispielprogramm zu.

### Oberfläche

Lediglich ein Formular und drei *Button*s:

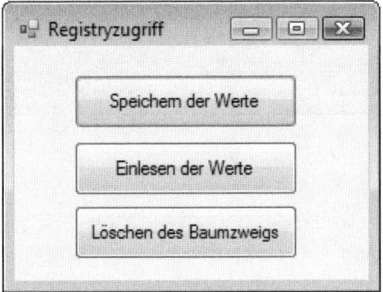

### Quelltext

Einbinden eines zusätzlichen Namespace:

```
...
using Microsoft.Win32;

public partial class Form1 : Form
{
    ...
```

Das Speichern der Werte:

```
    private void Button1_Click(object sender, System.EventArgs e)
    {
        RegistryKey reg, key;
```

Öffnen des Schlüssels *Software*:

```
        reg = Registry.CurrentUser.OpenSubKey("Software", true);
```

Erzeugen des neuen Untereintrags:

```
        key = reg.CreateSubKey("Doberenz_Gewinnus");
```

Speichern von Werten:

```
        key.SetValue("Lizenz", "0815");
        key.SetValue("Key", "4711");
        key.SetValue("Preis", 257);
```

```
        key.SetValue("Bezahlt", true);
    }
```

Das Ergebnis in der Registry:

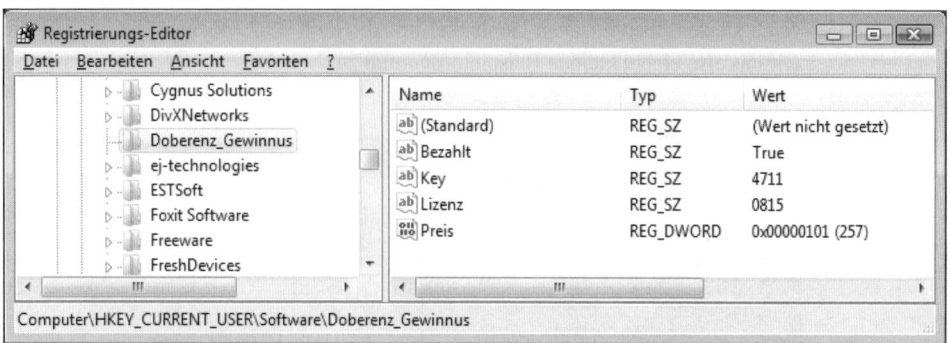

Einlesen der Werte:

```
private void Button2_Click(object sender, System.EventArgs e)
{
    RegistryKey reg;
    object wert;
```

Öffnen des Baumzweigs (Sie können auch gleich mehrere Keys angeben):

```
    reg = Registry.CurrentUser.OpenSubKey("Software\\Doberenz_Gewinnus", false);
```

Auslesen zweier vorhandener Werte:

```
    wert = reg.GetValue("Bezahlt");
    MessageBox.Show(wert.ToString());
    wert = reg.GetValue("Preis");
    MessageBox.Show(wert.ToString());
```

Auslesen eines nicht vorhandenen Wertes (in diesem Fall wird der angegebene Defaultwert zurückgegeben)[1]:

```
    wert = reg.GetValue("Verkauft", false);
    MessageBox.Show(wert.ToString());
}
```

Das Löschen eines Werts:

```
private void Button3_Click(object sender, System.EventArgs e)
{
    RegistryKey reg;
    reg = Registry.CurrentUser.OpenSubKey("Software\\Doberenz_Gewinnus", true);
    reg.DeleteValue("Lizenz");
    reg.Close();
```

---

[1] Diese Option ist beim Abfragen von Programmeinstellungen nützlich, am Anfang werden Defaultwerte eingelesen, später kann der Nutzer diese ändern.

Das Löschen eines Baumzweigs:

```
Registry.CurrentUser.OpenSubKey("Software",
        true).DeleteSubKeyTree("Doberenz_Gewinnus");
    }
}
```

**Test**

Starten Sie das Programm und testen Sie zunächst die beiden ersten Funktionen. Überprüfen Sie anschließend, ob die Werte auch korrekt in die Registry eingetragen wurden.

## 18.5.2 Dateiverknüpfungen erzeugen

Unterstützt ein von Ihnen erstelltes Programm einen bestimmten Dateityp (.DB, .XLS etc.) ist es sinnvoll, wenn Sie dem Anwender ein entsprechendes Kontextmenü zur Verfügung stellen. Unterstützen können Sie

■ *Open* (Öffnen),

■ *Print* (Drucken),

■ *Print To*,

... indem Sie die Registry um entsprechende Einträge erweitern. Die Variante "Print To" haben Sie sicherlich noch in keinem Kontextmenü gefunden, handelt es sich doch um die Aktion die ausgeführt wird, wenn ein Dokument mittels Drag & Drop auf ein Druckersymbol gezogen wird.

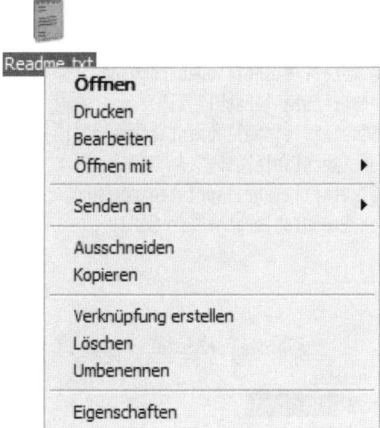

Folgende Einträge müssen Sie in der Registry vornehmen (Beispiel Metafiles):

```
01: HKEY_CLASSES_ROOT\.wmf = metafile
02: HKEY_CLASSES_ROOT\metafile = Windows Metafile
03: HKEY_CLASSES_ROOT\metafile\DefaultIcon = c:\Test\Test.exe,0
04: HKEY_CLASSES_ROOT\metafile\shell\open\command = Test.exe %1
```

```
05: HKEY_CLASSES_ROOT\metafile\shell\print\command = Test.exe /p %1
06: HKEY_CLASSES_ROOT\metafile\shell\printto\command = Test.exe /p %1
```

Zeile 1 definiert den Zusammenhang zwischen Extension und Registry-Einträgen. Zeile 2 stellt eine kurze Beschreibung des Eintrags dar. Die Angabe *DefaultIcon* ist optional, es handelt sich um den Index des Icons, das dem Dokument zugeordnet wird. Der Eintrag "...\shell\open\command" beschreibt die Aufrufkonventionen für die Anzeige des Dokuments. Analog dazu werden mit "...\print\command" bzw. "...\printto\command" die Aufrufparameter für den Druck des Dokuments festgelegt.

**HINWEIS:** Bei allen Einträgen sind die Werte im Feld "Default" gespeichert, es gibt keine weiteren Feldeinträge.

**Beispiel 18.13** | **Umsetzung des obigen Beispiels als C#-Programm**

```csharp
...
using Microsoft.Win32;

        private void button1_Click(object sender, EventArgs e)
        {
            RegistryKey regist;
            RegistryKey key;
            regist = Registry.ClassesRoot.OpenSubKey("", true);
            key = regist.CreateSubKey(".wmf");
            key.SetValue("", "metafile");
            key = regist.CreateSubKey("metafile");
            key.SetValue("", "Windows Metafile");
            key = regist.CreateSubKey(@"metafile\DefaultIcon");
            key.SetValue("", Application.ExecutablePath + ",0");
            key = regist.CreateSubKey(@"metafile\shell\open\command");
            key.SetValue("", Application.ExecutablePath+" %1");
            key = regist.CreateSubKey(@"metafile\shell\print\command");
            key.SetValue("", Application.ExecutablePath+" /p %1");
            key = regist.CreateSubKey(@"metafile\shell\printto\command");
            key.SetValue("", Application.ExecutablePath+" /p %1");
        }
```

Das Resultat in der Registry:

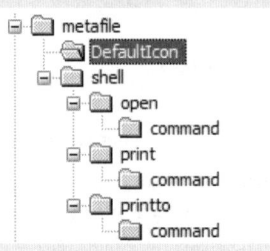

Wenn Sie die Funktionen ausprobieren und die Ergebnisse mit dem Registrierungseditor kontrollieren wollen, müssen Sie die Anzeige nach jeder der oben genannten Funktionen aktualisieren (*F5*).

### 18.5.3 Betrachter für Manifestressourcen

*Manifestressourcen* sind beliebige Dateien, die zum Projekt hinzugefügt wurden und deren *Buildvorgang*-Eigenschaft auf *Eingebettete Ressource* gesetzt wurde. Ein typisches Beispiel dafür sind Bilddateien.

Im vorliegenden Beispiel werden wir die *GetManifestResourceNames*- und *GetManifestResourceStream*-Methoden der *Assembly*-Klasse verwenden, um alle eingebetteten Ressourcen einer bestimmten Assembly aufzulisten und als Datei abzuspeichern. Als weiteres Feature wollen wir den Inhalt von Bild-Ressourcen anzeigen.

#### Oberfläche

Auf dem Startformular *Form1* finden eine *ListBox*, eine *PictureBox* und drei *Button*s ihren Platz. Außerdem brauchen wir noch je eine *OpenFileDialog*- und *SaveFileDialog*-Komponente.

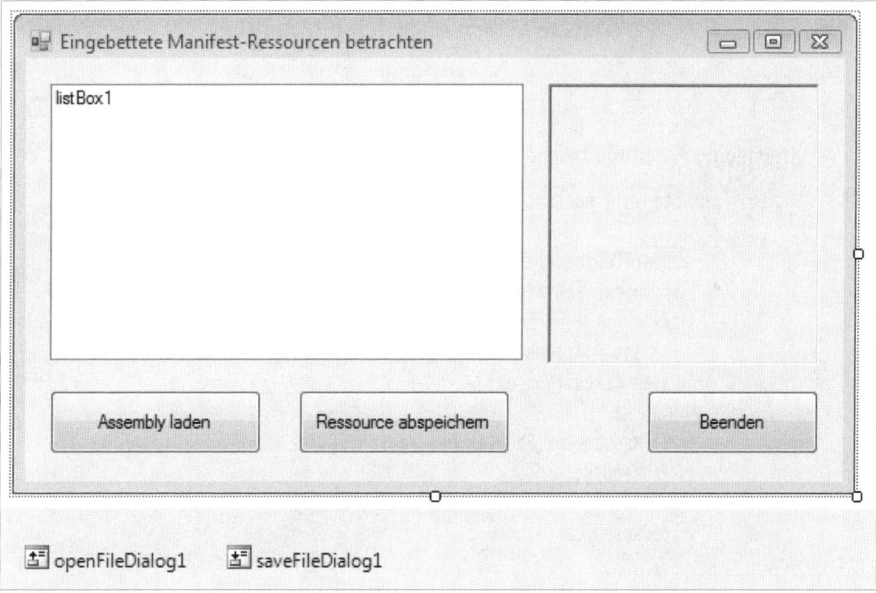

#### Quellcode Form1

```
...
using System.Reflection;
using System.IO;
...
```

```
public class Form1 : System.Windows.Forms.Form
{
...
    private Assembly ass = null;        // globaler Zeiger auf geladene Assembly
```

Alle Ressourcen der Assembly laden, in einem Stringarray ablegen und in der *ListBox* anzeigen:

```
    private void loadResources()
    {
     string [] resNames = ass.GetManifestResourceNames();
     listBox1.Items.Clear();
     if( resNames.Length > 0 )
     {
       listBox1.BeginUpdate();
       foreach(string resName in resNames)
         listBox1.Items.Add(resName);
       listBox1.EndUpdate();
     }
     Image img = pictureBox1.Image;
     pictureBox1.Image = null;
     if( img != null )
     {
       img.Dispose();
       img = null;
     }
    }
}
```

Irgendeine Assembly laden:

```
        private void button1_Click(object sender, EventArgs e)
        {
            openFileDialog1.FileName = "";
            if (openFileDialog1.ShowDialog() == DialogResult.Cancel) return;
            try
            {   ass = Assembly.LoadFrom(openFileDialog1.FileName);  }
            catch (Exception ex)
            {
                MessageBox.Show(ex.Message);
                return;
            }
            loadResources();
        }
```

Eine Ressource in der *ListBox* auswählen, falls eine Bilddatei enthalten ist, wird deren Inhalt angezeigt:

```
        private void listBox1_SelectedIndexChanged(object sender, EventArgs e)
        {
            if (listBox1.SelectedIndex < 0) return;
            Stream stream = null;
            try
```

```
            {
                stream = ass.GetManifestResourceStream((string) listBox1.SelectedItem);
                Image img = Image.FromStream(stream);
                Image oldImage = pictureBox1.Image;
                pictureBox1.Image = img;
                if (oldImage != null)      // alte Bildressource freigeben
                {
                    oldImage.Dispose();
                    oldImage = null;
                }
            }
            catch  {  }
            finally
            {  if (stream != null) stream.Close(); }
        }
```

Ressource als separate Datei abspeichern:

```
        private void button2_Click(object sender, EventArgs e)
        {
            if (listBox1.SelectedIndex < 0)  return;
            saveFileDialog1.FileName = (string) listBox1.SelectedItem;
            if (saveFileDialog1.ShowDialog() == DialogResult.Cancel)  return;
            Stream outFile = saveFileDialog1.OpenFile();
            Stream inFile = ass.GetManifestResourceStream((string) listBox1.SelectedItem);
            long len = inFile.Length;
            if (len > int.MaxValue)
            {
                MessageBox.Show("Kann Datei in dieser Version leider nicht abspeichern!");
                outFile.Close();
                inFile.Close();
            }
            byte[] bytes = new byte[len];
            inFile.Read(bytes, 0, (int) len);
            outFile.Write(bytes, 0, (int) len);
            inFile.Close();
            outFile.Close();
        }
        ...
}
```

## Test

Laden Sie irgendeine Assembly (möglichst eine mit eingebetteten Grafikressourcen). Nach einem Doppelklick auf den in der *ListBox* angezeigten Namen der Ressource wird diese – sofern es sich um eine Grafikressource handelt – in der *PictureBox* angezeigt. Speichern Sie die Ressource als Datei ab.

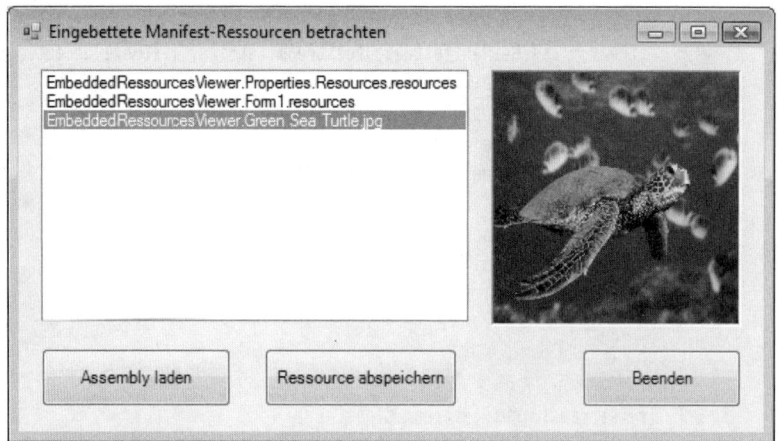

## 18.5.4  Ressourcen mit Reflection auslesen

Für den Zugriff auf Ressourcen wie Grafiken, Videos, Sound etc. bietet sich die *GetManifest-ResourceStream*-Methode an.

Doch ach, ab Version 2.0 des Frameworks hat sich auch hier eine kleine Änderung eingeschlichen, wie eine Kontrolle mit dem .NET-Reflector zeigt:

**Beispiel 18.14**  **.NET 1.x, (eingelagerte Ressourcen werden direkt unter Resources gespeichert, z.B. Wasserlilien.jpg):**

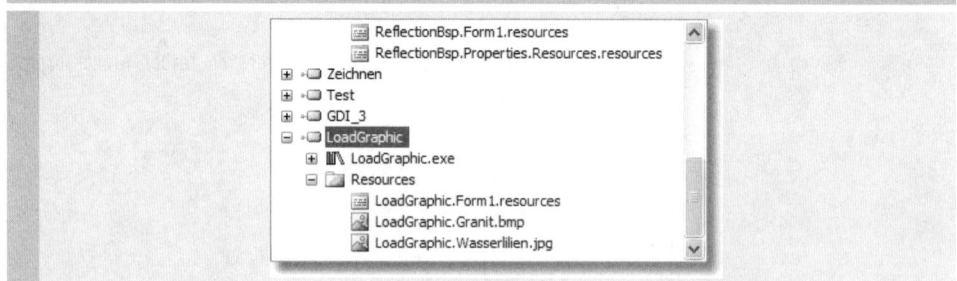

**Beispiel 18.15**  **Ab .NET 2.x (das Verhalten für eingelagerte Ressourcen hat sich zwar nicht geändert, Ressourcen, die über die Projekt-Eigenschaften hinzugefügt wurden, sind aber jetzt im Stream *...Properties.Resources.resources* gespeichert):**

Wir müssen uns deshalb auch beim Auslesen der Ressourcen etwas mehr bemühen als bisher.

**Beispiel 18.16** **Alle Ressourcen ermitteln**

```
...
using System.Reflection;
using System.IO;
using System.Resources;
using System.Collections;
```

Assembly laden:

```
myass = Assembly.GetExecutingAssembly();
foreach (String s in myass.GetManifestResourceNames())
{
```

Hier bestimmen wir zunächst die einzelnen Ressource-Streams:

```
listBox1.Items.Add(s);
if (s.ToLower().EndsWith(".resources"))
```

Wenn in diesem *Stream* weitere Ressourcen enthalten sind:

```
{
    Stream stream = myass.GetManifestResourceStream(s);
    ResourceReader Reader = new ResourceReader(stream);
    IDictionaryEnumerator id = Reader.GetEnumerator();
    while (id.MoveNext())
    {
```

*ID.key* bezeichnet die gleiche Ressource, die Sie auch mit *Properties.Resources.xyz* auslesen können:

```
listBox2.Items.Add(id.Key + "-" + id.Value);
```

Über *id.Value* können wir direkt auf die einzelnen Bitmaps zugreifen:

```
if (id.Value is Bitmap)
{
    Bitmap bmp = (Bitmap) (id.Value as Bitmap).Clone();
    bmp.Save(id.Key + ".bmp");
}
}
Reader.Close();
}
}
```

Die Anzeige in *listBox1* und *listBox2*:

```
ReflectionBsp.Form1.resources
ReflectionBsp.Properties.Resources.resources
ReflectionBsp.fax.bmp
```

```
SKYLINE-(Symbol)
EARTH-(Symbol)
FACTORY-(Symbol)
kamel001-System.Drawing.Bitmap
FINANCE-(Symbol)
HANDSHAK-(Symbol)
TECHNLGY-(Symbol)
```

**HINWEIS:** Nach dem Ausführen obigen Beispiels (siehe CD), werden alle Bitmaps aus der Assembly extrahiert.

**Beispiel 18.17**    **Auslesen der eingebetteten Ressource *fax.bmp* und speichern in einer externen Datei bei Doppelklick auf den entsprechenden Eintrag in *listBox1***

```csharp
private void listBox1_MouseDoubleClick(object sender, MouseEventArgs e)
{
    Bitmap  bmp = new Bitmap(
    Assembly.GetExecutingAssembly().GetManifestResourceStream((String)
                  listBox1.SelectedItem));
    bmp.Save((string) listBox1.SelectedItem);
}
```

**HINWEIS:** Achten Sie beim Zugriff auf die Ressourcen peinlichst auf die korrekte Schreibweise (Groß-/Kleinschreibung!).

# Kapitel 19

# Konsolenanwendungen

Auch in Zeiten multimedialer, bunter und verspielter Windows-Oberflächen hat die gute alte Kommandozeilen- bzw. Konsolenanwendung, wie Sie diese bereits aus DOS-Urzeiten kennen, nach wie vor ihre Daseinsberechtigung. Sei es, um ein kleines Hilfsprogramm zu schreiben, oder auch nur als Beispielprogramm, bei dem es um Inhalte und nicht um optische Effekte geht (siehe Einsteigerbeispiel 1.2).

## 19.1  Grundaufbau/Konzepte

Eine Konsolenanwendung erstellen Sie in Visual Studio über die gleichnamige Vorlage (Menü *Datei|Neu|Projekt...*). Wichtig ist in diesem Zusammenhang die Auswahl des gewünschten .NET-Zielframeworks (zur Verfügung stehen die Versionen 2, 3, 3.5, 4), für das Sie die Konsolenanwendung entwickeln wollen.

Konsolenanwendung

---

**HINWEIS:**  Bestimmte Anwendungs- bzw. Entwicklungsfeatures, wie z.B. das Entity-Framework, LINQ etc. sind nur verfügbar, wenn Sie eine Framework-Version wählen, die diese Features auch unterstützt. Informieren Sie sich also vorher, welche Features Sie brauchen.

---

Nach Abschluss des Assistenten (Sie müssen noch ein Zielverzeichnis wählen) finden Sie sich bereits im Grundgerüst Ihres zukünftigen Programms wieder. Wie schon erwähnt, steht die Oberfläche bei Konsolenanwendungen nicht im Mittelpunkt und so verwundert es auch nicht, wenn Sie es in diesem Fall mit dem C#-Quellcode von *Program.cs* zu tun bekommen (siehe folgender Abschnitt).

Ganz nebenbei werfen wir noch einen Blick auf den Projektmappen-Explorer (siehe folgende Abbildung), dieser zeigt uns noch eine weitere Datei (*AssemblyInfo.cs*), mit der wir uns ebenfalls kurz beschäftigen wollen.

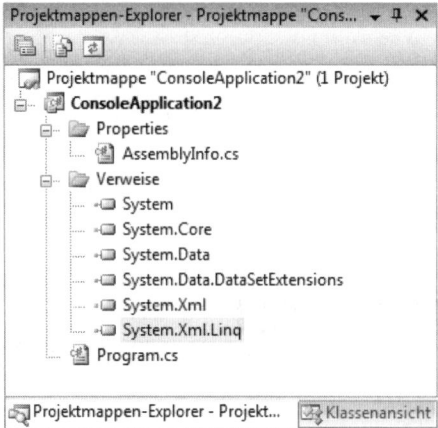

Die Konsolenanwendung ist zu diesem Zeitpunkt bereits ausführbar, nach Betätigen der F5-Taste können Sie sich davon überzeugen. Allerdings werden Sie nicht mehr als ein kurzzeitig aufflackerndes Konsolen-Fenster sehen, da keinerlei Ein- und Ausgaben vorgenommen werden.

## 19.1.1   Unser Hauptprogramm – Program.cs

Mit der schon geöffneten Datei *Program.cs* liegt bereits das Hauptprogramm und damit der Einstiegspunkt vor Ihnen. Der C#-Code enthält neben diversen Namespace-Importen eine Klasse *Program* mit der statischen Eintrittsmethode *Main*.

Beispiel 19.1    **Ein Hauptprogramm**

```csharp
using System;
using System.Collections.Generic;
using System.Linq;
using System.Text;

namespace ConsoleApplication2
{
    class Program
    {
        static void Main(string[] args)
        {
        }
    }
}
```

### static void Main()

Die *Main*-Methode ist sowohl für den Start als auch für das Ende Ihres Programms verantwortlich. Aus dieser Methode heraus erstellen Sie Ihre Objekte und rufen die gewünschten Methoden auf. Ist der in der Methode definierte Code abgearbeitet, wird das Programm beendet.

Im Gegensatz zu den Windows Forms-/WPF-Anwendungen müssen wir uns im Falle einer Kommandozeilenanwendung um die "Nachrichtenschleife", d.h. in diesem Fall die dauernde Abfrage der Eingabe, selbst kümmern. Bezogen auf Beispiel 19.1 bedeutet dies, dass die Anwendung sofort nach dem Start auch schon wieder beendet ist, da weder Daten abgefragt noch ausgegeben wurden.

**Beispiel 19.2**  **Ein- und Ausgabe**

```
...
        static void Main(string[] args)
        {
            string eingabe = "";
```

Abfragen einer Eingabe, die mit der Enter-Taste abgeschlossen wird:

```
            eingabe = Console.ReadLine();
```

Ausgabe des eingegebenen Wertes:

```
            Console.WriteLine("Sie haben '{0}' eingegeben!", eingabe);
```

Und hier warten wir auf eine beliebige Taste, sonst ist das Programm sofort beendet, ohne dass Sie die Ausgaben sehen können.

```
            Console.ReadKey();
        }
...
```

**HINWEIS:** Rufen Sie obiges Beispiel direkt von der Kommandozeile aus auf, können Sie auf das *ReadKey* verzichten, da das Kommandozeilenfenster ja geöffnet bleibt.

## 19.1.2  Rückgabe eines Fehlerstatus

Gerade Kommandozeilenprogramme werden häufig aus Skript-Dateien (.BAT, .CMD) heraus aufgerufen. In diesen Fällen steht meist das Problem, wie Programmergebnisse/-fehler sich auf den weiteren Ablauf des Skripts auswirken sollen. Auch dafür bietet die *Main*-Methode eine Lösung. Neben der bereits vorgestellten Variante ohne Rückgabewert können Sie diese Methode alternativ mit einem *int*-Rückgabewert deklarieren. Dieser kann später z.B. in einer .BAT-Datei per %ERRORLEVEL% ausgelesen und verarbeitet werden.

**Beispiel 19.3**  **Rückgabe und Auswertung eines int-Wertes**

```
...
namespace Test
{
    class Program
    {
        static int Main(string[] args)
        {
            return 7;
        }
```

**Beispiel 19.3**   **Rückgabe und Auswertung eines int-Wertes**

```
      }
  }
```

Die *Test.bat*:

```
rem test.bat
@echo off
test.exe
echo Rueckgabewert = %ERRORLEVEL%
```

Nach dem Starten der *Test.bat* erhalten Sie folgende Ausgabe an der Kommandozeile:

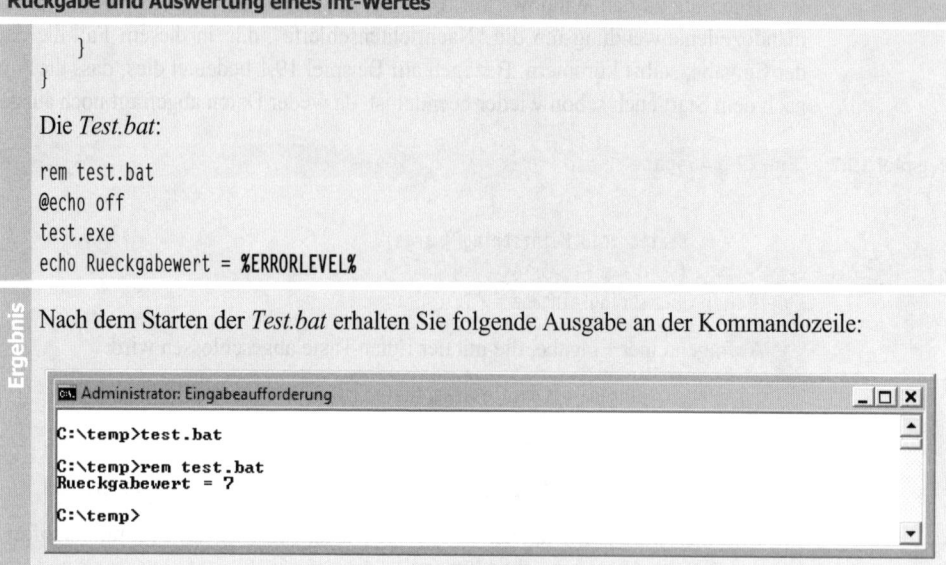

```
Administrator: Eingabeaufforderung                                    _ □ x

C:\temp>test.bat

C:\temp>rem test.bat
Rueckgabewert = 7

C:\temp>
```

---

**HINWEIS:** Über entsprechende *if*-Abfragen lässt sich so der Programmablauf des Skripts aus der Kommandozeilenanwendung heraus steuern.

---

## 19.1.3   Parameterübergabe

Kommandozeilenprogramme erhalten in vielen Fällen die nötigen Informationen als Parameter beim Programmstart. Wie Sie sicher schon vermutet haben, übernimmt der String-Array-Parameter *args* der *Main*-Methode die Aufgabe, die übergebenen Parameter abzubilden.

**Beispiel 19.4**   **Auswerten der Kommandozeilenparameter**

```csharp
static void Main(string[] args)
{
    foreach (string arg in args)
        Console.WriteLine(arg);
    Console.ReadKey();
}
```

Alternativ können Sie auch die *Environment.GetCommandLineArgs*-Collection auswerten, wie es folgendes Beispiel zeigt:

**Beispiel 19.5**   **Auswerten der Kommandozeilenparameter per *GetCommandLineArgs***

```csharp
static void Main(string[] args)
{
    foreach (string arg in Environment.GetCommandLineArgs())
        Console.WriteLine(arg);
```

**Beispiel 19.5** | **Auswerten der Kommandozeilenparameter per *GetCommandLineArgs***

```
        Console.ReadKey();
    }
```

**HINWEIS:** Beachten Sie, dass diese Variante im ersten Element den kompletten Pfad der EXE zurückgibt!

Um beim Testen nicht jedes Mal zur Kommandozeile wechseln zu müssen, können Sie die Parameter auch über die Visual Studio-IDE übergeben.

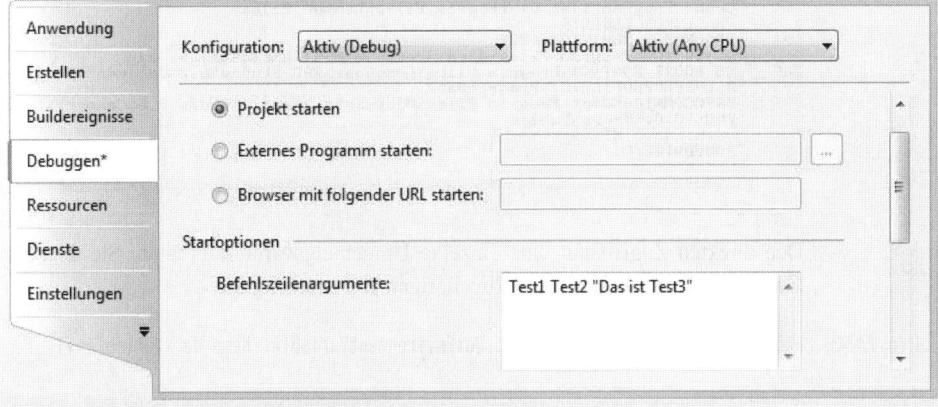

Rufen Sie dazu über *Projekt|Eigenschaften|Debuggen* den obigen Dialog auf und tragen Sie die Werte in die Textbox "Befehlszeilenargumente" ein.

## 19.1.4  Zugriff auf die Umgebungsvariablen

Was für den Windowsprogrammierer die Registrierdatenbank ist, sind für den Entwickler von Kommandozeilentools die Umgebungsvariablen. Über diese lässt sich recht bequem der Ablauf eines kleinen Programms steuern. Abrufen können Sie die Umgebungsvariablen über die *Environment.GetEnvironmentVariables*-Methode, diese gibt ein *Dictionary* zurück, das aus einer Kombination vom *Key* und *Value* besteht.

**Beispiel 19.6** | **Abrufen aller Umgebungsvariablen**

```csharp
static void Main(string[] args)
{
    foreach (System.Collections.DictionaryEntry de in
                    Environment.GetEnvironmentVariables())
        Console.WriteLine("{0}:{1}",de.Key, de.Value);
    Console.ReadKey();
}
```

**Beispiel 19.6**   **Abrufen aller Umgebungsvariablen**

Das Ergebnis zeigt die folgende Abbildung:

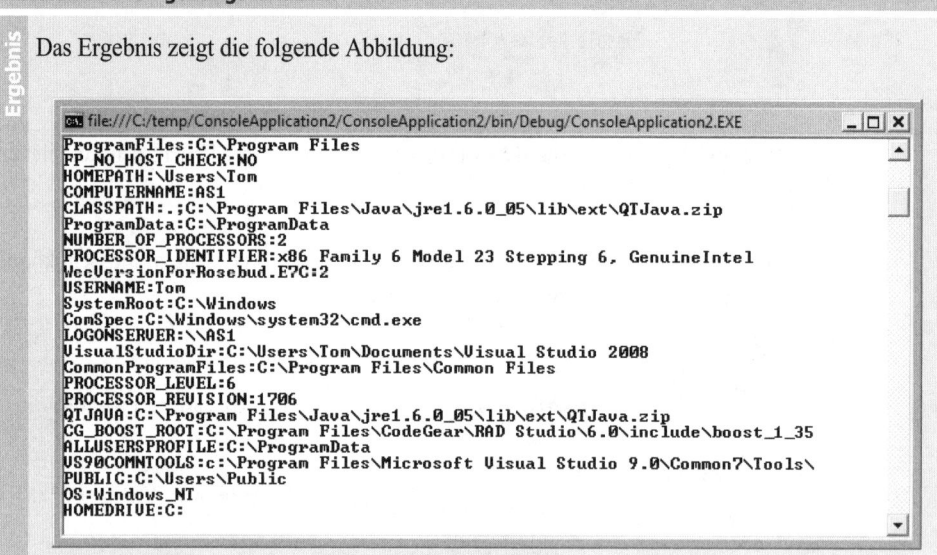

```
file:///C:/temp/ConsoleApplication2/ConsoleApplication/bin/Debug/ConsoleApplication2.EXE
ProgramFiles:C:\Program Files
FP_NO_HOST_CHECK:NO
HOMEPATH:\Users\Tom
COMPUTERNAME:AS1
CLASSPATH:.;C:\Program Files\Java\jre1.6.0_05\lib\ext\QTJava.zip
ProgramData:C:\ProgramData
NUMBER_OF_PROCESSORS:2
PROCESSOR_IDENTIFIER:x86 Family 6 Model 23 Stepping 6, GenuineIntel
WccVersionForRosebud.E7C:2
USERNAME:Tom
SystemRoot:C:\Windows
ComSpec:C:\Windows\system32\cmd.exe
LOGONSERVER:\\AS1
VisualStudioDir:C:\Users\Tom\Documents\Visual Studio 2008
CommonProgramFiles:C:\Program Files\Common Files
PROCESSOR_LEVEL:6
PROCESSOR_REVISION:1706
QTJAVA:C:\Program Files\Java\jre1.6.0_05\lib\ext\QTJava.zip
CG_BOOST_ROOT:C:\Program Files\CodeGear\RAD Studio\6.0\include\boost_1_35
ALLUSERSPROFILE:C:\ProgramData
VS90COMNTOOLS:c:\Program Files\Microsoft Visual Studio 9.0\Common7\Tools\
PUBLIC:C:\Users\Public
OS:Windows_NT
HOMEDRIVE:C:
```

Den direkten Zugriff auf eine einzelne Umgebungsvariable erhalten Sie über die Methode *Get-EnvironmentVariable*, die den zugehörigen Wert zurückgibt:

**SYNTAX:**   ```public static string Environment.GetEnvironmentVariable(<Name der Variablen>)```

**Beispiel 19.7**   **Abfrage der PATH-Variablen**

```csharp
static void Main(string[] args)
{
    Console.WriteLine( Environment.GetEnvironmentVariable("PATH"));
    Console.ReadKey();
}
```

# 19.2  Die Kommandozentrale: System.Console

Haben Sie die vorhergehenden Beispiele aufmerksam studiert, wird Ihnen sicher noch die Klasse *System.Console* in Erinnerung geblieben sein. Diese Klasse enthält zahlreiche Mitglieder, die zum einen die Ein- und Ausgabe, zum anderen aber auch das optische Erscheinungsbild der Kommandozeile bestimmen. So können Sie unter anderem Größe und Position des Konsolenfensters und dessen Farbeinstellungen verändern, Ausgaben absolut positionieren, den Kursor ein-/ausblenden, Signaltöne ausgeben usw. Die folgenden Tabellen und Beispiele sollen einen ersten Überblick bieten.

## 19.2.1 Eigenschaften

Wichtige Eigenschaften von *Console*:

| Eigenschaft | Typ | Beschreibung |
|---|---|---|
| *Title* | *string* | Titel des Konsolenfensters |
| *CursorVisible* | *bool* | Sichtbarkeit des Kursors |
| *CursorTop* | *int* | Zeilenposition des Kursors |
| *CursorLeft* | *int* | Spaltenposition des Kursors |
| *BackgroundColor* | *ConsoleColor* | Hintergrundfarbe der Schrift |
| *ForegroundColor* | *ConsoleColor* | Vordergrundfarbe der Schrift |
| *BufferHeight, BufferWidth* | *int* | Höhe und Breite des Pufferbereichs |
| *CapsLock* | *bool* | Ist die Feststelltaste gedrückt? |
| *Error* | *TextWriter* | Standard-Fehlerausgabestream |
| *In* | *TextReader* | Standard-Eingabestream |
| *Out* | *TextWriter* | Standard-Ausgabestream |
| *WindowHeight, WindowWidth* | *int* | die Fensterabmessungen |
| *WindowTop, WindowLeft* | *int* | Position des Fensterbereichs in Bezug auf den Bildschirmpuffer |

## 19.2.2 Methoden/Ereignisse

Wichtige Methoden von *Console*:

| Methode | Beschreibung |
|---|---|
| *Clear* | ... löscht das Konsolenfenster |
| *SetWindowSize* | ... setzt Höhe und Breite des Konsolenfensters |
| *SetCursorPosition* | ... positioniert den Kursor |
| *ResetColor* | ... setzt Farbeinstellungen auf Standardwerte |
| *SetBufferSize* | ... setzt Höhe und Breite des Bildschirmpuffers |
| *SetWindowPosition* | ... setzt die Position des Konsolenfensters relativ zum Bildschirmpuffer |
| *MoveBufferArea* | ... verschiebt kompletten Fensterausschnitt |
| *ReadKey* | ... liest nachfolgende Tastatureingabe |
| *Read* | ... liest einzelnes Zeichen aus dem Eingabestream |
| *ReadLine* | ... liest eine Zeile aus dem Eingabestream |
| *Beep* | ... erzeugt Signalton |
| *Write* | ... schreibt Zeichen ohne Zeilenvorschub |
| *WriteLine* | ... schreibt eine Zeile |

Last but not least verfügt *Console* auch noch über ein Ereignis, mit dem Sie auf die Tastenkombination Strg+C reagieren können:

**SYNTAX:** `public static event ConsoleCancelEventHandler` **`CancelKeyPress`**

Im Weiteren wollen wir an einigen kleinen Beispielen die Verwendung der obigen Member demonstrieren.

## 19.2.3 Textausgaben

Wie der Tabelle unter 19.2.2 zu entnehmen ist, bieten sich für die Ausgabe von Text die Methoden *Write* und *WriteLine* an. Beide verfügen über eine beeindruckende Vielzahl von Überladungen, die es ermöglichen, fast jeden relevanten Datentyp ohne vorherige Konvertierung zu übergeben. Beide Methoden unterscheiden sich lediglich darin, dass *Write* auf das Anfügen eines Zeilenvorschubs verzichtet. Die Ausgabe selbst erfolgt an der aktuellen Position, die Sie wiederum mit *CursorLeft* und *CursorTop* beeinflussen können.

**Beispiel 19.8**

| **Verwendung *Write/WriteLine*** |
|---|

```csharp
static void Main(string[] args)
{
    Console.Write("H");
    Console.Write("a");
    Console.Write("l");
    Console.Write("l");
    Console.Write("o");
    Console.Write(" ");
    Console.WriteLine("Welt");
    Console.CursorTop = 5;
    Console.CursorLeft = 10;
    Console.Write("Absolute Positionierung");
    Console.ReadKey();
}
```

```
file:///C:/temp/ConsoleApplication2/ConsoleApplication2/bin/Debug/ConsoleApplication2.EXE    _ □ ×
Hallo Welt


          Absolute Positionierung
```

**HINWEIS:** Über die Eigenschaft *Console.Out.NewLine* haben Sie Einfluss auf die Art des Zeilenvorschubs, so können Sie den Wert beispielsweise auf "\r\n\r\n" festlegen, um einen doppelten Zeilenvorschub zu erzielen.

## 19.2.4 Farbangaben

Für die optische "Verbesserung" Ihrer Anwendung bieten sich die Eigenschaften *BackGround-Color*- und *ForeGroundColor* an. Beide Farbeigenschaften werden durch Werte aus der *Console-Color*-Enumeration repräsentiert. Die Farbpalette erinnert an gute alte DOS-Zeiten:

| Nr | Farbe | Nr | Farbe | Nr | Farbe | Nr | Farbe |
|----|-------|----|-------|----|-------|----|-------|
| 0 | Black | 4 | DarkRed | 8 | DarkGray | 12 | Red |
| 1 | DarkBlue | 5 | DarkMagenta | 9 | Blue | 13 | Magenta |
| 2 | DarkGreen | 6 | DarkYellow | 10 | Green | 14 | Yellow |
| 3 | DarkCyan | 7 | Gray | 11 | Cyan | 15 | White |

**Beispiel 19.9** | **Verwendung von Farbwerten**

Diese Konsolenanwendung verteilt zufällig verschiedenfarbige Zeichen "x" über die verfügbare Fensterfläche. Falls das gleiche Zeichen zweimal hintereinander erscheint, hält das Programm mit einem Signalton an. An der Position des letzten Zeichens wird die Gesamtanzahl von Schleifendurchläufen ausgegeben.

```csharp
static void Main(string[] args)
{
    const int ym = 40;
    const int xm = 80;
    int xp = 0; int yp = 0;
    Console.CursorVisible = false;
    Console.SetWindowSize(xm, ym);
    System.Random rnd = new System.Random();
    int i = 0;
    do
    {
        xp = Console.CursorLeft;
        yp = Console.CursorTop;
        Console.CursorLeft  = rnd.Next(0, xm);
        Console.CursorTop = rnd.Next(0, ym);
        Console.ForegroundColor = (ConsoleColor) rnd.Next(1, 16);
        Console.Write("x");
        i++;
    }
    while (!((Console.CursorLeft == xp)&&(Console.CursorTop == yp)));
    Console.Beep(1000, 3000);
    Console.Write(i.ToString());
    Console.ReadKey();
}
```

**Beispiel 19.9**  **Verwendung von Farbwerten**

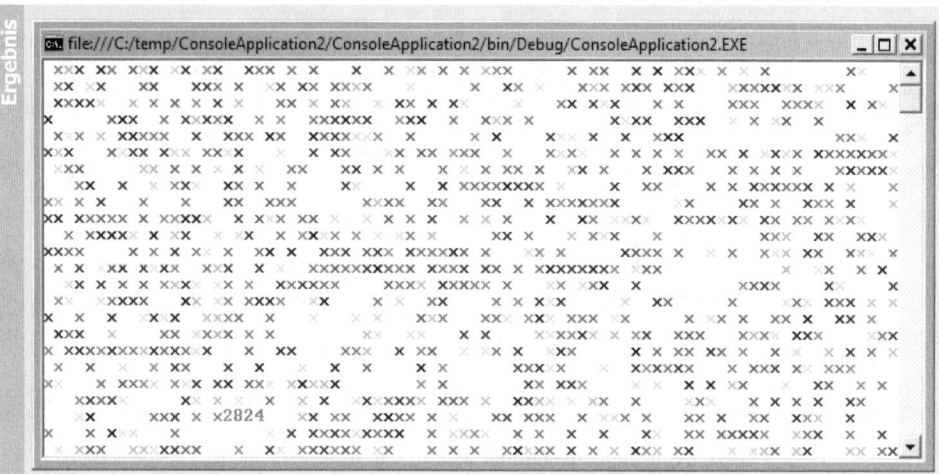

## 19.2.5  Tastaturabfragen

Die *ReadKey*-Methode liefert ein Objekt (genauer genommen eine Struktur) vom Typ *Console-KeyInfo*, dem man alle Informationen über die gedrückte Taste entnehmen kann.

| Eigenschaft | Beschreibung |
| --- | --- |
| *Key* | ... liefert die gedrückte Taste als Mitglied der *ConsoleKey*-Enumeration |
| *KeyChar* | ... liefert das Unicode-Zeichen der gedrückten Taste |
| *Modifiers* | ... liefert die gleichzeitig gedrückte ALT-, STRG- oder SHIFT-Taste als Mitglied der *ConsoleModifiers*-Enumeration |

**Beispiel 19.10**  **Verwendung von *ReadKey***

Nach jeder Tastenbetätigung wird "Hallo" ausgegeben. Nur mittels Esc-Taste kann die folgende Schleife verlassen werden.

```csharp
static void Main(string[] args)
{
    ConsoleKeyInfo cki;
    do
    {
        Console.WriteLine("Hallo");
        cki = Console.ReadKey(true);
    }
    while (cki.Key != ConsoleKey.Escape);
}
```

In der *ConsoleKey*-Enumeration ist quasi jede nur denkbare Taste enthalten (siehe Online-Dokumentation), lediglich für Shift, Alt oder Strg gibt es eine Sonderbehandlung durch die *Console-Modifiers*-Enumeration.

### Modifiers-Eigenschaft und ConsoleModifiers-Enumeration

Das *ConsoleKeyInfo*-Objekt kann mittels seiner *Modifiers*-Eigenschaft und deren bitweiser Verknüpfung mit einem Mitglied der *ConsoleModifiers*-Enumeration auch feststellen, ob zusammen mit einer anderen Taste die Shift-, Alt- oder Strg-Taste betätigt wurde, sodass quasi beliebige Tastaturabfragen möglich sind.

**Beispiel 19.11** | **Es werden die gedrückte Tastenkombination und der zugehörige Unicode ausgegeben.**

```csharp
ConsoleKeyInfo cki = Console.ReadKey(true);
StringBuilder sb = new StringBuilder();
sb.Append("Sie haben gedrückt die Taste(n): ");
if (cki.Modifiers != 0)
{
    if ((cki.Modifiers & ConsoleModifiers.Shift) != 0)
        sb.Append("SHIFT+");
    if ((cki.Modifiers & ConsoleModifiers.Alt) != 0)
        sb.Append("ALT+");
    if ((cki.Modifiers & ConsoleModifiers.Control) != 0)
        sb.Append("CTL+");
}
sb.Append(cki.Key.ToString() + "  (Zeichen: " + cki.KeyChar + ")");
Console.WriteLine(sb.ToString());
```

Als Ergebnis erscheint auf der Konsole z.B.:

```
Sie haben gedrückt die Taste(n): SHIFT+ALT+H   (Zeichen: H)
```

> **HINWEIS:** Wenn Sie das Beenden durch Strg+C vermeiden möchten, müssen Sie die folgende Anweisung einfügen: *Console.TreatControlCAsInput = true;*

## 19.2.6 Arbeiten mit Streamdaten

In alten DOS-Zeiten waren Konstrukte wie dieses häufig anzutreffen:

```
dir *.* | programmxyz.exe > ausgabe.txt
```

Sinn und Zweck eines solchen Konstrukts ist das Umleiten der Ausgabe von "dir" mittels Pipe (das |-Zeichen) an die Eingabe der Anwendung "programmxyz.exe". Die Ausgaben von "programmxyz.exe" werden wiederum in eine neue Datei "ausgabe.txt" umgeleitet (per >-Zeichen).

Möchten Sie mit C# eine derartige Anwendung erstellen, die Eingaben wie oben gezeigt entgegennimmt, verarbeitet und weitergeben kann, vergessen Sie ganz schnell die meisten der bisher beschriebenen Features. Dreh- und Angelpunkt sind jetzt die beiden Eigenschaften *Console.In* und *Console.Out*.

---

**HINWEIS:**  Ein absolutes Positionieren des Kursors oder andere derartige Anweisungen sind in diesem Zusammenhang nicht angebracht und führen zwangsläufig zu einem Laufzeitfehler.

---

Bei *Console.In* bzw. *Console.Out* handelt es sich um einen *TextReader* bzw. einen *TextWriter*, was die Verwendung wesentlich vereinfacht.

**Beispiel 19.12**  |  **Verwendung von *Console.In* und *Console.Out***

Einlesen des Eingabestreams und Ausgabe mit laufender Zeilennummer.

```
static int Main(string[] args)
{
    string zeile = "";
    int nr = 0;
```

Zeilenweises Verarbeiten des Eingabestreams solange Daten vorliegen:

```
    while ((zeile = Console.In.ReadLine()) != null)
    {
```

Zeilenweise Ausgabe der gelesenen Daten:

```
        Console.Out.WriteLine("Zeile {0}: {1}", nr.ToString("D4"), zeile);
        nr += 1;
    }
    return 0;
}
```

Rufen Sie die erstellte Anwendung *Test.exe* an der Kommandozeile wie folgt auf:

```
dir *.* | Test.exe > ausgabe.txt
```

Jetzt können Sie das Ausgabeergebnis in der Datei *ausgabe.txt* betrachten:

```
 ausgabe.txt - Editor
Datei  Bearbeiten  Format  Ansicht  ?
Zeile 0000:  Datentr„ger in Laufwerk C: ist OS
Zeile 0001:  Volumeseriennummer: 261A-2A5D
Zeile 0002:
Zeile 0003:  Verzeichnis von C:\temp\ConsoleApplication2\ConsoleApplication2\bin\Debug
Zeile 0004:
Zeile 0005:  25.03.2009  11:24    <DIR>          .
Zeile 0006:  25.03.2009  11:24    <DIR>          ..
Zeile 0007:  25.03.2009  11:26                 0 ausgabe.txt
Zeile 0008:  25.03.2009  11:26             5.120 Test.exe
Zeile 0009:  25.03.2009  11:26            13.824 Test.pdb
Zeile 0010:  25.03.2009  11:23            14.328 Test.vshost.exe
Zeile 0011:  21.07.2007  01:33               490 Test.vshost.exe.manifest
Zeile 0012:  25.03.2009  11:24                61 test.bat
Zeile 0013:               6 Datei(en),        33.823 Bytes
Zeile 0014:               2 Verzeichnis(se), 280.152.928.256 Bytes frei

                                                               Zeile 13, Spalte 57
```

# 19.3  Praxisbeispiele

## 19.3.1  Farbige Konsolenanwendung

Das folgende, etwas längere, Beispiel soll Ihnen noch einmal die diversen Features der *Console*-Klasse demonstrieren.

```
class Program
{
```

Die folgende Methode zeichnet einen "Truck" in der Farbe *cc* am linken Rand der Zeile *y*:

```
    static void drawTruck(ConsoleColor cc, int y)
    {
```

Karosserie zeichnen:

```
        Console.BackgroundColor = cc;
        Console.CursorTop = y;
        Console.CursorLeft = 5;
        Console.Write(" ");
        Console.CursorLeft = 6;
        Console.Write(" ");
        Console.CursorTop = y+1;
        for (int i = 1; i < 9; i++)
        {
            Console.CursorLeft = i;
            Console.Write(" ");
        }
```

Räder zeichnen:

```
        Console.BackgroundColor = ConsoleColor.Black;
        Console.ForegroundColor = cc;
        Console.CursorTop = y+2;
        Console.CursorLeft = 2;
        Console.Write("O");
        Console.CursorLeft = 7;
        Console.Write("O");
    }
```

Der Einsprung in das Programm:

```
    static void Main(string[] args)
    {
        const int xm = 80;        // Fensterbreite
        const int ym = 40;        //    "   höhe
        const int ypos = 5;       // Spur, in welcher Truck fährt
        string msg = "Drücken Sie eine beliebige Taste, um {0}";   // Formatzeichenkette
```

Kopfzeile festlegen:

```
        Console.Title = "Konsolen-Truck";
```

Fenstergröße bestimmen:

```
Console.SetWindowSize(xm, ym);
```

Ausgaben realisieren:

```
Console.WriteLine("Willkommen zur Truck-Demo!\n");
Console.Write("Welche Farbe soll der Truck haben? (rot=1, blau=2, grün=3) ");
```

Auf Eingabe warten:

```
string farbe = Console.ReadLine();
```

Kursor ausblenden:

```
Console.CursorVisible = false;
switch (farbe)
{
    case "1": drawTruck(ConsoleColor.Red, ypos); break;
    case "2": drawTruck(ConsoleColor.Blue, ypos); break;
    case "3": drawTruck(ConsoleColor.Green, ypos); break;
    default: drawTruck(ConsoleColor.White, ypos); break;
}
Console.SetCursorPosition(0, ypos + 4);
Console.ResetColor();
Console.WriteLine(msg, "den Truck zu starten!");
Console.ReadKey();
Console.Beep();
```

Unser Truck "fährt" jetzt von links nach rechts:

```
for (int i = 0; i < (xm - 9); i++)
{
        Console.MoveBufferArea(i, ypos, 9, 3, i + 1, ypos);
        System.Threading.Thread.Sleep(50);
}
```

Alles löschen:

```
Console.Clear();
```

Warnton ausgeben:

```
Console.Beep();
Console.SetCursorPosition(0, 0);
Console.ResetColor();
Console.WriteLine(msg, "die Truck-Demo zu beenden!");
```

Diese Anweisung brauchen wir, sonst wird das Fenster schon hier geschlossen (Ende des Hauptprogramms:

```
Console.ReadKey();
    }
}
```

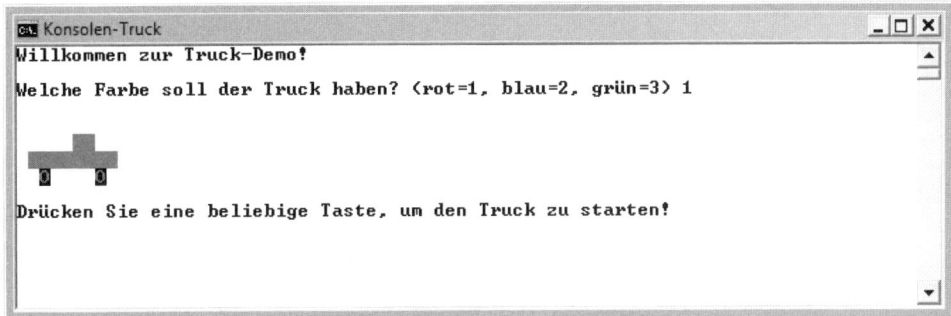

## 19.3.2 Weitere Hinweise und Beispiele

Wer sich intensiver mit der Entwicklung von Konsolenanwendungen beschäftigen will, findet im Internet weitere Informationen:

- Die Hilfe für die *Console*-Klasse:

   *http://msdn.microsoft.com/de-de/library/system.console.aspx*

- Ein Parser für Kommandozeilenparameter:

   *http://www.codeproject.com/KB/recipes/command_line.aspx*

Damit wollen wir das Thema "Konsolenanwendungen" abschließen, denn das Haupteinsatzgebiet für Ihre C#-Anwendungen dürfte die Windows-Oberfläche sein.

Kapitel **20**

# Verteilen von Anwendungen

Dem .NET-Programmierer bieten sich zwei Hauptvarianten für das Verteilen seiner Anwendung an den Endkunden[1]:

- ClickOnce-Deployment
- Setup-Projekt

Während es sich beim ClickOnce-Deployment um eine noch recht junge Technologie handelt, bei der die Installationen über das Web abgerufen/aktualisiert werden können, ist die Anwendung von Setup-Projekten sicher jedem Windows-Nutzer bekannt.

## 20.1 ClickOnce-Deployment

Mit *ClickOnce* bietet sich dem .NET-Entwickler eine interessante Möglichkeit, seine Programme zu verteilen. Das Grundprinzip dieses Verfahrens ist es, das Verteilen und Aktualisieren von Anwendungen zu zentralisieren und damit auch zu vereinfachen.

### 20.1.1 Übersicht/Einschränkungen

Im Gegensatz zu den lokal installierten Windows-Anwendungen werden bei ClickOnce die Applikationen von einem zentralen Ort aus zur Verfügung gestellt. Dies kann eine Website, eine FTP-Server oder auch ein Dateipfad sein. Installiert bzw. ausgeführt werden kann die Anwendung von einer CD/DVD, einer Website oder einem UNC-Pfad.

---

**HINWEIS:** Sie entscheiden bereits beim Erstellen des Projekts, ob die ClickOnce-Anwendung nur online oder auch offline verfügbar ist. Im letzteren Fall wird dem Startmenü des Anwenders ein entsprechender Eintrag hinzugefügt.

---

Beim Herunterladen der Anwendungsdateien werden diese jedoch nicht wie gewohnt unterhalb des Verzeichnis *\Programme* abgelegt, sondern im Benutzerprofil des aktuellen Nutzers (*\\Dokumente und Einstellungen\<Benutzer>\Lokale Einstellungen\Apps*).

---

[1] Sehen wir einmal von den Distributionsmöglichkeiten für Webanwendungen ab.

**HINWEIS:** Aus dieser Tatsache resultieren auch einige Einschränkungen der ClickOnce-Distribution, so steht keine Möglichkeit zur Pfadauswahl zur Verfügung, auch die Installation selbst muss auf administrative Rechte/Aufgaben (Dateisystem, Registry) verzichten.

Ist die Anwendung auch offline verfügbar, bietet das ClickOnce-Verfahren die Möglichkeit, die Anwendungsdateien automatisch zu aktualisieren, ohne das sich der Nutzer explizit darum kümmern muss.

Gesteuert wird das Verhalten der ClickOnce-Anwendung mit zwei Manifestdateien.

- Das Anwendungsmanifest beschreibt die für die Applikation erforderlichen Assemblies und weitere Dateien.

- Über das Bereitstellungsmanifest werden Versionsinformationen, Speicherorte und der Pfad des Anwendungsmanifests beschrieben.

**HINWEIS:** Die beiden Manifestdateien werden im Hintergrund vom Visual Studio-Assistenten, basierend auf Ihren Vorgaben, erstellt, Sie brauchen sich also nicht selbst darum zu kümmern.

Doch grau ist alle Theorie und so wollen wir auch diesmal mit einem einfachen Beispiel die Schritte zum fertigen ClickOnce-Projekt zeigen.

## 20.1.2  Die Vorgehensweise

Visual Studio bietet zumindest zwei Wege, um das *ClickOnce*-Deployment vorzubereiten:

- Manuelle Einstellung der Deployment-Optionen auf den Registerkarten *Sicherheit* und *Veröffentlichen*, die Teil der Projekteigenschaften sind, und anschließendes Betätigen der Schaltfläche "Jetzt veröffentlichen..." auf der Registerkarte *Veröffentlichen*.

- Verwenden des Webpublishing-Assistenten durch Betätigen der Schaltfläche "Webpublishing-Assistent..." auf der Registerkarte *Veröffentlichen* oder Aufruf des Kontextmenüs *Veröffentlichen* im Projektmappen-Explorer.

Im Folgenden wollen wir die Vorgehensweise am Beispiel einer aus zwei Komponenten bzw. Projekten (Client und Server) bestehenden Anwendung demonstrieren.

Da Sie zum *ClickOnce* Deployment keinerlei zusätzlichen Code schreiben müssen steht es Ihnen frei, stattdessen auch ein beliebiges anderes Projekt aus Ihrem Fundus zu verwenden. Allerdings sollte es nicht zu komplex sein, da während der Installation keinerlei Administratorenrechte zur Verfügung stehen und z.B. Einträge in die Registry nicht vorgenommen werden können.

Wir wollen zunächst den ersten der oben genannten beiden Wege beschreiten, also auf den direkten Einsatz des Webpublishing-Assistenten verzichten.

### 20.1.3 Ort der Veröffentlichung

Rufen Sie das Menü *Projekt|ResClient*-Eigenschaften... des Projekts *ResClient* auf und wählen Sie die Registerseite "Veröffentlichen":

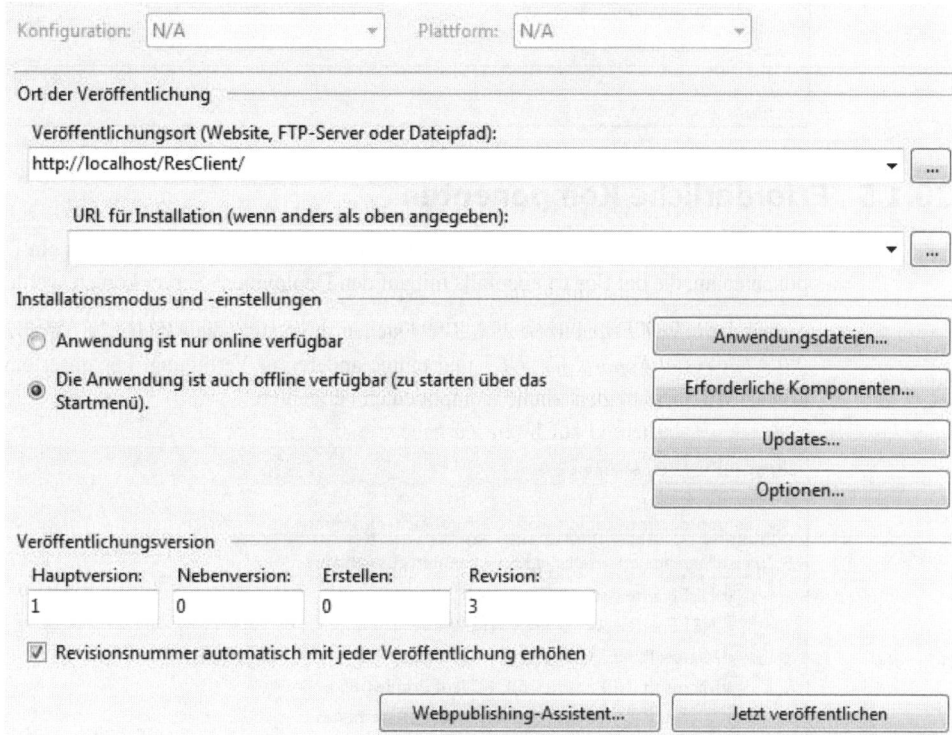

Tragen Sie dort den Ort der Veröffentlichung ein, für einen ersten Test eignet sich der lokale Webserver (IIS), alternativ können Sie auch einen Pfad oder einen FTP-Server angeben.

---

**HINWEIS:** Die Registerseiten *Sicherheit* und *Veröffentlichen* werden Sie beim *ResServer*-Projekt vergeblich suchen, da es sich hier um keine für das Deployment geeignete (*\*.exe*-) Anwendung handelt.

---

### 20.1.4 Anwendungsdateien

Klicken Sie auf die Schaltfläche "Anwendungsdateien..." so öffnet sich ein Dialog, in dem Sie angeben können, welche Dateien auf den Deployment-Server zu kopieren sind. *ClickOnce* erkennt selbstständig, welche Abhängigkeiten zwischen den Dateien bestehen und welche Dateien unbedingt erforderlich sind. Seien Sie also unbesorgt, wenn die für unser Beispiel erforderliche *ResServer.dll* nicht mit in der Liste aufgeführt ist.

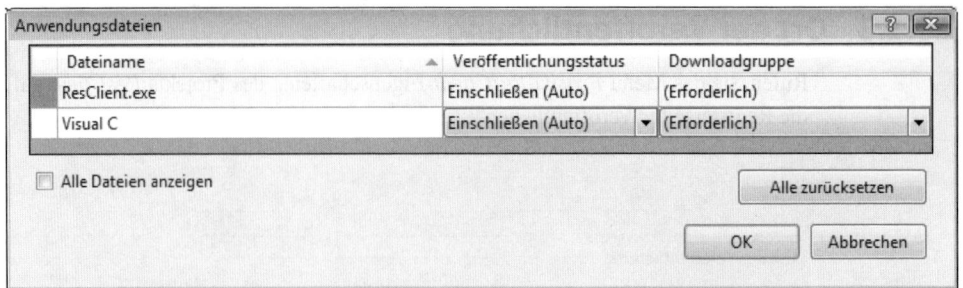

## 20.1.5  Erforderliche Komponenten

Nach Klick auf die Schaltfläche "Erforderliche Komponenten..." zeigt Ihnen ein Dialog die Komponenten an, die bei Bedarf ebenfalls mit auf den Deployment-Server kopiert werden können.

Neben dem *.NET Framework 2, 3, 3.5, 4* stehen momentan die *MDAC 2.8*, der *Windows Installer 2.0/3.1*, *Crystal Reports für .NET* und einige andere zur Verfügung. Für unser einfaches Beispiel können wir aber auf zusätzliche Komponenten verzichten.

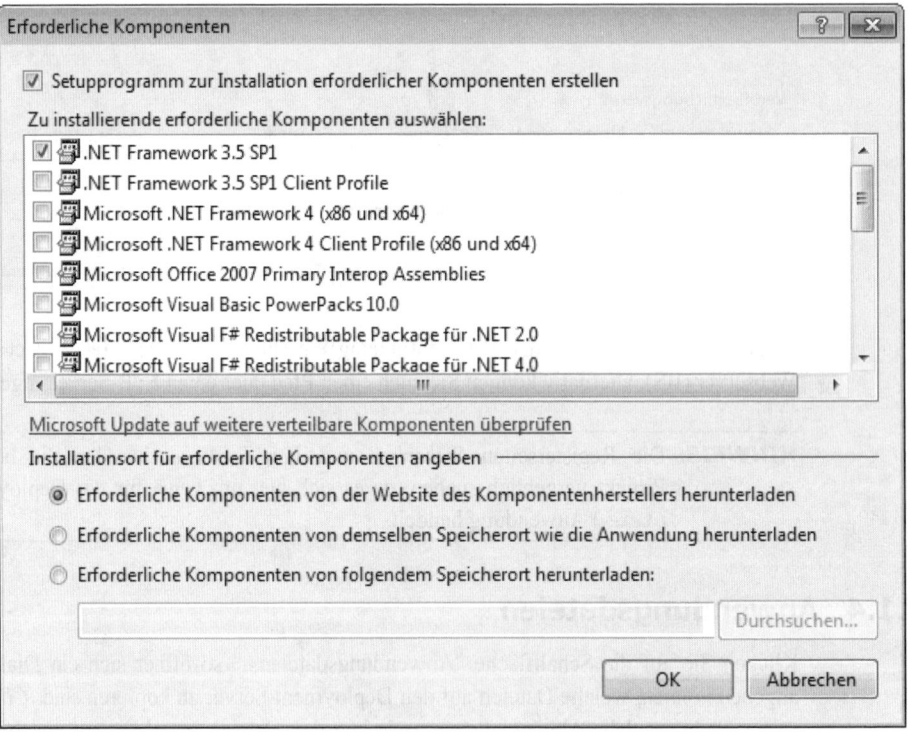

## 20.1.6 Aktualisierungen

Ein entscheidendes Merkmal der *ClickOnce*-Technologie ist das Update-Management, welches auf Wunsch auch vollautomatisch ablaufen kann:

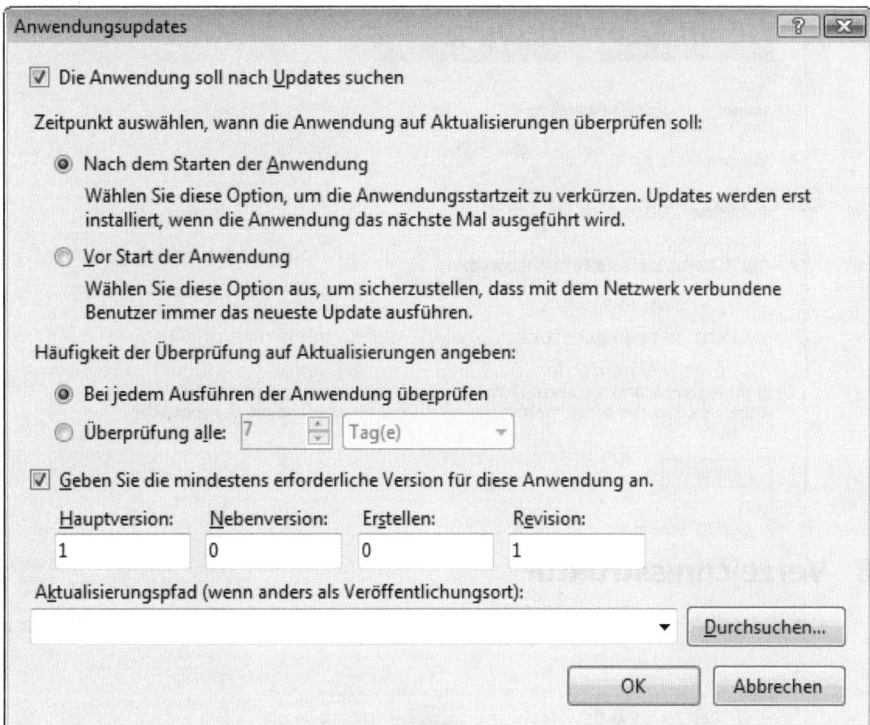

Nach Klick auf die "Updates..."-Schaltfläche öffnet sich der entsprechende Dialog, der – wie übrigens alle anderen auch – so gut beschriftet ist, dass zusätzliche Erklärungen an dieser Stelle pure Papierverschwendung wären (siehe Abbildung 20.4).

## 20.1.7 Veröffentlichen

Haben Sie alle Einstellungen vorgenommen, so steht dem entscheidenden Klick auf die Schaltfläche "Jetzt veröffentlichen" nichts mehr im Wege.

Es vergeht etwas Zeit, bis im IE eine HTML-Seite *publish.htm* erscheint, welche zusammen mit den Programmdateien auf dem Webserver liegt.

Die Installationswebsite:

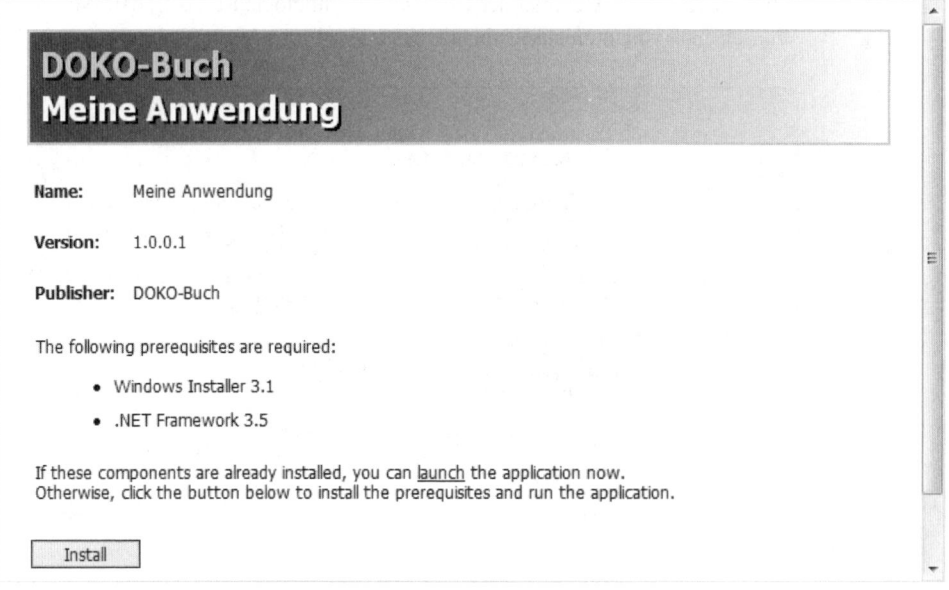

## 20.1.8   Verzeichnisstruktur

Auf dem Webserver wird das Verzeichnis \ResClient mit der abgebildeten Struktur angelegt:

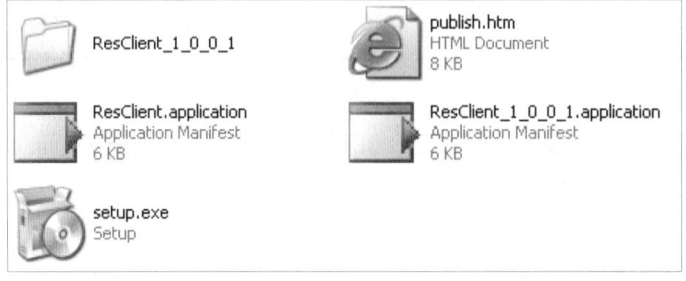

Ein paar Worte zu den einzelnen Dateien:

- ◼ Die Datei *publish.htm* liefert den Einsprung für den Anwender (siehe oben).

- ◼ Die Datei *setup.exe* startet die Installation über die Datei *publish.htm*.

- ◼ *ResClient.application* und *ResClient_1_0_0_1.application* sind XML-Dateien, sie enthalten Deployment Manifeste, welche Setup und Update der Anwendung konfigurieren.

- ◼ Im Unterverzeichnis *\ResClient_1_0_0_1* befindet sich das eigentliche Programm. Es besteht aus der *exe*-Datei *ResClient.exe.deploy*, der Klassenbibliothek *ResServer.dll.deploy* und dem Application-Manifest *ResClient.exe.manifest*.

Es folgen mehrere Sicherheitswarnungen die Sie – zumindest für unser Beispiel – bedenkenlos ignorieren können (Schaltfläche "Ausführen" bzw. "Installieren" wählen):

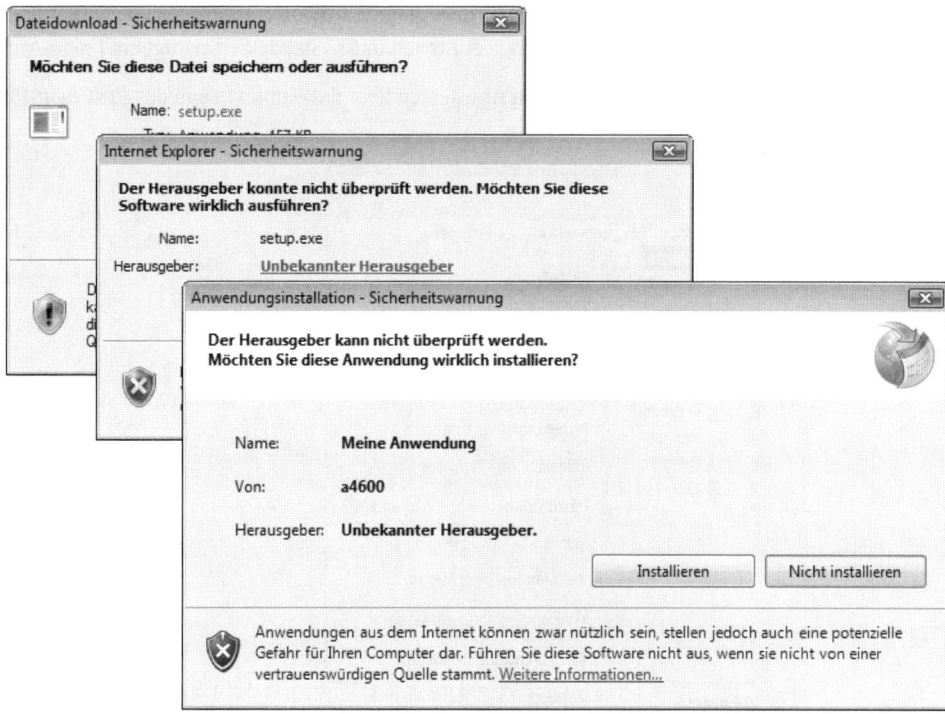

Nach dem Klick auf die "Installieren"-Schaltfläche und erfolgreichem Abschluss der Installation wird das Programm gestartet. Außerdem können Sie es – wie jedes andere Programm auch – über die "Start"-Schaltfläche des Windows Desktop aufrufen, selbst wenn keine Verbindung zum Netzwerk mehr besteht. Über *Systemeinstellungen|Software* lässt sich das Programm wieder deinstallieren, wobei Sie hier sogar die Option haben, die Vorgängerversion zu restaurieren.

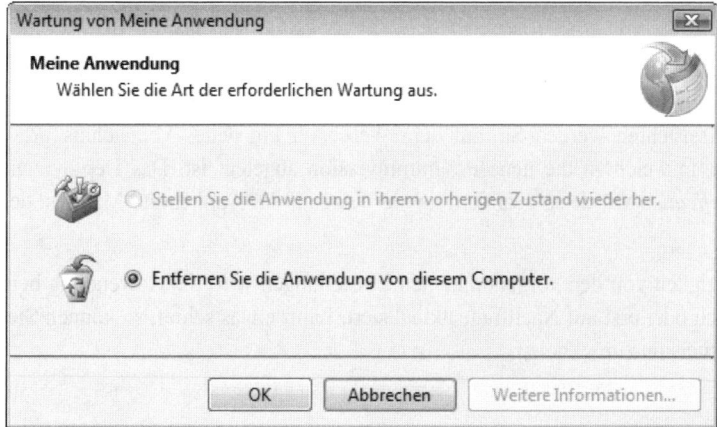

## 20.1.9  Der Webpublishing-Assistent

Dieser Assistent soll vor allem dem Einsteiger die Arbeit erleichtern, da dieser die wichtigsten Deployment-Optionen nicht mehr unbedingt auf den Registerseiten *Sicherheit* und *Veröffentlichen* des Projekteigenschaften-Dialogs einstellen muss. Stattdessen erfolgt ein Frage-Antwort-Spiel.

Am einfachsten starten Sie den Assistenten über das Kontextmenü des *ResClient*-Projekts:

Nach Beantwortung einfacher Fragen ("Wird die Anwendung offline verfügbar sein?", "Wo möchten Sie die Anwendung veröffentlichen?") landet man auch hier bei *publish.htm*, und es geht weiter wie oben bereits beschrieben.

## 20.1.10  Neue Versionen erstellen

Um sich in *ClickOnce* so richtig fit zu machen, sollten Sie bereits jetzt eine neue Version der Anwendung erstellen, zum Beispiel mit einer neuen Grafikressource im *ResServer*-Projekt oder einfach nur mit einer veränderten Beschriftung im *ResClient*. Nach erneutem Aufruf des Webpublishing-Assistenten werden Sie auf dem Webserver ein neues Verzeichnis \*ResClient_1_0_0_2* entdecken, in welchem die neue Programmversion abgelegt ist. Das Deployment-Manifest *ResClient.application* wurde so geändert, dass es jetzt auf das Application-Manifest der neuen Version verweist.

In Abhängigkeit von den vorgenommenen Einstellungen wird die Anwendung beim Aufruf sofort automatisch oder erst auf Nachfrage aktualisiert. Läuft etwas schief, so können Sie problemlos die Vorgängerversion zurückholen.

## 20.2 Setup-Projekte

Nachdem wir uns im vorhergehenden Abschnitt intensiv mit dem ClickOnce-Deployment befasst haben, wollen wir uns nun mit den in Visual Studio enthaltenen klassischen Setup-Projekten beschäftigen. Mit Hilfe dieser Projekte können Sie ein "professionelles" Setup-Programm erstellen.

Alle zu einem Setup-Projekt gehörenden Dateien sowie die Anweisungen zur Steuerung des Setups werden von Setup-Assistenten in eine .msi-Datei gepackt (das gilt auch im wörtlichen Sinne). Diese kann auf dem Ziel-Computer mittels Windows Installer-Service installiert werden. Zusätzlich erstellt der Assistent auch eine *setup.exe*, die gegebenenfalls den Windows Installer-Service aktualisiert und erst nachfolgend die .msi-Datei ausführt. Spätestens diese Datei dürfte Ihnen als Windowsanwender bekannt vorkommen.

Doch nun zu einem praktischen Beispiel.

### 20.2.1 Ein neues Setup-Projekt

Öffnen Sie zunächst das C#-Projekt für das ein Setup erstellt werden soll. Starten Sie danach den Menüpunkt *Datei|Neu|Projekt...* und wählen Sie unter *Andere Projekttypen / Setup und Bereitstellung* die Vorlage *Setup-Projekt* (zur Projektmappe hinzufügen), wenn Sie eine Windows-Anwendung vertreiben möchten. Für ASP.NET-Projekte wählen Sie stattdessen *Websetup-Projekt*.

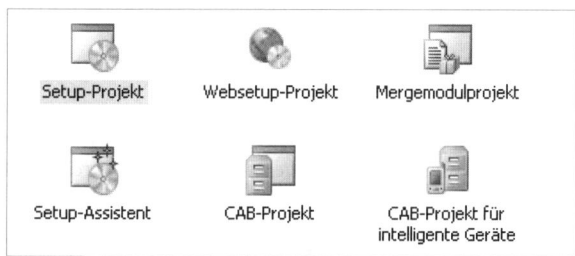

---

**HINWEIS:** Sie sollten gleich zu Beginn dem Projekt einen sinnvollen Namen geben, um auch später noch damit etwas anfangen zu können.

---

Nachfolgend finden Sie im Projektmappen-Explorer ein neues Projekt vor:

Markieren Sie dieses, sollten folgende Eigenschaften verfügbar sein:

| Sonstiges | |
|---|---|
| AddRemoveProgramsIcon | (Keine) |
| Author | Ingenieurbüro Gewinnus |
| Description | |
| DetectNewerInstalledVersion | True |
| InstallAllUsers | False |
| Keywords | |
| Localization | German |
| Manufacturer | Ingenieurbüro Gewinnus |
| ManufacturerUrl | |
| PostBuildEvent | |
| PreBuildEvent | |
| ProductCode | {24FD7046-5DF4-470F-AE44-00C2D9867FA3} |
| ProductName | Bananensoftware |
| RemovePreviousVersions | False |
| RunPostBuildEvent | Bei erfolgreichem Erstellen |
| SearchPath | |
| Subject | |
| SupportPhone | |
| SupportUrl | |
| TargetPlatform | x86 |
| Title | Bananensoftware |
| UpgradeCode | {0AC5434C-61BC-48B7-934A-7DB8D65B1325} |
| Version | 1.0.0 |

Die Bedeutung der einzelnen Eigenschaften dürfte sich vielfach bereits aus deren Namen ergeben.

---

**HINWEIS:** Die Eigenschaft *ProductName* wird vom Setup-Programm für den zukünftigen Ordnernamen und die Anzeige unter *Systemsteuerung|Software* genutzt.

---

Viel wichtiger ist die Frage, wie Sie Dateien hinzufügen und Registry-Einträge ändern können. Ein Blick auf die Kopfleiste des Projektmappen-Explorers zeigt einige neue Icons, die für die weitere Arbeit von Bedeutung sind:

Die Funktionen von links nach rechts:

- Eigenschaften
- Dateisystem-Editor
- Registrierungs-Editor
- Dateityp-Editor
- Benutzeroberflächen-Editor
- Editor für benutzerdefinierte Aktionen
- Editor für Startbedingungen

## 20.2.2  Dateisystem-Editor

Mit diesem Editor können Sie alle dateirelevanten Operationen des Setup-Programms festlegen. Möchten Sie beispielsweise ein bestehendes C#-Projekt hinzufügen, markieren Sie im Dateisystem-Editor den Eintrag *Anwendungsordner* und fügen Sie per Kontextmenü eine Projektausgabe hinzu:

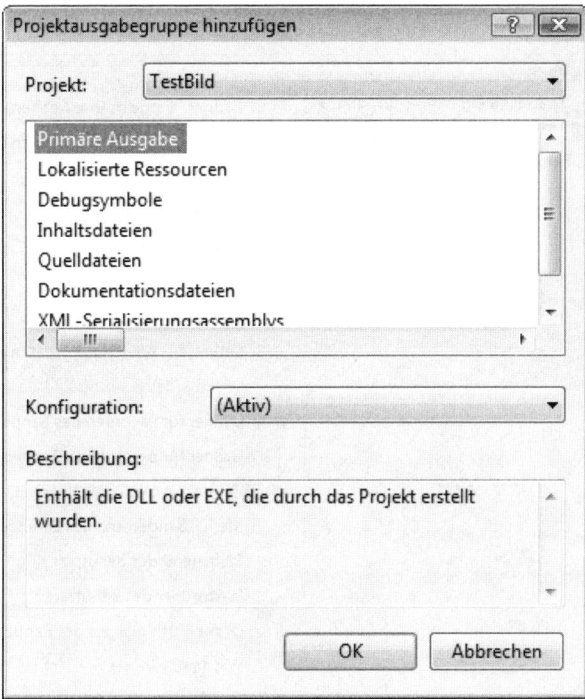

Wählen Sie den Eintrag *Primäre Ausgabe* und bestätigen Sie mit OK. Danach findet sich folgender Eintrag im Dateisystem-Editor:

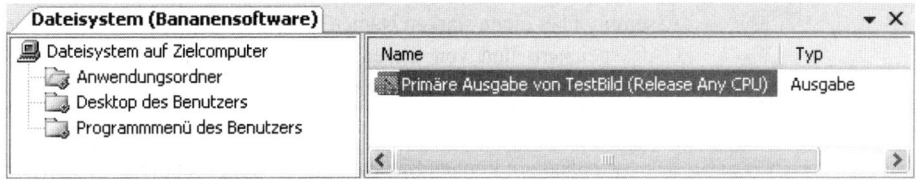

Klicken Sie auf diesen Eintrag und wählen Sie im Kontextmenü den Punkt *Verknüpfung erstellen*. Die neue Verknüpfung ziehen Sie einfach per Drag&Drop in den Folder *Programmmenü des Benutzers*. Auf diese Weise ist bereits der Eintrag im Startmenü erzeugt. Die gleiche Vorgehensweise nutzen Sie für das Erzeugen eines Desktop-Links, nur dass Sie die Verknüpfung in diesem Fall in den Folder *Desktop des Benutzers* ziehen.

**HINWEIS:** Geben Sie den neu erstellten Verknüpfungen einen sinnvollen Namen, denn wie sie hier benannt werden, erscheinen sie auch im Startmenü oder auf dem Desktop.

Falls gewünscht können Sie natürlich auch weitere Order auf dem Zielsystem mit Ihren Daten füllen. Fügen Sie dazu per Kontextmenü einfach einen weiteren Ordner hinzu, die folgende Abbildung zeigt die vom Assistenten bereits vordefinierten Pfade.

**HINWEIS:** Beachten Sie auch den Eintrag "Cacheordner für globale Assembly". Verfügt Ihre Assembly über einen starken Namen, können Sie auf diese Weise Ihre Assemblies im GAC speichern und von dieser zentralen Stelle aus nutzen, ohne diese in jedem Anwendungsverzeichnis abzulegen.

**HINWEIS:** Selbstverständlich können Sie auch ein beliebiges anderes Verzeichnis auf dem Zielsystem des Endanwenders erstellen, das sich relativ zu einem der obigen Pfade befindet.

### 20.2.3 Ein erster Test

Eigentlich spricht jetzt nichts mehr gegen einen ersten Test. Wählen Sie den Menüpunkt *Erstellen|Setup erstellen*. Nach einigem Festplattenrattern verkündet das Protokoll den Erfolg (oder auch Misserfolg). Ein Blick in das Verzeichnis *Release* zeigt die gewünschten Dateien:

Klicken Sie auf *Bananensoftware.msi*, um das Setup direkt zu starten (der nötige Microsoft Installer dürfte auf Ihrem PC bereits vorhanden sein). Nach einigen bekannten Dialogboxen (Begrüßung, Verzeichnis, Fertig) ist das Programm auf Ihrem PC ordnungsgemäß installiert und in das Startmenü eingetragen. Testen Sie die Funktionsweise der Verknüpfungen und räumen sie dann Ihren PC über die Systemsteuerung (Software) wieder auf:

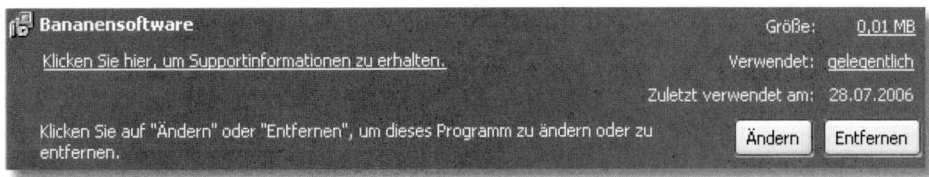

Damit steht bereits das erste Grundgerüst, und wir können weitere Features hinzufügen.

### 20.2.4 Registrierungs-Editor

Auch das Erzeugen von Registry-Einträgen ist mit den Setup-Projekten kein Problem. Öffnen Sie den Registrierungs-Editor (nicht den in Windows, sondern den in Visual Studio). Es erwartet Sie ein reduziertes Abbild der Registrierdatenbank mit den für eine Installation wichtigen Baumzweigen:

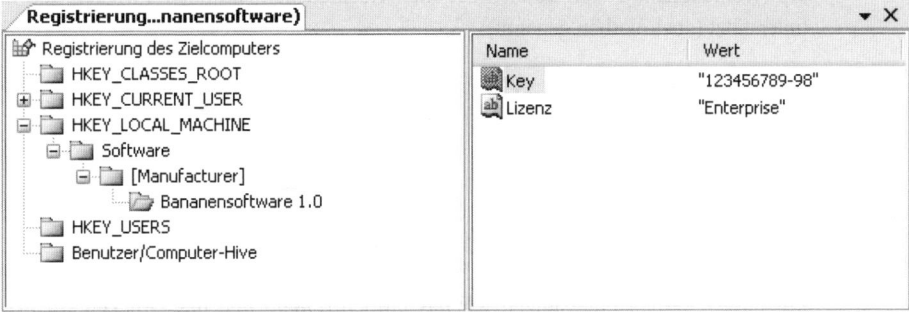

Legen Sie Einträge die alle Nutzer betreffen (Installationspfade etc.) im Baumzweig HKEY-_LOCAL_MACHINE ab, nutzerspezifische Daten (letzte geöffnete Datei etc.) im Baumzweig HKEY_CURRENT_USER. Für das Format der Registry-Einträge hat sich die folgende Notation eingebürgert:

```
...\<Software>\<Herstellername>\<Anwendungsname>\<Version>
```

Im obigen Beispiel haben wir auch gleich noch zwei Values (*Key* und *Lizenz*) erzeugt.

---

**HINWEIS:** Ob die Einträge beim Installieren überschrieben werden sollen oder bei einer Deinstallation gelöscht werden, entscheiden Sie über die Eigenschaften der jeweiligen Knoten bzw. Values.

---

Nach dem erneuten Generieren des Setup-Programms und der Installation finden sich die vordefinierten Registry-Einträge auch an den gewünschten Stellen wieder:

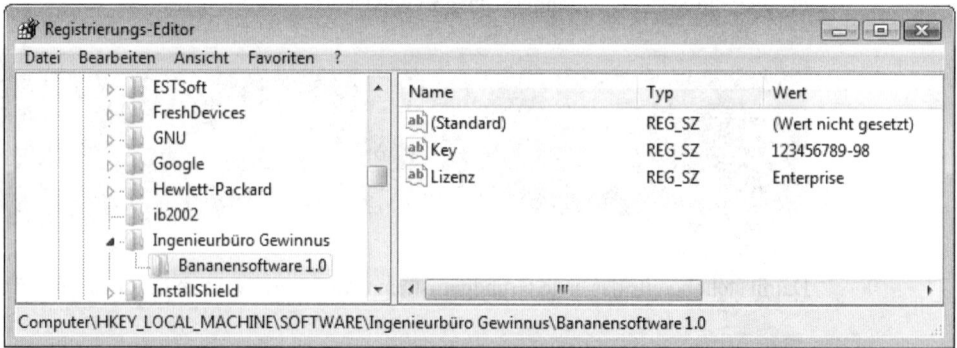

## 20.2.5  Dateityp-Editor

Haben Sie eigene Dateitypen für Ihre Anwendung definiert (z.B. *\*.dat*, *\*.ooo*) und möchten Sie, dass diese Dateitypen mit Ihrer Anwendung verknüpft werden (Doppelklick öffnet die Datei), dann sollten Sie den Dateityp-Editor verwenden. Öffnen Sie diesen und erstellen Sie einen neuen Dateityp (Kontextmenü). Nun können Sie die verschiedenen Aktionen auflisten, die Ihre Anwendung unterstützt (auch Verben genannt):

Für unser Beispiel unterstützen wir das Öffnen (*Open*) und das Drucken (*Print*), wobei wir bei *Print* mit Hilfe eines Kommandozeilenschalters (/P) den *Print*-Befehl vom normalen *Open*-Befehl unterscheiden.

**Beispiel 20.1**  **Eigenschaften der Print-Aktion**

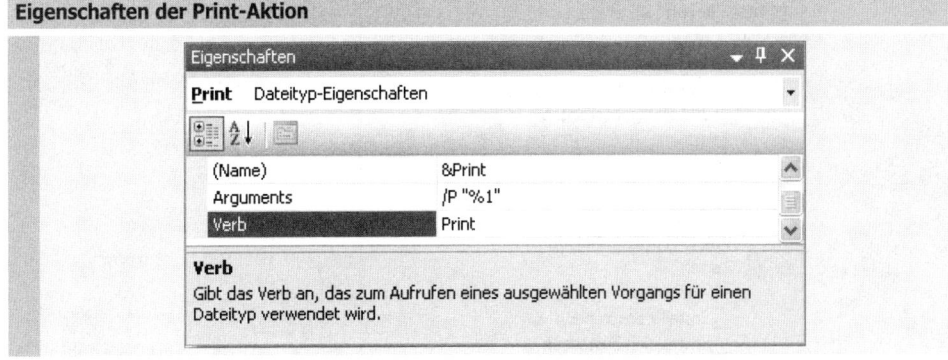

> **HINWEIS:** Beachten Sie, dass der Platzhalter für den Dateinamen in Anführungszeichen zu set-
> zen ist, andernfalls kommt es bei Dateien mit Leerzeichen im Namen bzw. im Pfad
> zu Problemen, da das Leerzeichen auch als Parameter-Trenner fungiert.

Beim Test genügt es, wenn Sie eine beliebige Datei in *.Banane* umbenennen. Klicken Sie auf die
Datei, muss sich die verknüpfte Anwendung öffnen.

Unter *Ordner-Optionen|Dateitypen* können Sie die erzeugten Verknüpfungen überprüfen:

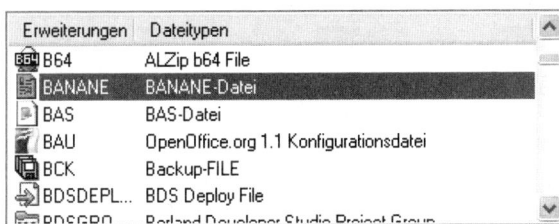

## 20.2.6  Benutzeroberflächen-Editor

Mit diesem Editor konfigurieren Sie das optische Erscheinungsbild Ihres Setup-Programms. Hier
legen Sie fest, was in den Dialogen angezeigt werden soll.

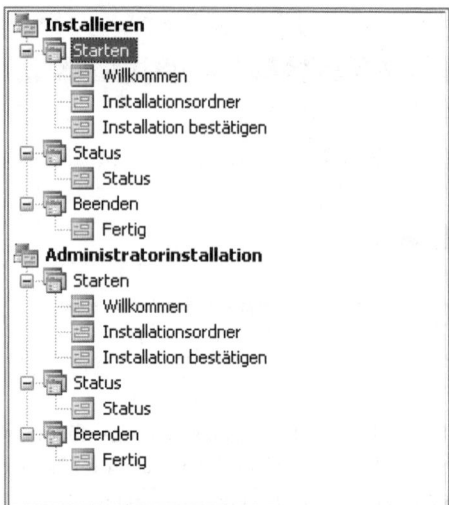

Neben den bereits angezeigten Dialogen können Sie weitere hinzufügen. Wählen Sie dazu den Knoten *Starten* aus und rufen Sie über das Kontextmenü den folgenden Assistenten auf:

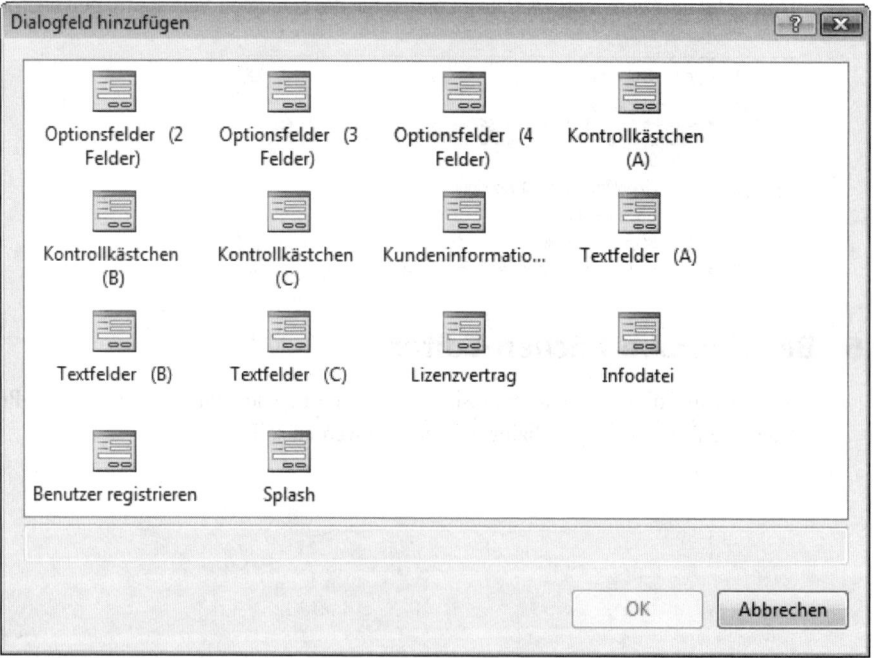

Mehr als die obigen kleinen Icons bekommen Sie leider von den Dialogen nicht zu sehen. Erst beim Test im Setup-Programm erfahren Sie, dass zum Beispiel das Formular *Textfelder (C)* wie in der folgenden Abbildung aussieht.

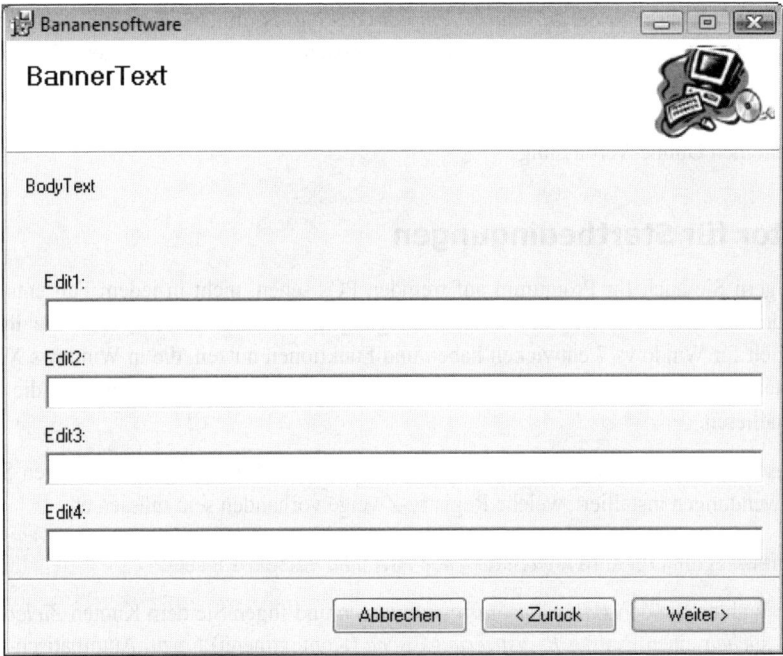

Die Beschriftungen können Sie natürlich über die Eigenschaften an Ihre Bedürfnisse anpassen. Die Anzeigereihenfolge der Dialoge ändern Sie durch einfaches Verschieben im Baum.

Interessant ist auch das Formular "Kundeninformationen", dessen endgültiges Aussehen Sie in der folgenden Abbildung bewundern können.

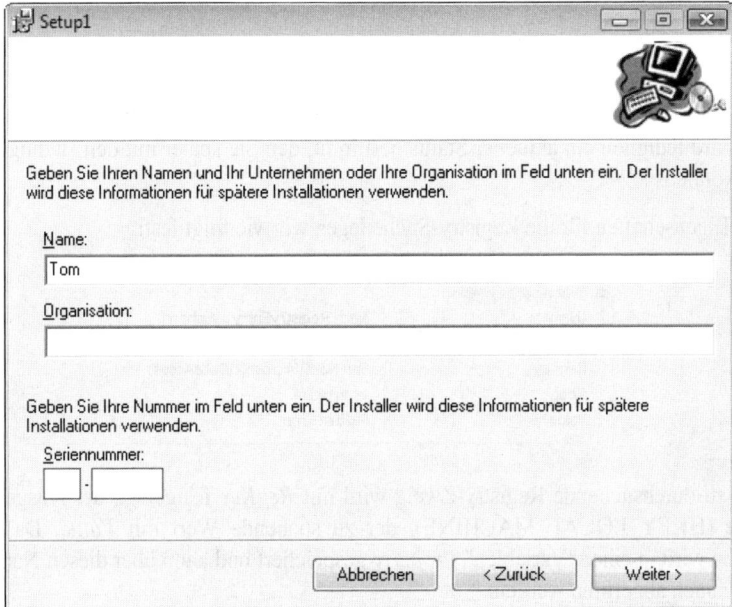

Über die Eigenschaft *SerialNumberTemplate* des o.g. Formulars können Sie einen recht einfachen Algorithmus aus numerischen und alphanumerischen Feldern bestimmen, der zulässige Seriennummern bestimmt. Versprechen Sie sich allerdings nicht allzu viel davon, dieser Algorithmus ist es sicher nicht wert, dass man ihn einsetzt. Besser ist da schon ein eigener Weg mit der Freigabe über einen Online-Verbindung.

## 20.2.7 Editor für Startbedingungen

So gern Sie auch Ihr Programm auf fremden PCs sehen, nicht in jedem Fall entspricht die Konfiguration des Endanwenders Ihren Festlegungen. So kann es sein, dass Sie Ihre Anwendung gezielt für Windows 7 entwickelt haben und Funktionen nutzen, die in Windows XP gar nicht enthalten sind. In diesem Fall sollte schon das Setup jeden Versuch verhindern, die Anwendung zu installieren.

Diese Aufgabenstellung übernimmt der Editor für Startbedingungen. Hier legen Sie fest, welche Anwendungen installiert, welche Registry-Zweige vorhanden sein müssen etc.

**Beispiel 20.2**   **Voraussetzung für Ihre Anwendung soll MDAC ab Version 2.8 sein.**

Wählen Sie den *Editor für Startbedingungen* und fügen Sie dem Knoten *Zielcomputer durchsuchen* einen Eintrag *Registrierungssuche* (Kontextmenü) hinzu. Automatisch wird auch eine Bedingung erzeugt, die jedoch noch keinerlei Funktionalität aufweist.

Mit dem Durchsuchen des Zielcomputers nach Dateien, Registry-Einträgen oder Komponenten wird lediglich ein aktueller Status bestimmt, den Sie später mit den Bedingungen auswerten können.

Die Eigenschaften für die Registry-Suche legen wir wie folgt fest:

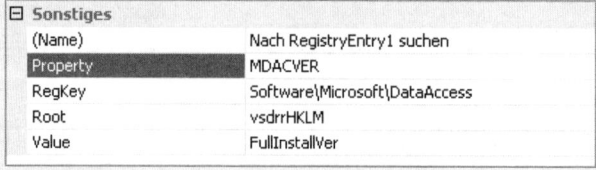

Der zu durchsuchende Registry-Zweig wird mit *RegKey* festgelegt, der Ausgangsknoten mit *Root* (HKEY_LOCAL_MACHINE), der zu suchende Wert mit *Value*. Das Ergebnis der Suche wird in einer "Variablen" *Property* gespeichert und kann über diesen Namen als Bedingung auch abgerufen werden.

**Beispiel 20.2** | **Voraussetzung für Ihre Anwendung soll MDAC ab Version 2.8 sein.**

Die Bedingungseigenschaften legen Sie auf die gleiche Weise fest, wählen Sie die Bedingung im Baum aus und übernehmen Sie die folgenden Eigenschaften (wir nehmen *2.99*, um einen Fehler auszulösen):

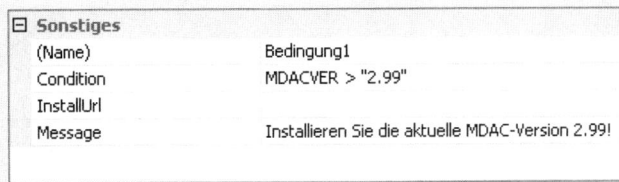

Die *Message*-Eigenschaft enthält den im Fehlerfall anzuzeigenden Text. *Condition* stellt eine Bedingung für den weiteren Ablauf des Installationsprogramms dar.

## 20.2.8 Finaler Test

Nach dem Aufruf des Menüpunkts *Erstellen|Setup erstellen* finden Sie die schon beschriebenen zwei Dateien im *Release*-Verzeichnis vor.

Nach dem Aufruf von *Setup.exe* und einer eventuellen Installation des Frameworks finden Sie sich dann in Ihrem selbst erstellten Installationsprogramm (*\*.msi*) wieder (siehe die folgenden Abbildungen).

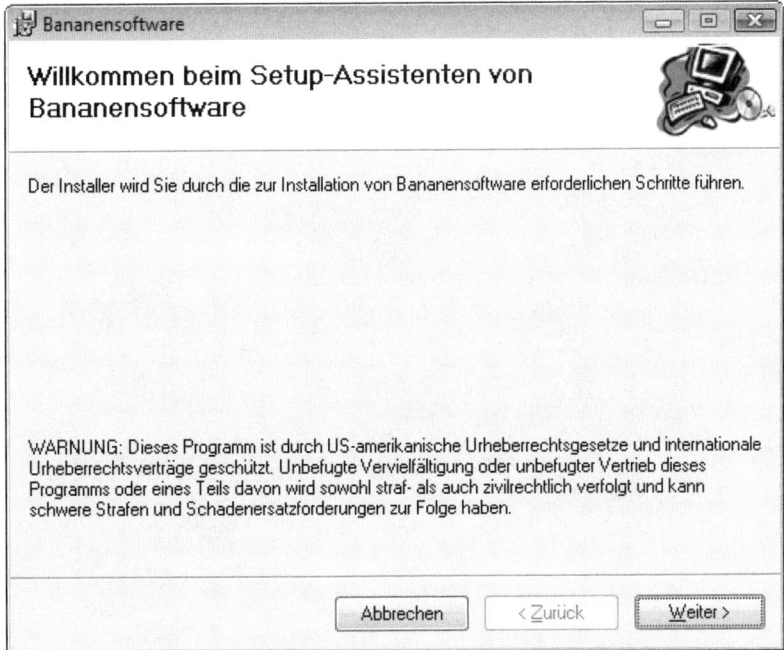

Unser Installationsprogramm in Aktion:

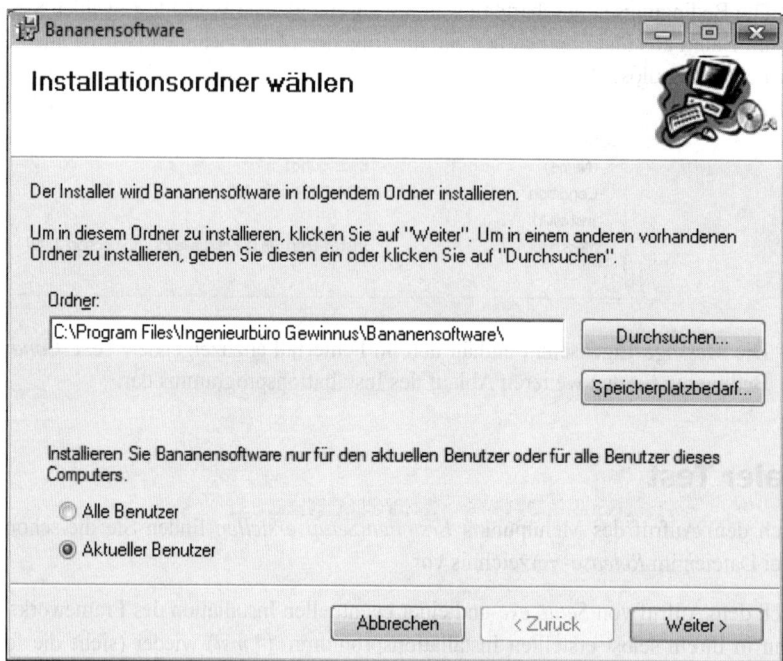

Teil

# Teil III:  Windows Forms

- **Windows Forms-Anwendungen**

- **Windows Formulare**

- **Windows Forms-Komponenten**

- **Einführung Grafikausgabe**

- **Druckausgabe**

- **Windows Forms-Datenbindung**

- **Erweiterte Grafikausgabe**

- **Ressourcen/Lokalisierung**

- **Komponentenentwicklung**

# Kapitel 21

# Windows Forms-Anwendungen

Der derzeit sicher noch am häufigsten realisierte Projekttyp dürften die Windows Forms-Anwendungen sein. Diese entsprechen, im Gegensatz zu den WPF-Anwendungen, in Ihrer optischen Aufmachung weitgehend ihren Win32-Pendants. Der große Vorteil dieses Anwendungstyps ist die fast schon unüberschaubare Vielfalt an Komponenten, die es für fast jede Aufgabe gibt.

Ausgerüstet mit grundlegenden C#- und OOP-Kenntnissen werden die folgenden Kapitel Sie in die Lage versetzen, umfangreichere Benutzerschnittstellen eigenständig zu programmieren. Der Schwerpunkt des aktuellen Kapitels liegt zunächst auf dem Anwendungstyp selbst, nachfolgend werden wir uns mit dem Formular als der "Mutter aller Windows Forms-Komponenten" und seiner grundlegenden Interaktion mit den Steuerelementen beschäftigen. Abschließend werfen wir einen Blick auf die einzelnen visuellen Komponenten bzw. Steuerelemente.

## 21.1 Grundaufbau/Konzepte

Die "gewöhnliche" Windows Forms-Anwendung erstellen Sie in Visual Studio über die gleichnamige Vorlage. Beachten Sie in diesem Zusammenhang auch die unscheinbare kleine Combobox am oberen Dialogfensterrand, über die Sie vorgeben, für welches .NET-Zielframework Sie die Anwendung entwickeln wollen.

Windows
Forms-Anwendung

---

**HINWEIS:** Bestimmte Anwendungs- bzw. Entwicklungsfeatures, wie z.B. das Entity-Framework, LINQ etc., sind nur verfügbar, wenn Sie eine Framework-Version wählen, die diese Features auch unterstützt. Informieren Sie sich also vorher, welche Features Sie unterstützen müssen[1].

---

Nachdem Sie diesen Schritt erfolgreich hinter sich gebracht haben, finden Sie im Designer bereits ein einfaches Windows Form vor. Ein Blick in den Projektmappen-Explorer (siehe folgende Abbildung) zeigt jedoch noch eine Reihe weiterer Dateien, mit denen wir uns im Folgenden intensiver beschäftigen wollen.

---

[1] Pauschal die neueste Framework-Version zu verwenden ist meist auch keine gute Idee, da gerade im kommerziellen Umfeld nicht jeder Ziel-PC auch über das entsprechende Framework verfügt. Insbesondere Administratoren sind nicht immer begeistert, wenn dauernd neue Software mit weiteren Abhängigkeiten aufgespielt werden soll.

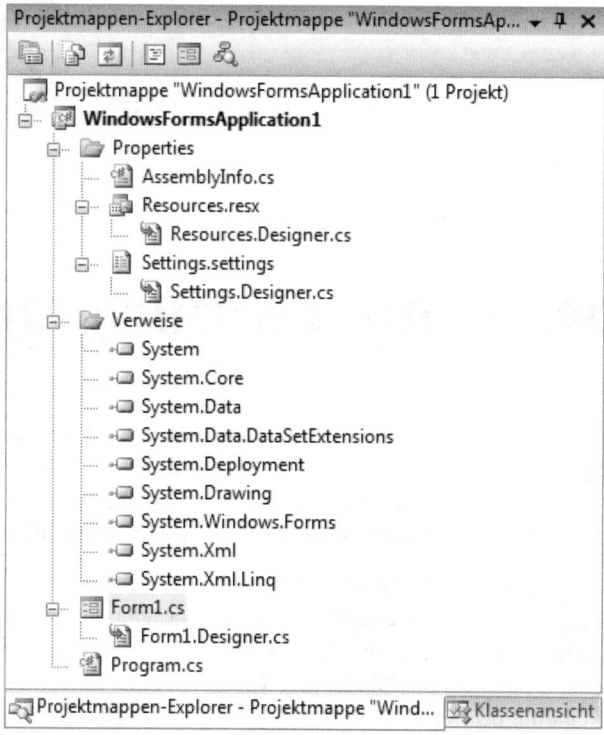

Die Anwendung selbst ist zu diesem Zeitpunkt bereits ausführbar, ein Klick auf F5 und Sie können sich davon überzeugen. Doch nach diesem Blick auf die Bühne wollen wir nun zunächst in den "Technik-Keller" hinabsteigen, bevor wir uns in den weiteren Kapiteln mit der "Requisite", d.h. der optischen Gestaltung der Anwendung, abmühen wollen.

## 21.1.1   Das Hauptprogramm – Program.cs

Der Einstiegspunkt für unsere Anwendung findet sich, wie Sie es sicher schon vermutet haben, in der Datei *Program.cs*. Der bereits vorliegende Code (Beispiel 21.1) enthält neben diversen Namespace-Importen eine Klasse *Program* mit der statischen Eintrittsmethode *Main*.

**Beispiel 21.1**   **Program.cs**

```
using System;
using System.Collections.Generic;
using System.Linq;
using System.Windows.Forms;

namespace WindowsFormsApplication1
{
    static class Program
    {
```

**Beispiel 21.1** *Program.cs*

```
/// <summary>
/// Der Haupteinstiegspunkt für die Anwendung.
/// </summary>
[STAThread]
static void Main()
{
    Application.EnableVisualStyles();
    Application.SetCompatibleTextRenderingDefault(false);
    Application.Run(new Form1());
}
}
}
```

## static void Main()

Im einfachsten Fall enthält die *Main*-Methode lediglich drei Methodenaufrufe (auf die Details kommen wir in den folgenden Abschnitten zu sprechen). Alternativ können Sie jedoch auch eine *Main*-Methode mit der Rückgabe eine *int*-Wertes und/oder der Übergabe eines *string*-Arrays realisieren (siehe dazu auch Kapitel 20, Konsolenanwendungen). Über dieses String-Array können Sie die Kommandozeilenparameter des Programms auswerten.

**Beispiel 21.2** **Auswerten von Kommandozeilenparametern**

```
C#    ...
        static void Main(string[] args)
        {
            foreach (string arg in args)
                Console.WriteLine(arg);
        }
        ...
```

**HINWEIS:** Günstiger ist die Auswertung der Kommandozeilenparameter jedoch über die *Get-CommandLineArgs*-Collection, diese steht jederzeit zur Verfügung und erfordert nicht schon beim Programmstart eine entsprechende Auswertung.

**Beispiel 21.3** **Verwendung von *GetCommandLineArgs***

```
C#    ...
        foreach (string arg in Environment.GetCommandLineArgs())
        {
            Console.WriteLine(arg);
        }
        ...
```

Kommen wir jetzt zum Inhalt der *Main*-Methode.

### Application.EnableVisualStyles

Sicher ist auch Ihnen nicht verborgen geblieben, dass sich seit Windows XP ein neues Layout für die einzelnen Windows Forms-Steuerelemente eingebürgert hat. Voraussetzung für deren Nutzung ist der entsprechende Aufruf der *Application.EnableVisualStyles*-Methode.

Wie sich der Aufruf auf ein fiktives Formular auswirkt, zeigen die beiden folgenden Abbildungen.

Mit *EnableVisualStyles*-Aufruf:

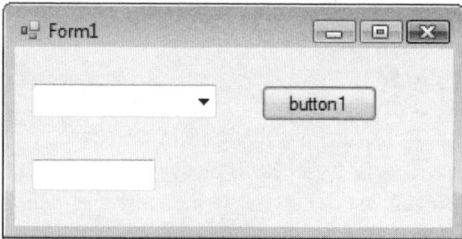

Ohne *EnableVisualStyles*-Aufruf:

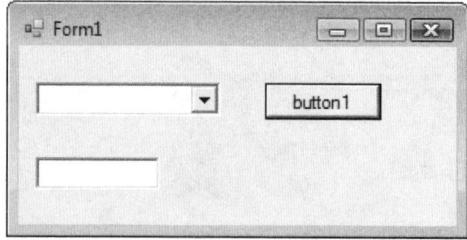

### Application.SetCompatibleTextRenderingDefault(false)

Mit Einführung von Windows Forms 2.0 wurde die Ausgabe von Text teilweise umgestellt. Da diese Variante nicht 100% kompatibel mit den bisherigen Ausgabeergebnissen ist, wurde für einzelne Controls eine Eigenschaft *UseCompatibleTextRendering* definiert, mit der bestimmt wird, ob die alte Variante (1.0 bzw. 1.1) oder die neue Variante (ab 2.0) verwendet werden soll. Über die Methode *Application.SetCompatibleTextRenderingDefault* wird dieser Wert für alle Controls der Anwendung voreingestellt.

Lange Rede kurzer Sinn: Ist der übergebene Wert *true,* verwenden die Steuerelemente GDI für die Textausgabe, andernfalls GDI+.

### Application.Run(new Form1())

Und damit sind wir auch schon beim eigentlichen Mittelpunkt eines jeden Windows Forms-Programms angekommen. *Application.Run* erstellt die für jede Windows-Anwendung lebensnotwendige Nachrichtenschleife, die beispielsweise Maus- und Tastaturereignisse, aber auch Botschaften des Systems oder anderer Anwendungen, entgegennimmt.

Die zweite Aufgabe dieser statischen Methode ist das Instanziieren des Hauptformulars und dessen Anzeige. Wird dieses Fenster geschlossen, ist automatisch auch die Nachrichtenschleife der Anwendung beendet, das Programm terminiert. Dies gilt auch, wenn Sie aus dem Hauptformular heraus (dies ist zunächst *Form1*) weitere Formulare öffnen.

Besteht Ihre Anwendung aus mehr als nur einem Formular, stehen Sie sicher auch vor der Frage, welches Formular denn das Hauptformular bzw. das Startobjekt sein soll. Standardmäßig ist nach dem Erstellen eines Windows Forms-Projekts *Form1* als Startobjekt definiert. Nachträglich können Sie jederzeit auch ein anderes Fenster oder auch eine spezielle Prozedur als Startobjekt festlegen. Durch Editieren des von Visual Studio automatisch generierten Konstruktoraufrufs zum Erzeugen des Startformulars *Form1* kann ein beliebiges anderes Formular der Anwendung zum Startformular gekürt werden.

Nicht in jedem Fall ist es jedoch erwünscht, dass gleich ein Formular beim Start der Anwendung angezeigt wird. Sollen beispielsweise Übergabeparameter ausgewertet werden, ist es häufig günstiger, zunächst diese zu bearbeiten und dann erst das geeignete Formular anzuzeigen. In diesem Fall ändern Sie einfach obigen Abschnitt entsprechend Ihren Wünschen.

**Beispiel 21.4** | **Eine *Main*-Methode, die zunächst eine *MessageBox*-Abfrage startet**

```csharp
...
[STAThread]
static void Main()
{
    if (MessageBox.Show("Wollen Sie das Programm wirklich ausführen?", "Frage",
                                MessageBoxButtons.YesNo) == DialogResult.Yes)
    {
        Application.EnableVisualStyles();
        Application.SetCompatibleTextRenderingDefault(false);
        Application.Run(new Form2());
    }
}
```

Ein Start der Anwendung hat jetzt zur Folge, dass zunächst die *MessageBox*-Abfrage aufgerufen wird. Mit dem Druck auf den *Ja*-Button wird der Anwendung *Form2* als Hauptformular zugewiesen und ausgeführt. Andernfalls endet die Programmausführung an dieser Stelle.

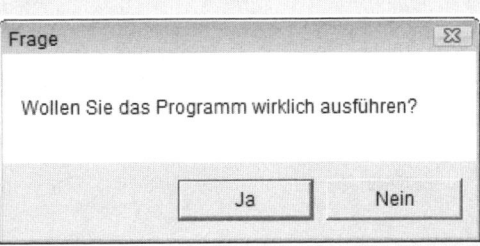

## 21.1.2  Die Oberflächendefinition – Form1.Designer.cs

Eigentlich nicht für Ihre Blicke bestimmt, fristet die Datei *Form1.Designer.cs* ein relativ unbeachtetes Dasein. Doch dieser Eindruck täuscht, enthält doch diese Datei die eigentliche Klassendefinition von *Form1* inklusive Initialisierung der Oberfläche. Gerade der letzte Punkt ist besonders wichtig: Jede Komponente, die Sie im Formulardesigner in das Formular einfügen und konfigurieren, wird in dieser Klassendefinition (Methode *InitializeComponent*) instanziiert und konfiguriert.

**Beispiel 21.5**     *Form1.Designer.cs*

```csharp
namespace WindowsFormsApplication1
{
    partial class Form1
    {
        private System.ComponentModel.IContainer components = null;

        protected override void Dispose(bool disposing)
        {
            if (disposing && (components != null))
                components.Dispose();
            base.Dispose(disposing);
        }

        #region Vom Windows Form-Designer generierter Code
```

Die folgende Methode sollten Sie keinesfalls selbst editieren[1]:

```csharp
        private void InitializeComponent()
        {
            this.SuspendLayout();
            //
            // Form1
            //
            this.AutoScaleDimensions = new System.Drawing.SizeF(6F, 13F);
            this.AutoScaleMode = System.Windows.Forms.AutoScaleMode.Font;
            this.ClientSize = new System.Drawing.Size(284, 112);
            this.Name = "Form1";
            this.Text = "Form1";
            this.ResumeLayout(false);
```

Ab hier folgen später die Initialisierungen der einzelnen Formular-Komponenten:

```csharp
            ...
        }
        #endregion
    }
}
```

---

[1] Mit einer Ausnahme: Haben Sie später einmal einen oder mehrere Eventhandler in der Datei *Form1.cs* gelöscht, können Sie deren Zuweisung zu den einzelnen Ereignissen am bequemsten in dieser Datei aufheben. Die betreffenden Zeilen sind durch die "beliebte" rote Wellenlinie des Editors gekennzeichnet, es genügt, wenn Sie diese Zeilen einfach löschen.

Haben Sie sich obiges Listing genauer angesehen, wird Ihnen aufgefallen sein, dass die Klasse *Form1* als *partial* deklariert ist. Dies ermöglicht es, den Code der Klassendefinition auf mehrere Dateien aufzuteilen, was in unserem Fall bedeutet, dass wir in *Form1.cs* den Rest der Klasse *Form1* vorfinden.

## 21.1.3 Die Spielwiese des Programmierers – Form1.cs

Jetzt kommen wir zum eigentlichen Tummelplatz für Ihre Aktivitäten als Programmierer. Visual Studio hat bereits ein kleines Codegerüst vorbereitet, das aus dem Import diverser Namespaces sowie der restlichen Klassendefinition von *Form1* inklusive Konstruktor besteht:

**Beispiel 21.6** | **Form1.cs**

```csharp
using System;
using System.Collections.Generic;
using System.ComponentModel;
using System.Data;
using System.Drawing;
using System.Linq;
using System.Text;
using System.Windows.Forms;

namespace WindowsFormsApplication1
{
    public partial class Form1 : Form
    {
```

Der Konstruktor ist dafür verantwortlich, die Methode *InitializeComponent* aufzurufen, diese initialisiert und parametriert die einzelnen Windows Forms-Komponenten:

```csharp
        public Form1()
        {
            InitializeComponent();
        }
    }
}
```

Fügen Sie später in *Form1* eine Schaltfläche (*Button*) ein, wird die Oberflächendefinition in der Datei *Form1.Designer.cs* abgelegt, den Code für die Ereignisbehandlung definieren Sie in *Form1.cs*.

**Beispiel 21.7** | **Code nach Einfügen eines Buttons**

In *Form1.Designer.cs*:

```csharp
        private void InitializeComponent()
        {
            this.button1 = new System.Windows.Forms.Button();
            this.SuspendLayout();
```

**Beispiel 21.7**     **Code nach Einfügen eines Buttons**

```
        //
        // button1
        //
        this.button1.Location = new System.Drawing.Point(55, 35);
        this.button1.Name = "button1";
        this.button1.Size = new System.Drawing.Size(75, 23);
        this.button1.TabIndex = 0;
        this.button1.Text = "button1";
        this.button1.UseVisualStyleBackColor = true;
        this.button1.Click += new System.EventHandler(this.button1_Click);
...
```

In *Form1.cs*:

```
        private void button1_Click(object sender, EventArgs e)
        {
            this.Close();
        }
```

## 21.1.4 Die Datei AssemblyInfo.cs

Verschiedene allgemeine Informationen, wie z.B. der Titel der Anwendung oder das Copyright, können als Attribute in die Datei *AssemblyInfo.cs* eingetragen werden. Zugriff auf diese Datei erhalten Sie über den Projektmappen-Explorer (unter *Properties*).

**Beispiel 21.8**     **Auszug aus *AssemblyInfo.cs***

```
...
[assembly: AssemblyTitle("WindowsFormsApplication1")]
[assembly: AssemblyDescription("")]
[assembly: AssemblyConfiguration("")]
[assembly: AssemblyCompany("")]
[assembly: AssemblyProduct("WindowsFormsApplication1")]
[assembly: AssemblyCopyright("Copyright © 2009")]
[assembly: AssemblyCulture("")]
...
```

Zur Laufzeit können Sie auf die Einträge über bestimmte Eigenschaften des *Application*-Objekts zugreifen.

**Beispiel 21.9**     **Anzeige des Eintrags unter *AssemblyProduct* in einem Meldungsfenster**

```
MessageBox.Show(Application.ProductName);
```

Editieren lassen sich die Einträge am einfachsten über den folgenden Dialog, den Sie über *Projekt| Eigenschaften|Anwendung|Assemblyinformationen* erreichen:

## 21.1.5 Resources.resx/Resources.Designer.cs

Beide Dateien stellen das Abbild der unter *Projekt|Eigenschaften|Ressourcen* definierten Ressourcen dar. Die XML-Datei *Resources.resx* enthält die eigentlichen Definitionen, die Sie mit dem in der folgenden Abbildung gezeigten Editor erstellen können.

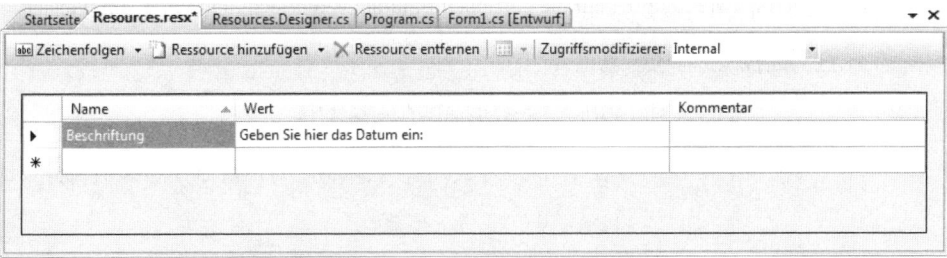

Hier können Sie sehr komfortabel nahezu beliebige Ressourcen (Bilder, Zeichenketten, Audiodateien, ...) zu Ihrem Projekt hinzufügen.

Im Gegensatz dazu stellt die Datei *Resources.Designer.cs* für die Ressourcen entsprechende Mapperklassen bereit, die den späteren Zugriff auf die einzelnen Einträge vereinfachen und typisieren. Verantwortlich dafür ist die *Properties.Resources*-Klasse:

**SYNTAX:**   `<Projekt Namespace>.`**`Properties.Resources.`**`<ResourceName>`

**Beispiel 21.10** | **Die Bildressource *BeimChef.bmp* wird in einer *PictureBox* angezeigt**

```csharp
pictureBox1.Image = Properties.Resources.BeimChef;
```

## 21.1.6 Settings.settings/Settings.Designer.cs

Diese beiden Dateien sind zur Entwurfszeit für die Verwaltung der Programmeinstellungen verantwortlich. Die XML-Datei *Settings.Settings* enthält die eigentlichen Werte, die Sie jedoch nicht direkt zu bearbeiten brauchen, sondern unter Verwendung eines komfortablen Editors:

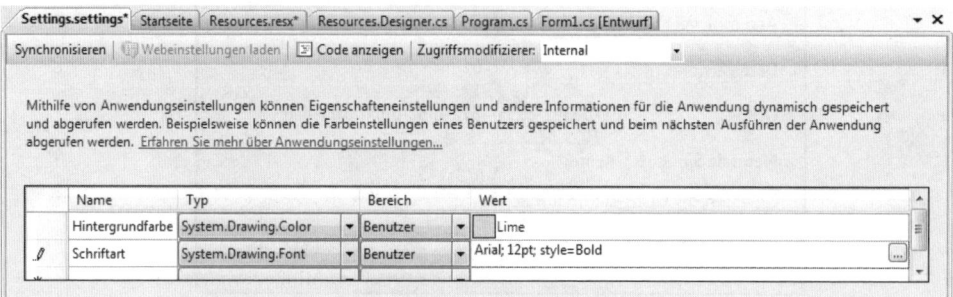

Für jede Einstellung können Sie *Name*, *Typ*, *Bereich* und *Wert* festlegen. Wenn Sie den Bereich als *Anwendung* spezifizieren, wird diese Einstellung später (Laufzeit) in der Konfigurationsdatei *<Anwendungsname.exe>.config* unter dem *<applicationSettings>*-Knoten gespeichert. Falls Sie *Benutzer* wählen, erfolgt die Ablage unterhalb des *<userSettings>*-Knotens.

Die Datei *Settings.Designer.cs* stellt für die oben definierten Einträge eine Mapperklasse bereit, die den späteren Zugriff auf die einzelnen Einträge vereinfacht und vor allem typisiert.

**Beispiel 21.11** | ***Settings.Designer.cs***

```csharp
namespace WindowsFormsApplication1.Properties {
    ...
    internal sealed partial class Settings : global::System.Configuration.ApplicationSettingsBase
    {
        ...
        [global::System.Configuration.UserScopedSettingAttribute()]
        [global::System.Diagnostics.DebuggerNonUserCodeAttribute()]
        [global::System.Configuration.DefaultSettingValueAttribute("Lime")]
        public global::System.Drawing.Color Hintergrundfarbe {
            get {
                return ((global::System.Drawing.Color)(this["Hintergrundfarbe"]));
            }
            set {
                this["Hintergrundfarbe"] = value;
            }
        }
    }
    ...
```

Der Zugriff auf die eingetragenen Einstellungen ist – ähnlich dem Zugriff auf Ressourcen – einfach über die *Properties.Settings*-Klasse möglich.

**SYNTAX:**  `<Projekt Namespace>.`**`Properties.Settings.Default.`**`<SettingsName>`

**Beispiel 21.12**  **Verwendung der Einstellungen**

```csharp
public Form1()
{
    InitializeComponent();
    this.BackColor = Properties.Settings.Default.
}
```

```
Context
Equals
GetHashCode
GetPreviousVersion
GetType
Hintergrundfarbe        Color Settings.Hintergrundfarbe
Initialize
IsSynchronized
Properties
PropertyChanged
```

Doch auch das Zurückschreiben von Nutzer-Einstellungen in die Datei ist über obige Klasse problemlos möglich.

**Beispiel 21.13**  **Die Einstellungsänderungen in die *<Anwendungsname>.exe.config*-Datei zurückschreiben**

```csharp
Properties.Settings.Default.myColor = Color.AliceBlue;
Properties.Settings.Default.Save();
```

**HINWEIS:** Da auch der spätere Programmbenutzer die zur Assembly mitgegebene XML-Konfigurationsdatei (z.B. *<Anwendungsname>.exe.config*) editieren kann, ergeben sich einfache Möglichkeiten für nachträgliche benutzerspezifische Anpassungen, ohne dazu das Programm erneut kompilieren zu müssen.

## 21.1.7  Settings.cs

Nanu, hatten wir diese Datei nicht gerade? Nein, hierbei handelt es sich quasi um den zweiten Teil der Klassendefinition von *Settings* aus *Settings.Designer.cs,* was dank partieller Klassendefinition problemlos möglich ist. Im Normalfall dürften Sie diese Datei nicht zu sehen bekommen, aber wenn Sie sich die Mühe machen, über den Designer (siehe Seite 842) den Button *Code anzeigen* anzuklicken, findet sich kurz darauf auch diese Datei in Ihrem Projekt.

**Beispiel 21.14**  *Setting.cs*

```csharp
namespace WindowsFormsApplication1.Properties {
    internal sealed partial class Settings {
        public Settings() {
            // Heben Sie die  Auskommentierung der unten angezeigten Zeilen auf,
            // um Ereignishandler zum Speichern und Ändern von Einstellungen hinzuzufügen:
```

**Beispiel 21.14**  *Setting.cs*

```
            // this.SettingChanging += this.SettingChangingEventHandler;
            //
            // this.SettingsSaving += this.SettingsSavingEventHandler;
            //
        }

        private void SettingChangingEventHandler(object sender,
                    System.Configuration.SettingChangingEventArgs e) {
          // Fügen Sie hier Code zum Behandeln des SettingChangingEvent-Ereignisses hinzu.
        }

        private void SettingsSavingEventHandler(object sender,
                    System.ComponentModel.CancelEventArgs e) {
          // Fügen Sie hier Code zum Behandeln des SettingsSaving-Ereignisses hinzu.
        }
    }
}
```

Mit den in dieser Datei bereitgestellten Eventhandler-Rümpfen bietet sich die Möglichkeit, auf das Laden, Ändern und Sichern von Einstellungen per Ereignis zu reagieren. Es genügt, wenn Sie die entsprechenden Kommentare im Konstruktor entfernen und den gewünschten Code in die Eventhandler eintragen.

## 21.2  Ein Blick auf die Application-Klasse

Die *Application*-Klasse aus dem Namespace *System.Windows.Forms* ist für den Programmierer von zentraler Bedeutung und unser Kapitel über die Grundlagen von Windows Forms-Anwendungen wäre höchst unvollständig, würden wir auf diese wichtige Klasse nur ganz am Rand eingehen. Den ersten Kontakt mit ihr hatten Sie bereits in der *Main*-Methode (siehe dazu auch Seite 834).

Die *Application*-Klasse bietet einige interessante statische Eigenschaften und Methoden, von denen wir hier nur die wichtigsten kurz vorstellen wollen:

### 21.2.1  Eigenschaften

Einige wichtige Eigenschaften von *Application:*

| Eigenschaft | Beschreibung |
| --- | --- |
| *AllowQuit* | ... darf die Anwendung beendet werden (readonly)? |
| *CommonAppDataPath* | ... ein gemeinsamer Anwendungspfad. |
| *CommonAppDataRegistry* | ... ein gemeinsamer Registry-Eintrag. |
| *CompanyName* | ... der in den Anwendungsressourcen angegebene Firmenname. |

| Eigenschaft | Beschreibung |
|---|---|
| *CurrentCulture* | ... ein Objekt mit den aktuellen Kulturinformation (Kalender, Währung). |
| *ExecutablePath* | ... der Name der Anwendung inklusive Pfadangabe. |
| *LocalUserAppDataPath* | ... Anwendungspfad für die Daten des lokalen Benutzers. |
| *OpenForms* | ... Collection der geöffneten Formulare. |
| *ProductName* | ... der in den Ressourcen angegebene Produktname. |
| *ProductVersion* | ... die in den Ressourcen angegebene Produktversion. |
| *StartupPath* | ... der Anwendungspfad. |
| *UserAppDataPath* | ... Pfad für die Anwendungsdaten. |
| *UserAppDataRegistry* | ... Registry-Schlüssel für die Anwendungsdaten. |

**HINWEIS:** Einige der obigen Eigenschaften lassen sich den Einträgen der Datei *AssemblyInfo.cs* zuordnen (siehe dazu Seite 840).

**Beispiel 21.15**  **Abrufen aller geöffneten Formulare**

```
foreach (Form f in Application.OpenForms)
{
    listBox1.Items.Add(f.Name);
}
```

**Beispiel 21.16**  **Abfrage von *UserAppDataPath* und *UserAppDataRegistry***

```
textBox1.Text = Application.UserAppDataRegistry.ToString();
textBox2.Text = Application.UserAppDataPath.ToString();
```

Der Registry-Schlüssel:

```
HKEY_CURRENT_USER\Software\WindowsFormsApplication1\WindowsFormsApplication1\1.0.0.0
```

Das Verzeichnis:

```
C:\Users\Tom\AppData\Roaming\WindowsFormsApplication1\WindowsFormsApplication1\1.0.0.0
```

## 21.2.2  Methoden

Wichtige Methoden von *Application:*

| Methode | Beschreibung |
|---|---|
| *DoEvents* | ... ermöglicht Verarbeitung ausstehender Windows-Botschaften |
| *EnableVisualStyles* | ... ermöglicht die Darstellung mit Styles |
| *Exit* | ... Anwendung beenden |
| *ExitThread* | ... schließt aktuellen Thread |

| Methode | Beschreibung |
|---------|--------------|
| *Run* | ... startet das Hauptfenster der Anwendung (Beginn einer Nachrichten-schleife für den aktuellen Thread) |
| *Restart* | ... die Anwendung wird beendet und sofort neu gestartet |
| *SetSuspendState* | ... versucht das System in den Standbymodus bzw. den Ruhezustand zu versetzen |

Den Einsatz der *Run*-Methode haben wir ab Seite 836 besprochen. Wie Sie *DoEvents* richtig verwenden, zeigen wir Ihnen im folgenden Beispiel.

**Beispiel 21.17**  **Eine zeitaufwändige Berechnungsschleife blockiert die Anzeige der Uhrzeit. Durch Aufrufen von *DoEvents* läuft die Uhr auch während der Berechnung weiter.**

Zunächst wird die "Uhr" programmiert (vorher haben Sie eine *Timer*-Komponente in das Komponentenfach gezogen: *Interval = 1000, Enabled = True*):

```
private void timer1_Tick(object sender, EventArgs e)
{
    label1.Text = DateTime.Now.ToLongTimeString();
}
```

Die Berechnungsschleife wird gestartet:

```
private void button1_Click(object sender, EventArgs e)
{
    double a = 0;
    for (int i = 0; i < 100000000; i++)
    {
        a = Math.Sin(i) + a;
```

Nach jedem 1000ten Schleifendurchlauf wird CPU-Zeit freigegeben, sodass auf andere Ereignisse reagiert werden kann:

```
        if (i % 1000 ==0)  Application.DoEvents();
```

Wenn Sie obige Anweisung auskommentieren, "steht" die Uhr für die Zeit der Berechnung.

```
    }
```

Die Ergebnisanzeige:

```
    label2.Text = a.ToString();
}
```

Anwendung beenden:

```
private void button2_Click(object sender, EventArgs e)
{
    Application.Exit();
}
}
```

**Beispiel 21.17** **Eine zeitaufwändige Berechnungsschleife blockiert die Anzeige der Uhrzeit. Durch Aufrufen von** *DoEvents* **läuft die Uhr auch während der Berechnung weiter.**

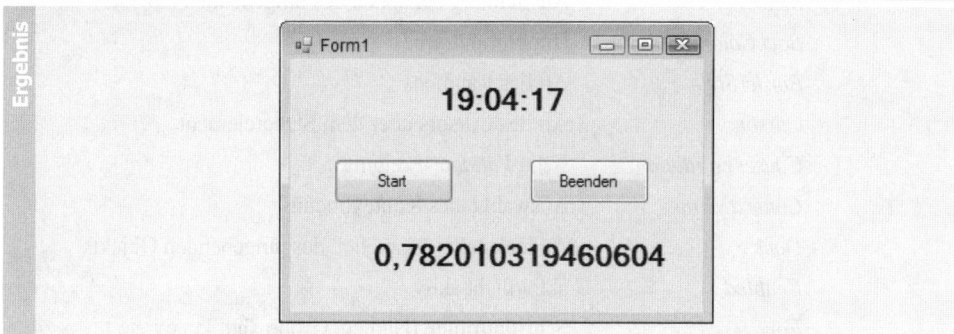

Eine recht effiziente Art, für Ruhe unter dem Schreibtisch zu sorgen, zeigt das folgende kurze Beispiel.

**Beispiel 21.18** **Den PC in den Ruhezustand versetzen**

```
C#    ...
        Application.SetSuspendState(PowerState.Suspend,false,true);
      ...
```

## 21.2.3 Ereignisse

Last but not least verfügt die *Application*-Klasse auch über diverse Ereignisse:

| Ereignis | Beschreibung |
|---|---|
| *ApplicationExit* | ... wenn die Anwendung beendet werden soll. |
| *EnterThreadModal* | ... vor dem Eintritt der Anwendung in den modalen Zustand. |
| *Idle* | ... die Applikation hat gerade nichts zu tun. |
| *LeaveThreadModal* | ... der modale Zustand wird verlassen. |
| *ThreadException* | ... eine nicht abgefangene Threadausnahme ist aufgetreten. |
| *ThreadExit* | ... ein Thread wird beendet. Handelt es sich um den Hauptthread der Anwendung, wird zunächst dieses Ereignis und anschließend *Application-Exit* ausgelöst. |

# 21.3 Allgemeine Eigenschaften von Komponenten

Es gibt eine Vielzahl von Standard-Properties über die (fast) alle Komponenten verfügen. Auf viele Eigenschaften kann nur zur Entwurfszeit, auf andere erst zur Laufzeit zugegriffen werden. Das ist auch der Grund, warum Letztere nicht im Eigenschaften-Fenster der Entwicklungsumgebung zu finden sind. Die Eigenschaften können zur Entwurfszeit (E) und/oder zur Laufzeit (L) verfügbar sein (r = nur lesbar).

| Eigenschaft | Erläuterung | E | L |
|---|---|---|---|
| *Anchor* | Ausrichtung bezüglich des umgebenden Objekts | x | x |
| *BackColor* | Hintergrundfarbe | x | x |
| *BorderStyle* | Art des Rahmens | x | r |
| *Cursor* | Art des Cursors über dem Steuerelement | x | x |
| *CausesValidation* | siehe *Validate*-Ereignis | | |
| *ContextMenu* | Auswahl eines Kontextmenüs | x | x |
| *Dock* | Andockstellen bezüglich des umgebenden Objekts | x | x |
| *Enabled* | aktiv/nicht aktiv | x | x |
| *Font* | Schriftattribute (Namen, Größe, fett, kursiv etc.) | x | x |
| *ForeColor* | Vordergrundfarbe, Zeichenfarbe | x | x |
| *Handle* | Fensterhandle, an welches das Control gebunden ist | | r |
| *Location* | Position der linken oberen Ecke | x | x |
| *Locked* | Sperren des Steuerelements gegen Veränderungen | x | |
| *Modifiers* | Zugriffsmodifizierer (*private*, *public*, ...) | x | x |
| *Name* | Bezeichner | x | |
| *TabIndex* | Tab-Reihenfolge | x | x |
| *TabStop* | Tabulatorstopp Ja/Nein | x | x |
| *Tag* | Hilfseigenschaft (speichert Info-Text) | x | x |
| *Text* | Beschriftung oder Inhalt | x | x |
| *Visible* | Sichtbar Ja/Nein | x | x |

Einige dieser Properties bedürfen einer speziellen Erläuterung.

## 21.3.1  Font

Mit dieser Eigenschaft (die in Wirklichkeit ein Objekt ist) werden Schriftart, Schriftgröße und Schriftstil der *Text*-Eigenschaft eingestellt (gilt nicht für die Titelleiste eines Formulars). Die Einstellung zur Entwurfszeit ist kein Problem, da ja zusätzlich auch ein komfortabler Fontdialog (der von Windows) zur Verfügung steht.

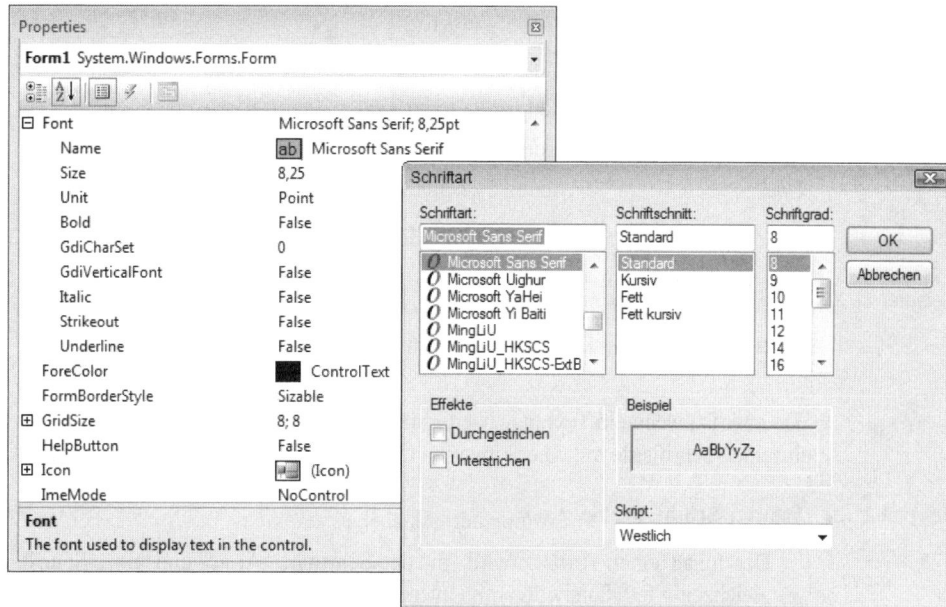

Der Zugriff auf die *Font*-Eigenschaften per Programmcode ist aber nicht mehr ganz so einfach.

**Beispiel 21.19** **Zugriff auf die *Font*-Eigenschaften**

Sie können zwar die Schriftgröße einer *TextBox* lesen:

```
MessageBox.Show(textBox1.Font.Size.ToString());    // zeigt z.B. 8,25
```

Ein direktes Zuweisen/Ändern der Schriftgröße ist allerdings nicht möglich, da diese Eigenschaft schreibgeschützt ist:

```
textBox1.Font.Size = 12;                 // Fehler (read only)
```

oder

```
textBox1.Font.Size = textBox2.Font.Size;    // Fehler (read only)
```

Um die Schrifteigenschaften zu ändern müssen Sie ein neues *Font*-Objekt erzeugen.

**Beispiel 21.20** **Ändern der Schriftgröße einer *TextBox***

```
textBox1.Font = new Font(textBox1.Font.Name, 12);
```

Obiges Beispiel zeigt allerdings nur einen der zahlreichen Konstruktoren der *Font*-Klasse. Darunter gibt es natürlich auch welche, die das Zuweisen des Schriftstils (fett, kursiv, ...) ermöglichen.

Die möglichen Schriftstile sind in der *FontStyle*-Enumeration definiert (siehe folgende Tabelle):

| Schriftstil | Beschreibung |
|---|---|
| *Regular* | normaler Text |
| *Bold* | fett formatierter Text |
| *Italic* | kursiv formatierter Text |
| *Underline* | unterstrichener Text |
| *Strikeout* | durchgestrichener Text |

**Beispiel 21.21**   **Inhalt einer *TextBox* fett formatieren**

```csharp
textBox1.Font = new Font(textBox1.Font, FontStyle.Bold);
```

Was aber ist, wenn ein Text gleichzeitig mehrere Schriftstile haben soll? In diesem Fall müssen die einzelnen Schriftstile mit einer bitweisen ODER-Verknüpfung kombiniert werden.

**Beispiel 21.22**   **Mehrere Schriftstile zuweisen**

Der Inhalt einer *TextBox* wird mit der Schriftart "Arial" und einer Schriftgröße von 16pt gleichzeitig fett, kursiv und mit Unterstreichung formatiert.

```csharp
textBox1.Font = new Font("Arial", 16f, FontStyle.Bold | FontStyle.Underline |
                         FontStyle.Italic);
```

*Ergebnis*

> ***Hallo***

**HINWEIS:** Mehr zum *Font*-Objekt im Zusammenhang mit der Textausgabe auf einem Formular finden Sie im Grafik-Kapitel 24.

## 21.3.2 Handle

Die *Handle*-Eigenschaft ist wohl mehr für den fortgeschrittenen Programmierer bestimmt. Der Wert ist ein Windows-Handle und natürlich schreibgeschützt. Wenn das Handle noch nicht vorhanden ist, wird das Erstellen durch den Verweis auf diese Eigenschaft erzwungen.

**Beispiel 21.23**   **Verwendung *Handle***

Der Klick auf *button1* bewirkt, dass unter Verwendung des Handles von *button2* auch dieser mit einem Rechteck umrandet wird:

```csharp
private void button1_Click(object sender, EventArgs e)
{
    ControlPaint.DrawFocusRectangle(Graphics.FromHwnd(button2.Handle),
                        button2.ClientRectangle);
}
```

## 21.3.3 Tag

Diese Eigenschaft müssen Sie sich wie einen unsichtbaren "Merkzettel" vorstellen, den man an ein Objekt "anheften" kann. Im Eigenschaftenfenster erscheint *Tag* zwar als *string* Datentyp, in Wirklichkeit ist *Tag* aber vom *object*-Datentyp, denn per Programmcode können Sie dieser Eigenschaft einen beliebigen Wert zuweisen.

**Beispiel 21.24** | **Verwendung *Tag***

Sie haben der *Image*-Eigenschaft einer *PictureBox* ein Bild zugewiesen und wollen beim Klick auf die *PictureBox* einen erklärenden Text in einem Meldungsfenster anzeigen lassen:

```
...
pictureBox1.Tag = "Das ist meine Katze!";
...
private void pictureBox1_Click(object sender, EventArgs e)
{
    MessageBox.Show(pictureBox1.Tag.ToString());    // zeigt "Das ist meine Katze!"
}
```

**HINWEIS:** Seit .NET 2.0 verfügen auch Steuerelemente, die im Komponentenfach abgelegt werden, wie *Timer*, *OpenFileDialog*, ..., über eine *Tag*-Eigenschaft.

## 21.3.4 Modifiers

Beim visuellen Entwurfsprozess werden Steuerelemente vom Designer wie private Felder der *Form*-Klasse angelegt, ein Zugriff von außerhalb ist also zunächst nicht möglich.

*Modifiers* ist keine Eigenschaft im eigentlichen Sinn, sondern lediglich eine Option der Entwicklungsumgebung die Sie dann brauchen, wenn Sie von einem Formular aus auf ein Steuerelement zugreifen wollen, welches sich auf einem anderen Formular befindet. Angeboten werden die Modifizierer *public*, *protected*, *internal*, *protected internal* und *private*.

**Beispiel 21.25** | **Verwendung von *Modifiers***

Nach dem Klick auf einen auf *Form1* befindlichen *Button* soll der Inhalt einer auf *Form2* befindlichen *TextBox* in einem *Label* auf *Form1* angezeigt werden. Der folgende Code:

```
public partial class Form1 : Form
{
 ...
    private void button1_Click(object sender, EventArgs e)
    {
        Form2 f2 = new Form2();
        // f2.Show();                       // nicht notwendig!
        label1.Text = f2.textBox1.Text;
    }
}
```

**Beispiel 21.25** | **Verwendung von *Modifiers***

... funktioniert nur dann, wenn Sie vorher in *Form2* die *Modifiers*-Eigenschaft von *textBox1* auf *public, internal* oder *protected internal* gesetzt haben.

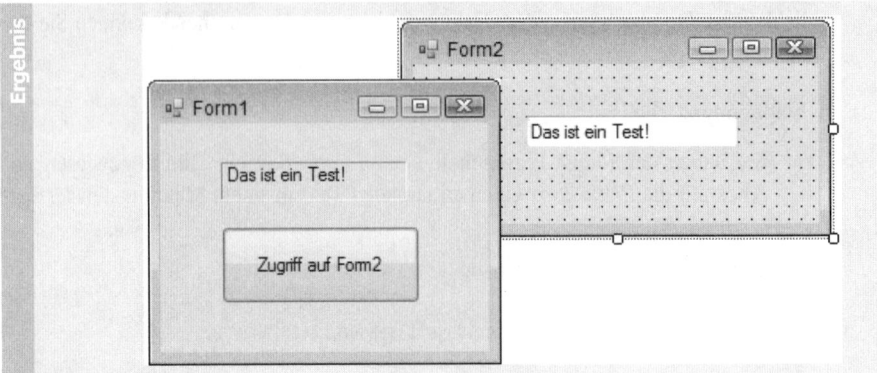

# 21.4  Allgemeine Ereignisse von Komponenten

Wir wollen uns zunächst nur auf die Ereignisse beschränken, die für die meisten Komponenten gleichermaßen zutreffen, und auf einige grundsätzliche Programmieransätze eingehen.

**HINWEIS:** Wer sich fundiert mit dem Microsoft Ereignismodell auseinandersetzen möchte sei auf das Kapitel 17 (MS Event Pattern) verwiesen!

## 21.4.1  Die Eventhandler-Argumente

Jedem Ereignis-Handler werden zumindest zwei Parameter übergeben:

- das *sender*-Objekt,

- die eigentlichen Parameter als Objekt mit dem kurzen Namen *e*.

Was können wir mit beiden Werten anfangen?

## 21.4.2  Sender

Da Ereignis-Handler einen beliebigen Namen erhalten und auch "artfremde" Komponenten sich ein und denselben Eventhandler teilen können, muss es ein Unterscheidungsmerkmal für den Aufrufer des Ereignisses geben. Über den *sender* ist es möglich zu entscheiden, welches Objekt das Ereignis ausgelöst hat.

Zunächst werden Sie sicher enttäuscht sein, wenn Sie sich die einzelnen Eigenschaften bzw. Methoden des *sender*-Objekts ansehen, lediglich eine Methode *GetType* ist zu finden. Doch keine Sorge, typisieren Sie das Objekt, so haben Sie Zugriff auf alle objekttypischen Eigenschaften und Methoden der das Ereignis auslösenden Komponente.

**Beispiel 21.26**  **Ein gemeinsamer Ereignis-Handler (*TextChanged*) für mehrere Textboxen zeigt in der Kopfzeile des Formulars den Inhalt der jeweils bearbeiteten Textbox an.**

```csharp
private void textBox_TextChanged(object sender, EventArgs e)
{
    this.Text = (sender as TextBox).Text;
}
```

Im obigen Beispiel wurde der *as*-Operator zur Typkonvertierung eingesetzt. Aber auch der übliche explizite *()*-Operator ist anwendbar[1].

**Beispiel 21.27**  **Wiederholung des Vorgängerbeispiels mit dem *()*-Konvertierungsoperator**

```csharp
private void textBox_TextChanged(object sender, EventArgs e)
{
    this.Text = ((TextBox) sender).Text;
}
```

Im Folgenden werden wir aber den *as*-Operator bevorzugen, da dieser *null* liefert, falls die Konvertierung misslingt. Beim *()*-Konvertierungsoperator würde hingegen eine Exception ausgelöst.

Das wäre zum Beispiel der Fall, wenn ein *TextChange* von einer *TextBox* und einer *ComboBox* kommt. Spätestens beim Testen der Anwendung gäbe es Ärger, da der Typ nicht immer stimmt. Mit dem *as*-Operator hingegen ist eine vorangestellte *null*-Abfrage möglich.

**Beispiel 21.28**  **Wiederholung des Vorgängerbeispiels mit *as*-Konvertierungsoperator und *null*-Abfrage**

```csharp
private void control_TextChanged(object sender, EventArgs e)
{
    if (sender as TextBox != null) this.Text = (sender as TextBox).Text;
}
```

Brauchen Sie unbedingt den speziellen Objekttyp, können Sie zunächst mittels *GetType()* den Typ von *sender* feststellen um dann, in Abhängigkeit vom Typ, unterschiedliche Aktionen auszuführen.

**Beispiel 21.29**  **Verwendung von *sender***

Auch den folgenden Eventhandler teilen sich mehrere *Text*- und *ComboBox*en gemeinsam. Ändert sich der Inhalt einer *TextBox*, so wird dieser in der Titelleiste des Formulars angezeigt. Ändert sich aber die *Text*-Eigenschaft einer *ComboBox*, so wird nur deren Namen angezeigt.

```csharp
private void control_TextChanged(object sender, EventArgs e)
{
    switch (sender.GetType().Name)
    {
        case "TextBox": this.Text = (sender as TextBox).Text; break;
        case "ComboBox": this.Text = (sender as ComboBox).Name; break;
```

---

[1] Im Unterschied zum *()*-Konvertierungsoperator ist der *as*-Operator nur für Referenz- bzw. Verweistypen anwendbar, wozu auch alle Controls gehören.

```
        }
    }
```

## 21.4.3  Der Parameter e

Was sich hinter dem Parameter *e* versteckt, ist vom jeweiligen Ereignis abhängig. So werden bei einem *MouseDown*-Ereignis unter anderem die gedrückten Tasten und die Koordinaten des Mausklicks im Parameter *e* übergeben:

```
private void Form1_MouseDown(object sender, MouseEventArgs e)
{
    e.|
}
        Button
        Clicks
        Delta
        Equals
        GetHashCode
        GetType
        Location
        ToString
        X
        Y
```

Teilweise werden über diesen Parameter auch Werte an das aufrufende Programm zurückgegeben.

```csharp
private void Form1_FormClosing(object sender, FormClosingEventArgs e)
{
    e.Cancel = true;
}
```

## 21.4.4  Mausereignisse

Wenn sich der Mauskursor über einem Objekt befindet, können die folgenden Mausaktivitäten (teilweise mit Übergabeparametern) ausgewertet werden:

| Ereignis | ... tritt ein, wenn |
|---|---|
| *Click* | ... auf das Objekt geklickt wird. |
| *DblClick* | ... auf das Objekt doppelt geklickt wird. |
| *MouseDown* | ... eine Maustaste niedergedrückt wird. |
| *MouseUp* | ... eine Maustaste losgelassen wird. |
| *MouseMove* | ... die Maus bewegt wird. |

| Ereignis | ... tritt ein, wenn |
|----------|---------------------|
| *MouseEnter* | ... wenn die Maus in das Control hinein bewegt wird. |
| *MouseLeave* | ... wenn die Maus aus dem Control hinaus bewegt wird. |

Bei einem *MouseDown* können Sie über *e.Button* unterscheiden, welcher Button gerade gedrückt wurde (*Left, Middle, Right*). Gleichzeitig können Sie über *e.x* bzw. *e.y* die Koordinaten bezüglich des jeweiligen Objekts ermitteln.

---

**HINWEIS:** Beachten Sie, dass jeder Doppelklick auch ein "normales" Klickereignis auslöst. Man sollte deshalb überlegt zu Werke gehen, wenn für ein Control beide Events gleichzeitig besetzt werden sollen.

---

**Beispiel 21.31** *MouseDown*

Beim Niederdrücken der rechten Maustaste über dem Formular wird eine *MessageBox* erzeugt, wenn sich die Maus in dem durch die Koordinaten 10,10 (linke obere Ecke) und 110,110 (rechte untere Ecke) bezeichneten Rechteck befindet:

```
private void Form1_MouseDown(object sender, MouseEventArgs e)
{
    if ((e.Button == MouseButtons.Right) &
        new Rectangle(10, 10, 100, 100).Contains(e.X, e.Y)) MessageBox.Show("Erfolg");
}
```

**Beispiel 21.32** **Ändern der Hintergrundfarbe einer** *ListBox***, wenn die Maus darüber bewegt wird.**

```
private void listBox1_MouseEnter(object sender, EventArgs e)
{
    (sender as ListBox).BackColor = Color.Blue;
}

private void listBox1_MouseLeave(object sender, EventArgs e)
{
    (sender as ListBox).BackColor = Color.White;
}
```

## Tastaturereignisse

Wenn ein Steuerelement den Fokus hat, können für dieses Objekt die in der folgenden Tabelle aufgelisteten Keyboard-Events ausgewertet werden.

| Ereignis | ... tritt ein, wenn |
|----------|---------------------|
| *KeyPress* | ... eine Taste gedrückt wird. |
| *KeyDown* | ... die Taste nach unten bewegt wird (mit Intervall). |
| *KeyUp* | ... eine Taste losgelassen wird. |

*KeyPress* registriert das Zeichen der gedrückten Taste, während *KeyDown* und *KeyUp* auf alle Tasten der Tastatur (einschließlich Funktionstasten und Tastenkombinationen mit den Tasten *Umschalt*, *Alt* und *Strg*) reagieren können.

**Beispiel 21.33** | **Verwendung *KeyUp***

Beim Loslassen einer Zifferntaste innerhalb einer *TextBox* wird die Ziffer in eine *ListBox* übernommen (48 ... 57 sind die ANSI-Codes der Ziffern 0 ... 9).

```
private void textBox1_KeyUp(object sender, KeyEventArgs e)
{
    if ((e.KeyValue > 47) & (e.KeyValue < 58))
            listBox1.Items.Add((e.KeyValue-48).ToString());
}
```

## 21.4.5   KeyPreview

*KeyPreview* ist kein Ereignis, sondern eine Formulareigenschaft! *KeyPreview* steht aber im engen Zusammenhang mit den Tastaturereignissen und soll deshalb (ausnahmsweise) bereits an dieser Stelle erwähnt werden. Wenn *KeyPreview* den Wert *False* hat (Voreinstellung), werden die Ereignisse sofort zur Komponente weitergegeben. Hat *KeyPreview* aber den Wert *True*, so gehen, unabhängig von der aktiven Komponente, die Tastaturereignisse *KeyDown*, *KeyUp* und *KeyPress* zuerst an das Formular. Erst danach wird das Tastaturereignis an das Steuerelement weitergereicht. Damit kann an zentraler Stelle auf Tastaturereignisse reagiert werden.

**Beispiel 21.34** | ***KeyPreview***

Entsprechend dem vorhergehenden Beispiel soll beim Drücken einer Zifferntaste diese in eine *ListBox* übernommen werden, in diesem Fall jedoch bei **allen** Controls des aktuellen Fensters.

Setzen Sie im Eigenschaftenfenster (F4) die Eigenschaft *KeyPreview* des Formulars auf *True* und erzeugen Sie folgenden Event-Handler:

```
private void Form1_KeyUp(object sender, KeyEventArgs e)
{
    if ((e.KeyValue > 47) & (e.KeyValue < 58))
        listBox1.Items.Add((e.KeyValue - 48).ToString());
    e.Handled = true;
}
```

**HINWEIS:** Da in diesem Beispiel bei *KeyPreview=True* das Ereignis nur im Event-Handler des Formulars und nicht auch im aktuellen Steuerelement verarbeitet werden soll, haben wir *e.Handled* auf *True* gesetzt.

## 21.4.6  Weitere Ereignisse

Die folgenden Events finden Sie ebenfalls bei einer Vielzahl von Objekten:

| Ereignis | ... tritt ein, wenn |
| --- | --- |
| *Change* | ... der Inhalt der Komponente geändert wird. |
| *Enter* | ... die Komponente den Fokus erhält. |
| *DragDrop* | ... das Objekt über der Komponente abgelegt wird. |
| *DragOver* | ... das Objekt über die Komponente gezogen wird. |
| *HelpRequested* | ... die Hilfe angefordert wird (F1). |
| *Leave* | ... die Komponente den Fokus verliert. |
| *Paint* | ... das Steuerelement gezeichnet wird. |
| *Resize* | ... die Komponente in der Größe verändert wird. |
| *Validate* | ... der Inhalt von Steuerelementen überprüft wird. |

**Beispiel 21.35**  **Wenn die *TextBox* den Eingabefokus erhält, soll sich die Hintergrundfarbe ändern.**

```csharp
private void textBox1_Enter(object sender, EventArgs e)
{
    textBox1.BackColor = Color.Yellow;
}
```

Beim Verlassen stellen wir die normale Farbe ein:

```csharp
private void textBox1_Leave(object sender, EventArgs e)
{
    textBox1.BackColor = Color.White;
}
```

Im Zusammenhang mit dem Auftreten der Fokus-Ereignisse spielt häufig auch die Reihenfolge eine Rolle:

*Enter* ⇨ *GotFocus* ⇨ *Leave* ⇨ *Validating* ⇨ *Validated* ⇨ *LostFocus*

## 21.4.7  Validätsprüfungen

Das *Validate*-Ereignis ermöglicht es, zusammen mit der *CausesValidation*-Eigenschaft den Inhalt von Steuerelementen zu prüfen, **bevor** der Fokus das Steuerelement verlässt. Das *Validate*-Ereignis eignet sich besser zum Überprüfen der Dateneingabe als das *LostFocus*-Ereignis, da *LostFocus* erst **nach** dem Verschieben des Fokus eintritt.

*Validate* wird nur dann ausgelöst, wenn der Fokus in ein Steuerelement wechselt, bei dem die *CausesValidation*-Eigenschaft *True* ist (Standardeinstellung). *CausesValidation* sollte nur bei den Controls auf *False* gesetzt werden, deren Aktivierung keine Validätskontrolle auslösen soll, wie z.B. eine "Abbrechen"- oder eine "Hilfe"-Schaltfläche.

> **HINWEIS:** Ist die Prüfung innerhalb des *Validating*-Events nicht erfolgreich, können Sie mit *e.Cancel* die weitere Ereigniskette (siehe oben) abbrechen.

**Beispiel 21.36** *Validating*

> Der Fokus wandert nur dann zum nächsten Steuerelement, wenn in die *TextBox* mehr als fünf Zeichen eingegeben werden.
>
> ```csharp
> private void textBox2_Validating(object sender, CancelEventArgs e)
> {
>     if (textBox2.Text.Length < 5)
>     {
>         MessageBox.Show("Bitte mehr als 5 Zeichen eingeben!");
>         e.Cancel = true;
>     }
> }
> ```

## 21.4.8  SendKeys

Mit diesem Objekt werden Tastatureingaben durch den Bediener simuliert, daher ist es zweckmäßig, es bereits an dieser Stelle im Zusammenhang mit Tastaturereignissen zu erwähnen. Zwei Methoden stehen zur Auswahl:

- *Send*

- *SendWait*

Während Erstere sich damit begnügt, die Tastatureingaben einfach an die aktive Anwendung zu senden, wartet *SendWait* auch darauf, dass die Daten verarbeitet werden. Insbesondere bei etwas langsameren Operationen kann es sonst schnell zu einem Fehlverhalten kommen.

Das Argument der beiden Methoden ist eine Zeichenkette. Jede Taste wird dabei durch mindestens ein Zeichen repräsentiert.

> **HINWEIS:** Das Pluszeichen (+), Caret-Zeichen (^) und Prozentzeichen (%) sind für die UMSCHALT-, STRG- und ALT-Taste vorgesehen. Sondertasten sind in geschweifte Klammern einzuschließen.

**Beispiel 21.37** *SendKeys*

> Die folgende Anweisung sendet die Tastenfolge *Alt+F4* an das aktive Fenster und bewirkt damit ein Schließen der Applikation.
>
> ```csharp
> private void button1_Click(object sender, EventArgs e)
> {
>     SendKeys.Send('%{F4}');
> }
> ```

Häufig soll sich die "Tastatureingabe" nicht auf das aktuelle Formular, sondern auf das aktive Steuerelement beziehen. Dann muss dieses Steuerelement vorher den Fokus erhalten.

**Beispiel 21.38** *SendWait* mit *SetFocus*

Die folgende Sequenz füllt das Textfeld *TextBox1* mit den Ziffern 12345678 und setzt danach die Ausführung fort.

```csharp
private void button1_Click(object sender, EventArgs e)
{
    textBox1.Focus();
    SendKeys.SendWait('12345678');
}
```

**HINWEIS:** *SendKeys* macht es auch möglich, quasi "wie von Geisterhand" andere Windows-Programme (z.B. den integrierten Taschenrechner) aufzurufen. Mehr dazu finden Sie in unserem [Visual C# 2010 Kochbuch].

# 21.5 Allgemeine Methoden von Komponenten

Auch hier nur ein Auszug aus dem reichhaltigen Sortiment:

| Methode | Erläuterung |
|---|---|
| *Contains* | ... kontrolliert, ob ein angegebenes Steuerelement dem aktuellen untergeordnet ist. |
| *CreateGraphics* | ... erzeugt ein *Graphics*-Objekt zum Zeichnen im Steuerelement (mehr dazu in Kapitel 24). |
| *DoDragDrop* | ... beginnt eine Drag&Drop-Operation. |
| *FindForm* | ... ruft das übergeordnete Formular ab. |
| *Focus* | ... setzt den Fokus auf das Objekt. |
| *GetContainerControl* | ... ruft das übergeordnete Steuerelement ab. |
| *GetType* | ... ruft den Typ des Steuerelements ab. |
| *Hide* | ... verbirgt das Steuerelement. |
| *Invalidate* | ... veranlasst das Neuzeichnen des Controls. |
| *Refresh* | ... erneuert den Aufbau des Steuerelements. |
| *Scale* | ... skaliert das Steuerelement. |
| *SelectNextControl* | ... aktiviert das folgende Steuerelement. |
| *SetBounds* | ... setzt die Größe des Steuerelements. |
| *Show* | ... zeigt das Steuerelement nach dem Verbergen wieder an. |

> **HINWEIS:** Über die an die Methoden zu übergebenden Parameter informieren Sie sich am besten per Intellisense bzw. in der Dokumentation.

**Beispiel 21.39**    *SetBounds*

Die folgende Anweisung verschiebt das aktuelle Formular an die Position 10,10 und verändert gleichzeitig die Größe auf 100 x 100 Pixel.

```
this.SetBounds(10, 10, 100, 100);
```

**Beispiel 21.40**    **Skalieren einer *GroupBox* mit dem Faktor 1,5**

```
groupBox1.Scale(1.5, 1.5);
```

# Kapitel 22

# Windows Forms-Formulare

Fast jede Windows-Applikation läuft in einem oder mehreren Fenstern ab, die sozusagen als Container für die Anwendung fungieren. Schon deshalb ist das Formular (*Form*) das wichtigste Objekt, wir werden uns also damit etwas ausführlicher auseinander setzen müssen.

---

**HINWEIS:** Die Ausführungen zu den allgemeinen Eigenschaften/Methoden und Ereignissen aus dem vorhergehenden Kapitel treffen auch auf die Windows Formulare zu. Sie sollten also das Kapitel 21 bereits durchgearbeitet haben.

---

## 22.1 Übersicht

Haben Sie ein neues Windows Forms-Anwendungsprojekt geöffnet, werden Sie bereits von einem ersten Formular im Designer begrüßt.

Wie ein Formular aussieht, brauchen wir sicher nicht weiter zu erklären, welche Eigenschaften jedoch für das Aussehen verantwortlich sind, soll die folgende Abbildung verdeutlichen:

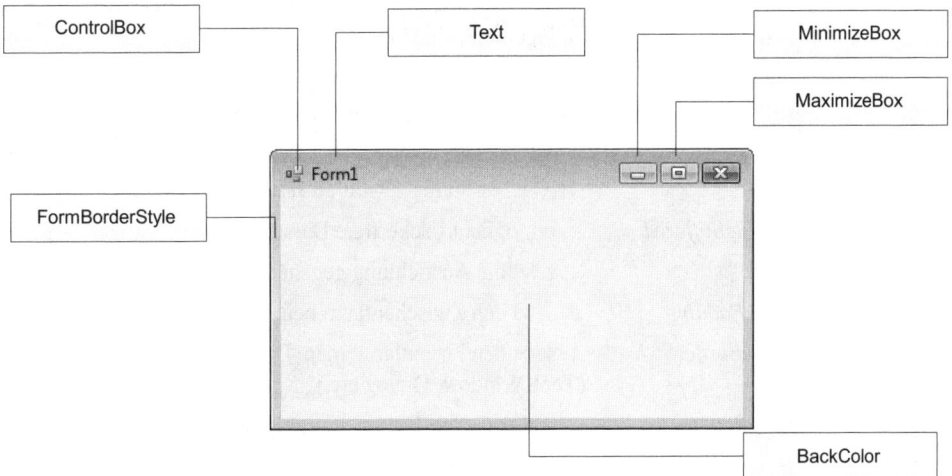

Für die weitere Orientierung sollen die folgenden Tabellen sorgen, die in Kürze die wichtigsten Eigenschaften, Methoden und Ereignisse des Formulars erläutern. In den weiteren Abschnitten wenden wir uns dann spezifischen Themen rund um das Formular zu.

# 22.1.1   Wichtige Eigenschaften des Form-Objekts

| Eigenschaft | Beschreibung |
|---|---|
| *AcceptButton* <br> *CancelButton* | Diese Eigenschaften legen fest, welche Buttons mit den Standardereignissen *Enter*-Taste bzw. *Esc*-Taste verknüpft werden. Diese Funktionalität wird häufig in Dialogboxen verwendet (siehe auch *DialogResult*). Löst der Nutzer eine der beiden Aktionen aus, wird der Ereigniscode der jeweiligen Taste verarbeitet. |
| *ActiveControl* | ... bestimmt das gerade aktive Control, z.B: <br><br> `if (sender == this.ActiveControl) berechne();` |
| *ActiveForm* | ... bestimmt das aktive Formular der Anwendung. |
| *ActiveMdiChild* | ... ermittelt das gerade aktive MDI-Child-Fenster. |
| *AutoScroll* | ... bestimmt, ob das Formular automatisch Scrollbars einfügen soll, wenn der Clientbereich nicht komplett darstellbar ist. |
| *BackgroundImage* | ... eine Grafik für den Hintergrund. |
| *ClientSize* | ... ermittelt die Größe des Formular-Clientbereichs. |
| *ContextMenu* | ... das Kontextmenü des Formulars. |
| *ControlBox* | ... Anzeige des Systemmenüs (*True/False*). |
| *Controls* | ... eine Collection aller enthaltenen Controls. |
| *Cursor* | ... legt die Cursorform für das aktuelle Formular fest. |
| *DesktopBounds* | ... legt Position und Größe des Formulars auf dem Desktop fest, z.B. <br><br> `this.DesktopBounds = (new Rectangle.Create(10, 10, 100, 100));` |
| *DesktopLocation* | ... legt die Position des Formulars fest. |
| *DialogResult* | ... über diesen Wert können Dialog-Statusinformationen an ein aufrufendes Programm zurückgegeben werden, z.B. <br><br> `Form2 f2 = new Form2();` <br> `if (f2.ShowDialog() == DialoResult.Abort) { ...}` |
| *DoubleBuffered* | ... ermöglicht flackerfreie Darstellung von Grafiken (siehe Kapitel 27) |
| *Dock* | ... setzt die Ausrichtung gegenüber einem übergeordneten Fenster. |
| *DockPadding* | ... setzt den Zwischenraum beim Docking von Controls. |
| *FormBorderStyle* | ... setzt den Formularrahmen. Dieser hat auch Einfluss auf das Verhalten (Tool-Window, Dialog etc.). |
| *HelpButton* | ... soll der Hilfe-Button angezeigt werden? |
| *Icon* | ... das Formular-Icon. |

| Eigenschaft | Beschreibung |
|---|---|
| *IsMdiChild* | … handelt es sich um ein MDI-Child-Fenster? |
| *IsMdiContainer* | … handelt es sich um ein MDI-Container-Fenster? |
| *Location* | … die linke obere Ecke des Formulars. |
| *MaximizeBox* *MinimizeBox* | … Anzeige der beiden Formular-Buttons (*True/False*). |
| *MaximumSize* *MinimumSize* | … setzt maximale bzw. minimale Maße für das Fenster. |
| *MdiChildren* | … eine Collection der untergeordneten MDI-Child-Fenster. |
| *MdiParent* | … ermittelt den MDI-Container. |
| *Menu* | … das Hauptmenü des Formulars. |
| *Modal* | … wird das Formular (Dialog) modal angezeigt? |
| *Opacity* | … Transparenz des Formulars in Prozent. |
| *OwnedForms* | … eine Collection der untergeordneten Formulare. |
| *Owner* | … das übergeordnete Formular. |
| *ShowInTaskbar* | … soll das Formular in der Taskbar angezeigt werden? |
| *Size* | … die Formulargröße. |
| *StartPosition* | … wo wird das Fenster beim ersten Aufruf angezeigt (zentriert etc.)? |
| *Text* | … der Text in der Titelleiste. |
| *TopMost* | … soll das Formular an oberster Position angezeigt werden? |
| *TransparencyKey* | … welche Formularfarbe soll transparent dargestellt werden? |
| *Visible* | … ist das Formular sichtbar? |
| *WindowState* | … ist das Fenster maximiert, minimiert oder normal dargestellt? |

### Controls-Auflistung

Mit dieser Eigenschaft ist der Zugriff auf alle im Formular vorhandenen Steuerelemente möglich.

**Beispiel 22.1** | **Alle Controls im aktuellen Formular um zehn Pixel nach links verschieben**

```csharp
foreach (Control c in this.Controls)
{
    c.Left -= 10;
}
```

Der Zugriff auf Elemente der *Controls*-Auflistung eines Formulars ist nicht nur über den Index, sondern auch über den Namen des Elements möglich.

**Beispiel 22.2** | **Zugriff auf ein spezielles Control über dessen Namen**

```csharp
TextBox tb = (TextBox) Controls["textBox2"];
MessageBox.Show(tb.Text);
```

## 22.1.2  Wichtige Ereignisse des Form-Objekts

Neben den bereits im vorhergehenden Kapitel aufgelisteten Events sind für ein Formular die folgenden Events von Bedeutung:

| Ereignis | ... tritt ein, wenn |
|---|---|
| *Activated* | ... das Formular aktiviert wird. |
| *FormClosing* | ... das Formular geschlossen werden soll. Sie können den Vorgang über den Parameter *e.Cancel* abbrechen und so ein Schließen des Formulars verhindern. |
| *FormClosed* | ... das Formular geschlossen ist. |
| *Deactivate* | ... ein anderes Formular aktiviert wird. |
| *Load* | ... das Formular geladen wird. |
| *Paint* | ... das Formular neu gezeichnet werden muss. |
| *Resize* | ... die Größe eines Formulars verändert wird. |
| *HelpRequested* | ... Hilfe vom Nutzer angefordert wird (F1). |
| *Layout* | ... die untergeordneten Controls neu positioniert werden müssen (Größenänderung des Formulars oder Hinzufügen von Steuerelementen). |
| *LocationChanged* | ... sich die Position des Formulars ändert. |
| *MdiChildActivated* | ... wenn ein MDI-Child-Fenster aktiviert wird. |

**Beispiel 22.3**    **Verwenden des *Paint*-Events zum Zeichnen eines Kreises**

```csharp
private void Form1_Paint(object sender, PaintEventArgs e)
{
    e.Graphics.DrawEllipse(new Pen(Color.Black), 0, 0, 100, 100);
}
```

Mit jedem Anzeigen oder jeder Größenänderung wird *Paint* ausgelöst. Das Ergebnis:

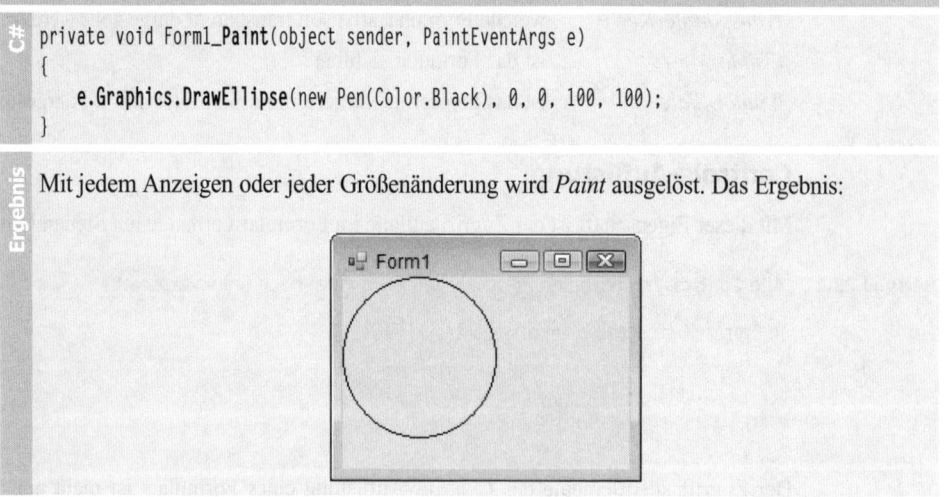

---

**HINWEIS:** Mehr zur Grafikprogrammierung finden Sie im Kapitel 24.

Beim Laden eines Formulars treten – nach Aufruf des Konstruktors – die Ereignisse in folgender Reihenfolge auf:

$$Move \Rightarrow Load \Rightarrow Layout \Rightarrow Activated \Rightarrow Paint$$

Beim Schließen hingegen haben wir es mit folgender Ereigniskette zu tun:

$$FormClosing \Rightarrow FormClosed \Rightarrow Deactivate$$

**HINWEIS:** Das Praxisbeispiel 22.4.2 zeigt, wie Sie obige Ereignisketten selbst experimentell ermitteln können!

**Beispiel 22.4**

| Sicherheitsabfrage vor dem Schließen des Formulars |
|---|

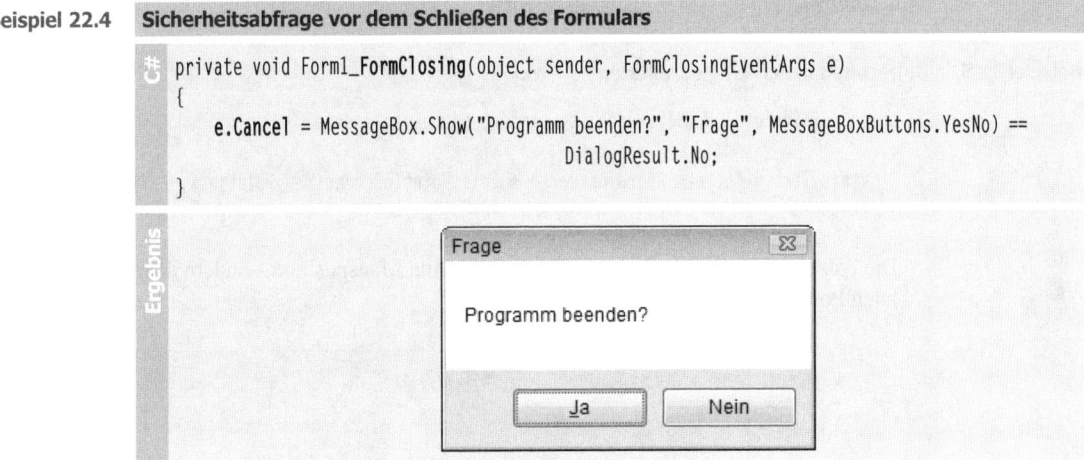

```
private void Form1_FormClosing(object sender, FormClosingEventArgs e)
{
    e.Cancel = MessageBox.Show("Programm beenden?", "Frage", MessageBoxButtons.YesNo) ==
                              DialogResult.No;
}
```

## 22.1.3 Wichtige Methoden des Form-Objekts

Die wichtigsten Methoden für Formulare sind im Folgenden zusammengestellt.

| Methode | Beschreibung |
|---|---|
| *Activate* | … aktiviert das Formular. |
| *BringToFront* | … verschiebt das Formular an die oberste Position (innerhalb der Anwendung). |
| *Close* | … schließt das Formular. |
| *CreateControl* | … erzeugt ein neues Steuerelement. |
| *CreateGraphics* | … erstellt ein *Graphics*-Objekt für die grafische Ausgabe. |
| *DoDragDrop* | … startet eine Drag & Drop-Operation. |
| *Focus* | … setzt den Fokus auf das Formular. |
| *GetNextControl* | … liefert das folgende Control in der Tab-Reihenfolge. |
| *Hide* | … verbirgt das Formular. |
| *Invalidate* | … erzwingt ein Neuzeichnen des Formularinhalts. |

| Methode | Beschreibung |
|---|---|
| *PointToClient*<br>*RectangleToClient* | ... rechnet Screen-Koordinaten in Fensterkoordinaten um (je nach Fensterposition). |
| *PointToScreen*<br>*RectangleToScreen* | ... rechnet Fensterkoordinaten in Screen-Koordinaten um. |
| *Refresh* | ... erzwingt ein Neuzeichnen des Fensters und der untergeordneten Controls. |
| *SelectNextControl* | ... verschiebt den Eingabefokus bei den untergeordneten Controls. |
| *Show* | ... zeigt das Fenster an. |
| *ShowDialog* | ... zeigt das Fenster als Dialogbox (modal) an. |

**Beispiel 22.5**   **Umrechnen in Screen-Koordinaten**

```csharp
private void Form1_MouseDown(object sender, MouseEventArgs e)
{
    this.Text = "Screen-Koordinaten: " + this.PointToScreen(new Point(e.X, e.Y)).ToString();
}
```

Die Anzeige hängt jetzt nicht nur von der relativen Mausposition, sondern auch von der absoluten Position des Formulars ab:

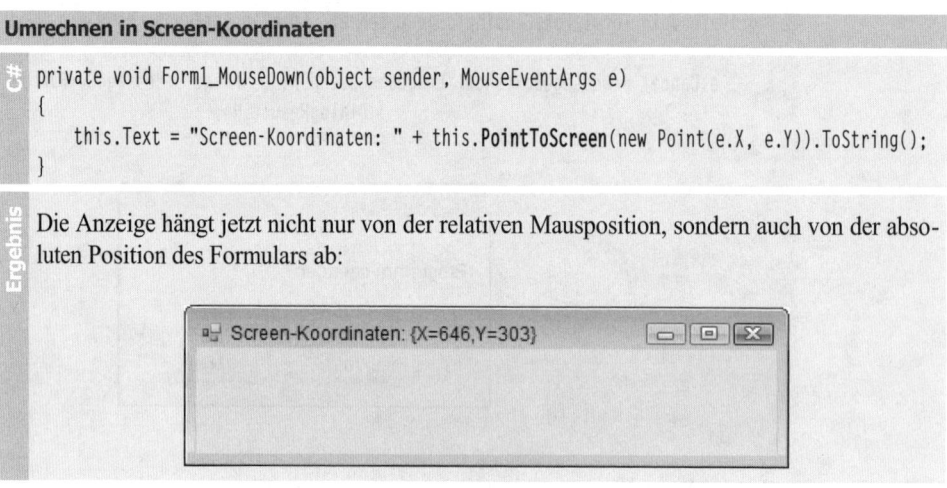

**HINWEIS:** Statt des Names des Formulars (z.B. *Form1*) können Sie auch *this* verwenden oder den Bezeichner völlig weglassen, da der Code ja in der aktuellen Klasse ausgeführt wird.

# 22.2  Praktische Aufgabenstellungen

Im folgenden wollen wir die o.g. Eigenschaften, Methoden und Ereignisse nutzen, um einige recht praktische Aufgabenstellungen im Umgang mit Windows-Formularen zu lösen.

## 22.2.1  Fenster anzeigen

Wie Sie aus der Startprozedur *Main()* heraus ein Fenster aufrufen, wurde im vorhergehenden Kapitel beschrieben. Wie Sie aus dem Hauptfenster heraus weitere Formulare aufrufen, soll Mittelpunkt dieses Abschnitts sein.

Zwei grundsätzliche Typen von Formularen müssen Sie unterscheiden:

- modale Fenster (Dialoge)

- nichtmodale Fenster

Die Unterscheidung zwischen beiden Varianten findet erst beim Aufruf bzw. bei der Anzeige eines *Form*-Objekts statt, zur Entwurfszeit wird diese Unterscheidung nicht getroffen, sieht man einmal von unterschiedlichen Rahmentypen (*FormBorderStyle*-Eigenschaft) ab.

## Nichtmodale Fenster

Hierbei handelt es sich um ein Fenster, das den Fokus auch an andere Fenster abgeben bzw. das auch verdeckt werden kann.

Die Anzeige erfolgt mit Hilfe der Methode *Show*, die asynchron ausgeführt wird, d.h., es wird mit der Programmverarbeitung nicht auf das Schließen des Formulars gewartet.

---

**HINWEIS:** Vor der Anzeige des Formulars muss dieses mit *new* instanziiert werden!

---

**Beispiel 22.6** | **Instanziieren und Anzeigen eines weiteren Formulars**

```
private void button1_Click(object sender, EventArgs e)
{
    Form2 f2 = new Form2();
    f2.Text = "Mein zweites Formular";
    f2.Show();
}
```

Der "Nachteil" dieser Fenster: Sie können zum einen verdeckt werden, zum anderen wissen Sie als Programmierer nie, wann der Anwender das Fenster schließt[1]. Für die Eingabe von Werten und deren spätere Verarbeitung sind sie also ungeeignet.

## Modale Fenster (Dialoge)

Abhilfe schaffen die Dialogfenster, auch modale Fenster genannt. Diese werden statt mit *Show* mit der Methode *ShowDialog* angezeigt. Die Programmausführung wird mit dem Aufruf der Methode an dieser Stelle so lange gestoppt, bis der Nutzer das Formular wieder geschlossen hat.

**Beispiel 22.7** | **Anzeige eines Dialogfensters**

```
Form2 f2 = new Form2();
f2.Text = "Bitte tragen Sie Ihren Namen ein ...";
f2.ShowDialog();
MessageBox.Show(f2.textBox1.Text);      // Anzeige des Eingabewerts
```

---

[1] Natürlich könnten Sie die entsprechenden Ereignisse auswerten, aber übersichtlicher wird Ihr Programm dadurch sicher nicht, vor allem dann nicht, wenn es um eine synchrone Programmabarbeitung geht.

---

**HINWEIS:** Bevor Sie auf Controls in *Form2* zugreifen können, müssen Sie deren *Modifiers*-Eigenschaft auf *public* festgelegt haben. Andernfalls können Sie nicht mit den Controls arbeiten.

---

Zu einer ordentlichen Dialogbox gehören im Allgemeinen auch ein OK- und ein Abbruch-Button. Auf diese Weise kann im aufrufenden Programm schnell entschieden werden, welcher Meinung der Anwender beim Schließen der Dialogbox war. Von zentraler Bedeutung ist in diesem Fall der Rückgabewert der Methode *ShowDialog*.

**Beispiel 22.8** | **Auswerten des Rückgabewertes**

```
Form2 f2 = new Form2();
if (f2.ShowDialog() == DialogResult.Abort)
    {...}
```

Die möglichen Rückgabewerte:

| **DialogResult** |
| --- |
| *Abort* |
| *Cancel* |
| *Ignore* |
| *No* |
| *None* |
| *OK* |
| *Retry* |
| *Yes* |

In der Dialogbox selbst stellen Sie den Rückgabewert entweder durch das direkte Setzen der Eigenschaft *DialogResult* ein oder Sie weisen den beiden Buttons (OK, Abbruch) die gewünschte *DialogResult*-Eigenschaft zu.

**Beispiel 22.9** | **Verwendung von *DialogResult***

Auf *Form1* befinden sich ein *Label* und ein *Button*. Über Letzteren wird ein Dialogfenster *Form2* aufgerufen, das die Schaltflächen "OK" und "Abbruch" besitzt. Außerdem hat *Form2* eine *TextBox*, deren *Modifiers*-Eigenschaft Sie auf *public* setzen.

```
public partial class Form1 : Form
{ ...
    private void button1_Click(object sender, EventArgs e)
    {
        Form2 f2 = new Form2();
        f2.Text = "Bitte tragen Sie Ihren Namen ein ... ";
        if (f2.ShowDialog() == DialogResult.OK)
                    label1.Text = f2.textBox1.Text;
```

**Beispiel 22.9** **Verwendung von *DialogResult***

```
        }
    }
```

Der Code von *Form2*:

```
public partial class Form2 : Form
{
    public Form2()
    {
        InitializeComponent();
```

Die folgenden beiden Zuweisungen können Sie auch direkt im Eigenschaftenfenster von *button1* bzw. *button2* vornehmen:

```
        button1.DialogResult = DialogResult.OK;
        button2.DialogResult = DialogResult.Abort;
    }
}
```

Nach dem Klick auf "OK" wird der in *Form1* eingetragene Wert in *Form2* angezeigt.

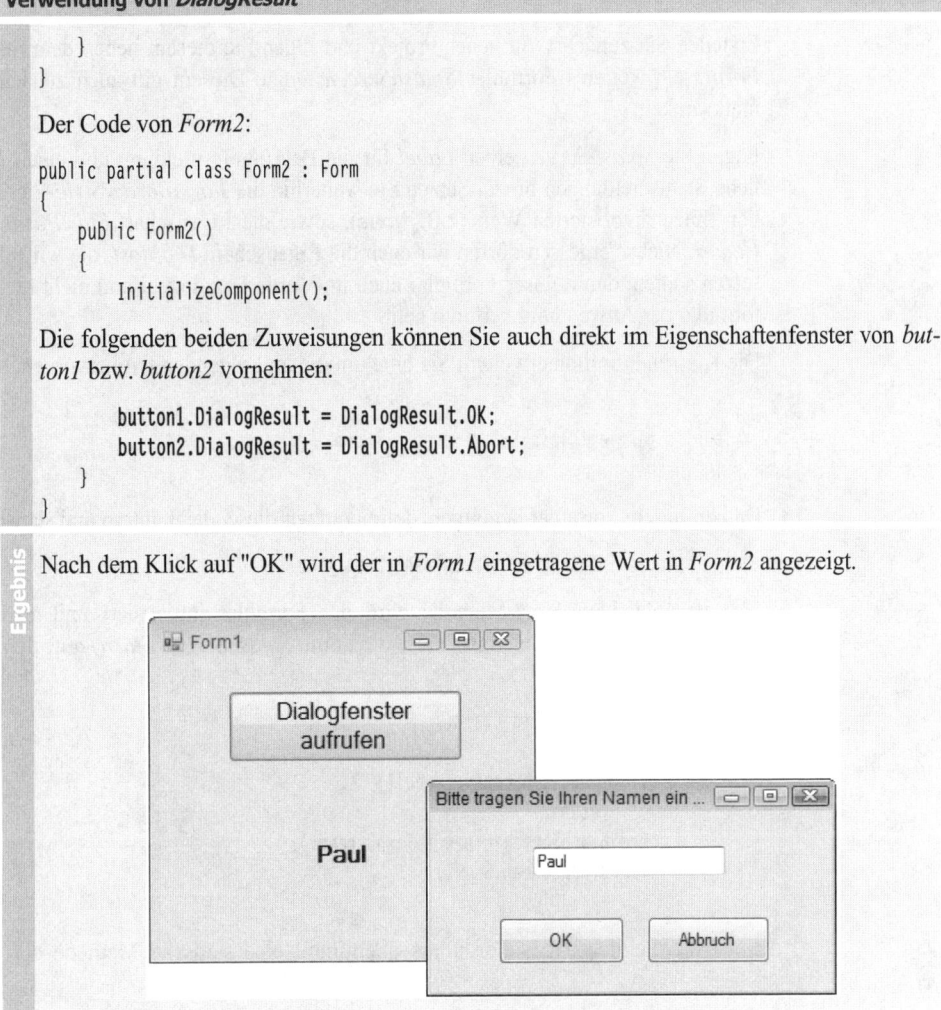

## 22.2.2 Einen Splash Screen beim Anwendungsstart anzeigen

Von vielen kommerziellen Anwendungen ist Ihnen sicher die Funktion eines Splash Screens bekannt. Der Hintergrund ist in vielen Fällen, dass die Zeit für das Laden von Programmmodulen, Datenbanken etc. für den Endanwender irgendwie sinnvoll überbrückt werden soll, ohne dass der Verdacht aufkommt, die Anwendung "hängt". An einem recht einfachen Vertreter dieser Gattung wollen wir Ihnen die prinzipielle Vorgehensweise demonstrieren.

**Beispiel 22.10** | **Einsatz eines Splash Screens**

Erstellen Sie zunächst ein neues Projekt und fügen Sie diesem neben dem Standardformular *Form1* ein weiteres Formular *SplashScreen* hinzu. Diesem gilt auch zunächst unsere Aufmerksamkeit.

Fügen Sie *SplashScreen* einen *Label* für die Begrüßungsmeldung und einen *Label* für mögliche Statusmeldungen hinzu. Setzen Sie weiterhin die *FormBorderStyle*-Eigenschaft auf den von Ihnen favorisierten Wert (z.B. *None*), sowie die Eigenschaft *StartPosition* auf *Screen-Center*. Nicht vergessen dürfen wir auch die Eigenschaft *TopMost,* die wir tunlichst auf *true* setzen sollten, damit unser Formular auch im Vordergrund steht und nicht hinter dem Hauptformular der Anwendung verloren geht.

Die Klassendefinition erweitern Sie bitte um die im Folgenden fett hervorgehobenen Einträge:

```
...
public partial class SplashScreen : Form
{
```

Da wir nur ein Formular benötigen, definieren wir diese gleich intern und statisch:

```
static SplashScreen frmSplashScreen = null;
```

Mit der folgenden *Start*-Methode wird das Formular initialisiert und angezeigt. Da die Methode statisch ist, können wir diese direkt mit *SplashScreen.Start()* aufrufen.

```
static public void Start()
{
    if (frmSplashScreen != null)
        return;
    frmSplashScreen = new SplashScreen();
    frmSplashScreen.Show();
}
```

Auch das Schließen des Formulars übernimmt eine statische Methode der *SplashScreen*-Klasse:

```
static public void Stop()
{
    frmSplashScreen.Close();
    frmSplashScreen = null;
}
```

Möchten Sie Statusmeldungen anzeigen, ist dies über die statische Methode *SetMessage* möglich. Die Meldungen werden im *label2* angezeigt:

```
static public void SetMessage(string msg)
{
    frmSplashScreen.label2.Text = msg;
    Application.DoEvents();
}
...
```

**Beispiel 22.10** | **Einsatz eines Splash Screens**

Selbstverständlich können Sie auch noch Fortschrittsanzeigen etc. in diesem Formular unterbringen, das Grundprinzip dürfte jedoch weitgehend gleich bleiben.

Was fehlt ist die Integration des neuen Splash-Screens in Ihre Anwendung. Öffnen Sie dafür die Datei *Program.cs* und nehmen Sie folgende Erweiterung vor:

```
static class Program
{
    [STAThread]
    static void Main()
    {
        Application.EnableVisualStyles();
        Application.SetCompatibleTextRenderingDefault(false);
        SplashScreen.Start();
        Application.Run(new Form1());
    }
}
```

Last but not least, ist auch unser eigentliches Programm von Interesse. Wir wollen hektische und langwierige Datenbankoperationen beim Öffnen von *Form1* mit einer einfachen Schleife und der *Thead.Sleep*-Methode simulieren:

```
...
public partial class Form1 : Form
{
    private void Form1_Load(object sender, EventArgs e)
    {
        for (int i = 0; i < 100; i++)
        {
            Application.DoEvents();
            Thread.Sleep(50);
```

Hier besteht die Möglichkeit, den aktuellen Fortschritt im Splash Screen anzuzeigen:

```
            SplashScreen.SetMessage("Schritt " + i.ToString());
        }
```

Sind alle Ladeaktivitäten absolviert, sollten wir auch unseren Splash Screen wieder ausblenden:

```
        SplashScreen.Stop();
    }
```

Beim Start der Anwendung sollte jetzt zunächst unser Splash Screen erscheinen und anschließend *Form1*.

---

**HINWEIS:** Man kann sicher auch die Anzeige des Splash Screens in einen extra Thread auslagern, um die Aktualisierungen dieser Forms unabhängig von den anderen Aktivitäten der Anwendung zu realisieren. Die Alternative ist das regelmäßige Aufrufen der *DoEvents*-Methode, wie in obigem Beispiel demonstriert.

## 22.2.3   Eine Sicherheitsabfrage vor dem Schließen anzeigen

Für das Schließen der Anwendung bieten sich viele Möglichkeiten und so ist es sicher ratsam, die entsprechende Routine zentral zu organisieren. Dazu bietet sich das *FormClosing*-Ereignis an, wie es das folgende Beispiel zeigt.

Beispiel 22.11 | **Sicherheitsabfrage vor dem Schließen des Formulars**

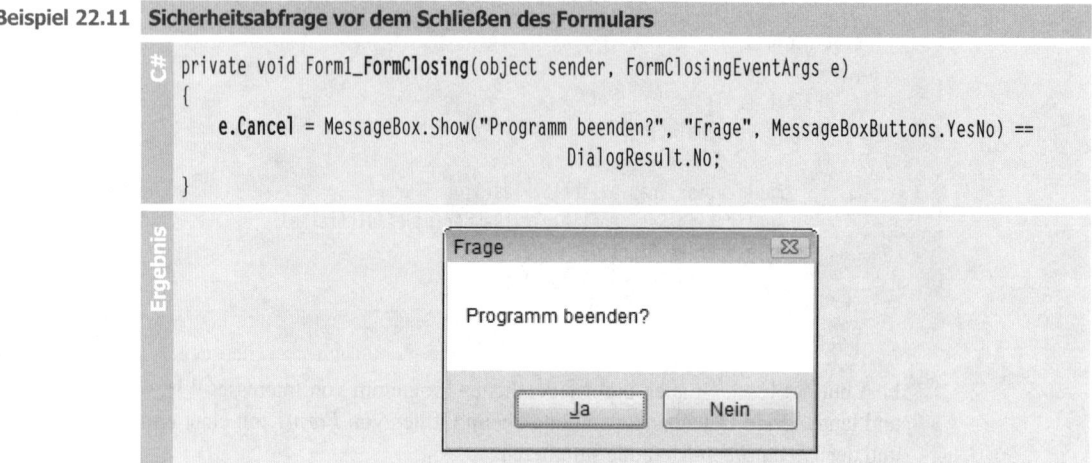

```csharp
private void Form1_FormClosing(object sender, FormClosingEventArgs e)
{
    e.Cancel = MessageBox.Show("Programm beenden?", "Frage", MessageBoxButtons.YesNo) ==
                              DialogResult.No;
}
```

Die Neugier des Programmierers ist in vielen Fällen angebracht, und so bietet der Parameter *e* ganz nebenbei auch Informationen darüber, warum das Ereignis ausgelöst wurde. Verantwortlich dafür ist der Member *CloseReason*, dessen einzelne Konstanten Sie der folgenden Tabelle entnehmen können:

| Member | Beschreibung |
| --- | --- |
| *ApplicationExitCall* | Die Methode *Application.Exit* wurde im Programm aufgerufen. |
| *FormOwnerClosing* | Das Hauptformular wurde geschlossen. |
| *MdiFormClosing* | Das zentrale MDI-Form wurde geschlossen. |
| *None* | Hier weiß auch die API nicht weiter. |
| *TaskManagerClosing* | Der Taskmanager will die Anwendung schließen. |
| *UserClosing* | Ein Nutzeraktion (Formularschaltflächen) führt zum Schließen. |
| *WindowsShutDown* | Das Betriebssystem wird heruntergefahren. |

## 22.2.4   Ein Formular durchsichtig machen

Sind Ihnen die bisherigen Formulare zu schlicht, können Sie Ihre Anwendung auch mit einem Transparenzeffekt aufpeppen. Setzen Sie dazu einfach die *Opacity*-Eigenschaft auf einen Wert zwischen 0% (vollständige Transparenz) und 100%. Das Ergebnis bei 50% zeigt folgender Bildschirmausschnitt mit Blick auf den Desktop:

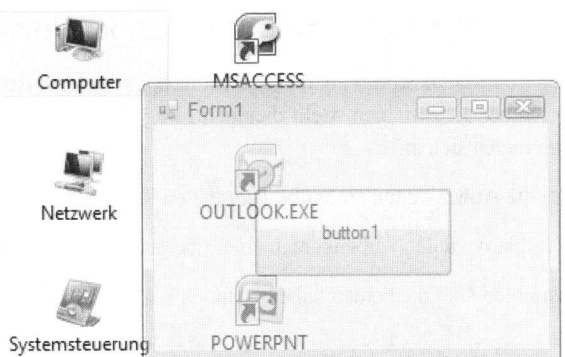

## 22.2.5 Die Tabulatorreihenfolge festlegen

Gerade bei Dialogboxen ist die Eingabereihenfolge von übergeordnetem Interesse. Was nützt dem Anwender eine Dialogbox, in der der Eingabefokus willkürlich zwischen den Text- und Combo-Boxen hin und her springt?

Da der Wechsel von einem Eingabe-Control zum nächsten mit der Tabulatortaste erfolgt, spricht man auch von Tabulatorreihenfolge. Jedes sichtbare Steuerelement verfügt zu diesem Zweck über die Eigenschaften *TabIndex* und *TabStop*. Während mit *TabStop* lediglich festgelegt wird, ob das Control überhaupt den Fokus erhalten kann (mittels Tab-Taste), können Sie mit *TabIndex* Einfluss auf die Reihenfolge nehmen.

Visual Studio unterstützt Sie bei dieser Arbeit recht gut. Um den Überblick zu verbessern, können Sie die Tabulatorreihenfolge im Entwurfsmodus sichtbar machen. Aktivieren Sie diese über den Kontextmenüpunkt *Ansicht/Aktivierreihenfolge*. Ihr Formular dürfte danach zum Beispiel folgenden Anblick bieten:

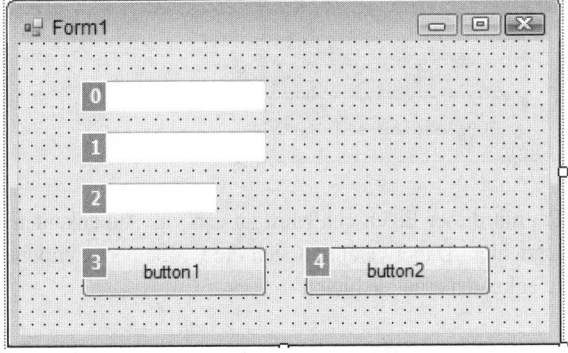

Klicken Sie jetzt einfach in der gewünschten Reihenfolge in die kleinen Fähnchen, um die Tabulatorreihenfolge zu ändern.

## 22.2.6   Ausrichten und Platzieren von Komponenten im Formular

War es in der ersten Version von Visual Studio noch eine Qual bzw. ein riesiger Aufwand, Komponenten in einem Formular sauber auszurichten, stellt dies heutzutage kaum noch ein Problem dar. Zwei wesentliche Verfahren bieten sich an:

- **Docking** (Andocken an die Außenkanten einer übergeordneten Komponente)

- **Anchoring** (Ausrichten relativ zu den Außenkanten einer übergeordneten Komponente)

Verantwortlich für das Ausrichten sind die beiden nahe liegenden Eigenschaften *Dock* und *Anchor*.

---

**HINWEIS:** Natürlich wollen wir der Vollständigkeit halber nicht vergessen, hier auch auf die Eigenschaften *Location* (linke obere Ecke) und *Size* (Breite, Höhe) hinzuweisen.

---

### Dock

Öffnen Sie das Eigenschaftenfenster (F4) und wählen Sie die Eigenschaft *Dock*, steht Ihnen der Eigenschafteneditor zur Verfügung:

Eine Komponente lässt sich mit dieser Eigenschaft fest an den vier Außenkanten oder in der verbleibenden Clientfläche ausrichten. Dabei verändert sich die Größe der Komponente nur so, dass die Ausrichtung an den Außenkanten erhalten bleibt.

**Beispiel 22.12**   **Ausrichten zweier Listboxen in einem Fenster**

> Die linke *ListBox* ändert lediglich ihre Höhe, die rechte *ListBox* füllt immer den gesamten freien Formbereich aus.

**Beispiel 22.12** | **Ausrichten zweier Listboxen in einem Fenster**

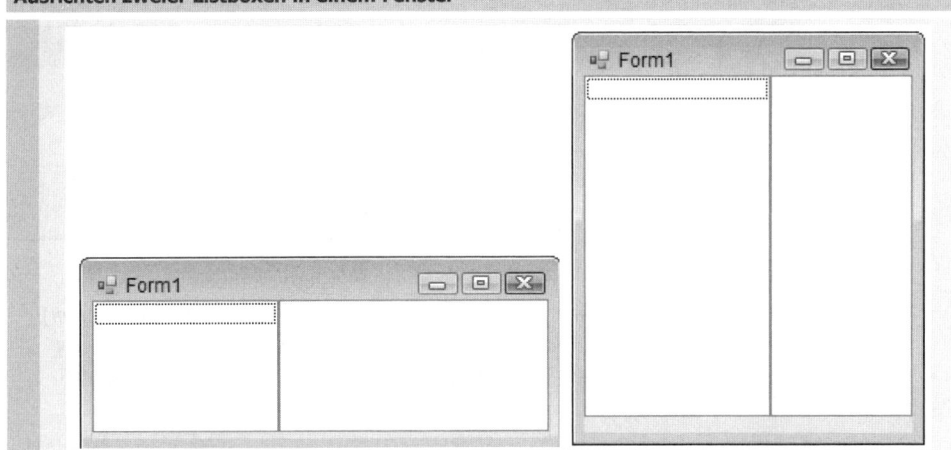

> **HINWEIS:** Möchten Sie die Ausrichtung aufheben, wählen Sie im Eigenschaften-Editor die unterste Schaltfläche (*None*).

Damit stellt jetzt auch das Positionieren von Bildlaufleisten kein Problem mehr dar, einfach die Komponenten am rechten bzw. am unteren Rand ausrichten.

> **HINWEIS:** Mit der Formulareigenschaft *Padding* können Sie einen Mindestabstand beim Docking vorgeben. Auf diese Weise lassen sich Ränder zu den Formularkanten definieren.

## Anchor

Etwas anders als die *Dock*-Eigenschaft verhält sich die *Anchor*-Eigenschaft. Standardmäßig ist *Anchor* immer mit *Left, Top* aktiv, bei Größenänderungen des Formulars bleibt also der Abstand der Komponente zum linken und oberen Rand der umgebenden Komponente immer gleich. Auch hier steht ein eigener Eigenschafteneditor zur Verfügung:

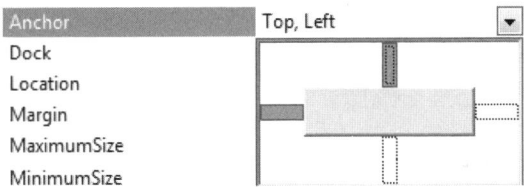

Die folgenden Abbildungen zeigen Ihnen die Auswirkungen verschiedener *Anchor*-Einstellungen auf ein Formular:

Original Fenstergröße

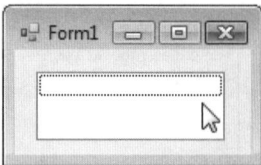

Fenster vergrößert (*Anchor=Left,Top*)

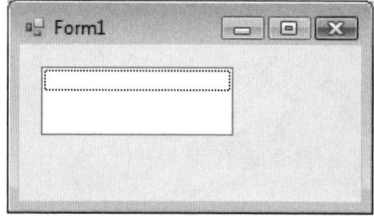

Fenster vergrößert
(*Anchor=Left,Top,Right*)

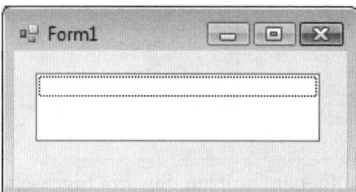

Fenster vergrößert
(*Anchor=Left,Top,Right,Bottom*)

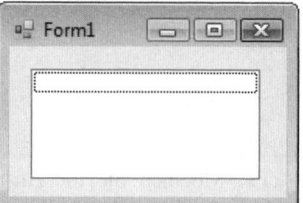

Zur Laufzeit können Sie die *Anchor*-Eigenschaft mit den Werten der Enumeration *AnchorStyles* festlegen (siehe folgende Tabelle).

| Konstante | Das Steuerelement ist ... |
|---|---|
| *None* | ... nicht verankert. |
| *Top* | ... am oberen Rand verankert. |
| *Bottom* | ... am unteren Rand verankert. |
| *Left* | ... am linken Rand verankert. |
| *Right* | ... am rechten Rand verankert. |

Da die *AnchorStyles*-Enumeration über ein *[Flags]*-Attribut verfügt, können die einzelnen Konstanten bitweise verknüpft werden.

**Beispiel 22.13** | **Herstellen der Standardverankerung eines Button**

```csharp
button1.Anchor = AnchorStyles.Left | AnchorStyles.Top;
```

## 22.2.7  Spezielle Panels für flexibles Layout

Auch hier geht es um die Bereitstellung eines flexiblen Formularlayouts. Allerdings haben wir es, im Unterschied zum vorhergehenden Abschnitt, mit keinen Formulareigenschaften mehr zu tun, sondern mit speziellen Panels, die Sie im "Container"-Segment der Toolbox vorfinden.

### SplitContainer

Diese Komponente gilt als Nachfolger für den *Splitter* und besteht aus zwei Panels, die durch einen zur Laufzeit veränderlichen Balken getrennt sind.

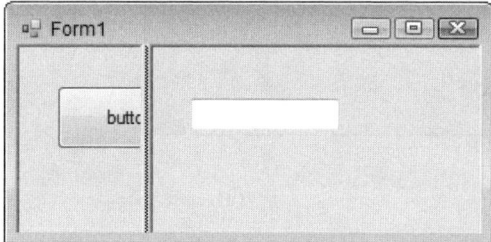

Wichtige Eigenschaften sind *Orientation* (horizontale oder vertikaler Trennbalken), *IsSplitter-Fixed* (fester oder beweglicher Balken) und *BorderStyle* (in der Standardeinstellung *None* bleibt der Balken unsichtbar).

### FlowLayoutPanel

Diese Komponente layoutet die auf ihr platzierten Steuerelemente dynamisch in horizontaler oder vertikaler Richtung, d.h., bei einer Größenänderung des Formulars werden die Steuerelemente automatisch "umgebrochen" (*WrapContents = True*). Wichtig ist die *Anchor*-Eigenschaft, die die Ränder des Containers (*Top, Bottom, Left, Right*) bestimmt, an welche die Steuerelemente gebunden werden sollen.

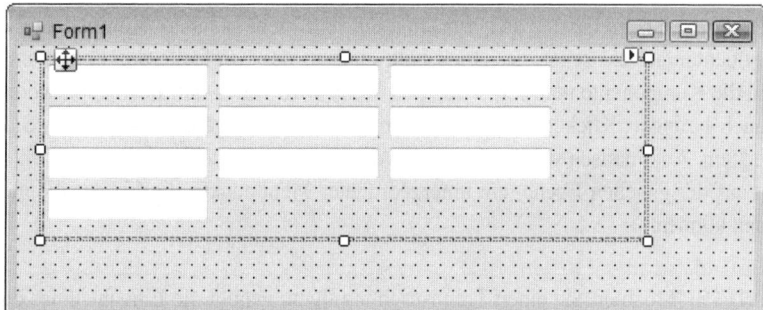

### TableLayoutPanel

Diese Komponente besorgt ein dynamisches Layout, welches sich an einer Gitterstruktur orientiert. Wichtig sind die *Rows*- und die *Columns*-Eigenschaft, die über spezielle Dialoge (aufrufbar über den Smarttag rechts oben) den individuellen Bedürfnissen angepasst werden können.

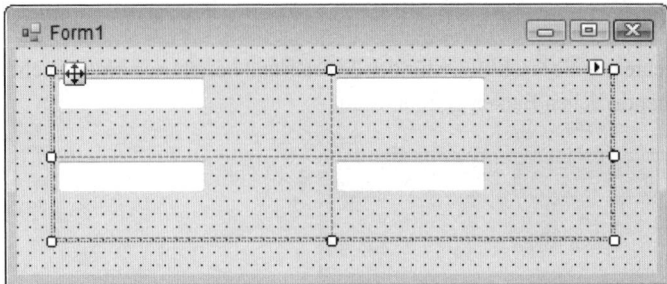

## 22.2.8  Menüs erzeugen

An dieser Stelle wollen wir etwas vorgreifen, da *MenuStrip-* und *ContextMenuStrip*-Komponente (Nachfolger der veralteten *MainMenu-* und *ContextMenu*-Controls) eigentlich erst in das folgende Kapitel gehören, wo es um die Beschreibung der wichtigsten Steuerelemente geht. Doch die optische Verzahnung zwischen Menü und Formular ist so eng, dass wir bereits an dieser Stelle auf dieses Thema eingehen wollen.

Beide Komponenten haben gegenüber dem veralteten *MainMenu/ContextMenü* wesentlich verbesserte Features. So kann jedem Menüelement über seine *Image*-Eigenschaft auf einfache Weise eine Grafik zugewiesen werden. Menüeinträge können auch als *ComboBox, TextBox* oder *Separator* in Erscheinung treten.

### MenuStrip

Möchten Sie ein "normales" Menü erzeugen, platzieren Sie einfach eine *MenuStrip*-Komponente auf das Formular. Es handelt sich zunächst um eine nicht sichtbare Komponente, die lediglich im Komponentenfach zu sehen ist. Doch halt, auch in der Kopfzeile des Formulars tut sich etwas, sobald die Komponente markiert wird: Das Menü wird genau dort bearbeitet, wo es sich zur Laufzeit auch befindet. Klicken Sie also in den Text "Hier eingeben" und tragen Sie beispielsweise "Datei" ein. Automatisch werden bereits zwei weitere potenzielle Menüpunkte erzeugt (ein Menüpunkt auf der gleichen Ebene, ein untergeordneter Menüpunkt), die Sie auf die gleiche Weise bearbeiten können.

---

**HINWEIS:** Möchten Sie einen Trennstrich einfügen, genügt die Eingabe eines einzelnen Minuszeichens (-) als Beschriftung!

---

**Beispiel 22.14** | **MenuStrip**

Die Abbildung am Ende des Beispiels zeigt ein Datei-Menü mit zwei Einträgen (*MenuItem*s). Dazwischen befindet sich ein Trennstrich. Die kleine Grafik bei *Datei/Öffnen* wurde diesem Menüpunkt über dessen *Image*-Eigenschaft zugewiesen.

Um für einen Menüpunkt die Ereignisprozedur zu erzeugen genügt ein Doppelklick, und schon befinden Sie sich wieder im Code-Editor und programmieren die Funktionalität.

**Beispiel 22.14** MenuStrip

Die beiden Menüeinträge werden mit Code hinterlegt.

```
public partial class Form1 : Form
{ ...
    private void öffnenToolStripMenuItem_Click(object sender, EventArgs e)
    {
        MessageBox.Show("Das ist nur ein Test!");
    }

    private void beendenToolStripMenuItem_Click(object sender, EventArgs e)
    {
        this.Close();
    }
}
```

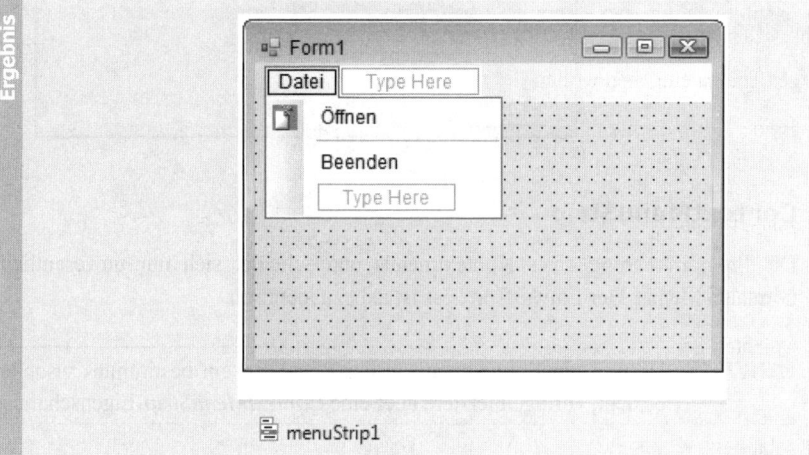

menuStrip1

Anstatt eines normalen Menüeintrags können auch eine *TextBox* oder eine *ComboBox* verwendet werden.

**Beispiel 22.15** *ComboBox* in *MenuStrip*

Die oberste Menüebene des Vorgängerbeispiels wird um eine *ComboBox* erweitert, mit welcher man die Hintergrundfarbe des Formulars einstellen kann.

Die *Items*-Eigenschaft der *ComboBox* wird mit dem über das Eigenschaftenfenster erreichbaren Editor zeilenweise mit den Einträgen für die einzelnen Farben gefüllt. Zur Programmierung kann man das *SelectedIndexChanged*-Ereignis der *ComboBox* ausnutzen:

```
private void toolStripComboBox1_SelectedIndexChanged(object sender, EventArgs e)
{
    Color c = Color.White;
    switch (toolStripComboBox1.SelectedIndex)
    {
```

**Beispiel 22.15** | *ComboBox* in *MenuStrip*

```
        case 0: c = Color.Red; break;
        case 1: c = Color.Green; break;
        case 2: c = Color.Blue; break;
        case 3: c = Color.Yellow; break;
        case 4: c = Color.White; break;
      }
    this.BackColor = c;
}
```

*Ergebnis*

## ContextMenuStrip

Die Programmierung eines Kontextmenüs unterscheidet sich nur unwesentlich von der eines normalen Menüs. Der Entwurfsprozess ist nahezu identisch.

---

**HINWEIS:** Da sich ein Kontextmenü in der Regel auf ein bestimmtes visuelles Steuerelement bezieht, verfügen letztere über eine *ContextMenuStrip*-Eigenschaft.

---

**Beispiel 22.16** | *ContextMenuStrip*

Eine *ContextMenuStrip*-Komponente wird mit einer *TextBox* ausgestattet, um zur Laufzeit eine *ListBox* mit Einträgen zu füllen. Die *ContextMenuStrip*-Eigenschaft der *ListBox* ist mit dem Kontextmenü zu verbinden!

Nach Klick mit der rechten Maustaste auf die *ListBox* erscheint das Kontextmenü. Jeder neue Eintrag ist mittels *Enter*-Taste abzuschließen:

```
private void toolStripTextBox1_KeyUp(object sender, KeyEventArgs e)
{
    if (e.KeyCode == Keys.Enter)
    {
        listBox1.Items.Add(toolStripTextBox1.Text);
        toolStripTextBox1.Text = String.Empty;
    }
}
```

**Beispiel 22.16** *ContextMenuStrip*

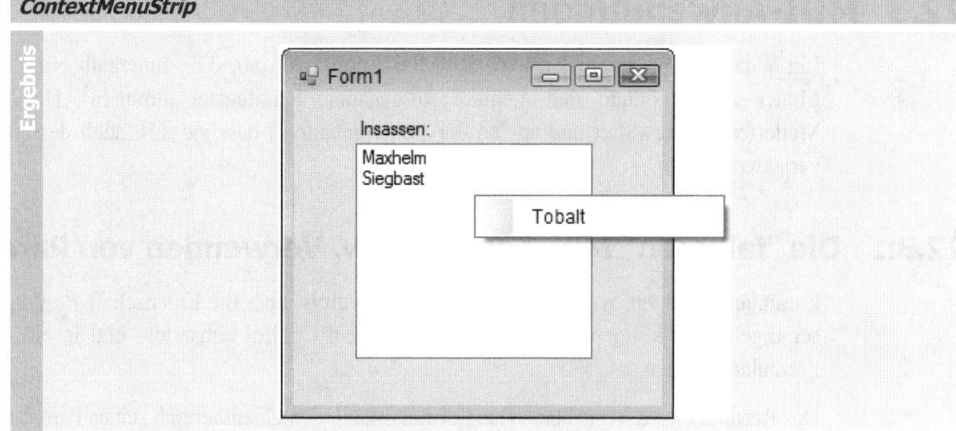

## Weitere Eigenschaften von Menüeinträgen

Jeder Menüeintrag wird durch ein *ToolStripMenuItem*-Objekt dargestellt, hat also eigene Eigenschaften, von denen die *Text*-Eigenschaft die offensichtlichste ist. Auch viele der übrigen Eigenschaften erklären sich von selbst.

**Beispiel 22.17** Mit der Eigenschaft *Checked* bestimmen Sie, ob vor dem Menüpunkt ein Häkchen angezeigt werden soll oder nicht.

In der Ereignisprozedur können Sie den Wert entsprechend setzen oder auslesen:

```csharp
private void testToolStripMenuItem_Click(object sender, EventArgs e)
{
    if (testToolStripMenuItem.Checked)
    {
        MessageBox.Show("Das ist nur ein Test!");
        testToolStripMenuItem.Checked = false;
    }
}
```

Über die Eigenschaft *Visible* steuern Sie die Sichtbarkeit des Menüeintrags. Besser als das Ausblenden ist meist das Deaktivieren mit der *Enabled*-Eigenschaft. Über *ShortcutKeys* bzw. *ShowShortcutKeys* können Sie den Menüpunkt mit einer Tastenkombination verbinden (z.B. Alt+G oder F7).

# 22.3   MDI-Anwendungen

Ein Windows-Programm läuft oft als MDI-Applikation ab, d.h., innerhalb eines Rahmen- bzw. Mutterfensters können sich mehrere so genannte Kindfenster tummeln[1]. Diese werden vom Mutterfenster verwaltet und so "an der Leine gehalten", dass sie z.B. auch dessen Bereich nicht verlassen können.

## 22.3.1   Die "falschen" MDI-Fenster bzw. Verwenden von Parent

Formulare verfügen, wie auch die einfachen Controls, über die Eigenschaft *Parent*. Mit Hilfe dieser Eigenschaft können Sie ein Formular wie ein Control behandeln und in ein übergeordnetes Formular einfügen.

Das Resultat dieses Vorgehens: Das Formular kann den Clientbereich seines Parent nicht mehr verlassen, Sie können es aber wie gewohnt verschieben, skalieren oder auch schließen. Von besonderem Interesse dürfte die Möglichkeit sein, die untergeordneten Formulare wie Controls anzudocken. Damit steht der Programmierung von Toolbars etc. kaum noch etwas im Wege.

**Beispiel 22.18**   **Einfügen des Formulars *Form2* in den Clientbereich von *Form1***

```C#
public partial class Form1 : Form
{ ...
    private void button1_Click(object sender, EventArgs e)
    {
        Form2 f2 = new Form2();
        f2.TopLevel = false;
        f2.Parent = this;
        f2.Show();
    }
}
```

In *Form2* realisieren wir das Docking:

```
public partial class Form2 : Form
{ ...
    private void button1_Click(object sender, EventArgs e)
    {
        this.Dock = DockStyle.Left;
    }
}
```

---

[1] Zum Beispiel Textverarbeitungsprogramme sind meist als Multiple Document Interface-Applikation aufgebaut. Die einzelnen Dokumente sind die Kindfenster.

**Beispiel 22.18**  **Einfügen des Formulars *Form2* in den Clientbereich von *Form1***

Das Endergebnis unserer Bemühungen:

bzw. angedockt:

## 22.3.2  Die echten MDI-Fenster

Möchten Sie "echte" MDI-Anwendungen programmieren, brauchen Sie wie im vorhergehenden Beispiel ebenfalls mindestens zwei Formulare, von denen jedoch eines als MDIContainer definiert ist (Eigenschaft *IsMdiContainer=True*). Nachfolgend ändert sich schon zur Entwurfszeit das Aussehen des Formulars:

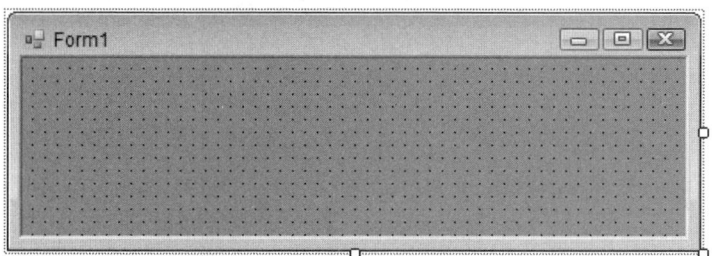

**HINWEIS:** Sie sollten keine weiteren Controls im MDIContainer platzieren, es sei denn, Sie richten diese mit Hilfe der *Dock*-Eigenschaft an den Außenkanten des Formulars aus (z.B. ein *Panel*).

### 22.3.3  Die Kindfenster

Die Kind- oder auch Child-Fenster werden über die Eigenschaft *MdiParent* kenntlich gemacht. Weisen Sie dieser Eigenschaft ein MDIContainer-Fenster zu, werden die Kindfenster automatisch in den Clientbereich des MDIContainers verschoben.

**HINWEIS:** Die *MDIParent*-Eigenschaft lässt sich nur zur Laufzeit zuweisen (also nicht über das Eigenschaftenfenster)!

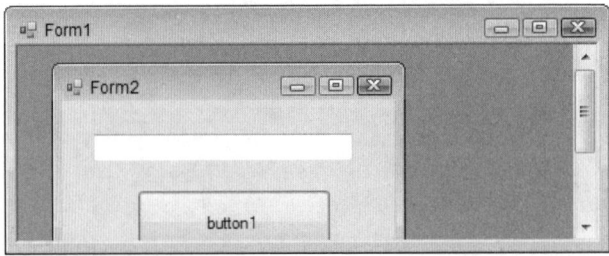

Die Umsetzung:

```
public partial class Form1 : Form
{ ...
    private void neuesChildToolStripMenuItem_Click(object sender, EventArgs e)
    {
        Form2 f2 = new Form2();
        f2.MdiParent = this;
        f2.Show();
    }
}
```

Vergrößern Sie ein MDI-Kindfenster auf Vollbild, so erscheint dessen Titel eingefasst in eckigen Klammern neben dem Titel des Hauptfensters:

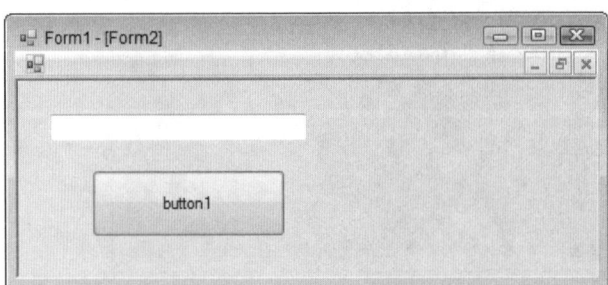

Verfügen beide Fenster über eigene Menüs, so werden diese standardmäßig im Menü des MDI-Containers kombiniert:

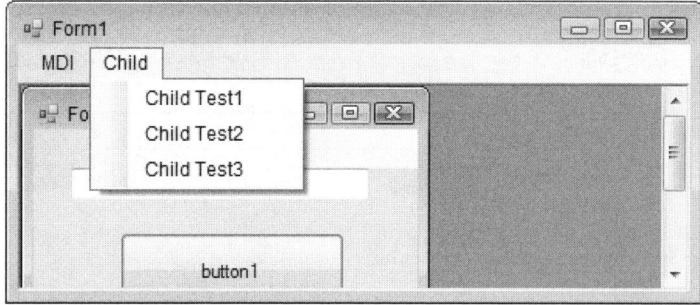

Gegenüber ihren konventionellen Kollegen besitzen die MDI-Kindfenster einige Einschränkungen, die durch das MDI-Konzept bedingt sind:

▪ MDI-Kindfenster werden nicht in der Windows-Taskleiste angezeigt.

▪ MDI-Kindfenster können den Clientbereich des MDIContainers nicht verlassen. Verschieben Sie die Fenster aus dem sichtbaren Bereich des MDIContainers, werden automatisch die nötigen Bildlaufleisten im Container angezeigt.

▪ Maximieren Sie ein MDI-Kindfenster, erreicht dieses maximal die Größe des verbleibenden Clientbereichs des MDIContainers (abzüglich Statuszeile, Menüleiste und Toolbar). Die Schaltflächen für Maximieren, Minimieren und Schließen des Kindfensters werden in diesem Fall in die Menüleiste des MDIContainers eingefügt.

## 22.3.4 Automatisches Anordnen der Kindfenster

Ein MDIContainer verfügt über die Methode *LayoutMdi,* mit der die vorhandenen Kindfenster nebeneinander, überlappend oder als Symbole angeordnet werden können. Üblicherweise entspricht dies dem in vielen MDI-Anwendungen vorhandenen *Fenster*-Menü:

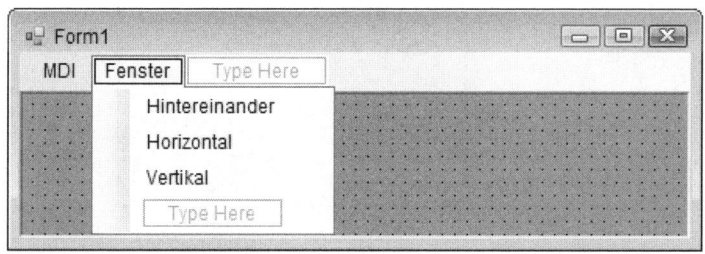

**Beispiel 22.19   Hintereinander anordnen**

```csharp
private void hintereinanderToolStripMenuItem_Click(object sender, EventArgs e)
{
```

**Beispiel 22.19**    **Hintereinander anordnen**

```
    this.LayoutMdi(MdiLayout.Cascade);
}
```

Horizontal anordnen:

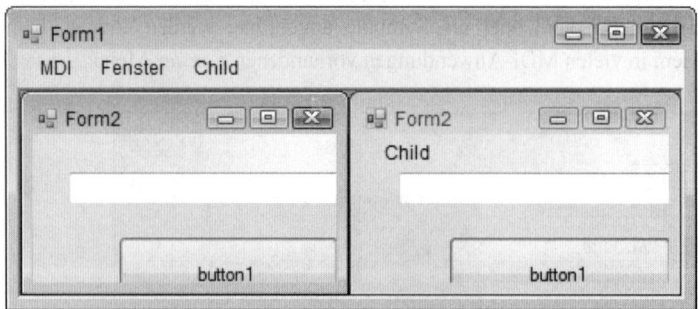

Vertikal anordnen:

## 22.3.5  Zugriff auf die geöffneten MDI-Kindfenster

Über die Collection *MdiChildren* bietet sich die Möglichkeit, alle vorhandenen Kindfenster des MDIContainers zu verwalten.

**Beispiel 22.20** **Minimieren aller MDI-Kindfenster**

```csharp
private void minimierenToolStripMenuItem_Click(object sender, EventArgs e)
{
    foreach (Form f in this.MdiChildren)
    {
        f.WindowState = FormWindowState.Minimized;
    }
}
```

Ergebnis

## 22.3.6 Zugriff auf das aktive MDI-Kindfenster

Neben der Liste aller Kindfenster ist meist auch das gerade aktuelle von besonderem Interesse für den Programmierer, muss er doch häufig auf Inhalte des aktuellen Fensters (z.B. Textfelder, Markierungen) zugreifen. Die per MDIContainer verfügbare Eigenschaft *ActiveMdiChild* lässt die aufkommende Freude recht schnell vergessen, liefert diese doch zunächst nur ein Objekt der Klasse *Form* zurück. Es ist also Ihre Aufgabe, das zurückgegebene Objekt entsprechend zu typisieren.

**Beispiel 22.21** **Abfrage und Typisieren des aktuellen MDI-Kindfensters aus dem MDIContainer heraus**

```csharp
if (this.ActiveMdiChild != null)
{
    myMDIForm mdifrm = (myMDIForm)(this.ActiveMdiChild);
    mdifrm.label1.Text = "Ich bin aktiv";
}
```

## 22.3.7 Kombinieren der Kindfenstermenüs mit dem MDIContainer

Das Vermischen der Menüs von MDIContainer und MDI-Kindfenstern kann über spezielle Eigenschaften *(AllowMerge, MergeAction, MergeIndex)* gesteuert werden und ist (fast) eine "Wissenschaft" für sich.

### AllowMerge

Die Einstellungen der Eigenschaften *MergeAction* und *MergeIndex* wirken sich nur dann aus, wenn für den *MenuStrip* der Wert von *AllowMerge* auf *true* gesetzt ist, was standardmäßig der Fall ist. Setzen Sie den Wert auf *false*, erfolgt keine Mischung der Menüs.

### MergeAction und MergeIndex

Mit der Eigenschaft *MergeAction* geben Sie vor, wie die Menüleisten von Container und Kind kombiniert werden, *MergeIndex* spezifiziert in einigen Fällen die Position des einzufügenden Menüelements.

**HINWEIS:** Ein umfangreiches Beispiel dazu (Kleines Textverarbeitungsprogramm) finden Sie in unserem [Visual C# Kochbuch].

# 22.4  Praxisbeispiele

## 22.4.1  Informationsaustausch zwischen Formularen

In diesem Beispiel wird das auch von fortgeschrittenen Programmierern häufig nachgefragte Thema "Wie greife ich von FormA auf FormB zu" abgehandelt.

### Überblick

Unter Visual Studio wird der Code zum Erzeugen des Haupt- bzw. Startformulars (standardmäßig *Form1*) von der IDE automatisch generiert. Um das Erzeugen weiterer Formulare nach dem Muster

```
Form2 f2 = new Form2();
```

... muss sich der Programmierer selbst kümmern. Existiert die Formularinstanz, so können Sie gemäß den Regeln der OOP auf deren öffentliche Mitglieder auch von außerhalb zugreifen. Wenn beispielsweise im Code von *Form1* ein weiteres Formular (*Form2*) instanziiert wird, so ist es kein Problem, die öffentliche Member von *Form2* zu verwenden. Etwas komplizierter wird es in umgekehrter Richtung, also wenn Sie von *Form2* (oder weiteren Kindformularen *Form3*, *Form4*, ...) auf das Hauptformular (oder andere Kindformulare) zugreifen wollen. Wir wollen folgende Varianten betrachten, die eine Beziehung zwischen *Form2* (Childform) und *Form1* (Parentform) ermöglichen:

- Erzeugen einer Referenz auf *Form1* im Konstruktor von *Form2*.
- Setzen einer Eigenschaft in *Form2*, die eine Referenz auf *Form1* einrichtet.
- Erzeugen einer globalen Variablen die *Form1* referenziert und die von *Form2* (und weiteren untergeordneten Forms) benutzt werden kann.
- verwenden des Owner-Mechanismus der Formulare.

In unserem Beispiel, für welches wir fünf Formulare benötigen, werden wir diese vier Varianten vergleichen. Das erste Formular (*Form1*) wird als Hauptformular dienen und die anderen vier (*Form2*, *Form3*, *Form4*, *Form5*) sollen die untergeordneten Formulare sein. Letztere sind – der besseren Vergleichsmöglichkeiten wegen – mit der gleichen Bedienoberfläche ausgestattet und arbeiten auf identische Weise mit dem Hauptformular zusammen.

### Bedienoberfläche Form1 (Hauptformular)

Öffnen Sie ein neues C#-Projekt als Windows Forms-Anwendung und gestalten Sie die abgebildete Oberfläche. Die in der *GroupBox* angeordneten Schaltflächen (*button2*, ..., *button5*) rufen je ein untergeordnetes Formular (*Form2*, ..., *Form5*) auf, welches die gewünschte Variante demonstriert, wobei auf die beiden oben angeordneten Controls (*label1*, *button1*) des Hauptformulars zugegriffen wird.

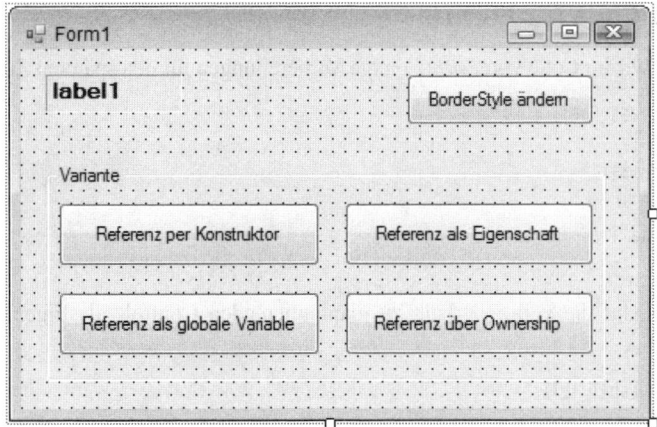

### Bedienoberfläche Form2 ... Form5 (untergeordnete Formulare)

Über das Menü *Projekt\Windows-Form hinzufügen...* ergänzen Sie das Projekt um vier weitere Formulare mit identischer Oberfläche (drei *Button*s und eine *TextBox*):

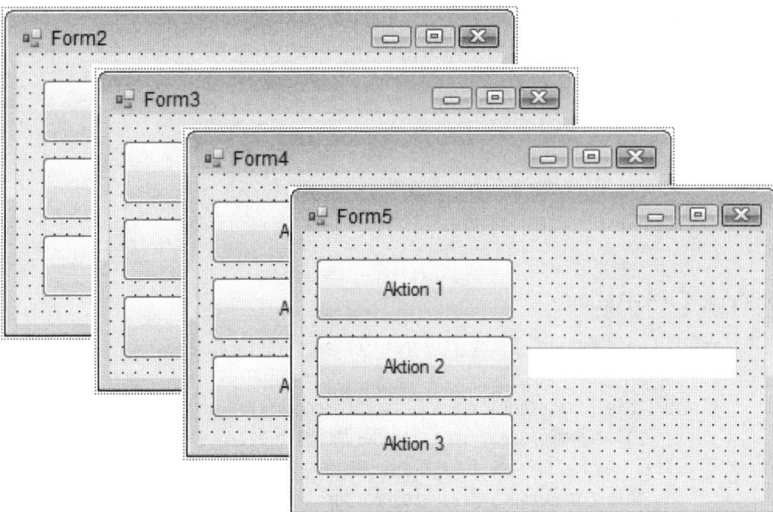

Die drei *Button*s sollen diverse Aktionen auf dem Hauptformular *Form1* auslösen:

■ *button1* führt eine Instanzenmethode aus (Anzeige von Datum/Uhrzeit),

■ *button2* soll *label1* mit dem Inhalt von *textBox1* füllen und

■ *button3* löst das *Click*-Event für *button1* aus, wodurch der *BorderStyle* von *Form1* geändert wird.

## Allgemeiner Code für Form1

Zunächst treffen wir im Code von *Form1* einige Vorbereitungen für den späteren Zugriff:

```
public partial class Form1 : Form
{
    public Form1()
    {
        InitializeComponent();
    }
```

Den Lesezugriff auf die von außerhalb zu manipulierenden Controls als Eigenschaften offenlegen:

```
    internal Label lbl1
    {
        get
        { return label1; }
    }

    internal Button btn1
    {
        get
        { return button1; }
    }
```

Irgendeine Methode:

```
    internal void machWas()
    {
        this.Text = DateTime.Now.ToString();
    }
```

Irgendeine Click-Aktion:

```
    private void button5_Click_1(object sender, EventArgs e)
    {
        if (this.FormBorderStyle.Equals(FormBorderStyle.None))
            this.FormBorderStyle = FormBorderStyle.Sizable;
        else
            this.FormBorderStyle = FormBorderStyle.None;
    }
    ...
}
```

Den Ereigniscode für *button1 ... button4*, in welchem die untergeordneten Formulare aufgerufen werden, ergänzen wir später.

## Variante 1: Übergabe der Formular-Referenz im Konstruktor

Bei dieser Variante wird der Konstruktor von *Form2* so modifiziert, dass er eine Referenz auf *Form1* entgegennehmen und damit die private Zustandsvariable *m_Form* setzen kann.

```
public partial class Form2 : Form
{
    private Form1 m_Form;

    public Form2(Form1 frm)
    {
        InitializeComponent();
        m_Form = frm;            // Referenz auf Hauptformular setzen
    }
```

Eine Instanzenmethode in *Form1* ausführen:

```
    private void button1_Click(object sender, EventArgs e)
    {
        if (m_Form != null)
            m_Form.machWas();
        else
        throw new InvalidOperationException("Form1 Instanz nicht gesetzt!");
    }
```

Ein Steuerelement in *Form1* setzen:

```
    private void button2_Click(object sender, EventArgs e)
    {
        if (m_Form != null)
            m_Form.lbl1.Text = textBox1.Text;
        else
        throw new InvalidOperationException("Form1 Instanz nicht gesetzt!");
    }
```

Ein Ereignis in *Form1* auslösen:

```
    private void button3_Click(object sender, EventArgs e)
    {
        if (m_Form != null)
            m_Form.btn1.PerformClick();    // Click-Event des Buttons auslösen
        else
            throw new InvalidOperationException("Form1 Instanz nicht gesetzt!");
    }
    }
```

Sie haben jetzt sicherlich bemerkt, dass alle *Click*-Events die Referenz für *m_Form* auf *null* testen und andernfalls einen Fehler auswerfen. Dies ist wichtig, weil der Benutzer von *Form2* sichergehen muss, dass eine gültige Referenz auf *Form1* vorliegt.

Nun müssen wir nur noch den Code von *Form1* ergänzen:

```
private void button1_Click(object sender, EventArgs e)
{
        Form2 frm = new Form2(this);      // Form1-Referenz übergeben!
        this.AddOwnedForm(frm);           // frm zum Besitz von Form1 hinzufügen
        frm.Show();
}
```

Starten Sie die Anwendung, so wird zunächst nur das Hauptformular angezeigt. Ein Klick auf *button1* lässt *Form2* erscheinen. Klicken Sie hier auf "Aktion 1", so werden in der Titelleiste des Hauptformulars Datum und Uhrzeit angezeigt. Geben Sie irgendetwas in die *TextBox* ein, klicken Sie "Aktion 2" und das *Label* des Hauptformulars wird den Inhalt übernehmen. Ein Klick auf "Aktion 3" lässt die Umrandung des Hauptformulars verschwinden und beim nächsten Klick wieder erscheinen.

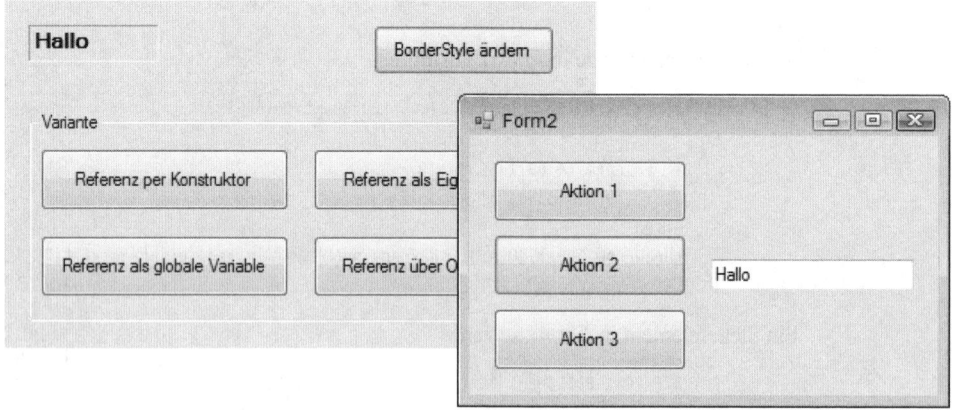

An dieser Stelle scheint eine Bemerkung zur *AddOwnedForm()*-Methode angebracht: Sie können deren Aufruf auch weglassen, müssen dann aber zum Beispiel in Kauf nehmen, dass nach dem Minimieren des Hauptformulars das untergeordnete Formular an seinem Platz verbleibt und nicht – wie in unserem Fall – komplett verschwindet um nach Vergrößern des Hauptformulars wieder aufzutauchen. Auch liegt *Form2* immer auf *Form1*, kann also von diesem nicht verdeckt werden.

## Variante 2: Übergabe der Formular-Referenz als Eigenschaft

Die zweite Variante weist sehr starke Ähnlichkeiten zur ersten Variante auf, weshalb wir uns auf eine verkürzte Darstellung beschränken können. *Form3* hält die *Form1*-Referenz ebenfalls in der privaten Zustandsvariablen *m_Form*, lediglich an die Stelle der Übergabe im Konstruktor tritt jetzt die Übergabe in einer WriteOnly-Eigenschaft *Form* vom Typ *Form1*:

```
public partial class Form3 : Form
{
        private Form1 m_Form;
        ...
        internal Form1 Form
```

```
        {
            set
            { m_Form = value; }
        }
        ...
}
```

Der restliche Code entspricht dem von *Form2*.

Nun müssen wir nur noch das *Click*-Event für *button2* des Hauptformulars hinzufügen, damit *Form3* angezeigt und getestet werden kann. Im Vergleich zur Vorgängervariante ist eine zusätzliche Codezeile erforderlich, in welcher die *Form1*-Referenz als *Form*-Eigenschaft dem untergeordneten Formular zugewiesen wird:

```
private void button2_Click(object sender, EventArgs e)
{
    Form3 frm = new Form3();
    this.AddOwnedForm(frm);
    frm.Form = this;              // Eigenschaft setzen!
    frm.Show();
}
```

Beim Testen gibt es erwartungsgemäß keinerlei Unterschiede zur ersten Variante.

## Variante 3: Übergabe der Formular-Referenz als globale Variable

Fügen Sie über *Projekt|Klasse hinzufügen...* eine neue statische Klasse (*GlobalRef*) mit folgendem Code hinzu:

```
internal static class GlobalRef
{
    public static Form1 g_Form;
}
```

Die globale Variable (*g_Form*) hält die Referenz auf das Hauptformular *Form1*. Der Zugriff von *Form4* aus:

```
public partial class Form4 : Form
{
    ...
    private void button1_Click(object sender, EventArgs e)
    {
        if (GlobalRef.g_Form != null)
            GlobalRef.g_Form.machWas();
        else
            throw new InvalidOperationException("Form1 Instanz nicht gesetzt!");
    }

    private void button2_Click(object sender, EventArgs e)
    {
        if (GlobalRef.g_Form != null)
```

```
            GlobalRef.g_Form.lbl1.Text = textBox1.Text;
        else
            throw new InvalidOperationException("Form1 Instanz nicht gesetzt!");
    }

    private void button3_Click(object sender, EventArgs e)
    {
        if (GlobalRef.g_Form != null)
            GlobalRef.g_Form.btn1.PerformClick();
        else
            throw new InvalidOperationException("Form1 Instanz nicht gesetzt!");
    }
}
```

Auch hier gibt es große Ähnlichkeiten zu den beiden Vorgängerversionen. Ein nicht zu unterschätzender Vorteil ist allerdings der globale Standort der *Form1*-Referenz, die nun nicht nur von *Form4*, sondern von jedem beliebigen Formular werden kann.

Schließlich noch der Aufruf von *Form4* im Code des Hauptformulars *Form1*:

```
private void button3_Click(object sender, EventArgs e)
{
    Form4 frm = new Form4();
    this.AddOwnedForm(frm);
    GlobalRef.g_Form = this;        // Setzen der globalen Referenz!
    frm.Show();
}
```

Auch der dritten Variante werden Sie keinerlei Unterschiede zu den Vorgängern feststellen.

## Variante 4: Übergabe der Formular-Referenz als Ownership

Diese vierte und letzte Version ist leider weitaus weniger bekannt als die bis jetzt besprochenen Versionen. Benutzt wird das in Windows Forms (*System.Windows.-Forms.Control*-Klasse) eingebaute Ownership-Verhalten, nach welchem ein Control eines oder mehrere andere "besitzen" kann. In unserem Fall müssen wir *Form4* zum "Besitz" (Ownership) der übergeordneten *Form1* hinzufügen (auf die Merkmale von Ownership-Beziehungen wurde bereits im Zusammenhang mit der Version 1 bzw. der *AddOwnedForm()*-Methode eingegangen).

Der folgende Code für *Form5* funktioniert nur, wenn eine *Owner*-Eigenschaft vorliegt und in den korrekten Typ (*Form1*) gecastet werden kann. Anderenfalls wird ein Fehler erzeugt.

```
public partial class Form5 : Form
{
    ...

    private void button1_Click(object sender, EventArgs e)
    {
        if ((this.Owner != null) && (this.Owner.GetType().Name == "Form1"))
            (this.Owner as Form1).machWas();
```

```
    else
        throw new InvalidOperationException("Form1 Instanze nicht gesetzt oder ungültig!");
}

private void button2_Click(object sender, EventArgs e)
{
    if ((this.Owner != null) && (this.Owner.GetType().Name == "Form1"))
        (this.Owner as Form1).lbl1.Text = textBox1.Text;
    else
        throw new InvalidOperationException("Form1 Instanze nicht gesetzt oder ungültig!");
}

private void button3_Click(object sender, EventArgs e)
{
    if ((this.Owner != null) && (this.Owner.GetType().Name == "Form1"))
        (this.Owner as Form1).btn1.PerformClick();
    else
        throw new InvalidOperationException("Form1 Instanze nicht gesetzt oder ungültig!");
}
}
```

Nun zum *Form1*-Code. Instanziierung und Aufruf von *Form5* sind ähnlich einfach wie bei den drei Vorgängerversionen:

```
private void button4_Click(object sender, EventArgs e)
{
    Form5 frm = new Form5();
    this.AddOwnedForm(frm);    // darf nicht weggelassen werden!
    frm.Show();
}
```

Auch der Test dieser Version führt zu exakt gleichen Ergebnissen wie bei den Vorgängern.

### Bemerkungen

- Der Aufruf der *AddOwnedForm()*-Methode zählt bei den ersten drei Varianten zur Kür, bei der vierten Variante ist er allerdings Pflicht!

- Der ereignisgesteuerte Informationsaustausch zwischen verschiedenen Formularen bzw. Objekten auf Basis des Microsoft Event Pattern wird im Kapitel 17 ausführlich abgehandelt.

## 22.4.2  Ereigniskette beim Laden/Entladen eines Formulars

In welcher Reihenfolge werden die Ereignisse beim Laden bzw. Entladen eines Formulars ausgelöst? Das durch ein eigene Experiment zu erkunden wirkt nachhaltiger als das pure Auswendiglernen. Ganz nebenbei werden im vorliegenden Beispiel auch solche Fragen beantwortet: Wie ändere ich das Startformular? Wie rufe ich von *Form2* aus *Form1* auf? Wie überschreibe ich die *OnLoad*-Ereignisprozedur des Formulars?

## Bedienoberfläche (Form1 und Form2)

Das das Startformular (*Form1*) hier als "Messobjekt" dient, brauchen wir noch ein zweites Formular (*Form2*), welches unser "Messgerät" aufnimmt, im konkreten Fall eine *ListBox* als Ereignislogger und zwei Buttons, mit denen das Laden von *Form1* und die Anzeige der Ereigniskette gestartet werden. *Form1* hingegen bleibt "nackt", d.h., seine Oberfläche enthält hingegen keinerlei Steuerelemente (siehe Laufzeitansicht).

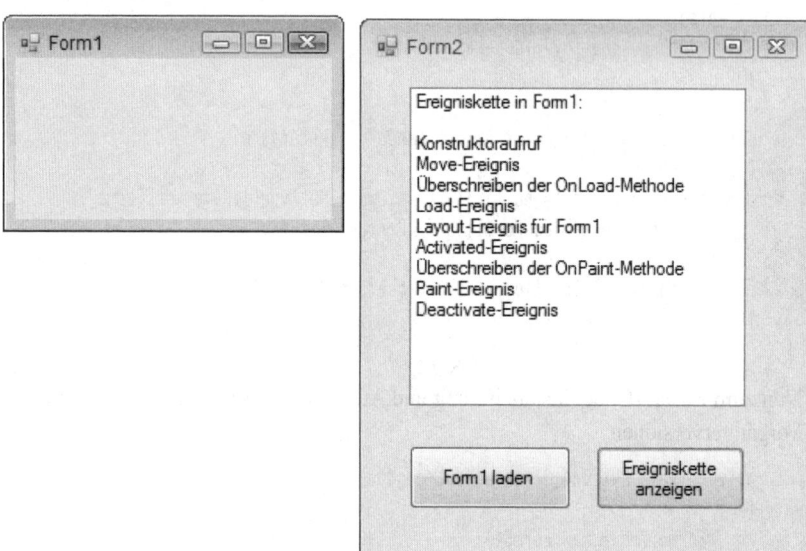

Warum genügt uns nicht ein einziges Formular? Die Antwort ist einfach: Durch die auf dem Formular befindlichen Steuerelemente und die in die *ListBox* vorzunehmenden Einträge vergrößert sich die Anzahl der ausgelösten Ereignisse (*Layout*, *Paint*, ...), die Sache wird unübersichtlich und eine klare Reihenfolge ist nur noch schwer zu erkennen.

## Änderung des Startformulars

Nachdem Sie über das Menü *Projekt/Windows Form hinzufügen...* ein zweites Formular erzeugt haben, wollen Sie, dass dieses nach Start der Anwendung erscheint. Am einfachsten realisieren Sie das, indem Sie in der *Main*-Methode der Anwendung nicht mehr den Konstruktor von *Form1* aufrufen (normalerweise hat das Visual Studio bereits für Sie erledigt), sondern den von *Form2*. Um den Code der *Main*-Methode editieren zu können, müssen Sie im Projektmappen-Explorer auf die Datei *Program.cs* doppelklicken und dann die im Folgenden fettgedruckte Änderung vornehmen:

```
namespace WindowsFormsApplication1
{
    static class Program
    {
        /// <summary>
        /// The main entry point for the application.
```

```
/// </summary>
[STAThread]
static void Main()
{
    Application.EnableVisualStyles();
    Application.SetCompatibleTextRenderingDefault(false);
    Application.Run(new Form2());
}
}
}
```

## Quellcode von Form1

```
public partial class Form1 : Form
{
```

Eine generische Liste übernimmt das Zwischenspeichern des Ereignislogs. Die Liste ist *public*, damit von *Form2* aus der Inhalt auf möglichst einfache Weise gelesen werden kann:

```
public List<string> GList;
```

Das Erzeugen der Liste erfolgt im Konstruktor des Formulars (vor Aufruf von *InitializeComponent()*!).

```
public Form1()
{
    GList = new List<string>();
    GList.Add("Konstruktoraufruf");

    InitializeComponent();
}
```

Was jetzt kommt, können Sie sich leicht selbst zusammenreimen: Für jedes der interessierenden Formularereignisse schreiben Sie einen Eventhandler, dessen Rahmencode Sie wie üblich über die Ereignisse-Seite des Eigenschaftenfensters (F4) automatisch generieren lassen. Die Reihenfolge der folgenden Eventhandler ist unwichtig.

```
private void Form1_Move(object sender, EventArgs e)
{
    GList.Add("Move-Ereignis");
}

private void Form1_Load(object sender, EventArgs e)
{
    GList.Add("Load-Ereignis");
}

private void Form1_Layout(object sender, LayoutEventArgs e)
{
    Control c = e.AffectedControl;
```

```
        GList.Add ("Layout-Ereignis für " + c.Name );
    }


    private void Form1_Activated(object sender, EventArgs e)
    {
        GList.Add("Activated-Ereignis");
    }


    private void Form1_Paint(object sender, PaintEventArgs e)
    {
        GList.Add( "Paint-Ereignis");
    }


    private void Form1_Resize(object sender, EventArgs e)
    {
        GList.Add("Resize-Ereignis");
    }


    private void Form1_FormClosing(object sender, FormClosingEventArgs e)
    {
        GList.Add("FormClosing-Ereignis");
    }


    private void Form1_FormClosed(object sender, FormClosedEventArgs e)
    {
        GList.Add("FormClosed-Ereignis");
    }


    private void Form1_Deactivate(object sender, EventArgs e)
    {
        GList.Add("Deactivate-Ereignis");
    }
```

Um herauszufinden was passiert, wenn wir die *On*...-Ereignismethoden der Basisklasse des Formulars überschreiben (siehe Bemerkungen am Schluss), fügen wir noch folgende zwei Methoden hinzu:

```
    protected override void OnLoad(EventArgs e)
    {
        GList.Add("Überschreiben der OnLoad-Methode");
        base.OnLoad(e);   // Aufruf der Basisklassenmethode
    }


    protected override void OnPaint(PaintEventArgs e)
    {
        GList.Add("Überschreiben der OnPaint-Methode");
        base.OnPaint(e);   // Aufruf der Basisklassenmethode
    }
```

Wenn Sie in obigen beiden Methoden den Aufruf der Basisklassenmethode weglassen, wird das entsprechende Ereignis nicht ausgelöst!

```
    }
}
```

## Quellcode von Form2

```
public partial class Form2 : Form
{ ...
```

Zunächst brauchen wir eine Referenz auf *Form1*:

```
    Form1 frm1 = null;
```

Nach Klick auf die erste Schaltfläche wird *Form1* erzeugt und geladen:

```
    private void button1_Click(object sender, EventArgs e)
    {
        frm1 = new Form1();
        frm1.Show();
    }
```

Ein Klick auf die zweite Schaltfläche bringt den Inhalt des Pufferspeichers *GList* aus *Form1* in der *ListBox* zur Anzeige:

```
    private void button2_Click(object sender, EventArgs e)
    {
        listBox1.Items.Clear();
        listBox1.Items.Add("Ereigniskette in Form1:");
        listBox1.Items.Add("");
        for (int i = 0; i < frm1.GList.Count; i++)
                listBox1.Items.Add(frm1.GList[i]);
        frm1.GList.Clear();
    }
}
```

## Test

Vorhang auf für die verschiedensten Experimente! Untersuchen Sie zunächst die Ereigniskette beim Laden des Formulars (siehe obige Abbildung). Dazu klicken Sie zunächst auf den linken und dann auf den rechten Button.

Da ein Ereignis immer erst innerhalb der entsprechenden *On...*-Ereignismethode der Basisklasse ausgelöst wird, kommt in unserem Fall der in den beiden überschriebenen *On...*-Ereignismethoden enthaltene Code immer **vor** dem Code der entsprechenden Eventhandler zur Ausführung.

Nach dem Schließen von *Form1* klicken Sie erneut auf den rechten Button, um sich die Ereigniskette beim Entladen anzuschauen (siehe folgende Abbildung).

Verschieben Sie *Form1*, verändern Sie die Abmessungen, wechseln Sie den Fokus mit anderen Formularen – all diese Manipulationen finden ihren Niederschlag in einer typischen Ereigniskette.

## Bemerkungen

■ Beim Überschreiben von Basisklassenmethoden dürfen Sie den Aufruf der *base.On...*-Methode nicht vergessen, da ansonsten das entsprechende Ereignis nicht ausgelöst wird!

■ Für das Implementieren von Initialisierungscode wird häufig der *Load*-Eventhandler des Formulars benutzt, auch die Autoren haben in den Beispielen dieses Buchs oft von dieser einfachen Möglichkeit Gebrauch gemacht. Laut Microsoft sollte man aber besser die das Ereignis auslösende *OnLoad*-Methode der Basisklasse *Form* überschreiben (siehe obiger Quellcode). Der Grund liegt im Multicast-Ereignismodell von .NET, d.h., ein von einem Objekt (Subjekt) ausgelöstes Ereignis kann durchaus auch von mehreren anderen Objekten (Observern) abonniert werden, wobei die Reihenfolge der Abarbeitung unklar bzw. unübersichtlich werden kann. Ähnliche Überlegungen gelten z.B. auch für das *Paint*-Ereignis des Formulars und die das Ereignis auslösende *OnPaint*-Methode der Basisklasse (siehe dazu Grafik-Kapitel 24).

---

**HINWEIS:** Fundierte Ausführungen zum .NET-Ereignismodell finden Sie im Kapitel 17 (Microsoft Event Pattern).

# Kapitel 23

# Windows Forms-Komponenten

Nachdem Sie in den beiden vorhergehenden Kapiteln bereits die Grundlagen der Windows Formulare kennen gelernt haben, soll es Ziel dieses Kapitels sein, Ihnen einen Überblick über die wichtigsten visuellen Steuerelemente von Windows Forms-Anwendungen zu verschaffen. Da dieses Kapitel keine vollständige Referenz bereitstellt – diese Rolle kann die Ihnen zur Verfügung stehende Dokumentation viel effektiver übernehmen – werden nur die aus der Sicht des Praktikers wichtigsten Eigenschaften, Ereignisse und Methoden in Gestalt von Übersichten und knappen Beispielen vorgestellt.

## 23.1  Allgemeine Hinweise

Visual Studio bietet Ihnen eine hervorragende Unterstützung bei der Entwicklung grafischer Benutzeroberflächen. Das grundlegende Handwerkszeug (Toolbox, Eigenschaftenfenster, ...) wurde Ihnen bereits im Einführungskapitel 1 im ausreichenden Umfang vermittelt. Die Vorgehensweise beim Oberflächenentwurf ist so intuitiv, dass sich weitere Erklärungen erübrigen. Stattdessen folgen einige grundsätzliche Hinweise.

### 23.1.1  Hinzufügen von Komponenten

Die Anzahl der Komponenten hat mit jeder neuen Version des .NET Frameworks zugenommen, sodass es aus Gründen der Übersichtlichkeit nicht mehr zu empfehlen ist, alle zusammen in der Toolbox anzubieten. Außerdem wurden im Laufe der Zeit einige Steuerelemente durch neuere ersetzt (z.B. *MainMenu/ContextMenu* durch *MenuStrip/ContextMenuStrip*, *DataGrid* durch *DataGridView*, ...), die älteren Versionen müssen aber aus Gründen der Abwärtskompatibilität auch weiterhin zur Verfügung stehen, sollten aber zunächst nicht mehr in der Toolbox auftauchen.

Wenn Sie das standardmäßige Angebot ändern wollen, können Sie der Toolbox weitere Steuerelemente hinzufügen oder welche davon entfernen. Über der entsprechenden Kategorie der Toolbox klicken Sie das Kontextmenü *Elemente auswählen ...* Im Dialog "Toolboxelemente auswählen" markieren Sie die gewünschten Steuerelemente bzw. entfernen bestimmte Häkchen.

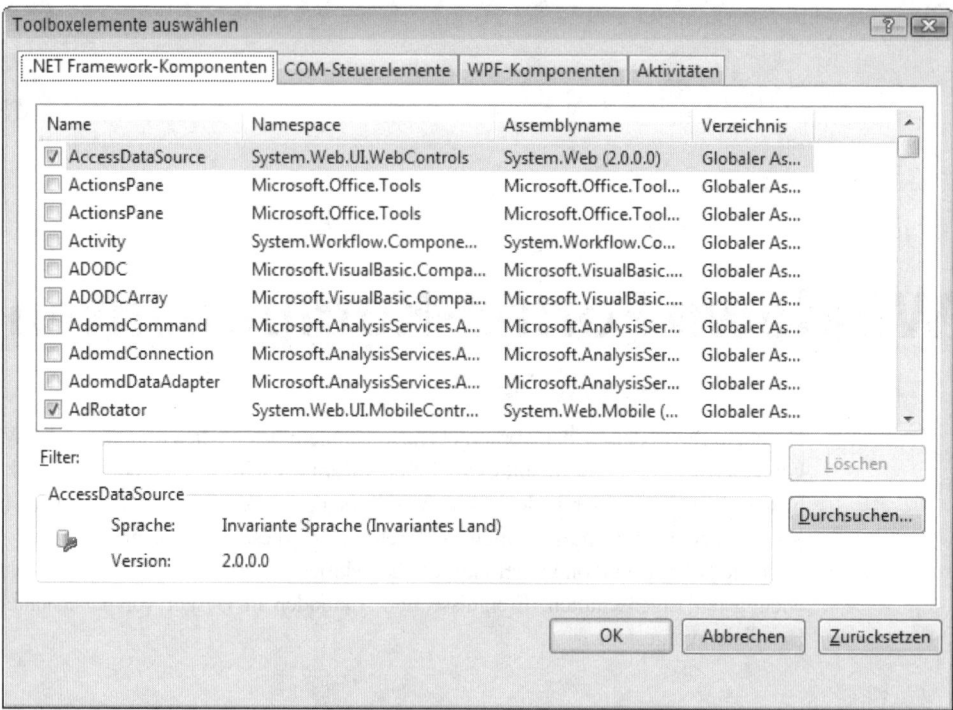

## 23.1.2  Komponenten zur Laufzeit per Code erzeugen

Grundsätzlich haben Sie jederzeit die Möglichkeit, auf die Dienste des visuellen Designers zu verzichten und stattdessen den Code zur Erzeugung des Steuerelements eigenhändig zu schreiben. Obwohl das scheinbar mit einiger Mehrarbeit verbunden ist, kann es in einigen Fällen durchaus sinnvoll sein (z.B. beim Erzeugen von Steuerelemente-Arrays).

**Beispiel 23.1** | **Ein Array mit drei Schaltflächen per Code erzeugen**

```csharp
public partial class Form1 : Form
{
```

Die globalen Deklarationen:

```csharp
    private const int n = 3;                      // Anzahl der Buttons
    private const int xpos = 10, ypos = 10;   // linke obere Ecke des ersten Buttons

    private Button[] buttons = new Button[n]; // Array, welches Platz für n Buttons bietet
```

Steuerelemente werden im Konstruktorcode erzeugt:

```csharp
    public Form1()
    {
        InitializeComponent();
```

**Beispiel 23.1** **Ein Array mit drei Schaltflächen per Code erzeugen**

Das Button-Array durchlaufen:

```
for (int i = 0; i < n; i++)
{
```

Einen Button "nackt" erzeugen:

```
buttons[i] = new Button();
```

Eigenschaften zuweisen:

```
buttons[i].Bounds = new Rectangle(new Point(xpos + i*100, ypos),
                                  new Size(100, 50));
buttons[i].Text = "Button" + (i+1).ToString();
```

Gemeinsame Ereignisbehandlung anmelden:

```
buttons[i].Click += new EventHandler(button_Click);
}
```

Alle Buttons zum Formular hinzufügen:

```
this.Controls.AddRange(buttons);
}
```

Gemeinsamer Eventhandler für *Click*-Ereignis:

```
private void button_Click(object sender, EventArgs e)
{
    Button btn = (Button) sender;
    MessageBox.Show(btn.Text + " wurde geklickt!");
}
}
```

Ergebnis

Alle Buttons sind exakt nebeneinander ausgerichtet[1]. Das Vergrößern des Arrays ist mit keinerlei Mehraufwand an Code verbunden.

---

[1] Wer öfters mit zittrigen Fingern pixelgenau positionieren muss, wird dankbar sein.

---

**HINWEIS:** Die sinnvolle Anwendung eines *CheckBox*-Arrays wird im PB 23.10.2 gezeigt!

---

# 23.2   Allgemeine Steuerelemente

Diese Toolbox-Kategorie enthält standardmäßig die normalerweise am häufigsten benötigten Steuerelemente.

## 23.2.1   Label

Das harmlose, aber unverzichtbare *Label* dient, im Gegensatz zur *TextBox,* nur zur Anzeige von statischem (unveränderbarem) Text (*Text*-Property). Mit *BorderStyle* haben Sie die Wahl zwischen drei Erscheinungsbildern:

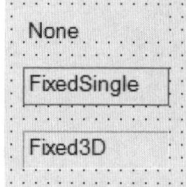

Hervorzuheben ist die *TextAlign*-Eigenschaft, welche die Ausrichtung des Textes auf insgesamt neun verschiedene Arten ermittelt bzw. setzt. Auch hier steht Ihnen ein komfortabler Property-Editor zur Verfügung:

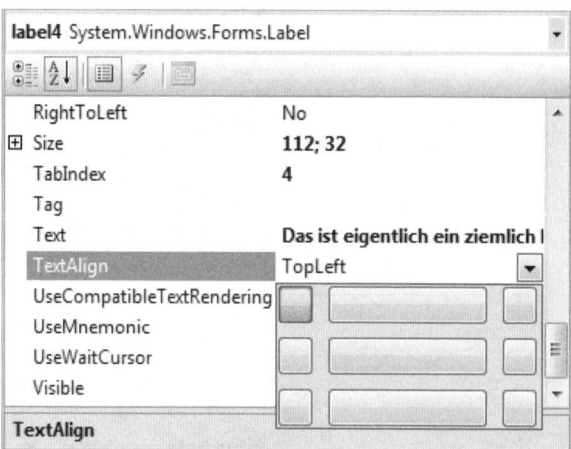

Wenn die *AutoSize*-Eigenschaft auf *True* gesetzt wird, passt sich die Breite des Labels dem aufzunehmenden Text an. Bei *False* ist auch die Anzeige von mehrzeiligem Text möglich.

**Beispiel 23.2** Der Zeilenumbruch bei *AutoSize = False* erfolgt "intelligent", also beim nächsten passenden Leerzeichen.

> Das ist eigentlich ein
> ziemlich langer Text

> **HINWEIS:** Möchten Sie ein &-Zeichen im *Label* verwenden, können Sie entweder die Eigen-
> schaft *UseMnemonic* auf *False* setzen oder Sie müssen zwei &-Zeichen einfügen.

## 23.2.2 LinkLabel

Im Grunde handelt es sich bei dieser Komponente um ein *Label*, das mit etwas Funktionalität
ergänzt wurde, um einen Hyperlink nachzubilden.

Konzeptionell kann dieses Control leider nur als missglückt angesehen werden. Mit viel Aufwand
und Verspieltheit (Sie können mehrere Hyperlinks innerhalb des Controls definieren) wurde am
Problem vorbei programmiert. Statt einer simplen *Link*-Eigenschaft, die den Hyperlink enthält und
die sich auch zur Entwurfszeit zuweisen lässt, wurde noch eine Klasse integriert, die sich nur zur
Laufzeit sinnvoll ansprechen lässt. Zu allem Überfluss muss auch noch die eigentliche Funktionalität, d.h. der Aufruf des Hyperlinks, selbst programmiert werden. Da ist man mit einem einfachen Label fast schneller am Ziel.

### Wichtige Eigenschaften

Zur Gestaltung des optischen Erscheinungsbildes können Sie folgende Eigenschaften verwenden:

- *ActiveLinkColor* (der Hyperlink ist aktiv)
- *DisabledLinkColor* (der Hyperlink ist gesperrt)
- *LinkColor* (die Standardfarbe)
- *VisitedLinkColor* (der Hyperlink wurde bereits angeklickt)
- *LinkBehavior* (wie bzw. wann wird der Hyperlink unterstrichen)

### Hyperlink einfügen

Verwenden Sie die *Links.Add*-Methode, um zur Laufzeit einen Hyperlink in das Control einzufügen. Übergabewerte sind der Bereich des Hyperlinks bezüglich der *Text*-Eigenschaft und der URL.

**Beispiel 23.3** Aufruf der MS-Homepage

Platzieren Sie einen Hyperlink mit dem Text "Microsoft im Internet" auf dem Formular.
Weisen Sie im Formular-Konstruktor den Hyperlink zu:

**Beispiel 23.3**     **Aufruf der MS-Homepage**

```
public partial class Form1 : Form
{
    public Form1()
    {
        InitializeComponent();
        linkLabel1.Links.Add(12, 9, "www.microsoft.com");
    }
```

Die Zahlenangaben bewirken, dass lediglich das Wort "Internet" als Hyperlink verwendet wird.

Mit dem Klick auf den *LinkLabel* wird das *LinkClicked*-Ereignis ausgelöst. Hier können Sie der Komponente zum einen mitteilen, dass der Hyperlink besucht wurde, zum anderen sind Sie dafür verantwortlich, den URL auszuwerten (wird im Parameter *e* übergeben) und aufzurufen:

```
private void linkLabel1_LinkClicked(object sender, LinkLabelLinkClickedEventArgs e)
{
    linkLabel1.Links[linkLabel1.Links.IndexOf(e.Link)].Visited = true;
    System.Diagnostics.Process.Start(e.Link.LinkData.ToString());
}
}
```

**Ergebnis**

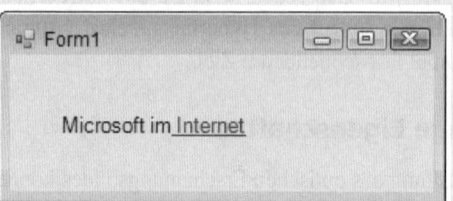

Wie Sie sehen, erhält der eigentliche Hyperlink auch den Fokus, Sie können also auch mit der *Tabulator*- und der *Enter*-Taste arbeiten.

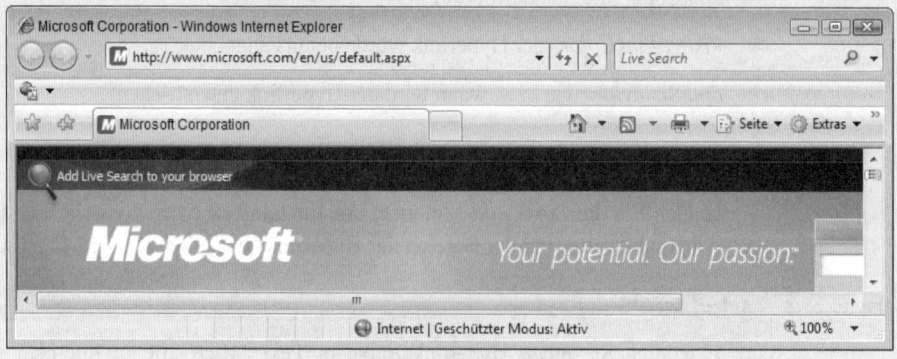

### 23.2.3 **Button**

Dieses Steuerelement ist wohl aus (fast) keiner Applikation wegzudenken, über die Funktionalität brauchen wir deshalb kaum Worte zu verlieren.

Die folgende Abbildung zeigt vier Vertreter dieser Gattung mit unterschiedlich gesetzter *FlatStyle*-Eigenschaft:

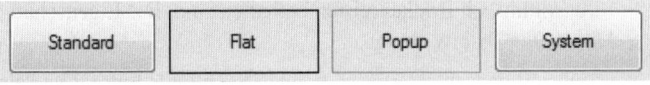

---

**HINWEIS:** Entgegen der üblichen Vorgehensweise legen Sie die *Default*-Taste in Dialogboxen nicht mehr über eine Eigenschaft des Buttons, sondern über die *AcceptButton*-Eigenschaft des Formulars fest. Das Gleiche gilt für *CancelButton*.

---

Mit der *Image*-Eigenschaft bietet sich ein weiteres gestalterisches Mittel, um die trostlosen Buttons etwas aufzupeppen. Alternativ können Sie als Quelle der Grafik auch eine *ImageList* verwenden, in diesem Fall wählen Sie die Grafik mit der *ImageIndex*-Eigenschaft aus.

### 23.2.4 **TextBox**

Im Unterschied zum *Label* besteht hier die Möglichkeit, den Text zur Laufzeit zu editieren oder zu markieren. All dies geschieht durch Zugriff auf die *Text*-Eigenschaft. Bei mehrzeiligem Text können Sie über die *Lines*-Eigenschaft auf die einzelnen Textzeilen zugreifen. Das äußere Erscheinungsbild wird, wie beim Label, im Wesentlichen durch die *BorderStyle*-Eigenschaft bestimmt:

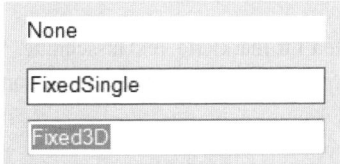

Hervorzuheben sind weiterhin folgende Properties:

| Eigenschaft | Beschreibung |
|---|---|
| *AutoCompleteSource* *AutoCompleteMode* *AutoCompleteCustom-Source* | ... ermöglichen automatisches Vervollständigen des einzugebenden Textes |
| *TextAlign* | ... bestimmt die Ausrichtung des Textes (*Left*, *Right*, *Center*). |
| *MaxLength* | ... legt die maximale Anzahl einzugebender Zeichen fest (Standardeinstellung 32.767 Zeichen). |
| *ReadOnly* | ... das Control ist schreibgeschützt. |

## Mehrzeilige Textboxen

Wichtige Eigenschaften in diesem Zusammenhang:

| Eigenschaft | Beschreibung |
|---|---|
| *MultiLine* | … erlaubt die Eingabe mehrzeiliger Texte (*True*). Für diesen Fall ist auch eine vertikale Scrollbar sinnvoll. |
| *ScrollBars* | … bestimmt, ob Bildlaufleisten enthalten sind. Die Eigenschaft zeigt nur bei *MultiLine=True* Wirkung. |
| *AcceptsReturn* | Ist diese Eigenschaft *True*, so können Sie mittels Enter-Taste einen Zeilenumbruch einfügen. Ein eventuell vorhandener *AcceptButton* wird damit außer Kraft gesetzt! Bleibt *WantReturns* auf *False,* müssten Sie nach wie vor *Strg+Enter* für einen Zeilenumbruch verwenden. |
| *WordWrap* | Damit bestimmen Sie, ob der Text im Eingabefeld am rechten Rand umgebrochen wird (*True*). Der Umbruch wird lediglich auf dem Bildschirm angezeigt, der Text selbst enthält keinerlei Zeilenumbrüche, die nicht eingegeben wurden. Wenn *WordWrap False* ist, entsteht eine neue Zeile nur dort, wo auch ein Zeilenumbruch in den Text eingefügt wurde. |
| *Lines* | Zwar gibt es auch eine *Text*-Eigenschaft, doch ist diese für die praktische Arbeit weniger gut geeignet. Sie arbeiten besser mit der *Lines*-Eigenschaft, die einen gezielten Zugriff auf einzelne Zeilen gestattet und die Sie im Stringlisten-Editor oder auch per Quellcode zuweisen können, z.B. Auslesen einer Zeile: `textBox2.Text = textBox1.Lines[3];` |

## Markieren von Text

*SelectionLength*, SelectionStart, *SelectedText* gelten für markierte Textausschnitte. *SelectionLength* bestimmt bzw. liefert die Zeichenzahl, *SelectionStart* ermittelt die Anfangsposition, und *SelectedText* setzt bzw. ermittelt den Inhalt.

**HINWEIS:** Auf diese Properties kann nur zur Laufzeit zugegriffen werden, sie befinden sich **nicht** im Eigenschaftenfenster!

Alternativ können Sie auch die Methoden *SelectAll* bzw. *Select* verwenden.

**Beispiel 23.4** | **Wenn man mit der Tab-Taste zur *TextBox* wechselt, wird das erste Zeichen markiert.**

```
private void textBox2_Enter1(object sender, EventArgs e);
{
    textBox2.Select(0, 1);
}
```

oder

```
    textBox2.SelectionStart = 0;
```

**Beispiel 23.4**  **Wenn man mit der Tab-Taste zur *TextBox* wechselt, wird das erste Zeichen markiert.**

```
textBox2.SelectionLength = 1;
```

Übrigens können Sie zur Laufzeit für jedes Editierfeld ein umfangreiches Kontextmenü aufrufen, über das die wichtigsten Operationen direkt ausführbar sind:

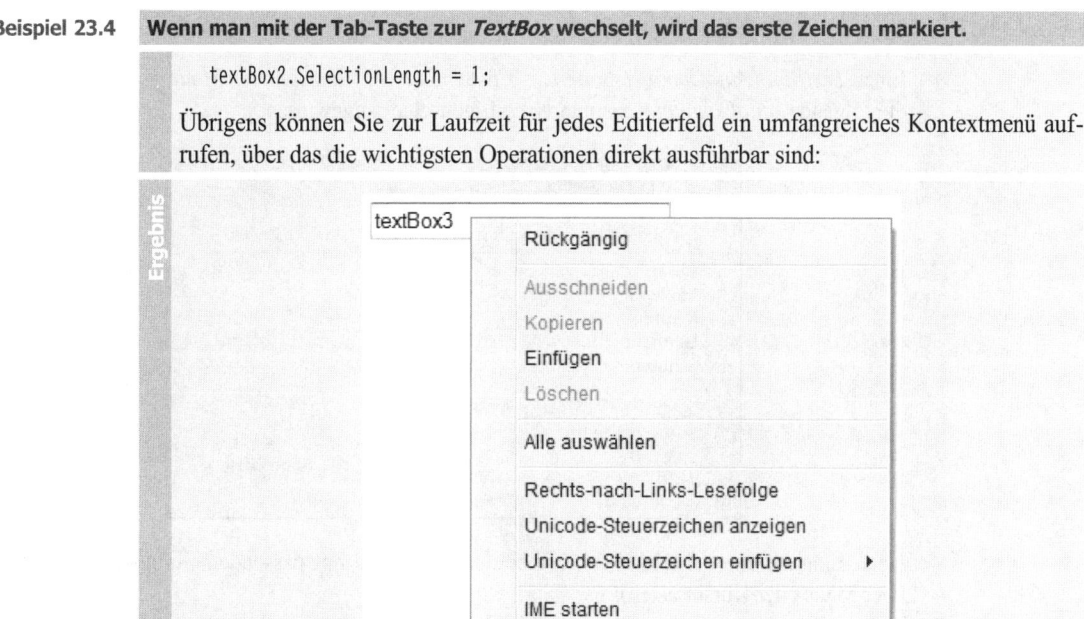

## PasswordChar

Diese Eigenschaft erlaubt das verdeckte Eingeben eines Passwortes. Sie können das gewünschte Zeichen im Eigenschaften-Fenster oder per Quellcode zuweisen.

**Beispiel 23.5**  **Passworteingabe**

```csharp
textBox1.PasswordChar = '*';
```

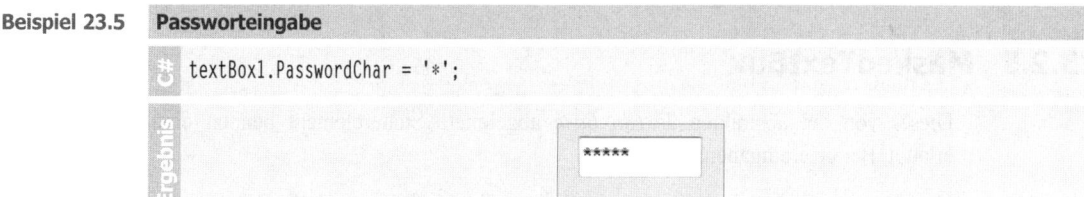

## Automatisches Vervollständigen

Die Eigenschaften *AutoCompleteCustomSource*, *AutoCompleteSource* und *AutoCompleteMode* einer *TextBox* bewirken das automatische Vervollständigen des eingegebenen Textes durch Vergleich mit einer vorhandenen Liste. Das ist besonders vorteilhaft bei sich häufig wiederholenden Eingabewerten, wie z.B. URLs, Adressen oder Dateinamen.

Voraussetzung für die Verwendung der *AutoCompleteCustomSource*-Eigenschaft ist, dass Sie der *AutoCompleteSource*-Eigenschaft den Wert *CustomSource* zuweisen. Das "Wie" der Textvervollständigung legen Sie mit der *AutoCompleteMode*-Eigenschaft (*None*, *Suggest*, *Append*, *SuggestAppend*) fest.

**Beispiel 23.6**    **Automatisches Vervollständigen**

*Entwurf*

Einer *TextBox* (*AutoCompleteSource = CustomSource, AutoCompleteMode = Suggest*) wird die folgende *AutoCompleteCustomSource*-Eigenschaft zugewiesen:

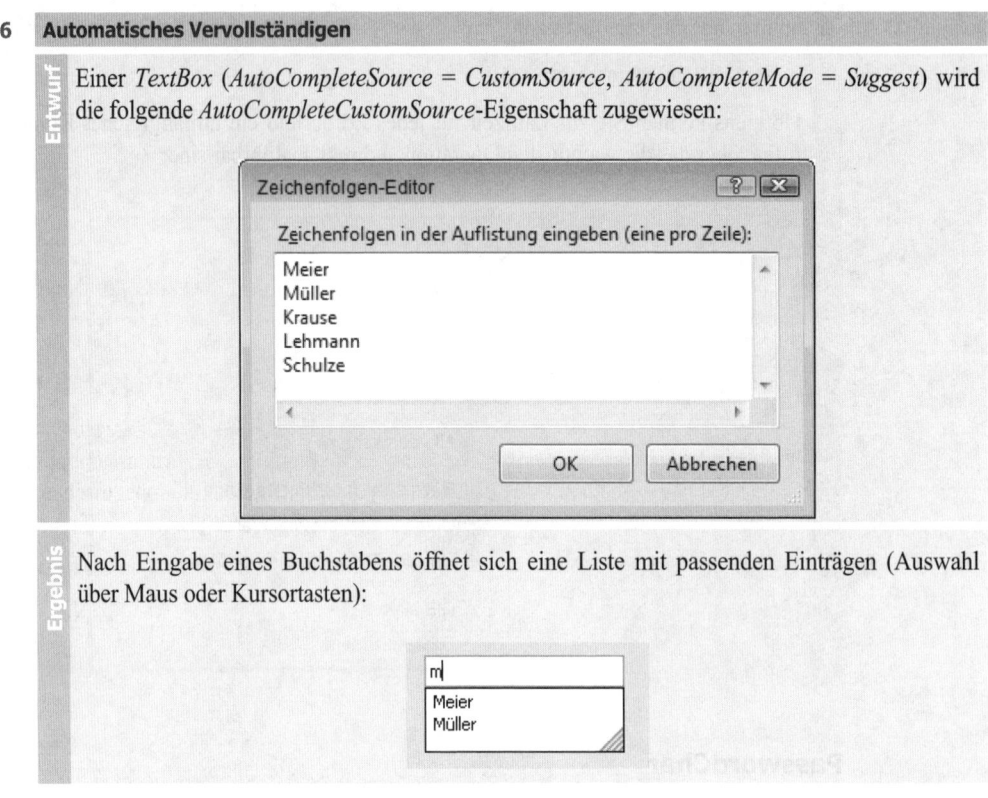

*Ergebnis*

Nach Eingabe eines Buchstabens öffnet sich eine Liste mit passenden Einträgen (Auswahl über Maus oder Kursortasten):

---

**HINWEIS:** *AutoComplete* gibt es auch für die *ComboBox*!

---

## 23.2.5  MaskedTextBox

Dieses von der abstrakten *TextBoxBase* abgeleitete Steuerelement benutzt eine Maske die es erlaubt, Benutzereingaben zu filtern.

Von zentraler Bedeutung ist, wen wundert es, die *Mask*-Eigenschaft. Dies ist ein String, der sich aus bestimmten Zeichen zusammensetzt, von denen die wichtigsten in der folgenden Tabelle erklärt werden. Einige Zeichen sind optional, sie können durch Eingabe eines Leerzeichens übergangen werden.

| Zeichen | Beschreibung | Zeichen | Beschreibung |
|---------|--------------|---------|--------------|
| 0 | Ziffer zwischen 0 und 9 | . | Dezimal-Trennzeichen |
| 9 | Ziffer oder Leerzeichen, optional | , | Tausender-Trennzeichen |
| # | Ziffer oder Leerzeichen mit Plus(+) oder Minus(-), optional | : | Zeit-Trennzeichen |
| L | Buchstabe (a-z, A-Z) | / | Datums-Trennzeichen |

| Zeichen | Beschreibung | Zeichen | Beschreibung |
|---------|--------------|---------|--------------|
| ? | Buchstabe (a-z, A-Z), optional | < | konvertiert alle folgenden Zeichen in Kleinbuchstaben |
| $ | Währungssymbol | > | konvertiert alle folgenden Zeichen in Großbuchstaben |
| & | alphanumerisches Zeichen | | |

Dezimal-, und Tausender-Trennzeichen, sowie die Symbole für Datum, Zeit und Währung, entsprechen der standardmäßig eingestellten Kultur.

**Beispiel 23.7** | *MaskedTextBox*

Ein Währungswert von 0 bis 999999 wird in eine *MaskedTextBox* eingegeben. Ist die Eingabe komplett, so wird der Inhalt in ein *Label* übernommen. Währungssymbol, Dezimal- und Tausender-Trennzeichen werden zur Laufzeit durch die kulturspezifischen Einstellungen ersetzt.

```
maskedTextBox1.Mask = "999,999.00 $";
...
private void maskedTextBox1_TextChanged(object sender, EventArgs e)
{
    if (maskedTextBox1.MaskCompleted) label1.Text = maskedTextBox1.Text;
}
```

123.456,78 €

123.456,78|€

**HINWEIS:** Eine Leerzeichenkette als Maske wird den vorhandenen Inhalt unverändert belassen, die *MaskedTextBox* benimmt sich dann wie eine einzeilige "normale" *TextBox*.

## 23.2.6 CheckBox

Bei der *CheckBox* entscheidet die *Checked*-Eigenschaft (*True/False*) darüber, ob das Häkchen gesetzt wurde oder nicht. Das äußere Erscheinungsbild kann über die *FlatStyle*-Eigenschaft geringfügig modifiziert werden. Für den Programmierer bietet sich zusätzlich die Möglichkeit, über *CheckState* alle drei Zustände zu bestimmen:

- *Checked*

- *Indeterminate*

- *Unchecked*

☐ Checked = False, FlatStyle = Standard

☑ Checked = True, FlatStyle = Flat

☑ CheckState = Indeterminate, FlatStyle = PopUp

Die *Appearance*-Eigenschaft erlaubt es Ihnen, die *CheckBox* optisch in einen Button zu verwandeln, das Verhalten bleibt jedoch gleich:

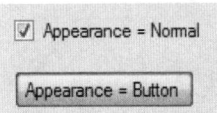

☑ Appearance = Normal

Appearance = Button

Eine Änderung der *Checked*-Eigenschaft löst das Ereignis *CheckedChanged* aus.

**Beispiel 23.8**  **Mit zwei CheckBoxen werden Schreibschutz und Hintergrundfarbe einer *TextBox* eingestellt**

```csharp
private void checkBox_CheckedChanged(object sender, EventArgs e)
{
    if (checkBox1.Checked) textBox1.ReadOnly = true; else textBox1.ReadOnly = false;

    if (checkBox2.Checked) textBox1.BackColor = Color.Yellow;
    else textBox1.BackColor = Color.White;
}
```

**Ergebnis**

| Das ist nur ein Test! |

☐ schreibgeschützt   ☑ gelb

Eine weitere interessante Eigenschaft ist *AutoCheck*, ändert man ihren Wert von *True* nach *False*, so wird der Aktivierungszustand der *CheckBox* bei einem Klick nicht mehr automatisch umgeschaltet und der Programmierer muss sich selbst darum kümmern, z.B. durch Auswerten des *Click*-Ereignisses.

**Beispiel 23.9**  ***Click*-Eventhandler einer *CheckBox* bei *AutoCheck = False***

```csharp
private void checkBox1_Click(object sender, EventArgs e)
{
    checkBox1.Checked = !checkBox1.Checked;
```

oder allgemeiner:

```csharp
    CheckBox cb = (CheckBox)sender;
    cb.Checked = !cb.Checked;
}
```

## 23.2.7 RadioButton

Dieses Steuerelement dient zur Auswahl von Optionen innerhalb einer Anwendung. Im Unterschied zur *CheckBox* kann aber innerhalb einer Gruppe immer nur ein einziger *RadioButton* aktiv sein.

Meist fasst man mehrere *RadioButtons* mittels *GroupBox* (oder *Panel*) zu einer Optionsgruppe zusammen. Auch bei dieser Komponente können Sie die *Appearance*-Eigenschaft dazu nutzen, das Erscheinungsbild so zu ändern, dass für jeden *RadioButton* ein *Button* dargestellt wird:

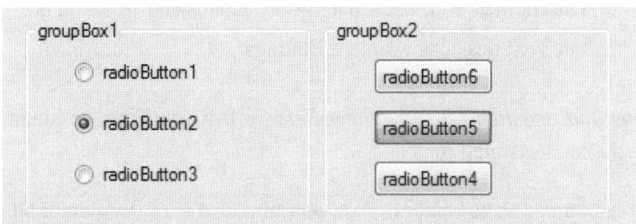

Ausgewertet wird der Status über die *Checked*-Eigenschaft.

**Beispiel 23.10** | **Ändern der Hintergrundfarbe des Formulars**

```csharp
private void radioButton_CheckedChanged(object sender, EventArgs e)
{
    if (radioButton1.Checked) this.BackColor = Color.White;
    else if (radioButton2.Checked) this.BackColor = Color.Yellow;
    else if (radioButton3.Checked) this.BackColor = Color.Red;
}
```

## 23.2.8 ListBox

In einer *ListBox* kann eine Auflistung von Einträgen angezeigt werden, von denen der Benutzer mittels Maus oder Tastatur einen oder auch mehrere auswählen kann.

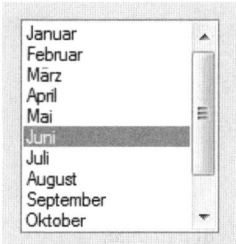

Die wichtigsten Eigenschaften zeigt die folgende Tabelle, auf datenbezogene Eigenschaften wird im Kapitel 26 näher eingegangen.

| Eigenschaft | Beschreibung |
|---|---|
| *Items* *Items.Count* | … ist die Liste der enthaltenen Einträge, die Sie zur Entwurfszeit auch über den Zeichenfolgen-Editor eingeben können. Über *Items.Count* können Sie die Anzahl bestimmen. |
| *Sorted* | … legt fest, ob die Einträge alphabetisch geordnet erscheinen sollen (*True/False*). |
| *SelectedIndex* | … setzt bzw. ermittelt die Position (Index) des aktuellen Eintrags (-1, wenn nichts ausgewählt wurde). |
| *SelectionMode* | … entscheidet, ob Einzel- oder Mehrfachauswahl zulässig ist. |
| *SelectedItem* | … der Text des ausgewählten Eintrags. |

Die Methoden *Items.Add* und *Items.Remove/ItemsRemoveAt* fügen Einträge hinzu bzw. entfernen sie, *Items.Clear* löscht den gesamten Inhalt.

**Beispiel 23.11**  **In die *ListBox* wird zehnmal "Hallo" eingetragen, anschließend wird der zweite Eintrag über seinen Index gelöscht.**

```
for (int i= 1; i < 11; i++) listBox1.Items.Add(i.ToString + " Hallo");
listBox1.Items.RemoveAt(1);
```

Häufig will man auch den Inhalt eines (eindimensionalen) Arrays anzeigen.

**Beispiel 23.12**  **Der Inhalt eines *String*-Arrays wird in eine *ListBox* übertragen.**

```
private void button1_Click(object sender, EventArgs e)
{
    string[] a = {"Sesam", "Weizen", "Hafer", "Gerste"};
    for (int i = 0; i <= a.GetUpperBound(0); i++) listBox1.Items.Add(a[i]);
    listBox1.SelectedIndex = 3;
}
```

Für den Programmierer ist das *SelectedIndexChanged*-Ereignis von besonderem Interesse, da es bei jedem Wechsel zwischen den Einträgen aufgerufen wird.

**Beispiel 23.13**  **Nach Auswahl eines Eintrags aus einem Listenfeld wird dieser in eine *Textbox* übernommen.**

```
private void listBox1_SelectedIndexChanged(object sender, EventArgs e);
{
    textBox1.Text = listBox1.SelectedItem.ToString();
}
```

Ob der Wechsel mittels Maus oder Tastatur erfolgt, ist in diesem Fall egal.

**HINWEIS:** Ist die Eigenschaft *SelectionMode* auf *MultiSimple* oder *MultiExtended* festgelegt, können Sie auch mehrere Einträge gleichzeitig auswählen. Über *SelectedItems* greifen Sie auf diese Einträge zu.

## 23.2.9  CheckedListBox

Hierbei handelt es sich um einen nahen Verwandten der "gemeinen" Listbox mit dem Unterschied, dass die einzelnen Einträge gleichzeitig einen *True/False*-Wert (*Checked*) verwalten können.

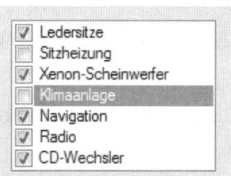

Für das Setzen der Häkchen per Programm verwenden Sie die *SetItemChecked*-Methode.

**Beispiel 23.14**  **Häkchen beim vierten Eintrag setzen**

```csharp
checkedListBox1.SetItemChecked(3, true);
```

Über die *CheckedItems*-Collection haben Sie Zugriff auf alle markierten Einträge.

**Beispiel 23.15**  **Anzeige aller markierten Einträge in einer weiteren *ListBox***

```csharp
for (int i = 0; i < checkedListBox1.CheckedItems.Count; i++)
    listBox1.Items.Add(checkedListBox1.CheckedItems[i]);
```

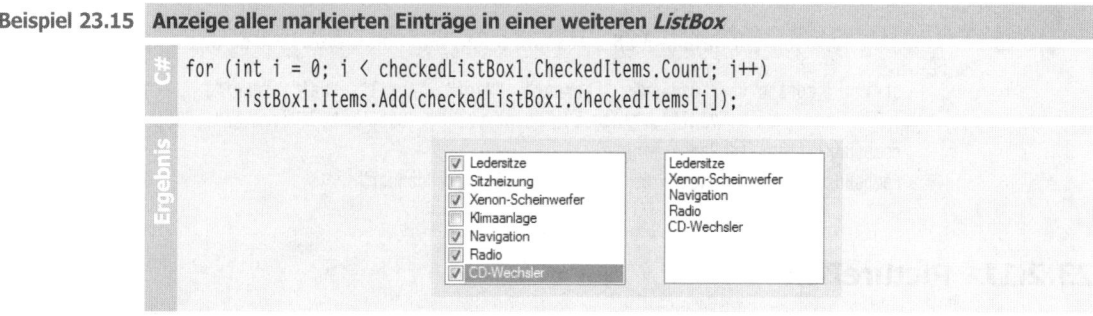

**HINWEIS:** Da das Standardverhalten der *CheckedListBox* recht gewöhnungsbedürftig sein dürfte, sollten Sie besser die Eigenschaft *CheckOnClick* auf *True* setzen, damit nicht zweimal geklickt werden muss.

## 23.2.10  ComboBox

Eine *ComboBox* ist eine Mischung aus Text- und Listenfeld. Sie erlaubt also Eingaben und kann, im Unterschied zum Listenfeld, auch "aufgeklappt" werden:

Hervorzuheben sind folgende Eigenschaften:

| Eigenschaft | Beschreibung |
|---|---|
| *DropDownStyle* | … *Simple* (nur Texteingabe), *DropDown* (Texteingabe und Listenauswahl, *DropDownList* (nur Listenauswahl). |
| *Items*<br>*Items.Count* | … ist die Liste der angezeigten Werte. Über *Items.Count* können Sie die Anzahl bestimmen. |
| *MaxDropDownItems* | … die maximale Höhe der aufgeklappten Listbox in Einträgen. |
| *Sorted* | … legt fest, ob die Einträge alphabetisch geordnet erscheinen sollen (*True/False*). |
| *SelectedIndex* | … setzt bzw. ermittelt die Position (Index) des aktuellen Eintrags (-1, wenn nichts ausgewählt wurde). |
| *SelectionMode* | … entscheidet, ob Einzel- oder Mehrfachauswahl zulässig ist. |
| *Text* | … der Text des ausgewählten Eintrags. |

Die Methoden *Items.Add* und *Items.Remove/ItemsRemoveAt* fügen Einträge hinzu bzw. entfernen sie, *Items.Clear* löscht den gesamten Inhalt.

**Beispiel 23.16** | **Eine *ComboBox* mit den Namen aller Monate füllen und den ersten Eintrag anzeigen**

```csharp
string[] monate = { "Januar", "Februar", "März", "April", "Mai", "Juni",
                    "Juli", "August", "September", "Oktober", "November", "Dezember" };
comboBox1.Items.AddRange(monate);
comboBox1.SelectedIndex = 0;          // zeigt "Januar"
```

## 23.2.11 PictureBox

Dieses Control dient der Darstellung von fertigen Grafiken diverser Formate (BMP, GIF, TIFF, PNG …). Außerdem kann mit Grafikmethoden in die *PictureBox* gezeichnet werden, weshalb man sie oft auch als "kleine Schwester" des Formulars bezeichnet. Mittels *Image*-Eigenschaft können Sie diesem Control direkt eine Bildressource zuweisen. Über die *SizeMode*-Eigenschaft steuern Sie, wie die Grafik in den Clientbereich des Controls eingepasst wird bzw. ob sich das Control an die Grafik anpasst.

**HINWEIS:** Mehr zu dieser ebenso interessanten wie leistungsfähigen Komponente erfahren Sie im Kapitel "Grafikprogrammierung" (Abschnitt 24.2.1).

## 23.2.12 DateTimePicker

Geht es um die platzsparende Auswahl eines Datums- oder eines Zeitwertes, sollten Sie sich mit der *DateTimePicker*-Komponente anfreunden. Diese funktioniert wie eine *ComboBox*, nach dem Aufklappen steht Ihnen ein recht komfortabler Kalender zur Verfügung:

Alternativ kann auch nur eine Uhrzeit bearbeitet werden (Eigenschaft *Format = Time*):

Auf alle Möglichkeiten der Konfiguration einzugehen, dürfte den Rahmen dieses Kapitels sprengen. Die wohl wichtigsten Eigenschaften dürften *MinDate*, *MaxDate* für die Beschränkung der Auswahl bzw. *Value* für den Inhalt des Controls sein.

**Beispiel 23.17**  **Anzeige des Auswahlwertes**

```csharp
private void dateTimePicker1_ValueChanged(object sender, EventArgs e)
{
    MessageBox.Show(dateTimePicker1.Value.ToLongDateString());
}
```

## 23.2.13  MonthCalendar

Funktionell ist diese Komponente dem *DateTimePicker* sehr ähnlich, der wesentliche Unterschied besteht darin, dass diese Komponente nicht auf- und zugeklappt werden kann und damit natürlich auch mehr Platz auf dem Formular verbraucht:

## 23.2.14 HScrollBar, VScrollBar

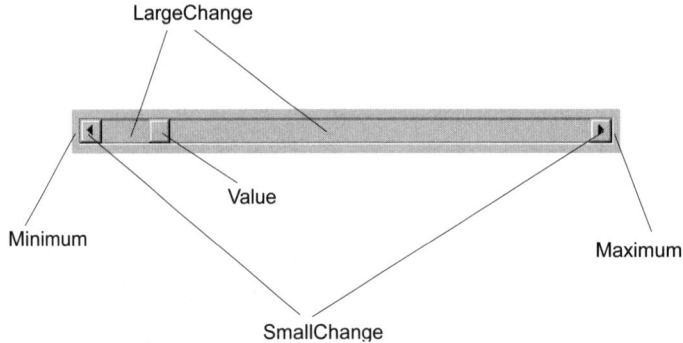

Diese Komponenten werden häufig zum Scrollen von Bild- und Fensterinhalten verwendet.

*Maximum*, Minimum, *Value*

Sie legen den größten bzw. kleinsten Einstellungswert fest bzw. bestimmen den aktuellen Wert (zwischen *Minimum* und *Maximum*).

*LargeChange, SmallChange*

Klickt man neben den "Schieber", so wird der aktuelle Wert (*Value*) um *LargeChange* geändert, beim Klicken auf die Begrenzungspfeile hingegen nur um *SmallChange*.

Eine wichtige Rolle spielt auch das *Scroll*-Ereignis, welches immer dann eintritt, wenn die Position des Schiebers verändert wurde (*e.NewValue* enthält den neu gewählten Wert).

**Beispiel 23.18** **Einstellen der Formular-Hintergrundfarbe (Graustufe) mit einer horizontalen Scrollbar (*Minimum = 0, Maximum = 255*)**

```csharp
private void hScrollBar1_Scroll(object sender, ScrollEventArgs e)
{
    this.BackColor = Color.FromArgb(255, e.NewValue, e.NewValue, e.NewValue);
}
```

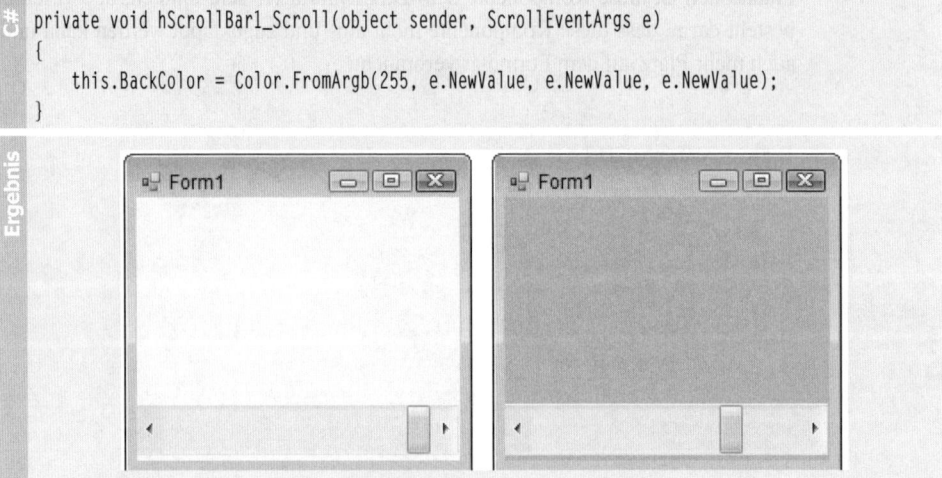

## 23.2.15 TrackBar

Neben den Scrollbars bietet sich auch die *TrackBar* für das schnelle Einstellen von Werten an. Hier zwei Varianten:

Die Breite kann bei *AutoSize = False* verändert werden. Ob die *TrackBar* horizontal oder vertikal erscheinen soll, können Sie mittels der *Orientation*-Eigenschaft festlegen. Die Anzahl der Teilstriche ergibt sich aus der Division der *Maximum*-Eigenschaft durch den Wert von *TickFrequency*. Bei der Standardeinstellung *Maximum = 10* und *TickFrequenzy = 1* ergeben sich also 10 Teilstriche.

Mit der *TickStyle*-Eigenschaft bestimmen Sie, auf welcher Seite die Teilstriche angezeigt werden sollen. Hier die Konstanten der *TickStyle*-Enumeration:

| TickStyle | Erklärung |
|---|---|
| *None* | keine Teilstriche |
| *TopLeft* | Teilstriche oben (bei horizontaler Ausrichtung) bzw. links (bei vertikaler Ausrichtung) |
| *BottomRight* | Teilstriche unten (bei horizontaler Ausrichtung) bzw. rechts (bei vertikaler Ausrichtung (Standardeinstellung) |
| *Both* | Teilstriche auf beiden Seiten |

Da die übrigen wichtigen Eigenschaften (*Maximum, Minimum, Value, SmalChange, LargeChange*) sowie Ereignisse (*Scroll, ValueChanged*) weitgehend mit denen der Scrollbar übereinstimmen, möchten wir an dieser Stelle auf den vorhergehenden Abschnitt verweisen.

## 23.2.16 NumericUpDown

Wer hatte nicht schon die Aufgabe, einen Integer- oder Währungswert abzufragen und war an den diversen Fehlermöglichkeiten gescheitert? *NumericUpDown* verspricht Abhilfe. Das Steuerelement entspricht der Kombination einer einzeiligen Textbox mit einer vertikalen Scrollbar.

Angefangen vom Definieren eines zulässigen Bereichs (*Maximum, Minimum*) über die Anzahl der Nachkommastellen (*DecimalPlaces*) bis hin zum Inkrement (*Increment*) bzw. zur Anzeige von Tausender-Trennzeichen (*ThousandsSeparator*) ist alles vorhanden, was das Programmiererherz begehrt. Last but not least, soll die *Value*-Eigenschaft nicht vergessen werden, hier fragen Sie den eingegebenen Wert ab.

> **HINWEIS:** Im Unterschied zu den Steuerelementen *ScrollBar* und *TrackBar* sind die gleich-
> namigen Eigenschaften von *NumericUpDown* vom Datentyp *decimal* anstatt *int*.

Von besonderem Interesse sind auch hier die Ereignisse *Scroll* (beim Klicken auf eine der beiden
Schaltflächen) und *ValueChanged* (beim Ändern des Werts).

**Beispiel 23.19** | **Meldung beim Überschreiten eines Limits**

```
private void numericUpDown1_ValueChanged(object sender, EventArgs e)
{
    if (numericUpDown1.Value > 1000) MessageBox.Show("Wertebereichsüberschreitung!");
}
```

## 23.2.17  DomainUpDown

Für die Auswahl von Werten aus einer vorgegebenen Liste können Sie anstatt einer *ListBox* oder
einer *ComboBox* auch eine *DomainUpDown*-Komponente verwenden. Dieses Control kombiniert
die Features eines *NumericUpDown*-Steuerelements mit denen einer *ComboBox* (lässt sich allerdings nicht aufklappen). Rein äußerlich scheint es zunächst keinen Unterschied zur *NumericUp-
Down* zu geben, die Funktionalität ist jedoch grundsätzlich verschieden, bestehen doch die Einträge nicht aus Zahlen sondern aus Strings (Reihenfolge kann mittels *Sort*-Eigenschaft alphabetisch
sortiert werden).

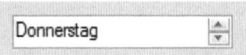

Die zulässigen Auswahlwerte übergeben Sie der Komponente in der Collection *Items*, den gewählten Wert ermitteln Sie mit der *Text*-Eigenschaft oder Sie können auch den Listenindex mit
*SelectedIndex* abrufen.

**Beispiel 23.20** | **Der erste Listeneintrag wird angezeigt**

```
domainUpDown1.SelectedIndex = 0;
```

## 23.2.18  ProgressBar

Ist Ihr Computer bei manchen Aufgaben nicht schnell genug, ist es sinnvoll, dem Nutzer ein
Lebenszeichen zum Beispiel in Gestalt eines Fortschrittbalkens zu geben. Genau diese Aufgabe
übernimmt die *ProgressBar*:

Die Eigenschaften *Minimum*, *Maximum* und *Value* sind vergleichbar mit denen der *ScrollBar*. Sie können *Value* einen Wert zuweisen, andererseits aber auch die Methode *PerformStep()* aufrufen.

**Beispiel 23.21** **Bei jedem Klick auf den *Button* bewegt sich der Balken weiter und hat nach zehnmaligen Klicken das Maximum erreicht.**

```csharp
private void button1_Click(object sender, EventArgs e)
{
    progressBar1.Maximum = 100; progressBar1.Step = 10;
    progressBar1.PerformStep();
}
```

**HINWEIS:** Mit der *Style*-Eigenschaft (*Blocks*, *Continuous*, *Marquee*) können Sie das Aussehen des Balkens verändern.

## 23.2.19 RichTextBox

Wollten Sie nicht schon immer einmal Ihre Anwendungen mit einem kleinen Texteditor vervollständigen, der auch verschiedene Schriftarten, Schrift- und Absatzformate sowie Grafiken zulässt? Dann sollten Sie sich unbedingt das *RichTextBox*-Control ansehen.

**HINWEIS:** Mit RTF ist das "Rich Text"-Format gemeint, das als Austauschformat zwischen verschiedenen Textverarbeitungsprogrammen fungiert.

Viele Eigenschaften entsprechen denen der *TextBox*, so ist der gesamte Inhalt in der *Text*-Eigenschaft enthalten. Mit diversen *Selection...* -Eigenschaften lassen sich die markierten Textabschnitte formatieren.

**Beispiel 23.22** **Selektierten Text in Fett- und Kursivschrift formatieren**

```csharp
richTextBox1.SelectionFont = new Font(richTextBox1.SelectionFont,
                                richTextBox1.SelectionFont.Style ^ FontStyle.Bold);
richTextBox1.SelectionFont = new Font(richTextBox1.SelectionFont,
                                richTextBox1.SelectionFont.Style ^ FontStyle.Italic);
```

**Beispiel 23.23** **Schriftgröße und -farbe ändern, Kursivschrift einstellen und markierte Zeile zentrieren**

```csharp
richTextBox1.SelectionFont = new Font(richTextBox1.SelectionFont.Name, 20f);
richTextBox1.SelectionColor = Color.Red;
richTextBox1.SelectionAlignment = HorizontalAlignment.Center;
```

Das ist ein *Testprogramm* für die
**RichTextBox**!

Zum Laden bzw. Abspeichern von RTF-Dateien stehen die Methoden *LoadFile* und *SaveFile* zur
Verfügung.

**Beispiel 23.24** | **Laden der Datei *test.rtf* aus dem Anwendungsverzeichnis**

```csharp
private void button1_Click(object sender, EventArgs e)
{
    try
    {
        richTextBox1.LoadFile(Application.StartupPath + "\\test.rtf");
    }
    catch (System.IO.IOException ioe)
    {
        MessageBox.Show(ioe.Message);
    }
}
```

Bei der *RichTextBox* handelt es sich nur auf den ersten Blick um einen kompletten Texteditor, denn
Sie haben sicherlich bereits festgestellt, dass Sie ja auch noch ein Menü bzw. ein Toolbar benötigen.

---

**HINWEIS:** Eine komplette kleine Textverarbeitung auf Basis der *RichTextBox* wird in unserem
[Visual C# 2010 Kochbuch] beschrieben.

---

## 23.2.20  ListView

Die *ListView* ist eine ziemlich komplexe Komponente, sie ermöglicht Ihnen die Anzeige einer
Liste mit Einträgen, die optional auch mit einem Icon zwecks Identifikation des Typs ausgestattet
werden können, wozu zusätzlich eine oder mehrere *ImageList*-Komponenten erforderlich sind.
Außerdem kann zu jedem Eintrag eine kleine Checkbox hinzugefügt werden, wodurch sich eine
bequeme und übersichtliche Auswahlmöglichkeit ergibt.

Die Einsatzgebiete einer *ListView* sind äußerst vielgestaltig, z.B. Darstellen von Datenbankinhalten
oder Textdateien. Außerdem kann die Komponente auch Nutzereingaben entgegennehmen, z.B.
Dateiauswahl. Als Windows-Nutzer haben Sie garantiert schon mit diesem Control gearbeitet,
jeder einzelne Ordner auf dem Desktop ist im Grunde ein *ListView*-Objekt und fungiert als eine Art
Container für eine Anzahl von einzelnen Items, die über Grafik und Text verfügen können.

### ListViewItem

Das *ListViewItem*-Objekt repräsentiert einen einzelnen Eintrag (Item) im *ListView*. Jedes *Item* kann
mehrere *Subitems* haben, die zusätzliche Informationen bereitstellen.

Die Anzeige der Items ist auf vier verschiedene Arten möglich:

- mit großen Icons
- mit kleinen Icons

- mit kleinen Icons in einer vertikalen Liste

- Gitterdarstellung mit Spalten für Untereinträge (Detailansicht)

Die *ListView*-Komponente erlaubt einfache oder mehrfache Selektion, letztere funktioniert ähnlich wie bei einer *ListBox*-Komponente.

## ImageList

Meist wird die *ListView* zusammen mit einer (oder auch mehreren) *ImageList*-Komponenten eingesetzt, welche die Bilddaten speichern. Die Zuweisung erfolgt über die Eigenschaften *LargeImageList* bzw. *SmallImageList*. Jede *ImageList*-Komponenten hat eine *Images*-Auflistung, die Sie über das Eigenschaften-Fenster (F4) erreichen und die Sie mit Hilfe des *Image-Auflistungs-Editor*s mit diversen Icons füllen können.

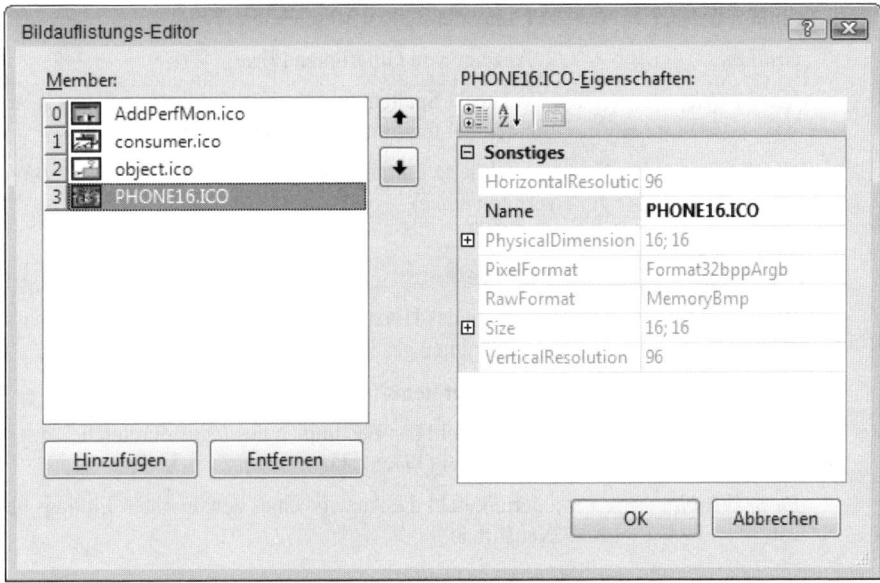

## Übersichten zur ListView

| Eigenschaft | Bedeutung |
| --- | --- |
| *View* | ... ermöglicht die Einstellung des Anzeigemodus (siehe oben): *List, SmallIcon, LargeIcon, Details* |
| *LargeImageList* *SmallImageList* *StateImageList* | Auswahl der *ImageList*-Objekte, welche die Bilddateien für große (32 x 32), kleine (16 x 16) Icons bzw. für die Darstellung der Checkbox bereitstellen (nur für *CheckBoxes = True*). |
| *CheckBoxes* | ... Ein- bzw. Ausblenden der Checkbox (*True/False*) |
| *CheckItems* | ... Zugriff auf die *CheckedListViewItemCollection*, um die aktivierten Einträge festzustellen |

| Eigenschaft | Bedeutung |
|---|---|
| *Columns* | ... Zugriff auf die *ColumnHeaderCollection* (nur für *View = View.Details*) |
| *Items* | ... Hinzufügen/Entfernen von Einträgen durch Zugriff auf die *ListViewItemCollection*, die entsprechende Methoden bereitstellt |
| *ImageIndex* | ... der Bildindex |
| *LabelEdit* | ... erlaubt/verbietet das Editieren von Einträgen (*True*) |
| *Sorting* | ... alphabetisches Sortieren der Einträge (*None*, *Ascending*, *Descending*) |
| *AllowColumnReorder* | nur für Detailansicht (*View = View.Details*): ... erlaubt Vertauschen der Spalten zur Laufzeit durch Anfassen mit der Maus (*True*) |
| *FullRowSelect* | ... komplette Zeile wird selektiert (*True*) |
| *GridLines* | ... Anzeige von Gitterlinien (*True*) |
| *HeaderStyle* | ... versteckt Spaltentitel (*None*), zeigt ihn an ( *NoneClickable*) bzw. Spaltentitel funktioniert wie ein Button (*Clickable*) |
| *HideSelection* | ... selektierte Einträge bleiben markiert, wenn die *ListView* den Fokus verliert (*False*) |

| Methode | Beschreibung |
|---|---|
| *BeginUpdate* *EndUpdate* | ... erlaubt das Hinzufügen von mehreren Items, ohne dass *ListView* jedes Mal neu gezeichnet wird |
| *Clone* | ... überträgt Items in andere *ListView* |
| *GetItemAt* | ... ermöglicht das Bestimmen des *Items* durch Klick mit der Maus auf ein *SubItem* (*View = View.Details*) |
| *EnsureVisible* | ... ermöglicht die Anzeige eines gewünschten Eintrags nach Neuaufbau |

| Ereignis | ... wird ausgelöst |
|---|---|
| *BeforeLabelEdit* *AfterLabelEdit* | ... bevor bzw. nachdem ein Eintrag editiert wurde (nur bei *LabelEdit = True*), kann zur Gültigkeitsüberprüfung benutzt werden |
| *ItemActivate* | ... wenn ein bestimmtes Item ausgewählt wurde, kann zum Auslösen von Aktionen benutzt werden |
| *ColumnClick* | ... wenn einen Spaltentitel geklickt wurde, kann z.B. zum Sortieren verwendet werden |
| *ItemCheck* | ... wenn auf eine *CheckBox* geklickt wurde (nur für *CheckBoxes = True*) |

Die Vorgehensweise scheint recht einfach zu sein:

- Verknüpfen Sie die *ListView* mit einer *ImageList* mit großen Icons (z.B. 32 x 32) per *Large-ImageList*-Eigenschaft und mit einer weiteren *ImageList* die kleinen Icons (16 x 16) per *SmallImageList*-Eigenschaft.

- Neue Einträge erstellen Sie zur Entwurfszeit über die *Items*-Eigenschaft, die auch einen eigenen Editor bereitstellt. Wie Sie der folgenden Abbildung entnehmen können, verfügt jeder Eintrag wiederum über eine Auflistung *SubItems*, die den einzelnen Spalten in der Detailansicht entsprechen.

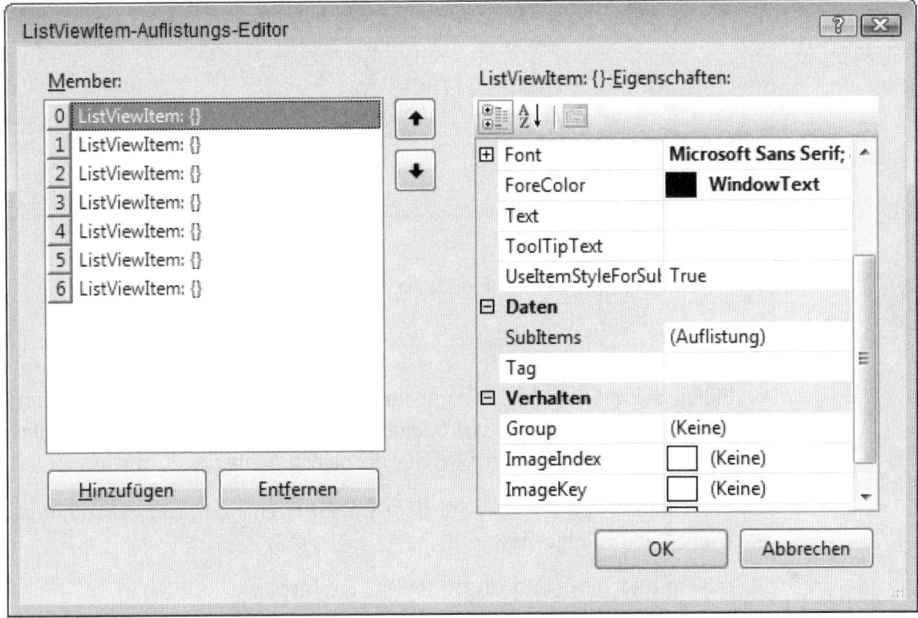

- Wichtig sind vor allem die Eigenschaften *ImageIndex* und *Text*, da beide das Aussehen des *Items* beeinflussen.

- Möchten Sie in der Detailansicht weitere Daten (Spalten) anzeigen, können Sie diese mit der *Columns*-Eigenschaft hinzufügen. Eingetragen werden später die *Text*-Eigenschaften der *SubItems*.

- Die Art der Anzeige legen Sie mit der *View*-Eigenschaft der *ListView* fest (Liste, Details etc.).

**Beispiel 23.25** **Stundenplan**

Es soll ein einfacher "Stundenplan" erstellt werden. Die folgende Abbildung gibt einen Überblick über die Anordnung der Komponenten. Wichtig sind die *ListView*-Komponente (oben) und die beiden *ImageList*-Komponenten, die automatisch im Komponentenfach abgelegt werden.

**Beispiel 23.25**    **Stundenplan**

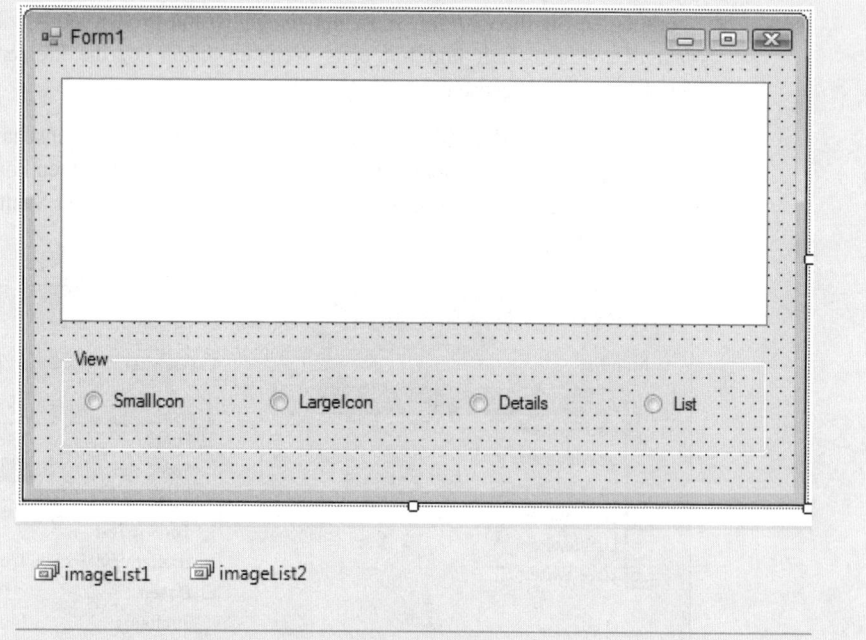

Füllen Sie mit dem Image-Auflistungs-Editor (siehe oben) die erste *ImageList* mit "großen" und die zweite *ImageList* mit "kleinen" Icons. Weisen Sie der *LargeImageList*- und der *Small-ImageList*-Eigenschaft der *ListView* die beiden *ImageList*-Komponenten zu.

Beim Laden von *Form1* wird dem *Click*-Ereignis der vier *RadioButton*s ein gemeinsamer Event-Handler zugewiesen:

```
private void Form1_Load(object sender, EventArgs e)
{
    radioButton1.Click += new EventHandler(this.commonClick);
    radioButton2.Click += new EventHandler(this.commonClick);
    radioButton3.Click += new EventHandler(this.commonClick);
    radioButton4.Click += new EventHandler(this.commonClick);
}
```

Der gemeinsame Event-Handler:

```
private void commonClick(object sender, System.EventArgs e)
{
    showListView();
}
```

Die Anzeige der *ListView*:

```
private void showListView()
{
    listView1.Items.Clear();
```

**Beispiel 23.25** **Stundenplan**

```
        if (radioButton1.Checked) listView1.View = View.SmallIcon;
        if (radioButton2.Checked) listView1.View = View.LargeIcon;
        if (radioButton3.Checked) listView1.View = View.Details;
        if (radioButton4.Checked) listView1.View = View.List;
```

Spalten für *Items* and *SubItems* definieren:

```
        listView1.Columns.Add("", -2, HorizontalAlignment.Left);
        listView1.Columns.Add("Montag", -2, HorizontalAlignment.Left);
        listView1.Columns.Add("Dienstag", -2, HorizontalAlignment.Left);
        listView1.Columns.Add("Mittwoch", -2, HorizontalAlignment.Center);
        listView1.Columns.Add("Donnerstag", -2, HorizontalAlignment.Left);
        listView1.Columns.Add("Freitag", -2, HorizontalAlignment.Center);
        listView1.LabelEdit = true;              // Editieren erlauben:
        listView1.AllowColumnReorder = true;  // Ändern der Spaltenanordnung erlauben
        listView1.CheckBoxes = true;
        listView1.FullRowSelect = true;
        listView1.GridLines = true;
        listView1.Sorting = SortOrder.Ascending;
```

Schließlich drei *Items* mit Gruppen von *SubItems* erzeugen und zur *ListView* hinzufügen:

```
        ListViewItem item1 = new ListViewItem("item1", 0);
        item1.Checked = true;
        item1.SubItems.Add("Deutsch");
        item1.SubItems.Add("Geschichte");
        item1.SubItems.Add("Mathe");
        item1.SubItems.Add("Englisch");
        item1.SubItems.Add("Sport");
        listView1.Items.Add(item1);

        ListViewItem item2 = new ListViewItem("item2", 1);
        item1.Checked = true;
        item2.SubItems.Add("Mathe");
        item2.SubItems.Add("Mathe");
        item2.SubItems.Add("Ethik");
        item2.SubItems.Add("Informatik");
        item2.SubItems.Add("");
        listView1.Items.Add(item2);

        ListViewItem item3 = new ListViewItem("item3", 2);
        item3.Checked = true;
        item3.SubItems.Add("7");
        item3.SubItems.Add("8");
        item3.SubItems.Add("9");
        listView1.Items.Add(item3);
    }
```

Starten Sie das Programm und experimentieren Sie nun mit den verschiedenen Ansichten. Die Abbildung zeigt die Detailansicht:

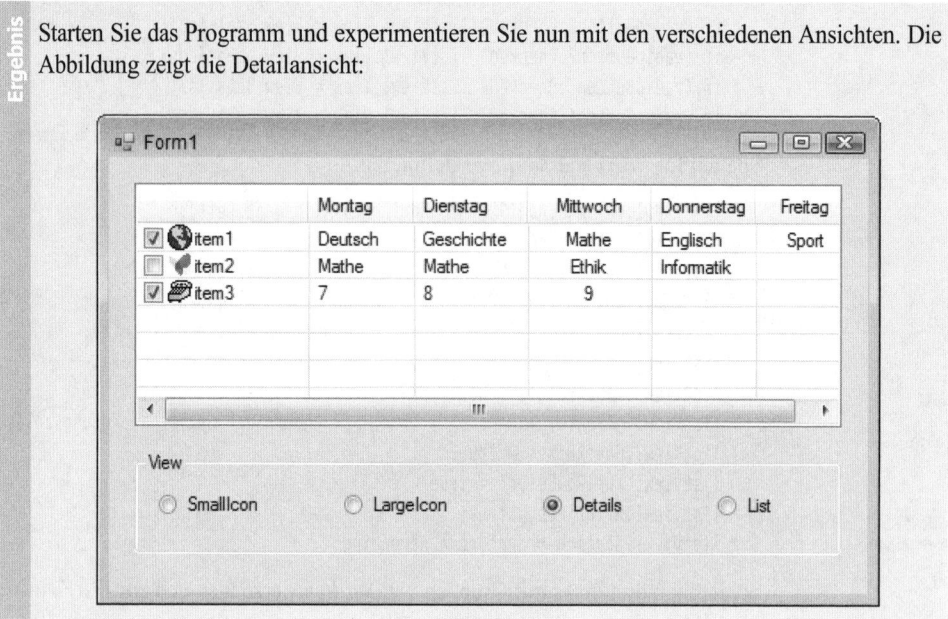

**HINWEIS:** Leider können wir an dieser Stelle nicht auf alle Aspekte der *ListView*-Programmierung eingehen, die sich nur anhand von mehreren Beispielen plausibel erklären lässt, siehe [Visual C# 2010 Kochbuch].

## 23.2.21  TreeView

Wollen Sie den Anwendern Ihrer Programme mehr bieten als nur langweilige Listendarstellungen und primitive Eingabemasken? Oder müssen Sie hierarchische Abhängigkeiten grafisch darstellen?

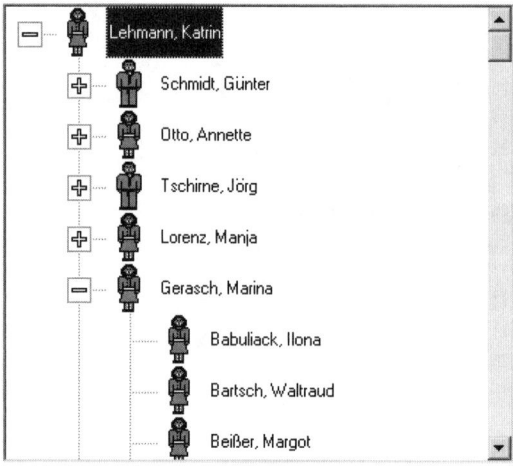

Falls ja, dann kommen Sie wohl kaum um die Verwendung der *TreeView*-Komponente herum. Ganz abgesehen davon, dass hier eine Baumdarstellung wesentlich übersichtlicher ist als eine Tabelle, können Sie durch den Einsatz grafischer Elemente auch noch reichlich Eindruck schinden.

Wie auch die *ListView*-Komponente dient die *TreeView* "lediglich" als Container für eine Liste von *TreeNodes* (Knoten), die jedoch im Gegensatz zur *ListView* hierarchisch angeordnet sind. D.h., ausgehend von einem Knoten werden weitere Unterknoten angeordnet usw.

Zur Entwurfszeit können Sie diese Knoten mit einem eigenen Editor (Eigenschaft *Nodes*) hinzufügen (ähnlich dem Erzeugen von Verzeichnissen auf einer Festplatte):

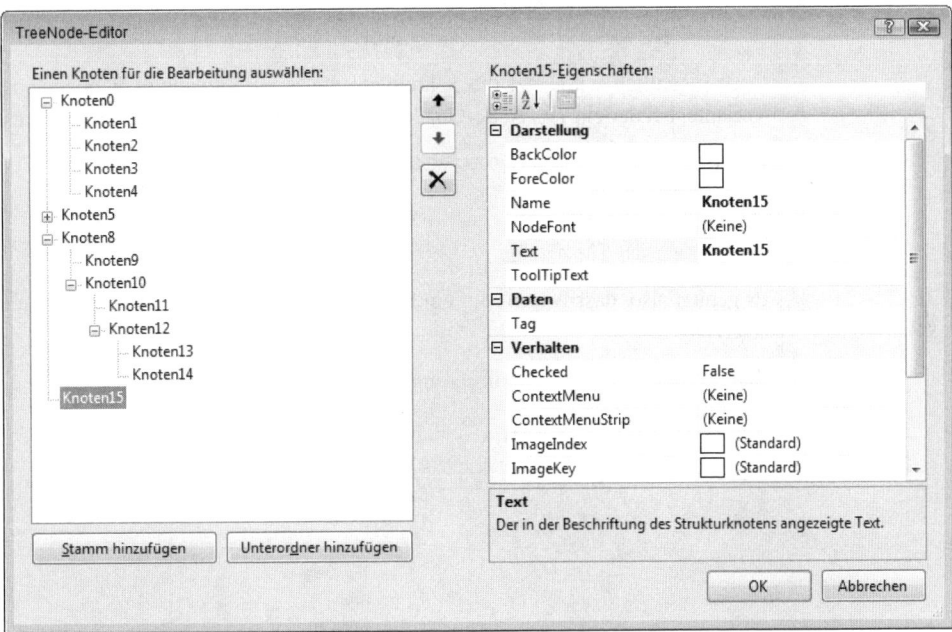

## Knoten zur Laufzeit erzeugen

Zur Laufzeit gestaltet sich dieses Vorgehen schon etwas aufwändiger und erfordert vom Programmierer einiges Vorstellungsvermögen, gilt es doch, sich mit Hilfe von Collections und Methoden buchstäblich durch den Baum zu "hangeln".

**Beispiel 23.26** | **Dynamisches Füllen einer *TreeView***

Zunächst den Baum löschen und die automatische Aktualisierung ausschalten (bessere Performance):

```
treeView1.BeginUpdate;
treeView1.Nodes.Clear;
```

Wir fügen den ersten (Root-)Knoten bzw. Stammelement ein:

```
treeView1.Nodes.Add("Deutschland");
```

**Beispiel 23.26**  **Dynamisches Füllen einer *TreeView***

Da der erste Knoten den Index 0 in der *Nodes*-Collection erhält, können wir direkt über den Index auf diesen Knoten zugreifen und weitere untergeordnete Knoten erzeugen, die zur *Nodes*-Auflistung des Knotens hinzugefügt werden:

```
treeView1.Nodes[0].Nodes.Add("Bayern");
treeView1.Nodes[0].Nodes.Add("Sachsen");
treeView1.Nodes[0].Nodes.Add("Thüringen");
```

Das gleiche Prinzip auf die nächstfolgende Knotenebene angewendet:

```
treeView1.Nodes[0].Nodes[0].Nodes.Add("München");
treeView1.Nodes[0].Nodes[0].Nodes.Add("Nürnberg");
```

Doch eigentlich wird jetzt die Schreiberei etwas zu aufwändig. Bequemer ist die folgende Variante, bei der ein *TreeNode*-Objekt von der *Add*-Methode zurückgegeben wird:

```
TreeNode n = treeView1.Nodes[0].Nodes[1];
n.Nodes.Add("Dresden");
n.Nodes.Add("Leipzig");
n.Nodes.Add("Chemnitz");
```

Es genügt also, dass wir uns auf einen bestimmten Knoten beziehen, um weitere Unterknoten zu erzeugen.

Zum Schluss noch die Aktualisierung einschalten, sonst ist nichts zu sehen:

```
treeView1.EndUpdate();
```

Ergebnis

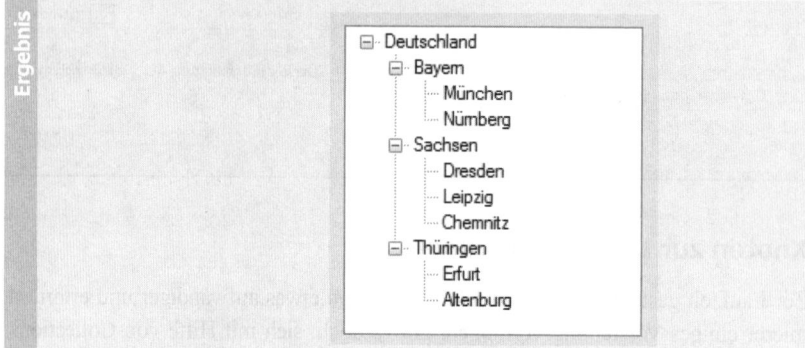

## Auswerten des aktiven Knotens

Über das *AfterSelect*-Ereignis können Sie auswerten, welcher Knoten gerade aktiviert wurde. Der Knoten selbst wird als *e.Node*-Objekt als Parameter übergeben:

```
private void treeView1_AfterSelect(object sender, TreeViewEventArgs e)
{
    MessageBox.Show(e.Node.Text);
    MessageBox.Show(e.Node.FullPath);
}
```

Während *Node.Text* lediglich die Beschriftung des aktuellen Knotens zurückgibt, enthält *Node.-FullPath* den kompletten Pfad bis zur Root:

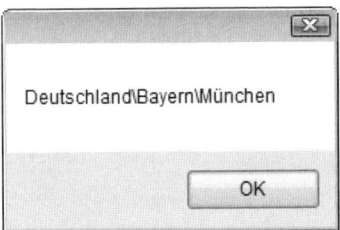

## Wichtige Eigenschaften von TreeView

Die *TreeView* ist ein hochkomplexes Steuerelement und verfügt über eine Flut von Eigenschaften, Methoden und Ereignissen, bei denen man schnell die Übersicht verlieren kann. Gerade deshalb ist es sinnvoll, wenn man wenigstens die wichtigsten Klassenmitglieder kennt. Dabei müssen wir natürlich auch die untergeordnete Klasse *TreeNode*, welche einen einzelnen Knoten innerhalb von *TreeView* repräsentiert, mit einbeziehen.

HINWEIS: Wer sich eine einfache aber trotzdem sinnvolle *TreeView*-Anwendung anschauen möchte, den verweisen wir auf das Praxisbeispiel 23.10.3 am Ende des Kapitels.

| Eigenschaft | Beschreibung |
|---|---|
| *CheckBoxes* | ... legt fest, ob CheckBoxen angezeigt werden (*True*/**False**) |
| *FullRowSelect* | ... legt fest, ob die gesamte Breite farblich hervorgehoben wird (*True*/**False**) |
| *HideSelection* | ... entfernt farbliche Hervorhebung des selektierten Knotens (**True**/*False*) |
| *HotTracking* | ... legt fest, ob Knotenbezeichnung als Hyperlink erscheint (*True*/**False**) |
| *ImageIndex* | Index des Bildchens welches erscheint, wenn Knoten nicht selektiert ist |
| *ImageList* | ... verweist auf die zugeordnete *ImageList*. |
| *Indent* | ... Einzugsbreite der untergeordneten Knoten (Pixel) |
| *LabelEdit* | ... legt fest, ob Anwender Knotenbeschriftung editieren kann (*True*/**False**) |
| *Nodes* | ... Auflistung mit allen *TreeNode*-Objekten der untergeordneten Ebene |
| *SelectedImageIndex* | ... Index des Bildchens, welches bei selektiertem Knoten angezeigt wird |
| *SelectedNode* | ... liefert selektiertes *TreeNode*-Objekt |
| *ShowLines* | ... gibt an, ob Linien zwischen den Knoten gezeichnet werden sollen (**True**/*False*) |

## Wichtige Methoden von TreeView

| Methode | Beschreibung |
|---|---|
| *BeginUpdate()* | ... deaktiviert das Neuzeichnen des Controls |
| *CollapseAll()* | ... reduziert alle Knoten |
| *EndUpdate()* | ... aktiviert das Neuzeichnen des Controls |
| *ExpandAll()* | ... expandiert alle Knoten |
| *Sort()* | ... sortiert alle Knoten |

## Wichtige Ereignisse von TreeView

Beim Aufklappen und Schließen der Knoten löst *TreeView* Ereignispärchen aus.

| Ereignisse | Ereignis wird ausgelöst, |
|---|---|
| *BeforeExpand* <br> *AfterExpand* | ... bevor/nachdem Knoten geöffnet worden ist. |
| *BeforeSelect* <br> *AfterSelect* | ... bevor/nachdem Knoten ausgewählt wurde. |
| *BeforeCollaps* <br> *AfterCollaps* | ... bevor/nachdem Knoten geschlossen wurde. |
| *NodeMouseClick* | ... wenn Benutzer auf einen Knoten klickt. |

## Wichtige Eigenschaften von TreeNode

| Eigenschaft | Beschreibung |
|---|---|
| *FirstNode* | Der erste untergeordnete *TreeNode*-Objekt in der *Nodes*-Auflistung des aktuellen Knotens. |
| *Index* | Position des aktuellen Knotens in der *Nodes*-Auflistung des übergeordneten Knotens |
| *IsExpanded* | *True*, falls *TreeNode*-Objekt expandiert ist. |
| *IsSelected* | *True*, falls *TreeNode*-Objekt selektiert ist. |
| *LastNode* | Das letzte untergeordnete *TreeNode*-Objekt in der *Nodes*-Auflistung des aktuellen Knotens. |
| *NextNode* | Das nächste gleichrangige *TreeNode*-Objekt |
| *Nodes* | Auflistung, die alle *TreeNode*-Objekte der untergeordneten Ebene enthält. |
| *Parent* | Das übergeordnete *TreeNode*-Objekt |
| *PrevNode* | Das vorhergehende gleichrangige *TreeNode*-Objekt |

### Wichtige Methoden von TreeNode

| Methode | Beschreibung |
|---------|-------------|
| *Collapse()* | Das *TreeNode*-Objekt wird reduziert. |
| *Expand()* | Das *TreeNode*-Objekt wird expandiert. |
| *ExpandAll()* | Alle untergeordneten *TreeNode*-Objekte werden expandiert. |
| *Toggle()* | *TreeNode* wechselt zwischen reduziertem und erweitertem Zustand. |

## 23.2.22 WebBrowser

Seit der Einführung von Windows Forms 2.0 steht dieses hochkomplexe Steuerelement zur Verfügung (es handelt sich um eine verwaltete Wrapper-Klasse für das bekannte Internet Explorer ActiveX Control).

Die Programmierung eines voll funktionsfähigen Internetbrowsers erfordert erstaunlich wenig Aufwand.

**Beispiel 23.27** *WebBrowser*

Nachdem Sie das *WebBrowser*-Control von der Toolbox auf das Formular gezogen haben (*Dock = Bottom*), brauchen Sie nur noch eine *TextBox* für die URL und einen *Button* mit folgendem Ereigniscode hinzuzufügen:

```csharp
private void button1_Click(object sender, EventArgs e)
{
    Uri aUri = new Uri(textBox1.Text);
    webBrowser1.Url = aUri;
}
```

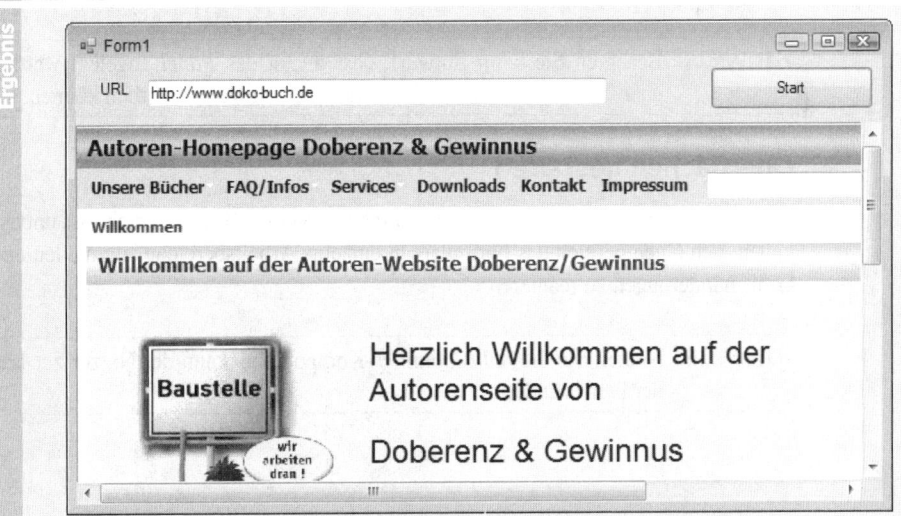

Die *Url*-Eigenschaft des *WebBrowser*-Controls ist vom Typ *Uri*. Diese Klasse repräsentiert einen *Uniform Resource Identifier* (URI) und kapselt den Zugriff auf die Bestandteile eines URI. Weitere wichtige Eigenschaften sind *IsWebWebBrowserContextMenuEnabled*, *SecurityLevel* und *WebBrowserShortcutEnabled*.

---

**HINWEIS:** Weitere Funktionen, wie die Aktualisierung der Anzeige etc., sind über das Kontextmenü des Webbrowsers verfügbar.

---

# 23.3  Container

Mit diesen Komponenten können Sie ein übersichtliches und anpassungsfähiges Outfit der Bedienoberfläche Ihrer Anwendung erreichen.

## 23.3.1  FlowLayout/TableLayout/SplitContainer

Diese schon mit .NET 2.0 eingeführten Komponenten ermöglichen ein flexibles Formularlayout und wurden bereits im Abschnitt 22.2.6 des Vorgängerkapitels näher beschrieben.

## 23.3.2  Panel

Das auf den ersten Blick etwas unscheinbar wirkende Panel dürfte eines der wichtigsten Gestaltungsmittel für Dialog-Oberflächen sein. Die wichtigste Fähigkeit dieser Komponente: sie kann weitere Komponenten in ihrem Clientbereich aufnehmen. Damit verhält sie sich fast wie ein Formular, es gibt eine *Controls*-Auflistung und sogar eine *AutoScroll*-Eigenschaft ist vorhanden!

Wie auch bei der *GroupBox* gilt:

---

**HINWEIS:** Beachten Sie beim Entwurf, dass zuerst das *Panel* angelegt werden muss und erst dann Steuerelemente innerhalb desselben abgelegt werden können.

---

### Oberflächen gestalten

Im Zusammenhang mit der *Dock-* bzw. *Anchor*-Eigenschaft bieten sich fast unbegrenzte Möglichkeiten, den Clientbereich des Formulars in einzelne Arbeitsbereiche aufzuteilen und dynamisch auf Größenänderungen zu reagieren.

---

**HINWEIS:** Nutzen Sie die *SplitContainer*-Komponente, kann der Nutzer zur Laufzeit die Größe der Panels ändern.

---

**Beispiel 23.28** | **Mehrere mit Dock ausgerichtete** *Panels*

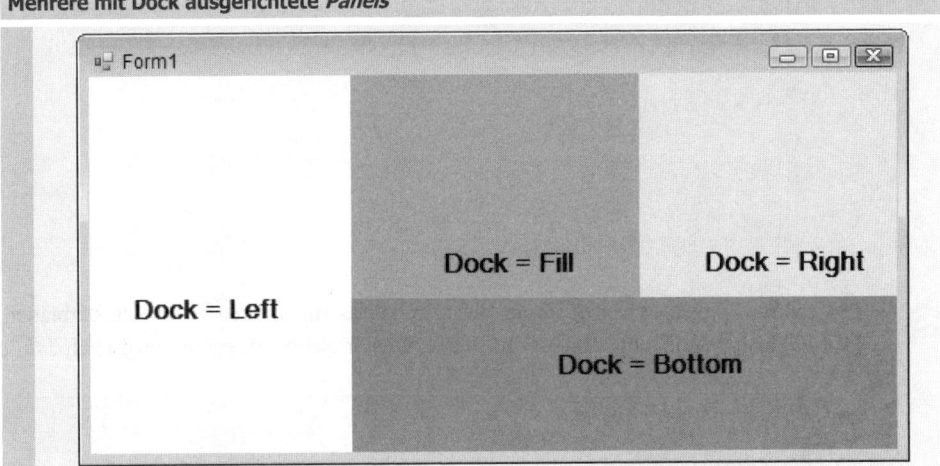

### 23.3.3 GroupBox

Wenn man mehrere Steuerelemente mit einer *GroupBox* umgibt, können diese zu einer Einheit zusammengefasst werden. Insbesondere beim Gruppieren von *RadioButtons* dürfte die *GroupBox* die erste Wahl sein.

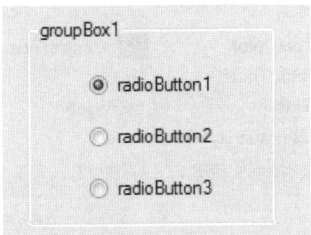

Wie auch das *Panel* verfügt die *GroupBox* über eine eigene *Controls*-Auflistung, zu der weitere Elemente mit *Add* bzw. *AddRange* hinzugefügt werden können.

Eine *GroupBox* reiht sich zwar mit ihrer *TabIndex*-Eigenschaft in die Tabulator-Reihenfolge der übrigen Steuerelemente des Formulars ein, für die in der *GroupBox* enthaltenen Elemente gibt es jedoch eine eigene Reihenfolge, die mit *TabIndex = 0* beginnt.

---

**HINWEIS:** Beachten Sie beim Entwurf, dass zuerst die *GroupBox* angelegt werden muss und erst dann Steuerelemente innerhalb derselben abgelegt werden können.

---

### 23.3.4 TabControl

Diese Komponente bietet die Funktionalität eines *Panel*s und die Möglichkeit, über ein Register auf weitere Seiten zuzugreifen:

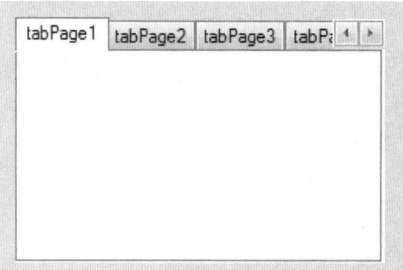

Für das Zuweisen der Eigenschaften und für das Hinzufügen neuer Registerblätter steht Ihnen der "TabPage-Auflistungs-Editor" zur Verfügung (erreichbar über die Eigenschaft *TabPages*):

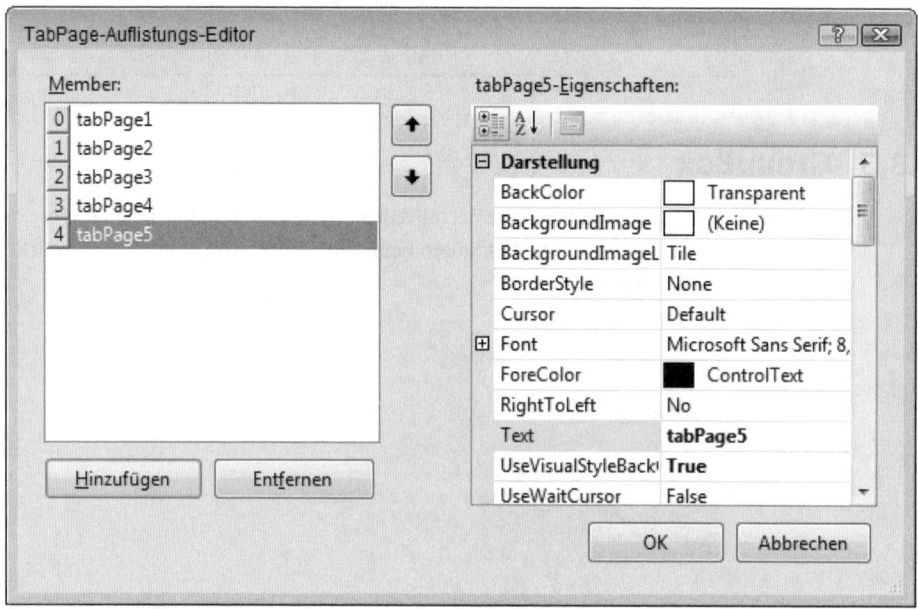

Um per Code neue Registerkarten (*TabPage*-Objekte) hinzuzufügen, verwenden Sie (wie könnte es bei einem Container-Control auch anders sein) die *Add*-Methode der *Controls*-Auflistung des *Tab-Control*-Objekts.

**Beispiel 23.29**   **Eine Registerkarte mit der Beschriftung "XYZ" wird zu einem *TabControl* hinzugefügt**

```csharp
TabPage tabPg = new TabPage("XYZ");
tabControl1.Controls.Add(tabPg);
```

## Wichtige Eigenschaften

| Eigenschaft | Beschreibung |
|---|---|
| Alignment | ... bestimmt Anordnung der Karteireiter |
| Appearance | ... bestimmt Erscheinungsbild des *TabControls* |
| ImageList | ... die *ImageList* mit den auf den Registerkarten anzuzeigenden Bildern |
| ItemSize | ... bestimmt die Größe der Registerkarten |
| MultiLine | ... legt fest, ob Karteireiter mehrzeilig sein können |
| Padding | ... bestimmt Abstand zwischen Beschriftung und Rand eines Karteireiters |
| RowCount | ... liest Anzahl der Zeilen eines Karteireiters |
| SelectedIndex | ... legt Index der aktuellen Registerkarte fest |
| SelectedTab | ... bestimmt aktuell ausgewählte Registerkarte |
| TabPages | ... liest Auflistung der Registerkarten des *TabControls* |

**Beispiel 23.30** *Appearance*

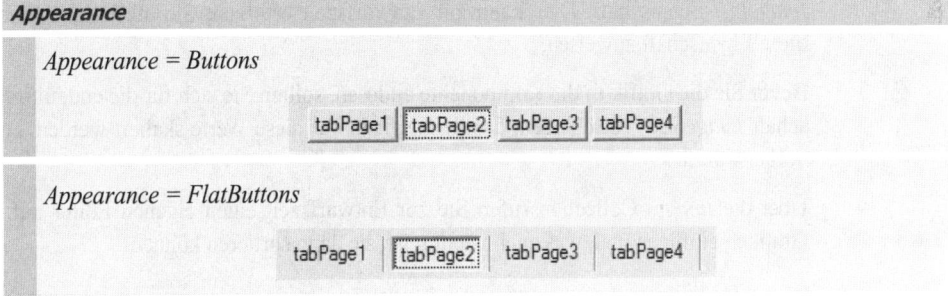

*Appearance = Buttons*

*Appearance = FlatButtons*

## Wichtige Ereignisse

Wenn sich die aktuelle Registerkarte ändert, haben wir es mit folgender Ereigniskette zu tun:

$$Deselecting \Rightarrow Deselected \Rightarrow Selecting \Rightarrow Selected$$

| Ereignisse | Beschreibung |
|---|---|
| Deselecting / Deselected | Übergabe eines Objekts vom Typ *TabControlCancelEventArgs*. |
| Selecting / Selected | Übergabe eines Objekts vom Typ *TabControlEventArgs* |

Mit diesen Ereignissen können Sie auf einen Seitenwechsel reagieren (z.B. Sichern der Eingabewerte oder Initialisieren der enthaltenen Controls).

---

**HINWEIS:** Mit der *Cancel*-Eigenschaft von *TabControlCancelEventArgs* können Sie den eingeleiteten Vorgang abbrechen (siehe auch *FormClosing*-Event).

Außer den oben aufgeführten Ereignissen ist noch das *SelectedIndexChanged*-Ereignis erwähnenswert, welches bei Ändern der *SelectedIndex*-Eigenschaft auftritt.

## 23.3.5  ImageList

Um es gleich vorwegzunehmen, das *ImageList*-Steuerelement allein ist nur von begrenztem Nutzen, es fungiert lediglich als (zur Laufzeit unsichtbarer) Container für mehrere (gleich große) Bitmaps, die Sie über ihren Index in der Liste ansprechen und in folgenden Steuerelementen anzeigen lassen können:

- *Label, Button*

- *ListView, TreeView*

- *ToolBar*

- *TabControl*

Um diese Controls mit der *ImageList* zu verbinden, setzen Sie einfach die jeweils vorhandene *ImageList*-Eigenschaft. Dies kann zur Entwurfszeit erfolgen, Sie dürfen aber auch zur Laufzeit diese Eigenschaft zuweisen.

Bevor Sie die Grafik in die Komponente einlesen, sollten Sie sich für die endgültige Größe (Eigenschaft *ImageSize*) entscheiden, da alle Grafiken auf diese Werte skaliert werden, egal wie groß sie vorher waren.

Über die *Images*-Collection rufen Sie zur Entwurfszeit einen eigenen Editor auf, in den Sie die Grafiken einfügen und, was auch wichtig ist, sie dann sortieren können.

---

**HINWEIS:** Der Umgang mit dem "Image-Auflistungs-Editor" wird u.a. im Abschnitt 23.2.20 und im Praxisbeispiel 23.10.3 beschrieben.

---

Möchten Sie die Grafiken zur Laufzeit laden, verwenden Sie die *Add*-Methode der *Images*-Collection.

| Beispiel 23.31 | **Hinzufügen von Grafiken zur Laufzeit** |
|---|---|

```C#
imageList1.Images.Add(new Bitmap("C:\\temp\\Bold.bmp"));
imageList1.Images.Add(new Icon("C:\\temp\\Italic.ico"));
```

| Beispiel 23.32 | **Anzeige in einem Button** |
|---|---|

```C#
button1.Text = String.Empty;
button1.ImageList = imageList1;
button1.ImageIndex = 0;
```

**Ergebnis**

A

> **HINWEIS:** Verwenden Sie die Eigenschaft *ImageAlign*, um die Grafik in der jeweiligen Komponente auszurichten.

# 23.4 Menüs & Symbolleisten

In diesem Toolbox-Abschnitt finden Sie diverse komplexe Komponenten, die die bequeme Bedienbarkeit einer Anwendung ermöglichen.

## 23.4.1 MenuStrip und ContextMenuStrip

Auf beide Menü-Komponenten, die ab .NET 2.0 die veralteten *MainMenu* und *ContextMenu* abgelöst haben, wurde bereits im Vorgängerkapitel 22 ausführlicher eingegangen. Im Zusammenhang damit sind u.a. die folgenden Objekte von Bedeutung:

- *ToolStripMenuItem*
- *ToolStripComboBox*
- *ToolStripTextBox*

> **HINWEIS:** Beachten Sie, dass sowohl *ToolStripComboBox* als auch *ToolStripTextBox* keine Untermenüs enthalten können.

## 23.4.2 ToolStrip

Dieses Steuerelement ist Nachfolger der *ToolBar* und erlaubt einen komfortablen Entwurf von frei konfigurierbaren Werkzeugleisten, die man mit unterschiedlichen Schalt- und Anzeigeelementen (*Button, Label, SplitButton, ProgressBar ...*) besetzen kann.

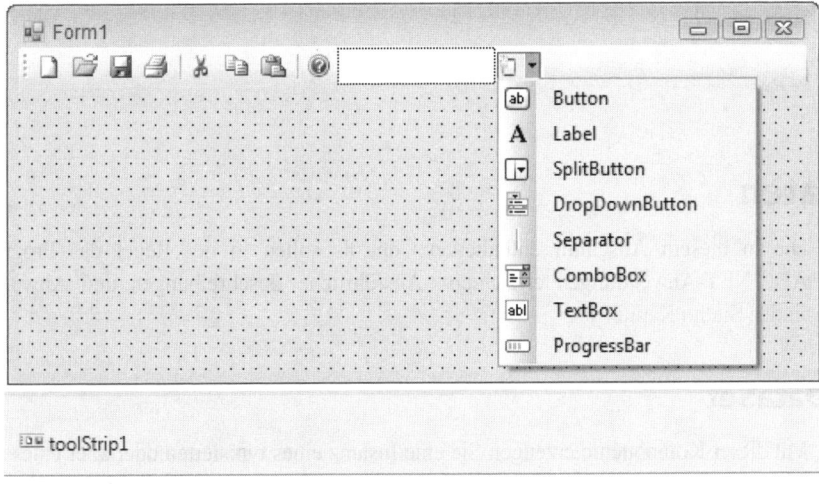

### 23.4.3  StatusStrip

Hier handelt es sich um den Nachfolger der altbekannten *StatusBar,* wie sie in der Regel an den unteren Rand des Formulars angedockt wird. Genauso wie das *ToolStrip* kann man diese Komponente mit unterschiedlichen Schalt- und Anzeigeelementen (*Button*, *Label*, *SplitButton*, *ProgressBar*, ...) bestücken.

### 23.4.4  ToolStripContainer

Diese Container-Komponente übernimmt das flexible Positionieren von *MenuStrip* und *StatusStrip,* die zur Entwurfszeit in einen der vier Seitenbereiche (bzw. Panels) des *ToolStripContainer*s gezogen werden. Der Zentralbereich enthält die eigentlichen Steuerelemente des Formulars.

Die Seitenbereiche sind Objekte vom Typ *ToolStripPanel* und können durch Klick auf die entsprechende Markierung geöffnet werden.

In der Regel setzen Sie die *Dock*-Eigenschaft des *ToolStripContainer*s auf *Fill,* sodass diese Komponente den gesamten Clientbereich des Formulars einnimmt.

Alternativ können Sie aber auch im SmartTag-Fensterchen den Eintrag "Ausfüllformular andocken" wählen um festzulegen, an welchen Seitenrändern Menü- und Symbolleisten zur Laufzeit angedockt werden können.

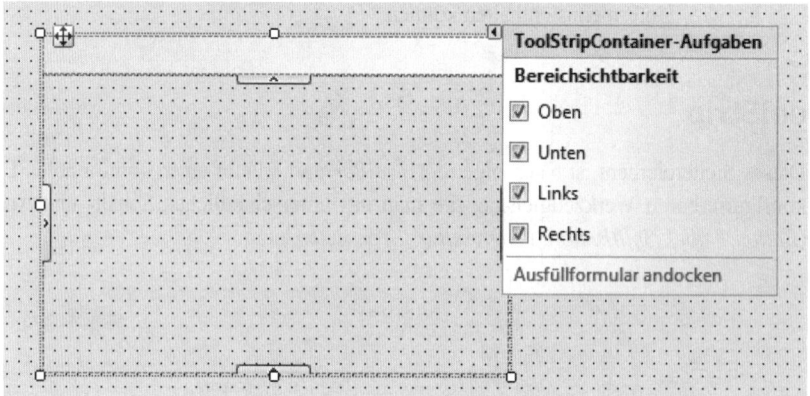

## 23.5  Daten

Die in diesem Abschnitt enthaltenen Controls sollen in der Regel das Programmieren von ADO.NET-Anwendungen erleichtern. Ausführliche Beschreibungen und Anwendungsbeispiele finden Sie im Kapitel 11.

### 23.5.1  DataSet

Mit dieser Komponente erzeugen Sie eine Instanz eines typisierten oder aber eines nichttypisierten *DataSet*s. Das *DataSet* ist das zentrale Objekt der ADO.NET-Technologie.

## 23.5.2  DataGridView/DataGrid

Dieses Control hat seit ADO.NET 2.0 die Nachfolge des *DataGrid* angetreten. Letzteres steht nicht nur aus Kompatibilitätsgründen weiterhin zur Verfügung, es bietet auch den Vorteil, dass mehrere Tabellen und ihre Beziehungen gleichzeitig angezeigt werden können. Das *DataGridView* hingegen verfügt über ein deutlich umfangreicheres Objekt- und Ereignismodell, so können z.B. die Spaltenelemente auch aus anderen Komponenten bestehen, z.B. aus ComboBoxen.

**HINWEIS:** Das *DataGridView* ist nicht zwingend nur für den Einsatz in Datenbankanwendungen konzipiert, sondern für die tabellenförmige Darstellung nahezu beliebiger Daten geeignet.

## 23.5.3  BindingNavigator/BindingSource

Diese Steuerelemente sind im Zusammenhang mit der Datenbindung von Steuerelementen von Interesse und werden im Kapitel 26 besprochen.

## 23.5.4  Chart

Lange hat es gedauert, aber jetzt ist es endlich auch für die in die Jahre gekommenen Windows Forms soweit, Microsoft bietet eine eigene *Chart*-Komponente an, die in fast gleicher Form unter ASP.NET zur Verfügung steht.

**HINWEIS:** Lassen Sie sich vom ersten Eindruck der Komponente nicht täuschen, diese ist recht flexibel und kann an fast alle Wünsche des Programmierers angepasst werden.

So lassen sich mit der Komponente 35 verschiedene Diagrammtypen in 2D/3D-Darstellung anzeigen, Sie als Programmierer haben Einfluss auf Farben, Schatten, Betrachtungspunkte etc., es dürfte für jeden etwas dabei sein.

**Beispiel 23.33** **Chart mit Daten füllen**

```csharp
private void button1_Click(object sender, EventArgs e)
{
```

Der Standard-Reihe eine neue Bezeichnung zuweisen:

```csharp
chart1.Series[0].Name = "Umsätze TFT";
```

Vier Daten-Pärchen übergeben:

```csharp
chart1.Series[0].Points.AddXY(2007, 10);
chart1.Series[0].Points.AddXY(2008, 25);
chart1.Series[0].Points.AddXY(2009, 75);
chart1.Series[0].Points.AddXY(2010, 150);
```

**Beispiel 23.33**   **Chart mit Daten füllen**

Wir erzeugen eine weitere Reihe und vergeben gleich eine Bezeichnung:

```
chart1.Series.Add("Umsätze Telefone");
```

Auch hier wieder vier Daten-Pärchen zuweisen:

```
chart1.Series[1].Points.AddXY(2007, 150);
chart1.Series[1].Points.AddXY(2008, 65);
chart1.Series[1].Points.AddXY(2009, 15);
chart1.Series[1].Points.AddXY(2010, 5);
}
```

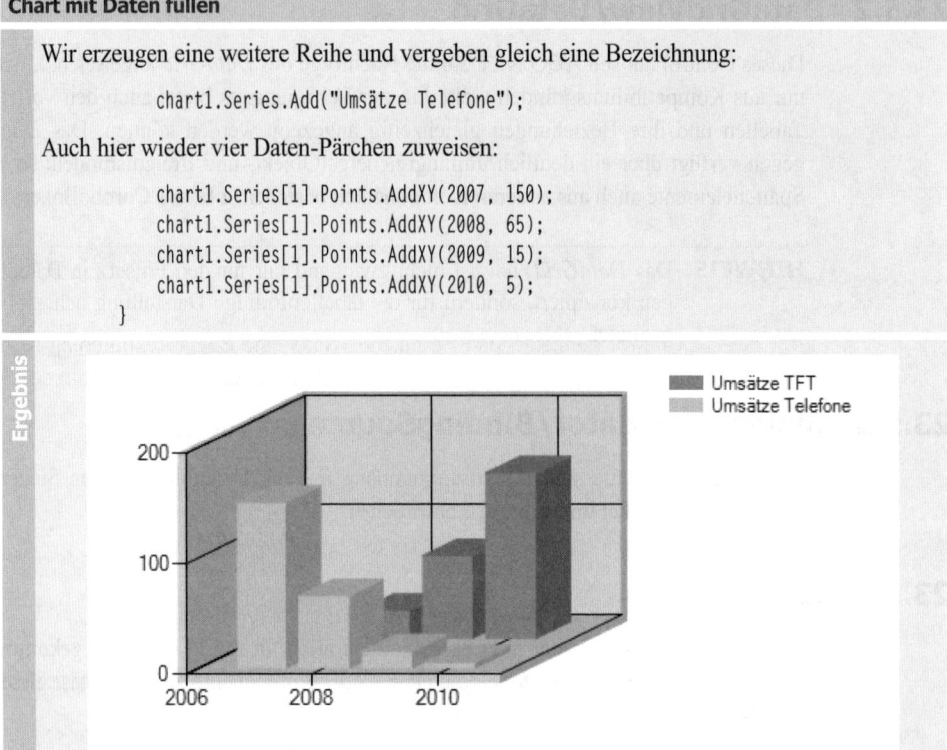

Wie Sie sehen, ist mit wenigen Zeilen ein recht ansprechendes Diagramm erstellt, das Sie zum Bei-spiel mit

```
chart1.Printing.PrintPreview();
```

in einer Druckvorschau anzeigen können oder auch gleich mit

```
chart1.Printing.Print(false);        // ohne Druckerauswahl
```

auf dem Standarddrucker ausgeben können.

Selbstverständlich ist auch eine direkte Datenbindung an diverse Datenquellen möglich, was bereits auf den Datenbankentwickler als Hauptzielgruppe hinweist.

**HINWEIS:** Ein umfangreiche Einführung zu dieser Komponente finden Sie in unserem Buch [Datenbankprogrammierung mit Visual C# 2010]. Einzelne Rezepte und Lösungen können Sie auch unserem [Visual C# 2010 Kochbuch] entnehmen.

# 23.6 Komponenten

In diesem Abschnitt sind einige häufig benötigte Controls enthalten, die die Arbeit des Programmierers unterstützen und die nicht direkt auf dem Formular, sondern im Komponentenfach ihren Platz finden.

---

**HINWEIS:** Viele praktische Anwendungen finden Sie in unserem [Visual C# 2010 Kochbuch]!

---

## 23.6.1 ErrorProvider

Mit diesem Control können Sie auf einfache Weise eine Eingabevalidierung realisieren, um den Benutzer Ihrer Programme sofort auf ungültige Eingaben hinzuweisen (in diesem Fall erscheint ein Warnsymbol, z.B. neben einer *TextBox*).

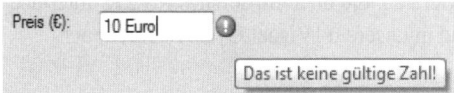

## 23.6.2 HelpProvider

Hierbei handelt es sich um eine nicht sichtbare Komponente zur Einbindung der Hilfefunktionalität in ein Formular.

## 23.6.3 ToolTip

Über dieses Control steuern Sie, wie und vor allem wann Tooltips (die kleinen gelben Hinweis-fähnchen) angezeigt werden. Der eigentliche Tooltip wird immer bei den jeweiligen Eigenschaften der Anzeige-Controls verwaltet.

## 23.6.4 BackgroundWorker

Diese Komponente erlaubt es Ihnen, auf einfache Weise einen Hintergrundthread zu starten (siehe Kapitel 12).

## 23.6.5 Timer

Diese Komponente löst in bestimmten Zeitabständen das *Tick*-Ereignis aus. Wesentlich ist die *Interval*-Eigenschaft, sie legt die Zeit (in Millisekunden) fest, der Wert 0 (null) ist nicht zulässig.

---

**HINWEIS:** Im Unterschied zu anderen Komponenten hat die *Enabled*-Eigenschaft standard-mäßig den Wert *False*, zum Einschalten des *Timer*s müssen Sie diese Eigenschaft auf *True* setzen!

---

**Beispiel 23.34** **Die Uhrzeit wird im Sekundentakt im Formularkopf angezeigt (*Interval = 1000*).**

```csharp
private void timer1_Tick(object sender, EventArgs e)
{
    this.Text = "Uhrzeit : " + DateTime.Now.ToLongTimeString();
}
```

## 23.6.6 SerialPort

Dieses Control ermöglicht den Zugriff auf die serielle Schnittstelle des Rechners und ermöglicht damit die Steuerung von peripheren Geräten, die über ein solches RS 232-Interface verfügen. Mehr dazu finden Sie im Abschnitt 18.4 und in unserem [Visual C# 2010 Kochbuch].

# 23.7 Drucken

Relativ bescheiden ist das Angebot an Steuerelementen für alle Aktivitäten rund um die Druckausgabe (siehe dazu Kapitel 25), was jedoch nicht bedeutet, dass Sie beim Drucken nicht umfangreiche Unterstützung erfahren.

## 23.7.1 PrintPreviewControl

Dieses Steuerelement bündelt alle Aktivitäten rund um die Anzeige einer Druckvorschau. An dieser Stelle wollen wir allerdings nicht vorgreifen, sondern Sie gleich an das Kapitel 25 (Drucken) verweisen.

## 23.7.2 PrintDocument

Mit dieser Komponente sind Sie in der Lage, beliebige Grafiken zu Papier zu bringen. Den kompletten Überblick über die Verwendung finden Sie ebenfalls im Druckerkapitel 25.

# 23.8 Dialoge

Diese Komponenten kapseln die bekannten Windows-Dialoge.

## 23.8.1 OpenFileDialog/SaveFileDialog/FolderBrowserDialog

Hier handelt es sich um die Dialoge zum Öffnen und zum Abspeichern von Dateien, sowie zum Blättern in Verzeichnissen, mehr dazu im Datei-Kapitel (Abschnitt 7.6) bzw. im PB 8.8.1 (Zugriff auf Textdatei).

### 23.8.2  FontDialog/ColorDialog

Von Schriftartendialog und Farbdialog haben Sie sicher bereits während der Programmentwicklung Gebrauch gemacht, da die entsprechenden Eigenschaften bzw. Enumerationen bequem damit eingestellt werden können. Wie Sie diese Komponenten zur Laufzeit einsetzen finden Sie im Grafik-Kapitel 24.

## 23.9  WPF-Unterstützung mit dem ElementHost

Sicher hat es sich mittlerweile auch bei den eingefleischten Windows Forms-Programmierern herumgesprochen, dass sich mit WPF (*Windows Presentation Foundation*) optisch recht anspruchsvollen Anwendungen realisieren lassen (Animationen etc.), die weit über die Fähigkeiten der Windows Forms-Komponenten hinausgehen.

Möchten Sie im Rahmen Ihrer Windows Forms-Anwendung auch mit WPF-Controls arbeiten, können Sie dies über den so genannten *ElementHost* realisieren. Dazu fügen Sie Ihrem Projekt (nicht dem Form) zunächst ein WPF-Control hinzu. In dieses lassen sich beliebige WPF-Komponenten einfügen und per XAML-konfigurieren, das Control bildet lediglich den Container. Abschließend kann das neu erstellte WPF-Control einem *ElementHost* zugewiesen werden, nutzen Sie dazu die *Child*-Eigenschaft oder das Aufgabenmenü des *ElementHost*-Controls.

Das Konzept dürfte Sie an die Benutzersteuerelemente erinnern, auch hier wird zunächst in einem Container entwickelt, der abschließend in das Formular eingeblendet wird.

---

**HINWEIS:** Ein durchgehendes Beispiel finden Sie im PB 23.10.4 ab Seite 953.

---

## 23.10  Praxisbeispiele

### 23.10.1  Mit der CheckBox arbeiten

Dieses kleine Beispiel demonstriert den Einsatz des *CheckBox*-Steuerelements anhand einer durchaus sinnvollen Aufgabenstellung: Der Schriftstil (fett, kursiv, unterstrichen) des Inhalts einer *TextBox* soll geändert werden. En passant wird auch der Umgang mit dem *Font*-Objekt erklärt.

#### Oberfläche

Nur eine *TextBox* (*MultiLine=True*), drei *CheckBox*en und ein *Button* sind erforderlich.

## Quellcode

```
public partial class Form1 : Form
{ ...
```

Alle drei *CheckBox*en teilen sich einen gemeinsamen Eventhandler für das *CheckedChanged*-Ereignis. Geben Sie den Rahmencode komplett selbst ein (also nicht durch die IDE generieren lassen) und weisen Sie erst dann auf der "Ereignisse"-Seite des Eigenschaftenfensters diesen Eventhandler für jede der drei *CheckBox*en einzeln zu.

```
    private void CBChanged(object sender, EventArgs e)
    {
```

Der resultierende Schriftstil wird durch bitweise ODER-Verknüpfung schrittweise zusammen-gebaut:

```
        FontStyle ftStyle = FontStyle.Regular;
        if (checkBox1.Checked) ftStyle |= FontStyle.Bold;
        if (checkBox2.Checked) ftStyle |= FontStyle.Italic;
        if (checkBox3.Checked) ftStyle |= FontStyle.Underline;
```

Ein neues *Font*-Objekt wird auf Basis des geänderten Schriftstils erzeugt und der *TextBox* zu-gewiesen:

```
        textBox1.Font = new Font(textBox1.Font, ftStyle);
    }
```

Die "Beenden"-Schaltfläche:

```
    private void button1_Click(object sender, EventArgs e)
    {
        this.Close();
    }
}
```

## Test

Da alle drei Fontstile miteinander kombiniert werden können, gibt es insgesamt acht Möglichkeiten (drei davon zeigt die folgende Abbildung).

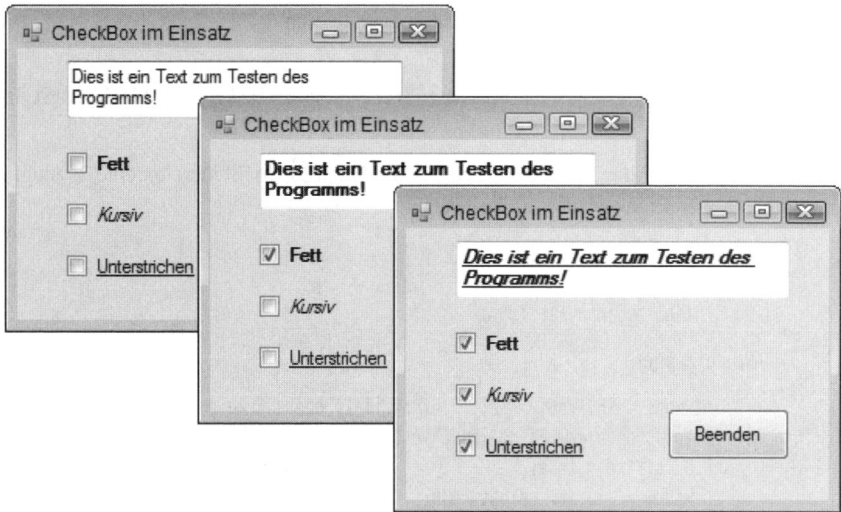

## 23.10.2 Steuerelemente per Code selbst erzeugen

Der Windows Forms-Designer erlaubt zwar einen bequemen visuellen Entwurf von Benutzerschnittstellen, allerdings kann es sich manchmal durchaus lohnen, wenn man (zumindest teilweise) auf die Dienste des Designers verzichtet und die Steuerelemente "per Hand" programmiert. Dabei gewinnt man nicht nur einen tieferen Einblick in die Prinzipien der objekt- und ereignisorientierten Programmierung, sondern kann auch elegante Oberflächen gestalten, die Aussehen und Funktionalität zur Laufzeit ändern. Ein besonderer Vorteil ergibt sich beim Entwurf von zahlreichen, funktionell gleichartigen, Steuerelementen (Control-Arrays), denn hier bietet Ihnen der Designer kaum Unterstützung.

Die folgende Demo löst das gleiche Problem wie im Vorgängerbeispiel (Zuweisung des Schriftstils für eine *TextBox*), wobei die Steuerelemente per Code erzeugt werden. Die drei *CheckBox*en sind dabei als Steuerelemente-Array organisiert.

### Oberfläche

Gönnen Sie Ihrem Windows Forms-Designer eine Pause, das nackte Formular (*Form1*) genügt!

### Quellcode

```
public partial class Form1 : Form
{
```

Die benötigten globalen Variablen:

```
    private TextBox tb = new TextBox();       // Verweis auf TextBox
    private CheckBox[] checkBoxes = null;      // Verweis auf CheckBox-Array
    private int anz = 0;                       // Anzahl der CheckBoxen
```

Initialisiertes Array mit den verwendeten Schriftstilen:

```
private FontStyle[] ftStyles =
              { FontStyle.Regular, FontStyle.Bold, FontStyle.Italic, FontStyle.Underline };
```

Im Konstruktor des Formulars werden die benötigten Steuerelemente erzeugt und mit ihren wesentlichen Eigenschaften initialisiert:

```
public Form1()
{
    InitializeComponent();
```

*TextBox* erzeugen:

```
    int xpos = 25, ypos = 10;      // linke obere Ecke der TextBox
    tb.Location = new Point(xpos, ypos);
    tb.Multiline = true;
    tb.Width = 200; tb.Height = 40;
```

Keinesfalls vergessen darf man das Hinzufügen des Steuerelements zur *Controls*-Auflistung des Formulars (ansonsten bleibt es verborgen):

```
    this.Controls.Add(tb);
```

Alle *CheckBox*en erzeugen:

```
    anz = ftStyles.Length-1;
    checkBoxes = new CheckBox[anz];

    for (int i = 0; i < anz; i++)
    {
        checkBoxes[i] = new CheckBox();
        checkBoxes[i].Location = new Point(xpos, ypos + 50 + i * 25);
        checkBoxes[i].Text = ftStyles[i+1].ToString();
```

Gemeinsame Ereignisbehandlung zuweisen:

```
        checkBoxes[i].CheckedChanged += new EventHandler(CBChanged);
    }
```

Alle *CheckBox*en zum Formular hinzufügen

```
    this.Controls.AddRange(checkBoxes);

    tb.Text = "Dies ist ein Text zum Testen des Programms!";
}
```

Die Ereignisbehandlung für alle *CheckBox*en:

```
private void CBChanged(object sender, EventArgs e)
{
```

Zunächst normalen Schriftstil einstellen:

```
    FontStyle ftStyle = ftStyles[0];
```

Alle *CheckBox*en durchlaufen:

```
    for (int i = 0; i < anz; i++)
    {
        CheckBox cb = checkBoxes[i];
        if (cb.Checked)
```

Den resultierenden Schriftstil durch bitweises ODER zusammensetzen:

```
            ftStyle |= ftStyles[i + 1];
        }
```

Neues *Font*-Objekt erzeugen und der *TextBox* zuweisen:

```
        tb.Font = new Font(tb.Font, ftStyle);
    }
}
```

### Test

Es gibt keine wesentlichen Unterschiede zum Vorgängerbeispiel. Aus Gründen der Einfachheit wurden auf eine deutsche Beschriftung der drei *CheckBox*en und auf eine "Beenden"-Schaltfläche verzichtet:

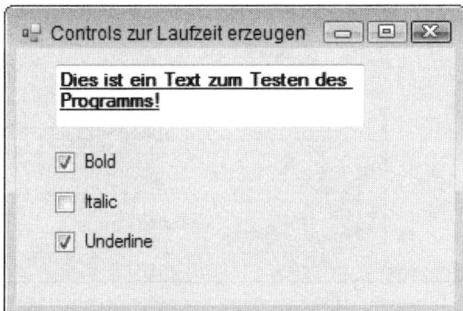

### Bemerkungen

- Der Vorteil der direkten Programmierung von Steuerelemente-Arrays gegenüber deren visueller Erstellung im Designer wird umso deutlicher, je mehr Controls im Array vorhanden sind, denn der zusätzliche Code-Aufwand erhöht sich nur unwesentlich.

- Vergleichen Sie den Code mit dem des Vorgängerbeispiels und vor allem mit dem dort automatisch generierten Code von *InitializeComponent()* in *Form1.Designer.cs*.

## 23.10.3  Controls-Auflistung des Formulars im TreeView anzeigen

Das *TreeView*-Steuerelement gehört mit zu den komplexesten Windows Forms-Controls. Es ist zur Anzeige beliebig verschachtelter hierarchischer Strukturen, wie z.B. Verzeichnisbäume, bestimmt. Auch die *Controls*-Auflistung des Formulars liefert ein hervorragendes Beispiel, um den grundlegenden Umgang mit dieser Komponente zu demonstrieren.

## Oberfläche

Ein *TreeView*-Komponente (*Dock = Left*), eine *ListView*-Komponente sowie eine vom Prinzip her beliebige Anzahl von Steuerelementen gestalten die Oberfläche von *Form1*. Um eine aussagekräftige Tiefe der Hierarchieebenen zu erhalten, haben wir eine *GroupBox* mit aufgenommen, in welcher u.a. auch ein *Panel* enthalten ist. Beide Komponenten verfügen, genauso wie das Formular, über eigene *Controls*-Auflistungen.

Um die Strukturansicht attraktiv und übersichtlich zu gestalten, sollte jeder Knoten mit einem Icon ausgestattet werden, welches das entsprechende Steuerelement symbolisiert. Mit dem an die *ImageList* angeschlossenen "Image-Auflistungs-Editor" ist das Hinzufügen der dafür benötigten Bilddateien (16 x 16 Pixel) im Handumdrehen erledigt.

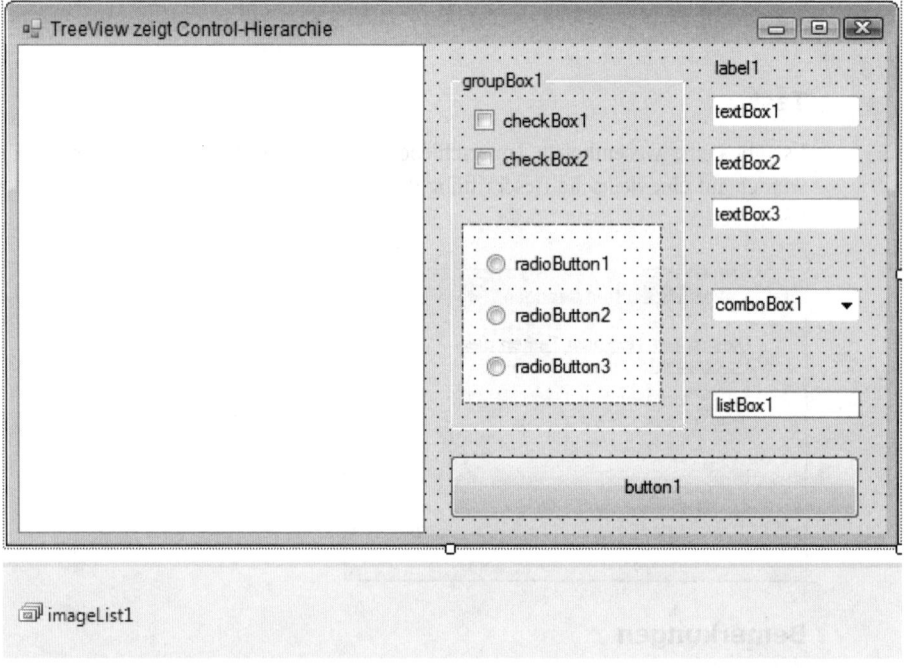

**HINWEIS:** Vergessen Sie nicht, die *ImageList*-Eigenschaft der *TreeView*-Komponente mit der *ImageList* zu verbinden!

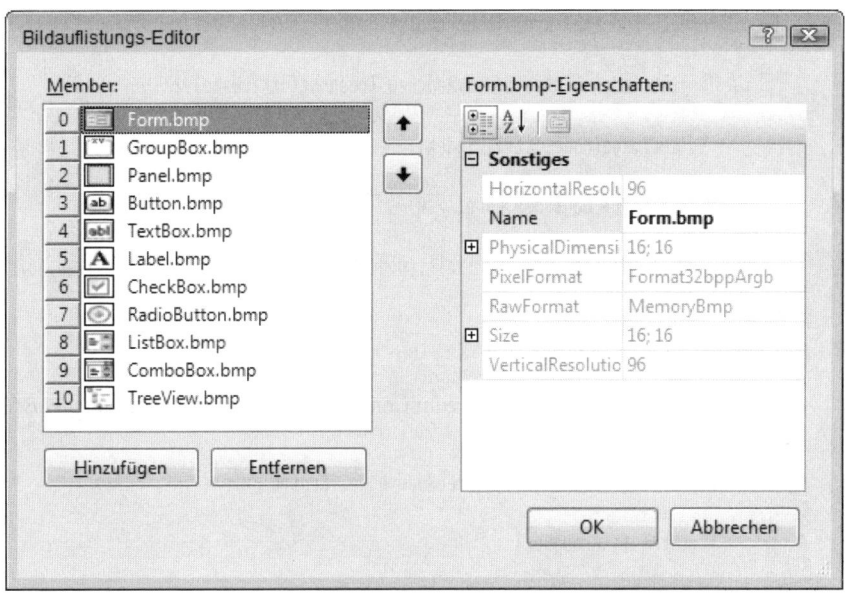

## Quellcode

```
public partial class Form1 : Form
{
```

Alles passiert im Konstruktor des Formulars:

```
    public Form1()
    {
        InitializeComponent();
```

*TreeView* mit dem Wurzelknoten initialisieren (der entspricht *Form1*):

```
        this.treeView1.Nodes.Add(this.Name);
```

Array zum Speichern der Knoten (pro Control ein Knoten):

```
        TreeNode[] nodesForm = new TreeNode[this.Controls.Count];
```

Die folgende Anweisung ist dann überflüssig, wenn sich, wie in unserem Fall, das Bildchen für *Form1* an Position 0 in der *ImageList* befindet:

```
this.treeView1.Nodes[0].ImageIndex = 0;
```

Übrige Knoten erzeugen:

```
        this.setNodes(this.Controls, this.treeView1.Nodes[0]);
    }
```

Alle Controls des Formulars werden durchlaufen um den *TreeView* aufzubauen. Um tatsächlich alle Steuerelemente zu erfassen, muss sich die *setNodes*- Methode immer wieder selbst aufrufen:

```
    private void setNodes(IList controls, TreeNode node)
    {
```

```
      foreach (Control ctrl in controls)
      {
          int index = node.Nodes.Add(new TreeNode(ctrl.Name));

          setImage(node, ctrl, index);   // das richtige Icon zuordnen

          if (ctrl.Controls.Count > 0)
          {
              setNodes(ctrl.Controls, node.Nodes[index]);    // rekursiver Aufruf!
          }
      }
  }
}
```

Die folgende Hilfsmethode lädt das zum Control passende Icon aus der *ImageList* und beschriftet den Knoten entsprechend:

```
private static void setImage(TreeNode node, Control ctrl, int index)
{
    if (ctrl is GroupBox)
    {
        node.Nodes[index].ImageIndex = 1;
        node.Nodes[index].Text = ctrl.Name + " (GroupBox)";
    }
    else if (ctrl is Panel)
    {
        node.Nodes[index].ImageIndex = 2;
        node.Nodes[index].Text = ctrl.Name + " (Panel)";
    }
    else if (ctrl is Button)
    {
        node.Nodes[index].ImageIndex = 3;
        node.Nodes[index].Text = ctrl.Name + " (Button)";
    }
    else if (ctrl is TextBox)
    { ... usw.
```

Den Code für alle anderen Controls sparen wir uns hier (siehe Buch-DVD). Es dürfte klar sein, dass der *ImageIndex* der Position entsprechen muss, auf welcher Sie das entsprechende Bildchen im "Image-Auflistungs-Editor" abgelegt haben.

```
    }
}
```

## Test

Unmittelbar nach Programmstart ist zunächst nur der Wurzelknoten (*Form1*) sichtbar. Nach Expandieren dieses Knotens erscheinen die Controls der ersten Ebene. Die zweite und dritte Ebene entstehen nach Expandieren der Knoten für *GroupBox* bzw. *Panel*.

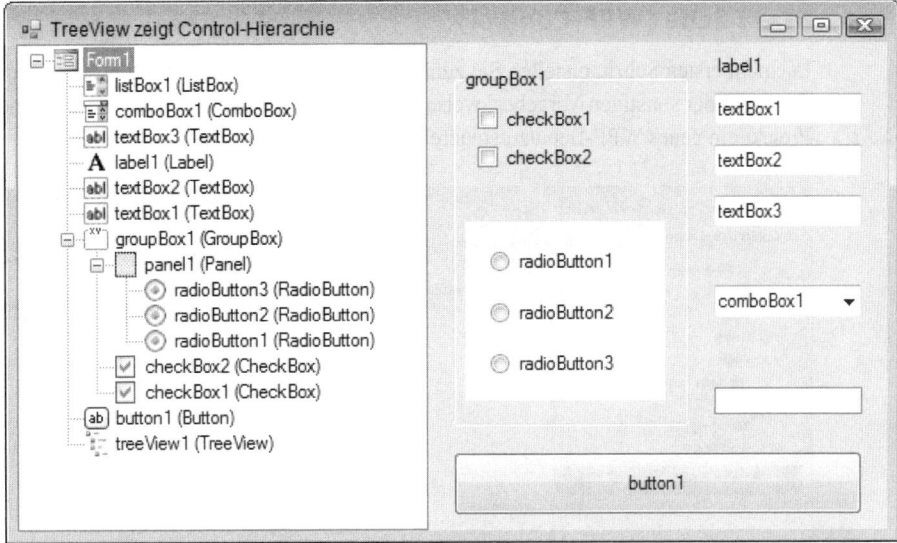

## 23.10.4 WPF-Komponenten mit dem ElementHost anzeigen

Wozu WPF in einem Windows Forms-Kapitel? Die Antwort ist schnell gegeben, wenn die Migration nach WPF ansteht, oder wenn Sie Effekte realisieren wollen, die sich mit den konventionellen Windows Forms-Controls nicht umsetzen lassen.

In unserem kleinen Praxisbeispiel soll eine WPF-*ComboBox* in ein Windows Forms-Formular eingefügt werden. Sicher nichts spektakuläres, aber die WPF-Controls erlauben das beliebige Verschachteln von Komponenten und so wollen wir statt einfacher *ComboBox*-Einträge vier einzelne Schaltflächen anzeigen, die auch auf einen Mausklick reagieren (siehe folgende Laufzeitansicht)[1].

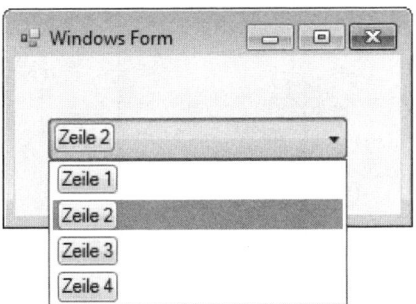

---

[1] Einen besonderen praktischen Nutzen hat das Beispiel sicher nicht, aber hier geht es ja um die WPF-Integration und nicht um ein unnötig kompliziertes Beispiel.

## Oberfläche (WPF-Control)

In einem ersten Schritt erstellen Sie zunächst eine ganz gewöhnliche Windows Forms-Anwendung.
Entgegen der sonstigen Vorgehensweise wenden wir uns noch nicht *Form1* zu, sondern fügen dem
Projekt ein neues WPF-Benutzersteuerelement hinzu (siehe folgende Abbildung):

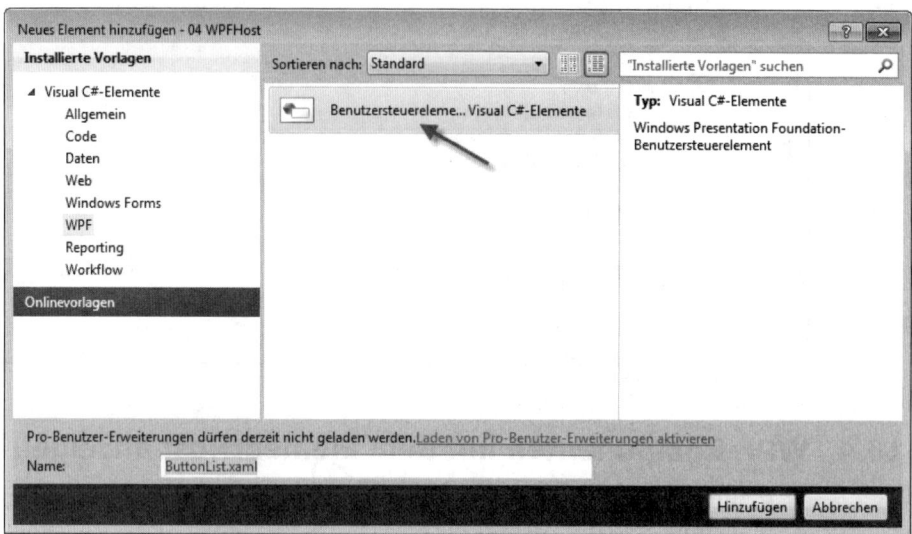

Nachfolgend öffnet sich dieses in der Entwurfsansicht:

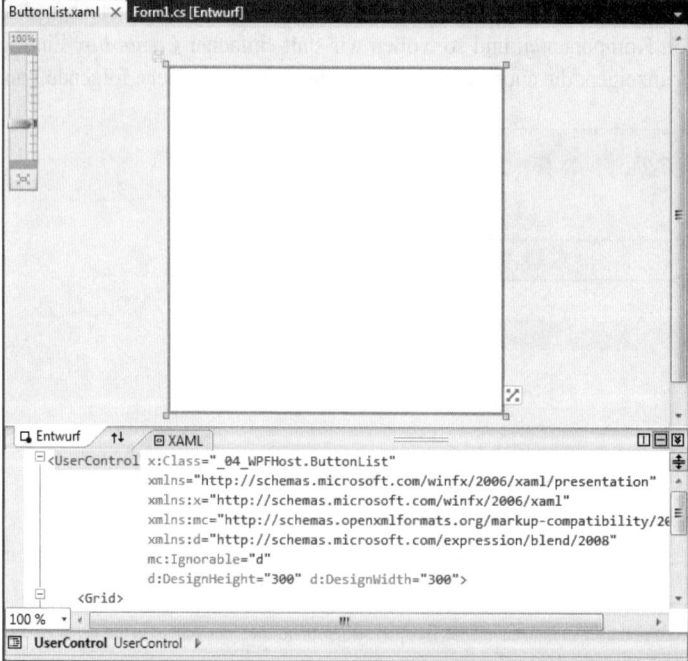

Im oberen Teil des Designers sehen Sie den grafischen Editor, im unteren Teil den XAML-Editor, dem wir uns nachfolgend zuwenden wollen.

---

**HINWEIS:** Im Unterschied zu den Windows Forms werden die Oberflächen in WPF sprach-neutral mittels XAML-Code beschrieben, weitere Details zu dieser recht umfangreichen Thematik finden Sie in den WPF-Kapiteln 30 und 31.

---

Erweitern Sie den bereits im Editor vorhandenen Code um die im Folgenden fett gedruckten XAML-Anweisungen:

```
<UserControl x:Class="_04_WPFHost.ButtonList"
...
    <Grid>
        <ComboBox>
            <ComboBoxItem Margin="2">
                <Button>Zeile 1</Button>
            </ComboBoxItem>
            <ComboBoxItem Margin="2">
                <Button Click="Button_Click">Zeile 2</Button>
            </ComboBoxItem>
            <ComboBoxItem Margin="2">
                <Button>Zeile 3</Button>
            </ComboBoxItem>
            <ComboBoxItem Margin="2">
                <Button>Zeile 4</Button>
            </ComboBoxItem>
        </ComboBox>
    </Grid>
</UserControl>
```

An dieser Stelle nur soviel zum Code: Aufbauend auf einem Layout-Element (*<Grid>*) fügen wir eine ComboBox (*<ComboBox>*) mit Items (*<ComboBoxItem>*) hinzu, die wiederum Schaltflächen (*<Button>*) enthalten[1].

Beachten Sie, dass wir für den zweiten Button ein Ereignis definiert haben, das wir in der Codeansicht des WPF-Controls implementieren werden:

```
...
namespace _04_WPFHost
{
    public partial class ButtonList : UserControl
    {
...
```

Hier die hinzuzufügende Routine:

```
        private void Button_Click(object sender, RoutedEventArgs e)
```

---

[1] Sie können diese Verschachtelung auch noch weiterführen und zum Beispiel ein Video oder ein Grid in die einzelnen Schaltflächen einfügen ...

```
        {
            MessageBox.Show("Button 2 wurde gedrückt!!!");
        }
    }
}
```

Schließen Sie nachfolgend das WPF-Benutzersteuerelement und kompilieren Sie die Anwendung, dies stellt sicher, dass Sie im nächsten Schritt auch Zugriff auf das Control haben.

### Oberfläche (Windows Forms)

Öffnen Sie nun *Form1* und fügen Sie dem Formular ein *ElementHost*-Control hinzu. Über das Aufgabenmenü des Controls können Sie jetzt bequem das gewünschte WPF-Benutzersteuerelement, das wir gerade entworfen haben, hinzufügen:

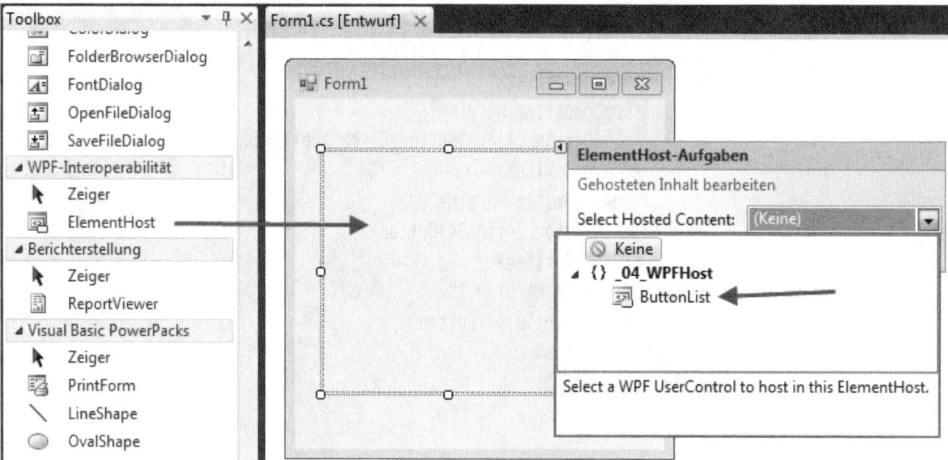

Passen Sie nachfolgend noch die Größe des *ElementHost*-Controls an Ihre Wünsche an, die Größe der jetzt enthaltenen WPF-ComboBox wird dadurch direkt beeinflusst.

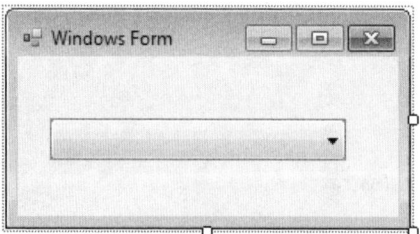

Damit ist der Entwurf abgeschlossen und Sie können das Programm wie gewohnt starten. Wie bereits eingangs gezeigt, können Sie zur Laufzeit die *ComboBox* aufklappen und auf die enthaltenen Schaltflächen klicken. Der Klick auf die zweite Schaltfläche löst das definierte Ereignis im WPF-Benutzersteuerelement aus.

# Kapitel 24

# Einführung Grafikausgabe

Im vorliegenden Kapitel wollen wir uns grundlegend mit dem Erzeugen, Anzeigen und Verarbeiten von Grafiken im Rahmen von Windows Forms-Anwendungen beschäftigen. C# bietet dem Programmierer drei grundsätzliche Varianten an:

- Anzeige von "vorgefertigten" Grafikdateien (z.B. Bitmaps) in der *PictureBox*-Komponente

- Einsatz von Grafikmethoden (z.B. *DrawLine*, *DrawEllipse* ...) mit dem *Graphics*-Objekt

- Arbeiten mit GDI-Funktionen

Während bei der ersten Variante die Grafik bereits zur Entwurfszeit (Design Time) entsteht, wird sie bei den beiden letzteren erst zur Laufzeit (Run Time) erzeugt. Erst hier kann man von eigentlicher "Grafikprogrammierung" sprechen, da diese ausschließlich per Quellcode (also ohne Zuhilfenahme der visuellen Entwicklungsumgebung von C#) funktioniert.

---

**HINWEIS:** Auch wenn in diesem Kapitel bereits die Grundlagen für die Druckausgabe gelegt werden, die eigentliche Beschreibung der Vorgehensweise und der nötigen Komponenten finden Sie erst im Kapitel 25.

---

Wem die Ausführungen dieses Kapitels nicht weit genug gehen, oder wer bereits die Grundlagen der Grafikprogrammierung beherrscht, den verweisen wir gleich an das Kapitel 27 weiter. Dort gehen wir gezielt auf einige Spezialthemen rund um die Grafikprogrammierung ein.

## 24.1  Übersicht und erste Schritte

Nachdem mit dem GDI (*Graphics Design Interface*) die in Win32-Anwendungen übliche Grafikausgabe etwas in die Jahre gekommen war, wurde mit der Einführung des .NET-Frameworks auch eine neue Grafikschnittstelle unter dem Namen GDI+ implementiert.

---

**HINWEIS:** Mittlerweile ist auch GDI+ "veraltet" und hat mit WPF einen neuen Nachfolger gefunden. Die Verwendung von WPF erfordert allerdings einen kompletten Umstieg auf WPF-Anwendungen, mehr dazu ab Kapitel 30).

---

## 24.1.1  GDI+ – Ein erster Blick für Umsteiger

GDI+ erfordert schon auf Grund seiner objektorientierte Schnittstelle ein ganz anderes Vorgehen, als bei den alten GDI-Anwendungen. Umsteiger von "alten" Programmiersprachen haben es also erfahrungsgemäß etwas schwerer, sich mit den Konzepten von GDI+ anzufreunden. Aus diesem Grund zunächst einige Anmerkungen zu den Grundkonzepten von GDI+ für den Umsteiger.

### Ein zentrales Grafikausgabe-Objekt

Im Gegensatz zur Vorgehensweise in GDI, bei der Sie die Grafikmethoden von einzelnen Komponenten genutzt haben, arbeiten Sie jetzt mit einem einzigen *Graphics*-Objekt, das Sie bestimmten Objekten zuordnen können bzw. von diesen ableiten. Nur dieses Objekt verfügt über relevante Grafikmethoden und -eigenschaften.

### Die Grafikausgabe ist zustandslos

Eine der wichtigsten und zugleich einschneidendsten Änderungen betrifft die Organisation der Grafikausgabe. Haben Sie bisher zunächst die Parameter für Linien (Breite, Farbe, Style etc.), Pinsel oder Schriftarten gesetzt und nachfolgend mit diesen Grafikausgaben getätigt, ist dafür nun jede einzelne Grafikmethode zuständig. D.h., für eine Grafikmethode ist es vollkommen unerheblich, welche Linienart vorher genutzt wurde, alle erforderlichen Parameter werden an die Methode bei **jedem** Aufruf übergeben. Die gleiche Vorgehensweise trifft auch auf Texte oder Pinsel zu.

### Prinzipieller Ablauf

Wurde bisher nach dem Schema

- Grafikobjekte (Pen, Brush etc.) erzeugen,

- beliebige Zeichenfunktionen (z.B. LineTo) aufrufen,

- Grafikobjekte löschen

verfahren, müssen bei einer zustandslosen GDI+-Programmierung genau diese Operationen **für jeden** einzelnen Methodenaufruf ausgeführt werden, da GDI+ die GDI-Objekte im alten Zustand zurücklassen muss.

**Beispiel 24.1** | **Zeichnen einer Linie im Formular**

```C#
        Graphics g;
```
Neuen Stift erzeugen:
```C#
        Pen mypen = new Pen(Color.Aqua);
```
*Graphics-Objekt* für das Formular erzeugen:
```C#
        g = this.CreateGraphics();
```
Linie mit dem neuen Stift zeichnen:
```C#
        g.DrawLine(mypen, 10, 10, 100, 100);
```

**Wichtige Features**

Die wichtigsten Features auf einen Blick:

- GDI+ bietet eine verbesserte Farbverwaltung sowie mehr vordefinierte Farben.

- GDI+ unterstützt eine breite Palette an Bildformaten
  (.bmp, .gif, .jpeg, .exif, .png, .tiff, .ico, .wmf, .emf).

- Antialiasing-Funktionalität

- Farbverläufe für Pinsel

- Splines

- Bildtransformationen (Rotation, Translation, Skalierung)

- Gleitkommaunterstützung

- Unterstützung des Alpha-Kanals und damit auch Alpha-Blending

- ...

---

**HINWEIS:** Dass mit WPF der Nachfolger bereits in den Startschuhen steht haben wir bereits erwähnt. Dies sollte jedoch nicht darüber hinweg täuschen, dass Windows Forms-Anwendungen und damit GDI+ auch die nächsten Jahre noch aktuell bleiben, zumal es für diesen Bereich auch schon reichlich fertige Lösungen gibt.

---

## 24.1.2 Namespaces für die Grafikausgabe

Bevor Sie im weiteren Verlauf mit der Fehlermeldung "Der Typ XYZ ist nicht definiert." konfrontiert werden, möchten wir Ihnen die im Zusammenhang mit der Grafikausgabe relevanten Namespaces vorstellen:

- *System.Drawing*

- *System.Drawing.Drawing2D*

- *System.Drawing.Imaging*

- *System.Drawing.Printing*

- *System.Drawing.Design*

- *System.Drawing.Text*

Die ausführliche Behandlung der einzelnen Strukturen und Objekte erfolgt in den weiteren Abschnitten, hier nur eine kurze Übersicht.

### System.Drawing

Dieser Standardmäßig eingebundene Namespace enthält die meisten Klassen, Typen, Auflistungen etc., die Sie für die Basisfunktionen der Grafikausgabe benötigen.

| Typ | Beschreibung |
|---|---|
| *Color* | ... verwaltet ARGB-Farbwerte (Alpha-Rot-Grün-Blau), Konvertierungsfunktionen sowie diverse vordefinierte Farbkonstanten. |
| *Point* <br> *PointF* | ... verwaltet 2-D-Koordinaten (x, y) als Integer- bzw. als Floatwert. |
| *Rectangle* <br> *RectangleF* | ... verwaltet die Koordinaten eines Rechtecks als Integer- bzw. Floatwert. |
| *Size* | ... verwaltet die Größe eines rechteckigen Bereichs (Breite, Höhe). |

| Objekt | Beschreibung |
|---|---|
| *Graphics* | **Das zentrale Grafikausgabe-Objekt** |
| *Pen* | Objekt für die Definition des Linientyps |
| *Brush,* <br> *Brushes,* <br> *SolidBrush,* <br> *TextureBrush* | Objekte für die Definition des Füllstils (Pinsel) von Objekten (Kreise, Rechtecke etc.) |
| *Font,* <br> *FontFamily* | Objekt für die Definition von Schriftarten (Farbe, Größe etc.) |
| *Bitmap, Image* | Objekt für die Verwaltung von Bitmaps bzw. Grafiken |

## System.Drawing.Drawing2D

Dieser Namespace bietet Funktionen für Farbverläufe sowie Unterstützung für 2-D- und Vektorgrafiken (Matrix für geometrische Transformationen).

## System.Drawing.Imaging

Mit Hilfe dieses Namespace können Sie erweiterte Funktionen wie

- Direktzugriff auf Bitmap-Daten (Pointer),
- Unterstützung für Metafiles,
- Farbverwaltung,
- Grafikkonvertierung,
- Abfrage von Grafikeigenschaften

realisieren.

## System.Drawing.Printing

Basisklassen für die Druckausgabe. Mehr dazu im Kapitel 25 (Druckausgabe).

### System.Drawing.Design

Dieser Namespace enthält einige Klassen, die für die Entwurfszeit-Oberfläche genutzt werden.

### System.Drawing.Text

Abfrage von Informationen über die installierten Schriftarten.

# 24.2 Darstellen von Grafiken

Bevor wir Sie in den folgenden Abschnitten mit Dutzenden von Objekten, Methoden und Eigenschaften überfrachten, wollen wir uns die wohl trivialste Form der Grafikdarstellung etwas näher ansehen. Die Rede ist von der *PictureBox*-Komponente, die in diesem Zusammenhang alle wesentlichen Aufgaben übernehmen kann. Untrennbar mit dieser Komponente ist auch das *Image*-Objekt verbunden, über das die eigentlichen Grafikdaten verwaltet werden (Laden, Manipulieren, Eigenschaften).

## 24.2.1 Die PictureBox-Komponente

Platzieren Sie zunächst eine *PictureBox* im Formular, können Sie diese wie jedes andere Objekt positionieren und die Größe bestimmen. Über die Eigenschaft *Image* lässt sich bereits zur Entwurfszeit eine Grafikdatei zuweisen, die nachfolgend fest in das Projekt und damit auch die EXE-Datei übernommen wird.

Wie diese Grafik formatiert, d.h. skaliert wird, bestimmen Sie mit der *SizeMode*-Eigenschaft:

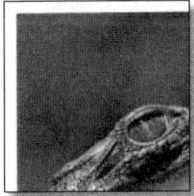 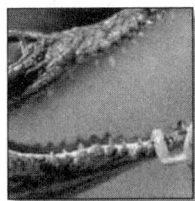 

*Normal*                    *CenterImage*                    *StretchImage*

*Autosize*

Wie Sie den obigen Abbildungen entnehmen können, skaliert die *Stretch*-Variante zwar die Grafik auf die gewünschte Größe, leider bleibt dabei aber das Seitenverhältnis der Grafik auf der Strecke.

Wie Sie die Proportion zur Laufzeit wiederherstellen können, zeigt das folgende Beispiel.

**Beispiel 24.2** | **Bild proportional skalieren**

```csharp
Single xy;
xy = (Single) pictureBox1.Image.Width / (Single) pictureBox1.Image.Height;
if (pictureBox1.Image.Width > pictureBox1.Image.Height)
  pictureBox1.Height = (int) (pictureBox1.Width / xy);
else
  pictureBox1.Width = (int) (pictureBox1.Height * xy);
```

Die Vorgehensweise: Sie weisen der Eigenschaft *SizeMode* den Wert *Stretch* zu und skalieren jeweils die Außenmaße der *PictureBox* so, dass die Grafik möglichst optimal angezeigt wird.

Über die *BorderStyle*-Eigenschaft können Sie zwischen *keinem*, *einfachem* und *dreidimensionalem* Rahmen wählen.

Damit sind auch schon alle wesentlichen Eigenschaften der *PictureBox* beschrieben. Ziemlich dürftig, werden Sie sicher sagen. Aber dieser Eindruck täuscht, wenn wir uns die bereits erwähnte Eigenschaft *Image* näher ansehen, bei der es sich um ein recht komplexes Objekt handelt.

## 24.2.2 Das Image-Objekt

Mit dem *Image*-Objekt bietet sich nicht nur die Möglichkeit, zur Entwurfszeit eine Grafik in die *PictureBox* einzubetten, sondern es stellt auch diverse Grafikbearbeitungsfunktionen und die dazu nötigen Informationen über die Grafik bereit.

Zwei Wege führen zum *Image*-Objekt:

- Haben Sie bereits zur Entwurfszeit eine Grafik geladen, können Sie direkt über *Picture.Image* auf die gewünschten Eigenschaften/Methoden zugreifen.

- Andernfalls müssen Sie zunächst ein *Image*-Objekt erzeugen und der *PictureBox* zuweisen.

**Beispiel 24.3** | **Erzeugen eines neuen Image-Objekts (eine Bitmap 100 x 100 Pixel)[1]**

```csharp
Image img;
img = new Bitmap(100, 100);
pictureBox1.Image = img;
```

Alternativ lässt sich ein *Image* auch aus einer Grafikdatei erzeugen:

```csharp
Image img;
img = Image.FromFile("c:\\test.jpg");
pictureBox1.Image = img;
```

---

[1] Dies ist nur eine Variante!

Womit wir auch schon beim Laden von Grafiken angekommen sind.

### 24.2.3 Laden von Grafiken zur Laufzeit

Wie bereits im vorhergehenden kurzen Beispiel gezeigt, stellt es kein Problem dar, ein *Image* aus einer bereits existierenden Datei zu laden. Je nach Dateityp handelt es sich beim *Image* nachfolgend um eine Pixel-, Vektorgrafik (WMF, EMF) oder ein Icon (ICO).

> **HINWEIS:** Doch Vorsicht: Nicht jedes Grafikformat unterstützt auch alle Grafikmethoden des *Image*-Objekts. Laden Sie beispielsweise eine WMF-Grafik in das Image, können Sie diese nicht mit der Funktion *RotateFlip* drehen oder spiegeln.

**Beispiel 24.4** **Grafikformat bestimmen**

Statt mit

```
Image img;
img = Image.FromFile("c:\\test.bmp");
pictureBox1.Image = img;
```

... können Sie auch direkt den gewünschten *Image*-Typ erzeugen:

```
Image img;
img = Bitmap.FromFile("c:\\test.bmp");
pictureBox1.Image = img;
```

Das Resultat ist in beiden Fällen das Gleiche.

### 24.2.4 Sichern von Grafiken

Ähnlich einfach wie das Laden ist auch das Speichern von Grafiken. Mit der *Image*-Methode *Save* können Sie die Grafik in einem der unterstützten Dateiformate sichern.

**Beispiel 24.5** **Speichern im PNG-Format**

```
pictureBox1.Image.Save("c:\\test.png");
```

Auf diese Weise können Sie auch einen Dateikonverter programmieren, Sie brauchen nicht einmal eine *PictureBox* dafür.

**Beispiel 24.6** **Konvertieren vom BMP- ins PNG-Format**

```
using System.Drawing.Imaging;
...
        Image img;
        img = Bitmap.FromFile("c:\\test.bmp");
        img.Save("c:\\test.png", ImageFormat.Png);
```

## Spezielle Einstellungen

Leider, und das scheint bei fast allen universellen Bibliotheken der Fall zu sein, ist die praktische Verwendung teilweise recht eingeschränkt bzw. umständlich. Möchten Sie beispielsweise im JPEG-Format speichern, ist dies kein Problem, doch was, wenn Sie auch den Kompressionsfaktor beeinflussen wollen?

In diesem Fall kommen Sie um etwas mehr Programmierung nicht herum.

**Beispiel 24.7** | **Festlegen eines Kompressionsfaktors von 60% für die zu speichernde JPEG-Datei**

```csharp
private void button1_Click(object sender, EventArgs e)
{
    EncoderParameters myEncoderParameters = new EncoderParameters(1);
    myEncoderParameters.Param[0] = new EncoderParameter(Encoder.Quality, (long) 60);
    pictureBox1.Image.Save("c:\\test.jpg", GetEncoderInfo("image/jpeg"), myEncoderParameters);
    pictureBox2.Image = Bitmap.FromFile("c:\\test.jpg");
}
```

Die notwendige Hilfsfunktion für die Rückgabe des passenden *ImageCodecInfo*-Objekts:

```csharp
private ImageCodecInfo GetEncoderInfo(String mt)
{
    ImageCodecInfo[] encoders = ImageCodecInfo.GetImageEncoders();
    for (int i=0; i < encoders.Length - 1; i++)
    if (encoders[i].MimeType == mt) return encoders[i];
    return null;
}
```

## 24.2.5 Grafikeigenschaften ermitteln

### Breite und Höhe der Grafik

Breite und Höhe der Grafik können Sie über die Eigenschaften *Width* und *Height* des ***Image***-Objekts abrufen.

---

**HINWEIS:** Die Maße des *Image*-Objekts, d.h. der Grafik, stehen in keinem Zusammenhang mit den Maßen der *PictureBox*.

---

### Auflösung

Die vertikale bzw. horizontale Auflösung der Grafik können Sie mit den Eigenschaften *VerticalResolution* bzw. *HorizontalResolution* abfragen. Beide geben einen Wert in *dpi* (Punkte pro Inch) zurück.

### Grafiktyp

Den aktuell geladenen Grafiktyp fragen Sie über die Eigenschaft *Rawformat* ab. Rückgabewerte sind die verschiedenen Bildtypen, die von der *Image*-Komponente unterstützt werden (BMP, GIF etc.).

### Interner Bitmap-Aufbau

Um welchen Typ von Bitmap (Farbtiefe) bzw. um welches Speicherformat (RGB, ARGB etc.) es sich handelt, verrät Ihnen die Eigenschaft *PixelFormat*. An dieser Stelle handelt es sich jedoch lediglich um eine schreibgeschützte Eigenschaft. Möchten Sie Einfluss auf das Speicherformat nehmen, sollten Sie sich näher mit dem Kapitel 27 beschäftigen.

## 24.2.6  Erzeugen von Vorschaugrafiken (Thumbnails)

Sicher sind Ihnen unter Windows auch schon die kleinen Vorschaugrafiken in den Explorerfenstern aufgefallen. Bevor Sie jetzt an aufwändige Algorithmen und Funktionen zur Skalierung von Bitmaps denken, vergessen Sie es besser wieder. GDI+ unterstützt Sie an dieser Stelle mit einer einfach verwendbaren Methode:

**SYNTAX:**
```
Image GetThumbnailImage(int thumbWidth,int thumbHeight, Image.GetThumbnailImageAbort callback,
                        IntPtr callbackData);
```

Die beiden ersten Parameter dürften leicht verständlich sein, *callback* erwartet einen Verweis auf einen Delegate (optional *null). CallbackData* übergeben Sie grundsätzlich *IntPtr.Zero*.

Leider müssen Sie sich um die Proportionen des zu erzeugenden Image selbst kümmern. Übergeben Sie beispielsweise 100 für Breite und Höhe und haben Sie eine Ausgangsgrafik mit anderem Höhen-/Seitenverhältnis, wird die Vorschaugrafik gestaucht, was sicher nicht sehr professionell aussieht. Fragen Sie also vorher das Höhen-/Seitenverhältnis der Grafik ab und setzen Sie Breite und Höhe entsprechend.

**Beispiel 24.8**  **Funktion zum Erzeugen einer proportionalen Vorschaugrafik**

```csharp
private Image GetThumb(int size,Image img)
{
  Single xy = (Single) (img.Width / img.Height);
  if (xy > 1)
    return img.GetThumbnailImage(size, (int) (size / xy), null, IntPtr.Zero);
  else
    return img.GetThumbnailImage((int)(size * xy), size, null, IntPtr.Zero);
}
```

Der Aufruf ist einfach:

```csharp
private void button1_Click(object sender, EventArgs e)
{
   pictureBox2.Image = GetThumb(80, pictureBox1.Image);
}
```

**Beispiel 24.8** | **Funktion zum Erzeugen einer proportionalen Vorschaugrafik**

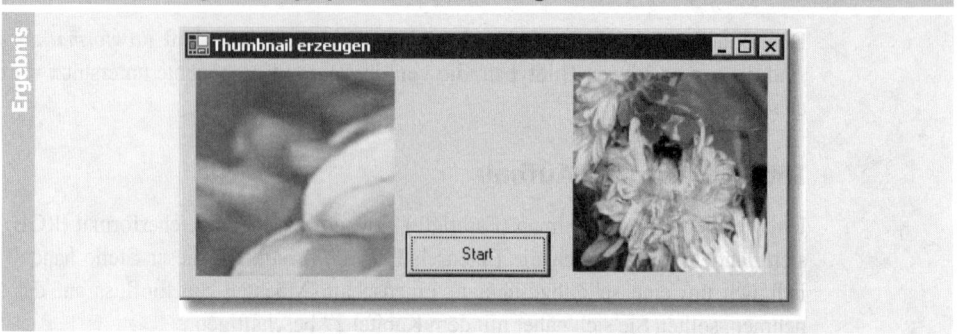

**HINWEIS:** Enthält die Ausgangsgrafik bereits eine Thumbnail-Grafik (z.B. bei JPG-Format), wird diese für die Methode *GetThumbnailImage* genutzt, um nicht die ganze Bitmap in den Speicher zu laden. Dies ist allerdings maximal bis zu einer Auflösung von 120 x 120 Pixeln sinnvoll. Benötigen Sie größere Thumbnails, sollten Sie besser die Methode *DrawImage* verwenden, um eine verkleinerte Kopie der Ausgangsbitmap zu erzeugen.

## 24.2.7  Die Methode RotateFlip

Mit der Methode *RotateFlip* stehen Ihnen rudimentäre Manipulationsfunktionen für die Grafikausgabe zur Verfügung (drehen, spiegeln). Übergeben Sie der Methode einfach die gewünschte Konstante und aktualisieren Sie gegebenenfalls die übergeordnete *PictureBox*-Komponenten, schon ist die Grafik gedreht oder gespiegelt.

**Beispiel 24.9** | **Drehen um 180°, vertikal kippen**

```csharp
pictureBox1.Image.RotateFlip(RotateFlipType.Rotate180FlipY);
pictureBox1.Refresh();
```

Ein "Schweizer Taschenmesser", was die Funktionalität anbelangt, könnte man auf den ersten Blick denken, doch wer sich die Liste der verschiedenen Möglichkeiten (Konstanten) einmal näher ansieht wird feststellen, dass einige Varianten schlicht überflüssig sind. Ausgangspunkt für die Beispielgrafiken ist folgende "aufwändige" Grafik:

| Konstante | Beschreibung | Resultat |
|---|---|---|
| *Rotate180FlipNone* | Drehung um 180 Grad | **Ꮓ** |
| *Rotate180FlipX* | Drehung um 180 Grad, horizontal kippen | **ᄋ** |
| *Rotate180FlipXY* | Drehung um 180 Grad, horizontal und vertikal kippen | **G** |

| Konstante | Beschreibung | Resultat |
|---|---|---|
| *Rotate180FlipY* | Drehung um 180 Grad, vertikales kippen | |
| *Rotate270FlipNone* | Drehung um -90 Grad | |
| *Rotate270FlipX* | Drehung um -90 Grad, horizontal kippen | |
| *Rotate270FlipXY* | Drehung um -90 Grad, horizontal und vertikal kippen | |
| *Rotate270FlipY* | Drehung um -90 Grad, vertikal kippen | |
| *Rotate90FlipNone* | Drehung um 90 Grad | |
| *Rotate90FlipX* | Drehung um 90 Grad, horizontal kippen | |
| *Rotate90FlipXY* | Drehung um 90 Grad, horizontal und vertikal kippen | |
| *Rotate90FlipY* | Drehung um 90 Grad, vertikal kippen | |
| *RotateNoneFlipX* | horizontal kippen | |
| *RotateNoneFlipXY* | horizontal und vertikal kippen | |
| *RotateNoneFlipY* | vertikal kippen | |

Eine Rotation um 180° (*Rotate180FlipNone*) entspricht einem Kippen in vertikaler und horizontaler Richtung (*RotateNoneFlipXY*). Auch bei der Kombination *Rotate90FlipXY* bzw. *Rotate270FlipXY* scheint mit den Entwicklern der Spieltrieb durchgegangen zu sein, das gleiche Ergebnis kann auch mit *Rotate270FlipNone* bzw. mit *Rotate90FlipNone* erreicht werden.

Unangefochtener "Spitzenreiter" in der Tabelle ist *Rotate180FlipXY.*

## 24.2.8 Skalieren von Grafiken

Eine Grafik mit GDI+ zu skalieren stellt eines der kleinsten Probleme dar[1]. Mit einer einzigen Zeile Code können Sie beispielsweise die Größe einer Grafik verdreifachen.

**Beispiel 24.10** **Bitmap auf dreifache Größe skalieren**

```csharp
pictureBox1.Image = new Bitmap(pictureBox1.Image,
                    new Size(pictureBox1.Image.Width * 3, pictureBox1.Image.Height * 3));
```

Wir nehmen diese Anweisung jetzt noch einmal auseinander bzw. deklarieren die Objekte für eine bessere Übersicht:

---

[1] Sieht man einmal von potenziellen Speicherproblemen bei großen Bitmaps ab.

**Beispiel 24.10**   **Bitmap auf dreifache Größe skalieren**

> Eine temporäre Bitmap deklarieren:
>
> ```
> Bitmap b;
> ```
>
> Eine Variable für die neue Größe deklarieren:
>
> ```
> Size s;
> ```
>
> Die neue Größe bestimmen:
>
> ```
>         s.Width = pictureBox1.Image.Width * 3;
>         s.Height = pictureBox1.Image.Height * 3;
> ```
>
> Die neue Bitmap erzeugen:
>
> ```
>         b = new Bitmap(PictureBox1.Image, s);
> ```
>
> Die Bitmap dem Image zuweisen:
>
> ```
>         pictureBox1.Image = b;
> ```

Damit sind die wichtigsten Möglichkeiten von *PictureBox* und *Image* aufgezählt, wir können uns der eigentlichen Grafikprogrammierung, d.h. dem Erzeugen von Grafiken, zuwenden.

# 24.3   Das .NET-Koordinatensystem

Bevor Sie sich mit dem Zeichnen von Linien, Kreisen oder der Ausgabe von Bitmaps beschäftigen, sollten Sie einen Blick auf das .NET-Koordinatensystem werfen.

Auf den ersten Blick bietet sich nichts Ungewohntes, der Koordinatenursprung für alle Grafik-methoden liegt in der linken oberen Ecke des jeweils gewählten Ausgabefensters (das kann auch ein Steuerelement sein). Positive x-Werte werden nach rechts, positive y-Werte nach unten abge-tragen:

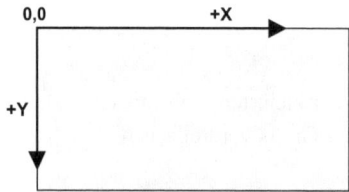

Die Maßeinheit für Ausgaben ist standardmäßig das Pixel. Alternativ kann es jedoch bei einer Druckausgabe von Vorteil sein, die Maßeinheit zum Beispiel in Millimeter zu ändern. Nutzen Sie dazu die Eigenschaft *PageUnit* des *Graphics*-Objekts. Folgende Werte sind zulässig:

| Wert | Beschreibung |
|------|--------------|
| *Display* | 1/100 Zoll |
| *Document* | 1/300 Zoll |

| Wert | Beschreibung |
|------|--------------|
| *Inch* | Zoll (2,54 cm) |
| *Millimeter* | Millimeter |
| *Pixel* | (Standard) Bildschirmpixel |
| *Point* | 1/72 Zoll |

GDI+ unterscheidet im Zusammenhang mit der Grafikausgabe drei verschiedene Koordinatensysteme:

- globale Koordinaten,

- Seitenkoordinaten und

- Gerätekoordinaten.

## 24.3.1  Globale Koordinaten

Hierbei handelt es sich um das ursprüngliche Koordinatensystem. Dieses wird über bestimmte Transformationen in Seiten- und damit auch Gerätekoordinaten umgewandelt.

Ausgangspunkt bei der Maßeinheit Pixel: Ein Pixel in globalen Koordinaten entspricht zunächst einem Pixel auf dem endgültigen Ausgabegerät (Bildschirm, Drucker).

**Beispiel 24.11**  **Globale Koordinaten**

Es soll ein Kreis mit dem Radius 50 (Pixel) auf dem Formular gezeichnet werden (an dieser Stelle müssen wir leider etwas vorgreifen, mit den folgenden Anweisungen wird im *Paint*-Ereignis des Formulars der Kreis gezeichnet):

```
private void Form1_Paint(object sender, PaintEventArgs e)
{
    e.Graphics.DrawEllipse(new Pen(Color.Black), -50, -50, 100, 100);
}
```

Das Ergebnis auf dem Bildschirm:

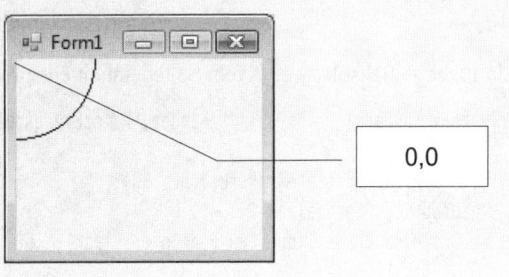

## 24.3.2   Seitenkoordinaten (globale Transformation)

Möchten Sie den Nullpunkt des Koordinatensystems verschieben, sodass der gesamte Kreis sichtbar wird, müssen Sie den Nullpunkt verschieben, d.h., eine globale Transformation durchführen.

### Translation (Verschiebung)

Mit Hilfe der Methode *TranslateTransform* lässt sich diese Aufgabe bewältigen.

**Beispiel 24.12**   **Translation**

Verschieben des Nullpunkts um jeweils 50 Pixel in x- und y-Richtung

```
private void Form1_Paint(object sender, PaintEventArgs e)
{
    e.Graphics.TranslateTransform(50, 50);
    e.Graphics.DrawEllipse(new Pen(Color.Black), -50, -50, 100, 100);
}
```

Das Ergebnis der Grafikausgabe:

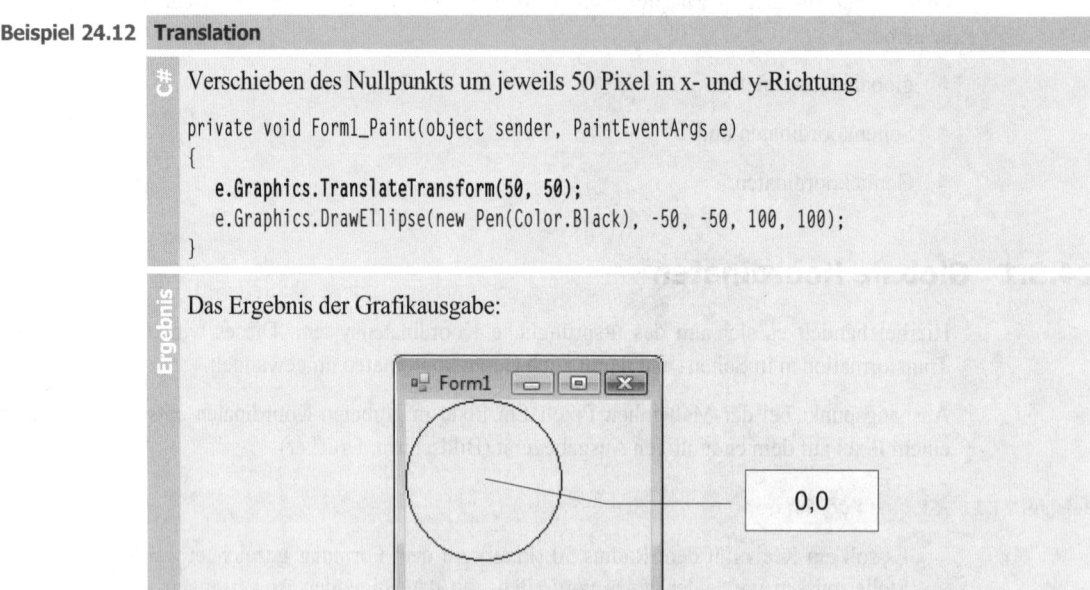

### Skalierung (Vergrößerung/Verkleinerung)

Ähnlich verhält es sich mit einer Skalierung zwischen globalen und Seitenkoordinaten: Möchten Sie beispielsweise den Kreis auf dem Bildschirm doppelt so groß ausgeben, können Sie dies mit der Eigenschaft *PageScale* steuern.

**Beispiel 24.13**   **Skalierung**

Ein Pixel global soll zwei Pixeln Seiteneinheit entsprechen

```
private void Form1_Paint(object sender, PaintEventArgs e)
{
    e.Graphics.TranslateTransform(50, 50);
    e.Graphics.PageScale = 2;
    e.Graphics.DrawEllipse(new Pen(Color.Black), -50, -50, 100, 100);
}
```

**Beispiel 24.13** **Skalierung**

Wie Sie sehen, sind alle Zeichenanweisungen, inklusive der Strichstärke, von dieser Skalierung betroffen:

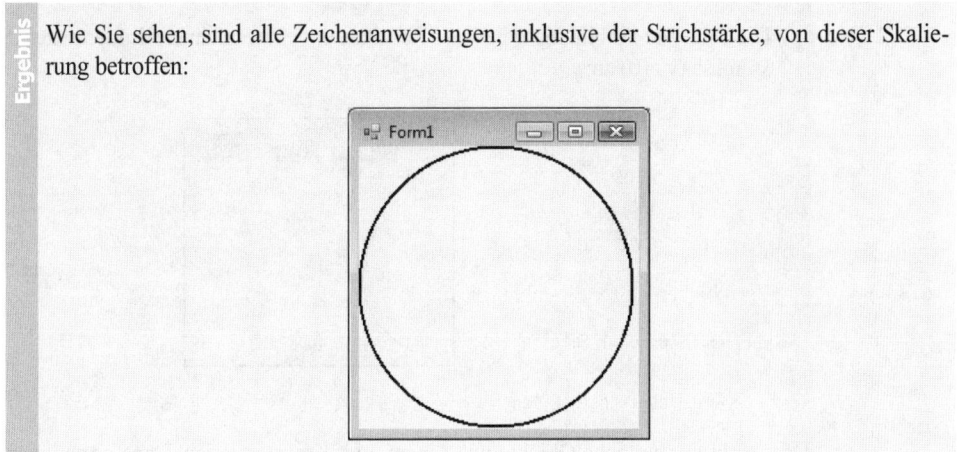

Alternativ können Sie mit *ScaleTransform* auch unterschiedliche Skalierungsfaktoren für x und y einführen.

**Beispiel 24.14** **Skalierung in x-Richtung (zweifach)**

```csharp
e.Graphics.ScaleTransform(2, 1);
e.Graphics.TranslateTransform(50, 50);
e.Graphics.DrawEllipse(new Pen(Color.Black), -50, -50, 100, 100);
```

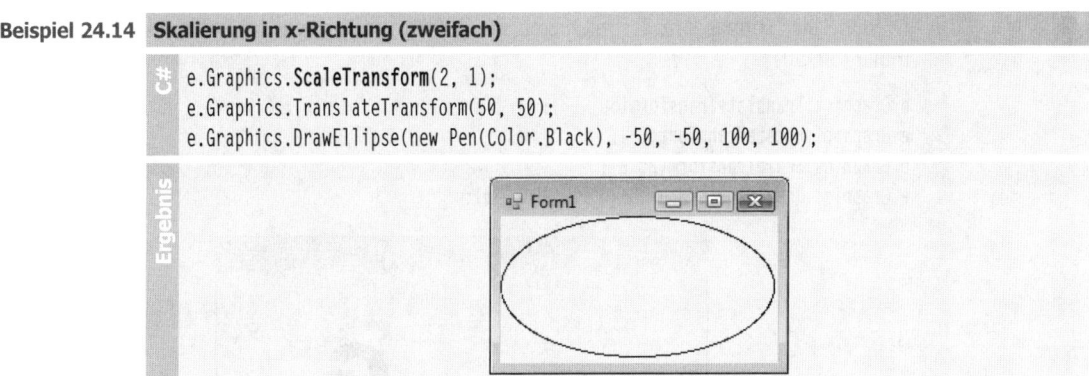

**HINWEIS:** Sollen auch Images im korrekten Verhältnis wiedergegeben werden, müssen Sie *ScaleTransform* verwenden!

## Rotation

Als letzte Variante bleibt das Drehen des Koordinatensystems. Verantwortlich dafür ist die Methode *RotateTransform*, der Sie einfach den Drehwinkel übergeben.

**Beispiel 24.15** **Drehen des Koordinatensystems um 45° (Uhrzeigersinn)**

```csharp
e.Graphics.RotateTransform(45);
e.Graphics.TranslateTransform(50, 50);
e.Graphics.DrawEllipse(new Pen(Color.Black), -50, -50, 100, 100);
```

**Beispiel 24.15** | **Drehen des Koordinatensystems um 45° (Uhrzeigersinn)**

Die folgende Abbildung zeigt das Resultat, die eingezeichnete Linie deutet die Position der x-Achse (y = 0) an:

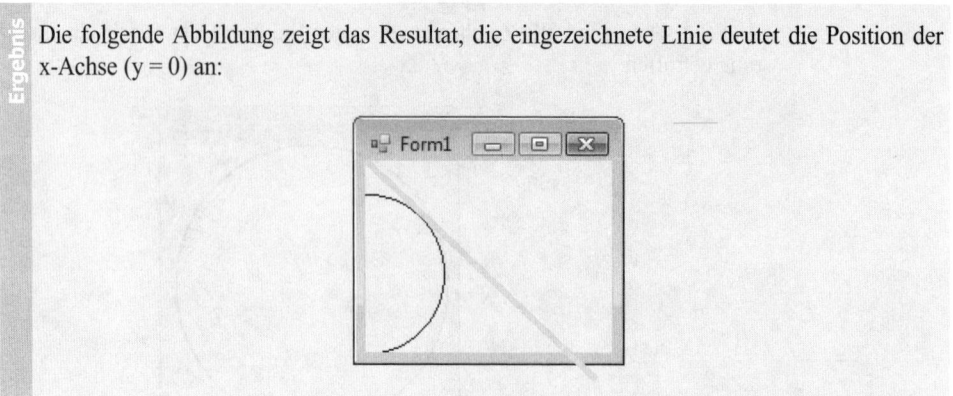

Dass nicht nur einfache Objekte wie Linien oder Kreise von den Transformationen betroffen sind, zeigt das folgende Beispiel.

**Beispiel 24.16** | **Bitmap-Transformation**

Drehen einer Bitmap um 25°, skalieren um 100%, verschieben des Nullpunkts in das Formular (50, 50)

```
e.Graphics.TranslateTransform(50, 50);
e.Graphics.RotateTransform(25);
e.Graphics.ScaleTransform(2, 2);
e.Graphics.DrawImage(pictureBox1.Image, 0, 0);
```

## 24.3.3  Gerätekoordinaten (Seitentransformation)

Das dritte Koordinatensystem bezieht sich auf das endgültige Ausgabegerät, z.B. ein Drucker oder ein Bildschirm. Diese Geräte verfügen über vorgegebene Auflösungen, die in Dots per Inch (dpi) angegeben werden. Beispielsweise verfügt der Bildschirm meist über eine Auflösung von 96 dpi, Laserdrucker werden mit Auflösungen von 300 bis weit über 1000 dpi angeboten.

Solange Sie nicht mit Geräteeinheiten arbeiten, werden Sie je nach Geräteauflösung zu unterschiedlichen Ergebnissen kommen. Aus diesem Grund unterstützt das .NET-Koordinatensystem auch gerätespezifische Einheiten wie Millimeter oder Inch. Über die Eigenschaft *PageUnit* können Sie die Einheit für Ihr Koordinatensystem ändern.

**Beispiel 24.17** | **Bildschirmanzeige in Millimetern**

```csharp
e.Graphics.PageUnit = GraphicsUnit.Millimeter;
e.Graphics.DrawEllipse(new Pen(Color.Black), -50, -50, 100, 100);
```

Die beiden folgenden Abbildungen zeigen das Ergebnis für Pixel bzw. Millimeter:

Pixel                    Millimeter

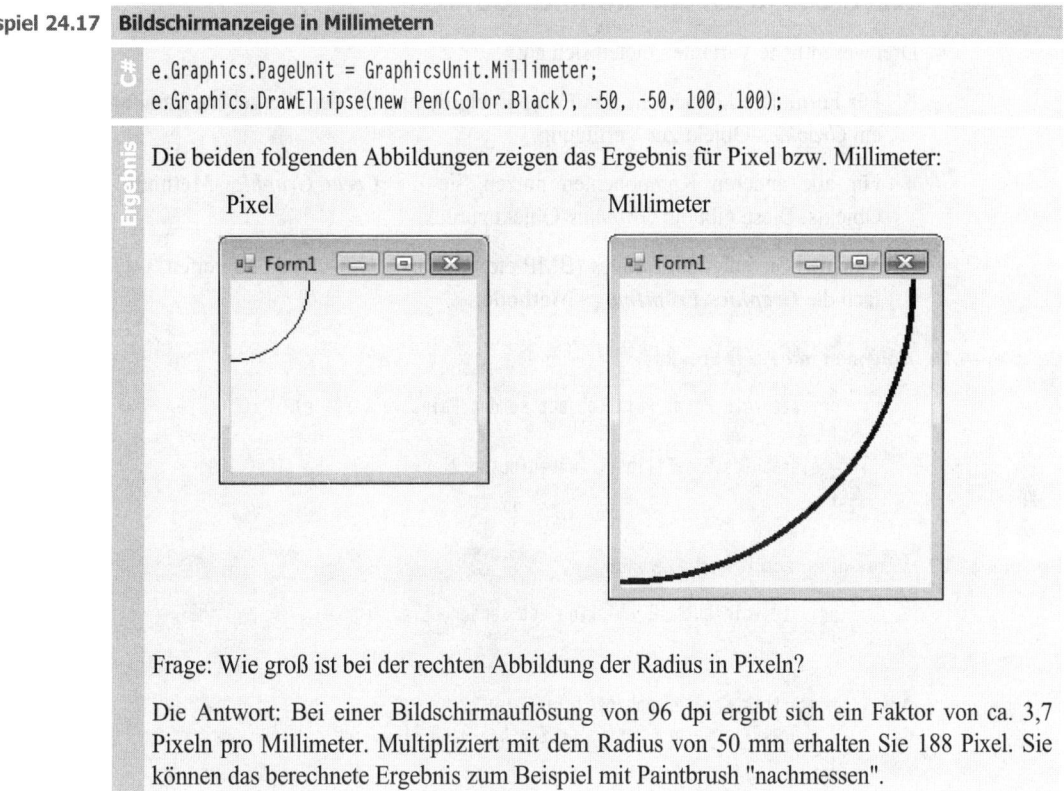

Frage: Wie groß ist bei der rechten Abbildung der Radius in Pixeln?

Die Antwort: Bei einer Bildschirmauflösung von 96 dpi ergibt sich ein Faktor von ca. 3,7 Pixeln pro Millimeter. Multipliziert mit dem Radius von 50 mm erhalten Sie 188 Pixel. Sie können das berechnete Ergebnis zum Beispiel mit Paintbrush "nachmessen".

---

**HINWEIS:** Weitere Anwendungsbeispiele für Koordinatentransformationen finden Sie in den Kapiteln 25 und 27.

---

# 24.4 Grundlegende Zeichenfunktionen von GDI+

Im vorhergehenden Abschnitt hatten Sie ja bereits ersten Kontakt mit einigen Zeichenfunktionen, auf die wir nun in diesem Abschnitt näher eingehen wollen.

## 24.4.1 Das zentrale Graphics-Objekt

Wie bereits angedeutet, sind mit GDI+ die Zeiten des unbekümmerten Programmierens vorbei. Um den ausufernden Möglichkeiten etwas Einhalt zu gebieten und eine einheitliche Schnittstelle für die Grafikausgabe zu schaffen, wurde die *Graphics*-Klasse eingeführt.

Nur Objekte dieses Typs verfügen über Grafikausgabemethoden und die nötigen Parameter. Alle anderen Komponenten, und dazu zählen auch Formulare und Drucker, können lediglich *Graphics*-Objekte zur Verfügung stellen.

## Wie erzeuge ich ein Graphics-Objekt?

Drei wesentliche Varianten bieten sich an:

- Für Formulare können Sie das **Paint-Ereignis** nutzen, der übergebene Parameter *e* stellt auch ein *Graphics*-Objekt zur Verfügung.

- Für alle anderen Komponenten nutzen Sie die **CreateGraphics-Methode** des jeweiligen Objekts. Diese gibt ein *Graphics*-Objekt zurück.

- Möchten Sie auch auf *Images* (BMP etc.) per *Graphics*-Objekt zugreifen, verwenden Sie einfach die **Graphics.FromImage-Methode**.

**Beispiel 24.18** | **Zeichnen mit *Paint*-Ereignis**

```csharp
private void Form1_Paint(object sender,PaintEventArgs e)
{
    e.Graphics.DrawEllipse(new Pen(Color.Black), -50, -50, 100, 100) ;
}
```

**Beispiel 24.19** | **Verwenden von *CreateGraphics***

```csharp
private void button1_Click(object sender, EventArgs e)
{
    Graphics g;
    g = this.CreateGraphics();
    g.DrawEllipse(new Pen(Color.Black), 0, 0, 100, 100);
}
```

Um die Ausgabe auf einem Button statt auf dem Formular vorzunehmen, genügt es, wenn Sie das *Graphics*-Objekt mit *button1.CreateGraphics* erzeugen.

**Beispiel 24.20** | **Verwenden von *Graphics.FromImage***

```csharp
private void button1_Click(object sender, EventArgs e)
{
    Graphics g;
    g = Graphics.FromImage(pictureBox1.Image);
    g.DrawEllipse(new Pen(Color.Black), 0, 0, 100, 100);
    pictureBox1.Refresh();
}
```

> **HINWEIS:** Für alle Grafikausgaben gilt: Nach dem Verdecken eines Formulars müssen Sie sich um das Aktualisieren der Bildschirmanzeige selbst kümmern. Einzige Ausnahme ist die *PictureBox*, wenn Sie, wie im letzten Beispiel gezeigt, über *Graphics* in das *Image* schreiben.

## Die Invalidate-Methode

Nutzen Sie das *Paint*-Ereignis für die Ausgabe der Grafik und muss diese zwischenzeitlich aktualisiert werden, können Sie die Methode *Invalidate* zum Aktualisieren der Anzeige verwenden.

**Beispiel 24.21** | **Mittels *Timer* soll ein kontinuierlich größer werdender Kreis gezeichnet werden**

Globale Variable für den Offset:

```csharp
private int x;
```

Das *Tick*-Ereignis:

```csharp
private void timer1_Tick(object sender, EventArgs e)
{
 x++; this.Invalidate();
}
```

Die eigentliche Zeichenroutine im *Paint*-Ereignis:

```csharp
private void Form1_Paint(object sender,PaintEventArgs e)
{
    e.Graphics.DrawEllipse(new Pen(Color.Black), 0, 0, 100 + x, 100 + x);
}
```

Im Weiteren wollen wir uns mit den wichtigsten Grafikgrundoperationen beschäftigen, auch wenn Sie bereits einige in den vorhergehenden Beispielen kennen gelernt haben.

## Die Eigenschaft ResizeRedraw

So bequem die Verwendung des *Paint*-Ereignisses auch ist, einen Nachteil werden Sie schnell bemerken, wenn das Formular skaliert bzw. kurzzeitig verdeckt wurde. In diesem Fall werden nur die neuen bzw. die verdeckten Flächen neu gezeichnet. Dies kann allerdings dazu führen, dass Ihre Grafik nicht mehr wie gewünscht ausgegeben wird. Um diesem Missstand abzuhelfen, steht über das Formular die Eigenschaft *ResizeRedraw* zur Verfügung. Ist diese auf *true* gesetzt, wird immer der komplette Clientbereich neu gezeichnet.

**Beispiel 24.22** | **Auswirkung von *ResizeRedraw***

Zeichnen einer Ellipse im Clientbereich des Formulars:

```csharp
private void Form1_Paint(object sender, PaintEventArgs e)
{
    Graphics g = e.Graphics;
    g.DrawEllipse(new Pen(Color.Black),0, 0, this.ClientSize.Width,this.ClientSize.Height);
}
```

**Beispiel 24.22**    **Auswirkung von *ResizeRedraw***

Per *CheckBox* die *ResizeRedraw-Eigenschaft* beeinflussen:

```
private void checkBox1_CheckedChanged(object sender, EventArgs e)
{
    this.ResizeRedraw = checkBox1.Checked;
}
```

*Ergebnis*

*ResizeRedraw=false:*

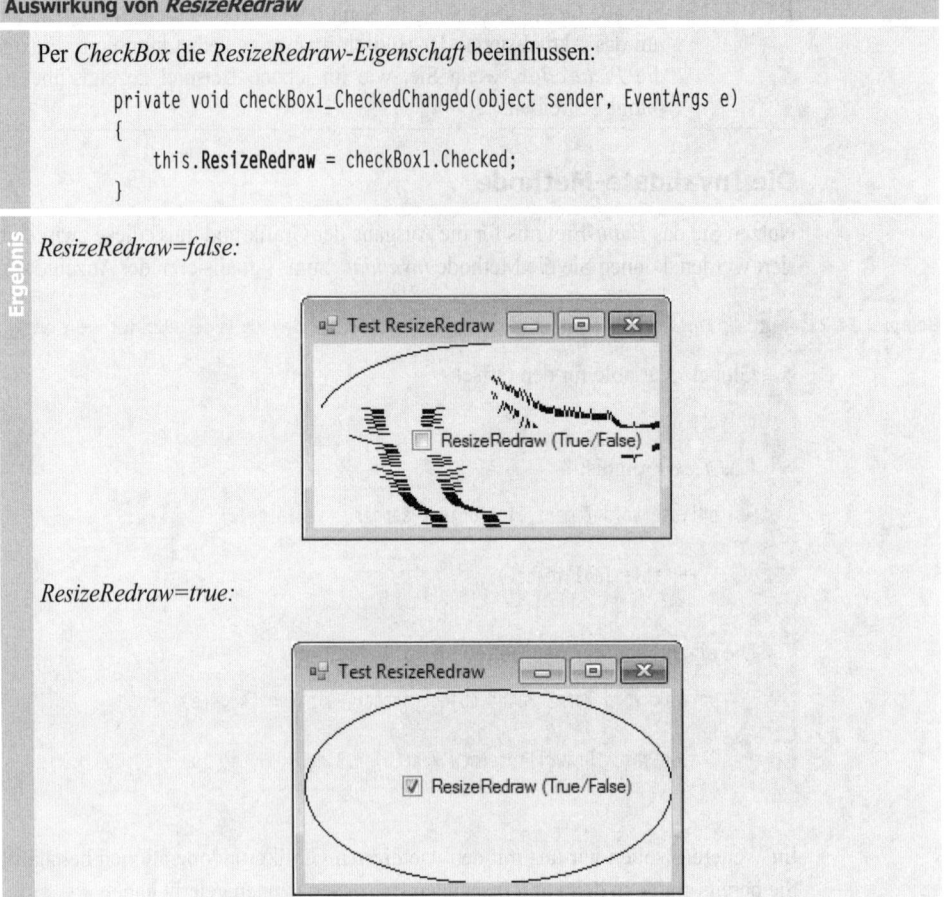

*ResizeRedraw=true:*

## 24.4.2   Punkte zeichnen/abfragen

Tja, da sieht es gleich ganz düster aus. Eine entsprechende Funktion existiert zunächst nicht. Einzige Ausnahme: die *GetPixel-/SetPixel*-Methoden des *Bitmap*-Objekts.

**SYNTAX:**    `Color GetPixel(int x, int y)`

**SYNTAX:**    `void SetPixel(int x, int y, Color color)`

Beiden Methoden übergeben Sie die gewünschten Koordinaten, *GetPixel* gibt Ihnen einen *Color*-Wert zurück, *SetPixel* müssen Sie einen *Color*-Wert übergeben.

---

**HINWEIS:** Mehr zu Farben und dem *Color*-Objekt finden Sie in Abschnitt 24.5.3.

**Beispiel 24.23** **Setzen von Pixeln in einer Bitmap in Abhängigkeit von der vorhergehenden Farbe**

```csharp
private void button1_Click(object sender, EventArgs e)
{
    Bitmap b = (Bitmap) pictureBox1.Image;
    for (int x = 1; x <=50; x++)
    {
        if (b.GetPixel(x, x).ToArgb() == Color.Black.ToArgb())
            b.SetPixel(x, x, Color.Red);
        else
            b.SetPixel(x, x, Color.Aqua);
    }
    pictureBox1.Refresh();
}
```

Die folgende Ausschnittsvergrößerung zeigt das Resultat:

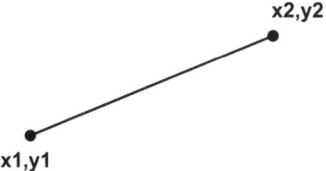

## 24.4.3 Linien

Das Zeichnen von Linien gestaltet sich mit GDI+ relativ einfach, sieht man einmal davon ab, dass Sie bei **jedem** Aufruf von *DrawLine* auch einen geeigneten *Pen* übergeben müssen. An dieser Stelle wollen wir zunächst noch nicht auf die verschiedenen Stifttypen eingehen, mit denen Sie sowohl Farbe, Muster, Endpunkte etc. beeinflussen können. Mehr Infos zu diesem Thema finden Sie erst in Abschnitt 24.5.

Die weiteren Parameter der *DrawLine*-Methode: Entweder Sie übergeben jeweils ein Paar x,y-Koordinaten oder Sie verwenden gleich die vordefinierte Struktur *Point* (eine x- und eine y-Koordinate).

**x2,y2**

**x1,y1**

**Beispiel 24.24**  **Verwendung von *DrawLine***

```
Graphics g = this.CreateGraphics();
g.DrawLine(new Pen(Color.Black), 10, 10, 100, 100);
```

Mit *New Pen(Color.Black)* erzeugen wir einen schwarzen Stift mit der Linienbreite 1.

## 24.4.4   Kantenglättung mit Antialiasing

Im Zusammenhang mit der Ausgabe von Linien kommen wir auch schnell mit einem ersten "Problem" in Berührung. Die Rede ist von der "Treppchen"- bzw. "Stufen"-Bildung von Linien, die einen von 0° bzw. 90° verschiedenen Winkel aufweisen:

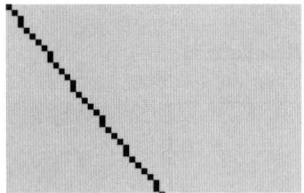

Ursache ist die begrenzte Bildschirmauflösung, es können nur die Pixel gesetzt werden, die in das xy-Raster passen. Zwangsläufig kommt es bei einer Abweichung von Raster und gewünschtem Linienverlauf zu Sprüngen, die sich als hässliche Treppchen bemerkbar machen.

Mit Hilfe der Antialiasing-Technik können diese Effekte vermindert werden. Hintergrund dieser Technik ist ein "Glätten" des Linienrandes durch Auffüllen mit Pixeln, deren Farbe aus Linien- **und** Hintergrundfarbe berechnet wird.

GDI+ bietet Ihnen zu diesem Zweck die Methode *SetSmoothingMode*, mit der Sie die Form der Kantenglättung beeinflussen können. Zwei Extreme sind möglich:

■   *SmoothingModeHighSpeed* (schnell, aber kantig)

■   *SmoothingModeHighQuality* (langsam(er), aber sauber)

**Beispiel 24.25**  **Ein- und Ausschalten der Kantenglättung**

```
Graphics g = this.CreateGraphics();
g.SetSmoothingMode(SmoothingModeHighQuality);
g.DrawLine(new Pen(Color.Black), 10, 10, 100, 100);
g.SetSmoothingMode(SmoothingModeHighSpeed);
```

Die folgende Abbildung zeigt das Ergebnis:

**Beispiel 24.25** **Ein- und Ausschalten der Kantenglättung**

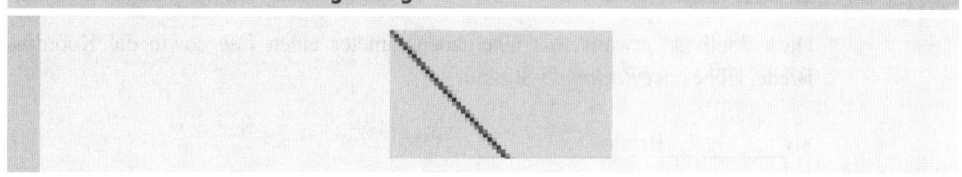

HINWEIS: Diese Form der Kantenglättung wirkt sich nicht auf Textausgaben, sondern nur auf alle Arten von Linien aus. Für Textausgaben verwenden Sie die Eigenschaft *Text-RenderingHint*.

## 24.4.5 PolyLine

Möchten Sie mehr als eine Linie zeichnen und stimmen die Endpunkte mit den Anfangspunkten der folgenden Linien überein, verwenden Sie zum Zeichnen von Linien am besten die Methode *DrawLines*. Übergabewert ist wie gewohnt ein initialisierter *Pen* sowie ein Array von Punkten (*Point* oder *PointF*).

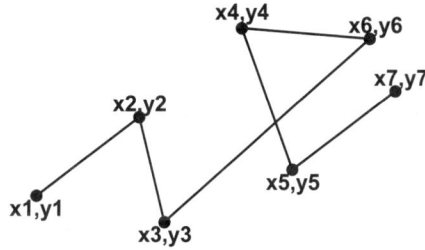

**Beispiel 24.26** **Zeichnen von zwei Linien**

```csharp
Graphics g = this.CreateGraphics();
PointF[] punkte = {new PointF(0, 0), new PointF(100, 100), new PointF(20, 80)};
g.DrawLines(new Pen(Color.Black), punkte);
```

HINWEIS: Selbstverständlich können Sie auch ein frei definiertes Array verwenden, das zur Laufzeit mit Werten gefüllt wird.

## 24.4.6 Rechtecke

Für das Zeichnen von Rechtecken können Sie entweder die Methode *DrawRectangle* (nur Rahmen) oder *FillRectangle* (gefülltes Rechteck) verwenden.

## DrawRectangle

Diese Methode erwartet als Übergabeparameter einen *Pen* sowie die Koordinaten (als x, y, Breite, Höhe oder *Rectangle*-Struktur).

**Beispiel 24.27**  **Zeichnen von Rechtecken**

```csharp
Graphics g = this.CreateGraphics();
g.DrawRectangle(new Pen(Color.Black), 10, 10, 100, 100);
```

Alternativ können Sie auch die folgenden Anweisungen verwenden:

```csharp
Graphics g = this.CreateGraphics();
Rectangle rec = new Rectangle(10, 10, 100, 100);
g.DrawRectangle(new Pen(Color.Black), rec);
```

## FillRectangle

Im Unterschied zur *DrawRectangle*-Methode erwartet *FillRectangle* einen initialisierten *Brush*, d.h. die Information, wie das Rechteck zu füllen ist.

**HINWEIS:** Die Methode füllt lediglich das Rechteck, es wird kein Rahmen gezeichnet!

**Beispiel 24.28**  **Rotes Rechteck zeichnen**

```csharp
Graphics g = this.CreateGraphics();
g.FillRectangle(new SolidBrush(Color.Red), 10, 10, 100, 100);
```

Wie auch bei *DrawRectangle* können Sie alternativ eine *Rectangle*-Struktur übergeben. Dies bietet sich beispielsweise an, wenn man das Rechteck auch mit einem Rahmen versehen will.

**Beispiel 24.29**  **Verwendung *Rectangle***

```csharp
Graphics g = this.CreateGraphics();
Rectangle rec = new Rectangle(10, 10, 100, 100);

g.FillRectangle(new SolidBrush(Color.Red), rec);
g.DrawRectangle(new Pen(Color.Black), rec);
```

### DrawRectangles/FillRectangles

Nicht genug der Pein, neben den beiden genannten Methoden können Sie auch *DrawRectangles* und *FillRectangles* verwenden, um gleich mehrere Rechtecke auf einmal zu zeichnen. Übergeben wird in diesem Fall ein Array von *Rectangle*-Strukturen.

**Beispiel 24.30**  Zeichnen zweier gefüllter Rechtecke

```csharp
Graphics g = this.CreateGraphics();
Rectangle[] rec = {new Rectangle(10, 10, 100, 100),
                   new Rectangle(50, 50, 200, 120)};

g.FillRectangles(new SolidBrush(Color.Red), rec);
```

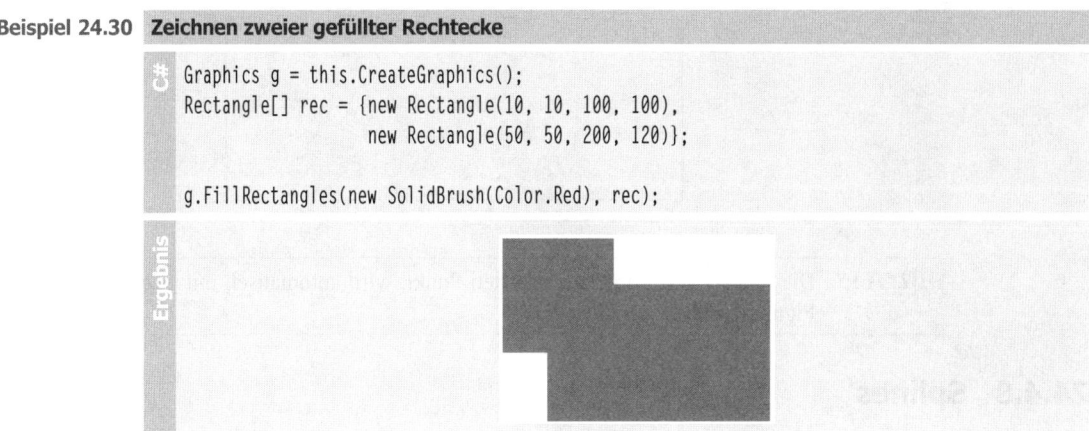

## 24.4.7  Polygone

Möchten Sie ein n-Eck zeichnen, nutzen Sie die Methode *DrawPolygon*. Soll dieses Vieleck auch gefüllt werden, können Sie dies mit *FillPolygon* realisieren. Beide Funktionen arbeiten ähnlich wie die Funktionen zum Zeichnen von Rechtecken, der einzige Unterschied: *DrawPolygon* bzw. *Fill-Polygon* erwarten als Übergabeparameter ein Array von *Point*-Strukturen (x- und y-Koordinate) sowie jeweils einen *Pen* bzw. einen *Brush*.

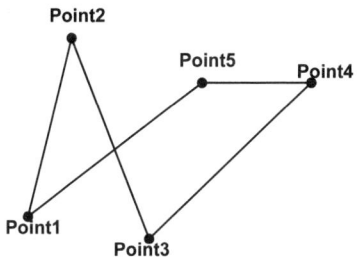

**Beispiel 24.31**  Zeichnen eines Vielecks

```csharp
Graphics g = this.CreateGraphics();
Point[] Ps = new Point[6];
Ps[0] = new Point(30, 60);    Ps[1] = new Point(150, 40);
Ps[2] = new Point(212, 1);    Ps[3] = new Point(190, 50);
Ps[4] = new Point(244, 150);  Ps[5] = new Point(130, 180);
g.DrawPolygon(new Pen(Color.Red), Ps);
```

**Beispiel 24.31**   **Zeichnen eines Vielecks**

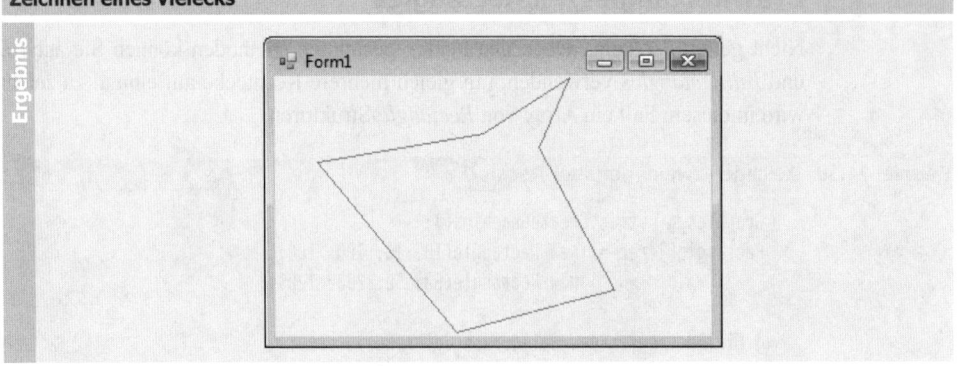

---

**HINWEIS:** Die letzte Linie, zurück zum ersten Punkt, wird automatisch mit gezeichnet, um die Figur zu schließen.

---

## 24.4.8  Splines

Möchten Sie Diagramme zeichnen, stehen Sie häufig vor dem Problem, dass die entstehende Kurve ziemlich eckig ist, da Sie aus Zeitgründen nur wenige Stützpunkte berechnet haben. Das lineare Verbinden ist in diesem Fall nicht der ideale Weg. Besser ist hier die Verwendung von Splines, d.h. Linienzügen, die bei einem Wechsel des Anstiegs weiche Übergänge realisieren.

GDI+ bietet Ihnen die Methode *DrawCurve*, der Sie zunächst die gleichen Parameter wie *DrawLines* übergeben können (Stift, Point-Array).

**SYNTAX:**   `void DrawCurve(Pen pen, Point[] points, int Start, int Anzahl, float Spannung);`

Zusätzlich können Sie bestimmen, ab welchem Punkt in der Liste die Spline-Kurve gezeichnet wird bzw. wie viele Punkte gezeichnet werden. Der letzte Parameter bestimmt die Spannung, d.h., wie der Übergang zwischen zwei Teilstrecken hergestellt wird. Ein Beispiel soll für mehr Klarheit sorgen.

**Beispiel 24.32**   **Spline zeichnen**

Neues *Graphics*-Objekt erzeugen:

```
Graphics g = this.CreateGraphics();
```

Array für die Punkte erstellen:

```
PointF[] Ps = new PointF[6];
```

Die Spannung, verändern Sie diesen Wert wie gewünscht:

```
Single u = 0.6F;

Ps[0] = new PointF(0, 100);
Ps[1] = new PointF(100, 0);
```

**Beispiel 24.32**  **Spline zeichnen**

```
Ps[2] = new PointF(200, 100);
Ps[3] = new PointF(300, 200);
Ps[4] = new PointF(400, 100);
Ps[5] = new PointF(500, 0);
```

Zunächst zeichnen wir zum Vergleich eine "normale" Kurve:

```
g.DrawLines(new Pen(Color.Black, 2), Ps);
```

Und jetzt die Spline-Kurve:

```
g.DrawCurve(new Pen(Color.Red, 2), Ps, 0, 5, u);
```

## 24.4.9  Bézierkurven

Für einfache Zeichnungen dürften die bisherigen Zeichenfunktionen ausreichen, kompliziertere
Gebilde bekommen Sie mit der Bézierfunktion in den Griff. Wie bei einer "normalen" Linie übergeben Sie Anfangs- und Endpunkt, zusätzlich jedoch noch zwei Stützpunkte, mit denen die Linie
wie ein Gummiband "gezogen" werden kann.

**SYNTAX:**   void **DrawBezier**(Pen *pen*, Point *Start*, Point *Stütz1*, Point *Stütz2*, Point *Ende*);

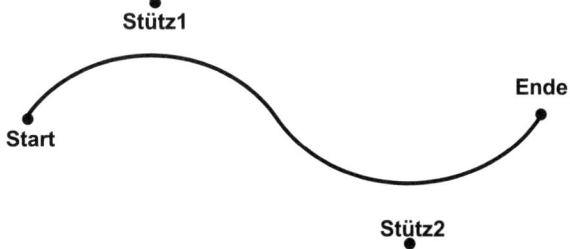

Beispiel 24.33 | **Zeichnen einer Bézierkurve**

```csharp
Graphics g = this.CreateGraphics();
Point start, Stütz1, stütz2, ende;

start = new Point(0, 100);
Stütz1 = new Point(100, 0);
stütz2 = new Point(200, 200);
ende = new Point(300, 100);
g.DrawBezier(new Pen(Color.Black, 2), start, Stütz1, stütz2, ende);
```

Ergebnis

**HINWEIS:** Mit *DrawBeziers* können Sie mehrere Bézierkurven gleichzeitig zeichnen.

## 24.4.10  Kreise und Ellipsen

Kreise und Ellipsen zeichnen Sie mit *DrawEllipse* bzw. *FillEllipse*, wenn Sie eine Kreis-/
Ellipsenfüllung erzeugen wollen. Übergabeparameter ist eine *Rectangle*-Struktur bzw. die linke
obere Ecke sowie die Breite und Höhe der Ellipse.

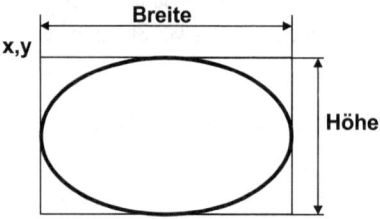

**HINWEIS:** Kreisbögen und Kuchenstücke zeichnen Sie mit eigenen Methoden.

Beispiel 24.34 | **Zeichnen einer Ellipse**

```csharp
Graphics g = this.CreateGraphics();
Rectangle rec = new Rectangle(10, 10, 150, 100);
g.DrawEllipse(new Pen(Color.Black, 2), rec);
```

## 24.4.11  Tortenstück (Segment)

Die Methode *DrawPie* zeichnet ein Tortenstück, das durch eine Ellipse und zwei Linien begrenzt ist. Die Begrenzungslinien werden über den Startwinkel bzw. den Bogenwinkel bestimmt.

**SYNTAX:**  `void DrawPie(Pen pen, RectangleF rect, float startwinkel, float bogenwinkel);`

---

**HINWEIS:** Winkel werden im Uhrzeigersinn abgetragen.

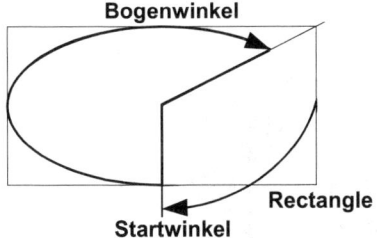

---

**HINWEIS:** Mit *FillPie* erstellen Sie ein gefülltes Tortenstück.

**Beispiel 24.35**   **Tortenstück zeichnen**

```csharp
Graphics g = this.CreateGraphics();

Rectangle rec = new Rectangle(10, 10, 150, 100);
g.DrawPie(new Pen(Color.Black, 2), rec, 10, 90);
```

Zeichnet folgendes Tortenstück:

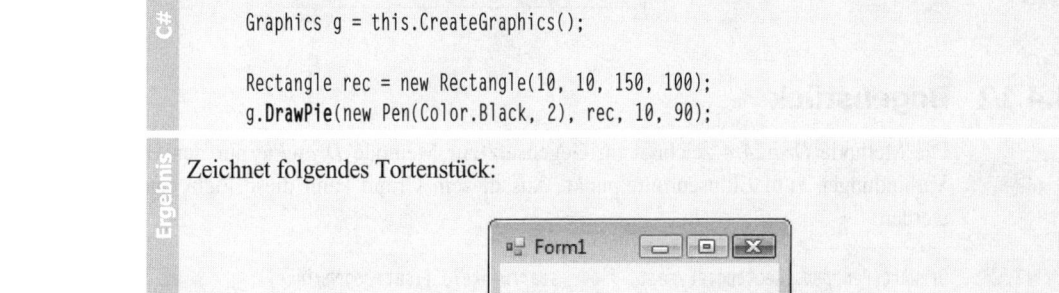

## Kuchendiagramme

Da die Funktionen Winkel als Parameter erwarten, gestaltet sich das Zeichnen von Kuchendiagrammen besonders leicht. Ausgehend von einer einheitlichen *Rectangle*-Struktur brauchen Sie lediglich die Winkelangaben zu variieren.

**Beispiel 24.36** | **Zeichnen eines Kuchendiagramms (100°, 60°, 200°)**

```csharp
Graphics g = this.CreateGraphics();

Rectangle rec = new Rectangle(10, 10, 200, 200);
g.FillPie(new SolidBrush(Color.Red), rec, 0, 100);
g.FillPie(new SolidBrush(Color.Green), rec, 100, 60);
g.FillPie(new SolidBrush(Color.Blue), rec, 160, 200);
```

Das Ergebnis kann sich durchaus sehen lassen:

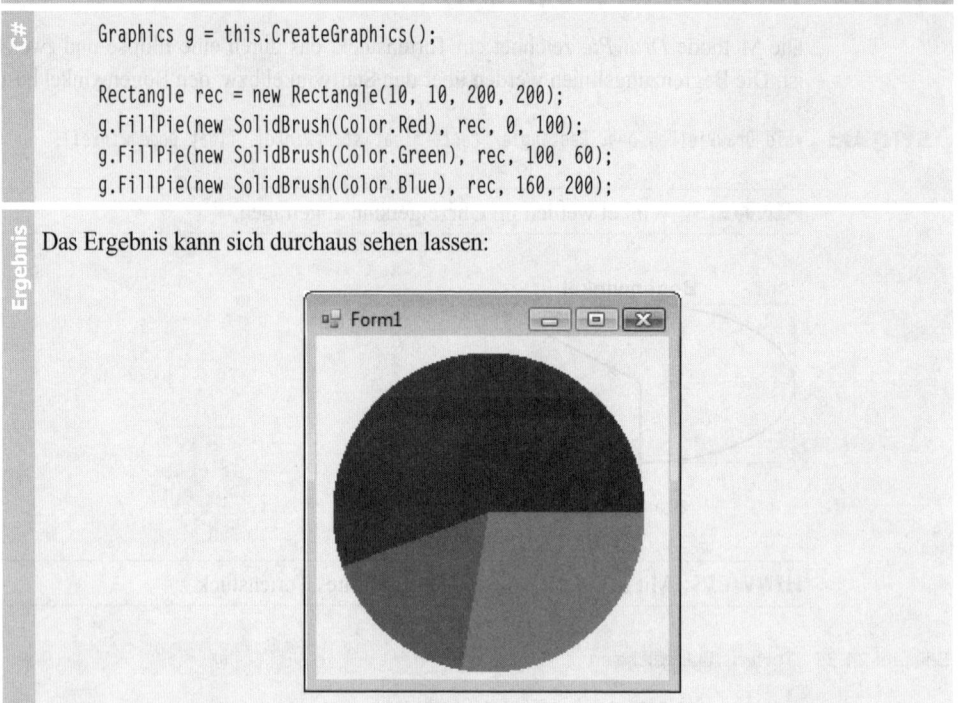

## 24.4.12 Bogenstück

Die Methode *DrawArc* zeichnet im Gegensatz zur Methode *DrawPie* nur den Bogen, nicht die Verbindungen zum Ellipsenmittelpunkt. Aus diesem Grund kann diese Figur auch nicht gefüllt werden.

**SYNTAX:** `DrawArc(Pen pen, RectangleF rect, float startwinkel, float bogenwinkel);`

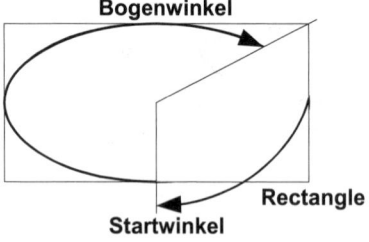

**HINWEIS:** Positive Winkelangaben werden im Uhrzeigersinn abgetragen.

**Beispiel 24.37** **Bogenstück zeichnen**

```csharp
Graphics g = this.CreateGraphics();
Rectangle rec = new Rectangle(10, 10, 200, 200);

g.DrawArc(new Pen(Color.Black, 2), rec, 45, 180);
```

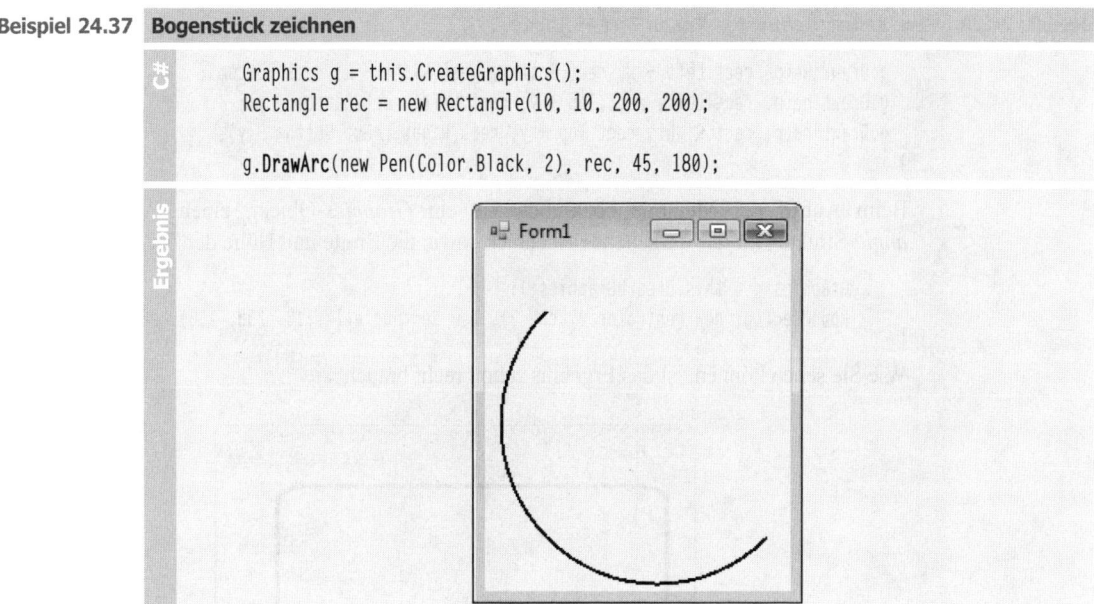

## 24.4.13 Wo sind die Rechtecke mit den runden Ecken?

Ersatzlos gestrichen! Es bleibt Ihnen also nichts anderes übrig, als sich eine eigene Funktion zu schreiben, oder Sie nutzen die Möglichkeiten von GDI.

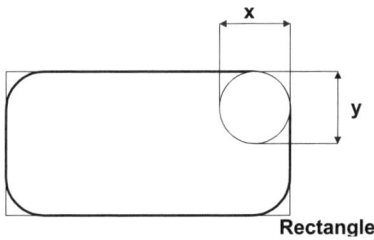

**Rectangle**

**Beispiel 24.38** **Eine "selbst gestrickte"** *RoundRect*-Methode

```csharp
private void RoundRect(Graphics g, Pen p, Rectangle rect, int x, int y)
{
    g.DrawArc(p, new Rectangle(rect.Left, rect.Top, 2 * x, 2 * y), 180, 90);
    g.DrawArc(p, new Rectangle(rect.Left + rect.Width - 2 * x, rect.Top, 2 * x, 2 * y),
            270, 90);
    g.DrawArc(p, new Rectangle(rect.Left + rect.Width - 2 * x,
            rect.Top + rect.Height - 2 * y, 2 * x, 2 * y), 0, 90);
    g.DrawArc(p, new Rectangle(rect.Left, rect.Top + rect.Height - 2 * y,
            2 * x, 2 * y), 90, 90);
    g.DrawLine(p, rect.Left + x, rect.Top, rect.Right - x, rect.Top);
```

**Beispiel 24.38  Eine "selbst gestrickte" *RoundRect*-Methode**

```
    g.DrawLine(p, rect.Left + x, rect.Bottom, rect.Right - x, rect.Bottom);
    g.DrawLine(p, rect.Left, rect.Top + y, rect.Left, rect.Bottom - y);
    g.DrawLine(p, rect.Right, rect.Top + y, rect.Right, rect.Bottom - y);
}
```

Beim Aufruf der Methode übergeben Sie ein *Graphics*-Objekt, einen *Pen*, eine *Rectangle*-Struktur für das umgebende Rechteck sowie die Breite und Höhe der "Ecken":

```
    Graphics g = this.CreateGraphics();
    RoundRect(g, new Pen(Color.Black, 3), new Rectangle(10, 10, 250, 150), 20, 10);
```

Wie Sie sehen können, ist das Ergebnis schon recht brauchbar:

## 24.4.14  Textausgabe

Neben den grafischen Primitiven wie Kreis oder Linie wird auch Text unter Windows als Grafik ausgegeben. GDI+ bietet dafür die recht universelle Methode *DrawString*. Leider gibt es reichlich Variationen dieser Methode, was es dem Anfänger sicher nicht einfacher macht. Wir beschränken uns auf zwei wichtige Vertreter:

**SYNTAX:**  `void DrawString(string s, Font font, Brush brush, PointF xy, StringFormat format);`

... Ausgabe eines Textes *String* mit der Schrift *Font* und der Füllung *Brush* an der Stelle *XY*. Wenn notwendig, können Sie weitere Formatierungsanweisungen in *StringFormat* übergeben.

**SYNTAX:**  `void DrawString(string s, Font font, Brush brush,`
`                RectangleF layoutRectangle, StringFormat format);`

... Ausgabe eines Textes *String* mit der Schrift *Font* und der Füllung *Brush* in einem Rechteck *Rectangle*.

**HINWEIS:** Details über das Erstellen von *Font*- bzw. *Brush*-Objekten finden Sie im Abschnitt 24.5.

**Beispiel 24.39** | **Ausgabe eines Textes an der Position 70,70**

```csharp
Graphics g = this.CreateGraphics();
g.DrawString("Textausgabe", new Font("Arial", 18), new SolidBrush(Color.Black), 70, 70);
```

### Texteigenschaften

Haben Sie einen String, wie zum Beispiel

```
s = "Rotationswinkel 27""
```

... und möchten Sie diesen **zentriert** ausgeben, brauchen Sie Informationen darüber, wie hoch und wie breit der auszugebende Text ist. Die Methode *MeasureString* ist in diesem Zusammenhang interessant.

Für einen vorgegebenen String mit dem gewählten Font werden Breite und Höhe in einer *SizeF*-Struktur zurückgegeben. Während *SizeF.Height* der Schrifthöhe in der jeweils gewählten Skalierung entspricht, ist *SizeF.Width* von der Anzahl der Buchstaben und der Schriftart abhängig:

Die Ausgabeposition berechnet sich wie folgt:

```csharp
Graphics g = this.CreateGraphics();
Font myfont = new Font("Arial", 36);
SizeF mySize = g.MeasureString("Textausgabe", myfont);
g.DrawString("Textausgabe", myfont, new SolidBrush(Color.Black),
            (this.Width - mySize.Width) / 2, 150);
```

### Ausgabe von mehrzeiligem Text

Für die Ausgabe von mehrzeiligem Text nutzen Sie eine überladene Variante von *DrawString*, die zusätzlich eine *Rectangle*-Struktur als Parameter akzeptiert.

**Beispiel 24.40** | **Ausgabe von mehrzeiligem Text**

```csharp
Graphics g = this.CreateGraphics();
Font myfont = new Font("Arial", 12);
g.DrawString("Textausgabe im Rechteck", myfont, Brushes.Red,
            new RectangleF(10, 10, 60, 180));

g.DrawRectangle(new Pen(Color.Black), new Rectangle(10, 10, 60, 180));
```

**Beispiel 24.40** | **Ausgabe von mehrzeiligem Text**

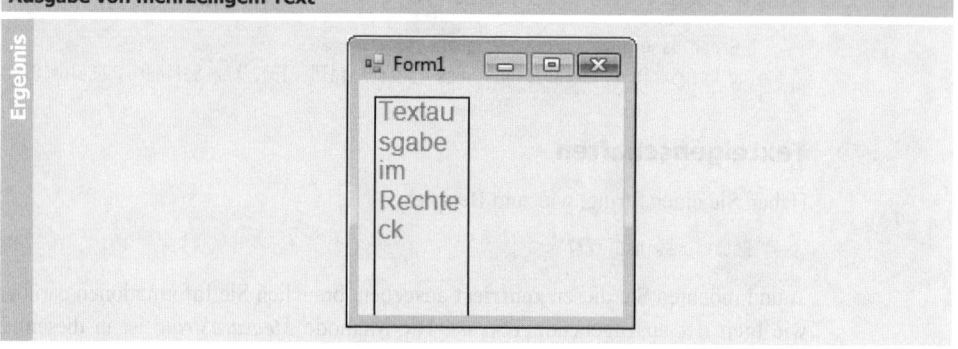

---

**HINWEIS:** Möchten Sie die Anzahl der entstehenden Zeilen und Spalten ermitteln, können Sie ebenfalls die Methode *MeasureString* nutzen.

## Textattribute

Über den Parameter *StringFormat* können Sie zusätzliche Formatierungsanweisungen an die *DrawString*-Methode übergeben. Auf die einzelnen Parameter wollen wir an dieser Stelle nicht eingehen, da Sie diese im Normalfall auch kaum gebrauchen werden. Lediglich der Parameter *DirectionVertical* dürfte Ihr Interesse wecken, zu vermuten ist, dass Sie damit einen senkrechten Text ausgeben können.

Sicher, die Autoren haben immer etwas zu "meckern", aber warum *StringFormatFlags.Direction-Vertical* einen Text erzeugt, der die folgende Ausrichtung hat, scheint doch etwas merkwürdig[1]:

---

[1] Die Autoren haben bisher kein deutsches Buch oder eine technische Zeichnung gefunden, wo eine derartige Textausrichtung vorkommt. Unsere amerikanischen Freunde hätten es bei der schlichten Angabe eines Drehwinkels belassen sollen.

### Ausgabequalität

Wem die Darstellungsqualität des Textes partout nicht passt bzw. wer sich nach einer Antialiasing-Funktion umsieht, wird bei der Eigenschaft *TextRenderingHint* fündig.

**Beispiel 24.41**   **Antialiasing einschalten**

```csharp
Graphics g = this.CreateGraphics();
g.RotateTransform(15);
g.DrawString("Textausgabe", new Font("Arial", 40), new SolidBrush(Color.Black), 30, 10);
g.TextRenderingHint = TextRenderingHint.AntiAlias;
g.DrawString("Textausgabe", new Font("Arial", 40), new SolidBrush(Color.Black), 30, 60);
g.TextRenderingHint = TextRenderingHint.ClearTypeGridFit;
g.DrawString("Textausgabe", new Font("Arial", 40), new SolidBrush(Color.Black), 30, 110);
```

Das Ergebnis zeigt die folgende Abbildung, die beste Darstellung dürfte der Wert *AntiAlias* liefern.

> **HINWEIS:** Bevor Sie jetzt alle Texte auf diese Weise ausgeben, vergessen Sie bitte nicht, dass dafür auch jede Menge Rechenzeit benötigt wird.

### Und wo bleibt eine Methode zum Drehen von Text?

Sie werden auch bei intensivster Suche weder beim *Font*-Objekt noch bei der Methode *DrawString* einen Weg finden, gedrehten Text auszugeben. Wer das Kapitel bis hier aufmerksam gelesen hat, wird sich an die *Graphics*-Methode *RotateTransform* erinnern[1]. Für alle anderen gilt: "Gehe zurück zum Abschnitt 24.3.2"!

**Beispiel 24.42**   **Rotation von Text um 15°**

```csharp
Graphics g = this.CreateGraphics();
g.RotateTransform(15);
g.DrawString("Textausgabe", new Font("Arial", 18), new SolidBrush(Color.Black), 70, 70);
```

---

[1]  Diese Form der Umsetzung scheint allerdings doch etwas "sinnfrei" zu sein, berechnen Sie doch bitte einmal schnell die neuen x,y-Koordinaten, wenn Sie einen Text im Winkel von 90° an einem Rechteck ausrichten wollen.

| Beispiel 24.42 | **Rotation von Text um 15°** |
| --- | --- |

Kommen wir noch einmal auf unser Beispiel aus dem vorhergehenden Abschnitt zurück. Testen Sie das Beispiel einmal mit gedrehtem Text, werden Sie folgendes Ergebnis erhalten:

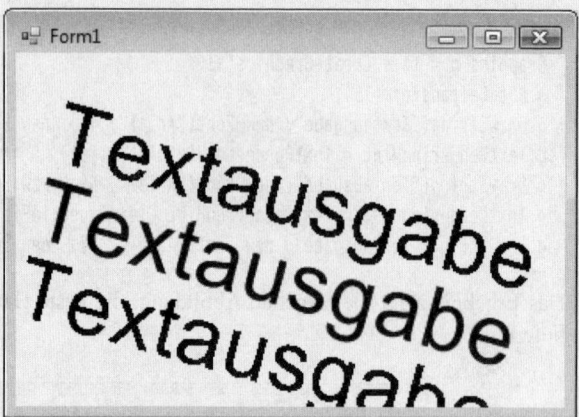

> **HINWEIS:** Möchten Sie nacheinander Text mit verschiedenen Winkeln ausgeben, entscheiden Sie mit dem optionalen Parameter *MatrixOrder*, ob die Winkel inkrementell oder absolut angegeben werden.

| Beispiel 24.43 | **Absolute Angabe** |
| --- | --- |

```csharp
g.RotateTransform(10, System.Drawing.Drawing2D.MatrixOrder.Prepend);
```

| Beispiel 24.44 | **Inkrementelle Angabe** |
| --- | --- |

```csharp
g.RotateTransform(10, System.Drawing.Drawing2D.MatrixOrder.Append);
```

## 24.4.15  Ausgabe von Grafiken

Unter "Ausgabe von Grafiken" möchten wir an dieser Stelle die Wiedergabe von fertigen Grafiken (Bitmaps, Icons, Metafiles) auf einem *Graphics*-Objekt verstehen.

**SYNTAX:**   `void DrawImageUnscaled(Image image, int x, int y);`

... zeichnet die angegebene Grafik an der durch x und y angegebenen Position.

> **HINWEIS:** Die anderen Varianten von *DrawImageUnscaled* können Sie getrost vergessen, trotz angekündigtem Beschneidens der Grafik erfolgt dies nicht.

**Beispiel 24.45** **Verwendung von *DrawImageUnscaled***

```
Graphics g = this.CreateGraphics();
g.DrawImageUnscaled(pictureBox1.Image, 0, 0);
```

### Skalieren

Für die skalierte Ausgabe von Grafiken können Sie *DrawImage* verwenden:

SYNTAX: `void DrawImage(Image image, int x, int y, int width, int height);`

SYNTAX: `void DrawImage(Image image, int x, int y, Rectangle srcRect, GraphicsUnit srcUnit);`

Während die erste Variante neben der Position auch die Breite und Höhe erwartet, können Sie bei der zweiten Syntax-Variante zusätzlich die Einheiten (*GraphicsUnit*) angeben (z.B. beim Drucker).

**Beispiel 24.46** **Verkleinerte, aber proportionale Ausgabe eines Image**

```
Single faktor;
Graphics g = this.CreateGraphics();
faktor = PictureBox1.Image.Height / PictureBox1.Image.Width;
g.DrawImageUnscaled(PictureBox1.Image, 0, 0);
g.DrawImage(PictureBox1.Image, 30, 30, 100, 100 * faktor);
```

# 24.5 Unser Werkzeugkasten

Nachdem Sie sich im vorhergehenden Abschnitt mit diversen Grafikmethoden herumgeschlagen haben, wollen wir Ihnen jetzt die einzelnen "Werkzeuge" des Grafikprogrammierers sowie deren Konfigurationsmöglichkeiten näher vorstellen.

## 24.5.1 Einfache Objekte

Zunächst sollten wir kurz auf einige grundlegende Strukturen im Zusammenhang mit der Grafik-ausgabe eingehen.

## Point, FPoint

Für die Angabe von Koordinaten wird bei vielen Grafikmethoden ein *Point*-Objekt (Integer) bzw. ein *PointF* (Gleitkommawert) verwendet. Die beiden wichtigsten Eigenschaften: x, y.

**Beispiel 24.47**  | **Deklaration eines neuen *Point*-Objekts (x = 10, y = 10)**

```
Point p = new Point(10, 10);
```

**Beispiel 24.48**  | **Direktes Verändern der x-Koordinate**

```
Point p = new Point(10, 10);
p.X = 100;
```

**Beispiel 24.49**  | **Verschieben des Punktes**

```
Point p = new Point(10, 10);
p.Offset(10, 10);
```

**Beispiel 24.50**  | **Vergleich von zwei Punktkoordinaten**

```
Point p1 = new Point(10, 10);
Point p2 = new Point(10, 10);
if (p1.Equals(p2)) MessageBox.Show("Punkte sind gleich");
```

**Beispiel 24.51**  | **Konvertieren in einen Gleitkomma-Point (PointF):**

```
Point p1 = new Point(10, 10);
PointF p2;
p2 = Point.op_Implicit(p1);          // Variante 1
p2 = (PointF) p1;                     // Variante 2
```

## Size, FSize

Ähnlich wie *Point* verwaltet *Size* bzw. *SizeF* ein Koordinatenpaar, nur dass es sich in diesem Fall um die Breite (*Width*) bzw. Höhe (*Height*) handelt.

**Beispiel 24.52**  | **Deklarieren und Verändern der Breite**

```
Size mysize = new Size(100, 80);
mysize.Width = 130;
```

## Rectangle, FRectangle

Das dritte Grundobjekt ist im Grunde die Kombination der beiden vorhergehenden Objekte. Die folgende Skizze zeigt die verschiedenen Formen des Zugriffs auf die Koordinatenpaare:

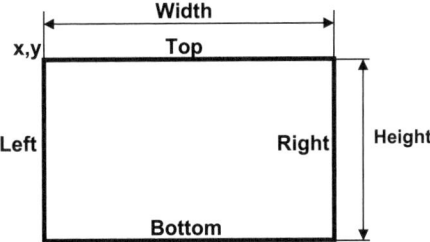

| Beispiel 24.53 | **Deklarieren und verwenden von *Rectangle*** |

```
Graphics g = this.CreateGraphics();
Rectangle rec = new Rectangle(10, 10, 200, 100);

g.FillRectangle(new SolidBrush(Color.Red), rec);
```

## 24.5.2 Vordefinierte Objekte

Vielleicht hatte irgendein Programmierer bei Microsoft ein Einsehen und entschied sich dafür, wenigstens einige Grafikobjekte vorzudefinieren, d.h., ohne dass Sie diese erst mit viel Aufwand und umfangreichen Parameterlisten initialisieren müssen.

Drei Gruppen können Sie unterscheiden:

- vordefinierte Pinsel (Brushes)
- vordefinierte Stifte (Pens)
- vordefinierte Farben (Colors)
- vordefinierte Grafiken (Icons)

### Vordefinierte Pinsel

Neben *Brushes* (alle relevanten Farben) können Sie auch *SystemBrushes* (die vordefinierten Systemfarben) verwenden.

| Beispiel 24.54 | **Erzeugt einer leicht gelb getönte Fläche (Farbe der Hints).** |

```
Graphics g = this.CreateGraphics();
Rectangle rec = new Rectangle(10, 10, 200, 100);

g.FillRectangle(SystemBrushes.Info, rec);
```

### Vordefinierte Stifte

Über das *SystemPens*-Objekt bzw. dessen Eigenschaften rufen Sie vordefinierte Stifte (Breite = 1 Pixel) für alle Windows-Farben ab:

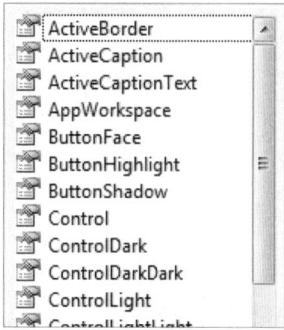

**Beispiel 24.55** | **Verwendung eines System-Pens**

```csharp
Graphics g = this.CreateGraphics();
g.DrawRectangle(SystemPens.ControlText, 10, 10, 100, 100);
```

## Vordefinierte Farben

Farben können Sie entweder über *SystemColors* (die Farben der Windows-Elemente) oder über *Color* abrufen.

**Beispiel 24.56** | **Verwendung von *Color***

```csharp
Graphics g = this.CreateGraphics();
Rectangle rec = new Rectangle(10, 10, 200, 200);
g.FillPie(new SolidBrush(Color.Red), rec, 0, 100);
```

## Vordefinierte Icons

Über *SystemIcons* können Sie die wichtigsten System-Icons direkt abrufen[1]:

| Eigenschaft |
| --- |
| *Application* |
| *Asterisk* |
| *Error* |
| *Exclamation* |
| *Hand* |
| *Information* |
| *Question* |
| *Warning* |
| *WinLogo* |

---

[1] Diese unterscheiden sich etwas je nach System, deshalb hier keine Abbildungen.

**Beispiel 24.57**  **Verwendung eines System-Icons**

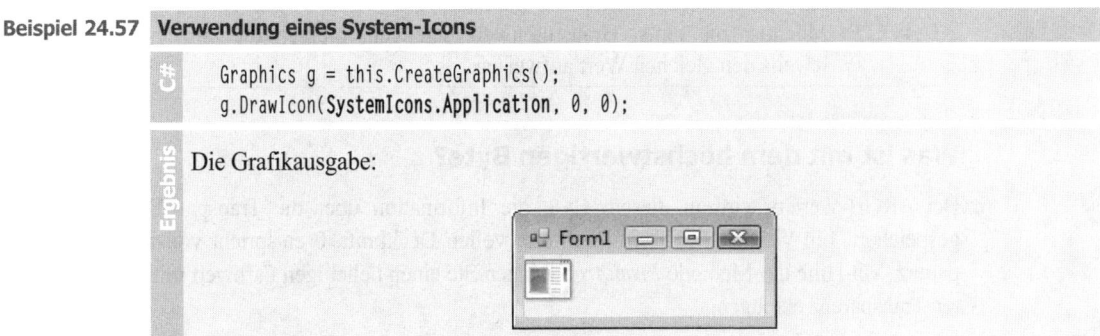

```csharp
Graphics g = this.CreateGraphics();
g.DrawIcon(SystemIcons.Application, 0, 0);
```

Die Grafikausgabe:

## 24.5.3  Farben/Transparenz

Farben setzen sich auch unter Windows aus der additiven Überlagerung der drei Grundfarben Rot, Grün und Blau zusammen (RGB). Da jeder Farbanteil in 256 Farbstufen unterteilt ist, ergibt sich eine maximale Anzahl von ca. 16 Mio. Farben. Bei dieser Auflösung ist das menschliche Auge nicht mehr in der Lage, einzelne Abstufungen wahrzunehmen, man spricht von Echtfarben.

### ARGB-Farben

GDI+ verwendet für die Verwaltung von Farbinformationen so genannte ARGB-Werte, d.h. 4 Byte- bzw. Integer-Werte. Auch die bereits vordefinierten Farbwerte (siehe vorhergehender Abschnitt) verwenden dieses Farbmodell.

Um zu verstehen, wie die Farbwerte gespeichert werden können, müssen wir wissen, dass zur Darstellung **eines** Bytes **zwei** Hexziffern benötigt werden. Eine einzelne Hexziffer wird durch eines der 16 Zeichen 0, 1, 2, 3, 4, 5, 6, 7, 8, 9, A, B, C, D, E, F dargestellt. Die drei niederwertigen Bytes geben die RGB-Farbintensität für Blau, Grün und Rot an.

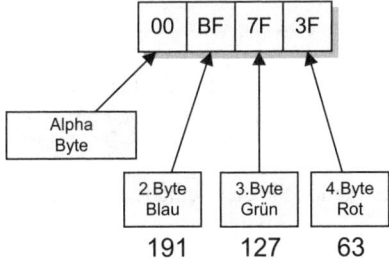

**Beispiel 24.58**  **Farbwerte**

Da pro Byte 256 Werte gespeichert werden können, entspricht der Wert 0x00FF0000 einem reinen Blau mit voller Intensität, der Wert 0x0000FF00 einem reinen Grün und der Wert 0x000000FF einem reinen Rot. 0x00000000 gibt Schwarz und 0x00FFFFFF Weiß an. In obiger Abbildung wird eine graublaue Farbe definiert.

> **HINWEIS:** Möchten Sie einen Graustufenwert erzeugen, müssen die einzelnen Farbanteile jeweils den gleichen Wert aufweisen.

### Was ist mit dem höchstwertigen Byte?

Bei ARGB-Werten wird in diesem Byte die Information über die Transparenz dieser Farbe gespeichert. Ein Wert von 255 entspricht der vollen Deckkraft, 0 entspricht vollständiger Transparenz. Mit Hilfe der Methode *FromArgb* können Sie einen beliebigen Farbwert mit der gewünschten Transparenz erzeugen.

**Beispiel 24.59** | **Erzeugen von zwei teiltransparenten Ellipsen**

```C#
Graphics g = this.CreateGraphics();
Color c1, c2;
c1 = Color.FromArgb(125, Color.Red);
g.FillEllipse(new SolidBrush(c1), new Rectangle(10, 10, 150, 100));
c2 = Color.FromArgb(12, Color.Red);
g.FillEllipse(new SolidBrush(c2), new Rectangle(50, 50, 250, 200));
```

**Ergebnis**

Das Ergebnis auf dem Formular:

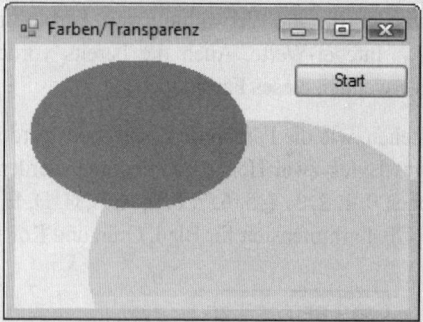

Rufen Sie obige Anweisungen mehrfach auf, addieren sich die Farbwerte immer weiter, bis eine vollständige Deckung erreicht wird.

Möchten Sie zwei Farbwerte vergleichen, verwenden Sie die Methode *ToArgb*:

```
if (c1.ToArgb() == c2.ToArgb()) MessageBox.Show("Beide Farben sind gleich!");
```

## 24.5.4 Stifte (Pen)

Für Grafikmethoden, die Linien verwenden, benötigen Sie ein initialisiertes *Pen*-Objekt. Dieses enthält unter anderem Informationen über:

- die Farbe
- die Dicke

- die Linienenden

- die Verbindung zweier zusammenhängender Linien

- den Füllstil

Bevor wir Sie mit einer Fülle von Eigenschaften erschlagen, sollen einige Beispiele für mehr Klarheit sorgen.

### Einfarbige Stifte

Einfarbige Stifte werden mit einer der vordefinierten Farben oder einem ARGB-Wert als Parameter erzeugt.

**Beispiel 24.60**  **Erzeugen eines roten Stifts**

```
Pen myPen = new Pen(Color.Red);
```

**Beispiel 24.61**  **Erzeugen eines einfarbigen Pens mit 50 % Transparenz und 10 Pixeln Breite**

```
Pen myPen = new Pen(Color.FromArgb(128, 17, 69, 137), 10);
```

**Beispiel 24.62**  **Zeichnen von zwei aufeinander folgenden roten Linien (15 Pixel breit) mit einem Pfeil am Anfang und einem runden Ende**

```
Graphics g = this.CreateGraphics();
```

Zunächst einen einfarbigen *Pen* der Stärke 15 erzeugen:

```
Pen myPen = new Pen(Color.Red, 15);
```

Die Punkte für die Linienenden festlegen:

```
PointF[] punkte = new PointF[] {new PointF(10, 10), new PointF(100, 100),
                                new PointF(50, 150)};
```

Den Linienstart festlegen (Pfeil):

```
myPen.EndCap = LineCap.Round;
```

Das Linienende festlegen (rund):

```
myPen.StartCap = LineCap.ArrowAnchor;
```

Die Verbindung der zwei Teillinien festlegen (rund):

```
myPen.LineJoin = LineJoin.Round;
```

Linien zeichnen:

```
g.DrawLines(myPen, punkte);
```

**Beispiel 24.62** | **Zeichnen von zwei aufeinander folgenden roten Linien (15 Pixel breit) mit einem Pfeil am Anfang und einem runden Ende**

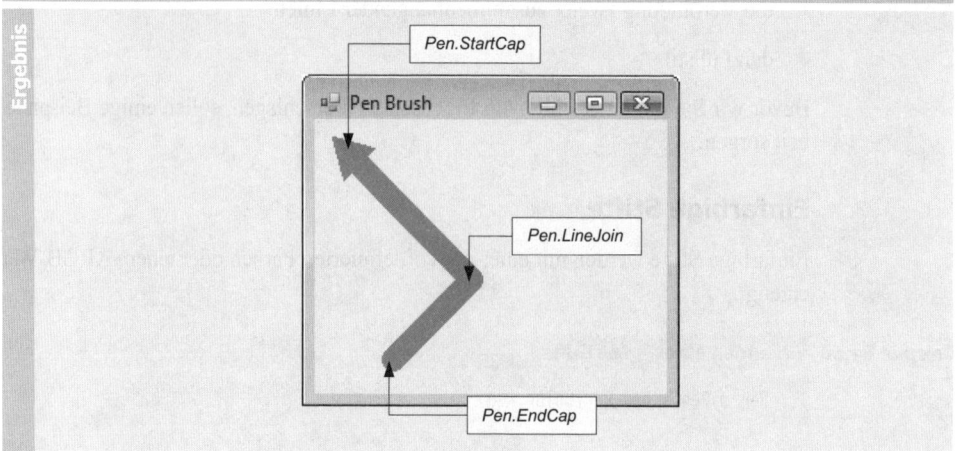

Einige wichtige Linieneigenschaften auf einen Blick:

| Eigenschaft | Beschreibung |
| --- | --- |
| *Alignment* | ... beschreibt die Position (*Center, Inset, Outset, Left, Right*) der Linie bezüglich der gedachten Ideallinie zwischen zwei Punkten. |
| *Color* | ... die Füllfarbe des Stifts. |
| *LineJoin* | ... beschreibt den Übergang (*Bevel, Miter, MiterClipped, Round*) zwischen zwei aufeinander folgenden Linien. Siehe dazu vorhergehendes Beispiel. |
| *StartCap, EndCap* | ... beschreibt die Form der Linienenden (*Flat, Round, Square ...*). Siehe dazu vorhergehendes Beispiel. |
| *DashCap* | ... beschreibt die Form der einzelnen Punkte/Linienabschnitte bei gestrichelten Linien (*Flat, Round Triangle*). |
| *DashStyle* | ... beschreibt die Form von gestrichelten Linien (*Custom, Dash, DashDot, DashDotDot, Dot, Solid*). |
| *PenType* | ... beschreibt die Stiftart (*SolidColor, Hatchfill, LinearGradient, PathGradient, TextureFill*). Diese Eigenschaft ist schreibgeschützt. |

## Stifte mit Füllung

Im Unterschied zu den bisher vorgestellten Stiften, die lediglich unterschiedliche Linienmuster bzw. -farben aufweisen konnten, lassen sich auch Stifte erzeugen, die mit einem *Brush* statt mit einer Farbe initialisiert werden.

**Beispiel 24.63** **Erzeugen eines Stifts mit Brush als Füllung**

```
Graphics g = this.CreateGraphics();
Pen mypen = new Pen(brushes.Azure, 10);

g.DrawLine(mypen, 10, 10, 100, 100);
```

Auf den ersten Blick werden Sie keinen Unterschied zu den bisherigen Pens erkennen, da wir einen *SolidBrush* verwendet haben.

Etwas anders sieht die Linie allerdings aus, wenn Sie zum Beispiel einen *HatchBrush* (siehe auch folgender Abschnitt) für die Linienfüllung verwenden.

**Beispiel 24.64** *HatchBrush* **für Linie erzeugen**

Vergessen Sie nicht, den entsprechenden Namespace einzubinden:

```
using System.Drawing.Drawing2D;
...
Graphics g = this.CreateGraphics();
HatchBrush myBrush = new HatchBrush(HatchStyle.SolidDiamond, Color.Black, Color.Yellow);
Pen myPen = new Pen(myBrush, 20);
g.DrawLine(myPen, 10, 10, 200, 100);
```

Das Ergebnis unterscheidet sich doch wesentlich von den bisher bekannten Linienarten:

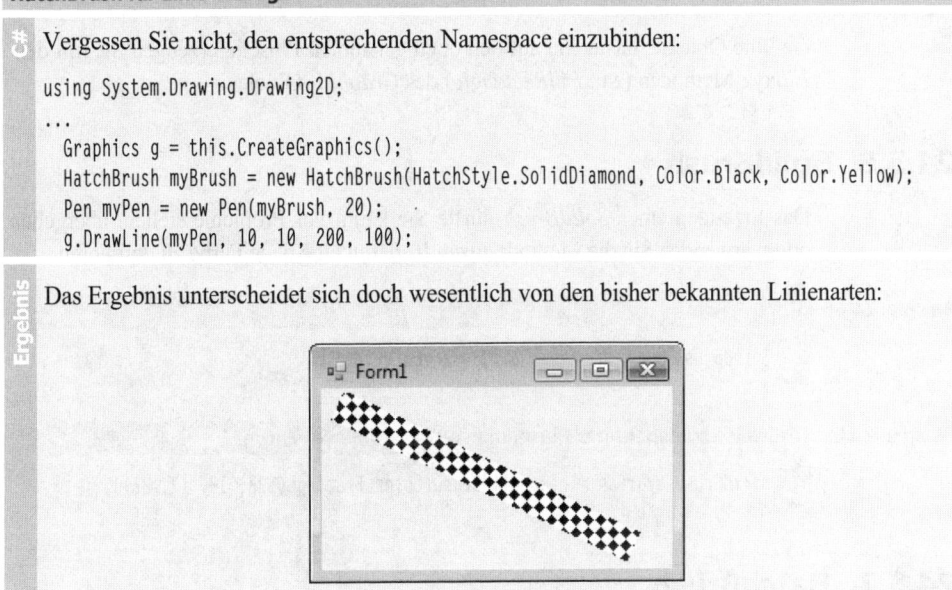

Wie Sie sehen, können Sie fast beliebige Stiftfüllungen erzeugen, Sie müssen nur einen entsprechenden Brush (siehe folgender Abschnitt) zur Verfügung stellen.

**HINWEIS:** Verwechseln Sie nicht Stifte mit Pinsel. Mit Stiften können Sie niemals eine Figur füllen, mit Pinseln können Sie keine Figuren zeichnen, sondern nur füllen.

## 24.5.5  Pinsel (Brush)

Damit sind wir bei einem der wohl komplexesten Zeichenobjekte angelangt. Neben dem bereits mehrfach in diesem Kapitel verwendeten *SolidBrush* und dem im vorhergehenden Abschnitt bereits angesprochenen *HatchBrush* finden Sie noch weitere drei Vertreter dieser Gattung.

Alle Pinsel auf einen Blick:

| Typ | Beschreibung |
|---|---|
| *SolidBrush* | ... ein Pinsel mit einheitlicher Farbe und ohne Muster. |
| *HatchBrush* | ... ein Pinsel mit einem Linienmuster sowie Vordergrund- (Linie) und Hintergrundfarbe. |
| *TextureBrush* | ... ein Pinsel mit Images/Bitmaps als Füllmuster. |
| *LinearGradientBrush* | ... ein Pinsel mit einem Farbverlauf als Füllung (Verlauf zwischen zwei Farben). |
| *PathGradientBrush* | ... ein Pinsel mit mehreren Farbverläufen (Verlauf zwischen einer Farbe und mehreren anderen). |

Gefüllte Objekte, basierend auf den oben genannten Pinseln, erzeugen Sie mit den entsprechenden *Fill*xyz-Methoden (z.b: *FillRectangle*) des *Graphics*-Objekts.

## 24.5.6 SolidBrush

Das Erzeugen eines *SolidBrush* dürfte Sie kaum vor Probleme stellen, übergeben Sie eine Farbe oder verwenden Sie die Methode *FromArgb*, um eine neue Farbe zu definieren.

**Beispiel 24.65** | **Roter Pinsel**

```
SolidBrush mybrush = new SolidBrush(Color.Red);
```

**Beispiel 24.66** | **Teilweise transparenter Pinsel mit selbst definierter Farbe**

```
SolidBrush mybrush = new SolidBrush(Color.FromArgb(123, 10, 17, 36));
```

## 24.5.7 HatchBrush

Bevor Sie sich näher mit dieser Pinselvariante beschäftigen können, müssen Sie den notwendigen Namespace *System.Drawing.Drawing2D* einbinden.

Ein *HatchBrush* besteht aus einem Vordergrundmuster mit eigener Farbe und einer Hintergrundfarbe. Der Konstruktor:

**SYNTAX:** `HatchBrush(HatchStyle hatchstyle, Color foreColor, Color backColor);`

Übergeben können Sie unter anderem folgende Konstanten:

| HatchStyle |
|---|
| *BackwardDiagonal* |
| *Cross* |

| HatchStyle |
| --- |
| *DarkDownwardDiagonal* |
| *DarkHorizontal* |
| *DarkUpwardDiagonal* |
| *DarkVertical* |
| *DashedDownwardDiagonal* |
| *DashedHorizontal* |
| *DashedUpwardDiagonal* |
| *DashedVertical* |
| *DiagonalBrick* |
| *DiagonalCross* |
| *Divot* |
| *DottedDiamond* |
| *DottedGrid* |
| *ForwardDiagonal* |

**Beispiel 24.67** | **Erzeugen und verwenden einer *HatchBrush***

C#
```
Graphics g = this.CreateGraphics();
HatchBrush myBrush = new HatchBrush(HatchStyle.SolidDiamond, Color.Black, Color.Yellow);
g.FillRectangle(myBrush, 10, 10, 200, 100);
```

Ergebnis

Das erzeugte Rechteck:

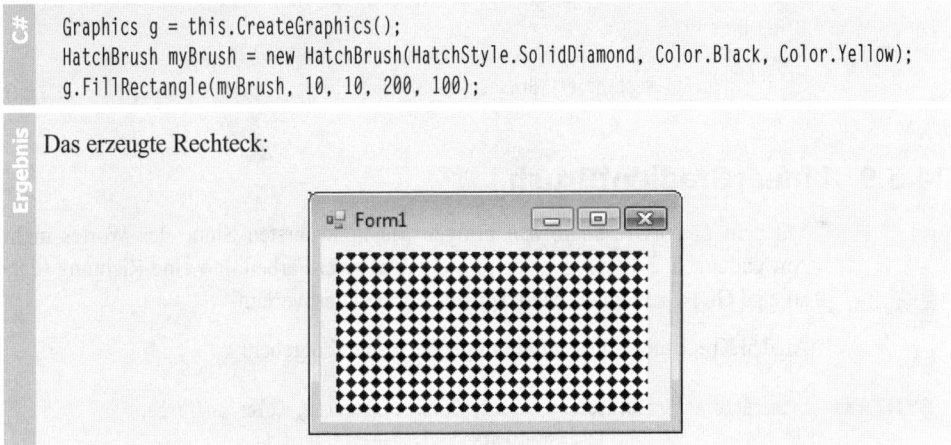

**HINWEIS:** Eine Skalierung des Ausgabegeräts (*ScaleTransform*) hat keinen Einfluss auf die Mustergröße.

## 24.5.8 TextureBrush

Mit einem *TextureBrush* lassen sich Flächen mit Bitmap-Mustern füllen. Ist die Bitmap zu klein, um die gesamte Fläche auszufüllen, wird diese wiederholt dargestellt.

**Beispiel 24.68** | **Basierend auf den System-Icons soll ein Rechteck mit Error-Symbolen gefüllt werden.**

```csharp
Graphics g = this.CreateGraphics();
TextureBrush myBrush = new TextureBrush(SystemIcons.Error.ToBitmap());
g.FillRectangle(myBrush, 10, 10, 200, 100);
```

Die Ausgabe:

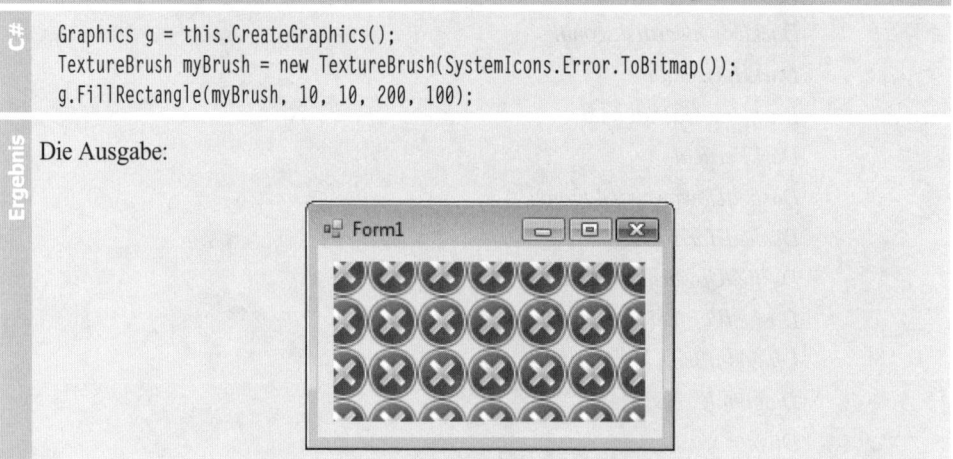

Natürlich stellt es auch kein Problem dar, die Grafik aus einer Datei zu laden.

**Beispiel 24.69** | **Laden der Datei *Bitmap1.bmp* als *TextureBrush***

```csharp
Graphics g = this.CreateGraphics();
Image img  = new Bitmap("bitmap1.bmp");

TextureBrush myBrush = new TextureBrush(img);
g.FillRectangle(myBrush, 10, 10, 200, 100);
```

## 24.5.9  LinearGradientBrush

Mit dem *LinearGradientBrush* bringen Sie im wahrsten Sinne des Wortes mehr Farbe in Ihre Anwendungen. Das Grundprinzip: Sie geben zwei Farben und eine Richtung (daher das "linear") an, und GDI+ berechnet Ihnen den zugehörigen Farbverlauf.

An den Konstruktor müssen Sie folgende Werte übergeben:

**SYNTAX:**  LinearGradientBrush(Rectangle *rect*, Color *startfarbe*, Color *endfarbe*,
                    LinearGradientMode *linearGradientMode*);

*Rectangle* gibt ein Rechteck an (es sind auch zwei *Point*-Werte zulässig), in dem der Farbverlauf berechnet wird. Die Betonung liegt auf "berechnet", welche Ausgabefläche Sie später mit dem neuen *Brush* füllen, ist eine ganz andere Frage.

Start- und Endfarbe sind normale ARGB-Color-Werte mit Transparenzangabe, d.h., wenn Sie beispielsweise zwei gleiche Farben, aber unterschiedliche Alpha-Werte angeben, können Sie einen Farbverlauf mit zu- bzw. abnehmender Transparenz realisieren.

Folgende *LinearGradientMode*-Werte sind zulässig:

| Konstante | Beschreibung |
|---|---|
| *BackwardDiagonal* | Farbverlauf von rechts oben nach links unten |
| *ForwardDiagonal* | Farbverlauf von links oben nach rechts unten |
| *Horizontal* | Farbverlauf von links nach rechts |
| *Vertical* | Farbverlauf von oben nach unten |

**Beispiel 24.70**   **Ein vertikaler Farbverlauf von Rot nach Gelb soll realisiert werden**

```csharp
Graphics g = this.CreateGraphics();
Rectangle rect = new Rectangle(10, 10, 200, 135);
LinearGradientBrush myBrush = new LinearGradientBrush(rect, Color.Red,
                          Color.Yellow, LinearGradientMode.Vertical);
g.FillRectangle(myBrush, new Rectangle(10, 10, 200, 185));
```

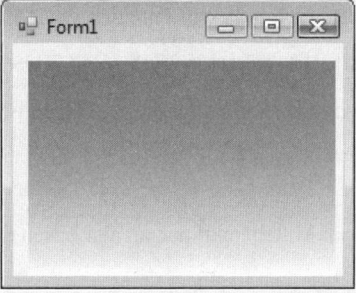

Wer ganz genau hinsieht, wird allerdings schnell "ein Haar in der Suppe" finden. Die erste
Zeile des Ausgaberechtecks ist nicht rot, sondern gelb. Die Ursache ist vermutlich die Wiederholung des Farbverlaufs, wenn der berechnete Verlauf kleiner als die Ausgabefläche ist.

Nehmen Sie folgende Änderung vor, um die gelbe Zeile zu entfernen:

```csharp
Rectangle rect = new Rectangle(10, 10, 200, 185);
LinearGradientBrush myBrush = new LinearGradientBrush(rect, Color.Red,
                          Color.Yellow, LinearGradientMode.Vertical);

g.FillRectangle(myBrush, new Rectangle(10, 10, 200, 180));
```

## 24.5.10 PathGradientBrush

Hier haben wir es mit einer Spezialform von Gradienten zu tun, die es uns erlauben, recht eindrucksvolle Farbeffekte zu realisieren. Ausgehend von einer zentralen Farbe können Sie innerhalb eines *Path*-Objekts (siehe dazu Abschnitt 24.4.12) mehrere Farbverläufe zu verschiedenen Farben realisieren.

**Beispiel 24.71**    **Erzeugen und verwenden eines *PathGradientBrush***

```csharp
Graphics g = this.CreateGraphics();
```

Zunächst erzeugen wir das *Path*-Objekt:

```csharp
GraphicsPath path = new GraphicsPath();
path.AddLine(10, 10, 300, 10);
path.AddLine(300, 10, 250, 200);
path.AddLine(250, 200, 150, 250);
path.AddLine(150, 250, 50, 200);
```

Jetzt können wir mit diesem *Path* den *PathGradientBrush* erzeugen und konfigurieren:

```csharp
PathGradientBrush myBrush = new PathGradientBrush(path);
```

Ein Array mit den Farben für die jeweiligen Eckpunkte im *Path*:

```csharp
Color[] myColors = new Color[] {Color.Yellow, Color.Green, Color.Red,
                                Color.Cyan, Color.Blue};
```

Die Farbe im Mittelpunkt[1] und an den Ecken des *Path*:

```csharp
myBrush.CenterColor = Color.Blue;
myBrush.SurroundColors = myColors;
```

Wir geben den *Path* aus:

```csharp
myBrush.CenterPoint = new PointF(60, 60);
g.FillPath(myBrush, path);
```

---

[1] "Mittelpunkt" sollten Sie nicht zu genau nehmen, über die Eigenschaft *CenterPoint* können Sie den Mittelpunkt selbst definieren.

## 24.5.11  Fonts

Wie bei Stiften und Pinseln handelt es sich auch bei Schriften (Fonts) um Objekte, die Sie zunächst erzeugen müssen. Sage und schreibe dreizehn verschiedene Konstruktorüberladungen werden Ihnen angeboten, wir belassen es bei den beiden folgenden Varianten:

**SYNTAX:**  `Font(string familyName, float emSize);`

**SYNTAX:**  `Font(string familyName, float emSize, FontStyle style);`

Was mit *familyName* und *emSize* gemeint ist, dürfte klar sein, über *style* können Sie eine Kombination der folgenden *FontStyle*-Werte zuweisen:

- *Bold* (Fett)
- *Italic* (Kursiv)
- *Regular* (Normal)
- *Strikeout* (Durchgestrichen)
- *Underline* (Unterstrichen)

Kombinieren können Sie die Werte durch die Verknüpfung mit dem OR-Operator.

---

**HINWEIS:** Die Farbe bzw. die Füllung der Schriftart legen Sie erst bei der Ausgabe mittels *DrawString* über einen entsprechenden *Brush* fest. Damit können Sie auch Farbverläufe oder Transparenzeffekte bei Fonts erreichen.

---

Genug der Theorie, ein praktisches Beispiel soll die Verwendung zeigen.

**Beispiel 24.72** | **Erzeugen und verwenden eines neuen Font-Objekts**

```csharp
Graphics g = this.CreateGraphics();
Font f = new Font("Arial", 24, FontStyle.Italic | FontStyle.Bold);
g.DrawString("Test Schriftarten", f, new SolidBrush(Color.Blue), 10, 10);
```

Ein Blick auf die Eigenschaften des *Font*-Objekts macht uns neugierig: Mit *Bold, Italic, Size* etc. stehen uns alle Möglichkeiten zur Konfiguration der Schriftart zur Verfügung. Doch ach: Alle wünschenswerten Eigenschaften sind schreibgeschützt, Sie müssen also wohl oder übel eine neue Schriftart erzeugen.

## 24.5.12 Path-Objekt

*Path*-Objekte fassen mehrere Zeichenoperationen (*DrawLine, DrawString, DrawEllipse* ...) bzw. mehrere grafische Primitive (Linien, Kreise etc.) quasi in einem Objekt zusammen. Sie können *Path*s am besten mit der Gruppieren-Funktion eines Grafikprogramms vergleichen. Ähnlich wie mit der Gruppe können Sie den kompletten *Path* mit einer Anweisung auf einem *Graphics*-Objekt wiedergeben (*DrawPath* oder *FillPath*). Welche Linientypen bzw. welcher Füllstil benutzt wird, entscheiden Sie erst beim Zeichnen auf dem *Graphics*-Objekt, nicht beim Erstellen des Objekts.

**Beispiel 24.73**  **Erzeugen eines einfachen *Path* (nur zwei Ellipsen und zwei Linien) und Wiedergabe auf dem *Form*-Objekt**

```csharp
using System.Drawing.Drawing2D;
...
   Graphics g = this.CreateGraphics();
   GraphicsPath myPath = new GraphicsPath();

   myPath.AddEllipse(10, 10, 200, 100);
   myPath.AddEllipse(100, 50, 278, 170);
   myPath.AddLine(10, 10, 150, 10);
   myPath.AddLine(150, 10, 200, 100);
```

Wie Sie sehen, wird erst bei der Wiedergabe des *Path*-Objekts ein entsprechender *Pen* zugeordnet:

```csharp
   g.DrawPath(new Pen(Color.Red, 2), myPath);
```

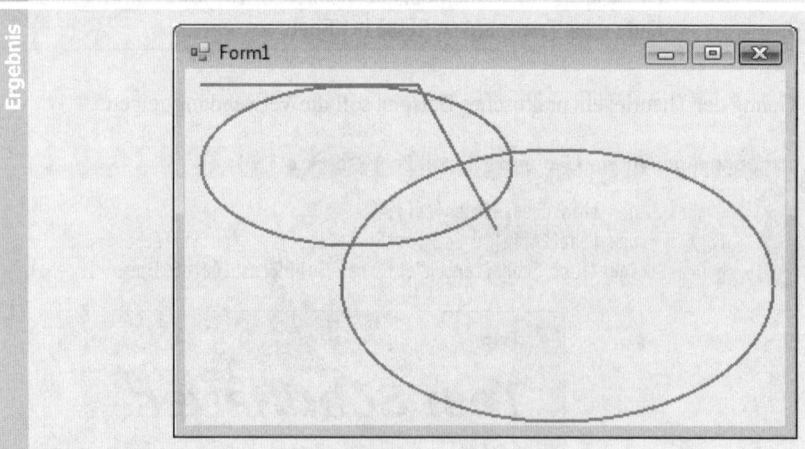

### Füllen

Sie können ein beliebig zusammengesetztes *Path*-Objekt mit einem Pinsel Ihrer Wahl füllen lassen. Ein Beispiel hatten Sie ja bereits im Abschnitt 24.5.10 (PathGradientBrush) kennen gelernt. Das Grundprinzip ist immer gleich. Sie erzeugen ein *Path*-Objekt, fügen diesem die gewünschten Grafikanweisungen hinzu und geben dann diesen *Path* auf einem *Graphics*-Objekt aus.

**Beispiel 24.74** | **Füllen mit einem Bitmap-Muster**

```
Graphics g = this.CreateGraphics();
GraphicsPath myPath = new GraphicsPath();
TextureBrush myBrush = new TextureBrush(SystemIcons.Error.ToBitmap());
myPath.AddEllipse(10, 10, 200, 100);
myPath.AddEllipse(100, 50, 278, 170);
g.FillPath(myBrush, myPath);
```

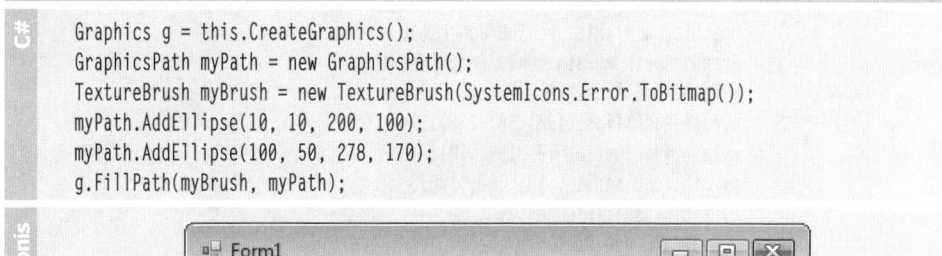

### Fillmode

In diesem Zusammenhang ist Ihnen sicher aufgefallen, dass der sich überschneidende Bereich beider Ellipsen nicht gefüllt worden ist.

Wie überlappende bzw. sich schneidende Objekte gefüllt werden, bestimmen Sie mit der Eigenschaft *FillMode*. Statt vieler Worte über die Funktionsweise dürften die beiden folgenden Abbildungen mehr über die Funktionsweise aussagen:

*FillMode = FillMode.Winding*　　　　　　*FillMode = FillMode.Alternate*

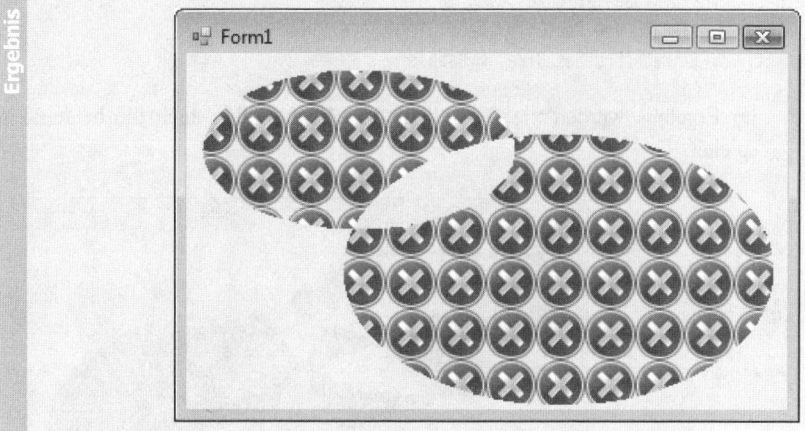
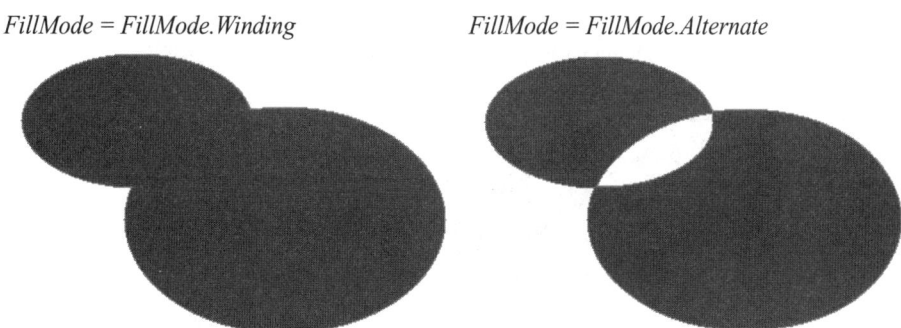

Sehen wir uns mit diesem Wissen noch einmal unser Einstiegsbeispiel an, verwenden jedoch statt der *DrawPath*- die *FillPath*-Methode.

**Beispiel 24.75** | **Füllen eines Paths**

```csharp
Graphics g = this.CreateGraphics();
GraphicsPath myPath = new GraphicsPath();
myPath.AddEllipse(10, 10, 200, 100);
myPath.AddEllipse(100, 50, 278, 170);
myPath.AddLine(10, 10, 150, 10);
myPath.AddLine(150, 10, 200, 100);
myPath.CloseAllFigures();
g.DrawPath(new Pen(Color.Red, 3), myPath);
g.FillPath(Brushes.Blue, myPath);
```

Im Ergebnis werden Sie feststellen, dass beim Füllen auch die beiden Linien eine Rolle spielen.

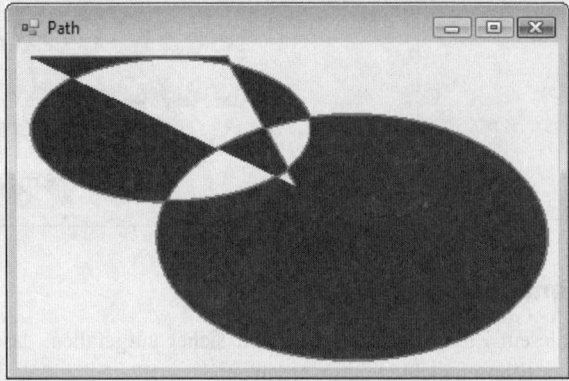

Zwischen den beiden Endpunkten der Linien wird zwar keine Linie gezeichnet, eine Füllung kommt unter Berücksichtigung von *Fillmode* jedoch zustande. Soll aus den beiden Linien eine in sich geschlossene Fläche erzeugt werden, rufen Sie die Methode *CloseAllFigures* auf, die die beiden Linien zu einem Dreieck verbindet (achten Sie auf die neue Verbindungslinie zwischen den beiden Linienendpunkten):

**HINWEIS:** Ein weiteres Einsatzgebiet für *Path*-Objekte findet sich im Zusammenhang mit dem Clipping, das wir im folgenden Abschnitt näher betrachten wollen.

## 24.5.13  Clipping/Region

In Ihren Programmen sind Sie es gewohnt, dass Zeichenoperationen, die über den Clientbereich des Formulars bzw. der Komponente hinausgehen, einfach abgeschnitten werden. Damit haben Sie auch schon die einfachste Form von Clipping kennen gelernt.

Für bestimmte visuelle Effekte ist es häufig wünschenswert, dass diese Ausgabebereiche nicht nur rechteckig, sondern zum Beispiel auch mal rund oder aus verschiedenen grafischen Primitiven zusammengesetzt sind.

Die Abbildung zeigt das Ergebnis von Grafikausgaben in einem runden Clipping-Bereich:

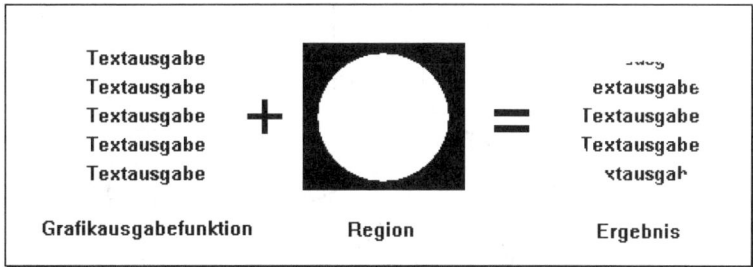

Ein Clipping-Bereich ist immer einem *Graphics*-Objekt zugewiesen, mit Hilfe der Methode *Set-Clip* können Sie diesen Bereich verändern.

Unter GDI+ bieten sich mehrere Varianten an:

- Übernahme von anderem *Graphics*-Objekt (*Graphics.SetClip(Graphics)*)

- Clipping in einem Rechteck (*Graphics.SetClip(Rectangle)*)

- Clipping in einem *Path* (*Graphics.SetClip(GraphicsPath)*)

- Clipping in einer *Region* (*Graphics.SetClip(Region)*)

Im Folgenden beschränken wir uns auf die letzte Variante, die Vorgehensweise ist auch bei einem *Path* oder einem Rechteck immer gleich.

### Regions

*Regions* können, im Zusammenhang mit dem Clipping, quasi wie eine Schablone betrachtet werden. Da Sie *Regions* recht einfach zusammensetzen können (mit unterschiedlichen Verknüpfungen), dürften sie die erste Wahl für die meisten Clipping-Aufgaben sein.

Das Erzeugen einer Region ist relativ simpel. Über den Konstruktor des *Region*-Objekts können Sie bereits entscheiden, worauf die Region aufgebaut wird:

- ein *Path*-Objekt

- ein Rechteck

- ein anderes *Region*-Objekt

**Beispiel 24.76** | **Erzeugen und füllen einer rechteckigen Region**

```csharp
using System.Drawing.Drawing2D;
...
 Graphics g = this.CreateGraphics();
 SolidBrush blueBrush = new SolidBrush(Color.Blue);
 Region Reg1 = new Region(new Rectangle(100, 100, 200, 200));
 g.FillRegion(blueBrush, Reg1);
```

Zwei Regionen können Sie mit Hilfe der *Region*-Methoden auch kombinieren:

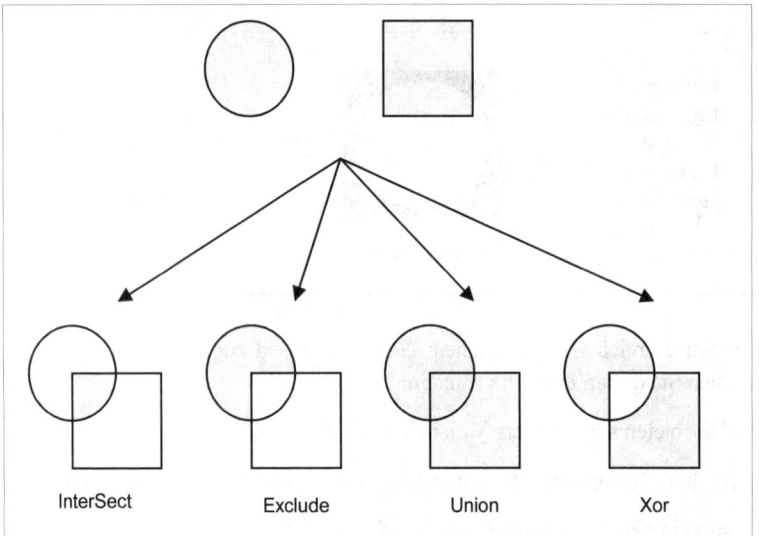

**Beispiel 24.77** | **Kombination zweier rechteckiger Regionen**

```csharp
 Graphics g = this.CreateGraphics();

 SolidBrush blueBrush = new SolidBrush(Color.Blue);
 Region Reg1 = new Region(new Rectangle(100, 100, 200, 200));
 Region Reg2 = new Region(new Rectangle(50, 50, 150, 150));
```

Region2 wird mit Region1 XOR-verknüpft:

```csharp
 Reg2.Xor(Reg1);
```

Die Region füllen:

```csharp
 g.FillRegion(blueBrush, Reg2);
```

**Beispiel 24.77** **Kombination zweier rechteckiger Regionen**

## Clipping

Nach diesem Kurzeinstieg in die Arbeit mit Regionen können wir uns wieder dem Clipping zuwenden. Nutzen Sie Regionen oder Paths, um den Ausgabebereich von Grafikoperationen (Füllen, Zeichnen) in einem *Graphics*-Objekt zu beschränken. Alle über den Clippingbereich hinausgehenden Zeichenoperationen werden abgeschnitten.

**Beispiel 24.78** **Erzeugen eines Clipping-Bereichs, der aus zwei Regionen besteht**

```
Graphics g = this.CreateGraphics();
```

Zwei Regionen erzeugen:

```
Region Reg1 = new Region(new Rectangle(100, 100, 200, 200));
Region Reg2 = new Region(new Rectangle(50, 50, 150, 150));
```

Verbinden beider Regionen:

```
Reg2.Union(Reg1);
```

Clipping-Bereich festlegen:

```
g.SetClip(Reg2, CombineMode.Replace);
```

Normales Zeichnen einer Bitmap, die normalerweise die gesamte Fensterfläche füllen würde:

```
g.DrawImage(PictureBox1.Image, 0, 0);
```

**Beispiel 24.78** | **Erzeugen eines Clipping-Bereichs, der aus zwei Regionen besteht**

Im Ergebnis wird die Grafikausgabe auf den gewünschten Clipping-Bereich eingeschränkt:

## 24.6  Standarddialoge

Im Zusammenhang mit der Bearbeitung von Grafiken stehen Ihnen zwei wesentliche Dialoge zur Verfügung:

■ Schriftauswahl

■ Farbauswahl

### 24.6.1  Schriftauswahl

Der wohl jedem bekannte Dialog zur Auswahl einer Schrift bzw. deren Parameter (Größe, Farbe etc.) lässt sich über die entsprechende Komponente *Font-Dialog* in Ihre Anwendung einbinden.

Die Anzeige erfolgt zur Laufzeit mittels *ShowDialog*-Methode:

```
if (fFontDialog1.ShowDialog() == DialogResult.OK)
{ ... }
```

Über den Rückgabewert der Methode können Sie den Status beim Beenden der Dialogbox ermitteln (*DialogResult.OK* oder *DialogResult.Abort*).

Die zweifelsfrei interessanteste Eigenschaft dieser Komponente ist *Font*. Sie können diese Eigenschaft sowohl vor dem Aufruf des Dialogs initialisieren als auch nach der Anzeige der Dialogbox auswerten.

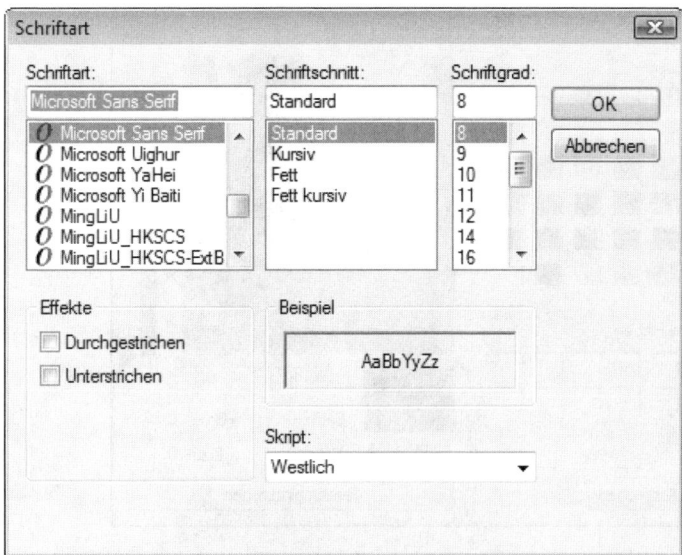

Das Zuweisen der Fontattribute, zum Beispiel an einen Button, gestaltet sich absolut simpel:

```
button1.Font = fontDialog1.Font;
```

Außer *Font* sind die in der folgenden Tabelle aufgeführten Eigenschaften für das Verhalten bzw. das Aussehen der Dialogbox von Bedeutung:

| Eigenschaft | Beschreibung |
| --- | --- |
| *AllowScriptChange* | Skript (Westlich, Arabisch, Türkisch etc.) kann geändert werden. |
| *AllowSimulations* | Windows (GDI) darf Schriften simulieren. |
| *AllowVectorFonts* | Auswahl von Vektorschriftarten zulassen. |
| *AllowVerticalFonts* | Vertikale Fonts sind zulässig. |
| *Color* | Die aktuelle Schriftfarbe. |
| *FixedPitchOnly* | Es werden nur Schriftarten mit fester Zeichenbreite angezeigt. |
| *FontMustExist* | Es können nur vorhandene Schriftarten ausgewählt werden. |
| *MaxSize, MinSize* | Maximaler und minimaler Schriftgrad, der ausgewählt werden kann. |
| *ShowColor* | Anzeige der Farbauswahl-Combobox |
| *ShowEffects* | Anzeige der Effekte (Durchstreichen, Unterstreichen, Farbe) |
| *ShowHelp* | Anzeige des Hilfe-Buttons |

## 24.6.2  Farbauswahl

Für die Auswahl von Farben zur Laufzeit können Sie den Standarddialog *ColorDialog* verwenden. Wie auch beim *FontDialog* genügt der einfache Aufruf der Methode *ShowDialog*, um den Dialog anzuzeigen:

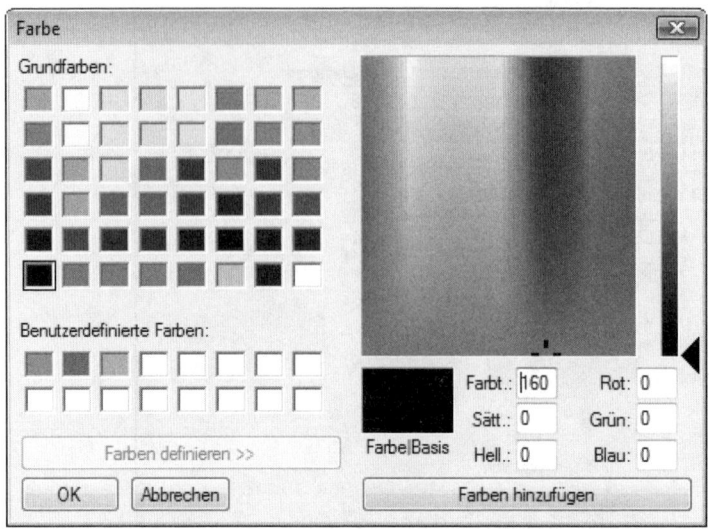

Über den Rückgabewert der Methode können Sie den Status beim Beenden der Dialogbox ermitteln (*DialogResult.OK* oder *DialogResult.Abort*).

Im Mittelpunkt der Komponente steht die Eigenschaft *Color* (ein ARGB-Wert), die Sie sowohl vor dem Aufruf des Dialogs initialisieren als auch nach der Anzeige der Dialogbox auswerten können.

**Beispiel 24.79**  | **Verändern der Formularfarbe**

```csharp
colorDialog1.Color = this.BackColor;
if (colorDialog1.ShowDialog() == DialogResult.OK)
    this.BackColor = colorDialog1.Color;
```

Die wichtigsten Eigenschaften des Dialogs zeigt die folgende Tabelle:

| Eigenschaft | Bemerkung |
| --- | --- |
| *AllowFullOpen, FullOpen* | Ein-/Ausblenden der rechten Seite des Dialogs zum Definieren eigener Farben zulassen |
| *AnyColor* | Anzeigen aller verfügbaren Farben |
| *Color* | Ruft die von den Benutzern ausgewählte Farbe ab oder legt diese fest |
| *CustomColors* | Definieren oder Abfragen von nutzerdefinierten Farben (siehe Beispiel) |
| *FullOpen* | Ein-/Ausblenden der rechten Seite des Dialogs zum Definieren eigener Farben beim Öffnen des Dialogs |
| *SolidColorOnly* | Nur Volltonfarben können ausgewählt werden |

**Beispiel 24.80** **Zuweisen von nutzerdefinierten Farben**

```csharp
colorDialog1.AllowFullOpen = false;
colorDialog1.CustomColors = new int[] {6975964, 231202, 1294476};
if (colorDialog1.ShowDialog() == DialogResult.OK) this.BackColor = colorDialog1.Color;
```

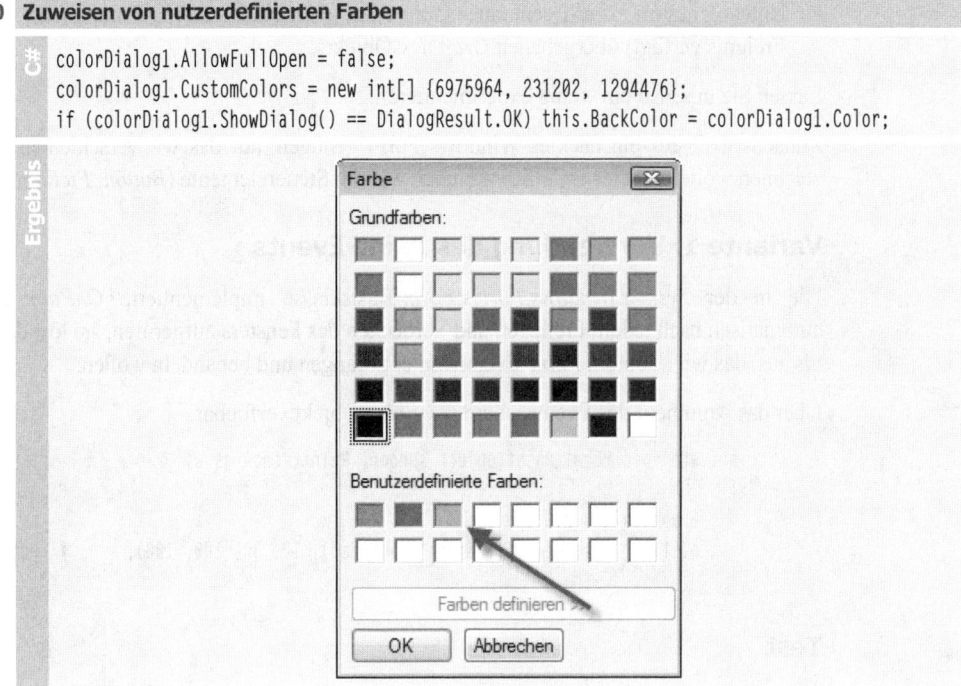

---

**HINWEIS:** Wer weitere und detailliertere Informationen über die Grafikausgabe mit GDI+ sucht, der sollte sich das Kapitel 27 zu Gemüte führen.

---

# 24.7 Praxisbeispiele

## 24.7.1 Ein Graphics-Objekt erzeugen

In klassischen Programmiersprachen ist es üblich, mit Methoden direkt auf die Zeichenoberfläche eines Formulars oder eines *Picture*-Controls zuzugreifen. Als .NET-Programmierer müssen Sie umdenken.

Zugriff auf alle wesentlichen Grafik-Methoden erhalten Sie über ein *Graphics*-Objekt. Im Vergleich mit anderen .NET-Objekten hat es allerdings die Besonderheit, dass man es nicht mit dem *new*-Konstruktor erzeugen kann. Woher also nehmen wir es? Das vorliegende Beispiel zeigt Ihnen vier Möglichkeiten:

- Nutzung des im *Paint*-Event des Formulars übergebenen *Graphics*-Objekts,
- Nutzung des in der überschriebenen *OnPaint*-Methode übergebenen *Graphics*-Objekts,
- Erzeugen eines neuen *Graphics*-Objekts mit der *CreateGraphics*-Methode des Formulars,

- Nutzung des im *Paint*-Event einer *PictureBox* (oder einer anderen Komponente, die über dieses Ereignis verfügt) übergebenen *Graphics*-Objekts.

Lassen Sie uns also ein wenig experimentieren!

Zunächst soll uns ein nacktes Windows Form genügen, auf das wir verschiedenfarbige Ellipsen zeichnen wollen. Später ergänzen wir noch weitere Steuerelemente (*Button*, *PictureBox*).

## Variante 1: Verwendung des Paint-Events

Die in der *System.Windows.Forms.Form*-Basisklasse implementierte *OnPaint*-Methode wird automatisch nach jedem Freilegen und Verdecken des Fensters aufgerufen, sie löst das *Paint*-Ereignis aus, das wir in einem *Paint*-Eventhandler abfangen und behandeln wollen.

Über das Argument des Events ist ein *Graphics*-Objekt verfügbar:

```
private void Form1_Paint(object sender, PaintEventArgs e)
{
    Graphics g = e.Graphics;
    g.FillEllipse(new SolidBrush(Color.Red), 10, 30, 200, 100);      // rote Ellipse
}
```

## Test

Die rote Ellipse erscheint sofort nach Programmstart und ist auch nach Freilegen und Verdecken des Fensters zu sehen:

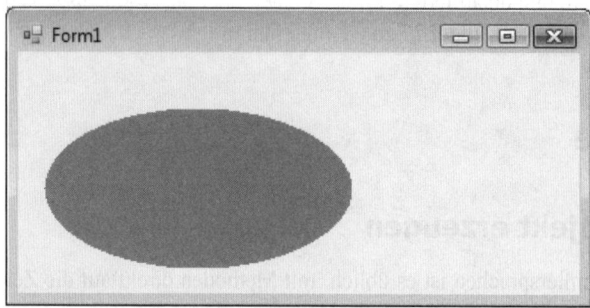

## Variante 2: Überschreiben der OnPaint-Methode

Dies ist die in der .NET Dokumentation favorisierte Realisierung, bei der Sie keinen neuen Eventhandler verwenden müssen, sondern lediglich die *OnPaint*-Methode der Basisklasse überschreiben. Wir wollen nach diesem Prinzip eine versetzte blaue Ellipse zeichnen.

Implementieren Sie die Überschreibung wie folgt:

```
protected override void OnPaint(PaintEventArgs e)
{
    Graphics g = e.Graphics;
    g.FillEllipse(new SolidBrush(Color.Blue), 40, 60, 200, 100);    // blaue Ellipse
```

```
        base.OnPaint(e);          // Aufruf der Basisklassenmethode
    }
```

### Test

An der Reihenfolge (unten Blau, oben Rot) erkennen Sie, dass die überschriebene *OnPaint*-Methode zuerst abgearbeitet wurde und erst anschließend der bereits vorhandene *Paint*-Eventhandler:

---

**HINWEIS:** Wenn Sie die Anweisung *base.OnPaint(e)* auskommentieren, wird das *Paint*-Ereignis nicht mehr ausgelöst, und nur noch die blaue Ellipse erscheint!

---

### Variante 3: Graphics-Objekt mit CreateGraphics erzeugen

Diese Variante nutzt die Möglichkeit, über die *CreateGraphics*-Methode des Formulars ein neues *Graphics*-Objekt zu erzeugen. Allerdings benötigen wir hier einen *Button*, um das Zeichnen (versetzte gelbe Ellipse) zu demonstrieren.

```
private void button1_Click(object sender, EventArgs e)
{
    Graphics g = this.CreateGraphics();
    g.FillEllipse(new SolidBrush(Color.Yellow), 70, 90, 200, 100);    // gelbe Ellipse
}
```

### Test

Die gelbe Ellipse erscheint erst nach Klick auf den Button. Im Unterschied zur roten und blauen Ellipse (Variante 1 und 2) verschwindet diese Ellipse wieder, nachdem das Formular vorübergehend verdeckt wurde.

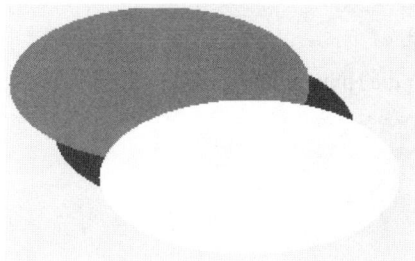

### Variante 4: Verwendung des Graphics-Objekts einer PictureBox

Bei einer *PictureBox* – wie bei vielen anderen Komponenten auch – können Sie über die *CreateGraphics*-Methode auf die Zeichenfläche zugreifen. Sinnvoller ist allerdings auch hier die Nutzung des im *Paint*-Event übergebenen *Graphics*-Objekts, da Sie sich dann um die Restaurierung des Bildinhalts nicht weiter zu kümmern brauchen.

Ergänzen Sie die Oberfläche des Testformulars um eine *PictureBox* und erzeugen Sie einen Eventhandler für das *Paint*-Ereignis der *PictureBox*:

```csharp
private void pictureBox1_Paint(object sender, PaintEventArgs e)
{
    Graphics g = e.Graphics;
    g.FillEllipse(new SolidBrush(Color.Red), 10, 30, 200, 100);
}
```

## 24.7.2  Zeichenoperationen mit der Maus realisieren

Dieses Beispiel zeigt Ihnen eine Möglichkeit, wie Sie einfache Zeichenoperationen (Linie, Ellipse, Rechteck) in ein eigenes Programm integrieren können. Dreh- und Angelpunkt ist die Verwendung einer Hintergrundbitmap, mit deren Hilfe wir einen Gummiband-Effekt beim Zeichnen realisieren.

### Oberfläche

Ein Windows Form und eine *ToolStrip*-Komponente zur Auswahl der Zeichenoperation. Zusätzlich fügen Sie noch eine *ColorDialog*-Komponente zur Auswahl der Malfarbe ein.

**HINWEIS:** Wir haben die Oberfläche bewusst einfach gehalten, hier geht es um das Handling der Maus-Events und die Verwendung einer Hintergrundbitmap und nicht um Schönheit im Detail.

### Quelltext

```csharp
public partial class Form1 : Form
{
```

Zunächst eine Enumeration definieren:

```csharp
enum Figuren : int  { Linie, Ellipse, Rechteck }
```

Eine Statusvariable für die Zeichenoperation:

```csharp
private Figuren Figur = Figuren.Linie;
```

Die Bitmap und das *Graphics*-Objekt für die Hintergrundbitmap

```csharp
private Bitmap bmp;
private Graphics bckg;
```

Der Malstift:

```csharp
private Pen p;
```

Start- und Endpunkt der Zeichenoperation:

```
private Point p1;
private Point p2;
```

Im Konstruktor erzeugen wir zunächst die Hintergrundgrafik in der maximal nötigen Größe:

```
public Form1()
{
    InitializeComponent();
    Size maxsize = SystemInformation.PrimaryMonitorMaximizedWindowSize;
    bmp = new Bitmap(maxsize.Width, maxsize.Height);
    bckg = Graphics.FromImage(bmp);
```

Mit Hintergrundfarbe füllen:

```
    bckg.Clear(this.BackColor);
```

Zeichenstift initialisieren:

```
    p = new Pen(Color.Black);
}
```

Mit dem Drücken der Maustaste beginnt der Zeichenvorgang, wir merken uns die Position:

```
private void Form1_MouseDown(object sender, MouseEventArgs e)
{
    p1 = e.Location;
}
```

Jede Mausbewegung bei gedrückter linker Maustaste erfordert das Wiederherstellen der Grafik vor dem Zeichenvorgang und das erneute Zeichnen mit den neuen Mauskoordinaten:

```
private void Form1_MouseMove(object sender, MouseEventArgs e)
{
    p2 = e.Location;
    if (e.Button == MouseButtons.Left)
    {
        Graphics g = CreateGraphics();
        g.DrawImage(bmp, 0, 0);
        Zeichne(g);
        g.Dispose();
    }
}
```

Erst wenn die Maustaste losgelassen wird, fügen wir das gerade gewählte Zeichenobjekt mit den aktuellen Koordinaten in die Hintergrundbitmap ein:

```
private void Form1_MouseUp(object sender, MouseEventArgs e)
{
    Zeichne(bckg);
}
```

Die eigentliche Zeichenroutine unterscheidet die einzelnen Zeichenobjekte:

```
private void Zeichne(Graphics dst)
{
    switch (Figur)
    {
        case Figuren.Linie:
        {
                dst.DrawLine(p, p1, p2);
                break;
        }
        case Figuren.Rechteck:
        {
                dst.DrawRectangle(p, p1.X, p1.Y, p2.X - p1.X, p2.Y - p1.Y);
                break;
        }
        case Figuren.Ellipse:
        {
                dst.DrawEllipse(p, p1.X, p1.Y, p2.X - p1.X, p2.Y - p1.Y);
                break;
        }
    }
}
```

Auch nach einem Verdecken des Fensters soll die Grafik wieder hergestellt werden:

```
private void Form1_Paint(object sender, PaintEventArgs e)
{
    Graphics g = e.Graphics;
    g.DrawImage(bmp, 0, 0);
}
```

Auswahl der Zeichenobjekte über den *ToolStrip*:

```
private void toolStripButton1_Click(object sender, EventArgs e)
{
    Figur = Figuren.Linie;
}

private void toolStripButton3_Click(object sender, EventArgs e)
{
    Figur = Figuren.Ellipse;
}

private void toolStripButton2_Click(object sender, EventArgs e)
{
    Figur = Figuren.Rechteck;
}
```

Auswahl der Malfarbe:

```
private void toolStripButton4_Click(object sender, EventArgs e)
{
    colorDialog1.AllowFullOpen = true;
    if (colorDialog1.ShowDialog() == DialogResult.OK) p = new Pen(colorDialog1.Color);
}
}
```

## Test

Nach dem Start können Sie Ihren künstlerischen Fähigkeiten freien Lauf lassen:

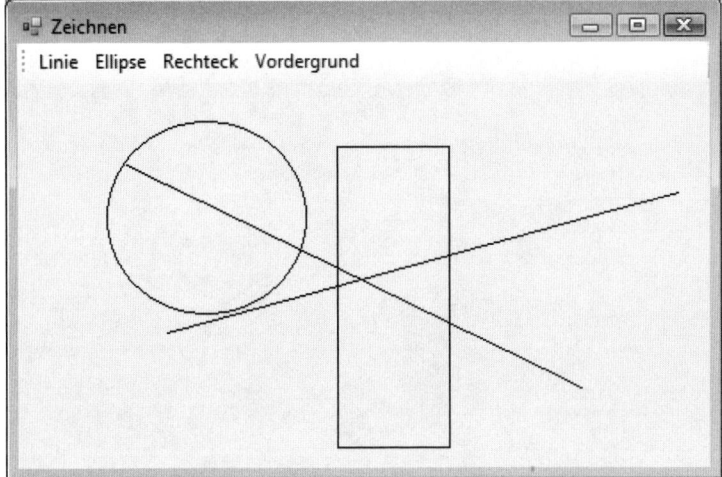

# Kapitel 25

# Druckausgabe

In diesem Kapitel wollen wir uns ausgiebig mit den Möglichkeiten beschäftigen, unter C# etwas aufs Papier zu bringen. Vier grundsätzliche Varianten bieten sich an:

- Drucken über die *PrintDocument*-Komponente

- Drucken mit Hilfe von OLE-Automation

- Drucken mit den Crystal Report-Komponenten

- Drucken mit Reporting Services

Hier beschränken wir uns auf die beiden ersten Möglichkeiten. Mehr zur Arbeit mit dem Crystal Report und den Reporting Services finden Sie in unserem Buch [Datenbankprogrammierung mit Visual C# 2010].

---

**HINWEIS:** Zunächst jedoch sollten Sie sich mit dem Kapitel 24 (Grafikprogrammierung) eingehend beschäftigt haben, da wir auf diesen Grundlagen aufbauen werden.

---

## 25.1 Einstieg und Übersicht

Bevor Sie mit viel Faktenwissen, endlosen Tabellen etc. gepeinigt werden, möchten wir Ihnen an einem Kurzbeispiel das Grundkonzept der Druckausgabe über *PrintDocument* demonstrieren.

### 25.1.1 Nichts geht über ein Beispiel

**Beispiel 25.1** | **Druckausgabe eines 10 x 10 cm großen Rechtecks auf dem Standarddrucker**

Fügen Sie zunächst in Ihr Formular eine *PrintDocument*-Komponente ein:

> 🖨 printDocument1

Ergänzen Sie dann das *PrintPage*-Ereignis um folgende Zeilen:

```
private void printDocument1_PrintPage(object sender,
```

**Beispiel 25.1**   **Druckausgabe eines 10 x 10 cm großen Rechtecks auf dem Standarddrucker**

```
                                        System.Drawing.Printing.PrintPageEventArgs e)
{
    e.Graphics.PageUnit = GraphicsUnit.Millimeter;
    e.Graphics.FillRectangle(new SolidBrush(Color.Blue), 30, 30, 100, 100);
}
```

Fügen Sie nun noch einen *Button* ein, mit dem Sie die *Print*-Methode von *PrintDocument1* aufrufen:

```
private void button1_Click(object sender, EventArgs e)
{
    printDocument1.Print();
}
```

Das war es auch schon, nach dem Klick auf den Button dürfte sich Ihr Drucker in Bewegung setzen. Doch was ist der Vorteil einer derartigen ereignisorientierten Programmierung beim Drucken? Die Antwort finden Sie, wenn Sie statt der Druckausgabe zunächst eine Druckvorschau am Bildschirm realisieren möchten.

Fügen Sie einfach eine *PrintPreviewDialog*-Komponente in das Formular ein und verknüpfen diese über die Eigenschaft *Document* mit der bereits vorhandenen *PrintDocument*-Komponente.

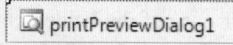

Der folgende Aufruf zeigt Ihnen bereits die Druckvorschau mit dem Rechteck an:

```
private void button2_Click(object sender, EventArgs e)
{
    printPreviewDialog1.ShowDialog();
}
```

Das erzeugte Druckvorschaufenster:

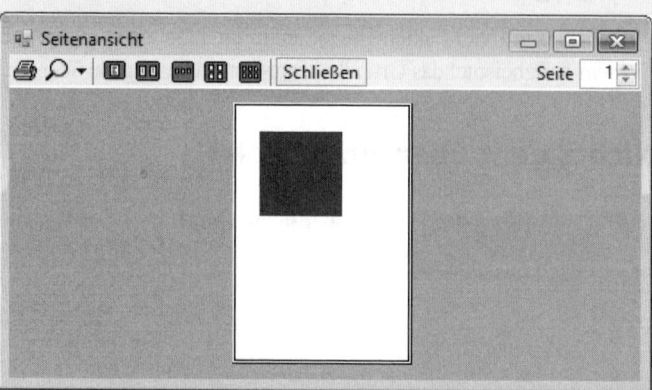

> **HINWEIS:** Eine Trennung beim Ausgabemedium (Papier, Druckvorschau am Bildschirm) gibt es nicht mehr, Sie entwickeln lediglich **eine** Ausgabelogik im *PrintPage*-Ereignis. Alle Ausgaben erfolgen systemneutral über ein dort bereitgestelltes *Graphics*-Objekt.

## 25.1.2 Programmiermodell

Wie Sie bereits dem vorhergehenden Beispiel entnehmen konnten, handelt es sich um ein ereignis-orientiertes Programmiermodell. Die folgende Skizze soll Ihnen das Grundprinzip noch einmal verdeutlichen:

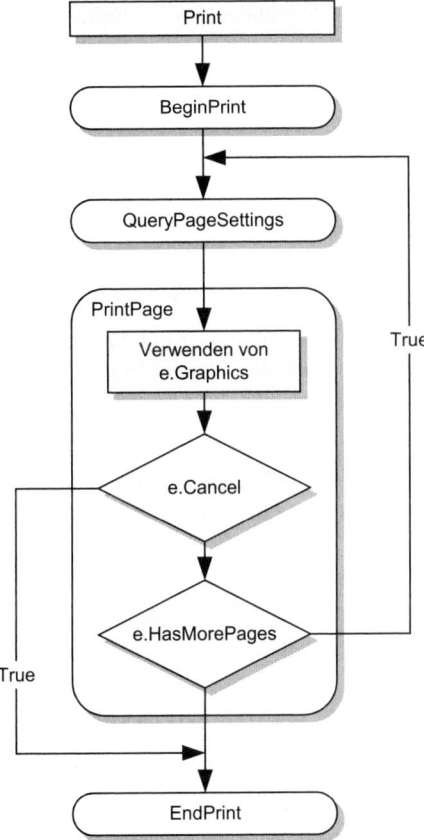

Mit dem Aufruf der *Print*-Methode wird zunächst das *BeginPrint*-Ereignis von *PrintDocument* ausgelöst. Hier bietet sich Ihnen die Möglichkeit, diverse Einstellungen einmalig zu konfigurieren. Nachfolgend wird das Ereignis *QueryPageSettings* vor dem Druck jeder Seite aufgerufen. Darauf folgt das wohl wichtigste Ereignis: *PrintPage*. Über den Parameter *e* erhalten Sie Zugriff auf das *Graphics*-Objekt des Druckers. Weiterhin legen Sie hier fest, ob weitere Seiten gedruckt werden sollen (*e.HasMorePages*) oder ob der Druck abgebrochen (*e.Cancel*) werden soll. Steht der Druck weiterer Seiten an, wird die Ereigniskette, wie oben abgebildet, erneut durchlaufen.

Damit wird auch klar, dass Sie selbst dafür verantwortlich sind, welche Seite zu welchem Zeitpunkt gedruckt werden soll. Insbesondere im Zusammenhang mit den Druckersetup-Dialogen werden wir noch einigen Aufwand treiben müssen, aber das sind Sie ja bereits nicht anders gewohnt.

### 25.1.3  Kurzübersicht der Objekte

Folgende Komponenten stehen Ihnen im Zusammenhang mit der Druckausgabe in Windows Forms-Anwendungen zur Verfügung[1]:

| Komponente | Beschreibung |
|---|---|
| *PrintDocument* | Der Dreh- und Angelpunkt der Druckausgabe. Über dieses Objekt bestimmen Sie den gewünschten Drucker, die Papierausrichtung, die Auflösung, die zu druckenden Seiten usw. |
| | Über das *PrintPage*-Ereignis erhalten Sie Zugriff auf das *Graphics*-Objekt des Druckers. Weiterhin steuern Sie hier den Druckverlauf (Anzahl der Seiten, Seitenauswahl, Abbruch). Mehr zu dieser Komponente finden Sie in den beiden folgenden Abschnitten. |
| *PrintDialog* | Der Windows-Standarddialog zur Auswahl eines Druckers sowie der wichtigsten Druckparameter (Seiten, Exemplare, Auflösung) |
| *PageSetupDialog* | Der Windows-Standarddialog zur Konfiguration der Druckausgabe (Seitenausrichtung, Papierausrichtung, Seitenränder) |
| *PrintPreviewDialog* | Eine komplette Druckvorschau, mit Navigationstasten, Zoom etc. |
| *PrintPreviewControl* | Eine Alternative für den *PrintPreviewDialog*. Bei dieser Komponente ist lediglich der Preview-Bereich vorhanden, für die Ansteuerung und Konfiguration sind Sie selbst verantwortlich. |

Alle Komponenten können über die *Document*-Eigenschaft mit der *PrintDocument*-Komponente verknüpft werden, Sie müssen also die Parameter nicht "von Hand" übergeben.

## 25.2  Auswerten der aktuellen Druckereinstellungen

In den folgenden Abschnitten wollen wir versuchen, Ihnen die "Vorzüge" der relativ unübersichtlichen Objektstruktur zu ersparen. Aus diesem Grund werden wir auf eine Auflistung von Eigenschaften und Methoden für die einzelnen Objekte verzichten, stattdessen stellen wir die zu lösende Aufgabe in den Vordergrund.

### 25.2.1  Die vorhandenen Drucker

Einen Überblick, welche Drucker auf dem aktuellen System installiert sind, können Sie sich über die Collection *InstalledPrinters* verschaffen.

---

[1] Auf das *Chart*-Control gehen wir im Rahmen des PB 25.6.2 gesondert ein.

**Beispiel 25.2** **Ausgabe aller Druckernamen in einer *ComboBox* und markieren des aktiven Druckers**

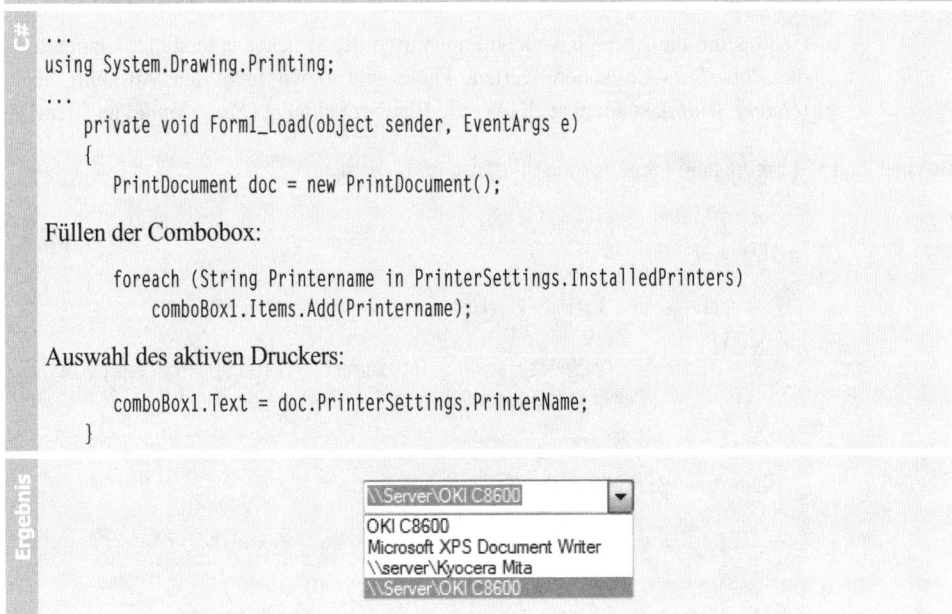

```
C#
    ...
    using System.Drawing.Printing;
    ...
        private void Form1_Load(object sender, EventArgs e)
        {
            PrintDocument doc = new PrintDocument();
```

Füllen der Combobox:

```
            foreach (String Printername in PrinterSettings.InstalledPrinters)
                comboBox1.Items.Add(Printername);
```

Auswahl des aktiven Druckers:

```
            comboBox1.Text = doc.PrinterSettings.PrinterName;
        }
```

## 25.2.2 Der Standarddrucker

Möchten Sie überprüfen, ob der aktuell gewählte Drucker gleichzeitig auch der System Standard-drucker ist, können Sie dies mit Hilfe der Eigenschaft *IsDefaultPrinter* realisieren.

**Beispiel 25.3** **Test auf Standarddrucker**

```
C#
    if (printDocument1.PrinterSettings.IsDefaultPrinter)
        MessageBox.Show("Standarddrucker");
```

Den Standarddrucker erkennen Sie in der Systemsteuerung an einem kleinen Häkchen, auch wenn dieser nicht verfügbar ist:

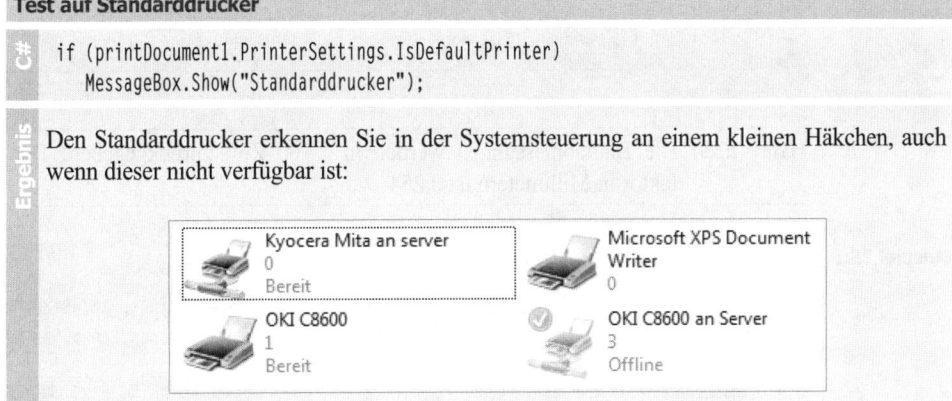

### 25.2.3 Verfügbare Papierformate/Seitenabmessungen

Geht es um die Abfrage, welche Papierarten der Drucker unterstützt, können Sie einen Blick auf die *PaperSizes*-Collection werfen. Diese gibt Ihnen nicht nur Auskunft über die Blattgröße (*Height, Width*), sondern auch über die Blattbezeichnung (*PaperName*) und den Typ (*Kind*).

**Beispiel 25.4** | **Anzeige aller Papierformate im Ausgabe-Fenster**

```csharp
using System.Drawing.Printing;
using System.Diagnostics;
...
    private void button1_Click(object sender, EventArgs e)
    {
        foreach (PaperSize ps in printDocument1.PrinterSettings.PaperSizes)
            Debug.WriteLine(ps);
    }
```

Die Anzeige im Ausgabe-Fenster:

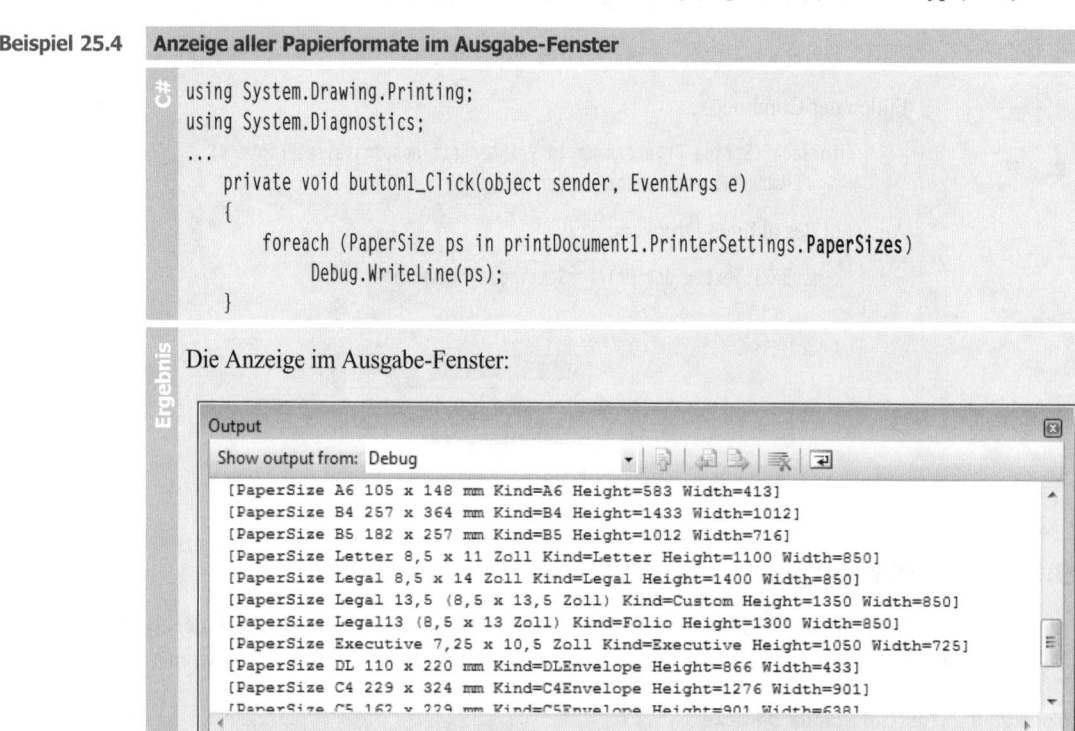

**HINWEIS:** Die Blattabmessungen werden in 1/100 Zoll zurückgegeben! Der Umrechnungsfaktor in Millimetern ist 0,254.

**Beispiel 25.5** | **Anzeige der aktuellen Blattabmessungen in Millimetern**

```csharp
Debug.WriteLine(printDocument1.PrinterSettings.DefaultPageSettings.PaperSize.Height*0.254);
Debug.WriteLine(printDocument1.PrinterSettings.DefaultPageSettings.PaperSize.Width*0.254);
```

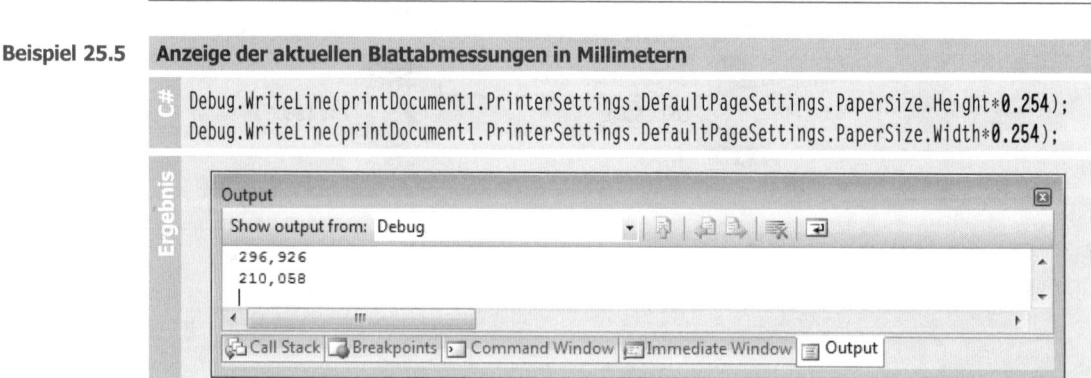

Gleichzeitig steht Ihnen mit *System.Drawing.Printing.PaperKind* eine Aufzählung der Standardpapierformate zur Verfügung (Auszug):

| Element | Beschreibung |
|---------|--------------|
| *A2* | A2 (420 x 594 mm) |
| *A3* | A3 (297 x 420 mm) |
| *A3Extra* | A3 Extra (322 x 445 mm) |
| *A3ExtraTransverse* | A3 Extra quer (322 x 445 mm) |
| *A3Rotated* | A3 gedreht (420 x 297 mm) |
| *A3Transverse* | A3 quer (297 x 420 mm) |
| *A4* | A4 (210 x 297 mm) |

## 25.2.4 Der eigentliche Druckbereich

Leider druckt nicht jeder Drucker bis zu den Blatträndern. Aus diesem Grund ist es wichtig, den eigentliche Druckbereich und insbesondere den Offset des Druckbereichs zu bestimmen. Verwenden Sie dazu die Eigenschaften *HardMarginX*, *HardMarginY* sowie *PrintableArea*.

---

**HINWEIS:** Vergessen Sie in diesem Zusammenhang die Eigenschaft *Margins* ganz schnell wieder, es handelt sich lediglich um theoretische Seitenränder, die Sie selbst definieren können.

---

**Beispiel 25.6**   **Anzeige der physikalischen Blattränder**

```csharp
private void Form1_Load(object sender, EventArgs e)
{
    PrintDocument pd = new PrintDocument();
    Debug.WriteLine("Linker Rand:" + pd.DefaultPageSettings.HardMarginX * 0.254);
    Debug.WriteLine("Oberer Rand:" + pd.DefaultPageSettings.HardMarginY * 0.254);
    Debug.WriteLine("Druckbreite:" + pd.DefaultPageSettings.PrintableArea.Width * 0.254);
    Debug.WriteLine("Druckhöhe:" + pd.DefaultPageSettings.PrintableArea.Height * 0.254);
}
```

Die Anzeige im Ausgabe-Fenster:

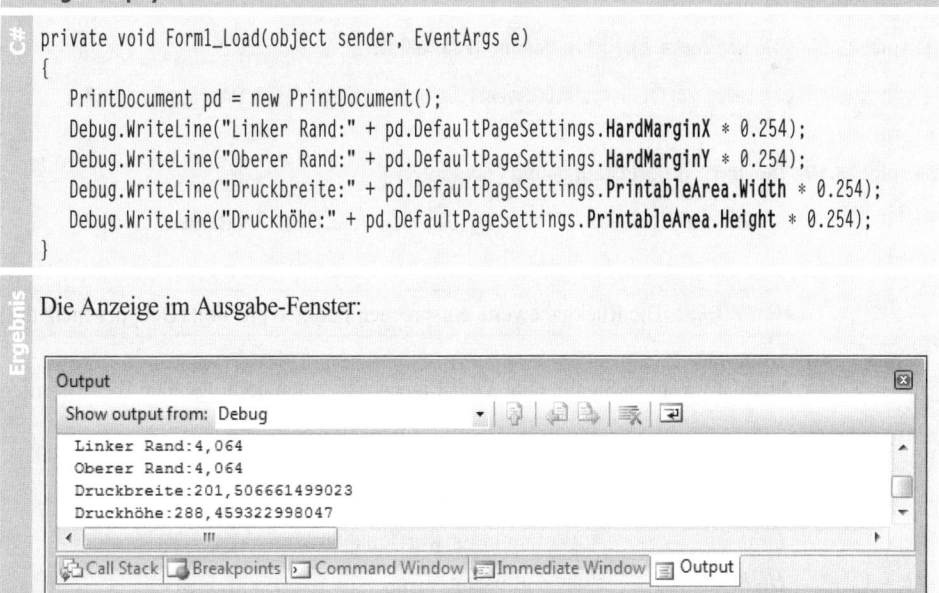

## 25.2.5   Die Seitenausrichtung ermitteln

Die aktuelle Blatt- bzw. Seitenausrichtung können Sie über die Eigenschaft *Landscape* abfragen.

**Beispiel 25.7**    **Abfrage der Seitenausrichtung**

```csharp
using System.Drawing.Printing;
...
if (printDocument1.PrinterSettings.DefaultPageSettings.Landscape)
{ ... };
```

## 25.2.6   Ermitteln der Farbfähigkeit

Ob Ihr aktuell gewählter Drucker auch in der Lage ist, mehr als nur Schwarz zu Papier zu bringen, lässt sich mit der Eigenschaft *SupportsColor* ermitteln.

**Beispiel 25.8**    **Test auf Farbunterstützung**

```csharp
using System.Drawing.Printing;
...
if (printDocument1.PrinterSettings.SupportsColor)
{ ... };
```

## 25.2.7   Die Druckauflösung abfragen

Möchten Sie sich über die physikalische Druckauflösung des aktiven Druckers informieren, sollten Sie sich mit der Eigenschaft *PrinterResolution* näher beschäftigen.

**Beispiel 25.9**    **Die horizontale Druckauflösung (readonly):**

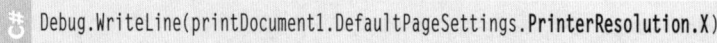

```csharp
Debug.WriteLine(printDocument1.DefaultPageSettings.PrinterResolution.X);
```

**Beispiel 25.10**    **Die vertikale Druckauflösung (readonly):**

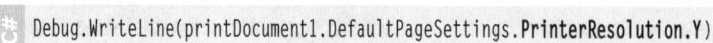

```csharp
Debug.WriteLine(printDocument1.DefaultPageSettings.PrinterResolution.Y);
```

---

**HINWEIS:** Die Rückgabewerte entsprechen Punkten pro Zoll (Dots per Inch: dpi).

Alternativ können Sie über die *Kind*-Eigenschaft einen der folgenden Werte abrufen:

| Kind | Beschreibung |
| --- | --- |
| *Custom* | Benutzerdefinierte Auflösung |
| *Draft* | Auflösung in Entwurfsqualität |
| *High* | Hohe Auflösung |

| Kind | Beschreibung |
|------|-------------|
| *Low* | Niedrige Auflösung |
| *Medium* | Mittlere Auflösung |

**Beispiel 25.11** | **Ausgabe der Druckauflösung**

```
Debug.WriteLine(printDocument1.DefaultPageSettings.PrinterResolution.Kind);
```

## 25.2.8 Ist beidseitiger Druck möglich?

Ob der Drucker duplexfähig ist, d.h., ob er beidseitig drucken kann, ermitteln Sie über die Eigenschaft *CanDuplex*.

**Beispiel 25.12** | **Duplexfähigkeit bestimmen**

```
using System.Drawing.Printing;
...
if (PrintDocument1.PrinterSettings.CanDuplex)
{ ... }
```

## 25.2.9 Einen "Informationsgerätekontext" erzeugen

Wer bisher mit GDI-Funktionen gearbeitet hat, dem wird auch der Begriff "Informationsgerätekontext" nicht unbekannt sein. Der Hintergrund: Bei einem Drucker wird für die Abfrage von Gerätemerkmalen (Auflösung, Seitenränder etc.) häufig ein DC benötigt, der zum Beispiel im Zusammenhang mit der Funktion *GetDeviceCaps* genutzt wird. Dieses DC ist nur für die **Abfrage** von Werten vorgesehen.

Den DC selbst erhalten Sie nur über einen kleinen Umweg: Mit Hilfe der Methode *CreateMeasurementGraphics* erzeugen Sie zunächst ein *Graphics*-Objekt, und dieses stellt bekanntlich die Methode *GetDC* zur Verfügung.

**Beispiel 25.13** | **Wir testen die Grafikfähigkeit des aktuellen Druckers**[1]

```
using System.Drawing.Printing;
using System.Runtime.InteropServices;

public partial class Form1 : Form
{
```
Die Konstanten für die möglichen Rückgabewerte der API-Funktion:
```
    private const int TECHNOLOGY = 2;
    private const int DT_PLOTTER = 0;
    private const int DT_RASPRINTER = 2;
```

---

[1] Nicht jeder Drucker muss auch voll grafikfähig sein, hier müssen Sie teilweise Einschränkungen erwarten.

**Beispiel 25.13** | **Wir testen die Grafikfähigkeit des aktuellen Druckers**

```
        private const int DT_CHARSTREAM = 4;
        private const int DT_METAFILE = 5;
```

Einbinden der API-Funktion:

```
[DllImport("gdi32.dll")]
private static extern int GetDeviceCaps(IntPtr hdc, int nIndex);

private void Form1_Load(object sender, EventArgs e)
{
```

Informationsgerätekontext erzeugen:

```
        PrintDocument pd = new PrintDocument();
        Graphics g = pd.PrinterSettings.CreateMeasurementGraphics();
        IntPtr dc = g.GetHdc();
```

Abfrage der Grafikfähigkeit und Auswertung:

```
        switch (GetDeviceCaps(dc, TECHNOLOGY))
        {
            case DT_PLOTTER:
                label1.Text = "Plotter"; break;
            case DT_CHARSTREAM:
                label1.Text = "Zeichen"; break;
            case DT_METAFILE:
                    label1.Text = "Metafile"; break;
            case DT_RASPRINTER:
                    label1.Text = "Rasterdrucker"; break;
        }
        g.ReleaseHdc(dc);
    }
}
```

Installieren Sie ruhig einmal den "Generic/Text Only"-Drucker als Standarddrucker und lassen Sie dann das Programm laufen. Dieser Druckertreiber kann nur Zeichen verarbeiten, keine Grafiken.

---

**HINWEIS:** Vergessen Sie nicht, den DC wieder freizugeben. Dies muss innerhalb der aktuellen Ereignisroutine geschehen, Sie können den Wert **nicht** in einer globalen Variablen speichern!

---

## 25.2.10   Abfragen von Werten während des Drucks

Statt wie in den vorhergehenden Beispielen mit der *PrintDocument*-Komponente, nutzen Sie besser den im *PrintPage*-Ereignis angebotenen Parameter *e*. Über diesen erhalten Sie Zugriff auf die gewünschten Eigenschaften.

**Beispiel 25.14** **Papiergröße während des Drucks bestimmen**

```csharp
private void printDocument1_PrintPage(object sender, PrintPageEventArgs e)
{
    Debug.WriteLine(e.PageSettings.PaperSize);
}
```

# 25.3 Festlegen von Druckereinstellungen

Nachdem wir im vorhergehenden Abschnitt recht passiv mit den Druckeroptionen umgegangen sind und uns auf das reine Auslesen beschränkt haben, wollen wir uns im Weiteren um das Konfigurieren des Druckers kümmern.

## 25.3.1 Einen Drucker auswählen

Der wohl erste Schritt, wenn mehr als ein Drucker zur Verfügung steht, ist die Auswahl des Druckers. Zwei Varianten bieten sich an:

- Verwendung der Eigenschaft *PrinterName*

- Verwendung der *PrintDialog*-Komponente (siehe Abschnitt 25.4)

---

**HINWEIS:** Nach dem Setzen der Eigenschaft bzw. vor dem endgültigen Drucken sollten Sie mit der Eigenschaft *IsValid* überprüfen, ob die Konfiguration auch realisierbar ist.

---

**Beispiel 25.15** **Setzen der *PrinterName*-Eigenschaft und nachfolgende Prüfung mit *IsValid***

```csharp
printDocument1.PrinterSettings.PrinterName = comboBox1.Text;
if (printDocument1.PrinterSettings.IsValid)
  printPreviewDialog1.ShowDialog();
```

**Beispiel 25.16** **Verwendung des *QueryPageSettings*-Ereignisses zur Auswahl eines Druckers**

```csharp
private void printDocument1_QueryPageSettings(object sender, QueryPageSettingsEventArgs e)
{
    e.PageSettings.PrinterSettings.PrinterName = "FRITZFax Drucker";
}
```

## 25.3.2 Drucken in Millimetern

Sie werden hoffentlich nicht auf die Idee kommen, Zeichnungen in Pixeln auf dem Drucker auszugeben, je nach Modell ist sonst Ihre Grafik mikroskopisch klein oder riesengroß. Bleibt die Frage, wie Sie die Maßeinheit auf Millimeter umstellen können. Die Lösung ist schnell gefunden, über die Eigenschaft *PageUnit* können Sie eine der folgenden Maßeinheiten auswählen:

| Konstante | Beschreibung |
|-----------|--------------|
| *Display* | Eine Einheit entspricht 1/75 Zoll. |
| *Document* | Eine Einheit entspricht 1/300 Zoll. |
| *Inch* | Eine Einheit entspricht 1 Zoll. |
| *Millimeter* | Eine Einheit entspricht einem Millimeter. |
| *Pixel* | Eine Einheit entspricht einem Gerätepixel. |
| *Point* | Eine Einheit entspricht 1/72 Zoll (Point). |

**Beispiel 25.17** | **Setzen der Maßeinheit im *PrintPage*-Ereignis**

```csharp
private void printDocument1_PrintPage(object sender, PrintPageEventArgs e)
{
    e.Graphics.PageUnit = GraphicsUnit.Millimeter;
    e.Graphics.DrawLine(new Pen(Color.Black, 10), 50, 100, 150, 200);
    ...
}
```

## 25.3.3   Festlegen der Seitenränder

Tja, welche Ränder meinen Sie denn? Geht es um Seitenränder wie zum Beispiel in Micorsoft Word, nutzen Sie die Eigenschaft *Margins*. Allerdings bedeutet das Festlegen per Code oder mit Hilfe der Dialogbox *PageSetupDialog* noch lange nicht, dass diese Ränder auch zwingend eingehalten werden. Dafür sind Sie im *PrintPage*-Ereignis selbst verantwortlich.

Die folgende Abbildung soll Ihnen die Problematik verdeutlichen. In jedem der drei Fälle werden, beginnend mit der Koordinate 0,0 (linke obere Ecke), Zufallslinien gezeichnet, die maximal die Abmessungen des Blattes erreichen.

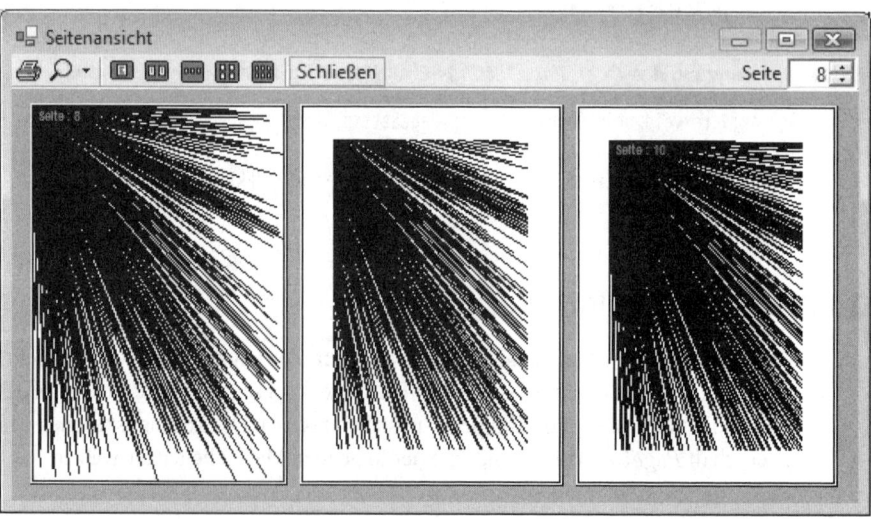

**Beispiel 25.18** | **Variante 1**

Variante 1 zeigt deutlich, dass die eingestellten Seitenränder (100,100,100,100) vollkommen ignoriert werden:

```csharp
Graphics g = e.Graphics;
g.PageUnit = GraphicsUnit.Display;
for (i = 0; i <= 500; i++)
    g.DrawLine(p, 0, 0, Rnd.Next(e.PageBounds.Width),
                        Rnd.Next(e.PageBounds.Height));
```

**Beispiel 25.19** | **Variante 2**

Diese Variante berücksichtigt bereits die eingestellten Seitenränder durch die Verwendung eines Clipping-Bereichs:

```csharp
Graphics g = e.Graphics;
g.PageUnit = GraphicsUnit.Display;
g.SetClip(e.MarginBounds);
for (i = 0; i <=500; i++)
    g.DrawLine(p, 0, 0, Rnd.Next(e.PageBounds.Width),
                        Rnd.Next(e.PageBounds.Height));
```

**Beispiel 25.20** | **Variante 3**

Wir bringen auch den Koordinatenursprung an die richtige Position:

```csharp
Graphics g = e.Graphics;
g.PageUnit = GraphicsUnit.Display;
g.SetClip(e.MarginBounds);
g.TranslateTransform(e.MarginBounds.Left, e.MarginBounds.Top);
for (i = 0; i <= 500; i++)
    g.DrawLine(p, 0, 0, Rnd.Next(e.PageBounds.Width),
                        Rnd.Next(e.PageBounds.Height));
```

Damit brauchen Sie sich beim Zeichnen eigentlich nur noch um die Breite und Höhe des bedruckbaren Bereichs (*e.MarginBounds.Width* bzw. *e.MarginBounds.Height*) zu kümmern, die linke obere Ecke ist bereits korrekt gesetzt.

**HINWEIS:** Die Eigenschaft *Margins* hebt natürlich keine physikalischen Grenzen auf. Wenn der Drucker einen entsprechenden Offset aufweist, müssen Sie diesen auch berücksichtigen (siehe Abschnitt 25.2.4).

## 25.3.4 Druckjobname

Was im Normalfall eher sekundär ist, kann in Netzwerkumgebungen bzw. Multiuser-Umgebungen für mehr Übersicht sorgen. Über die Eigenschaft *DocumentName* können Sie vor dem Drucken einen aussagekräftigen Druckjobnamen festlegen, der im Druckerspooler angezeigt wird.

**Beispiel 25.21**    **Ändern des Druckjob-Namens**

```csharp
printDocument1.DocumentName = "Mein erster C#.NET-Druckversuch";
```

## 25.3.5 Anzahl der Kopien

Die Anzahl der Druckkopien kann zum einen mit Hilfe des Dialogs *PrintDialog*, zum anderen auch per Code festgelegt werden. Nutzen Sie die Eigenschaft *Copies*.

**Beispiel 25.22**    **Drei Kopien**

```csharp
printDocument1.PrinterSettings.Copies = 3;
```

> **HINWEIS:** Mit *MaximumCopies* können Sie einen Maximalwert für die Druckdialoge vorgeben!

**Beispiel 25.23**    **Maximal fünf Kopien zulassen**

```csharp
printDocument1.PrinterSettings.MaximumCopies = 5;
```

## 25.3.6 Beidseitiger Druck

Geht es um das beidseitige Bedrucken von Papier, was aus ökologischer Sicht sicher sinnvoller ist, müssen Sie sich zunächst vergewissern, ob der Drucker auch über dieses Feature verfügt (siehe Abschnitt 25.2.8). Nachfolgend können Sie über die *Duplex*-Eigenschaft den gewünschten Wert einstellen.

| Konstante | Beschreibung |
|---|---|
| *Default* | Die Standardeinstellungen des Druckers werden genutzt. |
| *Simplex* | Der "normale" einseitige Druck. |
| *Horizontal* | 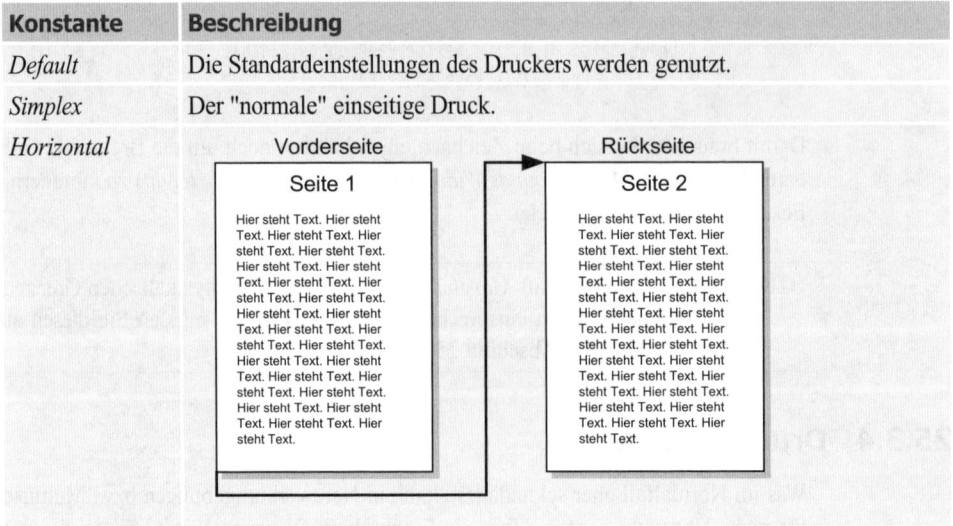 |

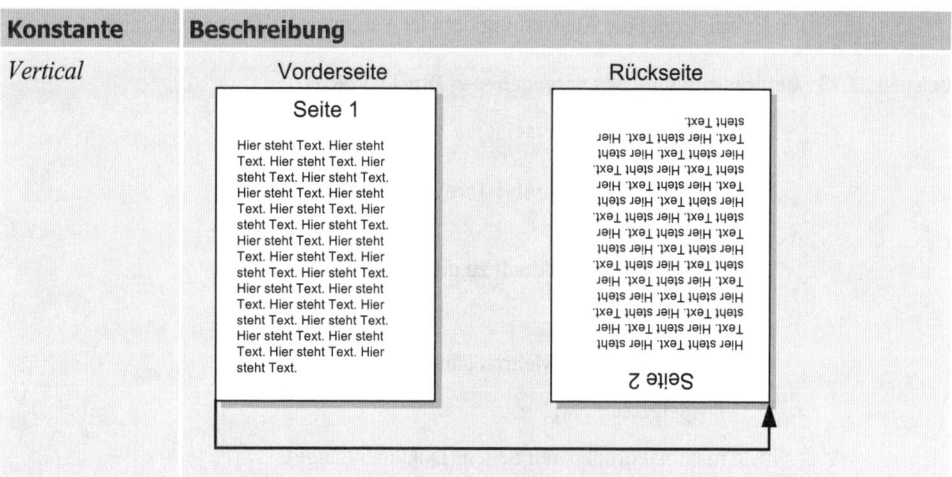

| Konstante | Beschreibung |
|-----------|--------------|

| | |
|-----------|--------------|
| *Vertical* | |

**Beispiel 25.24** **Einstellen der *Duplex*-Eigenschaft**

```csharp
using System.Drawing.Printing;
...
printDocument1.PrinterSettings.Duplex = Duplex.Horizontal;
```

## 25.3.7 Seitenzahlen festlegen

Die Überschrift dürfte auf den ersten Blick etwas missverständlich klingen, da Sie doch selbst über den zu druckenden Inhalt entscheiden. Wenn Sie sich jedoch an den Druckerdialog erinnern, sind dort auch Optionen für die Seitenauswahl möglich:

Leider ist die Unterstützung dieser Option ein nicht ganz leicht verdaulicher Brocken.

Zunächst einmal unterscheiden Sie die vier gewählten Optionen (Alles, Markierung, Seiten, Aktuelle Seite) mit Hilfe der folgenden Konstanten über die *PrintRange*-Eigenschaft.

| Konstante | Beschreibung |
|-----------|--------------|
| *AllPages* | Alle Seiten drucken. |
| *Selection* | Die ausgewählten Seiten drucken (per Userauswahl). |
| *SomePages* | Die Seiten zwischen *FromPage* und *ToPage* sollen gedruckt werden. |
| *CurrentPage* | Die aktuelle Seite drucken (was die aktuelle Seite ist, bestimmt Ihr Programm). |

Ein Beispiel zeigt die Auswertung der vier Varianten im Zusammenhang.

**Beispiel 25.25** | **Berücksichtigung des vorgegebenen Druckbereichs**

```
using System.Drawing.Printing;

public partial class Form1 : Form
{
```

Eine Variable für die aktuell zu druckende Seite:

```
    int page;
```

Die aktuelle Seite bei Mehrfachauswahl:

```
    int selectedindex;
```

Die maximal druckbaren Seiten (Dokumentlänge):

```
    const int maxpages = 30;
```

Beim Programmstart füllen wir zunächst eine *ListBox* mit den möglichen Seitenzahlen (1...30):

```
    private void Form1_Load(object sender, EventArgs e)
    {
        for (int i = 0; i <= maxpages; i++)
            listBox1.Items.Add("Seite " + i.ToString());
    }
```

Druckerdialog anzeigen und im Erfolgsfall die Druckvorschau öffnen:

```
    private void button1_Click(object sender, EventArgs e)
    {
        if (printDialog1.ShowDialog() == DialogResult.OK)
            printPreviewDialog1.ShowDialog();
    }
```

Vorbereiten des "Druckvorgangs":

```
    private void printDocument1_BeginPrint(object sender,
                                 System.Drawing.Printing.PrintEventArgs e)
    {
        page = 1;
        selectedindex = 0;
```

Zur Sicherheit prüfen wir, ob auch mindestens eine Seiten ausgewählt wurde (nur bei Seiten-auswahl):

```
        switch (printDialog1.PrinterSettings.PrintRange)
        {
            case PrintRange.Selection:
                if (listBox1.SelectedItems.Count == 0)
                    e.Cancel = true;
                break;
```

**Beispiel 25.25**  **Berücksichtigung des vorgegebenen Druckbereichs**

```
        }
    }
```

Der eigentliche Druckvorgang:

```
private void printDocument1_PrintPage(object sender,
                                System.Drawing.Printing.PrintPageEventArgs e)
{
    int printpage = 0;
```

Ja nach Auswahl im Druckdialog müssen wir nun die aktuelle Seite bestimmen:

```
switch (e.PageSettings.PrinterSettings.PrintRange)
{
```

Es soll die aktuelle Seite gedruckt werden (der Wert wird per *NumericUpDown* bestimmt):

```
case PrintRange.CurrentPage:
        printpage = (int) numericUpDown1.Value;
        break;
```

Es soll ein Seitenbereich gedruckt werden:

```
case PrintRange.SomePages:
        printpage = page + e.PageSettings.PrinterSettings.FromPage - 1;
        break;
```

Es sollen alle Seiten gedruckt werden:

```
case PrintRange.AllPages:
        printpage = page;
        break;
```

Eine Seitenauswahl (*ListBox*) soll gedruckt werden:

```
case PrintRange.Selection:
        printpage = listBox1.SelectedIndices[selectedindex];
        selectedindex++;
        break;
    }
```

Hier können Sie die Seite auswerten und die Drucklogik unterbringen:

```
switch (printpage)
{
    case 1:
            break;
    case 2:
            break;
    // ...
}
```

**Beispiel 25.25**   **Berücksichtigung des vorgegebenen Druckbereichs**

> Unser Beispiel zeigt stattdessen die aktuelle Seitenzahl an:
>
> ```
> e.Graphics.DrawString("Seite : " + printpage.ToString(),
>         new Font("Arial", 20, FontStyle.Bold, GraphicsUnit.Millimeter),
>                 Brushes.Black, 70, 50);
> ```
>
> Eine Seite weiter:
>
> ```
> page++;
> ```
>
> Ja nach Auswahl im Druckerdialog bestimmen wir jetzt, ob es noch weitere Seiten gibt:
>
> ```
> switch (e.PageSettings.PrinterSettings.PrintRange)
> {
>     case PrintRange.Selection:
>             e.HasMorePages = selectedindex < listBox1.SelectedIndices.Count;
>             break;
>     case PrintRange.CurrentPage:
>             e.HasMorePages = false;
>             break;
>     case PrintRange.SomePages:
>             e.HasMorePages = (printpage < e.PageSettings.PrinterSettings.ToPage);
>             break;
>     case PrintRange.AllPages:
>             e.HasMorePages = (page <= maxpages);
>             break;
>     }
>   }
> }
> ```

---

**HINWEIS:** Über die Eigenschaften *MinimumPage* und *MaximumPage* können Sie maximale Grenzen für die Auswahl des Druckbereichs festlegen.

---

**Beispiel 25.26**   **Druckbereich maximal von Seite 1 bis Seite 10**

```
printDocument1.PrinterSettings.MinimumPage = 1;
printDocument1.PrinterSettings.MaximumPage = 10;
```

## 25.3.8  Druckqualität verändern

Unter diesem Punkt verstehen wir zum einen die Einstellung der dpi-Zahl des Druckers, zum anderen die Optionen bei der Ausgabe von Grafiken (*Antialiasing, CompositingQuality*).

**Beispiel 25.27**   **Setzen der Druckauflösung (es wird die zweite verfügbare Auflösung verwendet)**

```
printDocument1.DefaultPageSettings.PrinterResolution =
        printDocument1.PrinterSettings.PrinterResolutions[2];
```

### 25.3.9 Ausgabemöglichkeiten des Chart-Controls nutzen

An dieser Stelle wollen wir uns einem Spezialfall zuwenden. Im Mittelpunkt steht die *Chart*-Komponente und deren Möglichkeiten zur Druckausgabe. Diese sind zwar auf den ersten Blick recht überschaubar, allerdings dürften Sie damit auch alle wichtigen Anwendungsfälle problemlos abdecken. Unser Interesse gilt vor allem der *Printing*-Eigenschaft des *Chart*-Controls, diese bündelt alle Aktivitäten rund um die Druckausgabe.

Folgende Methoden werden bereitgestellt:

| Methode | Beschreibung |
|---|---|
| *PageSetup* | ... zeigt den bekannten Page Setup-Dialog an. Mehr zur Verwendung dieses Dialogs finden Sie im Abschnitt 25.4.2 ab Seite 1045. |
| *Print* | ... druckt das vorliegende Diagramm. Übergeben Sie als Parameter *true*, wird der bekannte Druckdialog zur Druckerauswahl angezeigt (siehe Abschnitt 25.4.1 Seite 1044). |
| *PrintPaint* | Ausgabe des Diagramms auf einem *Graphics*-Objekt (siehe PB 25.6.2). |
| *PrintPreview* | Statt der direkten Druckauswahl wird eine Druckvorschau angezeigt. |

Neben obigen Methoden steht über die *Printing*-Eigenschaft auch ein *PrintDocument* zur Verfügung, über das Sie die Einstellungen des Druckers auslesen oder auch beeinflussen können, wie Sie es in den beiden vorhergehenden Abschnitten bereits im Detail gesehen haben.

**Beispiel 25.28** **Verwendung von *Printing.PrintDocument***

Anzeige, ob es sich um den Standard-Drucker handelt:

```
Text = chart1.Printing.PrintDocument.PrinterSettings.IsDefaultPrinter.ToString();
```

**HINWEIS:** Ein Praxisbeispiel für die Integration eines Diagramms in einen eigenen Report finden Sie unter PB 25.6.2 Diagramme mit dem Chart-Control drucken.

**HINWEIS:** Ein umfangreiches Kapitel zum *Chart*-Control finden Sie in unserem Buch [Datenbankprogrammierung mit Visual C# 2010].

## 25.4 Die Druckdialoge verwenden

Im Folgenden wollen wir Ihnen kurz die drei wesentlichen Druckdialoge und deren wichtigste Parameter im Zusammenspiel mit der Druckausgabe vorstellen.

## 25.4.1  PrintDialog

Der allgemein bekannte Standarddruckdialog wird mit der Komponente *PrintDialog* eingebunden.

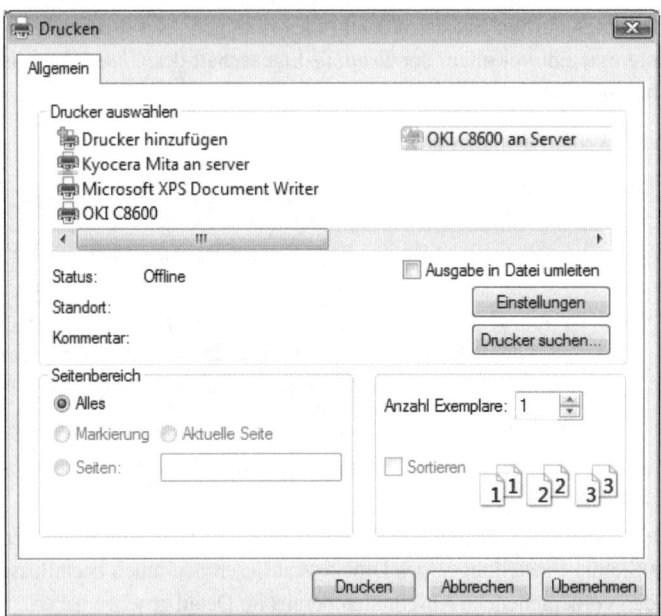

Die Komponente selbst können Sie mittels *Document*-Eigenschaft direkt an ein *Print-Document*-Control binden. Alle gewählten Parameter werden automatisch an *PrintDocument* übergeben.

| Eigenschaft | Beschreibung |
|---|---|
| *AllowPrintToFile* | ... aktiviert das Kontrollkästchen "Ausgabe in Datei". |
| *AllowSelection* | ... aktiviert das Optionsfeld "Seiten von ... bis ...". |
| *AllowSomePages* | ... aktiviert das Optionsfeld "Seiten". |
| *ShowHelp* | ... aktiviert die Schaltfläche "Hilfe". |
| *ShowNetwork* | ... aktiviert die Schaltfläche "Netzwerk" (nur in der Theorie). |
| *PrinterSettings* | Über diese Eigenschaft können Sie Standardwerte vorgeben sowie die Einstellungen des Dialogfelds abfragen. |
| *PrintToFile* | ... fragt den Wert des Kontrollkästchens "Ausgabe in Datei" ab. |

**Beispiel 25.29**   **Anzeige des Dialogs und Abfrage des gewählten Druckers**

```csharp
if (printDialog1.ShowDialog() = DialogResult.OK)
    MessageBox.Show(printDialog1.PrinterSettings.PrinterName, "Hinweis",
            MessageBoxButtons.OK, MessageBoxIcon.Exclamation);
```

## 25.4.2 PageSetupDialog

Aus vielen Programmen dürfte Ihnen der folgende Dialog bekannt sein, mit dem Sie einen Menüpunkt "Seite einrichten" realisieren können.

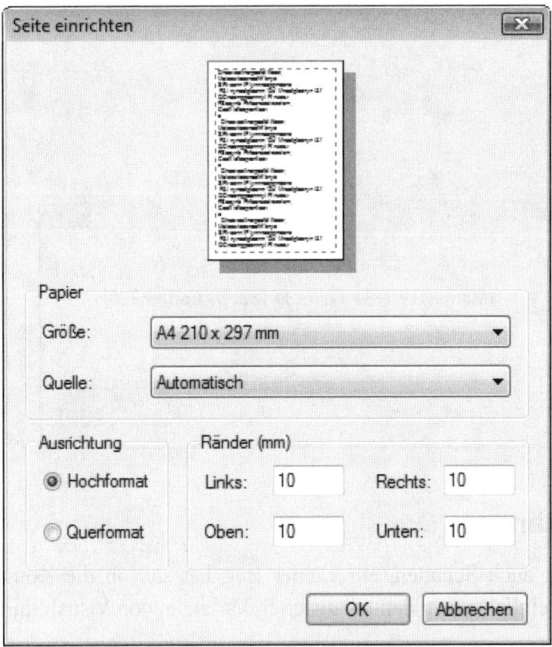

Auch diese *PageSetupDialog*-Komponente können Sie mittels *Document*-Eigenschaft direkt an
eine *PrintDocument*-Komponente binden, um die eingestellten Parameter automatisch zu übernehmen.

| Eigenschaft | Beschreibung |
|---|---|
| *AllowMargins* | ... aktiviert den Bereich "Ränder (mm)". |
| *AllowOrientation* | ... aktiviert den Bereich "Orientierung". |
| *AllowPaper* | ... aktiviert den Bereich "Papier". |
| *AllowPrinter* | ... aktiviert die Schaltfläche "Drucker...". |
| *ShowHelp* | ... aktiviert die Schaltfläche "Hilfe". |
| *MinMargins* | ... legt die minimalen Werte für die Ränder fest. |
| *PageSettings* *PrinterSettings* | ... hier können Sie Standardwerte vorgeben bzw. die Werte abfragen. |

**HINWEIS:** Über das Ereignis *HelpRequest* können Sie auf den Button "Hilfe" reagieren!

**Beispiel 25.30** | **Aufruf der Dialogbox und Anzeige der neu gesetzten Ränder**

```csharp
if (pageSetupDialog1.ShowDialog()== DialogResult.OK)
    MessageBox.Show(pageSetupDialog1.PageSettings.Margins.ToString(), "Hinweis",
            MessageBoxButtons.OK, MessageBoxIcon.Exclamation);
```

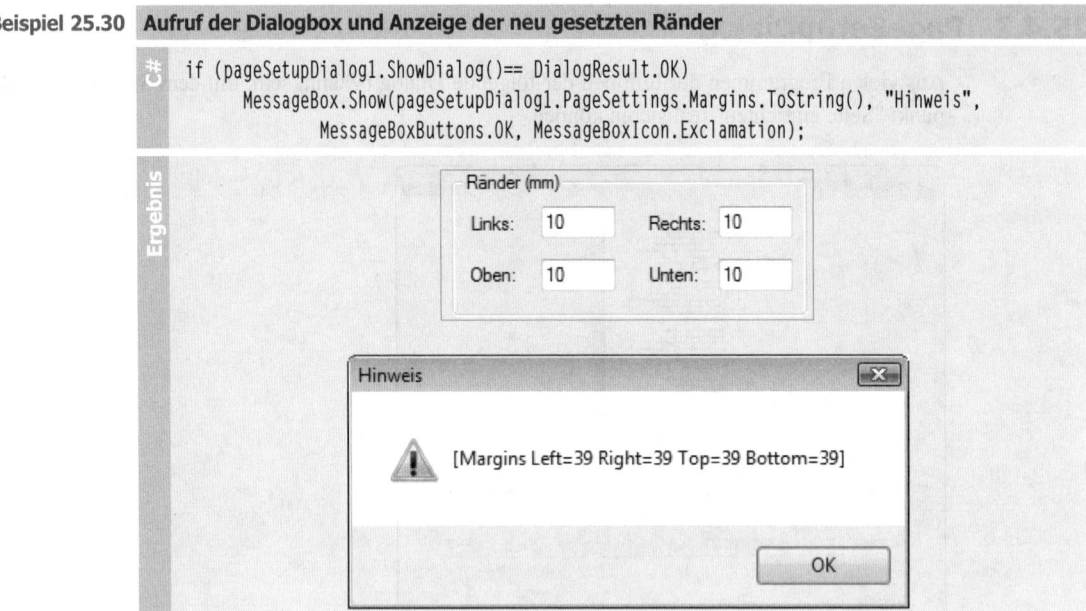

## Probleme mit den Rändern

Doch wo viel Licht, da ist auch Schatten, ein kleiner Bug hat sich in die Komponente einge-schlichen, der aber wahrscheinlich nur in den lokalisierten Varianten von Visual Studio auftritt:

---

**HINWEIS:** Die Werte der eingestellten Ränder stimmen nicht mit den Werten der Eigenschaft *Margins* überein (aus einem Zoll Vorgabewert werden in der Anzeige 10 Millimeter und aus diesen wiederum korrekte 0,39 Zoll). Eine fragwürdige Umrechnung.

---

Deshalb der folgende Workaround:

Rufen Sie **vor** dem Aufruf der Dialogbox jedes Mal die folgenden Anweisungen auf:

```csharp
pageSetupDialog1.PageSettings.Margins.Left =
    (int) (pageSetupDialog1.PageSettings.Margins.Left * 2.54);
pageSetupDialog1.PageSettings.Margins.Top =
    (int) (pageSetupDialog1.PageSettings.Margins.Top * 2.54);
pageSetupDialog1.PageSettings.Margins.Right =
    (int) (pageSetupDialog1.PageSettings.Margins.Right * 2.54);
pageSetupDialog1.PageSettings.Margins.Bottom =
    (int) (pageSetupDialog1.PageSettings.Margins.Bottom * 2.54);
pageSetupDialog1.ShowDialog();
```

Nach dem Aufruf stehen Ihnen die Seitenränder wieder in der korrekten 1/100-Zoll-Angabe zur Verfügung.

### 25.4.3 PrintPreviewDialog

Im Grunde ist die Verwendung des *PrintPreviewDialog* recht simpel. Nach dem Einfügen der Komponente brauchen Sie diese lediglich über die *Documents*-Eigenschaft mit der *PrintDocument*-Komponente zu verknüpfen und die Methode *ShowDialog* aufrufen.

Bis auf die Eigenschaft *UseAntialias* (Verbessern der Anzeigequalität) können Sie kaum weitere Einstellungen vornehmen. Die Ausnahme stellt die Eigenschaft *PrintPreviewControl* dar, mit der Sie direkt das Aussehen und Verhalten der Vorschau beeinflussen können.

**Beispiel 25.31** | **Gleichzeitige Anzeige von zehn Seiten**

```csharp
printPreviewDialog1.PrintPreviewControl.Rows = 2;
printPreviewDialog1.PrintPreviewControl.Columns = 5;
printPreviewDialog1.ShowDialog();
```

**HINWEIS:** Mehr zur Konfiguration und Verwendung der *PrintPreviewControl*-Komponente finden Sie im folgenden Abschnitt 25.4.4.

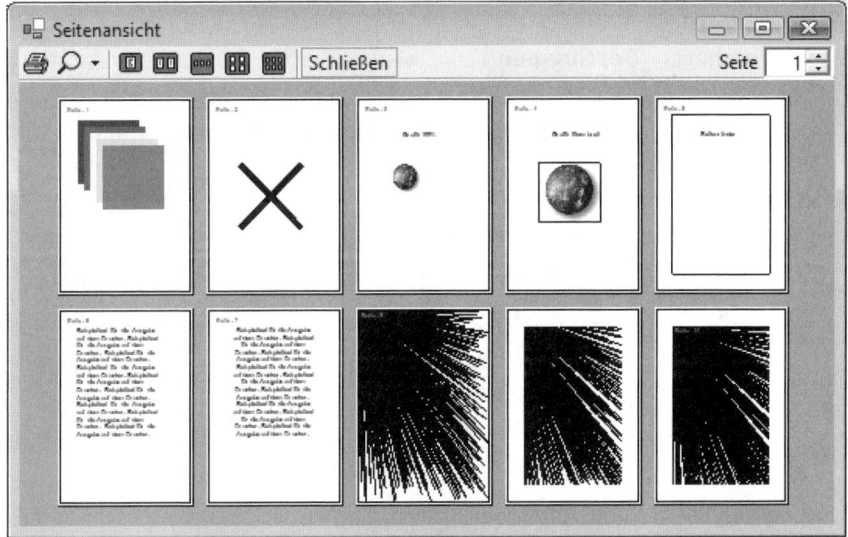

Weiterhin dürfte die Eigenschaft *WindowState* in Zusammenhang mit der Anzeige der Dialogbox von Interesse sein. Hiermit steuern Sie die Art der Anzeige (Vollbild etc.).

**Beispiel 25.32** | **Vollbildanzeige aktivieren**

```csharp
printPreviewDialog1.WindowState = FormWindowState.Maximized;
printPreviewDialog1.ShowDialog();
```

## 25.4.4 Ein eigenes Druckvorschau-Fenster realisieren

Wem die *PrintPreview*-Komponente zu wenig Eingriffsmöglichkeiten bietet, der kann sich mit der *PrintPreviewControl*-Komponente eine eigene Druckvorschau zusammenbauen.

Bis auf den reinen Druckvorschaubereich können Sie sich um alle Einstellungen und optischen Spielereien selbst kümmern. Die folgende Tabelle listet die wichtigsten Eigenschaften auf:

| Eigenschaft | Beschreibung |
|---|---|
| *AutoZoom* | Ist der Wert auf *True* gesetzt, werden die Seiten so skaliert, dass die vorgegebene Anzahl von Seiten flächenfüllend dargestellt wird. |
| *BackColor* | ... die Hintergrundfarbe für die Druckvorschau. |
| *Columns* | ... die Anzahl von Spalten, d.h., wie viele Seiten nebeneinander dargestellt werden. |
| *Rows* | ... die Anzahl von Zeilen, d.h., wie viele Seiten untereinander dargestellt werden. |
| *Document* | ... die Verknüpfung zum *PrintDocument*-Objekt. |
| *StartPage* | ... die Seitenzahl der linken oberen Seite. Durch Verändern dieses Wertes können Sie die weiteren Seiten anzeigen. |
| *Zoom* | ... legt explizit einen Zoomfaktor fest. |

Wie Sie die *PrintPreviewControl*-Komponente im Zusammenhang verwenden, zeigt Ihnen das Praxisbeispiel 25.6.1 am Kapitelende.

# 25.5  Drucken mit OLE-Automation

Wir wollen versuchen, mit Hilfe der bekannten Office-Programme Druckausgaben zu realisieren. Schnell kommt der Verdacht auf, dass der Programmierer versucht, das Brett an der dünnsten Stelle anbohren zu wollen. Doch warum sollen nicht die Möglichkeiten von Office-Programmen genutzt werden, wenn doch häufig der Wunsch besteht, Reportausgaben nachträglich zu bearbeiten oder in umfangreichere Dokumentationen aufzunehmen? Nicht zuletzt bieten sich gerade die Office-Anwendungen an, wenn es um eine sinnvolle Archivierung von Dokumenten geht.

Unser Favorit ist, wie sollte es auch anders sein, Microsoft Word, ein Allround-Talent, was die Gestaltung von ansprechenden Druckausgaben angeht. Als zweite Variante bietet sich insbesondere bei der Verwendung von Desktop-Datenbanken Microsoft Access an. Hier kann der integrierte Report-Generator zeigen, was er kann.

Für die im Weiteren vorgestellten Verfahren ist es sinnvoll, wenn wir kurz auf die grundlegenden Möglichkeiten und Funktionen der OLE-Automation eingehen[1].

---

**HINWEIS:** Ein wesentlicher Nachteil der im Folgenden beschriebenen Verfahrensweise soll natürlich nicht unerwähnt bleiben. Geben Sie Ihre Anwendungen an andere Anwender weiter, muss auf dem jeweiligen Rechner natürlich auch die OLE-Anwendung (Access oder Word) installiert sein.

---

## 25.5.1  Kurzeinstieg in die OLE-Automation

Über OLE-Automation lassen sich Objekte anderer Applikationen (z.B. Word oder Access) von Ihrem .NET-Programm quasi "fernsteuern". Nach der Definition einer entsprechenden Objektvariablen können Sie auf Eigenschaften und Methoden dieser Objekte genauso zugreifen, als ob es sich um ein normales C#-Objekt handeln würde.

Wichtigstes Hilfsmittel für den OLE-Programmierer ist der in Visual Studio integrierte Objektkatalog (siehe folgende Abbildung).

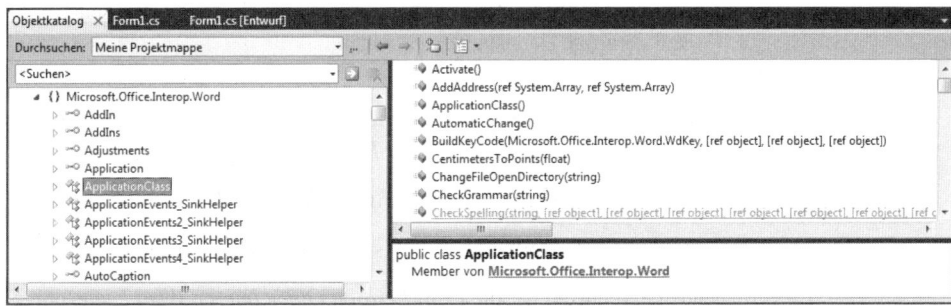

Im Objektkatalog werden neben den Klassen alle Methoden, Eigenschaften, Ereignisse und Konstanten des jeweiligen Objekts angezeigt.

---

[1] Zu den ab .NET 4.0 eingeführten neuen Möglichkeiten (dynamische Programmierung) siehe auch PB 5.9.4.

Welche Objekte angezeigt werden, hängt von den Verweisen ab, die Sie unter *Projekt/Verweise hinzufügen...* eingebunden haben:

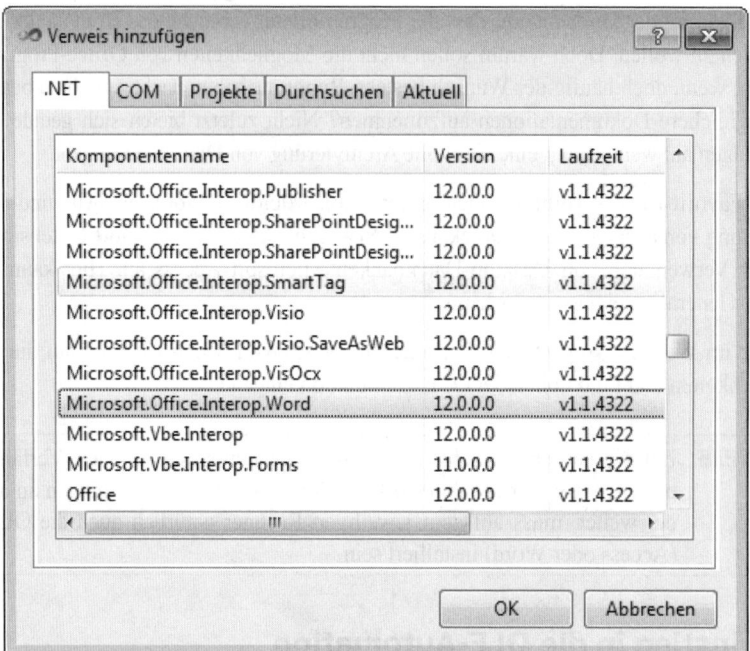

## Programmieren der OLE-Automation

Das Grundprinzip besteht darin, dass Sie in C# eine Instanz der gewünschten Klasse erzeugen. Mit diesem Objekt können Sie dann wie mit jedem anderen Objekt arbeiten.

---

**HINWEIS:** Wer bereits mit älteren C#-Versionen (< 2010) gearbeitet hat, wird sicher sicher noch an die grauenhafte Arbeit mit dem Erzeugen von Objekten und der Übergabe von optionalen Parametern erinnern. Vergessen Sie dies alles, seit C# 2010, können Sie auf derartige Handstände verzichten

---

Voraussetzung für das Erstellen einer Instanz ist ein Verweis auf die entsprechende Klasse. Um neue Verweise zu erstellen, müssen Sie unter *Projekt/Verweise hinzufügen...*

- die gewünschte COM-Klassenbibliothek (z.B. *Microsoft Word 12.0 Object Library*) auswählen

- oder alternativ eine der vorhandenen PIAs (*Primary Interop Assemblies*) nutzen.

Im vorliegenden Fall nutzen wir die PIA *Microsoft.Office.Interop.Word* (siehe obige Abbildung),

---

**HINWEIS:** Binden Sie den neuen Namespace (*using*) direkt ein, kann es zu Überschneidungen der COM-Objektnamen mit den C#-Objekten kommen.

---

**Beispiel 25.33** **Hier ist nicht eindeutig welches *Application* gemeint ist**

Besser Sie verwenden in diesem Fall einen Aliasnamen für die Assembly, wie es das folgende Beispiel zeigt:

**Beispiel 25.34** **Verwendung Aliasnamen**

Erstellen einer Objektvariablen *myWord* als Instanz des *Word.Application*-Objekts:

```
using Word = Microsoft.Office.Interop.Word;

namespace WindowsFormsApplication3
{
    ...
        var myWord = new Word.Application();
    ...
```

## 25.5.2 Drucken mit Microsoft Word

Verwenden Sie Word für die Druckausgabe, können Sie zwei verschiedene Varianten einsetzen:

- Sie entwerfen die komplette Seite mit Word und fügen an den relevanten Stellen so genannte Platzhalter (Formularfelder) ein. Diese werden später aus dem C#-Programm heraus gezielt aufgerufen und mit neuen Inhalten gefüllt. Der Vorteil dieser Variante: das Word-Dokument kann quasi wie eine Vorlage genutzt werden, der Aufwand ist minimal. Nachteil: Sie müssen die Datei zur Laufzeit in den Word-Editor laden.

- Der komplette Report bzw. das komplette Word-Dokument wird zur Laufzeit aus C# heraus generiert. Vorteil: das Erstellen von Listen ist mit dieser Variante wesentlich einfacher als mit vorgefertigten Dokumenten. Nachteil: jede Menge Quellcode.

Der Nachteil der zweiten Variante kann jedoch schnell wieder wettgemacht werden, lassen Sie einfach Word für sich arbeiten.

Was ist gemeint? Die Antwort findet sich unter dem Word-Menüpunkt *Extras|Makro|Aufzeichnen*[1]. Öffnen Sie Word und rufen Sie den genannten Menübefehl auf. Alle weiteren Aktionen, die Sie durchführen (Text eingeben, formatieren, Tabellen erstellen etc.) werden durch den Makrorekorder aufgezeichnet. Sie müssen nur noch das aufgezeichnete Makro in Ihr C#-Programm einfügen und "geringfügig" anpassen.

---

[1] Oder für Opfer der Version 2007: *Entwicklertools|Makro aufzeichnen* (Eventuell müssen Sie die Registerkarte *Entwicklertools* zunächst über die Optionen einblenden).

**Beispiel 25.35** | **Transformieren eines aufgezeichneten Word-Markros in C# 2010**

Sie erstellen bei eingeschaltetem Makrorecorder ein neues Dokument und geben eine 16 Punkt große Überschrift ein. Das Resultat ist folgender Bandwurm (Word-VBA):

```
Sub Makro1()
  Documents.Add Template:="E:\Programme\Ms\Vorlagen\Normal.dot", NewTemplate :=False
    With Selection.Font
          .Name = "Times New Roman"
          .Size = 16
          .Bold = False
          .Italic = False
          .Underline = wdUnderlineNone
          .StrikeThrough = False
          .DoubleStrikeThrough = False
          .Outline = False
          .Emboss = False
          .Shadow = False
          .Hidden = False
          .SmallCaps = False
          .AllCaps = False
          .ColorIndex = wdAuto
          .Engrave = False
          .Superscript = False
          .Subscript = False
          .Spacing = 0
          .Scaling = 100
          .Position = 0
          .Kerning = 0
          .Animation = wdAnimationNone
    End With
    Selection.TypeText Text:="Überschrift"
    Selection.HomeKey Unit:=wdLine
End Sub
```

Aus diesem Quellcode-Haufen filtern wir uns erst einmal die relevanten Daten heraus:

```
Sub Makro1()
  Documents.Add
  Selection.Font.Size = 16
  Selection.TypeText Text:="Überschrift"
End Sub
```

Das sieht doch schon viel freundlicher aus, das Resultat beider Makros ist dasselbe. Kopieren Sie nun den Quellcode in Ihre C#-Anwendung. Erster Schritt ist jetzt das Erzeugen einer Word-Instanz bzw. einer *Word.Application*-Instanz:

```
using Word = Microsoft.Office.Interop.Word;
...
private void button1_Click(object sender, EventArgs e)
{
```

**Beispiel 25.35** | **Transformieren eines aufgezeichneten Word-Markros in C# 2010**

```
var myWord = new Word.Application();
```

Word muss extra einblendet werden:

```
myWord.Visible = true;
```

Uns hier kommen die eigentlichen Anweisungen:

```
myWord.Documents.Add();
myWord.Selection.Font.Size = 16;
myWord.Selection.TypeText("Überschrift");
}
```

Der ehemalige Makrocode ist fett hervorgehoben.

> **HINWEIS:** Das obige C#-Listing ist erst ab C# 2010 lauffähig, in älteren Versionen müssen Sie sich damit abfinden, dass Sie immer alle Parameter an die jeweiligen Methoden übergeben müssen. Dies erfordert zum Teil einen beträchtlichen Mehraufwand und ein intensives Studium der VBA-Hilfe.

**Beispiel 25.36** | **Umsetzung in C# 2008**

```
using Microsoft.Office.Interop.Word;
...
        ApplicationClass myWord = new ApplicationClass();
        object n = System.Reflection.Missing.Value;
        myWord.Visible = true;
        myWord.Documents.Add(ref n, ref n, ref n, ref n);
        myWord.Selection.Font.Size = 16;
        myWord.Selection.TypeText("Überschrift");
```

> **HINWEIS:** Beachten Sie, dass in diesem Fall alle Methoden-Parameter mittels Referenz (*ref*) zu übergeben sind.

# 25.6 Praxisbeispiele

## 25.6.1 Den Drucker umfassend konfigurieren

Das Ziel dieses Beispiels ist eine umfassende Darstellung des Zusammenspiels der einzelnen Drucker-Komponenten sowie deren Konfiguration per Code bzw. per Dialogbox. Insgesamt zehn Beispielseiten verdeutlichen die verschiedenen Möglichkeiten der Gestaltung des Druckbildes.

### Oberfläche (Hauptformular Form1)

Entwerfen Sie eine Oberfläche entsprechend folgender Abbildung:

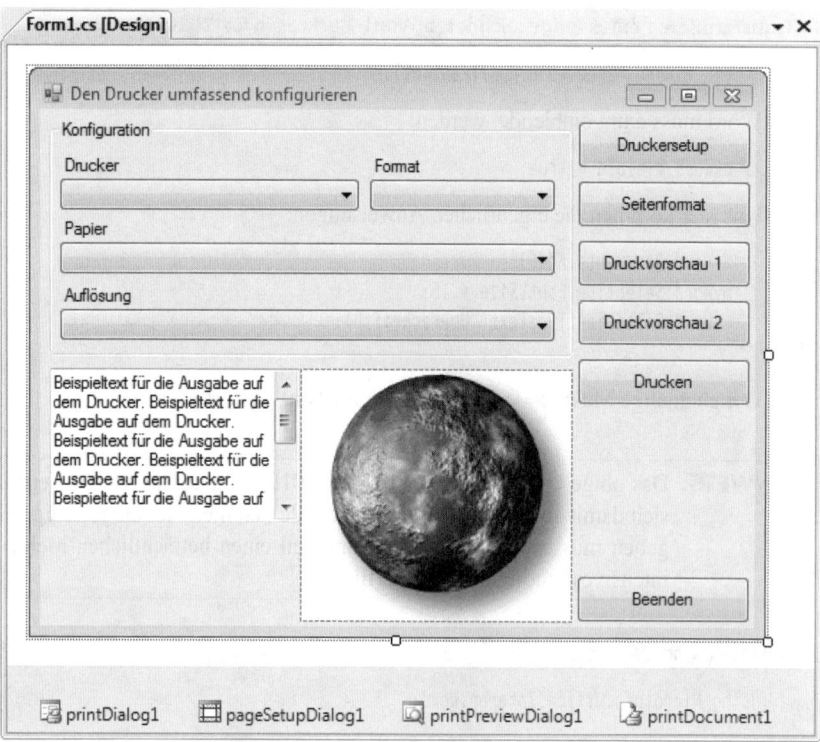

Verknüpfen Sie die vier nicht sichtbaren Komponenten (siehe unterer Bildrand) über die *Documents*-Eigenschaft mit dem *printDocument1*.

Sowohl die *TextBox* als auch die *PictureBox* dienen uns lediglich als Container für einen zu druckenden Text bzw. eine zu druckende Grafik.

## Oberfläche (Druckvorschau Form2)

Mit der folgenden Oberfläche wollen wir keinen Schönheitspreis gewinnen, es geht lediglich um die Darstellung des Grundprinzips. Welche Komponenten Sie für die Oberflächengestaltung nutzen, bleibt Ihrer Fantasie überlassen. Wichtig ist vor allem das *PrintPreview*-Control:

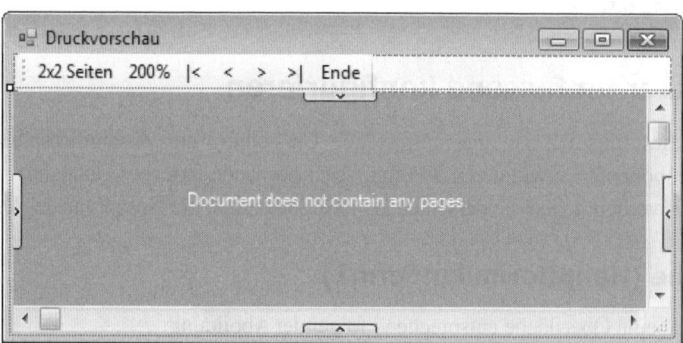

## Quelltext (Form1)

```
using System.Drawing.Printing;

public partial class Form1 : Form
{
```

Eine globale Variable erleichtert uns die Anzeige bzw. den Druck der richtigen Seite:

```
    private int page;
```

Die folgende Routine aktualisiert die *ComboBox*en nach Änderungen über die Standarddialoge:

```
    private void aktualisieren()
    {
```

Der aktuelle Drucker:

```
        comboBox1.Text = printDocument1.PrinterSettings.PrinterName;
```

Die verschiedenen Papierformate:

```
        comboBox2.Items.Clear();
        foreach (PaperSize ps in printDocument1.PrinterSettings.PaperSizes)
            comboBox2.Items.Add(ps);
        comboBox2.Text = printDocument1.DefaultPageSettings.PaperSize.ToString();
```

Die Seitenausrichtung:

```
        if (printDocument1.DefaultPageSettings.Landscape)
            comboBox3.SelectedIndex = 0;
        else
            comboBox3.SelectedIndex = 1;
```

Die Druckauflösung:

```
        comboBox4.Items.Clear();
        foreach (PrinterResolution res in printDocument1.PrinterSettings.PrinterResolutions)
                comboBox4.Items.Add(res);
        comboBox4.Text = printDocument1.DefaultPageSettings.PrinterResolution.ToString();
    }
```

Beim Programmstart füllen wir zunächst *comboBox1* mit den Namen der verfügbaren Drucker und aktualisieren die Anzeige:

```
    private void Form1_Load(object sender, EventArgs e)
    {
        foreach(String s in PrinterSettings.InstalledPrinters)
            comboBox1.Items.Add(s);
        aktualisieren();
    }
```

Die Anzeige des Standard-Druckerdialogs:

```
    private void Button2_Click(object sender, EventArgs e)
    {
```

```
      printDialog1.ShowDialog();
      aktualisieren();
}
```

Das Einrichten der Seite (Fehler bei der Umrechnung beachten!):

```
private void Button3_Click(object sender, EventArgs e)
{
    pageSetupDialog1.PageSettings.Margins.Left =
            (int) (pageSetupDialog1.PageSettings.Margins.Left * 2.54);
    pageSetupDialog1.PageSettings.Margins.Top =
            (int) (pageSetupDialog1.PageSettings.Margins.Top * 2.54);
    pageSetupDialog1.PageSettings.Margins.Right =
            (int) (pageSetupDialog1.PageSettings.Margins.Right * 2.54);
    pageSetupDialog1.PageSettings.Margins.Bottom =
            (int) (pageSetupDialog1.PageSettings.Margins.Bottom * 2.54);
    pageSetupDialog1.ShowDialog();
    aktualisieren();
}
```

Start des Druckvorgangs bzw. der Druckvorschau:

```
private void printDocument1_BeginPrint(object sender,
                              System.Drawing.Printing.PrintEventArgs e)
{
    page = 1;
    printDocument1.DocumentName = "Mein erstes Testdokument";
}
```

Das eigentliche Drucken der Seiten passiert wie immer im *PrintPage*-Event unseres *PrintDocument*-Objekts:

```
private void printDocument1_PrintPage(object sender,
                              System.Drawing.Printing.PrintPageEventArgs e)
{
```

Eine Zufallszahl für optische Spielereien:

```
    Random rnd = new Random();
```

Einen *Pen* definieren:

```
    Pen p = new Pen(System.Drawing.Color.Black, 1);
```

Eine Variable für den einfacheren Zugriff auf das *Graphics*-Objekt:

```
    Graphics g = e.Graphics;
```

Die aktuell zu druckende Seite:

```
    int printpage = 0;
```

Umschalten in Millimeter:

```
    g.PageUnit = GraphicsUnit.Millimeter;
```

Berücksichtigung des Druckbereichs:

```
switch (e.PageSettings.PrinterSettings.PrintRange)
{
    case PrintRange.SomePages:
        printpage = page + e.PageSettings.PrinterSettings.FromPage - 1;
        break;
    case PrintRange.AllPages:
        printpage = page;
        break;
}
```

Drucken der jeweiligen Seite (1 bis 10):

```
switch (printpage)
{
    case 1:
```

Ein paar Rechtecke (10 x 10 cm):

```
        g.FillRectangle(new SolidBrush(Color.Blue), 30, 30, 100, 100);
        g.FillRectangle(new SolidBrush(Color.Green), 40, 40, 100, 100);
        g.FillRectangle(new SolidBrush(Color.Yellow), 50, 50, 100, 100);
        g.FillRectangle(new SolidBrush(Color.Cyan), 60, 60, 100, 100);
        g.FillRectangle(new SolidBrush(Color.Red), 70, 70, 100, 100);
        break;
    case 2:
```

Einige Linien auf Seite 2:

```
        g.DrawLine(new Pen(Color.Black, 10), 50, 100, 150, 200);
        g.DrawLine(new Pen(Color.Black, 10), 50, 200, 150, 100);
        break;
    case 3:
```

Ausgabe der Grafik in Originalgröße:

```
        g.DrawString("Grafik 100%", new Font("Arial", 10, FontStyle.Bold,
                        GraphicsUnit.Millimeter), Brushes.Black, 70, 50);
        g.DrawImage(pictureBox1.Image, 50, 100);
        break;
    case 4:
```

Skalieren der Grafik auf 10 cm Breite:

```
        g.DrawString("Grafik 10cm breit", new Font("Arial", 10, FontStyle.Bold,
                GraphicsUnit.Millimeter), Brushes.Black, 70, 50);
        g.DrawImage(pictureBox1.Image, 50, 100, 100,
                pictureBox1.Image.Height * 100 % pictureBox1.Image.Width);
        g.DrawRectangle(new Pen(Color.Black, 0.1f), 50, 100, 100,
                pictureBox1.Image.Height * 100 % pictureBox1.Image.Width);
        break;
    case 5:
```

Anzeige der Seitenränder:

```
g.DrawString("Seitenränder", new Font("Arial", 10, FontStyle.Bold,
                    GraphicsUnit.Millimeter), Brushes.Black, 70, 50);
g.PageUnit = GraphicsUnit.Display;
g.DrawRectangle(new Pen(Color.Black), e.MarginBounds);
g.PageUnit = GraphicsUnit.Millimeter;
break;
    case 6:
```

Ausgabe von Text (linksbündig):

```
RectangleF rect = new RectangleF();
rect = RectangleF.op_Implicit(e.MarginBounds);
g.PageUnit = GraphicsUnit.Display;
g.DrawString(TextBox1.Text, new Font("Arial", 10, FontStyle.Bold,
                    GraphicsUnit.Millimeter), Brushes.Black, rect);
g.PageUnit = GraphicsUnit.Millimeter;
break;
    case 7:
```

Ausgabe von Text (zentriert):

```
RectangleF rect1 = new RectangleF();
StringFormat format = new StringFormat();
format.Alignment = StringAlignment.Center;
rect1 = RectangleF.op_Implicit(e.MarginBounds);
g.PageUnit = GraphicsUnit.Display;
g.DrawString(TextBox1.Text, new Font("Arial", 10, FontStyle.Bold,
                GraphicsUnit.Millimeter), Brushes.Black, rect1, format);
g.PageUnit = GraphicsUnit.Millimeter;
break;
    case 8:
```

Ausgabe von zufälligen Linien über den gesamten Blattbereich:

```
g.DrawString("Zufallslinien ohne Clipping", new Font("Arial", 10,
            FontStyle.Bold, GraphicsUnit.Millimeter), Brushes.White, 70, 50);
g.PageUnit = GraphicsUnit.Display;
for (int i = 0; i <= 500; i++)
            g.DrawLine(p, 0, 0, rnd.Next(e.PageBounds.Width),
                            rnd.Next(e.PageBounds.Height));
break;
    case 9:
```

**HINWEIS:** Vergleichen Sie den Ausdruck mit der Druckvorschau werden Sie feststellen, dass die Druckvorschau die physikalischen Seitenränder nicht berücksichtigt.

Berücksichtigung der Seitenränder bei der Druckausgabe:

```
g.DrawString("Zufallslinien mit Clipping", new Font("Arial", 10,
```

```
                               FontStyle.Bold, GraphicsUnit.Millimeter), Brushes.White, 70, 50);
                g.PageUnit = GraphicsUnit.Display;
                g.SetClip(e.MarginBounds);
                for (int i = 0; i <=500; i++)
                    g.DrawLine(p, 0, 0, rnd.Next(e.PageBounds.Width),
                                         rnd.Next(e.PageBounds.Height));
                break;
            case 10:
```

Berücksichtigung der Seitenränder sowie Verschieben des Offsets bei der Druckausgabe:

```
                g.PageUnit = GraphicsUnit.Display;
                g.SetClip(e.MarginBounds);
                g.TranslateTransform(e.MarginBounds.Left, e.MarginBounds.Top);
                for (int i = 0; i <= 500; i++)
                        g.DrawLine(p, 0, 0, rnd.Next(e.PageBounds.Width),
                                             rnd.Next(e.PageBounds.Height));
                break;
        }
```

Seitennummer einblenden:

```
        g.DrawString("Seite : " + printpage, new Font("Arial", 10, FontStyle.Bold,
                                    GraphicsUnit.Millimeter), Brushes.Red, 10, 10);
```

Vorbereiten der nächsten Seite:

```
        page++;
```

Berücksichtigung des Druckbereichs:

```
        switch (e.PageSettings.PrinterSettings.PrintRange)
        {
            case PrintRange.SomePages:
                e.HasMorePages = (printpage < e.PageSettings.PrinterSettings.ToPage);
                break;
            case PrintRange.AllPages:
                e.HasMorePages = (page < 12);
                break;
        }
    }
```

Aktuellen Drucker wechseln:

```
    private void comboBox1_SelectedIndexChanged(object sender, EventArgs e)
    {
        printDocument1.PrinterSettings.PrinterName = comboBox1.Text;
        aktualisieren();
    }
```

Seitenausrichtung ändern:

```
    private void comboBox3_SelectedIndexChanged(object sender, EventArgs e)
    {
```

```
        printDocument1.DefaultPageSettings.Landscape = (comboBox3.SelectedIndex == 0);
        aktualisieren();
    }
```

Papierformat ändern:

```
    private void comboBox2_SelectedIndexChanged(object sender, EventArgs e)
    {
        printDocument1.DefaultPageSettings.PaperSize =
                        printDocument1.PrinterSettings.PaperSizes[comboBox2.SelectedIndex];
    }
```

Druckauflösung ändern:

```
    private void comboBox4_SelectedIndexChanged(object sender, EventArgs e)
    {
        printDocument1.DefaultPageSettings.PrinterResolution =
            printDocument1.PrinterSettings.PrinterResolutions[comboBox4.SelectedIndex];
    }
```

Druckvorschau anzeigen (Vollbild):

```
    private void Button1_Click(object sender, EventArgs e)
    {
        printPreviewDialog1.WindowState = FormWindowState.Maximized;
        printPreviewDialog1.ShowDialog();
    }
```

Die eigene Druckvorschau anzeigen:

```
    private void Button4_Click(object sender, EventArgs e)
    {
        Form2 f2 = new Form2();
        f2.printPreviewControl1.Document = printDocument1;
        f2.ShowDialog();
    }
```

Den Druckvorgang starten:

```
    private void Button5_Click(object sender, EventArgs e)
    {
        printDocument1.Print();
    }
}
```

## Quelltext (Form2)

Im Formular *Form2* geht es im Wesentlichen nur um die Konfiguration der *PrintPreviewControl*-Komponente.

Die Navigation zwischen den Seiten:

```
public partial class Form2 : Form
{
```

```
...
```

Nächste Seite:

```csharp
private void toolStripButton4_Click(object sender, EventArgs e)
{
    printPreviewControl1.StartPage++;
}
```

Vorhergehende Seite:

```csharp
private void toolStripButton3_Click(object sender, EventArgs e)
{
    if (printPreviewControl1.StartPage > 0) printPreviewControl1.StartPage--;
}
```

Erste Seite:

```csharp
private void toolStripButton6_Click(object sender, EventArgs e)
{
    printPreviewControl1.StartPage = 0;
}
```

Letzte Seite (setzen Sie einfach einen Wert, der groß genug ist):

```csharp
private void toolStripButton7_Click(object sender, EventArgs e)
{
    printPreviewControl1.StartPage = 999;
}
```

Seite auf 200 Prozent skalieren:

```csharp
private void toolStripButton2_Click(object sender, EventArgs e)
{
    printPreviewControl1.AutoZoom = false;
    printPreviewControl1.Zoom = 200;
}
```

Vier Seiten gleichzeitig anzeigen (eingepasst in die Komponente):

```csharp
private void toolStripButton1_Click(object sender, EventArgs e)
{
    printPreviewControl1.Columns = 2;
    printPreviewControl1.Rows = 2;
    printPreviewControl1.AutoZoom = true;
}
}
```

## Test

Nach dem Programmstart sollten alle Druckerparameter korrekt in den *ComboBoxen* angezeigt werden.

**HINWEIS:** Testen Sie, was passiert, wenn Sie Änderungen in den *ComboBoxen* bzw. mit Hilfe
der Druckerdialoge vornehmen.

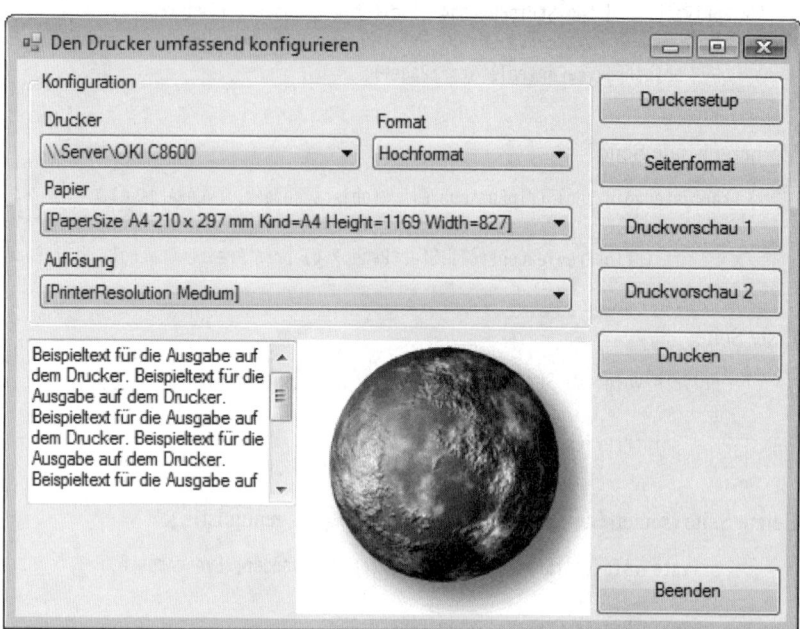

Nun haben Sie die Möglichkeit, sich die 10 verschiedenen Druckseiten in einer der beiden Druck-
vorschauen zu betrachten oder zu Papier zu bringen:

Als Beispiel hier unsere "selbst gebastelte" Druckvorschau in Aktion:

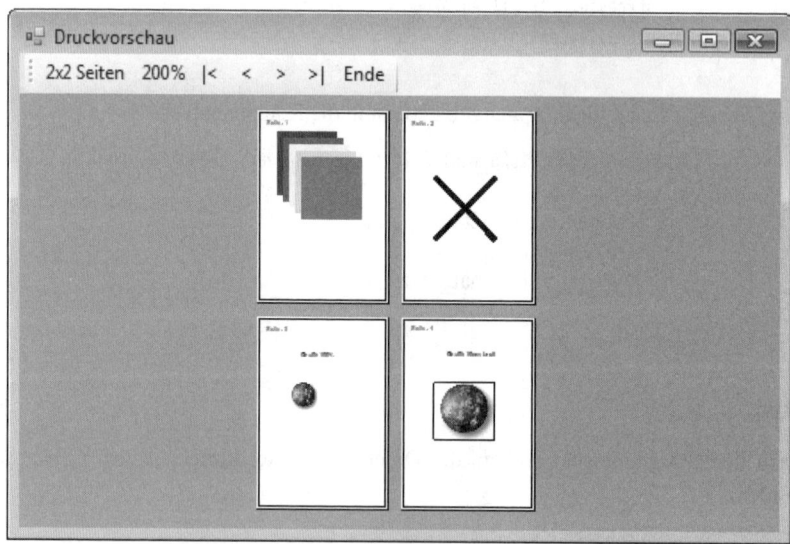

## 25.6.2 Diagramme mit dem Chart-Control drucken

Mit diesem Beispiel wollen wir uns nicht um das recht einfache direkte Ausdrucken eines Diagramms per *Chart.Printing.Print*-Methode kümmern, sondern das Diagramm im Rahmen eines eigenen Berichts ausgeben. Auf diese Weise haben Sie die Möglichkeit, das Diagramm mit weiteren Deckblättern, Anmerkungen oder auch Tabellen auszugeben.

### Oberfläche

Fügen Sie in ein Windows Forms-Form zunächst eine *PrintDocument* und eine *PrintPreview-Dialog*-Komponente ein. Verknüpfen Sie beide Komponenten über die *Document*-Eigenschaft von *PrintPreviewDialog1*.

Zusätzlich brauchen Sie noch ein *Chart*-Control und zwei Schaltflächen (siehe Laufzeitansicht). Die Konfiguration des *Chart*-Controls nehmen Sie per Code vor, damit ist der Oberflächenentwurf abgeschlossen.

### Quelltext

Erweitern Sie den Quellcode von *Form1* um folgende Anweisungen:

```
public partial class Form1 : Form
{
```

Unser Seitenzähler für die Druckausgabe:

```
    private int page;
```

...

Mit dem Klick auf die erste Schaltfläche generieren wir zunächst zwei Diagramme, die wir im Weiteren ausgeben wollen:

```
private void button1_Click(object sender, EventArgs e)
{
    chart1.Series[0].Name = "Umsätze TFT";
    chart1.Series[0].Points.AddXY(2007, 10);
    chart1.Series[0].Points.AddXY(2008, 25);
    chart1.Series[0].Points.AddXY(2009, 75);
    chart1.Series[0].Points.AddXY(2010, 150);
    chart1.ChartAreas.Add("Area2");
    chart1.Series.Add("Umsätze Telefone");
    chart1.Series[1].ChartArea = "Area2";
    chart1.Series[1].Points.AddXY(2007, 150);
    chart1.Series[1].Points.AddXY(2008, 65);
    chart1.Series[1].Points.AddXY(2009, 15);
    chart1.Series[1].Points.AddXY(2010, 5);
}
```

Mit Beginn des Ausdruckens setzen wir unseren Seitenzähler zurück:

```
private void printDocument1_BeginPrint(object sender,
                        System.Drawing.Printing.PrintEventArgs e)
```

```
    {
        page = 1;
        printDocument1.DocumentName = "Mein erstes Testdokument";
    }
```

Die eigentliche Druckroutine:

```
private void printDocument1_PrintPage(object sender,
                                    System.Drawing.Printing.PrintPageEventArgs e)
{
```

Umschalten in die für einen Drucker praktikableren Millimeter:

```
Graphics g = e.Graphics;
g.PageUnit = GraphicsUnit.Millimeter;
```

Hier unterscheiden wir die einzelnen Seiten:

```
switch (page)
{
```

Unser "Deckblatt":

```
case 1:
    g.FillRectangle(new SolidBrush(Color.Blue), 30, 30, 100, 100);
    break;
```

Das eigentliche Diagramm aus dem *Chart*-Control:

```
case 2:
    chart1.Printing.PrintPaint(g, new Rectangle(10, 10, 180, 250));
    break;
}
```

Nächste Seite auswählen:

```
page++;
```

Es sind maximal zwei Seiten vorhanden:

```
    e.HasMorePages = page < 3;
}
```

Anzeige der Druckvorschau:

```
private void button2_Click(object sender, EventArgs e)
{
    printPreviewDialog1.ShowDialog();
}
    }
}
```

## Test

Nach dem Start erzeugen Sie zunächst über die obere Schaltfläche die Diagramme, nachfolgend können Sie die Druckvorschau aufrufen und sich vom Ergebnis überzeugen:

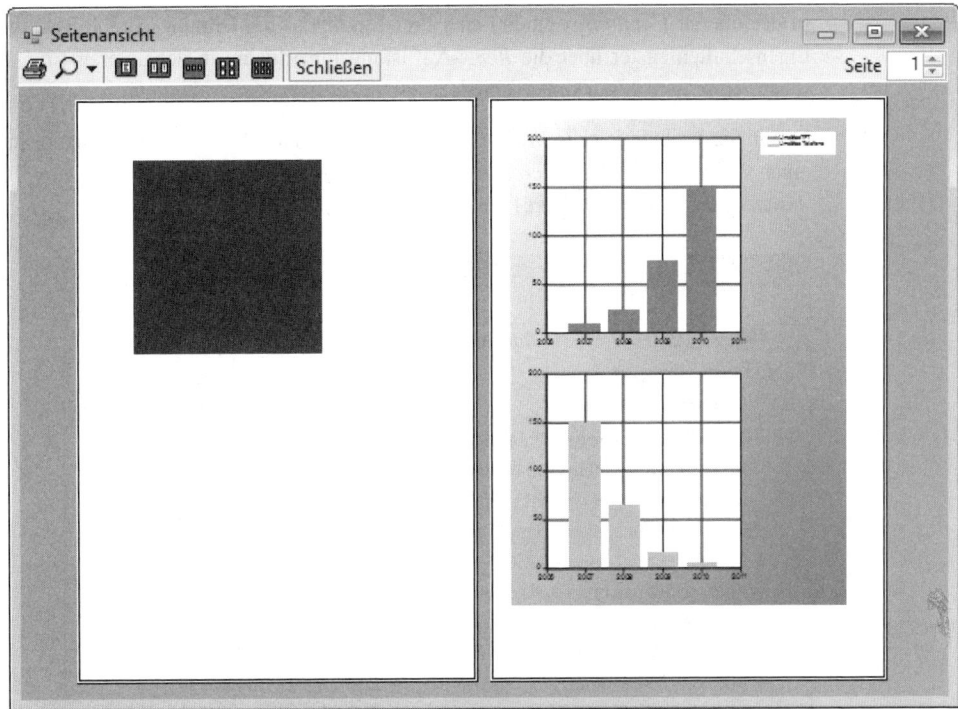

### 25.6.3 Druckausgabe mit Word

Eines der "dankbarsten Opfer" für OLE-Automation ist nach wie vor Word für Windows. Unser Beispiel zeigt Ihnen, wie Sie aus einem C#-Programm heraus ein neues Word-Dokument erstellen, Kopf- und Fußzeilen einfügen und Daten übertragen (das Beispiel lässt sich problemlos so anpassen, dass die Daten statt aus den Eingabefeldern gleich aus einer Datenbank kommen).

#### Oberfläche

Den Grundaufbau können Sie der folgenden Abbildung entnehmen:

In der oberen *ComboBox* finden sich drei Einträge: "1. Mahnung" ... "3. Mahnung", die Sie im Eigenschaftenfenster über die *Items*-Auflistung hinzufügen, in der unteren *ComboBox* wird zwischen "Herr" und "Frau" unterschieden.

Damit Sie problemlos die Word-Objekte und -Konstanten verwenden können, müssen Sie noch einen Verweis auf die *Microsoft.Office.Interop.Word*-Assembly (eine *PIA = Primary Interop Assembly*) einrichten (*Projekt|Verweis hinzufügen...*).

## Quelltext

```
using Word = Microsoft.Office.Interop.Word;

public partial class Form1 : Form
{
```

Es geht los:

```
        private void button1_Click(object sender, EventArgs e)
        {
```

Grundlage für die Verbindung zu Word ist eine implizit typisierte lokale Variable vom Typ *ApplicationClass*:

```
        var wordapp = new Word.Application();
```

Der Ablauf ist mit wenigen Worten erklärt: Nach der Initialisierung der Variablen können Sie alle Methoden des *Application*-Objekts verwenden. Bevor Sie lange in der Word-Dokumentation herumstochern, ist es sinnvoller, ein Word-Makro aufzuzeichnen und dieses entsprechend zu modifizieren. Zum einen haben Sie gleich die korrekte Syntax, zum anderen sparen Sie sich jede Menge Arbeit.

Bei Problemen kneifen wir an dieser Stelle:

```
if (wordapp == null)
{
    MessageBox.Show("Konnte keine Verbindung zu Word herstellen!");
    return;
}
```

Word sichtbar machen (standardmäßig wird Word nicht angezeigt):

```
wordapp.Visible = true;
```

Ein neues Dokument erzeugen:

```
wordapp.Documents.Add();
if (wordapp.ActiveWindow.View.SplitSpecial != 0)
    wordapp.ActiveWindow.Panes[2].Close();
if (((int) wordapp.ActiveWindow.ActivePane.View.Type == 1)|
            ((int) wordapp.ActiveWindow.ActivePane.View.Type == 2)|
                ((int)wordapp.ActiveWindow.ActivePane.View.Type == 5))
                wordapp.ActiveWindow.ActivePane.View.Type =
                    Word.WdViewType.wdPrintView;
```

Kopfzeile erzeugen:

```
wordapp.ActiveWindow.ActivePane.View.SeekView =
        Word.WdSeekView.wdSeekCurrentPageHeader;
wordapp.Selection.Font.Name = "Times New Roman";
wordapp.Selection.Font.Size = 12;
wordapp.Selection.Font.Bold = 1;
wordapp.Selection.ParagraphFormat.Alignment =
        Word.WdParagraphAlignment.wdAlignParagraphCenter;
wordapp.Selection.TypeText(
        "Kohlenhandel Brikett-GmbH & Co.-KG. - Holzweg 16 - 54633 Steinhausen");
```

Fußzeile erzeugen:

```
wordapp.ActiveWindow.ActivePane.View.SeekView =
        Word.WdSeekView.wdSeekCurrentPageFooter;
wordapp.Selection.TypeText(
        "Bankverbindung: Stadtsparkasse Steinhausen BLZ 123456789   KtoNr. " +
        "782972393243");
```

In den Textteil wechseln und die Adresse eintragen:

```
wordapp.ActiveWindow.ActivePane.View.SeekView = Word.WdSeekView.wdSeekMainDocument;
wordapp.Selection.TypeText(textBox2.Text + " " + textBox1.Text);
wordapp.Selection.TypeParagraph();
wordapp.Selection.TypeText(textBox3.Text);
wordapp.Selection.TypeParagraph();
wordapp.Selection.Font.Name = "Times New Roman";
```

```
            wordapp.Selection.Font.Size = 12;
            wordapp.Selection.Font.Bold = 1;
            wordapp.Selection.TypeText(textBox4.Text + " " + textBox5.Text);
            wordapp.Selection.TypeParagraph();
            wordapp.Selection.TypeParagraph();
            wordapp.Selection.Font.Name = "Arial";
            wordapp.Selection.Font.Size = 14;
            wordapp.Selection.Font.Bold = 1;
            wordapp.Selection.TypeText(comboBox1.Text);
            wordapp.Selection.TypeParagraph();
            wordapp.Selection.Font.Name = "Times New Roman";
            wordapp.Selection.Font.Size = 12;
            wordapp.Selection.Font.Bold = 1;

            if (comboBox2.SelectedIndex == 0)
                wordapp.Selection.TypeText("Sehr geehrter Herr " + textBox1.Text);
            else
                wordapp.Selection.TypeText("Sehr geehrte Frau " + textBox1.Text);
        }
    }
```

## Test

Starten Sie das Programm, füllen Sie die Maske aus und übertragen Sie die Daten in ein Word-Dokument!

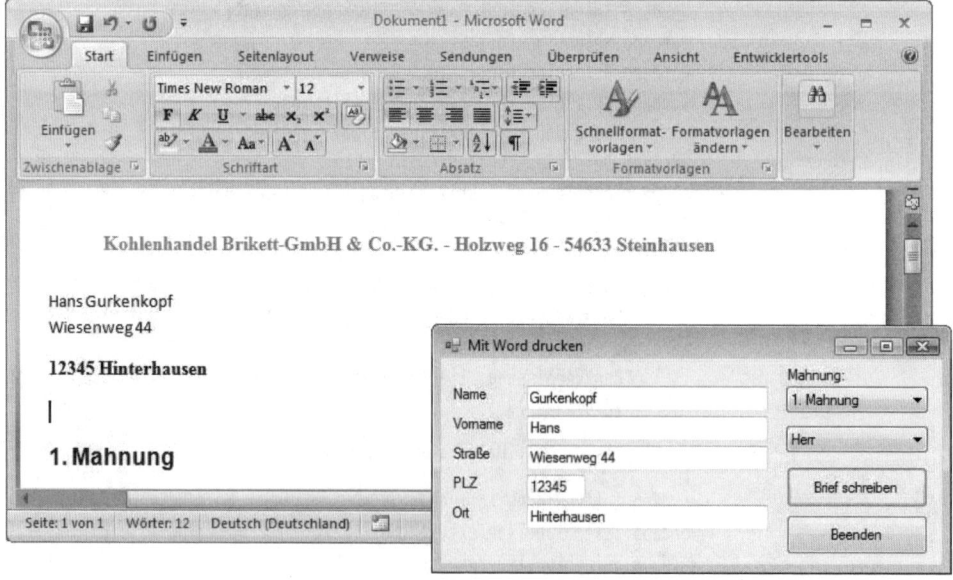

## Anmerkung ab .NET 4.0

Vielleicht hat mancher Leser bei Verwendung der mittlerweile berühmt berüchtigten PIA[1]s schlechte Erfahrungen gesammelt. So erscheint schnell mal eine Fehlermeldung wenn auf dem Ziel-PC nicht die entsprechenden Assemblies installiert sind.

Hintergrund derartiger "Problemchen" ist die Tatsache, dass beim Kompilieren eines Projekts mit eingebundenen PIAs nur Verweise auf eben diese Assemblies eingebunden werden, wie es auch folgende Abbildung (erstellt mittels .NET-Reflector) zeigt:

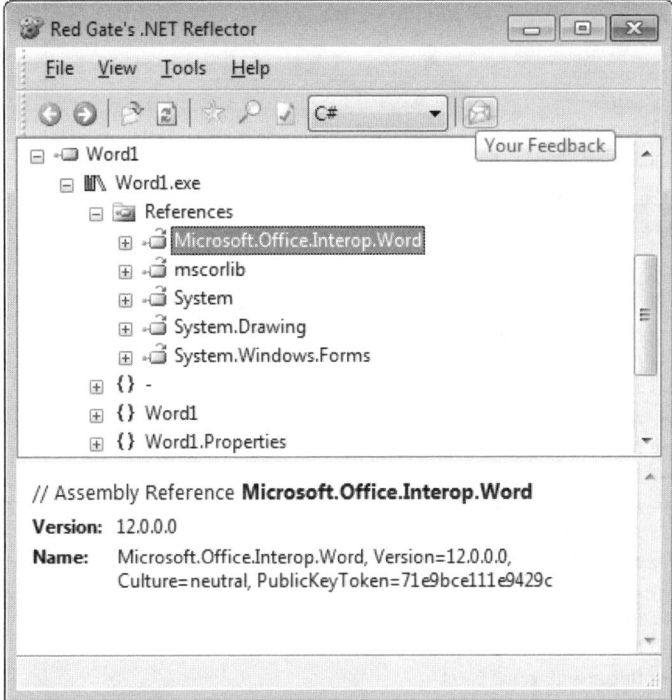

Die Assemblies müssen also gegebenenfalls mitgegeben werden, was den Umfang Ihres Projekts jedoch schnell aufblähen kann.

Seit .NET 4 besteht die Möglichkeit, die verwendeten Interop-Typen in Ihre Assembly einzubetten. Damit entfällt auch die Weitergabe bzw. Installation der PIAs auf dem Ziel-PCs.

---

**HINWEIS:** Stellen Sie alte Projekte um, müssen Sie auch die Ziel-Plattform auf .NET 4 anpassen, andernfalls steht Ihnen dieses Feature nicht zur Verfügung!

---

Zum Einbetten genügt es, wenn Sie die Eigenschaft "Interop-Typen einbetten" der jeweiligen PIA auf *true* setzen (dies ist bei neuen Projekten standardmäßig der Fall).

---

[1] *Primary Interop Assembly*

Ein erneuter Blick mit dem .NET-Reflector in die Anwendung zeigt uns jetzt, dass keine Verweise mehr eingebunden werden, statt dessen finden Sie einen neuen Namespace und die entsprechenden Typen in Ihrer Anwendung vor:

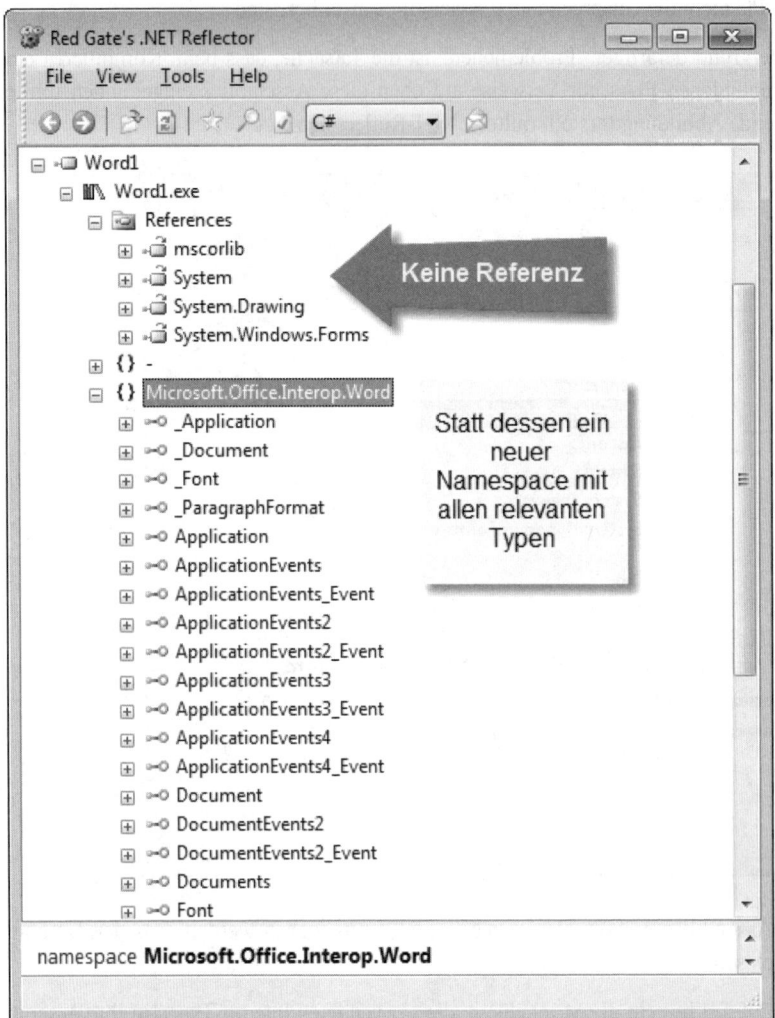

Wer jetzt befürchtet, dass sich die Anwendung massiv aufbläht, liegt falsch, es werden wirklich nur die unmittelbar benötigten Typen in die Assembly aufgenommen.

# Kapitel 26

# Windows Forms-Datenbindung

Sie haben in den Kapiteln 10 und 11 bereits die Grundlagen von ADO.NET kennen gelernt und wissen, wie man Datenbanken abfragen und aktualisieren kann. Um Ein- und Ausgaben zu realisieren, hatten wir dort bereits mit einfacher Datenbindung gearbeitet (meist unter Verwendung des *DataGridView*). An dieser Stelle wollen wir uns dieser Thematik im Detail widmen.

---

**HINWEIS:** Wesentlich umfassender und detaillierter gehen wir auf diese Thematik in unserem Buch [Visual C# 2010 Datenbankprogrammierung] ein, dies betrifft vor allem die Arbeit mit *DatagridView* und *Chart*-Control.

---

## 26.1  Prinzipielle Möglichkeiten

Datenbindung ist ganz allgemein die Verknüpfung zwischen einer Steuerelementeigenschaft und einer Datenquelle. In Abhängigkeit von der Beantwortung der beiden Fragen

- *"Will ich die Datenbindung manuell oder mit Drag & Drop-Assistentenunterstützung programmieren?"* oder

- *"Sollen komplette Listen bzw. Tabelleninhalte oder nur einzelne Felder angebunden werden?"*

... kann man das Gebiet der Datenbindung grob in vier Bereiche aufteilen:

- Manuelle Datenbindung an einfache Datenfelder

- Manuelle Datenbindung an Listen/Tabelleninhalte

- Entwurfszeit-Datenbindung an ein typisiertes DataSet

- Drag&Drop-Datenbindung

Wer wenig Code schreiben will, wird weitestgehend die Hilfe der Assistenten in Anspruch nehmen. Der solide Handwerker, der lieber etwas mehr Code schreibt und dafür aber die volle Kontrolle über sein Programm behält, wird die manuelle Datenbindung bevorzugen.

# 26.2  Manuelle Datenbindung an einfache Datenfelder

Bestimmte Eigenschaften vieler Windows Forms-Controls lassen sich an eine Datenquelle binden. Damit ändert der Wert in der Datenquelle den Wert der gebundenen Eigenschaft und umgekehrt.

**Beispiel 26.1** | **Ein DataSet *ds* enthält die Tabelle "Personal". Eine *TextBox* soll an das Feld "Nachname" angebunden werden.**

Fügen Sie von der Toolbox eine *BindingSource*-Komponente zum Formular hinzu.

```
bindingSource1.DataSource = ds;
bindingSource1.DataMember = "Personal";
```

Die *Text*-Eigenschaft der *TextBox* wird angebunden:

```
textBox1.DataBindings.Add("Text", bindingSource1, "Nachname");
```

Um die Datensätze weiterblättern zu können brauchen Sie nur noch eine *BindingNavigator*-Komponente hinzuzufügen, deren *BindingSource*-Eigenschaft Sie auf *bindingSource1* setzen.

## 26.2.1  BindingSource erzeugen

Die seit .NET 2.0 eingeführte *BindingSource* löste die veralteten (aber natürlich nach wie vor unterstützten) Klassen *BindingManagerBase* bzw. *CurrencyManager* ab. Eine *BindingSource* kapselt die Datenquelle des Formulars, sie schiebt sich quasi als zusätzliche Schicht zwischen Datenquelle und Anzeigecontrols. Mittels *DataSource*- bzw. *DataMember*-Eigenschaft wird eine *BindingSource* mit der Datenquelle verbunden.

**Beispiel 26.2** | **Verschiedene Varianten zum Erzeugen einer *BindingSource* und ihrer Verbindung mit der Tabelle "Personal" eines *DataSet*-Objekts *ds*.**

```
BindingSource bs = new BindingSource();
bs.DataSource = ds;
bs.DataMember = "Personal";
```

oder

```
BindingSource bs = new BindingSource(ds, "Personal");
```

oder

```
DataTable dt = ds.Tables["Personal"];
BindingSource bs = new BindingSource();
bs.DataSource = dt;
```

oder

```
DataView dv = ds.Tables["Personal"].DefaultView;
BindingSource bs = new BindingSource();
bs.DataSource = dv;
```

## 26.2.2 Binding-Objekt

Ein *Binding*-Objekt ermöglicht die einfache Bindung zwischen dem Wert einer Objekteigenschaft und dem Wert einer Steuerelementeigenschaft. Bei der Instanziierung sind drei Parameter zu übergeben:

- die zu bindende Eigenschaft des Controls (z.B. *Text*),
- die Datenquelle, an die zu binden ist (*BindingSource, DataSet, DataTable, DataView*),
- das Feld innerhalb der Datenquelle, das angebunden werden soll (z.B. *Vorname*).

**Beispiel 26.3** **Die Steuerelementeigenschaft *Text* wird an die Eigenschaft Geburtsdatum der Personal-Tabelle gebunden.**

```
BindingSource bs = new BindingSource(ds, "Personal");
Binding b1 = new Binding("Text", bs, "Geburtsdatum");
```

## 26.2.3 DataBindings-Collection

Die Datenanbindung für einfache Steuerelemente, wie z.B. *Label* oder *TextBox*, wird durch Hinzufügen von *Binding*-Objekten zur *DataBindings*-Auflistung des Steuerelements komplettiert. Der *Add*-Methode sind entweder ein komplettes *Binding*-Objekt oder aber dessen drei Argumente zu übergeben.

**Beispiel 26.3** **(Fortsetzung)**

Das im Beispiel 26.3 erzeugte *Binding*-Objekt wird zur *DataBindings*-Collection einer *TextBox* hinzugefügt:

```
textBox1.DataBindings.Add(b1);
```

Eine Überladung der *Add*-Methode, die ohne explizit erzeugtes *Binding*-Objekt auskommt:

```
textBox1.DataBindings.Add("Text", bs, "Geburtsdatum");
```

### Bemerkungen

- Mit der *Control*-Eigenschaft können Sie das Steuerelement abrufen, zu dem die *DataBindings*-Collection gehört.
- Nachdem die Steuerelemente angebunden sind, werden lediglich die Werte der ersten Zeile der *DataTable* angezeigt, Möglichkeiten zum Navigieren bzw. Blättern sind noch nicht vorhanden.

# 26.3 Manuelle Datenbindung an Listen und Tabelleninhalte

Bei dieser komplexeren Form der Datenbindung wollen wir Steuerelemente, die mehrere Werte anzeigen können, an eine Liste von Werten binden. Die dafür am häufigsten verwendeten Steuerelemente sind *DataGridView, ComboBox* oder *ListBox*.

## 26.3.1 DataGridView

Das *DataGridView* ist ein sehr leistungsfähiges Datengitter-Steuerelement, welches wir in den Kapiteln 10 und 11 bereits sehr häufig für die Anzeige von Tabelleninhalten benutzt haben.

**Beispiel 26.4**     **Anzeige der Personal-Tabelle im *DataGridView***

```csharp
dataGridView1.DataSource = ds;
dataGridView1.DataMember = "Personal";

oder

BindingSource bs = new BindingSource(ds, "Personal");
dataGridView1.DataSource = bs;
```

## 26.3.2 Datenbindung von ComboBox und ListBox

Häufig werden *ComboBox* und *ListBox* zum Implementieren sogenannter "Nachschlagefunktionalität" bei *DataTable*s (oder *DataView*s) eingesetzt, zwischen denen eine Master-Detail-Relation besteht. Um die *ComboBox/ListBox* mit der Master-Tabelle zu verknüpfen, muss zunächst die *SelectedValue*Eigenschaft an den in der Mastertabelle enthaltenen Fremdschlüssel angebunden werden. Anschließend werden den *DataSource*-, *DisplayMember*- und *ValueMember*-Eigenschaften die entsprechenden Spalten der Detailtabelle zugewiesen.

**Beispiel 26.5**     **Datenbindung von *ComboBox***

Die Tabellen *Bestellungen* und *Personal* der *Nordwind*-Datenbank sind durch eine Master-Detail-Beziehung verknüpft. In der *ComboBox* soll der zur aktuellen Bestellung gehörige *Nachname* aus der *Personal*-Tabelle angezeigt werden.

Verbinden der *ComboBox* mit der Mastertabelle:

```csharp
bindingSourceBest.DataSource = ds.Tables["Bestellungen"];
comboBox1.DataBindings.Add("SelectedValue", bindingSourceBest, "PersonalNr");
```

Anbinden der Detaildaten an die *ComboBox*:

```csharp
bindingSourcePers.DataSource = ds.Tables["Personal"];

comboBox1.DataSource = bindingSourcePers;
comboBox1.DisplayMember = "Nachname";
comboBox1.ValueMember = "PersonalNr";
```

# 26.4 Entwurfszeit-Datenbindung an typisierte DataSets

Zwar basiert ADO.NET auf dem Prinzip der strikten Trennung der Benutzerschnittstelle von der Datenbank, doch gibt es trotzdem die Möglichkeit der Entwurfszeitanbindung der Steuerelemente. Allerdings muss dazu eine Datenquelle (typisiertes DataSet) vorhanden sein, welche nur mit Assistentenhilfe sinnvoll zu erstellen ist.

**Beispiel 26.6** **Entwurfszeitdatenbindung**

Die folgende Abbildung zeigt, wie Sie über den *(DataBindings)*-Knoten im Eigenschaften-fenster die Datenbindung für ein *Label*-Steuerelement vornehmen. Die Datenfelder stehen dabei als *BindingSource*-Elemente zur Verfügung.

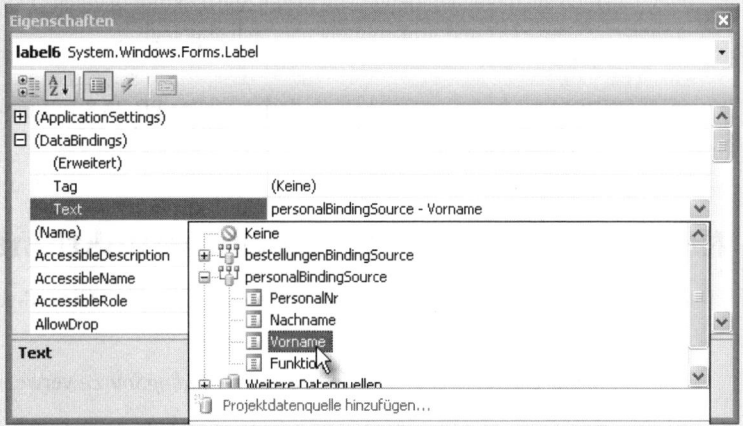

Auf analoge Weise realisieren Sie z.B. auch Entwurfszeit-Datenbindungen für *TextBox*, *ComboBox* und *ListBox* sowie mit dem *DataGridView*.

Ein *DataGridView* wird über eine *BindingSource* mit der Tabelle "Bestellungen" eines typisierten DataSets verbunden. Bereits zur Entwurfszeit zeigt das *DataGridView* die Datenstruktur.

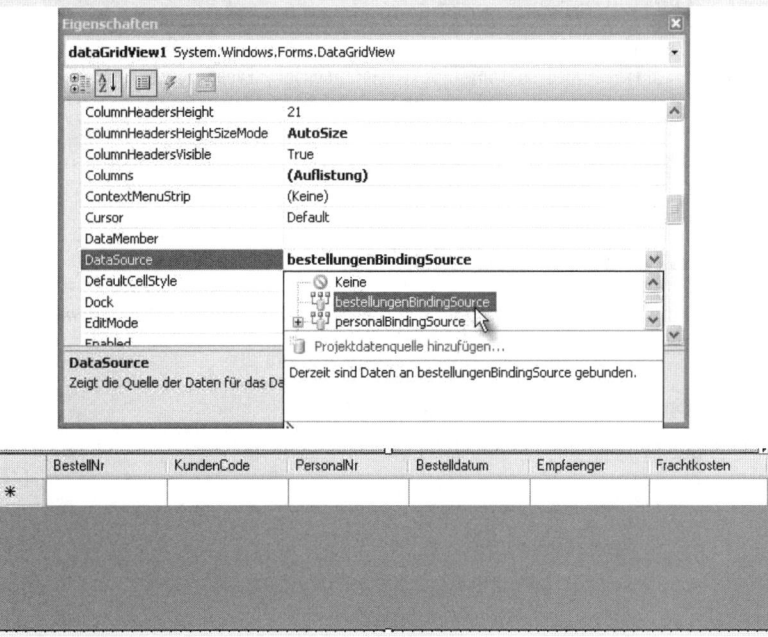

## 26.5 Drag & Drop-Datenbindung

Unter der Voraussetzung, dass eine Datenquelle vorhanden ist, brauchen Sie nur noch per Drag & Drop komplette Tabellen aus dem Datenquellen-Fenster auf das Formular zu ziehen. Neben einer fertigen Eingabemaske (wahlweise Einzelkomponenten mit *BindingNavigator* oder als *DataGridView*) werden auch eine Unmenge von Datenzugriffskomponenten (*DataSet, BindingSource, TableAdapter, ...*) generiert und im Komponentenfach abgelegt.

---

**HINWEIS:** Eine komplette Anleitung finden Sie im PB 26.8.1 "Einrichten und Verwenden einer Datenquelle".

---

## 26.6 Navigations- und Bearbeitungsfunktionen realisieren

Für das Durchblättern der Datensätze sowie für Editieren, Hinzufügen und Löschen haben Sie hauptsächlich zwei Möglichkeiten:

- Sie können die verschiedenen Methoden der *BindingSource* verwenden oder

- Sie verwenden einen *BindingNavigator,* der die Methodenaufrufe kapselt.

### 26.6.1 Navigieren zwischen den Datensätzen

So wie das gute alte Recordset-Objekt aus den Zeiten vor .NET hat auch die *BindingSource* die Methoden *MoveNext, MovePrevious, MoveFirst* und *MoveLast.*

**Beispiel 26.7**    **Bewegen zum ersten Datensatz**

```csharp
BindingSource bs = new BindingSource(ds, "Personal");
private void button1_Click(object sender, EventArgs e)
{
    bs.MoveFirst();
}
```

### 26.6.2 Hinzufügen und Löschen

Dafür bietet die *BindingSource* die Methoden *Add, AddNew, Remove, RemoveAt, RemoveCurrent* und *RemoveFilter.*

**Beispiel 26.8**    **Ein neuer Datensatz wird hinzugefügt**

```csharp
bs.AddNew();
```

Der aktuelle Datensatz wird gelöscht:

```csharp
bs.RemoveCurrent();
```

## 26.6.3 Aktualisieren und Abbrechen

Mit der *EndEdit*- bzw. *CancelEdit*-Methode der *BindingSource* kann der aktuelle Editiervorgang beendet bzw. abgebrochen werden.

**Beispiel 26.9** **Die geänderten Daten werden vom *DataTable*-Objekt *dt* in die Datenbank übertragen.**

```csharp
bs.EndEdit();
da.Update(dt);
```

**HINWEIS:** Wenn Sie die *EndEdit*-Methode nicht aufrufen, werden die geänderten Daten erst beim Weiterblättern in die *DataTable* übernommen.

## 26.6.4 Verwendung des BindingNavigators

Ein *BindingNavigator* eignet sich nur für die Zusammenarbeit mit einer *BindingSource*.

**Beispiel 26.10** **Ein *BindingNavigator* wird mit einem *BindingSource*-Objekt *bs* verknüpft.**

```csharp
bindingNavigator1.BindingSource = bs;
```

Der *BindingNavigator* bietet alle Funktionen zum Weiterblättern, sowie zum Hinzufügen und zum Löschen – mit Ausnahme der "Speichern"- und der "Abbrechen"-Schaltfläche, die Sie selbst hinzufügen und implementieren müssen.

**Beispiel 26.11** **Ein *BindingNavigator*, dem Sie zwei Schaltflächen hinzugefügt haben, wird für das Speichern eines *DataTable*-Objekts *dt* und für das Abbrechen der aktuellen Operation "nachgerüstet".**

Speichern:

```csharp
private void toolStripButton1_Click(object sender, EventArgs e)
{
    bs.EndEdit();
    da.Update(dt);
}
```

Abbrechen:

```csharp
private void toolStripButton2_Click(object sender, EventArgs e)
{
    bs.CancelEdit();
}
```

Ergebnis

## 26.7　Die Anzeigedaten formatieren

Zum Formatieren der Inhalte manuell gebundener Steuerelemente ist etwas zusätzlicher Aufwand erforderlich. Die *Binding*-Objekte müssen separat erzeugt und mit Event-Handlern für das *Format*- und für das *Parse*-Event nachgerüstet werden.

**Beispiel 26.12**　**Die Anzeige des Geburtsdatums wird formatiert.**

```csharp
Binding b1 = new Binding("Text", bs, "Geburtstag");
```

Aufruf der Formatierungsmethoden (Implementierung siehe unten):

```csharp
b1.Format += new ConvertEventHandler(this.DatToDateString);
b1.Parse  += new ConvertEventHandler(this.DateStrToDat);
textBox3.DataBindings.Add(b1);
```

Datenquelle → Anzeige:

```csharp
private void DateToDateString(object sender, ConvertEventArgs e)
{
  try
  { e.Value = Convert.ToDateTime(e.Value).ToString("d.M.yyyy"); }
  catch{}
}
```

Anzeige → Datenquelle:

```csharp
private void DateStringToDate(object sender, ConvertEventArgs e)
{
    e.Value = Convert.ToDateTime(e.Value);
}
```

## 26.8　Praxisbeispiele

### 26.8.1　Einrichten und Verwenden einer Datenquelle

Im Zusammenhang mit dem Konzept der Datenquellen spielt der *TableAdapter* eine wichtige Rolle. Um Sinn und Zweck dieser assistentengestützten Technologie zu erkunden, wollen wir auf Basis einer Datenquelle ein Formular entwickeln, welches Informationen aus der *Customers*-Tabelle der *Northwind*-Datenbank des SQL Servers anzeigt.

#### Assistent zum Konfigurieren von Datenquellen

- Nachdem Sie ein neues Projekt vom Typ "Windows Forms-Anwendung" erzeugt haben, bringen Sie über das Menü *Daten/Datenquellen anzeigen* das Datenquellen-Fenster zur Anzeige.

- Oben links im Datenquellen-Fenster klicken Sie die Schaltfläche "Neue Datenquelle hinzufügen". Es startet der *Assistent zum Konfigurieren von Datenquellen*.

- Klicken Sie auf das "Datenbank"-Symbol und dann auf "Weiter".

- Im folgenden Dialogfenster wählen Sie die Schaltfläche "Neue Verbindung..." und es erscheint das Dialogfenster "Datenquelle auswählen".

- Hier klicken Sie auf den Eintrag "Microsoft SQL Server-Datenbankdatei". Genauso gut hätten Sie aber auch "Microsoft SQL Server" wählen können. Wir aber gehen diesmal davon aus, dass die Datenbank nicht auf dem SQL Server installiert ist, sondern als separate Datei *Northwind.mdf* zur Verfügung steht[1].

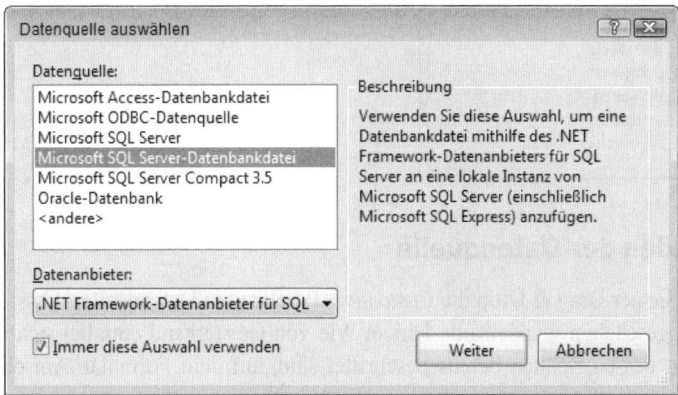

- Nach erfolgreichem Verbindungstest steht die Datenverbindung nun unter dem Namen *Northwind.mdf* zur Auswahl bereit.

- Anschließend werden Sie von einem Meldungsfenster befragt, ob Sie diese Datei in das Projekt kopieren wollen. Bestätigen Sie mit "Ja", denn Sie sparen sich damit eine Menge Ärger beim Pflegen der Anwendung bzw. bei deren späterer Weitergabe.

- Im nun folgenden Dialog können Sie guten Gewissens das Häkchen setzen, damit die Verbindungszeichenfolge als "NorthwindConnectionString″ in der Anwendungskonfigurationsdatei gespeichert wird (ein Blick in die Datei *app.config* bestätigt Ihnen, dass der Eintrag in der *connectionStrings*-Sektion gelandet ist). Wenn Sie wollen, können Sie später per Code wie folgt darauf zugreifen:

```
...
  string connStr = WindowsApplication1.Properties.Settings.Default.NorthwindConnectionString;
...
```

- Schließlich offeriert Ihnen der Assistent, nachdem er die Datenbankinformationen abgerufen hat, das Dialogfenster "Datenbankobjekte auswählen". Hier können Sie die Tabellen, Ansichten, Gespeicherten Prozeduren oder Funktionen auswählen, die Sie für Ihre konkrete Anwendung brauchen.

- Die Datenquelle steht Ihnen jetzt im "Datenquellen"-Fenster zur freien Verfügung.

---

[1] Die ca. 3,7 MB große Datei *Northwind.mdf* finden Sie auf der Buch-CD.

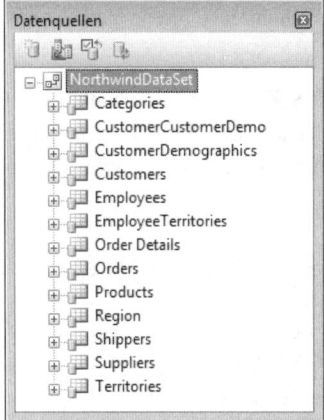

## Verwenden der Datenquelle

Nachdem Sie per Drag & Drop die *Customers*-Tabelle vom Datenquellen-Fenster auf *Form1* gezogen haben geschehen wundersame Dinge: Wie von Geisterhand entfaltet sich ein *DataGridView*-Datengitter, dessen Spalten bereits beschriftet sind, auf dem Formular. Am oberen Rand hat ein *BindingNavigator* Platz genommen. Im vollen Komponentenfach tummeln sich folgende Objekte:

- *northwindDataSet*
  eine Instanz des typisierten DataSets

- *customersTableAdapter*
  ein typisierter *DataAdapter* für die *Customers*-Tabelle

- *customersBindingSource*
  die Datenanbindung des Formulars

- *customersBindingNavigator*
  navigiert *customersBindingSource*

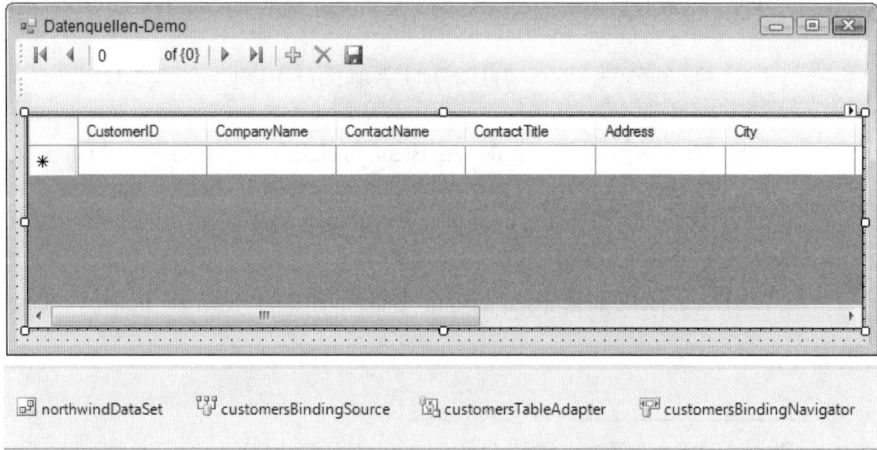

> **HINWEIS:** Die Komponenten *northwindDataSet* und *customersTableAdapter* lassen sich im komfortablen DataSet-Designer weiter bearbeiten (Aufruf über Kontextmenü).

### Test

Ohne dass Sie eine einzige Zeile Code geschrieben haben, liegt bereits eine voll funktionsfähige Anwendung vor, in der Sie nicht nur durch die Datensätze blättern können. Auch Editieren, Hinzufügen und (sofern die referenzielle Integrität nicht verletzt wird) Löschen sind möglich.

### Abfragemethoden hinzufügen

Wir haben bis jetzt nur die Spitze des Eisbergs gesehen. Das Kontextmenü des *customersTable-Adapter* bietet zum Beispiel auch einen Eintrag *Abfrage hinzufügen...*

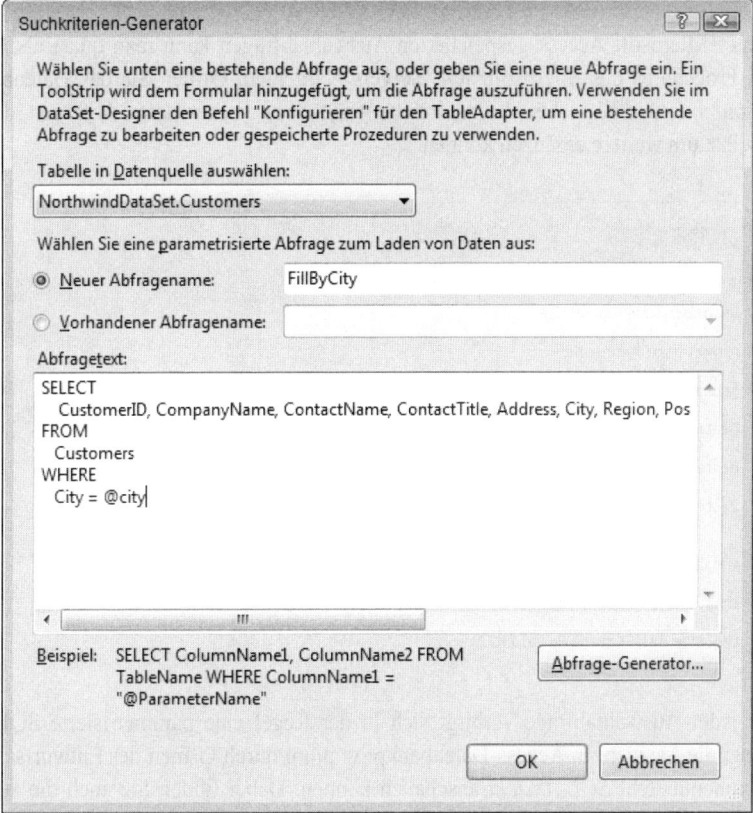

Im nachfolgenden Dialog vergeben Sie z.B. den Abfragenamen *FillByCity* und als Abfragetext den in obiger Abbildung angegebenen SQL-Befehl.

Nach dem OK wird abermals gezaubert: Unterhalb der Navigatorleiste erscheint ein automatisch generierter *ToolStrip* mit einer *TextBox* und einem *Button*. Nach Eingabe der gewünschten Stadt und Klick auf den Button "FillByCity" sehen Sie im *DataGridView* bereits das Abfrageergebnis.

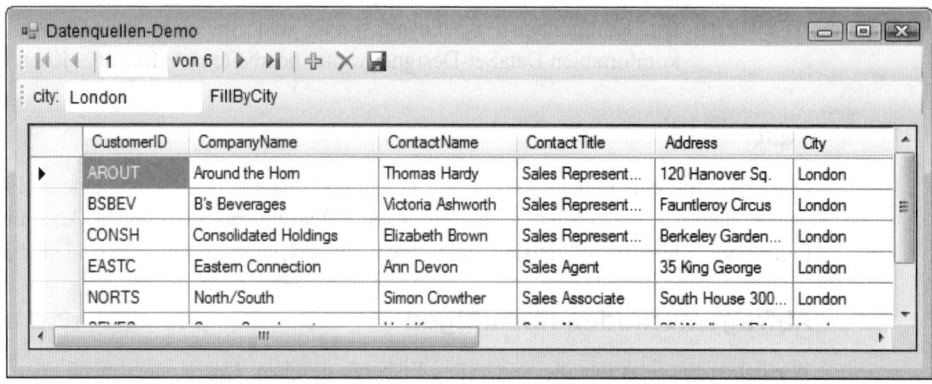

## 26.8.2   Eine Auswahlabfrage im DataGridView anzeigen

Die unter Microsoft Access gespeicherten Auswahlabfragen kann man quasi als Pendant zu den Stored Procedures des Microsoft SQL Servers betrachten. Öffnen Sie das Datenbankfenster von *Nordwind.mdb* und Sie sehen das zahlreiche Angebot an vorbereiteten Abfragen, die Sie natürlich auch selbst um weitere ergänzen können:

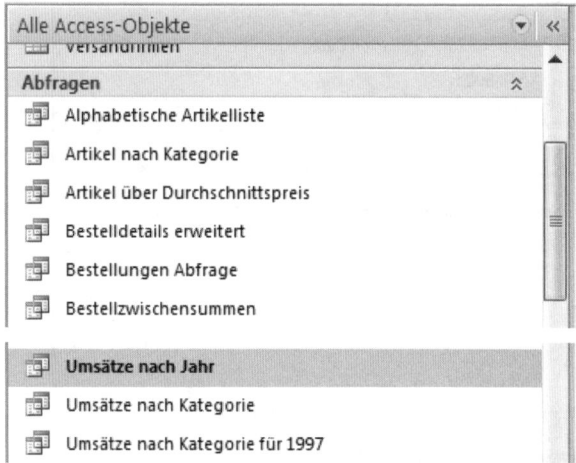

Hinter jeder Auswahlabfrage verbirgt sich in der Regel eine parametrisierte SQL-SELECT-Anweisung, die Sie sich im Access-Datenbankprogramm durch Öffnen der Entwurfsansicht über den Kontextmenübefehl *SQL-Ansicht* anschauen können. Dabei finden Sie auch die zu übergebenden Parameter und deren Datentypen leicht heraus:

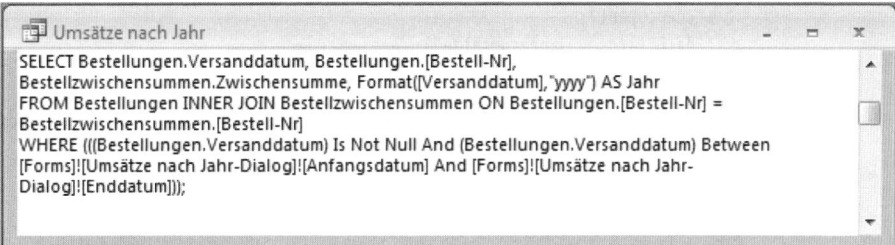

## Oberfläche

Ein *DataGridView*, zwei *TextBox*en und ein *Button* sollen für unseren Test genügen (siehe Laufzeitansicht am Schluss).

## Quellcode

```
using System.Data.OleDb;
public partial class Form1 : Form
{
...
    private void button1_Click(object sender, System.EventArgs e)
    {
        string connStr = "Provider=Microsoft.Jet.OLEDB.4.0; Data Source=Nordwind.mdb;";
        OleDbConnection conn = new OleDbConnection(connStr);

        OleDbCommand cmd = new OleDbCommand("[Umsätze nach Jahr]", conn);
        cmd.CommandType = CommandType.StoredProcedure;
```

Die Definition der beiden Parameter und das Hinzufügen zur *Parameters*-Auflistung des *Command*-Objekts:

```
        OleDbParameter parm1 = new OleDbParameter("@Anfangsdatum", OleDbType.DBDate);
        parm1.Direction = ParameterDirection.Input;
        parm1.Value = Convert.ToDateTime(textBox1.Text);
        cmd.Parameters.Add(parm1);

        OleDbParameter parm2 = new OleDbParameter("@EndDatum", OleDbType.DBDate);
        parm2.Direction = ParameterDirection.Input;
        parm2.Value = Convert.ToDateTime(textBox2.Text);
        cmd.Parameters.Add(parm2);
```

Das *Command*-Objekt wird dem Konstruktor des *DataAdapter*s übergeben. Nach dem Öffnen der *Connection* wird die Abfrage ausgeführt. Die zurückgegebenen Datensätze werden in einer im *DataSet* neu angelegten Tabelle mit einem von uns frei bestimmten Namen *Jahresumsätze* gespeichert:

```
        OleDbDataAdapter da = new OleDbDataAdapter(cmd);
        DataSet ds = new DataSet();
        try
        {
```

```
        conn.Open();
        da.Fill(ds, "Jahresumsätze");
        conn.Close();
    }
    catch(Exception ex)
    {
        MessageBox.Show(ex.ToString());
    }
```

Die Anzeige:

```
    dataGridView1.DataSource = ds;
    dataGridView1.DataMember = "Jahresumsätze";
```

Wenigstens die Währungsspalte sollte eine ordentliche Formatierung erhalten (bei den übrigen Spalten belassen wir es bei den Standardeinstellungen):

```
    dataGridView1.Columns.Remove("Zwischensumme");
    DataGridViewTextBoxColumn tbc = new DataGridViewTextBoxColumn();
    tbc.DataPropertyName = "Zwischensumme";
    tbc.HeaderText = "Zwischensumme";
    tbc.Width = 80;
    tbc.DefaultCellStyle.Format = "c";
    tbc.DefaultCellStyle.Alignment = DataGridViewContentAlignment.MiddleRight;
    tbc.DefaultCellStyle.Font = new Font(dataGridView1.Font, FontStyle.Bold);
    tbc.DisplayIndex = 2;
    dataGridView1.Columns.Add(tbc);
  }
}
```

### Test

Nach Eingabe sinnvoller Datumswerte dürfte sich Ihnen der folgende Anblick bieten:

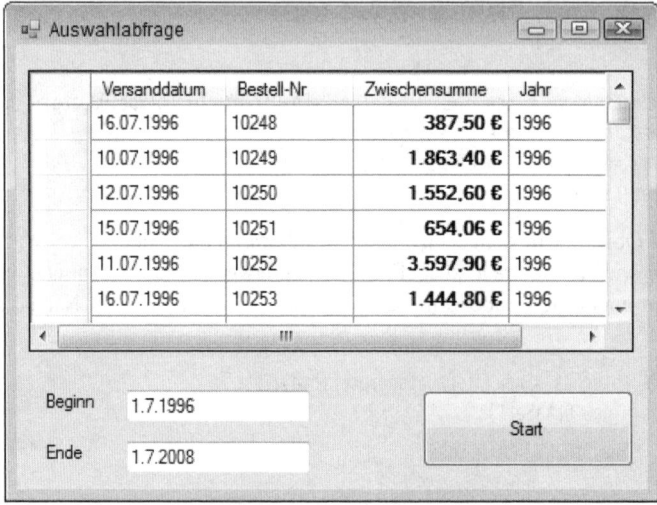

## 26.8.3 Master-Detailbeziehungen im DataGrid anzeigen

Das "gute alte" *DataGrid* kann mehrere Tabellen gleichzeitig verwalten, dies ist fast der einzige (wenn auch nicht unbedeutende) Vorteil gegenüber dem strahlenden Nachfolger *DataGridView*. Im vorliegenden Beispiel zeigen wir, wie man ohne viel Mehraufwand eine Darstellung von zwei verknüpften Tabellen (*Kunden* und *Bestellungen* aus der *Nordwind*-Datenbank) erreichen kann. Dabei lernen wir, wie man eine *DataRelation* erstellt und anwendet.

### Oberfläche

Ein *DataGrid* und ein *Button* genügen für einen kleinen Test. Da bereits Visual Studio 2008 das *DataGrid* aus der Toolbox vertrieben hat, müssen wir es aus der "Mottenkiste" wieder herausholen (Kontextmenü *Elemente auswählen...* und unter ".NET Framework-Komponenten" suchen).

### Quellcode

```
using System.Data.OleDb;

public partial class Form1 : Form
{
    ...
```

Einrichten der Verbindung zur Datenbank:

```
    private void button1_Click(object sender, System.EventArgs e)
    {
        string connStr = "Provider=Microsoft.Jet.OLEDB.4.0; Data Source=Nordwind.mdb;" ;
        OleDbConnection conn = new OleDbConnection(connStr);
```

Die Tabelle *Kunden* wird in das *DataSet* geladen:

```
        string selStr = "SELECT KundenCode, Firma, Kontaktperson, Telefon FROM Kunden";
        OleDbDataAdapter da = new OleDbDataAdapter(selStr, conn);
        DataSet ds = new DataSet();
        conn.Open();
        da.Fill(ds, "Kunden");
```

Die Tabelle *Bestellungen* wird geladen:

```
        selStr = "SELECT Bestellungen.BestellNr, Bestellungen.KundenCode," +
               " Bestellungen.Bestelldatum, Bestellungen.Versanddatum" +
               " FROM Kunden, Bestellungen WHERE (Kunden.KundenCode =
                                           Bestellungen.KundenCode)";
        da = new OleDbDataAdapter(selStr, conn);
        da.Fill(ds, "Bestellungen");
        conn.Close();
```

Die *DataRelation* wird zum *DataSet* hinzugefügt:

```
        ds.Relations.Add("KundenBestellungen", ds.Tables["Kunden"].Columns["KundenCode"],
                                      ds.Tables["Bestellungen"].Columns["KundenCode"]);
```

Anbinden des *DataGrid*:

```
    dataGrid1.SetDataBinding(ds, "Kunden");
  }
}
```

### Test

Das *DataGrid* zeigt zunächst eine scheinbar normale Darstellung der Kundenliste. Nach dem Klick auf das Kreuzchen in der ersten Tabellenspalte können Sie die Darstellung expandieren. Nachdem Sie auf den Hotspot "KundenBestellungen" geklickt haben, erscheinen im *DataGrid* die gewünschten Detaildatensätze.

---

**HINWEIS:** Um zur Master-Tabelle zurückzukehren, klicken Sie auf den kleinen Pfeil rechts oben in der Titelleiste der Detailansicht.

---

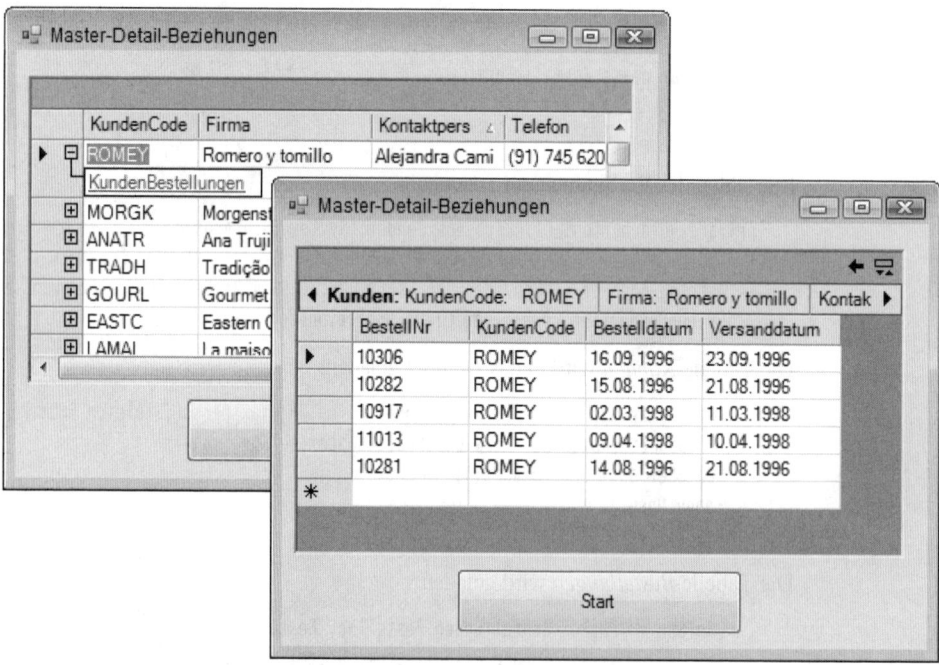

## 26.8.4 Datenbindung Chart-Control

Selbstverständlich beherrscht auch das neue *Chart*-Control alle Möglichkeiten der Datenbindung, die Sorge, die Daten einzeln übergeben zu müssen, können Sie also gleich wieder vergessen.

---

**HINWEIS:** Grundsätzlich sollten Sie sich jedoch darüber im Klaren sein, welche Datenmengen Sie im Chart noch **effektiv** anzeigen können. Meist ist es sinnvoll, Daten zum Beispiel mit der bekannten SELECT TOP ...-Klausel zu filtern bzw. einzuschränken.

---

Unser kleines Beispielprogramm soll den Lagerbestand der Artikel aus der Access-Datenbank *Nordwind.mdb* in einem übersichtlichen Diagramm anzeigen. Allerdings werden Sie schnell feststellen, dass es kaum sinnvoll ist, mehrere hundert Artikel in einem Diagramm darzustellen. Aus diesem Grund beschränken wir uns auf die zehn häufigsten Artikel (Lagerbestand).

## Oberfläche

Entwerfen Sie zunächst eine Windows Forms-Anwendung, der Sie zunächst die Datenbank *Nordwind.mdb* hinzufügen. Nachfolgend können Sie sich um das Erstellen einer neuen Datenquelle, basierend auf einem *DataSet*, kümmern.

---

**HINWEIS:** Für das Einbinden der Datenbank und das Erstellen des *DataSet*s sowie der übrigen datengebundenen Komponenten verweisen wir Sie an PB 26.8.1 "Einrichten und Verwenden einer Datenquelle".

---

Da wir uns auf die zehn häufigsten Artikel beschränken wollten, müssen wir entweder die bereits automatisch erzeugte *Fill*-Methode des erzeugten *TableAdapter*s (*ArtikelTableAdapter*) anpassen oder wir erstellen eine neue *Fill*-Methode (*FillbyTop10*) mit angepasstem SQL-Abfragestring (öffnen Sie dazu das neu erstellte Dataset):

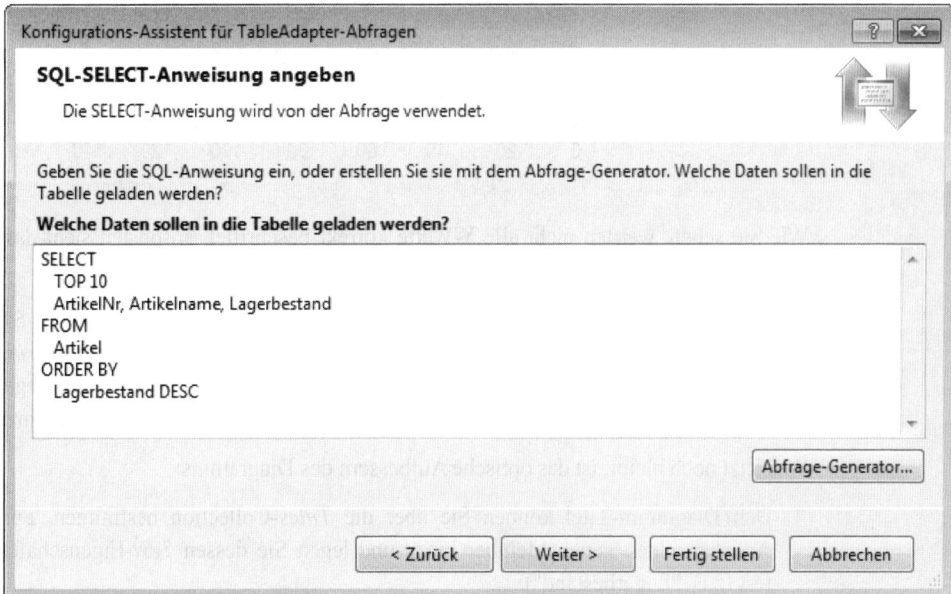

Mittels "TOP 10" beschränken wir uns auf zehn Datensätze, gleichzeitig beeinflussen wir mit "ORDER BY..." die Sortierfolge, um die zehn häufigsten Artikel abzurufen.

In *Form1* finden Sie jetzt neben dem *nordwindDataSet* auch noch die *artikelBindingSource* und den *artikelTableAdapter* vor. Fügen Sie abschließend ein *Chart*-Control hinzu, um dessen Konfiguration wir uns im Folgenden kümmern wollen.

Legen Sie zunächst die *DataSource*-Eigenschaft von *Chart1* auf *artikelBindingSource* fest. Nachfolgend können wir uns um die Eigenschaft *Series* kümmern, die für die Anzeige der einzelnen Datenreihen verantwortlich ist:

- Ändern Sie zunächst mittels Assistent den Diagrammtyp (*ChartType*). Wir wählen ein horizontales Balkendiagramm (*Bar*), so können später die Artikelbeschriftungen voll ausgeschrieben werden (Y-Achse).

- Über die Eigenschaften *XValueMember* und *YValueMember* können Sie die Tabellendaten der X- bzw. Y-Achse zuordnen. Doch Vorsicht: Beim vorliegenden Diagrammtyp müssen Sie die *Artikelnamen* der Eigenschaft *XValueMember* und den *Artikelbestand* der Eigenschaft *YValueMember* zuweisen.

Mit den bereits vorgenommenen Einstellungen würde zur Laufzeit folgendes Diagramm erzeugt werden:

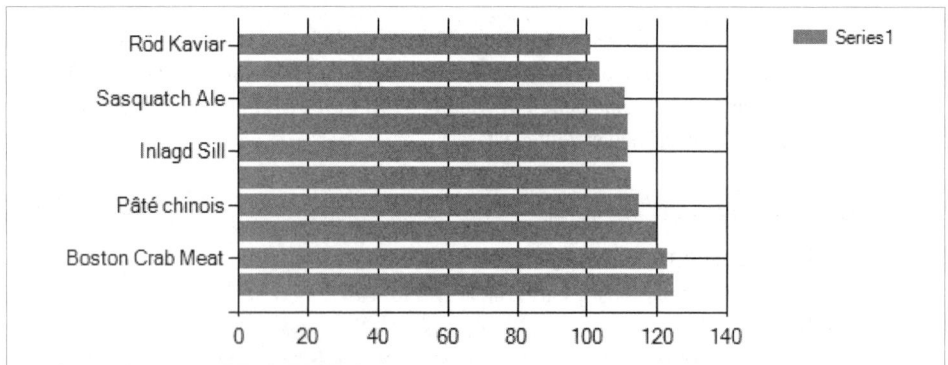

Wie Sie sehen, werden nicht alle Y-Werte korrekt beschriftet, ansonsten sieht das Ergebnis doch schon recht ansprechend aus.

Um die ordentliche Beschriftung unserer zehn Artikel sicherzustellen, öffnen Sie zunächst den Assistenten für die *ChartAreas*-Eigenschaft. Suchen Sie hier die Eigenschaft *Axis* und öffnen Sie den nächsten Assistenten. In der Liste der Achsen wählen Sie "X axis" und legen für diese die Eigenschaft *Intervall* auf "1" fest. Damit werden jetzt alle Artikel ordentlich beschriftet.

Was jetzt noch bleibt, ist das optische Aufbessern des Diagramms:

- Den Diagramm-Titel können Sie über die *Titles*-Collection bestimmen. Fügen Sie mittels Assistent einen neuen Member hinzu und legen Sie dessen *Text*-Eigenschaft wie gewünscht fest (z.B. "Lagerbestand").

- Größe, Farbe, Position können Sie über die weiteren Eigenschaften des *Titles*-Members bestimmen.

- Die Legende (aktuell "Series 1") können Sie über die *Name*-Eigenschaft der jeweiligen Serie anpassen.

- Für mehr Eindruck sorgen Sie über die 3-D-Darstellung (Collection *ChartAreas*, *ChartArea1*, Eigenschaft *Enable3D*). Die Ansicht können Sie nachfolgend über *Rotation* und *PointDepth* noch wie gewünscht anpassen.

- Weitere optische "Spielereien" wollen wir an dieser Stelle nicht besprechen, wir wollen ja Ihre Fähigkeiten nicht unterschätzen :-).

### Quellcode

Der Datenquellen-Assistent hatte schon eine erste Quellcodezeile im *Form_Load*-Event generiert, mit der die Daten per *TableAdapter* geladen werden. Ändern Sie diese Anweisung und ersetzen Sie die *Fill*- mit der *FillByTop10*-Methode, damit auch nur 10 und nicht alle Datensätze geladen werden:

```
private void Form1_Load(object sender, EventArgs e)
{
    this.artikelTableAdapter.FillByTop10(this.nordwindDataSet.Artikel);
}
```

### Test

Nach dem Start präsentiert sich Ihnen bereits das fertige Diagramm.

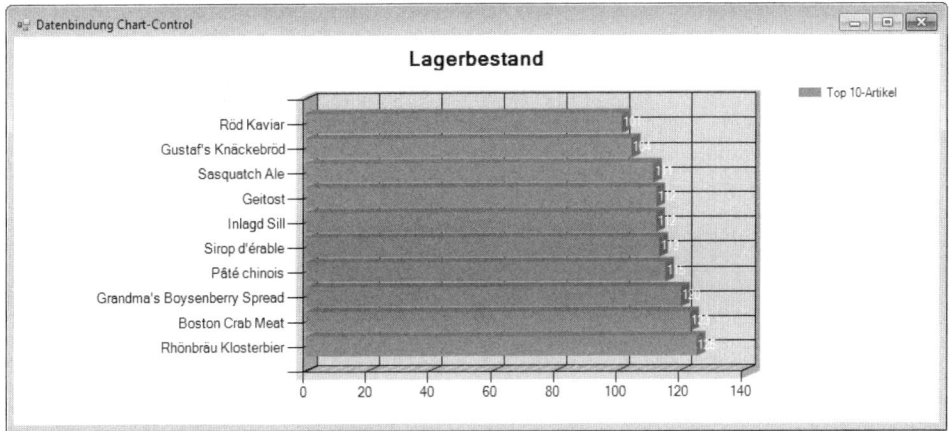

# Kapitel 27

# Erweiterte Grafikausgabe

**HINWEIS:** Dieses Bonus-Kapitel finden Sie im PDF-Format auf der Buch-CD.

In diesem Kapitel finden Sie folgende Inhalte:

- Transformieren mit der Matrix-Klasse
- Low-Level-Grafikmanipulationen
- Grundlagen der 3D-Vektorgrafik
- Arbeit mit GDI-Funktionen
- Praxisbeispiele

# Kapitel 28

# Ressourcen/Lokalisierung

Über Ressourcen können Sie externe Informationen in Ihr Programm aufnehmen. Das betrifft Texte, Grafiken und andere Elemente, die sich nicht ohne weiteres per Code darstellen lassen. Das .NET-Framework kennt prinzipiell zwei Typen von Ressourcen:

- Manifestressourcen und

- typisierte Ressourcen.

Mit beiden Ressourcentypen und ihren Ableitungen (streng typisierte Ressourcen) werden wir uns in diesem Kapitel auseinandersetzen.

Eine besondere Bedeutung haben typisierte Ressourcen vor allem im Zusammenhang mit der Lokalisierung von Anwendungen (siehe Abschnitt 28.4).

## 28.1  Manifestressourcen

Manifestressourcen können nahezu beliebige Dateien sein, die zur Entwurfszeit (als Ergebnis des Build-Prozesses) in die Assembly integriert werden. Eine Assembly kann mehrere Manifestressourcen enthalten. "Manifestressource" heißt es deshalb, weil die Namen der Ressourcen im Manifest der Assembly abgelegt sind. Zur Laufzeit kann jede Manifestressource über ihren Namen als Stream ausgelesen werden.

### 28.1.1  Erstellen von Manifestressourcen

Normalerweise verwendet man zum Anlegen einer Manifestressource den Assembly Linker (*al.exe*). Besitzer von Visual Studio können aber auf dieses Tool locker verzichten, da sie die entsprechenden Dateien lediglich zum Projekt hinzufügen und die *Buildvorgang*-Eigenschaft auf *Eingebettete Ressource* setzen müssen.

| Beispiel 28.1 | Manifestressource erstellen |
| --- | --- |

Um die Bilddatei *Bild1.jpg* als Manifestressource anzulegen, wählen Sie im Kontextmenü des Projektmappen-Explorers *Hinzufügen|Vorhandenes Element...* (oder Hauptmenü *Projekt|Vorhandenes Element hinzufügen...*) und selektieren die Datei *Bild1.jpg*. Im Kontextmenü von

**Beispiel 28.1** **Manifestressource erstellen**

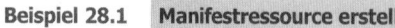

*Bild1.jpg* klicken Sie auf *Eigenschaften*:

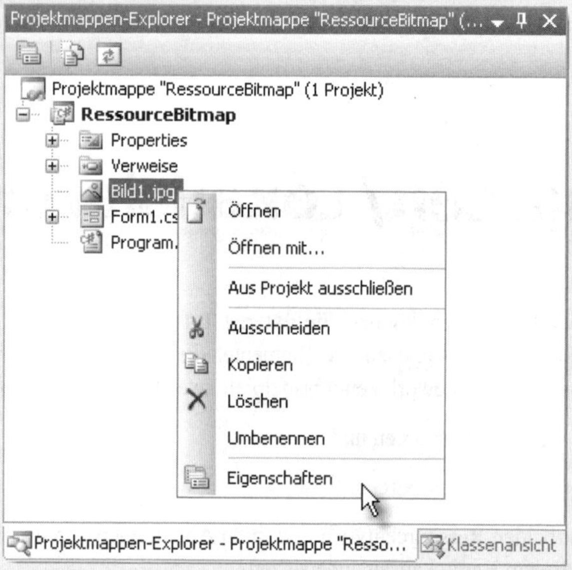


Im Eigenschaftendialog stellen Sie die Eigenschaft *Buildvorgang* auf *Eingebettete Ressource*:

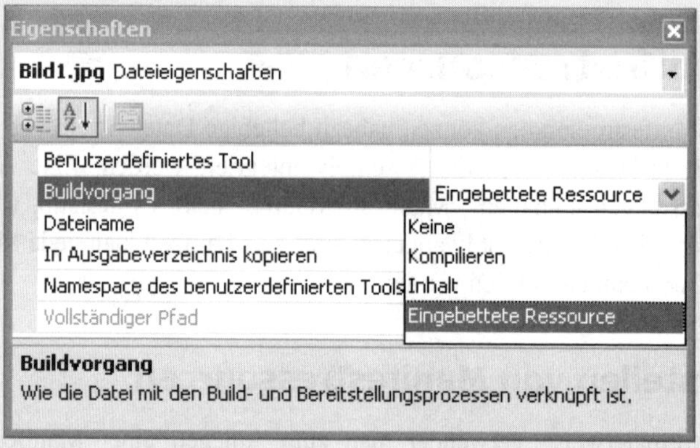


Nach dem Kompilieren der Anwendung befindet sich die Bilddatei in der erzeugten Assembly, Sie brauchen also keine weitere Datei mitzugeben.

## 28.1.2 Zugriff auf Manifestressourcen

Der übliche Weg zu eingebetteten Ressourcen führt über die Methoden der *Assembly*-Klasse. So kann man die *GetManifestResourceNames*- bzw. *GetManifestResourceStream*-Methode verwenden, um alle eingebetteten Ressourcen einer bestimmten Assembly aufzulisten bzw. zu laden. Bevor wir aber zu Einzelheiten kommen, wollen wir erläutern, nach welchem Muster die Namensvergabe erfolgt.

## Namensgebung eingebetteter Ressourcen

Allgemein entspricht der Name einer eingebetteten Ressource folgendem Muster:

**SYNTAX:** `<DefaultNamespace>.<Unterverzeichnisse>.Dateiname`

Der *DefaultNamespace* wird in den Projekteigenschaften festgelegt und ist meist identisch mit dem Namen der Assembly (z.B. *WindowsApplication1*). Falls sich – wie in unserem Fall – die Ressource im Rootverzeichnis des Projekts befindet, entfallen die *Unterverzeichnisse* und der Name ist *<DefaultNamespace>.Dateiname*. Mehrere Unterverzeichnisse sind nicht durch Schrägstrich, sondern durch Punkte voneinander zu trennen. Es ist möglich, dass Sie spezielle Verzeichnisse innerhalb Ihres Projekts erzeugen, um dort die Ressource(n) abzulegen, z.B. ein Verzeichnis *\Bilder*. Dann wäre der Name der Ressource z.B. *WindowsApplication1.Bilder.Bild1.jpg*.

**HINWEIS:** Ist der Code einmal generiert, so können Sie zwar den Namespace nachträglich ändern, nicht aber die Unterverzeichnisse, die zur Benennung einer eingebetteten Ressource benutzt wurden!

## Auflisten aller eingebetteten Ressourcen

Für diesen Zweck kommt die *GetManifestResourceNames*-Methode der *Assembly*-Klasse zur Anwendung.

**Beispiel 28.2** | **Auflisten aller eingebetteten Ressourcen**

Über einen Dateidialog wird eine Assembly geladen. Die Namen aller darin enthaltenen Ressourcen werden in einer *ListBox* angezeigt.

```
using System.Reflection;
using System.IO;
...

Assembly  ass = Assembly.LoadFrom(openFileDialog1.FileName);
string [] resNames = ass.GetManifestResourceNames();
listBox1.Items.Clear();
if( resNames.Length > 0 )
{
    listBox1.BeginUpdate();
    foreach(string resName in resNames)
    {
      listBox1.Items.Add(resName);
    }
    listBox1.EndUpdate();
}
```

### Die Inhalte eingebetteter Ressourcen auslesen

Hierfür verwenden Sie die *GetManifesResourceStream*-Methode der *Assembly*-Klasse:

**Beispiel 28.3** | **Eine in der eigenen Assembly eingebettete Bildressource wird angezeigt.**

```csharp
using System.Reflection;
using System.IO;
...
Assembly ass = Assembly.GetExecutingAssembly();
if (pictureBox1.Image != null)
    pictureBox1.Image.Dispose();
Stream strm = ass.GetManifestResourceStream("RessourceBitmap.Bild1.jpg");
pictureBox1.Image = new Bitmap(strm);
```

Die *GetManifestResourceStream*-Methode hat zwei Überladungen. Die erste erwartet den Namen der Ressource, die zweite erwartet stattdessen einen Typ und einen String. Das vereinfacht die Namensgewinnung für die Ressource: Intern wird der Namespace des Typs genommen und mit dem String wird der Name vervollständigt.

Einige Klassen des .NET Framework verwenden dieses Verfahren ebenfalls, aber anstatt *Stream*-Objekte zurückzugeben erzeugen sie damit ein bestimmtes Objekt. So hat die *Bitmap*-Klasse einen Konstruktor, welcher eine eingebettete Ressource in ein *Bitmap*-Objekt laden kann.

**Beispiel 28.4** | **Eine deutlich kürzere Version des obigen Beispiels.**

```csharp
if (pictureBox1.Image != null) pictureBox1.Image.Dispose();
pictureBox1.Image = new Bitmap(typeof(Form1), "Bild1.jpg");
```

Dem *Bitmap*-Konstruktor wird auf diese Weise mitgeteilt, eine Ressource zu finden, deren *Namespace* dem von *Form1* entspricht (weil *Form1* im Rootverzeichnis des Projekts liegt).

Eine weitere Variante der zweiten Zeile:

```csharp
pictureBox1.Image = new Bitmap(this.GetType(), "Bild1.jpg");
```

## 28.2  Typisierte Resourcen

*Typisierte Ressourcen* bauen auf einfachen Manifestressourcen auf. Es handelt sich hierbei um Zusammenstellungen von Schlüssel-Wert-Paaren, wobei der Schlüssel ein eindeutiger String und der Wert ein beliebiges Objekt ist. Im Gegensatz zu den Manifestressourcen sind diese Ressourcen typisiert und wesentlich effizienter, da sie nicht streambasiert arbeiten. Die Bereitstellung erfolgt in der Regel als Datei mit der Extension *.resources*.

### 28.2.1  Erzeugen von .resources-Dateien

Dazu benötigen Sie einen *ResourceWriter* aus dem Namespace *System.Resources*.

**Beispiel 28.5** | **Erzeugen einer *.resources*-Datei**

Die Methode *createResources* erzeugt eine Ressourcendatei, die Texte für beliebige Meldungen enthält.

```
static void createResources()
{
    ResourceWriter rw = new System.Resources.ResourceWriter("Messages.resources");
```

Die String-Ressourcen als Schlüssel-Wert-Paar hinzufügen:

```
    rw.AddResource("1", "Wahrscheinlich haben Sie recht.");
    rw.AddResource("2", "Ja, natürlich.");
    rw.AddResource("3", "Versuchen Sie es später noch einmal!");
    rw.AddResource("4", "Bitte keine Ablenkungsmanöver!");
    rw.AddResource("5", "Leider nein.");
    rw.AddResource("6", "Wie ich sehe - ja!");
    ...
```

Die Datei *Messages.resources* wird erzeugt und geschlossen:

```
    rw.Generate();
    rw.Close();
}
```

Nach Aufruf von *createResources()* werden Sie im Unterverzeichnis *\bin\Debug* die Datei *Messages.resources* vorfinden.

## 28.2.2 Hinzufügen der .resources-Datei zum Projekt

Die erzeugte Ressourcendatei *Messages.resources* fügen Sie – genauso wie oben für eine Manifestressource beschrieben – dem Projekt hinzu. Wählen Sie also das Menü *Projekt|Vorhandenes Element hinzufügen...* und setzen Sie die *Buildvorgang*-Eigenschaft auf *Eingebettete Ressource*. Alternativ können Sie auch das *Hinzufügen*-Kontextmenü im Projektmappen-Explorer verwenden.

---

**HINWEIS:** Da die Datei *Messages.ressources* nach dem Kompilieren in der Assembly *ResourcesTest.exe* eingebettet ist, können Sie sie auch aus dem Verzeichnis *\bin\Debug* löschen.

---

## 28.2.3 Zugriff auf die Inhalte von .resources-Dateien

Für den Zugriff spielt die Klasse *ResourceManager* (Namespace *System.Resources*) eine wichtige Rolle, sie benötigt zur Instanziierung zwei Parameter: einen Verweis auf die *resources*-Datei, die als Manifestressource in der Assembly abgelegt ist, sowie einen Verweis auf die Assembly selbst.

Der *ResourceManager* stellt für den Zugriff auf Ressourcen-Elemente die Methoden *GetString*, *GetObject* und *GetStream* bereit. Anzugeben ist der Name des Ressourcen-Elements unter Beachtung der Groß-/Kleinschreibung. Die Bedeutung der Groß-/Kleinschreibung kann aber mittels *IgnoreCase*-Eigenschaft deaktiviert werden.

**Beispiel 28.6**     **Zugriff auf die Inhalte von .resources-Dateien**

Der Zugriff auf die im Projekt *ResourcesTest* eingebettete Datei *Messages.resources* erfolgt über die *GetString*-Methode des *ResourceManager*, wobei der Methode der Schlüssel als Parameter übergeben wird. Um einen einfachen Test zu ermöglichen, erzeugen wir den Schlüssel mit einem Zufallsgenerator, der zugehörige Wert wird in einem *Label* angezeigt.

```csharp
using System.Resources;
...
private ResourceManager rm =  new ResourceManager("ResourcesTest.Messages",
                                System.Reflection.Assembly.GetExecutingAssembly());
System.Random z = new System.Random();
string num = z.Next(1, 41).ToString();
label1.Text = rm.GetString(num);
```

### Bemerkungen zum Zugriff auf .resources-Dateien

- Die Extension *resources* ist **kein** Bestandteil des Namens, der dem Konstruktor als Argument übergeben wird.

- Das Objekt für die Assembly, in der sich der laufende Code befindet, erhält man über die Methode *System.Reflection.Assembly.GetExecutingAssembly*.

- Die *GetString*-Methode des *ResourceManager* ist eine typsichere Alternative zur *GetObject*-Methode.

## 28.2.4 ResourceManager direkt aus der .resources-Datei erzeugen

Wollen Sie die Ressourcen nachträglich manipulieren, so ist die gezeigte Vorgehensweise nicht geeignet, da die *.resources*-Datei unmittelbar nach ihrem Erzeugen erst per Hand in das Projekt "eingebettet" werden muss und nach dem Kompilieren – wie jede andere Manifestressource auch – nicht nachträglich manipuliert werden kann.

Ein Ausweg bietet sich, wenn Sie die Datei nicht in die Assembly einbetten, sondern als separate Datei mitführen. Dann können Sie einen passenden *ResourceManager* mithilfe der statischen Methode *CreateFilebasedResourceManager* erzeugen.

**Beispiel 28.7**     **Erzeugen eines *ResourceManager* aus der Datei *Messages.resources*.**

```csharp
private ResourceManager rm = ResourceManager.CreateFileBasedResourceManager(
                                "Messages", Application.StartupPath, null);
```

In diesem Fall befindet sich die Datei *Messages.resources* im gleichen Verzeichnis wie die Assembly.

### Bemerkungen

- Das Pendant zum *ResourceWriter* ist der *ResourceReader*, mit dem sich – als Alternative zum gezielten Zugriff per *ResourceManager* – komplette Ressourcendateien verarbeiten lassen.

■ Bequemer als per Code können Ressourcen auch mit dem in Visual Studio integrierten Ressourceneditor angelegt werden (Menü *Projekt|Neues Element hinzufügen...|Ressourcendatei*) .

## 28.2.5  Was sind .resx-Dateien?

Ressourcen liegen in *resources*-Dateien in einem binären Format vor. Anstatt, wie oben gezeigt, mittels *RessourceWriter* lassen sie sich aber auch aus *\*.resx*-Dateien erzeugen.

---

**HINWEIS:** *resx*-Dateien sind XML-Dokumente!

---

Zur Umwandlung einer binären *resources*- in eine XML-basierte *resx*-Datei können Sie das Tool *resgen.exe* (*Resource File Generator*) einsetzen.

Visual Studio bietet einen komfortablen Editor für *resx*-Dateien. Der Aufruf erfolgt über den Menüpunkt *Projekt|Neues Element hinzufügen... Ressourcendatei* oder einfach durch Doppelklick auf eine vorhandene *resx*-Datei im Projektmappen-Explorer.

---

**HINWEIS:** *resx*-Ressourcendateien haben besondere Bedeutung im Zusammenhang mit der Lokalisierung von Anwendungen, siehe ab Seite 1171!

---

# 28.3  Streng typisierte Ressourcen

Beim Arbeiten mit dem *ResourceManager*-Objekt kann es häufig zu Fehlern kommen, da die Namen der Ressourcenelemente als Zeichenketten vorliegen und Tippfehler dazu führen, dass das Element nicht gefunden wird. Aus diesem Grund werden im .NET-Framework auch streng typisierte Ressourcen (*strongly-typed resources*) unterstützt.

So bietet das Tool *resgen.exe* die neue Option, eine Wrapper-Klasse für eine beliebige Ressource-Datei zu generieren, sodass der Programmierer mit *early binding* auf die Ressourcennamen zugreifen kann. Laufzeitfehler aufgrund falscher Ressourcennamen lassen sich so vermeiden.

## 28.3.1  Erzeugen streng typisierter Ressourcen

Visual Studio stellt einen Designer bereit, der unter anderem auch das automatische Generieren von Wrapper-Klassen für Ressourcen übernimmt. Die Bedienung ist sehr einfach:

Über das Menü *Projekt|...-Eigenschaften...* (oder durch Doppelklick auf den *Properties*-Eintrag im Projektmappen-Explorer) öffnen Sie die Seite "Ressourcen" des Projektdesigners.

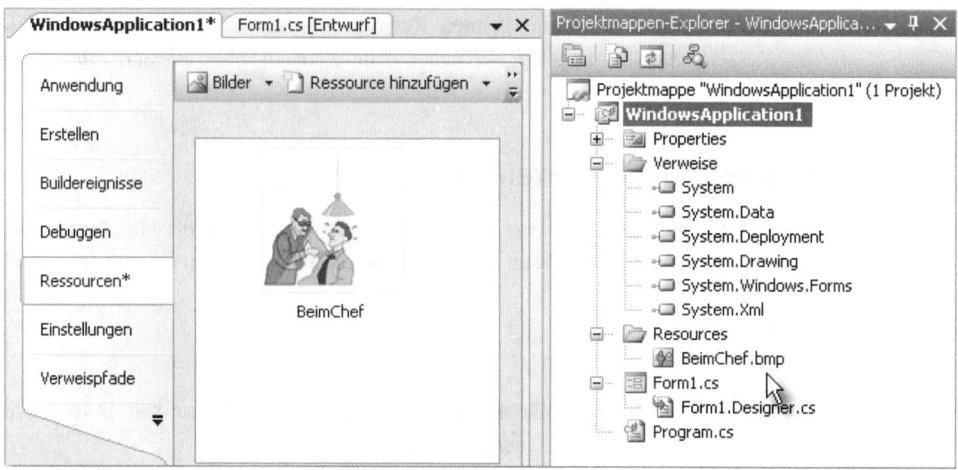

Im Ergebnis wurde innerhalb des Projektverzeichnisses ein neues Unterverzeichnis namens */Resources* angelegt, in welchem die Bitmap gespeichert ist.

## 28.3.2 Verwenden streng typisierter Ressourcen

Die Verwendung der streng typisierten Ressourcen ist recht simpel, der Zugriff erfolgt über das *Properties.Resources*-Objekt.

**Beispiel 28.8**    **Anzeige einer Bitmap**

```
pictureBox1.Image = WindowsApplication1.Properties.Resources.BeimChef;
```

Da auch eine Unterstützung per Intellisense erfolgt, wird die Fehleranfälligkeit deutlich verringert:

```
private void button1_Click(object sender, EventArgs e)
{
    pictureBox1.Image = WindowsApplication1.Properties.Resources.BeimChef;
}
```
                                                                    BeimChef
                                                                    Culture
                                                                    Equals
                                                                    ReferenceEquals
                                                                    ResourceManager

## 28.3.3 Streng typisierte Ressourcen per Reflection auslesen

Für den Zugriff auf Ressourcen wie Grafiken, Videos, Sound etc. bietet sich die *GetManifestResourceStream*-Methode an.

Ab Version 2.0 des Frameworks hat sich aber hier eine kleine Änderung eingeschlichen, wie eine Kontrolle mit dem .NET-Refector zeigt:

**Beispiel 28.9** | **Unterschiede je nach .NET-Version**

.NET 1.x, (Eingelagerte Ressourcen werden direkt unter *Resources* gespeichert, z.B. *Wasserlilien.jpg*):

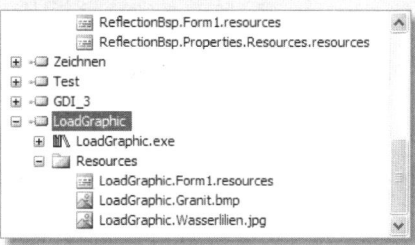

Ab .NET 2.x (das Verhalten für eingelagerte Ressourcen hat sich zwar nicht geändert, Ressourcen, die über die Projekt-Eigenschaften hinzugefügt wurden, sind aber jetzt im Stream *...Properties.Resources.resources* gespeichert):

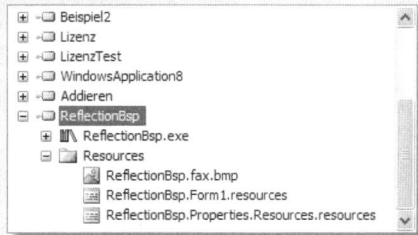

Wir müssen uns deshalb auch beim Auslesen der Ressourcen etwas mehr bemühen als bisher.

**Beispiel 28.10** | **Alle Ressourcen ermitteln**

```
...
using System.Reflection;
using System.IO;
using System.Resources;
using System.Collections;
```

Assembly laden:

```
myass = Assembly.GetExecutingAssembly();
foreach (String s in myass.GetManifestResourceNames())
{
```

Hier bestimmen wir zunächst die einzelnen Ressource-Streams:

```
listBox1.Items.Add(s);
if (s.ToLower().EndsWith(".resources"))
```

**Beispiel 28.10**   **Alle Ressourcen ermitteln**

Wenn in diesem *Stream* weitere Ressourcen enthalten sind:

```
{
    Stream stream = myass.GetManifestResourceStream(s);
    ResourceReader Reader = new ResourceReader(stream);
    IDictionaryEnumerator id = Reader.GetEnumerator();
    while (id.MoveNext())
    {
```

*ID.key* bezeichnet die gleiche Ressource, die Sie auch mit *Properties.Resources.xyz* auslesen können:

```
        listBox2.Items.Add(id.Key + "-" + id.Value);
```

Über *id.Value* können wir direkt auf die einzelnen Bitmaps zugreifen:

```
        if (id.Value is Bitmap)
        {
            Bitmap bmp = (Bitmap) (id.Value as Bitmap).Clone();
            bmp.Save(id.Key + ".bmp");
        }
    }
    Reader.Close();
    }
}
```

Die Anzeige in *listBox1* und *listBox2*:

**HINWEIS:** Nach dem Ausführen obigen Beispiels (siehe Buch-Beispieldaten), werden alle Bitmaps aus der Assembly extrahiert.

**Beispiel 28.11**   **Auslesen der eingebetteten Ressource *fax.bmp* und speichern in einer externen Datei bei Doppelklick auf den entsprechenden Eintrag in *listBox1***

```
private void listBox1_MouseDoubleClick(object sender, MouseEventArgs e)
{
    Bitmap  bmp = new Bitmap(
    Assembly.GetExecutingAssembly().GetManifestResourceStream((String)
                            listBox1.SelectedItem));
    bmp.Save((string) listBox1.SelectedItem);
}
```

HINWEIS: Achten Sie beim Zugriff auf die Ressourcen peinlichst auf die korrekte Schreibweise (Groß-/Kleinschreibung!).

# 28.4 Anwendungen lokalisieren

Das .NET Framework ermöglicht die komfortable Lokalisierung von Anwendungen. Texte und andere sprachabhängige Informationen befinden sich nicht mehr im eigentlichen Quellcode, sondern werden in eigenen Assemblies (so genannte Satelliten-Assemblies) bereitgestellt, die parallel zur eigentlichen Assembly existieren, darüber hinaus jedoch keinen Code beinhalten.

## 28.4.1 Localizable und Language

Visual Studio kann automatisch die Ressourcendateien für die zu lokalisierenden Elemente der Benutzerschnittstelle, wie z.B. Beschriftungen der Steuerelemente eines Formulars, erzeugen. Von Bedeutung sind dabei die Formulareigenschaften *Localizable* und *Language*.

HINWEIS: *Localizable* und *Language* sind "künstliche" Formulareigenschaften, sie sorgen lediglich dafür, dass der Designer bei der Code-Generierung die zu lokalisierenden Informationen in der richtigen *.resx*-Datei ablegt.

## 28.4.2 Beispiel "Landesfahnen"

In einer neuen Windows-Anwendung setzen wir die *Localizable*-Eigenschaft von *Form1* auf *True*, die *Language*-Eigenschaft verbleibt zunächst auf ihrem Standardwert (*Default*). Auf *Form1* befinden sich ein *Label*, eine *PictureBox* und ein *Button*. Der *Image*-Eigenschaft der *PictureBox* weisen wir per Dialog eine Bitmap mit der deutschen Flagge zu:

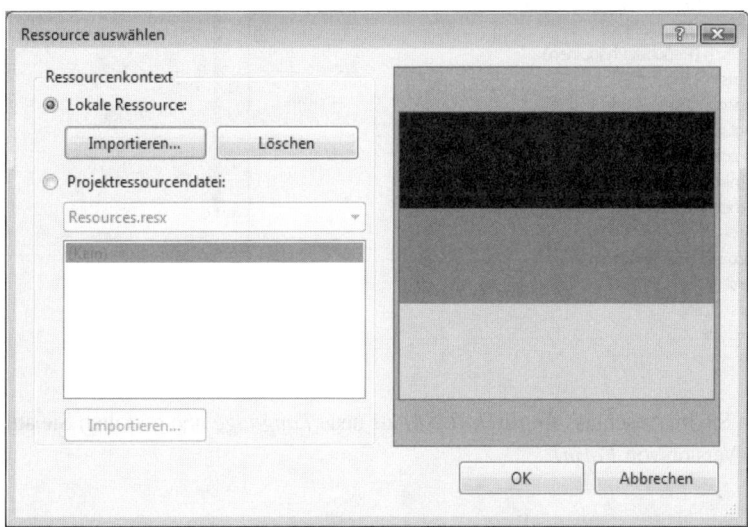

Die Beschriftung erfolgt in deutscher Sprache, sodass die Standardversion etwa so aussieht:

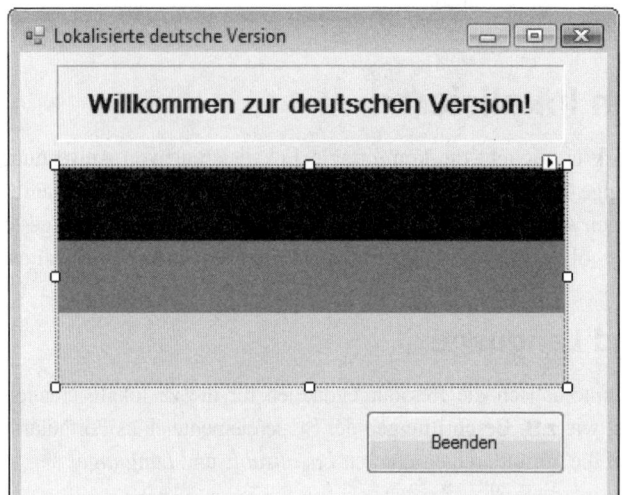

Nun stellen wir im Eigenschaftenfenster von *Form1* die *Language*-Eigenschaft auf *Deutsch* ein. Dazu selektieren wir unser Land aus einer schier endlos langen Liste, in welcher (fast) jedes Land der Erde vertreten ist.

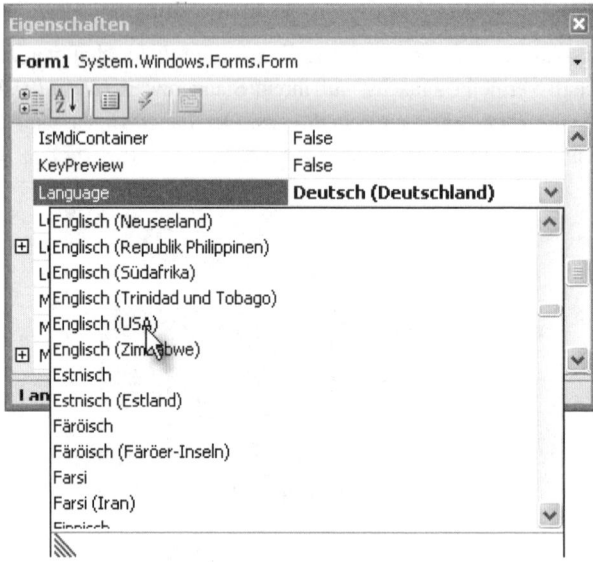

Wählen Sie im Anschluss *Englisch (USA)* als neue *Language* und gestalten Sie auf analoge Weise die US-Version von *Form1*:

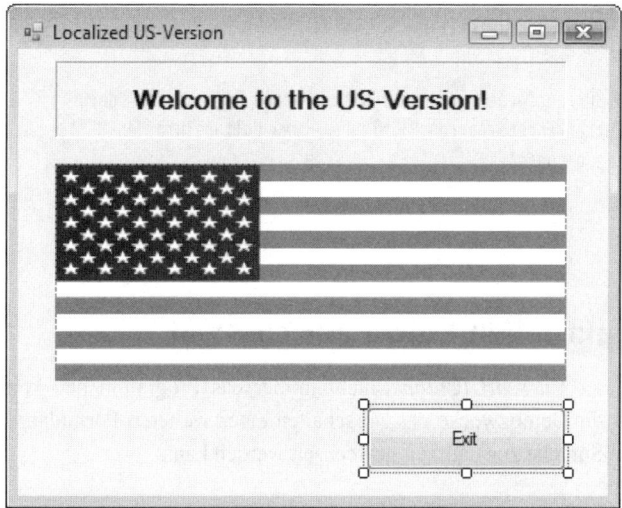

Ein Blick in den Projektmappen-Explorer zeigt, dass die Ressourcen-Dateien *Form1.de.resx* und *Form1.en-US.resx*, welche die sprachabhängigen Informationen kapseln, hinzugekommen sind.

Wie z.B. ein Doppelklick auf *Form1.en-US.resx* zeigt, sind die Text-Ressourcen als Schlüssel-Wertepaar hinterlegt:

| Name | Wert | Kommentar |
|------|------|-----------|
| $this.Text | Localized US-Version | |
| button1.Text | Exit | |
| label1.Text | Welcome to the US-Version! | |

Nach dem Kompilieren werden wir zunächst nur die deutsche Version des Programms zu Gesicht bekommen, es sei denn, wir ändern die Spracheinstellung des aktuellen Threads. Dazu fügen wir die fett gedruckten Programmzeilen hinzu:

**HINWEIS:** Nach wie vor haben wir es mit einem einzigen Formular (*Form1*) zu tun, es ist deshalb völlig egal, von welcher Formularansicht aus wir das Quellcodefenster öffnen.

```
using System.Globalization;    // !
using System.Threading;        // !
...
        public Form1()
        {
```

Wichtig ist, dass die Einstellung der *CurrentUICulture* **vor** dem Aufruf von *Initialize-Component()* erfolgt:

```
        // Thread.CurrentThread.CurrentUICulture = new CultureInfo("de-DE");
        Thread.CurrentThread.CurrentUICulture = new CultureInfo("en-US");
        InitializeComponent();
    }
  }
}
```

### 28.4.3  Einstellen der aktuellen Kultur zur Laufzeit

Damit zum Ändern der *CurrentUICulture* nicht immer das Programm neu kompiliert werden muss, empfiehlt sich für Demozwecke das Vorschalten eines weiteren Formulars *Form2*, in welchem die gewünschte Sprache zur Laufzeit gewechselt werden kann:

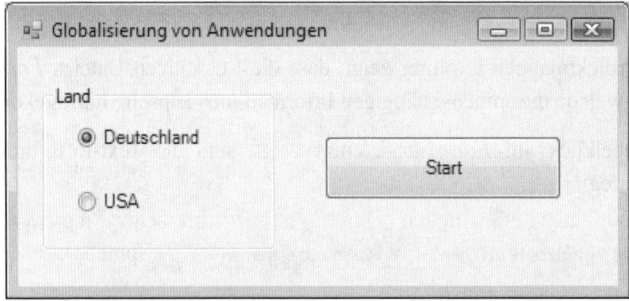

Der Code des "Vorschaltformulars" *Form2*:

```
private void button1_Click(object sender, EventArgs e)
{
    string ci = "de-DE";
    if (radioButton2.Checked) ci = "en-US";
    Form1 frm = new Form1(ci);
    frm.Show();
}
```

Den Konstruktor von *Form1* ändern wir wie folgt:

```
public Form1(string ci)
{
    Thread.CurrentThread.CurrentUICulture = new CultureInfo(ci);
    InitializeComponent();
}
```

Schließlich muss das Startformular der Anwendung im Hauptprogramm *Program.cs* auf *Form2* gesetzt werden:

```
static class Program
{
```

```
...
        Application.EnableVisualStyles();
        Application.Run(new Form2());
    }
}
```

## Bemerkungen

■ Neben der Hauptassembly wurden zwei neue Ordner (\de und \en-US) erzeugt, die jeweils eine Satelliten-Assembly *.resources.dll* enthalten (Satelliten-Assemblies bestehen nur aus Ressourcen).

■ Die Original-Bilddateien der deutschen und der amerikanischen Flagge sind nur für den Entwurf des Projekts, nicht aber für die Weitergabe der kompilierten Anwendung erforderlich, da auch die kompletten Bildressourcen in den Satelliten-Assemblies eingelagert sind.

■ Die Lokalisierung von .NET-Anwendungen beschränkt sich nicht nur auf das Anlegen von Text-Ressourcen. Nahezu jede Eigenschaft, wie z.B. die Höhe oder Breite eines jeden Formulars oder Steuerelements, lässt sich landesspezifisch anpassen

■ Zwar ist es auch möglich, Grafiken und andere Dateien direkt als Ressourcen in eine Assembly einzubetten oder mit der Assembly zu verlinken, allerdings unterstützen diese Ressourcen nicht die Lokalisierung, denn dazu müssen Grafiken etc. in eine *.resx*-Datei integriert werden.

■ Die Spracheinstellung des aktuellen Threads richtet sich beim Programmstart nach den Spracheinstellungen von Windows. Zur Laufzeit können Sie die Sprache wechseln, z.B. mit:

```
Thread.CurrentThread.CurrentUICulture = new System.Globalization.CultureInfo("en-GB");
```

■ Die aktuelle Sprache ermitteln Sie mit

```
System.Threading.Thread.CurrentThread.CurrentUICulture.Name;
```

oder

```
System.Threading.Thread.CurrentThread.CurrentUICulture.NativName;
```

*Name* liefert den englischen Sprachnamen, *NativName* den Namen der Sprache in der aktuellen Sprache.

# Kapitel 29

# Komponentenentwicklung

Die komponentenbasierte Entwicklung gehört mit den Grundpfeilern der .NET-Philosophie. Visual Studio bietet vielfältige Features, die dem Programmierer die Entwicklung eigener Steuerelemente (Komponenten) erleichtern. Was Sie dabei erleben ist OOP pur, und wir setzen für die Lektüre dieses Kapitels voraus, dass Sie einigermaßen sattelfest in Begriffen wie Klassen, Vererbung, Konstruktor usw. sind (siehe Kapitel 3).

---

**HINWEIS:** Zur Programmierung von Webserver-Steuerelementen siehe Kapitel 40!

---

## 29.1  Überblick

Bevor Sie sich auf die Komponentenprogrammierung stürzen, sollten Sie sich gut überlegen, welchen Komponententyp Sie wirklich benötigen, bietet Ihnen doch Visual Studio gleich ein ganzes Arsenal von Möglichkeiten an:

| Typ | Bemerkung/Verwendung |
| --- | --- |
| Benutzersteuerelement | Sie möchten ein oder mehrere Controls in einem Container zusammenfassen und mit einer neuen Schnittstelle/Funktionalität ausstatten. Ableitung von *UserControl*. |
| Benutzerdefiniertes Steuerelement | Sie wollen ein neues Control erstellen oder ein vorhandenes um zusätzliche Funktionen erweitern. Ableitung vom Urtyp *Control* bzw. von vorhandenen Steuerelementen. |
| Geerbtes Benutzersteuerelement | Sie möchten ein Benutzersteuerelement aus Ihrem oder aus anderen Projekten um weitere Funktionen/Controls erweitern. |
| Komponentenklasse | Sie wollen ganz weit unten anfangen und sich sowohl um Schnittstelle als auch Funktionalität komplett selbst kümmern. Ableitung von *Component*. |

Unter ähnlichen und leicht verwechselbaren Namen (dem Übersetzer sei Dank!) verbergen sich teilweise grundverschiedene Ansätze. Im Folgenden wollen wir Ihnen deshalb zunächst die Grundkonzepte und Unterschiede an kleineren Beispielen vorstellen, bevor wir die Gemeinsamkeiten bei der Definition von Eigenschaften und Methoden bzw. beim Auslösen von Ereignissen besprechen.

Im Anschluss beschäftigen wir uns noch mit einigen interessanten Fragen im Zusammenhang mit der Komponentenentwicklung.

# 29.2 Benutzersteuerelement

Hierbei handelt es sich quasi um einen Container für beliebige Steuerelemente, die damit zu einer Einheit verschmolzen werden können. Die Entwicklung erfolgt (wie bei einer normalen Windows-Anwendung) rein visuell, Sie platzieren die konstituierenden Steuerelemente im Container und legen deren Eigenschaften fest. In einem weiteren Schritt können Sie Ihrem Benutzersteuerelement ein eigenes Interface mit Eigenschaften, Methoden und Ereignissen geben.

Damit dürften sich auch schon die Vor- und Nachteile dieses Typs klar herausstellen:

- Die Entwicklung von Benutzersteuerelementen ist, dank visueller Unterstützung, recht einfach und schnell möglich.

- Die Programmierlogik zwischen den enthaltenen Controls kann einfach realisiert werden und ist in der Gesamtkomponente gekapselt.

- Eigenschaften und Methoden der enthaltenen Komponenten können sicher vor dem Anwender des Benutzersteuerelements ausgeblendet werden.

- Nachteilig ist der teilweise erhebliche Aufwand für das Erstellen einer sinnvollen Programmierschnittstelle (Eigenschaften/Methoden/Ereignisse).

Damit dürfte sich dieser Komponententyp hauptsächlich für Routine-Programmieraufgaben anbieten, bei denen eine öfter wiederkehrende Logik in einer Komponente gekapselt werden soll.

## 29.2.1 Entwickeln einer Auswahl-ListBox

> **HINWEIS:** Um Ihnen den Test der neuen Komponenten möglichst einfach zu machen, integrieren wir die Komponente in ein normales Windows-Projekt. Im Normalfall werden Sie die Komponente sicher in einer "Windows-Steuerelemente-Bibliothek" unterbringen, da nur so eine einfache Wiederverwendbarkeit gegeben ist.

Erstellen Sie zunächst eine neue Windows Forms-Anwendung und fügen Sie über den Menüpunkt *Projekt\Benutzersteuerelement hinzufügen* ein neues Benutzersteuerelement unter dem Namen *AuswahlListBox.cs* hinzu.

## Oberflächendesign

Im Designer finden Sie jetzt bereits den "Container" für die zu platzierenden Steuerelemente vor:

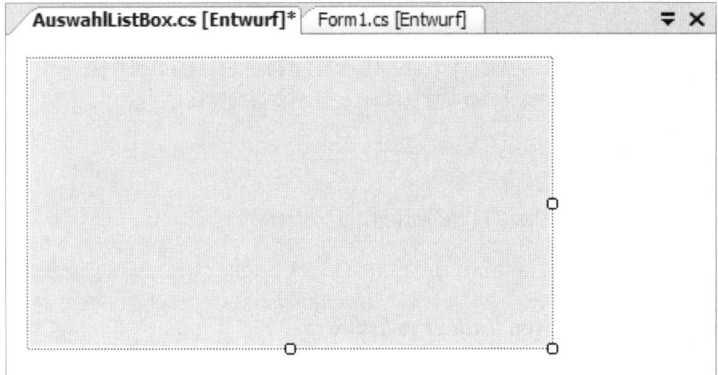

Die Optik und das Handling dürften Ihnen vom normalen Formularentwurf her bereits bekannt vorkommen, platzieren Sie einfach zwei *ListBox*en und drei *Button*s innerhalb des obigen Steuerelements:

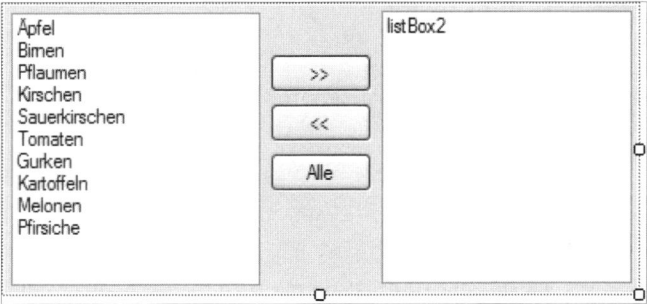

Der linken *ListBox* (*listBox1*) fügen Sie im Eigenschafteneditor einige Einträge (über die *Items*-Eigenschaft) hinzu.

## Implementieren der Programmlogik

Jetzt noch schnell etwas Code hinzufügen, und fertig ist die neue Komponente.

Löschen der bisherigen Einträge und Kopieren **aller** Einträge in *listBox2*:

```
private void button3_Click(object sender, EventArgs e)
{
    listBox2.Items.Clear();
    listBox2.Items.AddRange(listBox1.Items);
}
```

Verschieben eines Eintrags von *listBox2* in *listBox1*:

```
private void button2_Click(object sender, EventArgs e)
{
    try
    {
        listBox1.Items.Add(listBox2.Items[listBox2.SelectedIndex]);
        listBox2.Items.RemoveAt(listBox2.SelectedIndex);
    }
    catch (Exception)
    {
        MessageBox.Show("Keine Auswahl getroffen!");
    }
}
```

Verschieben eines Eintrags von *listBox1* in *listBox2*:

```
private void button1_Click(object sender, EventArgs e)
{
    try
    {
        listBox2.Items.Add(listBox1.Items[listBox1.SelectedIndex]);
        listBox1.Items.RemoveAt(listBox1.SelectedIndex);
    }
    catch (Exception)
    {
        MessageBox.Show("Keine Auswahl getroffen!");
    }
}
```

## 29.2.2   Komponente verwenden

Zunächst kompilieren Sie die aktuelle Anwendung. Ein Blick in die Toolbox sollte im Erfolgsfall bereits die neue Komponente zeigen:

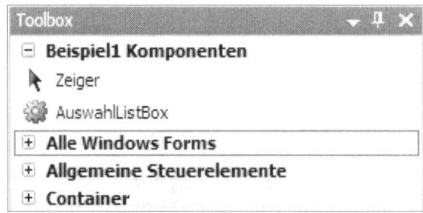

Mit dem bereits im Projekt vorhandenen Formular können wir uns jetzt an einen ersten Test wagen. Fügen Sie die neue Komponente ein und starten Sie das Programm. Bereits jetzt verfügt Ihre Komponente über jede Menge Funktionalität, was fehlt ist jedoch eine Interaktion mit dem eigentlichen Programm. Zu diesem Zweck können Sie weitere Eigenschaften einführen, um zum Beispiel die Einträge in *listBox2* abzufragen oder die Einträge von *listBox1* vorzudefinieren. Doch dazu später mehr.

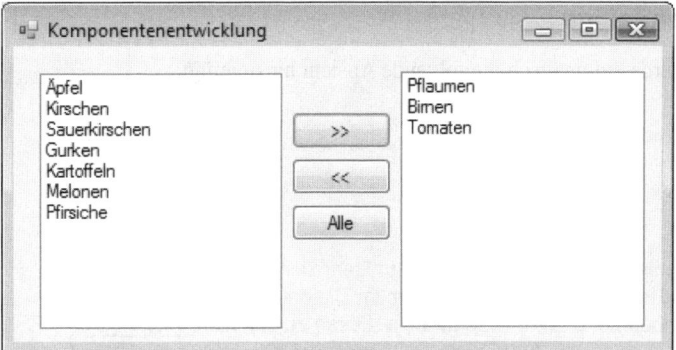

# 29.3 Benutzerdefiniertes Steuerelement

Ein benutzerdefiniertes Steuerelement verwenden Sie, wenn Sie von vorhandenen Controls (z.B. *TextBox*, *Label*, *Timer* etc.) bzw. vom Urtyp *Control* eine neue Komponente **ableiten** wollen. Ihr Steuerelement erbt zunächst alle Eigenschaften, Ereignisse und Methoden des Vorgängers.

Sie können darauf aufbauend

- eigene Eigenschaften,

- Methoden und

- Ereignisse implementieren sowie

- Methoden und Ereignisse ausblenden.

---

**HINWEIS:** Die äußeren Abmessungen der Komponente sind zunächst durch den Vorfahren bestimmt, um ein Zeichnen der Komponente mittels *Paint* brauchen Sie sich nicht zu kümmern, solang Sie nicht *Control* als Vorfahren verwenden.

---

## 29.3.1 Entwickeln eines BlinkLabels

---

**HINWEIS:** Um Ihnen den Test der neuen Komponenten möglichst einfach zu gestalten, integrieren wir die Komponente in ein normales Windows-Projekt. Im Normalfall werden Sie die Komponente in einer "Windows-Steuerelemente-Bibliothek" unterbringen, da nur so eine einfache Wiederverwendbarkeit gegeben ist.

---

Wie beim Benutzersteuerelement erstellen wir zunächst eine neue Windows Forms-Anwendung und fügen über den Menüpunkt *Projekt|Neues Element hinzufügen* ein neues *Benutzerdefiniertes Steuerelement* unter dem Namen *BlinkLabel.cs* hinzu.

## Oberflächendesign

Zum Projekt wurde automatisch die folgende Ansicht hinzugefügt:

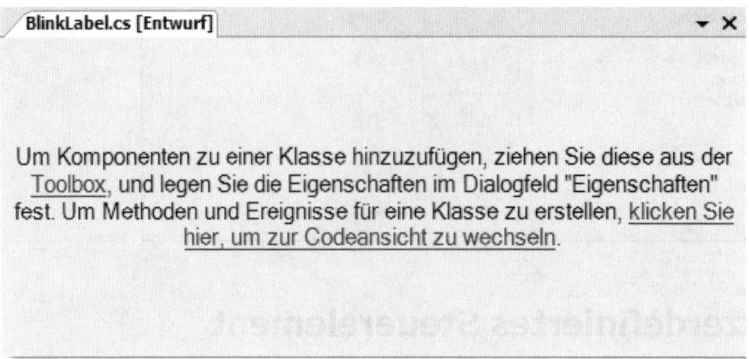

Nicht sehr viel Ähnlichkeit mit einem *Label*, werden Sie sicher bemerken, aber hier handelt es sich lediglich um einen Dummy, der für alle Klassen bzw. Vorfahren gleich aussieht.

## Festlegen des Typs des Vorfahren

Ein Blick in die Liste der Eigenschaften zeigt bereits jetzt jede Menge Properties. Doch ach, bisher wird *System.Windows.Forms.Control* als Klassentyp angezeigt, was auch richtig ist, da wir noch keinen eigenen Vorfahrtyp bestimmt haben. Das wollen wir nun nachholen, indem wir in die Code-Ansicht wechseln (Doppelklick auf den Dummy).

Hier suchen Sie die Klassendeklaration

```
using System;
...

namespace Beispiel1
{
    public partial class BlinkLabel : Control
    {
...
```

... und ersetzen sie durch die folgende Zeile:

```
...
    public partial class BlinkLabel : Label
...
```

Bei einem Blick in die Eigenschaftenliste werden Sie alle Label-spezifischen Eigenschaften und Ereignisse vorfinden. Wechseln Sie nun wieder zurück zum Dummy und fügen Sie einen *Timer* ein. Das Ganze sieht im Moment zwar etwas merkwürdig aus, aber es funktioniert.

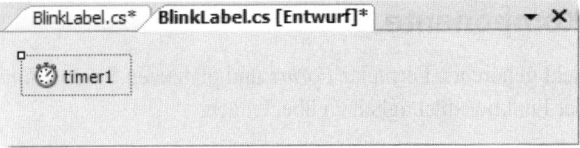

**HINWEIS:** Sie können den *Timer* natürlich auch per Code erzeugen, was sicher eleganter ist, doch wir bohren diesmal das Brett an der dünnsten Stelle.

## Implementieren der Programmlogik

Nach einem Doppelklick auf den *Timer* und dem Wechsel in die Codeansicht dürfte sich Ihnen der folgende Anblick bieten:

```
using System;
...
namespace Beispiel1
{
    public partial class BlinkLabel : Label
    {
        public BlinkLabel()
        {
            InitializeComponent();
            timer1.Interval = 500;
            timer1.Start();
        }

        protected override void OnPaint(PaintEventArgs pe)
        {
            // TODO: Benutzerdefinierten Zeichnungscode hier einfügen
            // OnPaint-Basisklasse wird aufgerufen
            base.OnPaint(pe);
        }

        private void timer1_Tick(object sender, EventArgs e)
        {
            this.Visible = !this.Visible;
        }
    }
}
```

Fügen Sie lediglich die fett hervorgehobenen Codezeilen ein, um das Steuerelement über den Konstruktor zu initialisieren und mittels *Timer* ein- und auszublenden. Das war es auch schon, und wir können uns nun um das Einbinden des Steuerelements kümmern.

Kompilieren Sie jedoch zunächst die Anwendung, um das neue Steuerelement in die Toolbox aufzunehmen.

## 29.3.2  Verwenden der Komponente

Öffnen Sie das zum Projekt gehörende Formular *Form1* und platzieren Sie das *BlinkLabel* auf dem Formular, um sich von der Funktionstüchtigkeit zu überzeugen.

Bereits im Entwurfsmodus beginnt das Label nervend zu blinken!

---

**HINWEIS:** Natürlich handelt es sich hier nur um ein ziemlich simples Steuerelement ohne weitere Eigenschaften. Haben Sie sich aber durch dieses Kapitel durchgekämpft, sollte es Ihnen möglich sein, zum Beispiel die Blink-Frequenz über eine eigene Eigenschaft festzulegen oder weitere Ereignisse an die Komponente zu binden.

---

# 29.4  Komponentenklasse

Möchten Sie ganz unten anfangen und lediglich die rudimentärsten Funktionen übernehmen, verwenden Sie eine Komponentenklasse.

Die vorgegebene Basis-Klasse *System.ComponentModel.Component* können Sie übernehmen. Bei einem Blick auf die Eigenschaftenliste werden Sie aber feststellen, dass es sich um einen absoluten Basistyp handelt, der erst mit Leben erfüllt werden muss:

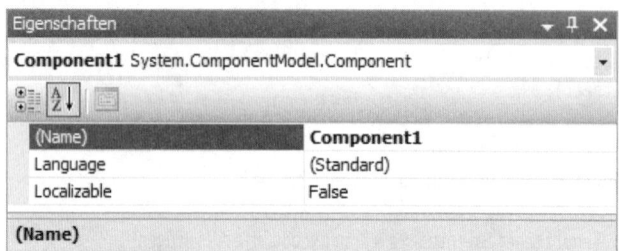

Dieser Steuerelemente-Typ eignet sich zum Beispiel für den Entwurf nicht sichtbarer Komponenten (Multimedia-Timer, Datenbank-Objekte etc.).

Doch was unterscheidet eine Komponentenklasse eigentlich von einer ganz trivialen Klasse?

- Die Fähigkeit, im Designer angezeigt zu werden und Eigenschaften/Ereignisse im Eigenschaften-Fenster zu präsentieren, dürfte schnell erkannt sein.

- Ein Blick in den Quellcode zeigt uns jedoch auch, dass die Komponente in der Lage ist, weitere Komponenten aufzunehmen (*IContainer*):

```
namespace Beispiel1
{
    partial class Component1
    {
        private System.ComponentModel.IContainer components = null;
...
```

Damit können Sie auch hier per Drag&Drop zum Beispiel einen *Timer* oder ein Data Control einfügen, deren Eigenschaften konfigurieren und Ereignisse programmieren.

Ob Sie sich nun für das Erstellen einer Klasse oder einer Komponentenklasse entscheiden, hängt nur davon ab, wie viel Komfort Sie dem Endanwender bieten wollen.

> **HINWEIS:** Auf ein eigenes Beispiel verzichten wir an dieser Stelle, da der prinzipielle Ablauf der Vorgehensweise beim *Custom Control* entspricht.

# 29.5 Eigenschaften

Im Folgenden wollen wir uns mit den verschiedenen Varianten und Optionen von Eigenschaften näher befassen.

> **HINWEIS:** Die Ausführungen lassen sich auf alle der eingangs genannten drei Steuerelemente-typen anwenden, auch wenn wir uns in den folgenden Beispielen auf benutzer-definierte Steuerelemente beschränken werden.

## 29.5.1 Einfache Eigenschaften

Unter dieser Rubrik wollen wir Eigenschaften verstehen, die auf einfachen Basistypen (zum Beispiel *String* oder *Integer*) basieren. Im Eigenschaften-Fenster haben Sie die Möglichkeit, den Wert zu editieren (nur wenn die Eigenschaft dies auch zulässt).

Folgende Steuerungsmöglichkeiten und Optionen für die Eingabe bestehen:

- Nur Lesezugriff
- Schreib-/Lesezugriff
- Schreibzugriff
- Ausblenden im Eigenschaftenfenster
- Wertebereichsbeschränkung und Fehlerprüfung
- Hinzufügen von Beschreibungen
- Default-Werte
- Einfügen in Kategorien

## 29.5.2 Schreib-/Lesezugriff (Get/Set)

Hierbei dürfte es sich um die wohl am häufigsten verwendete Variante bei Eigenschaften handeln. Der Nutzer des Steuerelements hat die Möglichkeit, sowohl Eigenschaftswerte zu lesen als auch zu ändern. Dazu müssen Sie als Entwickler sowohl die *get*- als auch die *set*-Option implementieren.

**Beispiel 29.1** | **Schreib-/Lesezugriff (mit Zugriffsmethoden)**

Die Variable für die interne Zustandsverwaltung:

```
private int _MeineIntegerEigenschaft;
```

Die beiden Zugriffsmethoden:

```
public int MeineIntegerEigenschaft
{
    get { return _MeineIntegerEigenschaft; }
    set { _MeineIntegerEigenschaft = value; }
}
```

## 29.5.3 Nur Lese-Eigenschaft (ReadOnly)

Möchten Sie dem Anwender lediglich einen Lesezugriff auf den Eigenschaftswert gestatten, lassen Sie bei der Deklaration der Eigenschaft einfach die *set*-Option weg.

**Beispiel 29.2** | **Nur Lese-Eigenschaft**

Die Variable für die interne Zustandsverwaltung:

```
private int _MeineReadOnlyEigenschaft;
```

Die Zugriffsmethode:

```
public int MeineReadOnlyEigenschaft
{
    get { return _MeineReadOnlyEigenschaft; }
}
```

Bei Verwendung der Komponente wird die Eigenschaft im Eigenschaftenfenster in grauer Schrift angezeigt, da sie schreibgeschützt ist.

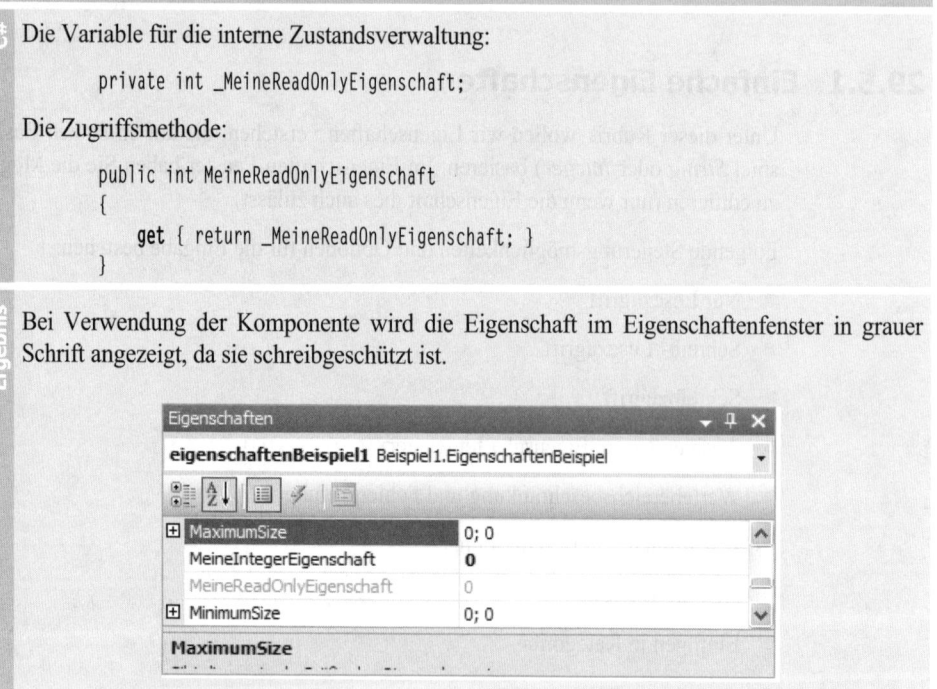

## 29.5.4 Nur-Schreibzugriff (WriteOnly)

Bei dieser Variante wird die *get*-Option weggelassen.

```
private int _MeineWriteOnlyEigenschaft;
public int MeineWriteOnlyEigenschaft
{
    set { _MeineWriteOnlyEigenschaft = value; }
}
```

Allerdings sollten Sie für derartige Anwendungsfälle besser eine Methode verwenden, da dies den Sinn der Operation besser verdeutlicht.

---

**HINWEIS:** Die Eigenschaft wird sinnigerweise nicht im Eigenschaftenfenster angezeigt, welcher Wert sollte auch dargestellt werden?

---

## 29.5.5 Hinzufügen von Beschreibungen

Mit dem Attribut *Description* steuern Sie den Inhalt des Beschreibungsfeldes im Eigenschaftenfenster.

**Beispiel 29.3** **Eine Beschreibung festlegen**

```
[Description("Eine Beschreibung für diese Eigenschaft")]
public String EigenschaftMitBeschreibung
{
    get { return System.DateTime.Now.ToShortTimeString(); }
}
```

Die Eigenschaft im Eigenschaftenfenster:

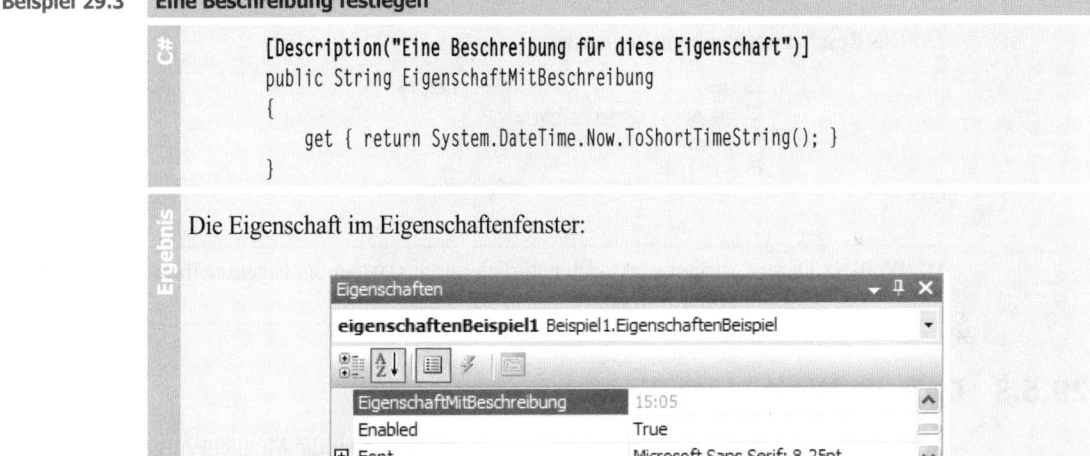

## 29.5.6 Ausblenden im Eigenschaftenfenster

Nicht in jedem Fall möchte man, dass eine Eigenschaft schon zur Entwurfszeit im Eigenschaftenfenster angezeigt wird. Über das Attribut *Browsable* haben Sie die Möglichkeit, die Sichtbarkeit der Eigenschaft zu steuern.

Beispiel 29.4    **Einfügen eines Attributs**

```csharp
[Browsable(false)]
public int NichtSichtbareEigenschaft
{
    get { return myValue; }
    set { myValue = value; }
}
```

## 29.5.7    Einfügen in Kategorien

Auch hier dient ein Attribut (*Category*) dazu, den Eigenschaften weitere Informationen für den
Eigenschafteneditor mit auf den Weg zu geben.

Beispiel 29.5    **Einfügen von *MeineIntegerEigenschaft* in die Kategorie "Nutzlose Eigenschaften"**

```csharp
[Category("Nutzlose Eigenschaften")]
public int MeineIntegerEigenschaft
{
    get { return _MeineIntegerEigenschaft; }
    set { _MeineIntegerEigenschaft = value; }
}
```

Das Resultat im Eigenschaftenfenster:

| | |
|---|---|
| ⊞ Size | **145; 76** |
| ⊟ **Nutzlose Eigenschaften** | |
| MeineIntegerEigenschaft | **0** |
| ⊟ **Sonstiges** | |

**HINWEIS:** Dieses Attribut wirkt sich natürlich nur aus, wenn die Eigenschaften auch in Kategorien angezeigt werden.

## 29.5.8    Default-Wert einstellen

Mit Hilfe des Attributs *DefaultValue* können Sie dem Anwender die Möglichkeit geben, über Reset
bzw. Zurücksetzen der Eigenschaft einen vorgegebenen Wert zuzuweisen.

Beispiel 29.6    **Standardwert zuweisen**

```csharp
private int _myint;
[DefaultValue(55)]
public int EigenschaftMitDefaultValue
{
    get { return _myint; }
    set { _myint = value; }
}
```

Im Eigenschaftenfenster erreichen Sie die gewünschte Funktion über das Kontextmenü:

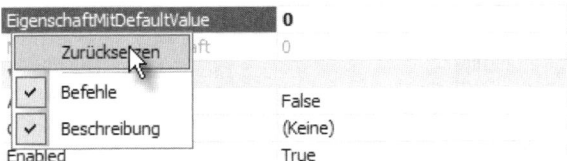

## 29.5.9 Standard-Eigenschaft (Indexer)

Da Programmierer so wenig wie möglich schreiben wollen, wurden für den Zugriff auf Array-Eigenschaften die Indexer erfunden.

Der Vorteil: Sie können auf die Angabe eines Eigenschaftennamens verzichten und direkt mit dem Objekt arbeiten.

**Beispiel 29.7**  **Standardeigenschaft definieren**

```csharp
public partial class EigenschaftenBeispiel : Control
{
...

    private string []mydata = {"rot","gelb","grün"};

    public string this[int index]
    {
        get { return mydata[index]; }
    }
}
```

Verwenden können Sie die Klasse später wie folgt:

```csharp
private void button1_Click(object sender, EventArgs e)
{
    Text = eigenschaftenBeispiel1[0];
}
```

## 29.5.10 Wertebereichsbeschränkung und Fehlerprüfung

Hierbei handelt es sich um eine der wohl komplexesten Aufgaben des Programmierers. Es geht darum, Fehleingaben des Anwenders zu verhindern bzw. die Eingabe auf gewünschte Werte zu beschränken. Dazu stehen dem Entwickler innerhalb der *set*-Zugriffsmethode alle Möglichkeiten offen.

**Beispiel 29.8**  **Wertebereichsbeschränkung und Fehlerprüfung**

Eigenschaft, die nur Integerwerte zwischen 50 und 200 akzeptiert und gegebenenfalls eine entsprechende Anpassung vornimmt

```csharp
private int _MeineVar;
```

**Beispiel 29.8** | **Wertebereichsbeschränkung und Fehlerprüfung**

```
public int EigenschaftMitBereichsbeschränkung
{
    get { return _MeineVar; }
    set
    {
        if (value < 50)
            _MeineVar = 50;
        else
            if (value > 200)
                _MeineVar = 200;
            else
                _MeineVar = value;
    }
}
```

Alternativ können Sie auch den Anwender mit Fehlermeldungen zupflastern:

```
public int EigenschaftMitFehlerprüfung
{
    get { return _MeineVar; }
    set
    {
        if (value < 50)
            throw new ArgumentOutOfRangeException("Wert muss größer 50 sein!");
        else
            if (value > 200)
                throw new ArgumentOutOfRangeException("Wert muss kleiner 200 sein!");
            else
                _MeineVar = value;
    }
}
```

**Ergebnis** | Fehlermeldung bei Angabe eines falschen Wertes:

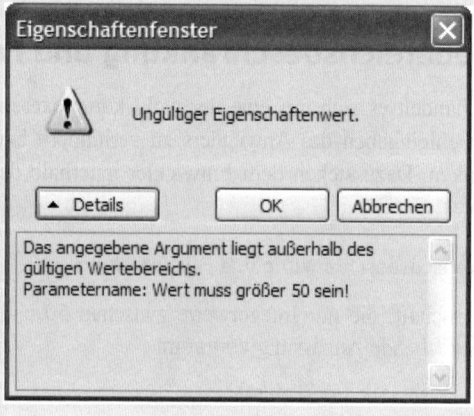

Eine weitere Möglichkeit zur Einschränkung bieten die so genannten Aufzählungstypen (Enumerationen), die im Abschnitt 29.5.11 besprochen werden.

## 29.5.11 Eigenschaften von Aufzählungstypen

Ist der Wertebereich einer Eigenschaft zur Entwicklungszeit bereits bekannt, können Sie die Fehlermöglichkeiten durch Verwendung eines Aufzählungstyps einschränken.

Im Eigenschaftenfenster wird in diesem Fall eine Liste der zulässigen Werte angezeigt:

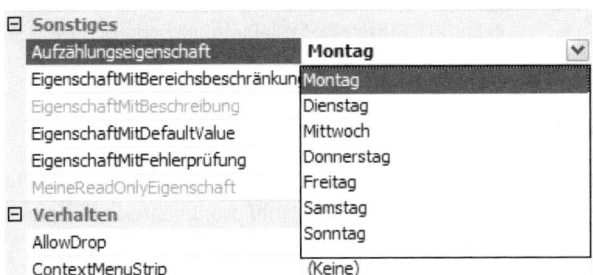

Der Vorteil für den Endanwender liegt auf der Hand: Statt irgendwelcher numerischer Werte erscheinen aussagefähige Beschriftungen. Auf die Verwendung der Hilfefunktion kann deshalb fast immer verzichtet werden.

Für Sie als Entwickler bedeutet ein Aufzählungstyp ein wenig mehr Arbeit, da Sie zuerst einen entsprechenden Typ deklarieren müssen. Die eigentliche Umsetzung in der Komponentendefinition unterscheidet sich nicht von der einer einfachen Eigenschaft.

**Beispiel 29.9**   **Aufzählungseigenschaft deklarieren**

Typ deklarieren:

```csharp
public enum MyEnum
{
    Montag = 0,
    Dienstag = 1,
    Mittwoch = 2,
    Donnerstag = 3,
    Freitag = 4,
    Samstag = 5,
    Sonntag = 6,
}
```

Private Variable:

```csharp
private MyEnum myEnum;
```

Die Eigenschaft:

```csharp
public MyEnum Aufzählungseigenschaft
```

**Beispiel 29.9**     **Aufzählungseigenschaft deklarieren**

```
        {
            get { return myEnum; }
            set { myEnum = value; }
        }
```

**Beispiel 29.10**   **Verwendung der Eigenschaft *Aufzählungseigenschaft***

```
...
eigenschaftenBeispiel1.Aufzählungseigenschaft =
                    Beispiel1.EigenschaftenBeispiel.MyEnum.Donnerstag;
```

## 29.5.12   Standard Objekt-Eigenschaften

Während Sie beim vorhergehenden Eigenschaftstyp lediglich einzelne Optionen festlegen können, bietet eine Objekt-Eigenschaft wesentlich mehr. Das wohl prominenteste Beispiel dürfte die Eigenschaft *Font* sein, die wiederum über eigene Eigenschaften verfügt.

Im Eigenschaftenfenster können Sie entweder einen Eigenschaften-Editor verwenden, oder Sie expandieren den Eintrag und legen die Objekt-Eigenschaften einzeln fest:

| MeineReadOnlyEigenschaft | 0 | |
|---|---|---|
| ObjektEigenschaft | **Arial; 15pt** | ... |
| Name | ab **Arial** | |
| Size | **15** | |
| Unit | **Point** | |
| Bold | **False** | |
| GdiCharSet | **1** | |
| GdiVerticalFont | **False** | |
| Italic | **False** | |
| Strikeout | **False** | |
| Underline | **False** | |

**Beispiel 29.11**   **Implementieren eines *Font*-Objekts in unserer Beispielkomponente**

```
        private Font myFont = new Font("Arial",15);
        public Font ObjektEigenschaft
        {
            get { return myFont; }
            set { myFont = value; }
        }
```

## 29.5.13   Eigene Objekt-Eigenschaften

Komplizierter wird die ganze Geschichte, wenn Sie ein neues Objekt erstellen wollen. In diesem Fall genügt es nicht, wenn Sie einfach ein Objekt in Ihre Komponente integrieren, wie es das folgende Beispiel zeigt.

**Beispiel 29.12** **Unsere Komponente hat ein Objekt mit drei Eigenschaften vom Typ** *Integer*

```csharp
public class TestKlasse : ExpandableObjectConverter
{
    private int _Wert1;

    public int Wert1
    {
        get { return _Wert1; }
        set { _Wert1 = value; }
    }
    private int _Wert2;

    public int Wert2
    {
        get { return _Wert2; }
        set { _Wert2 = value; }
    }
    private int _Wert3;

    public int Wert3
    {
        get { return _Wert3; }
        set { _Wert3 = value; }
    }
}
```

Die Eigenschaft:

...

```csharp
private TestKlasse _myTestklasse;

public TestKlasse Objekteigenschaft2
{
    get { return _myTestklasse; }
    set { _myTestklasse = value; }
}
```

Ein Test der Komponente in der IDE zeigt folgendes Ergebnis:

Das Resultat dürfte sicher nicht ganz Ihren Erwartungen entsprechen, haben wir doch einen Fehler in unserem Beispiel, wie er gern gemacht wird:

**HINWEIS:** Die private Objektvariable ist nicht initialisiert.

| Beispiel 29.12 | Unsere Komponente hat ein Objekt mit drei Eigenschaften vom Typ *Integer* |
|---|---|

Deshalb:

```
private TestKlasse _myTestklasse = new TestKlasse();
```

Ein erneuter Blick in das Eigenschaftenfenster zeigt keine Veränderung, aber die Komponente ist zumindest zur Laufzeit schon voll funktionstüchtig:

```
eigenschaftenBeispiel1.Objekteigenschaft2.Wert2 = 5;
this.Text = eigenschaftenBeispiel1.Objekteigenschaft2.Wert2.ToString();
```

Nach viel Sucherei in der Microsoft Dokumentation und in diversen Foren stellt sich heraus, dass wir nur mit zusätzlichen Attributen, die die Anzeige im Eigenschaftenfenster steuern, weiterkommen:

```
[TypeConverterAttribute(typeof(System.ComponentModel.ExpandableObjectConverter))]
public class TestKlasse
{
```

Das Ergebnis im Eigenschaftenfenster:

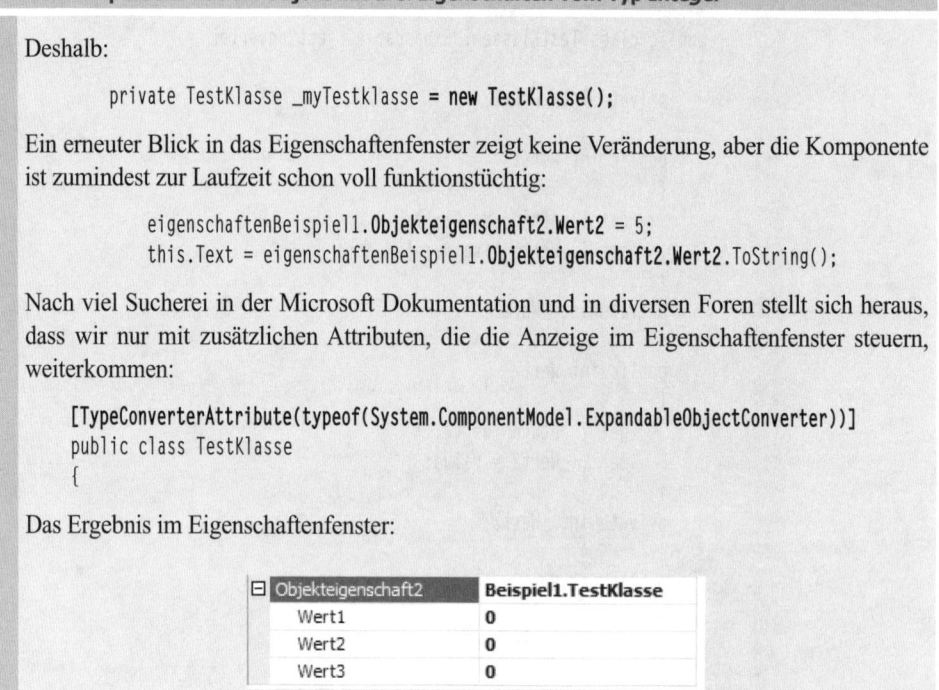

HINWEIS: Wem die Anzeige von "Beispiel1.TestKlasse" nicht gefällt, der kann sich einen eigenen *TypeConverter* von *ExpandableObjectConverter* ableiten und die Methoden *CanConvertFrom*, *ConvertFrom*, *ConvertTo*, *GetCreateInstanceSupported* sowie *Create Instance* überschreiben.

Damit dürften wir die wichtigsten Varianten von Eigenschaften berücksichtigt haben. Auf alle Möglichkeiten (Eigenschafteneditor etc.) können wir aus Platzgründen leider nicht eingehen, die gezeigten Beispiele dürften jedoch manche Unklarheit beseitigt haben.

## 29.6 Methoden

Hinter den Methoden von Steuerelementen verbirgt sich nichts anderes als normale Funktionen, die jedoch fest an die jeweilige Klasse gekoppelt sind. Aus der Realisierung ergibt sich auch das Einsatzgebiet: Methoden sollten, im Gegensatz zu Eigenschaften, Aktionen auslösen, die teilweise mit Rückgabewerten (Funktionen) verbunden sind. Methoden bieten sich auch dann an, wenn es darum geht, mehrere Eigenschaften gleichzeitig zu beeinflussen.

HINWEIS: Da Definition und Verwendung von Methoden zum Handwerkszeug des C#-Programmierers gehört, möchten wir im Weiteren nur noch auf einige spezielle Themen eingehen.

## 29.6.1 Konstruktor

Das Besondere: Diese Methode wird automatisch beim Erzeugen einer Klasseninstanz ausgeführt. Damit ist dies auch der ideale Ansatzpunkt, um

- alle internen Variablen unseres Steuerelements zu initialisieren,

- das Aussehen des Steuerelements anzupassen

- und gegebenenfalls Ereignishandler zuzuweisen.

---

**HINWEIS:** Der Konstruktor trägt immer den Namen der Klasse.

---

Eine Besonderheit gilt es noch zu beachten: Erzeugen Sie eine neue Komponentenklasse, legt C# automatisch zwei überladene Konstruktoren an, wie der folgenden Quellcodeausschnitt zeigt:

```
namespace Beispiel2
{
    public partial class Component1 : Component
    {
        public Component1()
        {
            InitializeComponent();
        }

        public Component1(IContainer container)
        {
            container.Add(this);
            InitializeComponent();
        }
    }
}
```

Welcher Konstruktor wird nun eigentlich ausgeführt?

Die Antwort: Wenn die Komponente einem Container (*Form/Panel* etc.) zugeordnet wird, nutzt die IDE nicht den einfachen, sondern den Konstruktor mit Parameter, um die Komponente in die *IContainer*-Auflistung einzufügen.

```
    partial class Form1
    {
        private System.ComponentModel.IContainer components = null;
...
        private void InitializeComponent()
        {
            this.component11 = new Beispiel2.Component1(this.components);
```

Andernfalls wird der Standard-Konstruktor verwendet:

```
    partial class Form1
    {
```

```
        private void InitializeComponent()
        {
...
            this.component11 = new Beispiel2.Component1();
```

Der Vorteil: Wird ein Formular erzeugt und klinkt sich die Komponente in die *IContainer*-Auf-listung *components* ein, wird auch beim Aufruf von *Form.Dispose* die *Dispose*-Methode des Controls aufgerufen. Dazu überschreibt das Formular seine geerbte *Dispose*-Methode:

```
        protected override void Dispose(bool disposing)
        {
            if (disposing && (components != null))
                components.Dispose();
            base.Dispose(disposing);
        }
```

Ressourcen werden so definiert freigegeben, andernfalls müsste nach dem Löschen des Formulars Ihre Komponente irgendwann vom Garbage-Collector entsorgt werden.

**Beispiel 29.13** | **Formular öffnen und wieder freigeben**

```
        Form2 f2 = new Form2();
        f2.ShowDialog();
        f2.Dispose();                    // --> Hier wird auch Component.Dispose() aufgerufen
```

## 29.6.2  Class-Konstruktor

Noch ein Konstruktor? Ja! Wer schon einmal mit dem NET-Reflector in einer NET-Assembly herumgestöbert hat, wir sicher auch die Methode *.cctor* gefunden haben. Hierbei handelt es sich um den **Class-Konstruktor**, der beim ersten Zugriff auf die Klasse ausgeführt wird. Der Einwand, das tut der normale Konstruktor auch, kann so nicht stehen bleiben. Was passiert beispielsweise, wenn Sie eine statische Methode aufrufen? In diesem Fall wird vorher automatisch der Class-Konstruktor abgearbeitet (nach dem Laden der Klasse, vor dem Zugriff auf die Member), der eigentliche Konstruktor ist zu diesem Zeitpunkt noch gar nicht in Aktion getreten.

Womit auch gleich das Anwendungsgebiet ersichtlich wird. Nutzen Sie diesen Konstruktor, um statische Eigenschaften zu initialisieren.

**Beispiel 29.14** | **Initialisieren der Eigenschaft *Startzeit***

```
        public partial class Component1 : Component
        {
            static public DateTime Startzeit;
            static Component1()                        // Class-Konstruktor
            {
                Startzeit = System.DateTime.Now;
            }
...
```

> **HINWEIS:** Beachten Sie, dass die Eigenschaft *Startzeit* für alle späteren Instanzen der Klasse
> den gleichen Wert hat (es handelt sich eben um eine Klasseneigenschaft).

**Beispiel 29.15** | **Die Verwendung im aufrufenden Programm**

```C#
private void Form1_Load(object sender, EventArgs e)
{
    Text = Component1.Startzeit.ToString();
}
```

### 29.6.3 Destruktor

Da sich in .NET bekanntlich der Garbage Collector um die endgültige Zerstörung von nicht mehr
benötigten Objekten kümmert, wird ein Destruktor im herkömmlichen Sinn nicht mehr gebraucht.
Möchten Sie dennoch auf des relativ unbestimmte Ende Ihres Steuerelements reagieren, können
Sie eine private Methode mit dem Namen der Klasse erstellen. Zur Unterscheidung vom Konstruktor wird ein "~"-Zeichen vorangestellt.

**Beispiel 29.16** | **Destruktor**

```C#
~MyEdit()
{
    Debug.WriteLine(" Ich bin am Ende");
}
```

> **HINWEIS:** Den Destruktor selbst können Sie nicht per Code aufrufen!

### 29.6.4 Aufruf des Basisklassen-Konstruktors

> **HINWEIS:** Wollen/müssen Sie einen bestimmten Konstruktor der Basisklasse aufrufen, verwen-
> den Sie *:base(Parmeterliste)*.

Beispiel 29.17 | **Verwendung von *base***

```csharp
public MyEdit(int i) : base(i)
{
    ...
}
```

Statt des Basisklassen-Standard-Konstruktors wird im obigen Beispiel der Konstruktor mit dem Integer-Parameter verwendet.

## 29.6.5  Aufruf von Basisklassen-Methoden

Müssen Sie eine Methode der Basisklasse aufrufen, verwenden Sie den Bezeichner *base*.

Beispiel 29.18 | **Überschreiben von *OnPaint* und Aufruf der Basisklassen-Methode**

```csharp
protected override void OnPaint(PaintEventArgs e)
{
    base.OnPaint(e);
    e.Graphics.DrawLine(Pens.Red, 10, 10, 100, 100);
    ...
}
```

# 29.7  Ereignisse (Events)

Nicht ganz so einfach wie das Programmieren von Methoden ist die Realisierung von Ereignissen bzw. Ereignisprozeduren. Events stellen einen Mechanismus dar, der ein externes Ereignis (zum Beispiel eine Windows-Botschaft) oder ein Nutzerereignis (zum Beispiel der Klick auf einen Button) mit einer eigenen Routine (Eventhandler) verbindet.

> **HINWEIS:**  Eine ausführliche Einführung in das Ereignismodell von Microsoft finden Sie im Kapitel 17.

Fünf Schritte sind für das Implementieren eines Events erforderlich:

- eventuell eine neue Klasse für den *EventArgs*-Parameter (diese wird von *System.Event-Args* abgeleitet) definieren,

- eine Delegate-Deklaration (Definition des Ereignistyps),

- ein interner Delegate für den Event,

- eine Event-Deklaration,

- das eigentliche Auslösen des Ereignisses.

## 29.7.1   Ereignis mit Standardargument definieren

Relativ einfach ist das Implementieren eines Ereignisses, das sich mit den Standardargumenten vom Typ *System.EventArgs* zufrieden gibt. Allerdings sollten Sie sich schon hier mit einigen Grundkonventionen und Eigenheiten vertraut machen.

**Beispiel 29.19**  **Ereignis mit Standardargument definieren**

Anhand einer *TextBox*, die ein zusätzliches Ereignis erhält, sollen die wichtigsten Schritte erläutert werden.

```
public partial class MyEdit : TextBox
{
    public MyEdit()
    { InitializeComponent(); }
```

Zunächst instanziieren wir das Ereignis *TextboxFull* auf Basis des *EventHandler*-Delegaten:

```
public event EventHandler TextboxFull;
```

Die Deklaration einer Ereignismethode[1], in welcher das Ereignis ausgelöst wird:

```
protected void OnTextBoxFull()
{
```

Nur wenn dem Ereignis im Programm auch eine Ereignisprozedur zugewiesen wurde, wird auch das Ereignis ausgelöst:

```
    if (TextboxFull != null)
    {
        EventArgs args = new EventArgs();
        TextboxFull(this, args);        // Ereignis wird ausgelöst
    }
}
```

**HINWEIS:** Microsoft empfiehlt, beim Ableiten von Komponenten statt der Verwendung eines Eventhandlers besser die Ereignismethode zu überschreiben.

Hier überwachen wir die *TextBox* und rufen gegebenenfalls die Methode *OnTextBoxFull* auf:

```
protected override void OnTextChanged(EventArgs e)
{
    if (this.Text.Length > 8) OnTextBoxFull();
    base.OnTextChanged(e);
}
```

**HINWEIS:** Vergessen Sie nicht *base.OnTextChanged* aufzurufen, anderenfalls fällt das Ereignis *TextChanged* unter den Tisch!

---

[1]  Entsprechend der Microsoft-Konvention sollten die Ereignismethoden immer mit *On...* beginnen.

**Beispiel 29.19** | **Ereignis mit Standardargument definieren**

Im Anwenderprogramm findet sich jetzt eine neues Ereignis:

```
private void myEdit1_TextboxFull(object sender, EventArgs e)
{
    MessageBox.Show("Hilfe nicht soviel Buchstaben ...");
}
```

## 29.7.2 Ereignis mit eigenen Argumenten

Etwas aufwändiger ist die Definition eigener Argumenttypen.

**Beispiel 29.20** | **Der Parameter soll zusätzlich eine Message an das aufrufende Programm zurückgeben.**

Leiten Sie dazu eine Klasse vom Typ *System.EventArgs* ab:

```
class MyEventArgs : EventArgs
{
    private String _Message;
```

Die neue Eigenschaft für das Argument:

```
public String Message
{
    get { return _Message; }
    set { _Message = value; }
}
```

Implementieren Sie gegebenenfalls einen neuen Konstruktor für das neue Argument:

```
public MyEventArgs(String msg)
{ _Message = msg; }
}
```

Die eigentliche Komponente:

```
public partial class MyEditMsg : TextBox
{
```

Fügen Sie der Komponente einen Delegaten für den obigen Ereignis-Typ hinzu:

```
public delegate void TextBoxFullHandler(object sender, MyEventArgs e);
```

Die Deklaration des Ereignisses:

```
public event TextBoxFullHandler TextBoxFull;
```

Alternativ können Sie auch die folgende Deklaration nutzen:

```
public event EventHandler<MyEventArgs> TextBoxFull;
```

Die weitere Verwendung entspricht der bisherigen Vorgehensweise, beim Aufruf des Delegaten wird jetzt jedoch ein anderer Konstruktor genutzt:

**Beispiel 29.20** **Der Parameter soll zusätzlich eine Message an das aufrufende Programm zurückgeben.**

```
protected void OnTextBoxFull()
{
    if (TextBoxFull != null)
    {
        MyEventArgs args = new MyEventArgs("Ich bin voll!!!!!!");
        TextBoxFull(this, args);
    }
}
protected override void OnTextChanged(EventArgs e)
{
    if (this.Text.Length > 8) OnTextBoxFull();
    base.OnTextChanged(e);
}
}
```

Das war es auch schon, im Programm können Sie den Parameter wie folgt verwenden:

```
private void myEditMsg1_TextBoxFull(object sender, MyEventArgs e)
{
    MessageBox.Show(e.Message);
}
```

## 29.7.3 Ein Default-Ereignis festlegen

Ausnahmsweise ist diese Aufgabe mit einer einzigen Zeile "Code" erledigt. Fügen Sie einfach vor die betreffende Klassendefinition das Attribut *[DefaultEvent]* ein.

**Beispiel 29.21** **Default-Ereignis definieren**

```
[DefaultEvent("TextBoxFull")]
public partial class MyEditMsg : TextBox
{
    public delegate void TextBoxFullHandler(object sender, MyEventArgs e);
    public event TextBoxFullHandler TextBoxFull;
```

Nach einem Doppelklick auf die spätere Komponente wird jetzt automatisch eine Ereignismethode für *TextBoxFull* erzeugt.

## 29.7.4 Mit Ereignissen auf Windows-Messages reagieren

Ganz zum Schluss wollen wir Sie mit einem nicht minder interessanten Thema foltern. Es geht um die guten alten Windows-Ereignisse bzw. Botschaften. Auch wenn das .NET-Framework für fast alle Eventualitäten ein(e) Methode/Ereignis im Stammbaum seiner Forms/Controls vorhält, es gibt Fälle, wo wir direkt auf derartige Ereignisse reagieren wollen.

Anlaufpunkt für den .NET-Programmierer ist die Methode *WndProc*. Da stutzt sicher jeder altgediente Win32-Programmierer. Diese Variante, in die Windows-Botschaftsbehandlung einzugreifen, dürfte vielen bekannt vorkommen. Schon damals wurde die Methode einfach überschrieben, um neue Funktionalität hinzuzufügen. Ein kleines Beispiel soll Ihnen den Übergang in die .NET-Welt demonstrieren.

**Beispiel 29.22**    **Auf Windows-Messages reagieren**

Ein *TextBox*-Nachfahre soll auf das Mausrad reagieren[1]. Ein eingetragener Wert ist jeweils zu inkrementieren bzw. zu dekrementieren. Zwei neue Ereignisse sollen uns über den Mausrad-Status informieren.

Unsere Komponente:

```
public partial class WheelEdit : TextBox
{
```

Die beiden Ereignisse deklarieren:

```
public event EventHandler WheelUp;
public event EventHandler WheelDown;
```

Und ab geht es in die gute alte Win32-Welt mit ihren Konstanten und verschachtelten Parametern:

```
private const int WM_MOUSEWHEEL = 522;
public WheelEdit()
{
    InitializeComponent();
}
```

Überschreiben der Botschaftsbehandlung:

```
protected override void WndProc(ref Message m)
{
```

Die eigentliche Message herausfiltern:

```
switch (m.Msg)
{
    case WM_MOUSEWHEEL:
```

Den Inhalt der *TextBox* ermitteln:

```
int v = Convert.ToInt32(this.Text);
```

Über den Parameter *m.WParam* können wir die Drehrichtung bestimmen:

```
if ((((Int32)m.WParam) >> 31) == 0)
{
    this.Text = (v + 1).ToString();
```

Auslösen der Ereignisse:

```
if (WheelUp != null) WheelUp(this, new EventArgs());
}
```

---

[1] Natürlich geht es auch anders, aber so haben wir ein halbwegs sinnvolles Beispiel für die Messageverarbeitung.

**Beispiel 29.22  Auf Windows-Messages reagieren**

```
                else
                {
                    this.Text = (v - 1).ToString();
                    if (WheelDown != null) WheelDown(this, new EventArgs());
                }
                this.Invalidate();
                break;
            default:
                break;
        }
```

Das sollten Sie in keinem Fall vergessen:

```
        base.WndProc(ref m);
    }
...
```

---

**HINWEIS:** Mit obigem Codegerüst können Sie auch andere Botschaften, die von der Komponente empfangen werden, auswerten.

---

Damit genug zu den diversen Komponententypen, auch wenn es noch reichlich zu diesem Thema zu sagen gäbe (von datengebundenen Komponenten ganz zu schweigen). Wenden wir uns nun noch einigen spezielleren Themen zu ...

# 29.8  Weitere Themen

Dieser Abschnitt fast in loser Folge einige interessante Themen rund um die Komponentenprogrammierung zusammen.

## 29.8.1  Wohin mit der Komponente?

In den bisherigen Beispielen haben wir es uns einfach gemacht und unsere Komponenten jeweils in das Windows-Projekt mit aufgenommen. Das ist zwar sehr praktisch, wenn Sie Komponenten testen wollen, aber im Normalfall soll die Komponente ja in mehreren Anwendungen eingesetzt werden.

Zwei Varianten bieten sich beim Blick in den Dialog "Neues Projekt" an:

■ Klassenbibliothek

■ Windows Forms-Steuerelementebibliothek

Worin liegt der Unterschied?

Zunächst die allgemeine Antwort: Sie können beide Projektarten für Ihre Steuerelemente verwenden. In jedem Fall wird eine Assembly mit *.dll*-Extension erzeugt.

Die Unterschiede zeigen sich bei den Feinheiten. So bietet die "Windows Forms-Steuerelemente-bibliothek" bereits eingebettete Ressourcen sowie einen einfachen Test-Container für Ihre User-Controls. Diesen starten Sie wie gewohnt mit F5, ein weiterer Unterschied zu einer einfachen Klassenbibliothek, die Sie zwar erstellen, aber nicht "ausführen" können.

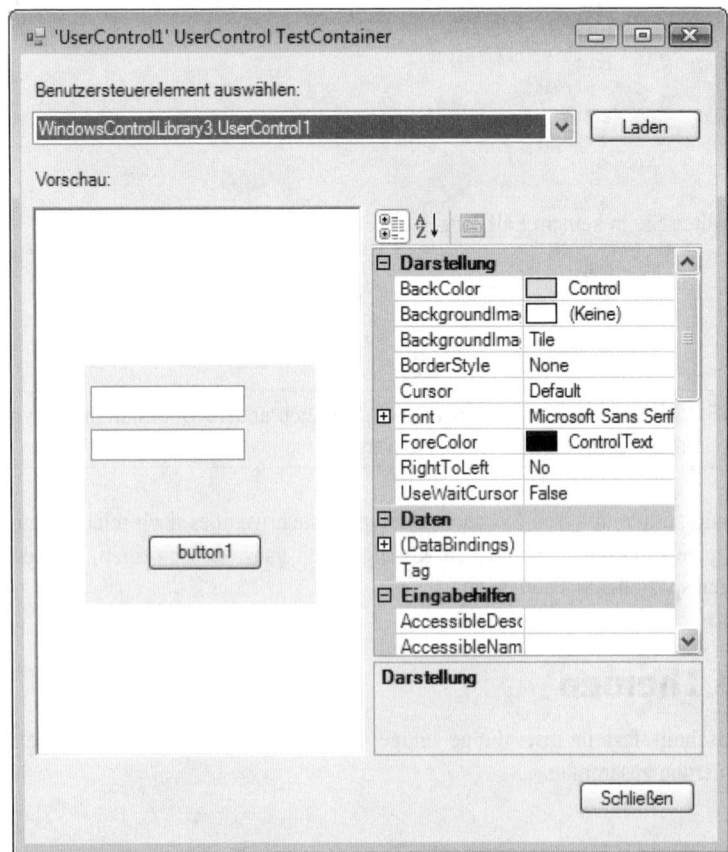

Wie Sie obiger Abbildung entnehmen, beschränkt sich der Test-Container auf die Anzeige der verfügbaren Eigenschaften. Zum Testen Ihrer Komponente ist das sicher ein nettes Feature.

## 29.8.2 Assembly-Informationen festlegen

In einer Assembly werden neben dem reinen Programmcode auch weitere Informationen abgelegt, die unter anderem für das Erzeugen von *Strong Names* (Starke Namen) Verwendung finden. Doch auch der normale Anwender Ihrer Assembly kann von diesen Informationen profitieren, indem er sich über das Kontextmenü (im Windows Explorer) die Eigenschaften anzeigen lässt.

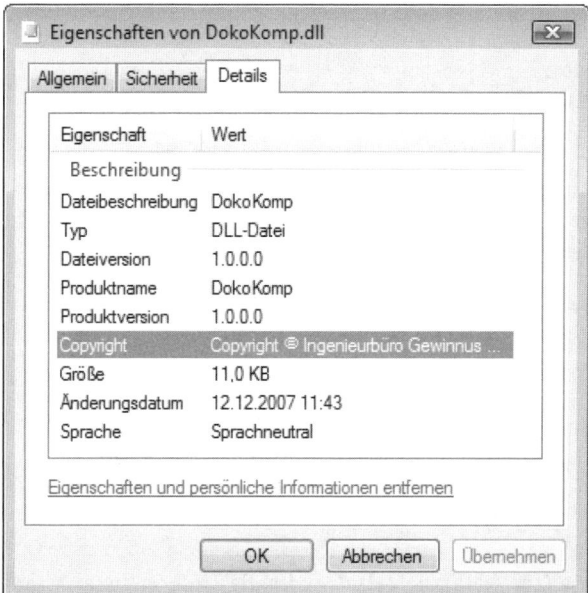

Die entsprechenden Informationen können Sie in Visual Studio über einen Projekteigenschaften-Dialog festlegen:

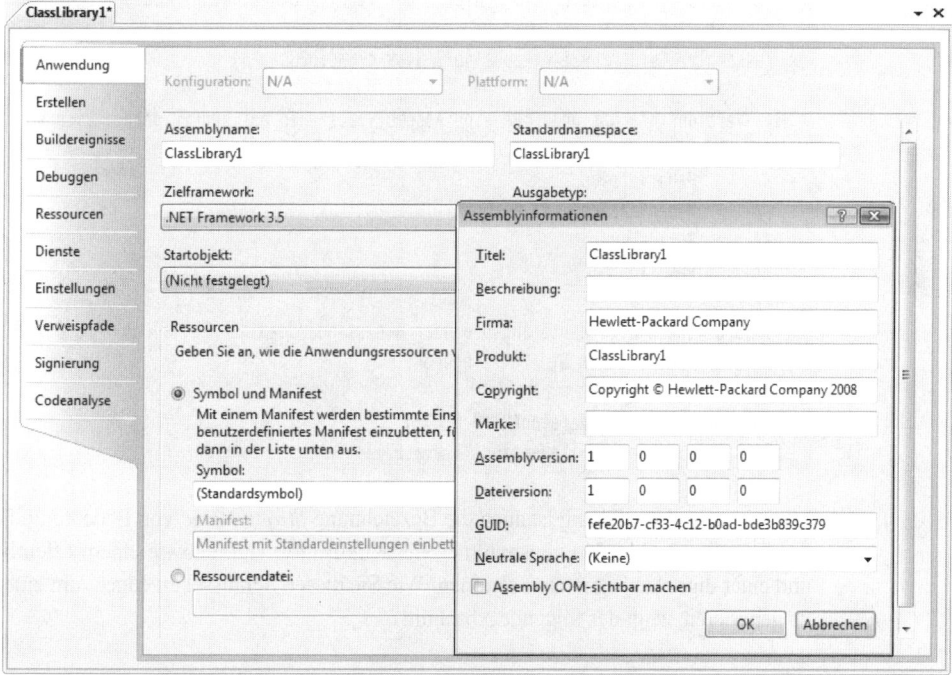

Alternativ können Sie Assembly-Infos auch direkt in die Datei *AssemblyInfo.cs* eintragen.

**Beispiel 29.23** *AssemblyInfo.cs*

```csharp
using System.Reflection;
using System.Runtime.CompilerServices;
using System.Runtime.InteropServices;

// Allgemeine Informationen über eine Assembly werden über die folgenden
// Attribute gesteuert. Ändern Sie diese Attributwerte, um die Informationen zu ändern,
// die mit einer Assembly verknüpft sind.

[assembly: AssemblyTitle("ClassLibrary1")]
[assembly: AssemblyDescription("")]
[assembly: AssemblyConfiguration("")]
[assembly: AssemblyCompany("Ingenieurbüro Gewinnus")]
[assembly: AssemblyProduct("ClassLibrary1")]
[assembly: AssemblyCopyright("Copyright © Ingenieurbüro Gewinnus 2006")]
[assembly: AssemblyTrademark("")]
[assembly: AssemblyCulture("")]

// Durch Festlegen von ComVisible auf "false" werden die Typen in dieser Assembly unsichtbar
// für COM-Komponenten. Wenn Sie auf einen Typ in dieser Assembly von
// COM zugreifen müssen, legen Sie das ComVisible-Attribut für diesen Typ auf "true" fest.
[assembly: ComVisible(false)]

// Die folgende GUID bestimmt die ID der Typbibliothek, wenn dieses Projekt für COM verfügbar
// gemacht wird
[assembly: Guid("8093140f-abea-4e27-84a9-4763dfb2844b")]

// Versionsinformationen für eine Assembly bestehen aus den folgenden vier Werten:
//
//      Hauptversion
//      Nebenversion
//      Buildnummer
//      Revision
//
// Sie können alle Werte angeben oder die standardmäßigen Revisions- und Buildnummern
// übernehmen, indem Sie "*" eingeben:

[assembly: AssemblyVersion("1.0.0.0")]
[assembly: AssemblyFileVersion("1.0.0.0")]
```

In diesem Zusammenhang ist auch die Bezeichnung *Strong Name* von Bedeutung. Dieser setzt sich aus dem Namen, der Versionsnummer, der Kulturinformation sowie einem öffentlichen Schlüssel und einer digitalen Signatur zusammen. Wie Sie diesen Schlüssel erzeugen, um einen *Strong Name* zu generieren, zeigt der folgende Abschnitt.

### 29.8.3 Assemblies signieren

Sicher stellt sich auch Ihnen die Frage, ob Sie Ihre Assembly signieren müssen oder nicht. Eine kurze Antwort darauf: Ihre Assembly **müssen** Sie in jedem Fall signieren, wenn Sie diese im *Global Assembly Cache* (GAC) ablegen wollen. Der erzeugte *Strong Name* stellt einen eindeutigen Bezeichner für Ihre Assembly dar.

#### Erstellen eines AssemblyKey-File

Die zur Signierung erforderliche Schlüsseldatei mit dem Schlüsselpaar wird mit dem NET-Kommandozeilentool *sn.exe* erzeugt. Seit Visual Studio 2005 ist die entsprechende Funktionalität auch über die Projekt-Eigenschaften verfügbar:

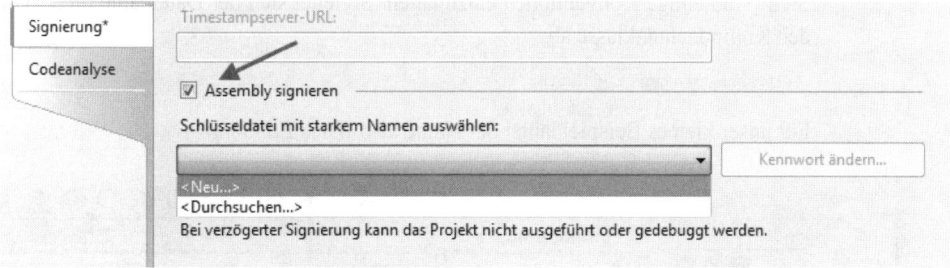

Hier erfolgt auch gleich die Verknüpfung mit dem Projekt, Sie brauchen sich also nicht mehr mit Quellcode oder der Kommandozeile herumzuplagen.

### 29.8.4 Komponenten-Ressourcen einbetten

Eine Komponente besteht meist nicht nur aus Quellcode, sondern erfordert auch die Ausgabe von Grafiken und Sound bzw. diversen Zeichenfolgen etc. Alle diese "Ressourcen" können ganz normal in eine zum Projekt gehörende Ressourcendatei (*Resources.resx*) eingebettet werden und stehen über die Projekteigenschaften zur Verfügung:

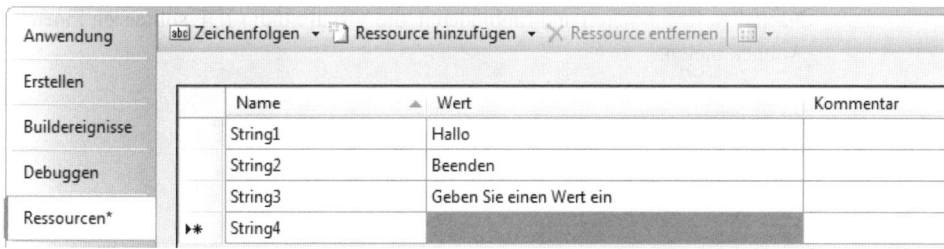

Der Zugriff in der Komponente erfolgt dann wie gewohnt per *Properties.Resources....*

## 29.8.5   Der Komponente ein Icon zuordnen

Nachdem wir uns nun schon geraume Zeit mit der Komponenten-Programmierung herumgeschlagen haben, kommt bei den Ästheten unter den Lesern sicher bald auch der Wunsch nach einer
besseren Optik für die selbst erstellten Komponenten auf. Das freudlose Icon, dass standardmäßig
eingeblendet wird, ist wenig informativ und wohl auch nicht jedermanns Sache.

### Icon erstellen

Erzeugen (oder kopieren) Sie zunächst eine 16x16 Pixel große Bitmap-Datei. Dazu können Sie
zum Beispiel die Visual Studio-Bordmittel verwenden (*Einfügen|Neues Element Bitmap*).

Speichern Sie jetzt die Datei im Projekt ab (als eingebettete Ressource). Doch schon an dieser
Stelle sind einige Konventionen einzuhalten. So leitet sich der Dateiname direkt von der betreffenden Komponentenklasse ab:

```
<Klassenname>.bmp
```

Für unser kleines Beispiel lautet der Name also *WheelEdit.bmp*.

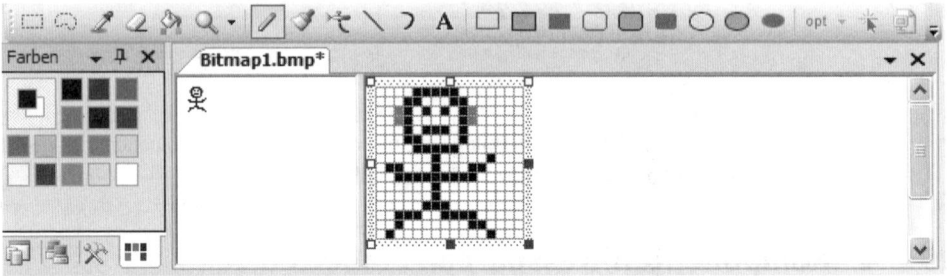

---

**HINWEIS:** Alternativ können Sie auch das *ToolboxBitmap*-Attribut für die Komponentenklasse
verwenden. In diesem Fall brauchen Sie sich nicht auf den Klassennamen zu
beschränken.

---

Nach dem Kompilieren und Einbinden in die Visual Studio-IDE sollte sich Ihnen etwa der folgende
Anblick bieten:

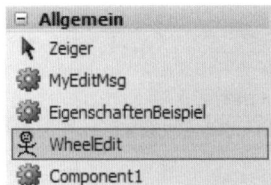

## 29.8.6 Den Designmodus erkennen

Nicht immer läuft Ihre Komponente nur im späteren Programm des Anwenders. Auch im Visual Studio-Form-Designer sollte die Komponente "eine gute Figur machen". Meist stehen zu diesem Zeitpunkt nicht alle Ressourcen zur Verfügung oder das Verhalten der Komponente soll an den Designer angepasst werden. Doch wie können Sie als Entwickler den Designmodus eigentlich vom normalen Laufzeitmodus unterscheiden?

Die Antwort ist recht einfach, die Eigenschaft *DesignMode* liefert uns die gewünschte Information.

**Beispiel 29.24** | **Unterscheidung Entwurfsmodus/Laufzeitmodus**

```csharp
if (this.DesignMode)
{
    g.DrawImage(bmp, 0, 0);
}
else
{
    g.DrawImage(bmp, 0, 0);
    ImageAnimator.UpdateFrames();
}
```

## 29.8.7 Komponenten lizenzieren

Da mühen Sie sich mit dem Programmieren von Komponenten ab und wollen vielleicht sogar ein paar davon verkaufen. Zwangsläufig kommt dann die Frage auf, wie Sie sich davor schützen können, dass die Komponenten einfach weitergegeben werden, ohne dass der zukünftige Nutzer (Entwickler) dafür etwas bezahlt. Dass eine Firma wie Microsoft auch an diese Thematik gedacht hat, dürfte auf der Hand liegen. Das .NET-Framework bringt bereits einige rudimentäre Funktionen für die Lizenzierung von Komponenten mit. Allerdings dürfte dies in den meisten Anwendungsfällen wohl eher als erste Anregung denn als Lösung verstanden werden, haben wir es doch hier mit Entwicklern zu tun, die auch mal einen Blick in den Code werfen (können).

Vier Varianten bieten sich an:

- Sie verwenden den *LicFileLicenseProvider* und eine Lizenzdatei um minimale Lizenzierungsfunktionen zu implementieren.

- Sie leiten den *LicFileLicenseProvider* ab und implementieren einen eigenen Provider mit eigenen Prüfalgorithmen (Lizenzdatei).

- Sie erstellen sowohl einen eigenen License-Provider, als auch eine eigene *Licence*-Klasse (freie Wahl wo und wie der Key gespeichert wird).

- Sie vergessen die Microsoft-Klassen und kümmern sich um alles selbst.

Wir wollen im Rahmen dieses Abschnitts nur auf die ersten beiden Fälle eingehen und eine Anregung geben, wie Sie das System verbessern können.

### Verwendung der LicFileLicenseProvider-Klasse

Wir bohren zunächst das Brett an der dünnsten Stelle und nutzen die von .NET bereitgestellten Möglichkeiten.

- Erstellen Sie eine neue Klassenbibliothek (z.B. mit dem Namen *Lizenz*) und Ihre Komponente (z.B. mit dem Namen *MyLicComponent*).

- Erzeugen Sie nachfolgend eine Textdatei (Notepad) mit folgendem Inhalt:

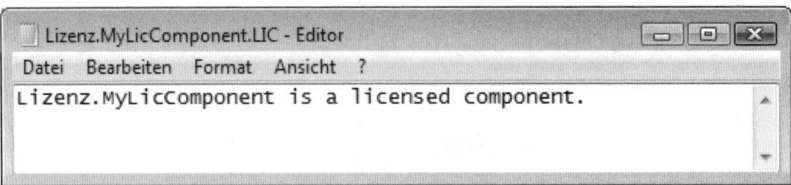

- Der Dateiname setzt sich aus dem Assemblynamen und dem Klassennamen der Komponente zusammen.

- Erweitern Sie Ihre Komponente um die im Folgenden fett hervorgehobenen Anweisungen:

```
namespace Lizenz
{
// Provider zuweisen:
    [LicenseProvider(typeof(LicFileLicenseProvider))]
    public partial class MyLicComponent2 : Component
    {
// Licence-Instanz
        private License myLicence;

        public MyLicComponent2()
        {
            try
            {
                myLicence = LicenseManager.Validate(this.GetType(), this);
            }
            catch
            {
                MessageBox.Show("Fehlende Lizenz!");
                throw;
            }
            InitializeComponent();
        }
}
```

- Kompilieren Sie die Assembly und fügen Sie diese und die Lizenzdatei in das *\bin*-Verzeichnis des finalen Projekts ein.

■ Installieren Sie die Komponente in der Visual Studio-Toolbox und versuchen Sie die Komponente in ein Formular einzufügen. Solange die Lizenzdatei vorhanden ist, funktioniert dies
auch, andernfalls erscheint unsere Fehlermeldung und dann der folgende Laufzeitfehler:

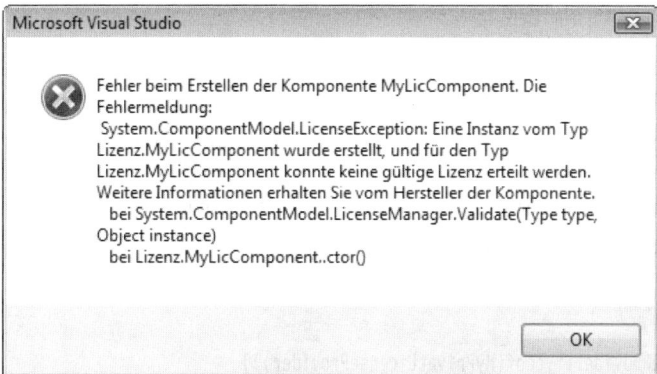

Geben Sie die kompilierte Anwendung weiter, ist keine Lizenzdatei mehr notwendig. Doch eine
Unterscheidung zwischen Laufzeit- und Entwurfsmodus haben wir eigentlich garnicht vorgenommen. Ein Blick in die Assembly zeigt, warum es mit der EXE läuft:

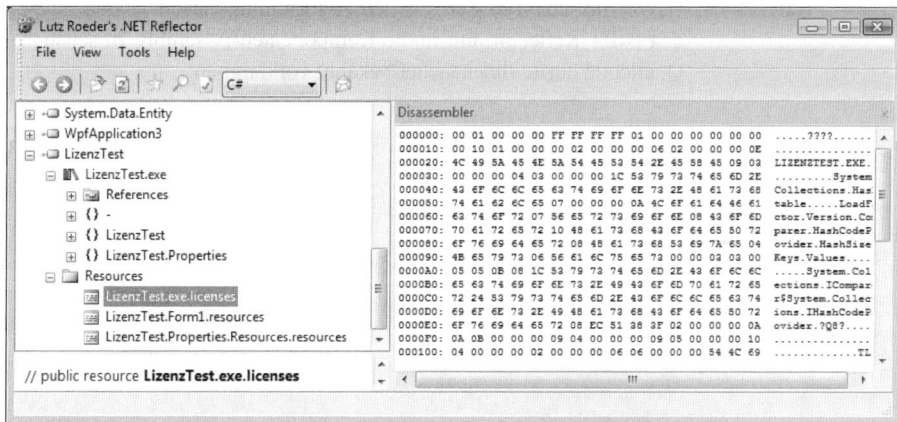

Ganz unbemerkt hat der Compiler die erforderlichen Lizenzen in einer Datei *licences.licx* gesammelt und als Ressource in die EXE kompiliert. Von dort werden sie dann auch geladen.

---

**HINWEIS:** Über die Sicherheit dieser Variante brauchen wir wahrscheinlich nicht zu streiten.

---

### Ableiten der LicFileLicenseProvider-Klasse

Eine etwas sicherere Variante können Sie durch einfaches Ableiten der Klasse *LicFileLicense-
Provider* erreichen. Überschreiben Sie einfach die Methode *IsKeyValid* und erstellen Sie Ihren
eigenen Algorithmus:

```
public class MyPrivatLicenseProvider : LicFileLicenseProvider
{
    protected override bool IsKeyValid(string key, Type type)
    {
        if (key.Substring(2, 1) == "G")
            return true;
        else
            return false;
    }
}
```

In diesem Fall muss an der dritten Stelle in der Textdatei ein großes "G" stehen.

Für Ihre Komponente ist von Ihnen nun noch der neue *LicenceProvider* vorzugeben:

```
namespace Lizenz
{
    [LicenseProvider(typeof(MyPrivatLicenseProvider))]
    public partial class MyLicComponent2 : Component
```

Das waren bereits die Änderungen zum Standardverfahren, der Rest läuft wie im vorhergehenden Abschnitt beschrieben.

---

**HINWEIS:** Bevor Sie jetzt viel Zeit für den Algorithmus verschwenden, nutzen Sie ruhig mal den .NET-Reflector, um in die Komponenten-Assembly zu schauen. Der angezeigte Quellcode dürfte Ihnen sicher bekannt vorkommen:

---

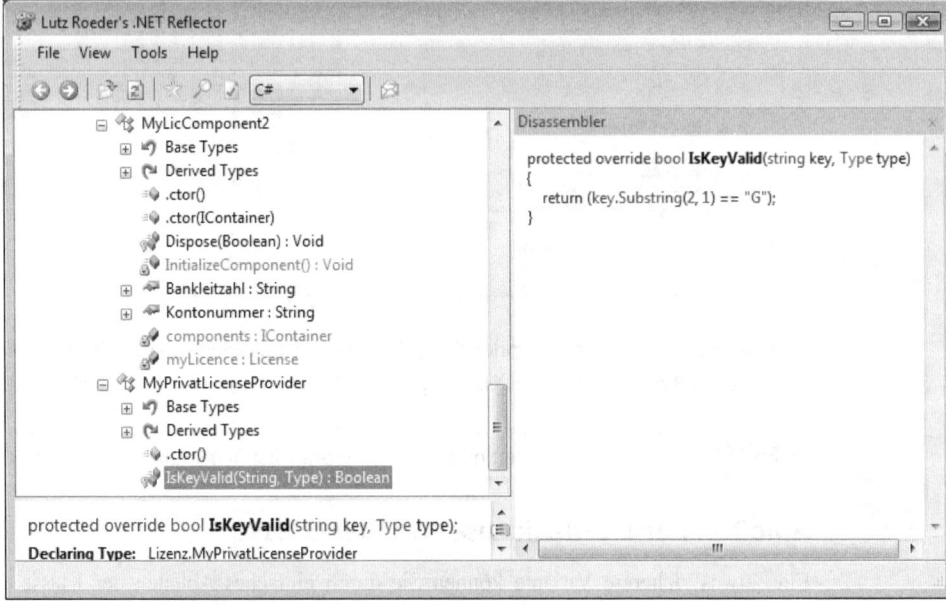

### Bemerkung

Wer mit den beiden genannten Varianten nicht ganz zufrieden ist, der kann sich – wenn er etwas Arbeit investiert – auch selbst helfen:

- Verkaufen Sie zusammen mit der Komponente einen Key (GUID).

- Prüfen Sie beim Erstellen der Komponenten (Konstruktor) auf den Designmodus.

- Handelt es sich um diesen, lesen Sie die Mac-Adresse der Netzwerkkarte aus (oder eine andere eindeutige ID).

- Lassen Sie per Dialogfenster die GUID eingeben und übertragen Sie diese zusammen mit der Mac-Adresse an einen Web-Service.

- Im Webservice prüfen Sie zunächst, ob die GUID stimmt und speichern die Mac-Adresse ab.

- Senden Sie per Webservice einen eindeutigen Schlüssel (kann auch RSA verschlüsselt sein) an den Client zurück und speichern diesen in einer Lizenzdatei.

- Die Lizenzdatei ermöglicht dann die Prüfung der Lizenz, weitere Verbindungen zum Server sind nicht notwendig.

- Wenn jemand mehr als dreimal versucht, die Komponente auf verschiedenen Rechnern zu installieren, können Sie per GUID den Kunden ermitteln bzw. die Registrierung dauerhaft unterbinden.

---

**HINWEIS:** Vergessen Sie aber vor lauter Lizenzierung nicht die Programmierung der eigentlichen Komponenten!

---

## 29.9 Praxisbeispiele

### 29.9.1 AnimGif – Komponente für die Anzeige von Animationen

Mit dem folgenden einfachen Beispiel möchten wir Ihnen die bisherigen Ausführungen zur Komponentenentwicklung noch einmal im Zusammenhang demonstrieren.

Ziel ist das Erstellen einer Komponente zur Anzeige animierter GIF-Grafiken. Neben dem standardmäßig mitgelieferten Bild soll der Anwender auch eigene Grafiken zuweisen können. Die Komponente soll sich daraufhin an die Abmessungen der Grafik anpassen. Auf diverse Extras, wie Ein-/Ausschalten etc., verzichten wir an dieser Stelle.

### Oberfläche/Ressourcen

Erstellen Sie zunächst eine neue Klassenbibliothek und fügen Sie ein *Benutzerdefiniertes Steuerelement* hinzu. Speichern Sie dieses unter dem Namen *AnimGif* ab.

Nachfolgend können Sie sich im Internet auf die Suche nach einer Default-Grafik für Ihr neues Control machen. Unter den Stichworten "Animated GIF" werden Sie ganz sicher fündig, es gibt Tausende derartiger "Nervtöter".

Speichern Sie die Grafik auf Ihrem PC ab. Über den Menüpunkt *Projekt|Eigenschaften* können Sie die Grafik den Assembly-Ressourcen zuordnen. Vergeben Sie hier den Namen *Default*:

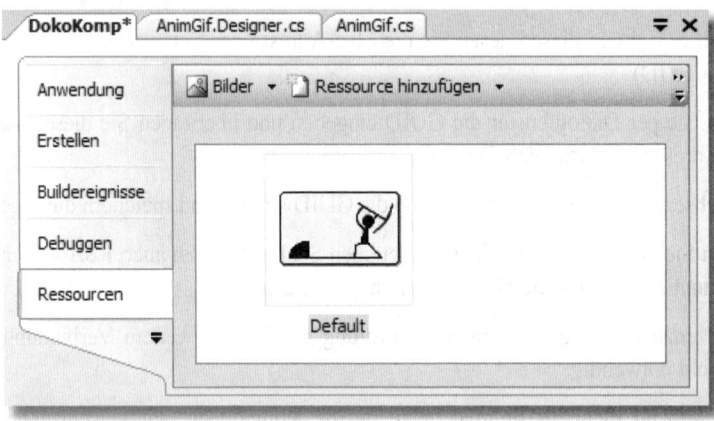

Damit sind die "Oberflächlichkeiten" abgeschlossen und wir können uns den Innereien zuwenden.

### Quelltext

```
namespace DokoKomp
{
```

Da der Vorfahrtyp *Control* bereits alle Eigenschaften aufweist, die für uns wichtig sind, belassen wir es bei diesem Typ:

```
    public partial class AnimGif : Control
    {
```

Für die aktuelle Grafik eine private Variable:

```
        private Bitmap bmp;
```

Der Konstruktor kümmert sich um das Auslesen der Grafik aus den Ressourcen und die Vorbereitungen für eine flackerfreie Darstellung (*Double Buffering*):

```
        public AnimGif()
        {
            InitializeComponent();
            SetStyle(ControlStyles.UserPaint, true);
            SetStyle(ControlStyles.AllPaintingInWmPaint, true);
            SetStyle(ControlStyles.DoubleBuffer, true);
            bmp = Properties.Resources.Default;
        }
```

Die neue Eigenschaft *Gif* ermöglicht es dem Anwender, eine neue Grafik zuzuordnen:

```
public Bitmap Gif
{
    get { return bmp; }
    set
    {
        bmp = value;
        if (bmp == null) bmp = Properties.Resources.Default;
```

Größenanpassung an die Grafik:

```
        this.Width = bmp.Width;
        this.Height = bmp.Height;
    }
}
```

---

**HINWEIS:** Wird die Eigenschaft zurückgesetzt, d.h. der Anwender weist keine Grafik zu, nehmen wir automatisch die Defaultgrafik aus den Ressourcen.

---

Mit dem Initialisieren des Controls wird es für uns ernst:

```
protected override void InitLayout()
{
    base.InitLayout();
```

Handelt es sich nicht um den Designmodus und ist die Grafik animierbar (was für ein Wort!), dann nutzen wir die Klasse *ImageAnimator*, um ein automatisches Umschalten der Einzelbilder per integrierten Timer zu erreichen:

```
    if ((!this.DesignMode)&(ImageAnimator.CanAnimate(bmp)))
        ImageAnimator.Animate(bmp, this.OnNextFrame);
}
```

Diese Methode wird immer aufgerufen, wenn ein neuer Frame angezeigt werden soll:

```
private void OnNextFrame(object o, EventArgs e)
{
    this.Invalidate();
}
```

Die Hauptarbeit leistet die überschriebene *OnPaint*-Methode:

```
protected override void OnPaint(PaintEventArgs pe)
{
    Graphics g = pe.Graphics;
```

Im Designmodus wird immer dasselbe Bild angezeigt:

```
    if (this.DesignMode) g.DrawImage(bmp, 0, 0);
```

Andernfalls schalten wir zum nächsten Frame um:

```
    else
```

```
            {
                g.DrawImage(bmp, 0, 0);
                ImageAnimator.UpdateFrames();
            }
        }
    }
}
```

### Test

Kompilieren Sie die Klassenbibliothek und fügen Sie die Komponente in die Toolbox ein. In einem neuen Windows Forms-Projekt können Sie sich von der Funktionstüchtigkeit überzeugen.

## 29.9.2 Eine FontComboBox entwickeln

Zum Schluss noch ein "quick and dirty"-Beispiel.

Lassen Sie uns die *ComboBox* so modifizieren, dass später ohne zusätzlichen Programmieraufwand alle verfügbaren Schriftarten angezeigt und als fertiger Font abgerufen werden können.

### Quelltext

Erster Schritt zur fertigen Komponente ist das Ableiten von einer bereits vorhandenen. Öffnen Sie dazu ein neues Projekt und fügen Sie über den Menüpunkt *Projekt|Neues Element hinzufügen| Benutzerdefiniertes Steuerelement* ein neues Steuerelement in das Projekt ein.

Das bereits bestehende Code-Gerüst ändern Sie dahingehend, dass Sie statt der Basisklasse *Control* eine *ComboBox* verwenden:

```
public partial class FontCombo : ComboBox
```

Die Klasse im Überblick:

```
    public partial class FontCombo : ComboBox
    {
```

Initialisieren:

```
    public FontCombo()
    {
        InitializeComponent();
```

Wir zeichnen die Einträge selbst:

```
        this.DrawMode = DrawMode.OwnerDrawFixed;
        this.ItemHeight = 28;
        this.DropDownStyle = ComboBoxStyle.DropDownList;
        this.DropDownWidth = 200;
        SetStyle(ControlStyles.Selectable, false);
    }
```

Zur Laufzeit werden die Fonts ermittelt und in der *Items*-Collection gespeichert:

```
protected override void InitLayout()
{
    base.InitLayout();
    this.Items.Clear();
    if (!this.DesignMode)
        foreach (FontFamily ff in (new InstalledFontCollection().Families))
            try
            {
                Items.Add(new Font(ff, 12));
            }
            catch
            { }
}
```

Wir müssen uns um das Zeichnen eines Eintrag kümmern:

```
protected override void OnDrawItem(DrawItemEventArgs e)
{
```

Keine Auswahl:

```
    if (e.Index == -1)  return;
```

Hintergrund zeichnen:

```
    e.DrawBackground();
```

Auswahlrechteck zeichnen:

```
    if ((e.State & DrawItemState.Focus) != 0) e.DrawFocusRectangle();
```

String mit dem Namen der Schriftart und dem jeweiligen Font ausgeben:

```
    e.Graphics.DrawString((Items[e.Index] as Font).Name,
                          (Items[e.Index] as Font), Brushes.Black, e.Bounds);
}
```

Über die Eigenschaft *SelectedFont* kann der Nutzer den ausgewählten Font abfragen und gleich nutzen:

```
public Font SelectedFont
{
    get
    {
        if (this.SelectedIndex == -1)
            return null;
        else
            return (this.SelectedItem as Font);
    }
}
}
}
```

## Test

Erstellen Sie zunächst die Assembly und binden Sie dann die Komponente in die Toolbox ein. Ein kleines Testprogramm beweist die Funktionsfähigkeit:

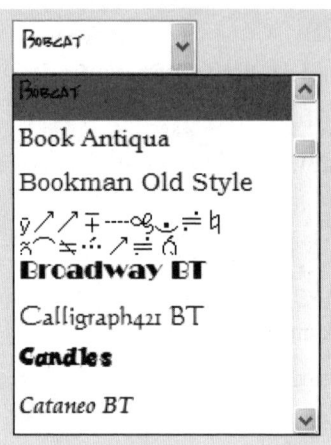

Noch einmal: Das war ein **einfach** gehaltenes Beispiel, Sie können natürlich auch unterschiedliche Zeilenhöhen festlegen, die Stringlänge messen usw.

# 29.9.3   Das PropertyGrid verwenden

Sicher haben Sie sich auch schon gefragt, wie Sie zur Laufzeit die Eigenschaften von Objekten möglichst einfach und ohne großen Aufwand verändern können. Bevor Sie jetzt lange suchen, sollten Sie einen Blick auf die recht unscheinbare *PropertyGrid*-Komponente werfen, die schon zu .NET 1.x-Zeiten ein Aschenputteldasein in der Toolbox fristete.

Für unser Beispiel werden wir eine eigene Klasse definieren, deren Eigenschaften Sie per *PropertyGrid* zur Laufzeit bearbeiten können.

### Oberfläche

Fügen Sie in ein Windows Formular eine *PropertyGrid*-Komponente ein. Das ist zunächst alles.

### Quelltext

Zunächst definieren wir die gewünschte Klasse (Sie können das *PropertyGrid* aber auch an jede beliebige Komponente "klemmen").

```
class cMitarbeiter
{
    public cMitarbeiter(String Name, String Vorname, DateTime Geboren)
    {
        _Name = Name;
        _Vorname = Vorname;
```

```
            _geboren = Geboren;
            _Gehalt = 0;
        }


        private String _Name;
        [Category("Personaldaten")]
        public String Name
        {
            get { return _Name; }
            set { _Name = value; }
        }


        private String _Vorname;
        [Category("Personaldaten")]
        public String Vorname
        {
            get { return _Vorname; }
            set { _Vorname = value; }
        }


        private Single _Gehalt;

        [Category("Lohndaten")]
        public Single Gehalt
        {
            get { return _Gehalt; }
            set { _Gehalt = value; }
        }


        private int _Kinder;
        [Category("Lohndaten")]
        public int Kinder
        {
            get { return _Kinder; }
            set { _Kinder = value; }
        }

...
        private DateTime _geboren;
        [Category("Personaldaten")]
        public DateTime Geboren
        {
            get { return _geboren; }
            set { _geboren = value; }
        }
    }
```

---

**HINWEIS:** Das Beispiel eignet sich auch recht gut, wenn Sie den Einfluss von Attributen testen
wollen.

Die Verbindung von Grid und späterem Objekt ist absolut trivial:

```
private cMitarbeiter mitarbeiter = new cMitarbeiter("Schulze", "Martin", System.DateTime.Now);

private void Form1_Load(object sender, EventArgs e)
{
    propertyGrid1.SelectedObject = mitarbeiter;
}
```

### Test

Beim Start der Anwendung sollten auch schon alle Eigenschaften des Objekts *mitarbeiter* angezeigt werden:

Teil **IV**

# Teil IV:  WPF-Anwendungen

- **Einführung in WPF**
- **Übersicht WPF-Controls**
- **Wichtige WPF-Techniken**
- **Grundlagen WPF-Datenbindung**
- **Drucken/Druckvorschau in WPF**
- **WPF-Entwicklung**
- **Silverlight-Entwicklung**

# Kapitel 30

# Einführung in WPF

Nachdem wir uns in den vorherigen Kapiteln ausgiebig mit den "guten alten" Windows Forms-Anwendungen beschäftigt haben, wollen wir uns nun um den potenziellen Nachfolger kümmern.

Doch der Reihe nach: WPF ist die Abkürzung für *Windows Presentation Foundation*. Hierbei handelt es sich im weitesten Sinne um eine weitere Windows Präsentations-Schnittstelle bzw. ein Framework für die Entwicklung interaktiver Anwendungen. Eines der wesentlichsten Merkmale ist sicher die strikte Trennung von Präsentations- und Geschäftslogik, basierend auf der neuen Beschreibungssprache XAML.

### Lohnt sich ein Umstieg?

Wenn Sie bisher Windows Forms-Anwendungen entwickelt haben, sollten Sie zunächst auch noch dabei bleiben, da WPF einerseits nicht über alle Komponenten verfügt[1], andererseits der Portierungsaufwand recht beträchtlich sein kann, da vielfach gänzlich andere Konzepte zum Einsatz kommen. Eine Teilmigration Ihrer Anwendung wird von Microsoft durch das *ElementHost*-Control unterstützt, dieses kann WPF-Elemente innerhalb einer Windows Forms-Anwendung darstellen. Im Umkehrschluss lassen sich Windows Forms-Elemente per *WindowsFormsHost* auch in WPF-Anwendungen nutzen.

Bei Neuentwicklungen sollten Sie jedoch in jedem Fall die Verwendung von WPF in Betracht ziehen, dies auch im Hinblick auf eine Wiederverwendbarkeit Ihres Codes im Rahmen einer Webapplikation, d.h. in diesem Fall als Silverlight-Anwendung.

### Und was ist mit Silverlight?

Da die Konzepte und Technologien von WPF- und Silverlight-Anwendungen weitgehend übereinstimmen, haben wir das Kapitel zur Entwicklung von Silverlight-Anwendungen an das Ende dieses Buch-Teils gestellt. Es ist empfehlenswert, sich zunächst die Ausführungen über WPF zu Gemüte zu führen, bevor Sie sich auf die speziellen Silverlight-Features stürzen.

---

[1] Dies betrifft vor allem auch die Komponenten von Drittanbietern.

# 30.1   Einführung

Bevor wir uns im Gestrüpp der WPF-Programmierung verirren, wollen wir zunächst einen Blick
auf die Grundkonzepte, Vor- und Nachteile sowie die möglichen Anwendungstypen werfen.

## 30.1.1   Was kann eine WPF-Anwendung?

Nachdem Sie die letzten 10-15 Jahre mit fast den gleichen Bibliotheken und APIs (GDI32, User32)
gekämpft haben, stellt sich bei einer so radikalen Änderung zunächst die Frage, was kann WPF
bzw. was macht den Unterschied zur bisherigen Vorgehensweise aus? Statt vieler Worte also
zunächst eine kurze Liste der Neuigkeiten:

- Hierarchische Oberflächenbeschreibung mit XAML (XML), alternativ können die Oberflächen
  auch per Code beschrieben werden,

- Codebehind-Modell, ähnlich wie bei ASP.NET-Anwendungen,

- Strikte Trennung von Design und Logik,

- Desktop- (Fenster-basiert) oder Browser-Anwendung (Seiten-basiert) möglich,

- vektorbasierte Grafikausgabe (Fließkomma-Arithmetik), damit frei skalierbare Oberflächen
  unabhängig vom Ausgabegerät,

- schnelle Grafikausgabe dank Hardwarebeschleunigung und Ausgabe per DirectX,

- umfangreiche Unterstützung für 2D- und 3D-Grafik,

- hervorragende Layout-Optionen für Texte und Steuerelemente,

- umfangreiche Unterstützung für Grafik-Effekte (Schatten, Transparenz, Rotation, Scherung
  etc.) bei der Oberflächengestaltung,

- komplexe grafische Animationen für Elemente,

- Unterstützung von Medien (Videos, Bilder, Audio),

- einfache Datenbindung für fast alle Eigenschaften möglich

- ClickOnce oder XCopy-Deployment,

- teilweise Abwärtskompatibilität durch Windows Forms-Integration,

- Unterstützung für Webanwendungen in Form von Silverlight-Applikationen.

Sicherlich haben Sie bei der Lektüre der obigen Liste bereits ein Feature gefunden, das Sie bisher
schmerzlich vermisst haben oder nur recht umständlich realisieren konnten.

WPF soll nun all diese Möglichkeiten nicht nur unter einem Dach vereinigen, sondern die einzelnen Konzepte auch sinnvoll miteinander verzahnen. Microsoft teilt die einzelnen Funktionen dazu
in eine Reihe von Diensten auf, die Sie als Entwickler in Anspruch nehmen können. Die folgende
Abbildung zeigt eine entsprechende Übersicht:

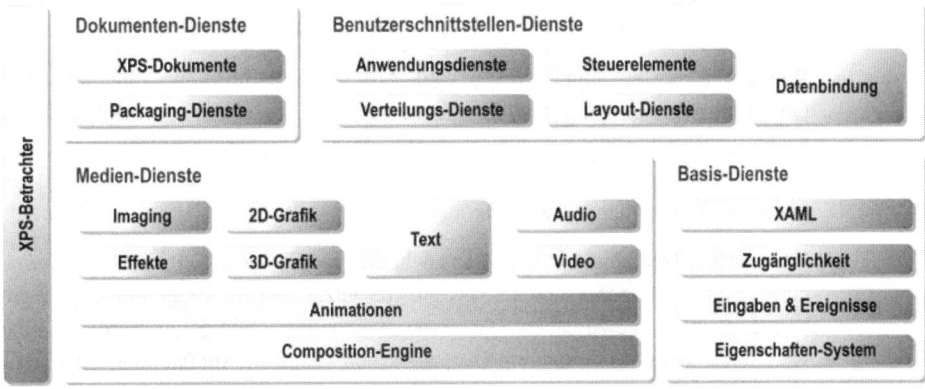

Alle obigen Dienste liegen als managed Code vor, verwenden das .NET-Framework und setzen auf DirectX für die Grafikausgabe auf.

> **HINWEIS:** Auf die Besonderheiten von *Silverlight* gehen wir erst im Rahmen des Kapitels 36 gesondert ein, dazu fehlt an dieser Stelle einfach der Platz.

Die folgende Abbildung zeigt Ihnen in einer Übersicht, welche Teile von WPF als managed Code vorliegen und welche Abhängigkeiten zwischen den einzelnen Ebenen bestehen.

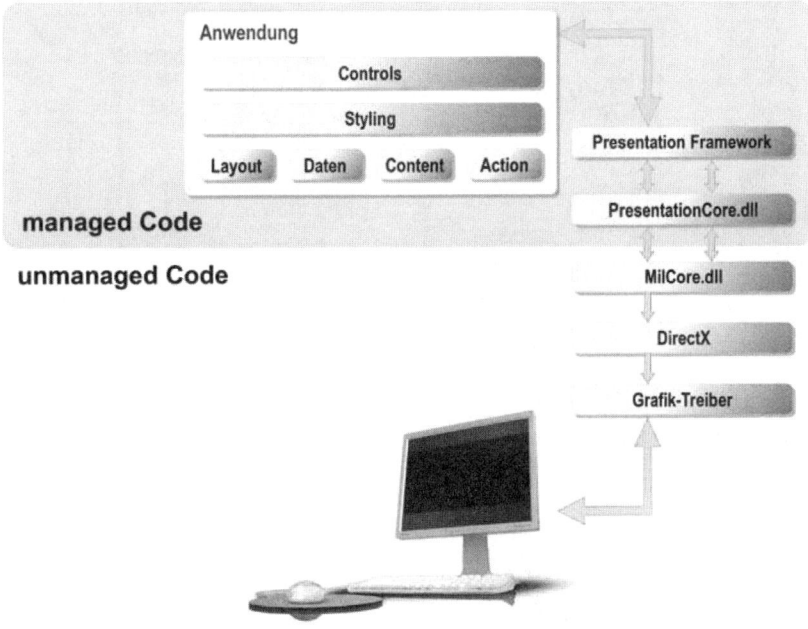

> **HINWEIS:** Aus Performance-Gründen ist die *MilCore.dll* in unmanged Code geschrieben, hier laufen alle Grafikausgaben der Anwendung durch.

## 30.1.2   Die eXtensible Application Markup Language

Wie schon kurz erwähnt, basieren WPF-Anwendungen im Normalfall[1] auf einer Trennung von Oberflächenbeschreibung und Quellcode, wie Sie es auch von ASP.NET-Anwendungen her kennen. Die Oberfläche selbst wird mit einer XML-basierten Beschreibungssprache namens XAML (*eXtensible Application Markup Language* (gesprochen "Xemmel") definiert, die Programmlogik schreiben Sie wie gewohnt in C# oder VB.

Diese strikte Trennung ermöglicht es auch, die Oberfläche von einem Designer und die Logik von einem Programmierer erstellen zu lassen. Wer jetzt denkt, als Programmierer arbeitslos zu werden, braucht keine Sorge zu haben. Das grundsätzliche Programmgerüst werden Sie nach wie vor entwerfen, die optische Gestaltung (Aussehen von Controls, Animationen Grafiken etc.) kann dann ein Grafiker übernehmen.

---

**HINWEIS:**   Über grundlegende XAML-Kenntnisse sollten Sie als Programmierer ebenfalls verfügen. Auch wenn Ihnen der Visual Studio-Designer viel Arbeit abnimmt, ist es häufig wesentlich einfacher, ein paar Tags in das XAML-Dokument einzufügen, als mühevoll die Oberfläche zusammenzuklicken und per Eigenschafteneditor zu konfigurieren. Diese Tatsache scheint auch Microsoft nicht entgangen zu sein, der XAML-Code wird im Editor parallel zum Designer angezeigt, Änderungen in einem der beiden Editoren wirken sich wechselseitig aus (siehe folgende Abbildung).

---

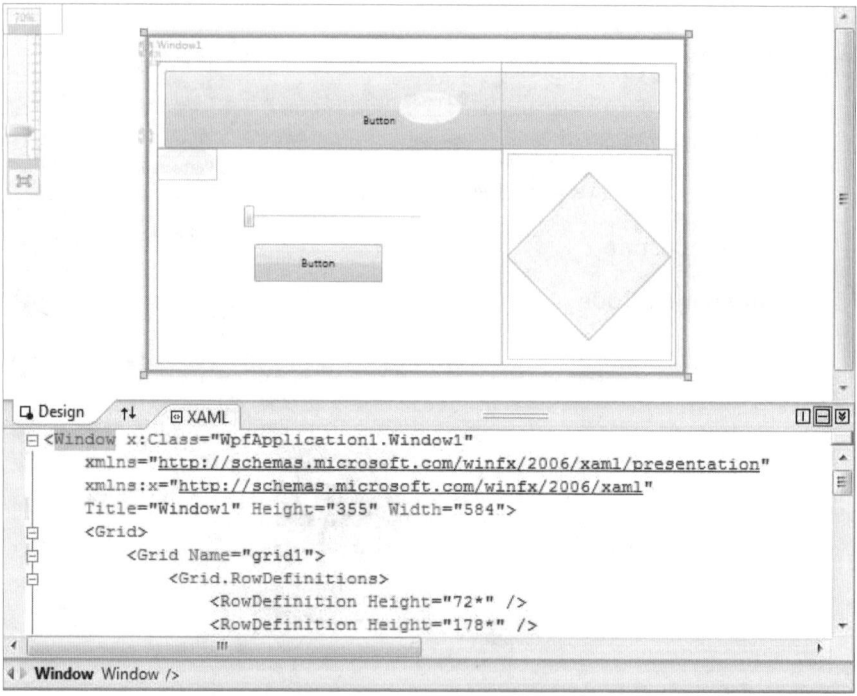

---

[1] Sie könnten auch eine Anwendung nur per Code erzeugen, aber dann gehen Sie vermutlich auch nur zu Fuß und verwenden kein Auto.

> **HINWEIS:** Da Microsoft zwei Zielgruppen (Designer und Entwickler) mit WPF ansprechen
> möchte, sind auch zwei getrennte Entwicklungsumgebungen verfügbar. Vor einer
> sitzen Sie vermutlich gerade (Visual Studio 2010), die zweite nennt sich *Expression
> Blend* und richtet sich vornehmlich an Designer. Mehr Informationen zu den beiden
> Entwicklungsumgebungen finden Sie im Abschnitt 35.1 (ab Seite 1467).

### Unsere erste XAML-Anwendung

Statt vieler Worte wollen wir uns zunächst mit einem einfachen XAML-Beispiel beschäftigen, bevor wir uns in den Details verlieren.

**Beispiel 30.1** | **Eine erste XAML-Anwendung**

Öffnen Sie einen Texteditor (*Notepad*) und tippen Sie folgenden Code ein.

```
<Button xmlns="http://schemas.microsoft.com/winfx/2006/xaml/presentation">
    Hallo Welt
</Button>
```

Speichern Sie nachfolgend die "Anwendung" unter dem Namen *Test1.xaml* ab.

> **HINWEIS:** Die Angabe des Namespaces (*xmlns=...*) in obigem Beispiel macht dem Inter-
> preter klar, um was für einen Button es sich eigentlich handelt. "Hallo Welt" ist
> der im Button enthaltenen Content, darauf kommen wir später noch zurück.

Mit einem Doppelklick können wir den ersten Test starten. Ist das Framework ab Version 3 installiert, sollte im Internet-Explorer eine Schaltfläche angezeigt werden, die den gesamte Clientbereich ausfüllt:

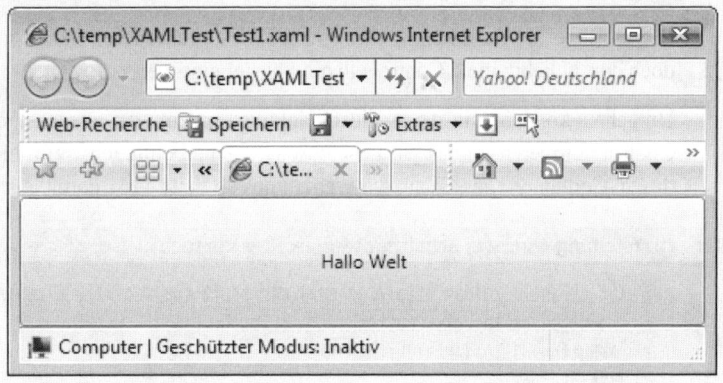

So, das ging ja schon recht schnell, auch wenn wir noch keine Funktionalität implementiert haben. Ein paar Worte zu den Hintergründen der neuen XAML-Anwendung:

- Obige Datei wird als ungebundenes bzw. stand-alone XAML bezeichnet. Dateien mit dieser Extension sind automatisch mit dem *PresentationHost* verknüpft und werden durch diesen interpretiert.

- Da es sich um kein komplettes Programm handelt, wird automatisch ein Objekt vom Typ *Page* erzeugt, dem obiger XAML-Code als Content (Inhalt) zugewiesen wird.

- Die so erzeugten *Page*-Objekte können im Internet-Explorer angezeigt werden.

## Probleme mit dem Stammelement

Mutig geworden, wollen wir nun versuchen, noch einen zweiten Button in unser Prográmmchen einzufügen.

**Beispiel 30.2**  **Darstellung von zwei Schaltflächen**

```
<Button xmlns="http://schemas.microsoft.com/winfx/2006/xaml/presentation">
    Hallo Welt
</Button>
<Button xmlns="http://schemas.microsoft.com/winfx/2006/xaml/presentation">
    Hallo XAML
</Button>
```

Statt der erwarteten Schaltflächen taucht im Browser eine Fehlermeldung auf, die uns mit vielen Worten den knappen Sachverhalt erklären will, dass mehr als ein Stammelement vorhanden ist.

Das scheint zwar auf den ersten Blick richtig zu sein (siehe obiges Listing), aber kurz vorher hatten wir ja erklärt, dass diese Daten als Content in ein *Page*-Objekt eingefügt werden, damit ist ja wohl ein Stammelement vorhanden. Dies ist auch korrekt, jedoch schreibt die XAML-Spezifikation vor, dass sowohl ein *Window* als auch eine *Page* nur **ein untergeordnetes Element** enthalten dürfen[1].

Dieses Regel ist für einen Windows Forms-Programmierer sicher gewöhnungsbedürftig, kann er doch dort beliebig viele Controls in ein Fenster einfügen.

Umgehen können wir diese Einschränkung, indem wir zunächst ein so genanntes Container-Control definieren, in das wir unsere Schaltflächen einfügen. WPF bietet einen reichhaltigen Fundus an Container-Klassen an, wir werden uns ab Seite 1241 damit ausführlich beschäftigen.

**Beispiel 30.3**  **Darstellung von zwei Schaltflächen (zweiter Versuch)**

```
<StackPanel  xmlns="http://schemas.microsoft.com/winfx/2006/xaml/presentation">
    <Button>Hallo Welt</Button>
    <Button>Hallo XAML</Button>
</StackPanel>
```

**HINWEIS:** Da der Namespace bereits beim *StackPanel* festgelegt wurde, können wir bei den untergeordneten Schaltflächen darauf verzichten.

---

[1] Darüber werden Sie sicher mehr als einmal stolpern ...

**Beispiel 30.3** | **Darstellung von zwei Schaltflächen (zweiter Versuch)**

Ein Testlauf bringt jetzt auch die erwarteten zwei Schaltflächen auf den Bildschirm:

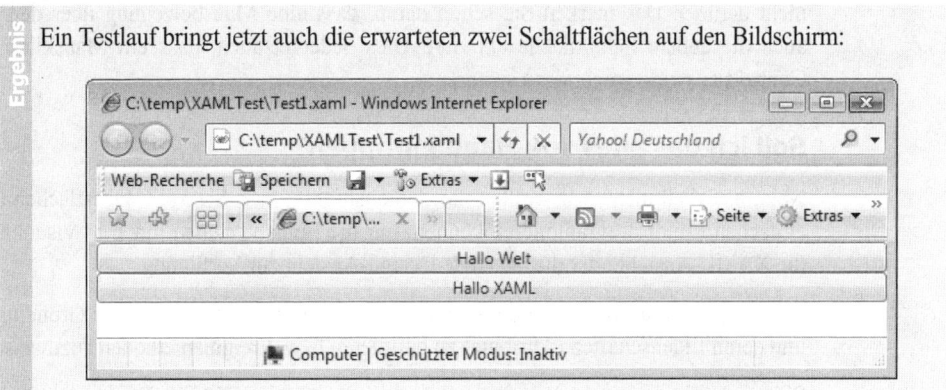

Aus obigem Beispiel können wir auch noch zwei weitere Erkenntnisse ableiten:

- XAML-Oberflächen sind hierarchisch aufgebaut (*Page → StackPanel → Button, Button*)

- Der Content (Inhalt) bestimmt die Abmessungen des Controls (Höhe der Schaltflächen[1])

## Ein kleines Experiment

Nach so viel Erkenntnissen wollen wir ein kleines Experiment wagen. XAML-Oberflächen sind hierarchisch aufgebaut. Das wollen wir auf etwas eigenwillige Art überprüfen, indem wir einen Button in den anderen einfügen.

**Beispiel 30.4** | **Button im Button**

```
<StackPanel  xmlns="http://schemas.microsoft.com/winfx/2006/xaml/presentation" >
   <Button>
      <Button>
         Hallo XAML
      </Button>
   </Button>
</StackPanel>
```

Ein Testlauf zeigt das gewünschte Ergebnis:

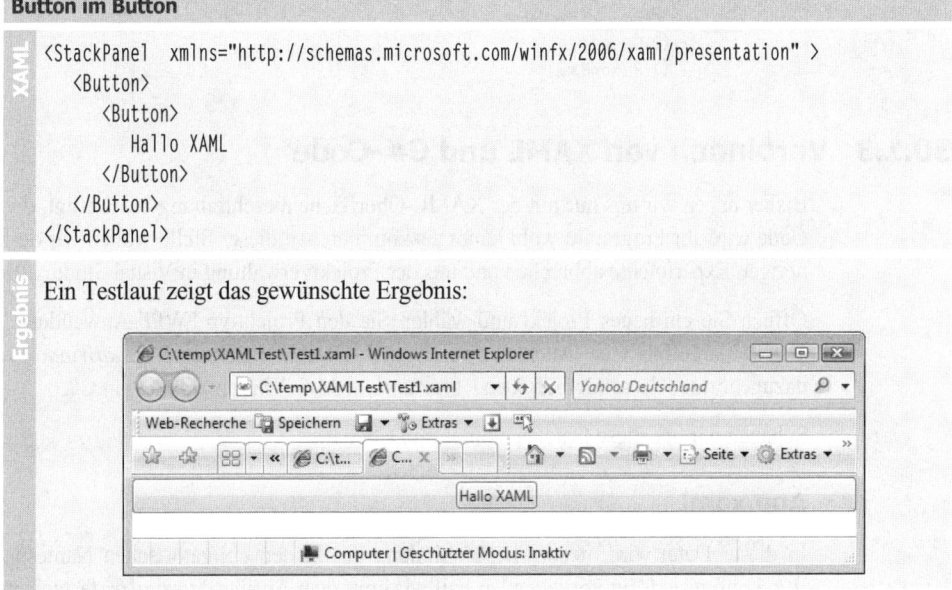

---

[1] Die Breite wird in diesem Fall durch das umgebende *StackPanel* bestimmt.

Für alle Ungläubigen: Der innere Button ist wirklich im Content des äußeren Buttons enthalten, nicht darüber. Das merken Sie schon daran, dass eine Mausbewegung über den inneren Button auch die äußere Schaltfläche aktiviert. Dies bedeutet auch, dass ein Mausklick sich auf beide Controls auswirkt (mehr dazu später).

### Soll ich das alles von Hand eintippen?

Nein, natürlich nicht, wir wollten nur demonstrieren, dass Sie WPF-Oberflächen auch mit einem einfachen Editor programmieren können. Für die Eingabe stehen Ihnen in Visual Studio entweder die XAML-Ansicht oder die bekannte Design-Ansicht zur Verfügung.

Der XAML-Editor bietet mit der integrierten Intellisense bereits eine gute Grundlage, um Controls und deren Eigenschaften (Attribute) zu definieren bzw. Ereignismethoden zuzuweisen.

Sie werden im Laufe der Zeit feststellen, dass Sie mit dem XAML-Editor recht häufig arbeiten, da dies intuitiver als die mühsame Klickerei mit dem Designer ist.

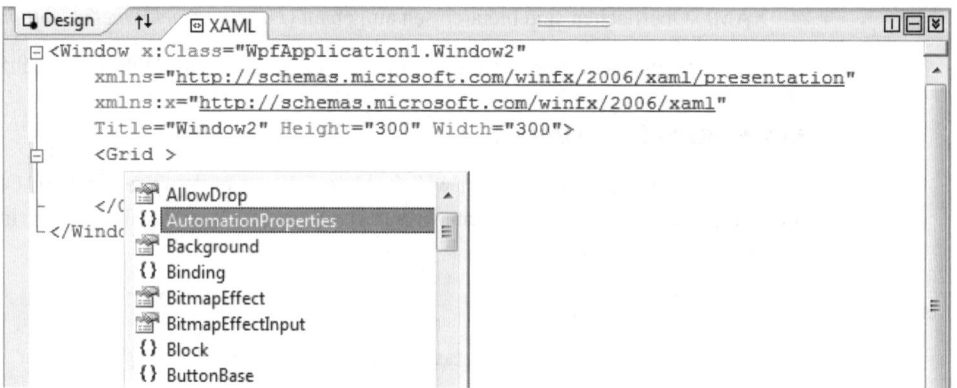

## 30.1.3   Verbinden von XAML und C#-Code

Bisher haben wir uns nur mit der XAML-Oberflächenbeschreibung beschäftigt, doch so ganz ohne Code wird Ihr Programm wohl kaum auskommen. An dieser Stelle wollen wir deshalb unsere bisherigen Experimente abbrechen und uns der Projektverwaltung in Visual Studio 2010 zuwenden.

Öffnen Sie ein neues Projekt und wählen Sie den Projekttyp "WPF-Anwendung". Visual Studio erstellt daraufhin vier Dateien, zwei XAML-Dateien (*App.xaml*, *MainWindow.xaml*) und zwei dazugehörige Klassendefinitionen (*App.xaml.cs*, *MainWindow.xaml.cs*) in C#.

Schauen wir uns diese Dateien einmal im Detail an.

### App.xaml

In dieser Datei wird, neben der Einbindung der beiden obligatorischen Namespaces, die Klasse *App* konfiguriert. Im vorliegenden Fall wird mit dem Attribut *StartupUri* festgelegt, welches Fenster als erstes angezeigt wird.

**Beispiel 30.5** | **App.xaml**

```xaml
<Application x:Class="WpfApplication1.App"
    xmlns="http://schemas.microsoft.com/winfx/2006/xaml/presentation"
    xmlns:x="http://schemas.microsoft.com/winfx/2006/xaml"
    StartupUri="MainWindow.xaml">
    <Application.Resources>

    </Application.Resources>
</Application>
```

---

**HINWEIS:** Der Bezug zur Hintergrundcodedatei wird über das Attribut *x:Class* hergestellt (*Namespace.<Klassennamen>*).

---

Ganz nebenbei nimmt diese Datei auch noch die Definition von Anwendungsressourcen (globale Ressourcen) auf, wir kommen ab Seite 1363 darauf zurück.

## App.xaml.cs

Hierbei handelt es sich um die Hintergrundcodedatei zu obiger XAML-Datei mit der noch leeren Klassendefinition:

**Beispiel 30.6** | **App.xaml.cs**

```csharp
using System;
using System.Collections.Generic;
...
using System.Windows;

namespace WpfApplication1
{
...
    public partial class App : Application
    { }
}
```

Die derart definierte *App*-Klasse können Sie zur Laufzeit über *App.Current* abrufen. Die Klasse selbst stellt bereits einen umfangreichen Satz an Ereignissen und Eigenschaften zur Verfügung (mehr dazu ab Seite 1262).

Wer das eigentliche Hauptprogramm in dieser Datei vermutet hat, liegt falsch, denn dieses wird von Visual Studio automatisch erzeugt. Zusätzlich wird noch eine Methode *InitializeComponent* angelegt, in der das Startformular entsprechend der Optionen in *App.xaml* festgelegt wird.

Wer es nicht glaubt, der kann sich mit dem .NET-Reflector davon überzeugen, dass die finale Assembly über ein Hauptprogramm verfügt (siehe folgende Abbildung).

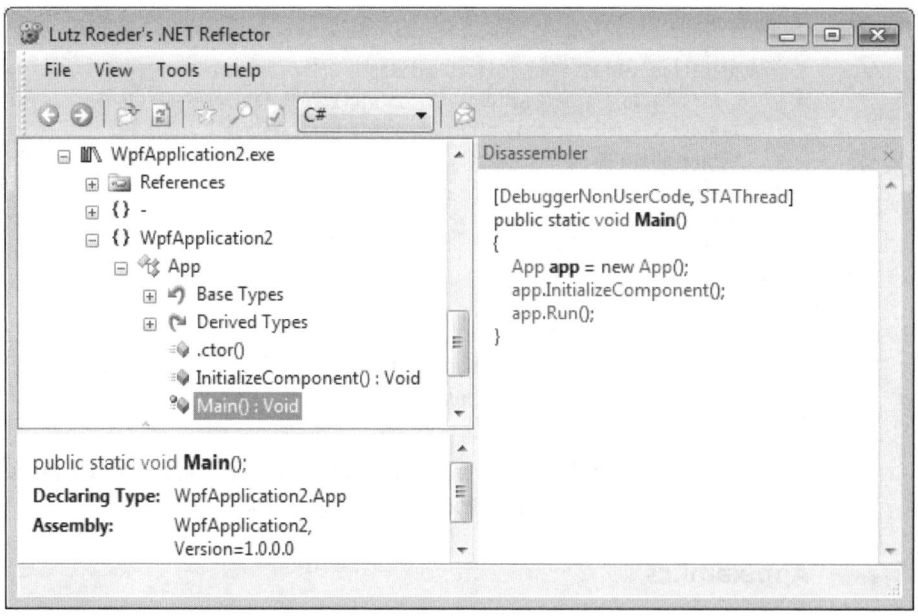

**HINWEIS:** Das obige *STAThread*-Attribute gibt an, dass das COM-Threadingmodell für die Anwendung *Singlethread-Apartment* ist. Dieses Attribut muss vorhanden sein, andernfalls funktionieren die Controls/Windows nicht richtig.

**Beispiel 30.7**     **Der Inhalt der Methode InitializeComponent:**

```
[DebuggerNonUserCode]
public void InitializeComponent()
{
    base.StartupUri = new Uri("MainWindow.xaml", UriKind.Relative);
}
```

## MainWindow.xaml

Hier haben wir es mit der XAML-Beschreibung des ersten bereits automatisch erzeugten Fensters zu tun. Den Bezug zum C#-Sourcecode stellt das *x:Class*-Attribut her, die Einbindung der beiden obligaten Namespaces dürfte Ihnen bereits aus der *App.xaml* bekannt sein:

**Beispiel 30.8**     **MainWindow.xaml**

```
<Window x:Class="WpfApplication2.MainWindow"
    xmlns="http://schemas.microsoft.com/winfx/2006/xaml/presentation"
    xmlns:x="http://schemas.microsoft.com/winfx/2006/xaml"
    Title="Window1" Height="300" Width="300">
    <Grid>
    </Grid>
</Window>
```

Mit dem Attribut *Title* wird der Inhalt der Kopfzeile definiert, *Width,* und *Height* dürften selbsterklärend sein.

Das *Grid*-Element definiert bereits den grundlegenden Container (und damit das Layout) für das neue Fenster, dieses Element können Sie bei Bedarf löschen und durch eines der anderen Container-Elemente ersetzen (siehe Seite 1241).

### MainWindow.xaml.cs

Die letzte der vier Dateien dürfte die "Spielwiese" für Sie als Programmierer sein, hier haben Sie es mit der Code-Hintergrunddatei für das mit *MainWindow.xaml* definierte Fenster zu tun.

Beispiel 30.9 | **MainWindow.xaml.cs**

```csharp
using System;
...
using System.Windows.Shapes;

namespace WpfApplication2
{
...
    public partial class MainWindow : Window
    {
        public MainWindow()
        {
            InitializeComponent();
        }
    }
}
```

In dieser Datei werden die Ereignis-Handler, zusätzliche Methoden und lokale Variablen abgelegt.

### Ein erster Ereignis-Handler

Sicher wollen Sie endlich auch etwas Aktivität in unser Programm bringen, fügen Sie dazu einen einfachen *Button* in den Designer und damit in das *Grid*!!! von *MainWindow* ein. Alternativ können Sie auch die XAML-Datei von *MainWindow* bearbeiten:

Beispiel 30.10 | **Ein erster Ereignis-Handler**

```xaml
...
    <Grid>
        <Button>Ein erster Test</Button>
    </Grid>
...
```

Nach einem Doppelklick auf den Button erzeugt Visual Studio für Sie bereits den Ereignis-Handler. Fügen Sie jetzt noch eine *MessageBox.Show* ... ein, und Sie haben ein funktionstüchtiges Programm, bei dem XAML-Oberfläche und C#-Code miteinander verbunden sind.

**Beispiel 30.10**  **Ein erster Ereignis-Handler**

```
private void Button_Click(object sender, RoutedEventArgs e)
{
    MessageBox.Show("Hallo Welt");
}
```

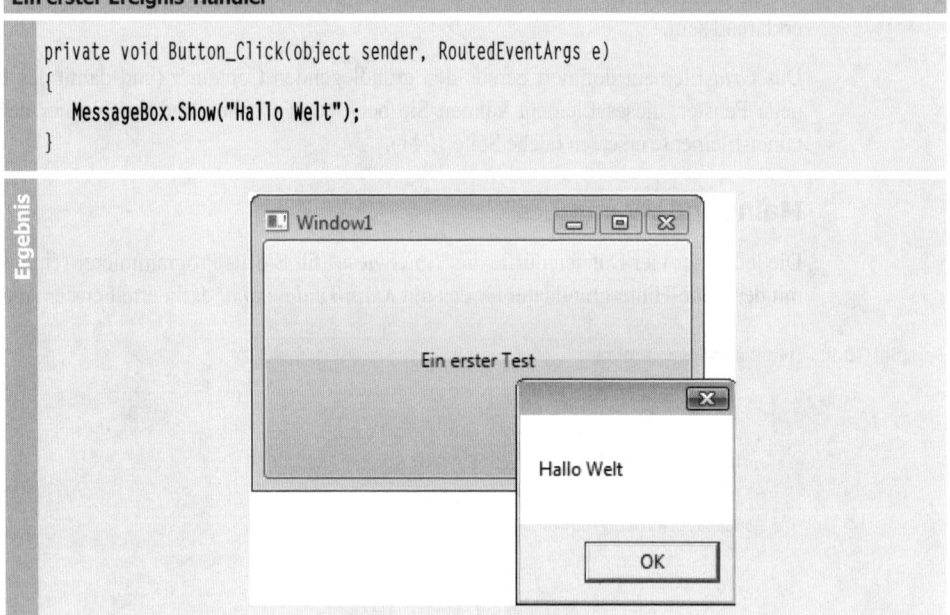

Sicher nicht ganz uninteressant ist jetzt die XAML-Datei, hier muss ja ein Verweis auf die zugehörige Ereignis-Routine eingefügt werden. Und siehe da, dem Attribut *Click* wird der Name der Ereignis-Methode übergeben:

```
...
<Grid>
    <Button Click="Button_Click">Ein erster Test</Button>
</Grid>
...
```

## Und wo ist mein Button-Objekt?

Versuchen Sie jetzt einmal per Code auf den Button zuzugreifen, um zum Beispiel dessen Beschriftung (Content) zu ändern. Haben Sie den Button per XAML erzeugt, dürfte Ihnen dies schwerfallen, denn ein derartiges Objekt ist nicht zu finden. Ursache ist die fehlende Zuweisung des *Name*-Attributs in der XAML-Datei.

---

**HINWEIS:** Ein XAML-Element muss nur dann benannt werden, wenn Sie es auch per Code ansprechen wollen.

---

Erweitern Sie also die XAML-Definition des Buttons um ein *Name*-Attribut mit eindeutigem Namen:

```
...
<Grid>
    <Button Name="button1" Click="Button_Click">Ein erster Test</Button>
```

```
</Grid>
...
```

Jetzt können Sie in der Codedatei wie gewohnt mit dem Objekt *button1* arbeiten und zum Beispiel dessen Beschriftung ändern:

```
private void Button_Click(object sender, RoutedEventArgs e)
{
    button1.Content = "Das funktioniert also auch ...";
}
```

Die folgende Abbildung zeigt noch einmal die Zusammenhänge zwischen Code und XAML:

```
<Window x:Class="WpfApplication2.Window1"
    xmlns="http://schemas.microsoft.com/winfx/2006/xaml/presentation"
    xmlns:x="http://schemas.microsoft.com/winfx/2006/xaml"
    Title="Window1" Height="300" Width="300">
    <Grid>
        <Button Name="button1" Click="Button_Click">Ein erster Test</Button>
    </Grid>
</Window>


public partial class Window1 : Window
{
    public Window1() ...

    private void Button_Click(object sender, RoutedEventArgs e)
    {
        button1.Content = "Das funktioniert also auch ...";
    }
}
```

### Brauche ich unbedingt eine Trennung von Code und XAML?

Im Prinzip nein, aber eine Mischung von Code und XAML dürfte der Übersichtlichkeit Ihrer Programme sicher nicht zuträglich sein, ganz abgesehen davon, dass in diesem Fall eine getrennte Bearbeitung von Oberfläche und Logik nicht mehr sinnvoll realisierbar ist.

Aus diesen Gründen gehen wir auf die Möglichkeit, Code und XAML in einer Datei unterzubringen, nicht ein.

### Kann ich Oberflächen auch per Code erzeugen?

Im Prinzip ja, der Aufwand ist jedoch teilweise recht beträchtlich, da sich die Eigenschaften und Zuweisungen leichter per XAML konfigurieren lassen.

**Beispiel 30.11**  **Einen neuen *Button* in *button1* erzeugen**

```
C#
        private void Button_Click(object sender, RoutedEventArgs e)
        {
            Button btn = new Button();
```

**Beispiel 30.11**  **Einen neuen *Button* in *button1* erzeugen**

```
            btn.Content = "Test für Button2";
            btn.Name = "button2";
            btn.Background = Brushes.Coral;
            button1.Content = btn;
        }
```

Das Resultat zeigt die folgende Abbildung:

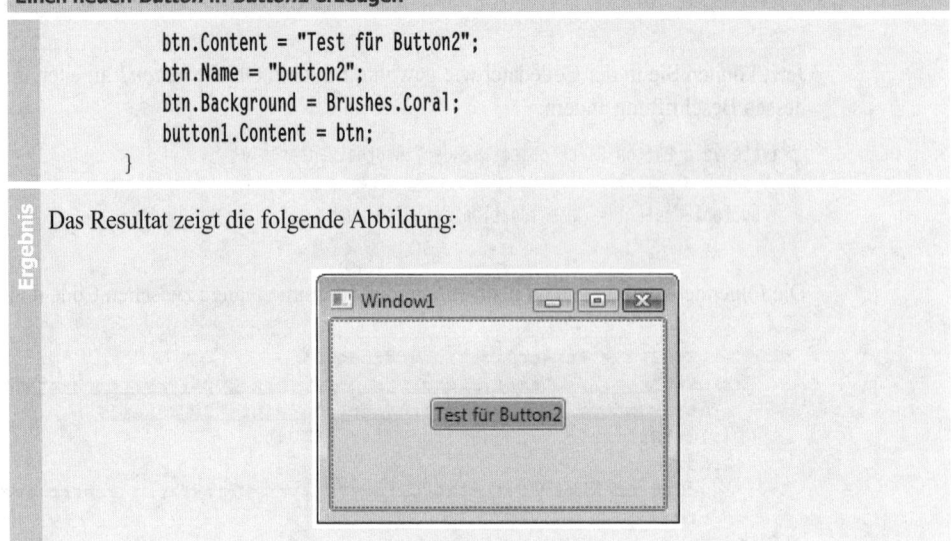

Dabei wollen wir es an dieser Stelle belassen, auf weitere Details werden wir im Verlauf des Kapitels zu sprechen kommen.

## 30.1.4  Zielplattformen

Für den Entwickler sicher nicht ganz uninteressant dürfte die Frage nach den Zielplattformen für die erstellten WPF-Anwendungen sein. Hier müssen Sie sich auf Plattformen beschränken, auf denen das .NET-Framework mindestens ab der Version 3.0 läuft.

---

**HINWEIS:** In diesem Fall müssen Sie die Zielplattform in den Projekteigenschaften explizit auf 3.0 festlegen. Möchten Sie neuere Feature in Ihrer Anwendung unterstützen, wählen Sie als Zielplattform ".NET Framework 4 Client" oder ".NET Framework 4", wie wir es auch für dieses Buch voraussetzen.

---

Folgende unterstützte Betriebssysteme kommen nach obiger Forderungen infrage:

- Windows 7
- Windows Server 2008
- Windows Vista
- Windows XP (ab SP 2) und Windows 2003 Server (hier müssen Sie das .NET-Framework erst noch installieren)

## 30.1.5 Applikationstypen

Microsoft bietet in Visual Studio 2010 zur Zeit vier Templates im Zusammenhang mit WPF an:

- Windows Anwendung (WPF)
- XAML Browser Anwendung (WPF), teilweise auch als Express-Anwendung bezeichnet
- WPF-Benutzersteuerelementebibliothek
- Benutzerdefinierte WPF-Steuerelementebibliothek

Im Folgenden wollen wir uns kurz mit den Unterschieden der beiden erstgenannten Anwendungstypen auseinandersetzen, um Ihnen die Entscheidung für das eine oder andere Template zu erleichtern.

### Windows Anwendung (WPF)

Dieser Anwendungstyp entspricht im Wesentlichen den bisherigen Windows Forms-Anwendungen mit folgenden Möglichkeiten:

- Die Installation erfolgt per Setup (MSI) oder ClickOnce auf dem Zielcomputer.
- Ein Verweis kann im Start-Menü bzw. in der Systemsteuerung unter *Software* erfolgen.
- Die Anwendung läuft per Default im Full Trust-Mode, d.h., Sie können auf die Registry, das Dateisystem, WCF etc. zugreifen.
- Die Anwendung läuft in einem eigenen Fenster (Windows).
- Die Anwendung läuft offline.
- Updates müssen explizit installiert werden (per ClickOnce automatisierbar).

### XAML Browser-/Express-Anwendungen

Auch wenn sie so heißt, handelt es sich doch um keine Web-Anwendung, der Name bezieht sich lediglich auf den Anzeigeort der Anwendung.

- Diese Anwendungen laufen nur im Internet Browser mit wizardartiger Oberfläche (Navigation zwischen Pages[1]).
- Die Anwendung läuft mit stark eingeschränkten Rechten in einer Sandbox.
- Die Anwendung wird **nicht** auf dem Zielcomputer installiert.
- Ein Verweis im Start-Menü bzw. in der Systemsteuerung unter Software ist **nicht** möglich.
- Die Anwendungen werden automatisch per ClickOnce verteilt.
- Obwohl der überwiegende Teil der WPF-Features genutzt werden kann, gibt es einige Einschränkungen bei der Darstellung.

---

[1] Die freie Navigation durch den Anwender kann den Entwickler schnell in den Wahnsinn treiben.

## 30.1.6   Vor- und Nachteile von WPF-Anwendungen

Über die Vorteile von WPF-Anwendungen wissen Sie ja bereits eine ganze Menge (siehe Abschnitt 30.1.1). Der wichtigste Vorteil dürfte für die meisten sicher die phantastische Oberflächengestaltung sein. Hier handelt es sich um einen echten Quantensprung gegenüber den teilweise recht tristen Windows Forms-Anwendungen.

Doch wo viel Licht ist, da ist auch Schatten, und so werden Sie früher oder später auch einige "Haare in der Suppe" finden:

- WPF-Anwendungen sind nicht auf älteren Betriebssystemen (Windows 2000 etc.) lauffähig.

- Komplexere Anwendungen erfordern schnell umfangreiche Kenntnisse (steile Lernkurve).

- Nicht alle Windows Forms-Steuerelemente sind vorhanden, einige Standarddialoge fallen schnell durch ihr "altbackenes" Äußeres auf.

- Viele Konzepte in WPF richten sich an den Designer und nicht an den Entwickler.

- Das Setzen von Eigenschaften per Code ist teilweise recht aufwändig.

- Trennung von Code und Oberfläche kann Probleme beim dynamischen Erstellen von Oberflächenelemente bereiten.

- WPF-Anwendungen werden schnell zum "Selbstbedienungsladen", sowohl der C#-Code als auch die XAML-Oberflächenbeschreibung können relativ einfach aus den Anwendungen extrahiert werden (Decompiler).

- Last, but not least, ist nicht jeder Anwender davon begeistert, wenn er eine zwar bunte aber kaum funktionale Anwendung vorgesetzt bekommt. WPF "erleichtert" es dem Entwickler, konfuse und wenig intuitive Oberflächen zu gestalten, aber das haben Sie ja selbst in der Hand.

Tja, wann also sollten Sie WPF verwenden und die Lektüre dieses Kapitels fortsetzen? Immer dann, wenn Sie obige Einschränkungen nicht stören, Sie sowieso ein neues Projekt beginnen und, das sollte wohl der Hauptgrund sein, Sie einen echten Nutzen mit WPF erzielen. Ansonsten schadet es sicher nicht, wenn Sie noch eine Versionsnummer abwarten.

## 30.1.7   Weitere Dateien im Überblick

Sicher sind Ihnen bei Nachforschungen in den Projektverzeichnissen auch einige Dateien aufgefallen, mit denen Sie auf die Schnelle nichts anfangen können. Wir wollen uns mit *.baml* und *.g.cs* zwei der wichtigsten Typen herausgreifen und näher anschauen.

### Was sind .BAML-Dateien und was passiert damit?

Bei den im Verzeichnis *\obj\...\Debug* enthaltenen Dateien handelt es sich um binäre Repräsentationen (*Binary Application Markup Language*) der einzelnen XAML-Dateien (Windows/Pages). Diese sind nicht für die Betrachtung oder Bearbeitung vorgesehen, sondern werden als Ressourcen in die finale Assembly gelinkt.

.BAML-Dateien liegen bereits in einem Zwischenformat vor, was zur Laufzeit eine schnellere Verarbeitung des Objekt-Graphen ermöglicht.

---

**HINWEIS:** Mit einem extra Add-In ist der .NET-Reflector in der Lage, diese Ressourcen sichtbar zu machen und als lesbaren XAML-Code anzuzeigen:

---

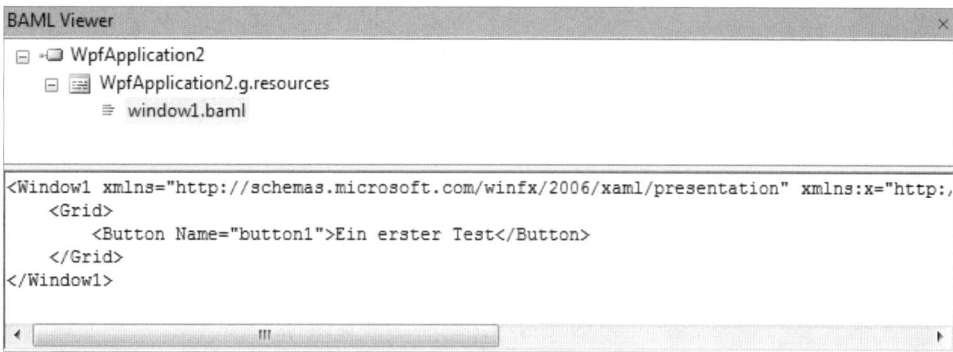

Den BAML-Viewer können Sie unter folgender Adresse herunterladen:

**LINK:** http://reflectoraddins.codeplex.com/Release/ProjectReleases.aspx?ReleaseId=1805

## Worum handelt es sich bei den .G.CS-Dateien?

Das ".G" steht zunächst für "Generated". Im Detail handelt es sich um die Klassendefinition in der jeweiligen Projekt-Programmiersprache, die automatisch zu jedem XAML-File (Window/Page) angelegt wird. Diese Datei stellt den genauen Zusammenhang zwischen XAML-Elementen (Controls) und den jeweiligen C#-Klassen her.

**Beispiel 30.12    Eine .G.CS-Datei für Windows1.xaml**

```
#pragma checksum "..\..\Window1.xaml" "{406ea660-64cf-4c82-b6f0-42d48172a799}"
"871E64C0DAEA9297F82991CACE5FBBA3"

...
using System;
...
using System.Windows.Shapes;
```

Der definierte Namespace:

```
namespace WpfApplication2 {
```

Die bereits in XAML definierte Klasse:

```
    public partial class Window1 : System.Windows.Window,
                            System.Windows.Markup.IComponentConnector {
```

Haben Sie in die XAML-Datei benannte Controls eingefügt (*Name*-Attribut), finden Sie hier den C#-Pendant:

```
internal System.Windows.Controls.Button button1;

private bool _contentLoaded;
```

Der eigentliche Initialisierungsvorgang:

```
[System.Diagnostics.DebuggerNonUserCodeAttribute()]
public void InitializeComponent() {
    if (_contentLoaded) {
        return;
    }
    _contentLoaded = true;
    System.Uri resourceLocater = new
        System.Uri("/WpfApplication2;component/window1.xaml",
                    System.UriKind.Relative);
    #line 1 "..\..\Window1.xaml"
    System.Windows.Application.LoadComponent(this, resourceLocater);
}
```

Mit der folgenden Methode werden die Objekte und die Ereignisse zugeordnet:

```
[System.Diagnostics.DebuggerNonUserCodeAttribute()]
[System.ComponentModel.EditorBrowsableAttribute(
    System.ComponentModel.EditorBrowsableState.Never)]
[System.Diagnostics.CodeAnalysis.SuppressMessageAttribute("Microsoft.Design",
    "CA1033:InterfaceMethodsShouldBeCallableByChildTypes")]
void System.Windows.Markup.IComponentConnector.Connect(int connectionId,
        object target)
{
    switch (connectionId)
    {
    case 1:
    this.button1 = ((System.Windows.Controls.Button)(target));

    #line 6 "..\..\Window1.xaml"
    this.button1.Click += new System.Windows.RoutedEventHandler(this.Button_Click);

    #line default
    #line hidden
    return;
    }
    this._contentLoaded = true;
}
```

# 30.2 Alles beginnt mit dem Layout

Vielleicht erscheint Ihnen diese Überschrift etwas merkwürdig, aber nachdem Sie sich über den Typ der WPF-Anwendung (siehe Seite 1237) im Klaren sind, sollten Sie sich in Erinnerung rufen, dass sowohl eine *Page* als auch ein *Window* nur über **ein** untergeordnetes Stammelement verfügen dürfen – ganz im Gegensatz zu einer Windows Forms-Anwendung, bei der Sie recht unbekümmert Controls in den Formularen verteilen können.

Aus diesem Grund werden wir uns in diesem Abschnitt zunächst mit einigen recht speziellen Controls, den Panel-Elementen oder auch Containern beschäftigen, bevor wir auf die eigentlichen Elemente der Bedienoberfläche zu sprechen kommen (Schaltflächen, Listenfelder etc.).

## 30.2.1 Allgemeines zum Layout

Erster Schritt nach dem Erstellen eines neuen *Window* oder einer neuen *Page* ist die Auswahl einer passenden Panel-Klasse[1], die das spätere Layout der Seite vorgibt. WPF bietet hier eine reiche Auswahl an, die folgende Tabelle zeigt einige wichtige Panels:

| Layout-Control | Kurzbeschreibung |
|---|---|
| *Canvas* | In diesem Panel können Sie eine absolute Positionierung realisieren. |
| *Dockpanel* | Controls können im Panel andocken (*Top*, *Bottom*, *Left*, *Right*, *Fill*). |
| *Grid* | Ein Tabellen-Layout wie es auch bei HTML-Seiten verwendet wird. |
| *Stackpanel* | Controls werden übereinander (vertikal) oder nebeneinander (horizontal "gestapelt". Die Richtung kann vorgegebenen werden. |
| *TabPanel* | Entspricht einem *TabControl*, enthält untergeordnete *TabItem*s, die wiederum andere Panel-Controls aufnehmen können. |
| *UniformGrid* | Formatiert enthaltene Controls in ein festes Raster aus Zeilen und Spalten, alle Controls sind gleich groß. |
| *ViewBox* | Enthaltene Grafiken können verschiedenartig skaliert werden. |
| *WrapPanel* | Dieses Panel verhält sich ähnlich wie ein *StackPanel*, allerdings werden die enthaltenen Controls bei Bedarf in die nächste "Zeile" umgebrochen. |

Wie Sie sehen, besitzt jedes diese Elemente spezielle Verhaltensweisen für die Anordnung der darin abgelegten Controls. Doch warum brauchen wir überhaupt ein Layout?

Die Antwort findet sich in der Möglichkeit von WPF-Anwendungen, Dialoge frei zu skalieren, d.h., eine Größenänderung des Formulars soll sich auch **sinnvoll** auf die darin enthaltenen Controls auswirken. Absolute Positions- und Größenangaben sind in diesem Zusammenhang ungeeignet, vielmehr soll das Layout durch geschickte Auswahl und Parametrierung von Panel-Controls erzeugt werden. Dabei ist es auch möglich, die Panel-Controls ineinander zu verschachteln, um die gewünschten Effekte zu erreichen.

---

[1] Per Default ist in Visual Studio bereits ein *Grid* enthalten (keine Zeile/Spalten).

**Beispiel 30.13**  **Darstellung eines einfachen Taschenrechners (auszugsweise)**

Zunächst das komplette Fenster definieren:

```
<Window x:Class="WpfApplication2.Window2"
...
```

Ein *Grid* mit zwei Zeilen, einer Spalte teilt die Grundfläche im Verhältnis 1:4:

```
<Grid>
 <Grid.RowDefinitions>
  <RowDefinition Height="*" />
  <RowDefinition Height="4*" />
 </Grid.RowDefinitions>
```

In die obere Zelle des Grids wird eine Textbox zur Ausgabe der Werte eingefügt, diese definiert ihre Randabstände über das Attribut *Margin*:

```
<TextBox Grid.Row="0" Margin="4,4,4,10" Name="textBox1" />
```

In die untere Zelle des Grids fügen wir ein *UniformGrid* ein, enthaltene Steuerelemente werden in ihrer Größe automatisch an ein per *Columns* bzw. *Rows* festgelegtes Raster angepasst:

```
<UniformGrid Name="uniformGrid1" Columns="5" Rows="4" Grid.Row="1">
```

Was fehlt sind unsere Schaltflächen, die durch das *UniformGrid* automatisch skaliert und positioniert werden. Wir können also auf all diese Angaben verzichten:

```
    <Button  Name="button1" >7</Button>
    <Button  Name="button2" >8</Button>
...
    <Button  Name="button20" >=</Button>
   </UniformGrid>
  </Grid>
</Window>
```

Dieses noch recht einfache Beispiel hat bereits vier Hierarchieebenen, wie sie in der folgenden Abbildung noch einmal gezeigt werden:

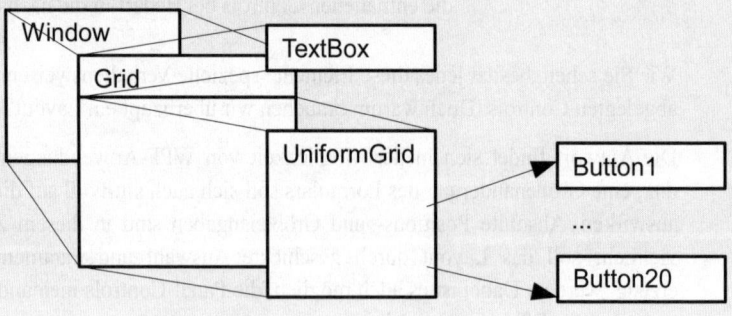

**Beispiel 30.13** | **Darstellung eines einfachen Taschenrechners (auszugsweise)**

Zur Laufzeit können Sie das Fenster jetzt beliebig vergrößern/verkleinern bzw. im Seitenverhältnis verändern, das Grundlayout des Fensters bleibt erhalten:

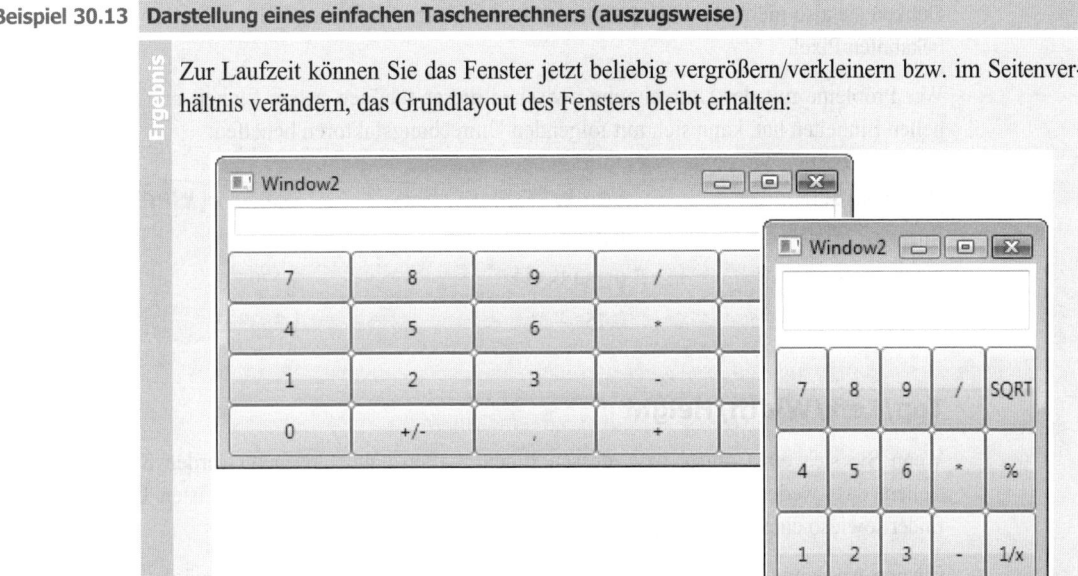

> **HINWEIS:** Vergessen Sie in diesem Zusammenhang nicht die Regel, dass Controls in einigen Panels ohne explizite Größenangabe ihre Abmessungen nach dem Inhalt (Content) bestimmen.

## 30.2.2 Positionieren von Steuerelementen

Wer sich obiges Beispiel bereits genauer angesehen hat, wird festgestellt haben, dass wir trotz allem einige absolute Maßangaben im XAML-Code versteckt haben. Die Rede ist hier von der *TextBox,* deren äußere Ränder wir mit *Margin* fest definiert haben.

### Was sind das überhaupt für Maßangaben?

Um was für Maßangaben bzw. Einheiten (Pixel, Inch ...) handelt es sich eigentlich? Die Lösung: In WPF werden Koordinatenangaben in geräteunabhängigen Pixeln angegeben! Wer jetzt auch nicht schlauer ist, dem sei gesagt, dass Microsoft die Größe eines derartigen Pixels mit genau 1/96 Zoll festgelegt hat.

Dieser Wert leitet sich aus der "angenommenen" Standard-Bildschirmauflösung von 96 DPI (Pixel/Inch) ab, im Idealfall entspricht also 1 logischer Pixel einem Pixel auf dem Bildschirm. Dass diese Annahme für absolute Maßangaben ziemlicher Blödsinn ist, dürfte spätestens nach einem Wechsel der Bildschirmauflösung klar sein, ein Pixel ist jetzt viel größer/kleiner als vorher.

Denken sie also nicht allzuviel darüber nach und nutzen Sie diesen Wert einfach so wie die allseits bekannten Pixel.

Wer Probleme mit der Umrechnung zwischen dieser schönen neuen Einheit und den konventionellen Einheiten hat, kann sich mit folgenden Umrechnungsfaktoren behelfen:

| Masseinheit | Von WPF-Pixel nach ... | Von ... in WPF-Pixel |
|---|---|---|
| Inch | 0,01041666 | 96 |
| Millimeter | 0,26458333 | 3,779527 |
| Point | 0,75 | 1,333333 |

### Top/Left/Width/Height

Wenn Sie sich ein Control bzw. dessen Eigenschaften näher ansehen, werden Sie schnell feststellen, dass weder *Top* noch *Left* vorhanden sind. Wozu auch, in den meisten Layout-Controls findet sowieso eine automatische Positionierung statt.

Einzige Ausnahme: das *Canvas*-Control, wo eine absolute Positionierung möglich ist. In diesem Fall helfen Ihnen so genannte "angehängte Eigenschaften" (*Attached Properties*) weiter. Diese beziehen sich jeweils auf das übergeordnete Control, in diesem speziellen Fall auf das *Canvas*-Control.

**Beispiel 30.14**    **Positionieren einer Schaltfläche in einem *Canvas*-Control**

```
<Canvas Name="canvas1" >
  <Button Canvas.Left="74" Canvas.Top="70" Height="45" Name="button1"
      Width="89">Beschriftung
  </Button>
</Canvas>
```

**HINWEIS:** Mehr zum *Canvas* finden Sie ab Seite 1247.

Zu *Width* und *Height* brauchen wir Ihnen sicher nicht viel zu sagen, beachten Sie jedoch, dass in den meisten Fällen die Breite/Höhe des Controls durch den umgebenden Container bestimmt wird. Dies ist auch im Sinne einer layout-orientierten Programmierung, in der die Gestaltung vom übergeordneten Layout und nicht vom einzelnen Control bestimmt wird.

### MinWidth/MaxWidth/MinHeight/MaxHeight

Mit diesen Attributen/Eigenschaften können Sie Mindestgrößen für das Control vorgeben. Sind diese nicht realisierbar (zu wenig Platz), wird das Control abgeschnitten, ist mehr Platz, wird das Control in seiner Größe beschränkt.

**Beispiel 30.15** | **Höhenbeschränkung einer Schaltfläche**

```xml
<Grid>
  <Grid.RowDefinitions>
    <RowDefinition />
    <RowDefinition />
  </Grid.RowDefinitions>
  <Button Grid.Row="0" MinHeight="50" MaxHeight="75">Button1</Button>
  <Button Grid.Row="1" >Button2</Button>
</Grid>
```

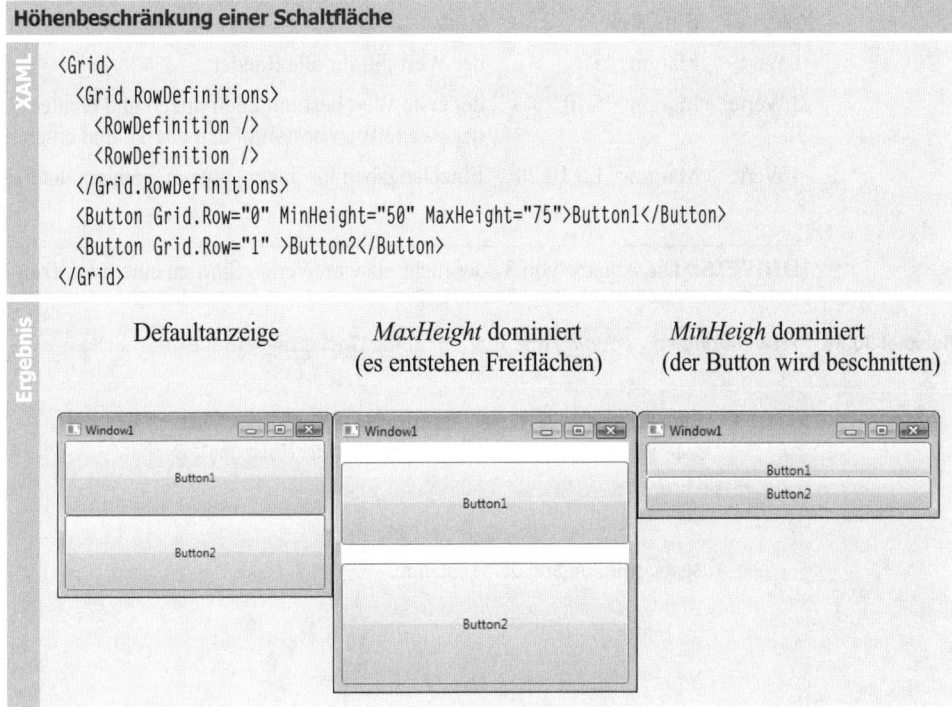

Defaultanzeige     *MaxHeight* dominiert (es entstehen Freiflächen)     *MinHeigh* dominiert (der Button wird beschnitten)

## Margin/Padding

Im Zusammenhang mit der Ausrichtung von Controls sind auch zwei Eigenschaften interessant, die zum einen den Abstand des Controls zum umgebenden Elternfenster/-Control angeben (Margin), zum anderen den Abstand des Control-Contents zu den Control-Außengrenzen (Padding).

Die folgende Abbildung zeigt die entsprechenden Bereiche:

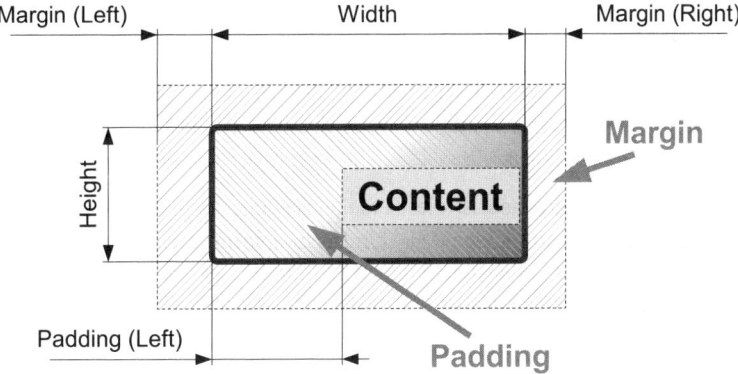

Beide Eigenschaften können Sie vollständig (4 Werte) oder auch vereinfacht angeben (1 Wert, 2 Werte).

| Werte | Beispiel | Bedeutung |
|-------|----------|-----------|
| 1 Wert | Margin="5" | der Wert gilt für alle Ränder |
| 2 Werte | Margin="5,10" | der erste Wert bestimmt den linken und rechten Rand, der zweite Wert bestimmt den oberen und unteren Rand |
| 4 Werte | Margin="1,5,10,20" | Einzelangaben für linken, oberen, rechten, unteren Rand |

**HINWEIS:** Die Angabe von 3 oder mehr als vier Werten führt zu einem Laufzeitfehler.

**Beispiel 30.16** | **Verwendung von *Padding* und *Margin* für die Gestaltung einer Schaltfläche**

```
...
    <Button Margin="5,10,20,40" Padding="16,8,4,2" Name="button2">
      <Image Width="50" Height="50" Source="Bilder/Cabo.jpg" />
    </Button>
...
```

Die Ausgabe mit Angabe der Abstände:

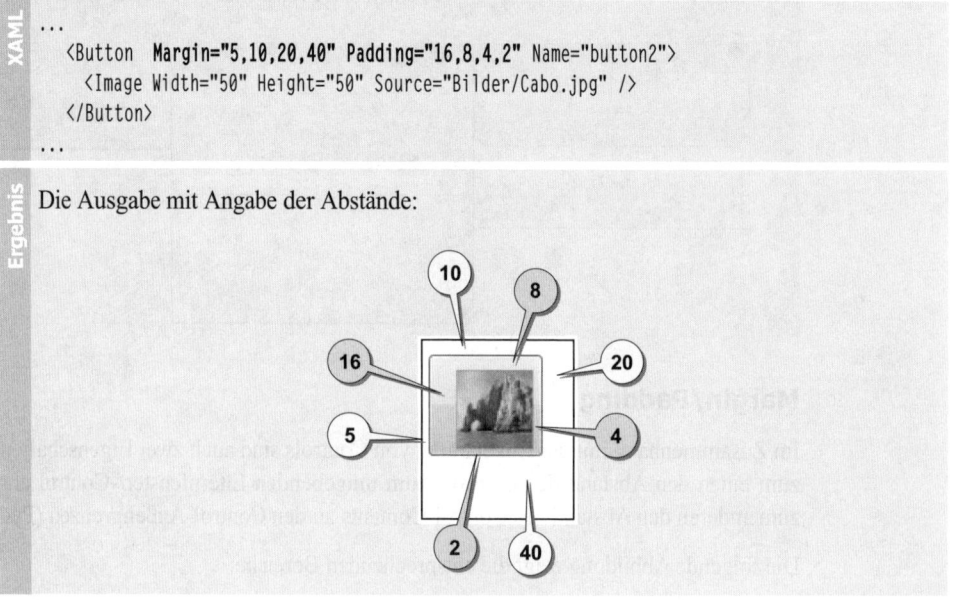

## HorizontalAlignment/VerticalAligment

Vielleicht wundern Sie sich an dieser Stelle, warum wir uns mit der horizontalen bzw. vertikalen Ausrichtung von Controls beschäftigen, wenn diese doch meist in die übergeordneten Layout-Controls hineinskaliert werden.

Der Grund für dieses Verhalten ist die Defaulteinstellung für beide Eigenschaften, diese ist mit *Stretch* festgelegt. Alternativ können Sie für *HorizontalAlignment* auch *Left, Right, Center* auswählen bzw. für *VerticalAlignment* die Werte *Top, Bottom* oder *Center.*

Ist ein Wert ungleich *Stretch* festgelegt, bestimmt der enthalten Content des Controls die Größe bzw. die Angaben von *Width* und *Height*.

### 30.2.3  Canvas

Mit diesem Control haben Sie die Möglichkeit, die klassische Variante für die Positionierung von Steuerelementen zu realisieren. Dazu stehen Ihnen mit *Top, Left, Right, Bottom* vier angehängte Eigenschaften zur Verfügung.

**Beispiel 30.17**   **Freies Positionieren von Controls in einem *Canvas* mit *Left* und *Top***

```xml
<Canvas Height="196" Width="396">
    <Button Canvas.Left="56" Canvas.Top="46" Height="23" Width="75">Button</Button>
    <Button Canvas.Left="24" Canvas.Top="85" Height="39" Width="107">Button</Button>
    <Button Canvas.Left="160" Canvas.Top="22" Height="23" Width="75">Button</Button>
    <Button Canvas.Left="120" Canvas.Top="85" Height="91" Width="115">Button</Button>
    <ComboBox Canvas.Left="206" Canvas.Top="55" Height="28" Width="169" />
</Canvas>
```

Die Laufzeitansicht:

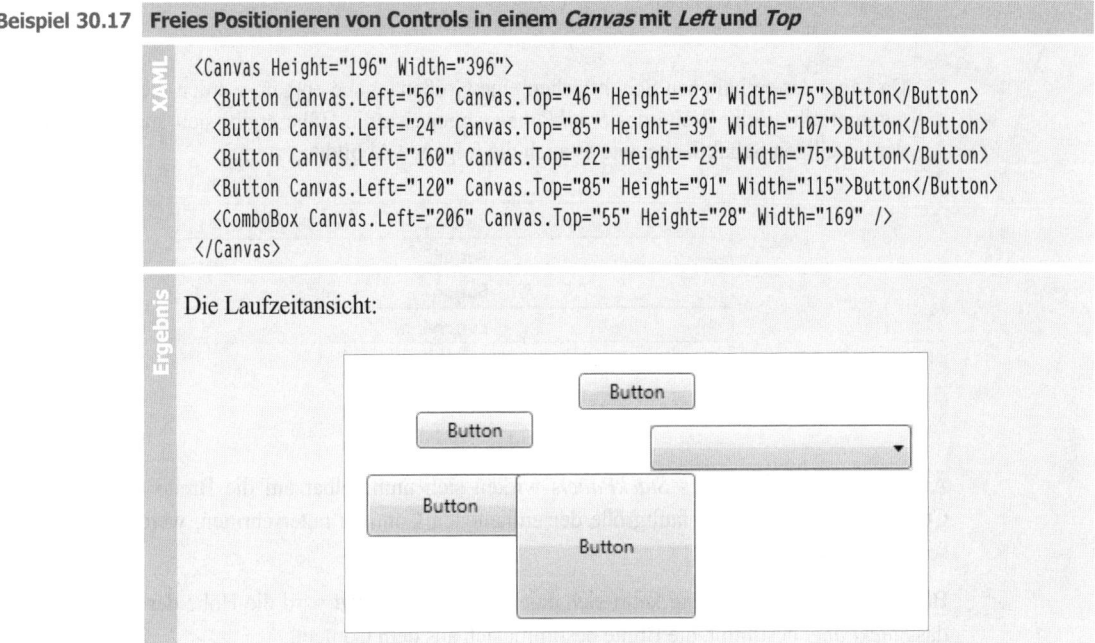

Beachten Sie, dass bei einer Verankerung am rechten oder unteren Rand, im Gegensatz zur *Anchor*-Eigenschaft bei den Windows Forms, die Breite und Höhe des Controls unverändert bleibt:

**Beispiel 30.18**   **Auswirkung einer Fenstergrößenänderung bei Verankerung an der rechten unteren Ecke:**

```xml
<Canvas >
    <Button Canvas.Right="10" Canvas.Bottom= "20" Height="23" Width="75">Button</Button>
</Canvas>
```

### 30.2.4  StackPanel

Das *StackPanel* ermöglicht das einfache "Stapeln" der enthaltenen Controls. Die Richtung dieses Stapels können Sie über die *Orientation*-Eigenschaft steuern.

**Beispiel 30.19** | *StackPanel* **mit vertikaler Ausrichtung (Default)**

```
<StackPanel>
  <Button>Button1</Button>
  <Button>Button2</Button>
  <Button>Button3</Button>
  <Button>Button4</Button>
</StackPanel>
```

Da keine der enthaltenen Schaltflächen eine Größenangabe enthält, werden die Schaltflächen automatisch an die Breite des *StackPanel*s angepasst, die Höhe ergibt sich aus dem Content der jeweiligen Schaltfläche, wie es auch die folgende Abbildung zeigt:

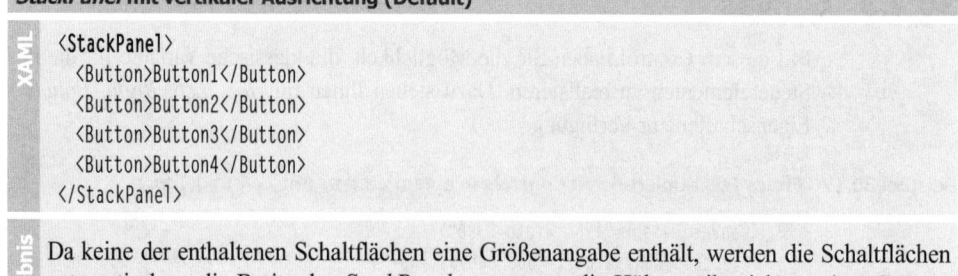

Änderungen der Breite des *StackPanel*s wirken sich unmittelbar auf die Breite der enthaltenen Controls aus. Wird die Defaultgröße der enthaltenen Controls unterschritten, werden diese abgeschnitten.

Bei horizontaler Ausrichtung kehrt sich das Verhalten um, jetzt wird die Höhe der Controls durch das *StackPanel* bestimmt, die Breite bestimmt sich aus dem Content.

**Beispiel 30.20** | **Horizontale Ausrichtung im** *StackPanel*

```
<StackPanel Orientation="Horizontal" >
  <Button>Button1</Button>
  <Button>Button2</Button>
  <Button>Button3</Button>
  <Button>Button4</Button>
</StackPanel>
```

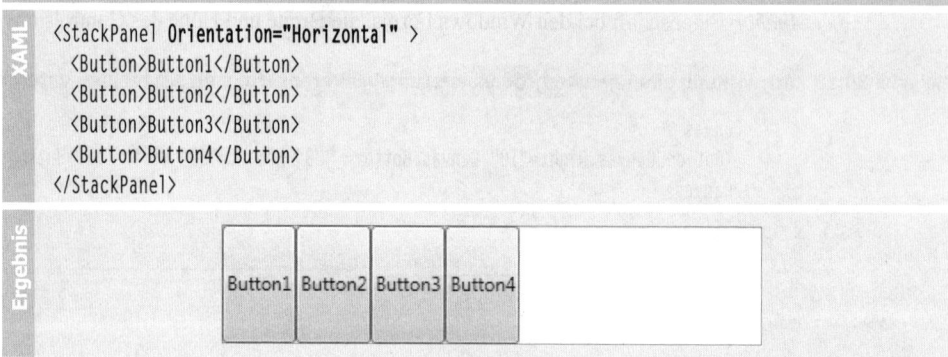

**HINWEIS:** Über die Eigenschaft *FlowDirection* steuern Sie bei horizontaler Ausrichtung die Fließrichtung (*RightToLeft, LeftToRight*), d.h. die Anzeigereihenfolge.

**Beispiel 30.21**  **Änderung der *FlowDirection***

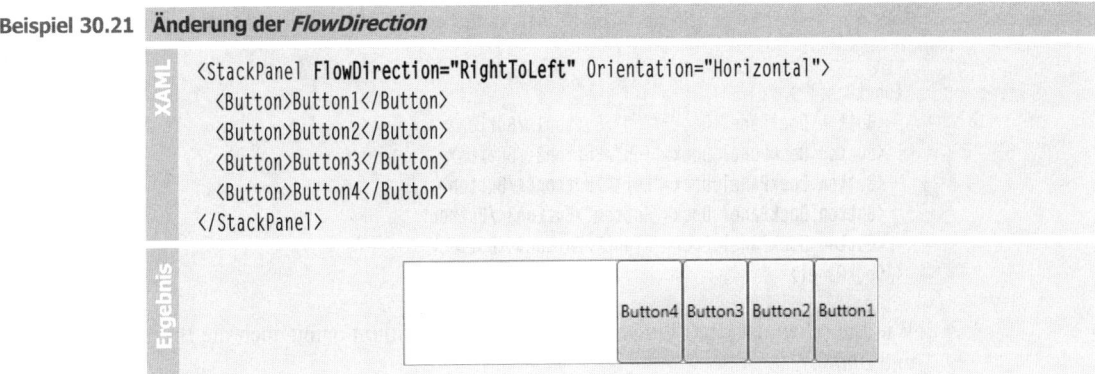

```xaml
<StackPanel FlowDirection="RightToLeft" Orientation="Horizontal">
  <Button>Button1</Button>
  <Button>Button2</Button>
  <Button>Button3</Button>
  <Button>Button4</Button>
</StackPanel>
```

## 30.2.5 DockPanel

Eines der wichtigsten Controls für das Erzeugen Explorer-ähnlicher Oberflächen dürfte das *Dock-Panel* sein. Hier können Sie festlegen, an welcher Seite des *DockPanels* die enthaltenen Controls ausgerichtet werden sollen. Die Ausrichtung wird bei jedem eingelagerten Control über die ange-hängte Eigenschaft *DockPanel.Dock* bestimmt.

**Beispiel 30.22**  **Einige Schaltflächen in einem *DockPanel* ausrichten**

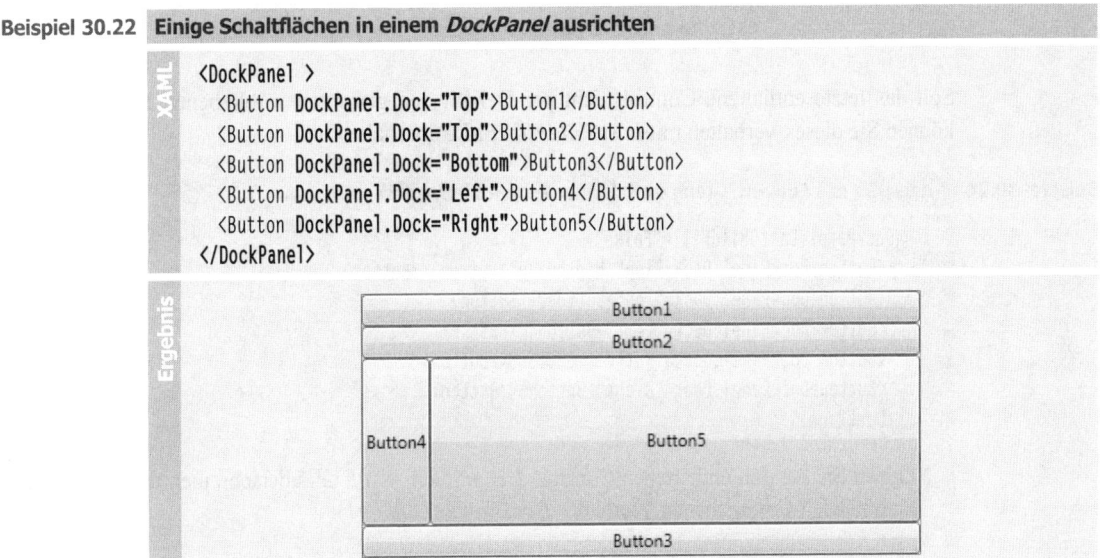

```xaml
<DockPanel >
  <Button DockPanel.Dock="Top">Button1</Button>
  <Button DockPanel.Dock="Top">Button2</Button>
  <Button DockPanel.Dock="Bottom">Button3</Button>
  <Button DockPanel.Dock="Left">Button4</Button>
  <Button DockPanel.Dock="Right">Button5</Button>
</DockPanel>
```

Drei Regeln lassen sich bereits aus obigem Beispiel erkennen:

- Controls mit gleicher Ausrichtung werden gestapelt (*Button1, Button2*).

- Die Reihenfolge der Controls bestimmt, welches Control "dominant" ist (siehe folgendes Beispiel).

- Das letzte Control in der Liste füllt den verbliebenen Platz komplett aus, egal welche Angaben gemacht wurden (*Button5*).

**Beispiel 30.23** | **Einfluss der Reihenfolge auf die Anzeige (wir tauschen lediglich *Button3* und *Button4* miteinander)**

```xaml
<DockPanel >
    <Button DockPanel.Dock="Top">Button1</Button>
    <Button DockPanel.Dock="Top">Button2</Button>
    <Button DockPanel.Dock="Left">Button4</Button>
    <Button DockPanel.Dock="Bottom">Button3</Button>
    <Button DockPanel.Dock="Right">Button5</Button>
</DockPanel>
```

Wie Sie sehen, ist jetzt *Button4* dominanter und bestimmt damit auch die Breite von *Button3* und *Button5:*

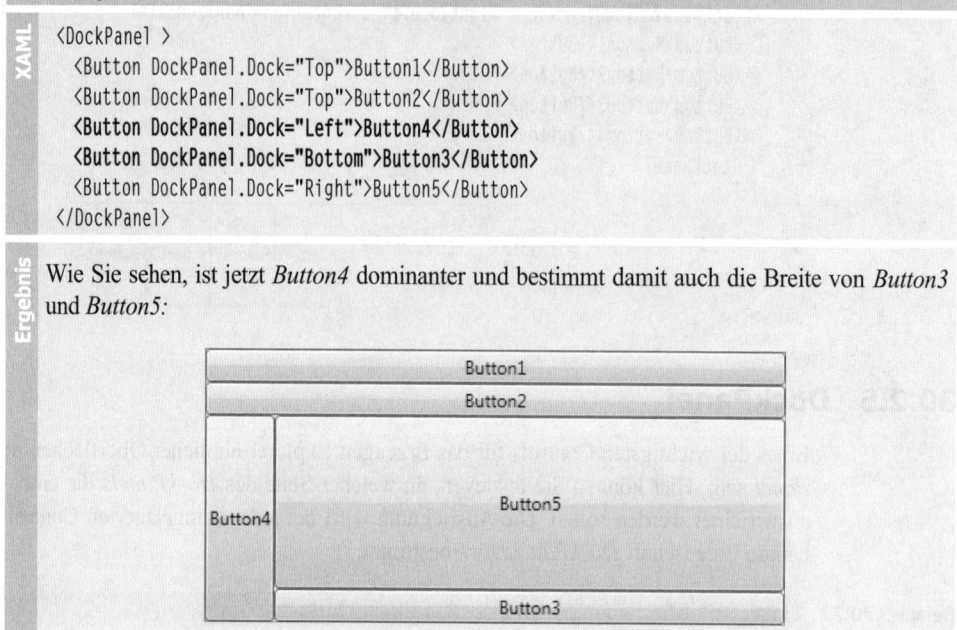

Soll das letzte enthaltene Control nicht per Default den gesamten verbliebenen Platz ausfüllen, können Sie dieses Verhalten mit *LastChildFill=False* abschalten.

**Beispiel 30.24** | **Änderung des Füllverhaltens und der Breite von Elementen**

```xaml
<DockPanel LastChildFill="False">
    <Button DockPanel.Dock="Top" Width="70">Button1</Button>
    <Button DockPanel.Dock="Top">Button2</Button>
    <Button DockPanel.Dock="Left">Button4</Button>
    <Button DockPanel.Dock="Bottom">Button3</Button>
    <Button DockPanel.Dock="Right">Button5</Button>
</DockPanel>
```

Geben Sie bei den enthaltenen Controls *Height* oder *Width* an, überschreiben diese Werte die automatisch vorgegebenen Werte des *DockPanel*s (*Button1*):

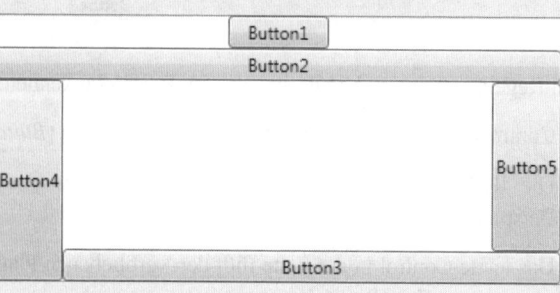

Im obigen Beispiel wurde *Button1* per Default horizontal zentriert dargestellt. Mit *Horizontal-Aligment* bzw. *VerticalAligment* können Sie dieses Verhalten ändern.

---

**HINWEIS:** Controls in einem *DockPanel* können sich nicht überlappen, notfalls werden diese abgeschnitten.

---

## 30.2.6  WrapPanel

Hier haben wir es mit einem nahen Verwandten des *StackPanels* zu tun, das Verhalten ist recht ähnlich, mit dem Unterschied, dass bei fehlendem Platz die enthaltenen Elemente in die nächste "Zeile" umgebrochen werden.

**Beispiel 30.25**  **Ein *WrapPanel* mit Buttons füllen**

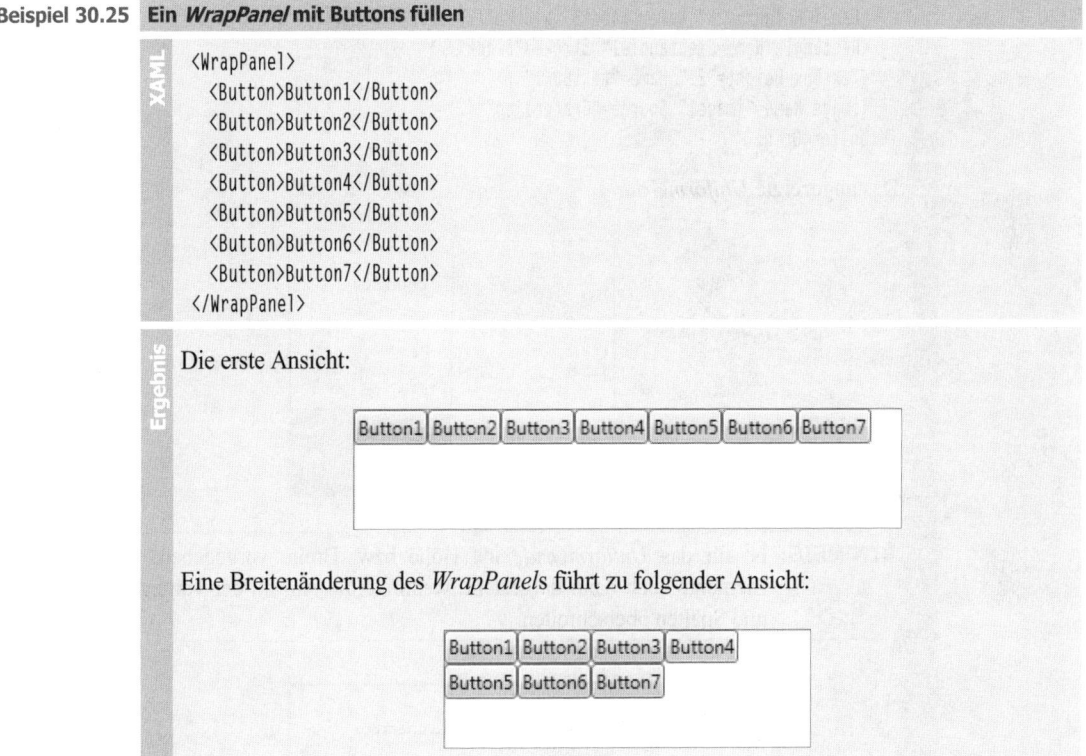

Ist nicht mehr genügend Platz für einen Umbruch vorhanden, werden die betreffenden Elemente abgeschnitten.

## 30.2.7  UniformGrid

Bevor wir uns dem wesentlich komplexeren Verwandten zuwenden, wollen wir noch einen kurzen Blick auf das *UniformGrid* werfen. Dieses dient dem einfachen Ausrichten von Elementen, wenn diese alle die gleiche Größe erhalten und in einer Rasterstruktur angeordnet werden sollen.

Die Verwendung ist relativ einfach: Definieren Sie über die Eigenschaften *Columns* und *Rows* zunächst die Anzahl der Zeilen und Spalten und fügen Sie die gewünschten Elementen ein.

---

**HINWEIS:** Eine gezielte Zuordnung zu den einzelnen Gridzellen ist nicht möglich, hier entscheidet die Reihenfolge der Definition über die Position im *UniformGrid*. Die Zellen werden von links nach rechts und dann von oben nach unten gefüllt.

---

**Beispiel 30.26**    **Verwendung des *UniformGrid***

```xaml
<UniformGrid Name="uniformGrid1" Columns="2" Rows="3" Grid.Row="1" Height="170"
             Width="226">
  <Button>Text</Button>
  <CheckBox Height="16" Name="checkBox1" Width="120">CheckBox</CheckBox>
  <Label Height="23" Name="label1" Width="120">Label</Label>
  <Rectangle Name="rectangle1" Stroke="Black" />
  <TextBox Height="21" Name="textBox1" />
  <Image Name="image1" Source="Crater.jpg" />
</UniformGrid>
```

Das angezeigte *UniformGrid:*

---

**HINWEIS:** Ist für das *UniformGrid* eine Höhe bzw. Breite vorgegeben, werden Kind-Elemente auch dann dargestellt, wenn sie die Anzahl der vorgegebenen Zeilen und Spalten überschreiten.

---

## 30.2.8  Grid

Hier haben wir es mit einem recht komplexen Control zu tun, bei dem Kind-Elemente in Zeilen und Spalten angeordnet werden können. Im Unterschied zum *UniformGrid* ist das *Grid* jedoch wesentlich flexibler, was die Definition von Zeilen und Spalten anbelangt. Auch die enthaltenen Elemente können freier positioniert werden, es ist sogar möglich, Elemente zellübergreifend zu definieren. Doch der Reihe nach:

### Definition des Grundlayouts

Fügen Sie ein neues *Grid* in ein *Window* ein, verfügt dieses zunächst nur über eine einzige Zelle. Neue Zeilen bzw. Spalten definieren Sie über einen gesonderten Bereich *RowDefinitions* bzw. *ColumnDefinitions*.

**Beispiel 30.27**  **Ein *Grid* mit zwei Spalten und drei Zeilen definieren**

```xaml
<Window x:Class="WpfApplication2.Window1"
    xmlns="http://schemas.microsoft.com/winfx/2006/xaml/presentation"
    xmlns:x="http://schemas.microsoft.com/winfx/2006/xaml"
    Title="Window1" Height="215" Width="294"  >
  <Grid>
    <Grid.RowDefinitions>
      <RowDefinition/>
      <RowDefinition/>
      <RowDefinition/>
    </Grid.RowDefinitions>
    <Grid.ColumnDefinitions>
      <ColumnDefinition/>
      <ColumnDefinition/>
    </Grid.ColumnDefinitions>
  </Grid>
</Window>
```

**Ergebnis**

Wie Sie sehen, sind bei dieser Art der Definition alle Zellen gleich groß, vergrößern Sie das *Grid*, werden die Spalten und Zeilen im gleichen Verhältnis vergrößert.

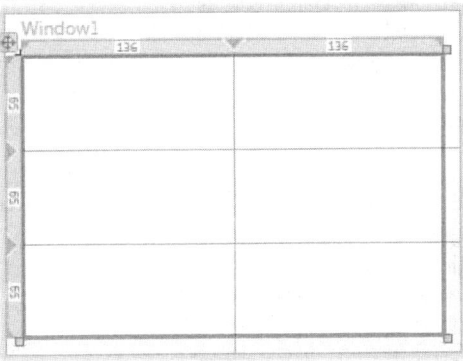

Für die Definition spezifischer Zeilenhöhen bzw. Spaltenbreiten hat sich Microsoft einige Varianten ausgedacht:

**Beispiel 30.28** | **Spaltenbreite entsprechend dem Inhalt festlegen (das breiteste bzw. höchste Element bestimmt die Breite bzw. Höhe)**

```xaml
<Grid>
...
    <Grid.ColumnDefinitions>
      <ColumnDefinition Width="Auto"/>
      <ColumnDefinition Width="Auto"/>
    </Grid.ColumnDefinitions>
    <Button Grid.Column="0" Height="23" Name="button1" Width="175"
            Grid.Row="0">Button</Button>
    <Button Grid.Column="1" Height="23" Name="button2" Width="175"
            Grid.Row="0">Button</Button>
</Grid>
```

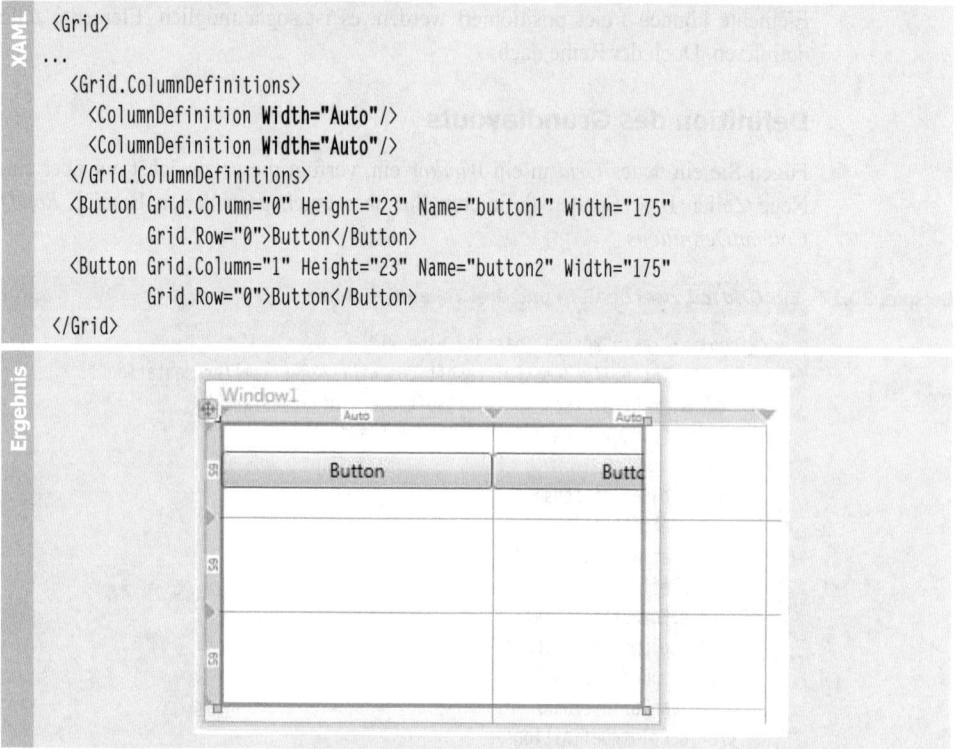

**Beispiel 30.29** | **Festlegen einer bestimmten Breite**

```xaml
<Grid>
...
    <Grid.ColumnDefinitions>
      <ColumnDefinition Width="100"/>
      <ColumnDefinition Width="Auto"/>
    </Grid.ColumnDefinitions>
...
</Grid>
```

**Beispiel 30.30** | **Festlegen eines Anteils am verfügbaren Platz**

```xaml
<Grid>
    <Grid.RowDefinitions>
      <RowDefinition Height="*"/>
      <RowDefinition Height="2*"/>
      <RowDefinition Height="0.5*"/>
```

**Beispiel 30.30** | **Festlegen eines Anteils am verfügbaren Platz**

```
    </Grid.RowDefinitions>
    <Grid.ColumnDefinitions>
      <ColumnDefinition Width="*"/>
      <ColumnDefinition Width="2*"/>
    </Grid.ColumnDefinitions>
  </Grid>
```

In diesem Fall kommen Sie um etwas Rechnerei nicht herum. Für obiges Beispiel gilt: Es gibt 3,5 Zeilenanteile (entspricht 175 Einheiten) und 3 Spaltenanteile (entspricht 270 Einheiten). Die daraus resultierenden Spaltenbreiten bzw. Zeilenhöhen können Sie der folgenden Laufzeitansicht entnehmen:

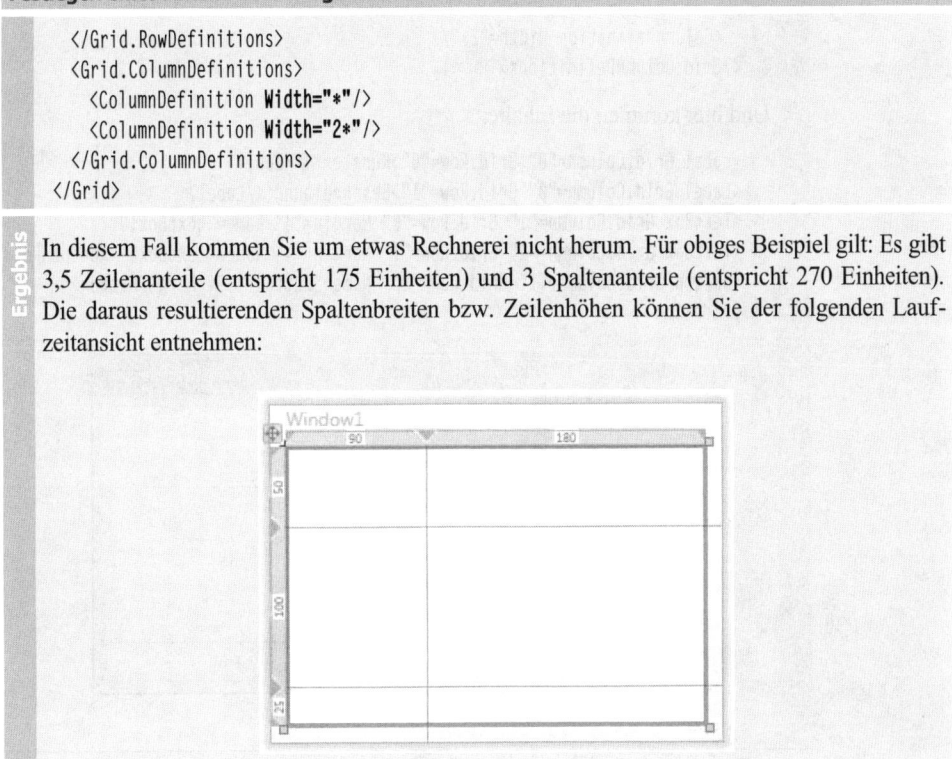

Wie Sie sehen, können die Zellgrößen im *Grid* recht flexibel definiert werden.

## Zuordnen von Kind-Elementen

Die Zuordnung der Kindelemente zu den einzelnen Gridzellen erfolgt über die angehängten Eigenschaften *Grid.Column* und *Grid.Row*, die Sie bei jedem der Kindelemente setzen können.

**Beispiel 30.31** | **Erstellen einer einfachen Oberfläche**

Zunächst definieren wir das *Grid* und dessen Hintergrundfarbe:

```
<Grid Background="AliceBlue">
```

Die Spalten und Zeilen festlegen:

```
<Grid.RowDefinitions>
  <RowDefinition Height="*"/>
  <RowDefinition Height="2*"/>
  <RowDefinition Height="0.5*"/>
</Grid.RowDefinitions>
<Grid.ColumnDefinitions>
  <ColumnDefinition Width="*"/>
```

Beispiel 30.31 **Erstellen einer einfachen Oberfläche**

```
      <ColumnDefinition Width="2*"/>
    </Grid.ColumnDefinitions>
```

Und hier kommen die Inhalte:

```
<Label Grid.Column="0" Grid.Row="0">Kurztext:</Label>
<Label Grid.Column="0" Grid.Row="1">Beschreibung:</Label>
<TextBox Grid.Column="1" Grid.Row="0" Margin="4" Name="textBox1" />
<TextBox Grid.Column="1" Grid.Row="1" Margin="4" Name="textBox2" AcceptsReturn="True"/>
<Button Grid.Column="1" Grid.Row="2"  Name="button1">Sichern</Button>
</Grid>
```

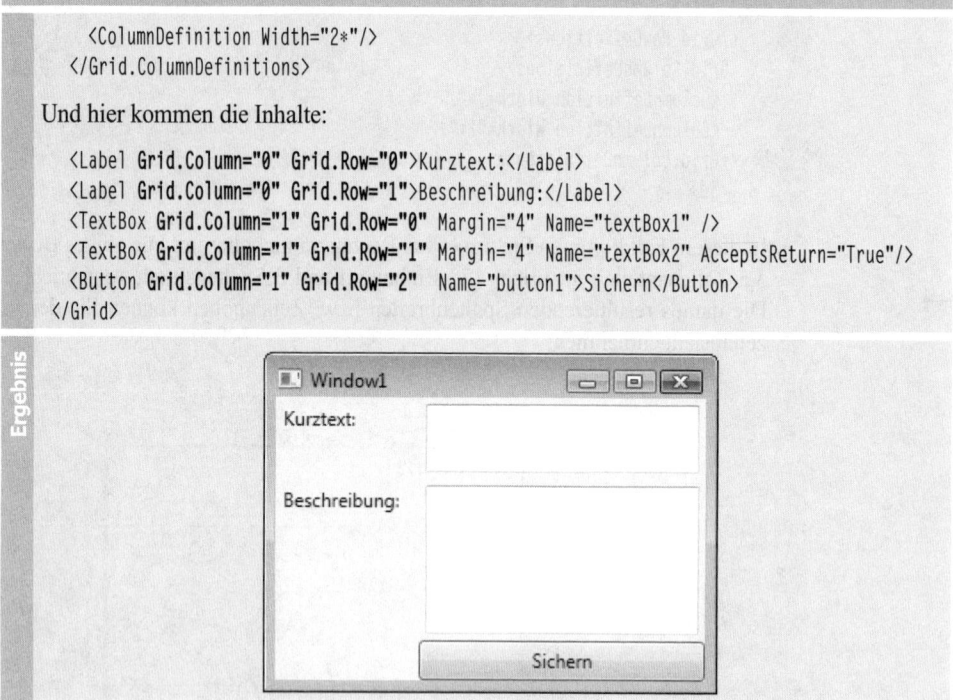

---

**HINWEIS:** Für das Ausrichten der Inhalte können Sie die Eigenschaften *VerticalAlignment* und *HorizontalAlignment* verwenden.

---

Doch was, wenn sich ein Element über zwei oder drei Spalten bzw. Zeilen erstrecken soll? Auch kein Problem, verwenden Sie dafür die Eigenschaften *Grid.ColumnSpan* bzw. *Grid.RowSpan*, um für das jeweilige Element mehrere Spalten/Zeilen zusammenzufassen.

Beispiel 30.32 **Die Schaltfläche aus obigem Beispiel soll sich über zwei Spalten erstrecken**

```
<Grid Background="AliceBlue">
...
    <Button Grid.Column="0" Grid.Row="2"  Grid.ColumnSpan="2" Name="button1">Sichern</Button>
  </Grid>
```

In der Entwurfsansicht können Sie deutlich sehen, dass sich die Schaltfläche jetzt über die Spaltentrennlinie erstreckt (siehe folgende Abbildung):

**Beispiel 30.32** **Die Schaltfläche aus obigem Beispiel soll sich über zwei Spalten erstrecken**

## Verwendung des GridSplitters

Möchten Sie zur Laufzeit Einfluss auf die Spaltenbreiten bzw. Zeilenhöhen nehmen, können Sie einen so genannten *GridSplitter* in eine oder auch mehrere Zellen (*ColumnSpan, RowSpan*) einfügen. Dessen Breite bestimmen Sie mit *Width,* die Farbe können Sie über das *Background-*Attribut festlegen.

---

**HINWEIS:** Per Default ist der *GridSplitter* am rechten Rand der Zelle verankert, Sie können dieses Verhalten aber auch über die *HorizontalAlignment*-Eigenschaft ändern.

---

**Beispiel 30.33** **Verwendung *GridSplitter* für obiges Beispiel**

```XAML
<Grid Background="AliceBlue">
...
   <GridSplitter Grid.Column="0" Grid.RowSpan="2" HorizontalAlignment="Right" Width="5"
               Background="Cyan" />
</Grid>
```

Die Entwurfsansicht zeigt bereits, dass der *GridSplitter* nur in den ersten beiden Zeilen des Grids angezeigt wird:

| Kurztext: | |
|---|---|
| Beschreibung: | |
| | |
| Sichern | |

---

**HINWEIS:** Doch Achtung: Der *GridSplitter* überdeckt den Inhalt der jeweiligen Zelle etwas, legen Sie also für die enthaltenen Elemente einen entsprechend großen Randabstand fest (*Margin*).

---

## 30.2.9  ViewBox

Geht es um die Anzeige von Grafiken in bestimmten Seitenverhältnissen bzw. mit automatischer Anpassung an das übergeordnete Element, ist die *ViewBox* die erste Wahl.

**Beispiel 30.34** | **Platzieren Sie einfach die gewünschte Grafik im Clientbereich und legen Sie per *Stretch*-Attribut das Verhalten fest.**

```xaml
<Viewbox Name="viewbox1" Stretch="UniformToFill" >
  <Image Source="browser.png"/>
</Viewbox>
```

Die folgende Tabelle zeigt die Auswirkung der *Stretch*-Eigenschaft auf das Aussehen der enthaltenen Grafik:

| Stretch | Beispiel | Beschreibung |
|---|---|---|
| *None* | 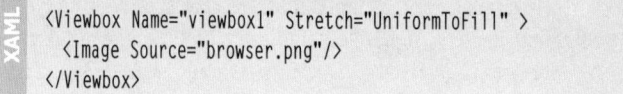 | Grafik wird in Originalgröße angezeigt. Reicht der Platz nicht, wird die Grafik abgeschnitten. Ist die Grafik kleiner als die *ViewBox*, wird die Grafik per Default zentriert. |
| *Fill* | | Die Grafik wird ohne Rücksicht auf die Proportionen in die *ViewBox* skaliert. |
| *Uniform* | | Die Grafik wird proportional skaliert, sodass diese vollständig in der Clientfläche angezeigt wird. |
| *UniformToFill* | | Die Grafik wird proportional skaliert, jedoch so, dass die *ViewBox* vollständig gefüllt ist. Hierbei werden meist Teile der Grafik abgeschnitten |

Dass auch beliebige andere Elemente problemlos mit der *ViewBox* skaliert werden können, zeigt das folgende Beispiel eines Buttons:

 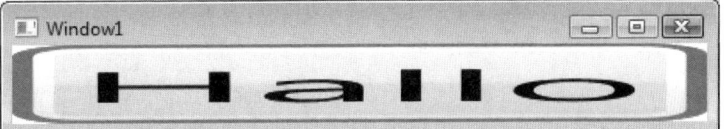

> **HINWEIS:** Da es sich um Vektorgrafik handelt, sind auch starke Vergrößerungen ohne Qualitätsverlust möglich.

## 30.2.10 TextBlock

Im Gegensatz zu den bisher vorgestellten Elementen nimmt der *TextBlock* eine Sonderstellung ein. Auch wenn dieser prinzipiell weitere Steuerelemente aufnehmen kann, ist doch seine Hauptaufgabe die Ausgabe von formatierten Texten. Damit empfiehlt sich dieses Control als "großer Bruder" des guten alten *Label*-Controls, mit wesentlich erweiterten Möglichkeiten.

**Beispiel 30.35** | **Ausgabe von Text in einer Gridzelle mit Hilfe eines *TextBlock*-Elements**

```xaml
...
<Grid>
  <Grid.ColumnDefinitions>
    <ColumnDefinition/>
    <ColumnDefinition/>
  </Grid.ColumnDefinitions>
  <Grid.RowDefinitions>
    <RowDefinition/>
    <RowDefinition/>
  </Grid.RowDefinitions>
  <TextBlock Grid.Column="1" Grid.Row="0">
      Hallo User, hier steht jede Menge Text!
  </TextBlock>
</Grid>
...
```

Ein Ergebnis ist bereits zu sehen, dürfte aber noch nicht ganz den Erwartungen entsprechen, da der Text nicht umgebrochen wird

|  | Hallo User, hier steht j |
|---|---|
|  |  |

**Beispiel 30.36** | **Umbrechen des Textes mit dem Attribut *TextWrapping***

```xaml
...
<TextBlock TextWrapping="Wrap" Grid.Column="1" Grid.Row="0">
    Hallo User, hier steht jede Menge Text! ABCDEFGHIJKLMNOPQRSTUVW
</TextBlock>
<TextBlock TextWrapping="WrapWithOverflow" Grid.Column="0" Grid.Row="1">
  Hallo User, hier steht jede Menge Text! ABCDEFGHIJKLMNOPQRSTUVW
</TextBlock>
...
```

Die beiden möglichen Umbruch-Varianten unterscheiden sich nur beim Umbruch langer Wörter, die nicht in eine Zeile passen (*Wrap* trennt das Wort, *WrapWithOverflow* schneidet es ab):

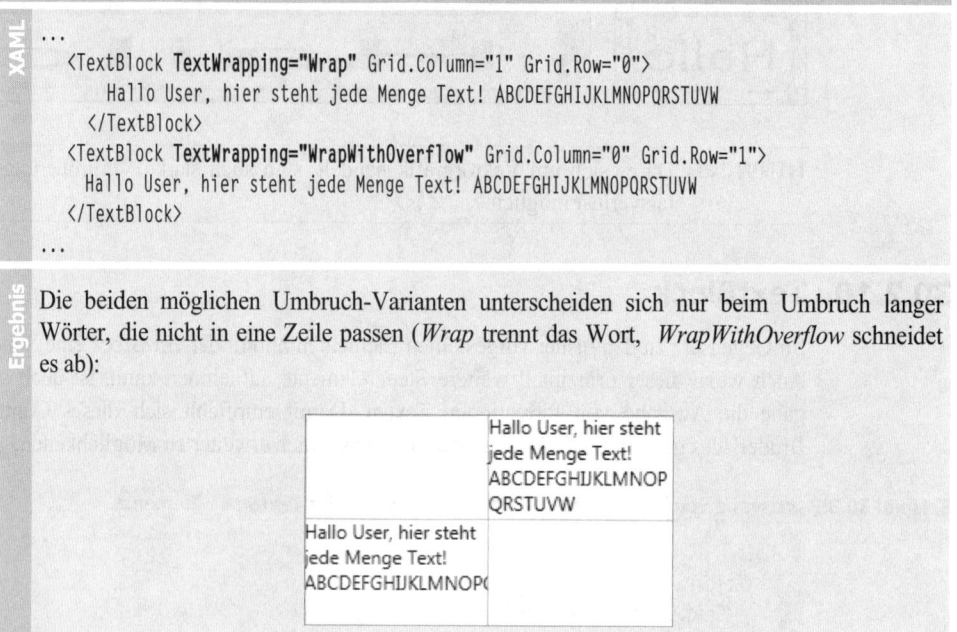

## Textformatierungen

Der auffälligste Unterschied zum *Label* besteht in den umfangreichen Formatierungsmöglichkeiten, die ein *TextBlock* anbietet:

**Beispiel 30.37** | **Einfache Vorgabe eines Textformats für den gesamten *TextBlock***

```xaml
...
<TextBlock FontFamily="Arial" FontSize="18" FontWeight="Bold" TextWrapping="Wrap">
    Hallo User, hier steht jede Menge Text! ABCDEFGHIJKLMNOPQRSTUVW
</TextBlock>
...
```

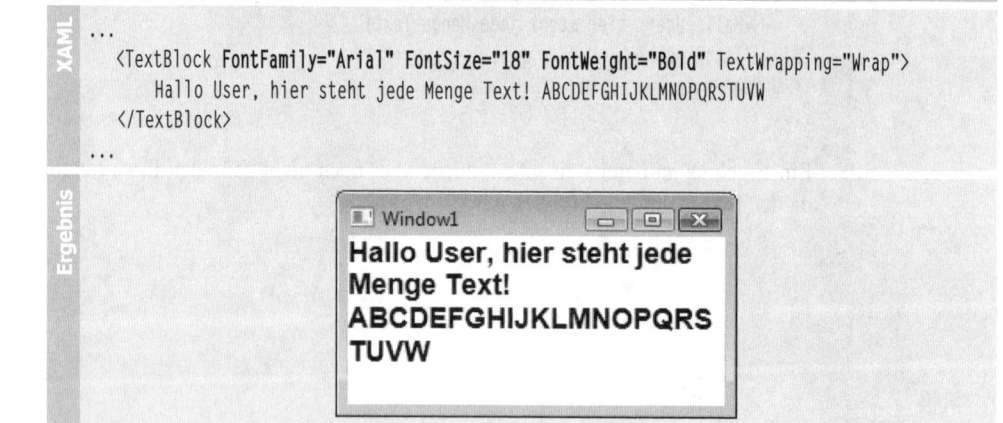

**Beispiel 30.38** | **Spezielle Textformatierungen im *TextBlock***

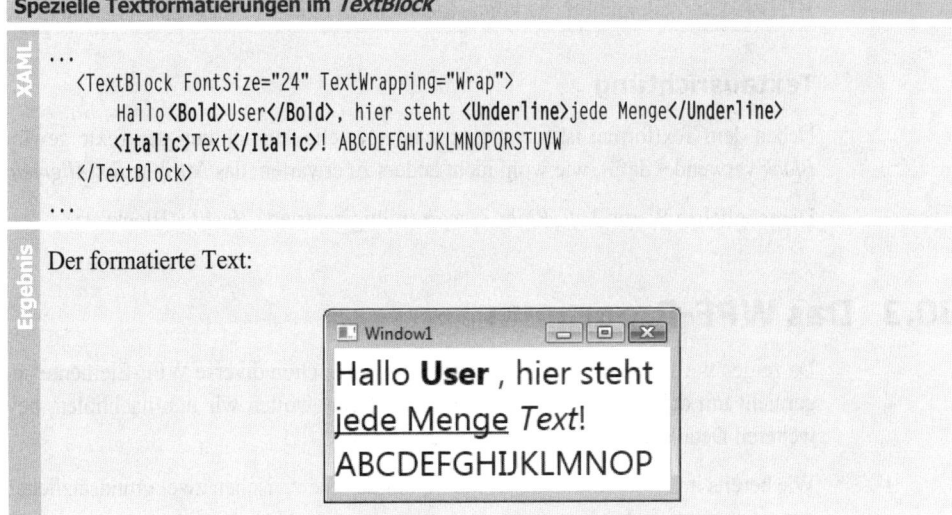

```
...
<TextBlock FontSize="24" TextWrapping="Wrap">
    Hallo<Bold>User</Bold>, hier steht <Underline>jede Menge</Underline>
    <Italic>Text</Italic>! ABCDEFGHIJKLMNOPQRSTUVW
</TextBlock>
...
```

Der formatierte Text:

## Besonderheit von Leerzeichen/Zeilenumbrüchen

Auf ein Thema der Textausgabe müssen wir unbedingt noch eingehen, da es sich hier um eine Besonderheit des XAML-Compilers handelt. Die Rede ist von der Ausgabe mehrfacher Leerzeichen und von Zeilenumbrüchen, die per Default nicht berücksichtigt werden.

Mit dem Attribut *xml:space* können Sie das Verhalten des Compilers beeinflussen, sodass auch mehrfache Leerzeichen und Zeilenumbrüche richtig interpretiert werden.

**HINWEIS:** Doch Achtung: In diesem Fall werden auch die Formatierungen im XAML-Quelltext (Einrückungen) berücksichtigt.

**Beispiel 30.39** | **Ausgabe mehrfacher Leerzeichen und Zeilenumbrüche**

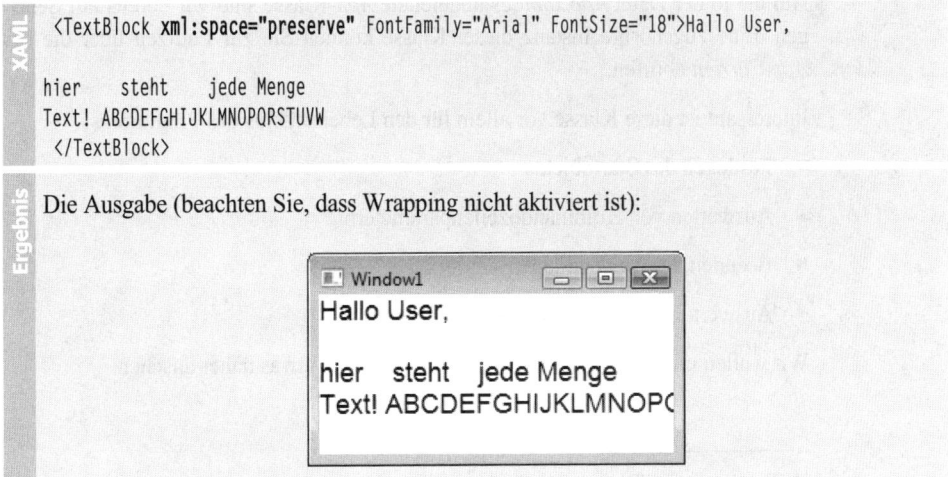

```
<TextBlock xml:space="preserve" FontFamily="Arial" FontSize="18">Hallo User,

hier    steht    jede Menge
Text! ABCDEFGHIJKLMNOPQRSTUVW
</TextBlock>
```

Die Ausgabe (beachten Sie, dass Wrapping nicht aktiviert ist):

---
**HINWEIS:** Zeilenumbrüche könne Sie auch mit einem *<LineBreak/>*-Element erzeugen.

---

### Textausrichtung

Neben dem Textformat ist meist auch eine spezielle Ausrichtung der Texte gewünscht. Der *Text-Block* verwendet dafür, wie wohl nicht anders zu erwarten, das Attribut *TextAligment*.

Die möglichen Werte: *Left, Right, Center* (mittig zentriert), *Justify* (Blocksatz).

# 30.3  Das WPF-Programm

Da zeigen wir Ihnen im vorhergehenden Abschnitt schon diverse WPF-Elemente und kümmern uns garnicht um das eigentliche Programmgerüst! Das wollen wir nun nachholen, bevor wir uns mit weiteren Details der WPF-Controls beschäftigen.

Wie bereits im Abschnitt 30.1.5 erwähnt, müssen Sie zwischen zwei grundsätzlichen WPF-Anwendungstypen unterscheiden:

- WPF-Windows Anwendung

- XAML Browser Anwendung

Erstere ist eine Ansammlung von einzelnen Windows, wie Sie es auch aus den altgedienten Windows Forms-Anwendungen kennen[1], XAML Browser Anwendungen verwenden statt einzelner Fenster so genannte Pages zwischen denen navigiert werden kann (ähnlich ASP.NET).

---
**HINWEIS:** Im Folgenden wollen wir uns aus Platzgründen auf den WPF Windows-Anwendungstyp beschränken.

---

## 30.3.1  Die App-Klasse

Auf die in der Datei *App.xaml.cs* abgeleitete *App*-Klasse sind wir bereits auf Seite 1230 eingegangen. Eine zugehörige Instanz dieser Klasse können Sie zur Laufzeit über die statische Methode *App.Current* abrufen.

Interessant ist diese Klasse vor allem für den Lebenszyklus des Programms:

- Festlegen des Startobjekts

- Auswerten von Kommandozeilenparametern

- Beenden der Anwendung

- Auswerten von Anwendungsereignissen

Wir wollen uns die einzelnen Punkte im Folgenden etwas näher ansehen.

---
[1] SDI-Anwendung, MDI-Anwendungen werden noch nicht unterstützt.

## 30.3.2 Das Startobjekt festlegen

Wie schon erwähnt, wird das Hauptprogramm der WPF-Anwendung automatisch vom Visual Studio-Compiler erzeugt. Doch wo legen wir dann das Startobjekt bzw. das Startfenster fest?

Hier hilft uns die Datei *App.xaml* weiter, in dieser wird mit dem *StartupUri*-Attribut das erste Fenster festgelegt:

```
<Application x:Class="WpfApplication2.App"
    xmlns="http://schemas.microsoft.com/winfx/2006/xaml/presentation"
    xmlns:x="http://schemas.microsoft.com/winfx/2006/xaml"
    StartupUri="Window1.xaml">
    <Application.Resources>

    </Application.Resources>
</Application>
```

Diesen Eintrag können Sie ohne Probleme auf ein beliebiges anderes Fenster festlegen. Der Compiler nutzt diese Information für die später automatisch erzeugte Methode *Initialize-Component:*

```
[DebuggerNonUserCode]
public void InitializeComponent()
{
    base.StartupUri = new Uri("Window1.xaml", UriKind.Relative);
}
```

**HINWEIS:** Sie können diesen Wert auch erst zur Laufzeit ändern, überschreiben Sie dazu beispielsweise die *OnStartup*-Methode.

**Beispiel 30.40** **Zur Laufzeit ein Startformular festlegen (*App.xaml.cs*)**

```
C#  ...
    public partial class App : Application
    {
        protected override void OnStartup(StartupEventArgs e)
        {
            if (e.Args.Count() == 0)
                this.StartupUri = new Uri("Window2.xaml", UriKind.Relative);
            else
                this.StartupUri = new Uri("Window1.xaml", UriKind.Relative);
        }
    }
```

**Beispiel 30.41** | **Alternative zum Überschreiben der *OnStartup*-Methode**

Alternativ können Sie auch das entsprechende Ereignis Startup verwenden. Fügen Sie dazu in der Datei *App.xaml* einen entsprechenden Tag hinzu:

```
<Application x:Class="WpfApplication2.App"
             xmlns="http://schemas.microsoft.com/winfx/2006/xaml/presentation"
             xmlns:x="http://schemas.microsoft.com/winfx/2006/xaml"
             StartupUri="MainWindow.xaml" Startup="Application_Startup">
    <Application.Resources>
    </Application.Resources>
</Application>
```

Anschließend editieren Sie die Datei *App.xaml.cs*:

```
...
namespace WpfApplication2
{
    public partial class App : Application
    {
        private void Application_Startup(object sender, StartupEventArgs e)
        { ... }
    }
}
```

**HINWEIS:** Sie können in diesem Ereignis bzw. in der überschriebenen Methode auch weitere Fenster erzeugen und anzeigen, diese erscheinen zeitgleich mit dem Hauptformular, das per *App.xaml* definiert wurde.

## 30.3.3 Kommandozeilenparameter verarbeiten

Auch wenn die Verwendung von Kommandozeilenparametern immer mehr aus der Mode kommt, ist es in dem einen oder anderen Fall doch erforderlich.

In der *OnStartUp*-Methode bzw. im *Startup*-Ereignis wird ein Parameter vom Typ *StartupEventArgs* übergeben. Über dessen Eigenschaft *Args* können Sie auf die Liste der übergebenen Parameter zugreifen.

**Beispiel 30.42** | **Überschreiben der Methode *OnStartUp*, um die Kommandozeilenparameter auszuwerten (*App.xaml.cs*) und anzuzeigen:**

```
...
public partial class App : Application
{
    protected override void OnStartup(StartupEventArgs e)
    {
        if (e.Args.Count() == 0)
        {
```

**Beispiel 30.42** Überschreiben der Methode *OnStartUp*, um die Kommandozeilenparameter auszuwerten (*App.xaml.cs*) und anzuzeigen:

```
            MessageBox.Show("Das Programm muss mit Parametern gestartet werden!");
            this.Shutdown();
        }
        foreach (string arg in e.Args)
            MessageBox.Show(arg);
    }
  }
}
```

## 30.3.4  Die Anwendung beenden

Eigentlich eine dumme Aufgabenstellung, werden die meisten denken, wird doch die Anwendung per Default geschlossen, wenn das letzte Fenster vom Anwender geschlossen wird. Dies ist zunächst korrekt, doch dieses Verhalten ist nicht immer gewünscht, und es soll auch Fälle geben, wo die Anwendung aus sich heraus geschlossen wird.

Die Art wie eine Anwendung beendet wird, beeinflussen Sie über die Eigenschaft *ShutdownMode* des *App*-Objekts. Neben dem Standardwert *OnLastWindowClose* (wenn kein offenes Fenster mehr vorhanden ist) können Sie auch *OnMainWindowClose* (beim Schließen des Startfensters) oder *OnExplicitShutdown* wählen.

Die letzte Variante erwartet den expliziten Aufruf der *Shutdown*-Methode des *Application*-Objekts.

**Beispiel 30.43** Explizites Beenden der Anwendung per Schaltfläche

```
private void button1_Click(object sender, RoutedEventArgs e)
{
    App.Current.Shutdown();
}
```

## 30.3.5  Auswerten von Anwendungsereignissen

Für den Programmierer hält die *App*-Klasse noch einige interessante Ereignisse bereit, mit denen Sie auf bestimmt Anwendungszustände reagieren können.

| Ereignis | Beschreibung |
|---|---|
| *Activated* | Die Applikation wird zur Vordergrundanwendung. |
| *Deactivated* | Die Applikation ist nicht mehr die Vordergrundanwendung. |
| *DispatcherUnhandledException* | Ein nicht behandelter Fehler ist aufgetreten. |
| *Exit* | Das Anwendungsende ist ausgelöst. |

| Ereignis | Beschreibung |
|---|---|
| *SessionEnding* | Windows wird beendet (Logout oder Shutdown). Sie können den Grund über den Parameter *e.ReasonSessionEnding* ermitteln. Mit *e.Cancel* können Sie versuchen den Shutdown aufzuhalten, dies ist jedoch nicht in allen Fällen möglich. |
| *Startup* | Die Anwendung wurde gestartet. |

**Beispiel 30.44**  **Eine zentrale Fehlerbehandlung implementieren**

In der Datei *App.xaml.cs* erzeugen Sie einen neuen Ereignishandler für *DispatcherUnhandledException*:

...

```
public partial class App : Application
{
    private void Fehlerbehandlung(object sender, DispatcherUnhandledExceptionEventArgs e)
    {
        MessageBox.Show("Mal wieder ein Fehler: " + e.Exception.Message);
        e.Handled = true;
    }
}
```
...

In der Datei *App.xaml* fügen Sie das Attribut *DispatcherUnhandledException* hinzu, um Ereignis und Ereignismethode miteinander zu verknüpfen:

```
<Application x:Class="WpfApplication2.App"
    xmlns="http://schemas.microsoft.com/winfx/2006/xaml/presentation"
    xmlns:x="http://schemas.microsoft.com/winfx/2006/xaml"
    StartupUri="Window1.xaml"
    DispatcherUnhandledException="Fehlerbehandlung" >
```
...

Tritt jetzt in Ihrem Programm ein unbehandelter Fehler auf, wird obige Ereignisprozedur ausgeführt und das Programm anschließend fortgesetzt.

# 30.4  Die Window-Klasse

Die eigentliche "Spielwiese" des Programmierers ist sicherlich das einzelne Fenster innerhalb der Anwendung. In WPF-Anwendungen handelt es sich dabei um Instanzen der Klasse *Window*, dem Pendant zu *Form* von Windows Forms-Anwendungen.

Bevor wir jetzt der Versuchung erliegen, alle Eigenschaften, Methoden und Ereignisse detailliert aufzulisten, wollen wir uns lieber einige spezifische Aufgabenstellungen herauspicken, vieles kennen Sie ja bereits von den Windows Forms.

### 30.4.1 Position und Größe festlegen

Haben Sie per Visual Studio ein neues Window erzeugt, sind bereits die Attribute für Breite und Höhe vorhanden (*Width, Height*) und müssen nur noch angepasst werden.

Die Position des Fensters können Sie zum einen mit dem Attribut *WindowStartupLocation* festlegen (*CenterOwner, CenterScreen, Manual*), zum anderen können Sie *Top* oder *Left* für die Ausrichtung verwenden.

Für die Position in der Liste der angezeigten Windows ist die Eigenschaft *Topmost* verantwortlich.

### 30.4.2 Rahmen und Beschriftung

Die Art des Rahmens beeinflussen Sie mit dem Attribut *WindowStyle (None*, *ToolWindow*, *SingleBorderWindow, ThreeDBorderWindow)*:

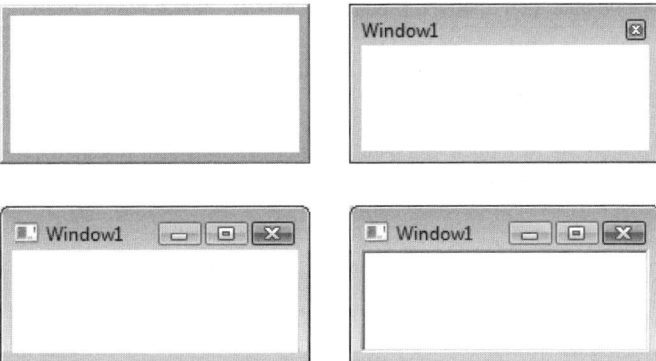

Die Beschriftung des Fensters lässt sich mit dem Attribut *Title* festlegen:

```
<Window x:Class="WpfApplication3.Window1"
    xmlns="http://schemas.microsoft.com/winfx/2006/xaml/presentation"
    xmlns:x="http://schemas.microsoft.com/winfx/2006/xaml"
    Title="Window1" Height="100" Width="200">
```

### 30.4.3 Das Fenster-Icon ändern

Über das Attribut *Icon* lässt sich dem *Window* auch ein neues Icon (linke obere Ecke bzw. Taskleistenansicht) zuordnen.

**Beispiel 30.45** **Das Fenster-Icon festlegen**

Ziehen Sie per Drag&Drop eine Icon-Datei in Ihr Projekt und legen Sie die *Icon*-Eigenschaft des Window auf deren Namen fest:

```
<Window x:Class="WpfApplication3.Window1"
    xmlns="http://schemas.microsoft.com/winfx/2006/xaml/presentation"
```

**Beispiel 30.45**   **Das Fenster-Icon festlegen**

```
        xmlns:x="http://schemas.microsoft.com/winfx/2006/xaml"
        Title="Window1" Height="100" Width="200" Icon="Sign.ico">
...
```

**Ergebnis**   Öffnen Sie jetzt das Fenster, wird das neue Icon angezeigt:

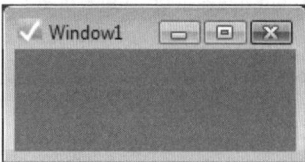

---

**HINWEIS:** Es ist besser, wenn Sie derartige Ressourcen in einem Unterverzeichnis Ihres Projekts speichern, so geht der Überblick nicht verloren. In diesem Fall müssen Sie für *Icon* auch den relativen Pfad angeben (z.B. "*\Images\Sign.ico*").

---

## 30.4.4   Anzeige weiterer Fenster

WPF-Windows zeigen Sie, wie auch die Windows Forms, nach dem Instanziieren mit den Methoden *Show* oder *ShowDialog* (modal) an.

**Beispiel 30.46**   **Aufruf eines zweiten Fensters**

```csharp
...
        private void button1_Click(object sender, RoutedEventArgs e)
        {
            Window2 w2 = new Window2();
            w2.ShowDialog();
...
        }
```

## 30.4.5   Transparenz

Legen Sie die Eigenschaft *Opacity* auf den gewünschten Wert der Transparenz (0 ... 1) fest, werden Sie sicher zunächst enttäuscht sein, denn es wird lediglich eine Graustufe angezeigt:

Der Grund: dieses Attribut wird nur im Zusammenhang mit dem Attribut *AllowsTransparency* berücksichtigt.

---

**HINWEIS:** Zusätzlich muss der Rahmentyp (*WindowStyle*) auf *None* festgelegt sein.

---

**Beispiel 30.47** | **Teiltransparentes Window**

```xaml
<Window x:Class="WpfApplication3.Window1"
    xmlns="http://schemas.microsoft.com/winfx/2006/xaml/presentation"
    xmlns:x="http://schemas.microsoft.com/winfx/2006/xaml"
    Title="Window1" Height="100" Width="200" Top="10" Left="10"
    Opacity="0.7" AllowsTransparency="True" WindowStyle="None">
```

Das erzeugte Fenster über dem Desktop:

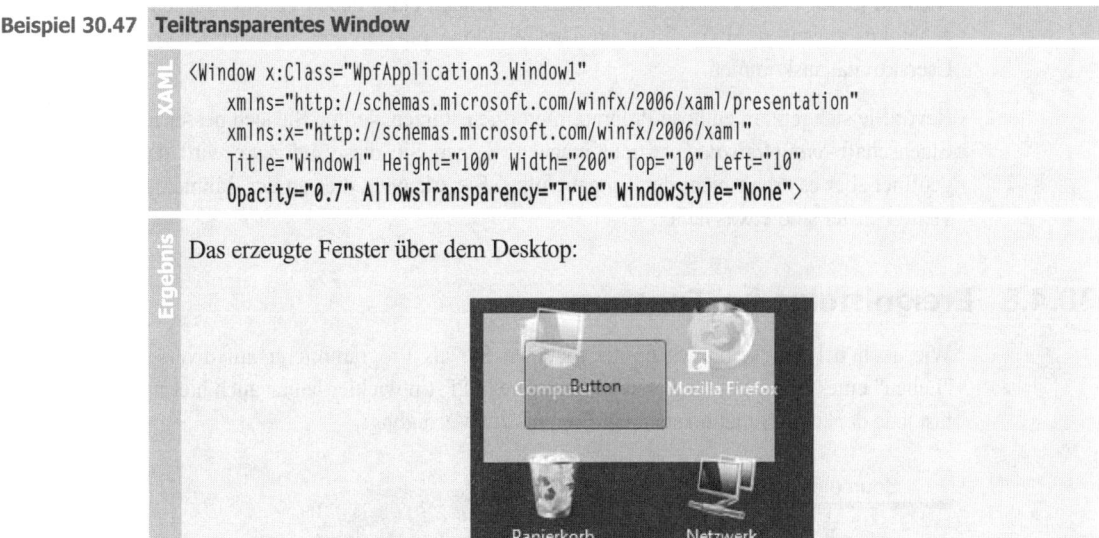

## 30.4.6  Abstand zum Inhalt festlegen

Über die Eigenschaft *BorderThickness* legen Sie fest, wie groß der Rahmen um den Clientbereich des Formulars ist. Die Rahmenfarbe legen Sie mit *BorderBrush* fest.

**Beispiel 30.48** | **Verwendung von *BorderThickness***

```xaml
<Window x:Class="WpfApplication2.MainWindow"
        xmlns="http://schemas.microsoft.com/winfx/2006/xaml/presentation"
        xmlns:x="http://schemas.microsoft.com/winfx/2006/xaml"
        Title="MainWindow" Height="350" Width="525" Loaded="Window_Loaded"
        BorderThickness="27"  BorderBrush="Red">
    <Grid>
        <Button Content="Button" Name="button1"  />
    </Grid>
</Window>
```

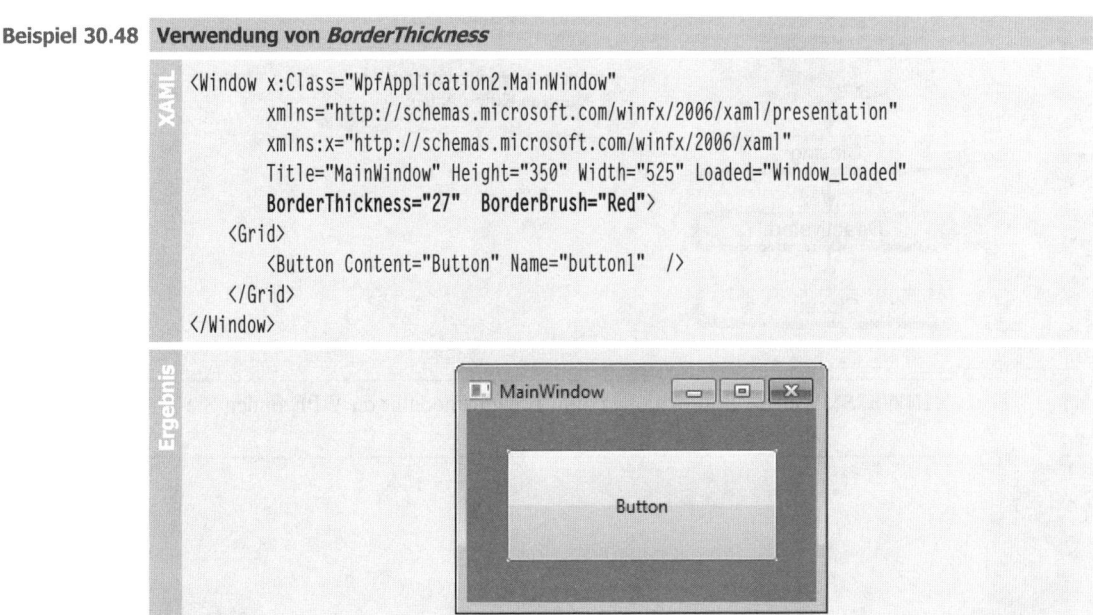

### 30.4.7   Fenster ohne Fokus anzeigen

Nicht in jedem Fall möchten Sie mit dem Einblenden eines neuen Fensters diesem auch den Eingabefokus zuweisen. Hier sei nur an Tool-Windows oder andere Statusfenster erinnert, die ohne Useraktivität auskommen.

Bevor Sie sich jetzt in endlose Programmierorgien stürzen, sollten Sie sich besser mit der *Window*-Eigenschaft *ShowActivated* vertraut machen. Setzen Sie diese auf *true*, wird das Fenster zwar geöffnet aber es erhält nicht den Eingabefokus. Sie erkennen dies an der Rahmenfarbe, nicht aktivierte Fenster sind etwas heller.

### 30.4.8   Ereignisfolge bei Fenstern

Wie auch bei den Windows Forms möchten Sie als Programmierer auf diverse Ereignisse im "Leben" eines Windows reagieren können. Die WPF-Entwickler haben auch hier nicht gespart, für fast jede denkbare Situation steht ein Ereignis zur Verfügung:

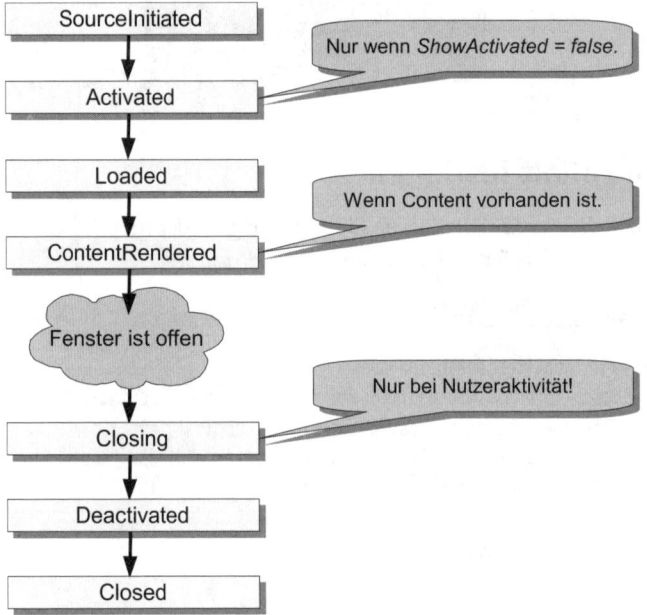

---

**HINWEIS:** Weitere Informationen zum Ereignismodell von WPF finden Sie im Abschnitt 32.3 ab Seite 1368.

---

## 30.4.9  Ein paar Worte zur Schriftdarstellung

Nachdem die ersten Versionen von WPF noch mit einer rudimentären Textausgabe aufgewartet haben[1], hatten die Entwickler wohl ein Einsehen und spendierten der neuen Version 4.0 eine verbesserte Textausgabe, die vor allem bei kleinen Schriften nicht gleich zu Kopfschmerzen führt.

Ursache des Übels war der Algorithmus für das Rendern der Schriftarten. Dieser war zwar aus Programmierersicht akurat (geräteneutral), auf TFTs mit ihrer beschränkten Auflösung führte diese Darstellung jedoch zu fast unlesbaren Ergebnissen.

Über die neue Eigenschaft *TextOptions* bietet sich nun die Möglichkeit, die Darstellung von Schriftarten in Ihren Formularen zu optimieren. Zwei Optionen sind in diesem Zusammenhang von Bedeutung:

- *TextOptions.TextFormattingMode* und
- *TextOptions.TextRenderingMode*

---

**HINWEIS:** Beide Optionen können Sie für das gesamte Formular (wie im Weiteren beschrieben) oder auch nur für einzelne Controls zuweisen.

---

### TextOptions.TextFormattingMode

Bevor wir lange um den heißen Brei herumreden, hier ein Beispiel für die Auswirkung von *TextOptions.TextFormattingMode* auf die Darstellung (Abbildung vergrößert):

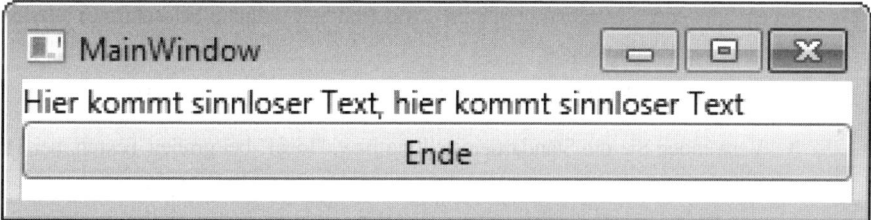

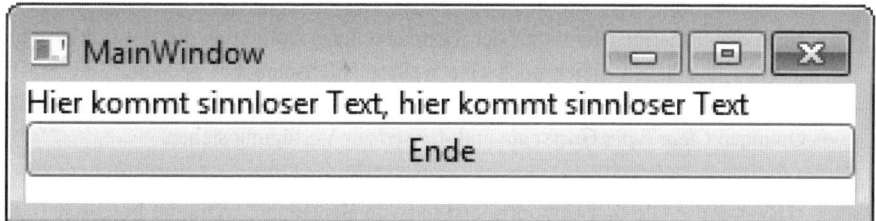

Die obere Abbildung zeigt die Standarddarstellung von Schriften ("Ideal"), bei der unteren ist die Eigenschaft *Options.TextFormattingMode* auf "Display" gesetzt.

---

[1] Für einige Entwickler war die schlechte und verschwommene Textausgabe der alten Version **das** Killerargument gegen WPF.

Beachten Sie bei der Darstellung insbesondere die senkrechten Linien (bei "H", "i" etc.). In der unteren Abbildung werden die teils grausigen Antialiasing-Artefakte drastisch entschärft, dies allerdings zu Lasten der Genauigkeit (siehe folgende Vergrößerung: links "Ideal", rechts "Display"):

Das folgende Beispiel zeigt, wie Sie die Option für das gesamte Formular setzen:

**Beispiel 30.49**    **TextOptions.TextFormattingMode setzen**

```
<Window x:Class="WpfApplication2.MainWindow"
        xmlns="http://schemas.microsoft.com/winfx/2006/xaml/presentation"
        xmlns:x="http://schemas.microsoft.com/winfx/2006/xaml"
        Title="MainWindow" Height="84" Width="340" Loaded="Window_Loaded"
        TextOptions.TextFormattingMode="Display">
    <StackPanel>
        <TextBlock Text="Hier kommt sinnloser Text, hier kommt sinnloser Text"/>
        <Button>Ende</Button>
    </StackPanel>
```

Doch wann sollten Sie welche Option verwenden? Eine allgemeingültige Antwort lässt sich kaum geben, entweder Sie experimentieren etwas (unterschiedliche Bildschirme) oder Sie halten sich an folgende Pauschalaussagen:

- Verwenden Sie "Display" grundsätzlich bei kleinen Texten (< 15pt).

- Verwenden Sie die Standardeinstellung bzw. "Ideal" bei großen Texten, bei Transformationen, Zoom etc.

## TextOptions.TextRenderingMode

Nach der bisherigen Kritik an der Textdarstellung wollten es die Entwickler wohl besonders gut machen und haben gleich noch eine weitere "Stellschraube" spendiert, die Sie für die Textoptimierung einsetzen können. Die Rede ist von *TextOptions.TextRenderingMode*, für das die drei Optionen *ClearType*, *Grayscale* und *Aliased* zur Verfügung stehen.

**HINWEIS:** Alle drei Optionen sind nur von Bedeutung, wenn die Eigenschaft *TextOptions.Text-FormattingMode* auf *Display* gesetzt ist.

Ein Beispiel soll Ihnen die Unterschiede demonstrieren.

**Beispiel 30.50**  Verwendung von *TextOptions.TextRenderingMode*

```xml
Window x:Class="WpfApplication2.MainWindow"
       xmlns="http://schemas.microsoft.com/winfx/2006/xaml/presentation"
       xmlns:x="http://schemas.microsoft.com/winfx/2006/xaml"
       Title="MainWindow" Height="84" Width="340" Loaded="Window_Loaded"
       TextOptions.TextFormattingMode="Display">
    <StackPanel>
        <TextBlock>
            Hier kommt sinnloser Text (ClearType)
        </TextBlock>
        <TextBlock TextOptions.TextRenderingMode="Grayscale">
            Hier kommt sinnloser Text (Grayscale)
        </TextBlock>
        <TextBlock TextOptions.TextRenderingMode="Aliased">
            Hier kommt sinnloser Text (Aliased)
        </TextBlock>
    </StackPanel>
```

Ergebnis

Hier kommt sinnloser Text (ClearType)
Hier kommt sinnloser Text (Grayscale)
Hier kommt sinnloser Text (Aliased)

Bei der Standard-Option "ClearType"wird Antialiasing mit diversen Farbabstufungen (Grau-, Brauntöne) realisiert, "Grayscale" nutzt hingegen ledioglich Graustufen für die Kantenglättung. "Aliased" kommt ganz ohne Kantenglättung aus.

Wer jetzt auf die Idee kommt, "Cleartype" sei die Ideallösung für alle Einsatzfälle, sollte sich einmal die folgende Darstellung der Schriftart "Courier New" ansehen:

Hier  kommt  sinnloser  Text  (ClearType)
Hier  kommt  sinnloser  Text  (Grayscale)
Hier  kommt  sinnloser  Text  (Aliased)

In diesem Fall dürfte der "klare" Sieger wohl eindeutig feststehen.

## 30.4.10  Ein paar Worte zur Darstellung von Controls

Nachdem wir uns bereits einige Seiten über die Schriftdarstellung ausgelassen haben, sollten wir auch noch kurz auf die Antialiasing-Effekte bei der Darstellung von Controls durch die Layoutengine eingehen. Auch hier gilt, dass die Auflösung von Bildschirmen begrenzt ist, und so bleibt der Layoutengine manchmal nichts anderes übrig, als eine berechnete Position/Breite durch einen Antialiasing-Effekt anzudeuten. So weit so gut, aber nicht jeder Anwender (insbesondere bei TFT-

Bildschirmen) honoriert es, wenn Kanten nicht mehr klar, sondern verschwommen dargestellt werden, wie es das folgende Beispiel zeigt:

**Beispiel 30.51** **Antialiasing-Effekte bei Controls**

```xaml
...
<Grid Background="Yellow">
    <Grid.ColumnDefinitions>
        <ColumnDefinition Width="*" /><ColumnDefinition Width="*" />
        <ColumnDefinition Width="*" />
    </Grid.ColumnDefinitions>
    <Rectangle Stroke="Blue" StrokeThickness="1" Fill="Aqua" Width="50.5"/>
    <Rectangle Stroke="Blue" StrokeThickness="1" Fill="Aqua" Grid.Column="1"/>
    <Rectangle Stroke="Blue" StrokeThickness="1" Fill="Aqua" Grid.Column="2"/>
</Grid>
...
```

Beachten Sie die verschwommenen senkrechten Kanten der Rechtecke:

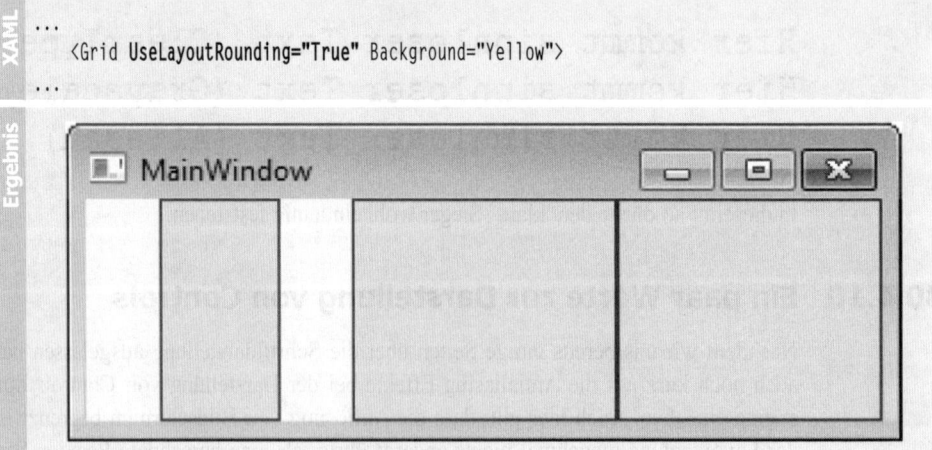

**Beispiel 30.52** **Ausschalten der Effekte mit *UseLayoutRounding***

```xaml
...
<Grid UseLayoutRounding="True" Background="Yellow">
...
```

Wie Sie dem zweiten Beispiel entnehmen können, führt das Setzen von *UseLayoutRounding* auf *True* dazu, dass kritische Kanten so verschoben werden, dass sie mit den Bildschirmpixeln übereinstimmen. Dies geht zwar etwas zu Lasten der Genauigkeit, im Interesse einer klaren Darstellung können wir hier aber sicher "ein Auge zudrücken".

## 30.4.11 Wird mein Fenster komplett mit WPF gerendert?

Nein, Rahmen und Kopfzeile werden nach wie vor durch GDI-Anweisungen generiert, was auch erklärt, warum viele WPF-Features (Styles, Transparenz, Rotation ...) nicht auf das eigentliche Fenster angewendet werden können.

Damit haben wir uns mit den notwendigsten Grundkenntnissen über die WPF-Anwendung versorgt.

---

**HINWEIS:** In den weiteren Kapiteln wollen wir uns zunächst den wichtigsten Controls zuwenden (Kapitel 31), bevor wir zu speziellen Themen wie Ereignisbehandlung Styles etc. kommen (Kapitel 32). Das Spezialthema "Datenbindung finden Sie im Kapitel 33, Kapitel 34 widmet sich abschließend der Druckausgabe in WPF.

---

# Kapitel 31

# Übersicht WPF-Controls

Bei den WPF-Controls handelt es sich, ähnlich wie bei den Windows Forms-Steuerelementen, um ein recht komplexes Thema. Angesichts der erdrückenden Vielfalt unterschiedlichster Controls und deren Features können wir auch hier keinen Anspruch auf Vollständigkeit erheben.

## 31.1 Allgemeingültige Eigenschaften

Da die meisten Controls direkt oder indirekt von der Klasse *Control* (*System.Windows.Controls*) abgeleitet sind (und diese wiederum von *FrameworkElement* ...), verfügen sie auch über einige gemeinsame Eigenschaften, die wir an dieser Stelle kurz besprechen wollen.

| Eigenschaft | Beschreibung |
|---|---|
| *Background* | die Füll-/Hintergrundfarbe, z.B.<br><br>`<Button Background="Blue">` |
| *BorderBrush* | die Rahmenfarbe, z.B.<br><br>`<Button BorderBrush="Blue">` |
| *Cursor* | der Mauszeiger für das Control, z.B.<br><br>`<Button Cursor="Wait">` |
| *FontFamily, FontSize, FontStyle, FontWeight* | Schriftart, -größe, -schnitt (*Normal, Italic, Oblique*), -breite (*Light, Normal, UltraBold*), z.B.<br><br>`<Button FontFamily="Arial" FontSize="12" FontStyle="Italic" FontWeight="UltraBold">` |
| *Foreground* | Vordergrundfarbe, z.B.<br><br>`<Button Foreground="Coral">` |
| *HorizontalAlignment, VerticalAlignment* | Horizontale/vertikale Ausrichtung bezüglich des übergeordneten Elements, z.B.<br><br>`<Button HorizontalAlignment="Left">` |

| Eigenschaft | Beschreibung |
|---|---|
| *HorizontalContentAlignment, VerticalContentAlignment* | Horizontale/vertikale Ausrichtung der Inhalte, z.B.<br><br>`<Button HorizontalContentAlignment="Left">` |
| *Height/Width* | Höhe und Breite des Controls, siehe auch Seite 1243 |
| *Margin* | Außenabstände, siehe auch Seite 1245 |
| *MaxHeight, MaxWidth, MinHeight, MinWidth* | maximale bzw. minimale Abmessungen des Controls |
| *Name* | Name der Komponente, z.B.<br><br>`<Button Name="button1">` |
| *Opacity* | Transparenz (ein Wert zwischen 0 und 1), z.B.<br><br>`<Button Opacity="0.5">` |
| *Padding* | Innenabstände, siehe auch Seite 1245 |
| *Parent* | das übergeordnete Element |
| *Resources* | Verweis auf Ressourcen, dazu mehr ab Seite 1363 |
| *Style* | Verweis auf einen Style, dazu mehr ab Seite 1378 |
| *TabIndex* | Index in der Tabulatorreihenfolge |
| *Tag* | Frei definierbare Eigenschaft vom Typ *object*, hier können Sie eigene Informationen speichern |
| *ToolTip* | Die beliebten kleinen Fähnchen, die dem Endanwender "unnötige" Informationen aufdrängen |
| *Visibility* | Die Sichtbarkeit des Controls (*Collapsed*, *Hidden*, *Visible*), Achtung: Bei *Hidden* beansprucht das Control nach wie vor seinen Platz, ist nur nicht sichtbar. Mit *Collapsed* verschwindet auch die "Leerstelle". |

**Beispiel 31.1** | **Der Unterschied zwischen *Hidden* (links) und *Collapsed* (rechts) für *Button2***

```XAML
<StackPanel>
  <Button>Button1</Button>
  <Button Visibility="Collapsed">Button2</Button>
  <Button>Button3</Button>
</StackPanel>
```

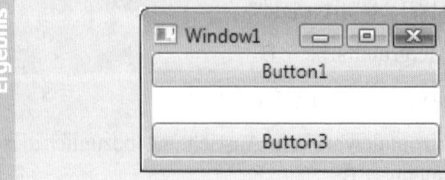 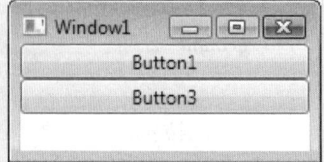

**HINWEIS:** Umsteiger werden sicher darauf hereinfallen: Die Höhe und Breite des Controls rufen Sie nicht über *Height* bzw. *Width,* sondern über *ActualHeight* und *ActualWidth* ab. Der Grund ist in der Verwendung der Layouts zu finden, d.h., die übergeordneten Elemente bestimmen die Abmessungen des Controls. Eine Vorgabe für Breite und Höhe wird jedoch nach wie vor über *Width* und *Height* realisiert.

# 31.2  Label

Dieses innovative Control kennen Sie sicher noch zur Genüge aus Ihrer "Vor"-WPF-Ära, der Verwendungszweck ist zum einen das Beschriften von Controls (z.B. *TextBox*) zum anderen lassen sich so zum Beispiel Access-Keys einer *TextBox* zuordnen. Die Zuordnung zwischen *Label* und Control erfolgt mit dem Attribut *Target*, wie es das folgende Beispiel zeigt.

**Beispiel 31.2** | **Festlegen eines Access-Key (Alt+E) und Zuordnen der TextBox1 (Ziel des Eingabefokus)**

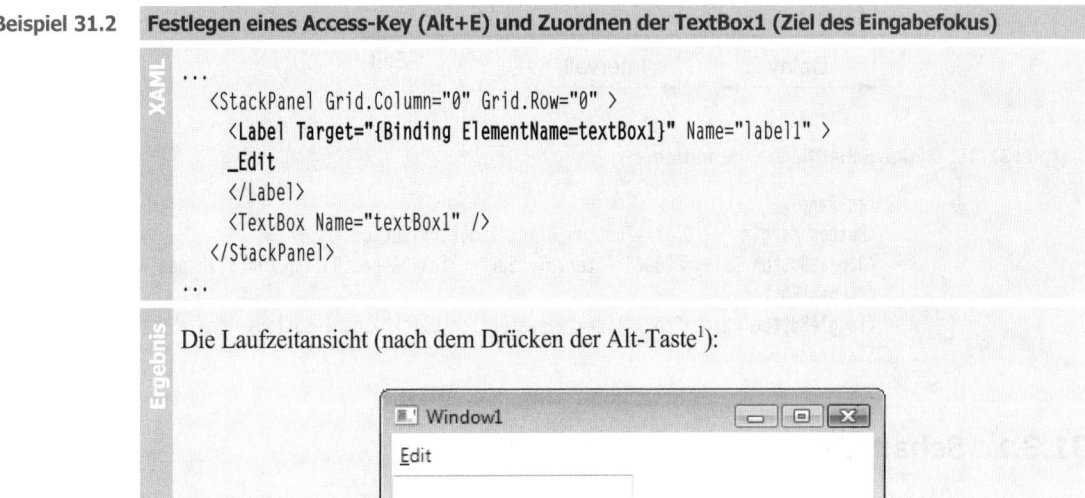

```
...
  <StackPanel Grid.Column="0" Grid.Row="0" >
    <Label Target="{Binding ElementName=textBox1}" Name="label1" >
    _Edit
    </Label>
    <TextBox Name="textBox1" />
  </StackPanel>
...
```

Die Laufzeitansicht (nach dem Drücken der Alt-Taste[1]):

# 31.3  Button, RepeatButton, ToggleButton

Der Verwendungszweck von *Button, RepeatButton* und *ToggleButton* als Schaltfläche mit *Click*-Ereignis dürfte schnell klar sein. Doch es gibt einige Unterschiede, wie die folgende Tabelle zeigt:

| Element | Beschreibung |
| --- | --- |
| *Button* | Ein einzelnes *Click*-Ereignis nach Betätigung. |
| *RepeatButton* | Mehrfache *Click*-Ereignisse bei Betätigung, die Frequenz wird mit der Eigenschaft *Intervall* (Millisekunden) bestimmt, der Abstand zwischen dem ersten Klick (resultiert aus dem Niederdrücken) und der Wiederholung kann mit |

---

[1] Ohne Alt-Taste sind die Access-Keys nicht sichtbar!

| Element | Beschreibung |
|---|---|
| | *Delay* (Millisekunden) festgelegt werden (siehe folgende Abb.). |
| *ToggleButton* | Einzelnes *Click*-Ereignis nach Betätigung, die Schaltfläche schaltet jedoch mit jedem Klick zwischen den Zuständen "gedrückt" und "nicht gedrückt" um. Zur Auswertung des Status stehen die beiden Ereignisse *Checked* und *UnChecked* sowie die Eigenschaft *IsChecked* zur Verfügung. |

Das Verhalten des *RepeatButton*:

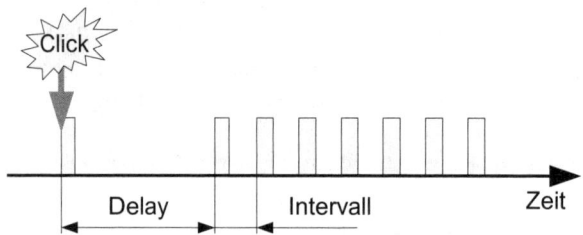

**Beispiel 31.3**   **Einige Schaltflächendefinitionen**

```xaml
<StackPanel>
    <Button Margin="6" Click="Button_Click">Button</Button>
    <RepeatButton Delay="2000" Interval="500" Click="RepeatButton_Click">RepeatButton
    </RepeatButton>
    <ToggleButton Name="tb" Click="RepeatButton_Click">ToggleButton</ToggleButton>
</StackPanel>
```

## 31.3.1  Schaltflächen für modale Dialoge

Eine Standardaufgabe für den Programmierer ist häufig das Erstellen von modalen Dialogen, deren Ergebnis (OK, Abbruch) im übergeordneten Fenster ausgewertet werden muss. Wird das Window mit *Alt+F4*, der Schließen-Schaltfläche oder per Systemmenü geschlossen, wird die *DialogResult*-Eigenschaft des betreffenden Windows auf *False* gesetzt. Den Wert *True* müssen Sie z.B. über die OK-Schaltfläche explizit setzen.

**HINWEIS:**  Die standardmäßige Zuordnung der beiden Tasten (OK/Abbruch) können Sie mit den Eigenschaften *IsDefault* (Verknüpfung mit Enter-Taste) und *IsCancel* (Verknüpfung mit *ESC*-Taste) realisieren. *IsCancel=True* führt zum automatischen Schließen des Fensters.

**Beispiel 31.4**   **Aufruf eines modalen Dialogs und Auswertung von OK/Abbruch**

Das modale Window:

```xaml
<Window x:Class="WpfApplication3.Window2"
    xmlns="http://schemas.microsoft.com/winfx/2006/xaml/presentation"
```

**Beispiel 31.4**   | **Aufruf eines modalen Dialogs und Auswertung von OK/Abbruch**

```
xmlns:x="http://schemas.microsoft.com/winfx/2006/xaml"
Title="Window2" Height="300" Width="300">
<Grid>
 <Grid.RowDefinitions>
  <RowDefinition Height="216*" />
  <RowDefinition Height="46*" />
 </Grid.RowDefinitions>
 <Button IsDefault="True" Grid.Row="1" Margin="89,6,104,8" Name="button1"
  Click="button1_Click">Ok</Button>
 <Button IsCancel="True" Grid.Row="1" HorizontalAlignment="Right" Margin="0,6,14,10"
  Name="button2" Width="79">Abbruch</Button>
</Grid>
</Window>
```

Die Ereignisprozedur für den OK-Button:

```
private void button1_Click(object sender, RoutedEventArgs e)
{
    this.DialogResult = true;
    this.Close();
}
```

Der Aufruf des modalen Window und Auswertung:

```
Window2 w2 = new Window2();
w2.ShowDialog();
if ((bool)w2.DialogResult)
    MessageBox.Show("OK");
else
    MessageBox.Show("Abbruch");
```

## 31.3.2   Schaltflächen mit Grafik

Wer jetzt verzweifelt nach einer Image-Eigenschaft Ausschau hält, dürfte enttäuscht sein. Keine der Schaltflächen verfügt darüber, was jedoch kein Problem ist, da Sie in WPF-Anwendungen den Content des Controls selbst bestimmen können (*ContentControl*).

Doch wie müssen wir vorgehen? Ausschlaggebend für die Zusammenstellung unserer Schaltfläche ist das zukünftige Layout (Grafik oben, Texte unten oder anders herum). Mit den im Abschnitt 30.2 vorgestellten Layout-Controls können Sie zunächst ein geeignetes Layout für den Inhalt der Schaltfläche entwerfen und dann die eigentlichen Image- und Text-Elemente[1] anordnen.

---

[1] Statt einer Grafik könnten Sie auch gleich ein komplettes Video in der Schaltfläche anzeigen. Ob dies sinnvoll ist, ist eine andere Frage.

**Beispiel 31.5**

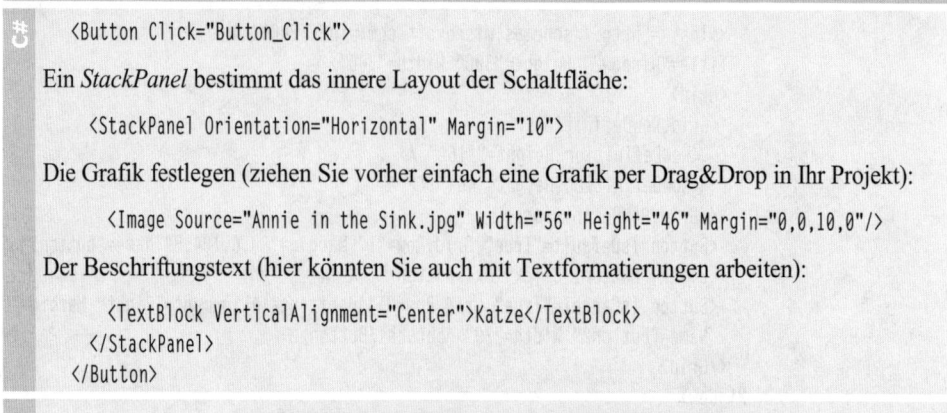

**Schaltfläche mit Text und Grafik**

```
<Button Click="Button_Click">
```

Ein *StackPanel* bestimmt das innere Layout der Schaltfläche:

```
<StackPanel Orientation="Horizontal" Margin="10">
```

Die Grafik festlegen (ziehen Sie vorher einfach eine Grafik per Drag&Drop in Ihr Projekt):

```
<Image Source="Annie in the Sink.jpg" Width="56" Height="46" Margin="0,0,10,0"/>
```

Der Beschriftungstext (hier könnten Sie auch mit Textformatierungen arbeiten):

```
<TextBlock VerticalAlignment="Center">Katze</TextBlock>
    </StackPanel>
</Button>
```

---

**HINWEIS:** Statt dieser Lösung können Sie natürlich auch die *Button*-Klasse ableiten, oder Sie nutzen die Möglichkeit eines UserControls. Beide Varianten sollen aber nicht im Mittelpunkt dieses Abschnitts stehen, siehe dazu unser [Visual C# 2010 Kochbuch].

---

# 31.4  TextBox, PasswordBox

Beide Controls dürften Ihnen als wichtige Möglichkeiten für die Texteingabe sicher bekannt sein. An dieser Stelle wollen wir deshalb nur auf einige Eigenschaften zur Konfiguration dieser Eingabefelder eingehen.

## 31.4.1  TextBox

Die wichtigsten Eigenschaften auf einen Blick:

| Eigenschaft | Beschreibung |
|---|---|
| *Text* | Der Inhalt der *TextBox*. |
| *TextWrapping* | Einzeilige (*NoWrap*) oder mehrzeilige (*Wrap, WrapWithOverFlow*) Darstellung. *Wrap* bricht bei jedem Zeichen um, *WrapWithOverFlow* nur an Leerzeichen. |

| Eigenschaft | Beschreibung |
|---|---|
| *AcceptReturn* | Wenn *True* erzeugt die *Enter*-Taste eine neue Zeile, andernfalls wird Enter ignoriert. |
| *IsReadOnly* | Schreibschutz ja/nein. |
| *VerticalScrollBarVisibility*, *HorizontalScrollBarVisibility* | Sichtbarkeit der Scrollbars vorgeben. Mögliche Werte: *Auto, Disabled, Hidden, Visible* |
| *MaxHeight, MaxWidth, MinHeight, MinWidht* | Maximale/minimale Abmessungen der *TextBox* vorgeben. |
| *MaxLines, MinLines* | Minimale/maximale Anzahl von angezeigten Zeilen in der *Text-Box*. Nur sinnvoll mit *TextWrapping*. |
| *MaxLength* | Die maximale Zeichenzahl. |
| *CaretIndex* | Position des Eingabekursors. |
| *SpellCheck.IsEnabled* | Ein-/Ausschalten der integrierten Rechtschreibkorrektur (siehe Beispiel). |

**Beispiel 31.6**   **Setzen der *Text*-Eigenschaft per XAML**

XAML

```
<TextBox Text="Meine Vorgabe">
</TextBox>
```

oder

```
<TextBox>
    Meine Vorgabe
</TextBox>
```

**Beispiel 31.7**   **Verwendung der Rechtschreibkorrektur**

XAML

```
<TextBox SpellCheck.IsEnabled="True" Name="TextBox1" >TextBox1</TextBox>
```

Ergebnis

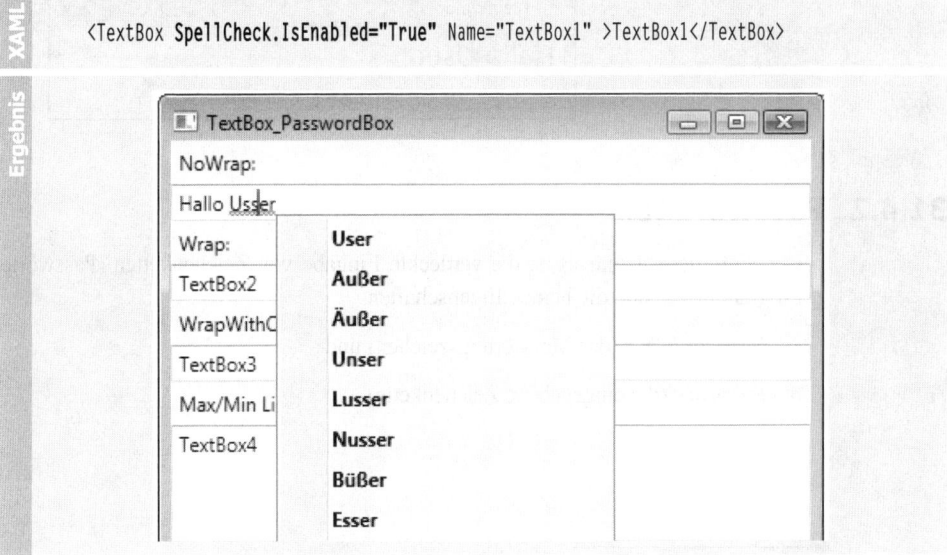

Zur Laufzeit wird jetzt, je nach aktueller Landeseinstellung, eine automatische Rechtschreibprüfung durchgeführt, Fehler werden rot unterstrichen und Alternativen per Kontextmenü angezeigt.

Und da Deutsch eine Sprache mit andauernden Änderungen ist, findet sich auch eine Möglichkeit, die aktuelle Rechtschreibreform zu berücksichtigen. Verwenden Sie einfach die Eigenschaft *SpellingReform* und setzen Sie einen der folgenden Werte (*Prerefrom*, *Postrefrom*, *PreAndPostrefrom*)[1].

Wahrscheinlich haben Sie dieses Feature bis jetzt noch gar nicht vermisst: seit WPF 4 können Sie sowohl für den Eingabekursor als auch für die Kursorauswahl einen extra *Brush* verwenden, was Ihren gestalterischen Fähigkeiten natürlich jede Menge Raum gibt.

**Beispiel 31.8**    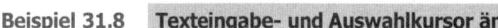 **Texteingabe- und Auswahlkursor ändern**

Hier zunächst der geänderte Eingabekursor:

```xaml
<TextBox FontSize="20" CaretBrush="Green">
```

Und hier ein etwas komplexerer Auswahlkursor:

```xaml
<TextBox.SelectionBrush>
    <LinearGradientBrush StartPoint="0.5,0" EndPoint="0.5,1">
        <GradientStop Color="Transparent" Offset="-.2" />
        <GradientStop Color="Red" />
        <GradientStop Color="Yellow" Offset=".9" />
        <GradientStop Color="Transparent" Offset="1.2" />
    </LinearGradientBrush>
</TextBox.SelectionBrush>
Hallo User
</TextBox>
```

**Ergebnis**

| MainWindow        □ □ ✕ |
| Hallo User |

## 31.4.2  PasswordBox

Der Sinn dieses Controls ist die verdeckte Eingabe von Zeichenketten (Passwörtern). Für Sie als Programmierer sind die beiden Eigenschaften

- *PasswordChar* (das Maskierungszeichen) und

- *Password* (die eingegebene Zeichenkette)

interessant.

---

[1] In .NET 5.x findet sich dann sicher auch ein *PostPostNextPreReform*

**Beispiel 31.9**  **Verwendung *PasswordBox***

```xml
<PasswordBox Name="Pwd1" MaxLength="6" Password="geheim" PasswordChar="?"
             KeyUp="PasswordBox_KeyUp"/>
```

Die Ereignis-Routine:

```csharp
private void PasswordBox_KeyUp(object sender, KeyEventArgs e)
{
    if (e.Key == Key.Enter)
        MessageBox.Show(Pwd1.Password);
}
```

# 31.5  CheckBox

Geht es um die Auswahl bzw. Darstellung boolescher Werte (*True/False),* bietet sich neben dem *ToggleButton* die gute alte *CheckBox* an.

Die Beschriftung des Controls bestimmen Sie über die *Content*-Eigenschaft, hier ist stattdessen z.B. auch ein *Image* möglich, was optisch sicher viel hergibt (siehe Beispiel am Abschnittsende).

Den aktuellen Status können Sie über die Eigenschaft *IsChecked* bestimmen.

---

**HINWEIS:**  Achtung: Hier sind drei Zustände (*Null, True, False*) möglich, wenn Sie die Eigenschaft *IsThreeState* auf *True* setzen (unbestimmte Angabe).

---

Die Auswertung einer Änderung kann in den Ereignissen *Checked* bzw. *UnChecked* erfolgen, besser ist jedoch *Click*, da Sie hier beide Zustände auswerten können.

**Beispiel 31.10**  **Verwendung der *CheckBox***

```xml
<StackPanel Margin="5">
```

Variante 1:

```xml
<CheckBox Checked="CheckBox_Checked" Unchecked="CheckBox_Unchecked" Click="CheckBox_Click"
          Name="checkBox1" Foreground="Blue">Ich kann lesen</CheckBox>
```

Variante 2:

```xml
<CheckBox Name="checkBox2" Foreground="Green">Ich kann schreiben</CheckBox>
```

Hier mit drei Zuständen:

```xml
<CheckBox Name="checkBox3" IsThreeState="True" IsChecked="">Schwanger</CheckBox>
```

*CheckBox* mit Grafik statt Text:

```xml
<CheckBox Name="checkBox4" Foreground="Green">
  <Image Source="Images\rudi.gif" Width="50" Height="50"/>
</CheckBox>
```

**Beispiel 31.10**  **Verwendung der *CheckBox***

Natürlich könnte es auch jedes andere Control sein, das Sie als Content der *CheckBox* festlegen, aber einen Sinn sollte es schon machen.

```
</StackPanel>
```

Die Ereignisroutinen:

```
private void CheckBox_Checked(object sender, RoutedEventArgs e)
{
    MessageBox.Show("True");
}

private void CheckBox_Unchecked(object sender, RoutedEventArgs e)
{
    MessageBox.Show("False");
}
```

Nur *True/False* auswerten:

```
private void CheckBox_Click(object sender, RoutedEventArgs e)
{
    if ((bool)checkBox1.IsChecked)
        MessageBox.Show("True");
    else
        MessageBox.Show("False");
}
```

Unbestimmten Zustand auswerten:

```
private void checkBox3_Click(object sender, RoutedEventArgs e)
{
    if (checkBox3.IsChecked == null) MessageBox.Show("Etwas Schwanger!");
}
```

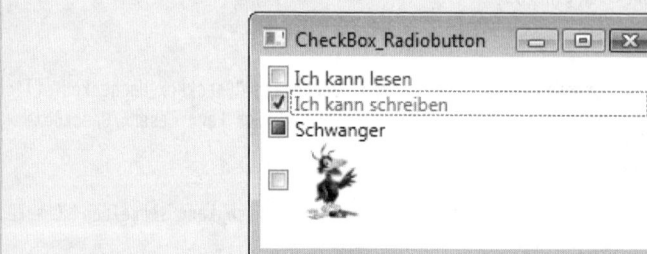

Beachten Sie die obige Option "Schwanger": angezeigt wird der unbestimmte Zustand, d.h. in diesem Fall "etwas schwanger".

# 31.6 RadioButton

Möchten Sie mehr als nur eine *True/False*-Auswahl anbieten (siehe *CheckBox),* können Sie eine Reihe von Radiobuttons verwenden, bei der jeweils nur ein *RadioButton* markiert sein kann.

Um die einzelnen Radiobuttons miteinander zu verbinden, steht Ihnen die Eigenschaft *GroupName* zur Verfügung. Alle Controls mit übereinstimmenden Namen werden zu einer Gruppe zusammengefasst, nur ein Element der Gruppe kann markiert sein (*IsChecked*).

**Beispiel 31.11** | **Verwendung *RadioButton***

```
<StackPanel Margin="5">
    <Label Content="----------------RadioButton ----------------------" Margin="4,10"/>
```

Die einfachste Variante:

```
    <RadioButton Name="RB1">Option1</RadioButton>
```

Mit gesetzter *IsChecked*-Option:

```
    <RadioButton Name="RB2" IsChecked="True">Option2</RadioButton>
```

Als Content ist auch ein Image oder jedes andere Control zulässig:

```
    <RadioButton Name="RB3">
        <Image Source="Images\frosch.gif" Width="50" Height="50"/>
    </RadioButton>
    <RadioButton Name="RB4">Option4</RadioButton>
```

Und hier beginnt eine neue Gruppe, da anderer Parent:

```
    <StackPanel>
      <RadioButton Name="RB5">Option1</RadioButton>
      <RadioButton Name="RB6" IsChecked="True">Option2</RadioButton>
      <RadioButton Name="RB7">Option3</RadioButton>
      <RadioButton Name="RB8">Option4</RadioButton>
    </StackPanel>
</StackPanel>
```

Wie Sie sehen können, sind bei diesem Beispiel zwei *RadioButton*s markiert:

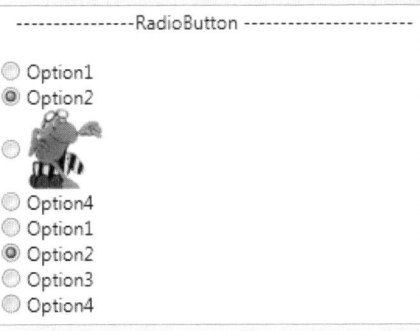

---

**HINWEIS:** Geben Sie keinen *GroupName* an, werden alle *RadioButton*s mit gemeinsamem Parent (z.B. *StackPanel*) zu einer Gruppe zusammengefasst.

---

# 31.7  ListBox, ComboBox

Für die Auswahl aus Listen mit mehreren Einträgen bieten sich statt der *RadioButton*s besser eine *ListBox* oder eine *ComboBox* an. Erstere gestattet die gleichzeitige Anzeige mehrerer Werte, die *ComboBox* stellt nur einen Wert aus der Liste dar.

## 31.7.1  ListBox

Jede *ListBox* kann mehrere Einträge, d.h. *ListBoxItems*, enthalten, von denen wiederum ein oder mehr Einträge ausgewählt sein können.

Sollen mehrere Einträge ausgewählt werden können, setzen Sie *SelectionMode* auf *Multiple* (Auswahl durch einfachen Klick) oder *Extended* (Auswahl durch Klick + Shift-Taste).

**Beispiel 31.12**  **Definition einer *ListBox* mit 6 Einträgen inklusive zweier Grafiken (statt Beschriftung)**

```xaml
<ListBox SelectionMode="Extended">
  <ListBoxItem IsSelected="True">Zeile 1</ListBoxItem>
  <ListBoxItem>Zeile 2</ListBoxItem>
  <ListBoxItem>Zeile 3</ListBoxItem>
  <ListBoxItem>Zeile 4</ListBoxItem>
  <ListBoxItem>
    <Image Source="Images\rudi.gif" Width="50" Height="50"/>
  </ListBoxItem>
  <ListBoxItem>
    <Image Source="Images\frosch.gif" Width="50" Height="50"/>
  </ListBoxItem>
</ListBox>
```

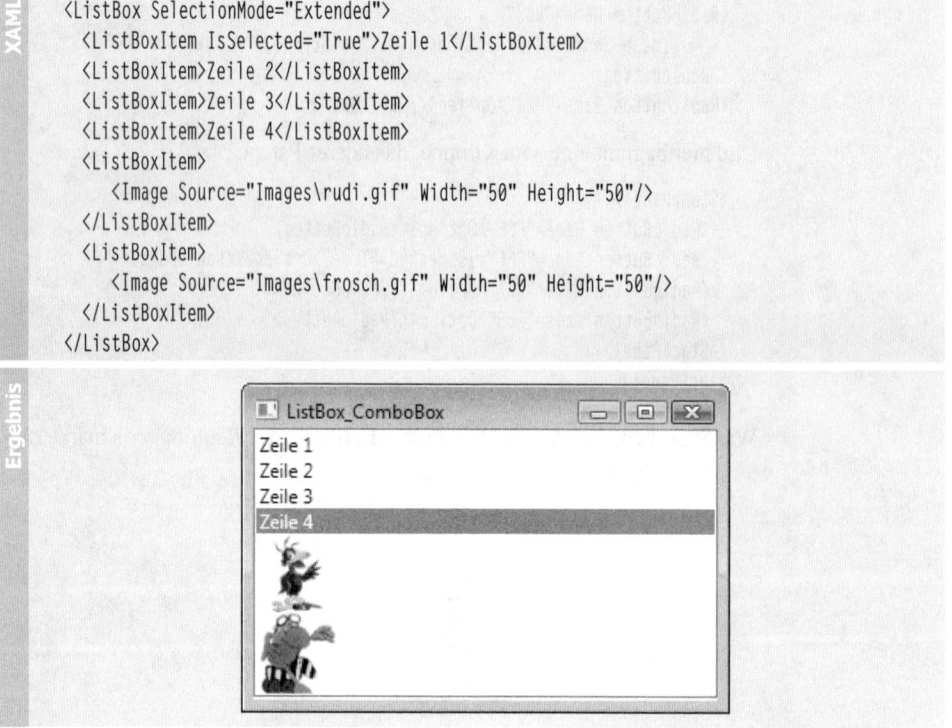

Alternativ können Sie die Beschriftung auch mit einer etwas kürzeren Schreibweise zuweisen:

```xaml
<ListBoxItem Content="Zeile 4"/>
```

> **HINWEIS:** Im Gegensatz zu den Windows Forms-Listboxen können Sie jeden Eintrag individuell (Farbe, Hintergrundfarbe, Schrift etc.) formatieren. Ob dies sinnvoll und der Übersicht dienlich ist, sei dahingestellt.

Wem diese Möglichkeiten nicht ausreichen, der kann auch andere Controls der *ListBox* als Einträge hinzufügen.

**Beispiel 31.13** **Controls in der *ListBox* (eine einfache "CheckListBox"):**

```xaml
<ListBox SelectionMode="Multiple" Height="75">
  <CheckBox Name="Item1">Zeile 1</CheckBox>
  <CheckBox Name="Item2">Zeile 2</CheckBox>
  <CheckBox Name="Item3">Zeile 3</CheckBox>
  <CheckBox Name="Item4">Zeile 4</CheckBox>
</ListBox>
<ListBox >
  <Image Source="Images\frosch.gif" Width="50" Height="50"/>
  <CheckBox Name="Item7">Zeile 2</CheckBox>
  <Image Source="Images\frosch.gif" Width="50" Height="50"/>
</ListBox>
```

Die beiden erzeugten *ListBox*en:

Doch wie können Sie die aktuelle Markierung bzw. die Auswahl ermitteln? Die *ListBox* stellt zu diesem Zweck eine Reihe von Eigenschaften zur Verfügung, von denen *SelectedIndex* (die erste markierte Zeile, nullbasiert) und *SelectedItems* (Collection von *ListBoxItems*) am nützlichsten sind.

> **HINWEIS:** Prüfen Sie vor der Verwendung gegebenenfalls, ob überhaupt ein Eintrag markiert wurde. In diesem Fall muss *SelectedIndex* einen Wert ungleich -1 aufweisen.

**Beispiel 31.14** ***ListBox* mit Einträgen füllen und später die markierten abfragen**

XAML-Code zum Füllen der *ListBox:*

```xaml
<ListBox Name="ListBox1" SelectionMode="Extended">
  <ListBoxItem>Zeile 1</ListBoxItem>
```

**Beispiel 31.14**    ***ListBox*** **mit Einträgen füllen und später die markierten abfragen**

```
        <ListBoxItem>Zeile 2</ListBoxItem>
        <ListBoxItem>Zeile 3</ListBoxItem>
        <ListBoxItem>Zeile 4</ListBoxItem>
```

Eintrag mit Grafik:

```
    <ListBoxItem>
      <Image Source="Images\rudi.gif" Width="50" Height="50"/>
    </ListBoxItem>
    <ListBoxItem>
      <Image Source="Images\frosch.gif" Width="50" Height="50"/>
    </ListBoxItem>
  </ListBox>
```

Auswerten per Ereigniscode:

```
        private void Button_Click(object sender, RoutedEventArgs e)
        {
            if (ListBox1.SelectedIndex != -1)
            {
                MessageBox.Show(ListBox1.SelectedValue.ToString());
                MessageBox.Show("Es ist mindestens ein Eintrag markiert!");
                MessageBox.Show("Zeile " + ListBox1.SelectedIndex.ToString() +
                                " ist markiert!");
                foreach (ListBoxItem item in ListBox1.SelectedItems)
                    MessageBox.Show(item.Content.ToString());
            }
        }
```

**HINWEIS:** Für normale Textzeilen wird obiger Code die sichtbare Beschriftung zurückgeben, für markierte Grafik-Einträge kommt der Text "System.Windows.Controls.Image".

**Beispiel 31.15**    **ListBoxeintrag zur Entwurfszeit markieren**

```
...
    <ListBoxItem IsSelected="True">Four</ListBoxItem>
...
```

Natürlich müssen Sie nicht unbedingt auf XAML zurückgreifen, wenn Sie eine *ListBox* füllen wollen. Dies funktioniert genauso gut auch per Code.

**Beispiel 31.16**    ***ListBox*** **zur Laufzeit füllen**

```
        private void Button_Click_1(object sender, RoutedEventArgs e)
        {
            ListBox2.Items.Clear();              // Alles löschen
            CheckBox cb = new CheckBox();         // zur Probe mal eine CheckBox einfügen
```

**Beispiel 31.16**  *ListBox* **zur Laufzeit füllen**

```
        cb.Content = "Ein Test";
        ListBox2.Items.Add(cb);
        for (int i = 1; i < 50; i++)          // und jetzt noch fünfzig Zeilen Text ...
            ListBox2.Items.Add("Zeile" + i.ToString());
    }
```

*Ergebnis*

☐ Ein Test
Zeile1
Zeile2
Zeile3

---

**HINWEIS:** Möchten Sie die Einträge einzeln formatieren, verwenden Sie *ListBoxItems* beim Aufruf von *Add*.

---

## 31.7.2  ComboBox

Das Handling aus Sicht des Programmierers entspricht weitgehend der *ListBox*, mit dem wesentlichen Unterschied, dass der Anwender nur ein Element der Auswahlliste markieren kann. Dieses wird nachfolgend in der *ComboBox* angezeigt (Eigenschaft *Text).*

Neben der reinen Auswahl von vorgegebenen Werten können Sie auch neue Einträge zulassen. Dazu müssen Sie die Eigenschaft *IsEditable* auf *True* setzen. In diesem Fall erscheint eine Textbox, die der Nutzer nach Wunsch füllen kann.

**Beispiel 31.17**  **Einfache *ComboBox***

*XAML*

```
    <ComboBox Name="ComboBox1"  SelectionChanged="ComboBox1_SelectionChanged">
      <ComboBoxItem>Zeile 1</ComboBoxItem>
      <ComboBoxItem>Zeile 2</ComboBoxItem>
      <ComboBoxItem>Zeile 3</ComboBoxItem>
      <ComboBoxItem>Zeile 4</ComboBoxItem>
      <ComboBoxItem>Zeile 5</ComboBoxItem>
      <ComboBoxItem>
        <Image Source="Images\rudi.gif" Width="50" Height="50"/>
      </ComboBoxItem>
      <ComboBoxItem>
        <Image Source="Images\frosch.gif" Width="50" Height="50"/>
      </ComboBoxItem>
    </ComboBox>
```

*C#*

Ereignisauswertung:

```
    private void ComboBox1_SelectionChanged(object sender, SelectionChangedEventArgs e)
    {
        MessageBox.Show("Markierte Zeile: " + ComboBox1.SelectedIndex.ToString());
    }
```

**Beispiel 31.17** **Einfache *ComboBox***

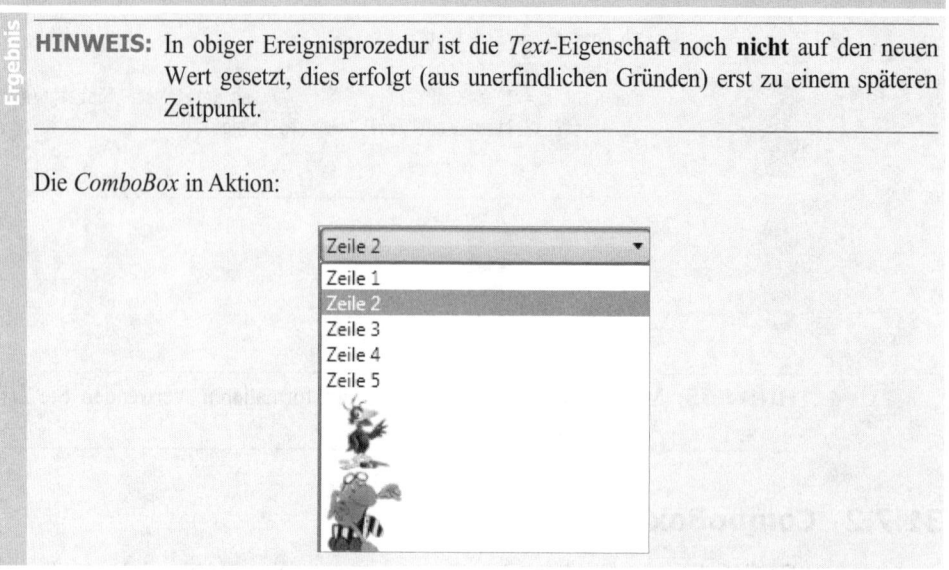

> **HINWEIS:** In obiger Ereignisprozedur ist die *Text*-Eigenschaft noch **nicht** auf den neuen
> Wert gesetzt, dies erfolgt (aus unerfindlichen Gründen) erst zu einem späteren
> Zeitpunkt.

Die *ComboBox* in Aktion:

**Beispiel 31.18** ***ComboBox* mit Texteingabe**

```
<ComboBox Name="ComboBox2" IsEditable="True">
  <ComboBoxItem>Zeile 1</ComboBoxItem>
  <ComboBoxItem>Zeile 2</ComboBoxItem>
  <ComboBoxItem>Zeile 3</ComboBoxItem>
  <ComboBoxItem>Zeile 4</ComboBoxItem>
  <ComboBoxItem>Zeile 5</ComboBoxItem>
</ComboBox>
```

Die Texteingabe zur Laufzeit:

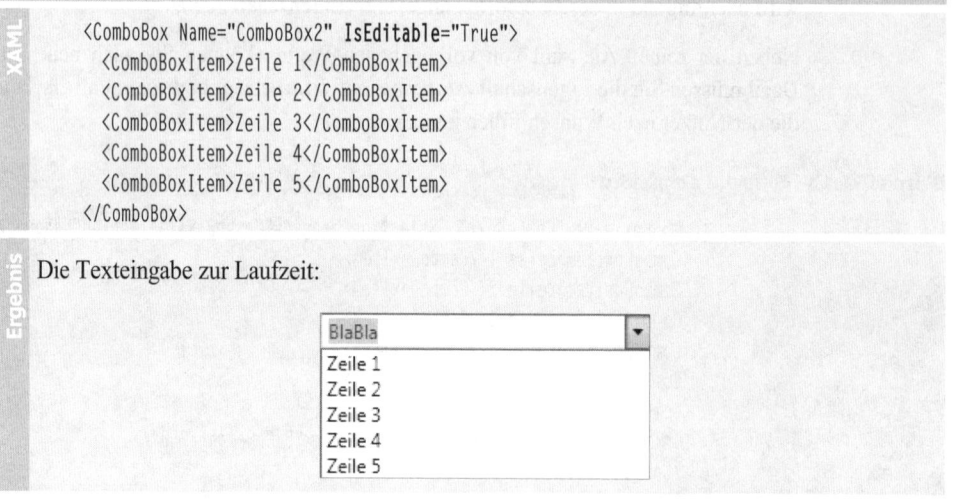

**HINWEIS:** Auf das Füllen per Datenbindung gehen wir erst in Kapitel 33 (ab Seite 1405) ein.

## 31.7.3 Den Content formatieren

Gut und schön werden Sie sicher sagen, vieles davon kann auch Windows Forms. Doch da
täuschen Sie sich vermutlich etwas. Die einzelnen *ComboBoxItem*- bzw. *ListBoxItem*-Einträge verfügen nicht nur über die *Content*-Eigenschaft sondern bieten darüber hinaus auch noch reichlich
Optionen für das gezielte Formatieren des Inhalts an.

Statt endloser Aufzählungen soll ein Beispiel einige Anregungen bieten:

**Beispiel 31.19**   **Formatieren von *ComboBox*-Einträgen**

```
<ComboBox Width="150" FontSize="16" BorderThickness="2" BorderBrush="Blue">
    <ComboBoxItem HorizontalAlignment="Right" Foreground="Green">Zeile 1
    </ComboBoxItem>
    <ComboBoxItem FontWeight="Bold" FontFamily="Courier New">Zeile 2</ComboBoxItem>
    <ComboBoxItem Width="50" Background="Yellow">Zeile 3</ComboBoxItem>
    <ComboBoxItem FontSize="8">Zeile 4</ComboBoxItem>
    <ComboBoxItem Background="Gray" Content="Zeile 5" />
</ComboBox>
```

Unter bestimmten Umständen können Sie statt der ausführlichen Syntax auch eine verkürzte Form verwenden, allerdings müssen Sie in diesem Fall einen zusätzlichen Namespace einbinden und die Einträge typisieren:

**Beispiel 31.20**   **String-Formatierung in einer *ComboBox***

```
<Window x:Class="WpfApplication2.MainWindow"
        xmlns="http://schemas.microsoft.com/winfx/2006/xaml/presentation"
        xmlns:x="http://schemas.microsoft.com/winfx/2006/xaml"
        xmlns:sys="clr-namespace:System;assembly=mscorlib" Height="127" Width="340">
    <StackPanel>
    <ComboBox Width="150" HorizontalContentAlignment="Center" ItemStringFormat="0.00 €">
        <sys:String>Kein Wert</sys:String>
        <sys:Decimal>0.1</sys:Decimal>
        <sys:Decimal>1</sys:Decimal>
        <sys:Decimal>1.1</sys:Decimal>
        <sys:Decimal>1.11</sys:Decimal>
        <sys:Decimal>1.111</sys:Decimal>
    </ComboBox>
    </StackPanel></Window>
```

# 31.8  Image

Ganz nebenbei haben wir in den vorhergehenden Beispielen bereits einen Blick auf das *Image*-Control geworfen. Wie Sie sicher schon festgestellt haben, können Sie damit Grafiken auf einfache Weise sowohl in einem Window als auch in ListBoxen, ComboBoxen, Buttons etc. anzeigen.

Zur Verfügung stehen neben den altbekannten Formaten BMP, GIF, ICO JPG, PNG, TIFF auch das neue WDP-Format[1]. Leider wird sowohl das WMF als auch das EMF-Format nicht unterstützt, hier hilft nur die Verwendung von Windows Forms.

## 31.8.1  Grafik per XAML zuweisen

Zugewiesen wird die Grafik über das *Source*-Attribut. Die genaue Form der Adressierung von Programmressourcen besprechen wir ausführlich erst in Kapitel 32 (ab Seite 1363), an dieser Stelle soll uns ein Beispiel genügen.

**Beispiel 31.21** | **Grafik aus Ressource laden**

> **XAML**
>
> Erstellen Sie zunächst per Kontextmenü einen neuen Ordner[2] (*Images*) für Ihr WPF-Projekt. Fügen Sie nachfolgend per Drag&Drop eine Grafik (z.B. *Frosch.gif*) in dieses Verzeichnis ein.
>
> Der XAML-Code:

```
<Window x:Class="BSP_Controls.Image_Bsp"
    xmlns="http://schemas.microsoft.com/winfx/2006/xaml/presentation"
    xmlns:x="http://schemas.microsoft.com/winfx/2006/xaml"
    Title="Image_Bsp" Height="300" Width="300">
        <Image Source="Images\frosch.gif"/>
</Window>
```

## 31.8.2  Grafik zur Laufzeit zuweisen

Im Gegensatz zu den guten alten Windows Forms ist das Laden von Grafiken per Code in WPF etwas mühevoller geworden.

**Beispiel 31.22** | **Laden der im vorhergehenden Beispiel erzeugten Ressource**

> **C#**
>
> ```
> private void Window_Loaded(object sender, RoutedEventArgs e)
> {
>     BitmapImage bi = new BitmapImage();
>     bi.BeginInit();
>     bi.UriSource = new Uri("pack://application:,,,/images/frosch.gif");
> ```

---

[1] Windows Media Photo-Format

[2] Dies ist nicht zwingend erforderlich, verbessert aber die Übersicht im Projekt.

**Beispiel 31.22** | **Laden der im vorhergehenden Beispiel erzeugten Ressource**

Alternativ:

```
        bi.UriSource = new Uri("images/frosch.gif",UriKind.Relative);
        bi.EndInit();
        Image5.Source = bi;
    }
```

Der *Source*-Eigenschaft können Sie entweder ein initialisiertes *BitmapImage*-Objekt übergeben, in diesem Fall muss das eigentlich Laden der Datei (egal ob extern oder intern) mit den Methoden *BeginInit* und *EndInit* eingeleitet bzw. beendet werden, oder Sie erzeugen ein *BitmapFrame*-Objekt wie im folgenden Beispiel gezeigt.

**Beispiel 31.23** | **Laden der Ressource per *BitmapFrame***

```
    Image5.Source = BitmapFrame.Create(new Uri("pack://application:,,,/images/frosch.gif"));
```

**HINWEIS:** In den Microsoft-Dokumentationen finden Sie beim *BitmapImage* noch die Eigenschaften *DecodePixelWidth* und *DecodePixelHeight*. Damit können Sie schon beim Laden des Bildes eine Skalierung durchführen (z.B. entsprechend der Anzeigefläche). Im Speicher wird jetzt nur ein Bild dieser Größe gehalten, eine dauernde Skalierung ist nicht mehr notwendig (weniger Speicher, weniger Rechenzeit).

**Beispiel 31.24** | **Maximale Anzeigebreite ist 50, die Originalgröße ist 200**

```
    ...
        BitmapImage bi = new BitmapImage();
        bi.BeginInit();
        bi.DecodePixelWidth = 50;
        bi.UriSource = new Uri("images/frosch.gif",UriKind.Relative);
    ...
```

**HINWEIS:** Die Anzeige sollte in diesem Fall mit *Stretch = None* erfolgen.

## 31.8.3  Bild aus Datei laden

Hier müssen wir auf die uralten Dateidialoge zugreifen, WPF hat derzeit noch keine eigenen Dateidialoge.

**Beispiel 31.25** | **Laden einer Grafik per Dateidialog**

Zunächst den Namespace einbinden:

```
using Microsoft.Win32;
    ...
        private void Window_Loaded(object sender, RoutedEventArgs e)
```

**Beispiel 31.25** | **Laden einer Grafik per Dateidialog**

```
                    {

Instanz erzeugen:

                        OpenFileDialog Dlg = new OpenFileDialog();
                        Dlg.Title = "Dateiauswahl";
                        Dlg.DefaultExt = "jpg";

Anzeige und Auswertung, wenn Öffnen angeklickt wurde:

                        if ((bool)Dlg.ShowDialog())
                            Image6.Source = BitmapFrame.Create(new Uri(Dlg.FileName));
                    }
```

Der Dateiauswahldialog erscheint beim Öffnen des Fensters:

## 31.8.4  Die Grafikskalierung beeinflussen

Nicht jede Grafik hat bereits die Größe, die wir für die Anzeigefläche benötigen. Das *Image*-Control stellt aus diesem Grund zwei Eigenschaften zur Verfügung, mit denen Sie das Skalieren konfigurieren können:

- *Stretch* (*None, Fill, Uniform, UniformToFill*)
- *StretchDirection* (*Both, DownOnly, UpOnly*)

**Beispiel 31.26** **Verwendung von** *Stretch*

```xaml
<Grid>
  <Grid.RowDefinitions>
    <RowDefinition Height="*" />
    <RowDefinition Height="*" />
  </Grid.RowDefinitions>
  <Grid.ColumnDefinitions>
    <ColumnDefinition Width="*" />
    <ColumnDefinition Width="*" />
  </Grid.ColumnDefinitions>
```

Originalgröße:

```xaml
  <Image Grid.Column="0" Grid.Row="0" Source="Images\Rudi.gif" Stretch="None"/>
```

Skalierung ohne Rücksicht auf Proportionen:

```xaml
  <Image Grid.Column="1" Grid.Row="0" Source="Images\rudi.gif" Stretch="Fill"/>
```

Skalierung mit Rücksicht auf Proportionen, längste Seite bestimmt die Größe:

```xaml
  <Image Grid.Column="0" Grid.Row="1" Source="Images\rudi.gif" Stretch="Uniform"/>
```

Skalierung mit Rücksicht auf Proportionen, kürzeste Seite bestimmt die Größe:

```xaml
  <Image Grid.Column="1" Grid.Row="1" Source="Images\rudi.gif" Stretch="UniformToFill"/>
</Grid>
```

Wird das *Image* frei positioniert (z.B. *Canvas),* sollten Sie für eine vorgegebene Größe entweder die Höhe **oder** die Breite angeben, nie beides, da es in diesem Fall zu Verzerrungen kommen kann.

**HINWEIS:** Beachten Sie in diesem Fall auch die Eigenschaften *ActualWidth* und *ActualHeight*, beide liefern erst nach dem Laden des Bildes einen sinnvollen Wert.

## 31.9 MediaElement

Für die Anzeige von Videos bzw. die Wiedergabe von Audiodateien bietet sich in WPF das *Media-Element* an. Für die Steuerung verwenden Sie die Methoden *Play, Pause* und *Stop*, zuweisen können Sie das Video über die *Source*-Eigenschaft. Doch Achtung:

**HINWEIS:** Sie können keine als Ressourcen eingebetteten Videos wiedergeben. Kopieren Sie die Videos stattdessen in das Ausgabeverzeichnis (*Build Action=Content, Copy-ToOutputDirectory=PreserveNewest*).

**Nach** dem Öffnen der Videodatei stehen Ihnen einige wichtige Eigenschaften zur Verfügung:

- *NaturalDuration (*Laufzeit des Videos)

- *NaturalVideoHeight*, *NaturalVideoWidth* (die Originalabmessungen des Videos)

- *ActualWidth, ActualHeight* (die im Window realisierten Abmessungen des Controls)

Über die Eigenschaft *SpeedRatio* können Sie Einfluss auf die Wiedergabegeschwindigkeit nehmen, Werte größer eins beschleunigen die Wiedergabe, Werte kleiner eins verlangsamen sie.

Wer es gern ruhig mag, der kann *IsMuted* auf *True* setzen, das schont die Ohren.

**HINWEIS:** Die *LoadedBehavior*-Eigenschaft müssen Sie auf *Manual* setzen, wenn Sie die obigen Methoden zur Steuerung des Controls verwenden wollen.

| Beispiel 31.27 | **Verwendung der *MediaElements*** |

```
<StackPanel>
  <StackPanel Orientation="Horizontal">
    <Button Click="Button_Click">Start</Button>
    <Button Click="Button_Click_1">Pause</Button>
    <Button Click="Button_Click_2">Stop</Button>
```

Der Lautstärkeregler:

```
    <Slider Name="VSlider" VerticalAlignment="Center" ValueChanged="VSlider_ValueChanged"
              Minimum="0" Maximum="1" Value="0.5" Width="70"/>
```

Die Geschwindigkeit:

```
    <Slider Name="SSlider" VerticalAlignment="Center" ValueChanged="SSlider_ValueChanged"
              Value="1" Maximum="5" Minimum="0.1" Width="70" />
  </StackPanel>
```

Das eigentliche *MediaElement*:

```
  <MediaElement LoadedBehavior="Manual" UnloadedBehavior="Stop" Width="400" Name="Media1"
    Stretch="Uniform" Source="butterfly.wmv" MediaOpened="Media1_MediaOpened"
    MediaEnded="Media1_MediaEnded">
  </MediaElement>
</StackPanel>
```

Der Ereigniscode:

```
    private void Button_Click(object sender, RoutedEventArgs e)
    { Media1.Play(); }
```

**Beispiel 31.27** **Verwendung der *MediaElements***

```
private void Button_Click_1(object sender, RoutedEventArgs e)
{ Media1.Pause(); }

private void Button_Click_2(object sender, RoutedEventArgs e)
{ Media1.Stop();  }
```

Lautstärke regeln:

```
private void VSlider_ValueChanged(object sender,
            RoutedPropertyChangedEventArgs<double> e)
{
    if (Media1 != null) Media1.Volume = (double)VSlider.Value;
}
```

Geschwindigkeit regeln:

```
private void SSlider_ValueChanged(object sender,
            RoutedPropertyChangedEventArgs<double> e)
{
    if (Media1!=null) Media1.SpeedRatio = (double)SSlider.Value;
}
```

Nach dem Öffnen des Videos bzw. am Ende:

```
private void Media1_MediaOpened(object sender, RoutedEventArgs e)
{ }

private void Media1_MediaEnded(object sender, RoutedEventArgs e)
{  }
```

Ergebnis

# 31.10   Slider, ScrollBar

Im Folgenden wollen wir uns mit zwei Controls beschäftigen, die für die Eingabe von Werten innerhalb eines bestimmten Wertebereich geeignet sind.

## 31.10.1   Slider

Im vorhergehenden Abschnitt hatten wir bereits auf das *Slider*-Control zurückgegriffen, um die Lautstärke und die Abspielgeschwindigkeit zu regeln (siehe obige Abbildung). Damit dürfte auch schon der Verwendungszweck erkennbar sein:

- Auswahl eines Wertes durch Verschieben des Reglers (*Value*)

- Vorgabe eines minimalen Wertes (*Minimum)*

- Vorgabe eines maximalen Wertes (*Maximum)*

Beachten Sie, dass es sich beim *Value* um einen Double-Wert handelt, Sie also gegebenenfalls eine Typisierung/Rundung durchführen müssen, um den Wert in Ihrem Programm sinnvoll nutzen zu können. Änderungen der Auswahl können Sie über das *ValueChanged*-Ereignis auswerten.

---

**HINWEIS:** Natürlich können Sie den *Slider* auch als Ausgabemedium zur Wertanzeige missbrauchen.

---

Neben den drei genannten Eigenschaften bieten sich auch noch weitere Möglichkeiten zur Konfiguration an:

- **Ausrichtung**
  Verwenden Sie *Orientation*, um die Ausrichtung des Controls zu beeinflussen (*Vertical*, *Horizontal*).

- **Anzeige von Werten**
  Hier bietet sich die Verwendung von Tooltips an. Setzen Sie *AutoToolTipPlacement* auf *BottomRight* oder *TopLeft,* um den jeweils aktuellen Wert beim Verschieben des Sliders anzuzeigen. Die Genauigkeit bestimmen Sie mit *AutoToolTipPrecision*.

- **Werteverlauf**
  Standardmäßig finden Sie die kleinsten Werte links bzw. unten. Sollen sich diese rechts bzw. oben befinden, müssen Sie *IsDirectionReversed* auf *True* setzen.

- **Markierungsbereich**
  Mit *IsSelectionRangeEnabled* aktivieren Sie die Anzeige eines Markierungsbereichs. Den Bereich selbst definieren Sie über *SelectionStart* und *SelectionEnd*.

- **Markierung, Skala**
  Mit *TickPlacement* (*Both*, *BottomRight*, *TopLeft*) können Sie die Anzeige von Markierungsstrichen einschalten. Da per Default die Striche für jeden ganzzahligen Wert gesetzt werden, sollten Sie mit *TickFrequency* ein anderes Intervall festlegen.

- **Schrittweite**

  Haben Sie *TickFrequency* festgelegt, können Sie mit *IsSnapToTickEnabled=True* erreichen, dass nur Werte genau an den Markierungsstrichen ausgewählt werden können.

**Beispiel 31.28** | **Horizontaler *Slider* mit Markierungsbereich und Tooltip**

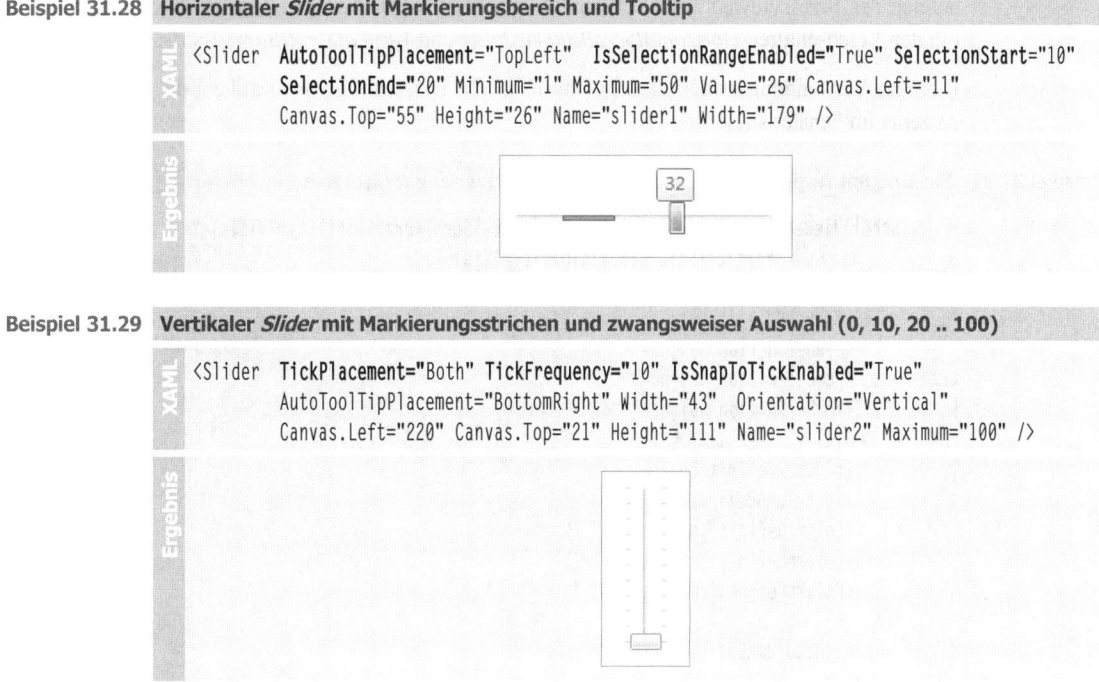

```
<Slider AutoToolTipPlacement="TopLeft"  IsSelectionRangeEnabled="True" SelectionStart="10"
        SelectionEnd="20" Minimum="1" Maximum="50" Value="25" Canvas.Left="11"
        Canvas.Top="55" Height="26" Name="slider1" Width="179" />
```

**Beispiel 31.29** | **Vertikaler *Slider* mit Markierungsstrichen und zwangsweiser Auswahl (0, 10, 20 .. 100)**

```
<Slider TickPlacement="Both" TickFrequency="10" IsSnapToTickEnabled="True"
        AutoToolTipPlacement="BottomRight" Width="43"  Orientation="Vertical"
        Canvas.Left="220" Canvas.Top="21" Height="111" Name="slider2" Maximum="100" />
```

## 31.10.2 ScrollBar

Ähnlich wie beim *Slider* bietet ein *ScrollBar* die Möglichkeit, Werte (*Value*) aus einem Wertebereich (*Minimum, Maximum*) auszuwählen. Scrollbars können mit *Orientation* ebenfalls horizontal oder vertikal ausgerichtet werden. Die Auswertung kann mit dem Ereignis *Scroll* erfolgen, alternativ kommt jedoch meist eine direkte Datenbindung (siehe ab Seite 1405) in Frage.

Im Gegensatz zum *Slider* fehlen jedoch alle weiteren Möglichkeiten zur Konfiguration (Wertanzeige, Skala etc.).

**Beispiel 31.30** | **Verwendung *ScrollBar***

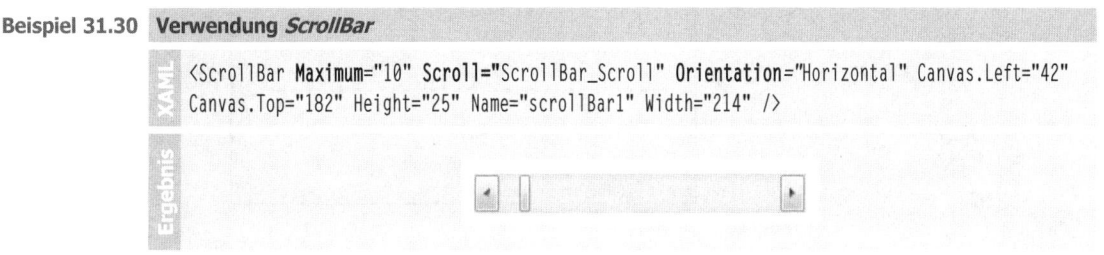

```
<ScrollBar Maximum="10" Scroll="ScrollBar_Scroll" Orientation="Horizontal" Canvas.Left="42"
           Canvas.Top="182" Height="25" Name="scrollBar1" Width="214" />
```

## 31.11 ScrollViewer

Nicht genug der Scroller, mit dem *ScrollViewer* können Sie direkt ein im *Content* enthaltenes Container-Control horizontal und vertikal verschieben, wenn es nicht in den sichtbaren Client-bereich des ScrollViewers passt. Ob und wann die ScrollBars angezeigt werden, entscheiden Sie mit den Eigenschaften *HorizontalScrollBarVisibility* und *VerticalScrollBarVisibility*.

Häufiger Verwendungszweck dieses Controls ist die Darstellung von Grafiken, die zu groß für die Anzeige im Fenster sind.

**Beispiel 31.31**    **Ein *Grid* mit fester Größe soll in einem *ScrollViewer* angezeigt werden**

```xml
<ScrollViewer Name="scrollViewer1" HorizontalScrollBarVisibility="Visible"
              VerticalScrollBarVisibility="Visible">
  <Grid Width="500" Height="500" ShowGridLines="True">
    <Grid.RowDefinitions>
      <RowDefinition Height="*" />
      <RowDefinition Height="*" />
      <RowDefinition Height="*" />
...

    </Grid.RowDefinitions>
    <Grid.ColumnDefinitions>
      <ColumnDefinition Width="*" />
      <ColumnDefinition Width="*" />
      <ColumnDefinition Width="*" />
...

    </Grid.ColumnDefinitions>
  </Grid>
</ScrollViewer>
```

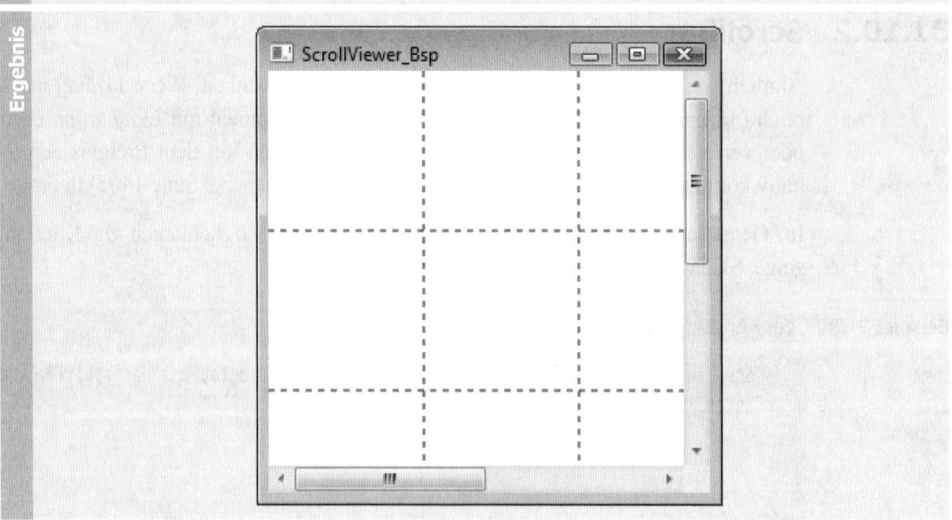

Entsprechend der Größe des enthaltenen Controls (*Grid*) wird der Scrollbereich angepasst.

# 31.12 Menu, ContextMenu

Nachdem wir uns schon eine Reihe der geläufigsten Controls angesehen haben, wollen wir uns endlich an ein wesentliches Oberflächenelement wagen, das wohl in fast keinem Programm fehlt: die Menüleiste.

---

**HINWEIS:** An dieser Stelle gleich ein wichtiger Hinweis, damit Ihre Ambitionen nicht zu weit gehen: WPF unterstützt keine MDI-Anwendungen!

---

## 31.12.1 Menu

Ein eigenes Menü erstellen Sie recht einfach per XAML mit dem *<Menu>*-Element, in das Sie ineinander geschachtelte *<MenuItem>*-Elemente einfügen. Zusätzlich können Sie zum Gruppieren noch *<Separator>*-Elemente verwenden. Die Auswertung können Sie, wie nicht anders zu erwarten, mit dem *Click*-Ereignis vornehmen.

**Beispiel 31.32** **Ein einfaches Menü erstellen**

```XAML
<Window x:Class="BSP_Controls.Menu_ToolBar_StatusBar"
    xmlns="http://schemas.microsoft.com/winfx/2006/xaml/presentation"
    xmlns:x="http://schemas.microsoft.com/winfx/2006/xaml"
    Title="Menu_ToolBar_StatusBar" Height="300" Width="300">
```

Zunächst ein *DockPanel* um das Menü auch oben zu verankern:

```
<DockPanel>
```

Hier das Menü:

```
<Menu DockPanel.Dock="Top" Height="22" Name="menu1">
```

Die erste Gruppe von *MenuItem*s:

```
<MenuItem Header="_Datei">
  <MenuItem Header="Neu"/>
  <MenuItem Header="Öffnen"/>
  <MenuItem Header="Sichern"/>
```

Hier ein Separator (Trennstrich):

```
  <Separator/>
  <MenuItem Header="Ende"/>
</MenuItem>
```

Noch zwei Hauptmenüpunkte:

```
<MenuItem Header="_Bearbeiten"/>
<MenuItem Header="_Hilfe"/>
</Menu>
```

**Beispiel 31.32**    **Ein einfaches Menü erstellen**

Das folgende *StackPanel* füllt den verbliebenen Platz im *DockPanel*:

```
<StackPanel>
</StackPanel>
</DockPanel>
</Window>
```

Im Endergebnis dürfte folgendes *Window* angezeigt werden:

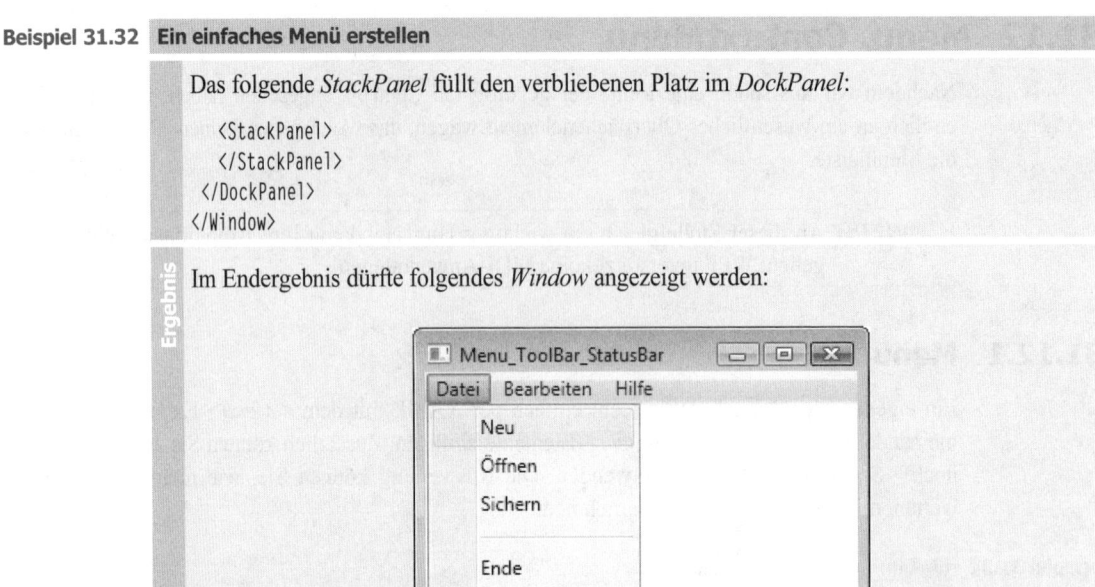

## 31.12.2  Tastenkürzel

Wie Sie sicher bereits im obigen Beispiel bemerkt haben, werden die Alt-Tasten-Shortcuts durch einen Unterstrich markiert. Möchten Sie erweiterte Tastenkombinationen verwenden, können Sie diese über das *InputGestureText*-Attribut einem Menüpunkt zuweisen.

**Beispiel 31.33**    **Verwendung von *InputGestureText***

```
<MenuItem Header="Neu" InputGestureText="Strg+N" Click="MenuItem_Click">
  <MenuItem.Icon>
    <Image Source="Images/filenew.png" Width="22"/>
  </MenuItem.Icon>
</MenuItem>
```

Doch ein erster Test wird Sie auf den harten Boden der Realität zurückholen, die Tastenfolge wird zwar im Menü angezeigt

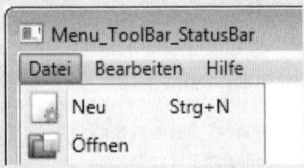

... eine Auswertung des Shortcuts erfolgt jedoch nicht. Hier müssen Sie, wie im Programmier-mittelalter, die Tastenfolgen im Window auswerten.

> **HINWEIS:** Alternativ können Sie in WPF sogenannte Commands verwenden, wir gehen in Kapitel 32 (ab Seite 1372) darauf ein.

### 31.12.3  Grafiken

Bisher sehen unsere Menüpunkte noch recht trist aus, es fehlen die bekannten Grafiken. Doch auch dies ist kein Problem, WPF bietet zwei Varianten für die Anzeige von Grafiken an:

- Ein zusätzliches Icon links neben dem Texteintrag
- Eine beliebige Kombination von Grafik/Elementen innerhalb des Menüeintrags

**Beispiel 31.34** | **Einblenden eines zusätzlichen Icons links neben dem Menüeintrag**

```xml
<Menu DockPanel.Dock="Top" Height="22" Name="menu1">
  <MenuItem Header="_Datei">
    <MenuItem Header="Neu">
```

Hier weisen Sie die Grafik zu:

```xml
        <MenuItem.Icon>
          <Image Source="Images/filenew.png" Width="22"/>
        </MenuItem.Icon>
      </MenuItem>
      <MenuItem Header="Öffnen">
        <MenuItem.Icon>
          <Image Source="Images/fileopen.png" Width="22"/>
        </MenuItem.Icon>
      </MenuItem>
...
```

**Ergebnis**

**Beispiel 31.35** | **Ein grafischer Menüeintrag mit freier Gestaltung (zusätzliche *ComboBox*)**

```xml
<Menu DockPanel.Dock="Top" Height="22" Name="menu1">
  <MenuItem Header="_Datei">
...
    <MenuItem>
```

**Beispiel 31.35** | **Ein grafischer Menüeintrag mit freier Gestaltung (zusätzliche *ComboBox*)**

Mit einem *MenuItem.Header*-Element bietet sich die Möglichkeit, beliebige Elemente in einem Menüeintrag unterzubringen:

```
<MenuItem.Header>
```

Fügen Sie zunächst ein Layout-Element ein, danach ist die Positionierung von Grafiken oder anderen Elementen ein Kinderspiel:

```
<StackPanel>
  <Image Source="images/frosch.gif" Height="40" Margin="4"/>
  <ComboBox>
    <ComboBoxItem>Zeile 1</ComboBoxItem>
    <ComboBoxItem>Zeile 2</ComboBoxItem>
    <ComboBoxItem>Zeile 3</ComboBoxItem>
    <ComboBoxItem>Zeile 4</ComboBoxItem>
    <ComboBoxItem>Zeile 5</ComboBoxItem>
  </ComboBox>
</StackPanel>
</MenuItem.Header>
</MenuItem>
...
```

**Ergebnis**

Die folgende Abbildung zeigt des Ergebnis unserer Bemühungen, ob Sie eine *ComboBox* unbedingt im Menü unterbringen müssen, ist allerdings fraglich.

## 31.12.4  Weitere Möglichkeiten

Neben den bereits vorgestellten Möglichkeiten bietet sich mit den Eigenschaften *IsCheckable* und *IsChecked* die Möglichkeit, Optionen innerhalb des Menüs zu aktivieren bzw. zu deaktivieren.

Den Menüpunkt selbst können Sie mit *IsEnabled=False* deaktivieren.

**Beispiel 31.36**   *IsCheckable* und *IsEnabled*

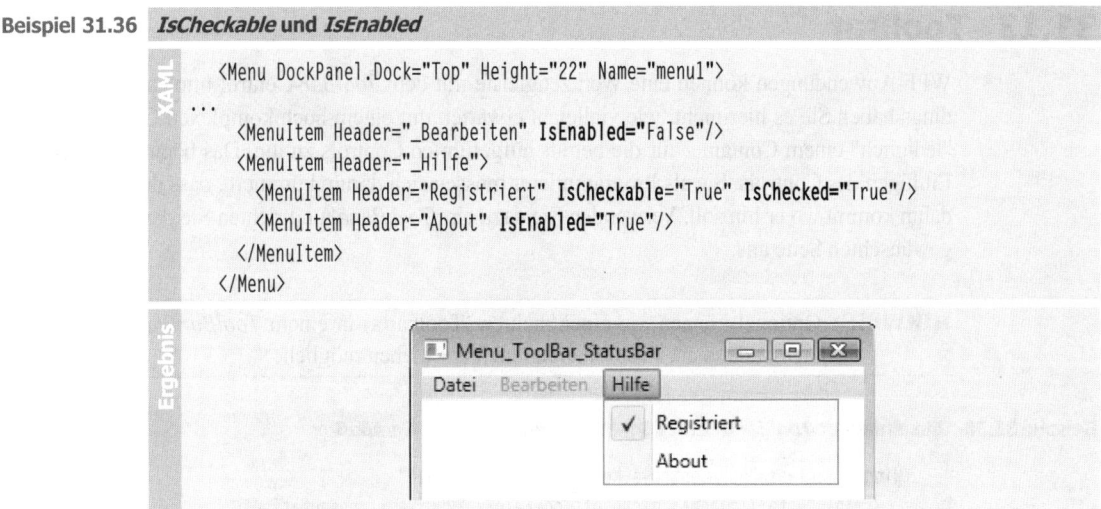

```xaml
<Menu DockPanel.Dock="Top" Height="22" Name="menu1">
...
  <MenuItem Header="_Bearbeiten" IsEnabled="False"/>
  <MenuItem Header="_Hilfe">
    <MenuItem Header="Registriert" IsCheckable="True" IsChecked="True"/>
    <MenuItem Header="About" IsEnabled="True"/>
  </MenuItem>
</Menu>
```

## 31.12.5  ContextMenu

Auf das Kontextmenü trifft weitgehend das bereits Gesagte zu, mit dem Unterschied, dass ein *ContextMenu* einem spezifischen Control zugeordnet wird.

**Beispiel 31.37**   Erzeugen eines Kontextmenüs

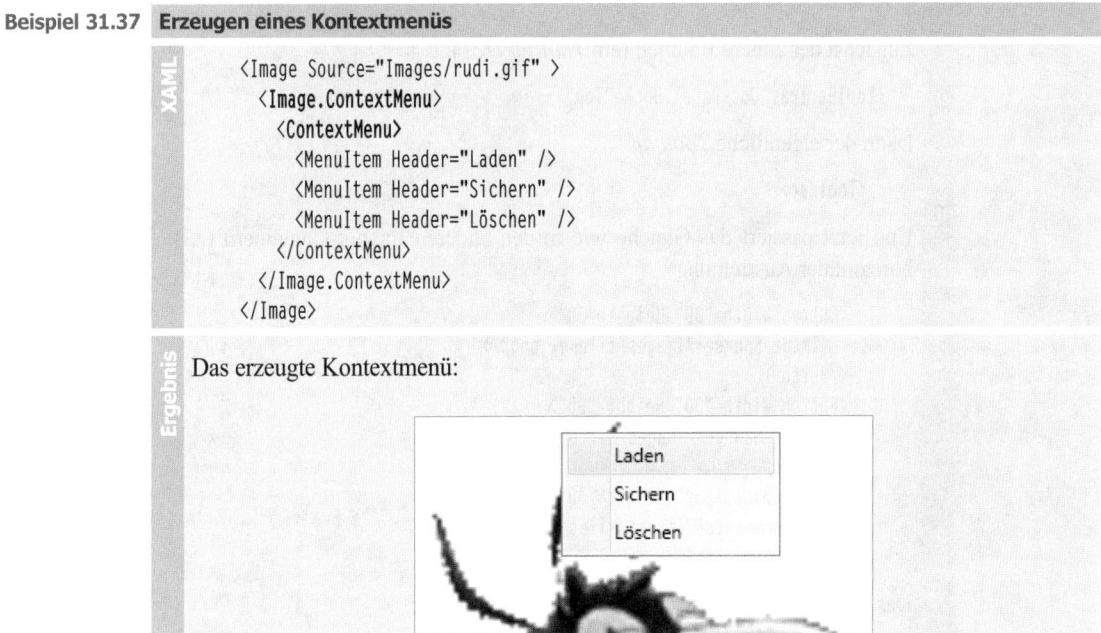

```xaml
<Image Source="Images/rudi.gif" >
  <Image.ContextMenu>
    <ContextMenu>
      <MenuItem Header="Laden" />
      <MenuItem Header="Sichern" />
      <MenuItem Header="Löschen" />
    </ContextMenu>
  </Image.ContextMenu>
</Image>
```

Das erzeugte Kontextmenü:

# 31.13  ToolBar

WPF-Anwendungen können eine Werkzeugleiste mit dem *ToolBar*-Control implementieren, allerdings haben Sie es hier nicht, wie vielleicht erwartet, mit einem hoch komplexen Control, sondern "lediglich" einem Container für die bereits aufgeführten Controls zu tun. Das beginnt bereits beim Einfügen des Controls, Sie als Programmierer müssen sich darum kümmern, dass der *ToolBar* auch dahin kommt wo er hin soll. Verwenden Sie dazu ein *DockPanel* und richten Sie das Control an der gewünschten Seite aus.

---

**HINWEIS:** Optional können Sie einen/mehrere Toolbar(s) in einem *ToolBarTray* unterbringen, hier ist dann ein Positionieren und Verschieben möglich.

---

**Beispiel 31.38**  **Ein einfacher *ToolBar* mit drei Schaltflächen und einer *ComboBox***

```
<Window x:Class="BSP_Controls.Menu_ToolBar_StatusBar"
    xmlns="http://schemas.microsoft.com/winfx/2006/xaml/presentation"
    xmlns:x="http://schemas.microsoft.com/winfx/2006/xaml"
    Title="Menu_ToolBar_StatusBar" Height="300" Width="300">

<DockPanel>
  <Menu DockPanel.Dock="Top" Height="22" Name="menu1">
...
  </Menu>
```

Zunächst der äußere Rahmen (ein *ToolBarTray*):

```
<ToolBarTray DockPanel.Dock="Top">
```

Dann der eigentliche *Toolbar*:

```
<ToolBar>
```

Und jetzt passiert das Gleiche wie in den anderen Layout-Containern (z.B. *StackPanel* mit horizontaler Ausrichtung):

```
<Button Width="30" Height="30">
  <Image Source="Images/filenew.png"/>
</Button>
<Button Width="30" Height="30">
  <Image Source="Images/fileopen.png"/>
</Button>
<Button Width="30" Height="30">
  <Image Source="Images/filesave.png"/>
</Button>
```

Das funktioniert natürlich auch mit einer *ComboBox*:

```
<ComboBox Width="80" Height="30">
  <ComboBoxItem>Zeile 1</ComboBoxItem>
  <ComboBoxItem>Zeile 2</ComboBoxItem>
  <ComboBoxItem>Zeile 3</ComboBoxItem>
```

**Beispiel 31.38** **Ein einfacher *ToolBar* mit drei Schaltflächen und einer *ComboBox***

```
            <ComboBoxItem>Zeile 4</ComboBoxItem>
            <ComboBoxItem>Zeile 5</ComboBoxItem>
          </ComboBox>
        </ToolBar>
      </ToolBarTray>
    </Window>
```

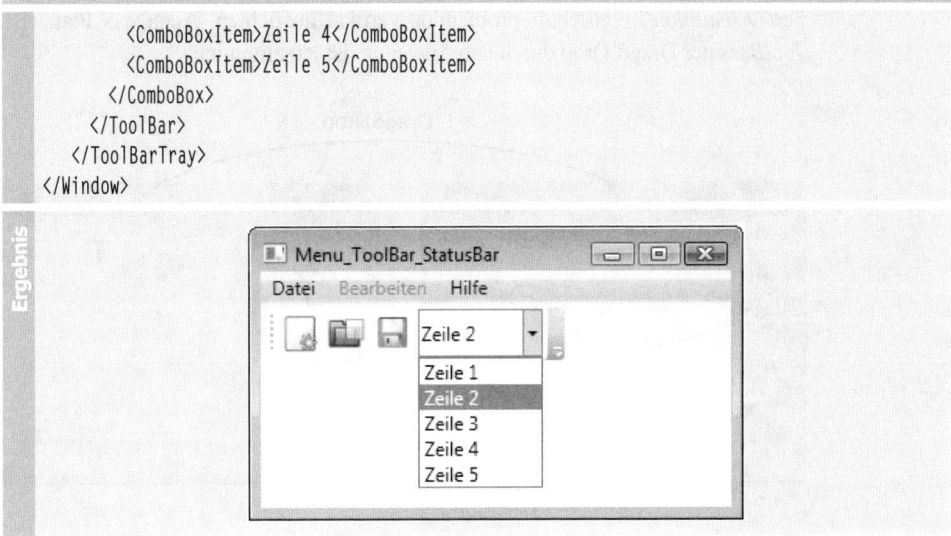

### Der ToolBarTray

Warum fügen wir eigentlich den *ToolBar* in einen *ToolBarTray* ein? Die Antwort finden Sie schnell, wenn Sie beispielsweise den *ToolBar* am rechten oder linken Rand des Windows platzieren möchten.

Mit den folgenden Anweisungen

```
<ToolBar DockPanel.Dock="Right">
  <Button Width="30" Height="30">
    <Image Source="Images/filenew.png"/>
  </Button>
...
```

... wird zwar der *ToolBar* rechts platziert, es erfolgt aber keine vertikale Ausrichtung. Eine entsprechende Eigenschaft ist nicht vorhanden.

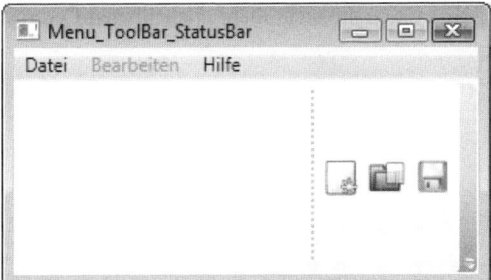

Auch das Platzieren (per Code oder Drag&Drop) mehrerer einzelner *ToolBar*s wird so schnell zum Geduldspiel.

Fügen Sie hingegen die einzelnen *ToolBar*-Controls in einen *ToolBarTray* ein, können Sie diesen per *Orientation*-Eigenschaft problemlos vertikal ausrichten. Auch das Platzieren der einzelnen *ToolBar*s per Drag&Drop durch den Anwender ist jetzt möglich:

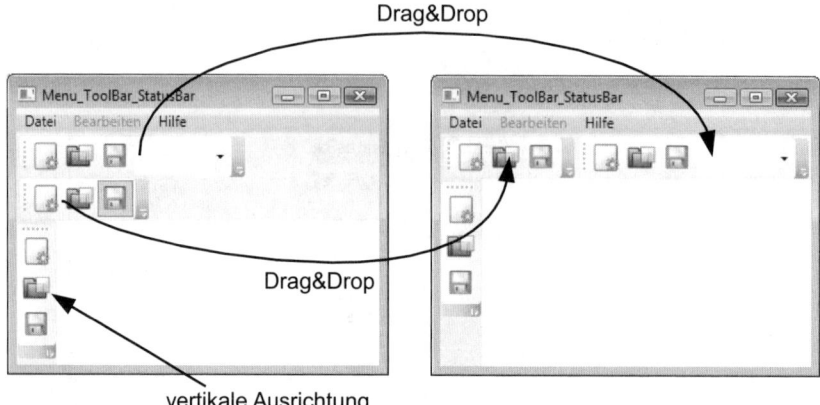

Mit der Verwendung des *ToolBarTray* ergeben sich jedoch noch weitere Möglichkeiten:

- Mit der *ToolBar*-Eigenschaft *Band* legen Sie die Zeile innerhalb des *ToolbarTray* fest (siehe obige Abbildung mit zweizeiligem *ToolBarTray*.

- Die Reihenfolge mehrerer *ToolBar*-Controls innerhalb einer Zeile legen Sie über die Eigenschaft *BandIndex* fest.

- Möchten Sie das Verschieben von *ToolBar*s innerhalb des *ToolBarTray* verhindern, setzen Sie deren *IsLocked* auf *True*.

---

**HINWEIS:** Blenden Sie nicht benötigte *ToolBar*-Controls mit *Visibility=Collapsed* aus, wenn Sie den vom *ToolBar* benötigten Platz freigeben möchten. Andernfalls genügt ein *Hidden*, der *ToolBarTray* bleibt in diesem Fall sichtbar.

---

Was passiert eigentlich, wenn nicht genügend Platz für die komplette Darstellung des *ToolBar*s bleibt? In diesem Fall werden normalerweise die nicht mehr darstellbaren Controls in einem extra Menü (Überlaufbereich) angezeigt:

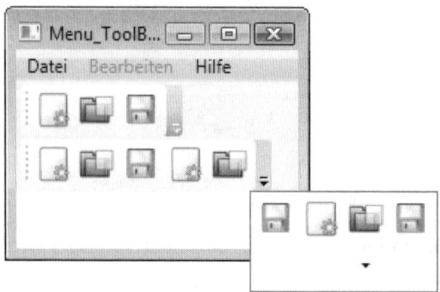

Sie als Programmierer können darüber entscheiden, wann welche Controls im Überlaufbereich angezeigt werden sollen. Dazu steht die angehängte Eigenschaft *ToolBar.OverflowMode* zur Verfügung. Für jedes einzelnen Control können Sie festlegen, ob es niemals (*Never*) bei Bedarf (*AsNeeded*) oder immer (*Always*) im Überlaufbereich angezeigt wird.

**Beispiel 31.39** | **Eine *ComboBox* soll nie im Überlaufbereich angezeigt werden**

```xaml
<ToolBarTray DockPanel.Dock="Top">
  <ToolBar Band="1" >
    <Button Width="30" Height="30">
      <Image Source="Images/filenew.png"/>
    </Button>
    <ComboBox ToolBar.OverflowMode="Never" Width="80" Height="30">
      <ComboBoxItem>Zeile 1</ComboBoxItem>
      <ComboBoxItem>Zeile 2</ComboBoxItem>
      <ComboBoxItem>Zeile 3</ComboBoxItem>
      <ComboBoxItem>Zeile 4</ComboBoxItem>
      <ComboBoxItem>Zeile 5</ComboBoxItem>
    </ComboBox>
  </ToolBar>
```

Obwohl die *ComboBox* das letzte Control innerhalb des *ToolBar*s ist, wird diese jetzt niemals im Überlaufbereich erscheinen. Stattdessen wird sie im "Notfall" einfach abgeschnitten:

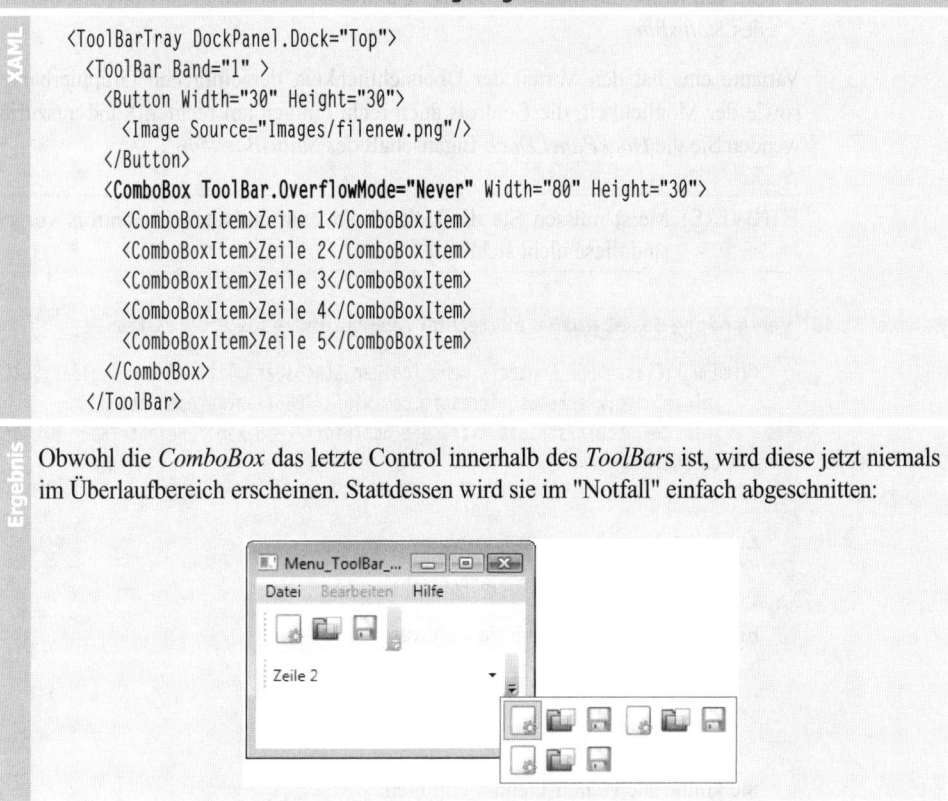

Bleibt eine letzte Frage: wie reagiere ich auf Ereignisse? Die Antwort ist ganz einfach: wie bei jedem anderen Control auch, d.h. mit *Click* oder *SelectionChanged*.

# 31.14 StatusBar, ProgressBar

Nach dem Menü und der Werkzeugleiste fehlt zu einer "kompletten" Oberfläche meist noch eine Statusleiste für die Ausgabe von Programminformationen.

## 31.14.1 StatusBar

Wie auch beim Menü oder bei der Werkzeugleiste sind **Sie** dafür verantwortlich, den *StatusBar* an den gewünschten Platz zu bringen. Üblicherweise werden Sie diese Aufgabe mit einem *DockPanel* realisieren, dieses benötigen Sie sowieso für die beiden anderen genannten Controls.

Zwei Varianten zur Nutzung des *StatusBar* bieten sich an:

- Sie verwenden innerhalb des *StatusBar*s so genannte *StatusBarItems,* in die Sie wiederum per Layout-Control (*StackPanel, Grid*) weitere Controls (*Label, TextBox, Button* etc.) einfügen können, oder

- Sie verzichten auf die *StatusBarItem*s und setzen einfach die benötigen Controls in den Content des *StatusBar.*

Variante eins hat den Vorteil der Übersichtlichkeit, der einfachen Gruppierbarkeit von Controls sowie der Möglichkeit, die Controls auch recht einfach am rechten Rand auszurichten. Dazu verwenden Sie die *DockPanel.Dock*-Eigenschaft des *StatusBarItems*[1].

---

**HINWEIS:** Meist müssen Sie die Höhe/Breite von enthaltenen Controls vorgeben, andernfalls sind diese nicht sichtbar.

---

**Beispiel 31.40** **Verwendung des *StatusBar* mit rechter Ausrichtung eines *ProgressBar***

```
<Window x:Class="BSP_Controls.Menu_ToolBar_StatusBar" Title="Menu_ToolBar_StatusBar"
    xmlns="http://schemas.microsoft.com/winfx/2006/xaml/presentation"
    xmlns:x="http://schemas.microsoft.com/winfx/2006/xaml" Height="300" Width="300">
  <DockPanel>
  ...
```

Zunächst Ausrichtung im Fenster:

```
  <StatusBar DockPanel.Dock="Bottom">
```

Ein paar einfach positionierte Controls:

```
    <Label Content="Suchtext"/>
    <TextBox Width="50">*</TextBox>
    <Button>Suchen</Button>
```

Sie könne auch einen Trenner einfügen:

```
    <Separator/>
```

Wir richten ein *StatusBarItem* am rechten Rand aus

```
    <StatusBarItem DockPanel.Dock="Right">
```

... und fügen einen *ProgressBar* ein:

```
      <ProgressBar Width="100" Height="20" Value="45"/>
    </StatusBarItem>
  </StatusBar>
  <StackPanel>
  </StackPanel>
  </DockPanel>
</Window>
```

---

[1] Der *StatusBar* ist ein verkapptes *DockPanel.*

**Beispiel 31.40**  Verwendung des *StatusBar* mit rechter Ausrichtung eines *ProgressBar*

Die Laufzeitansicht unseres *StatusBar*s:

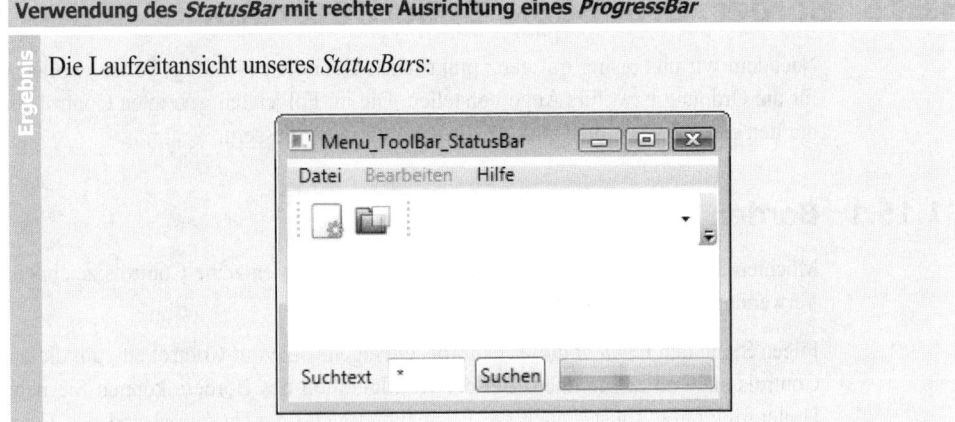

## 31.14.2  ProgressBar

Nicht alles läuft so schnell wie wir es gern hätten, und so hat auch in Zeiten von Quad-Core-Prozessorsystemen der gute alte Fortschrittsbalken seine Daseinsberechtigung behalten.

In WPF-Anwendungen verwenden Sie dazu das *ProgressBar*-Control, das zwei Modi kennt:

- *IsIndeterminate=True*,
  der Fortschrittsbalken stellt eine endlose Animation dar, um "Bewegung" zu zeigen[1]:

- *IsIndeterminate=False*,
  der bekannte Fortschrittsbalken, der mit *Minimum, Maximum* und *Value* konfiguriert wird:

Das Control selbst kann horizontal oder vertikal angeordnet werden (*Orientation*), bester Aufbewahrungsort für den *ProgressBar* dürfte sicher der *StatusBar* sein.

**Beispiel 31.41**  Verwendung des *ProgressBar*-Controls

```xaml
<StatusBar DockPanel.Dock="Bottom">
  <Label Content="Suchtext"/>
  <TextBox Width="50">*</TextBox>
  <StatusBarItem DockPanel.Dock="Right">
    <ProgressBar Width="100" Height="20" Value="45"/>
  </StatusBarItem>
  <Button>Suchen</Button>
  <Separator/>
</StatusBar>
```

---

[1] Das ideale Control für den Datei kopieren-Dialog unter Windows (gleich fertig, gleich fertig ...)

# 31.15 Border, GroupBox, BulletDecorator

Nachdem wir uns bisher mit ganz praktischen Controls beschäftigt haben, wollen wir auch etwas für die Ordnung bzw. fürs Auge vorstellen. Die im Folgenden gezeigten Controls haben eigentlich nur den einen Zweck, die Optik des Programms zu verbessern.

## 31.15.1 Border

Möchten Sie einen (fast) frei definierbaren Rahmen um einzelne Controls zeichnen, bietet sich die Verwendung eines *Border*-Controls an.

Fügen Sie in den *Content* dieses Controls ein eigenes Layout-Control ein, um die darin enthaltenen Controls sinnvoll anzuordnen. Bei der Konfiguration des Borders können Sie neben Vorder- und Hintergrundfarbe/-muster auch die Rahmenbreite (*BorderThickness*) und den Eckradius (*Corner-Radius*) festlegen. Letzteres kann für jede Ecke einzeln erfolgen, geben Sie in diesem Fall einfach vier statt einem Wert an (links oben, rechts oben, rechts unten, links unten). Gleiches gilt auch für die Rahmenbreite (links, oben, rechts, unten).

Die Abstände zum Rand bzw. zum Inhalt legen Sie wie gewohnt mit *Margin* bzw. *Padding* fest.

**Beispiel 31.42** | **Verwendung *Border***

```xaml
<UniformGrid Margin="4" Columns="3" Rows="3">
Variante 1:
    <Border Margin="4" BorderThickness="2" CornerRadius="12" BorderBrush="Black"/>
Variante 2:
    <Border Margin="4" BorderThickness ="2,7,10,3" CornerRadius="50,5,15,5"
            Background="Chartreuse" BorderBrush="DarkOrchid"/>
Variante 3:
    <Border Padding="30,5,5,5" BorderThickness="2,7,10,3" CornerRadius="50,5,15,5"
            Background="Chartreuse" BorderBrush="DarkOrchid">
    <StackPanel>
        <Button>Bla Bla</Button>
        <Button>Bla Bla Bla</Button>
        <Button>Bla Bla Bla</Button>
    </StackPanel>
    </Border>
</UniformGrid>
```

## 31.15.2  GroupBox

Ein naher Verwandter des *Border*-Controls ist die *GroupBox*. Statt der Möglichkeit, den Eckradius zu beeinflussen, können Sie hier eine Kopfzeilenbeschriftung (*Header*) realisieren. Dabei müssen Sie sich nicht auf reinen Text beschränken, Sie können auch andere Controls und damit zum Beispiel auch Grafiken etc. in den Kopfbereich einfügen.

**Beispiel 31.43**  Verwendung der *GroupBox*

```xaml
<UniformGrid Margin="4" Columns="3" Rows="3">
```
Zunächst die einfachste Variante mit reinem Text:
```xaml
<GroupBox Header="Stammdaten" BorderThickness="2" BorderBrush="HotPink" Padding="5">
  <StackPanel>
    <Button>Bla Bla</Button>
    <Button>Bla Bla Bla</Button>
    <Button>Bla Bla Bla</Button>
  </StackPanel>
</GroupBox>
```
Hier die Variante mit einer *CheckBox* im Header:
```xaml
<GroupBox BorderThickness="2" BorderBrush="HotPink" Padding="5" Background="AliceBlue">
  <GroupBox.Header>
    <CheckBox>Fahrzeugdaten</CheckBox>
  </GroupBox.Header>
  <StackPanel>
    <Label>Kennzeichen</Label>
    <TextBox>LOS LW 77</TextBox>
  </StackPanel>
</GroupBox>
```
Es geht auch mit einer Grafik und Text:
```xaml
<GroupBox BorderThickness="2" BorderBrush="Black" Padding="5" Background="Yellow">
  <GroupBox.Header>
    <StackPanel Orientation="Horizontal">
      <Image Source="Images/Filenew.png" Width="20" />
      <TextBlock> Daten</TextBlock>
    </StackPanel>
  </GroupBox.Header>
  <StackPanel>
    <Label>Kennzeichen</Label>
    <TextBox>LOS LW 77</TextBox>
  </StackPanel>
</GroupBox>
<StackPanel>
</UniformGrid>
```

**Beispiel 31.43**  **Verwendung der *GroupBox***

Die drei Varianten:

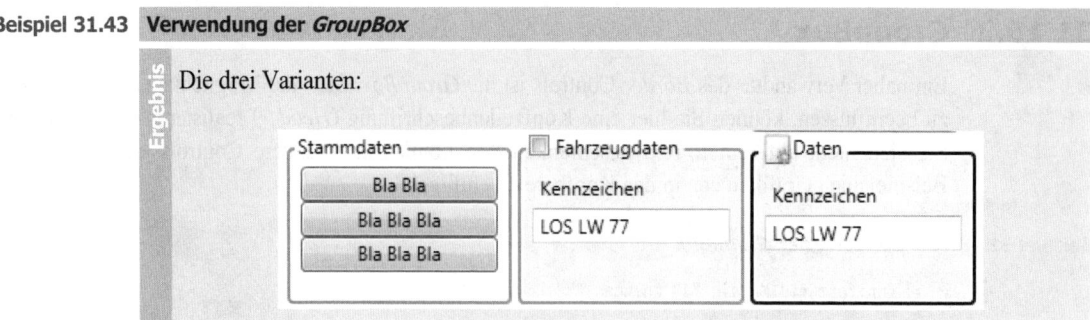

---

**HINWEIS:** Setzen Sie *RadioButton*s in eine *GroupBox,* um diese als logische Gruppe zu organisieren. So brauchen Sie nicht die *GroupName*-Eigenschaft festzulegen, und die
Zusammenhänge fallen auch optisch auf.

---

## 31.15.3  BulletDecorator

Dieses Control dient der Anzeige von Aufzählungen, d.h. einem Aufzählungszeichen/-grafik
(*BulletDecorator.Bullet*) und einem beschreibenden Text[1].

**Beispiel 31.44**  **Verwendung *BulletDecorator***

```
<UniformGrid Margin="4" Columns="3" Rows="3">
```
Variante 1 (Ellipse + Text):

```
<StackPanel>
    <BulletDecorator Margin="5">
```
Das Aufzählungszeichen definieren:

```
        <BulletDecorator.Bullet>
        <Ellipse Width="10" Height="10" Fill="Red" />
        </BulletDecorator.Bullet>
```
Den Textteil definieren:

```
        <TextBlock Margin="5 0 0 0" TextWrapping="NoWrap">
        Zeile 1
        </TextBlock>
    </BulletDecorator>
```
Und jetzt die nächste Aufzählung:

```
    <BulletDecorator Margin="5">
        <BulletDecorator.Bullet>
        <Ellipse Width="10" Height="10" Fill="Red" />
        </BulletDecorator.Bullet>
```

---

[1] Mit einem *Grid* können Sie derartige Aufgaben sicher einfacher realisieren.

**Beispiel 31.44**  **Verwendung *BulletDecorator***

```
            <TextBlock Margin="5 0 0 0" TextWrapping="NoWrap">
              Zeile 2
            </TextBlock>
          </BulletDecorator>
        </StackPanel>
```

Variante 2 (mit *CheckBox):*

```
<BulletDecorator Margin="0,5,0,0">
  <BulletDecorator.Bullet>
    <CheckBox/>
  </BulletDecorator.Bullet>
  <TextBlock Width="100" TextWrapping="Wrap" HorizontalAlignment="Left" Margin="5,0,0,0">
    Mit CheckBox
  </TextBlock>
</BulletDecorator>
```

Variante 3 (mit Grafik):

```
<StackPanel>
  <BulletDecorator Margin="0,5,0,0">
    <BulletDecorator.Bullet>
      <Image Source="Images/frosch.gif" Width="30"/>
    </BulletDecorator.Bullet>
    <TextBlock Width="100" TextWrapping="Wrap" HorizontalAlignment="Left"
               Margin="5,0,0,0">
      auch Grafiken sind möglich
    </TextBlock>
  </BulletDecorator>
```

Und hier der nächste Eintrag:

```
    <BulletDecorator Margin="0,5,0,0">
      <BulletDecorator.Bullet>
        <Image Source="Images/rudi.gif" Width="30"/>
      </BulletDecorator.Bullet>
      <TextBlock Width="100" TextWrapping="Wrap" HorizontalAlignment="Left"
                 Margin="5,0,0,0">
        auch Grafiken sind möglich
      </TextBlock>
    </BulletDecorator>
  </StackPanel>
</UniformGrid>
```

**Ergebnis**

● Zeile 1            ☐ Mit CheckBox         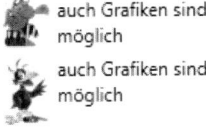 auch Grafiken sind
                                            möglich
● Zeile 2
                                            auch Grafiken sind
                                            möglich

## 31.16   RichTextBox

Um es gleich vorweg zu sagen, dieses Control ist nicht mit seinen doch recht rudimentär entwickelten Vorgängern bei den Windows Forms oder den Win32-Controls zu vergleichen. Aufgabe des Controls ist das komfortable Bearbeiten von formatierten Dokumenten. Basis ist dabei ein so genanntes *FlowDocument,* in dem Sie neben den bekannten Zeichenformatierungen (Fett, Kursiv, Unterstrichen, Hochstellen ...) auch wesentlich komplexere Formate, wie Grafiken, Absätze, Listen, Tabellen etc., realisieren können.

Das Control unterstützt beim Im-/Export neben den bekannten Formaten RTF, TEXT auch XAML und XAML-Packages.

---

**HINWEIS:** Statt Sie auf den folgenden Seiten mit endlosen Eigenschaftsauflistungen zu foltern (und davon hat das Control reichlich), wollen wir es uns "aufgaben-orientiert" ansehen.

---

### 31.16.1   Verwendung und Anzeige von vordefiniertem Text

Eine *RichTextBox* ist mit dem gleichnamigen Element schnell definiert, doch was ist mit dem Inhalt?

Einzig gültiges Element im Content der *RichTextBox* ist ein *FlowDocument,* auf dieses können Sie zur Laufzeit über die *Document*-Eigenschaft des Controls zugreifen. Innerhalb dieses *Flow-Documents* können Sie

- *BlockUIContainer-*

- *List-*

- *Paragraph-*

- *Section-*

- oder *Table*-Elemente

definieren. Mehr dazu ab Seite 1329 *(FlowDocument),* an dieser Stelle beschränken wir uns auf einen simplen Absatz mit einfachen Formatierungen.

**Beispiel 31.45**  **Eine *RichTextBox* mit vordefiniertem Text anzeigen**

```xaml
<RichTextBox>
  <FlowDocument>
    <Paragraph>
        Hier ist schon ein erster Absatz mit <Bold>fetter</Bold> Schrift.
    </Paragraph>
  </FlowDocument>
</RichTextBox>
```

**Beispiel 31.45** | **Eine *RichTextBox* mit vordefiniertem Text anzeigen**

*Ergebnis*

Hier ist schon ein erster Absatz mit **fetter** Schrift.

**Beispiel 31.45** | **(Fortsetzung)**

*XAML*

Natürlich ist auch die Definition weiterer Absätze mit anderen Formatierungen möglich:

```
...
    <Paragraph FontSize="24">
    Hallo
    <Bold>User</Bold> , hier steht
    <Underline>jede Menge</Underline>
    <Italic>Text</Italic>
    <LineBreak/>
    <Hyperlink NavigateUri="http://www.doko-buch.de/">
        Die Autoren-Website ...
    </Hyperlink>
    <LineBreak />
    </Paragraph>
...
```

*Ergebnis*

Hier ist schon ein erster Absatz mit **fetter** Schrift.

Hallo **User** , hier steht

jede Menge *Text*

Die Autoren-Website ...

**HINWEIS:** Hyperlinks sind in den hier vorgestellten WPF-Windows-Anwendungen nicht funktionsfähig, hier müssen Sie für die Logik selbst sorgen. Nutzen Sie dazu die Möglichkeit, die *Hyperlink*-Klasse abzuleiten und in der neuen Klasse das *RequestNavigate*-Ereignis für die Navigation zu verwenden.

**HINWEIS:** Formatierungen, wie Fett, Kursiv und Unterstrichen, können Sie in der *RichTextBox* zur Laufzeit problemlos per Tastatur-Befehl realisieren. Wählen Sie einfach *Strg+Shift+F*, *Strg+Shift+K* oder *Strg+Shift+U*[1].

---

[1] Die Tastenbelegung unterscheidet sich von der in der Hilfe angegebenen US-Belegung.

## 31.16.2   Neues Dokument zur Laufzeit erzeugen

Nachdem der Anwender mehr oder weniger ziellos mit dem Editor gearbeitet hat, kommt häufig der Wunsch auf, das Dokument komplett zu löschen.

Diese Aufgabe lösen Sie, indem Sie der *Document*-Eigenschaft einfach ein neues leeres *FlowDocument*-Objekt zuweisen.

**Beispiel 31.46**   **Komplettes Dokument löschen bzw. erstellen**

```csharp
private void newb_Click(object sender, RoutedEventArgs e)
{
    rtb1.Document = new FlowDocument();
}
```

## 31.16.3   Sichern von Dokumenten

Was nützt der beste Editor, wenn man den Inhalt nicht sichern kann? Eine direkte *Save*-Methode werden Sie sowohl am Control als auch beim *Document*-Objekt vergeblich suchen.

Gesichert werden kann das komplette Dokument (oder auch nur einzelne Abschnitte), indem Sie ein *TextRange*-Objekt aus dem Dokument erzeugen. Dazu müssen Sie den Beginn und das Ende des Textbereichs definieren. Der *TextRange* selbst bietet uns dann die gewünschte *Save*-Methode, bei der Sie auch das Datenformat (Text, RTF, XAML, XAML-Package) angeben können.

---

**HINWEIS:** Sichern können Sie in einen geöffneten Stream, damit stehen Ihnen alle Wege (Memory, Datenbank, Datei ...) offen.

---

**Beispiel 31.47**   **Sichern des kompletten Inhalts des *RichtTextBox***

```csharp
private void Saveb_Click(object sender, RoutedEventArgs e)
{
```

Den nötigen Datei-Sichern-Dialog einblenden:

```csharp
    SaveFileDialog dialog = new SaveFileDialog();
    dialog.Filter = "Xaml(*.xaml)|*.xaml";
```

Im Erfolgsfall:

```csharp
    if ((bool)dialog.ShowDialog())
    {
```

Stream erzeugen:

```csharp
        FileStream fs = (FileStream)dialog.OpenFile();
```

Das komplette Dokument als *TextRange* erfassen:

```csharp
        TextRange tr = new TextRange(rtb1.Document.ContentStart,
                                     rtb1.Document.ContentEnd);
```

**Beispiel 31.47**  **Sichern des kompletten Inhalts des *RichtTextBox***

```
Sichern:

            tr.Save(fs, DataFormats.XamlPackage);
            fs.Close();
        }
    }
```

Bei der im Beispiel erzeugte XAML-Package-Datei handelt es sich um ein komprimiertes Format (ZIP), in dem sowohl die textuellen Inhalte als auch Grafiken etc. gesichert werden.

Möchten Sie den Inhalt dieser Dateien betrachten, genügt es, wenn Sie die Datei in .ZIP umbenennen und mit einem Entpacker-Programm öffnen:

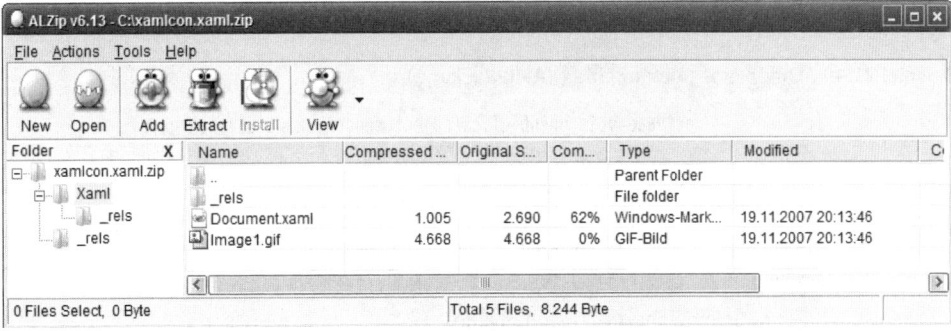

Das Sichern im RTF-Format erfordert nur unwesentliche Änderungen an obigem Beispielcode. Sie müssen für den Dateidialog nur eine andere Extension vergeben und beim Aufruf der *Save*-Methode die Konstante *DataFormats.rtf* nutzen.

Dass der Export ganz gut funktioniert, sehen Sie an folgendem Beispiel, selbst der Hyperlink arbeitet wie gewünscht:

---

**HINWEIS:** Soll nur die aktuelle Auswahl gesichert werden, können Sie sich den Aufwand mit dem *TextRange*-Objekt sparen, die Eigenschaft *Selection* ist bereits ein *TextRange*, den Sie mit der Methode *Save* sichern können.

---

**Beispiel 31.48**    **Aktuelle Auswahl sichern**

```csharp
FileStream fs = (FileStream)dialog.OpenFile();
rtb1.Selection.Save(fs, DataFormats.XamlPackage);
fs.Close();
```

## 31.16.4  Laden von Dokumenten

Soll das Dokument zu einem späteren Zeitpunkt wieder geladen werden, gehen wir im Grunde den selben Weg. Auch hier wird ein *TextRange*-Objekt erzeugt, in das wir diesmal den Inhalt laden.

**Beispiel 31.49**    **Laden eines Dokuments (XAML-Package)**

```csharp
private void openb_Click(object sender, RoutedEventArgs e)
{
```

Dateidialog öffnen:

```csharp
OpenFileDialog dialog = new OpenFileDialog();
dialog.Filter = "Xaml(*.xaml)|*.xaml";
```

Im Erfolgsfall (Datei ausgewählt):

```csharp
if((bool)dialog.ShowDialog())
{
```

Stream erzeugen und Bereich festlegen:

```csharp
FileStream fs = (FileStream)dialog.OpenFile();
TextRange tr = new TextRange(rtb1.Document.ContentStart,
                             rtb1.Document.ContentEnd);
```

Laden:

```csharp
tr.Load(fs, DataFormats.XamlPackage);
fs.Close();
        }
    }
```

---

**HINWEIS:** Soll das geöffnete Dokument an der aktuellen Kursorposition eingefügt werden, nutzen Sie die *Selection*-Eigenschaft (siehe vorhergehendes Beispiel).

---

## 31.16.5 Texte per Code einfügen/modifizieren

Nicht alle Texte werden ausschließlich "von Hand" bearbeitet, viele Funktionen werden in Textverarbeitungen automatisiert. Und so stellt auch die *RichTextBox* reichlich Möglichkeiten zur codegesteuerten Bearbeitung der Texte zur Verfügung.

**Beispiel 31.50** | **Einfügen des Tagesdatums an der aktuellen Kursor-Position**

Die aktuelle Position des Kursors können Sie mit *Selection.End* ermitteln, diese Eigenschaft stellt ein *TextPointer*-Objekt zur Verfügung, über das sich unter anderem auch Texte einfügen lassen:

```csharp
private void Button_Click(object sender, RoutedEventArgs e)
{
    rtb1.Selection.End.InsertTextInRun(DateTime.Now.ToLongDateString());
}
```

**Beispiel 31.51** | **Einfügen neuer Absatz**

Auch hier nutzen wir wieder ein *TextPointer*-Objekt, um die Methode *InsertParagraphBreak* aufzurufen:

```csharp
rtb1.Selection.End.InsertParagraphBreak();
```

**Beispiel 31.52** | **Absatzfarbe ändern**

Über ein *TextPointer*-Objekt haben Sie auch Zugriff auf den aktuellen Absatz, d.h., Sie können dessen Eigenschaften bearbeiten:

```csharp
rtb1.Selection.End.Paragraph.Background = Brushes.AliceBlue;
```

**Beispiel 31.53** | **Neuen Absatz mit Fließtext am Dokumentende einfügen**

Alle Absätze/Objekte werden über die *Blocks*-Collection verwaltet. Hängen Sie neue Absätze einfach an diese Auflistung an. Allerdings können Sie nicht wie in XAML direkt den Text im *Paragraph*-Objekt ausgeben, sondern Sie müssen einen Fließtext (*Run*) erzeugen und diesem den Text übergeben.

```csharp
rtb1.Document.Blocks.Add(new Paragraph(new Run("Mein neuer Absatz")));
```

**Beispiel 31.54** | **Text vor dem aktuellen Absatz einfügen**

Auch hier hilft Ihnen die *Blocks*-Auflistung, allerdings müssen Sie in diesem Fall die *InsertBefore*-Methode aufrufen. Als Referenz ist die aktuelle Position des Textkursors wichtig. Die ermitteln wir, wie schon in den vorhergehenden Beispielen, über das *Selection*-Objekt.

```csharp
rtb1.Document.Blocks.InsertBefore(rtb1.Selection.Start.Paragraph,
                      new Paragraph(new Run("Neuer Absatz im Text")));
```

## 31.16.6  Texte formatieren

Sicher ist Ihnen auch schon aufgefallen, dass unsere *RichTextBox* einen entscheidenden Makel hat: es fehlt ein vernünftiger *ToolBar,* der uns zum Beispiel die bekannten Zeichenformatierungfunktionen zur Verfügung stellt.

**Beispiel 31.55**   *ToolBar*-**Funktionalität für "Fett" und "Kursiv" realisieren.**

Zunächst die Definition des *ToolBar*s, wir verwenden *ToggleButtons,* da es sich um einen Umschaltprozess handelt:

```
<Window x:Class="BSP_Controls.RichTextBox_Bsp"
    xmlns="http://schemas.microsoft.com/winfx/2006/xaml/presentation"
    xmlns:x="http://schemas.microsoft.com/winfx/2006/xaml"
    Title="RichTextBox_Bsp" Height="300" Width="481">


<DockPanel>
    <ToolBarTray DockPanel.Dock="Top">
     <ToolBar >
```

**Variante 1:** Wir verwenden so genannte Commands, um die entsprechende Funktion (Fett/NichtFett) zu realisieren. Dazu muss die Schaltfläche mit dem Zielcontrol (*RichTextBox)* über die Eigenschaft *CommandTarget* verbunden werden. Die eigentliche Funktion wird mit der Eigenschaft *Command* festgelegt:

```
    <ToggleButton Name="boldb" Height="32" Width="32"
                  Command="EditingCommands.ToggleBold"
                  CommandTarget="{Binding ElementName=rtf1}">
       <Image Source="Images/boldhs.png" />
    </ToggleButton>
```

**Variante 2:** Wir nutzen das *Click*-Ereignis, um die Funktion zu realisieren:

```
    <ToggleButton Name="italicb" Height="32" Width="32" Click="italicb_Click">
       <Image Source="Images/italicHS.png" />
    </ToggleButton>
    </ToolBar>
   </ToolBarTray>
```

Die erzeugte Werkzeugleiste:

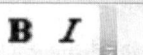

Das *Click*-Ereignis für die zweite Variante:

```
    private void italicb_Click(object sender, RoutedEventArgs e)
    {
```

Mit *ApplyPropertyValue* können Sie gezielt einzelne Eigenschaften des Textes beeinflussen. Übergeben wird der Name der Eigenschaft und der neue Wert:

**Beispiel 31.55**  *ToolBar*-**Funktionalität für "Fett" und "Kursiv" realisieren.**

```
          rtb1.Selection.ApplyPropertyValue(FlowDocument.FontStyleProperty,
                                             FontStyles.Italic);
}
```

Starten Sie jetzt das Programm, führt ein Klick auf die *Kursiv*-Schaltfläche dazu, dass die entsprechende Formatierung auf den Text angewendet wird. Allerdings beschränkt sich der obige Code darauf, die Formatierung einmalig zu setzen. Ein Löschen ist so nicht möglich. Dazu müssten wir vorher den aktuellen Wert abfragen.

Alternativ bot sich die Variante mit der Verwendung von *Commands* an. Hier ist das Kommando "EditingCommands.ToggleBold", d.h., jeder Klick führt zum Umschalten des bisherigen Zustands. Auf Quellcode können wir bei dieser Version gänzlich verzichten, damit dürfte diese Version der sinnvollste Weg sein.

Ein Problem haben wir jedoch nach wie vor, bewegen wir den Kursor durch die *RichTextBox*, werden die aktuellen Formatierungen nicht im ToolBar angezeigt. Über das *SelectionChanged*-Ereignis der *RichTextBox* können wir auf die Änderung der Kursorposition reagieren und den Status der Schaltflächen an die aktuelle Formatierung anpassen:

```
private void rtb1_SelectionChanged(object sender, RoutedEventArgs e)
{
```

Zunächst ermitteln wir den aktuellen Formatierungsstatus für Fett:

```
    object propval = rtb1.Selection.GetPropertyValue(FontWeightProperty);
```

Wenn die Eigenschaft bereits gesetzt ist,

```
    if (propval != DependencyProperty.UnsetValue)
```

können wir deren Wert auswerten:

```
        boldb.IsChecked = (FontWeight)propval == FontWeights.Bold;
```

Das Gleiche für Kursiv:

```
    propval = rtb1.Selection.GetPropertyValue(FontStyleProperty);
    if (propval != DependencyProperty.UnsetValue)
        italicb.IsChecked = (FontStyle)propval == FontStyles.Italic;
}
```

**HINWEIS:** Obige Auswertung ist leider recht code-intensiv, da müssen sich die Microsoft-Programmierer sicherlich noch etwas Sinnvolleres einfallen lassen.

## 31.16.7  EditingCommands

Wie im vorhergehenden Beispiel gezeigt, ist mit der Verwendung von Commands eine recht einfache Möglichkeit gegeben, Aktoren (Schaltflächen etc.) mit Aktionen (*Command*) zu verknüpfen, die auf ein spezifisches Control wirken (*CommandTarget*).

> **HINWEIS:** Mehr zu Commands im Abschnitt 32.4, wir wollen hier nicht zu viel vorgreifen.

Welche Commands Ihnen für die *RichTextBox* zur Verfügung stehen, soll die folgende Auflistung zeigen (die Bezeichner dürften selbsterklärend sein):

- **Cursorbewegung**
  (*Backspace, MoveDownByLine, MoveDownByPage, MoveDownByParagraph, MoveLeftBy-Character, MoveLeftByWord, MoveRightByCharacter, MoveRightByWord, MoveToLineEnd, MoveToLineStart, MoveToDocumentEnd, MoveToDocumentStart, MoveUpByLine, MoveUp-ByPage, MoveUpByParagraph, TabBackward, TabForward*)

- **Markierung**
  (*SelectDownByLine, SelectDownByPage, SelectDownByParagraph, SelectLeftByCharacter, SelectLeftByWord, SelectRightByCharacter, SelectRightByWord, SelectToDocumentEnd, SelectToDocumentStart, SelectToLineEnd, SelectToLineStart, SelectUpByLine, SelectUpBy-Page, SelectUpByParagraph*)

- **Schrift**
  (*DecreaseFontSize, IncreaseFontSize, ToggleBold, ToggleItalic, ToggleSubscript, Toggle-Superscript, ToggleUnderline*)

- **Absatzausrichtung**
  (*AlignCenter, AlignJustify, AlignLeft, AlignRight*)

- **Absatzformat**
  (*ToggleBullets, ToggleNumbering, DecreaseIndentation, IncreaseIndentation*)

- **Rechtschreibung**
  (*CorrectSpellingError, IgnoreSpellingError*)

- **Befehle**
  (*Delete, DeleteNextWord, DeletePreviousWord, EnterLineBreak, EnterParagraphBreak*)

- **Sonstiges**
  (*ToggleInsert*)

## 31.16.8 Grafiken/Objekte einfügen

Dass neben Text auch andere Objekte in die *RichTextBox* eingefügt werden können, soll das folgende Beispiel zeigen, bei dem zur Laufzeit eine Grafik aus den Programmressourcen eingefügt und mit einem Ereignis verknüpft wird.

**Beispiel 31.56 | Grafik einfügen**

```csharp
private void imageb_Click(object sender, RoutedEventArgs e)
{
```

Neues *Image*-Objekt erzeugen:

```csharp
Image img = new Image();
```

**Beispiel 31.56**  **Grafik einfügen**

Die eigentliche Bitmap zuweisen:

```
img.Source = BitmapFrame.Create(new
                    Uri("pack://application:,,,/images/frosch.gif"));
```

Größe bestimmen und Ereignis zuweisen:

```
img.Height = 100;
img.Width = 100;
img.MouseDown += delegate {MessageBox.Show("Finger weg!");};
```

Und jetzt Grafik als neuen letzten Absatz einfügen:

```
rtb1.Document.Blocks.Add(new Paragraph( new InlineUIContainer(img)));
}
```

---

**HINWEIS:** Controls wie *Image* etc. müssen in einem so genannten *InlineUIContainer*
gekapselt werden, bevor sie im *Paragraph* eingefügt werden.

---

**Ergebnis**

Das Beispielprogramm in Aktion:

Sichern Sie jetzt das Dokument, wird die Grafik ebenfalls mit abgespeichert (z.B. in einem
XAML-Package).

### 31.16.9 Rechtschreibkontrolle

Dass Sie die Rechtschreibkontrolle der *RichTextBox* mit

```
<RichTextBox Name="rtb1" SpellCheck.IsEnabled="True" ...
```

aktivieren können, dürfte Ihnen bereits von der einfachen *TextBox* her bekannt sein. Doch ein Blick in den Editor wird für lange Gesichert sorgen: alles Fehler und das trotz korrekter Schreibweise! Hier hilft das zusätzliche Setzen der Sprache:

```
<RichTextBox Name="rtb1" SpellCheck.IsEnabled="True" Language="de" ...
```

## 31.17 FlowDocumentPageViewer, -Reader, -ScrollViewer

Neben dem Editieren von formatierten Texten steht häufig auch deren Anzeige auf der Wunschliste des Programmierers. Neben der bereits vorgestellten *RichTextBox* bietet WPF hier mit

- *FlowDocumentPageViewer*,

- *FlowDocumentReader* und

- *FlowDocumentScrollViewer*

ein reichhaltiges Arsenal, um Flow-Dokumente anzuzeigen.

### 31.17.1 FlowDocumentPageViewer

Für die seiten-orientierte Anzeige von Dokumenten bietet sich das *FlowDocumentPageViewer*-Control an. Über die Navigationstasten am unteren Rand können Sie zwischen den Seiten blättern, der Zoomfaktor lässt sich über einen Schieberegler vorgeben:

**HINWEIS:** Das Textfeld für die Suchfunktion blenden Sie über die Tastenkombination *Strg+F* oder über die Methode *Find* ein.

### 31.17.2 FlowDocumentReader

Im Gegensatz zum vorhergehenden Control können Sie beim *FlowDocumentReader* zwischen verschiedenen Anzeigemodi wechseln (ein- und mehrseitig, sowie fortlaufend), die Textsuchfunktion steht per eigener Schaltfläche zur Verfügung.

Zoom- und Blätter-Funktion entsprechen dem *FlowDocumentPageViewer.*

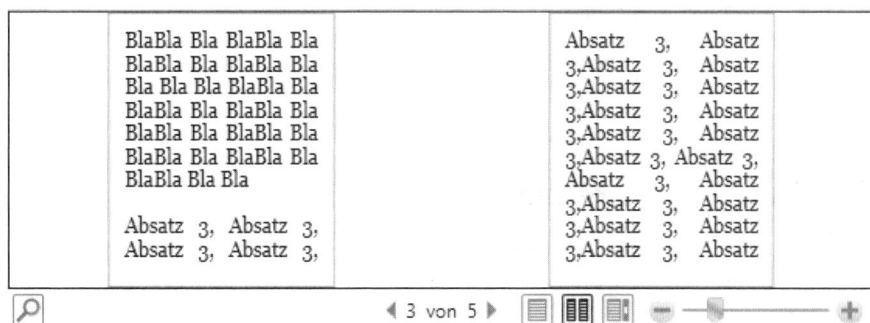

Durch die Unterstützung der verschiedenen Anzeigemodi ist dieser Viewer zwar leistungsfähiger, aber leider auch etwas langsamer.

### 31.17.3 FlowDocumentScrollViewer

Für die reine Fließtextdarstellung ohne Seiten sollten Sie den *FlowDocumentScrollViewer* einsetzen. Dieser verfügt lediglich über einen Scrollbar, um im Text zu blättern, der Zoomfaktor ist nur per Code (*Zoom*) einstellbar:

## 31.18 FlowDocument

Obwohl es eigentlich kein eigenes Control ist, wollen wir dennoch kurz auf das *FlowDocument* eingehen, verwenden wir dieses doch in der *RichTextBox* bzw. in den *FlowDocumentPageViewer, -Reader, -ScrollViewer*-Controls.

Ein *FlowDocument* stellt das Objektmodell eines formatierten Fließtextes dar, der in den o.g. Controls in unterschiedlichen Modi angezeigt oder auch editiert werden kann.

*FlowDocument*-Objekte können folgende untergeordneten Elemente enthalten:

- *Paragraph* (Absätze, die wiederum Texte, Floater, Figures etc. enthalten können)

- *BlockUIContainer* (Kapseln von Controls, z.B *Image*)

- *List* (eine Auflistung)

- *Section* (Zusammenfassung von Abschnitten)

- *Table* (eine Tabelle)

## 31.18.1   FlowDocument per XAML beschreiben

Zunächst wollen wir Ihnen an einem Beispiel die Beschreibung des *FlowDocuments* per XAML-Code demonstrieren, dieses können Sie direkt als *Content* einem der obigen Reader zuweisen:

**Beispiel 31.57**   **Ein etwas umfangreicheres *FlowDocument*, das einige Möglichkeiten aufzeigt.**

Zunächst das *FlowDocument* definieren (minimale Spaltenbreite, automatische Silbentrennung)

```
<FlowDocument ColumnWidth="400" IsHyphenationEnabled="True">
```

Für die folgenden Abschnitte gilt eine Schriftgröße von 12:

```
<Section FontSize="12">
```

Ein erster Abschnitt mit Fließtext und verschiedenen Formatierungen:

```
<Paragraph>
    <Bold>Fette Schrift</Bold> Hier steht Fließtext. Hier steht Fließtext.
    Hier steht Fließtext. <Underline>Hier steht Fließtext.</Underline> Hier steht
    Fließtext. Hier steht Fließtext.
    Hier steht Fließtext. Hier steht Fließtext. Hier steht Fließtext. Hier steht
Fließtext.
```

Ein frei positionierbarer Rahmen, in dem wiederum andere Elemente (in diesem Fall ein Absatz) enthalten sein können:

```
<Figure Width="150" Height="100" Background="CornflowerBlue"
    HorizontalAnchor="PageLeft" HorizontalOffset="100" VerticalOffset="20">
    <Paragraph FontStyle="Italic" Foreground="White">
        Ein freier Bereich, der über Koordinatenangaben positioniert wird.
    </Paragraph>
</Figure>
```

Auch dies ein Rahmen, der jedoch nicht absolut positioniert werden kann:

```
<Floater Background="LightYellow" Width="300" HorizontalAlignment="Right">
    <Paragraph>
```

**Beispiel 31.57** | Ein etwas umfangreicheres *FlowDocument*, das einige Möglichkeiten aufzeigt.

```
                    Noch ein freier Bereich, der horizontal über HorizontalAlignment positioniert
                    werden kann.
                </Paragraph>
            </Floater>
        </Paragraph>
```

Ein normaler Absatz:

```
        <Paragraph>
            Bla Bla Bla Bla Bla Bla Bla Bla Bla Bla Bla Bla Bla Bla Bla  ...
        </Paragraph>
```

Eine Liste:

```
        <List MarkerStyle="Disc">
        <ListItem>
            <Paragraph>Listeneintrag 1</Paragraph>
        </ListItem>
        <ListItem>
            <Paragraph>Listeneintrag 2</Paragraph>
        </ListItem>
        </List>
```

Eine Liste mit Aufzählung:

```
        <List MarkerStyle="Decimal">
        <ListItem>
            <Paragraph>Listeneintrag 1</Paragraph>
        </ListItem>
        <ListItem>
            <Paragraph>Listeneintrag 2</Paragraph>
        </ListItem>
        </List>

    ...
        </Section>
    </FlowDocument>
```

**Ergebnis**

## 31.18.2 FlowDocument per Code erstellen

Neben der recht übersichtlichen Möglichkeit, Flow-Dokumente per XAML-Code zu erstellen (zum Beispiel auch direkt aus der *RichTextBox* heraus), können Sie natürlich auch Ihre Programmier-fähigkeiten zum Einsatz bringen. Ein einfaches Beispiel zeigt die Vorgehensweise:

**Beispiel 31.58** | **Ein *FlowDocument* per Code erstellen**

Fügen Sie in die Oberfläche zunächst einen *FlowDocumentPageViewer* ein und geben Sie diesem den Bezeichner "FlowDocumentPageViewer1".

Mit dem Laden des Fensters schreiten wir zur Tat:

```
private void Window_Loaded(object sender, RoutedEventArgs e)
{
```

Eine *FlowDocument*-Instanz erzeugen:

```
FlowDocument flowDoc = new FlowDocument();
```

Einen ersten Absatz hinzufügen, dieser enthält zunächst einen einfachen Text der fett ausgeben wird:

```
Paragraph para = new Paragraph(new Bold(
            new Run("Wir schreiben etwas Text in den ersten Absatz.")));
```

An den bestehenden Absatz hängen wir noch etwas Text an:

```
para.Inlines.Add(new Run(" Hier kommt noch mehr Text im selben Absatz"));
```

Den Absatz an das *FlowDocument* anhängen:

```
flowDoc.Blocks.Add(para);
```

Eine Liste erzeugen:

```
List liste = new List();
liste.ListItems.Add(new ListItem(new Paragraph(new Run("Zeile 1"))));
liste.ListItems.Add(new ListItem(new Paragraph(new Run("Zeile 2"))));
liste.ListItems.Add(new ListItem(new Paragraph(new Run("Zeile 3"))));
flowDoc.Blocks.Add(liste);
```

Das *FlowDocument* zur Anzeige bringen:

```
FlowDocumentPageViewer1.Document = flowDoc;
}
```

**Wir schreiben etwas Text in den ersten Absatz.** Hier kommt noch mehr Text im selben Absatz

- Zeile 1
- Zeile 2
- Zeile 3

◀ 1 von 1 ▶ ━ ━▉━ ━ ✛

> **HINWEIS:** Auf weitere Möglichkeiten (Controls, Tabellen etc.) von Flow-Dokumenten wollen wir an dieser Stelle nicht eingehen, das überlassen wir besser der Spezialliteratur.

## 31.19 DocumentViewer

Neben den auf die Flow-Dokumente festgelegten Controls findet sich auch ein *DocumentViewer*-Control, das ausschließlich zur Anzeige von XPS-Dokumenten verwendet werden kann. Neben einer Druckoption können Sie die Daten auch in die Zwischenablage kopieren, die Ansicht skalieren und zwischen unterschiedlichen Seitendarstellungen wechseln. Last but not least verfügt das Control auch über ein einfache Suchfunktion innerhalb des Textes.

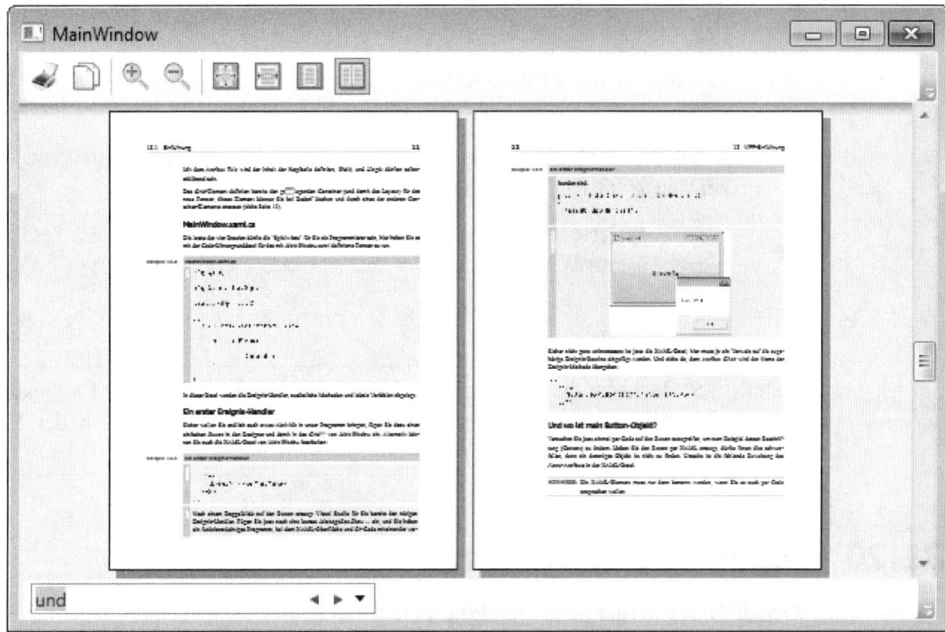

Wie Sie ein externes XPS-Dokument laden, zeigt das folgende Beispiel:

**Beispiel 31.59**  **Laden eines XPS-Dokuments in den *DocumentViewer***

```xaml
<Window x:Class="WpfApplication2.MainWindow"
        xmlns="http://schemas.microsoft.com/winfx/2006/xaml/presentation"
        xmlns:x="http://schemas.microsoft.com/winfx/2006/xaml"
        xmlns:sys="clr-namespace:System;assembly=mscorlib"
        Title="MainWindow" Height="238" Width="348" Loaded="Window_Loaded"
        WindowStartupLocation="CenterScreen">
    <DocumentViewer Name="DocumentViewer1" />
</Window>
```

**Beispiel 31.59**   **Laden eines XPS-Dokuments in den *DocumentViewer***

Fügen Sie zunächst die Assembly *ReachFramework.dll* als Verweis zu Ihrem Projekt hinzu. Nachfolgend können Sie den entsprechenden Ereigniscode übernehmen.

Namespaces importieren:

```
...
using System.Windows.Xps.Packaging;
using System.IO;

namespace WpfApplication2
{
    public partial class MainWindow : Window
    {
...
        private void Window_Loaded(object sender, RoutedEventArgs e)
        {
```

Zunächst ein *XpsDocument* aus der Datei "c:\Test.xps" erstellen, nachfolgend können wir eine *FixedDocumentSequence* für die Anzeige abrufen:

```
            XpsDocument doc = new XpsDocument("c:\\test.xps", FileAccess.Read);
            DocumentViewer1.Document = doc.GetFixedDocumentSequence();
        }
```

---

**HINWEIS:** Mehr zu diesem Thema finden Sie im Abschnitt 34.1.1 "XPS-Dokumente", wo wir uns sowohl dem Erstellen von XPS-Dokumenten als auch der Verwendung der *DocumentViewer*-Komponente zuwenden werden.

---

# 31.20   Expander, TabControl

Gerade Dialogfenster mit vielen Eingabefeldern/Optionen leiden unter immer demselben Problem: es ist zu wenig Platz vorhanden. Diesem Missstand sollen das *Expander*- und das *TabControl* abhelfen.

## 31.20.1   Expander

Das *Expander*-Control ermöglicht es, zwischen einem aufgeklappten und einem geschlossenen Zustand hin- und herzuschalten. Die Höhe des Controls im aufgeklappten Zustand bestimmt sich aus der Höhe des enthaltenen Layout-Containers bzw. des enthaltenen Controls.

Sichtbar bleibt in jedem Fall die per *Header* definierte Beschriftung und eine Schaltfläche, mit der Sie das Control aufklappen können. Die Aufklapprichtung wird mit *ExpandedDirection* (*Down, Left, Right, Up*) definiert.

**Beispiel 31.60** | **Verwendung Expander**

XAML

Zunächst ordnen wir alle drei *Expander* in einem *StackPanel* an:

```
<StackPanel>
```

Die Beschriftung, Hintergrundfarbe und die Aufklapprichtung festlegen:

```
<Expander Header="Private Daten" Background="LightGray" ExpandDirection="Right" >
```

Der Inhalt des Expanders ist z.B. ein weiteres *StackPanel*, mit dem die Eingabefelder beschriftet bzw. angeordnet werden:

```
<StackPanel Margin="5">
  <Label Content="Vorname:" />
  <TextBox></TextBox>
  <Label Content="Nachname:"/>
  <TextBox></TextBox>
```

Die Höhe des Expanders wird durch die Summe der einzelnen Controls bestimmt:

```
  </StackPanel>
</Expander>
<Expander Header="Gehaltsdaten" Background="LightYellow">
  <StackPanel Margin="5">
    <Label Content="Gehalt:" />
    <TextBox></TextBox>
    <Label Content="Steuerklasse:"/>
    <TextBox></TextBox>
  </StackPanel>
</Expander>
```

Hier blenden wir statt eines Layout-Controls gleich eine *TextBox* im *Expander* ein und legen die Höhe der *TextBox* entsprechend der gewünschten Höhe fest:

```
<Expander Header="Bemerkungen" Background="AliceBlue">
  <TextBox Margin="5" Height="150">
  </TextBox>
</Expander>
</StackPanel>
```

Ergebnis

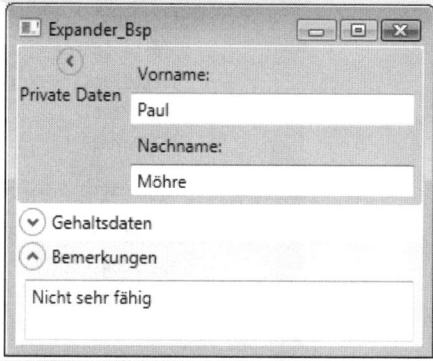

> **HINWEIS:** Über die *IsExpanded*-Eigenschaft können Sie per Code den aktuellen Zustand abfragen bzw. beeinflussen (z.B. Schließen bei Fokusverlust).

## 31.20.2  TabControl

Statt wie beim *Expander* einzelne Bereich einzublenden, werden beim *TabControl* die einzelnen Registerkarten (*TabItem*s) komplett umgeschaltet, es ist also immer nur eine Seite sichtbar. Wo das Register angezeigt wird, bestimmen Sie mit der Eigenschaft *TabStripPlacement* (*Left*, *Right*, *Top*, *Bottom*). Die Auswahl des aktiven *TabItem*s erfolgt mit der Maus oder über die Eigenschaften *SelectedIndex* bzw. *SelectedItem*. Alternativ können Sie mit *IsSelected* den Status eines *TabItem*s abfragen.

**Beispiel 31.61** | **Ein *TabControl* mit drei *TabItems***

```
<Window x:Class="BSP_Controls.Tab_Bsp" ...>
```
Das *TabControl*:
```
<TabControl>
```
Und hier auch schon die erste Registerkarte mit einfacher Beschriftung:
```
<TabItem Header="Tabseite 1">
  Hier steht der Content!
</TabItem>
```
Die zweite Registerkarte mit einem Layout-Control im Content:
```
<TabItem Header="Tabseite 2">
  <StackPanel>
    <Label>Beliebige Controls ...</Label>
  </StackPanel>
</TabItem>
```
Die dritte Registerkarte macht von der Möglichkeit Gebrauch, im Header auch Grafiken bzw. beliebige Controls anzuzeigen:
```
<TabItem>
  <TabItem.Header>
    <StackPanel Orientation="Horizontal">
      <Image Source="Images/rudi.gif" Height="30"/>
      <TextBlock  VerticalAlignment="Center">Tabseite 3</TextBlock>
    </StackPanel>
  </TabItem.Header>
```
Der Content besteht wiederum aus einem Layout-Control und den darin enthaltenen Controls:
```
<StackPanel Margin="5">
  <Label Content="Vorname:" />
  <TextBox></TextBox>
  <Label Content="Nachname:"/>
  <TextBox></TextBox>
```

**Beispiel 31.61** | **Ein *TabControl* mit drei *TabItems***

```
        </StackPanel>
      </TabItem>
    </TabControl>
</Window>
```

Das *TabControl* zur Laufzeit:

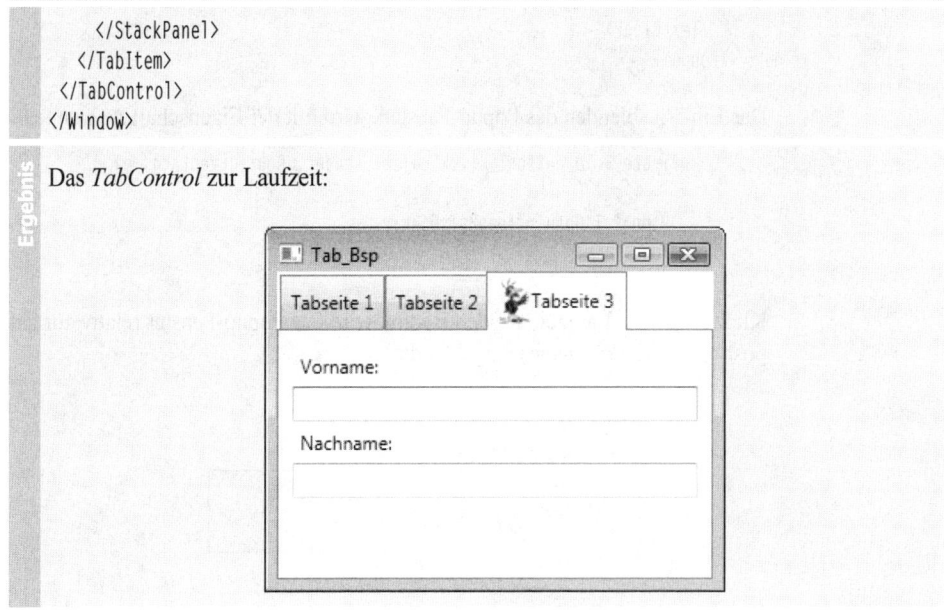

---

**HINWEIS:** Möchten Sie per Programm auf Änderungen reagieren, nutzen Sie das *Selection-Changed*-Ereignis für die Auswertung.

---

# 31.21 Popup

Für die Anzeige von Zusatzinformationen können Sie den *ToolTip* eines Controls verwenden. Dieser hat allerdings den Nachteil, dass er einem spezifischen Control zugeordnet ist. Anders das Popup-Fenster (ja es handelt sich um ein eigenes Fenster!), das zwar nicht automatisch eingeblendet wird, dafür aber an jeder beliebigen Stelle stehen kann.

---

**HINWEIS:** Einmal eingeblendet, bleibt das Fenster an der aktuellen Position stehen, auch wenn das übergeordnete Fenster verschoben wird.

---

**Beispiel 31.62** | **Einfaches *Popup* einblenden**

```
...
<Canvas>
  <Button Canvas.Left="206" Canvas.Top="37" Height="30" Name="button1" Width="43"
        Click="button1_Click">...</Button>
  <Popup Name="pop2" Placement="MousePoint" VerticalOffset="25" HorizontalOffset="25"
        Width="100">
    <TextBlock Height="50" Margin="1" TextWrapping="Wrap" Background="LightBlue" >
        Bla Bla Bla ...
```

Beispiel 31.62 **Einfaches *Popup* einblenden**

```
        </TextBlock>
    </Popup>
```

**C#** Das Ein-/Ausblenden des Popup-Fensters wird mit der Eigenschaft *IsOpen* realisiert:

```
private void button1_Click(object sender, RoutedEventArgs e)
{
    pop2.IsOpen = !pop2.IsOpen;
}
```

**Ergebnis** Klicken Sie zur Laufzeit auf den Button, wird das Popup-Fenster relativ zur aktuellen Cursor-postion (siehe *Placement*) eingeblendet:

Weitere Möglichkeiten zum Platzieren bieten sich mit den folgenden Eigenschaften:

- *Placement* (*Absolute, Bottom, Mouse, Relative* ...)
- *PlacementTarget* (ein Control, auf das sich relative Angaben beziehen)
- *PlacementRectangle* (optionales Rechteck, zu dem das Popup relativ angezeigt wird)
- *HorizontalOffset* (zusätzliche horizontale Verschiebung der Koodinaten)
- *VerticalOffset* (zusätzliche vertikale Verschiebung der Koordinaten)

Neben der Positionierung bietet sich auch die Möglichkeit, das Popup-Fenster animiert einzublenden. Setzen Sie dazu die Eigenschaft *PopupAnimation* auf *Fade*, *Scroll* oder *Slide*.

---

**HINWEIS:** Damit die Animation auch sichtbar ist, muss *AllowsTransparency* auf *True* gesetzt werden.

---

Beispiel 31.63 **Weitere Möglichkeiten für die Konfiguration des *Popup***

**XAML** Relative Platzierung zu einer *TextBox*, automatisches Einblenden mit Animation (wenn die *TextBox* den Fokus erhält) bzw. Ausblenden (wenn Fokusverlust).

```
...
<TextBox Canvas.Left="28" Canvas.Top="37" Height="31" Name="textBox1" Width="168"/>
<Popup Name="pop1" Width="180"
```

Das Bezugselement für die Koordinatenangaben festlegen:

```
PlacementTarget="{Binding ElementName=textBox1}" Placement="Relative"
```

**Beispiel 31.63** | **Weitere Möglichkeiten für die Konfiguration des *Popup***

Die relative Platzierung:

```
VerticalOffset="35" HorizontalOffset="130"
```

Die Animation festlegen:

```
PopupAnimation="Slide" AllowsTransparency="True"
```

Mittels Datenbindung an die *IsFocused*-Eigenschaft der *TextBox* öffnen/schließen wir das Popup-Fenster:

```
IsOpen="{Binding ElementName=textBox1, Path=IsFocused, Mode=OneWay}">
```

Hier folgen die Inhalte des Popup-Fensters:

```
<StackPanel Background="LightBlue">
  <TextBlock Height="50" Margin="4" TextWrapping="Wrap" Background="LightBlue" >
    Hier könnten weitere Funktionen realisiert werden, z.B. ein
    Kalender/Taschenrechner
  </TextBlock>
  <Button Margin="4">OK</Button>
</StackPanel>
</Popup>
```

**Ergebnis**

Nachdem die *TextBox* den Fokus erhalten hat, dürfte das Popup-Fenster eingeblendet werden:

| Bla Bla | ... |

Hier könnten weitere
Funktionen realisiert werden,
z.B. ein Kalender/

OK

# 31.22 TreeView

Sicher jedem vom Explorer her bekannt, darf auch in WPF ein *TreeView*-Control nicht fehlen. Allerdings könnte die Verwendung dieses Controls viele gestandene Windows-Forms und Win32-Programmierer schnell in den Wahnsinn treiben, unterscheidet sich doch die Programmierung in vielen Punkten vom bisherigen Vorgehen. Dies ist vor allem der freien Programmierbarkeit dieses Controls geschuldet. Was Sie in den einzelnen *TreeViewItems* anzeigen ist, wie in WPF üblich, von Ihnen frei definierbar.

Doch ganz so kompliziert wollen wir nicht anfangen, ein einfaches Beispiel zeigt zunächst, wie Sie eine rein textorientierte *TreeView* per XAML-Code definieren:

**Beispiel 31.64** | **Grundprinzip der Schachtelung der *TreeViewItem*-Elemente**

Definition der eigentlichen *TreeView*:

```
<TreeView>
```

Der erste Knoten, über die *Header*-Eigenschaft bestimmen Sie die Beschriftung:

```
<TreeViewItem Header ="Root" IsExpanded="True">
```

Unter-Knoten schachteln Sie einfach:

```
<TreeViewItem Header ="Untereintrag 1" IsExpanded="True"/>
<TreeViewItem Header ="Untereintrag 2" IsExpanded="True"/>
<TreeViewItem Header ="Untereintrag 3" IsExpanded="True"/>
<TreeViewItem Header ="Untereintrag 4" IsExpanded="True">
```

Eine weitere Unterebene:

```
    <TreeViewItem Header ="Untereintrag 4.1" IsExpanded="True"/>
    <TreeViewItem Header ="Untereintrag 4.2" IsExpanded="True"/>
    <TreeViewItem Header ="Untereintrag 4.3" IsExpanded="True"/>
    <TreeViewItem Header ="Untereintrag 4.4" IsExpanded="True"/>
  </TreeViewItem>
 </TreeViewItem>
</TreeView>
```

Die Darstellung der so definierten *TreeView*:

```
▲ Root
      Untereintrag 1
      Untereintrag 2
      Untereintrag 3
   ▲ Untereintrag 4
         Untereintrag 4.1
         Untereintrag 4.2
         Untereintrag 4.3
         Untereintrag 4.4
```

**Beispiel 31.65** | **Alternativ können Sie die *TreeView* auch per Code füllen:**

```
        private void Btn1_Click(object sender, RoutedEventArgs e)
        {
            TreeViewItem tvi;
```

Bisherige Inhalte löschen:

```
            Tv1.Items.Clear();
```

Den ersten Eintrag erzeugen und weitere Untereinträge hinzufügen:

```
            tvi = new TreeViewItem { Header = "Root" };
            tvi.Items.Add(new TreeViewItem { Header = "Untereintrag 1" });
            tvi.Items.Add(new TreeViewItem { Header = "Untereintrag 2" });
```

**Beispiel 31.65** | **Alternativ können Sie die *TreeView* auch per Code füllen:**

```
            tvi.Items.Add(new TreeViewItem { Header = "Untereintrag 3" });
            tvi.Items.Add(new TreeViewItem { Header = "Untereintrag 4" });
            Tv1.Items.Add(tvi);
        }
```

Was ist daran so kompliziert, werden Sie sicher nach den bisherigen Beispielen fragen. Die Antwort kommt spätestens bei der Aufgabenstellung, Grafiken in die Einträge einzufügen.

**Beispiel 31.66** | **Frei definierte *TreeViewItems* mit Grafiken bzw. mit Schaltfläche**

```
<TreeView>
```

Hier nochmal ein ganz "normaler" Knoten:

```
<TreeViewItem Header ="Root" IsExpanded="True" Tag="0">
```

Und jetzt wird es kompliziert:

```
<TreeViewItem>
```

Eine Image-Eigenschafte gibt es nicht, stattdessen erzeugen wir den kompletten Eintrag per *StackPanel*, das wiederum aus einem *Image* und einem *TextBlock* besteht:

```
<TreeViewItem.Header>
  <StackPanel Orientation="Horizontal">
    <Image Source="images\frosch.gif" Height="40"/>
    <TextBlock Text="Ein Frosch" VerticalAlignment="Center"/>
  </StackPanel>
</TreeViewItem.Header>
</TreeViewItem>
<TreeViewItem>
  <TreeViewItem.Header>
    <StackPanel Orientation="Horizontal">
      <Image Source="images\rudi.gif" Height="40"/>
      <TextBlock Text="Ein Rabe" VerticalAlignment="Center"/>
    </StackPanel>
  </TreeViewItem.Header>
</TreeViewItem>
```

Dass es auch mit ganz beliebigen Controls geht, zeigt die folgende Variante, bei der wir einen *Button* im *TreeViewItem* einblenden:

```
<TreeViewItem>
  <TreeViewItem.Header>
    <Button>Eine Schaltfläche</Button>
  </TreeViewItem.Header>
</TreeViewItem>
  </TreeViewItem>
</TreeView>
```

**Beispiel 31.66** **Frei definierte *TreeViewItems* mit Grafiken bzw. mit Schaltfläche**

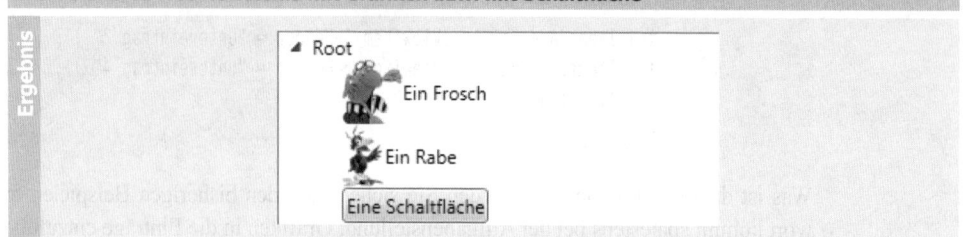

Nach all den "Oberflächlichkeiten" wollen wir uns jetzt den "inneren Werten" des Controls zuwenden:

- Den aktuellen Knotenzustand können Sie mit *IsExpanded* abfragen oder setzen.

- Der aktuell gewählte Eintrag lässt sich über die Eigenschaft *SelectedItem* ermitteln, alternativ können Sie auch die Liste der Einträge durchlaufen und die *IsSelected*-Eigenschaft abfragen.

- Auf Änderungen der Auswahl können Sie mit *SelectedItemChanged* bzw. *Selected* (für *TreeViewItem*) reagieren.

- Um bei Bedarf Scrollbars einzublenden, sollten Sie *Width* und *Height* der *TreeView* explizit setzen.

- Mit der Methode *BringIntoView* können Sie gezielt einen *TreeViewItem* einblenden, d.h., bei Bedarf werden Knoten geöffnet und die *TreeView* scrollt den gewünschten Eintrag in den sichtbaren Bereich.

- Nutzen Sie die *Tag*-Eigenschaft, um einzelnen *TreeViewItem*s zusätzliche Informationen zuzuordnen, oder erzeugen Sie gleich eine neue Klasse, die Sie von *TreeViewItem* ableiten und um zusätzliche Eigenschaften und Methoden bereichern.

**HINWEIS:** Um der Thematik "DataBinding" in Kapitel 33 nicht vorzugreifen, verzichten wir an dieser Stelle auf weitere Erläuterungen.

## 31.23  ListView

Die *ListView* als Ableitung der schon vorgestellten *ListBox* zeigt zunächst das gleiche Verhalten, wenn Sie einem *ListView*-Element weitere *ListViewItems* hinzufügen.

**Beispiel 31.67**  ***ListView* mit *ListViewItems***

```
<ListView>
  <ListViewItem>Zeile 1</ListViewItem>
  <ListViewItem>Zeile 2</ListViewItem>
  <ListViewItem>Zeile 3</ListViewItem>
</ListView>
```

**Beispiel 31.67** *ListView* mit *ListViewItems*

Ergebnis

Die erzeugte Ansicht dürfte Sie nicht überraschen:

```
Zeile 1
Zeile 2
Zeile 3
```

Doch im Gegensatz zur einfachen *ListBox* lassen sich für einen *ListView* so genannte Ansichten (Views) definieren, die auch recht einfach austauschbar sind. Eine dieser Ansichten ist die von WPF bereits vordefinierte *GridView,* die eine Collection in Tabellenform darstellen kann.

**HINWEIS:** Die einzelnen Elemente innerhalb diese Ansicht werden nicht per XAML/Code, sondern per Datenbindung zugeordnet.

**Beispiel 31.68** **Prinzip der Datenbindung in einem *ListView*-Control**

XAML

Zunächst die Datenquelle zuordnen:

```
<ListView Name="lv1" ItemTemplate="{DynamicResource CustomerTemplate}"
          ItemsSource="{Binding Path=Table}">
```

Hier wird die spezielle View, in diesem Fall die *GridView*, definiert:

```
<ListView.View>
  <GridView>
```

Die Spalten der *GridView* mit den Spalten der obigen Datenquelle verbinden:

```
      <GridViewColumn Header="Id" DisplayMemberBinding="{Binding Path=Id}"/>
      <GridViewColumn Header="Vorname" DisplayMemberBinding="{Binding Path=VName}"/>
      <GridViewColumn Header="Nachname" DisplayMemberBinding="{Binding Path=NName}"/>
  </GridView>
</ListView.View>
</ListView>
```

C#

Per Code müssen Sie zur Laufzeit noch die *Table* eines *DataSet*s zuweisen:

```
lv1.DataContext = ds.Tables[0].DefaultView;
```

## 31.24 DataGrid

Welcher Programmierer hat es bisher nicht vermisst? Für viele war das Fehlen eines leistungsfähigen *DataGrid*s, das im Gegensatz zur *ListView* auch das Editieren der Daten beherrscht, ein entscheidender Faktor für das Festhalten an "alten" Windows Forms-Anwendungen. Doch das Warten hat sich gelohnt, das bisher nur im zusätzlichen WPF-Toolkit enthaltene *DataGrid* findet sich nun auch in der aktuellen Framework-Version 4.0 wieder.

---

**HINWEIS:** Da das Control mit einem großem Funktionsumfang aufwarten kann, beschränken wir uns im Rahmen dieses Buchs auf einige praktische Aufgabenstellungen, die wir aber aus naheliegenden Gründen im Kapitel 33 ab Seite 1440 untergebracht haben.

---

# 31.25  Calendar/DatePicker

Mit der neuen WPF 4-Version halten endlich auch zwei Controls für die Anzeige/Eingabe von Kalenderdaten Einzug. Während der *Calendar* für die Anzeige von Jahres- bzw. Monatsübersichten geeignet ist, steht der *DatePicker* lediglich für die Eingabe eines Datums zur Verfügung.

Die beiden neuen Controls:

 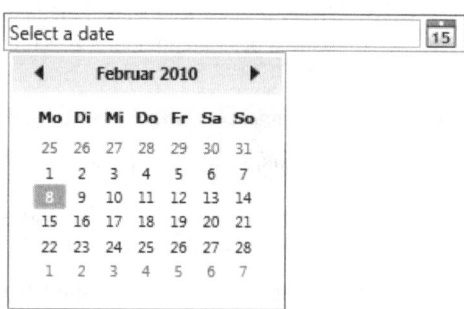

Einige Anwendungsbeispiele zeigen Ihnen die Verwendung.

### DisplayMode

Wie schon erwähnt, lässt das *Calendar*-Control über die *DisplayMode*-Eigenschaft unterschiedliche Anzeigemodi (*Decade, Year, Month*) zu:

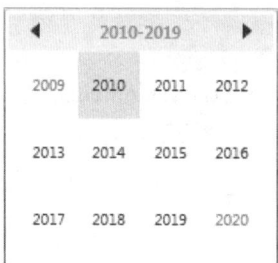  

### DisplayDate, SelectedDate und SelectedDates

Diese wohl wichtigsten Eigenschaften geben Auskunft über die aktuelle Auswahl im jeweiligen Control:

- Bei *DisplayDate* handelt es sich um den Anzeigewert des Controls nach dem Start. Dies ist meist das aktuelle Datum.

- *SelectedDate* entspricht der Benutzerauswahl, es handelt sich um **einen** Datumswert (Voraussetzung ist der *SingleDate*-Auswahlmodus).

- Die *SelectedDates*-Collection können Sie nutzen, wenn das *Calendar*-Control eine Mehrfachauswahl zulässt.

### Auswahlmodi

Für den *DatePicker* steht die Frage nicht, hier können Sie immer nur ein einziges Datum wählen, wohingegen der *Calendar* mittels *SelectionMode*-Eigenschaft zwischen folgenden Modi unterscheiden kann:

- *None* (nur Anzeige von *DisplayDate*)

- *SingleDate* (Einzeldatum; per *SelectedDate* auslesen)

- *SingleRange* (Datumsbereich; per *SelectedDates* auslesen) und

- *MultipleRange* (mehrere Datumsbereiche; per *SelectedDates* auslesen)

*SingleRange:*          *MultipleRange:*

 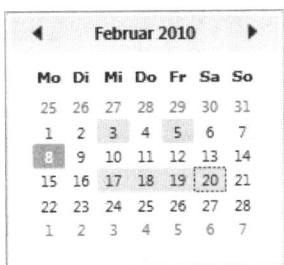

Die Auswahl der Bereiche per XAML-Code erfordert etwas Schreibarbeit:

**Beispiel 31.69**    **Bereichsauswahl per XAML-Code**

```xaml
<Window x:Class="BSP_Controls.Calendar_Bsp"
        xmlns="http://schemas.microsoft.com/winfx/2006/xaml/presentation"
        xmlns:x="http://schemas.microsoft.com/winfx/2006/xaml"
        xmlns:sys="clr-namespace:System;assembly=mscorlib"
        Title="Calendar_Bsp" Height="300" Width="300">
    <StackPanel>
        <Calendar Name="Calendar1" DisplayMode="Month" SelectionMode="MultipleRange">
            <Calendar.SelectedDates>
                <sys:DateTime>2/15/2010</sys:DateTime>
                <sys:DateTime>2/16/2010</sys:DateTime>
                <sys:DateTime>2/18/2010</sys:DateTime>
            </Calendar.SelectedDates>
        </Calendar>
    </StackPanel>
```

Beispiel 31.69   **Bereichsauswahl per XAML-Code**

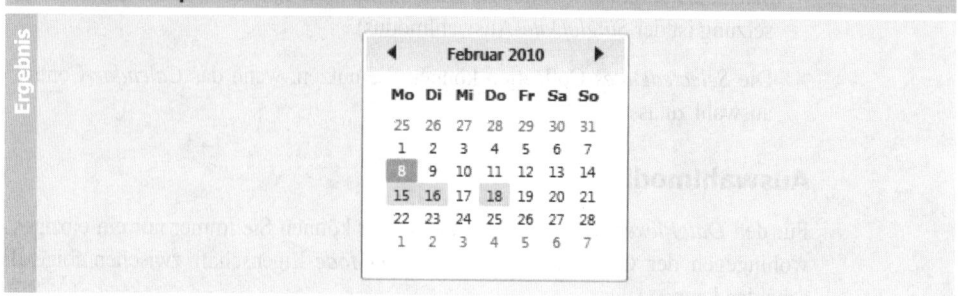

Der Nutzer hat jetzt die Möglichkeit, diese Bereiche zu belassen oder zu erweitern. Die Abfrage der Bereiche erfolgt per *SelectedDates*-Collection:

Beispiel 31.70   **Abfrage der gewählten Datumswerte**

```csharp
private void Button_Click(object sender, RoutedEventArgs e)
{
    foreach (var datum in Calendar1.SelectedDates)
        MessageBox.Show(datum.ToString());
}
```

## Sperrtage

Zu einem guten Kalender gehört auch die Möglichkeit, einzelne Datumswerte zu sperren. Über die Collection *BlackoutDates* steht Ihnen diese Funktionalität zur Verfügung.

---

**HINWEIS:** In diesem Fall müssen Sie *DateRange*-Eigenschaften setzen (von/bis).

---

Beispiel 31.71   **Auswahl von Sperrtagen**

```xml
<Window x:Class="BSP_Controls.Calendar_Bsp"
        xmlns="http://schemas.microsoft.com/winfx/2006/xaml/presentation"
        xmlns:x="http://schemas.microsoft.com/winfx/2006/xaml"
        xmlns:sys="clr-namespace:System;assembly=mscorlib"
        Title="Calendar_Bsp" Height="300" Width="300">
    <StackPanel>
        <Calendar Name="Calendar1" DisplayMode="Month" SelectionMode="MultipleRange">
```

Setzen der Bereiche:

```xml
            <Calendar.BlackoutDates>
                <CalendarDateRange Start="2/1/2010" End="2/4/2010"/>
                <CalendarDateRange Start="2/11/2010" End="2/12/2010"/>
                <CalendarDateRange Start="2/16/2010" End="2/16/2010"/>
            </Calendar.BlackoutDates>
        </Calendar>
```

**Beispiel 31.71** | **Auswahl von Sperrtagen**

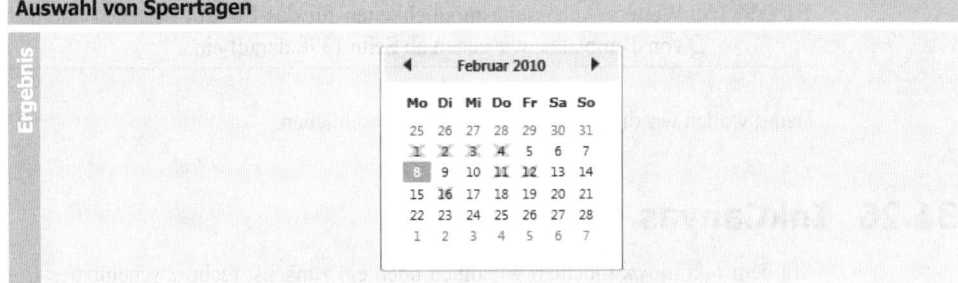

Alternativ steht Ihnen ein entsprechender Auflistungseditor zur Verfügung:

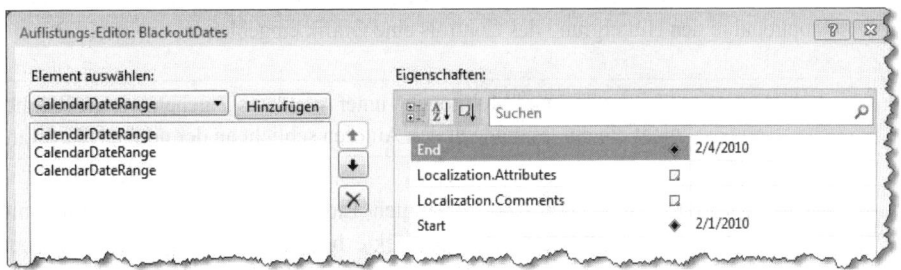

## Calendar skalieren

Wollen Sie das *Calendar*-Control skalieren (*Width/Height*) werden Sie sicher zunächst enttäuscht sein, das Control ändert seine Größe um keinen Millimeter (bzw. Pixel)! Doch nicht verzagen, mit zwei Alternativen bekommen Sie das Control auf die gewünschte Größe:

**Beispiel 31.72** | **Skalieren mit der *ViewBox***

XAML

```
<Viewbox>
    <Calendar x:Name="CalendarControl"
              HorizontalAlignment="Left" VerticalAlignment="Top">
    </Calendar>
</Viewbox>
```

**Beispiel 31.73** | **Skalieren mit Transformation**

XAML

```
<Calendar  HorizontalAlignment="Left" VerticalAlignment="Top">
    <Calendar.RenderTransform>
        <ScaleTransform ScaleX="1.5" ScaleY=".5" />
    </Calendar.RenderTransform>
</Calendar>
```

Ergebnis

> **HINWEIS:** Weitere Anpassungsmöglichkeiten für das Control bestehen durch die Verwendung
> von Templates, wir gehen ab Seite 1378 darauf ein.

Damit wollen wir die Thematik "Kalender" abschließen.

# 31.26 InkCanvas

Mit dem *InkCanvas* möchten wir Ihnen noch ein zunächst recht unscheinbares Control vorstellen,
das im Zuge der größer werdenden Verbreitung von Tablet-PCs sicher noch an Bedeutung gewinnen wird. Das Control stellt eine Zeichenfläche zur Verfügung, in der Sie mit einem Stift (oder
auch der Maus) freie Zeichnungen realisieren oder Markierungen vornehmen können. Dazu kann
optional in den Hintergrund des Controls eine Grafik eingeblendet werden (z.B. ein Wegeplan).

> **HINWEIS:** Auf das Thema "Multitouch" unter Windows 7 gehen wir im Rahmen dieses Buchs
> nicht ein, es mangelt den Autoren schlicht an der nötigen Hardware.

Die von Maus, Stift oder Code erzeugten Linien/Striche werden in einer internen *Strokes*-
Collection verwaltet. Einzelne *Stroke*-Objekte bestehen wiederum aus Zeichenpunkten (*Stylus-
Points*), haben eine Stiftform (*StylusTip*), eine Größe (*Width, Height*) und weisen eine Farbe auf.

Die Größe des Controls richtet sich beim Entwurf zunächst nach dem umgebenden Layout-
Control. Handelt es sich bei diesem zum Beispiel um einen *ScrollViewer*, wird die Größe des *Ink-
Canvas* zur Laufzeit an die maximalen Stiftpositionen angepasst. Das heißt, zeichnen Sie über den
"Rand" des Controls hinweg, werden die Stiftbewegungen zunächst aufgezeichnet. Erst nach dem
Zeichenende werden die Abmessungen des Controls an die nun neuen maximalen Ausdehnungen
angepasst.

## 31.26.1 Stift-Parameter definieren

Wie schon erwähnt, kann der Zeichenstift verschiedene Eigenschaften aufweisen, die zusammen
mit den Eingabekoordinaten in der *Strokes*-Collection abgespeichert werden.

Einstellen können Sie diese Werte über die *DefaultDrawingAttributes*-Eigenschaft des *InkCanvas*:

| Eigenschaft | Beschreibung |
|---|---|
| *Color* | Die für den Stift verwendete Farbe. |
| *FitToCurve* | Sollen die Linien geglättet werden[1], setzen Sie den Wert auf *True*. Nach der Zeichenoperation wird in diesem Fall die Linie automatisch an einen Kurvenverlauf angepasst. |
| *Height, Width* | Bestimmt die Höhe und Breite des Zeichenstifts. |
| *StylusTip* | Bestimmt die Grundform des Zeichenstifts (Rectangle, Ellipse). |

---

[1] z.B. um Zitterbewegungen und Ruckler auszugleichen ...

**Beispiel 31.74** | **Linienverlauf ohne und mit *FitToCurve***

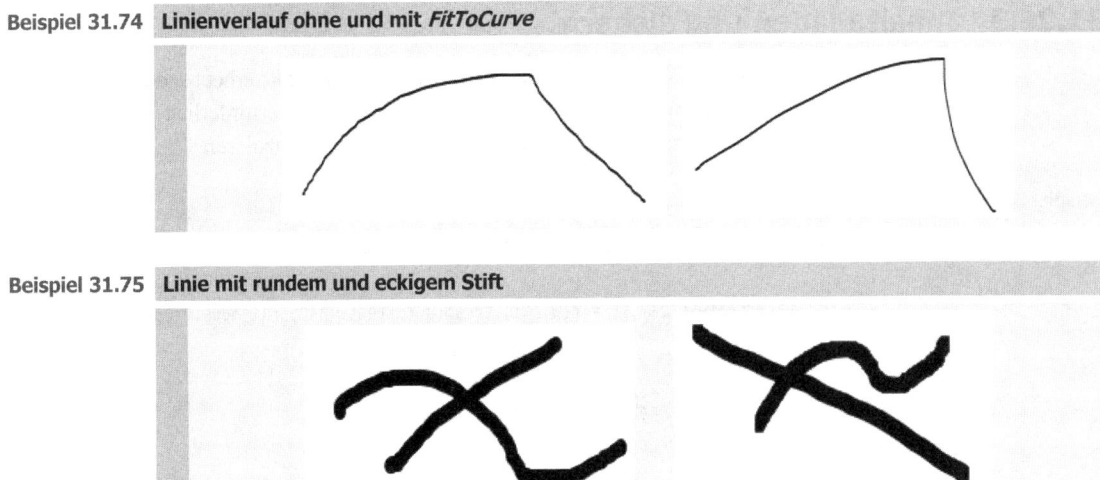

**Beispiel 31.75** | **Linie mit rundem und eckigem Stift**

## 31.26.2  Die Zeichenmodi

Der *InkCanvas* kennt verschiedene Zeichenmodi (*EditingMode*), über die Sie die jeweils ausführbare Aktion vorgeben:

| EditingMode | Beschreibung |
|---|---|
| *None* | Keine Reaktion auf Stifteingaben. |
| *Ink* | Normales Zeichnen. |
| *GestureOnly* | Während der Stiftbewegung ist die Figur sichtbar, diese wird nach dem Zeichenende gelöscht. Dieser Modus dient der Auswertung der Gestik (z.B. ein gezeichneter Kreis, eine Linie etc.). |
| *InkAndGesture* | Zeichnen und Gestikauswertung. |
| *Select* | Auswahl von *Stroke*-Objekten, diese können zum Beispiel verschoben oder gelöscht werden. |
| *EraseByPoint* | Löschen von Linienstücken (ähnlich Radiergummi in einem Malprogramm). |
| *EraseByStroke* | Löschen kompletter *Stroke*-Objekte (ähnlich einem Vektorgrafikprogramm). |

**Beispiel 31.76** | **Markierte (Select) *Stroke*-Objekte (markieren können Sie per Klick oder durch umranden)**

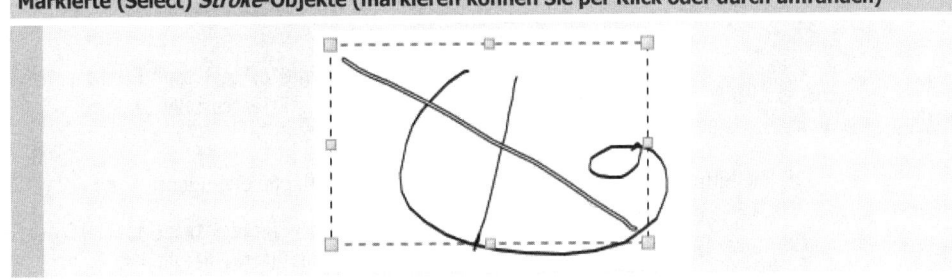

## 31.26.3 Inhalte laden und sichern

Möchten Sie die Zeichnung sichern bzw. zu einem späteren Zeitpunkt erneut laden, müssen Sie sich mit der *Strokes*-Collection beschäftigen. Diese verfügt über die erforderliche *Save*-Methode bzw. einen geeigneten Konstruktor, um die Daten aus einem Stream einzulesen.

**Beispiel 31.77** | **Sichern der Daten**

```csharp
private void Button_Click_1(object sender, RoutedEventArgs e)
{
    using (FileStream fs = new FileStream(@"c:\test.ink", FileMode.Create,
                                          FileAccess.Write))
    {
        InkCanvas1.Strokes.Save(fs);
        fs.Close();
    }
}
```

**Beispiel 31.78** | **Laden der Daten**

```csharp
private void Button_Click_2(object sender, RoutedEventArgs e)
{
    InkCanvas1.Strokes.Clear();
    using (FileStream fs = new FileStream(@"c:\test.ink", FileMode.Open,
                                          FileAccess.Read))
    {
        InkCanvas1.Strokes = new StrokeCollection(fs);
        fs.Close();
    }
}
```

## 31.26.4 Konvertieren in eine Bitmap

Außer im *InkCanvas* können Sie mit den gesicherten Daten nichts anfangen. Da stellt sich schnell die Frage, wie Sie Ihre Kunstwerke in einem lesbaren Format sichern können. Am Beispiel des BMP-Formats wollen wir Ihnen die Vorgehensweise aufzeigen.

**Beispiel 31.79** | **Sichern der aktuellen Zeichnung im BMP-Format**

```csharp
private void Button_Click(object sender, RoutedEventArgs e)
{
    using (FileStream fs = new FileStream(@"c:\test.bmp",FileMode.Create,
                                          FileAccess.Write))
    {
```

Zielbitmap entsprechend der Größe der Zeichenfläche erzeugen:

```csharp
        RenderTargetBitmap rtb = new RenderTargetBitmap((int)InkCanvas1.ActualWidth,
                                     (int)InkCanvas1.ActualHeight, 0, 0,
```

**Beispiel 31.79**  **Sichern der aktuellen Zeichnung im BMP-Format**

```
                                        PixelFormats.Default);
```

Daten ausgeben:

```
            rtb.Render(InkCanvas1);
```

Mit dem BMP-Encoder kodieren:

```
            BmpBitmapEncoder encoder = new BmpBitmapEncoder();
            encoder.Frames.Add(BitmapFrame.Create(rtb));
```

Speichern:

```
            encoder.Save(fs);
            fs.Close();
        }
    }
```

## 31.26.5  Weitere Eigenschaften

Mit Hilfe der Eigenschaft *IsHighlighter* schalten Sie den Stift in einen teiltransparenten Modus, sodass darunter liegende Zeichnungen sichtbar bleiben.

Verwenden Sie Zeichentablets (z.B. von Watcom), hat der Anpressdruck des Stift einen Einfluss auf die Linienbreite. Setzen Sie *IgnorePressure* auf *True,* um dies zu verhindern.

Nicht in jedem Fall ist die aktuelle Zeichnung komplett zu sehen, bzw. Einzelheiten sind so klein, dass sie nicht sichtbar sind. Hier hilft die Verwendung einer Layout-Transformation weiter (Sie erinnern sich, dass es sich bei allen WPF-Controls um Vektorgrafiken handelt).

**Beispiel 31.80**  **Skalieren des *InkCanvas* mit Hilfe eines *Slider*-Controls**

```xml
<InkCanvas Name="InkCanvas1">
  <InkCanvas.LayoutTransform>
    <ScaleTransform ScaleX="{Binding ElementName=slider2,Path=Value}"
                    ScaleY="{Binding ElementName=slider2,Path=Value}" />
  </InkCanvas.LayoutTransform>
</InkCanvas>

...

<Slider Height="26" Name="slider2" Maximum="5" Minimum=".1" Value="1" Width="120" />
```

Die Skalierung in Aktion:

# 31.27 Ellipse, Rectangle, Line und Co.

Fast hätten wir Sie vergessen, aber für die Oberflächengestaltung werden neben den komplexeren Controls auch die einfachen Elemente wie

- Ellipse/Kreis (*Ellipse*),

- Rechteck (*Rectangle*) und

- Linien (*Line*)

benötigt. Wie jedem anderen Control auch, können Sie diesen grafischen Primitiven auch Ereignisse zuordnen, um zum Beispiel auf einen Maus-Klick zu reagieren.

## 31.27.1 Ellipse

Für das Zeichnen von Kreisen oder Ellipsen nutzen Sie das *Ellipse*-Control. Die Eigenschaften *Height* und *Width* sind, sicher wenig überraschend, für die Abmessungen der Ellipse verantwortlich, die Linienfarbe stellen Sie über die Eigenschaft *Stroke,* die Linienstärke mit *StrokeThickness* ein. Die Füllung bestimmen Sie über *Fill*.

**Beispiel 31.81** | **Verwendung *Ellipse***

```xaml
<Ellipse Width="50" Height="80" Stroke="Blue" StrokeThickness="5" Fill="Aqua"/>
<Ellipse Width="80" Height="80" Stroke="Black" StrokeThickness="2" Fill="Yellow"
         MouseDown="Ellipse_MouseDown"/>
```

Die Ereignismethode:

```csharp
private void Ellipse_MouseDown(object sender, MouseButtonEventArgs e)
{
    MessageBox.Show("MouseDown");
}
```

Die Ausgaben:

## 31.27.2 Rectangle

Auch hier bestimmen *Height* und *Width* die äußeren Abmessungen, *Stroke* und *StrokeThickness* legen Farbe und Linienstärke fest. Auch eine Eigenschaft *Fill* für die Füllung steht wieder zur Verfügung. Zusätzlich bieten die Eigenschaften *RadiusX* und *RadiusY* die Möglichkeit, einen Eckradius zu definieren.

**Beispiel 31.82** Verwendung *Rectangle*

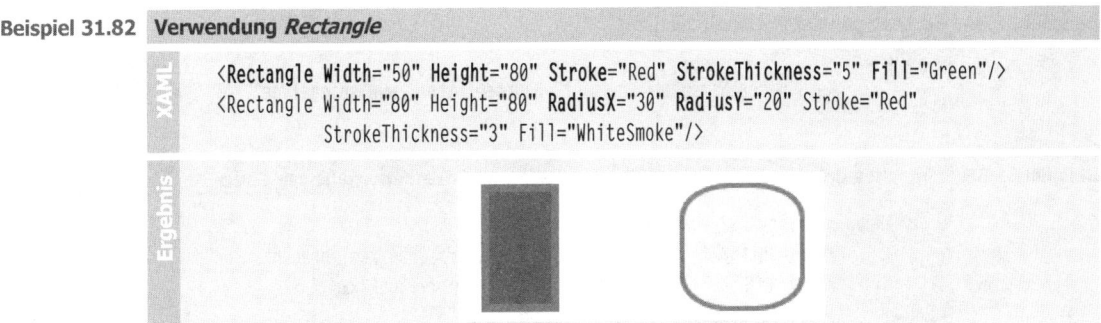

```
<Rectangle Width="50" Height="80" Stroke="Red" StrokeThickness="5" Fill="Green"/>
<Rectangle Width="80" Height="80" RadiusX="30" RadiusY="20" Stroke="Red"
           StrokeThickness="3" Fill="WhiteSmoke"/>
```

### 31.27.3 Line

Auch das Zeichnen von Linien wollen wir nicht vergessen, mit *X1,Y1* und *X2,Y2* legen Sie Start- und Endpunkt der Linie fest. *Stroke* und *StrokeThickness* stellen auch hier Farbe und Linienstärke ein.

**Beispiel 31.83** Verwendung *Line*

```
<Line X1="10" Y1="10" X2="100" Y2="100" Stroke="Black" StrokeThickness="3"/>
<Line X1="10" Y1="100" X2="100" Y2="10" Stroke="Red" StrokeThickness="5"/>
```

Die beiden gezeichneten Linien:

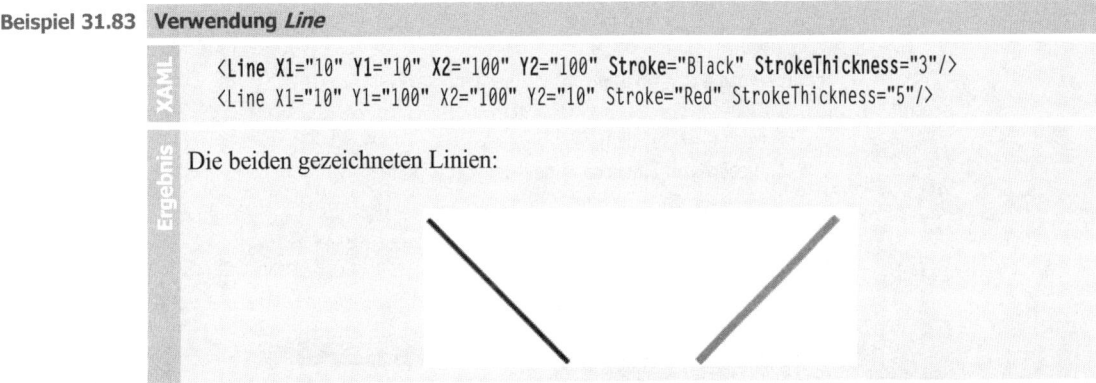

> **HINWEIS:** Mehr Informationen zur Grafikausgabe und zu den grafischen Primitiven finden Sie in unserem [Visual C# 2010 Kochbuch].

## 31.28 Browser

Wie kann es anders sein, auch in WPF findet der ambitionierte Programmierer ein entsprechendes Control wieder, das die Funktionalität des Microsoft Internet Explorers kapselt. Im Gegensatz zu seinem Windows Forms Pendant verfügt das still und heimlich mit der .NET-Version 3.3 SP1 eingeführte Control über einige recht interessante Methoden, die im Zusammenhang mit der Darstellung von Datenbankinhalten von Interesse sind.

Die Verwendung selbst ist recht einfach, es genügt, wenn Sie der Eigenschaft *Source* eine entsprechende Webadresse zuweisen, damit deren Inhalte dargestellt werden.

**Beispiel 31.84**  **Adresse per XAML-Code zuweisen**

XAML
```xaml
<WebBrowser Name="webBrowser1" Source="http://www.spiegel.de" />
```

**Beispiel 31.85**  **Einfaches Browserformular mit Eingabezeile und Adressübergabe per Code**

XAML
```xaml
<Window x:Class="BSP_Controls.Browser_Bsp"
        xmlns="http://schemas.microsoft.com/winfx/2006/xaml/presentation"
        xmlns:x="http://schemas.microsoft.com/winfx/2006/xaml"
        Title="Browser_Bsp" Height="362" Width="635">
    <DockPanel>
        <StackPanel DockPanel.Dock="Top" Orientation="Horizontal">
            <TextBox Name="txt1" FontSize="14" Margin="0,0,0,5"
                KeyDown="txt1_KeyDown">http://www.doko-buch.de</TextBox>
        </StackPanel>
        <WebBrowser Name="webBrowser1" />
    </DockPanel>
</Window>
```

C#
Die Adressübergabe zur Laufzeit:

```csharp
private void txt1_KeyDown(object sender, KeyEventArgs e)
{
    if (e.Key == Key.Enter)
        webBrowser1.Source = new Uri(txt1.Text);
}
```

Ergebnis

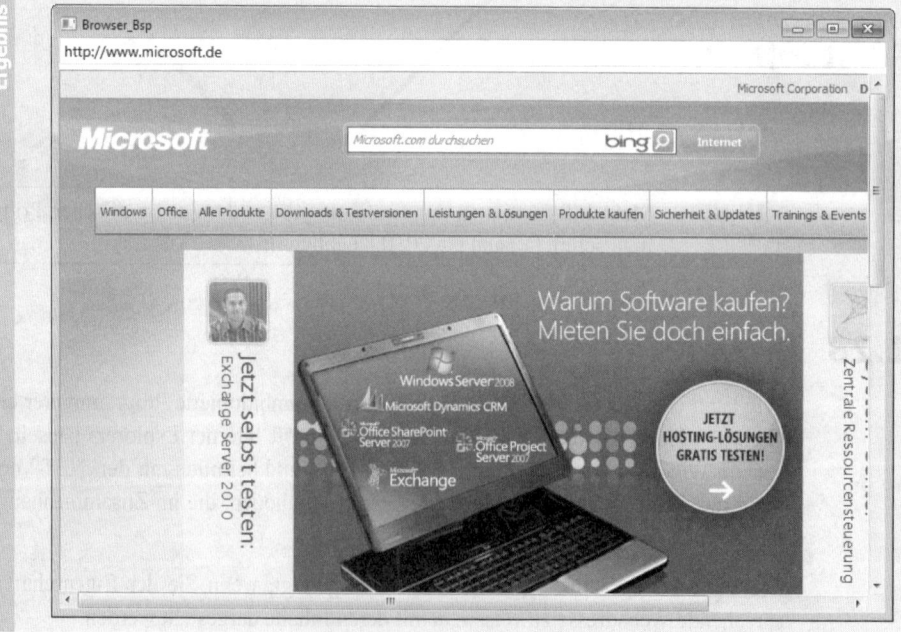

Alternativ können Sie die Navigation zur Zielseite auch mit den Methoden

- *Navigate* (Uri übergeben),

- *NavigateToStream* (lädt die Inhalte aus einem *Stream*) oder

- *NavigateToString* (lädt die Inhalte aus dem übergebenen *String*)

starten. Interessant ist hier vor allem *NavigateToStream,* was im Zusammenhang mit der Darstellung von Blob-Daten aus Ressourcen, Datenbanken oder Webdiensten recht interessant ist.

**Beispiel 31.86**  **Laden von Ressourcedaten**

Laden einer eingebetteten HTML-Seite (*info.htm*):

```
using System.IO;
...
        private void Button2_Click(object sender, RoutedEventArgs e)
        {
            Uri uri = new Uri(@"pack://application:,,,/info.htm", UriKind.Absolute);
            Stream src = Application.GetResourceStream(uri).Stream;
            webBrowser1.NavigateToStream(src);
        }
```

Wie Sie auch direkt Strings für das Erstellen der HTML-Seite verwenden können, zeigt folgendes einfaches Beispiel:

**Beispiel 31.87**  **Verwendung von *NavigateToString***

```
public partial class Browser_Bsp : Window
{
    public Browser_Bsp()
    {
        InitializeComponent();
        webBrowser1.NavigateToString("<HTML><BODY>Ein einfaches" +
        " <b>HTML-Dokument</b><br> mit wenig <u>Text</u>.</BODY></HTML>");
    }
```

Ergebnis

Ein einfaches **HTML-Dokument**
mit wenig Text.

Auch die *Refresh*-Methode für das erneute Laden einer Seite sollten wir nicht vergessen.

Über den aktuellen Stand der Dinge können Sie sich mit Hilfe der drei Ereignisse *Navigating*, *Navigated* und *LoadCompleted* informieren.

Die Navigation zwischen mehreren Seiten ist über die Methoden *GoBack* und *GoForward* möglich. Ob der Aufruf der Methoden zulässig ist, bestimmen Sie mit den Eigenschaften *CanGoBack* und *CanGoForward*.

# 31.29 Ribbon

Oh, oh, da waren die Programmierer bei Microsoft wieder mal nicht so schnell wie das Marketing mit seinem Release-Termin. An dieser Stelle finden Sie lediglich die Aussage "Microsoft says that shortly after the release of VS2010 it will introduce a new WPF Ribbon control.". Was unter "shortly" zu verstehen ist, können Sie selbst orakeln.

Wer jetzt schon voller Ungeduld ist, sollte seine Vorfreude etwas bremsen, das Erstellen eines halb-wegs ansprechenden Ribbon erfordert reichlich Programmieraufwand (XAML), wie folgendes kleines Beispiel bereits andeutet:

**Beispiel 31.88    Ein erster Versuch**

```XAML
<Window x:Class="RibbonTest.MainWindow"
        xmlns="http://schemas.microsoft.com/winfx/2006/xaml/presentation"
        xmlns:x="http://schemas.microsoft.com/winfx/2006/xaml"
```

Einbindung der Ribbon-Assembly:

```
    xmlns:r="clr-namespace:Microsoft.Windows.Controls.Ribbon; assembly=RibbonControlsLibrary"
        Title="MainWindow" Height="350" Width="525"
    TextOptions.TextFormattingMode="Display" >
```

Den Ribbon bringen wir in einem *DockPanel* unter:

```
<DockPanel>
    <r:Ribbon DockPanel.Dock="Top">
```

Zunächst die Definition der *RibbonCommands*:

```
        <r:Ribbon.Resources>
            <r:RibbonCommand x:Key="CloseCommand"
                        Executed="OnCloseApplication"
                        LabelTitle="Close"
                        SmallImageSource="Images\Coins.png"
                        LargeImageSource="Images\Coins.png"
                        ToolTipTitle="Beenden"
                        ToolTipDescription="Anwendung beenden" />
            <r:RibbonCommand x:Key="MsgCommand"
                        Executed="OnMsg"
                        LabelTitle="Meldung"
                        SmallImageSource="Images\Coins.png"
                        LargeImageSource="Images\Coins.png"
                        ToolTipTitle="Meldung"
                        ToolTipDescription="Eine MessageBox anzeigen" />
        </r:Ribbon.Resources>
```

Hier definieren wir einen ersten Tab:

```
        <r:RibbonTab Label="Mein erster Tab">
```

**Beispiel 31.88**   **Ein erster Versuch**

Dieser besteht wiederum aus verschiedenen Gruppen:

```
<r:RibbonGroup>
```

Und die Gruppen enthalten die Schaltflächen, die wiederum mit den Commands verknüpft sind:

```
            <r:RibbonButton Command="{StaticResource CloseCommand}" />
          </r:RibbonGroup>
          <r:RibbonGroup>
            <r:RibbonButton Command="{StaticResource MsgCommand}" />
          </r:RibbonGroup>
        </r:RibbonTab>
      </r:Ribbon>
      <TextBox></TextBox>
    </DockPanel>
</Window>
```

Die den Commands zugeordneten Ereignismethoden:

```
private void OnCloseApplication(object sender, ExecutedRoutedEventArgs e)
{
    Close();
}

private void OnMsg(object sender, ExecutedRoutedEventArgs e)
{
    MessageBox.Show("hallo User");
}
```

Einen Schönheitspreis gewinnen wir damit sicher noch nicht:

Hier fehlen natürlich noch die Shortcuts, der Startbutton etc.

---

**HINWEIS:** Nach der finalen Release des WPF-Ribbon-Control werden wir auf unserer Autoren-Website weitere Informationen zur Programmierung des Ribbon bereitstellen.

## 31.30  Chart

Auch hier waren die Entwickler nicht schnell genug, in der finalen Version von Visual Studio 2010 wird die Komponente wohl noch nicht enthalten sein.

Mehr dazu finden Sie unter der Adresse:

**LINK:**     `http://wpf.codeplex.com/Release/ProjectReleases.aspx?ReleaseId=29117`

## 31.31  WindowsFormsHost

Wer immer noch seinen geliebten Windows Forms Controls nachtrauert, bekommt mit dem *WindowsFormsHost* die Möglichkeit, diese in eine WPF-Anwendung zu integrieren. Die Vorgehensweise entspricht etwa der beim entsprechenden Windows Forms Pendant.

Fügen Sie Ihrem Projekt zunächst einen Verweis auf die Assembly *System.Windows.Forms.dll* hinzu. Fügen Sie diesen Namespace sowohl der XAML als auch der Klassendefinition des gewünschten Fensters hinzu (siehe folgende Abbildung)

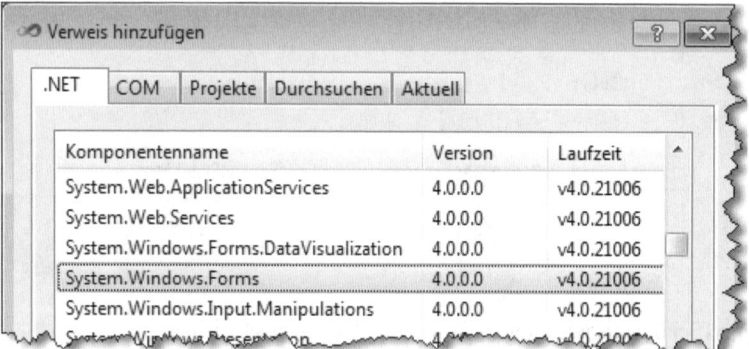

und setzen Sie das gewünschte Windows Forms-Control in ein *WindowsFormsHost*-Control (quasi als Container). Vergeben Sie einen Namen für das Windows Forms-Control, um im Quellcode auf dieses zugreifen zu können.

---

**Beispiel 31.89**    **Die Windows Forms *CheckedListbox* in WPF nutzen**

```xaml
<Window x:Class="WindowsFormsHost_Bsp.MainWindow"
        xmlns="http://schemas.microsoft.com/winfx/2006/xaml/presentation"
        xmlns:x="http://schemas.microsoft.com/winfx/2006/xaml"
```

Namespace einfügen für die Verwendung der Windows Forms-Controls:

```xaml
        xmlns:wf="clr-namespace:System.Windows.Forms;assembly=System.Windows.Forms"
        Title="Verwendung Windows Forms Host" Height="207" Width="266">
    <Grid>
```

**Beispiel 31.89**   **Die Windows Forms *CheckedListbox* in WPF nutzen**

Hier kommt der Host:

```
<WindowsFormsHost Name="windowsFormsHost1">
```

Und hier können Sie das Windows Forms-Control einfügen (vergessen Sie nicht den Verweis auf den WindowsForms-Namespace):

```
<wf:CheckedListBox x:Name="checkedListbox1"
    Width="200" Height="150" BackColor="Red" />
```

Beachten Sie die Namensvergabe über das *x:Name*-Attribut, andernfalls wird Ihr Control später nicht gefunden!

```
    </WindowsFormsHost>
  </Grid>
</Window>
```

Namespace-Einbindung nicht vergessen:

```
...
using System.Windows.Forms;

namespace WindowsFormsHost_Bsp
{
    public partial class MainWindow : Window
    {
        public MainWindow()
        {
```

Und hier nutzen wir das Control wie gewohnt:

```
            InitializeComponent();
            checkedListbox1.Items.Add("Zeile 1");
            checkedListbox1.Items.Add("Zeile 2");
            checkedListbox1.Items.Add("Zeile 3");
            checkedListbox1.Items.Add("Zeile 4");
        }
    }
}
```

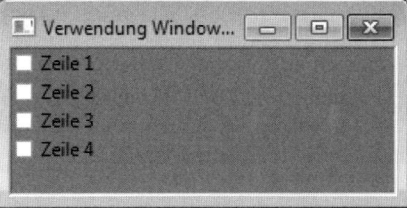

# Kapitel 32

# Wichtige WPF-Techniken

Nachdem wir im vorhergehenden Kapitel einige ganz praktische Erfahrungen mit den WPF-Controls gesammelt haben, wollen wir uns jetzt mit den Besonderheiten der WPF-Programmierung im Vergleich zur Windows Forms-/Win32-Programmierung beschäftigen.

Damit Sie die WPF-Philosophie verstehen, wollen wir Ihnen zu Beginn einige wichtige Eckpfeiler dieser relativ neuen Technologie erklären.

## 32.1 Eigenschaften

Da die Definition und Verwendung von Eigenschaften in WPF etwas anders organisiert ist als in den bekannten Windows Forms-Anwendungen, sollten wir zunächst auf dieses Thema näher eingehen.

### 32.1.1 Abhängige Eigenschaften (Dependency Properties)

Mit den abhängigen (Dependency) und angehängten (Attached) Eigenschaften erweitert WPF das Spektrum der CLR-Eigenschaften. Abhängige Eigenschaften bieten gegenüber den "normalen" Eigenschaften folgende erweiterte Möglichkeiten:

- eine interne Prüfung (Validierung),

- automatisches Aktualisieren von Werten,

- die Verwendung von Callback-Methoden zur Signalisierung von Wertänderungen

- sowie die Vorgabe von Defaultwerten.

Notwendig wurde diese Erweiterung des Eigenschaftensystems, um viele der WPF-Features (Animationen, Datenbindung Styles etc.) zu realisieren. So werden beispielsweise Werte von Eigenschaften überwacht, Änderungen führen automatisch zu Änderungen an den abhängigen Objekten.

Abhängige Eigenschaften werden nicht als private Felder definiert, sondern als statische, öffentliche Instanzen der Klasse *System.Windows.DependencyProperty*, die über *get*- und *set*-Methoden angesprochen werden. Die Verwaltung der Eigenschaft wird vom WPF-Subsystem übernommen (daher auch die *Register*-Methode, siehe folgendes Beispiel), die der Eigenschaft übergeordnete Klasse stellt quasi nur noch eine Schnittstelle zu dieser Eigenschaft zur Verfügung.

Neben dem Wert können mit dem Default-Wert und der Callback-Methode auch weitere Metadaten zu einer Eigenschaft gespeichert werden.

**Beispiel 32.1** | **Definition einer abhängigen Eigenschaft *Durchmesser* für ein Objekt *Kreis***

```
using System.Windows;

namespace BSP_Controls
{
```

Wir definieren eine neue Klasse *Kreis* und leiten diese gleich von *DependencyObject* ab:

```
    class Kreis : DependencyObject
    {
```

Hier die eigentliche Definition der abhängigen Eigenschaft (übergeben werden der Name, der Datentyp, das abhängige Objekt, optional die Metadaten, d.h. der Defaultwert und eine Callback-Methode):

```
    public static readonly DependencyProperty DurchmesserProperty =
            DependencyProperty.Register("Durchmesser", typeof(double), typeof(Kreis),
                                    new FrameworkPropertyMetadata(11.1,
                                    new
PropertyChangedCallback(OnDurchmesserChanged)));
```

Wie Sie sehen, handelt es sich nicht mehr um ein privates Feld, vielmehr wird die bisher übliche Kapselung aufgegeben, die Verwaltung des Zustands wird von WPF übernommen, die Instanz meldet seine "lokalen Speicher" nur noch an (*Register*).

Die folgende Definition ist nur noch die allgemeine Schnittstelle nach außen, wie Sie es auch von den normalen Eigenschaften kennen:

```
    public double Durchmesser
    {
        get { return (double)(GetValue(DurchmesserProperty)); }
        set { SetValue(DurchmesserProperty, value); }
    }
```

Hier eine Callback-Methode, mit der eine Wertänderung überwacht werden kann:

```
    private static void OnDurchmesserChanged(DependencyObject obj,
        DependencyPropertyChangedEventArgs args)
    {
        MessageBox.Show( (obj as Kreis).Durchmesser.ToString());
    }
    }
}
```

## 32.1.2 Angehängte Eigenschaften (Attached Properties)

Mit den angehängten Eigenschaften (*Attached Properties*), einer speziellen Form der Dependency Properties, wird der Versuch unternommen, die Flut an WPF-Element-Eigenschaften etwas einzudämmen. Das Problem: Wird ein Element/Control in einem Container platziert, hängt beispielsweise dessen Position vom umgebenden Container (*Grid, Canvas, DockPanel* etc.) ab. Für jede Art von Container werden aber andere Eigenschaften zur Positionierung benötigt. Aus diesem Grund stellen die übergeordneten Elemente die zum Positionieren nötigen Eigenschaften zur Verfügung (*Canvas.Top, Canvas.Left, DockPanel.Dock, Grid.Column* ...), das eingelagerte Element nutzt diese lediglich in seinem Kontext. Der Vorteil: nur wenn sich beispielsweise ein *Button* in einem *Canvas* befindet, werden auch die Eigenschaften *Canvas.Top, Canvas.Left* bereitgestellt und verwendet.

**Beispiel 32.2** | **Positionieren einer Schaltfläche in einem *Canvas*-Control mit Attached Properties**

```xaml
<Canvas Name="canvas1" >
    <Button Canvas.Left="74" Canvas.Top="70" Height="45" Name="button1"
            Width="89">Beschriftung
    </Button>
</Canvas>
```

# 32.2 Einsatz von Ressourcen

Bevor wird uns im Weiteren mit Styles etc. beschäftigen, müssen wir zunächst noch einen Blick auf die Ressourcen-Verwaltung in WPF-Anwendungen werfen, da diese die Voraussetzung für die Zuordnung darstellt.

## 32.2.1 Was sind eigentlich Ressourcen?

In WPF-Anwendungen zählen nicht nur Grafiken, Strings, Sprachinformationen oder beliebige binäre Informationen zu den Ressourcen, sondern auch die Beschreibung von Styles, Füllmustern oder sogar ganzer Controls.

Eine Ressource besteht immer aus einem eindeutigen Schlüssel (Key) und dem eigentlichen Content, der jederzeit austauschbar ist, da Bezüge auf die Ressource immer nur den Schlüssel verwenden.

## 32.2.2 Wo können Ressourcen gespeichert werden?

Eine Möglichkeit, Ressourcen in Ihrer Anwendung abzulegen, haben Sie sicher ganz unbewusst schon zur Kenntnis genommen. Die Rede ist von der Datei *App.xaml*, in der bereits ein *Resources*-Abschnitt vordefiniert ist:

```
<Application x:Class="BSP_Controls.App"
    xmlns="http://schemas.microsoft.com/winfx/2006/xaml/presentation"
    xmlns:x="http://schemas.microsoft.com/winfx/2006/xaml"
```

```
    StartupUri="Test.xaml">
  <Application.Resources>

  </Application.Resources>
</Application>
```

Hierbei handelt es sich um anwendungsweit verfügbare Ressourcen, die allen Windows/Pages und deren Elementen zur Verfügung stehen.

Neben diesen Ressourcen können Sie auch jedem Element und jedem Window eigene Ressourcen zuordnen, zusätzlich sind auch so genannte System-Ressourcen (z.B. Systemfarben) verfügbar.

Die folgende Abbildung zeigt die mögliche Hierarchie von Ressourcen:

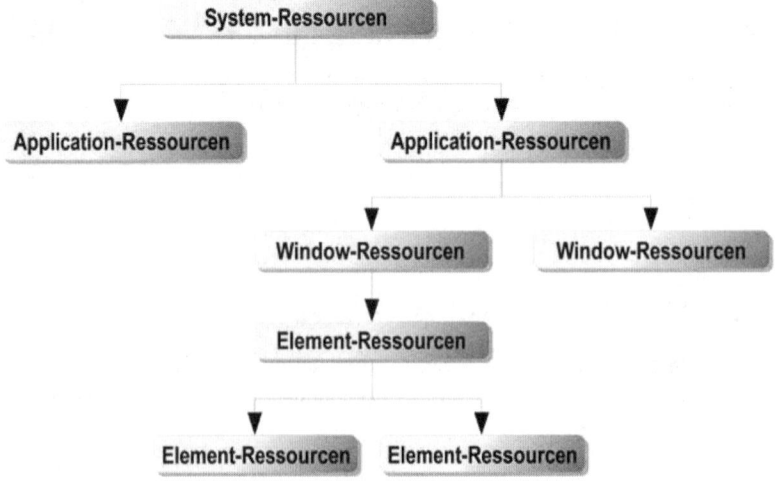

**HINWEIS:** Wird eine Ressource referenziert und damit auch gesucht, beginnt die Suche immer beim aktuellen Element. Wird die Ressource hier nicht gefunden, wird im übergeordneten Element (Container → Window → Application → System) gesucht. Damit ist auch klar, dass untergeordnete Elemente gleichnamige Ressourcen von übergeordneten Elementen überschreiben können. Innerhalb einer Hierarchieebene ist dies nicht möglich, da es sich in diesem Fall nicht um einen eindeutigen Schlüssel handelt.

Im XAML-Quellcode stellt sich die Definition von *Resources*-Abschnitten wie folgt dar:

Die Window-Ressourcen:

```
<Window>
  <Window.Resources>
    ...
  </Window.Resources>

  <StackPanel>
```

Die Ressourcen eines Containers:

```
<StackPanel.Resources>
    ...
</StackPanel.Resources>
...
    <Button>
```

Die Ressourcen eines Elements:

```
    <Button.Resources>
        ...
    </Button.Resources>
    </Button>
    </StackPanel>
</Window>
```

# 32.2.3 Wie definiere ich eine Ressource?

Haben Sie sich dafür entschieden, auf welcher Ebene Sie die Ressource definieren, können Sie zur Tat schreiten:

- Zunächst müssen Sie sich über die Art der Ressource im Klaren sein, diese bestimmt den Elementnamen (z.B. ein *ImageBrush,* mit dem ein Hintergrund festgelegt werden kann).

- Neben dieser Information müssen Sie sich noch für einen eindeutigen Schlüssel entscheiden, über den die Ressource angesprochen werden soll.

- Last but not least müssen Sie auch noch die eigentlichen Informationen zur Ressource (beim *ImageBrush* ist dies die *ImageSource)* festlegen.

**Beispiel 32.3** | **Erzeugen und Verwenden einer Ressource auf Fenster-Ebene**

```
<Window x:Class="Konzepte.Ressourcen_Bsp"
    xmlns="http://schemas.microsoft.com/winfx/2006/xaml/presentation"
    xmlns:x="http://schemas.microsoft.com/winfx/2006/xaml"
    Title="Ressourcen_Bsp" Height="329" Width="464">
  <Window.Resources>
    <ImageBrush x:Key="bck" ImageSource="back.jpg" />
  </Window.Resources>
...
```

Die Verwendung:

```
<StackPanel>
  <Button Background="{StaticResource bck}">Hallo</Button>
</StackPanel>
...
```

| Beispiel 32.3 | **Erzeugen und Verwenden einer Ressource auf Fenster-Ebene** |

Die Unterschiede in der Darstellung dürften Ihnen sicher auffallen:

---

**HINWEIS:** Beim Einsatz von (statischen) Ressourcen ist es wichtig, dass diese **vor** der Verwendung definiert wurden, andernfalls kann die Ressource nicht gefunden werden. Zusätzlich müssen Sie auf die Schreibweise achten, hier wird die Groß-/Kleinschreibung berücksichtigt!

---

Alternativ können Sie bei der Verwendung der Ressource auch die folgende Syntax nutzen:

```
<Button Height="50">
  <Button.Background>
    <StaticResource ResourceKey="bck" />
  </Button.Background>
  Hallo
</Button>
```

## 32.2.4  Statische und dynamische Ressourcen

Wie Sie im vorhergehenden Beispiel bereits gesehen haben, können Ressourcen statisch, d.h unveränderlich, über den Schlüssel zugeordnet werden:

```
<StackPanel>
  <Button Background="{StaticResource bck}">Hallo</Button>
</StackPanel>
```

Voraussetzung war das vorherige Definieren dieser Ressource. Spätere Änderungen an der Ressource werden nicht registriert und haben keine Auswirkung auf das verwendende Element.

Neben dieser Variante besteht auch die Möglichkeit, Ressourcen dynamisch festzulegen. In diesem Fall können Sie die Ressourcen zur Laufzeit zuordnen bzw. bereits vorhandene Ressourcen einfach austauschen.

| Beispiel 32.4 | **Verwendung einer noch nicht definierten dynamischen Ressource** |

Zunächst die Zuordnung von Eigenschaft und Ressource:

```
<Button Height="50" Background="{DynamicResource bck1}"
        Click="Button_Click">Hallo</Button>
```

**Beispiel 32.4** | **Verwendung einer noch nicht definierten dynamischen Ressource**

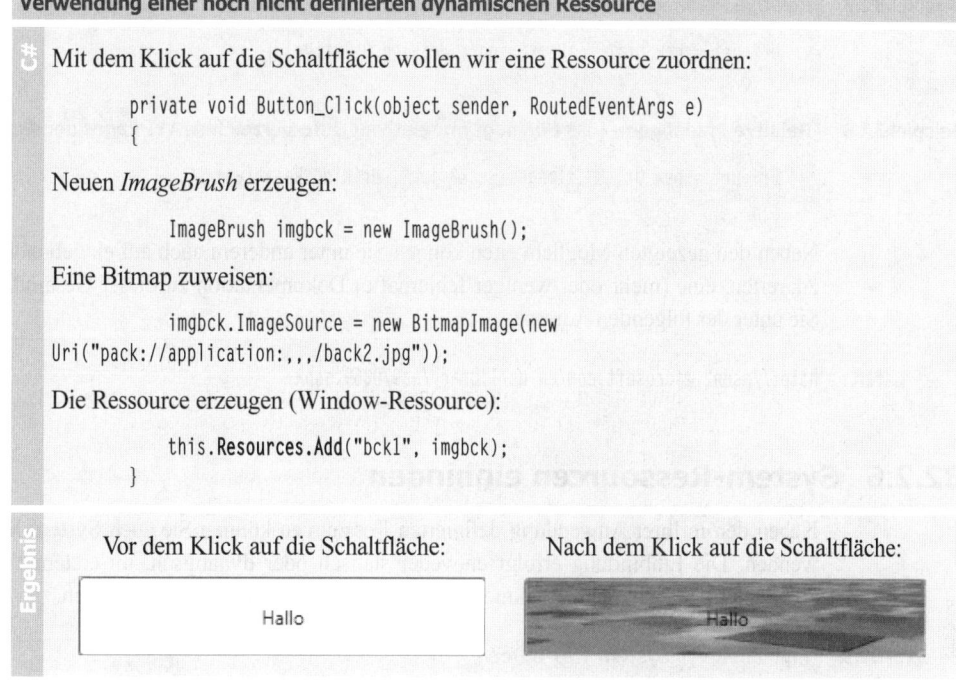

Mit dem Klick auf die Schaltfläche wollen wir eine Ressource zuordnen:

```
private void Button_Click(object sender, RoutedEventArgs e)
{
```

Neuen *ImageBrush* erzeugen:

```
ImageBrush imgbck = new ImageBrush();
```

Eine Bitmap zuweisen:

```
imgbck.ImageSource = new BitmapImage(new
Uri("pack://application:,,,/back2.jpg"));
```

Die Ressource erzeugen (Window-Ressource):

```
this.Resources.Add("bck1", imgbck);
}
```

Vor dem Klick auf die Schaltfläche:                Nach dem Klick auf die Schaltfläche:

Hallo                                              Hallo

Und warum verwenden wir nicht einfach immer dynamische Ressourcen? Da die Verwaltung dynamischer Ressourcen deutlich aufwändiger ist, würden hier unnötigerweise Systemressourcen verschwendet werden.

## 32.2.5 Wie werden Ressourcen adressiert?

Möchten Sie auf eingebundene Ressourcen (z.B. Grafiken) Ihrer Anwendung zugreifen, müssen Sie beispielsweise bei der Zuordnung von Grafiken per Code eine bestimmte Syntax einhalten, andernfalls wird die Ressource an der falschen Stelle gesucht und dann wohl auch nicht gefunden.

Die dazu erforderliche URI können Sie absolut, d.h. mit voller Pfadangabe, inklusive der aktuellen Assembly angeben oder relativ zur aktuellen Assembly.

**Beispiel 32.5** | **Absolute Pfadangabe (das Bild liegt in der Projekt-Root, Buildvorgang=Resource)**

```
Uri uri = new Uri("pack://application:,,,/Bild.jpg");
```

**Beispiel 32.6** | **Absolute Pfadangabe (das Bild liegt im Unterverzeichnis \\Images des aktuellen Projekts, Buildvorgang=Resource)**

```
Uri uri = new Uri("pack://application:,,,/Images/Bild.jpg");
```

**Beispiel 32.7**   **Relative Pfadangabe (das Bild liegt im gleichen Verzeichnis wie die Assembly)**

```csharp
Uri uri = new Uri(@".\Back3.jpg", UriKind.Relative);
```

**Beispiel 32.8**   **Relative Pfadangabe (das Bild liegt im relativen Unterverzeichnis \\Images der Assembly)**

```csharp
Uri uri = new Uri(@".\Images\Back3.jpg", UriKind.Relative)
```

Neben den gezeigten Möglichkeiten können Sie unter anderem auch auf eingebundene Assemblies zugreifen, eine (mehr oder weniger fehlerhafte) Dokumentation zu dieser Gesamtthematik finden Sie unter der folgenden Adresse:

**LINK:**   http://msdn2.microsoft.com/en-us/library/aa970069.aspx

## 32.2.6   System-Ressourcen einbinden

Neben den in Ihrer Anwendung definierten Ressourcen können Sie auch System-Ressourcen verwenden. Die Einbindung erfolgt entweder statisch oder dynamisch, im erstem Fall reagiert die Anwendung jedoch nicht auf aktuelle Änderungen an den Systemeinstellungen.

**Beispiel 32.9**   **Einbinden von System-Ressourcen**

Anzeige der *VirtualScreenWidth* in einem *Label* (Ressourcenabfrage):

```xml
<Label Content="{StaticResource {x:Static SystemParameters.VirtualScreenWidthKey}}"/>
```

Anzeige, ob User-Interface-Effekte aktiviert sind (Wertabfrage):

```xml
<CheckBox IsChecked="{x:Static SystemParameters.UIEffects}" Content="UIEffects" />
```

# 32.3   Das WPF-Ereignis-Modell

Nachdem wir in den bisherigen Beispielen recht sparsam mit der Verwendung von Event-Handlern umgegangen sind, wollen wir uns jetzt diesem Thema etwas intensiver widmen.

## 32.3.1   Einführung

Sicher haben Sie auch schon mehr oder weniger unbewusst von den Ereignissen in WPF Gebrauch gemacht. Nach dem Klick, z.B. auf eine Schaltfläche, wird der entsprechende Ereignis-Handler von Visual Studio bereitgestellt.

**Beispiel 32.10**   ***Button* mit zugehöriger Ereignisbehandlung**

```xml
<StackPanel>
  <Button Content="Klick mich!" Click="Button_Click"/>
</StackPanel>
```

**Beispiel 32.10** *Button* **mit zugehöriger Ereignisbehandlung**

C#

Der Ereignis-Handler:

```
private void Button_Click(object sender, RoutedEventArgs e)
{
    MessageBox.Show("Hallo");
}
```

So weit – so gut, das kennen Sie sicher auch schon von der Programmierung in Win32-/Windows Forms-Anwendungen so. Doch was passiert, wenn Sie in WPF eine Schaltfläche aus einzelnen Elementen "zusammenbasteln"?

**Beispiel 32.11** **Button mit Text und Grafik**

XAML

```
<Button Click="Button_Click_1">
  <StackPanel Orientation="Horizontal" Margin="10">
    <Image Source="Images/Flash.png" Width="56" Height="46" />
    <TextBlock VerticalAlignment="Center">Klick mich!</TextBlock>
  </StackPanel>
</Button>
```

Ergebnis

Rein intuitiv haben Sie sicher auch das *Click*-Ereignis dem Button zugeordnet. Doch warum sollte das eigentlich funktionieren? Was passiert, wenn der Nutzer auf das *Image* oder den *TextBlock* klickt, zusätzlich befindet sich "darunter" ja noch das *StackPanel*.

Das Zauberwort heißt hier "Routed Events", ein Verfahren, um auftretende Ereignisse in der Element-Hierarchie weiterzugeben.

## 32.3.2 Routed Events

WPF unterscheidet bei den Routed Events zwei verschiedene Varianten, die Sie als Programmierer auch auseinander halten sollten:

- **Tunneling Events**
  Ausgehend vom Wurzelelement (*Window/Page*) werden die Ereignisse bis zum auslösenden Element weitergereicht. Diese Events werden vor den zugehörigen Bubbling Events ausgelöst.

- **Bubbling Events**
  Ausgehend vom aktivierten Element werden die Ereignisse zum jeweils übergeordneten Element weitergereicht, d.h. im Endeffekt bis zum *Window* oder zur *Page*.

---

**HINWEIS:** Tunneling Events sind durch den Vorsatz "Preview..." gekennzeichnet, Bubbling Events verzichten auf einen Vorsatz.

---

**Beispiel 32.12**  | **Ablauf der Ereigniskette für einen Mausklick mit der linken Taste**

```xaml
<Window x:Class="Konzepte.Ereignisse"
...
        Title="Ereignisse" MouseLeftButtonDown="Window_MouseLeftButtonDown"
                        PreviewMouseLeftButtonDown="Window_PreviewMouseLeftButtonDown">
    <Button MouseLeftButtonDown="Button_MouseLeftButtonDown"
            PreviewMouseLeftButtonDown="Button_PreviewMouseLeftButtonDown">
        <StackPanel Orientation="Horizontal" Margin="10"
                MouseLeftButtonDown="StackPanel_MouseLeftButtonDown"
                PreviewMouseLeftButtonDown="StackPanel_PreviewMouseLeftButtonDown">
            <Image Source="Images/Flash.png" Width="56" Height="46"
                MouseLeftButtonDown="Image_MouseLeftButtonDown"
                PreviewMouseLeftButtonDown="Image_PreviewMouseLeftButtonDown" />
            <TextBlock VerticalAlignment="Center"
                MouseLeftButtonDown="TextBlock_MouseLeftButtonDown"
                PreviewMouseLeftButtonDown="TextBlock_PreviewMouseLeftButtonDown">Klick mich!
            </TextBlock>
        </StackPanel>
    </Button>
</Window>
```

Die Ereigniskette nach einem Klick auf das *Image*:

1. Window: *PreviewMouseLeftButtonDown*

2. Button: *PreviewMouseLeftButtonDown*

3. StackPanel: *PreviewMouseLeftButtonDown*

4. Image: *PreviewMouseLeftButtonDown*

5. Image: *MouseLeftButtonDown*

6. StackPanel: *MouseLeftButtonDown*

Wie Sie sehen können, wird zunächst die komplette Tunneling-Ereigniskette durchlaufen, nachfolgend die Bubbeling-Events[1].

Im Normalfall werden Sie wohl nur Bubbling-Events verwenden, Tunneling-Events nutzen Sie beispielsweise, um Ereignisse bzw. deren Weiterleitung zu blockieren.

---

[1] Der Button löst ein *Click*-Ereignis aus, die dazu nötige Logik verhindert das Auslösen entsprechender *MouseLeftButton-Down*-Ereignisse, deshalb ist hier die Ereigniskette zu Ende.

**Beispiel 32.13** | Das Weiterleiten der Ereignisse verhindern

> C#
>
> Wir werten gleich das erste Ereignis aus (das Tunneling Event beginnt an der Root, d.h. dem Window):
>
> ```
> private void Window_PreviewMouseLeftButtonDown(object sender, MouseButtonEventArgs e)
> {
> ```
>
> Ereignis behandelt (Klappe zu, Affe tot):
>
> ```
>     e.Handled = true;
>     List1.Items.Add("Window_PreviewMouseLeftButtonDown");
> }
> ```

**Beispiel 32.14** | Das auslösende Element bestimmen

> C#
>
> Den Ursprung für ein Ereignis können Sie über den ...*EventArgs.Source*-Parameter bestimmen:
>
> ```
> private void Window_PreviewMouseLeftButtonDown(object sender, MouseButtonEventArgs e)
> {
>     MessageBox.Show(e.Source.ToString());
>     List1.Items.Add("Window_PreviewMouseLeftButtonDown");
> }
> ```

> Ergebnis
>
> Beim Klick auf das Image wird auch dieses als *Source* übermittelt:
>
>
> System.Windows.Controls.Image
>
> OK

## 32.3.3 Direkte Events

Auch diese Form der Ereignisse ist nach wie vor präsent, hierbei handelt es sich um die ganz normalen .NET-Ereignisse, wie Sie auch in Windows-Forms-Anwendungen auftreten.

Direkte Events werden eingesetzt, wenn die Verwendung von Bubbling oder Tunneling keinen Sinn macht, beispielsweise beim *MouseLeave*-Ereignis, das sehr objektbezogen ausgelöst wird.

Sie erkennen diese Ereignisse an einem fehlenden *Preview...*-Pendant.

# 32.4   Verwendung von Commands

Im Zusammenhang mit der Entwicklung von Anwendungen ist es Ihnen sicher auch schon passiert, dass Sie eine Menüfunktion zum x-ten Male neu programmiert haben. Das Gleiche trifft sicher ebenfalls auf den Toolbar zu. Das Prozedere ist doch immer gleich:

1. Methode mit der eigentlichen Logik erstellen

2. Menüpunkt erstellen

3. Menüpunkt Tastenkürzel zuweisen, Tastaturabfrage implementieren

4. Menüpunkt Ereignismethode zuweisen und Methode von 1. aufrufen

5. Toolbar-Button bereitstellen

6.  Toolbar-Button Ereignismethode zuweisen und Methode von 1. aufrufen

7. Logik für das Sperren von 2. und 5. erstellen, wenn die Funktion nicht zur Verfügung steht.

## 32.4.1   Einführung Commands

In WPF-Anwendungen können Sie diesen Aufwand wesentlich verringern, indem Sie entweder die von WPF vordefinierten Commands verwenden, oder indem Sie selbst eigene Commands implementieren.

Die neue Vorgehensweise (vordefinierte Commands, z.B. Einfügen in die Zwischenablage) im Vergleich zum bisherigen Vorgehen:

1. entfällt, da für viele Controls bereits implementiert

2. **Menüpunkt erstellen und Command zuweisen**

3. entfällt, da per Command automatisch zugewiesen

4. entfällt, da per Command automatisch zugewiesen

5. **Toolbar-Button bereitstellen und Command zuweisen**

6. entfällt, da per Command automatisch zugewiesen

7. entfällt, da Command diese Logik bereitstellt.

Das sieht doch schon wesentlich freundlicher aus als die mühsame und fehleranfällige erste Variante. Ähnlich einfach gestaltet sich die Wiederverwendung von selbst erstellten Kommandos, wenn Sie diese bereits einmal erstellt haben.

## 32.4.2   Verwendung vordefinierter Commands

Statt vieler Worte wollen wir Ihnen zunächst an einem Beispiel die Vorgehensweise bei der Verwendung von Commands demonstrieren.

**Beispiel 32.15** **Programmieren der Funktionen "Kopieren und Einfügen" für ein Formular mit zwei TextBoxen**

Der XAML-Code der Oberfläche:

```
<Window x:Class="Konzepte.Commands_Bsp"
    xmlns="http://schemas.microsoft.com/winfx/2006/xaml/presentation"
    xmlns:x="http://schemas.microsoft.com/winfx/2006/xaml"
    Title="Commands_Bsp" Height="373" Width="411">
<DockPanel>
```

Die Menüdefinition:

```
<Menu DockPanel.Dock="Top" Height="22" Name="menu1">
...
    <MenuItem Header="_Bearbeiten">
```

Hier werden die beiden Menüpunkte "Kopieren" und "Einfügen" definiert:

```
<MenuItem Command="ApplicationCommands.Copy"/>
<MenuItem Command="ApplicationCommands.Paste"/>
```

Sie können auf die Angabe des Headers sowie der Tastenkürzel verzichten, dies stellt die obige *Command*-Definition automatisch zur Verfügung[1].

```
    </MenuItem>
</Menu>
<ToolBarTray DockPanel.Dock="Top">
    <ToolBar>
```

Hier findet sich bereits die Definition für die *ToolBar*-Buttons, auch in diesem Fall genügt die Zuordnung der *Command*-Eigenschaft:

```
<Button Width="30" Height="30" Command="ApplicationCommands.Copy">
    <Image Source="Images/editcopy.png"/>
</Button>
<Button Width="30" Height="30" Command="ApplicationCommands.Paste">
    <Image Source="Images/editpaste.png"/>
</Button>
</ToolBar>
</ToolBarTray>
<StackPanel>
```

Hier noch die beiden *TextBox*en, für die die Funktionen implementiert werden:

```
<TextBox Name="txt1" Height="100">TextBox1 Bla Bla</TextBox>
<TextBox Name="txt2" Height="100">TextBox2 Bla Bla</TextBox>
...
</StackPanel>
</DockPanel>
</Window>
```

---

[1] Geben Sie trotzdem einen Wert an, überschreibt dies die vom Command bereitgestellten Werte.

**Beispiel 32.15**   **Programmieren der Funktionen "Kopieren und Einfügen" für ein Formular mit zwei TextBoxen**

Und wo bleibt der Code? Kurze Antwort: Ihr Programm ist an dieser Stelle bereits fertig.

Nach dem Start können Sie sich von der Funktionstüchtigkeit überzeugen:

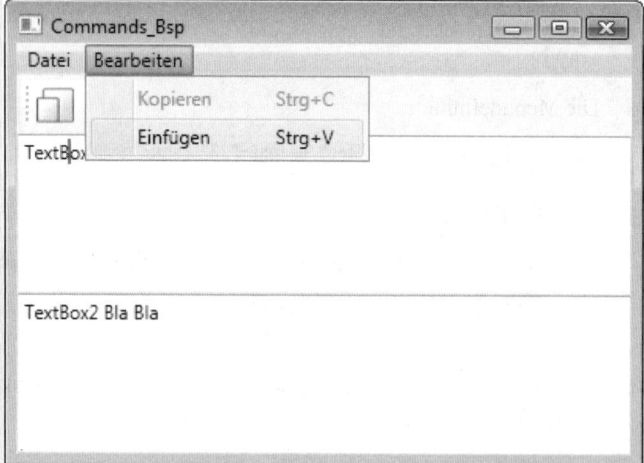

Beide Menüpunkte verfügen über eine Beschriftung und ein Tastenkürzel, befindet sich Text in der Zwischenablage, ist das Menü *Einfügen* aktiviert, andernfalls ist der Menüpunkt gesperrt. Der Menüpunkt *Kopieren* ist nur aktiv, wenn Sie in einer der *TextBox*en Text markieren und diese *TextBox* den Eingabefokus besitzt.

Nicht schlecht, wenn Sie dies mit der konventionellen Variante vergleichen, bei der Sie sicher wesentlich mehr Code produziert hätten.

## 32.4.3  Das Ziel des Commands

Doch gerade bei obigem Beispiel wird sicher bei manchem die Frage aufkommen, wohin denn eigentlich der Text eingefügt wird, haben wir doch zwei Textfelder. Die Frage ist sicher berechtigt, aber im obigen Beispiel noch recht einfach lösbar: Ziel des jeweils gewählten Commands ist per Default immer das gerade aktive Control, d.h. die *TextBox*, die den Eingabefokus besitzt.

Schwieriger wird es, wenn die Zwischenablageinhalte gezielt in ein bestimmtes Control eingefügt werden sollen. In diesem Fall müssen Sie neben der *Command*- auch die *CommandTarget*-Eigenschaft definieren. Allerdings genügt in diesem Fall nicht die reine Angabe des Element-Namens, Sie müssen die Binding-Syntax verwenden.

**Beispiel 32.16**   **Zwischenablageinhalte sollen immer in *TextBox2* eingefügt werden**

Wir fügen dem betreffenden Menüpunkt ein *CommandTarget* hinzu:

```
<MenuItem Header="_Bearbeiten">
```

**Beispiel 32.16**  **Zwischenablageinhalte sollen immer in _TextBox2_ eingefügt werden**

```
<MenuItem Command="ApplicationCommands.Copy"/>
<MenuItem Command="ApplicationCommands.Paste" CommandTarget="{Binding ElementName=txt2}"/>
</MenuItem>
...
```

Starten Sie jetzt das Programm, ist es egal, welches Control den Fokus besitzt, drücken Sie die Tastenkombination _Strg+V_ oder wählen Sie den entsprechenden Menüpunkt, wird der Text immer in die _TextBox2_ eingefügt.

**HINWEIS:** Diese Vorgehensweise müssen Sie auch wählen, wenn Sie Commands von einzelnen Schaltflächen aus starten wollen. Da diese den Fokus erhalten können, würde nie klar sein, welches Ziel die Aktion haben soll.

**Beispiel 32.17**  **"Freistehender" _Button_ für das Einfügen des Zwischenablageinhalts**

```
<Button Command="ApplicationCommands.Paste" CommandTarget="{Binding ElementName=txt2}">
    Paste (TextBox 2)
</Button>
```

## 32.4.4  Welche vordefinierten Commands stehen zur Verfügung?

WPF bietet bereits "ab Werk" eine ganze Reihe von Commands, die in der täglichen Programmierpraxis immer wieder anfallen. Diese Commands gliedern sich in die folgenden Gruppen:

- ApplicationCommands
  (z.B. _Cut, Past, Help, New, Print, Save, Stop, Undo_)

- ComponentCommands
  (z.B. _ExtendSelectionLeft, MoveLeft_)

- NavigationCommands
  (z.B. _FirstPage, GotoPage, Refresh, Search_)

- MediaCommands
  (z.B. Play, _Pause, FastForward, IncreaseVolume_)

- EditingCommands
  (z.B. _Delete, MoveUpByLine, ToggleBold_[1])

**HINWEIS:** Doch Achtung: Nicht das Command an sich stellt die Logik, z.B. für das Einfügen von Zwischenablageinhalten, zur Verfügung, sondern das jeweilige Ziel-Objekt, d.h. ein spezifisches Control wie _TextBox_ oder _Image_.

---

[1] siehe dazu auch ab Seite 1318 (_RichtTextBox_)

Ob, und wenn ja welche, Commands implementiert sind, müssen Sie von Fall zu Fall ausprobieren. Sehr umfassend ist z.B. die Unterstützung bei *TextBox* und *RichTextBox* sowie beim *Media-Element*.

## 32.4.5   Commands an Ereignismethoden binden

Wie schon erwähnt, implementiert nicht jedes Control alle verfügbaren Commands. So steht zwar ein *ApplicationCommand.Open* (d.h. Beschriftung und Tastaturkürzel) zur Verfügung, im Normalfall passiert allerdings nichts, da kein Control eine entsprechende Logik implementiert hat, was bei derart komplexen Abläufen sicher auch nicht möglich ist.

Aus diesem Grund besteht die Möglichkeit, einem Command eine entsprechenden Ereignisbehandlung per *CommandBinding* zuzuordnen. Zwei Ereignisse sind hier von zentraler Bedeutung:

- *Execute (*die eigentlich auszuführende Logik) und

- *CanExecute* (eine Abfrage, ob die Funktion überhaupt zur Verfügung steht)

**Beispiel 32.18**   **Implementieren des *ApplicationCommand.Open***

Nutzen Sie für die Zuordnung der beiden Ereignismethoden am besten das Wurzel-Element (*Windows/Page*):

```
<Window x:Class="Konzepte.Commands_Bsp"
...
    Title="Commands_Bsp" Height="373" Width="411">
 <Window.CommandBindings>
  <CommandBinding Command="ApplicationCommands.Open"
            Executed="OpenCmdExecuted" CanExecute="OpenCmdCanExecute"/>
 </Window.CommandBindings>
...
```

Die beiden zugehörigen Ereignismethoden aus der Klassendefinition des Windows:

```
void OpenCmdExecuted(object target, ExecutedRoutedEventArgs e)
{
    MessageBox.Show("Was soll ich öffnen????");
    // hier steht die eigentliche Logik
}
```

Nur wenn die erste *TextBox* auch leer ist, ist das Öffnen neuer Dateien möglich:

```
void OpenCmdCanExecute(object sender, CanExecuteRoutedEventArgs e)
{
    if (txt1.Text.Length == 0)
        e.CanExecute = true;
    else
        e.CanExecute = false;
}
```

**Beispiel 32.18** **Implementieren des *ApplicationCommand.Open***

Ein Test zur Laufzeit zeigt, dass die entsprechende Schaltfläche nur freigegeben ist, wenn die *TextBox* leer ist:

Klicken Sie auf den obigen Menüpunkt oder verwenden Sie die Tastenkombination *Strg+O*, wird unsere MessageBox aus der Methode *OpenCmdExecuted* ausgeführt.

---

**HINWEIS:** Selbstverständlich können Sie CommandBinding auch per Code realisieren, wie das folgende Beispiel zeigt.

---

**Beispiel 32.19** **Ereignismethode per Code zuweisen**

```csharp
public Commands_Bsp()
{
    InitializeComponent();
    CommandBinding cmdOpen = new CommandBinding(ApplicationCommands.Open);
    cmdOpen.Executed += new ExecutedRoutedEventHandler(cmdOpen_Executed);
}

void cmdOpen_Executed(object sender, ExecutedRoutedEventArgs e)
{ ... }
```

## 32.4.6 Wie kann ich ein Command per Code auslösen?

Neben der bereits beschriebenen Variante, Commands per Zuordnung im XAML-Code auszulösen, besteht auch die Möglichkeit, diese direkt mit der *Execute*-Methode aufzurufen.

**Beispiel 32.20** **Direkter Aufruf eines Commands in einer Ereignismethode**

```csharp
private void Button_Click(object sender, RoutedEventArgs e)
{
    ApplicationCommands.Paste.Execute(null, txt2);
}
```

---

**HINWEIS:** Im zweiten Parameter übergeben Sie das *CommandTarget*.

## 32.4.7   Command-Ausführung verhindern

Nicht immer und zu jeder Zeit können Kommandos einfach ausgeführt werden. Unter bestimmten Bedingungen steht eine Funktion nicht zur Verfügung, in diesem Fall sollen die Menüpunkte/ Schaltflächen abgeblendet sein, um den Anwender nicht unnötig zu verwirren.

Die Lösungsmöglichkeit haben wir Ihnen bereits beim Zuordnen von Ereignismethoden gezeigt. Im *...CanExecute*-Ereignis wird mit dem Parameter *e.CanExecute* entschieden, ob eine Aktion ausführbar ist oder nicht.

**Beispiel 32.21**   **Command-Ausführung verhindern**

```csharp
void OpenCmdCanExecute(object sender, CanExecuteRoutedEventArgs e)
{
    e.CanExecute = false;
}
```

# 32.5   Das WPF-Style-System

Mit den WPF-Styles kommen wir jetzt zu einem Thema, das sicher von ganz zentraler Bedeutung für die oberflächenorientierten WPF-Anwendungen ist und auch einen der wesentlichsten Unterschiede zu den konventionellen Windows-Anwendungen darstellt.

## 32.5.1   Übersicht

Doch worum geht es eigentlich? Sicher haben Sie nach der Lektüre der beiden vorhergehenden Kapitel festgestellt, dass WPF-Controls mit Bergen von Eigenschaften ausgestattet sind, die es möglich machen, fast alle Aspekte der Darstellung zu beeinflussen.

Doch gerade für aufwändige Oberflächen ergeben sich einige Fragen:

1. Wie kann ich mehr als einem Control ein spezifisches Aussehen zuweisen?

2. Wie kann ich das Aussehen unter bestimmten Bedingungen ändern?

3. Wie kann ich das grundsätzliche Aussehen eines Controls komplett ändern?

4. Wie kann ich einfache Animationen realisieren?

Für alle diese Fragen bietet WPF eine Antwort:

1. Verwendung von benannten oder Typ-Styles

2. Verwendung von Triggern

3. Verwendung von Templates

4. Verwendung von StoryBoards

> **HINWEIS:** Im Rahmen dieses Abschnitts werden wir die o.g. Themen nur recht oberflächlich streifen, da dies eigentlich ein Hauptarbeitsgebiet für den Designer und nicht für den Programmierer ist[1]. Außerdem ist Visual Studio für einige der obigen Aufgaben das falsche Tool. Hier kommen Sie mit *Microsoft Expression Blend* (siehe Seite 1468) wesentlich weiter, da der Designer deutlich komfortabler ist. Wir weisen Sie an den entsprechenden Stellen darauf hin.

## 32.5.2  Benannte Styles

In den bisherigen Beispielen haben wir die Eigenschaften jedes Controls einzeln gesetzt, was bei größeren Ansammlungen recht schnell zum Geduldsspiel ausarten kann. Denken Sie nur an unseren Taschenrechner aus dem WPF-Einführungskapitel, wo ca. zwanzig einzelne Tasten zu konfigurieren sind (Schrift, Randabstände, Farben etc.). Viel schöner wäre doch hier eine zentrale Vorschrift, wie ein derartiger Button auszusehen hat.

Genau diese Aufgabe übernimmt ein *benannter Style*. Dieser wird einmal definiert und kann dann per Key den einzelnen Elementen zugewiesen werden.

**Beispiel 32.22** | **Alle Schaltflächen für den Taschenrechner sollen einen Randabstand von 2, eine fette Schrift und eine gelbe Hintergrundfarbe bekommen.**

```
<Window x:Class="Konzepte.Taschenrechner_1"
    xmlns="http://schemas.microsoft.com/winfx/2006/xaml/presentation"
    xmlns:x="http://schemas.microsoft.com/winfx/2006/xaml"
    Title="Window2" Height="199" Width="388">
```

Oh, jetzt wird auch klar, warum wir uns in diesem Kapitel bereits mit Ressourcen beschäftigt haben. Hoffentlich haben Sie diesen Abschnitt nicht gelangweilt überblättert!

```
<Window.Resources>
```

Wir definieren einen neuen Style und legen dessen *Key* fest (über diesen könne wir später auf den Style zugreifen bzw. auf diesen verweisen):

```
<Style x:Key="myBtnStyle">
```

Innerhalb des *Style*-Elements können Sie per *Setter* die gewünschten Eigenschaften beeinflussen:

```
<Setter Property="Control.Margin" Value="2" />
<Setter Property="Control.Background" Value="Yellow" />
<Setter Property="Control.FontWeight" Value="UltraBold" />
```

Legen Sie jeweils *Property* und *Value* fest.

```
</Style>
</Window.Resources>
```

---

[1] Hier ist die Borderline zwischen Designer und Programmierer, mit teilweise diffusem Verlauf ...

**Beispiel 32.22** **Alle Schaltflächen für den Taschenrechner sollen einen Randabstand von 2, eine fette Schrift und eine gelbe Hintergrundfarbe bekommen.**

Und jetzt kommt unser neuer Style zum Einsatz (setzen Sie diesen nur bei den Ziffertasten):

```
<UniformGrid Name="uniformGrid1" Columns="5" Rows="4" Grid.Row="1">
  <Button  Name="button1"  Style="{StaticResource myBtnStyle}">7</Button>
  <Button  Name="button2"  Style="{StaticResource myBtnStyle}">8</Button>
  <Button  Name="button3"  Style="{StaticResource myBtnStyle}">9</Button>
  ...
```

Schon im Designer dürfte sich jetzt etwas getan haben:

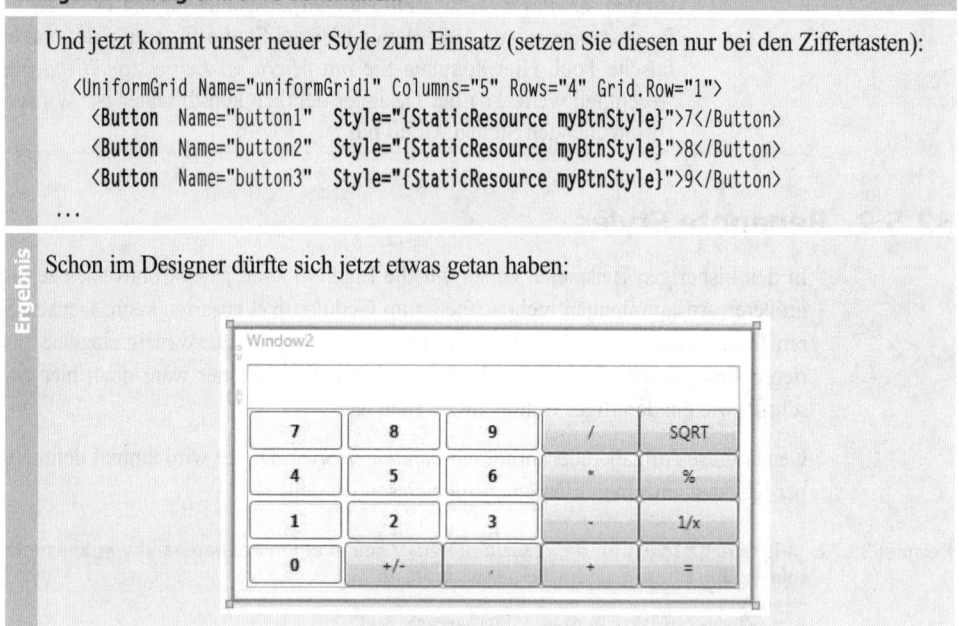

Was passiert eigentlich, wenn wir den Style einer *TextBox* zuweisen? Probieren Sie es ruhig aus, es kann nichts passieren. Vielleicht sind Sie überrascht, aber auch die *TextBox* wird nach dieser Aktion im grässlichen gelben Outfit erscheinen und fette Schrift anzeigen.

Warum dies so ist? Ganz einfach, auch die *TextBox* verfügt über die aufgeführten Eigenschaften und übernimmt diese automatisch vom Style.

## 32.5.3  Typ-Styles

Ein "fauler" Programmierer wird immer einen einfacheren Weg suchen, und so ist es sicher mühsam, den Style jedem einzelnen Button einzeln zuzuweisen, zumal die Syntax auch recht umfangreich ist. Aus diesem Grund gibt es noch eine zweite Art von Styles, die nicht über einen Key, sondern über den Klassennamen zugeordnet werden.

Der Vorteil: Alle WPF-Elemente, die Instanzen dieser Klasse sind, übernehmen automatisch diesen Style, ohne dass dies explizit angegeben werden muss.

**Beispiel 32.23** **(Fortsetzung) Mit Ausnahme der Zifferntaste sollen alle Tasten einen grünen Hintergrund und weiße Schrift bekommen.**

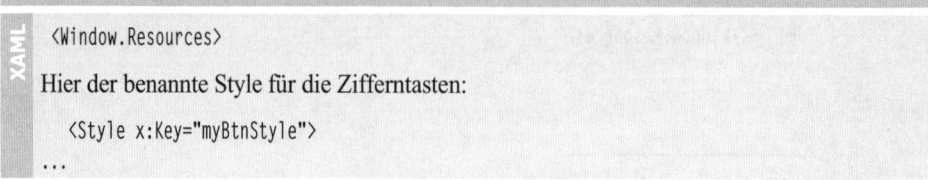

```
<Window.Resources>
```
Hier der benannte Style für die Zifferntasten:
```
  <Style x:Key="myBtnStyle">
  ...
```

**Beispiel 32.23**  (Fortsetzung) Mit Ausnahme der Zifferntaste sollen alle Tasten einen grünen Hintergrund und weiße Schrift bekommen.

```
</Style>
```

Und hier der Default-Style für alle Elemente vom Typ *Button*:

```
<Style TargetType="{x:Type Button}">
  <Setter Property="Margin" Value="2" />
  <Setter Property="Background" Value="Green" />
  <Setter Property="FontWeight" Value="UltraBold" />
  <Setter Property="Foreground" Value="White" />
</Style>
```

Ohne weitere Änderungen im XAML-Code dürfte sich jetzt bereits folgender Anblick bieten:

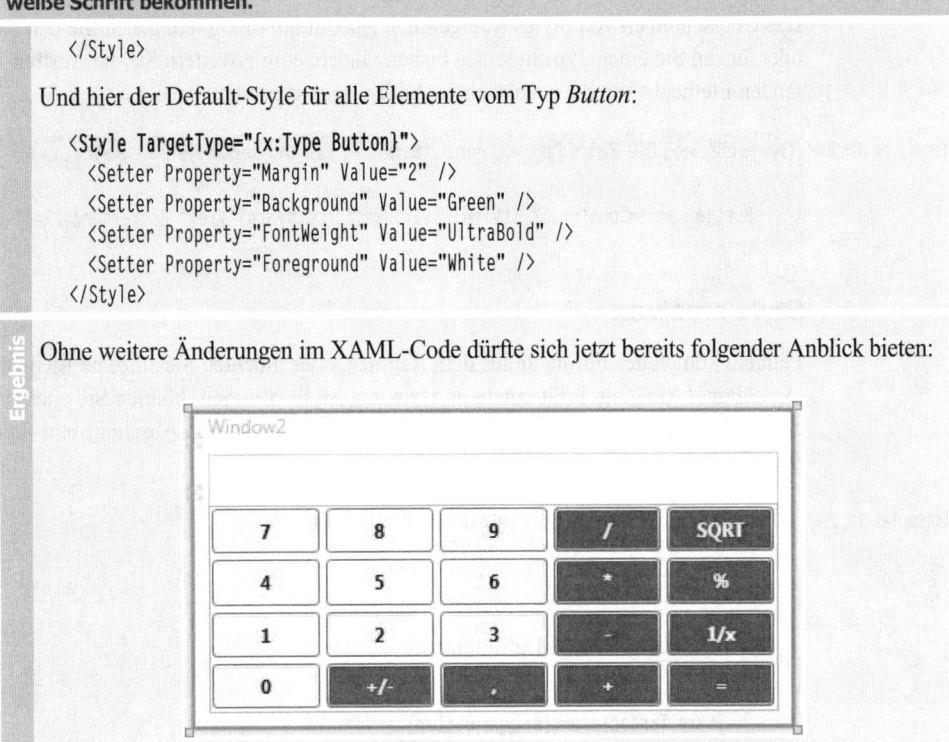

> **HINWEIS:** Hätten Sie die Style-Definition in der Datei *App.xaml* eingefügt, würde es sich um einen anwendungsweiten Style handeln, alle Windows bzw. die enthaltenen Schaltflächen würden dieses Outfit bekommen.

Doch was, wenn sich auf Ihrem Formular zum Beispiel ein paar *ToggleButton*-Controls befinden? Diese sind von obiger Styledefinition nicht betroffen, handelt es sich doch um eine andere Klasse.

## 32.5.4  Styles anpassen und vererben

Es gibt immer wieder Ausnahmen von der Regel, und so kommen Sie meist nicht darum herum, den Style einzelner Controls speziell anzupassen. Drei Varianten bieten sich dazu an:

1. Sie überschreiben einzelne Attribute direkt im Element.

2. Sie ersetzen den Style auf einer niedrigeren Ebene (statt *Application* z.B. in einem *StackPanel*).

3. Sie vererben den Style und passen ihn unter neuem Namen an.

## Styles anpassen (überschreiben)

Das Überschreiben von Styles ist eigentlich ganz intuitiv möglich, geben Sie den Key des Styles an oder nutzen Sie einen Typ-Style wie bisher. Gleichzeitig erweitern Sie die Attribut-Liste des betreffenden Elements, um die gewünschten Änderungen vorzunehmen.

**Beispiel 32.24** | **(Fortsetzung) Die Taste "0" soll rot hinterlegt werden (der Style gibt gelb vor)**

```xaml
<Button  Name="button16" Style="{StaticResource myBtnStyle}" Background="Red" >0</Button>
```

## Style ersetzen

Fällt ein komplettes Formular aus dem Rahmen, oder möchten Sie einzelne Elemente einer Gruppe (*StackPanel*, *Grid* etc.) mit einem angepassten Style versehen, können Sie auch den zentral gültigen Style ersetzen. Definieren Sie dazu einen neuen Ressource-Abschnitt und fügen Sie die neue Style-Definition in diesen ein.

**Beispiel 32.25** | **(Fortsetzung) Ersetzen des zentralen Button-Styles**

```xaml
<Window x:Class="Konzepte.Taschenrechner_1"
...
```
Hier die übergreifende Definition:
```xaml
<Window.Resources>
  <Style TargetType="{x:Type Button}">
...
  </Style>
</Window.Resources>
...
    <UniformGrid Name="uniformGrid1" Columns="5" Rows="4" Grid.Row="1">
```
Hier wir der Style **ersetzt**, d.h., alle obigen Einstellungen gehen verloren:
```xaml
    <UniformGrid.Resources>
      <Style TargetType="{x:Type Button}">
        <Setter Property="Margin" Value="2" />
        <Setter Property="Background" Value="Blue" />
        <Setter Property="FontWeight" Value="UltraBold" />
        <Setter Property="Foreground" Value="White" />
      </Style>
    </UniformGrid.Resources>
    ...
```

**HINWEIS:** Elemente, die sich in der Hierarchie oberhalb des *UniformGrids* befinden sind nicht von dieser Anpassung betroffen, hier gilt wieder die zentrale Version.

### Styles vererben

Wer schreibfaul ist und beispielsweise nicht den kompletten Style austauschen will, kann diesen auch einfach vererben. Dazu wird in die Definition des Styles das Attribut *BasedOn* aufgenommen, das per Binding auf den Basisstyle verweist.

Ob Sie in diesem neuen Style bestehende Eigenschaften überschreiben (einfach erneut definieren) oder neue Eigenschaften hinzufügen, bleibt Ihnen überlassen.

**Beispiel 32.26**  **Vererben eines Styles**

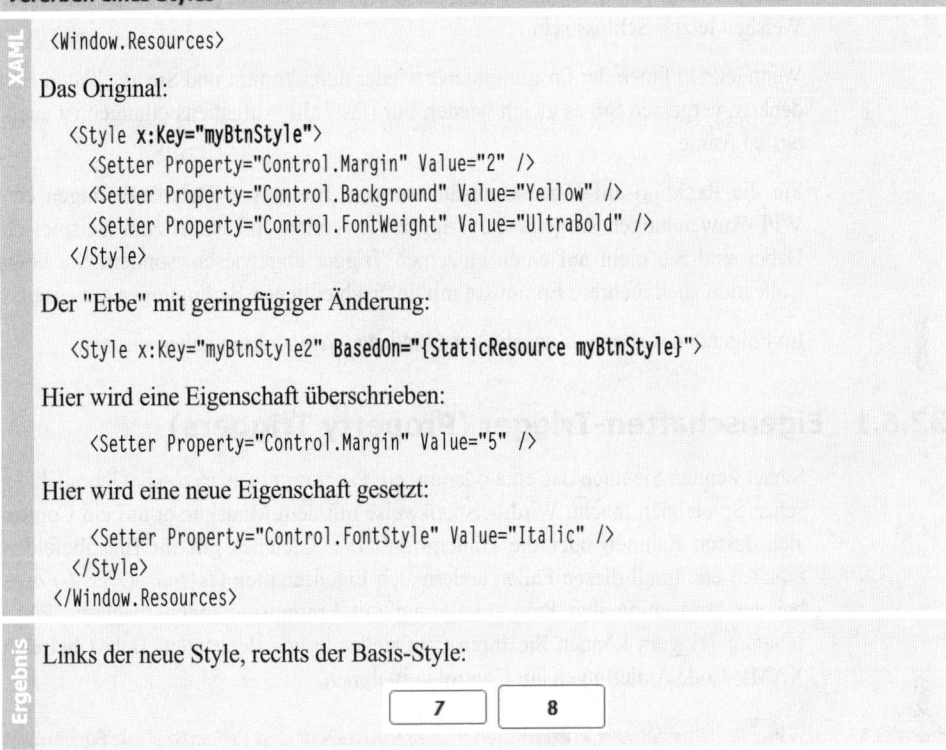

```xml
<Window.Resources>
```
Das Original:
```xml
<Style x:Key="myBtnStyle">
  <Setter Property="Control.Margin" Value="2" />
  <Setter Property="Control.Background" Value="Yellow" />
  <Setter Property="Control.FontWeight" Value="UltraBold" />
</Style>
```
Der "Erbe" mit geringfügiger Änderung:
```xml
<Style x:Key="myBtnStyle2" BasedOn="{StaticResource myBtnStyle}">
```
Hier wird eine Eigenschaft überschrieben:
```xml
  <Setter Property="Control.Margin" Value="5" />
```
Hier wird eine neue Eigenschaft gesetzt:
```xml
  <Setter Property="Control.FontStyle" Value="Italic" />
</Style>
</Window.Resources>
```

Links der neue Style, rechts der Basis-Style:

| 7 | 8 |

### Styleänderung per Code

Ihr Programm ist nicht darauf angewiesen, immer den gleichen Style zu verwenden. So ist es problemlos möglich, auch zur Laufzeit einen Style per Code neu zu setzen (z.B. unter bestimmten Bedingungen).

**Beispiel 32.27**  **Der Style von *button10* wird geändert**

```csharp
private void Window_Loaded(object sender, RoutedEventArgs e)
{ button10.Style = (Style)FindResource("myBtnStyle2"); }
```

**HINWEIS:** Den Style bzw. dessen Instanz finden Sie mit der per *FindResource* über dessen Key.

> **HINWEIS:** Bevor Sie sich weiter in diese Thematik vertiefen, sollten Sie zunächst einen Blick
> auf den folgenden Abschnitt werfen, wahrscheinlich löst das Ihre Aufgabenstellung
> wesentlich eleganter.

# 32.6  Verwenden von Triggern

In unseren bisherigen Experimenten waren die vom Style vorgenommenen Änderungen immer
statischer Natur, d.h., einmal gesetzt, blieb die Optik immer gleich. Doch dies kann sicher nicht der
Weisheit letzter Schluss sein.

Wenn jetzt in Ihnen der Programmierer wieder durchkommt und Sie an C# und Ereignisprozeduren
denken, vergessen Sie es gleich wieder. Für (fast) alle Aufgabenstellungen ist auch hier XAML die
beste Lösung.

Für die Reaktion auf Eigenschaftsänderungen, Ereignisse, Datenänderungen etc. können Sie in
WPF-Anwendungen so genannte Trigger verwenden und damit zum Beispiel den Style ändern.
Dabei sind Sie nicht auf einen einzelnen Trigger angewiesen, sondern Sie können der Trigger-
Collection auch mehrere Ereignisse mit unterschiedlichen Bedingungen zuweisen.

Im Folgenden wollen wir uns die verschiedenen Triggerarten näher ansehen.

## 32.6.1  Eigenschaften-Trigger (Property Triggers)

Sicher kennen Sie auch das eine oder andere Programm, das exzessiv Gebrauch von diversen optischen Spielereien macht. Wird beispielsweise mit dem Mauskursor auf ein Control gezeigt, ändert
sich dessen Rahmen oder die Hintergrundfarbe. Gleiches gilt für Eingabefelder die den Focus
erhalten etc. In all diesen Fällen ändern sich Eigenschaften (*IsMouseOver*, *IsFocused*), auf die Sie
bei der konventionellen Programmierung mit Ereignismethoden reagieren können. Mit Eigenschaften-Triggern können Sie Ihren C#-Quellcode von derartigem Balast befreien und direkt per
XAML-Code Änderungen am Control vornehmen.

| Beispiel 32.28 | Eine *TextBox* soll auf Änderungen von *IsMouseOver* und *IsFocused* mit Farbänderungen reagieren |
|---|---|

```xaml
<Window x:Class="Konzepte.Trigger_Bsp"
    xmlns="http://schemas.microsoft.com/winfx/2006/xaml/presentation"
    xmlns:x="http://schemas.microsoft.com/winfx/2006/xaml"
    Title="Trigger_Bsp" Height="300" Width="300">
```

Einen Style für die *TextBox* erzeugen:

```xaml
<Window.Resources>
  <Style x:Key="myStyle" TargetType="{x:Type TextBox}">
```

Der Außenabstand soll immer 2 betragen:

```xaml
    <Setter Property="Margin" Value="2" />
```

**Beispiel 32.28**  **Eine *TextBox* soll auf Änderungen von *IsMouseOver* und *IsFocused* mit Farbänderungen reagieren**

Hier werden die Trigger definiert:

```
<Style.Triggers>
```

Unter der Bedingung ...

```
<Trigger Property="IsMouseOver" Value="True">
```

... wird die folgende Eigenschaft gesetzt:

```
<Setter Property="Background" Value="Yellow" />
</Trigger>
```

Unter der Bedingung ...

```
<Trigger Property="IsFocused" Value="True">
```

... werden die folgenden Eigenschaften gesetzt:

```
<Setter Property="Background" Value="Blue" />
<Setter Property="Foreground" Value="White" />
</Trigger>
</Style.Triggers>
</Style>
</Window.Resources>
<Grid>
<StackPanel>
```

Hier verwenden wir den Style:

```
<TextBox Style="{StaticResource myStyle}" >Hallo</TextBox>
<TextBox Style="{StaticResource myStyle}" >Hallo</TextBox>
</StackPanel>
</Grid>
</Window>
```

Änderungen, die durch einen Trigger vorgenommen wurden, werden automatisch wieder rückgängig gemacht, wenn die Bedingung nicht mehr eingehalten wird (automatisches Wiederherstellen des Defaultwertes).

Die folgende Abbildung zeigt die Laufzeitansicht, die erste *TextBox* erfüllt die Bedingung *IsMouseOver=True*, die zweite *TextBox* hat den Eingabefokus und die dritte *TextBox* ist im Defaultzustand:

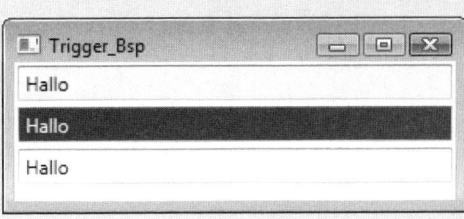

Doch was, wenn Sie mehr als eine Bedingung benötigen? Auch das ist kein Problem, in diesem Fall erzeugen Sie einfach einen "multi-condition property trigger".

**Beispiel 32.29**  **Der *TextBox*-Hintergrund soll rot werden, wenn die *TextBox* den Eingabefokus besitzt und wenn kein Text enthalten ist.**

```xaml
<Window.Resources>
  <Style x:Key="myStyle" TargetType="{x:Type TextBox}">
```
...

Einen Multi-Condition-Trigger definieren:

```xaml
<MultiTrigger>
  <MultiTrigger.Conditions>
```

Die beiden folgenden Bedingungen müssen zutreffen:

```xaml
<Condition Property="IsFocused" Value="True"/>
<Condition Property="Text" Value="" />
</MultiTrigger.Conditions>
```

Hier die Aktion:

```xaml
<Setter Property="Background" Value="Red" />
    </MultiTrigger>
   </Style.Triggers>
  </Style>
</Window.Resources>
```

## 32.6.2  Ereignis-Trigger

Ereignis-Trigger werden durch bestimmte Ereignisse (vom Typ *RoutedEvent*) ausgelöst. Im Gegensatz zu den Eigenschaften-Triggern können Sie über derartige Trigger jedoch direkt keine Eigenschaften ändern, Sie können "lediglich" Animationen starten, die sich wiederum auf Eigenschaften auswirken.

**HINWEIS:** Ereignis-Trigger setzen geänderte Eigenschaften nicht wieder zurück, dafür sind **Sie** als Programmierer verantwortlich (z.B. im Pendant des betreffenden Ereignisses).

**Beispiel 32.30**  **Wird der Mauskursor über einen Button bewegt, wird dieser transparent.**

Zunächst die Style-Definition:

```xaml
<Style TargetType="{x:Type Button}">
  <Style.Triggers>
```

Hier kommt unser Ereignis-Trigger:

```xaml
<EventTrigger RoutedEvent="Button.MouseEnter">
```

**Beispiel 32.30** | **Wird der Mauskursor über einen Button bewegt, wird dieser transparent.**

Wir reagieren mit einer Aktion über die Hintergründe:

```
<EventTrigger.Actions>
  <BeginStoryboard>
```

Hier die eigentliche Aktion, die Eigenschaft *Opacity* soll in 4 Sekunden von 1 auf 0.25 verringert werden:

```
<Storyboard>
  <DoubleAnimation From="1" To="0.25" Duration="0:0:4"
                   Storyboard.TargetProperty="(Opacity)"/>
</Storyboard>
      </BeginStoryboard>
    </EventTrigger.Actions>
  </EventTrigger>
```

Beim *MouseLeave*-Ereignis gehen wir den umgekehrten Weg und stellen die ursprüngliche Transparenz wieder her:

```
<EventTrigger RoutedEvent="Button.MouseLeave">
  <EventTrigger.Actions>
    <BeginStoryboard>
      <Storyboard>
        <DoubleAnimation From="0.25" To="1" Duration="0:0:4"
                         Storyboard.TargetProperty="(Opacity)"/>
      </Storyboard>
    </BeginStoryboard>
  </EventTrigger.Actions>
</EventTrigger>
      </Style.Triggers>
    </Style>
```

## 32.6.3  Daten-Trigger

Mit diesen Triggern können Sie auf das Ändern beliebiger Eigenschaften reagieren, die Verbindung zu den entsprechenden Eigenschaften stellen Sie per Bindung her. Als Reaktion auf eine Eigenschaftsänderung können Sie, wie auch bei den Eigenschaften-Triggern, mit einem *Setter*-Element bestimmte Eigenschaften ändern.

---

**HINWEIS:** Die durch den Trigger geänderten Eigenschaften werden automatisch zurückgesetzt, wenn die Bedingung nicht mehr übereinstimmt.

---

**Beispiel 32.31** | **Beträgt die Textlänge in einer *TextBox* zehn Zeichen, wird der Hintergrund grün eingefärbt.**

```
<Window.Resources>
  <Style x:Key="myStyle" TargetType="{x:Type TextBox}">
...
```

**Beispiel 32.31** | **Beträgt die Textlänge in einer *TextBox* zehn Zeichen, wird der Hintergrund grün eingefärbt.**

```
    <DataTrigger Binding="{Binding RelativeSource={RelativeSource Self},
              Path=Text.Length}" Value="10">
      <Setter Property="Background" Value="Green" />
    </DataTrigger>
  </Style.Triggers>
 </Style>
</Window.Resources>
```

# 32.7 Einsatz von Templates

Im Folgenden möchten wir Sie zunächst mit ein paar Grundaussagen konfrontieren, bevor wir uns der Thematik "Templates" bzw. "Vorlagen" widmen:

- WPF-Controls haben prinzipiell keine Zeichenlogik, es handelt sich um Lookless Controls.

- WPF-Controls stellen lediglich eine Sammlung von Verhalten dar.

Spinnen die Autoren? Wo kommen denn sonst die ganzen optischen Spielereien her? Die Antwort auf dieses Paradoxon: Die Zeichenlogik eines Controls wird nur vom Layout/Styling bestimmt, jedes Control besitzt ein Standardaussehen (Default-Template), das komplett ersetzt werden kann.

Hier haben Sie es mit der Spielwiese der Designer zu tun, aus dem guten alten viereckigen Button kann ein gänzlich anderes Objekt werden, das jedoch nach wie vor das wesentliche Verhalten eines Buttons (Klick) besitzt. Aus Sicht des Programmierers kann dieser neue Button wie der Standard-Button verwendet werden. Damit ersparen Templates uns vielfach die Mühe, Controls umständlich abzuleiten und deren Zeichenlogik per C#-Code komplett neu zu implementieren.

---

**HINWEIS:** Im Gegensatz zu den Styles können Sie bei den Templates nicht nur die vorhandenen Eigenschaften beeinflussen, sondern das Control auch von Grund auf neu zusammenbauen.

---

Ein etwas komplexeres Beispiel soll die prinzipielle Vorgehensweise verdeutlichen, eine Komplettübersicht dieses Themas können wir Ihnen an dieser Stelle leider nicht geben.

**Beispiel 32.32** | **Erzeugen und Verwenden eines Templates**

Unsere Schaltflächen sollen ellipsenförmig sein und einen Farbverlauf aufweisen. Ist die Maus über dem Control, soll sich die Schriftstärke ändern. Ein Niederdrücken der Schaltfläche führt zu einem umgekehrten Farbverlauf im Control.

```
<Window.Resources>
```

Zunächst erstellen wir einen neuen Type-Style für *Button*-Elemente (Sie können auch einen benannten Style verwenden):

```
<Style TargetType="{x:Type Button}">
```

**Beispiel 32.32**  **Erzeugen und Verwenden eines Templates**

Hier greifen wir erstmals auf das Template zu, die Definition ist etwas verschachtelt, da es sich um eine recht komplexe Zuweisung handelt:

```
<Setter Property="Template">
  <Setter.Value>
```

Der Eigenschaft *Template* wird ein *ControlTemplate* zugewiesen:

```
<ControlTemplate TargetType="{x:Type Button}">
```

Für die innere Ausrichtung nutzen wir zunächst ein Grid:

```
<Grid HorizontalAlignment="Stretch" VerticalAlignment="Stretch"
ClipToBounds="False">
```

Und hier haben wir es schon mit der Optik zu tun, wir erzeugen eine Ellipse mit einem Farbverlauf (dies ist der Defaultzustand):

```
<Ellipse Name="elli">
  <Ellipse.Fill>
    <LinearGradientBrush StartPoint="0,0" EndPoint="0,1" >
      <LinearGradientBrush.GradientStops>
        <GradientStop Color="#fff399" Offset="0.1"/>
        <GradientStop Color="#ffe100" Offset="0.5"/>
        <GradientStop Color="#feca00" Offset="0.9"/>
      </LinearGradientBrush.GradientStops>
    </LinearGradientBrush>
  </Ellipse.Fill>
</Ellipse>
```

In unserem Button soll auch etwas angezeigt werden, dafür ist das *ContentPresenter*-Element verantwortlich:

```
<ContentPresenter x:Name="PrimaryContent" HorizontalAlignment="Center"
                  VerticalAlignment="Center"
```

Den eigentlichen Inhalt holen wir uns wiederum vom ursprünglichen Element (dem *Button*), deshalb auch die etwas umständliche Bindung:

```
Content="{Binding Path=Content, RelativeSource={RelativeSource TemplatedParent}}"
  />
</Grid>
```

Nicht nur die Default-Anzeige unseres Buttons wollen wir beeinflussen, sondern auch die Reaktion auf Maus und Klicken:

```
<ControlTemplate.Triggers>
```

Es wird geklickt, d.h., wir zeichnen einen neuen Hintergrund. Dazu benötigen wir allerdings den Namen der Ellipse:

```
<Trigger Property="Button.IsPressed" Value="True">
  <Setter Property="Fill" TargetName="elli" >
```

**Erzeugen und Verwenden eines Templates**

> **HINWEIS:** Diese Namen sind nur innerhalb des Templates verwendbar!

```
            <Setter.Value>
              <LinearGradientBrush StartPoint="0,1" EndPoint="0,0" >
                <LinearGradientBrush.GradientStops>
                  <GradientStop Color="#fff399" Offset="0.1"/>
                  <GradientStop Color="#ffe100" Offset="0.5"/>
                  <GradientStop Color="#feca00" Offset="0.9"/>
                </LinearGradientBrush.GradientStops>
              </LinearGradientBrush>
            </Setter.Value>
          </Setter>
        </Trigger>
```

Die Maus wird über das Control bewegt, in diesem Fall wird lediglich die Schriftstärke geändert:

```
        <Trigger Property="Button.IsMouseOver" Value="True">
          <Setter Property="FontWeight" Value="Bold" />
        </Trigger>
```

Hier könnten Sie noch auf weitere Eigenschaftsänderungen reagieren ...

```
      </ControlTemplate.Triggers>
    </ControlTemplate>
  </Setter.Value>
</Setter>
```

Last but not least setzen wir noch ein paar Eigenschaften:

```
    <Setter Property="Foreground" Value="Black" />
    <Setter Property="FontFamily" Value="Arial" />
    <Setter Property="FontSize" Value="14" />
  </Style>
</Window.Resources>
```

Und wie sieht nun unsere neue Schaltfläche aus? Hier die Antwort:

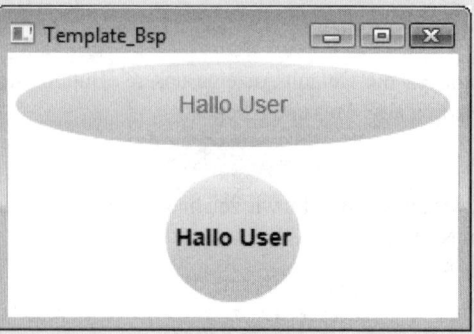

Doch wie können Sie innerhalb des Templates auf die ursprüngliche Definition von Eigenschaften zugreifen? Hier hilft Ihnen ebenfalls Binding weiter.

**Beispiel 32.33** | **Verwendung der *Button.Background*-Eigenschaft für ein Rechteck im Hintergrund des Controls.**

```
<ControlTemplate TargetType="{x:Type Button}">
  <Grid HorizontalAlignment="Stretch" VerticalAlignment="Stretch"
        ClipToBounds="False">
  <Rectangle Fill="{TemplateBinding Property=Background}"/>
  <Ellipse Name="elli">
```

Starten Sie das Programm mit dieser Änderung, taucht im Hintergrund zunächst der Default-Farbverlauf eines Buttons auf (so ist *Background* für einen *Button* auch gesetzt).

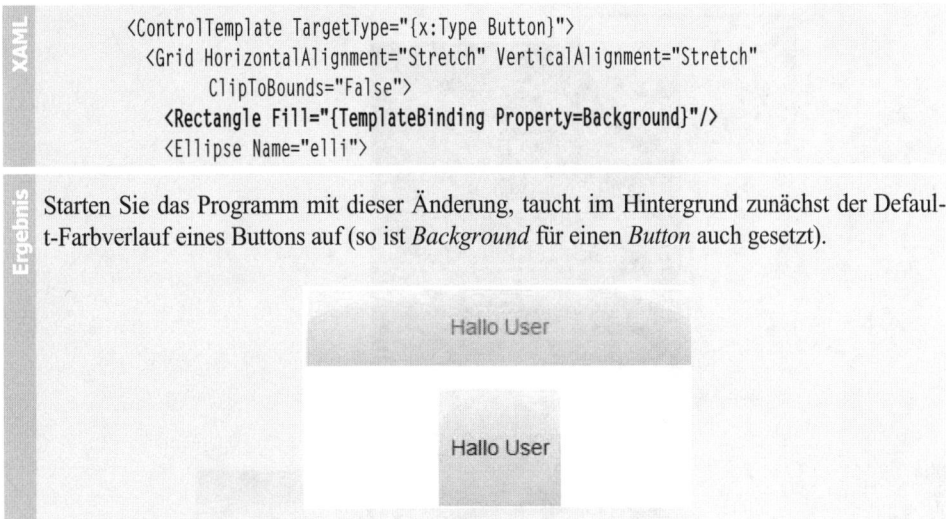

Sie können aber über den Style gleich noch eine andere Hintergrundfarbe auswählen:

```
<Setter Property="FontSize" Value="14" />
<Setter Property="Background" Value="Blue" />
</Style>
```

Werfen wir noch einen Blick auf das *ContentPresenter*-Element in unserem obigen Template. Dessen Content stammt vom ursprünglichen Element ab und bietet damit ebenfalls die Möglichkeit, komplexe Controls "zusammenzubasteln".

**Beispiel 32.34** | **Wir definieren einen zusätzlichen Button mit einer Grafik, der Button übernimmt den vorliegenden Style.**

```
<Button Height="76" Margin="10" Width="113">
  <StackPanel Orientation="Horizontal">
    <Image Source="Images/flash.png" Width="26" Height="26" Margin="0,0,10,0"/>
    <TextBlock VerticalAlignment="Center">Action</TextBlock>
  </StackPanel>
</Button>
```

Das zusammengewürfelte Endergebnis (Grafik und Text per *Content*, Grundlayout per *Template*) präsentiert sich nach wie vor als vollwertiger Button:

Dass die Templates von zentraler Bedeutung für den Anwendungsdesigner sind, wird auch bei einem Blick auf *Microsoft Expression Blend* deutlich. Dort können Sie von jedem Control direkt aus dem Designer heraus eine Kopie des Default-Templates editieren:

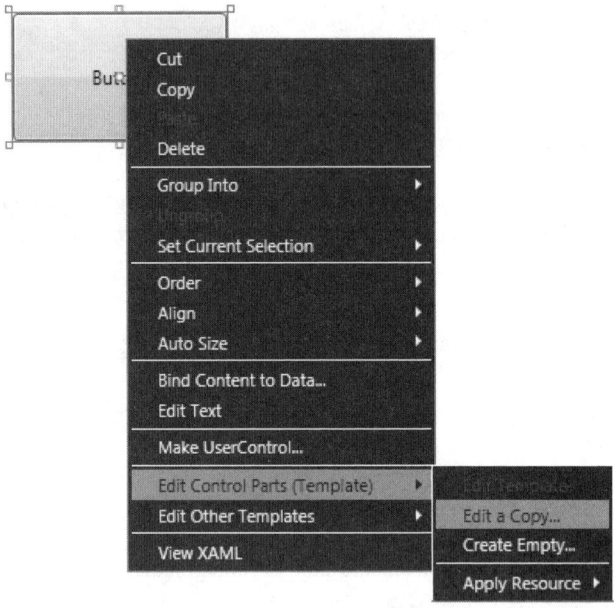

**Beispiel 32.35** | **Die derart erstellte Kopie sieht wie folgt aus (Beispiel *Button*):**

```xaml
<Window.Resources>
```

Hier werden zunächst einige grundlegende Styles definiert, die bei einem "normalen" Button zum Einsatz kommen:

```xaml
<Style x:Key="ButtonFocusVisual">
  <Setter Property="Control.Template">
   <Setter.Value>
    <ControlTemplate>
     <Rectangle SnapsToDevicePixels="true" Margin="2" Stroke="Black"
             StrokeDashArray="1 2"  StrokeThickness="1"/>
    </ControlTemplate>
   </Setter.Value>
  </Setter>
</Style>
```

Der Default-Farbverlauf im Hintergrund (Änderungen an dieser Stelle wirken sich direkt auf alle Schaltflächen des Fensters aus):

```xaml
<LinearGradientBrush x:Key="ButtonNormalBackground" EndPoint="0,1" StartPoint="0,0">
  <GradientStop Color="#F3F3F3" Offset="0"/>
  <GradientStop Color="#EBEBEB" Offset="0.5"/>
  <GradientStop Color="#DDDDDD" Offset="0.5"/>
```

**Beispiel 32.35** | **Die derart erstellte Kopie sieht wie folgt aus (Beispiel *Button*):**

```
    <GradientStop Color="#CDCDCD" Offset="1"/>
  </LinearGradientBrush>
  <SolidColorBrush x:Key="ButtonNormalBorder" Color="#FF707070"/>
```

Hier geht es mit der eigentlichen Definition des Buttons los, bei der zunächst diverse oben
definierte Einstellungen zugewiesen werden:

```
<Style TargetType="{x:Type Button}">
  <Setter Property="FocusVisualStyle" Value="{StaticResource ButtonFocusVisual}"/>
  <Setter Property="Background" Value="{StaticResource ButtonNormalBackground}"/>
  <Setter Property="BorderBrush" Value="{StaticResource ButtonNormalBorder}"/>
  <Setter Property="BorderThickness" Value="1"/>
```

Hier wird direkt eine Systemressource genutzt, die Anpassung erfolgt dynamisch, d.h. bei
Änderungen in der Systemsteuerung:

```
  <Setter Property="Foreground" Value="{DynamicResource {x:Static
                              SystemColors.ControlTextBrushKey}}"/>
  <Setter Property="HorizontalContentAlignment" Value="Center"/>
  <Setter Property="VerticalContentAlignment" Value="Center"/>
  <Setter Property="Padding" Value="1"/>
  <Setter Property="Template">
    <Setter.Value>
```

Das Default-Template als Kopie:

```
    <ControlTemplate TargetType="{x:Type Button}">
      <Microsoft_Windows_Themes:ButtonChrome SnapsToDevicePixels="true" x:Name="Chrome"
              Background="{TemplateBinding Background}" BorderBrush="{TemplateBinding
              BorderBrush}" RenderDefaulted="{TemplateBinding IsDefaulted}"
              RenderMouseOver="{TemplateBinding IsMouseOver}"
              RenderPressed="{TemplateBinding IsPressed}">
        <ContentPresenter SnapsToDevicePixels="{TemplateBinding SnapsToDevicePixels}"
            HorizontalAlignment="{TemplateBinding HorizontalContentAlignment}"
            Margin="{TemplateBinding Padding}" VerticalAlignment="{TemplateBinding
            VerticalContentAlignment}" RecognizesAccessKey="True"/>
      </Microsoft_Windows_Themes:ButtonChrome>
```

Die Reaktion auf Eigenschaften-Trigger:

```
      <ControlTemplate.Triggers>
        <Trigger Property="IsKeyboardFocused" Value="true">
          <Setter Property="RenderDefaulted" TargetName="Chrome" Value="true"/>
        </Trigger>
        <Trigger Property="ToggleButton.IsChecked" Value="true">
          <Setter Property="RenderPressed" TargetName="Chrome" Value="true"/>
        </Trigger>
        <Trigger Property="IsEnabled" Value="false">
          <Setter Property="Foreground" Value="#ADADAD"/>
        </Trigger>
```

**Beispiel 32.35**   **Die derart erstellte Kopie sieht wie folgt aus (Beispiel *Button*):**

```
                </ControlTemplate.Triggers>
              </ControlTemplate>
            </Setter.Value>
          </Setter>
        </Style>
      </Window.Resources>
```

Dass diese Funktion in Visual Studio nicht zu finden ist, dürfte vor allem an der Zielgruppe liegen, Visual Studio richtet sich nach wie vor an den Programmierer und weniger an den Designer.

Andererseits dürften Sie sicher schon festgestellt haben, dass es sich auch bei obigem Auszug um XAML-Code handelt, und es hindert Sie keiner daran, diesen Code in den Visual Studio-Designer zu kopieren. Gleiches trifft ebenfalls auf das im folgenden Abschnitt behandelte Storyboard zu.

# 32.8   Transformationen, Animationen und StoryBoards

Im Folgenden wollen wir in einem "Schnelldurchlauf für Programmierer" noch einen Blick auf WPF-typische Features werfen, auch wenn diese im Allgemeinen nicht zum Hautarbeitsgebiet des Programmierers gehören.

## 32.8.1   Transformationen

Mit Hilfe von Transformationen können Sie in WPF das optische Standardverhalten problemlos verändern, ohne sich um Templates oder Styles kümmern zu müssen. Sie können die Größe, Position, Drehung und Verzerrung der betroffenen Controls über die einfache Zuweisung einer entsprechenden Transformation ändern (statische Änderung).

---

**HINWEIS:** Damit sind diese Operationen auch die Vorstufe für einfache Animationen (dynamische Änderungen in Abhängigkeit von der Zeit).

---

Folgende Möglichkeiten stehen Ihnen zur Verfügung:

| Transformation | Beschreibung |
|---|---|
| *RotateTransform* | Element um einen bestimmten Winkel drehen |
| *ScaleTransform* | Element vergrößern/verkleinern |
| *SkewTransform* | Element verformen |
| *TranslateTransform* | Element verschieben |
| *MatrixTransform* | Zusammenfassen der obigen Transformationen per 3x3 Transformationsmatrix |

Lassen Sie uns nun an einfachen Beispielen die Wirkung der jeweiligen Transformation demonstrieren.

### Drehen mit RotateTransform

Mit *RotateTransform* realisieren Sie eine Drehung des Elements im Uhrzeigersinn. Den Drehpunkt können Sie optional festlegen, per Default ist dies die linke obere Ecke.

**Beispiel 32.36** | **Button um 40° drehen**

XAML

```
<Canvas>
    <Button Canvas.Left="100" Canvas.Top="100" Content="Button" Height="50"
            Name="button1" Width="100" >
        <Button.RenderTransform>
            <RotateTransform Angle="40"/>
        </Button.RenderTransform>
    </Button>
    <Rectangle Canvas.Left="100" Canvas.Top="100" Height="50" Name="rectangle1"
            Stroke="Red" Width="100" />
</Canvas>
```

Ergebnis

Das *Angle*-Attribut bestimmt den Drehwinkel, um den per *CenterX*- und *CenterY*-Attribut festgelegten Drehpunkt. Natürlich können Sie für eine andere Drehrichtung auch negative Werte übergeben.

---

**HINWEIS:** Durch die Rotation wird das Koordinatensystem des gedrehten Elements verändert!

---

### Skalieren mit ScaleTransform

Soll ein Element skaliert werden, nutzen Sie eine *ScaleTransform*.

**Beispiel 32.37** | **Button skalieren**

XAML

```
<Canvas>
    <Button Canvas.Left="100" Canvas.Top="100" Content="Button" Height="50"
            Name="button1" Width="100" >
        <Button.RenderTransform>
            <ScaleTransform ScaleX="1.5" ScaleY="2"/>
        </Button.RenderTransform>
    </Button>
    <Rectangle Canvas.Left="100" Canvas.Top="100" Height="50" Name="rectangle1"
            Stroke="Red" Width="100" />
</Canvas>
```

**Beispiel 32.37**    **Button skalieren**

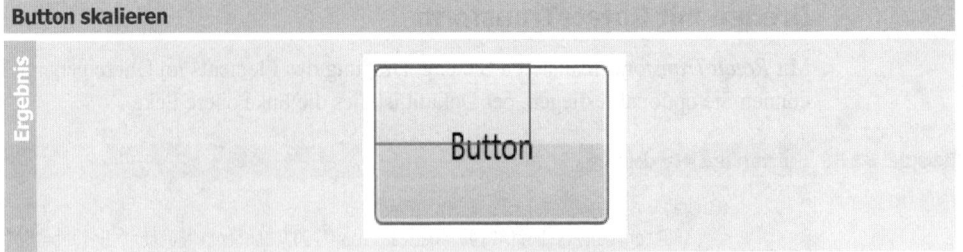

Mit den *ScaleX*- und *ScaleY*-Attributen bestimmen Sie den Skalierungsfaktor für die X- bzw. Y-Achse. Mit *CenterX*- und *CenterY* bestimmen Sie den Fixpunkt von dem aus die Skalierung gestartet wird, dies ist per Default die linke obere Ecke.

## Verformen mit SkewTransform

Mit *SkewTransform* verformen Sie das Koordinatensystem um bestimmte Winkel.

**Beispiel 32.38**    **Verformen des Koordinatensystems**

```xml
<Canvas>
    <Button Canvas.Left="100" Canvas.Top="100" Content="Button" Height="50"
            Name="button1" Width="100" >
        <Button.RenderTransform>
            <SkewTransform AngleY="25" AngleX="15" />
        </Button.RenderTransform>
    </Button>
    <Rectangle Canvas.Left="100" Canvas.Top="100" Height="50" Name="rectangle1"
            Stroke="Red" Width="100" />
</Canvas>
```

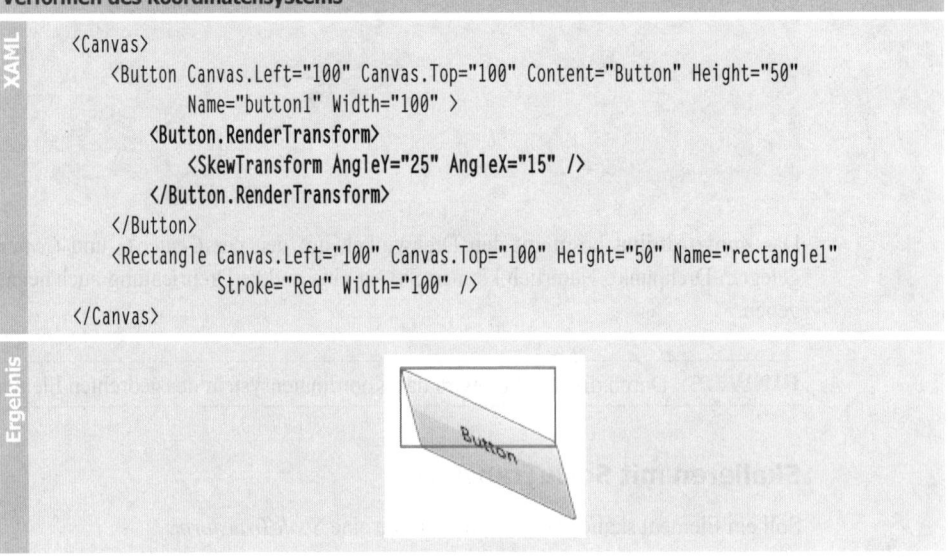

Den Verformungsgrad bestimmen Sie mit den Attributen *AngleX*- und *AngleY*. *CenterX* und *CenterY* legen den Ursprungspunkt fest.

## Verschieben mit TranslateTransform

Auch die Verschiebung eines Elements ist mit *TranslateTransform* kein Problem. Sie können mit den X- und Y-Attributen die horizontale bzw. vertikale Verschiebung bestimmen.

**Beispiel 32.39**  **Button verschieben**

```xaml
<Canvas>
    <Button Canvas.Left="100" Canvas.Top="100" Content="Button" Height="50"
            Name="button1" Width="100" >
        <Button.RenderTransform>
            <TranslateTransform X="50" Y="25"/>
        </Button.RenderTransform>
    </Button>
    <Rectangle Canvas.Left="100" Canvas.Top="100" Height="50" Name="rectangle1"
               Stroke="Red" Width="100" />
</Canvas>
```

## Und alles zusammen mit TransformGroup

Sicher sind Sie auch schon versucht gewesen, mehrere der obigen Effekte gleichzeitig zu realisieren. Allerdings dürfte Ihnen die Syntax-Prüfung des XAML-Editors hier einen Strich durch die Rechnung gemacht haben.

**HINWEIS:** Um mehrere Transformationen gleichzeitig zuzuweisen, müssen Sie eine *Transform-Group* verwenden.

**Beispiel 32.40**  **Mehrere Transformationen gleichzeitig anwenden**

```xaml
<Canvas>
    <Button Canvas.Left="100" Canvas.Top="100" Content="Button" Height="50"
            Name="button1" Width="100" >
        <Button.RenderTransform>
            <TransformGroup>
                <ScaleTransform ScaleX=".75" ScaleY="1.5"/>
                <RotateTransform Angle="45"></RotateTransform>
                <TranslateTransform X="50" Y="25"/>
            </TransformGroup>
        </Button.RenderTransform>
    </Button>
    <Rectangle Canvas.Left="100" Canvas.Top="100" Height="50" Name="rectangle1"
               Stroke="Red" Width="100" />
</Canvas>
```

**Beispiel 32.40** | **Mehrere Transformationen gleichzeitig anwenden**

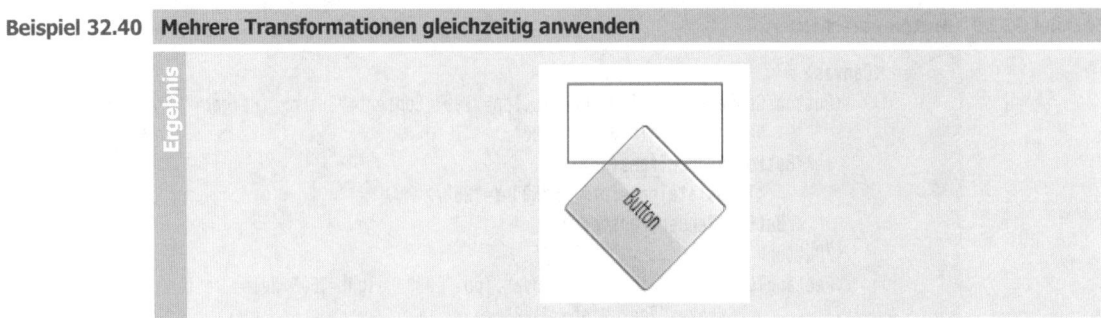

Doch Achtung: Hier spielt die Reihenfolge in der Gruppe eine bedeutende Rolle, wie folgende kleine Änderung (erst Drehung, dann Skalierung) zeigt:

**Beispiel 32.41** | **Veränderung der Transformationsreihenfolge**

```
<TransformGroup>
    <RotateTransform Angle="45"></RotateTransform>
    <ScaleTransform ScaleX=".75" ScaleY="1.5"/>
    <TranslateTransform X="50" Y="25"/>
</TransformGroup>
```

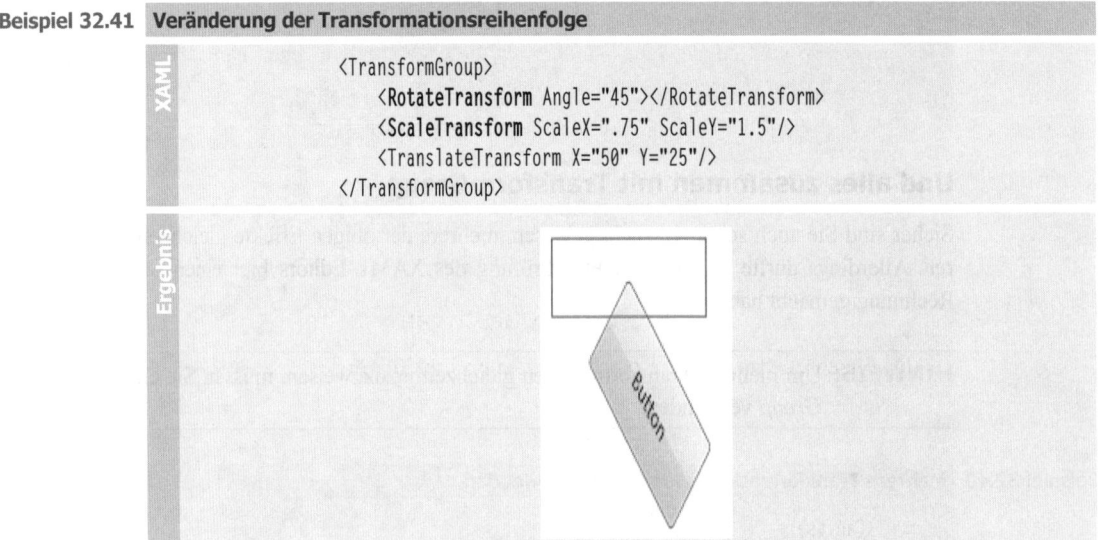

Ursache ist die Veränderung des Koordinatensystems des betroffenen Controls.

## 32.8.2  Animationen mit dem StoryBoard realisieren

Für die Realisierung von Animationen werden in WPF so genannte Storyboards verwendet, die wiederum einzelne oder mehrere Animationen (zeitliche Veränderungen von Eigenschaften) enthalten können. Storyboards können wiederum über bestimmte Ereignis-Trigger ausgelöst, angehalten, fortgesetzt oder auch beendet werden (alternativ natürlich auch per Code).

Ein erstes einfaches Beispiel soll die prinzipielle Vorgehensweise beim Animieren einer Eigenschaft (in diesem Fall der Transparenz) demonstrieren.

**Beispiel 32.42** | **Ausblenden eines Buttons, wenn die Maus darüber bewegt wird**

```
<Canvas>
```

Zunächst den Button definieren:

```
<Button Canvas.Left="100" Canvas.Top="100" Content="Button" Height="50"
        Name="button1" Width="100" >
```

Wir reagieren mit einem *Trigger* auf das Hineinbewegen der Maus:

```
<Button.Triggers>
    <EventTrigger RoutedEvent="Button.MouseEnter">
```

Auf Grund des ausgelösten Trigger-Ereignisses wird das folgende *StoryBoard* ausgeführt:

```
<BeginStoryboard>
    <Storyboard x:Name="Storyboard1">
```

Das *StoryBoard* enthält eine *DoubleAnimation* (Verändern einer *Double*-Eigenschaft) mit einer Zeitdauer (*Duration*) von 4 Sekunden:

```
<DoubleAnimation Duration="0:0:4"
```

Ziel der Eigenschaftsänderung ist *button1*:

```
Storyboard.TargetName="button1"
```

Die zu ändernde Eigenschaft ist *Opacity*:

```
Storyboard.TargetProperty="Opacity"
```

Die Eigenschaft wird in der o.g. Zeitdauer von 1 auf 0 geändert:

```
                From="1" To="0" />
            </Storyboard>
        </BeginStoryboard>
    </EventTrigger>
</Button.Triggers>
</Button>
<Rectangle Canvas.Left="100" Canvas.Top="100" Height="50" Name="rectangle1"
           Stroke="Red" Width="100" />
</Canvas>
```

Das war hoffentlich nicht allzu abschreckend, es geht teilweise auch einfacher und alternativ könnten Sie auch mit sinnvollen Werkzeugen den obigen XAML-Code erstellen.

## Animation per C#-Code realisieren

Im obigen Fall müssen Sie immer ein StoryBoard einsetzen, um die Animation(en) zu kapseln. Etwas einfacher geht es, wenn Sie lediglich eine Animation per C#-Code realisieren wollen. In diesem Fall erstellen Sie einfach eine Instanz der gewünschten Animation (davon gibt es je nach Zieleigenschaft unterschiedliche), parametrieren diese und starten die Animation, indem Sie diese an die *BeginAnimation*-Methode des gewünschten Controls übergeben.

**Beispiel 32.43**  **Eine einfache Animation per Code definieren und ausführen**

```csharp
...
using System.Windows.Media.Animation;
...
        private void button2_Click(object sender, RoutedEventArgs e)
        {
```
Instanz erstellen:
```csharp
            DoubleAnimation ani = new DoubleAnimation();
```
Parametrieren:
```csharp
            ani.From = 1;
            ani.To = 0;
```
Starten (Transparenz ändern):
```csharp
            button2.BeginAnimation(Button.OpacityProperty, ani);
        }
```

Das war doch gar nicht so schwierig, oder?

## Animation per Code steuern

Vielleicht dämmert es Ihnen schon, komplexe Animationen bzw. die Zusammenfassung mehrerer Animationen als Storyboard sind kaum für die tägliche Praxis des C#-Programmierers geeignet. Abgesehen davon, dass Sie Unmengen von C#-Code erzeugen, fehlt bei vielen Animationen einfach die Vorstellungskraft. Dauernde Programmstarts zum Ausprobieren der Effekte zehren auch an den Nerven und kosten Zeit. Ganz nebenbei ist auch die Parametrierung vieler Eigenschaften mit C# eine Pein, hier kann XAML seine Vorteile deutlich ausspielen.

Viel besser ist es, die Storyboards mit einem Programm wie Microsoft Blend zu erstellen und nachträglich in Ihre Anwendung einzufügen. Zum Starten der Animation können Sie entweder, wie bereits gezeigt, einen Trigger verwenden, oder Sie nutzen das *Storyboard* per Code. Dazu stellt die *Storyboard*-Klasse mehrere Methoden bereit, mit denen Sie die Animation gezielt kontrollieren können:

| Methode | Beschreibung |
|---------|--------------|
| *Begin* | Animationen des *Storyboards* starten. |
| *Pause* | Wiedergabe anhalten. |
| *Resume* | Wiedergabe fortsetzen. |
| *Seek* | Bei der Wiedergabe zu einer Position im *Storyboard* springen. Verwenden Sie eine *TimeSpan-Wert*. |
| *Stop* | Wiedergabe anhalten und Wiedergabeposition zurück setzen. |

> **HINWEIS:** Auf das Ende der Animationen im *Storyboard* können Sie mit dessen *Completed*-Ereignis reagieren.

**Beispiel 32.44** **Als Ressource definierte Animation per Code starten**

```XAML
<Window x:Class="Animation_Bsp.MainWindow"
...
        Title="MainWindow" Height="350" Width="525">
```

Als Window-Ressource definieren wir ein *Storyboard*:

```
    <Window.Resources>
```

Achten Sie darauf, einen *Key* zu vergeben:

```
        <Storyboard x:Key="storyboard2">
            <DoubleAnimation Duration="0:0:4" Storyboard.TargetName="button1"
                          Storyboard.TargetProperty="Width" To="300" />
        </Storyboard>
    </Window.Resources>
    <Canvas>
    <Button Canvas.Left="100" Canvas.Top="100" Content="Button" Height="50"
            Name="button1" Width="100" Click="button1_Click">
    </Button>
...
```

Zunächst den Namespace importieren:

```C#
...
using System.Windows.Media.Animation;
...
```

Zur Laufzeit können wir unser *Storyboard* suchen und mit der *Begin*-Methode starten:

```
        private void button1_Click(object sender, RoutedEventArgs e)
        {
            Storyboard sb = FindResource("storyboard2") as Storyboard;
            if (sb != null) sb.Begin();
```

Ist für das *Storyboard* kein *TargetName* vorgegeben, können Sie das *Storyboard* auch auf jedes andere Control anwenden, wenn Sie dieses an die *Begin*-Methode übergeben:

```
            if (sb != null) sb.Begin(button2);
        }
```

> **HINWEIS:** Ein Klick auf eine andere Taste könnte beispielsweise mit *Storyboard.Stop* die Animation anhalten.

Selbstverständlich können Sie ein in den Ressourcen abgelegtes Storyboard auch per XAML einbinden bzw. starten. In diesem Fall benötigen Sie nicht eine Zeile C#-Code, können aber die Animationen (bzw. die übergeordneten Storyboards) zentral verwalten.

**Beispiel 32.45**   **Alternative zum vorhergehenden Beispiel**

```xaml
<Window x:Class="Animation_Bsp.MainWindow"
...
    <Window.Resources>
        <Storyboard x:Key="storyboard2">
            <DoubleAnimation Duration="0:0:4" Storyboard.TargetName="button1"
                            Storyboard.TargetProperty="Width" To="300" />
        </Storyboard>
    </Window.Resources>
...
        <Button Canvas.Left="50" Canvas.Top="206" Content="Button" Height="23"
            Name="button4" Width="75" >
```

Per Trigger starten wir ein *Storyboard*:

```xaml
        <Button.Triggers>
            <EventTrigger RoutedEvent="Button.MouseEnter">
```

Hier weisen wir die Ressource zu:

```xaml
                <BeginStoryboard Storyboard="{StaticResource storyboard2}" />
            </EventTrigger>
        </Button.Triggers>
    </Button>
  </Canvas>
</Window>
```

Haben Sie ein *Storyboard* ohne *TargetName* (universelle Verwendung), müssen Sie diesen beim Einbinden der Ressource angeben, um auch das Ziel der Animation zu bestimmen:

**Beispiel 32.46**   **Ziel bestimmen**

```xaml
...
    <EventTrigger RoutedEvent="Button.MouseEnter">
        <BeginStoryboard Storyboard="{StaticResource storyboard4}"
                    Storyboard.TargetName="button4" />
    </EventTrigger>
...
```

## Mehrere Animationen zusammenfassen

Dass eine Animation nur auf der linearen Änderung einer Eigenschaft basiert, dürfte wohl selten der Fall sein. Meist werden mehrere Eigenschaften gleichzeitig geändert. Auch das ist mit dem *Storyboard* kein Problem, wie es das folgende Beispiel zeigt:

**Beispiel 32.47**   ***Storyboard* mit drei Animationen**

```xaml
<Window x:Class="Animation_Bsp.MainWindow"
        xmlns="http://schemas.microsoft.com/winfx/2006/xaml/presentation"
        xmlns:x="http://schemas.microsoft.com/winfx/2006/xaml"
```

**Beispiel 32.47**  *Storyboard* **mit drei Animationen**

```
           Title="MainWindow" Height="350" Width="525">
    <Window.Resources>
        <Storyboard x:Key="storyboard3">
            <DoubleAnimation Duration="0:0:4" Storyboard.TargetProperty="Width" To="300" />
            <DoubleAnimation Duration="0:0:4"
                      Storyboard.TargetProperty="RenderTransform.Angle" To="360" />
            <ColorAnimation  Duration="0:0:3"
                      Storyboard.TargetProperty="Foreground.Color" From="Red"  To="Blue" />
        </Storyboard>
    </Window.Resources>
```

Das soll zu diesem Thema genügen. Auch wenn WPF im Bereich "Animationen" fast unbegrenzte Möglichkeiten bietet, so sprechen diese doch kaum den Programmierer sondern eher den Designer der Anwendung an. Machen Sie sich also nicht die Mühe, komplexe Storyboards per XAML oder gar C#-Quellcode zu erstellen, sondern nutzen Sie hier die Vorteile von Microsoft Expression Blend, erstellen Sie damit interaktiv den entsprechende XAML-Code und fügen Sie diesen in die Ressourcen Ihrer Anwendung ein. Damit ersparen Sie sich viele graue Haare und haben mehr Zeit für die eigentliche Anwendungsentwicklung.

**HINWEIS:** Mehr zu Expression Blend finden Sie im Abschnitt 35.1.2 ab Seite 1468.

# Grundlagen der WPF-Datenbindung

Nachdem wir schon an der einen oder anderen Stelle auf Datenbindung zurückgegriffen haben, wollen wir uns jetzt direkt mit dieser Thematik beschäftigen.

Im Unterschied zu den Windows Forms-Anwendungen sind Sie bei der Datenbindung nicht auf spezielle Controls angewiesen, in einer WPF-Anwendung kann fast jede Eigenschaft (Abhängigkeitseigenschaft) an andere Eigenschaften gebunden werden.

Als Datenquelle können Sie beispielsweise:

- Eigenschaften anderer WPF-Controls (Elemente),
- Ressourcen,
- XML-Elemente oder
- beliebige Objekte (auch ADO.NET-Objekte, z.B. *DataTable)*

verwenden.

---

**HINWEIS:** Im Rahmen dieses Buchs werden wir uns auf einen ersten Überblick beschränken, zu den Details und Hintergründen verweisen wir auf unser Buch [Datenbankprogrammierung mit Visual C# 2010].

---

## 33.1 Grundprinzip

Zunächst wollen wir Ihnen das Grundprinzip der Datenbindung in WPF an einem recht einfachen Beispiel demonstrieren.

**Beispiel 33.1** | **Datenbindung zwischen *Slider* und *ProgressBar***

Fügen Sie in ein *Window* einen *ProgressBar* und einen *Slider* ein. Mit dem *Slider* soll der aktuelle Wert des *ProgressBar* direkt und ohne zusätzlichen Quellcode verändert werden.

```
<StackPanel>
```

**Beispiel 33.1**   | Datenbindung zwischen *Slider* und *ProgressBar*

Hier sehen Sie auch schon den Ablauf: Das Ziel (*ProgressBar*) bindet seine Eigenschaft *Value* an die Quelle (*Slider*) mit deren Eigenschaft *Value*.

```
<ProgressBar Height="20" Name="progressBar1" Maximum="100"
             Value="{Binding ElementName=slider1, Path=Value}"/>
<Separator Height="10"/>
<Slider Name="slider1" Maximum="100" />
</StackPanel>
```

Zur Laufzeit können Sie den *Slider* beliebig verändern, der *ProgressBar* passt sofort seinen Wert an:

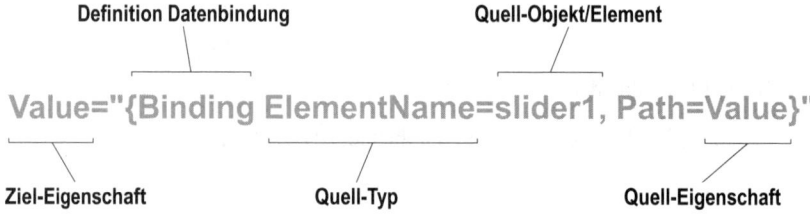

Sehen wir uns noch einmal die Syntax im Detail an:

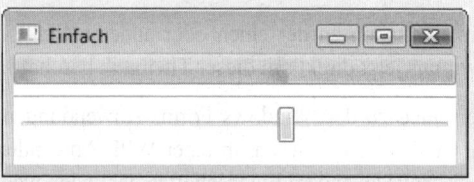

| Definition Datenbindung | | Quell-Objekt/Element |

**Value="{Binding ElementName=slider1, Path=Value}"**

| Ziel-Eigenschaft | Quell-Typ | Quell-Eigenschaft |

---

**HINWEIS:** Kann die Quelleigenschaft nicht automatisch in den Datentyp der Zieleigenschaft konvertiert werden, können Sie zusätzlich einen Typkonverter angeben (siehe dazu Seite 1435).

---

## 33.1.1   Bindungsarten

Das vorhergehende Beispiel zeigte bereits recht eindrucksvoll, wie einfach sich Eigenschaften verschiedener Objekte miteinander verknüpfen lassen. Doch das ist noch nicht alles. Über ein zusätzliches Attribut *Mode* lässt sich auch bestimmen, in welche Richtungen die Bindung aktiv ist, d.h., ob die Werte nur von der Quelle zum Ziel oder auch umgekehrt übertragen werden. Die folgende Tabelle zeigt die möglichen Varianten:

| Typ | Beschreibung |
|---|---|
| *OneTime* | Mit der Initialisierung wird der Wert einmalig von der Quelle zum Ziel kopiert. Danach wird die Bindung aufgehoben. |

| Typ | Beschreibung |
|---|---|
| *OneWay* | Der Wert wird nur von der Quelle zum Ziel übertragen (readonly). Ändert sich der Wert des Ziels, wird die Bindung aufgehoben. |
| *OneWayToSource* | Der Wert wird vom Ziel zur Quelle übertragen (writeonly). Ändert sich der Wert der Quelle, bleibt die Bindung erhalten, eine Wertübertragung findet jedoch nicht statt. |
| *TwoWay* | (meist Defaultwert[1]) Werte werden zwischen Quelle und Ziel in beiden Richtungen übertragen. |

**Beispiel 33.2** **Testen der verschiedenen Bindungsarten**

```xml
...
    <StackPanel Grid.Column="2">
      <Slider Name="sl2" Maximum="100" Height="30"
              Value="{Binding ElementName=sl1, Path=Value, Mode=OneTime}"/>
      <Slider Name="sl4" Maximum="100" Height="30"
              Value="{Binding ElementName=sl3, Path=Value, Mode=OneWay}"/>
      <Slider Name="sl6" Maximum="100" Height="30"
              Value="{Binding ElementName=sl5, Path=Value, Mode=OneWayToSource}"/>
      <Slider Name="sl8" Maximum="100" Height="30"
              Value="{Binding ElementName=sl7, Path=Value, Mode=TwoWay}"/>
    </StackPanel>
...
```

Verschieben Sie ruhig einmal die *Slider* im Testprogramm. Jeweils der linke und der rechte *Slider* bilden eine Datenbindung und sollten auch das entsprechende Verhalten zeigen:

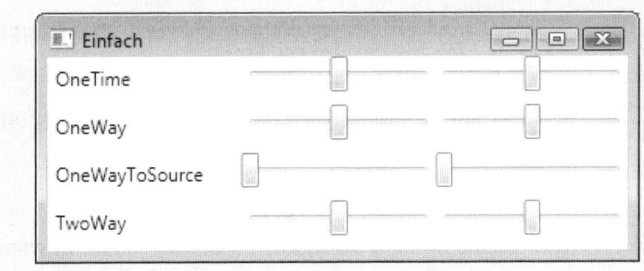

## 33.1.2 Wann wird eigentlich die Quelle aktualisiert?

Im obigen Beispiel scheint alles ganz einfach zu sein, Sie ziehen an einem Schieberegler und der andere bewegt sich mit. Doch was, wenn Sie beispielsweise eine *TextBox* in einer Datenbindung verwenden? Hier steht die Frage, **wann** der "gewünschte" Wert wirklich in der *TextBox* steht. Eine eingegebene Ziffer ist vielleicht nicht der richtige Wert, kann aber schon als gültiger Inhalt inter-

---

[1] Bei Bindung an eine *ItemsSource* wird per Default OneWay -Bindung verwendet.

pretiert werden. Nicht in jedem Fall möchte man deshalb sofort einen Datenaustausch zwischen Ziel und Quelle zulassen (bei *TwoWay* oder *OneWayToSource*).

Über das optionale Attribut *UpdateSourceTrigger* haben Sie direkten Einfluss darauf, wann die Aktualisierung **der Quelle** durchgeführt wird. Vier Varianten bieten sich dabei an:

- *Default*
  Meist wird das *PropertyChanged*-Ereignis für die Datenübernahme genutzt, bei einigen Controls kann es auch *LostFocus* sein.

- *Explicit*
  Die Datenübernahme muss "manuell" per *UpdateSource*-Methode ausgelöst werden.

- *LostFocus*
  Die Datenübernahme erfolgt bei Fokusverlust des Ziels.

- *PropertyChanged*
  Die Datenübernahme erfolgt mit jeder Werteänderung. Dies kann bei komplexeren Abläufen zu Problemen führen, da der Abgleich, z.B. bei einem Schieberegler/Scrollbar, recht häufig vorgenommen wird.

**Beispiel 33.3** | **Explizite Datenübernahme nur mit der Enter-Taste**

```xaml
<StackPanel>
  <TextBox Name="txt1">Hallo</TextBox>
  <TextBox Name="txt2"
      Text="{Binding ElementName=txt1, Path=Text, UpdateSourceTrigger=Explicit}"
      KeyDown="TextBox_KeyDown"/>
</StackPanel>
```

```csharp
    private void TextBox_KeyDown(object sender, KeyEventArgs e)
    {
        if (e.Key== Key.Enter)
            txt2.GetBindingExpression(TextBox.TextProperty).UpdateSource();
    }
```

**HINWEIS:** Da die Bindung im XAML-Code vorgenommen wurde, müssen wir im C#-Code erst mit *GetBindingExpression* das *BindingExpression*-Objekt abrufen, um die *Update-Source*-Methode aufzurufen.

## 33.1.3  Bindung zur Laufzeit realisieren

Nicht immer werden Sie mit den schon zur Entwurfszeit definierten Datenbindungen auskommen. Es ist aber auch kein Problem, die Datenbindung erst zur Laufzeit per C#-Code zu realisieren. Alles was Sie dazu benötigen ist ein *Binding*-Objekt, dessen Konstruktor Sie bereits den *Binding-Path* zuweisen können. Legen Sie anschließend noch die *BindingSource* sowie gegebenenfalls den *Mode* (z.B. *OneWay*) fest. Letzter Schritt ist das eigentliche Binden mit der *SetBinding*-Methode des jeweiligen Controls.

**Beispiel 33.4**    **Bindung zur Laufzeit realisieren**

Unsere Testoberfläche:

```xml
<Window x:Class="Datenbindung.Bindung_Laufzeit"
...
        Title="Bindung_Laufzeit" Height="300" Width="300" Loaded="Window_Loaded">
    <StackPanel>
        <Label Name="Label1"></Label>
        <Button Name="Button1" Click="Button_Click">Test</Button>
    </StackPanel>
</Window>
```

Mit dem Laden des Fensters erzeugen wir die Bindung wie oben beschrieben:

```csharp
private void Window_Loaded(object sender, RoutedEventArgs e)
{
```

Wir binden an einen Button:

```csharp
Binding binding = new Binding("Content");
binding.Source = Button1;
binding.Mode = BindingMode.OneWay;
```

Binden an den Content:

```csharp
Label1.SetBinding(Label.ContentProperty, binding);
}
```

Und hier verändern wir die Beschriftung des Buttons:

```csharp
private void Button_Click(object sender, RoutedEventArgs e)
{
    Button1.Content = "Ein neuer Text";
}
}
```

Nach dem Start dürfte im Label zunächst "Test" stehen, die ursprüngliche Button-Beschriftung. Nach einem Klick auf die Schaltfläche ändern sich sowohl die Button-Beschriftung als auch die Label-Beschriftung.

Die Bindung selbst können Sie recht einfach wieder aufheben, indem Sie der Ziel-Eigenschaft der Bindung einen neuen Wert zuweisen.

**Beispiel 33.5**    **Bindung zur Laufzeit aufheben**

Entweder so:

```csharp
Label1.Content = "Bindung beendet";
```

Oder so:

```csharp
Label1.ClearValue(Label.ContentProperty);
```

## 33.2　Binden an Objekte

Nachdem wir uns bereits mit dem Binden an Oberflächen-Elemente vertraut gemacht haben, wollen wir jetzt den Schritt hin zu selbstdefinierten Objekten gehen.

Prinzipiell bieten sich zwei Varianten der Instanziierung von Objekten an:

- Sie instanziieren die Objekte in XAML (in einem Ressource-Abschnitt).

- Sie instanziieren wie bisher die Objekte im Quellcode.

---

**HINWEIS:** Von der Möglichkeit, Objekte im XAML-Code zu instanziieren, halten die Autoren nicht allzuviel. Einerseits wird mit Klassen gearbeitet, die per Code definiert und verarbeitet werden, andererseits wird die Instanz in der Oberfläche, d.h. im XAML-Code, erzeugt. Das ist sicher nicht der Weisheit letzter Schluss. Gerade die üble Vermischung von Code und Oberfläche sollte eigentlich vermieden werden.

---

Fragwürdig werden Beispielprogramme dann, wenn im C#-Quellcode das zunächst in XAML erzeugte Objekt per *FindResource* gesucht wird (siehe folgender Abschnitt). Da pervertiert doch jede Form der sauberen Programmierung.

Wohlgemerkt wollen wir nicht die komplette Datenbindung im Code realisieren. Das ist sicher zu aufwändig und auch nicht notwendig. Doch aus Sicht des Programmierers sollte nicht die Oberfläche (XAML) sondern der Code im Mittelpunkt des Programms stehen.

## 33.2.1　Objekte im Code instanziieren

Erster Schritt, nach der Definition der Klasse, ist das Importieren des entsprechenden Namespaces in die XAML-Datei.

**Beispiel 33.6**　**Import des aktuelle Namespace *Datenbindung* in die XAML-Datei**

```XAML
<Window x:Class="Datenbindung.Window1"
    xmlns="http://schemas.microsoft.com/winfx/2006/xaml/presentation"
    xmlns:x="http://schemas.microsoft.com/winfx/2006/xaml"
    xmlns:local="clr-namespace:Datenbindung"
...
```

Nachdem in XAML die entsprechende Klasse bekannt ist, kann diese auch verwendet werden, um eine eigene Instanz zu erzeugen.

**Beispiel 33.7**　**Erzeugen der Instanz im XAML-Code (wir nutzen eine fiktive Klasse *Schüler*)**

```XAML
...
<Window.Resources>
  <local:Schüler x:Key="sch1" Nachname="Gurkenkopf" Vorname="Sigfried" />
</Window.Resources>
```

**Beispiel 33.7** | **Erzeugen der Instanz im XAML-Code (wir nutzen eine fiktive Klasse *Schüler*)**

Die Werte im Einzelnen:

- *local*: Der Bezug auf den Namespace

- *Schüler:* Der Klassenname

- *x:Key*: Der Schlüssel unter dem die Instanz verwendet werden kann

- Nachname, Vorname: Das Setzen einzelner Eigenschaften für die Instanz von *Schüler*

Letzter Schritt: wir nutzen die Möglichkeiten der Datenbindung und binden zwei *TextBox*en an die Eigenschaften *Nachname* und *Vorname*.

**Beispiel 33.8** | **Bindung an das neue Objekt erzeugen**

```XAML
<StackPanel Name="StackPanel1">
  <TextBox Text="{Binding Source={StaticResource sch1}, Path=Nachname}" />
  <TextBox Text="{Binding Source={StaticResource sch1}, Path=Vorname}" />
</StackPanel>
```

Schon zur Entwurfszeit dürfte in den beiden *TextBox*en der gewünschte Inhalt auftauchen:

Wem das zu viel Schreibarbeit ist, der kann mit dem *DataContext* auch eine alternative Variante der Zuweisung nutzen. Diese Eigenschaft bietet zunächst eine Alternativ zur Zuweisung von *Source*, hat jedoch zusätzlich die Fähigkeit, von übergeordneten auf untergeordnete Elemente vererbt zu werden. Damit können Sie beispielsweise einem *Panel* oder sogar dem gesamten *Window* einen *DataContext* zuweisen und diesen in allen enthaltenen Elementen nutzen.

**Beispiel 33.9** | **Vereinfachung durch Verwendung eines *DataContext***

```XAML
<StackPanel Name="StackPanel1" DataContext="{StaticResource sch1}">
  <TextBox Text="{Binding Path=Nachname}" />
  <TextBox Text="{Binding Path=Vorname}" />
  ...
```

Sie sparen sich die Angabe von *Source* bei jedem einzelnen Element.

## 33.2.2   Verwenden der Instanz im C#-Quellcode

Sicher nicht ganz abwegig ist der Wunsch, zur Laufzeit per C#-Code mit dem Objekt zu arbeiten, um z.B. die Werte in einer MessageBox anzuzeigen.

Hier wird die Programmierung dann schon recht windig, müssen Sie doch zunächst die entsprechende Ressource des *Window* suchen und typisieren.

**Beispiel 33.10**   **Anzeige der Werte eines per XAML instanziierten Objekts**

```csharp
private void Button_Click(object sender, RoutedEventArgs e)
{
    Schüler mySch = (Schüler)FindResource("sch1");
    MessageBox.Show(mySch.Nachname + ", " + mySch.Vorname);
}
```

Aus Sicht eines Programmierers sieht das doch ziemlich merkwürdig aus, auch wenn sich hier der XAML-Profi freut, dass er sogar eine Instanz plus Wertzuweisung per XAML-Code realisiert hat.

Doch was passiert eigentlich mit der Datenbindung, wenn wir der Instanz ein paar neue Werte zuweisen? Ein Test ist schnell realisiert:

```csharp
private void Button_Click(object sender, RoutedEventArgs e)
{
    Schüler mySch = (Schüler)FindResource("sch1");
    mySch.Nachname = "Strohkopf";
}
```

Der nachfolgende Blick auf die Oberfläche dürfte in den meisten Fällen für Ernüchterung sorgen, haben Sie Ihre .NET-Klasse (in diesem Fall *Schüler*) nicht entsprechend angepasst, passiert überhaupt nichts und in den *TextBox*en stehen nach wie vor die alten Werte.

## 33.2.3   Anforderungen an die Quell-Klasse

Was ist hier schief gelaufen? Eigentlich nichts, die neuen Werte stehen wirklich im Objekt, werden aber nicht angezeigt, weil die darstellenden Elemente von einer Wertänderung nichts mitbekommen haben. Wir müssen diese quasi "wecken", und was eignet sich dafür besser als ein Ereignis?

Auch hier gibt es bereits eine fertige Lösung:

**HINWEIS:** Implementieren Sie in Ihrer Klasse das Interface *INotifyPropertyChanged* (Namespace *System.ComponentModel*).

**Beispiel 33.11**   **Unsere Klasse *Schüler* mit implementiertem *NotifyPropertyChanged*-Ereignis**

```csharp
using System.ComponentModel;

namespace Datenbindung
```

**Beispiel 33.11** **Unsere Klasse *Schüler* mit implementiertem *NotifyPropertyChanged*-Ereignis**

```
{
    public class Schüler : INotifyPropertyChanged
    {
        string _Nachname;
        string _Vorname;
        DateTime _Geburtstag;

        public event PropertyChangedEventHandler PropertyChanged;

        public string Vorname
        {
            get { return _Vorname; }
            set
            {
                _Vorname = value;
                NotifyPropertyChanged("Vorname");
            }
        }

        public string Nachname
        {
            get { return _Nachname; }
            set
            {
                _Nachname = value;
                NotifyPropertyChanged("Nachname");
            }
        }
...
        public override string ToString()
        {
            return this._Nachname + ", " + this._Vorname;
        }

        private void NotifyPropertyChanged(String info)
        {
            if (PropertyChanged != null)
                PropertyChanged(this, new PropertyChangedEventArgs(info));
        }
    }
}
```

**HINWEIS:** Alternativ können Sie natürlich auch Abhängigkeitseigenschaften definieren, diese verfügen "ab Werk" über die erforderliche Benachrichtigung an die gebundenen Elemente.

> **HINWEIS:** Damit die Klasse auch im XAML-Code instanziiert werden kann, muss diese über
> einen parameterlosen Konstruktor verfügen.

Einzige sinnvolle Ausnahme: Sie erzeugen per XAML Objekte und nutzen diese auch nur dort
(z.B. Zugriff auf XML-Ressourcen per Url).

## 33.2.4  Instanziieren von Objekten per C#-Code

Eigentlich könnten wir Ihnen an dieser Stelle noch weitere Möglichkeiten zeigen, wie Sie in
XAML Objekte erzeugen bzw. zuweisen können, aber dies ist weder sinnvoll noch besonders übersichtlich. Wir wollen uns stattdessen mit der Vorgehensweise bei vorhandenen, d.h. per Code
erzeugten, .NET-Objekten beschäftigen.

Zunächst bleiben wir bei unserem einfachen Beispiel mit der Instanz der Klasse *Schüler*.

**Beispiel 33.12**  | **Verwendung von instanziierten Objekten in XAML**

Zunächst die Instanziierung:

```csharp
..

    public partial class Window1 : Window
    {
        public Schüler Schueler;

        public Window1()
        {
            InitializeComponent();
```

Instanz erzeugen und Werte zuweisen:

```csharp
            Schueler = new Schüler { Nachname = "Mayer", Vorname = "Alexander",
                                     Geburtstag = new DateTime(2001, 11, 7) };
```

Hier legen wir per C#-Code den DataContext fest:

```csharp
            StackPanel1.DataContext = Schueler;
        }
```

Die spätere Abfrage des Objekts stellt jetzt überhaupt kein Problem dar, die Instanz liegt ja
bereits vor:

```csharp
        private void Button_Click(object sender, RoutedEventArgs e)
        {
            MessageBox.Show(Schueler.Nachname + ", " + Schueler.Vorname);
        }
...
```

Der vollständige XAML-Code:

```xml
<Window x:Class="Datenbindung.Window1"
    xmlns="http://schemas.microsoft.com/winfx/2006/xaml/presentation"
```

**Beispiel 33.12** **Verwendung von instanziierten Objekten in XAML**

```
    xmlns:x="http://schemas.microsoft.com/winfx/2006/xaml"
    Title="Window1" Height="300" Width="300">
  <StackPanel Name="StackPanel1">
    <TextBox Text="{Binding Path=Nachname}" />
    <TextBox Text="{Binding Path=Vorname}" />
    <Button Click="Button_Click">Prüfen</Button>
  </StackPanel>
</Window>
```

Der Vorteil dieser Vorgehensweise: Sie entscheiden, wie und wann die Instanz erzeugt wird, können vorher noch diverse Methoden aufrufen, profitieren von der Syntaxprüfung und haben einen lesbaren Code.

Der einzige Nachteil: Sie haben keine Wertanzeige zur Entwurfszeit, im XAML-Code ist es nicht sofort erkennbar, welches Objekt zugeordnet wird. Dies ist allerdings auch gleich wieder der Vorteil, mit einem Klick können Sie einen neuen *DataContext* zuweisen und eine andere Instanz bearbeiten.

# 33.3 Binden von Collections

Die bisherigen Ausführungen dürften zwar schon das Potenzial der Datenbindung demonstriert haben, doch nach der Pflicht kommt jetzt die Kür, d.h. die Arbeit mit einer Reihe von Objekten (Collections). Diese sind vor allem dann interessant, wenn Sie Objekte von Datenbanken abrufen, um diese in Eingabedialogen oder gleich in Listenfeldern darzustellen. Ausgangspunkt können hier Geschäftsobjekte, LINQ-Abfragen etc. sein.

**HINWEIS:** Im vorliegenden Abschnitt werden wir uns zunächst auf eine "selbstgestrickte" Collection beziehen (wir verwenden das *Schüler*-Objekt aus dem vorhergehenden Abschnitt). Ab Seite 1425 geht es dann mit Datenbindung in Verbindung mit LINQ to SQL-Abfragen weiter.

## 33.3.1 Anforderung an die Collection

Wie auch bei der Klassendefinition für das einzelne Objekt,werden auch an die Collection einige Anforderungen gestellt. Zwar können die WPF-Elemente durch die Verwendung der *INotifyPropertyChanged*-Schnittstelle auf Änderungen einzelner Objekteigenschaften reagieren, das Hinzufügen oder Löschen von ganzen Objekten ist davon aber nicht betroffen. Aus diesem Grund bietet WPF auch hier ein genormtes Interface für die Rückmeldung an: *INotifyCollectionChanged*.

**HINWEIS:** Grundvoraussetzung für die Anzeige von Listen ist die Verwendung des *IEnumerable*-Interfaces.

Wollen Sie es sich leicht machen, können Sie direkt Objekte der Klasse *ObservableCollection* (Namespace *System.Collections.ObjectModel*) erzeugen.

**Beispiel 33.13**  **(Fortsetzung) Erzeugen und Verwenden einer geeigneten Klasse für die Datenbindung von Collections**

```csharp
using System.Collections.ObjectModel;
...
    public partial class Objects_Collections : Window
    {
```

Eine Collection von Schülern:

```csharp
    public ObservableCollection<Schüler> Klasse;
```

Im Konstruktor des Window erzeugen wir eine Instanz und füllen diese mit einigen Datensätzen:

```csharp
    public Objects_Collections()
    {
        Klasse = new ObservableCollection<Schüler>();
        Klasse.Add(new Schüler { Nachname = "Mayer", Vorname = "Alexander",
                                 Geburtstag = new DateTime(2001, 11, 7) });
        Klasse.Add(new Schüler { Nachname = "Müller", Vorname = "Thomas",
                                 Geburtstag = new DateTime(2001, 10, 18) });
        Klasse.Add(new Schüler { Nachname = "Lehmann", Vorname = "Walter",
                                 Geburtstag = new DateTime(2001, 1, 21) });
        InitializeComponent();
```

Hier dürften Sie die Verbindung zur bisherigen Vorgehensweise sehen, die Collection wird als *DataContext* für das Fenster und damit für alle untergeordneten Elemente ausgewählt:

```csharp
    this.DataContext = Klasse;
}
```

## 33.3.2  Einfache Anzeige

Damit können wir uns zunächst der einfachen Anzeige, z.B. in *TextBox*en, widmen.

**Beispiel 33.14**  **(Fortsetzung) Binden von TextBoxen an die Collection**

```xml
    <StackPanel Grid.Column="1" Background="Aqua">
    <Label Content="Nachname:" />
```

Hier werden die *TextBox*en an die Eigenschaften der Collection bzw. an das aktive Objekt der Collection gebunden:

```xml
    <TextBox Name="txt1" Text="{Binding Path=Nachname}" />
    <Label Content="Vorname:" />
```

Beachten Sie auch diese mögliche Kurzsyntax, die auf die Angabe von *Path* verzichtet:

```xml
    <TextBox Name="txt2" Text="{Binding Vorname}" />
```

**Beispiel 33.14**  **(Fortsetzung) Binden von TextBoxen an die Collection**

```
            <Label Content="Geburtstag:" />
            <TextBox Name="txt3" Text="{Binding Geburtstag}" />
```

Einige Schaltflächen definieren:

```
        <StackPanel Orientation="Horizontal">
          <Button Content=" &lt; " Click="Button_Click_1" />
          <Button Content=" &gt; " Click="Button_Click"/>
          <Button Content=" New " Click="Button_Click_2"/>
          <Button Content=" Del " Click="Button_Click_3"/>
        </StackPanel>
      </StackPanel>
```

Das erzeugte Formular:

Nach dem Start dürfte schon etwas in den Textfeldern angezeigt werden, ein Navigieren zwischen den einzelnen Datensätzen (Objekten) ist allerdings noch nicht möglich.

## 33.3.3  Navigieren zwischen den Objekten

> **HINWEIS:** An dieser Stelle müssen wir etwas vorgreifen, Abschnitt 33.5 ab Seite 1428 geht auf dieses Thema im Detail ein.

Navigation zwischen Datensätzen bedeutet, dass auch irgendwo ein aktueller Datensatz gespeichert wird und entsprechende Navigationsmethoden zur Verfügung stehen. Auch bei intensiver Suche werden Sie aber derartige Eigenschaften zunächst nicht finden.

WPF erzeugt beim Binden von Collections automatisch eine Sicht auf die eigentliche Collection. Diese Sicht verwaltet den aktuellen Datensatz, bietet Navigationsmethoden an und ermöglicht das Filtern und Sortieren der Daten[1].

Diese automatisch erzeugte Sicht können Sie mit der Methode *CollectionViewSource.GetDefault-View* für eine spezifische Collection abrufen.

---

[1] Derartige Sichten können Sie auch selbst erstellen und quasi als Schicht zwischen Daten und DataContext schieben.

Wir erweitern die Liste der lokalen Variablen, um die Sicht zu speichern:

```csharp
private ICollectionView view;
...

public Objects_Collections()
{
    Klasse = new ObservableCollection<Schüler>();
...
```

Im Konstruktor rufen wir die Sicht ab:

```csharp
    this.view = CollectionViewSource.GetDefaultView(Klasse);
}
```

Jetzt können wir mit dieser Sicht auch die Navigation zwischen den einzelnen Elementen der Collection realisieren.

Nächstes Objekt:

```csharp
private void Button_Click(object sender, RoutedEventArgs e)
{
    view.MoveCurrentToNext();
    if (view.IsCurrentAfterLast) view.MoveCurrentToLast();
}
```

Vorhergehendes Objekt:

```csharp
private void Button_Click_1(object sender, RoutedEventArgs e)
{
    view.MoveCurrentToPrevious();
    if (view.IsCurrentBeforeFirst) view.MoveCurrentToFirst();
}
```

Wir fügen zum Testen ein neues Objekt zur Laufzeit in die Collection ein:

```csharp
private void Button_Click_2(object sender, RoutedEventArgs e)
{
    Klasse.Add(new Schüler { Nachname = "Möhre", Vorname = "Willi",
                             Geburtstag = new DateTime(1919, 1, 1) });
}
```

Auch das Löschen von Objekten ist auf diesem Wege möglich:

```csharp
private void Button_Click_3(object sender, RoutedEventArgs e)
{
    Klasse.Remove(view.CurrentItem as Schüler);
}
```

Nach dem Start des Beispiels können Sie zwischen den Objekten "navigieren", Objekte hinzufügen und diese auch wieder löschen. Das Ganze kommt Ihnen sicherlich unter dem Stichwort "Datenbanknavigator" bekannt vor.

## 33.3.4   Einfache Anzeige in einer ListBox

Das Anzeigen von Einzeldatensätzen ist ja schon ganz gut, wie aber steht es mit dem Füllen von ganzen Listenfeldern?

Auch hier können Sie, dank Datenbindung, schnell zu brauchbaren Ergebnissen kommen.

**Beispiel 33.16**  **(Fortsetzung) Anbinden einer *ListBox* an unsere Collection**

Es genügt zunächst die einfache Zuweisung von "{Binding}" an die *ItemsSource*:

```
<ListBox Height="100"  IsSynchronizedWithCurrentItem="True" Name="listBox1"
         ItemsSource="{Binding}"/>
```

Der Hintergrund: Da die Collection bereits direkt an das Formular gebunden ist, brauchen wir hier nicht weitere Eigenschaften zu spezifizieren. Alternativ könnten Sie hier auch die Collection per *DataContext* zuweisen.

Und wofür ist das Attribut *IsSynchronizedWithCurrentItem* verantwortlich? Hier sollten Sie sich an unsere Sicht erinnern, die auch den aktuellen "Satzzeiger" verwaltet. Nur wenn Sie das Attribut auf *True* setzen, wird das aktuelle Item mit dem "Satzzeiger" synchronisiert (dies gilt für beide Richtungen).

Die angezeigte *ListBox* zur Laufzeit:

```
Mayer, Alexander
Müller, Thomas
Lehmann, Walter
Möhre, Willi
```

> **HINWEIS:** Die *ItemsSource*-Eigenschaft kann nur verwendet werden, wenn die *Items*-Collection eines *ItemsControl* leer ist. Falls nicht, wird Ihre Anwendung eine *InvalidOperationException* auslösen.

Doch woher "weiß" die *ListBox* eigentlich, welche Eigenschaften des *Schüler*-Objekts in der Liste darzustellen sind? Antwort: Sie weiß es nicht und verwendet in diesem Fall einfach die *ToString*-Methode des betreffenden Objekts. Wenn Sie jetzt mal kurz auf Seite 1413 nachschlagen, werden Sie feststellen, dass wir in weiser Voraahnung bereits die *ToString*-Methode überschrieben haben und damit jetzt eine Kombination aus *Nachname* und *Vorname* zurückgeben (siehe oben).

### Verwendung von DisplayMemberPath

Natürlich ist das Überschreiben der *ToString*-Methode nicht der Weisheit letzter Schluss und so ist es sicher sinnvoll, noch einen anderen Weg zur Auswahl des anzuzeigenden Members zu unterstützen. Genau für diesen Zweck wird die *DisplayMemberPath*-Eigenschaft angeboten, diese bestimmt, welches Member für den Text des Listeneintrags verwendet wird.

**Beispiel 33.17** | **Verwendung von *DisplayMemberPath* für die Auswahl der anzuzeigenden Eigenschaft**

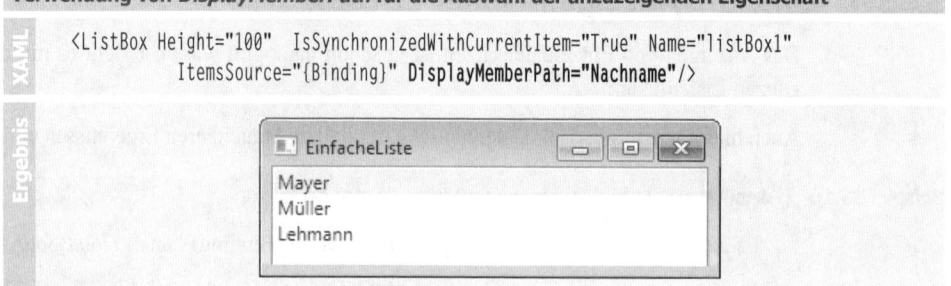

```xaml
<ListBox Height="100"  IsSynchronizedWithCurrentItem="True" Name="listBox1"
         ItemsSource="{Binding}" DisplayMemberPath="Nachname"/>
```

Leider genügt jedoch auch diese Version der Anzeigeformatierung nicht immer und so landen wir unweigerlich bei den *DataTemplates*.

## 33.3.5  DataTemplates zur Anzeigeformatierung

Obige Art der Datenbindung dürfte in vielen Fällen wohl kaum genügen. Die WPF-Entwickler haben aber auch für für diesen Fall vorgesorgt und mit dem *DataTemplate* ein mächtiges Werkzeug geschaffen.

Das Prinzip: Jeder *ListBox/ComboBox* können Sie ein *DataTemplate* zuweisen, das dafür verantwortlich ist, wie das einzelne Item aufgebaut ist (quasi eine Schablone in die die Daten eingefügt werden). Und da WPF im Content eines Items fast jede Zusammenstellung von Elementen akzeptiert, können Sie hier Formatierungen beliebiger Art erzeugen (natürlich im Rahmen der XAML-Vorgaben).

**Beispiel 33.18** | **(Fortsetzung) Wir wollen in der *ListBox* eine zweispaltige Anzeige realisieren (links der Nachname, rechts der Nachname und der Vorname).**

In den Ressourcen (z.B. Window) erzeugen Sie das erforderliche *DataTemplate*:

```xaml
<Window.Resources>
  <DataTemplate x:Key="SchülerListTemplate">
```

Das Layout bestimmen Sie:

```xaml
    <StackPanel Orientation="Horizontal">
```

Bei der Zuweisung von Inhalten können Sie jetzt direkt auf die Eigenschaften zugreifen:

```xaml
      <TextBlock VerticalAlignment="Top" Width="100" Text="{Binding Path=Nachname}" />
      <StackPanel>
        <TextBlock Text="{Binding Path=Nachname}" />
        <TextBlock Text="{Binding Path=Vorname}" />
      </StackPanel>
    </StackPanel>
  </DataTemplate>
</Window.Resources>
...
```

**Beispiel 33.18** **(Fortsetzung) Wir wollen in der *ListBox* eine zweispaltige Anzeige realisieren (links der Nachname, rechts der Nachname und der Vorname).**

Last but not least müssen Sie der *ListBox* auch noch das Template zuweisen:

```
<ListBox Height="100" IsSynchronizedWithCurrentItem="True" Name="listBox2"
         ItemsSource="{Binding}" ItemTemplate="{StaticResource SchülerListTemplate}"/>
```

Die erzeugte *ListBox:*

Dass Sie hier auch mit Grafiken, optischen Effekten, KontextMenüs etc. arbeiten können, sollte nach den Darstellungen der vorhergehenden Kapitel klar sein.

## 33.3.6 Mehr zu List- und ComboBox

An dieser Stelle wollen wir uns noch einige spezielle Eigenschaften von *List-* und *ComboBox* ansehen, die in der täglichen Programmierpraxis von Bedeutung sind.

### SelectedIndex

Möchten Sie Einträge in der *ListBox* auswählen bzw. bestimmen, der wievielte Eintrag (Index) in der Liste markiert ist, können Sie die *SelectedIndex*-Eigenschaft verwenden.

**Beispiel 33.19** **Auswahl des zweiten Eintrags**

```csharp
private void Button1_Click(object sender, RoutedEventArgs e)
{
    listBox1.SelectedIndex = 1;
}
```

### SelectedItem/SelectedItems

Möchten Sie das markierte Listenelement selbst abrufen bzw. das damit verbundene Objekt, verwenden Sie die *SelectedItem*-Eigenschaft. Alternativ können Sie auch eine Liste der markierten Einträge mit *SelectedItems* abrufen.

**HINWEIS:** Die Collection *SelectedItems* steht Ihnen nur zur Verfügung, wenn Sie *Selection-Mode* auf *Multiple* festgelegt haben.

**Beispiel 33.20** | **Verwendung** *SelectedItem*/*SelectedItems*

Wir nutzen unsere überschriebene *ToString*-Methode:

```
MessageBox.Show(listBox1.SelectedItem.ToString());
```

Wir greifen direkt auf einen Member (typisieren nicht vergessen) zu:

```
MessageBox.Show((listBox1.SelectedItem as Schüler).Nachname);
```

Wir zeigen alle markierten Einträge:

```
foreach (Schüler s in listBox1.SelectedItems)
    MessageBox.Show(s.Nachname);
```

## SelectedValuePath und SelectedValue

Mit *SelectedValuePath* können Sie festlegen, welcher Member von der Eigenschaft *SelectedValue* zurückgegeben wird. Dies ist im Zusammenhang mit Datenbanken meist der Primärindex der Tabelle, mit dem Sie einen Datensatz eindeutig identifizieren können.

**HINWEIS:** Ist *SelectedValuePath* nicht festgelegt, gibt *SelectedValue* das komplette Objekt zurück (entspricht *SelectedItem*).

**Beispiel 33.21** | **Verwendung** *SelectedValuePath* **und** *SelectedValue*

```xaml
<ListBox IsSynchronizedWithCurrentItem="True" Name="listBox1"
         ItemsSource="{Binding}" DisplayMemberPath="Nachname"
         SelectedValuePath="Geburtstag"/>
```

```csharp
private void Button2_Click(object sender, RoutedEventArgs e)
{
    MessageBox.Show(listBox1.SelectedValue.ToString());
}
```

Das Ergebnis zur Laufzeit:

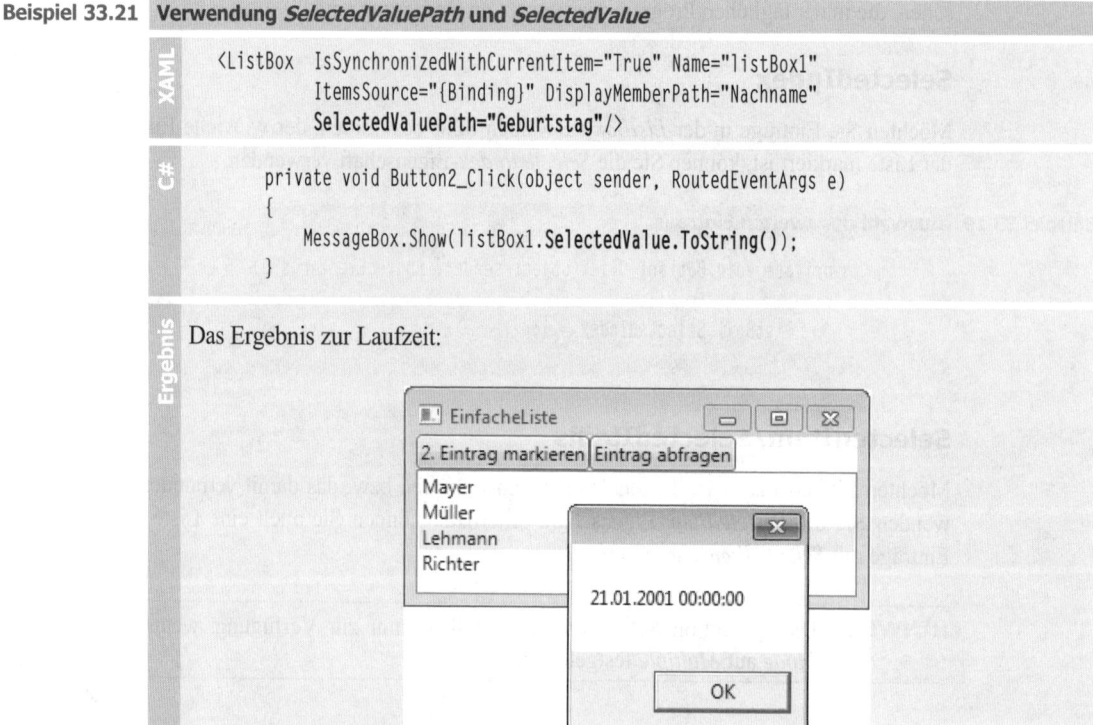

## 33.3.7 Verwendung der ListView

Im vorhergehenden Kapitel hatten wir die *ListView* ja bereits kurz gestreift (Trockenschwimmen), an dieser Stelle zeigen wir Ihnen die *ListView* "in Action".

### Einfache Bindung

Prinzipiell ist die *ListView* der *ListBox* recht ähnlich, die Anbindung der Einträge erfolgt ebenfalls per *ItemsSource,* die Auswahl bzw. Bestimmung (*SelectedItem, SelectedValue* etc.) der markierten Einträge ist analog realisiert.

Neu ist, das die *ListView* über Spaltenköpfe verfügt, die Sie getrennt konfigurieren können (*GridViewColumnHeader*) und gegebenenfalls auch für das Sortieren (siehe 2. Beispiel) verwenden können.

Ein weiterer Unterschied ist die Unterstützung von verschiedenen Ansichten, von denen jedoch nur die *GridView* vordefiniert ist. Im weiteren werden wir uns auch nur auf diese Ansicht beschränken.

**Beispiel 33.22** (Fortsetzung) Anzeige der Collection-Daten in einer *ListView*

Zuweisen der Datenquelle (Übernahme von *Window.DataContext*):

```
<ListView Height="100" IsSynchronizedWithCurrentItem="True" ItemsSource="{Binding}">
    <ListView.View>
```

Hier wird die *GridView* definiert:

```
<GridView>
```

Die einzelnen Spalten definieren:

```
<GridView.Columns>
```

Und jetzt wird es einfach, binden Sie lediglich die gewünschten Eigenschaften an die einzelnen Spalten der *GridView:*

```
<GridViewColumn Header="Name" DisplayMemberBinding="{Binding Path=Nachname}" />
<GridViewColumn Header="Vorname"
                DisplayMemberBinding="{Binding Path=Vorname}" />
        </GridView.Columns>
    </GridView>
    </ListView.View>
</ListView>
```

Das Endergebnis zur Laufzeit:

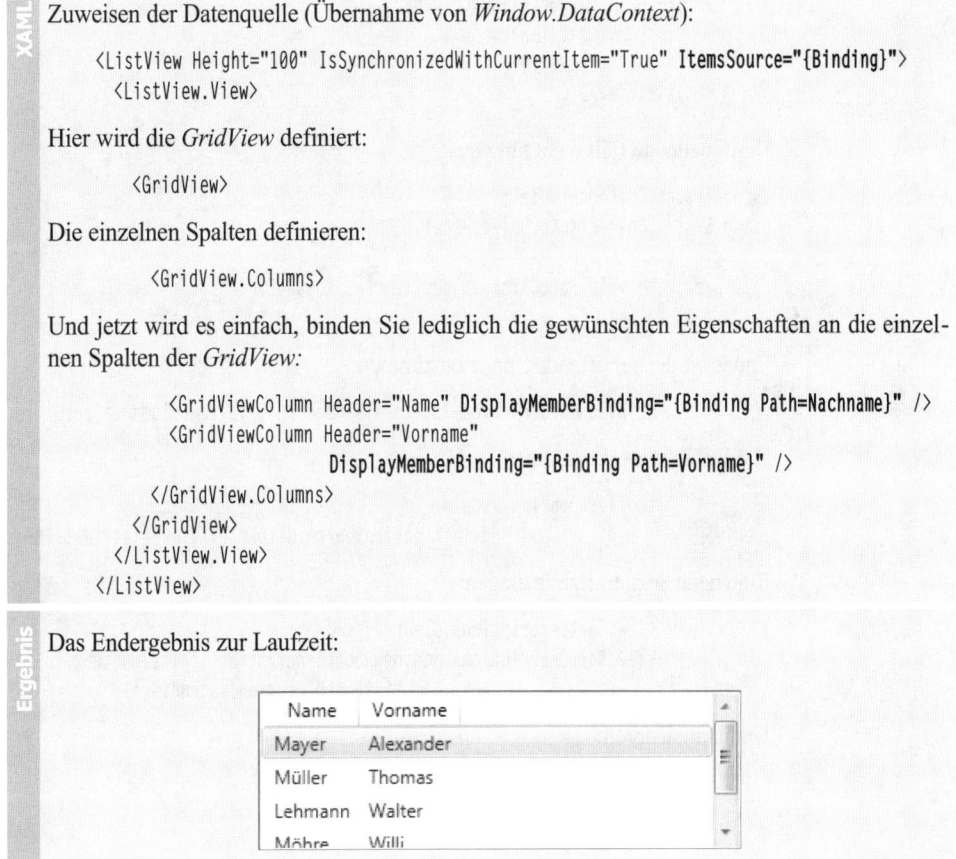

## Sortieren der Einträge

Wie schon erwähnt, können Sie die Spaltenköpfe auch für das Sortieren der Einträge nutzen. Ein einfaches Beispiel zeigt die Vorgehensweise:

**Beispiel 33.23**    **Sortieren nach Klick auf den jeweiligen Spaltenkopf**

Unsere Änderung in der Seitenbeschreibung:

```xml
<ListView Name="ListView1" IsSynchronizedWithCurrentItem="True"
          ItemsSource="{Binding}">
    <ListView.View>
        <GridView>
            <GridView.Columns>
                <GridViewColumn DisplayMemberBinding="{Binding Path=Nachname}" >
                    <GridViewColumnHeader Click="SortClick" Content="Nachname" />
                </GridViewColumn>
                <GridViewColumn DisplayMemberBinding="{Binding Path=Vorname}" >
                    <GridViewColumnHeader Click="SortClick" Content="Vorname" />
                </GridViewColumn>
            </GridView.Columns>
        </GridView>
    </ListView.View>
</ListView>
```

Der Quellcode fällt recht kurz aus:

```csharp
using System.ComponentModel;
using System.Collections.ObjectModel;
...
    private void SortClick(object sender, RoutedEventArgs e)
    {
```

Zunächst die betreffende Spalte bestimmen:

```csharp
GridViewColumnHeader spalte = sender as GridViewColumnHeader;
```

Die Defaultview bestimmen:

```csharp
ICollectionView view =
            CollectionViewSource.GetDefaultView(ListView1.ItemsSource);
```

Eine neue Sortierfolge festlegen:

```csharp
view.SortDescriptions.Clear();
view.SortDescriptions.Add(new SortDescription(spalte.Content.ToString(),
                ListSortDirection.Ascending));
```

Und aktualisieren:

```csharp
view.Refresh();
}
```

Auf weitere Experimente mit der *ListView* verzichten wir an dieser Stelle, mit dem *DataGrid* steht uns ein wesentlich mächtigeres Control zur Verfügung. Mehr dazu ab Seite 1439.

# 33.4 Anzeige von Datenbankinhalten

Anzeige eigener Collections gut und schön, aber wir wollen auch noch kurz einen Blick aufs große Ganze werfen und damit sind wir schon bei der "Königsdisziplin", den Datenbanken, angelangt.

---

**HINWEIS:** Wer jetzt Berge von ADO.NET-Quellcode erwartet, den werden wir enttäuschen. Für den Zugriff auf unsere *Northwind*-Beispieldatenbank werden wir LINQ to SQL verwenden, den kleinen Bruder des Entity Frameworks. Mehr dazu finden Sie in unserem Buch [Datenbankprogrammierung mit Visual C# 2010].

---

## 33.4.1 Datenmodell per LINQ to SQL-Designer erzeugen

Fügen Sie Ihrem WPF-Projekt eine neue "LINQ to SQL Klasse" hinzu, um den LINQ to SQL-Designer zu öffnen (*Projekt|Neues Element hinzufügen*). Damit haben Sie bereits die zentrale *DataContext*-Klasse[1] erstellt. Den Namen dieser Klasse können Sie jetzt gegebenenfalls über das Eigenschaftenfenster anpassen (wir wählen *NWDataContext*).

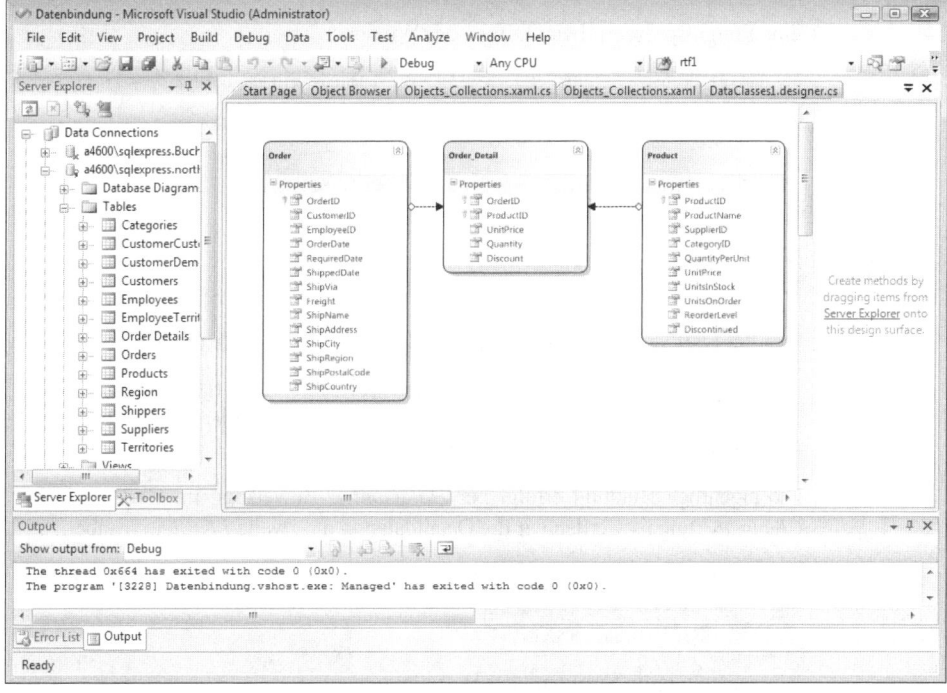

---

[1] Ja das ist wieder eine der "glücklich" gewählten Namensübereinstimmungen. Dieser *DataContext* hat nichts mit dem WPF-DataContext zu tun!

In die noch leere Arbeitsfläche (diese ähnelt dem Klassendesigner) fügen Sie die benötigten SQL-Server-Tabellen ein. Nutzen Sie dazu den Server-Explorer (siehe linke Seite).

---

**HINWEIS:** Für unser Beispiel fügen Sie die Tabellen *Order, Order_Detail* und *Product* ein.

---

Der Designer erstellt nachfolgend automatisch die erforderlichen C#-Mapperklassen für die einzelnen Tabellen sowie deren Associations.

---

**HINWEIS:** Sie können neben reinen Tabellen auch Views bzw. Gespeicherte Prozeduren in den Designer einfügen. Views werden wie Tabellen behandelt, Gespeicherte Prozeduren werden als Methoden der *DataContext*-Klasse mit typisierten Rückgabewerten gemappt.

---

## 33.4.2  Die Programm-Oberfläche

Nach Schließen des Designers wollen wir uns mit einem einfachen WPF-Projekt von der Funktionsfähigkeit überzeugen.

```
<Window x:Class="Datenbindung.DB_Bsp"
    xmlns="http://schemas.microsoft.com/winfx/2006/xaml/presentation"
    xmlns:x="http://schemas.microsoft.com/winfx/2006/xaml"
```

Eine Ereignisprozedur beim Öffnen des Window:

```
    Title="DB_Bsp" Height="300" Width="476" Loaded="Window_Loaded">
```

Zweispaltiges Layout per *Grid*:

```
<Grid>
  <Grid.ColumnDefinitions>
    <ColumnDefinition Width="75" />
    <ColumnDefinition Width="*" />
  </Grid.ColumnDefinitions>
```

Hier die *ListView* mit den vorhandenen Bestellungen (Tabelle *Order*):

```
<ListView Grid.Column="0" Name="lvOrder" IsSynchronizedWithCurrentItem="True"
        ItemsSource="{Binding}" SelectionChanged="lvOrder_SelectionChanged"
        HorizontalAlignment="Left" >
```

Die eigentlich Bindung erfolgt per *DataContext*-Zuweisung im C#-Code. Über das *Selection-Changed*-Ereignis werden wir die Detaildaten in die zweite *ListView* "zaubern".

```
    <ListView.View>
      <GridView>
        <GridView.Columns>
```

Wir zeigen nur die Spalte mit der Bestellnummer an:

```
          <GridViewColumn Header="OrderID" DisplayMemberBinding="{Binding OrderID}" />
        </GridView.Columns>
```

```
        </GridView>
      </ListView.View>
    </ListView>
```

Die *ListView* für die Detaildaten (die *DataContext*-Eigenschaft setzen wir im *SelectionChanged*-Ereignis der obigen *ListView*):

```
<ListView Grid.Column="1" Name="lvOrderDetails" IsSynchronizedWithCurrentItem="True"
        ItemsSource="{Binding}" >
  <ListView.View>
    <GridView>
      <GridView.Columns>
        <GridViewColumn Header="OrderId" DisplayMemberBinding="{Binding OrderID}" />
        <GridViewColumn Header="ID" DisplayMemberBinding="{Binding ProductID}" />
```

Wer jetzt erwartet, dass die Autoren sich die Mühe machen und noch eine dritte *GridView* für die Artikelnamen einbinden, hat nicht mit der Leistungsfähigkeit von LINQ to SQL gerechnet. Es genügt die Abfrage der untergeordneten Collection *Product*:

```
        <GridViewColumn Header="Artikelname"
                        DisplayMemberBinding="{Binding Product.ProductName}" />
```

Endlich einmal ein sinnvoller Vorteil von objekt-relationalen Mapper-Klassen!

```
      </GridView.Columns>
    </GridView>
  </ListView.View>
</ListView>
</Grid>
</Window>
```

## 33.4.3  Der Zugriff auf die Daten

Jetzt müssen wir noch den erforderlichen C#-Code erstellen, um die Daten auch aus der Datenbank abzurufen.

```
...
  public partial class DB_Bsp : Window
  {
```

Die meiste Arbeit nimmt uns der LINQ to SQL-DataContext ab, den wir gleich zu Beginn instan-ziieren:

```
    NWDataContext db = new NWDataContext();
```

Wir wollen auch die Default-View zwischenspeichern, da wir diese für das Abrufen der Detail-datensätze benötigen:

```
    ICollectionView view0;
...
```

Beim Laden des Fensters:

```
    private void Window_Loaded(object sender, RoutedEventArgs e)
```

```
        {
```

Den *DataContext* der linken *ListView* wir die Tabelle *Orders* zugewiesen:

```
        lvOrder.DataContext = db.Orders;
```

Die Default-View abrufen:

```
        view0 = CollectionViewSource.GetDefaultView(lvOrder.DataContext);
    }
```

So, das wäre schon alles, wenn da nicht noch die Detaildatenanzeige fehlen würde. Im *Selection-Changed*-Ereignis der linken *ListView* kümmern wir uns zunächst um das Abrufen des aktuellen Datensatzes und leiten aus diesem Objekt die OrderDetails ab (als Collection enthalten):

```
    private void lvOrder_SelectionChanged(object sender, SelectionChangedEventArgs e)
    {
        lvOrderDetails.DataContext = (view0.CurrentItem as Order).Order_Details;
    }
}
```

Wer jetzt beim Zugriff auf den MS SQL Server noch Wert auf ADO.NET-Objekte legt, dem ist nicht zu helfen. Kürzer kann das Beispiel kaum ausfallen.

Ach ja, wie kommen eigentlich neue Datensätze in die Tabellen? Hier genügt es, wenn Sie z.B. ein neues *Product*-Objekt erstellen und es an die *Products*-Collection anhängen. Mit einen *Submit-Changes* des *DataContext*-Objekts (der LINQ to SQL *DataContext*) ist die Änderung dann auch schon zum Server übertragen.

# 33.5  Noch einmal zurück zu den Details

Nachdem wir in den bisherigen Abschnitten schon mehrfach vorgreifen mussten, wollen wir an dieser Stelle noch einmal kurz auf einige Details der Datenbindung eingehen.

Interessant für den Datenbankprogrammierer ist vor allem eine Zwischenschicht, die vom WPF quasi zwischen die Daten (Collections) und die reinen Anzeige-Controls (z.B. *ListView*) geschoben wird, um einige datenbanktypische Operationen zu ermöglichen:

- Verwaltung des aktuellen Satzzeigers

- Navigation zwischen den Datensätzen

- Sortierfunktion

- Filterfunktion

Die Rede ist von der Klasse *CollectionView*, um deren Erzeugung Sie sich nicht selbst kümmern müssen, da Sie diese automatisch erstellte View recht einfach abrufen können.

**Beispiel 33.24**  | **Abrufen der *CollectionView***

```csharp
...
        NWDataContext db = new NWDataContext();
        ICollectionView view0;

...
        private void Window_Loaded(object sender, RoutedEventArgs e)
        {
            lvOrder.DataContext = db.Orders;
            view0 = CollectionViewSource.GetDefaultView(lvOrder.DataContext);
        }
```

Mit dieser *CollectionView* stellt es jetzt kein Problem mehr dar, die oben gewünschten Datenbankfunktionen zu implementieren.

## 33.5.1  Navigieren in den Daten

Wie schon in den vorhergehenden Abschnitten gezeigt, ist eine der Hauptaufgaben der *CollectionView* die Verwaltung des "Satzzeigers". Dazu steht Ihnen zunächst die Eigenschaft *CurrentItem* zur Verfügung, die das aktuell ausgewählte Element der gebundenen Collection zurückgibt.

Weitere interessante Eigenschaften:

| Eigenschaften | Beschreibung |
|---|---|
| *CurrentItem* | Aktuelles Element der Auflistung. |
| *CurrentPosition* | Ordinalposition des aktuellen Elements in der Auflistung. |
| *IsCurrentAfterLast* | Befindet sich der "Satzzeiger" hinter dem Ende der Auflistung? |
| *IsCurrentBeforeFirst* | Befindet sich der "Satzzeiger" vor dem Beginn der Auflistung? |

Die eigentliche Navigation realisieren Sie mit den folgenden Methoden:

| Methoden | Beschreibung |
|---|---|
| *MoveCurrentTo* | Das übergebene Element wird als *CurrentItem* festgelegt. |
| *MoveCurrentToFirst* | "Satzzeiger" auf das erste Element verschieben. |
| *MoveCurrentToLast* | "Satzzeiger" auf das letzte Element verschieben. |

| Methoden | Beschreibung |
|---|---|
| *MoveCurrentToNext* | "Satzzeiger" auf das folgende Element verschieben. |
| *MoveCurrentToPosition* | "Satzzeiger" auf den angegebenen Index verschieben. |
| *MoveCurrentToPrevious* | "Satzzeiger" auf das vorhergehende Element verschieben. |

**Beispiel 33.25** | **Navigationstasten für "Vor" und "Zurück"**

```csharp
private void Button_Click(object sender, RoutedEventArgs e)
{
    view.MoveCurrentToNext();
    if (view.IsCurrentAfterLast) view.MoveCurrentToLast();
}


private void Button_Click_1(object sender, RoutedEventArgs e)
{
    view.MoveCurrentToPrevious();
    if (view.IsCurrentBeforeFirst) view.MoveCurrentToFirst();
}
```

**Beispiel 33.26** | **Verwendung von *CurrentItem***

Löschen eines Listeneintrags per *CurrentItem* und Typisierung:

```csharp
private void Button_Click_3(object sender, RoutedEventArgs e)
{
    Klasse.Remove(view.CurrentItem as Schüler);
}
```

## 33.5.2 Sortieren

Dass sich die *CollectionView* auch zum Sortieren eignet, haben wir ja bereits am Beispiel der *List-View* gezeigt, wo durch Klicken auf den Spaltenkopf die Collection nach der jeweiligen Spalte sortiert wurde.

Zum Einsatz kommt die Collection *SortDescriptions,* die neben den Membernamen auch die Sortierfolge enthält. Da es sich um eine Collection handelt, können Sie auch mehrere Elemente angeben:

**Beispiel 33.27** | **Sortieren einer Collection**

```csharp
private void SortClick(object sender, RoutedEventArgs e)
{
    GridViewColumnHeader spalte = sender as GridViewColumnHeader;
```

*CollectionView* abrufen:

```csharp
    ICollectionView view = CollectionViewSource.GetDefaultView(ListView1.ItemsSource);
```

**Beispiel 33.27** | **Sortieren einer Collection**

Bisherige Sortiervorgaben löschen:

```
view.SortDescriptions.Clear();
```

Eine neue Sortierfolge (Spaltenname, Aufsteigend) festlegen:

```
view.SortDescriptions.Add(new SortDescription(spalte.Content.ToString(),
                              ListSortDirection.Ascending));
```

Ansicht aktualisieren:

```
view.Refresh();
}
```

### 33.5.3  Filtern

Auch wenn Sie mit dieser Variante vorsichtig sein sollten (Daten werden vor der Anzeige gefiltert, um unnötigen Traffic zu vermeiden), so besteht doch die Möglichkeit, zur Laufzeit gezielt Daten aus der gebundenen Collection herauszufiltern. Nutzen Sie dazu die *Filter*-Eigenschaft, der Sie eine selbst zu definierende Methode zuweisen.

**Beispiel 33.28** | **Filter festlegen**

Zunächst unsere Filterfunktion (alle Einträge die mit "T" beginnen):

```
protected bool MeinFilter(object value)
{
    Schüler s = value as Schüler;
    return s.Vorname.StartsWith("T");
}
```

Und hier wird der Filter zugewiesen (ein Aktualisieren ist nicht nötig):

```
private void Button3_Click(object sender, RoutedEventArgs e)
{
    ICollectionView view = CollectionViewSource.GetDefaultView(listBox1.ItemsSource);
    view.Filter += MeinFilter;
}
```

---

**HINWEIS:** Möchten Sie den Filter wieder löschen, weisen Sie der Eigenschaft einfach *null* zu.

## 33.6  Drag & Drop-Datenbindung

Die in den vorhergehenden Abschnitten gezeigte Vorgehensweise war recht einfach und mit wenig Schreibaufwand verbunden. Wenn Sie hier weiter lesen, sind Sie vermutlich daran interessiert, noch weniger Code zu produzieren und stattdessen die Assistenten für sich arbeiten zu lassen. Mal sehen, ob Sie mit dem Ergebnis und der Vorgehensweise zufrieden sind!

## 33.6.1  Vorgehensweise

Die Vorgehensweise orientiert sich an der Arbeitsweise bei den Windows Forms:

- Wählen Sie zunächst den Menüpunkt *Daten|Datenquellen anzeigen*.

- Ist die gewünschte Datenquelle noch nicht vorhanden, erzeugen Sie diese über den Klick auf den "Hinzufügen"-Button. In diesem Fall sollte jetzt der Datenquellen-Assistent erscheinen:

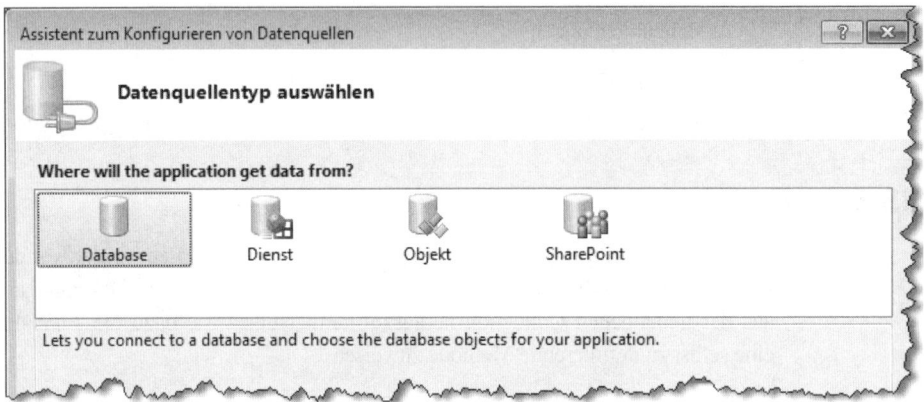

- Wählen Sie den Eintrag "Database", wenn Sie eine Datenbank gänzlich neu einfügen wollen, oder "Objekt", wenn Sie bereits über ein Datenmodell (z.B. LINQ to SQL) verfügen.

- Haben Sie die Datenquelle bzw. die Datenobjekte erfolgreich eingebunden, dürften diese im Datenquellen-Fenster angezeigt werden:

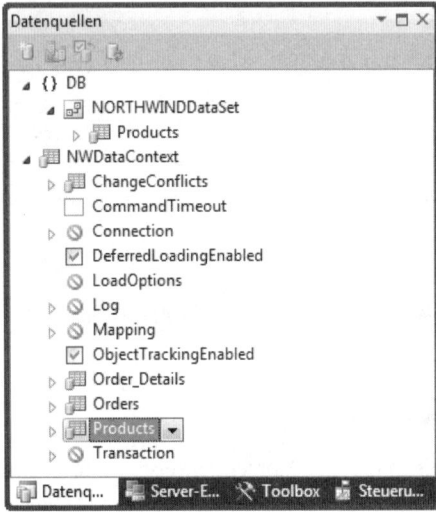

Obige Abbildung zeigt ein eingebundenes DataSet und einen LINQ to SQL-DataContext.

■ Wählen Sie jetzt beispielsweise eine Collection "Products" im Datenquellen-Fenster aus, wird Ihnen per ComboBox folgende Auswahl angezeigt:

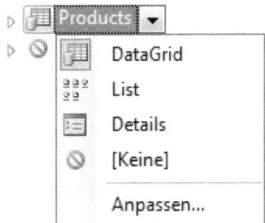

Die Auswahl bestimmt, welche Controls nach einer Drag&Drop-Operation mit dieser Collection in das Fenster eingefügt werden. Wählen Sie die erste Option wird automatisch ein komplett fertig konfiguriertes *DataGrid* in Ihr WPF-Formular eingefügt:

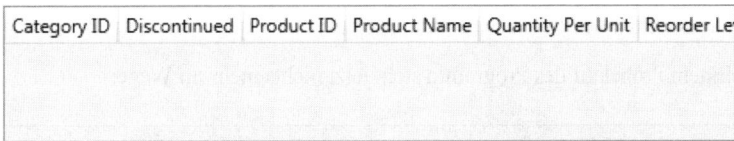

Analog gilt dieses auch für die Auswahl "List", hier kommt eine *ListView* zum Einsatz, die jedoch, auf Templates aufbauend, statt statischem Text Textfelder verwendet.

Mit der Auswahl "Details" wird Ihnen ein *Grid* mit den erforderlichen *Label-, TextBox-* und *CheckBox*-Controls generiert:

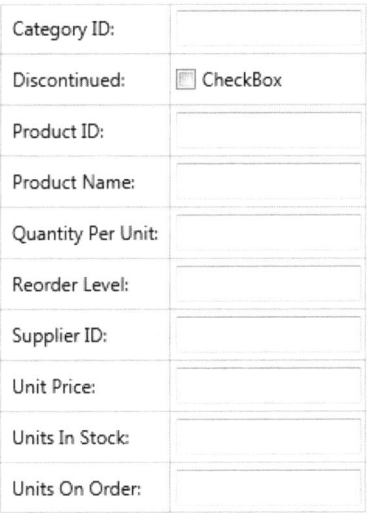

■ Abschließend sollten Sie ein Blick auf den C#-Quellcode des Formulars werfen, hier ist teilweise noch mit etwas Arbeit zu rechnen:

```
private void Window_Loaded(object sender, RoutedEventArgs e)
{
    Datenbindung.DB.NORTHWINDDataSet NORTHWINDDataSet =
    ((Datenbindung.DB.NORTHWINDDataSet)(this.FindResource("NORTHWINDDataSet")));
    // Lädt Daten in Tabelle "Products". Sie können diesen Code nach Bedarf ändern.
    Datenbindung.DB.NORTHWINDDataSetTableAdapters.ProductsTableAdapter
    nORTHWINDDataSetProductsTableAdapter = new
      Datenbindung.DB.NORTHWINDDataSetTableAdapters.ProductsTableAdapter();
    nORTHWINDDataSetProductsTableAdapter.Fill(NORTHWINDDataSet.Products);
    System.Windows.Data.CollectionViewSource productsViewSource =
        ((System.Windows.Data.CollectionViewSource)
        (this.FindResource("productsViewSource")));
    productsViewSource.View.MoveCurrentToFirst();
}
```

Im obigen Beispiel (Anbindung eines DataSets) brauchen Sie keine Änderung vorzunehmen, bei der Anbindung von LINQ to SQL-DataContext-Objekten müssen Sie sich jedoch selbst um das Erstellen des *DataContext* kümmern.

- Einem Probelauf des Programm steht jetzt nichts mehr im Wege:

| Product ID | Product Name | Supplier ID | Category ID | Quantity Per Unit | Unit Price | Units I |
|---|---|---|---|---|---|---|
| 1 | Chai | 1 | 1 | 10 boxes x 20 bag | 777.7700 | 39 |
| 2 | Chang | 1 | 1 | 24 - 12 oz bottles | 19.0000 | 17 |
| 3 | Aniseed Syrup | 1 | 2 | 12 - 550 ml bottle | 10.0000 | 13 |
| 4 | Chef Anton's C | 2 | 2 | 48 - 6 oz jars | 22.0000 | 53 |
| 5 | Chef Anton's G | 2 | 2 | 36 boxes | 21.3500 | 0 |
| 6 | Grandma's Boy | 3 | 2 | 12 - 8 oz jars | 25.0000 | 120 |
| 7 | Uncle Bob's On | 3 | 7 | 12 - 1 lb pkgs. | 30.0000 | 15 |
| 8 | Northwoods Cr | 3 | 2 | 12 - 12 oz jars | 40.0000 | 6 |
| 9 | Mishi Kobe Nik | 4 | 6 | 18 - 500 g pkgs. | 97.0000 | 29 |
| 10 | Ikura | 4 | 8 | 12 - 200 ml jars | 31.0000 | 31 |

## 33.6.2   Weitere Möglichkeiten

Selbstverständlich können Sie jetzt noch den XAML-Code nachbearbeiten und Spalten ein-/ausblenden bzw. umformatieren. Dazu genügt es meist, wenn Sie ein neues *DataTemplate* mit dem gewünschten Eingabe-Control zuweisen:

Statt einer einfachen *TextBox*:

```
<DataGridTextColumn Binding="{Binding Path=OrderDate}" Header="Order-Date"
                    Width="SizeToHeader" />
```

können Sie zum Beispiel auch einen Kalender einblenden:

```
            <DataGridTemplateColumn Header="Order Date" Width="SizeToHeader">
                <DataGridTemplateColumn.CellTemplate>
                    <DataTemplate>
                        <DatePicker SelectedDate="{Binding Path=OrderDate}" />
                    </DataTemplate>
                </DataGridTemplateColumn.CellTemplate>
            </DataGridTemplateColumn>
```

Dass Sie auch alle anderen Formatierungsmöglichkeiten des *DataGrid* nutzen können brauchen wir an dieser Stelle sicher nicht zu erwähnen.

Interessant für den Programmierer ist noch der automatisch erstellte *<Window.Resources>*-Abschnitt, in dem sowohl das nötige *DataSet* als auch eine *CollectionViewSource* erzeugt wird:

```
<Window x:Class="Datenbindung.DragDrop_Bsp"
...
    xmlns:my1="clr-namespace:Datenbindung">
    <Window.Resources>
        <my:NORTHWINDDataSet x:Key="NORTHWINDDataSet" />
        <CollectionViewSource x:Key="productsViewSource"
                Source="{Binding Path=Products, Source={StaticResource NORTHWINDDataSet}}" />
    </Window.Resources>
```

Letztere können Sie dazu nutzen, um zum Beispiel eine Navigation zwischen den Datensätzen zu realisieren:

Instanz ermitteln:

```
...
    System.Windows.Data.CollectionViewSource productsViewSource =
        ((System.Windows.Data.CollectionViewSource)(this.FindResource("productsViewSource")));
```

Über die *View* stehen Ihnen alle Navigationsmöglichkeiten zur Verfügung:

```
    productsViewSource.View.MoveCurrentToFirst();
```

## 33.7 Formatieren von Werten

In unseren Beispielen haben wir uns bislang erfolgreich davor gedrückt, Datumswerte, Währungen etc. in einem sinnvollen Format anzuzeigen bzw. zu formatieren.

Binden Sie beispielsweise einen Datumswert an eine *TextBox,* wird zunächst das Standardformat angezeigt:

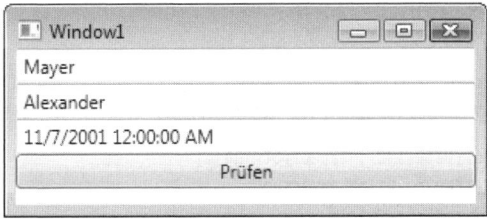

Das sieht aus deutscher Sicht zunächst wenig erfreulich aus, aber mit dem *Language*-Attribut können Sie hier etwas nachhelfen.

**Beispiel 33.29**   **Verwendung *Language*-Attribut**

```
XAML
<TextBox Text="{Binding Path=Geburtstag}" Language="de"/>
```

Nachfolgend sollte zumindest ein deutscher Datumswert angezeigt werden:

Doch auch dies ist noch nicht der Weisheit letzter Schluss.

# 33.7.1   IValueConverter

Mit Hilfe der WPF-Wertkonvertierer können Sie jede beliebige Konvertierung zwischen Quelle und Ziel einer Datenbindung realisieren. Dazu erstellen Sie eine Klasse, die das *IValueConverter*-Interface unterstützt. Diese Klasse muss zwei Methoden implementieren:

- *Convert* (von der Quelle zum Ziel)
- *ConvertBack* (vom Ziel zur Quelle)

Sicher können Sie sich denken, dass die *ConvertBack*-Methode den höheren Programmieraufwand erfordert, hat doch hier der User die Möglichkeit, zunächst beliebige Werte in die Textfelder einzugeben, die Sie dann mühsam in den geforderten Datentyp umwandeln müssen.

**Beispiel 33.30**   **Implementieren und Verwenden eines Wert-Konvertierers**

An dieser Stelle wollen wir allerdings nicht das Rad neu erfinden, sondern ein Beispiel aus dem Microsoft MSDN darstellen.

Zunächst der eigentliche Wert-Konvertierer:

```
using System.Globalization;

namespace Datenbindung
{
    public partial class Window1 : Window
    {
```

Hier die neue Klasse *DateConverter,* die Sie mit entsprechenden Attributen versehen sollten:

```
        [ValueConversion(typeof(DateTime), typeof(String))]
        public class DateConverter : IValueConverter
```

**Beispiel 33.30** | **Implementieren und Verwenden eines Wert-Konvertierers**

```
    {
```

Konvertieren von der Quelle zum Ziel (übergeben werden die Quelleigenschaft, der Zieleigenschaft-Typ, ein Konverter-Parameter sowie die aktuellen Landeseinstellungen):

```
public object Convert(object value, Type targetType, object parameter,
                          CultureInfo culture)
{
    DateTime date = (DateTime)value;
    return date.ToShortDateString();
}
```

Konvertieren vom Ziel (z.B. *TextBox*) zur Quelle (z.B. Objekt):

```
public object ConvertBack(object value, Type targetType, object parameter,
                              CultureInfo culture)
{
    string strValue = value.ToString();
    DateTime resultDateTime;
    if (DateTime.TryParse(strValue, out resultDateTime))
    {
        return resultDateTime;
    }
    return value;
}
    }
```

Die Verwendung im XAML-Code:

```
<Window x:Class="Datenbindung.Window1"
    xmlns="http://schemas.microsoft.com/winfx/2006/xaml/presentation"
    xmlns:x="http://schemas.microsoft.com/winfx/2006/xaml"
```

Zunächst den lokalen Namespace einbinden:

```
xmlns:local="clr-namespace:Datenbindung"
Title="Window1" Height="300" Width="300" >
```

Die Einbindung der Klasse erfolgt per Ressource:

```
<Window.Resources>
  <local:DateConverter x:Key="dateConverter"/>
</Window.Resources>
<StackPanel Name="StackPanel1">
  <TextBox Text="{Binding Path=Nachname}" Name="txt1" />
  <TextBox Text="{Binding Path=Vorname}" />
```

Und hier verwenden wir den Konverter bei der Bindung:

```
<TextBox Text="{Binding Path=Geburtstag, Converter={StaticResource dateConverter}}" />
<Button Click="Button_Click">Prüfen</Button>
```

Beispiel 33.30 | **Implementieren und Verwenden eines Wert-Konvertierers**

```
        </StackPanel>
    </Window>
```

Das neue Ergebnis sieht schon viel ansprechender aus:

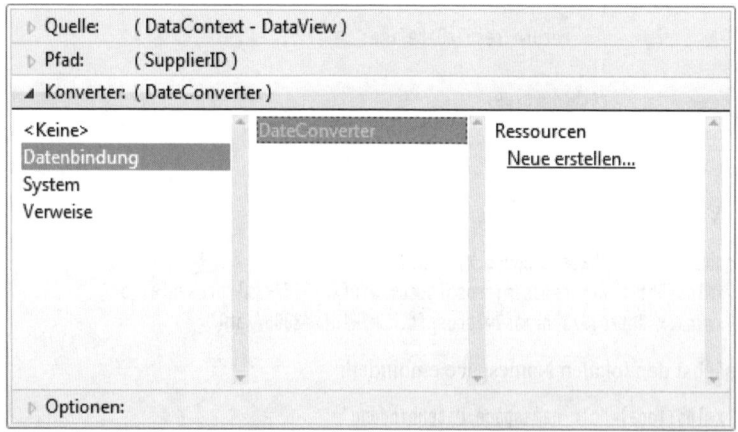

---

**HINWEIS:** Mit Visual Studio 2010 wurde auch die Möglichkeit geschaffen, vorhandene Wertkonvertierer per Eigenschafteneditor (siehe folgende Abbildung) zuzuweisen. Der Eigenschafteneditor erstellt, falls erforderlich, die entsprechenden Einträge im *<Window.Resources>*-Abschnitt des Formulars und weist das Attribut "Converter" zu.

---

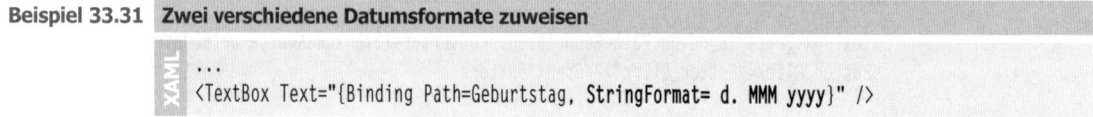

## 33.7.2  BindingBase.StringFormat-Eigenschaft

Nachdem Sie sich durch unser obiges Beispiel gequält haben, wollen wir Ihnen auch nicht die dritte Variante zur Formatierung von Werten vorenthalten.

Bereits mit dem .NET 3.5 Framework SP 1 wurde eine entsprechendes Feature eingeführt. An dieser Stelle wollen wir deshalb noch kurz auf die *BindingBase.StringFormat*-Eigenschaft eingehen, welche die Verwendung eines *IValueConverters* in vielen Standardfällen überflüssig macht.

Beispiel 33.31 | **Zwei verschiedene Datumsformate zuweisen**

```
...
<TextBox Text="{Binding Path=Geburtstag, StringFormat= d. MMM yyyy}" />
```

**Beispiel 33.31** **Zwei verschiedene Datumsformate zuweisen**

```
...
<TextBox Text="{Binding Path=Geburtstag, StringFormat= dd.MM.yyyy }" />
...
```

Das Ergebnis:

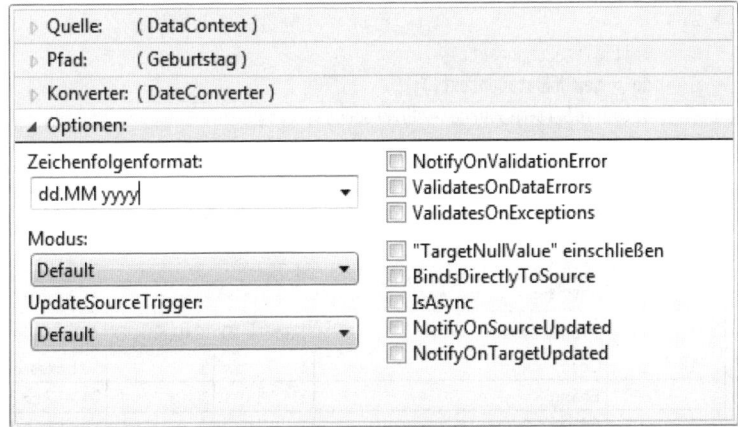

**HINWEIS:** Alternativ können Sie auch hier den Eigenschafteneditor in Visual Studio 2010 nutzen (siehe folgende Abbildung), der eine einfache Zuweisung des Formatierungsstrings erlaubt.

| | |
|---|---|
| ▷ Quelle: | ( DataContext ) |
| ▷ Pfad: | ( Geburtstag ) |
| ▷ Konverter: | ( DateConverter ) |
| ◢ Optionen: | |

Zeichenfolgenformat:

`dd.MM yyyy` ▾

☐ NotifyOnValidationError
☐ ValidatesOnDataErrors
☐ ValidatesOnExceptions

Modus:

`Default` ▾

☐ "TargetNullValue" einschließen
☐ BindsDirectlyToSource
☐ IsAsync

UpdateSourceTrigger:

`Default` ▾

☐ NotifyOnSourceUpdated
☐ NotifyOnTargetUpdated

## 33.8 Das DataGrid als Universalwerkzeug

Mit der WPF-Version 4 wird erstmals auch ein *DataGrid* regulär unterstützt, ohne zusätzliche Toolkits etc. laden zu müssen. Wie die schon besprochene *ListView* erlaubt auch das *DataGrid* die Anzeige von Collections im Tabellenformat. Zusätzlich werden Funktionen zum Editeren, Löschen, Auswählen und Sortieren angeboten.

**HINWEIS:** Anhand einiger Fallbeispiele wollen wir Ihnen ein Übersicht des Funktionsumfangs geben, für eine komplette Beschreibung aller Eigenschaften bzw. Möglichkeiten fehlt hier jedoch der Platz und wir verweisen auf die recht umfangreiche Hilfe zum *DataGrid*-Control.

## 33.8.1 Grundlagen der Anzeige

Wie fast nicht anders zu erwarten, erfolgt die Anbindung an die Datenquelle mittels *Items-Source*-Eigenschaft, wir erzählen Ihnen an dieser Stelle also nichts Neues und verweisen auf die vorhergehenden Abschnitte.

Im Unterschied zu den bereits beschriebenen Controls bietet uns das *DataGrid* einen wesentlichen Vorteil, Sie brauchen sich nicht um das Erstellen der einzelnen Spalten zu kümmern, dank *Auto-GenerateColumns*-Eigenschaft (Default *true*) werden automatisch die erforderlichen Spalten erzeugt.

---

**Beispiel 33.32**    **Anbinden des *DataGrid* an LINQ to SQL-Daten**

```xaml
<DataGrid Name="DataGrid1" />
```

```csharp
public partial class DataGrid_Bsp : Window
{
    NWDataContext db;

    public DataGrid_Bsp()
    {
        InitializeComponent();
        db = new NWDataContext();
        DataGrid1.ItemsSource = db.Products;
    }
}
```

Das Ergebnis dürfte unseren Erwartungen bereits entsprechen:

| ProductID | ProductName | SupplierID | CategoryID | QuantityPerUnit |
|-----------|-------------|------------|------------|-----------------|
| 1 | Chai | 1 | 1 | 10 boxes x 20 bags |
| 2 | Chang | 1 | 1 | 24 - 12 oz bottles |
| 3 | Aniseed Syrup | 1 | 2 | 12 - 550 ml bottles |
| 4 | Chef Anton's Cajun Seasoning | 2 | 2 | 48 - 6 oz jars |
| 5 | Chef Anton's Gumbo Mix | 2 | 2 | 36 boxes |
| 6 | Grandma's Boysenberry Spread | 3 | 2 | 12 - 8 oz jars |
| 7 | Uncle Bob's Organic Dried Pears | 3 | 7 | 12 - 1 lb pkgs. |
| 8 | Northwoods Cranberry Sauce | 3 | 2 | 12 - 12 oz jars |

---

Die Verwendung der *AutoGenerateColumns*-Eigenschaft ist sicher recht praktisch, doch haben Sie in diesem Fall keinen Einfluss auf Anzahl, Reihenfolge und Aussehen der Spalten.

Das *DataGrid* selbst unterscheidet in diesem Fall lediglich zwischen Spalten der Typen *DataGrid-TextColumn* und *DataGridCheckBoxColumn*, deren Bedeutung sich bereits durch den Namen erklärt.

## UI-Virtualisierung

Sicher interessiert es Sie auch, wie leistungsfähig das *DataGrid* ist. Erstellen Sie ruhig einmal eine Collection mit 1.000.000 Datensätzen und weisen Sie diese als *ItemsSource* zu. Sie werden feststellen, dass das Erzeugen der Collection wesentlich länger dauert als die Anzeige der Daten. Der Grund für dieses Verhalten basiert auf der UI-Virtualisierung, die mit Hilfe eines *VirtualizingStackPanel* als Layoutpanel innerhalb des *DataGrid* (auch *ListView*, *ListBox* etc.) verwendet wird.

Das *VirtualizingStackPanel* sorgt dafür, dass nur die gerade sichtbaren Einträge (bzw. die dazu notwendigen Controls) erzeugt werden. Was passiert, wenn dies nicht so ist, können Sie ganz einfach ausprobieren. Es genügt, wenn Sie das folgende Attribut in die Elementedefinition einfügen:

```
<DataGrid VirtualizingStackPanel.IsVirtualizing="False" Name="DataGrid1" />
```

Bitte besorgen Sie sich rechtzeitig eine Zeitung und eine Kanne Kaffee wenn Sie versuchen wollen, eine große Collection an das *DataGrid* zu binden. Im extremsten Fall kommt es zur Meldung, dass der verfügbare Arbeitsspeicher nicht ausreicht. Die Ursache dürfte schnell klar werden, wenn Sie sich vorstellen, dass für jede erforderliche Zeile und alle angezeigten Spalten die entsprechenden Anzeige-Controls generiert werden müssen.

## Spalten selbst definieren

Gehen Ihnen die Möglichkeiten von *AutoGenerateColumns* nicht weit genug, können Sie alternativ auch selbst Hand anlegen und die einzelnen Spalten frei definieren. Setzen Sie in diesem Fall das Attribut *AutoGenerateColumns* auf *false* und fügen Sie die Spaltendefinitionen der *Columns*-Eigenschaft hinzu (die Reihenfolge der Definition entscheidet über die Anzeigereihenfolge).

Wir machen es uns in diesem Fall zunächst etwas einfacher und generieren das *DataGrid* mit allen Spaltendefinitionen per Drag&Drop-Datenbindung (siehe Seite 1431).

**Beispiel 33.33** | ***DataGrid* mit einzeln definierten Spalten**

Zunächst das Erzeugen der *CollectionViewSource*:

```
...
    <CollectionViewSource x:Key="schülerViewSource" d:DesignSource=
                        "{d:DesignInstance my:Schüler, CreateList=True}" />
    </Window.Resources>
    <DockPanel DataContext="{StaticResource schülerViewSource}">
```

Hier das *DataGrid*:

```
    <DataGrid AutoGenerateColumns="False" EnableRowVirtualization="True"
            ItemsSource="{Binding}" Name="DataGrid1"
            RowDetailsVisibilityMode="VisibleWhenSelected" >
```

Und hier folgen die Definitionen der einzelnen Spalten:

```
        <DataGrid.Columns>
```

Eine Textspalte erzeugen, Bindung an den Member *Nachname* herstellen, die Kopfzeile mit "Nachname" beschriften und eine Größenanpassung vornehmen:

**Beispiel 33.33**   *DataGrid* **mit einzeln definierten Spalten**

```
        <DataGridTextColumn x:Name="nachnameColumn"
               Binding="{Binding Path=Nachname}" Header="Nachname" Width="SizeToHeader" />
```

Gleiches für den Vornamen:

```
        <DataGridTextColumn x:Name="vornameColumn" Binding="{Binding Path=Vorname}"
                          Header="Vorname" Width="SizeToHeader" />
```

An dieser Stelle war der Assistent schon ganz schön "pfiffig", statt einer einfachen Textspalte hat er bereits ein *DataTemplate* mit einem *DatePicker* für die Datumsanzeige erzeugt:

```
        <DataGridTemplateColumn x:Name="geburtstagColumn"
                            Header="Geburtstag" Width="SizeToHeader">
          <DataGridTemplateColumn.CellTemplate>
            <DataTemplate>
              <DatePicker SelectedDate="{Binding Path=Geburtstag}" />
            </DataTemplate>
          </DataGridTemplateColumn.CellTemplate>
        </DataGridTemplateColumn>
      </DataGrid.Columns>
    </DataGrid>
  </DockPanel>
```

Das erzeugte *DataGrid*:

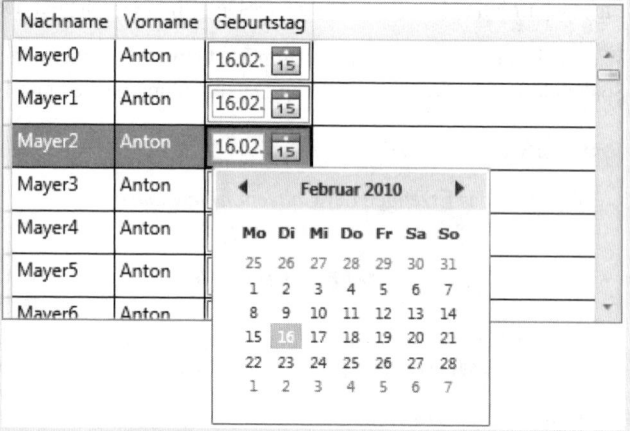

Im obigen Beispiel ist die Datumsspalte noch zu schmal, weisen Sie einfach der Eigenschaft *Width* einen größeren Wert zu:

```
<DataGridTemplateColumn x:Name="geburtstagColumn" Header="Geburtstag" Width="100">
```

> **HINWEIS:** Sie können die Spaltenbreite auch mit "*" angeben, in diesem Fall verwendet die Spalte den restlichen verfügbaren Platz.

Wie Sie gesehen haben, steht Ihnen neben den Standard-Spaltentypen

- *DataGridTextColumn,*

- *DataGridCheckBoxColumn,*

- *DataGridComboBoxColumn,*

- *DataGridHyperlinkColumn*

auch die recht flexible *DataGridTemplateColumn* zur Verfügung. Welche Controls Sie hier einbinden (*Image, Chart, RichtextBox* etc.) bleibt Ihrer Phantasie überlassen.

Weitere Gestaltungsmöglichkeiten bieten sich mit dem Ein- und Ausblenden der Trennlinien, der Konfiguration der Spaltenköpfe per Template usw.

### Zusatzinformationen in den Zeilen anzeigen

Nicht alle Informationen sollen immer gleich in einem Grid sichtbar sein, vielfach werden Detailfenster etc. eingeblendet, um nach der Auswahl eines Datensatzes weitere Informationen anzuzeigen. An dieser Stelle bietet das *DataGrid* mit dem *RowDetailsTemplate* ein recht interessantes Feature, versetzt Sie dieses Template doch in die Lage, unter bestimmten Umständen (*RowDetails-VisibilityMode*-Eigenschaft) zusätzliche Inhalte einzublenden.

**Beispiel 33.34** | **Verwendung von *RowDetailsTemplate***

Zunächst müssen Sie bestimmen, wann die Details eingeblendet werden sollen:

```
<DataGrid AutoGenerateColumns="False" EnableRowVirtualization="True"
    ItemsSource="{Binding}" RowDetailsVisibilityMode="VisibleWhenSelected" >
    <DataGrid.Columns>
...
    </DataGrid.Columns>
```

Nach der Spaltendefinition können Sie dann das *RowDetailsTemplate* einfügen und mit den gewünschten Informationen füllen:

```
<DataGrid.RowDetailsTemplate>
    <DataTemplate>
        <StackPanel Orientation="Horizontal" Background="AliceBlue">
            <TextBlock>Nachname: </TextBlock>
            <TextBlock Text="{Binding Path=Nachname}" FontSize="11" />
            <TextBlock> Vorname: </TextBlock>
            <TextBlock Text="{Binding Path=Vorname}" FontSize="11" />
        </StackPanel>
    </DataTemplate>
</DataGrid.RowDetailsTemplate>
</DataGrid>
```

**Beispiel 33.34**  **Verwendung von *RowDetailsTemplate***

Mit *RowDetailsVisibilityMode* bestimmen Sie, wie die Zeilendetails angezeigt werden. Standardwert ist *Collapsed* (nicht sichtbar) alternativ steht *Visible* (immer sichtbar) oder *VisibleWhenSelected* zur Verfügung (nur die aktuelle Zeile).

## 33.8.2  Vom Betrachten zum Editieren

Auch wenn die umfangreichen Anzeigeoptionen das *DataGrid* für diverse Aufgaben prädestinieren, eine Hauptaufgabe dürfte in den meisten Fällen auch das Editieren der Inhalte sein.

Grundsätzlich entscheidet zunächst die übergreifende Eigenschaft *IsReadOnly* über die Fähigkeit, Inhalte des *DataGrid*s zu editieren oder nur zu betrachten. Gleiches gilt auch auf Spaltenebene, auch hier können Sie mit *IsReadOnly* darüber entscheiden, welche Spalten editierbar sind und welche nicht. Zusätzlich unterstützen Sie diverse Ereignisse vor, während und nach dem Editiervorgang (*BeginningEdit*, *PreparingCellForEdit, CellEditEnding* ...).

**HINWEIS:** An dieser Stelle wollen wir uns jedoch aus Platzgründen vom *DataGrid* verabschieden und verweisen auf unser [Visual C# 2010 – Kochbuch].

# Kapitel 34

# Drucken/Druckvorschau mit WPF

Mit der Einführung von WPF wurde auch eine grundsätzlich andere Vorgehensweise bei der Druckausgabe von Dokumenten gewählt, die bei mehr als einer Druckausgabeseite schnell an Komplexität gewinnt. Erschwerend kommt hinzu, dass für Druckausgabe und Druckvorschau[1] keine einheitliche Lösung gewählt wurde, was es dem Programmierer auch nicht einfacher macht.

Aus diesem Grund wollen wir Sie zunächst mit der "Trivial-Lösung" für die Ausgabe einzelner Seiten sowie die Auswahl des Zieldruckers vertraut machen, bevor wir uns den komplexeren Themen wie

- Druckvorschau,
- mehrseitige Dokumente
- und Druckerauswahl/-konfiguration

zuwenden wollen. Doch bevor es so weit ist, wollen wir Sie in einer Kurzübersicht mit den neuen Konzepten der WPF-Druckausgabe vertraut machen.

## 34.1 Grundlagen

Eine Einführung zum Drucken in WPF wäre nicht komplett, wenn wir nicht kurz auf das Thema XPS-Dokumente eingehen würden.

### 34.1.1 XPS-Dokumente

Mit XPS (*XML Paper Specification*) versucht Microsoft einen Pendant zum derzeit weit verbreiteten Adobe PDF-Format zu etablieren. Im Grunde handelt es sich um eine geräteunabhängige vektororientierte Seitenbeschreibungssprache, die einen ungehinderten Informationsfluss aus der Anwendung bis zum finalen Ausgabegerät sicherstellen soll. Dafür findet sich nicht zuletzt auch in Windows Vista/Windows 7 ein entsprechender Druckertreiber, dessen Ausgaben in einer Datei landen, die Sie wiederum mit dem entsprechenden Betrachter anzeigen können.

---

[1] Eine direkte Druckvorschau-Komponente werden Sie auch nicht finden, wir nehmen dafür den *DocumentViewer*.

Über die Vor- und Nachteile zum bereits etablierten PDF lässt sicher sicher streiten, was aber nichts an der Tatsache ändert, dass XPS nun mal der zentrale Weg für die Druckausgaben unserer WPF-Anwendungen ist. Allerdings hat auch Microsoft schon richtig eingeschätzt, dass eine relevante XPS-Unterstützung für das neue Format von kaum einem Druckerhersteller zu erwarten ist, und so wird innerhalb der Druckausgabe eine Umwandlung der XPS-Daten in die bekannten GDI-bzw. PDL-Daten vorgenommen, um auch mit den derzeit am Markt befindlichen Geräten sinnvoll arbeiten zu können.

Um all diese Hintergründe müssen Sie sich als Programmierer jedoch nicht selbst kümmern, das für Sie interessante *XpsDocumentWriter*-Objekt nimmt, je nach Endgerät, die erforderliche XPS zu GDI-Umwandlung automatisch vor.

Für die Interaktion mit dem XPS-Ausgabesystem stehen Ihnen in C# die beiden Namespaces

- *System.Printing*

- und *System.Windows.Xps*

mit den entsprechenden Klassen zur Verfügung. Zusätzlich findet sich ganz unscheinbar im Namespace *System.Windows.Controls* auch eine *PrintDialog*-Komponente, die Sie in keinem Fall mit der entsprechenden Windows Forms-Komponente verwechseln sollten. Die *PrintDialog*-Komponente bietet neben der vermuteten Dialog-Funktionalität vor allem einen einfachen Zugriff auf die installierten Drucker, um zum Beispiel Controls (und das kann auch, wie von WPF gewohnt, eine geschachtelte Anordnung sein) oder auch ganze XPS-Dokumente zu drucken. Mehr dazu finden Sie im Abschnitt 34.2 ab Seite 1447.

## 34.1.2  System.Printing

Dieser Namespace bietet mit den enthaltenen Klassen (Auszug)

- *PrintServer*
  (repräsentiert den aktuellen Druckserver, d.h. den Computer)

- *PrintQueue*
  (repräsentiert den aktuellen Drucker und dessen Druckerwarteschlange)

- *PrintSystemJobInfo*
  (ein Druckjob und dessen Status)

- *PrintTicket*
  (die Konfiguration des Druckauftrags, wie Seitenformat, Seitendrehung etc.)

die Grundlage für die Arbeit mit der Druckausgabe in WPF.

---

**HINWEIS:** Bevor Sie auf diesen Namespace zugreifen können, müssen Sie unter Verweise noch die Assembly *System.Printing.dll* nachträglich einbinden. Je nach Funktionsumfang kann es auch nötig sein, zusätzlich die Assembly *ReachFramework.dll* einzubinden.

---

**HINWEIS:** Weitere Informationen zu den o.g. Klassen finden Sie im Abschnitt 34.4.

### 34.1.3   System.Windows.Xps

Wie schon erwähnt, ist XPS der Dreh- und Angelpunkt der WPF-Druckausgabe. Über den Namespace *System.Windows.Xps* stehen Ihnen die nötigen Schnittstellen-Klassen *VisualsToXpsDocument* und *XpsDocumentWriter* zur Verfügung.

Zusätzlich finden sich weitere Namespaces wie *System.IO.Packaging* und *System.Windows. Xps.Packaging*, die im Zusammenhang mit der Ausgabe von XPS-Dateien eine Rollen spielen. Hier auf alle Einzelheiten einzugehen, würde den Rahmen des Kapitels sprengen.

---

**HINWEIS:** Bevor Sie auf diesen Namespace komplett zugreifen können, müssen Sie Verweise auf die Assemblies *System.Printing.dll* und *ReachFramework.dll* einbinden.

---

## 34.2   Einfache Druckausgaben mit dem PrintDialog

Hoffentlich haben wir Sie mit den Kurzausführungen zu XPS nicht ganz verschreckt, nicht in jedem Fall müssen Sie sich mit der Gesamtkomplexität der WPF-Druckausgabe herumschlagen, es geht teilweise auch ganz einfach, wie es auch das folgende Beispiel zeigt:

**Beispiel 34.1**   **Verwendung von *PrintDialog***

```
C#        private void Button2_Click(object sender, RoutedEventArgs e)
          {
```
Instanz erstellen:
```
          PrintDialog dlg = new PrintDialog();
```
Dialog anzeigen:
```
          if (dlg.ShowDialog() == true)
          {
```
Wird auf die Ok-Taste geklickt, drucken wir ein Control aus:
```
          dlg.PrintVisual(Button2, "Erster Test");
          }
          }
```

Das Ergebnis dürfte etwa so aussehen:

Drucken über PrintDialog

Der Druckdialog selbst wird Ihnen sicher von den Windows Forms her noch bekannt sein, die Funktionalität ist zunächst gleich. Doch nach der Auswahl von Drucker, Seitenbereich etc. geht es hier erst richtig los. Über die Methode *PrintVisual* besteht die Möglichkeit, XAML-Elemente Ihres Formulars (oder auch gleich das ganze Formular) direkt an den Drucker zu senden. Da diese ohnehin vektorbasiert sind, ist auch die Druckqualität im Vergleich zu Windows Forms wesentlich besser.

---

**HINWEIS:** Wer jetzt befürchtet, immer den Dialog anzeigen zu müssen, liegt falsch, lassen Sie den Aufruf der Methode *ShowDialog* weg, wird automatisch der Standard-Drucker verwendet.

---

Doch Vorsicht – der oben gezeigte Aufruf von *PrintVisual* hat einige Einschränkungen, die Sie kennen sollten, bevor Sie darauf basierend Ihre Programme umschreiben:

1. Es wird immer nur **eine** Seite bedruckt, ist der zu druckende Content größer, wird er abgeschnitten.

2. Der Ausdruck wird immer an der linken oberen Blattecke ausgerichtet. Da viele Drucker jedoch einen Seitenoffset besitzen, wird in diesem Fall meist etwas am oberen und linken Rand abgeschnitten.

Als Lösung für 1. bietet sich die komplexere *PrintDocument*-Methode an, auf die wir noch zurückkommen werden, Problem 2 können Sie umgehen, wenn Sie dem zu druckenden Control einen entsprechenden *Margin* verpassen, der automatisch mit den Seitenrändern verrechnet wird.

Wo wir schon bei Seitenrändern sind: Über den *PrintDialog* können Sie auch einige wichtige Informationen zum aktuellen Ausgabemedium[1] in Erfahrung bringen:

- Seitenhöhe und Breite (*PrintTicket.PageMediaSize.Height*, *PrintTicket.PageMediaSize.Width*)

- Druckbereichshöhe und -breite (*PrintableAreaHeight*, *PrintableAreaWidth*)

- Randloser Druck möglich (*PrintTicket.PageBorderless*)

- Seitenausrichtung (*PrintTicket.PageOrientation*)

---

**HINWEIS:** Achtung: Ist das Blatt gedreht, hat dies keinen Einfluss auf die Seiten- bzw. Druckbereichsabmessungen, d.h., die Papierbreite ist beim Querformat mit *PrintableArea-Height* zu bestimmen.

---

Natürlich gibt es noch dutzende weitere Eigenschaften, in den folgenden Abschnitten kommen wir noch darauf zurück.

Doch was ist eigentlich mit reiner Textausgabe? Hier sollten Sie den Namen der *PrintVisual*-Methode nicht zu genau nehmen, mit dieser Methode können Sie natürlich auch Text bzw. ein *TextBlock*-Objekt ausgeben und das auf wesentlich komfortablere Art als bei den Windows Forms. Der *TextBlock* darf natürlich auch über Formatierungen etc. verfügen (siehe Seite 1259).

---

[1] tolle Umschreibung für "Blatt"

**Beispiel 34.2**  **Textausgabe auf dem Drucker**

C#

```
private void Button2_Click(object sender, RoutedEventArgs e)
{
    PrintDialog dlg = new PrintDialog();
    if (dlg.ShowDialog() == true)
    {
```

Neue *TextBlock*-Instanz unabhängig vom Formular erzeugen:

```
        TextBlock txt = new TextBlock();
```

Ränder festlegen, so umgehen wir das Problem mit dem Seitenoffset:

```
        txt.Margin = new Thickness(15);
```

Hier der eigentliche Ausgabetext:

```
        txt.Text = "Hier folgt ein selten belangloser Text, den Sie besser nicht
lesen sollten. Aber so wird Ihnen schnell klar, wie einfach die Textausgabe ist.";
```

Schriftgröße und Schriftart bestimmen:

```
        txt.FontSize = 25;
        txt.FontFamily = new FontFamily("Arial");
```

Textumbruch aktivieren:

```
        txt.TextWrapping = TextWrapping.Wrap;
```

Und jetzt müssen wir uns um die Größe des Controls kümmern (Layout-Aktualisierung), sonst ist es nicht zu sehen:

```
        txt.Measure(new Size(dlg.PrintableAreaWidth, dlg.PrintableAreaHeight));
        txt.Arrange(new Rect(0, 0, txt.DesiredSize.Width, txt.DesiredSize.Height));
```

Last, but no least, die Druckausgabe:

```
        dlg.PrintVisual(txt, "Erster Test");
    }
}
```

Ergebnis

Damit kann man doch schon ganz zufrieden sein:

Hier folgt ein selten belangloser Text, den Sie besser nicht lesen sollten. Aber so wird Ihnen schnell klar, wie einfach die Textausgabe ist.

Damit wollen wir uns aus der "Programmierer-Kuschelecke" verabschieden und uns in die "Wildnis" von Druckvorschau und mehrseitiger Ausgabe wagen.

# 34.3 Mehrseitige Dokumente und Druckvorschau-Funktion

Puh..., ganz schön viele Wünsche auf einmal und WPF lässt uns an dieser Stelle doch etwas im Regen stehen. Ein Blick in die Toolbox verheißt nichts Gutes, weder für das eine noch für das andere findet sich **die** Standardlösung.

Wer den Blick in die Hilfe bzw. ins Internet wagt, findet sicher auch recht schnell die Standard-lösung mit einer abgeleitetem *DocumentPaginator*-Klasse, deren Methoden Sie implementieren müssen. Doch so ganz befriedigend ist diese Lösung nicht, von der Übersicht ganz zu schweigen.

Aus diesem Grund haben sich die Autoren diverse Einzellösungen im Internet angesehen und aus all diesen Hinweisen/Lösungsvorschlägen etc. zwei halbwegs nutzbare Lösungen realisiert, die sowohl unsere Wünsche nach mehrseitigen Dokumenten erfüllen als auch eine Druckvorschau bie-ten.

Doch wie immer findet sich auch hier ein Haar in der Suppe: Sie müssen sich entscheiden, ob Sie mit einem flexiblen Dokument arbeiten, das über Fließtext mit eingebetteten Grafiken etc. verfügt (ein typisches Flow-Dokument) oder ob Sie die einzelnen Elemente Layout-orientiert bzw. absolut anordnen wollen (Fix-Dokument). Für beides finden Sie im Folgenden die Lösung.

## 34.3.1 Fix-Dokumente

Sehen wir uns zunächst die layout- und seitenorientierte Ausgabe von Dokumenten an. Wie auch bei den noch zu betrachtenden Flow-Dokumenten wollen wir die erforderliche Funktionalität in einer eigenen Klasse kapseln, um uns ganz auf die reine Ausgabe konzentrieren zu können. Ziel war es, mit so wenig Code wie möglich eine Druckausgabe und eine Druckvorschaufunktion zu implementieren.

### Einsatzbeispiel

Bevor wir uns in die Details vertiefen, wollen wir uns ansehen, wie wir die spätere Klasse *Fixed-PrintManager* einsetzen können und was wir alles zu Papier bringen können. Sie werden sehen, dass viele Konzepte bereits in den vorhergehenden Kapiteln erläutert wurden.

| Beispiel 34.3 | **Verwendung der Klasse *FixedPrintManager*** |
|---|---|

Binden Sie zunächst die beiden Assemblies *System.Printing.dll* und *ReachFramework.dll* ein. Erstellen Sie nachfolgend ein Formular, in das Sie eine Schaltfläche und einen *Document-Viewer*[1] einbinden.

Zunächst die nötigen Namespaces:

```
...
using System.IO;
using System.Windows.Xps;
using System.Windows.Xps.Packaging;
using System.Windows.Markup;
```

---

[1] Sie ahnen es sicher schon, der *DocumentViewer* wird unsere Druckvorschau.

**Verwendung der Klasse *FixedPrintManager***

```
using System.IO.Packaging;
...
```

Nach dem Klick auf die Schaltfläche setzen die hektischen Aktivitäten ein:

```
private void Button1_Click(object sender, RoutedEventArgs e)
{
```

Als Erstes definieren wir einige Objekte, die wir später zu Papier bringen wollen (nähere Informationen dazu finden Sie in den vorhergehenden Kapiteln.):

```
TextBlock txt;
Image img;
StackPanel panel;
```

Wir erstellen eine Instanz unserer *FixedPrintManager*-Klasse:

```
FixedPrintManager pm = new FixedPrintManager(
                borders: new Thickness(15), ShowPrintDialog: true);
```

Parameter sind die Breite der Seitenränder und die Option, ob ein Druckerauswahldialog angezeigt werden soll.

Und damit sind wir auch schon beim Darstellen der ersten Seite:

Zentrales Element ist ein *StackPanel*, wie Sie es auch von den WPF-Formularen kennen:

```
panel = new StackPanel();
```

In das *StackPanel* fügen wir einen *TextBlock* ein. Die entsprechende Instanz erzeugen wir allerdings per *NewTextBlock*-Methode unserer *FixedPrintManager*-Instanz:

```
txt = pm.NewTextBlock("Times New Roman", 40);
```

Der Vorteil: Wir müssen uns nicht um das recht umständliche Konfigurieren des *TextBlock*s kümmern, Defaultparameter ermöglichen das einfache und komfortable Setzen der Eigenschaften.

Noch etwas Text definieren und den *TextBlock* dem *StackPanel* hinzufügen:

```
txt.Text =
   "Hier steht zum Beispiel jede Menge Text. Hier steht zum Beispiel
     jede Menge Text.Hier steht zum Beispiel jede Menge Text. .......... ";
panel.Children.Add(txt);
```

Ein weiterer *TextBlock:*

```
txt = pm.NewTextBlock(text: "Hier steht zum Beispiel jede Menge Text.
   Hier steht zum Beispiel jede Menge Text.Hier steht zum .........");
txt.Te xtAlignment = TextAlignment.Justify;
txt.Margin = new Thickness(0, 10, 0, 20);
panel.Children.Add(txt);
```

Ein *Image* in das *StackPanel* einfügen:

```
img = new Image();
```

Im Gegensatz zu den beiden vorhergehenden Beispielen müssen wir im Fall des *Image*-Controls selbst für die Größenanpassung des *Image* sorgen:

```
img.Width = pm.PageSize.Width - pm.Borders.Left - pm.Borders.Right;
img.Stretch = Stretch.Uniform;
img.Source = new BitmapImage(new Uri("pack://application:,,,/Desert.jpg"));
panel.Children.Add(img);
```

Wir schließen die erste "Druck"-Seite ab, indem wir das Stackpanel an die *NewPage*-Methode übergeben:

```
pm.NewPage(panel);
```

Hier erzeugen wir eine reine Textseite:

```
txt = pm.NewTextBlock(Fontsize: 22);
txt.Text = "Hier ist die zweite Seite mit Fließtext. Hier ist die zweite
            Seite mit Fließtext. Hier ist die zweite Seite ....... ";
```

Abschließen der zweiten Seite:

```
pm.NewPage(txt);
```

Ein ganz triviales Beispiel für die Ausgabe einzelner Controls:

```
pm.NewPage(new Calendar());
```

Natürlich können Sie bei der Druckausgabe auch alle Bildtransformationen nutzen, die Sie bereits kennen gelernt haben.

Als Grundlage dient uns in diesem Fall ein *Canvas,* der auch das absolute Positionieren des Controls zulässt:

```
Canvas cv = new Canvas();
img = new Image();
img.Width = pm.PageSize.Width - pm.Borders.Left - pm.Borders.Right;
img.Stretch = Stretch.Uniform;
img.Source = new BitmapImage(new Uri("pack://application:,,,/Desert.jpg"));
img.SetValue(Canvas.TopProperty, 100.0);
img.SetValue(Canvas.LeftProperty, 1.0);
```

Die Transformation anwenden:

```
img.LayoutTransform = new RotateTransform(45);
cv.Children.Add(img);
pm.NewPage(cv);
```

Abschließend möchten wir Ihnen an einer weiteren "Druckseite" demonstrieren, wie Sie auch XAML-Code aus den Ressourcen des aktuellen Formulars für die Druckausgabe verwenden können:

**Beispiel 34.3**    **Verwendung der Klasse** *FixedPrintManager*

```
cv = (Canvas)Resources["ResourceData"];
cv.Measure(pm.PageSize);
cv.Arrange(new Rect(0, 0, cv.DesiredSize.Width, cv.DesiredSize.Height));
pm.NewPage(cv);
```

So, damit ist das Dokument erstellt, Sie haben jetzt zwei Möglichkeiten: Entweder Sie zeigen das Dokument in einem *DocumentViewer* an oder Sie gehen sofort zum Druck über:

```
documentViewer1.Document = pm.Document;
pm.Print();
}
```

Das Ergebnis unserer Bemühungen zeigen die folgenden Abbildungen:

Vielleicht sind Sie auch der Meinung, dass der Aufwand für das Erstellen des Dokuments nicht allzu hoch war. Die Verwendung der Textblöcke hatte sogar den Vorteil, dass wir uns um Zeilenumbrüche keinen Kopf machen mussten. Die restlichen Ausgaben waren weitgehend mit der Formulardarstellung identisch, neue Konzepte müssen Sie bei dieser Form der Druckausgabe nicht erlernen.

### Die Klasse FixedPrintManager

Doch nun wollen wir einen Blick auf die verwendete Klasse *FixedPrintManager* werfen:

```
public class FixedPrintManager
{
```

Einige interne Variablen:

```
private FixedDocument _PrintDocument;
private Size _PageSize;
private Thickness _Borders;
private PrintDialog _dlg;
```

Die *Borders*-Eigenschaft (Abfrage der Seitenränder):

```
public Thickness Borders
{ get { return _Borders; }  }
```

Sie *PageSize*-Eigenschaft (Abfrage der Seitengröße, diese wird im Konstruktor gesetzt):

```
public Size PageSize
{ get { return _PageSize; }  }
```

Die Rückgabe des Dokuments für die Druckvorschau:

```
public FixedDocument Document
{ get { return _PrintDocument; } }
```

Der Konstruktor unserer Klasse:

```
public FixedPrintManager(Thickness borders, bool ShowPrintDialog = false)
{
```

Ein neues *FixedDocument* erstellen:

```
_PrintDocument = new FixedDocument();
```

Intern nutzen wir den *PrintDialog* für die Druckausgabe und die Bestimmung von Drucker und Seitenrändern:

```
_dlg = new PrintDialog();
if (ShowPrintDialog) _dlg.ShowDialog();
_PageSize = new Size(_dlg.PrintableAreaWidth, _dlg.PrintableAreaHeight);
_PrintDocument.DocumentPaginator.PageSize = _PageSize;
_Borders = borders;
}
```

Das Starten der Druckausgabe erfolgt mit der folgenden Methode:

```
public void Print(string title = "Mein Druckauftrag")
{
    _dlg.PrintDocument(_PrintDocument.DocumentPaginator, title);
}
```

Zum Erstellen einer neuen Seite nutzen Sie folgende Methode:

```
public void NewPage(UIElement content)
{
```

Erzeugen einer neuen *FixedPage,* diese wird im Folgenden in das interne *FixedDocument* eingefügt:

```
FixedPage _page = new FixedPage();
```

Seitengröße und -ränder bestimmen:

```
_page.Width = _PrintDocument.DocumentPaginator.PageSize.Width;
_page.Height = _PrintDocument.DocumentPaginator.PageSize.Height;
_page.Margin = _Borders;
```

Den übergeben Seiteninhalt einfügen:

```
_page.Children.Add(content);
```

Hier wir es etwas komplizierter, da ein direkter Zugriff auf die *AddChild*-Methode nicht möglich ist:

```
PageContent _pageContent = new PageContent();
((IAddChild)_pageContent).AddChild(_page);
```

Anhängen an das *FixedDocument*:

```
_PrintDocument.Pages.Add(_pageContent);
}
```

Last, but not least, noch unsere Methode zum Erstellen von Textblöcken. Diese macht ausgiebig von der Verwendung optionaler Parameter Gebrauch und nimmt uns das lästige Parametrieren des *TextBlock*s ab:

```
public TextBlock NewTextBlock(string Fontname = "Arial", int Fontsize = 12,
                             string text = "")
{
    TextBlock txt = new TextBlock();
    txt.Width = _PageSize.Width - _Borders.Left - _Borders.Right;
    txt.FontFamily = new FontFamily(Fontname);
    txt.FontSize = Fontsize;
    txt.Text = text;
    txt.TextWrapping = TextWrapping.WrapWithOverflow;
    return txt;
}
}
```

Damit haben Sie bereits ein recht umfangreiches Grundgerüst für eigene Erweiterungen. Insbesondere die Ausgabe von Linien-Zeichnungen etc. ist sicher noch verbesserungswürdig, aber Sie wollen ja auch noch etwas zu tun haben.

## 34.3.2  Flow-Dokumente

Nachdem wir uns mit der seitenorientierten Methode, d.h. den *FixedDocuments* beschäftigt haben, wollen wir und mit den flexibleren Flow-Dokumenten befassen (siehe auch 31.18). Deren Vorteil liegt in der Beschreibung von formatierten Fließtexten, die wiederum aus Absätzen (*Paragraph*), eingefügten Controls (*BlockUIContainer*), Auflistungen (*List*), *Section*s und Tabellen (*Table*) bestehen können. Um Seitenränder, Seitengrößen und -ausrichtungen müssen Sie sich zum Zeitpunkt der Dokumenterstellung keinen Kopf machen, dies erfolgt automatisch bei der finalen Ausgabe auf dem jeweiligen Ausgabegerät.

### Einführungsbeispiel

Ein kleines Beispiel soll Sie von den Vorzügen unserer *FlowPrintManager*-Klasse überzeugen, die wie auch die *FixedDocument*-Klasse über eine *Document*-Eigenschaft (für die Druckvorschau) und eine *Print*-Methode verfügt.

| | |
|---|---|
| **Beispiel 34.4** | **Verwendung der *FlowPrintManager*-Klasse** |

Auch hier binden Sie zunächst die beiden Assemblies *System.Printing.dll* und *ReachFramework.dll* ein. Erstellen Sie nachfolgend ein Formular, in das Sie eine Schaltfläche und einen *DocumentViewer*[1] einbinden.

```
private void Button2_Click(object sender, RoutedEventArgs e)
{
```

Eine Instanz unserer Klasse erstellen:

```
FlowPrintManager fpm = new FlowPrintManager(new Thickness(75, 25,25,25), true);
```

Wir erzeugen einen neuen Abschnitt:

```
fpm.FlowDoc.Blocks.Add(new Paragraph(new Run("Hier steht zum Beispiel jede Menge
Text. Hier steht zum Beispiel jede Menge Text.Hier steht zum Beispiel jede Menge Text.Hier
steht zum Beispiel jede Menge Text.")));
```

Einen leeren Absatz:

```
fpm.FlowDoc.Blocks.Add(new Paragraph(new LineBreak()));
        for (int i=0; i<40; i++)
```

Und hier noch ein paar weitere Absätze:

```
for (int i=0; i<40; i++)
    fpm.FlowDoc.Blocks.Add(new Paragraph(new Run("Hier steht zum Beispiel jede
Menge Text. Hier steht zum Beispiel jede Menge Text.Hier steht zum Beispiel jede Menge
```

---

[1] Sie ahnen es sicher schon, der *DocumentViewer* wird unsere Druckvorschau.

**Beispiel 34.4** | **Verwendung der *FlowPrintManager*-Klasse**

```
Text.Hier steht zum Beispiel jede Menge Text.")));
```

Uns schon können Sie dieses Dokument in der Druckvorschau anzeigen:

```
documentViewer1.Document = fpm.Document;
}
```

**Ergebnis**

Die Druckvorschau bringt es an den Tag, durch unsere kleine Schleife bei der Ausgabe des letzten Absatzes wird der Text so lang, dass er nicht mehr auf eine Seite passt:

Doch wie funktioniert die Umwandlung des oben erzeugten *FlowDocument* in ein *FixedDocument*, das wir für die Druckvorschau (*DocumentViewer*) benötigen?

## Die Klasse FlowPrintManager

Hier hilft uns die Möglichkeit weiter, mittels *XpsDocumentWriter* das *FlowDocument* in ein XPS-Dokument zu schreiben und aus diesem wiederum ein *FixedDocument* zu erzeugen. Doch leider ist diese Lösung im Normalfall mit einer physischen Datei verbunden, was nicht nur unschön aussieht, sondern teilweise auch Probleme nach sich ziehen kann. Aus diesem Grund haben wir uns für den Weg über einen *MemoryStream* entschieden, das komplette Handling erfolgt also im Speicher.

Doch nun zu den Details unserer *FlowPrintManager*-Klasse:

```
...
public class FlowPrintManager
{
```

Die internen Variablen:

```
private FlowDocument _flowdocument;
private FixedDocumentSequence _document;
private MemoryStream ms;
private Package package;
private PrintDialog _dlg;
```

Die Eigenschaft *FlowDoc*, über die wir unsere *FlowDocument* zusammenbasteln können:

```
public FlowDocument FlowDoc
{
    get {return _flowdocument; }
}
```

Die Eigenschaft *Document* liefert uns die gewünschte *FixedDocumentSequence* für die Druck-vorschau:

```
public FixedDocumentSequence Document
{
    get
    {
```

Und hier wird es schnell etwas unübersichtlich. Grundlage des Schreibens von XPS-Dokumenten ist zunächst ein Package (ein Container mit Kompression), in welches das eigentliche XPS-Dokument eingefügt wird.

Am Anfang löschen wir zunächst einmal pauschal ein möglicherweise vom letzten Durchlauf noch vorhandenes Package:

```
PackageStore.RemovePackage(new Uri("memorystream://data.xps"));
```

Neues Package erzeugen:

```
PackageStore.AddPackage(new Uri("memorystream://data.xps"), package);
```

Neues *XpsDocument* im Package erzeugen:

```
XpsDocument xpsDocument = new XpsDocument(package, CompressionOption.Fast,
                          "memorystream://data.xps");
```

*XpsDocumentWriter* für das *XpsDocument* erstellen:

```
XpsDocumentWriter writer = XpsDocument.CreateXpsDocumentWriter(xpsDocument);
```

Schreiben der Daten per *XpsDocumentWriter*:

```
writer.Write(((IDocumentPaginatorSource)_flowdocument).DocumentPaginator);
```

Für das neue XPS-Dokument rufen wir eine *FixedDocumentSequence* ab und geben diese zurück:

```
_document = xpsDocument.GetFixedDocumentSequence();
xpsDocument.Close();
return _document;
    }
}
```

Unser Konstruktor kümmert sich um das Initialisieren der internen Variablen:

```
public FlowPrintManager(Thickness borders, bool ShowPrintDialog = false)
{
```

*MemoryStream* und *Package* erzeugen:

```
ms = new MemoryStream();
package = Package.Open(ms, FileMode.Create, FileAccess.ReadWrite);
```

Eventuell den *PrintDialog* anzeigen:

```
_dlg = new PrintDialog();
if (ShowPrintDialog) _dlg.ShowDialog();
```

Standardeinstellungen vornehmen:

```
_flowdocument = new FlowDocument();
_flowdocument.ColumnWidth = _dlg.PrintableAreaWidth;
_flowdocument.PageHeight = _dlg.PrintableAreaHeight;
_flowdocument.PagePadding = borders;
}
```

Für die direkte Druckausgabe nutzen wir wieder den *PrintDialog*:

```
public void Print(string title = "Mein Druckauftrag")
{
    _dlg.PrintDocument(this.Document.DocumentPaginator, title);
}
}
```

Damit haben Sie auch eine recht einfache Lösung für die Ausgabe von Flow-Dokumenten.

Im folgenden Abschnitt steht nach der bisherigen Arbeit mit dem *PrintDialog*-Control ein intensiverer Blick auf die Druckerdetails und die Druckerkonfiguration im Mittelpunkt.

# 34.4 Druckerinfos und Druckerauswahl/-konfiguration

Haben Sie bereits mit dem *PrintDialog*-Control gearbeitet, hat Sie sicher auch gestört, dass zur Druckerauswahl ein Dialog angezeigt wird, der gleichzeitig die Anzahl der zu druckenden Seiten etc. bestimmt. Das ist nicht in jedem Fall gewünscht, viel besser ist der direkte Zugriff auf die installierten Drucker und deren Eigenschaften.

An dieser Stelle müssen Sie sich von Ihren bisherigen Kenntnissen der Druckausgabe (Windows Forms) verabschieden, in WPF haben Sie es mit gänzlich anderen Klassen und Eigenschaften zu tun.

**HINWEIS:** Für die weitere Arbeit mit den entsprechenden Klassen müssen Sie die Assembly *System.Printing.dll* in ihr WPF-Projekt einbinden.

## 34.4.1  Die installierten Drucker bestimmen

Ausgangspunkt für die Bestimmung der installierten Drucker ist die *LocalPrintServer*-Klasse, die den aktuellen Computer mit seinen angeschlossenen Druckern (inklusive PDF-, XPS-Drucker etc.) kapselt.

---

**HINWEIS:** Mit *PrintServer*-Klasse und den entsprechenden Konstruktoren können Sie auch auf externe Printserver zugreifen. Wir beschränken uns im Weiteren jedoch auf den aktuellen PC.

---

Nach dem Erstellen einer Instanz können Sie über die *GetPrintQueues*-Methode eine Liste der installierten Drucker (hier per *PrintQueue* gekapselt) abrufen.

Beispiel 34.5 | **Anzeige einer Liste aller Drucker**

```csharp
...
using System.Printing;
using System.Collections;
...
        private void Window_Loaded(object sender, RoutedEventArgs e)
        {
```

Den lokalen *PrintServer* abrufen:

```csharp
            var server = new LocalPrintServer();
```

Alle Drucker bestimmen und in einer *ListBox* anzeigen:

```csharp
            var queues = server.GetPrintQueues();
            ListBox1.ItemsSource = queues;
            ListBox1.DisplayMemberPath = "Name";
        }
```

Die angezeigte Liste:

Snagit 9
OKI C8600
Microsoft XPS Document Writer
FRITZfax Drucker
FRITZfax Color Drucker
An OneNote 2010 senden

Da der *ListBox* die *PrintQueue*-Objekte zugewiesen wurden, ist es nachfolgend auch recht einfach, auf die Details des jeweiligen Druckers zuzugreifen (siehe 34.4.3).

## 34.4.2 Den Standarddrucker bestimmen

Erstellen Sie eine Instanz der *LocalPrintServer*-Klasse, können Sie über die Eigenschaft *Default-PrintQueue* den Standarddrucker und damit dessen Eigenschaften bestimmen.

**Beispiel 34.6**  **Standarddrucker bestimmen**

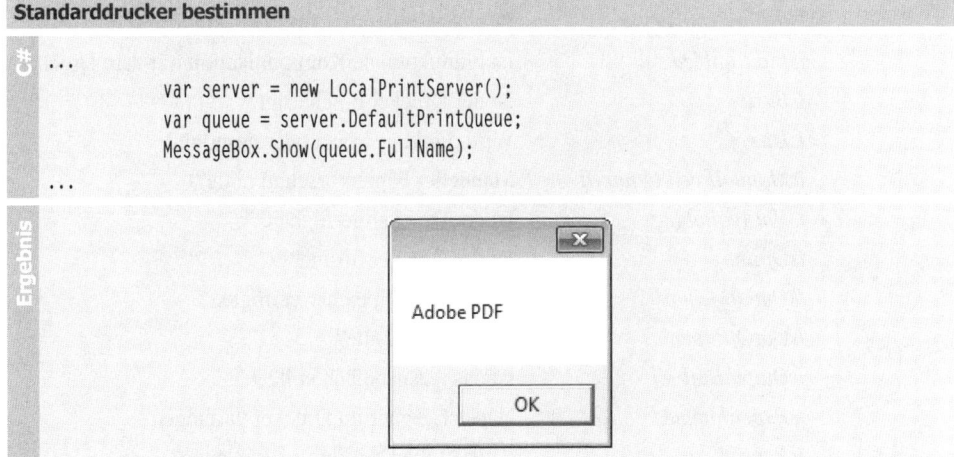

```
...
        var server = new LocalPrintServer();
        var queue = server.DefaultPrintQueue;
        MessageBox.Show(queue.FullName);
...
```

## 34.4.3 Mehr über einzelne Drucker erfahren

Damit sind wir bereits bei der *PrintQueue*-Klasse angekommen. Diese ist recht auskunftsfreudig und bietet eine reiche Palette an Eigenschaften, mit denen Sie mehr über einen spezifischen Drucker erfahren können. Wie Sie den aktuellen Standarddrucker bzw. dessen zugehöriges *Print-Queue*-Objekt bestimmen haben Sie bereits im vorhergehenden Abschnitt erfahren. Um an ein *PrintQueue*-Objekt aus der *ListBox* (siehe Seite 1460 "Die installierten Drucker bestimmen") zu gelangen, können Sie beispielsweise das *SelectionChanged*-Ereignis nutzen:

```
private void ListBox1_SelectionChanged(object sender, SelectionChangedEventArgs e)
{
    var queue = ((PrintQueue)ListBox1.SelectedItem);
```

Die auf den ersten Blick unscheinbare *PrintQueue*-Klasse entpuppt sich bei genauerem Hinsehen jedoch als ergiebige Informationsquelle. Die folgende Tabelle zeigt eine Übersicht der wichtigsten Eigenschaften:

| Eigenschaft | Beschreibung |
| --- | --- |
| *AveragePagesPerMinute* | Druckgeschwindigkeit in Seiten/Minute |
| *Comment* | Kommentar zum Drucker (lesen/schreiben) |
| *CurrentJobSettings* | Druckeinstellungen für den aktuellen Druckjob |
| *DefaultPrintTicket* | Die Standarddruckeinstellungen des Druckers |
| *DefaultPriority* | Die Priorität für neue Druckjobs |
| *Description* | Beschreibung für den Drucker |

| Eigenschaft | Beschreibung |
|---|---|
| FullName | Name des Druckers |
| HasPaperProblem | Gibt es Papierprobleme? |
| HasToner | Gibt es Tonerprobleme? |
| HostingPrintServer | Printserver, der den Druckjob kontrolliert |
| IsBidiEnabled | Ist bidirektionale Kommunikation mit dem Drucker möglich? |
| IsBusy | Ist der Drucker beschäftigt? |
| IsDirect | Wird direkt gedruckt oder gespoolt? |
| IsManualFeedRequired | Manueller Papiervorschub nötig? |
| IsNotAvailable | Ist der Drucker verfügbar? |
| IsOffline | Ist der Drucker offline? |
| IsOutOfMemory | Ist zu wenig Speicher verfügbar? |
| IsOutOfPaper | Ist das Papier alle? |
| IsOutputBinFull | Ist das Ausgabefach voll? |
| IsPaperJammed | Hat sich Papier im Drucker verfangen? |
| IsPaused | Pausiert die Druckerwarteschlange? |
| IsPendingDeletion | Wird ein Druckjob gerade gelöscht? |
| IsPowerSaveOn | Ist der Drucker im Energiesparmodus? |
| IsPrinting | Druckt der Drucker gerade? |
| IsProcessing | Wird ein Druckjob abgearbeitet? |
| IsPublished | Ist der Drucker für andere Nutzer sichtbar (Netzwerk)? |
| IsQueued | Wird eine Druckerwarteschlange angeboten? |
| IsRawOnlyEnabled | Können EMF (Enhanced Meta File) Daten zum Drucken verwendet werden? |
| IsServerUnknown | Ist der Drucker in einem Fehlerzustand? |
| IsShared | Ist der Drucker für andere Nutzer freigegeben (Netzwerk)? |
| IsTonerLow | Ist der Toner alle? |
| IsWaiting | Wartet der Drucker auf einen Druckjob? |
| IsWarmingUp | Ist der Drucker in der Warmlaufphase? |
| IsXpsDevice | Unterstützt der Drucker XML Paper Specification (XPS) als Seitenbeschreibungssprache? |
| KeepPrintedJobs | Wird der Druckjob abgespeichert? |
| Location | Wo steht der Drucker? |
| Name | Der Druckername |
| NeedUserIntervention | Muss ein Anwender den Drucker bedienen? |
| NumberOfJobs | Die Anzahl der Druckjobs |
| PagePunt | Warum kann die aktuelle Seite nicht gedruckt werden? |
| PrintingIsCancelled | Wurde der Druckjob abgebrochen? |

| Eigenschaft | Beschreibung |
|---|---|
| *PropertiesCollection* | Eine Collection von Attribut/Wert-Paaren |
| *QueueAttributes* | Druckerqueue-Eigenschaften |
| *QueueDriver* | Der verwendete Druckertreiber |
| *QueuePort* | Der Druckerport |
| *QueuePrintProcessor* | Der verwendete Druckprozessor |
| *QueueStatus* | Queue-Status (z.B. "warming up" "initializing" "printing") |
| *SeparatorFile* | Datei mit dem Deckblatt für einzelne Druckjobs |
| *ShareName* | Freigabename |
| *StartTimeOfDay* | Wann wurde der erste Druckjob gestartet? |
| *UntilTimeOfDay* | Wann wurde der letzte Druckjob gestartet? |
| *UserPrintTicket* | Die gewünschten Druckeinstellungen des Anwenders |

Ups, so viele Informationen über den Drucker und den Druckspooler hatten Sie bisher sicher nur mit intensiver Hilfe der API in Erfahrung bringen können. Da hat sich seit den Windows Forms doch einiges gebessert. Ganz nebenbei können Sie mit den Methoden *Pause*, *Resume* und *Purge* der *PrintQueue*-Klasse auch den Druckspooler steuern bzw. Druckaufträge anhalten, fortsetzen und löschen. Doch an dieser Stelle verweisen wir Sie dann besser an die Hilfe zu *PrintQueue-Klasse*.

---

**HINWEIS:** Wichtigste Methode der *PrintQueue*-Klasse ist die *CreateXpsDocumentWriter*-Methode, mit der Sie den für die Druckausgabe erforderlichen *XpsDocumentWriter* erhalten (siehe Seite 1465).

---

## 34.4.4 Spezifische Druckeinstellungen vornehmen

Beim Betrachten der vorhergehenden Tabelle ist Ihnen sicher auch aufgefallen, dass Druckjob-spezifische Eigenschaften bisher nicht aufgetaucht sind. Einstellungen zum Druckjob selbst nehmen Sie über die *UserPrintTicket*-Eigenschaft vor, welche die per *DefaultPrintTicket* vorgegebenen Standard-Einstellungen überschreibt.

Eigenschaften von *UserPrintTicket*:

| Name | Beschreibung |
|---|---|
| *Collation* | Sortierfolge bei Druck von Kopien |
| *CopyCount* | Anzahl der Kopien |
| *DeviceFontSubstitution* | Verwendung von Druckerschriftarten |
| *Duplexing* | Doppelseitiger Druck |
| *InputBin* | Welcher Einzug soll verwendet werden? |
| *OutputColor* | Wie werden Farbe/Graustufen behandelt? |
| *OutputQuality* | Druckqualität |

| Name | Beschreibung |
|------|--------------|
| *PageBorderless* | Kann randlos gedruckt werden? |
| *PageMediaSize* | Papiergröße |
| *PageMediaType* | Papierart |
| *PageOrder* | Druckreihenfolge (1...n oder n ... 1) |
| *PageOrientation* | Seitenausrichtung |
| *PageResolution* | Seitenauflösung |
| *PageScalingFactor* | Skalierfaktor |
| *PagesPerSheet* | Druckseiten pro Blatt |
| *PagesPerSheetDirection* | Wie werden mehrere Seiten pro Blatt angeordnet? |
| *PhotoPrintingIntent* | Bei Unterstützung für Photodruck können hier verschiedene Qualitäten ausgewählt werden |
| *Stapling* | Optionen für das automatische Heften |
| *TrueTypeFontMode* | Optionen für die Verwendung von True Type Fonts (TTF). |

Ein kleines Beispiel für die Konfiguration gefällig:

**Beispiel 34.7**  | **Druckausgabe auf dem Standarddrucker umstellen auf Querformat mit zwei Kopien**

```csharp
var server = new LocalPrintServer();
var queue = server.DefaultPrintQueue;
queue.UserPrintTicket.PageOrientation = PageOrientation.Landscape;
queue.UserPrintTicket.CopyCount = 2;
...
```

Auch hier finden Sie mittlerweile Einstellungen, für die Sie vor nicht allzu langer Zeit noch mit dem Druckertreiber intensiven "Gedankenaustausch" betreiben konnten.

Doch sicher stellt sich manchem auch die Frage, welche Werte muss/kann man überhaupt an die einzelnen Eigenschaften übergeben, bzw. was bedeuten die Rückgabewerte dieser Eigenschaften (was bedeutet beispielsweise *OutputColor = 2*).

Hier hilft Ihnen die *GetPrintCapabilities*-Methode der *PrintQueue*-Klasse weiter. Diese gibt über Ihre Eigenschaften (diese entsprechen weitgehend der vorhergehenden Tabelle) jeweils Collections mit der Bedeutung der Einträge zurück.

Statt vieler Worte ist sicher ein Beispiel recht hilfreich:

**Beispiel 34.8**  | **Welche Farbausgabeoptionen gibt es**

```csharp
var server = new LocalPrintServer();
var queue = server.DefaultPrintQueue;
var caps = queue.GetPrintCapabilities();
foreach (var cc in caps.OutputColorCapability)
    MessageBox.Show(cc.ToString());
```

Beispiel 34.8 **Welche Farbausgabeoptionen gibt es**

Die Anzeige:

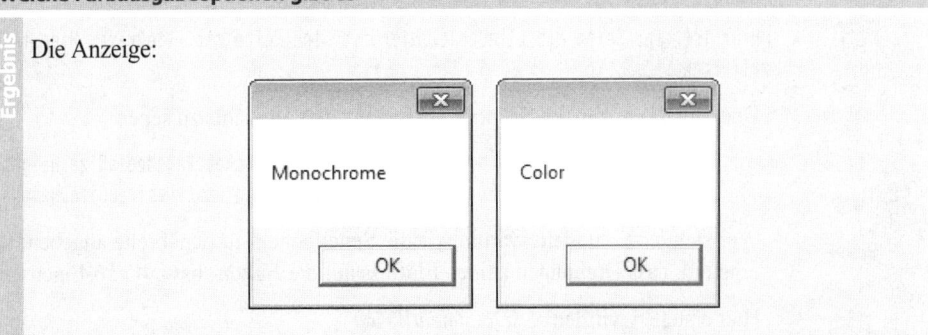

Da es sich um eine normale Collection handelt, wissen Sie jetzt, dass 0 der "Monochromen"- und 1 der "Color"-Wiedergabe entspricht. Sie können an die *UserPrintTicket.OutputColor*-Eigenschaft also 0 oder 1 mit obiger Bedeutung übergeben. Alternativ lässt sich so auch ein entsprechender Wert richtig deuten.

---

**HINWEIS:** Obige Methode dürfte also für die Gestaltung von eigenen Druckdialogen von existenzieller Wichtigkeit sein, können Sie doch hier gleich die Werte für mögliche Auswahllisten abfragen.

---

Doch last, but not least wollen wir natürlich etwas zu Papier bringen, womit wir auch schon beim letzten Absatz zu diesem Thema angekommen sind.

## 34.4.5 Direkte Druckausgabe

Nachdem Sie den Drucker ausreichend abgefragt und konfiguriert haben, soll natürlich auch ein Ergebnis auf dem Papier erscheinen. Hier schließt sich dann der Kreis zu den in den vorherigen Abschnitten vorgestellten Druckmöglichkeiten. Über ein per *CreateXpsDocumentWriter*-Methode erzeugtes *XpsDocumentWriter*-Objekt gelangen Ihre Ausgaben direkt an den gewünschten Drucker bzw. dessen Spooler.

Beispiel 34.9 **Druckausgabe einer Textseite**

Standarddrucker abrufen:

```
var server = new LocalPrintServer();
var queue = server.DefaultPrintQueue;
```

Seite drehen:

```
queue.UserPrintTicket.PageOrientation = PageOrientation.Landscape;
```

Eine reine Text-Seite erstellen:

```
TextBlock txt = new TextBlock();
txt.Text = "Hier ist eine Seite mit Fließtext. Hier ist eine Seite mit Fließtext.
```

**Beispiel 34.9**     **Druckausgabe einer Textseite**

```
Hier ist eine Seite mit Fließtext. Hier ist eine Seite mit Fließtext. Hier ist eine Seite mit
Fließtext. ";
```

Den *TextBlock* müssen Sie noch skalieren, sonst ist nichts zu sehen:

```
txt.Measure(new Size((double) queue.UserPrintTicket.PageMediaSize.Height, 200));
txt.Arrange(new Rect(0, 0, txt.DesiredSize.Width, txt.DesiredSize.Height));
```

Wer sich jetzt wundert, warum wir die Seitenhöhe statt der -breite angeben, sollte sich daran erinnern, dass Drehungen keinen Einfluss auf die *Height*- bzw. *Width*-Eigenschaft haben.

Hier erstellen wir den *XpsDocumentWriter*:

```
var writer = PrintQueue.CreateXpsDocumentWriter(queue);
```

Und damit landen unsere Ausgaben bereits auf dem Drucker:

```
writer.Write(txt);
```

Natürlich steht es Ihnen frei, auch mehrseitige Dokumente zu erstellen, die Sie an die *Write*-Methode übergeben (siehe dazu ab Seite 1450). Beachten Sie allerdings, dass Sie nur einen Aufruf der *Write*-Methode realisieren können, Sie müssen als bereits ein komplettes mehrseitiges Dokument übergeben.

Damit wollen wir uns aus der Thematik "Druckausgabe" verabschieden und uns neuen Aufgabengebieten zuwenden, auch wenn sicher noch einiges zu diesem Thema zu sagen wäre.

# Kapitel 35

# WPF-Entwicklung

In diesem letzten Kapitel zum Thema "WPF" wollen wir uns noch kurz zwei Themen zuwenden, die sich nicht recht in die anderen Kapitel einordnen ließen:

- ein kurzer Blick auf die WPF-Entwicklungsumgebungen

- ein paar Worte zur Distribution von WPF-Anwendungen

## 35.1 Entwicklungstools für WPF-Anwendungen

In diesem Abschnitt wollen wir noch einen Blick auf die Entwicklungswerkzeuge werfen, mit denen Sie WPF-Anwendungen erstellen können.

### 35.1.1 Microsoft Visual Studio 2010

Obwohl wir bereits intensiv die Visual Studio IDE genutzt haben, konnten wir nicht auf alle Themen und Möglichkeiten eingehen:

- Wie schon eingehend kurz erwähnt, können Sie mit Visual Studio auch *WPF-Browser-Applikationen* erstellen, die sich durch eine einfache Distribution im (meist lokalen) Netzwerk auszeichnen, allerdings einigen (Sicherheits)-Einschränkungen unterliegen.

- Alternativ bieten sich auch die Projekttypen *WPF Custom Control Library* und *WPF User Control Library* an, mit denen Sie eigene Assemblies für neu programmierte WPF-Controls erstellen können.

In Ihren WPF-Projekten können Sie

- *User Controls* (WPF) und

- *Custom Controls* (WPF)

verwenden, um eigene WPF-Controls zu erstellen. Während erstere quasi per XAML zusammengebaut werden (hier steht vielfach die Frage, ob Sie das nicht auch mit einem Style erreichen), müssen Sie letztere per C#-Quellcode mühevoll programmieren.

Auf die Themenbereiche

- 2 D-Programmierung,

- 3 D-Programmierung,

- Animationen und

- Bildverarbeitung

konnten wir aus Platzgründen leider nicht mehr eingehen. Wer etwas zum Thema 3D-Programmierung sucht, den verweisen wir besser gleich an den folgenden Abschnitt oder an die Anwendung ZAM 3D (siehe Seite 1472). Gleiches gilt für den Entwurf von Animationen, der in Visual Studio zwar möglich, aber viel zu aufwändig ist[1].

## 35.1.2 Microsoft Expression Blend

Mit der Einführung von WPF bietet Microsoft erstmals neben Visual Studio auch eine zweite Entwicklungsumgebung an, die sich jedoch gezielt an den Designer wendet. Die Rede ist von *Expression Blend*, das neben der aktuellen Version 3 bereits in einer vielversprechenden Beta für die Version 4 vorliegt.

Für den Visual Studio-Entwickler dürfte die Oberfläche von Expression Blend auf den ersten Blick etwas gewöhnungsbedürftig sein, was sicher auch an der "eigenartigen" Farbgebung liegt:

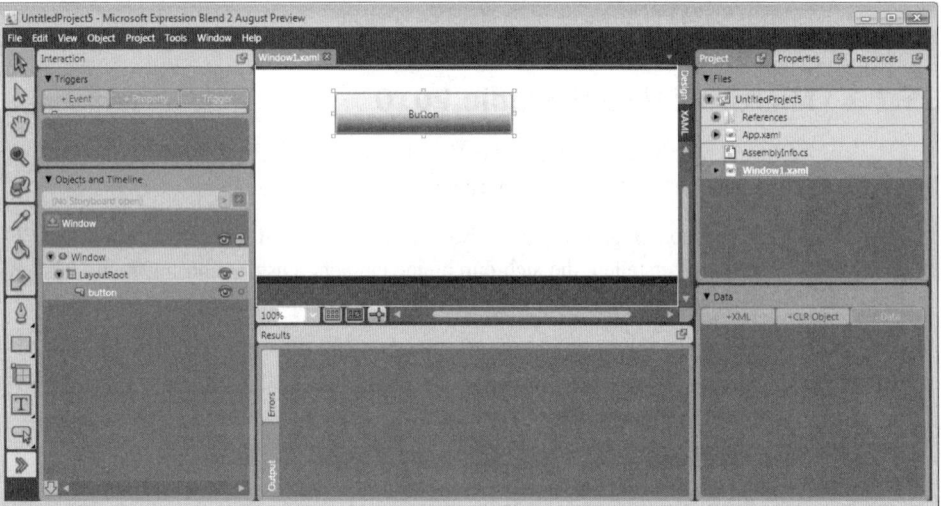

Der wesentlichste Unterschied zu Visual Studio zeigt sich zunächst im Grundansatz, dass die Entwicklung von Aktionen (Trigger) quasi per Assistent und nicht per Quellcode abläuft. C#-Quelltext wird von Expression Blend stiefmütterlich behandelt, der Designer soll mit den vorhandenen Triggern etc. arbeiten.

---

[1] Ein All-in-one-Werkzeug wird es bei der Komplexität von WPF wohl auch nicht mehr geben.

**Beispiel 35.1** **Animation realisieren**

Mit dem Klick auf eine Schaltfläche soll eine Animation gestartet werden. Dazu wählen Sie zunächst im "Triggers"-Bereich die Taste "+Event" und bestimmen nachfolgend über die beiden ComboBoxen welches Objekt (Button) und welche Aktion (Click) zugeordnet werden:

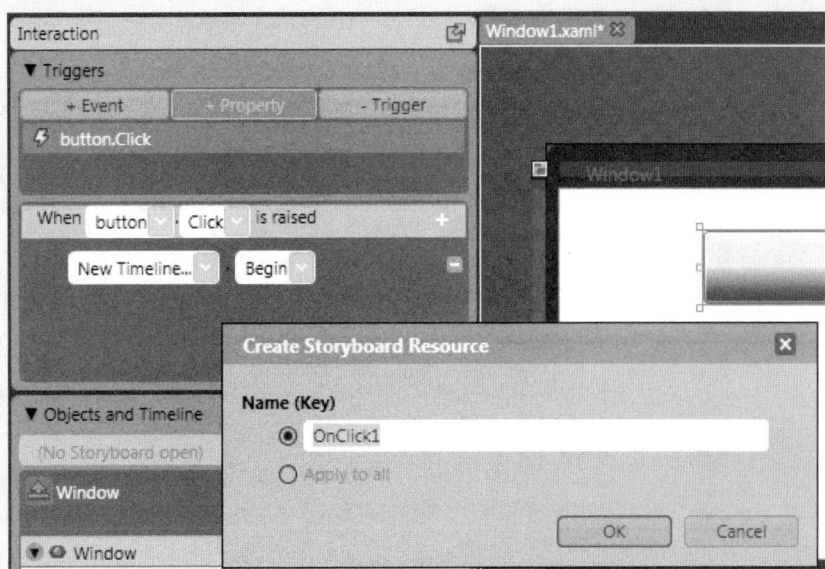

Nachfolgend steht die Frage, ob Sie eine neue Timeline (Storyboard Ressource) erstellen wollen.

Diese Timeline dürfte Hobbyfilmern sicher bekannt vorkommen, handelt es sich doch um eine Zeitachse, bei der Sie Objekt-Eigenschaften zu bestimmten Zeitpunkten definiert setzen können:

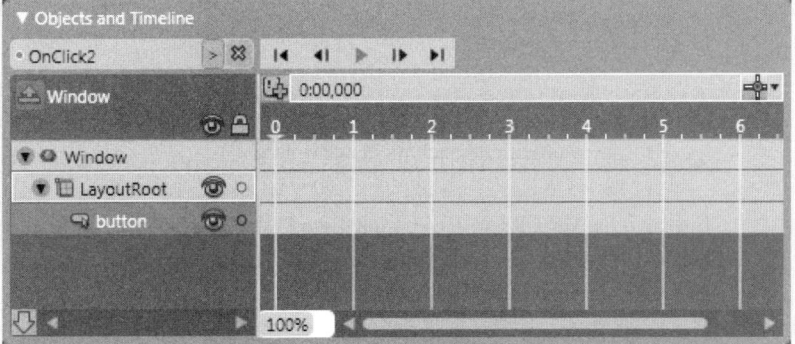

Die Verwendung ist recht simpel, wählen Sie beispielsweise in der Timeline den Zeitpunkt 5 (Sekunden) und verschieben Sie jetzt ein Control und ändern Sie dessen Größe[1].

| Beispiel 35.1 | **Animation realisieren** |

Nach dem Umschalten in die XAML-Ansicht können Sie bereits den erzeugten Code (Story-board) einsehen:

```
...
 <Window.Resources>
...

   <Storyboard x:Key="OnClick1">
```

Eine Transformation (Verschiebung X-Achse):

```
     <DoubleAnimationUsingKeyFrames BeginTime="00:00:00" Storyboard.TargetName="button"
      Storyboard.TargetProperty="(UIElement.RenderTransform).(TransformGroup.Children)[3].
      (TranslateTransform.X)">
       <SplineDoubleKeyFrame KeyTime="00:00:05" Value="96.5"/>
     </DoubleAnimationUsingKeyFrames>
```

Eine Transformation (Verschiebung Y-Achse):

```
     <DoubleAnimationUsingKeyFrames BeginTime="00:00:00" Storyboard.TargetName="button"
        Storyboard.TargetProperty="(UIElement.RenderTransform).(TransformGroup.Children)[3].
        (TranslateTransform.Y)">
       <SplineDoubleKeyFrame KeyTime="00:00:05" Value="97.5"/>
     </DoubleAnimationUsingKeyFrames>
...

   </Storyboard>
 </Window.Resources>
```

Und hier werden Storyboard und Ereignis miteinander verknüpft:

```
<Window.Triggers>
  <EventTrigger RoutedEvent="ButtonBase.Click" SourceName="button">
    <BeginStoryboard x:Name="OnClick2_BeginStoryboard"
                     Storyboard="{StaticResource OnClick1}"/>
  </EventTrigger>
</Window.Triggers>
```

---

**HINWEIS:** C# oder VB-Code für die Ereignisbehandlung sind an dieser Stelle nicht erzeugt worden und auch nicht notwendig.

---

Ein weiterer Vorteil von Expression Blend ist der wesentlich komplexere XAML-Designer, der bereits zur Entwurfszeit die Anwendung von Transformationen (Rotation, Scherung, Spiegeln etc.) erlaubt (siehe folgende Abbildung).

---

[1] Im Kopf der Design-Ansicht sollte "Timeline recording is on" angezeigt werden.

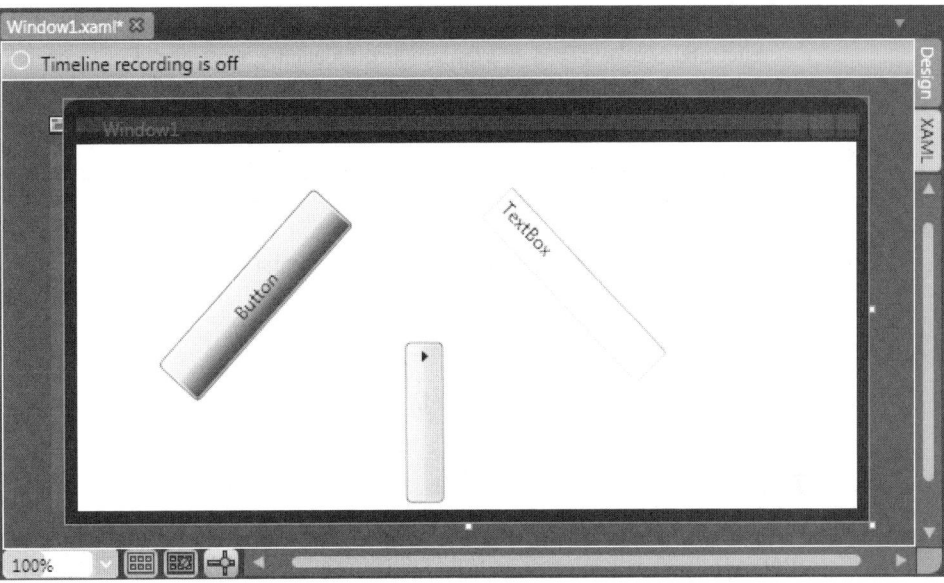

Auch die Parametrierung von Effekten über das Eigenschaftenfenster oder den XAML-Quellcode geht dank interaktiver Anzeige schnell von der Hand.

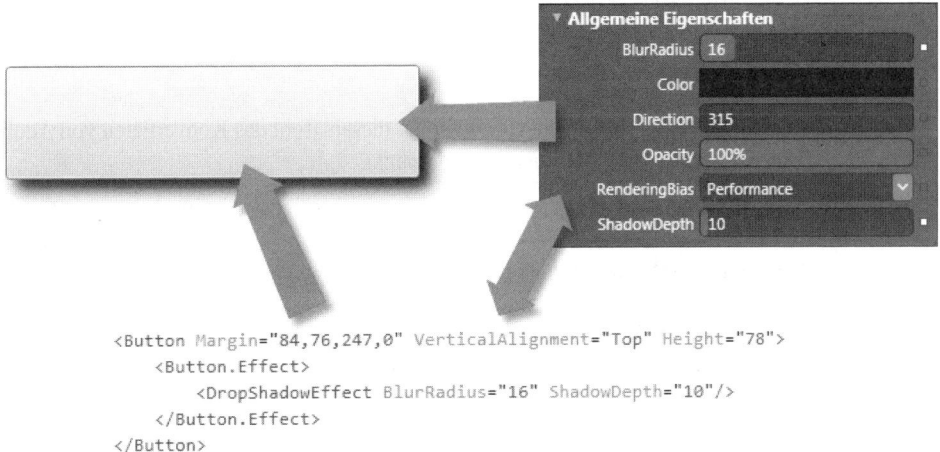

```
<Button Margin="84,76,247,0" VerticalAlignment="Top" Height="78">
    <Button.Effect>
        <DropShadowEffect BlurRadius="16" ShadowDepth="10"/>
    </Button.Effect>
</Button>
```

Doch was nützen Ihnen als C#-Programmierer all diese Möglichkeiten? Zwei Szenarien sind denkbar:

- Sie erstellen die WPF-Anwendung komplett selbst und nutzen die erweiterten Möglichkeiten von Expression Blend, um Storyboards und komplexe Oberflächendefinitionen zu erstellen. Die erzeugten XAML-Daten können Sie in Ihr Visual Studio-Projekt (z.B. per Zwischenablage) importieren, oder Sie öffnen das betreffende Expression Blend-Projekt gleich mit Visual Studio 2010.

- Sie arbeiten mit einem Designer zusammen, der das Projekt in Expression Blend optisch aufbereitet und Sie können den erforderlichen Quellcode beitragen. Ein Doppelklick auf die dem Window zugeordnete C#-Datei bewirkt, dass diese gleich in Visual Studio geöffnet wird, alternativ öffnen Sie das Projekt komplett mit Visual Studio.

Eine Testversion oder die aktuelle Beta von *Microsoft Expression Blend* können Sie sich unter folgender Adresse herunterladen:

**LINK:** http://www.microsoft.com/Expression/try-it/default.aspx#PageTop

### 35.1.3 Weitere Tools

Hier noch ein paar nützliche Tools von Drittanbietern:

#### ZAM 3D

Das von der Firma Electric Rain angebotene Programm ZAM 3D bietet alle Möglichkeiten, 3D-WPF-Applikationen zu erzeugen. Die Szenen werden automatisch in das XAML-Format konvertiert und können zum Beispiel direkt in Ihrem Visual Studio-Projekt verwendet werden.

Mehr Informationen unter:

**LINK:** http://www.erain.com/Products/ZAM3D/DefaultPDC.asp

#### SWF2XAML

Wie es der Name schon andeutet, steht bei diesem Tool das Konvertieren von Adobe Flash (SWF)-Dateien in das XAML-Format im Mittelpunkt.

Mehr Informationen unter:

**LINK:** http://www.mikeswanson.com/SWF2XAML/

Damit wollen wir uns dem letzten Thema im Zusammenhang mit der WPF-Anwendungsentwicklung zuwenden

## 35.2 Distribution

Last, but not least gehört zu einer ordentlichen Anwendung auch meist ein entsprechendes Installationsprogramm, das sich neben der reinen Weitergabe der Anwendung auch um die entsprechenden Voraussetzungen (.NET-Framework, SQL-Server, Datenbanken etc.) kümmern muss.

In dieser Stelle wollen wir Sie allerdings nicht mit endlosen Wiederholungen peinigen, die grundsätzlichen Möglichkeiten entsprechen fast zu 100 Prozent der im Kapitel 19 beschriebenen Vorgehensweise. Auch für WPF-Anwendungen steht entweder ein komplettes Installationsprogramm oder die ClickOnce-Variante zur Verfügung.

Einen wichtigen Punkt wollen wir allerdings noch ansprechenden: Welches .NET-Framework wird eigentlich bei der Distribution mitgegeben?

## 35.2.1   .NET Framework 4 Client Profil

Grundsätzlich wird bei neuen Windows Forms- oder WPF-Projekten das neue ".NET Framework 4 Client Profil" vorausgesetzt (Standardvorgabe), welches Zielframework Sie unterstützen wollen, bestimmen Sie über den *Menüpunkt Projekt|...-Eigenschaften|Anwendung*:

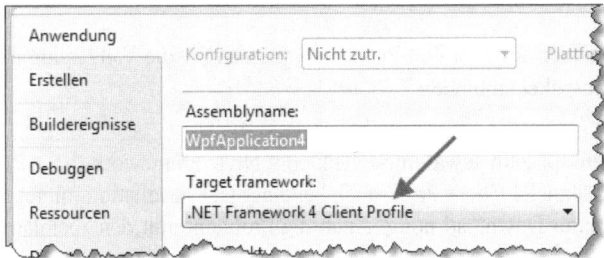

Auch später, wenn Sie beispielsweise für ClickOnce ein Installationspaket zusammenstellen, müssen Sie darauf achten, dass auch das richtige Framework-Installationspaket hinzugefügt wird (Rubrik "Erforderliche Komponenten"):

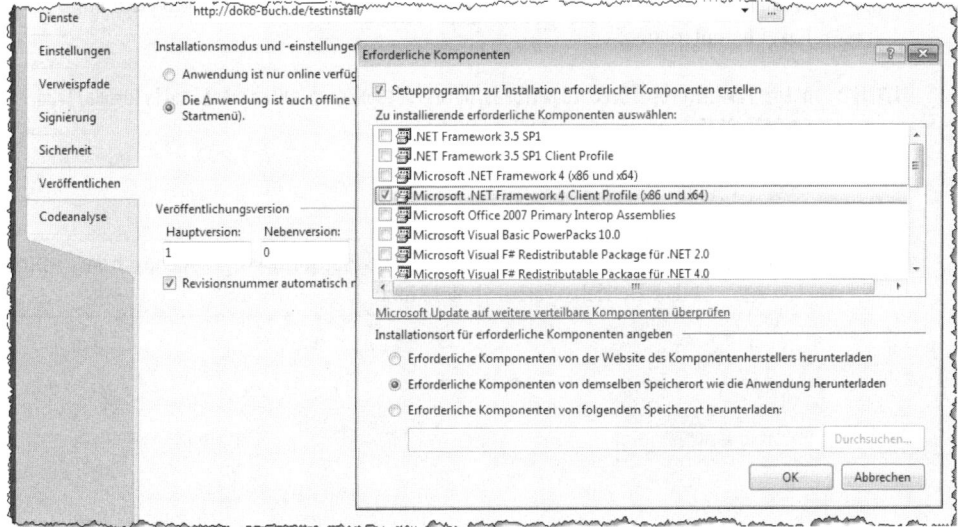

Doch was ist eigentlich so besonders am ".NET Framework 4 Client Profil"?

Es handelt sich um ein etwas abgespecktes .NET-Framework, das im Gegensatz zur Vollinstallation mit 47 MByte (32 und 64 Bit Plattform) auskommt, und eine Teilmenge des kompletten .NET 4 Frameworks darstellt.

## 35.2.2  Was fehlt im Client-Profil?

Wenn etwas abgespeckt ist, will man natürlich auch wissen, was denn nun **nicht unterstützt** wird. Hier keine kurze (unverbindliche) Liste:

- ASP.NET

- erweiterte Windows Communication Foundation-Features

- kein .NET Framework Data Provider for Oracle

- kein MSBuild-Support

Sollten Sie diese Funktionen auf dem Ziel-PC nutzen, müssen Sie die Vollversion des .NET-Frameworks in Ihr Installationspaket einbinden.

---

**HINWEIS:** Im Gegensatz zum etwas missglückten ".NET Framework 3.5 SP1 Client Profil" kann das aktuelle Client Profil auch bei einer CD-Installation mitgegeben werden, es ist kein extra Download nötig. Auch die Probleme mit den Zielplattformen und der Installation/Deinstallation des Client Profils sind ausgeräumt.

---

## 35.2.3  Installationsgröße weiter verringern

Ist Ihnen das von Visual Studio angebotene Installationspaket für das ".NET Framework 4 Client Profil" noch immer zu groß, können Sie unter der folgenden Adresse ein auf 30 MByte reduziertes Paket herunterladen:

**LINK:**   `http://www.microsoft.com/downloads/details.aspx?displaylang=de&FamilyID=68a7173d-7ee5-4213-a06f-f2e943ec9249`

Doch Achtung:

---

**HINWEIS:** Das Paket ist nur für die 32 Bit-Plattform vorgesehen, d.h., es werden auch nur 32-Bit-Betriebssysteme unterstützt.

---

# Kapitel 36

# Silverlight-Entwicklung

Neben den in den vorhergehenden Kapiteln ausgiebig vorgestellten WPF-Anwendungen für den Desktop bzw. für den Browser können Sie mit Visual Studio 2010 auch Silverlight-Applikationen entwerfen, die sich per Plug-in in eine Webseite einbinden lassen.

---

**HINWEIS:** Da sich WPF und Silverlight in weiten Teilen recht ähnlich sind, verweisen wir in Bezug auf Formularentwurf, Controls, Styling, Ereignisse, Datenbindung etc. auf die vorhergehenden Kapitel 30 bis 34, um uns nicht sinnlos zu wiederholen.

---

Im Mittelpunkt dieses Kapitels stehen die

- Silverlight-Grundlagen/Konzepte,

- die Unterschiede zu WPF,

- die Anbindung an die umgebende Website,

- Besonderheiten der Datenbindung,

- sowie einige spezielle Themen.

Doch jetzt wollen wir zunächst klären, worum es sich bei Silverlight handelt, welche Zielplattformen es gibt und welche Unterschiede zu den WPF-Desktop-Anwendungen bestehen.

## 36.1  Einführung

Microsofts Silverlight ist der "kleine Bruder" des WPF-Frameworks für das Internet. Mit Silverlight können Sie, ähnlich wie in WPF, komplexe interaktive Webanwendungen (RIA = *Rich Internet Application*) auf der Basis Ihrer favorisierten .NET-Sprache schreiben und per Internet verteilen. Fast alles, was Sie in den vorhergehenden Kapiteln zum Thema "WPF" kennengelernt haben, lässt sich auch mit Silverlight realisieren. Das Besondere daran: Silverlight kommt mit einem "winzigen" Plug-in (4.69 MB) auf dem Client aus, eine Installation des .NET-Frameworks auf dem Client ist nicht notwendig!

## 36.1.1   Zielplattformen

Da wir gerade von Plug-in reden, stellt sich sicher auch die Frage, auf welchen Zielplattformen (Browser, Betriebssysteme) Silverlight-Anwendungen zum Laufen gebracht werden können.

Das Silverlight-Plug-in in der derzeit aktuellen Version 3[1] (es handelt sich um ein klassisches ActiveX-Control) bietet derzeit Unterstützung für

- den Internet Explorer[2] (Windows),

- Firefox (Windows),

- Opera (Windows, teilweise mit einigen Einschränkungen)

- und Safari (Mac-OS),

- sowie einige Unix-Derivate (Firefox)

an. Genauere Informationen zu den unterstützten Windows- und Mac-Versionen finden Sie unter folgender Adresse:

**LINK:**   `http://www.microsoft.com/silverlight/get-started/install/default.aspx#sysreq`

Informationen zu den unterstützten Unix-Derivaten bietet Novell (Projekt "Moonlight") unter folgender Adresse:

**LINK:**   `http://mono-project.com/MoonlightSupportedPlatforms`

---

**HINWEIS:** Grundsätzlich sollten Sie ab und zu einen Blick auf obige Adressen werfen, bei den rasanten Versionswechseln bzw. Entwicklungszyklen von Silverlight sind hier immer Änderungen zu erwarten.

---

## 36.1.2   Silverlight-Applikationstypen

In Visual Studio 2010 werden Ihnen derzeit drei Templates im Zusammenhang mit Silverlight angeboten:

- Silverlight-Anwendung

- Silverlight-Navigationsanwendung

- Silverlight-Klassenbibliothek

Im Folgenden wollen wir uns kurz mit den Unterschieden der beiden erstgenannten Anwendungstypen auseinandersetzen, um Ihnen die Entscheidung für das eine oder andere Template zu erleichtern.

---

[1] Wenn Sie das Buch in den Händen halten, wird sicher bereits Silverlight 4 oder sogar 5 aktuell sein, diese Informationen können sich also zwischenzeitlich schon wieder geändert haben.

[2] Wer hätte das gedacht ...

## Silverlight-Anwendung

Grundsätzlich sollten Sie zunächst wissen, wofür und in welchem Rahmen Sie Ihre Silverlight-Anwendung einsetzen wollen. Zwei grundsätzliche Szenarien sind denkbar:

 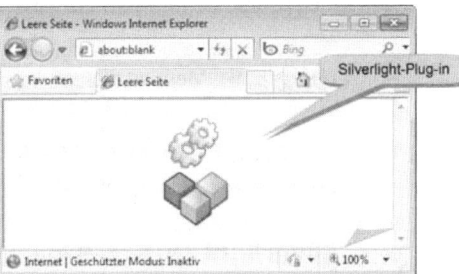

- ▪ Die linke Abbildung zeigt das Silverlight-Plug-in als Teil einer Website, d.h., der Hauptteil der angezeigten Seite ist zunächst ein HTML-Dokument, in das ein oder auch mehrere Silverlight-Element(e) eingebettet wurden. Dies dürfte auch der Standardfall für die Verwendung einer **Silverlight-Anwendung** sein, meist beschränkt sich die Anwendung auf eine Seite.

- ▪ Die rechte Abbildung zeigt eine Silverlight-Anwendung als ausschließlichen Inhalt der Seite, d.h., es werden keine HTML-Inhalte dargestellt. Soll das Plug-in mehrere Seiten darstellen, müssen Sie sich auch um die Navigation zwischen den Seiten kümmern, hier ist meist eine **Silverlight-Navigationsanwendung** die bessere Wahl.

Welche Dateien zu einer Silverlight-Anwendung gehören und welche Bedeutung sie haben, klären wir in den folgenden Abschnitten dieses Kapitels.

## Silverlight-Navigationsanwendung

Dieser Spezialfall einer Silverlight-Anwendung ermöglicht durch ein vorgegebenes Grundgerüst die relativ einfache Navigation zwischen einzelnen Seiten einer Anwendung:

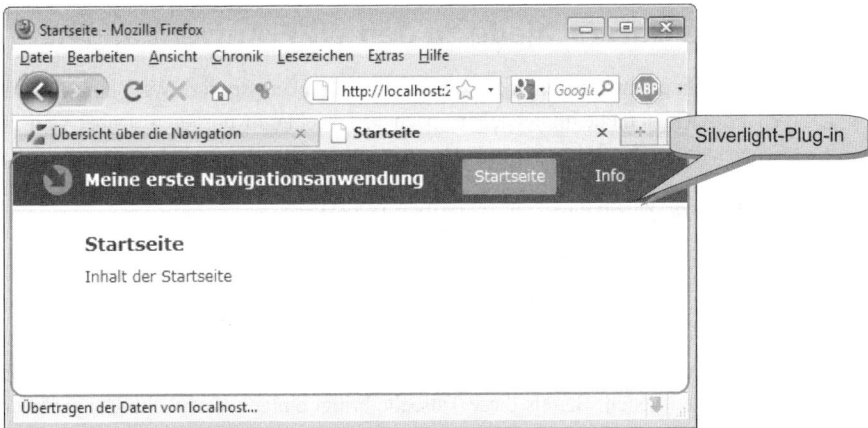

Mit Hilfe eines übergeordneten Frames, der quasi als Container fungiert, können Sie einzelne Seiten einblenden bzw. zwischen diesen navigieren. Dies kann programmgesteuert oder per Nutzeraktion erfolgen. Standardmäßig bleibt die Kopfzeile mit den Navigationsschaltflächen erhalten, lediglich die darunter befindlichen Inhalte wechseln. Sie haben jedoch die Möglichkeit, den Rahmen an Ihre Bedürfnisse anzupassen.

---

**HINWEIS:** Mehr zu diesem Anwendungstyp finden Sie im Abschnitt 36.4.4auf Seite 1498.

---

Last, but not least können Sie die beiden oben vorgestellten Anwendungstypen auch als Out-of-Browser-Anwendung betreiben.

### Silverlight Out-of-Browser-Anwendung

Mit der Version 3 wurde Silverlight ein neues Konzept hinzugefügt: die Out-of-Browser-Applikation. Diese unterscheidet sich zunächst nicht weiter von den normalen Silverlight-Anwendungen, die *AppManifest*-Datei verfügt jedoch über entsprechende Einträge, die ein Installieren der Anwendung auf dem Client-PC ermöglichen. Dazu werden die Anwendungsdaten lokal kopiert und über eine entsprechende Verknüpfung mit der Anwendung *sllauncher.exe* ausgeführt. Nachfolgend ist die Anwendung gänzlich von Ihrer Website abgekoppelt. Werden keine Online-Daten abgerufen, ist ein reiner Offline-Betrieb möglich.

Mit den Details und der Vorgehensweise beschäftigt sich das Praxisbeispiel PB36.7.1 "Eine Out-of-Browser-Applikation realisieren". Die mit diesem Anwendungstyp einhergehenden Problem werden in den Praxisbeispielen

PB36.7.2 "Out-of-Browser-Anwendung aktualisieren"

PB36.7.3 "Testen, ob die Anwendung mit dem Internet verbunden ist"

PB36.7.4 "Auf Out-of-Browser-Anwendung testen"

näher beleuchtet und natürlich auch gelöst.

## 36.1.3  Wichtige Unterschiede zu den WPF-Anwendungen

Wie schon mehrfach angemerkt, bestehen zum "großen Bruder" WPF einige Unterschiede, die es dem Entwickler nicht immer leicht machen, Projekte zu portieren. Dabei sind zwei Themenbereiche zu unterscheiden:

- Einschränkungen durch das Silverlight-Konzept

- Unterschiede durch unterschiedliche Codebasis

### Einschränkungen durch das Silverlight-Konzept

Grundsätzlich sollten Sie zunächst einmal vom Gesamtkonzept "Silverlight als Plug-In des Web-Browsers" ausgehen. Bereits diese Tatsache bringt einige wesentliche Unterschiede mit sich, läuft doch Ihre Silverlight-Anwendung in einer so genannten Sandbox. Die damit einhergehenden Einschränkungen beim Zugriff auf das Clientsystem (kein Zugriff auf Geräte, Laufwerke, Prozesse, die Tastatur im Vollbildmodus[1] etc.) sind konzeptbedingt und müssen so hingenommen werden.

Allerdings wurden diese Einschränkungen mit jeder Version etwas aufgeweicht, gerade die Version 4 wird durch den neuen Full-Trust-Modus auch den Zugriff auf

- das lokale Dateisystem,
- die lokale Hardware,
- Cross-Domain-Netzwerkzugriffe,
- COM-Automation-Objekte,
- Drag & Drop,
- Zwischenablage
- und die Tastatur im Vollbildmodus

ermöglichen. Allerdings ist in diesen Fällen die explizite Zustimmung des Endnutzers für den Wechsel in den Full-Trust-Modus erforderlich.

## Unterschiede durch unterschiedliche Codebasis

Wie schnell ersichtlich sein wird, kann nicht der gesamte Funktionsumfang von WPF in Silverlight zur Verfügung stehen, dazu ist die nötige Codebasis einfach zu umfangreich. Allerdings dürfen Sie jetzt nicht den Schluss ziehen, dass es sich bei Silverlight um eine Teilmenge von WPF handelt. Vielmehr verfügen Silverlight und WPF über eine gemeinsame Schnittmenge an Funktionen, die Silverlight um eigenständige Funktionen erweitert.

Etwas weniger verständlich sind allerdings kleine Syntax-Unterschiede, die Sie recht schnell in Verzweiflung stürzen werden:

**Beispiel 36.1**  **Unterschied bei *Content*-Zuweisung**

Was in WPF problemlos funktioniert …

```
<Button Height="23" Name="button6" Click="button6_Click">
    Beenden
</Button>
```

… produziert in Silverlight zwar zunächst keinen Fehler, bei der Ausführung auf dem Client ist dann aber schnell "Schluss mit lustig".

Silverlight erwartet die Zuweisung per *Content*-Attribut:

```
<Button Height="23" Name="button6" Click="button6_Click" Content="Beenden"/>
```

Ansonsten werden Sie mit einer sich ständig ändernden Liste von marginalen Unterschieden konfrontiert, die sich mit jeder Versionsnummer ändert.

---

[1] Das soll ein Schutz vor Phishing-Attacken sein, bei denen Anmeldebildschirme nachgebildet werden.

Einige Auszüge in Bezug auf die aktuelle Version 3:

- keine dynamischen Ressourcen

- nur *BitmapImage* für *ImageSource* zulässig

- keine Unterstützung für Drucken oder Flow-Dokumente (ändert sich mit Version 4)

- diverse Einschränkungen beim Datenzugriff (kein *DataSet,* kein XPath ...)

- Einschränkungen bei Triggern

- fehlende Controls (*Menu, MenuItem, RichTextBox* ...)

An dieser Stelle wollen wir die Liste nicht zu lang werden lassen (wir wollen Ihnen ja nicht den Spaß zu früh verderben). Ein recht ausführliches Skript mit detaillierten Auflistungen der Unterschiede zwischen Silverlight und WPF finden Sie unter folgender Adresse:

**LINK:**   http://wpfslguidance.codeplex.com/releases/view/30311

## 36.1.4  Vor- und Nachteile von Silverlight-Anwendungen

Selbst auf die Gefahr hin, sich dabei "in die Nesseln zu setzen", wollen wir dieses Thema im Schnelldurchlauf diskutieren.

Zunächst einmal sollte man die Frage stellen, in Bezug auf welchen Anwendungstyp die Vor- bzw. Nachteile diskutiert werden sollen. Grundsätzlich kann natürlich kein Vergleich von Silverlight mit einer reinen Desktopanwendung erfolgen, diese hat ein ganz anderes Aufgabengebiet. Maximal könnten hier noch **WPF-ClickOnce**-Anwendungen in Betracht kommen, die mit ähnlich geringem Aufwand verteilt werden können. Möchten Sie mit Webanwendungen arbeiten, stehen im Wesentlichen die anderen beiden wichtigen Webtechnologien **ASP.NET/AJAX** bzw. **Adobe Flash** optional zur Auswahl.

### WPF-ClickOnce-Anwendungen

Grundsätzlich handelt es sich bei WPF-ClickOnce-Anwendungen um reine Desktop-Anwendungen, die lediglich für eine schnelle Verteilung über das Internet optimiert sind. Eine Einbindung in Webseiten ist nicht vorgesehen, die Anwendung wird vom Desktop gestartet.

Pro:

- wesentlich größerer Funktionsumfang (siehe vorhergehender Abschnitt)

- keine Unterschiede in der Codebasis zu den "normalen" Anwendungen

- Erscheinung als eigenständige Anwendung ohne Browser (auch bei Silverlight im Rahmen einer Out-of-Browser-Anwendung möglich)

- Interaktion mit Systemressourcen möglich (Silverlight ab Version 4)

- mehrere Fenster gleichzeitig

Kontra:

- keine Integration in Webseiten

- wesentlich größerer Download (.NET-Framework bzw. Client Profil)

- Einschränkung bei der Anzahl der Gastsysteme ("nur" Windows-Plattform)

## ASP.NET/AJAX

Mit ASP.NET/AJAX handelt es sich zunächst um eine reine Form der Webanwendung (siehe Kapitel 37 bis 40), die meist problemlos (Java-Zugriff vorausgesetzt) auf fast allen Gastsystemen lauffähig ist.

Pro:

- Geringe clientseitige Systemanforderungen

- kein Plug-In erforderlich

Kontra:

- teilweise grauenhafte Frickelei, um Daten in akzeptabler Zeit zwischen Client und Server abzugleichen

- wenig komfortable Controls

- Performance-Probleme (interpretiertes JavaScript)

- "grauenhafter" Entwurf für den bisherigen Desktop-Entwickler

- teilweise Browser-Kompatibilitätsprobleme

## FLASH

Damit sind wir beim direkten Pendant von Silverlight angekommen. Adobe Flash (seit 1997 am Markt) dürfte wohl das Vorbild und der Antrieb gewesen sein, Silverlight zu entwickeln. Auch hier handelt es sich um ein Plug-In für diverse Browser, das den eigentlichen Code interpretiert und ausführt.

Ein Vergleich an dieser Stelle dürfte schnell zu Glaubensfragen führen, allerdings kann man in einem C#-Buch wohl auch davon ausgehen, dass Sie als Leser an einer Programmierung in einer .NET-Sprache, d.h. in C#, interessiert sind.

Pro:

- fast vollständige Verbreitung des Plug-ins, damit wesentlich höhere Akzeptanz

- große Entwicklergemeinde

- keine Trennung Code und Design

- bisher teilweise noch Entwicklungsvorsprung (ab Version 4 nicht mehr relevant)

Kontra:

* keine Programmierung in .NET-Sprache

* keine Verwendung Ihrer bisherigen Libraries

* andere Codebasis als auf der Serverseite

### Fazit

Wenn Sie bereits mit C# gearbeitet haben und auf Visual Studio als Entwicklungsumgebung setzen, dürfte die Wahl zwischen Flash und Silverlight sicher zu Gunsten von Silverlight ausfallen.

---

**HINWEIS:** Beachten Sie allerdings, dass die Installation des Plug-ins für viele Endanwender aus psychologischen und Sicherheits-Gründen zu einem Problem werden kann. Sie schränken bei Verwendung von Silverlight möglicherweise die Verbreitung ihrer Anwendung ein.

---

Sind die letztgenannten Fälle ein Problem für Sie, sollten Sie in den "sauren Apfel beißen" und sich für ASP.NET/Ajax entscheiden. In allen anderen Szenarien für reine Webanwendungen dürften Sie mit Silverlight am besten bedient sein.

## 36.1.5  Entwicklungstools

An dieser Stelle beschränken wir uns auf einen Verweis zum Abschnitt 35.1 ab Seite 1467, neben Visual Studio 2010 können Sie auch *Microsoft Expression Blend* für den Entwurf einsetzen. Auch für den Entwurf von Silverlight-Anwendungen gilt: Visual Studio eignet sich besser für den Programmierer, Blend bietet hingegen dem Designer mehr Möglichkeiten.

## 36.1.6  Installation auf dem Client

Voraussetzung für die Lauffähigkeit Ihrer Silverlight-Anwendung auf dem Client ist die Installation eines entsprechenden Plug-in auf dem Client-PC. Und damit kommen wir zum einfachsten und gleichzeitig schwierigsten Thema des Kapitels. Prinzipiell ist die Installation des Silverlight-Plug-in trivial:

* Der Browser meldet bei einer Website, die das Silverlight-Plug-in enthält, dass zunächst Microsoft Silverlight installiert werden muss:

* Nach dem Klick auf dieses Symbol unterscheidet sich der weitere Verlauf je nach Browser etwas: In Firefox müssen Sie die Datei *Silverlight.exe* zunächst herunterladen und dann explizit ausführen, im Internet Explorer können Sie gleich die Option "Ausführen" wählen.

▪ In jedem Fall wird der Anwender mit einer Sicherheitsmeldung konfrontiert, die ihn auch drauf hinweist, welche Gefahren durch die Ausführung entstehen können:

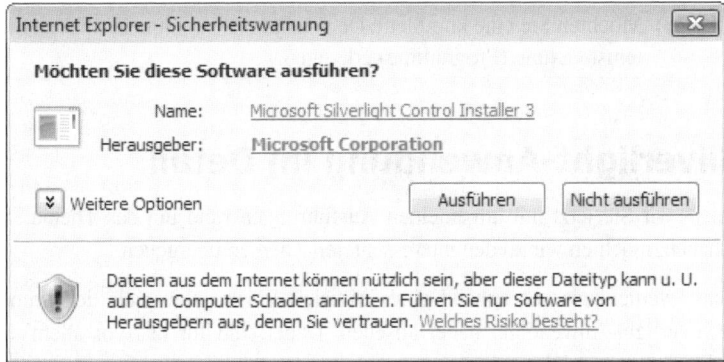

Arbeiten Sie mit Windows Vista/7 wird noch eine entsprechende Sicherheitsberechtigung (UAC/Benutzerkontensteuerung) abgefragt. Unsichere Anwender werden wohl an dieser Stelle abbrechen und damit nicht in den "Genuss" Ihrer Silverlight-Anwendung kommen.

▪ Stimmt der Anwender der Option "Ausführen" zu, wird nach der Anzeige von Lizenzvertrag und Datenschutzbestimmungen Silverlight installiert.

## Updates/Deinstallation

Silverlight prüft standardmäßig auf neue Updates und installiert diese auch selbst. Die entsprechenden Einstellungen finden Sie, wenn Sie mit der rechten Maustaste auf das laufende Plug-in klicken:

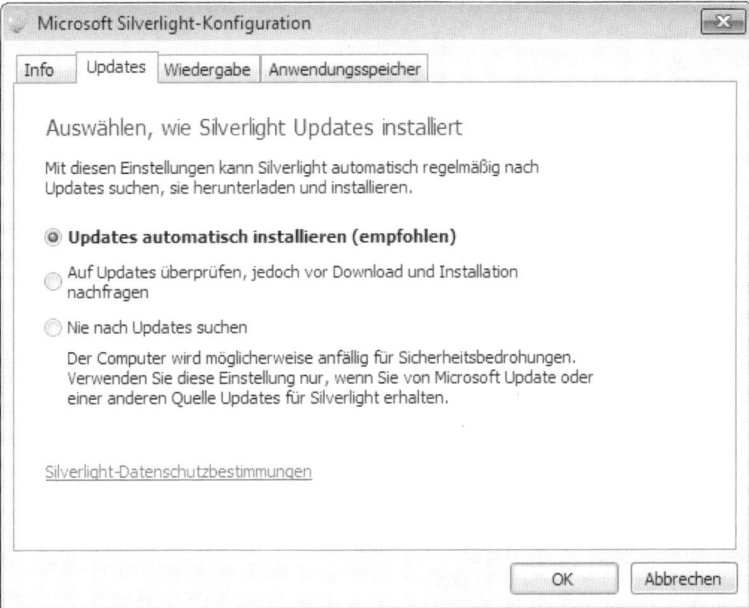

Belassen Sie es im Normalfall bei dieser Standardeinstellung, gerade auch wegen der recht kurzen Versionswechsel bei Silverlight.

---

**HINWEIS:** Möchten Sie eine komplette Deinstallation vornehmen, müssen Sie dies über die Systemsteuerung (Programme) erledigen.

---

# 36.2   Die Silverlight-Anwendung im Detail

Nachdem wir Sie jetzt mit allgemeinen Ausführungen rund um das Thema "Silverlight" gelangweilt haben, möchten wir zu den interessanteren Themen übergehen.

Zunächst werden wir uns anhand eines trivialen Einstiegsbeispiels den grundsätzlichen Aufbau einer Silverlight-Anwendung näher ansehen. Dabei sind für uns vor allem die zum Projekt gehörenden Dateien und deren Bedeutung von Interesse.

## 36.2.1   Ein kleines Beispielprojekt

Hier die wichtigsten Schritte:

- Wählen Sie zunächst aus den drei Silverlight-Vorlagen die "Silverlight-Anwendung" aus:

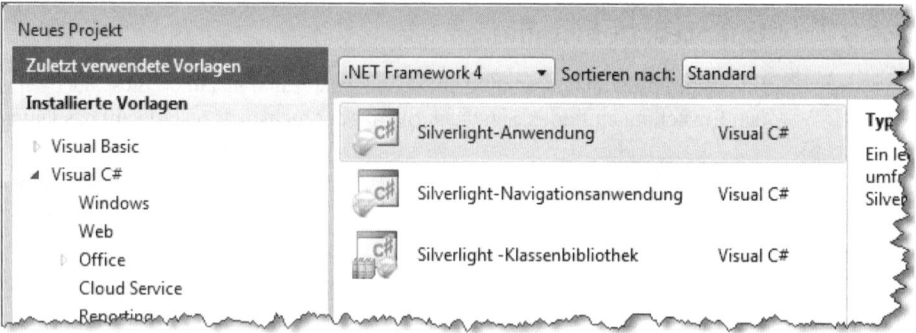

- Nachdem Sie einen Projektnamen festgelegt und den Ok-Button betätigt haben, erscheint ein neuer Assistent. In diesem müssen Sie entscheiden, ob für Ihre Silverlight-Anwendung ein Web-Projekt erstellt werden soll oder nur eine einfache Testseite.

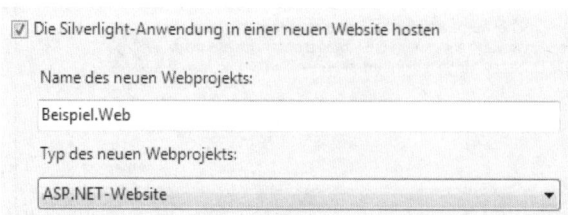

Dies ist nötig, da Silverlight zunächst immer im Rahmen einer Webseite dargestellt und ausgeführt wird. Wir empfehlen Ihnen hier die Verwendung einer "ASP.NET-Website" als Webprojekt, da Sie in diesem Fall bereits eine recht brauchbare Zusammenstellung der nötigen Installationsdateien erhalten. Doch dazu später mehr.

■ Ihr noch "jungfräuliches" Projekt sollte jetzt aus folgenden Dateien bestehen, auf die wir in den weiteren Abschnitten im Detail eingehen wollen:

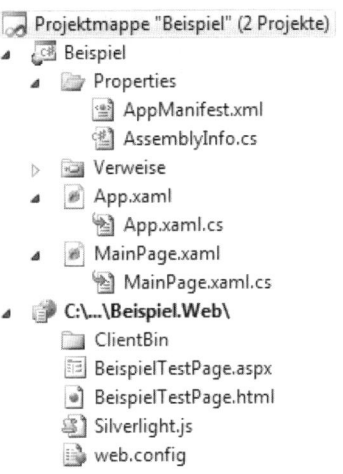

■ Fügen Sie der Seite *MainPage.xaml* eine Schaltfläche (Button) hinzu und erstellen Sie einen dazugehörigen Ereignishandler mit folgendem Inhalt:

```
private void button1_Click(object sender, RoutedEventArgs e)
{
    MessageBox.Show("Hallo Silverlight-Programmierer");
}
```

■ Starten Sie jetzt die Anwendung und überzeugen Sie sich von der Funktionsweise:

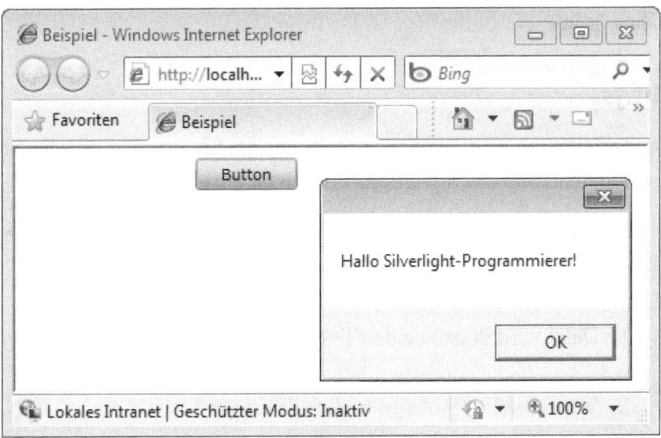

Nachfolgend wollen wir uns ansehen, was für Dateien zu diesem Testprojekt gehören und welche Funktion sie haben.

## 36.2.2  Das Application Package und das Test-Web

Bevor Sie jetzt im falschen Verzeichnis landen und die falschen Dateien begutachten, ein Hinweis:

---

**HINWEIS:** Die final erzeugten Dateien finden Sie im Anwendungsordner des Test-Webs, nicht im *bin\Debug*-Verzeichnis der Silverlight-Anwendung.

---

Folgende Dateien sollten Sie vorfinden:

- *BeispielTestPage.aspx* und *BeispielTestPage.html*
- *Silverlight.js*
- *web.config*
- im Unterverzeichnis *\ClientBin* die Datei *Beispiel.xap*

Sie ahnen es sicher schon, Ihre Silverlight-Anwendung steckt in der Datei *Beispiel.xap*, um die wir uns als zunächst kümmern wollen.

### .xap-Package

Bei dieser Datei (dem Application Package) handelt es sich um ein ZIP-Paket, das alle nötigen Assemblies und Ressourcen ihrer Silverlight-Anwendung enthält (keine Videos).

In jedem Fall sind mindestens zwei Dateien in diesem Package enthalten:

- *AppManifest.xaml*
- sowie die kompiliert *.dll* mit dem Eintrittspunkt Ihrer Anwendung.

Die Datei *AppManifest.xaml* enthält zunächst nur den Namen der Anwendungsassembly, kann aber auch Informationen zur Distribution (Out-of-Browser-Anwendung) enthalten. Bitte bearbeiten Sie diese Datei nicht direkt!

### Silverlight.js

Hierbei handelt es sich um eine JavaScript-Datei aus der Silverlight SDK die eine Reihe von Funktionen für die Initialisierung des Silverlight-Plug-in bereitstellt.

Da wir uns nicht mit dem Erstellen des Silverlight-Plug-in per JavaScript beschäftigen wollen, gehen wir auf die Funktionen in dieser Datei nicht weiter ein.

---

**HINWEIS:** Die Datei wird in den beiden Testseiten (siehe folgender Abschnitt) referenziert.

---

### ...TestPage.aspx & ...TestPage.html

Hierbei handelt es sich um zwei einfache Webseiten, die lediglich die Aufgabe haben, das Silverlight-Plug-in aufzunehmen. Sie können den betreffenden Codeabschnitt auch in eigene Webseiten kopieren.

**Beispiel 36.2**    **Grundaufbau von ...*TestPage.aspx***

```html
#<!DOCTYPE html PUBLIC "-//W3C//DTD XHTML 1.0 Transitional//EN"
"http://www.w3.org/TR/xhtml1/DTD/xhtml1-transitional.dtd">
<html xmlns="http://www.w3.org/1999/xhtml" >

<head>
...
```

Die Utility-Datei *Silverlight.js* referenzieren:

```html
<script type="text/javascript" src="Silverlight.js"></script>
```

Hier folgt eine einfache Fehlerbehandlung, falls das Plug-in nicht korrekt initialisiert werden kann, oder wenn ein nicht behandelter Fehler in der Silverlight-Anwendung auftritt. Der Fehler bzw. dessen Ursache wird als einfache Meldung der Webseite ausgegeben:

```javascript
<script type="text/javascript">
    function onSilverlightError(sender, args) {
        var appSource = "";
        if (sender != null && sender != 0) {
            appSource = sender.getHost().Source;
        }

        var errorType = args.ErrorType;
        var iErrorCode = args.ErrorCode;

        if (errorType == "ImageError" || errorType == "MediaError") {
          return;
        }
        var errMsg = "Unhandled Error in Silverlight Application " + appSource + "\n" ;
        errMsg += "Code: "+ iErrorCode + "    \n";
        errMsg += "Category: " + errorType + "      \n";
        errMsg += "Message: " + args.ErrorMessage + "     \n";
        if (errorType == "ParserError") {
            errMsg += "File: " + args.xamlFile + "     \n";
            errMsg += "Line: " + args.lineNumber + "     \n";
            errMsg += "Position: " + args.charPosition + "     \n";
        }
        else if (errorType == "RuntimeError") {
            if (args.lineNumber != 0) {
                errMsg += "Line: " + args.lineNumber + "     \n";
                errMsg += "Position: " +  args.charPosition + "     \n";
            }
            errMsg += "MethodName: " + args.methodName + "     \n";
```

**Beispiel 36.2**   **Grundaufbau von ...*TestPage.aspx***

```
            }
            throw new Error(errMsg);
        }
    </script>
</head>
<body>
```

Hier erfolgt die eigentliche Einbindung des Silverlight-Plug-in:

```
<form id="form1" runat="server" style="height:100%">
<div id="silverlightControlHost">
```

Beachten Sie, dass auch eine Reihe von Parametern übergeben wird, auf die wir in der nachfolgenden Tabelle noch kurz eingehen werden:

```
<object data="data:application/x-silverlight-2," type="application/x-silverlight-2"
        width="100%" height="100%">
    <param name="source" value="ClientBin/OOB.xap"/>
    <param name="onError" value="onSilverlightError" />
    <param name="background" value="white" />
    <param name="minRuntimeVersion" value="3.0.40818.0" />
    <param name="autoUpgrade" value="true" />
```

Hier folgen alternative Links, falls das Plug-in nicht auf dem Client-PC installiert ist:

```
    <a href="http://go.microsoft.com/fwlink/?LinkID=149156&v=3.0.40818.0"
        style="text-decoration:none">
    <img src="http://go.microsoft.com/fwlink/?LinkId=161376"
            alt="Get Microsoft Silverlight" style="border-style:none"/>
    </a>
    </object><iframe id="_sl_historyFrame"
        style="visibility:hidden;height:0px;width:0px;border:0px"></iframe></div>
    </form>
</body>
</html>
```

Welche Bedeutung die einzelnen Parameter beim Initialisieren des Plug-in haben zeigt die folgende
Tabelle:

| Parameter | Beschreibung |
| --- | --- |
| *source* | Dieser Parameter spezifiziert den URI Ihrer Silverlight-Anwendung, d.h., des Application Packages (*.xap*-Datei). Die *.xap*-Datei kann sich auf dem Host-Server oder auf einem Remote-Server befinden. (Möglichkeit des Load-Balancing). |
| *width, height* | Hiermit weisen Sie die Höhe und Breite des Silverlight-Plug-in zu. Sie können einen Wert in Pixeln oder in Prozenten angeben. |

| Parameter | Beschreibung |
|---|---|
| *background* | Mit *background* bestimmen Sie die Farbe des Silverlight-Plug-in-Hintergrunds. Sie können einen hexadezimalen Farbwert oder den Namen der Farbe angeben. |
| *minRuntimeVersion* | Hierbei handelt es sich um die niedrigste Runtime-Version, die von Ihrer Silverlight-Applikation gefordert wird. Ist diese nicht installiert, wird dem Anwender eine entsprechende Meldung angezeigt: |

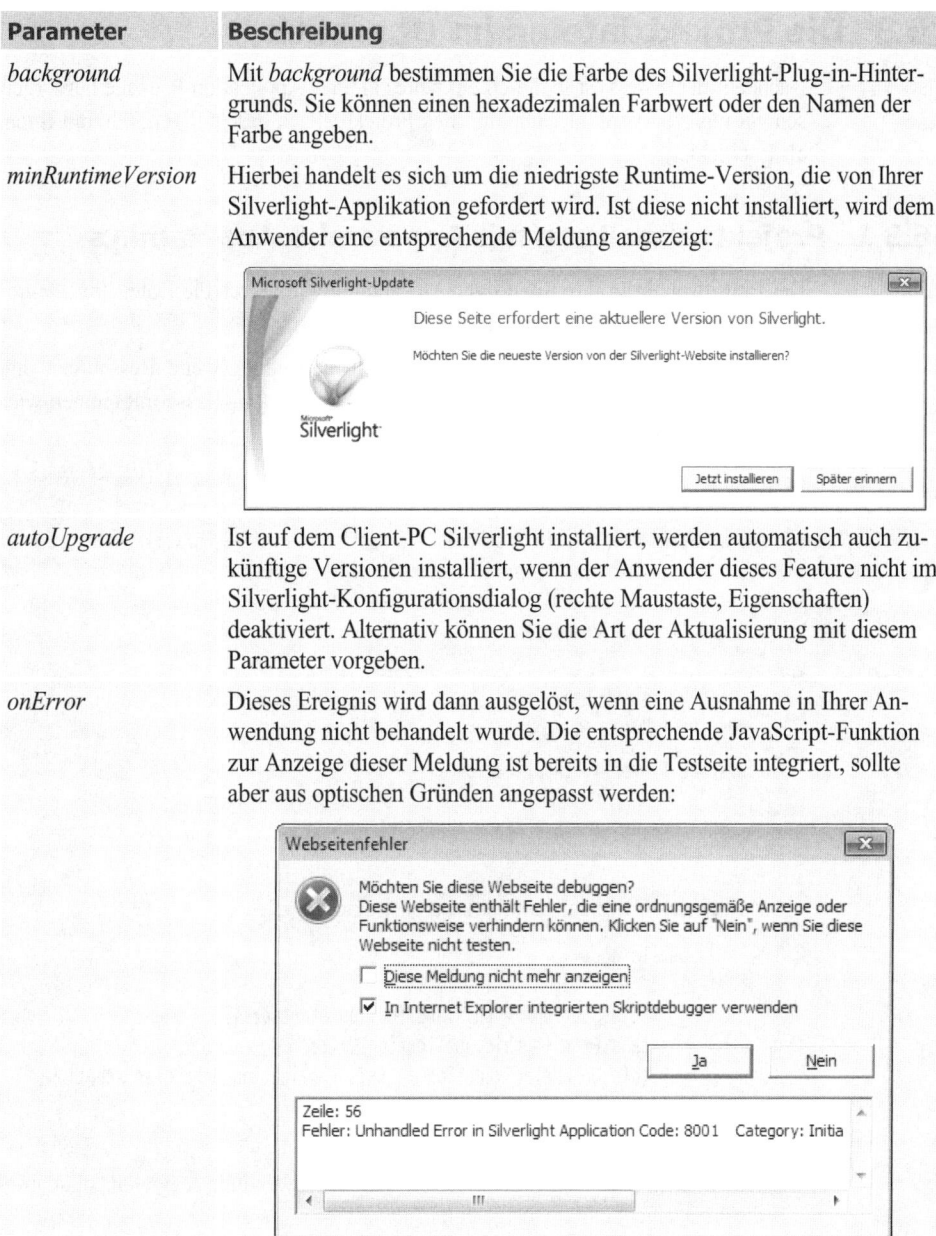

| Parameter | Beschreibung |
|---|---|
| *autoUpgrade* | Ist auf dem Client-PC Silverlight installiert, werden automatisch auch zukünftige Versionen installiert, wenn der Anwender dieses Feature nicht im Silverlight-Konfigurationsdialog (rechte Maustaste, Eigenschaften) deaktiviert. Alternativ können Sie die Art der Aktualisierung mit diesem Parameter vorgeben. |
| *onError* | Dieses Ereignis wird dann ausgelöst, wenn eine Ausnahme in Ihrer Anwendung nicht behandelt wurde. Die entsprechende JavaScript-Funktion zur Anzeige dieser Meldung ist bereits in die Testseite integriert, sollte aber aus optischen Gründen angepasst werden: |

Damit haben wir zunächst alle Dateien betrachtet, die Sie nach einem erfolgreichen Compilerlauf für die Distribution benötigen. Wir können uns nun den "Innereien" der Silverlight-Anwendung zuwenden.

# 36.3  Die Projektdateien im Überblick

Nachdem der erste Test lediglich ein nettes kleines Application Package hervorgebracht hat, müssen wir uns nun wohl oder übel mit den Projektdateien beschäftigen, d.h. mit Ihrem "Arbeitsplatz" als Entwickler.

## 36.3.1  Projektverwaltung mit App.xaml & App.xaml.cs

Der Eintrittspunkt in Ihre Silverlight-Anwendung wird durch die Datei *App.xaml* bzw. die dazugehörige Quellcode-Datei *App.xaml.cs* verwaltet.

In der *App.xaml*-Datei können Sie vor allem anwendungsweite Ressourcen unterbringen. Viel interessanter ist aber die Datei *App.xaml.cs*, in der die *App*-Klasse mit einigen wichtigen Ereignissen definiert wird.

| Beispiel 36.3 | **Beispiel für App.xaml & App.xaml.cs** |
|---|---|

```xaml
<Application xmlns="http://schemas.microsoft.com/winfx/2006/xaml/presentation"
             xmlns:x="http://schemas.microsoft.com/winfx/2006/xaml"
             x:Class="SilverlightApplication4.App" >
    <Application.Resources>

    </Application.Resources>
</Application>
```

```csharp
namespace SilverlightApplication4
{
    public partial class App : Application
    {
```

Zuweisen der Ereignishandler im Konstruktor:

```csharp
        public App()
        {
            this.Startup += this.Application_Startup;
            this.Exit += this.Application_Exit;
            this.UnhandledException += this.Application_UnhandledException;
            InitializeComponent();
        }
```

Hier können Sie auf den Start der Silverlight-Anwendung reagieren, standardmäßig wird hier die anzuzeigende Seite festgelegt:

```csharp
        private void Application_Startup(object sender, StartupEventArgs e)
        {
            this.RootVisual = new MainPage();
        }
```

Auch auf das Ende Ihrer Anwendung können Sie reagieren:

```csharp
        private void Application_Exit(object sender, EventArgs e)
```

**Beispiel 36.3** | **Beispiel für App.xaml & App.xaml.cs**

```
        {        }
```

Eine erste Fehlerbehandlung ist bereits "ab Werk" mit dabei:

```
private void Application_UnhandledException(object sender,
                               ApplicationUnhandledExceptionEventArgs e)
{
...
    if (!System.Diagnostics.Debugger.IsAttached)
    {
...
        e.Handled = true;
        Deployment.Current.Dispatcher.BeginInvoke(delegate { ReportErrorToDOM(e); });
    }
}

private void ReportErrorToDOM(ApplicationUnhandledExceptionEventArgs e)
{
    try
    {
        string errorMsg = e.ExceptionObject.Message + e.ExceptionObject.StackTrace;
        errorMsg = errorMsg.Replace('"', '\'').Replace("\r\n", @"\n");
        System.Windows.Browser.HtmlPage.Window.Eval
            ("throw new Error(\"Unhandled Error in Silverlight 2 Application " +
            errorMsg + "\");");
    }
    catch (Exception)
    { }
}
}
```

## Startup

Standardmäßig wird hier die Startseite zugewiesen:

---

**HINWEIS:** Haben Sie in obigem *Application_Startup* eine Startseite per *RootVisual* einmal zugewiesen, können Sie dies nicht mehr ändern. Eine erneute Zuweisung ist nicht zulässig.

---

Nutzen Sie das *Startup*-Ereignis weiterhin, um Initialisierungen zu realisieren oder die Übergabeparameter auszuwerten.

**Beispiel 36.4** | **Auswerten optionaler Übergabeparameter an das Plug-in**

```
private void Application_Startup(object sender, StartupEventArgs e)
{
```

**Beispiel 36.4** | **Auswerten optionaler Übergabeparameter an das Plug-in**

```
            this.RootVisual = new MainPage();
            foreach (var param in e.InitParams)
              MessageBox.Show(param.Key + " = " + param.Value);
        }
```

Nach Ausführung des *Startup*-Ereignisses wird die Silverlight-Anwendung sichtbar.

## Exit

Das *Exit*-Ereignis feuert beim Beenden der Anwendung. Folgende Auslöser sind möglich:

- Schließen des Browsers
- Schließen des Browser-Tabs, in dem die Silverlight-Anwendung angezeigt wird
- Navigation auf eine andere Webseite
- Entfernen des HTML-Elements mit dem Silverlight Plug-in aus der Webseite

## UnhandledException

Hier können/sollten Sie Fehler behandeln, die innerhalb Ihrer Anwendung auftreten, aber nicht behandelt wurden. Wird der Fehler behandelt, so signalisieren Sie dies mit der *Handled*-Eigenschaft.

---

**HINWEIS:** Behandeln Sie den Fehler nicht oder belassen Sie *Handled* auf *false*, wird die Anwendung beendet und das *onError*-Ereignis des Plug-in wird ausgelöst (JavaScript). In diesem Fall wird kein *Exit*-Ereignis ausgelöst.

---

## Weitere Eigenschaften und Methoden der Application-Klasse

Sicher nicht ganz zufällig wird im Rahmen der Silverlight-Anwendung auch ein Interesse an den Einstellungen/Parametern des umgebenden Silverlight-Plug-in bestehen. An dieser Stelle hilft Ihnen die *Application*-Klasse weiter. Über das *Current.Host*-Objekt rufen Sie die gewünschten Einstellungen (*Background, Source, Settings, Content ...*) ab.

---

**HINWEIS:** Weitere Methoden stehen im Zusammenhang mit dem Erstellen und Warten von Out-Of-Browser-Anwendungen zur Verfügung (siehe dazu 36.7.1).

---

## 36.3.2 MainPage.xaml & MainPage.xaml.cs

Hier haben Sie es mit der standardmäßig angezeigten Seite Ihrer Silverlight-Anwendung zu tun.

---

**HINWEIS:** Ihre Anwendung kann mehrere Seiten enthalten, ein direkter Wechsel zwischen diesen ist jedoch nicht möglich.

---

> **HINWEIS:** *UserControls*, d.h. auch diese Seite, können wiederum andere *UserControls* enthalten. Sie können die Hauptseite also als Container für weitere *UserControls* verwenden.

Konzeptionell können Sie diese Dateien mit den *Window*-Dateien von WPF vergleichen, auch wenn es sich in diesem Fall um eine Instanz der *UserControl*-Klasse handelt.

**Beispiel 36.5** | **Eine leere Seite**

```xaml
<UserControl x:Class="SilverlightApplication4.MainPage"
    xmlns="http://schemas.microsoft.com/winfx/2006/xaml/presentation"
    xmlns:x="http://schemas.microsoft.com/winfx/2006/xaml"
    xmlns:d="http://schemas.microsoft.com/expression/blend/2008"
    xmlns:mc="http://schemas.openxmlformats.org/markup-compatibility/2006"
    mc:Ignorable="d"
    d:DesignHeight="300" d:DesignWidth="400">

    <Grid x:Name="LayoutRoot" Background="White">

    </Grid>
</UserControl>
```

```csharp
...
namespace Beispiel
{
    public partial class MainPage : UserControl
    {
        public MainPage()
        {
            InitializeComponent();
        }
    }
}
```

Mehr zu diesen Dateien finden Sie im Abschnitt 36.4 ab Seite 1494.

## 36.3.3 AssemblyInfo.cs

Wie auch bei den Windows Forms- oder WPF-Anwendungen werden hier die Assembly-Informationen (*Title, Description, Company, Version* etc.) gespeichert.

```
...
[assembly: AssemblyTitle("Beispiel")]
[assembly: AssemblyDescription("")]
[assembly: AssemblyConfiguration("")]
...
```

Die Einträge können Sie auch über den Menüpunkt *Projekt|Eigenschaften|Silverlight|Assembly-informationen* komfortabel bearbeiten.

# 36.4 Fenster und Seiten in Silverlight

Im Gegensatz zu einer optisch ähnlichen WPF-Anwendung kann Silverlight immer nur ein "Fenster" zur gleichen Zeit anzeigen. Prinzipiell ist es zunächst auch nicht möglich, dieses "Fenster" durch ein anderes zu ersetzen. Wie es dennoch geht, wie Sie Popup-Fenster einblenden und wie Sie zwischen Seiten navigieren können, klärt der vorliegende Abschnitt.

## 36.4.1 Das Standardfenster

Eigentlich handelt es sich nicht um ein Fenster, sondern um eine Instanz der Klasse *UserControl*. Da das weitere Verhalten aber einem Fenster entspricht, wollen wir auch bei dieser Bezeichnung bleiben.

Wie schon erwähnt, kann eine Silverlight-Anwendung zwar über mehrere Fenster verfügen, ein nachträgliches (nach der erstmaligen Zuweisung von *RootVisual* in *App.xaml.cs*) Austauschen ist jedoch nicht möglich.

Drei Lösungsmöglichkeiten für dieses Problem bieten sich an:

- eine etwas unkonventionelle Lösung durch Zuweisen eines neuen *Content*

- die Verwendung von Popup-Fenstern der Klasse *ChildWindow*

- der grundsätzliche Entwurf als Navigationsanwendung

Ein kleines Beispiel soll die erste Lösung demonstrieren. Diese ist jedoch konzeptionell auf wenige Seiten beschränkt, andernfalls verlieren Sie recht schnell die Übersicht in Ihrem Projekt.

| Beispiel 36.6 | **Neue Seite per Content zuweisen** |
| --- | --- |

Erstellen Sie eine Hauptseite *MainPage.xaml* und zusätzlich eine weitere Seite (*Silverlight-Control1.xaml*). Fügen Sie in beide Seiten jeweils einen Button ein und weisen Sie die folgenden Ereignisprozeduren zu:

In *MainPage.xaml.cs*:

```
private void button1_Click(object sender, RoutedEventArgs e)
{
    MessageBox.Show("Hallo Silverlight-Programmierer! Es folgt Seite 2");
    this.Content = new SilverlightControl1();
}
```

In *SilverlightControl1.xaml.cs*:

```
private void button1_Click(object sender, RoutedEventArgs e)
{
    this.Content = new MainPage();
}
```

So einfach geht das! Über den Garbage-Collector werden die überflüssigen Instanzen auch wieder entsorgt.

Wie Sie in einem Fenster mittels Layout-Controls weitere Steuerelemente anordnen brauchen wir an dieser Stelle sicher nicht noch einmal zu wiederholen, da können wir Sie problemlos auf Abschnitt 30.2, Seite 1241, verweisen.

## 36.4.2 Untergeordnete Silverlight-Fenster

Möchten Sie Statusmeldungen anzeigen oder Eingaben separat vornehmen ist es sinnvoll, mit einem extra Fenster zu arbeiten, das aus dem standardmäßig angezeigtem Fenster heraus eingeblendet wird. Dazu steht Ihnen in Silverlight die Klasse *ChildWindow* zur Verfügung.

Sie erzeugen ein derartiges Fenster, indem Sie dem Projekt ein neues Element "Untergeordnetes Silverlight-Fenster" hinzufügen:

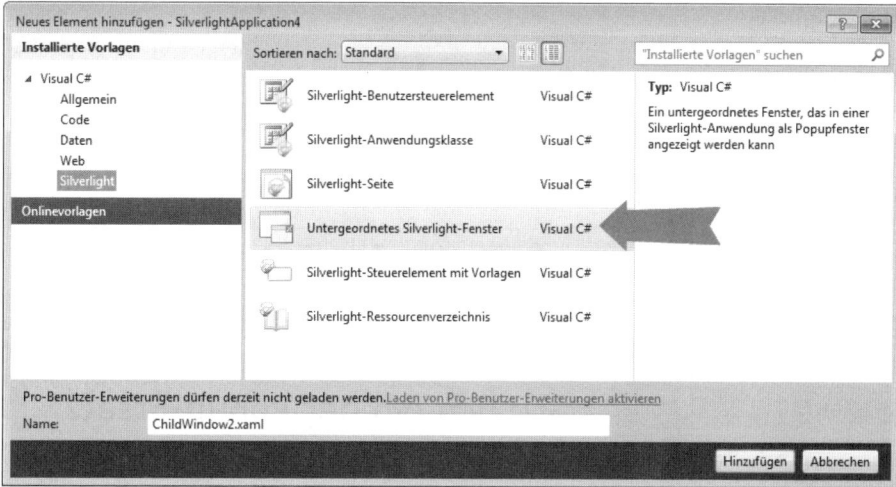

Das Fenster verfügt bereits über zwei Schaltflächen (Ok und Abbruch) mit den entsprechenden Ereignishandlern. Weitere Inhalte können Sie nach Belieben einfügen.

**Beispiel 36.7   Ein untergeordnetes Fenster einblenden**

Mit dem Klick auf eine Schaltfläche:

```
private void button1_Click(object sender, RoutedEventArgs e)
{
```

Definieren:

```
ChildWindow1 cwin = new ChildWindow1();
cwin.Closed += new EventHandler(cwin_Closed);
```

Einblenden:

```
cwin.Show();
```

**Beispiel 36.7** | **Ein untergeordnetes Fenster einblenden**

Die Auswertung kann nur per Ereignishandler erfolgen, da das Fenster zwar optisch als modal fungiert, die *Show*-Methode aber nicht blockiert und die Ausführung sofort wieder fortsetzt:

```
void cwin_Closed(object sender, EventArgs e)
{
```

Hier müssen wir zunächst die Instanz abrufen:

```
ChildWindow1 cwin = (ChildWindow1)sender;
```

Auswertung:

```
if (cwin.DialogResult == true)
    MessageBox.Show("OK");
else
    MessageBox.Show("Abbruch");
}
```

**Ergebnis**

Das folgende Fenster wird mit einer Animation eingeblendet:

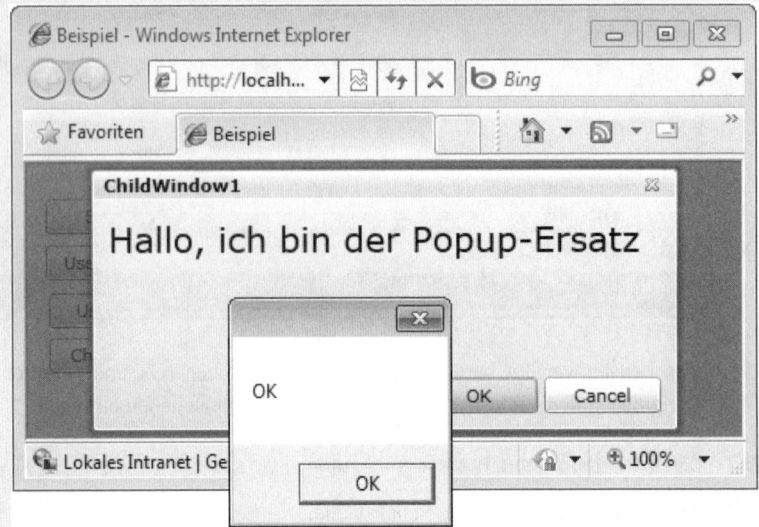

Wie Sie sehen, wird zwar das *Closed*-Ereignis korrekt ausgewertet, leider ist aber zu diesem Zeitpunkt noch das *ChildWindow* sichtbar.

---

**HINWEIS:** Während das *ChildWindow* geöffnet ist kann kein Zugriff auf das darunterliegende Silverlight-Control erfolgen. Der Hintergrund wird grau ausgeblendet[1], um das *ChildWindow* hervorzuheben.

---

[1] Fensterhintergrund, Rahmen, Button etc. sind alles Templates, die zum *ChildWindow* gehören. Bei Bedarf können Sie diese natürlich auch anpassen.

### 36.4.3 UserControls für die Anzeige von Detaildaten verwenden

Nicht immer können Sie in einem Fenster alle gewünschten Inhalte darstellen. Auch die Verwendung des *TabControls* führt bei einer großen Anzahl von Tabs recht schnell zu unübersichtlichen Programmen. Besser Sie verwenden in diesem Fall ein *UserControl*, das mit einer geeigneten Schnittstelle versehen seine Funktionalität weitgehend kapseln kann.

Der Entwurf erfolgt in einem eigenen Fenster, so leidet auch die Übersicht nicht darunter. Verfügt Ihre Anwendung über sehr viele UserControls, können Sie diese optional auch in eine externe Assembly auslagern und später dynamisch nachladen. So wird die Größe des Anwendungspackage zunächst verringert.

#### Ein-/Ausblenden von UserControls

Geht es lediglich darum, Inhalte eines UserControls ein- bzw. auszublenden, können Sie das gewünschte Control bereits zur Entwurfszeit per Drag & Drop aus der Toolbox in die gewünschte Seite einfügen[1]. Soll es bei Start der Anwendung nicht sichtbar sein, setzen Sie per XAML die Eigenschaft *Visibility* einfach auf *Collapsed*.

**Beispiel 36.8**  **Ausblenden eines UserControls**

```xaml
<my:SilverlightControl2 HorizontalAlignment="Left" Margin="204,127,0,0"
        x:Name="silverlightControl21" VerticalAlignment="Top" Height="152" Width="234"
        Visibility="Collapsed" />
```

Zu Laufzeit können Sie das Control dann über diese Eigenschaft ein- und wieder ausblenden.

**Beispiel 36.9**  *UserControl* zur Laufzeit einblenden

```csharp
private void button2_Click(object sender, RoutedEventArgs e)
{
    silverlightControl21.Visibility = System.Windows.Visibility.Visible;
}
```

#### Hinzufügen/Entfernen von UserControls

Eine weitere Verwendungsmöglichkeit der UserControls bietet sich mit dem dynamischen Hinzufügen zur Laufzeit. Beispielsweise können Sie ein *StackPanel* in Ihre Hauptseite als Container einfügen. Zur Laufzeit nutzen Sie die *Children.Add*-Methode, um UserControls im *StackPanel* anzuzeigen.

**Beispiel 36.10**  *UserControl* dynamisch zur Laufzeit erzeugen und einblenden

```csharp
private void button3_Click(object sender, RoutedEventArgs e)
{
    stackPanel1.Children.Add(new SilverlightControl2());
}
```

---

[1] Falls das Control nicht sichtbar ist, das Projekt bitte kompilieren!

---

**HINWEIS:** Entfernen können Sie das *UserControl* durch Aufruf der *Children.Clear*-Methode.

---

## 36.4.4 Navigieren in Silverlight-Anwendungen

Wenn Ihnen die im Abschnitt 36.4.1 gezeigte Lösung nicht genügt bzw. zu unübersichtlich ist, kommen Sie früher oder später auch mit dem Navigations-Framework in Kontakt. Dieses bietet Ihnen eine einfache und intuitive Möglichkeit, ausgehend von einer Startseite (diese stellt auch das Master-Layout) einzelne Pages einzublenden bzw. diese gegen andere Pages auszutauschen.

### Projekt erzeugen

Der einfachste Weg zu einer derartigen Anwendung führt über das Template "Silverlight-Navigationsanwendung":

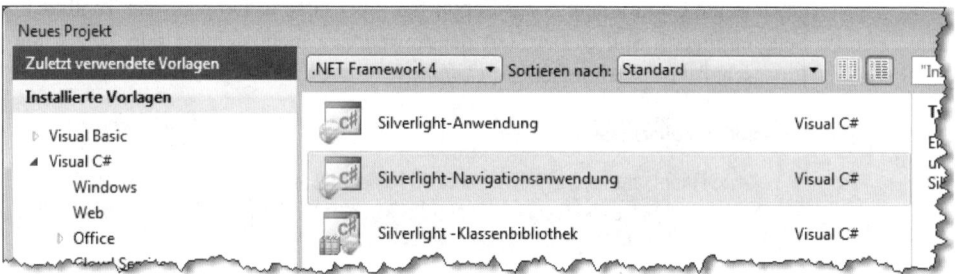

---

**HINWEIS:** In diesem Fall brauchen Sie sich auch nicht um die zusätzlichen Verweise auf die
            Assemblies *System.Windows.Controls* und *System.Windows.Controls.Navigation* zu
            kümmern.

---

Ganz nebenbei wird bereits eine Hauptseite (in diese werden die anderen Seiten eingeblendet) und zwei Detailseiten (*Home*, *About*) sowie eine Fehlerseite (als *ChildWindow*) erzeugt.

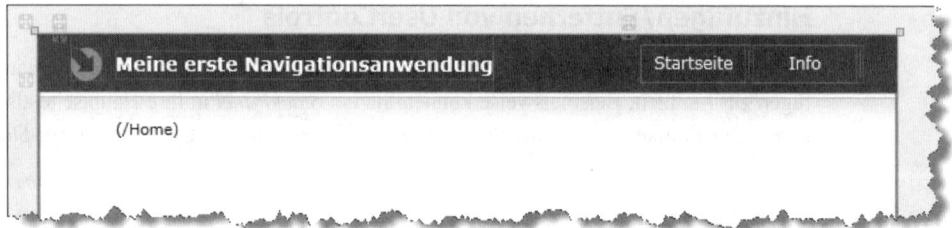

Bereits diese kleine Anwendung zeigt, dass Instanzen von *Page* (die Detailseiten) als Ziele der Navigation eines *Frame*-Controls genutzt werden. Zusätzlich bietet sich die Möglichkeit, per Uri-Mapping besser lesbare Uris zu verwenden. Doch dazu später mehr.

## Die Page-Klasse

Zunächst wollen wir uns kurz die jeweiligen Detailseiten ansehen, die als Instanzen der dafür zuständigen *Page*-Klasse angelegt werden. Die Vorgehensweise beim Zusammenstellen der Seite entspricht der bei den bereits vorgestellten UserControl-Seiten, auch hier können Sie, ausgehend von einem Layout-Control, die Inhalte Ihrer Seite zusammenstellen.

Ein Blick auf die Eigenschaften von *Page* zeigt, dass auch eine *Title*-Eigenschaft vorhanden ist, die auch sinnvoll genutzt werden kann:

**Beispiel 36.11**  **Verwendung von *Title***

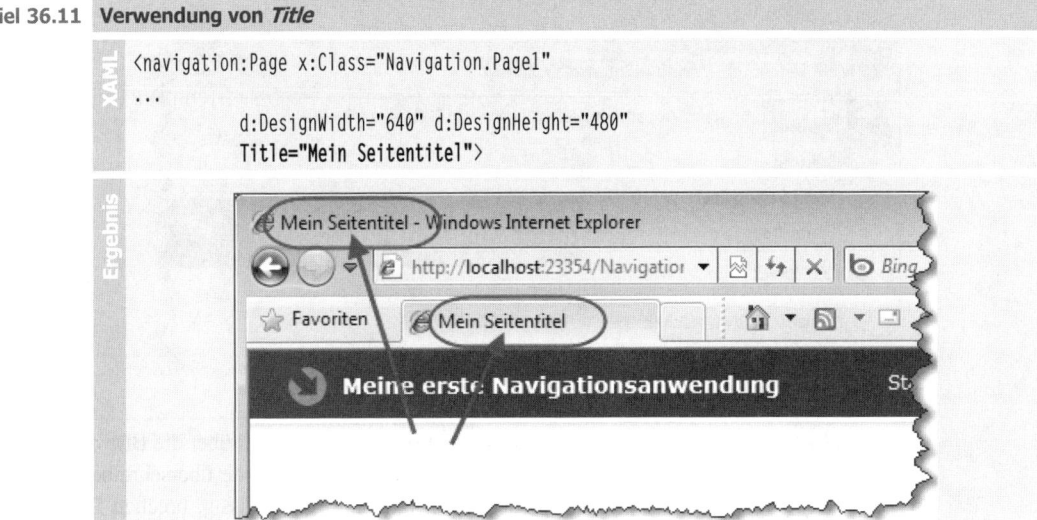

```
<navigation:Page x:Class="Navigation.Page1"
...
                 d:DesignWidth="640" d:DesignHeight="480"
                 Title="Mein Seitentitel">
```

Drei Methoden sollten Sie sich ebenfalls merken, um diese gegebenenfalls zu überschreiben und deren Funktionalität zu nutzen:

■ *OnNavigatedFrom*
(wird aufgerufen, wenn diese Page **nicht** mehr die aktive Seite ist)

■ *OnNavigatedTo*
(wird aufgerufen, wenn diese Page die aktive Seite wird)

■ *OnNavigatingFrom*
(wird aufgerufen, bevor diese Page nicht mehr die aktive Seite ist, auch ein Abbruch der Navigation über *e.Cancel* ist möglich)

An dieser Stelle kommt sicher auch die Frage auf, wie aus der Seite heraus navigiert werden kann. Dazu steht Ihnen über die *NavigationService*-Eigenschaft der *Page* das Navigations-Framework zur Verfügung.

**Beispiel 36.12**  **Auf die vorhergehende Seite navigieren**

```
private void button1_Click(object sender, RoutedEventArgs e)
{ this.NavigationService.GoBack(); }
```

Zur Verfügung stehen Ihnen die Eigenschaften *CanGoBack* und *CanGoForward* sowie *Current-Source*, mit denen Sie abfragen können, ob eine Navigation möglich ist bzw. um welche Seite es sich aktuell handelt.

Die eigentliche Navigation lösen Sie mit *GoBack*, *GoForward* und *Navigate* aus. Zusätzlich stehen in diesem Zusammenhang auch noch diverse Ereignisse zur Auswertung der Navigation zur Verfügung.

Ganz nebenbei funktionieren in diesem Zusammenhang auch die Navigationstasten Ihres Web-Browsers, wie die folgende Abbildung der Browser-Historie zeigt:

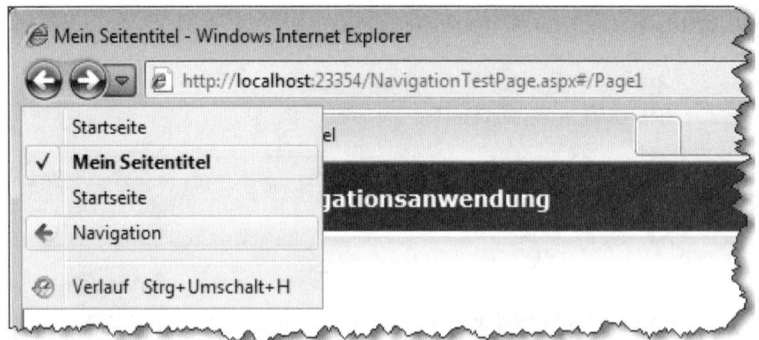

---

**HINWEIS:** Möchten Sie unerwünschte Navigationen (z.B. Zurück) über die Browser-Tasten ausschließen, müssen Sie die *OnNavigatingFrom*-Methode überschreiben und auswerten, welche Seite angesteuert wird. Ist dies nicht zulässig, brechen Sie hier einfach die Navigation ab.

---

## Der Navigations-Frame

Damit kommen wir noch einmal zum Haupt-Akteur im Navigations-Framework zurück, d.h. den *Frame* in der Hauptseite Ihrer Anwendung, der die einzelnen Pages aufnehmen soll.

---

**HINWEIS:** Alles was sich auf der Hauptseite Ihrer Anwendung befindet (Navigationsschaltflächen, Titelbänder etc.) bleibt bei einem Seitenwechsel erhalten, es wechselt nur der Inhalt der Frame-Elements!

---

Der *Frame* selbst verfügt über einige interessante Eigenschaften und Methoden, die im Zusammenhang mit der Navigation von Bedeutung sind:

- Die Methoden *GoBack*, *GoForward* und *Navigate* dürften Ihnen bereits aus dem vorhergehenden Abschnitt bekannt sein,

- was auch auf die Eigenschaften *CanGoBack* und *CanGoForward* zutrifft.

- Die Auswertung können Sie mit den Ereignissen *Navigated*, *Navigating NavigationFailed* und *NavigationStopped* vornehmen.

> **HINWEIS:** Die Ereignisse *NavigationFailed* und *Navigated* sind bereits implementiert, um die notwendigsten Funktionalitäten bereitzustellen.

**Beispiel 36.13** | **Die bereits implementierten Ereignisse zum Navigieren**

Nach dem Einblenden einer neuen Seite wird für die Hyperlink-Schaltflächen sichergestellt, dass auch der richtige Button markiert ist:

```
private void ContentFrame_Navigated(object sender, NavigationEventArgs e)
{
    foreach (UIElement child in LinksStackPanel.Children)
    {
        HyperlinkButton hb = child as HyperlinkButton;
        if (hb != null && hb.NavigateUri != null)
        {
            if (hb.NavigateUri.ToString().Equals(e.Uri.ToString()))
                VisualStateManager.GoToState(hb, "ActiveLink", true);
            else
                VisualStateManager.GoToState(hb, "InactiveLink", true);
        }
    }
}
```

Kleinere Fehler werden durch die Anzeige eines *ChildWindow* gemeldet:

```
private void ContentFrame_NavigationFailed(object sender,
                                  NavigationFailedEventArgs e)
{
    e.Handled = true;
    ChildWindow errorWin = new ErrorWindow(e.Uri);
    errorWin.Show();
}
```

Eine direkte Navigation per Methode könnte zum Beispiel wie folgt aussehen:

**Beispiel 36.14** | **Navigieren per *Frame***

Haben Sie eine Schaltfläche in *MainPage.xaml* eingefügt, kann der folgende Ereignishandler verwendet werden:

```
private void Button_Click(object sender, RoutedEventArgs e)
{
    this.ContentFrame.Navigate(new Uri("/Page1", UriKind.Relative));
}
```

Ein Blick in die Frame-Definition (*MainPage.xaml*) dürfte ebenfalls recht aufschlussreich sein, werden doch hier die Zusammenhänge zwischen der angeforderten Uri und der angesteuerten Uri mittels Uri-Mapping hergestellt:

**Beispiel 36.15**  **Uri-Mapping im Frame**

```
<Border x:Name="ContentBorder" Style="{StaticResource ContentBorderStyle}" >
    <navigation:Frame x:Name="ContentFrame"
     Style="{StaticResource ContentFrameStyle}"  Source="/Home"
       Navigated="ContentFrame_Navigated"
       NavigationFailed="ContentFrame_NavigationFailed">
        <navigation:Frame.UriMapper>
         <uriMapper:UriMapper>
            <uriMapper:UriMapping Uri="" MappedUri="/Views/Home.xaml"/>
            <uriMapper:UriMapping Uri="/{pageName}" MappedUri="/Views/
                                    {pageName}.xaml"/>
         </uriMapper:UriMapper>
        </navigation:Frame.UriMapper>
    </navigation:Frame>
</Border>
```

Sicher haben Sie auch schon bemerkt, dass sich die Detailseiten beim erzeugten Projekt im Unterverzeichnis *Views* befinden. Zum einen ist es recht aufwändig, immer den vollen Uri für dieses Verzeichnis zu verwenden, zum anderen führt dies zu einer recht unübersichtlichen Angabe in der Adresszeile des Browsers. Aus diesen Gründen wird mittels Uri-Mapping eine übergebene Adresse (*Uri*) so "gemappt", dass zur gewünschten Adresse (*MappedUri*) gesprungen wird.

Im obigen Beispiel wird bei fehlender Frame-Adresse (*Uri = ""*)

```
http://localhost:23354/NavigationTestPage.aspx
```

die Seite */Views/Home.xaml* angezeigt:

```
http://localhost:23354/NavigationTestPage.aspx#/Home
```

Im Zusammenhang mit der Detaildatenanzeige bei Datenbankanwendungen bietet sich hier auch die Möglichkeit, den Primärkey für die Navigation zwischen den Seiten zu nutzen. Dazu wird die Adresse entsprechend umgeformt, sodass ein auslesbarer QueryString entsteht:

**Beispiel 36.16**  **QueryString per Mapping erzeugen**

```
...
  <uriMapper:UriMapping Uri="Artikel/{id}" MappedUri="/Views/ArtikelDetails.xaml?id={id}"/>
...
```

Aus der eingegebenen Adresse

```
http://testweb.de/Warenkorb.asp#/Artikel/27
```

wird somit

```
http://testweb.de/Warenkorb.asp#/Views/ArtikelDetails.xaml?id=27
```

Die Id können Sie jetzt per QueryString in *ArtikelDetails.xaml* mit der folgenden Anweisung abrufen:

```
this.NavigationContext.QueryString["id"]
```

# 36.5 Datenbanken/Datenbindung

Mit dem Ende des letzten Abschnitts sind wir bereits mitten in der Thematik "Datenbanken/Datenbindung" angekommen. Allerdings werden wir uns hier nicht großartig wiederholen (siehe dazu Kapitel 33 ab Seite 1405), sondern uns auf einige wesentliche Besonderheiten im Zusammenhang mit Silverlight-Anwendungen beschränken.

Zunächst ein wichtiger Hinweis vorweg:

**HINWEIS:** Grundsätzlich sollten Sie immer das Konzept von Silverlight im Hinterkopf behalten: Der Code wird immer auf dem Client ausgeführt. Dies führt auch dazu, dass Sie nicht auf vermeintlich lokale Datenbanken (wie bei ASP.NET-Anwendungen) zugreifen können. Diese befinden sich aus Sicht der Anwendung immer auf einem externen System, auf das Sie nur über das Web zugreifen können.

Eine der wenigen Ausnahmen von der obigen Aussage ist die Verwendung des isolierten Speichers für eine lokale Datenbank auf dem Client, wie zum Beispiel im Projekt "Silverlight Database", das Sie unter der folgenden Adresse herunterladen können:

**LINK:** `http://silverdb.codeplex.com/`

Für alle anderen Fälle gilt: die Datenbank liegt auf dem Server und ist damit aus Sicht des Clients "weit weg". Womit auch schon klar wird, dass wir auf Datenbanken immer nur mit zusätzlichen Services (Proxys) zugreifen können. Derzeit stehen Ihnen folgende sinnvolle Varianten zur Verfügung:

- die "guten alten" ASP.NET Webdienste,
- WCF Dienste (auch Duplex)
- und WCF Data Services (die ehemaligen ADO.NET Data Services).

Zusätzlich können Sie natürlich auch andere Datenquellen "anzapfen", wie zum Beispiel mit der *HttpWebRequest*-Klasse auf RSS-Feeds oder per *Socket*-Klasse auf die TCP-Sockets zugreifen, aber das soll im Rahmen dieses Buchs kein Thema sein.

Im Weiteren wollen wir uns auf die Anbindung eines Webdienstes und den Zugriff auf die WCF Data Services beschränken und die Vorgehensweise mit zwei umfangreicheren Beispielen demonstrieren.

**HINWEIS:** Da die Vorgehensweise bei den beiden o.g. Dienstformen weitgehend übereinstimmt, werden wir diese auch gemeinsam vorstellen.

**HINWEIS:** Auf ausführliche Darstellungen zu den Themen "WCF Dienste" und "WCF Data Services" müssen wir aus Platzgründen an dieser Stelle verzichten, siehe dazu unser Buch [Datenbankprorammierung mit Visual C# 2010].

## 36.5.1  ASP.NET Webdienste/WCF Dienste

Ausgangspunkt unserer Betrachtungen ist ein bereits erstelltes Silverlight-Projekt mit dazugehörigem ASP.NET-Anwendungsprojekt.

Folgende Schritte werden wir abarbeiten:

- Einfügen einer SQL Server-Datenbank

- Erstellen eines LINQ to SQL Datenmodells

- Erstellen des Webdienstes/WCF Dienstes

- Einbinden der Dienste in das Silverlight-Projekt

- Konfigurieren der Silverlight-Oberfläche und Abrufen der Daten

Und damit auf in die Praxis ...

### Einfügen der SQL Server-Datenbank

Erster Schritt ist natürlich das Erstellen einer Datenbasis. Auf die Schritte zum Erstellen einer
neuen Datenbank verzichten wir, stattdessen nutzen wir die Beispieldatenbank *Northwind.mdf*, die
Sie auch auf der Buch-DVD finden.

Erstellen Sie zunächst einen neuen *App_Data*-Ordner im ASP.NET-Web-Projekt (nicht im Silverlight-Projekt), indem Sie im Projektmappen Explorer mittels Kontextmenü den Eintrag *Hinzu-
fügen|Hinzufügen ASP.NET Ordner|App_Data* aufrufen. In den neu erstellten Ordner ziehen Sie
einfach die Datei *Northwind.mdf* per Drag & Drop hinein:

Damit ist der "Datenbank-Import" abgeschlossen und wir können uns um das Datenmodell kümmern.

### Erstellen des LINQ to SQL-Datenmodells

Da wir im folgenden Abschnitt mit einem Entity-Datenmodell arbeiten müssen, wollen wir uns an
dieser Stelle auf ein LINQ to SQL-Datenmodell beschränken, dieses ist etwas performanter und
übersichtlicher.

Wählen Sie den Menüpunkt *Hinzufügen|Neues Element hinzufügen* aus dem Kontextmenü des Pro-
jektmappen Explorers (für das ASP.NET-Projekt). Im folgenden Fenster (siehe nächste Abbildung)
markieren Sie die Rubrik "Daten" und können jetzt das Template "LINQ to SQL-Klassen" auswählen. Vergeben Sie den Namen *dbNorthwind.dbml*.

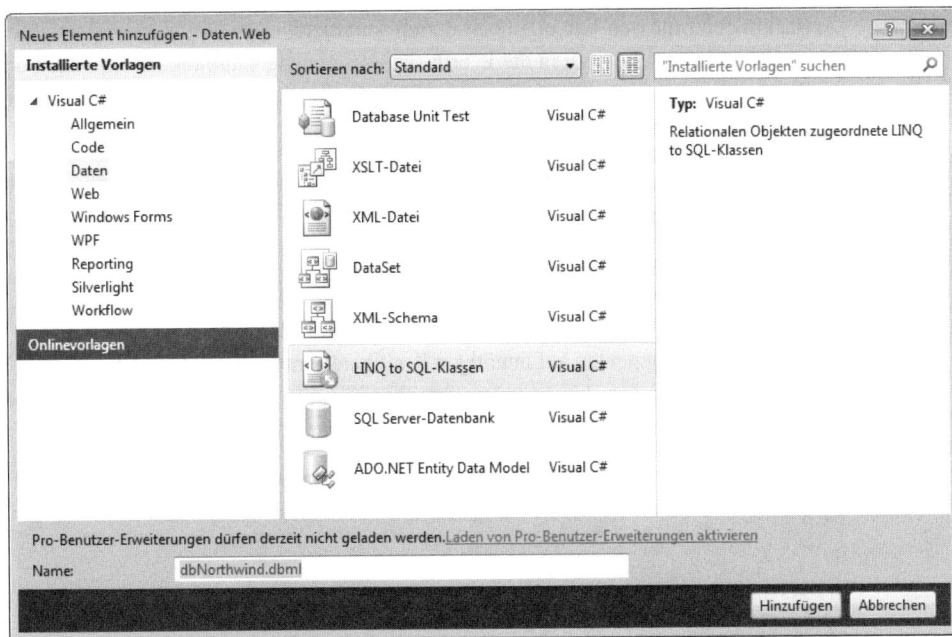

Nachfolgend öffnet sich der Designer, in den Sie per Server-Explorer und Drag & Drop die Tabelle *Products* einfügen:

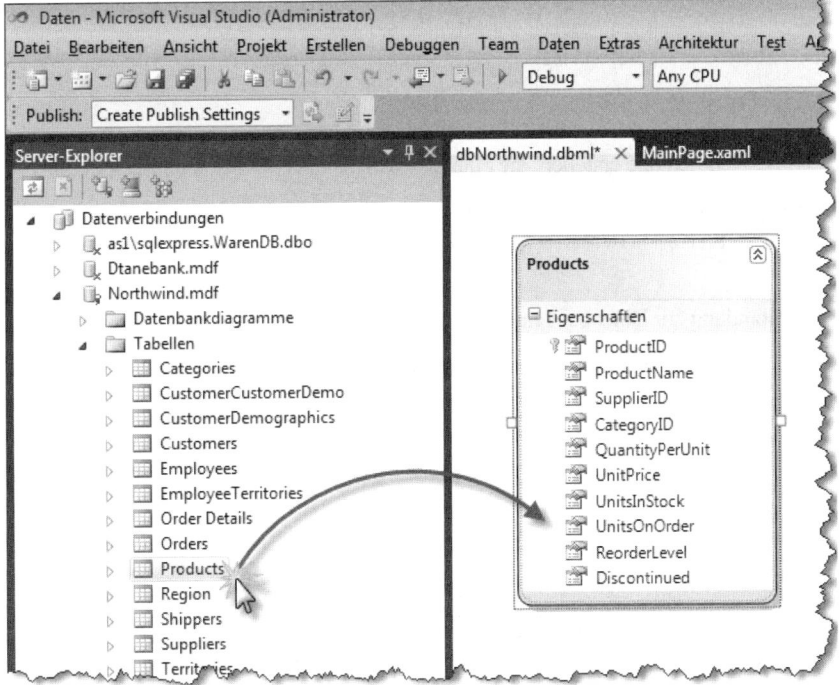

Nachfolgend müssen wir uns noch darum kümmern, dass die Daten ordnungsgemäß serialisiert werden. Klicken Sie dazu in die Leerfläche des Designers, um die Eigenschafen des *DataContext*-Objekts anzuzeigen. Legen Sie den Serialisierungs-Modus für den Datenkontext auf *Unidirektional* fest und schließen Sie den Designer.

Visual Studio hat jetzt im Hintergrund entsprechende Mapperklassen erstellt, mit denen Sie auf die SQL Server Datenbank *Northwind* und die Tabelle *Products* zugreifen können.

### Erstellen des ASP.NET Webdienstes

Zunächst wollen wir uns auf die schon lange eingeführten Webdienste beschränken, diese sind weit verbreitet und verzichten auf unnötigen Konfigurationsaufwand. Fügen Sie dem ASP.NET-Testprojekt einen Webdienste hinzu, indem Sie ebenfalls über das Kontextmenü die Liste der Templates öffnen. In der Rubrik "Web" finden Sie die altbekannten Webdienste.

Belassen Sie es einfach bei der vorgeschlagenen Namensgebung und öffnen Sie nachfolgend die neu erstellte Datei *Webservice1.asmx.cs*. Fügen Sie die im Folgenden fett hervorgehobene Methode ein:

```
...
using System.Web.Services;

namespace Daten1.Web
{
    [WebService(Namespace = "http://tempuri.org/")]
    [WebServiceBinding(ConformsTo = WsiProfiles.BasicProfile1_1)]
    [System.ComponentModel.ToolboxItem(false)]
    public class WebService1 : System.Web.Services.WebService
    {
...
```

Eine Webmethode erstellen, die eine *List* von *Products*-Objekten zurückgibt:

```
        [WebMethod]
        public List<Products> GetAllProducts()
        {
```

Verbindung zur Datenbank aufnehmen:

```
            DBNorthwindDataContext db = new DBNorthwindDataContext();
```

Daten abrufen und zurückgeben:

```
            var prod = db.Products;
            return prod.ToList();
        }
    }
}
```

Damit ist unser Webdienst bereits einsatzbereit, Sie können das Projekt testweise starten und in der Adresszeile den Namen der ASPX-Datei weglassen. In diesem Fall wird Ihnen eine Liste der Projektdaten angezeigt, wählen Sie hier den Eintrag *Webservice1.asmx*.

Nachfolgend erscheint die Dienstbeschreibung, unser Webservice enthält neben der neuen Methode *GetAllProducts* auch noch das standardmäßige *HelloWorld*-Beispiel:

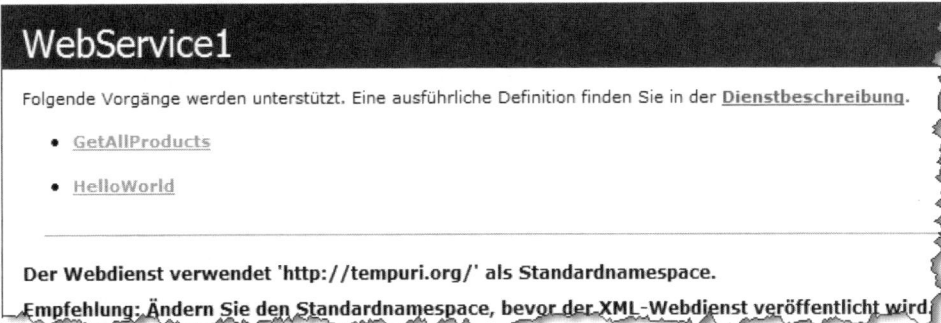

Ein Klick auf *GetAllProducts* öffnet die genaue Methodenbeschreibung mit Anforderungsbeispielen. Über die eingeblendete Schaltfläche "Aufrufen" können Sie einen ersten Testlauf starten:

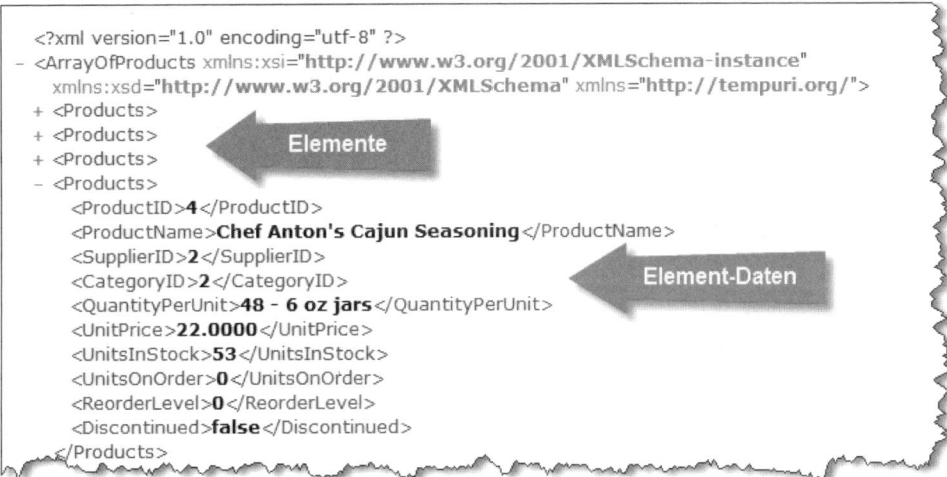

Sollten Sie hier keine Daten angezeigt bekommen, ist vermutlich bei der Konfiguration Ihrer Serververbindung etwas faul, lösen Sie zunächst dieses Problem, bevor Sie sich der Einbindung in das Silverlight-Projekt widmen.

Doch bevor es so weit ist, wollen wir noch kurz die Alternative zum Webdienst, d.h. dessen jüngeren Bruder betrachten:

## Alternative: Erstellen eines WCF Dienstes

Auch hier rufen Sie zunächst über den Projektmappen-Explorer die Liste der verfügbaren Templates ab. Wichtig ist hier, dass Sie nicht einfach einen WCF Dienst auswählen, sondern Sie müssen den Spezialtyp "Silverlight-aktivierter WCF-Dienst" aus der Rubrik "Silverlight" auswählen:

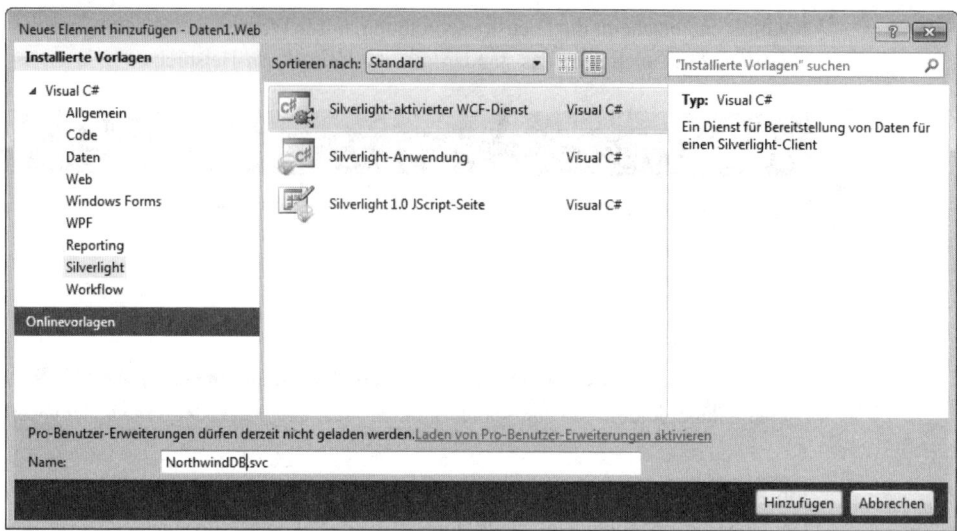

---

**HINWEIS:** Sollten Sie nur einen "gewöhnlichen" WCF-Dienst erzeugen, werden spätere Verbin-
dungsversuche fehlschlagen, Silverlight kann sich nur mit SOAP 1.1 Diensten verbinden.

---

Öffnen Sie die erstellte Datei *Service1.svc.cs* und fügen Sie die fett hervorgehobenen Zeilen hinzu:

```
...
using System.Collections.Generic;
namespace Daten1.Web
{
    [ServiceContract(Namespace = "")]
    [AspNetCompatibilityRequirements(RequirementsMode =
            AspNetCompatibilityRequirementsMode.Allowed)]
    public class Service1
    {
...
```

In WCF wird mit Contracts gearbeitet:

```
        [OperationContract]
        public List<Products> GetAllProducts()
```

Auch hier geben wir eine Liste von *Products*-Objekten zurück, der Datenabruf per LINQ to SQL-
Klassen entspricht der Webdienst-Version:

```
        {
            DBNorthwindDataContext db = new DBNorthwindDataContext();
            var prod = db.Products;
            return prod.ToList();
        }
    }
}
```

Auch hier können Sie einen Test starten, allerdings werden Ihnen in diesem Fall keine Daten angezeigt, eine Prüfung der Funktionsfähigkeit ist also nicht möglich.

## Einbinden der Dienste in das Silverlight-Projekt

Damit sind wir auch schon bei unserem Endverbraucher, dem Silverlight-Projekt angelangt. Erster Schritt ist in jedem Fall das Einbinden der Dienstverweise (Sie können an dieser Stelle auch beide Dienste einbinden).

Da sich beide Dienste in der gleichen Projektmappe befinden, können Sie diese über die Schaltfläche "Ermitteln" lokalisieren:

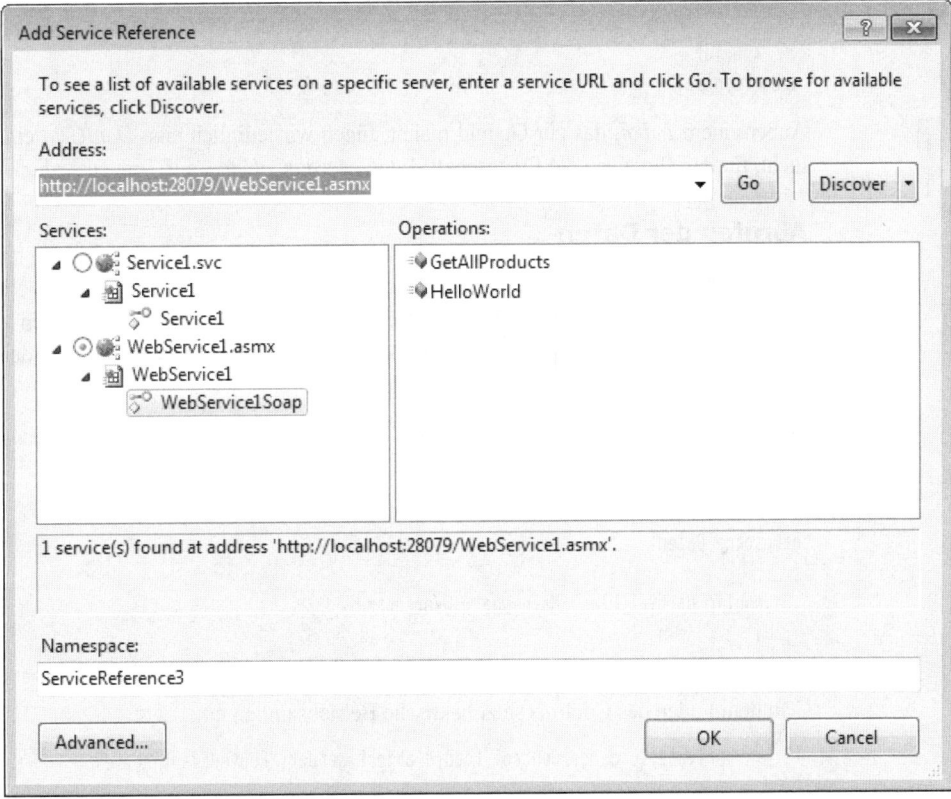

Klicken Sie auf die Ok-Schaltfläche, um die Referenz einzubinden und die entsprechenden Proxy-Klassen zu generieren[1].

---

**HINWEIS:** Prüfen Sie die *Refrences.cs*-Dateien, ob auch Proxy-Klassen mit den erforderlichen Datentypen vorhanden sind.

---

[1] Im Zusammenhang mit der Beta 2 waren die Autoren kurz vor einer Sachbeschädigung, das Erstellen der Proxy-Klassen schlug regelmäßig fehl.

## Konfigurieren der Silverlight-Oberfläche

Im nächsten Schritt erstellen wir unsere "umfangreiche" Silverlight-Test-Oberfläche (*Main-Page.xaml*):

```
<UserControl x:Class="Daten1.MainPage"
...
    d:DesignHeight="300" d:DesignWidth="400" Loaded="UserControl_Loaded" xmlns:data="clr-
namespace:System.Windows.Controls;assembly=System.Windows.Controls.Data" xmlns:dataInput="clr-
namespace:System.Windows.Controls;assembly=System.Windows.Controls.Data.Input">
    <Grid x:Name="LayoutRoot" Background="White">
        <data:DataGrid AutoGenerateColumns="True" Name="dataGrid1" Background="AliceBlue" />
        <dataInput:Label Height="50" HorizontalAlignment="Left" Margin="15,58,0,0"
            Name="label1" VerticalAlignment="Top" Content="Bitte warten ..." FontSize="22" />
    </Grid>
</UserControl>
```

Außer einem *Label*, das zur Geduld mahnt, fügen wir lediglich eine *DataGrid* ein. Vergessen Sie nicht, für das *DataGrid* die Eigenschaft *AutoGenerateColumns* auf *True* zu setzen.

## Abrufen der Daten

Der eigentliche C#-Quellcode (*MainPage.xaml.cs*) ist schon etwas anspruchsvoller, haben doch Webdienste etc. in Silverlight den "Nachteil", dass sie nur asynchron abgerufen werden können. Eigentlich handelt es sich um keinen Nachteil, es soll lediglich sichergestellt werden, dass die Ausführung des Silverlight-Controls nicht sinnlos ausgebremst wird.

Sollten Sie also bereits mit der synchronen Einbindung von Webdiensten gearbeitet haben, müssen Sie jetzt etwas umdenken und etwas mehr Code produzieren:

```
...
namespace Daten1
{
    public partial class MainPage : UserControl
    {
...
```

Mit dem Laden des Controls setzt hektische Betriebsamkeit ein:

```
        private void UserControl_Loaded(object sender, RoutedEventArgs e)
        {
```

Zunächst die Variante des WCF-Service:

Instanz des Proxys erzeugen:

```
            ServiceReference1.Service1Client mywebservice = new
                        ServiceReference1.Service1Client();
```

Eventhandler für den Datenabruf erstellen:

```
            mywebservice.GetAllProductsCompleted += new
                        EventHandler<ServiceReference1.GetAllProductsCompletedEventArgs>
```

```
                                (mywebservice_GetAllProductsCompleted);
```

Daten abrufen:

```
        mywebservice.GetAllProductsAsync();
```

Alternativ der Webdienst mit der gleichen Vorgehensweise:

```
        ServiceReference2.WebService1SoapClient myws = new
                ServiceReference2.WebService1SoapClient();
        myws.GetAllProductsCompleted += new
            EventHandler<ServiceReference2.GetAllProductsCompletedEventArgs>(
            myws_GetAllProductsCompleted);
        myws.GetAllProductsAsync();
    }
```

Hier die beiden Ereignishandler, die aufgerufen werden, wenn die Daten auf dem Client vorliegen:

```
    void myws_GetAllProductsCompleted(object sender,
            ServiceReference2.GetAllProductsCompletedEventArgs e)
    {
        dataGrid1.ItemsSource = e.Result;
        label1.Visibility = System.Windows.Visibility.Collapsed;
    }

    void mywebservice_GetAllProductsCompleted(object sender,
            ServiceReference1.GetAllProductsCompletedEventArgs e)
    {
        dataGrid1.ItemsSource = e.Result;
        label1.Visibility = System.Windows.Visibility.Collapsed;
    }
    }
}
```

Ein Start der Silverlight-Anwendung sollte jetzt nach einigen Sekunden bangen Wartens die gewünschten Daten im *DataGrid* anzeigen:

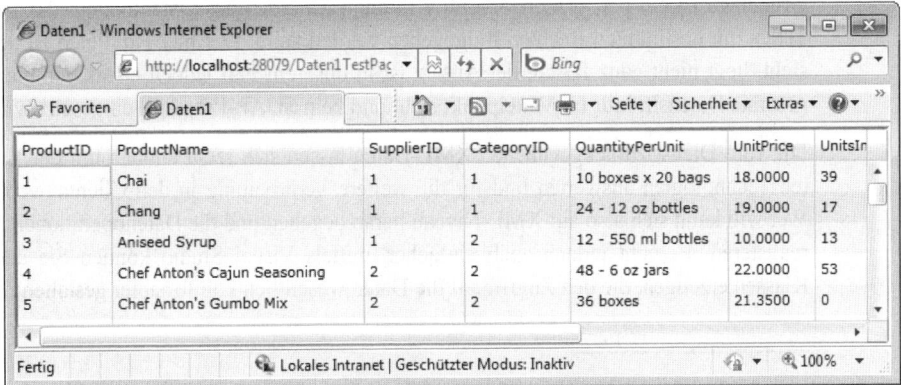

## Zusammenfassung

So weit – so gut, der Abruf von Tabellendaten als "Futter" für ListBoxen, DataGrids etc. dürfte nach obiger Anleitung kein Problem mehr darstellen. Das Zurückschreiben, Hinzufügen, Editieren und Löschen der Daten erfordert allerdings einen recht hohen Aufwand, auch hier müssen Sie für jede Operation eine entsprechende Methode erzeugen, die wiederum asynchron ausgeführt wird. Sie merken sicher, dass der Entwicklungsaufwand in diesem Fall schnell recht umfangreich werden kann.

Aus diesem Grund wurde, nicht zuletzt auch für Silverlight, das Konzept der WCF Data Services entwickelt, auf deren Verwendung wir im folgenden Abschnitt eingehen wollen

# 36.5.2  WCF Data Services

Auch in diesem Beispiel wollen wir ein bereits erstelltes Silverlight-Projekt mit dazugehörigem ASP.NET-Anwendungsprojekt als Ausgangspunkt verwenden.

Folgende Schritte werden wir abarbeiten:

- Einfügen einer SQL Server-Datenbank

- Erstellen eines Entity Data Models

- Erstellen des WCF Data Service

- Einbinden des WCF Data Service in das Silverlight-Projekt

- Konfigurieren der Silverlight-Oberfläche und Abrufen der Daten

Doch zunächst wollen wir kurz auf das Konzept der WCF Data Services eingehen.

## Grundlagen

Bereits mit dem .NET 3.5 Service Pack 1 wurde ein weiteres Framework für das Erstellen von REST-basierten Datendiensten mitgeliefert, die "ADO.NET Data Services"[1]. Hintergrund dieser Technologie ist die Möglichkeit, auf einfache Weise komplexe Daten per REST-URI-Syntax freizugeben und mittels HTTP-Verben zu verarbeiten.

Grundlage ist ein per ADO.NET-Entity-Framework erzeugtes Datenmodell, das komplett oder in Teilen mit bestimmten Rechten freigegeben werden kann. Wer hier Parallelen zu den Webdiensten sieht, liegt nicht ganz falsch, der Ansatz ist in unserem Fall jedoch etwas komplexer, da hier die gesamte Datenstruktur im Mittelpunkt steht und kein SOAP-Protokoll eingesetzt wird.

Die vom Dienst zurückgegebenen XML-Daten lassen sich recht einfach mit den unterschiedlichsten Technologien auswerten und für die weitere Verarbeitung in den Clientanwendungen nutzen. Wer will kann sich also auf XML-Niveau herab begeben und die Datenoperationen auf diese Weise realisieren. Es geht jedoch auch einfacher, mittels Visual Studio können Sie auch hier Proxy-Klassen erzeugen, die den Zugriff auf die Daten wesentlich komfortabler gestalten.

---

[1] Das war die alte Bezeichnung für diese Technologie.

Wie schon erwähnt, stellen die Data Services nicht einzelne Daten sondern ein Datenmodell zur Verfügung. Rufen Sie beispielsweise einen derartigen Service mit der Adresse

```
http://localhost:49654/WebDataService1.svc
```

ab, erhalten Sie folgende Antwort:

```xml
<?xml version="1.0" encoding="utf-8" standalone="yes" ?>
<service xml:base="http://localhost:49654/WebDataService1.svc/" xmlns:atom="http://www.w3.org/2005/Atom"
  xmlns:app="http://www.w3.org/2007/app" xmlns="http://www.w3.org/2007/app">
  <workspace>
    <atom:title>Default</atom:title>
    <collection href="Artikel">
      <atom:title>Artikel</atom:title>
    </collection>
    <collection href="Bestellungen">
      <atom:title>Bestellungen</atom:title>
    </collection>
    <collection href="Kategorien">
      <atom:title>Kategorien</atom:title>
    </collection>
  </workspace>
</service>
```

So weit – so gut, doch was können wir damit anfangen? Eine kleine Änderung in der Adresszeile des Browsers zeigt uns beispielsweise die Inhalte der Tabelle *Artikel*:

```
http://localhost:49654/WebDataService1.svc/Artikel
```

Das Ergebnis dieser Anfrage ist folgender XML-Code:

```xml
<?xml version="1.0" encoding="utf-8"?>
<rss version="2.0" xmlns:atom="http://www.w3.org/2005/Atom"
xmlns:cf="http://www.microsoft.com/schemas/rss/core/2005"><channel
base="http://localhost:49654/WebDataService1.svc/"
xmlns:cfi="http://www.microsoft.com/schemas/rss/core/2005/internal"
cfi:lastdownloaderror="None"><title cf:type="text">Artikel</title><cf:guid
isPermaLink="false">http://localhost:49654/WebDataService1.svc/Artikel</cf:guid><atom:updated>20
08-07-10T10:40:13Z</atom:updated><lastBuildDate>Thu, 10 Jul 2008 10:40:13
GMT</lastBuildDate><atom:link href="Artikel" rel="self" title="Artikel"/>
<item><guid
isPermaLink="false">http://localhost:49654/WebDataService1.svc/Artikel(1)</guid><atom:updated
xmlns:atom="http://www.w3.org/2005/Atom">2008-07-10T10:40:13Z</atom:updated><atom:link
xmlns:atom="http://www.w3.org/2005/Atom" href="Artikel(1)" rel="edit"
title="Artikel"/><atom:link xmlns:atom="http://www.w3.org/2005/Atom"
href="Artikel(1)/Kategorien"
rel="http://schemas.microsoft.com/ado/2007/08/dataservices/related/Kategorien"
type="application/atom+xml;type=entry" title="Kategorien"/><content type="application/xml"
xmlns:d="http://schemas.microsoft.com/ado/2007/08/dataservices"
xmlns:m="http://schemas.microsoft.com/ado/2007/08/dataservices/metadata"
xmlns="http://www.w3.org/2005/Atom">
    <m:properties>
      <d:ArtikelNr m:type="Edm.Int32">1</d:ArtikelNr>
      <d:Artikelname>Chai</d:Artikelname>
      <d:LieferantenNr m:type="Edm.Int32">1</d:LieferantenNr>
```

```
        <d:Liefereinheit>10 Kartons x 20 Beutel</d:Liefereinheit>
        <d:Einzelpreis m:type="Edm.Decimal">18.0000</d:Einzelpreis>
        <d:Lagerbestand m:type="Edm.Int16">18</d:Lagerbestand>
        <d:BestellteEinheiten m:type="Edm.Int16">0</d:BestellteEinheiten>
        <d:Mindestbestand m:type="Edm.Int16">10</d:Mindestbestand>
        <d:Auslaufartikel m:type="Edm.Boolean">false</d:Auslaufartikel>
      </m:properties>
    </content>

...

    <m:properties>
      <d:ArtikelNr m:type="Edm.Int32">2</d:ArtikelNr>
      <d:Artikelname>Chang</d:Artikelname>
      <d:LieferantenNr m:type="Edm.Int32">1</d:LieferantenNr>
      <d:Liefereinheit>24 x 12-oz-Flaschen</d:Liefereinheit>
      <d:Einzelpreis m:type="Edm.Decimal">19.0000</d:Einzelpreis>
      <d:Lagerbestand m:type="Edm.Int16">17</d:Lagerbestand>
      <d:BestellteEinheiten m:type="Edm.Int16">40</d:BestellteEinheiten>
      <d:Mindestbestand m:type="Edm.Int16">25</d:Mindestbestand>
      <d:Auslaufartikel m:type="Edm.Boolean">false</d:Auslaufartikel>
    </m:properties>
```

Zurückgegeben wird eine gut strukturierte und typisierte Liste der Tabelle *Artikel* unserer Datenbank. Doch es geht auch noch detaillierter, wenn Sie zum Beispiel direkt auf einen spezifischen Artikel zugreifen wollen. In diesem Fall geben Sie einfach zusätzlich den Index bei der Abfrage an:

```
http://localhost:49654/WebDataService1.svc/Artikel(3)
```

Der Rückgabewert ist das entsprechende Objekt in der Collection:

```
<?xml version="1.0" encoding="utf-8" standalone="yes"?>
<entry xml:base="http://localhost:49654/WebDataService1.svc/"
xmlns:d="http://schemas.microsoft.com/ado/2007/08/dataservices"
xmlns:m="http://schemas.microsoft.com/ado/2007/08/dataservices/metadata"
m:type="testModel.Artikel" xmlns="http://www.w3.org/2005/Atom">
  <id>http://localhost:49654/WebDataService1.svc/Artikel(3)</id>
  <title type="text"></title>
  <updated>2008-07-10T11:40:35Z</updated>
  <author>
    <name />
  </author>
  <link rel="edit" title="Artikel" href="Artikel(3)" />
  <link rel="http://schemas.microsoft.com/ado/2007/08/dataservices/related/Kategorien"
type="application/atom+xml;type=entry" title="Kategorien" href="Artikel(3)/Kategorien" />
  <content type="application/xml">
    <m:properties>
      <d:ArtikelNr m:type="Edm.Int32">3</d:ArtikelNr>
      <d:Artikelname>Aniseed Syrup</d:Artikelname>
      <d:LieferantenNr m:type="Edm.Int32">1</d:LieferantenNr>
      <d:Liefereinheit>12 x 550-ml-Flaschen</d:Liefereinheit>
      <d:Einzelpreis m:type="Edm.Decimal">112.0000</d:Einzelpreis>
```

```
      <d:Lagerbestand m:type="Edm.Int16">13</d:Lagerbestand>
      <d:BestellteEinheiten m:type="Edm.Int16">70</d:BestellteEinheiten>
      <d:Mindestbestand m:type="Edm.Int16">25</d:Mindestbestand>
      <d:Auslaufartikel m:type="Edm.Boolean">false</d:Auslaufartikel>
    </m:properties>
  </content>
</entry>
```

Unsere Silverlight-Applikation kann jedoch auch über die von Visual Studio erzeugten Proxy-Klassen und damit über ein *DataServiceContext*-Objekt auf die veröffentlichten Daten zugreifen. Auf dem Client können Sie also mit LINQ und typisierten Klassen wie gewohnt arbeiten (Daten anzeigen, löschen, editieren). Doch der Reihe nach ...

### Einfügen der SQL Server-Datenbank

Auch in diesem Fall erstellen wir keine neue Datenbank (Einbindung von *Northwind.mdf* in das Projekt siehe Seite 1504).

### Erstellen des Entity Data Models

Im Gegensatz zu unserem letzten Beispiel benötigen wir jetzt in jedem Fall ein ADO.NET Entity DataModel, da nur dieses per *WCF Data Service* freigegeben werden kann. Erstellen Sie also mittels Projektmappen Explorer (Kontextmenü *Hinzufügen|Neues Element hinzufügen*) ein ADO.NET Entity DataModel:

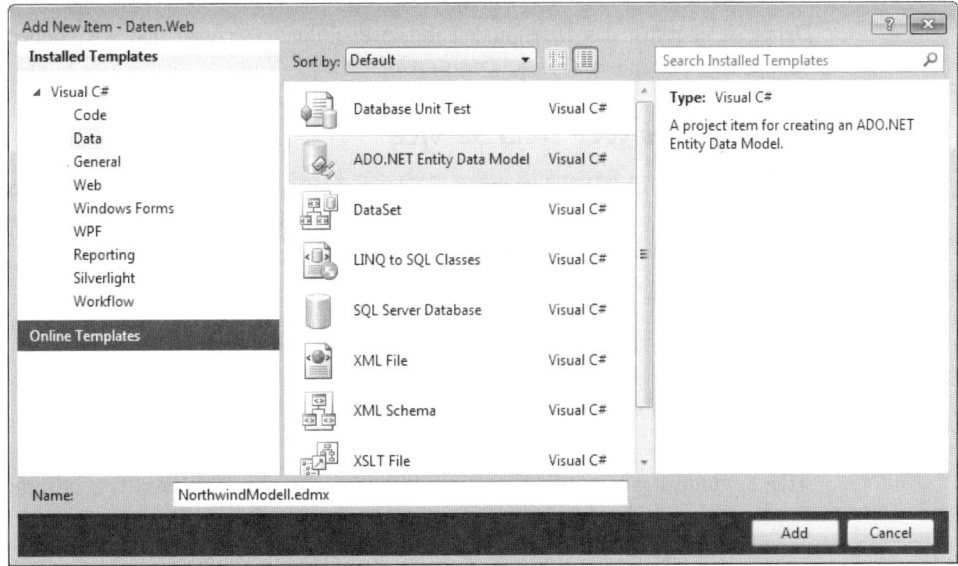

Wählen Sie im folgenden Assistenten als Datenquelle unsere *Northwind*-Datenbank aus und fügen Sie die beiden Tabellen *Customers* und *Products* in das Datenmodell ein:

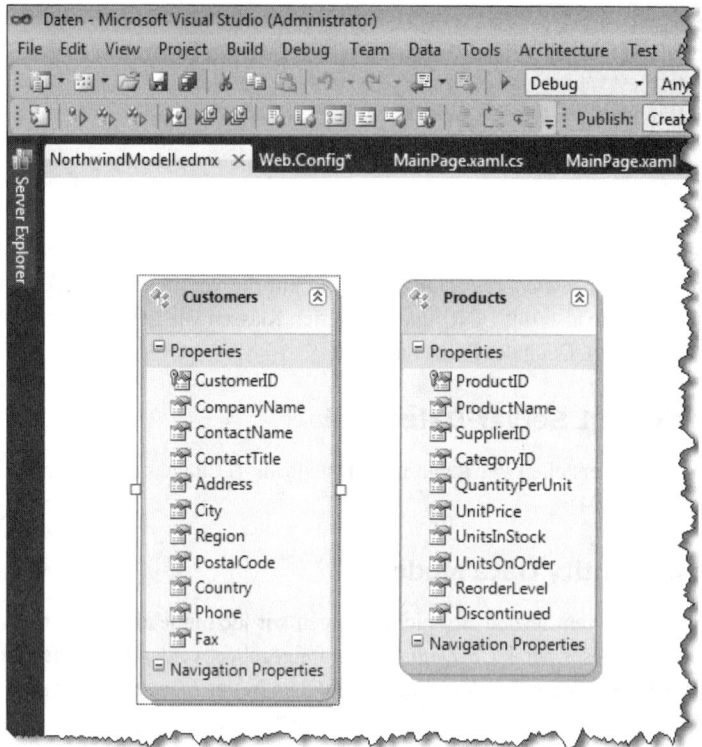

Damit ist zunächst das Datenmodell mit zwei Entitäten erzeugt und wir können uns der Web-Schnittstelle zuwenden.

## Erstellen des WCF Data Service

Fügen Sie über den Projektmappen Explorer dem ASP.NET-Testprojekt (Kontextmenü *Hinzu-fügen|Neues Element hinzufügen*) einen WCF Data-Service hinzu. Öffnen Sie nachfolgend die Datei *WcfDataServices.svc.cs* und nehmen Sie folgende Änderungen vor:

Wir "zapfen" das gewünschte Entity-Modell an:

```
public class WcfDataService1 : DataService<NorthwindEntities>
{
    public static void InitializeService(DataServiceConfiguration config)
    {
```

Hier bestimmen wir, welche Entitäten wir freigeben und welche Zugriffsrechte erteilt werden:

```
        config.SetEntitySetAccessRule("Customers", EntitySetRights.All);
        config.SetEntitySetAccessRule("Products", EntitySetRights.All);
        config.DataServiceBehavior.MaxProtocolVersion = DataServiceProtocolVersion.V2;
    }
}
}
```

> **HINWEIS:** Im Normalfall sollten Sie mit den erteilten Zugriffsrechten nicht ganz so sorglos umgehen, mit obiger Einstellung ist auch das Löschen von Daten kein Problem, und wie Sie gesehen haben, braucht es nicht einmal einen extra Client um mit den Daten arbeiten zu können, der Webbrowser genügt vollkommen.

Dies ist auch gleich das Stichwort: Starten Sie ruhig einmal das Projekt und geben Sie folgende Parameter im Browser an:

```
http://localhost:27696/WcfDataService1.svc/Products
```

Sie sollten jetzt eine XML-Ansicht der Artikel aus unserer Datenbank erhalten:

```xml
<?xml version="1.0" encoding="utf-8" standalone="yes" ?>
- <feed xml:base="http://localhost:27696/WcfDataService1.svc/" xmlns:d="http://schemas.microsoft.com/ado/2007/08
   xmlns="http://www.w3.org/2005/Atom">
   <title type="text">Products</title>
   <id>http://localhost:27696/WcfDataService1.svc/Products</id>
   <updated>2010-03-02T18:56:58Z</updated>
   <link rel="self" title="Products" href="Products" />
+  <entry>
+  <entry>
-  <entry>
     <id>http://localhost:27696/WcfDataService1.svc/Products(3)</id>
     <title type="text" />
     <updated>2010-03-02T18:56:58Z</updated>
   - <author>
       <name />
     </author>
     <link rel="edit" title="Products" href="Products(3)" />
     <category term="NorthwindModel.Products" scheme="http://schemas.microsoft.com/ado/2007/08/dataservices/sc
   - <content type="application/xml">
     - <m:properties>
         <d:ProductID m:type="Edm.Int32">3</d:ProductID>
         <d:ProductName>Aniseed Syrup</d:ProductName>
         <d:SupplierID m:type="Edm.Int32">1</d:SupplierID>
         <d:CategoryID m:type="Edm.Int32">2</d:CategoryID>
         <d:QuantityPerUnit>12 - 550 ml bottles</d:QuantityPerUnit>
         <d:UnitPrice m:type="Edm.Decimal">10.0000</d:UnitPrice>
         <d:UnitsInStock m:type="Edm.Int16">13</d:UnitsInStock>
         <d:UnitsOnOrder m:type="Edm.Int16">70</d:UnitsOnOrder>
         <d:ReorderLevel m:type="Edm.Int16">25</d:ReorderLevel>
         <d:Discontinued m:type="Edm.Boolean">false</d:Discontinued>
       </m:properties>
     </content>
```

Eventuell kann Ihnen der Browser auch eine Feed-Anzeige präsentieren, die uns allerdings hier nicht weiterhilft:

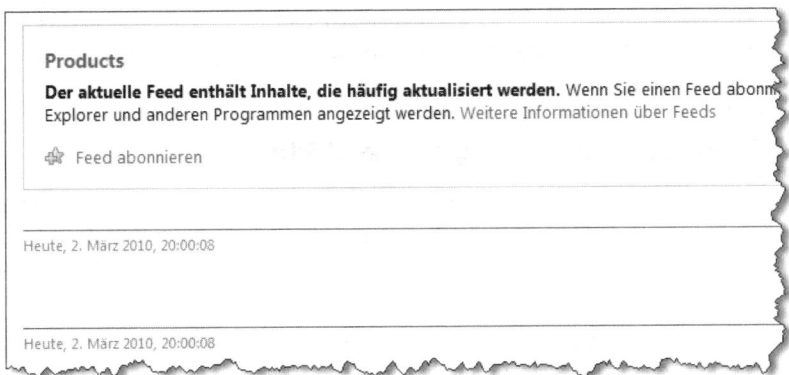

Um diese Ansicht auszuschalten, wechseln Sie in die Internetoptionen und entfernen Sie das Häkchen bei "Feedleseanzeige einschalten":

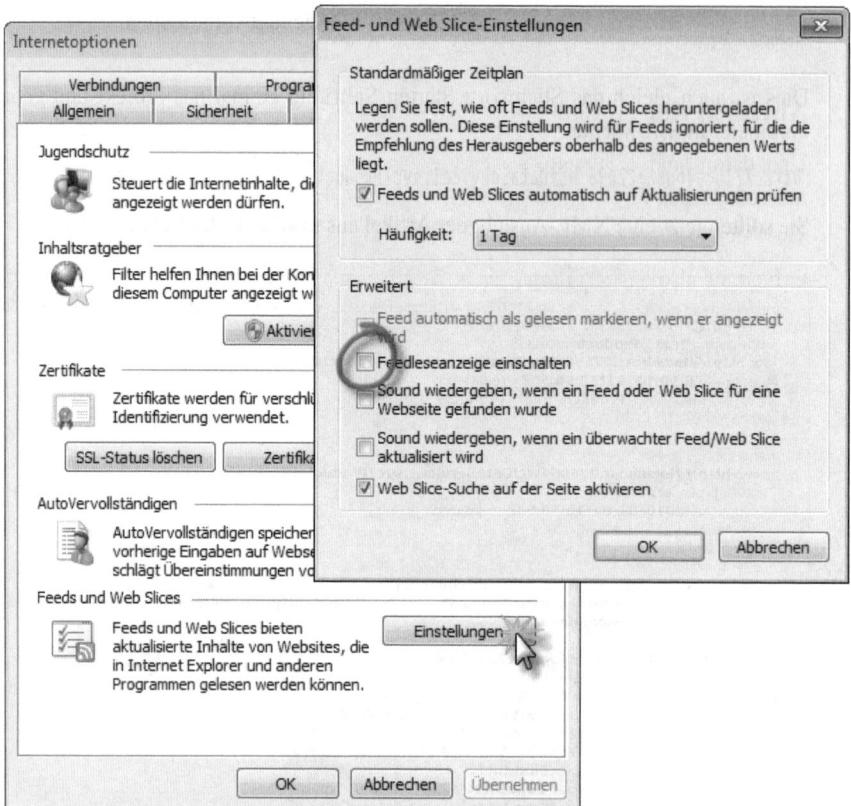

Spätestens jetzt sollte auch eine Anzeige der XML-Daten erfolgen.

## Einbinden des WCF Data Service in das Silverlight-Projekt

Damit der Client (Silverlight) mit den Informationen des WCF Data Service auch etwas anfangen kann, müssen wir einen Webverweis hinzufügen und damit auch entsprechende Proxy-Klassen erzeugen. Wählen Sie also das Silverlight-Projekt aus und fügen Sie eine Referenz auf den gerade erstellten WCF Data Service hinzu.

## Konfigurieren der Silverlight-Oberfläche

Wie schon beim letzten Beispiel wollen wir es bei einer schlichten Oberfläche belassen, die lediglich aus einem *DataGrid* besteht. Beachten Sie auch die zwei Ereignishandler:

```
<UserControl x:Class="Daten.MainPage"
...
    xmlns:data="clr-namespace:System.Windows.Controls;assembly=System.Windows.Controls.Data"
        Loaded="UserControl_Loaded">
```

```
    <StackPanel>
        <data:DataGrid AutoGenerateColumns="True"  Name="dataGrid1"
                       RowEditEnded="dataGrid1_RowEditEnded" />
    </StackPanel>
</UserControl>
```

## Abrufen der Daten

Und damit sind wir auch hier fast schon am Ende angelangt. Wie auch bei den Webdiensten müssen Sie bei Verwendung der WCF Data Services darauf achten, dass Sie diese asynchron abrufen, der synchrone Zugriff wird von Silverlight nicht unterstützt.

Öffnen Sie also die Datei *MainPage.xaml.cs* und nehmen Sie folgende Erweiterungen vor:

```
...
using System.Data.Services.Client;
using System.Collections.ObjectModel;
using System.Collections.Specialized;

namespace Daten
{
    public partial class MainPage : UserControl
    {
```

Eine Instanz für die Proxy-Klasse:

```
        ServiceReference1.NorthwindEntities svcContext;
...
```

Mit dem Laden der Seite beginnen die Aktivitäten:

```
        private void UserControl_Loaded(object sender, RoutedEventArgs e)
        {
```

DataContext mit Verweis auf den Datendienst erzeugen:

```
            svcContext = new ServiceReference1.NorthwindEntities(
                             new Uri("WcfDataService1.svc", UriKind.Relative));
```

Da ein synchroner Zugriff nicht möglich ist, erzeugen wir eine *DataServiceQuery*:

```
            DataServiceQuery<ServiceReference1.Products> query = svcContext.Products;
```

Diese wird asynchron ausgeführt:

```
            query.BeginExecute(new AsyncCallback(r =>
                {
```

Zuweisen der Rückgabedaten:

```
                    dataGrid1.ItemsSource = query.EndExecute(r).ToList();
                }), null);
        }
...
```

Wie Sie sehen verwenden wir einen Lambda-Ausdruck für das Ende der asynchronen Operation, mit dem wir den Rückgabewert von *EndExecute* dem *DataGrid* als *ItemsSource* zuweisen.

Damit steht einem Test der Anwendung nichts mehr im Weg. Auch hier sollte nach kurzer Wartezeit (etwas mehr als bei den Webdiensten) ein gefülltes *DataGrid* angezeigt werden.

### Bearbeiten der Daten

Doch wie sieht es eigentlich mit dem Bearbeiten der Daten aus? Auch das ist jetzt kein Problem mehr. Statt am Server, d.h. am WCF Data Service, herumzudoktern und endlose Erweiterungen vorzunehmen genügt es, wenn wir den Client entsprechend erweitern, der Datendienst verfügt bereits über die nötige Funktionalität.

Wir hatten ja bereits eine entsprechende Ereignisprozedur (*RowEditEnded*) für das *DataGrid* vorgesehen, kommen wir also jetzt zur Implementierung:

```
private void dataGrid1_RowEditEnded(object sender, DataGridRowEditEndedEventArgs e)
{
```

Zunächst benötigen wir den bearbeiteten Artikel, d.h. die *Products*-Instanz der bearbeiteten Zeile:

```
ServiceReference1.Products p = (dataGrid1.ItemsSource as
            List<ServiceReference1.Products>)[e.Row.GetIndex()];
```

---

**HINWEIS:** Mit Bezug auf die Ereignisparameter können Sie obiges schlecht lesbares Konstrukt verwenden, es geht aber alternativ auch so:

---

```
ServiceReference1.Products p = (dataGrid1.SelectedItem as
                        ServiceReference1.Products);
```

Wir aktualisieren das Objekt zunächst noch lokal:

```
svcContext.UpdateObject(p);
```

Hier schreiben wir die Änderungen an den Server zurück, über das Ergebnis werden wir asynchron unterrichtet:

```
svcContext.BeginSaveChanges(new AsyncCallback(r =>
    {
```

Eine kurze Meldung sollte genügen:

```
        MessageBox.Show("Änderungen gesichert!");
    }), true);
}
```

Ein Test wird Sie von der Funktionsfähigkeit überzeugen, ändern Sie einfach einen Produktnamen und warten Sie auf die Vollzugsmeldung per MessageBox.

Auf ähnliche Art und Weise lassen sich auch die anderen CRUD-Operationen realisieren, wir wollen an dieser Stelle nicht weiter darauf eingehen.

## Arbeiten mit LINQ und Erweiterungsmethoden

Wer jetzt glaubt, dass damit alle Möglichkeiten der Data Services ausgeschöpft sind, dürfte sich täuschen. Auf dem Client müssen Sie nicht mit "dummen" Listen arbeiten, Sie können sich auch im fast unerschöpflichen Fundus von LINQ bedienen.

**Beispiel 36.17** | **Verwendung von LINQ-Abfragen auf dem Client**

```csharp
...
svcContext = new ServiceReference1.NorthwindEntities(new Uri("WcfDataService1.svc",
                                                            UriKind.Relative));
```

Hier steht die LINQ-Abfrage:

```csharp
DataServiceQuery<ServiceReference1.Products> query =
        (DataServiceQuery<ServiceReference1.Products>) svcContext.Products.Take(5);
```

**HINWEIS:** Eine Typisierung des Abfrageergebnisses ist zwingend notwendig!

Alternativ können Sie zum Beispiel auch alle Artikel abfragen, die mit "A" beginnen:

```csharp
DataServiceQuery<ServiceReference1.Products> query =
        (DataServiceQuery<ServiceReference1.Products>) svcContext.Products.Where(p =>
                                                p.ProductName.StartsWith("A"));
```

> **HINWEIS:** Um Missverständnissen vorzugreifen: Bei den oben definierten Abfragen handelt es sich um die Vorlagen für die finalen SQL-Abfragen, d.h., im ersten Fall werden auch bloß 5 Elemente vom Server an den Client gesendet.

Mit einer einfachen Programmerweiterung können Sie auch die Uri-Befehle, die an den Server gesendet werden, ermitteln:

**Beispiel 36.18**   **Anzeige der Abfragezeichenkette**

```csharp
...
DataServiceQuery<ServiceReference1.Products> query =
    (DataServiceQuery<ServiceReference1.Products>) svcContext.Products.Where(p =>
        p.ProductName.StartsWith("A"));
MessageBox.Show(query.RequestUri.ToString());
...
```

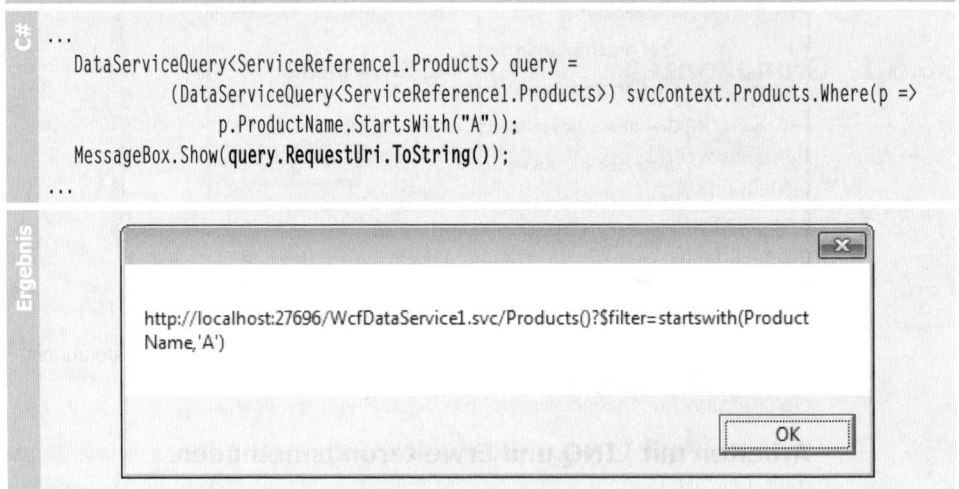

http://localhost:27696/WcfDataService1.svc/Products()?$filter=startswith(Product
Name,'A')

Damit dürfte auch schnell die Leistungsfähigkeit der WCF-Data Services klar werden. Doch Vorsicht:

> **HINWEIS:** Haben Sie die Daten einmal abgerufen und wenden Sie auf diese Ergebnisse LINQ-Abfragen an, werden diese lediglich auf dem Client ausgeführt.

An dieser Stelle könnten wir sicher noch recht tief in die Thematik "Data Services" oder auch "RIA-Services"[1] eintauchen, aber dazu fehlt uns hier einfach der Platz. Mehr zu diesen Themen finden Sie in unseren Datenbankbüchern.

Statt dessen wollen wir uns noch einem Spezialthema widmen, das im direkten Zusammenhang mit der Funktion des Silverlight-Plug-in steht.

---

[1] Rich Internet Application-Services, der noch komplexere Nachfolger für die WCF Data Services, mit integrierter Validierung und Authentifizierung etc.

# 36.6  Isolierter Speicher

Jeder Webprogrammierer steht früher oder später vor der Aufgabe, Informationen auf dem Client abzulegen. Ein direkter Zugriff auf das Dateisystem des Client-PCs ist aber aus Sicherheitsgründen ausgeschlossen, was bereits eine wesentliche Einschränkung darstellt.

Hier fällt manchem sicher das Konzept der Cookies ein, kleine Dateien, die in einem speziellen Verzeichnis des Browsers abgelegt werden können und beim nächsten Zugriff der Anwendung wieder verfügbar sind.

## 36.6.1  Grundkonzept

Mit Silverlight wurde ein wesentlich leistungsfähigeres Konzept namens *Isolated Storage* eingeführt, das weit über die Fähigkeiten von Cookies hinausgeht. So sind Sie zum einen nicht mehr auf Gedeih und Verderb an den Browser-Cache gebunden, in dem die Cookies abgelegt werden (und evtl. auch gelöscht), auch die Größenbeschränkung auf 4 Kilobyte ist nicht mehr relevant. Statt dessen arbeiten Sie sehr komfortabel mit einem eigenen "Dateisystem", das Pfade und Dateien enthalten kann.

Diese Funktionalität wird durch den Namespace *System.IO.IsolatedStorage* bereitgestellt, für den Zugriff nutzen Sie die *IsolatedStorageFile*-Klasse, die unter anderem die statischen Methoden *GetUserStoreForApplication* und *GetUserStoreForSite* bereitstellt.

Während *GetUserStoreForApplication* isolierten Speicher für eine spezifische Anwendung bereitstellt (das ist Ihre Silverlight-Anwendung), bietet *GetUserStoreForSite* isolierten Speicher für einen anwendungsübergreifenden Zugriff.

**Beispiel 36.19**  **Abrufen des freien Speichers**

```csharp
...
using System.IO.IsolatedStorage;
...
    private void button1_Click(object sender, RoutedEventArgs e)
    {
        IsolatedStorageFile isof = IsolatedStorageFile.GetUserStoreForApplication();
        MessageBox.Show("Freier Speicher: " + isof.AvailableFreeSpace.ToString());
    }
```

Ergebnis:

Freier Speicher: 1047552

OK

Aufbauend auf dem zurückgegebenen *IsolatedStorageFile*-Objekt können Sie das virtuelle Dateisystem verwalten, d.h., Sie können Dateien und Verzeichnisse lesen und schreiben sowie Informationen über das Dateisystem abfragen.

## 36.6.2   Das virtuelle Dateisystem verwalten

Wie bereits das vorhergehende Beispiel gezeigt hat, bietet die *IsolatedStorageFile*-Klasse die Möglichkeit, auf das virtuelle Dateisystem des isolierten Speichers zuzugreifen. Ein Blick auf die verfügbare Größe dürfte bereits zeigen, dass es sich hier um einen beschränkten Bereich auf dem Client-System handelt, der sich je nach System in einem anderen Verzeichnis befindet:

| System | Ablagepfad |
|---|---|
| Windows XP | `C:\Dokumente und Einstellungen\<Anwendername>\Anwendungsdaten\Microsoft\`<br>`Silverlight\is` |
| Windows Vista<br>Windows 7 | `C:\Users\<Anwendername>\AppData\LocalLow\Microsoft\Silverlight\is` |
| Mac OS X | `AppData\Local` |

Erzeugen Sie für Ihre Anwendung einen neuen isolierten Speicher, wird in den oben angegebenen Verzeichnissen ein neues Unterverzeichnis erstellt.

---

**HINWEIS:** Der Name des Verzeichnisses ist verschlüsselt, der Inhalt jedoch nicht. Deshalb sollten Sie auch keine Passwörter, Connectionstrings etc. in diesem Speicher ablegen, ohne sie vorher selbst zu verschlüsseln.

---

Beachten Sie auch, dass der isolierte Speicher sowohl an an die Anwendung (oder alternativ an die gesamte Site) als auch an den aktuellen Nutzer gebunden ist, was aus den obigen Ablageverzeichnissen eindeutig hervorgeht.

### Wieviel Platz ist verfügbar?

Hier müssen wir zwischen zwei Werten unterscheiden – der prinzipiell verfügbare und der noch freie Platz. Für diese Informationen stehen Ihnen die Eigenschaften *Quota* (Gesamtplatz) und *AvailableFreeSpace* (freier Speicher) zur Verfügung.

**Beispiel 36.20**  **Abfrage Gesamtspeicher und verfügbarer Speicher**

```csharp
IsolatedStorageFile isof = IsolatedStorageFile.GetUserStoreForApplication();
MessageBox.Show("Gesamt Speicher: " + isof.Quota.ToString());
MessageBox.Show("Freier Speicher: " + isof.AvailableFreeSpace.ToString());
```

---

**HINWEIS:** Standardmäßig ist *Quota* auf 1048576, d.h. 1 MByte, festgelegt, die merkwürdige Zahl ergibt sich aus der Berechnung eines MBytes.

---

## Ich will mehr!

Mancher bekommt nie genug und so werden sicher auch die 1 MByte nicht lange reichen und schnell zu dem Wunsch führen, etwas mehr zu bekommen. Auch das ist prinzipiell kein Problem, mit der *IncreaseQuotaTo*-Methode können Sie weiteren Speicher anfordern. "Anfordern" ist auch das richtige Wort dafür, da der Nutzer per Dialog darüber entscheidet, ob Sie das gewünschte Kontingent auch erhalten.

---

**HINWEIS:** Leider funktioniert die Methode in der vorliegenden Version nicht, es erscheint kein Dialog und der Speicher wird auch nicht vergrößert, wie auch der folgende Auszug aus der MS-Hilfe bestätigt: "Currently, none of the hosts in the .NET Framework provide this customization, so IncreaseQuotaTo always returns false."

---

## Unterverzeichnisse erzeugen

Das Erzeugen von Unterverzeichnissen dient der besseren Übersicht im isolierten Speicher und ist mit der intuitiven Methode *CreateDirectory* realisierbar. Sie müssen lediglich den Namen des Ordners übergeben.

---

**HINWEIS:** Ist das Verzeichnis bereits vorhanden wird **kein** Fehler ausgelöst!

---

**Beispiel 36.21** | **Erzeugen von Unterverzeichnissen**

```csharp
IsolatedStorageFile isof = IsolatedStorageFile.GetUserStoreForApplication();
isof.CreateDirectory("BilderCache/Klein");
isof.CreateDirectory("BilderCache/Gross");
```

---

**HINWEIS:** Sie können auch mehrere Verzeichnisse gleichzeitig erzeugen, siehe obiges Beispiel.

---

## Anzeige von Dateien und Verzeichnissen

Verzeichnisse im isolierten Speicher können Sie mit der Methode *GetDirectoryNames* bestimmen, Dateien ermitteln Sie mit der Methode *GetFileNames*.

**Beispiel 36.22** | **Ermitteln aller Dateien und Verzeichnisse in der Root des isolierten Speichers**

```csharp
IsolatedStorageFile isof = IsolatedStorageFile.GetUserStoreForApplication();
string[] dirs = isof.GetDirectoryNames("*");
foreach (string s in dirs)
    MessageBox.Show(s);
string[] files = isof.GetFileNames("*");
foreach (string s in files)
    MessageBox.Show(s);
```

Neben dem oben gezeigten Platzhalterzeichen können Sie auch das "?" für ein beliebiges Zeichen verwenden.

### Dateien/Verzeichnisse löschen

Mit den Methoden *DeleteDirectory* bzw. *DeleteFile* können Sie Verzeichnisse bzw. Dateien auch wieder löschen. Die Verwendung dürfte nicht allzu anspruchsvoll sein:

Beispiel 36.23    **Verzeichnis löschen**

```csharp
IsolatedStorageFile isof = IsolatedStorageFile.GetUserStoreForApplication();
isof.DeleteDirectory("BilderCache/Klein");
```

**HINWEIS:** Ist das Verzeichnis nicht vorhanden, wird ein Fehler ausgelöst, gleiches trifft zu, wenn das zu löschende Verzeichnis nicht leer ist.

Sie müssen sich also in jedem Fall die Mühe machen, gegebenenfalls sogar rekursiv das Verzeichnis zu durchforsten, um alle Dateien und Unterverzeichnisse zu löschen.

**HINWEIS:** Über das Kontextmenü des Silverlight-Plug-in können Sie auch als Endanwender recht bequem den isolierten Speicher einer Anwendung/Site löschen:

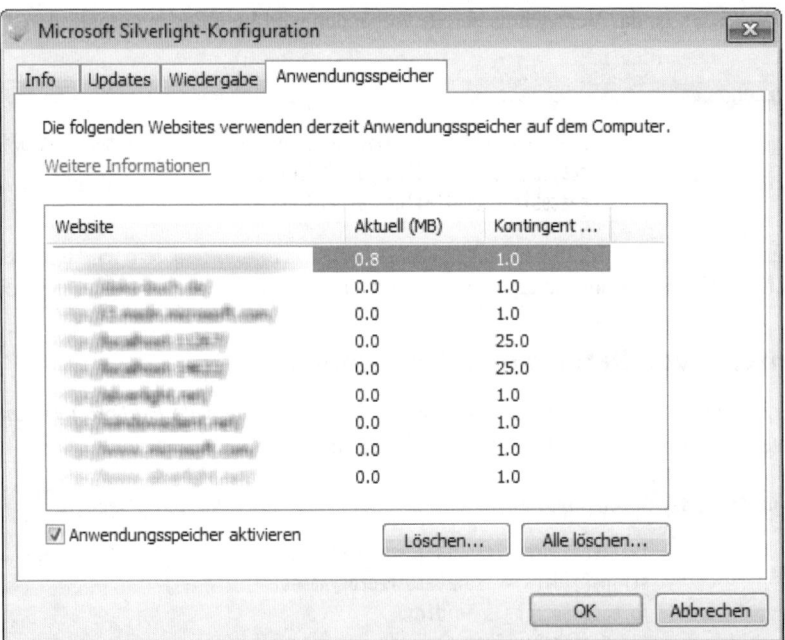

## 36.6.3    Arbeiten mit Dateien

Nachdem wir uns bisher nur mit administrativen Aufgaben im isolierten Speicher beschäftigt haben, wollen wir jetzt endlich auch zum eigentlichen Sinn des Ganzen kommen: das Schreiben und Lesen von Dateien.

Eine Datei können Sie mit Hilfe der *IsolatedStorageFileStream*-Klasse erzeugen, bearbeiten und später auch lesen.

## Schreiben

Ist die *IsolatedStorageFileStream*-Instanz erzeugt, können Sie Inhalte mit Hilfe eines *Stream-Writers* hinzufügen.

**Beispiel 36.24** | **Erzeugen einer neuen Datei**

```csharp
IsolatedStorageFile isof = IsolatedStorageFile.GetUserStoreForApplication();
isof.CreateDirectory("BilderCache/Gross");
IsolatedStorageFileStream istream = new
                IsolatedStorageFileStream("/BilderCache/Gross/Index.txt",
                                          FileMode.Create, isof);
StreamWriter writer = new StreamWriter(istream);
for (int i = 0 ; i < 100; i++)
    writer.WriteLine("Zeile " + i.ToString());
writer.Close();
istream.Close();
```

Welche Möglichkeiten beim Öffnen der Datei bestehen, zeigt die folgende Tabelle:

| FileMode | Beschreibung |
|---|---|
| *Append* | Datei zum Anhängen von Inhalten öffnen. |
| *Create* | Erzeugt eine neue, leere Datei mit dem gewünschten Namen, ist die Datei vorhanden, wird sie überschrieben. |
| *CreateNew* | Erzeugt eine neue Datei, ist diese bereits vorhanden, wird eine Fehler ausgelöst. |
| *Open* | Öffnet eine bestehende Datei. |
| *OpenOrCreate* | Öffnet eine bestehende Datei, ist diese nicht vorhanden, wird sie erzeugt. |
| *Truncate* | Öffnet eine bestehende Datei und löscht deren Inhalte. |

## Lesen von Dateien

Auch hier erstellen Sie zunächst eine *IsolatedStorageFileStream*-Instanz (z.B. mit *FileMode.Open*) und nutzen dann einen *StreamReader*. um die Daten einzulesen.

**Beispiel 36.25** | **Einlesen von Daten und Anzeige ein einer *ListBox***

```csharp
IsolatedStorageFileStream istream = new
            IsolatedStorageFileStream("/BilderCache/Gross/Index.txt",
                                      FileMode.Open, isof);
StreamReader reader  = new StreamReader(istream);
string zeile = "";
while ((zeile = reader.ReadLine()) != null)
    Listbox1.Items.Add(zeile);
```

| Beispiel 36.25 | **Einlesen von Daten und Anzeige ein einer *ListBox*** |
|---|---|

```
reader.Close();
istream.Close();
```

**HINWEIS:** Wie Sie mit *StreamReader* bzw. *StreamWriter* arbeiten können soll nicht Gegenstand dieses Kapitel sein.

# 36.7  Praxisbeispiele

## 36.7.1  Eine Out-of-Browser-Applikation realisieren

Wollen Sie den ClickOnce-WPF-Anwendungen Konkurrenz machen? Wenn ja, bietet Ihnen auch Silverlight ab der Version 3 die Möglichkeit, die Silverlight-Applikationen als Out-of-Browser-Anwendung direkt im Startmenü und auf dem Desktop des Endanwenders zu installieren. Eine Online-Verbindung ist für die Anwendung nur dann nötig, wenn Sie beispielsweise auf Web-dienste etc. zugreifen wollen.

Ausgehend von einer simplen Silverlight-Anwendung (z.B. ein *Calendar*-Control und eine zusätzliche Schaltfläche) wollen wir Ihnen zeigen, wie Sie Ihre Anwendung konfigurieren können/ müssen, damit sie auch out-of-Browser funktioniert.

### Vorgehensweise

Nach dem Erstellen des Projekts wechseln Sie bitte in die Projekteigenschaften und markieren die Option "Ausführen der Anwendung außerhalb des Browsers aktivieren":

Nachfolgend ist die Anwendung bereits so konfiguriert, dass ein externen Betrieb möglich ist (die Datei *AppManifest.xaml* wurde angepasst). Es ist jedoch ratsam, sich auch mit den Einzeloptionen für den Out-Of-Browser-Betrieb vertraut zu machen. Rufen Sie diese über die entsprechende Schaltfläche im obigen Dialog auf.

---

**HINWEIS:** Alle hier vorgenommenen Einstellungen wirken sich direkt auf die finale *AppManifest.xaml*-Datei aus.

---

Die Optionen in obigem Konfigurationsdialog sollten selbsterklärend sein.

**Beispiel 36.26** | **Die damit erzeugte AppManifest-Datei**

```xaml
<Deployment xmlns="http://schemas.microsoft.com/client/2007/deployment"
xmlns:x="http://schemas.microsoft.com/winfx/2006/xaml" EntryPointAssembly="OOB"
EntryPointType="OOB.App" RuntimeVersion="3.0.40818.0">
  <Deployment.OutOfBrowserSettings>
    <OutOfBrowserSettings ShortName="OOB-Anwendung" EnableGPUAcceleration="True"
                          ShowInstallMenuItem="True">
```

**Beispiel 36.26** | **Die damit erzeugte AppManifest-Datei**

```
    <OutOfBrowserSettings.Blurb>Eine OOB-Anwendung auf Ihrem Desktop; zu Hause, im Büro
                                 oder unterwegs.
    </OutOfBrowserSettings.Blurb>
    <OutOfBrowserSettings.WindowSettings>
      <WindowSettings Title="Meine erste OOB-Anwendung" />
    </OutOfBrowserSettings.WindowSettings>
    <OutOfBrowserSettings.Icons>
      <Icon Size="128,128">korganizer.png</Icon>
    </OutOfBrowserSettings.Icons>
   </OutOfBrowserSettings>
  </Deployment.OutOfBrowserSettings>
  ...
</Deployment>
```

## Installation

Nach einem Start Ihrer Anwendung über den Browser steht Ihnen folgendes Kontextmenü zur Verfügung:

Doch welcher Anwender ist schon so pfiffig und ruft mit der rechten Maustaste einen Menüpunkt auf? Besser Sie bieten aus Ihrer Anwendung heraus eine entsprechende Funktion an. Wer jetzt an umständliche Programmierorgien denkt liegt komplett falsch. Mit einem Methodenaufruf ist der Anwender Ihrer Silverlight-Anwendung "beglückt":

**Beispiel 36.27** | **Auslösen per Methode aus dem Silverlight-Plug-in heraus**

```csharp
private void button2_Click(object sender, RoutedEventArgs e)
{
    Application.Current.Install();
}
```

Auf einen Fragedialog können Sie verzichten, den zeigt das Silverlight-Plug-in zwangsweise an, um die Sicherheit auf dem Client-PC zu gewährleisten:

Das Icon und die möglichen Optionen sowie die Beschriftungen haben wir vorher in den Projekteigenschaften festgelegt, die Werte werden lediglich aus der *AppManifest*-Datei ausgelesen.

Bestätigt der Anwender den obigen Dialog, findet sich auch eine entsprechende Verknüpfung auf dem Desktop wieder, bei der die heruntergeladenen XAP-Daten mit *sllauncher.exe* gestartet werden:

Das Ganze sieht doch schon fast wie eine richtige Windows-Anwendung aus – oder?

## Bemerkungen

Ist Ihre Anwendung abgekoppelt und läuft nicht mehr im Browser, müssen Sie sich natürlich auch um einige Probleme kümmern, die Sie im Zusammenhang mit einer reinen Browseranwendung nicht hätten:

- Arbeite ich noch mit der aktuellen Version und wie komme ich gegebenenfalls an ein Update?

- Ist die Anwendung mit dem Internet verbunden?

- Handelt es sich auch um eine Out-of-Browser-Anwendung?

Die Antwort bzw. die Lösung für obige Fragen finden Sie in den folgenden drei Praxisbeispielen.

## 36.7.2  Out-of-Browser-Anwendung aktualisieren

Mit der Umwandlung Ihres Silverlight-Programms in eine Out-of-Browser-Anwendung haben Sie zwar dem Endanwender eine Freude gemacht, da die Internet-Verbindung entfallen kann, allerdings müssen Sie sich jetzt selbst darum kümmern, dass die nun lokale Anwendung auch auf dem aktuellen Stand gehalten wird, ein automatisches Update ist in diesem Fall nicht mehr möglich.

---

**HINWEIS:** Dieses Beispiel macht nur einen Sinn, wenn es sich um eine Out-of-Browser-Anwendung handelt.

---

### Quellcode

Zwei Varianten bieten sich an: entweder Sie überlassen die Updateprüfung dem Endanwender oder Sie prüfen automatisch bei jedem Programmstart auf neue Versionen (in diesem Fall könnten Sie aber auch gleich die Anwendung im Web belassen).

Wir wollen uns Version 1 näher ansehen:

```
public partial class MainPage : UserControl
{
```

Im Konstruktor des Hauptformulars weisen wir einen Ereignishandler zu, da der eigentliche Updatevorgang, wie so viele Funktionen in Silverlight, asynchron abläuft:

```
public MainPage()
{
    InitializeComponent();
    Application.Current.CheckAndDownloadUpdateCompleted +=
                            myCheckAndDownloadUpdateCompleted;
}
```

Angestoßen wird die Aktualisierung durch den einfachen Aufruf der Methode *CheckAndDownloadUpdateAsync*:

```
private void button3_Click(object sender, RoutedEventArgs e)
{
    Application.Current.CheckAndDownloadUpdateAsync();
}
```

Nach der mehr oder weniger erfolgreichen Abarbeitung der Methode kommt im finalen Ereignis *CheckAndDownloadUpdateCompleted* auf uns die Aufgabe zu, den per Parameter übermittelten Status dem Endanwender begreiflich zu machen:

```
void myCheckAndDownloadUpdateCompleted(object sender,
                        CheckAndDownloadUpdateCompletedEventArgs e)
{
```

Ein neues Update ist verfügbar:

```
if (e.UpdateAvailable)
{
    MessageBox.Show("Update erfolgreich, bitte neu starten ...");
```

```
            }
```

Ein neues Silverlight-Update ist nötig, bevor die neue Version geladen werden kann:

```
        else if (e.Error != null && e.Error is PlatformNotSupportedException)
        {
            MessageBox.Show("Ein Update ist verfügbar, aber es ist eine " +
                            " neuere Version von Silverlight nötig.");
        }
```

Auch das soll es geben:

```
        else
        {
            MessageBox.Show("Kein Update verfügbar!");
        }
    }
```

---

**HINWEIS:** Um den Neustart der Anwendung muss sich der Endanwender selbst kümmern, das können wir ihm nicht abnehmen.

---

## 36.7.3 Testen, ob die Anwendung mit dem Internet verbunden ist

Möchten Sie prüfen, ob Ihre Silverlight-Anwendung momentan mit dem Internet verbunden ist und ob Sie gegebenenfalls Daten nachladen dürfen, können Sie die *NetworkInterface.GetIsNetwork-Available*-Methode aufrufen.

---

**HINWEIS:** Dieses Beispiel macht nur einen Sinn, wenn es sich um eine Out-of-Browser-Anwendung handelt.

---

### Quellcode

Zunächst den erforderlichen Namespace einbinden:

```
using System.Net.NetworkInformation;
...
        private void button5_Click(object sender, RoutedEventArgs e)
        {
```

Abfrage starten:

```
        if (NetworkInterface.GetIsNetworkAvailable())
            MessageBox.Show("Netzwerkverbindung vorhanden");
        else
            MessageBox.Show("Keine Netzwerkverbindung vorhanden");
    }
```

---

**HINWEIS:** Die obige Methode kann natürlich keine Auskunft über die Erreichbarkeit einzelner Server geben.

---

## 36.7.4 Auf Out-of-Browser-Anwendung testen

Haben Sie dem Benutzer die Möglichkeit gegeben, aus der Anwendung eine Out-of-Browser-Anwendung zu machen (siehe Seite 1528) ist es sinnvoll, auch den aktuellen Status der Anwendung zu bestimmen, um beispielsweise Updates etc. nachzuladen.

### Quellcode

Die *Application.Current.IsRunningOutOfBrowser*-Eigenschaft liefert uns die gewünschte Information:

```
private void button4_Click(object sender, RoutedEventArgs e)
{
    if (Application.Current.IsRunningOutOfBrowser)
        MessageBox.Show("Out-of-Browser");
    else
        MessageBox.Show("Im Browser");
}
```

## 36.7.5 Den Browser bestimmen

Auch wenn die Anzahl der von Silverlight unterstützten Zielplattformen und Browser noch überschaubar ist, schadet es sicher nicht wenn es eine Möglichkeit gibt, nähere Auskünfte über die aktuelle Umgebung zu sammeln.

Hier hilft Ihnen die *BrowserInformation*-Eigenschaft weiter, die vom statischen *HtmlPage*-Objekt (Namenspace *System.Windows.Browser*) bereitgestellt wird. Folgende Informationen lassen sich abrufen:

| Eigenschaften | Beschreibung |
|---|---|
| *BrowserVersion* | Version des Browsers. |
| *CookiesEnabled* | Dürfen Cookies erzeugt werden? |
| *Name* | Der Name des aktuellen Browsers. |
| *Platform* | Das umgebende Betriebssystem. |
| *UserAgent* | Der User-Agent Header, der vom Browser gesendet wird. |

### Quellcode

Binden Sie zunächst den folgenden Namespace ein:

```
using System.Windows.Browser;
...
```

Mit dem Laden des Formulars zeigen wir die Informationen in einer *ListBox* an:

```
private void UserControl_Loaded(object sender, RoutedEventArgs e)
{
```

Um die Schreibweise zu vereinfachen, erstellen wir ein neues Objekt:

```
BrowserInformation bi = HtmlPage.BrowserInformation;
```

Abfragen der Werte:

```
ListBox1.Items.Add("Name: " + bi.Name);
ListBox1.Items.Add("Version: " + bi.BrowserVersion);
ListBox1.Items.Add("Cookies: " + bi.CookiesEnabled);
ListBox1.Items.Add("System: " + bi.Platform);
ListBox1.Items.Add("User-Agent: " + bi.UserAgent);
        }
    }
}
```

### Test

Nach dem Start sollten Sie die gewünschten Informationen in der *ListBox* vorfinden:

```
Name: Microsoft Internet Explorer
Version: 4.0
Cookies: True
System: Win32
User-Agent: Mozilla/4.0 (compatible; MSIE 8.0; Windows NT 6.1; Trident/4.0; SLCC2; .NET CLR 2.0.5(
```

**HINWEIS:** Die meisten Informationen lassen sich dem User-Agent-Header entnehmen.

## 36.7.6 Parameter an das Plug-in übergeben

Da Ihre Silverlight-Anwendung meist innerhalb eines Browser-Plug-in läuft und dieses wiederum Teil eines größeren Biotops ist, kommt schnell der Wunsch auf, spezielle Parameter an die Silverlight-Anwendung zu übergeben. Auch dies ist kein Problem, wie das folgende Beispiel zeigt.

### Oberfläche

Ein Standardseite mit einer *ListBox*.

### Quellcode (MainPage.xaml.cs)

Leider stehen uns die gewünschten Parameter nur im *Startup*-Ereignis der *App*-Klasse zur Verfügung, wir müssen also einen Weg finden, wie die Daten an das Formular übergeben werden können.

Dazu fügen wir dem Formular ein *Dictionary* hinzu, das wir im o.g. Ereignis füllen werden:

```
public partial class MainPage : UserControl
{
```

```
public Dictionary<string, string> param;

public MainPage()
{
    InitializeComponent();
    param = new Dictionary<string,string>();
}
```

Hier folgen Auswertung und Anzeige der Parameter:

```
private void UserControl_Loaded(object sender, RoutedEventArgs e)
{
    foreach (KeyValuePair<string, string> p in this.param)
    {
        Listbox1.Items.Add(p.Key + " : " + p.Value);
    }
}
```

## Quellcode (App.xaml.cs)

Im *Startup*-Ereignis übergeben wir die Parameter an unser Formular:

```
private void Application_Startup(object sender, StartupEventArgs e)
{
    this.RootVisual = new MainPage();
```

Die Formularinstanz abrufen:

```
MainPage p = (MainPage) this.RootVisual;
```

Die Ereignisparameter an das Formular übergeben:

```
p.param = (Dictionary<string,string>) e.InitParams;
}
```

## Quellcode der umgebenden HTML-Seite

Die betreffende Zeile für die Parameterübergabe ist fett hervorgehoben:

```
...
<div id="silverlightControlHost">
    <object data="data:application/x-silverlight-2," type="application/x-silverlight-2"
            width="100%" height="100%">
<param name="source" value="Parameter.xap"/>
<param name="onError" value="onSilverlightError" />
<param name="background" value="red" />
<param name="initparams" value="Wert1=Bla Bla Bla,Wert2=test,Wert3=777" />
<param name="minRuntimeVersion" value="3.0.40818.0" />
<param name="autoUpgrade" value="true" />
<a href="http://go.microsoft.com/fwlink/?LinkID=149156&v=3.0.40818.0" style="text-
        decoration:none">
  <img src="http://go.microsoft.com/fwlink/?LinkId=108181" alt="Get Microsoft Silverlight"
        style="border-style:none"/>
```

```
</a>
</object><iframe id="_sl_historyFrame"
style="visibility:hidden;height:0px;width:0px;border:0px"></iframe></div>
```

---

**HINWEIS:** Trennen Sie die Wert/Value-Paare mit einem Komma, Wert und Value werden mit einem Gleichheitszeichen zugewiesen!

---

### Test

Nach dem Start sollte für obige Angaben folgende Ausgabe erfolgen:

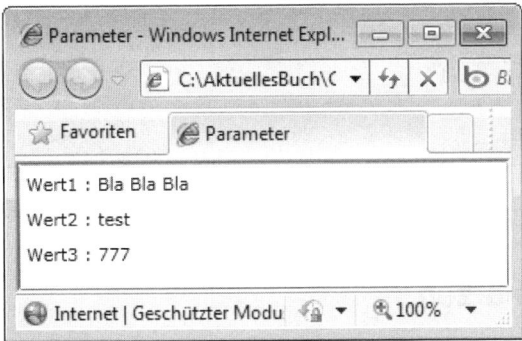

## 36.7.7  Auf den QueryString zugreifen

Haben Sie bereits mit Webanwendungen gearbeitet, ist Ihnen sicher auch die Möglichkeit bekannt, Informationen per QueryString zwischen einzelnen Webseiten zu übertragen. Dazu wird an das Ende der normalen Webadresse ein Fragezeichen gefolgt von Key/Value-Paaren angehängt. Die Key/Value-Paare werden durch ein "&"-Zeichen voneinander getrennt.

### Oberfläche

Ein Standardseite mit einer *ListBox*.

### Quellcode

Namespace einbinden:

```
using System.Windows.Browser;
...
        private void UserControl_Loaded(object sender, RoutedEventArgs e)
        {
```

*HtmlPage.Document.QueryString* ist ein *Dictionary* mit allen Key/Value-Paaren, die als QueryString übergeben wurden:

```
        foreach (KeyValuePair<string, string> p in HtmlPage.Document.QueryString)
        {
```

```
            Listbox1.Items.Add(p.Key + " : " + p.Value);
        }
    }
}
```

### Test

Rufen Sie die Seite mit einigen Parametern auf (siehe zum Beispiel folgende Abbildung) und lassen Sie sich die Werte anzeigen:

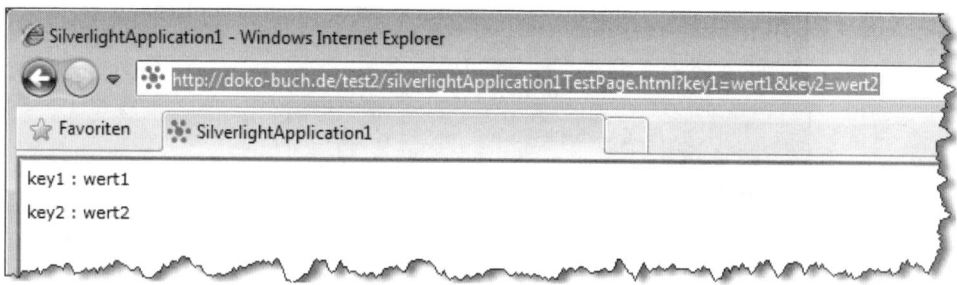

## 36.7.8 Timer in Silverlight nutzen

Ein *Timer*-Control wie in Windows Forms werden Sie in der Toolbox vergeblich suchen, Sie müssen dennoch nicht darauf verzichten, wie folgendes Beispiel zeigt.

### Oberfläche

Eine einfache Startseite mit *Loaded*-Ereignis und einem mittig platzierten Label:

```
<UserControl x:Class="Timer_Bsp.MainPage"
...
    Loaded="UserControl_Loaded" >

    <Grid x:Name="LayoutRoot" Background="White">
        <dataInput:Label HorizontalAlignment="Center" Margin="30" Name="label1"
                FontSize="22" />
    </Grid>
</UserControl>
```

### Quellcode

Binden Sie zunächst den folgenden Namespace ein, um die Schreibweise etwas zu verkürzen:

```
using System.Windows.Threading;
```

Ist die Seite geladen, erzeugen und starten wir den *Timer*:

```
        private void UserControl_Loaded(object sender, RoutedEventArgs e)
        {
            DispatcherTimer timer1 = new DispatcherTimer();
```

Für das Intervall können Sie verschiedene *TimeSpan*-Konstruktoren nutzen, der folgende bietet die Möglichkeit, Werte in Millisekunden zu übergeben, wie Sie es sicher auch gewohnt sind:

```
timer1.Interval = new TimeSpan(0, 0, 0, 0, 1000);
```

Die Ereignismethode zuweisen:

```
timer1.Tick += new EventHandler(OnTimerTick);
```

Timer starten:

```
    timer1.Start();
}
```

Und hier ist das eigentliche Ereignis, das zyklisch aufgerufen wird:

```
public void OnTimerTick(object o, EventArgs sender)
{
    label1.Content = DateTime.Now.ToString();
}
```

### Test

Nach dem Start sollte bereits die Uhrzeit angezeigt werden:

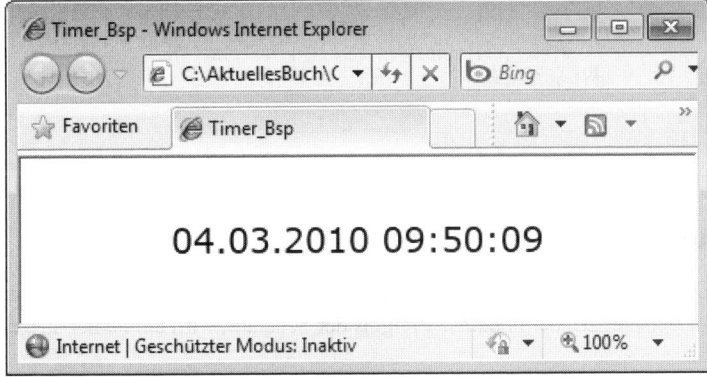

## 36.7.9 Dateien lokal speichern

Neben den im Abschnitt 36.6 beschriebenen Möglichkeiten, Daten in einem isolierten Speicher abzulegen, besteht noch eine weitere Option, die aber das explizite Eingreifen des Nutzers erfordert, d.h., Sie zeigen einen Datei speichern-Dialog an und wenn der Nutzer diesen bestätigt, können Sie eine Datei im gewählten Verzeichnis erzeugen.

### Oberfläche

Lediglich eine Schaltfläche für das Auslösen der Aktion.

## Quellcode

```
...
using System.IO;
```

Fügen Sie der Schaltfläche folgenden Ereignishandler hinzu:

```
private void button2_Click(object sender, RoutedEventArgs e)
{
```

Dialog instanziieren:

```
SaveFileDialog dlg = new SaveFileDialog();
```

Dialog anzeigen und Rückgabewert auswerten:

```
if (dlg.ShowDialog() == true)
{
```

Der Dialog gibt uns auch gleich einen *System.IO.Stream* zurück, wenn wir die *OpenFile*-Methode aufrufen:

```
using (StreamWriter writer = new StreamWriter(dlg.OpenFile()))
{
```

Die Arbeit mit dem guten alten *StreamWriter* dürfte bekannt sein:

```
for (int i = 0; i < 100; i++)
    writer.WriteLine("Zeile " + i.ToString());
writer.Close();
}
}
}
```

## Bemerkung

Die obige Dialoganzeige muss Ergebnis einer Nutzeraktion (z.B. Button-Klick) sein. Rufen Sie die Routine zum Beispiel aus dem *Loaded*-Ereignis der Seite auf, wird ein Fehler ausgelöst:

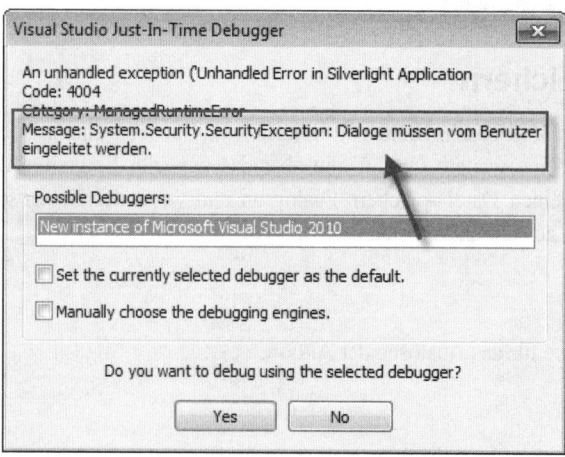

# Teil IV:  ASP.NET-Anwendungen

- Einführung in ASP.NET

- Übersicht ASP.NET-Controls

- Datenbindung unter ASP.NET

- ASP.NET-Objekte und Techniken

# Einführung in ASP.NET

HINWEIS: Dieses Bonus-Kapitel finden Sie im PDF-Format auf der Buch-CD.

In diesem Kapitel finden Sie folgende Inhalte:

- ASP.NET für Ein- und Umsteiger
- Eine erste Web-Anwendung
- Die ASP.NET-Projektdateien
- Die ASP.NET-Projekttypen
- Lernen am Beispiel

# Übersicht ASP.NET-Controls

**HINWEIS:** Dieses Bonus-Kapitel finden Sie im PDF-Format auf der Buch-CD.

In diesem Kapitel finden Sie folgende Inhalte:

- Einfache Steuerelemente im Überblick
- Steuerelemente für die Seitennavigation
- Webseitenlayout/-design
- Die Validator-Controls
- Praxisbeispiele

# Kapitel 39

# Datenbindung unter ASP.NET

**HINWEIS:** Dieses Bonus-Kapitel finden Sie im PDF-Format auf der Buch-CD.

In diesem Kapitel finden Sie folgende Inhalte:

- Alt und Neu im Vergleich
- Einführung in das Konzept der DataSource-Steuerelemente
- SQLDataSource, AccessDataSource
- ObjectDataSource
- LinqDataSource, EntityDataSource
- XmlDataSource
- QueryExtender
- GridView, DetailsView, FormView, DataList, Repeater, ListView, Chart ...

# Kapitel 40

# ASP.NET-Objekte und Techniken

**HINWEIS:** Dieses Bonus-Kapitel finden Sie im PDF-Format auf der Buch-CD.

In diesem Kapitel finden Sie folgende Inhalte:

- Übersicht der wichtigsten ASP.NET-Objekte

- Fehlerbehandlung unter ASP.NET

- E-Mail-Versand in ASP.NET

- Sicherheit von Webanwendungen

- Die Verwendung von AJAX in ASP.NET-Anwendungen

- User Controls/Webbenutzersteuerelemente

# Anhang

# Glossar

| Begriff | Bedeutung | Bemerkung |
|---|---|---|
| ACE | Access Control Entries | Einträge in einer ACL |
| ACL | Access Control List | Zugangskontrollliste, dient der Rechteverwaltung |
| ADO | ActiveX Data Objects | ältere Datenzugriffstechnologie von Microsoft |
| ADO.-NET | | neue Datenzugriffstechnologie von Microsoft für .NET |
| ADS | Active Directory Service | Verzeichnisdienst |
| ANSI | American National Standard Institute | US-amerikanische Standardisierungsbehörde |
| API | Application Programming Interface | allgemeine Schnittstelle für den Anwendungsprogrammierer |
| ASCII | American Standard Code for Information Interchange | klassisches Textformat |
| ASP | Active Server Pages | Webseiten mit serverseitig ausgeführten Skripten |
| BLOB | Binary Large Object | binäres Objekt, z.B. Grafik |
| BO | Business Object | Geschäftsobjekt |
| CAO | Client Activated Objects | vom Client aktiviertes Objekt (.NET Remoting) |
| CGI | Common Gateway Interface | Möglichkeit für die Verarbeitung von Anfragen auf einem Webserver |
| CLI | Common Language Infrastructure | Standard für alle .NET-Programmiersprachen |
| CLR | Common Language Runtime | virtuelle Umgebung von .NET |
| COD | Click Once Deployment | neue Distributionsmöglichkeit in .NET 2.0 |
| COM | Common Object Model | allgemeines Objektmodell von Microsoft |
| CSV | Comma Separated Variables | durch bestimmte Zeichen getrennte Daten (meist Komma) |
| CTS | Common Type System | Datentypen, die von .NET unterstützt werden |

| Begriff | Bedeutung | Bemerkung |
|---------|-----------|-----------|
| DAO | Data Access Objects | klassische Datenzugriffsobjekte |
| DC | Device Context | Gerätekontext |
| DCOM | Distributed Component Object Model | auf mehrere Rechner verteiltes COM |
| DES | Data Encryption Standard | Standard für die Verschlüsselung von Daten |
| DISCO | WebService Discovery | XML-Protokoll zum Aufsuchen von Webdiensten |
| DLL | Dynamic Link Library | Laufzeitbibliothek, die von mehreren Programmen benutzt werden kann |
| DQL | Data Query Language | Untermenge von SQL zur Datenabfrage |
| DDL | Data Definition Language | Untermenge von SQL zur Datendefinition |
| DML | Data Manipulation Language | Untermenge von SQL zur Datenmanipulation |
| DMO | Distributed Management Objects | Objekte z.B SQLDMO zum Administrieren des SQL Servers |
| DNS | Domain Name Service | Umwandlung von Domain-Namen in IP-Adresse |
| DOM | Document Object Model | objektorientiertes Modell für den Zugriff auf strukturierte Dokumente |
| DSN | Data Source Name | Name einer Datenquelle |
| DTD | Document Type Definition | Definition der Xml-Dokumentenstruktur |
| DTS | Data Transformation Services | SQL-Server-Dienst, zum Transformieren von Daten |
| FCL | Framework Class Library | .NET-Klassenbibliothek |
| FSM | Finite State Machine | Endlicher Zustandsautomat |
| FTP | File Transfer Protocol | Internet-Protokoll für Dateitransfer |
| FQDN | Full Qualified Domain Name | Host-Name des Servers in URL |
| FSO | File System Objects | Objektmodell für Zugriff auf Laufwerke, Verzeichnisse und Dateien |
| GAC | Global Assembly Cache | allgemein zugänglicher Speicherbereich für Assemblies |
| GC | Garbage Collection | "Müllsammlung" (Freigabe von Objekten) |
| GDI | Graphical Device Interface | Grafikfunktionen der Windows API |
| GDI+ | | Grafikklassenbibliothek von .NET |
| GLS | Gleichungssystem | Begriff der numerischen Mathematik |
| GUI | Graphical User Interface | grafische Benutzerschnittstelle |
| GUID | Global Unique Identifier | eindeutiger Zufallswert (128 Bit) zur Kennzeichnung von Klassen |
| HTML | Hypertext Markup Language | Sprache zur Gestaltung statischer Webseiten |
| HTTP | Hypertext Transfer Protocol | Protokoll für Hypertextdokumente |

| Begriff | Bedeutung | Bemerkung |
|---------|-----------|-----------|
| ICMP | Internet Control Message Protocol | Nachrichtenprotokoll im Internet |
| ID | Identifier | Identifikationsschlüssel |
| IDC | Internet Database Connector | ... enthält Infos zum Herstellen einer Verbindung bzw. Ausführen von SQL |
| IDE | Integrated Development Environment | Integrierte Entwicklungsumgebung |
| IE | Internet Explorer | ... oder Internet Browser |
| IIS | Internet Information Server | ... oder Internet Information Services |
| IL | Intermediate Language | Zwischencode von .NET |
| ISAM | Indexed Sequence Access Method | indexsequenzielle Zugriffsmethode |
| ISAPI | Internet Server API Interface | Web-Anwendung (DLL) für IIS und IE |
| Jet | Joint Engineers Technology | lokales Datenbanksystem von Microsoft |
| JIT | Just In Time | Kompilieren zur Laufzeit |
| LAN | Local Area Network | lokales Rechnernetzwerk |
| MARS | Multiple Active Results Sets | Mehrfachverwendung einer Connection (SQL Server 2005) |
| MDA | Model Driven Architecture | Anwendungsentwicklung auf Basis von Modellen |
| MDAC | Microsoft Data Access Components | Datenzugriffskomponenten (ab Version 2.6), müssen auf Zielcomputer installiert sein |
| MIME | Multipurpose Internet Mail Extensions | standardisierte Dateitypen für Internet-Nachrichten |
| MMC | Microsoft Management Console | Rahmenanwendung für administrative Aufgaben |
| MS | Microsoft | Software-Gigant |
| MSDE | Microsoft Data Engine | abgerüstete SQL Server-Datenbank-Engine |
| MSDN | Microsoft Developers Network | eine (fast) unerschöpfliche Informationsquelle für den Windows-Programmierer |
| MSIL | Microsoft Intermediate Language | Zwischencode für .NET |
| MSXML | Microsoft XML Core Services | |
| ODBC | Open Database Connectivity | allgemeine Datenbankschnittstelle |
| OLAP | On-Line Analytical Processing | |
| OLE | Object Linking and Embedding | Microsoft-Technologie zum Verknüpfen und Einbetten von Objekten |
| OLE DB | | Schnittstelle für den universellen Datenzugriff |
| OOP | Object Oriented Programming | Objektorientierte Programmierung |

| Begriff | Bedeutung | Bemerkung |
|---------|-----------|-----------|
| PAP | Programmablaufplan | |
| POP3 | Post Office Protocol Version 3 | Posteingangsserver |
| PWS | Personal Web Server | abgerüstete Version des IIS |
| RAD | Rapid Application Development | schnelle Anwendungsentwicklung |
| RDBMS | Relational Database Management System | Relationales Datenbank-Management-System |
| RDL | Report Definition Language | Xml-basierte Beschreibungssprache für Microsoft Reporting Services |
| RDS | Remote Data Services | Objektmodell für Datenverkehr mit Remote Server |
| RPC | Remote Procedure Call | Aufruf einer entfernten Methode |
| RTL | Runtime Library | Laufzeitbibliothek |
| SAO | Server Activated Object | vom Server aktiviertes Objekt (.NET Remoting) |
| SDK | Software Development Kit | Entwickler-Tools |
| SGML | Standard Generalized Markup Language | Regelwerk zur Definition von Auszeichnungssprachen für Dokumente |
| SMO | SQL Management Objects | managed Code-Libraries zur Verwaltung und Analyse des SQL Servers |
| SMTP | Simple Mail Transport Protocol | TCP/IP-Protokoll für die Übertragung von Nachrichten zwischen einzelnen Computern |
| SOAP | Simple Object Access Protocol | Protokoll zum XML-basierten Zugriff auf Objekte |
| SOM | Schema Object Model | zusätzliche APIs für den Zugriff auf XML Schema-Dokumente |
| SQL | Structured Query Language | Abfragesprache für Datenbanken |
| SQLDMO | SQL Distributed Management Objects | Library für Verwaltung des MS SQL Servers |
| SSL | Secure Socket Layer | Sicherheitsprotokoll für Datenübertragung |
| SSPI | Security Service Provider Interface | API für Authentifizierung und Vergabe von Zugriffsberechtigungen |
| TCP/IP | Transmission Control Protocol/ Internet Protocol | Netzwerkprotokoll zum Datentransfer, IP-Adresse ist 32-Bit-Zahl |
| UDDI | Universal Description, Discovery and Integration | Technologie zum Durchsuchen nach Webdiensten |
| UDF | User Defined Function | benutzerdefinierte Funktion (SQL Server) |
| UDL | Unified Data Link | standardisierte Datenverbindung |
| UDP | Unified Data Protocol | standardisiertes Datenprotokoll |
| UI | User Interface | Benutzerschnittstelle |
| UML | Unified Modelling Language | Sprache zur Beschreibung von Objektmodellen |

| Begriff | Bedeutung | Bemerkung |
|---------|-----------|-----------|
| UNC | Uniform Naming Convention | System zur Benennung von Dateien in vernetzten Umgebungen |
| URL | Uniform Resource Locator | Web-Adresse |
| WMI | Windows Management Instrumentation | Klassen zur Windows-Administration |
| WSDL | Web Services Description Language | XML-basierte Beschreibungssprache für Webdienste |
| WSE | Webservice Enhancements | Webdienst-Erweiterungen von Microsoft |
| W3C | Consortium | Standard |
| WWW | World Wide Web | Teil des Internets |
| XAML | eXtensible Application Markup Language | XML-Beschreibung für Windows-Oberflächen |
| XML | Extensible Markup Language | universelle textbasierte Beschreibungssprache |
| XSD | XML Schema Definition Language | XML-Dialekt zur Beschreibung von Datenstrukturen |
| XSLT | Extensible Stylesheet Language Transformations | Technologie zum Transformieren der Struktur von XML-Dokumenten |

# Wichtige Dateiextensions

| Extension | Beschreibung |
| --- | --- |
| .ascx | Web-Benutzersteuerelemente |
| .asp | Active Server Pages |
| .aspx | Webform |
| .aspx.cs | Quellcode für Webform |
| .cd | vom Klassen Designer angelegte Datei |
| .config | Konfigurationsdatei der Anwendung |
| .csproj | C#-Projektdatei |
| .css | StyleSheet |
| .deploy | Dateien für Click Once Deployment |
| .disco | Static Discovery File |
| .dll | Assembly (Klassenbibliothek) |
| .exe | Assembly (ausführbare Datei) |
| .htm | HTML-Datei |
| .manifest | Deployment Manifest |
| .pdb | Debug-Infos (Program Debug Database) |
| .resources | Ressourcen-Datei |
| .resx | Ressourcen-Datei (Xml) |
| .rdl | Xml-Report (Reporting Services) |
| .rdlc | lokaler Xml-Report |
| .rpt | Crystal Report |
| .settings | Anwendungseinstellungen (Visual Studio Settings) |
| .sln | Visual Studio Projektmappe |
| .suo | Benutzereinstellungen Visual Studio |
| .cs | C#-Quellcodedatei |

| Extension | Beschreibung |
| --- | --- |
| .vshost.exe | Visual Studio Host zum Laden der Assembly |
| .wsf | Script für Windows Scripting Host |
| .xsd | XML Schema für XML-Dokumente |
| .xslt | XML-Transformationsdatei |
| default.aspx | Standardseite für Web |
| global.asax | Globale Ereignisse für die Webanwendung |
| web.config | WEB-Konfiguration |
| web.sitemap | Inhaltsverzeichnis des Webs für die Navigation |

# Index

## S

**T**

**GUT AUFGELEGT**

ICH BLEIBE OFFEN LIEGEN ;-) DANK SPEZIAL-
FORMAT UND PATENTIERTER BINDUNG

Kösel FD 351 · Patent-No. 0748702